倪正茂全集

法哲学卷（上） 1

倪正茂 著

学苑出版社

图书在版编目（CIP）数据

倪正茂全集. 法哲学卷 / 倪正茂著. —北京：学苑出版社，2020.12
 ISBN 978-7-5077-6116-0

Ⅰ.①倪… Ⅱ.①倪… Ⅲ.①倪正茂—全集②法哲学—研究③法理学—研究 Ⅳ.①C52 ② D903

中国版本图书馆CIP数据核字（2020）第271750号

责任编辑：孟　玮
出版发行：学苑出版社
社　　址：北京市丰台区南方庄2号院1号楼
邮政编码：100079
网　　址：www.book001.com
电子信箱：xueyuanpress@163.com
联系电话：010-67601101（营销部）、010-67603091（总编室）
印　刷　厂：北京建宏印刷有限公司
开本尺寸：787mm×1092mm　　1/16
印　　张：62.75　　彩插2
字　　数：1338千字
版　　次：2021年2月第1版
印　　次：2021年2月第1次印刷
定　　价：560.00元（上下册）

作者简介

倪正茂,1940年出生于浙江省苍南县金乡镇,先后就读于金乡小学、平阳二中、平阳一中、瑞安中学。1957年考入复旦大学法律系,1961年毕业于上海社会科学院政法系。先后从教于上海南洋模范中学、淮海中学、零陵中学等。1979年进入上海社会科学院法学研究所工作,1997年赴上海大学法学院工作,1988年获"上海市有突出贡献的中青年专家"称号。2006年获上海市首届"五一劳动奖章"。2008年获聘为上海政法学院终身教授。已发表文章五百多篇,出版《隋律研究》《科技法学导论》《法哲学经纬》《生命法学探析》《比较法学探析》《激励法学探析》《苏联国家与法的历史》《中华法苑四千年》等专著、合著、译著四十四部。

总　序

今天是我的七十八岁生日。剩下的时间不会很多了，于是动了凡心，将前此发表的文字汇编成集一并出版。

我大致是从1980年前后（也就是四十岁前后）开始发表文字的。此前，自觉在大学期间所学无几，故而花了近二十年的时间自学法学、哲学、文学、史学和外语。讵料1981年发表第一篇法学论文《论法律的起源》，即引起法学界的热议，竟至法学院校、研究机构多有分成了臧否两派、纷争热烈的。原因是传统的观点认为法律起源于奴隶社会，而我认为法律起源于从原始社会向奴隶社会的过渡时期。尽管否我者认为我的观点"离经叛道"，在后来的"精神污染"运动中我甚至被领导点了名，但我的观点最终却成了法史学家的共识。受此事件的鼓舞，后来的学术研究中，我坚持了这样几点：第一，言（文）须有新意；第二，坚持追求真理，对权威的观点不随意苟同。

因为有这样的自我要求，所以，我获得了写出新中国第一部法哲学著作《法哲学经纬》，第一部全面考证、研究隋律的专著《隋律研究》及后来的《隋代法制考》，第一部全面论证法的激励功能的专著《激励法学探析》，主编、主撰了第一部论述法律战基本理论的《法律战导论》，第一批科技法学专著《科技法学导论》《科技法学原理》，第一批生命法学著作《生命法学引论》《生命法学探析》，第一部批判欧美中心主义的比较法学专著《比较法学探析》等法学成果。所有这些成果都获得了国家或上海市级的优秀著作奖。

除著作外，我还发表了五百多篇文章。这些文章，除极少几篇是"合作"的之外，都是"单干"的产物；而且，除语言逻辑方面的文章外，几篇"合作"的作品，也多是本人起草、执笔的。正因如此，在《激励法学探析》的"后记"中我斗胆对那些利用职权、地位"剥削"其他人精神劳动成果的"硕导"、"博导"蔑称其为"硕盗"、"博盗"。据说，某虚报、盗窃了他的德国导师的学术成果而混成了一个知名大学的校长者，最终被钉在了教育史、学术史的耻辱柱上。那么，法学界的"硕盗"、"博盗"也总有一天会被钉在耻辱柱上。

在此前以及本文集中，凡是有合作者的，无论是著作或文章，我都注明了合作者的姓名。

五百多篇文章中，有不少是耦合时事、随性涂写的长文短论，所以，本文集盖以"随笔"概括之。其中有一些属于"游记"，但据说与绝大多数游记不同，是什么"政治性游记"。上海社会科学院文学研究所潘颂德研究员竟极力翊赞为"开创了政治游记"的"游记新品种"。但纵览中国文学史不难发现，古往今来的中国文学史家也写了许多带政治内容的，只不过不像我写得那么直白罢了。而这"直白"，也许不过思想浅薄罢了。

　　本文集中，还有一些非法学类的作品，涉及语言逻辑、教育、社会、心理等，大多是随意而发的东西，算不上学术著作，只是一些普及读物罢了。之所以收入文集之中，不过是为了让读者了解我之为文的大概。此外，在搁笔之际，忽然念及一生竟然历经了肺病、肝炎、肾炎、心脏病、胃病、肠炎、盲肠炎、大面积脑梗死、脑萎缩、"典型的帕金森症"等"吓死人的病"，只是除了脾脏、胰脏没有患过病，却还活到如今并顶着一个"终身教授"的金色大盖帽，仍如四五十岁时那样，既无寒暑假及其他节假日休息，白天夜晚也忙碌得不亦乐乎，从而觉得我的生命历程中，也许这一"战胜"疾病的经验，比那些所谓的学术文章更有趣，也更有益于读者，甚至还值得医学家们略事研究，于是做了一番整理，写成了"养生感悟"，用以"断后"。读者自可断言我的"养生"不过只是一个"蠢"字罢了，但是或许有一些东西还有研究的价值，不是"呸"地一哂，即可弃如敝屣、扬长而去的。毕竟，一则活到了这把年纪而仍精力充沛，二则几乎所有我的同龄人无不啧啧称奇并真切艳羡我"比同龄人要年轻得多"！

倪正茂

2018年5月14日

本 卷 说 明

一、本卷收入了倪正茂教授在法哲学、法理学领域所撰写的专著一部，已公开和未公开发表的论文三十四篇，以及作者计划撰写因故没有出版的专著提纲六篇。

二、凡所收入作品，均在篇首以注释的方式做了说明，包括著作的版本信息、论文的发表信息。

三、本卷在编校时主要遵从下列原则：

1. 篇名：一般采用原标题。

2. 发表时间：已出版图书和已刊论文，一般取正式出版和刊载时间。

3. 文稿排序：入编文稿按发表时间先后排序。书稿在前，论文在后。发表时间，书稿详尽到年；论文详尽至月份；若论文载于报纸，则详尽到日。有年月而日期不详者，按月末。月份相同者，以编者收到稿件先后排序。未发表论文，排在已发表论文之后，按编者收到稿件顺序。

4. 原文注释：为方便读者阅读，原文尾注均改为每页脚注，并在每页重新编码。对于出版较早的专著与论文，因当时出版规范与现行的不一致，编者在现有资料的基础上，对相应注释做了最大程度的补充。

5. 引用文献的外国人名、地名译法：引用版本较早的图书，外国人名、地名译法与今日通行译法有差别的，原则上遵从原译法；如果遵从原文会使读者产生误解的，编者直接以脚注形式修订。

6. 原文出版时间较早，文中出现的相关人物的生卒时间及地名现今发生变化的，编者直接修订。

7. 原文的明显错讹、缺漏，编者在无损作者原意的前提下直接修订。

8. 原文的繁体字一般转化为规范字。

9. 原文的拼写错误、错别字，编者直接改正。

10. 编排体例基本遵从原文，但略有改进。原文不尽一致的地方，编者尽最大努力做了统一。

目　录

上

著　作　编

法哲学经纬

《法哲学经纬》题记 …………………………………………………………… 005

经篇（上）

第一章　柏拉图法律思想的理念论灵光圈 …………………………………… 006
第二章　亚里士多德的法哲学逍遥游 ………………………………………… 013
第三章　斯多葛派通往上帝的自然法观念 …………………………………… 023
第四章　古希腊罗马自然法哲学的集大成者西塞罗 ………………………… 028
第五章　开始走出思辨象牙塔的古罗马皇权法哲学 ………………………… 032
第六章　襁褓中的早期基督教法哲学婴儿 …………………………………… 038
第七章　中世纪基督教的法学侍婢 …………………………………………… 045
第八章　甚嚣尘上的新经院主义法哲学 ……………………………………… 051
第九章　功利主义者霍布斯的法哲学 ………………………………………… 055
第十章　崇尚"理性"的格劳秀斯和"辩证法的卓越代表"斯宾诺莎的
　　　　法哲学观 …………………………………………………………… 061
第十一章　"专心追求真理"的法哲学家洛克 ……………………………… 068
第十二章　"捏造上帝"的伏尔泰的法哲学观 ……………………………… 075
第十三章　孟德斯鸠"思维着"的法哲学"悟性" ………………………… 080

001

第十四章	卢梭独树一帜的法哲学观	088
第十五章	先验唯心主义法哲学家康德	095
第十六章	客观唯心主义法哲学的集大成者黑格尔	100
第十七章	风靡欧美的历史法学派及其对自然法学派的反动	107
第十八章	边沁的功利主义法哲学	113
第十九章	法律社会学的勃兴与庞德的系统化开拓	121
第二十章	狄骥独辟蹊径的社会连带主义法哲学	132
第二十一章	斯宾塞进化论法哲学的小小插曲	138
第二十二章	进化论法哲学在美国的发展	141
第二十三章	奥斯丁与分析法学派的创始	144
第二十四章	凯尔森纯粹法哲学的启示	148
第二十五章	哈特为新分析法哲学而奋战	154
第二十六章	新自然法哲学的泛起	159
第二十七章	虚无主义法哲学的"神话"	166
第二十八章	宗教神学严重束缚下的早期空想社会主义法哲学思潮	171
第二十九章	空想社会主义法哲学思潮的发展	178
第三十章	空想社会主义法哲学的顶峰	186
第三十一章	马克思主义对法哲学的革命性改造	193

经篇（下）

第三十二章	夏、商、西周的神权法思潮	218
第三十三章	管仲对神权法哲学的反叛	223
第三十四章	子产反神权法哲学的新突破	229
第三十五章	儒家法哲学的奠基与孔子的突出贡献	234
第三十六章	儒家法哲学的发展和孟子的再创造	245
第三十七章	荀况和儒、法法哲学合流的肇始	252
第三十八章	墨家法哲学对儒家法哲学的抗争	260
第三十九章	老、庄的法律虚无主义法哲学	267
第四十章	灿若群星的先秦法家和法家法哲学的集大成	271
第四十一章	阴阳五行法哲学的崛起	279
第四十二章	兼容并蓄的杂家法哲学	282
第四十三章	汉初黄老法哲学的渊源流变	286

第四十四章	汉初儒家法哲学的发展	292
第四十五章	"天人感应"和董仲舒的新儒家法哲学	296
第四十六章	谶纬神学的泛滥与法哲学的危机	302
第四十七章	《盐铁论》与西汉儒、法两家法哲学的分庭抗礼	305
第四十八章	反谶纬神学的唯物主义法哲学星光	309
第四十九章	三国时期法家法哲学的东山再起	318
第五十章	魏晋玄学家的虚无主义法哲学	323
第五十一章	魏晋时期反玄学的法哲学观	330
第五十二章	文中子和儒道佛三教合一法哲学观	337
第五十三章	韩愈的道统法哲学和柳宗元与道统法哲学的对立	342
第五十四章	宋代以王安石为代表的变法法哲学观	350
第五十五章	朱熹理学法哲学的崛起	357
第五十六章	功利主义法哲学一枝独秀	362
第五十七章	王阳明的心学法哲学倡言	368
第五十八章	民本主义法哲学的激昂呼声	371
第五十九章	王夫之别开生面的"趋时更新"法哲学观	375
第六十章	顾炎武以"名"为治的法哲学稚语	380
第六十一章	近代变法前驱者的法哲学观	384
第六十二章	太平天国运动的冲击波和农民革命家的法哲学观	397
第六十三章	资产阶级改良派朦胧的法哲学幻想	413
第六十四章	戊戌政变前变法维新派反皇权的法哲学锋芒	428
第六十五章	辛亥革命前后的法哲学交锋	448

下

纬篇

第六十六章	法哲学、法理学：合流与分流	466
第六十七章	法学、哲学与法哲学	480
第六十八章	法哲学的研究对象、范围和法哲学体系	489
第六十九章	法哲学的定义与特点	500

第七十章	法哲学的地位和作用	507
第七十一章	法的概念的哲理探讨	514
第七十二章	法的法理规定性的哲理探讨	533
第七十三章	法的哲理规定性略论	549
第七十四章	关于法律起源的哲理探讨	565
第七十五章	法的发展的动态规律	577
第七十六章	法律过程转化规律的探讨	587
第七十七章	论立法、司法、守法的一体化	595
第七十八章	辩证立法论	609
第七十九章	辩证司法论	617
第八十章	辩证守法论	626
第八十一章	法律价值的哲理探讨	631
第八十二章	法律意识的哲理分析	642
第八十三章	法文化的哲理探讨	652
第八十四章	法与人	661
第八十五章	法与经济	670
第八十六章	法与政治	678
第八十七章	法与科学技术	688
第八十八章	法和道德	694
第八十九章	法与宗教	700
第九十章	法学比较方法的哲理探讨	706
第九十一章	统计方法与法的定量分析	716
第九十二章	逻辑推理和法的定性分析	726
第九十三章	法律解释的哲理探讨	732
第九十四章	法哲学生命线：批判、吸收、创新	746
后　记		768

拟写著作提纲

动态法哲学（提纲一）	774
动态法哲学（提纲二）	776
权利法理学（提纲）	778

律师学导论（提纲）	780
犯罪心理学与犯罪预防（提纲）	784
海洋法理学（提纲）	786

论 文 编

法学研究面临新技术革命的挑战	791
略论有关犯罪心理的几种辩证关系	793
略谈法学研究的当务之急	798
法学界要"进入角色"	800
现代化与法学现代化简论	802
论法制与人道主义	811
生态经济法学略论	816
法学在探索中创新——兼评法学"幼稚"说	820
法制建设若干理论问题的思索	826
尧言法理学的更新	832
论体制转换关键时期的法学使命	838
法的概念的哲理探讨	843
体制转轨时期法学的探索与创新	853
法律效力的投资及其价值选择	862
"举报"的法理学与政治学思考	868
法的强制性新探	874
略论法的制裁功能	879
法理学畅议	884
"发展法系"构想	891
法的法理、哲理规定性与法哲学研究	892
从《青琐高议·张浩》引论法律思潮与法律实践之关系	901
略论法概念之革新	907
报应刑、教育刑及与犯罪的斗争	919
法律的静态分析与动态分析	924

任重道远：建设现代中国法学——21世纪中国法学展望	930
当代中国法律体系及其发展模式探索	936
重刑化与刑事法制价值取向略议	947
法理学研究的多元视野	955
法律的主体与法律的主人	961
行政程序公正：法的实然态与应然态	967
向法治"应然态"的大步迈进——日本法学热点回眸一瞥	973
五个"统筹"的哲学与法学审视	978
体育安全保障的法理思考	981
法律文本与传统法理念关系略论	987

著作编

法哲学经纬
拟写著作提纲

法哲学经纬

《法哲学经纬》*题记

从1958年7月1日起至1978年,在大致二十年的时间内,除广播操和跑步外,我几乎所有的业余时间都用来看书学习了,其中包括阅读中国通史、世界通史方面的著作以及中外史籍提到的一些重要思想家的著作。进入法学界后的20世纪80年代初,曾见芮沐、傅季重等前辈发表的关于应当重视法哲学研究的文章,遂萌生了全面研究法哲学的宏愿,于是开始进一步搜集有关资料、思考方方面面的有关问题,终于在1991年写成了字数达近百万的《法哲学经纬》。其中,在"经篇"介绍东西方古往今来思想家们的法哲学观点的基础上,以"纬篇"对当代法哲学研究应予关注的主要问题提出我的看法。因此,"经篇"在介绍思想家们的有关观点时,大抵以时序之先后排列;"纬篇"则按法学研究的重要问题为线索,层层深入地分析、论述我对这些问题的看法。

始料不及的是,此书在1996年出版后,引来了法学界同仁的热情关注,国内外学者纷纷发表动人心弦的鼓励文字。次年,上海市政府法制办指定此书为两本"1997年必读书"之一。次年,因为脱销而重印。鉴此,沪上成立了国内第一家法哲学研究会,推我为会长。于是有了日本、韩国、美国的一些著名高校的邀访,有了中日韩三国法哲学界连续六年的法哲学研讨会。1998年,应邀赴日本九州大学讲学期间,恰逢日本法哲学会成立五十周年,我被会议主办方邀请为参会外国学者的代表之一,在"恳亲会"上发表了演讲。

---

* 上海社会科学院出版社1996年版。

经篇（上）

第一章　柏拉图法律思想的理念论灵光圈

柏拉图是著名的古希腊唯心主义哲学家、政治思想家。作为其政治思想的重要组成部分，他的法律思想与哲学思想不仅同样丰富、交相辉映，而且融会贯通、浑然一体，从而自然地成了法哲学园苑的瑰丽花朵。

古希腊奴隶制由鼎盛而衰落，正与柏拉图自呱呱坠地而老态龙钟同步。其时，奴隶与奴隶主阶级的冲突，奴隶主阶级内部的矛盾，都十分尖锐。民主制、贵族制、寡头制与僭主制统治形式时常发生更替，但任何一种政治制度都回天乏力，不能挽狂澜之既倒。对社会模式、统治方法的探究，成了重要而又急迫的研究课题。柏拉图为此付出了毕生的精力。他致力于思想学术领域，孜孜以求勾画理想的社会国家蓝图。站在奴隶主贵族的立场上架构奴隶制国家的理想方案，这是他的法哲学思想以及其他学术思想的本质和核心。

一、生平、哲学思想和著作

柏拉图（Plato）生于公元前427年，成长于伯罗奔尼撒战争（前431—前404年）的血雨腥风之中，目睹祖国雅典惨败于斯巴达而使许多同胞家道中落、饱受蹂躏。世道变迁之迅疾，使他眼花缭乱，百思难解。恰好古希腊杰出的唯心主义哲学家苏格拉底始终是柏拉图家的老朋友，柏拉图耳濡目染，言听计从，久而久之就被熏陶成了一个典型的苏格拉底唯心主义哲学信徒。

伯罗奔尼撒战争结束不久，公元前399年，苏格拉底被人指控犯有"研究天文"、"败坏青年"、"信奉新神"之"弥天大罪"而被处死。但实际上这些不过是次要的"罪行"，主要的则是苏格拉底反对雅典民主政体而为当局所切齿痛恨。柏拉图出身于贵族家庭，与苏格拉底反对民主政体的思想是很容易合拍的。作为苏格拉底的学生，柏拉图的政治立场与之如出一辙。但其时雅典民主潮流方兴未艾，势不可挡。因此，苏格拉底屈死之悲愤与恐惧，极大地刺激了柏拉图，使他一度弃绝了从政之念，同时也放弃了骑术、绘画、音乐、写诗歌、撰剧本等多方面的追求，转而全身心地投入哲学研究，一则以纪念苏格拉底，使之流芳百世；再则以曲折的方式，谈天说地发抒胸中块垒。但也因此，柏拉图为雅典政界与御用学界所不容，不得不流亡意大利长达十二个春秋，在那里潜心研究毕达哥拉斯主义。

苏格拉底哲学的主要观点是：任何事物必有其所以然之理；人类认识了这个普遍的、不变的原理才能认识事物；事物的普遍原理即其"本质"，也就是所谓"概念"；哲学家的任务是从若干具体的事物中抽取其"本质"以形成"概念"，从而给该事物下定义。苏格拉底认为，哲学的目的不在于认识自然，而在于"认识自己"；他深信自己的一生为某种精灵所扶持与支配。

毕达哥拉斯也是一个唯心主义哲学大师，迷信灵魂转世说，断言"肉体乃灵魂之墓"。他订有若干戒律以约束门徒，宣称严守这些戒律，灵魂即可净化。

因此，深受苏格拉底、毕达哥拉斯影响的柏拉图，其哲学思想不可能超出客观唯心主义的樊篱。此外，他还旁采巴门尼德、赫拉克利特等哲学家的思想菁华，形成了自己独特的唯心主义思想体系，其核心是所谓的"理念"。

柏拉图约四十岁时回到雅典。他在城郊办了一个亚加德米学园，采用苏格拉底的问答、对话方式教授门徒，其目的是引导他们从流转变迁的经验世界转向其背后那个不变的理念世界。用柏拉图的话来说，就是从变动不居转到实在。柏拉图在这个学园中度过了二十个寒暑，直到约六十岁时，去叙拉古担任国王狄俄尼悉俄斯的老师。他企图按照自己的政治构想把这个国王训练成一个"哲学王"。但风云变幻的政界并未如柏拉图之愿，他几起几落的全部努力，以叙拉古国王被推翻、他的学园身败名裂而告终。

在这一漫长的哲学研究与政治实践旅途中，柏拉图撰写了大量著作，传世的有三十五篇对话和13封书札。与苏格拉底思想相近的对话有《自辩词》《克里多》《卡米第斯》《拉开斯》《尤泰弗罗》《普罗泰哥拉》《米诺》《尤泰第姆斯》《高尔吉亚》《利西斯》等；表达早、中期思想的对话有《克拉底鲁》《会饮》《斐多》《理想国》《费德罗》《泰阿泰德》《巴门尼德》等；表达晚期思想的对话有《智者》《政治家》《斐利布斯》《蒂迈欧》《克利提乌》与《法律》等。其中，《理想国》《政治家》与《法律》最为集中地反映了他的为唯心主义理念论灵光圈所笼罩的法律思想，使他在西方法哲学史上占有独特而影响巨大的一席。

二、柏拉图的法哲学基石：正义

柏拉图法哲学的基石是所谓正义（也译作公正），所以，他的主要著作《理想国》又称为《论正义》（又译作《共和国》《国家篇》）。"在柏拉图看来，正义意味着'一个人应该做他的能力使他所处的生活地位中的工作'"①；在柏拉图设计的"理想国"蓝图中，除奴隶外，自由公民分为三个等级，他们是神用不同质料造成因而高下有别、职责不同：

---

① [美]E.博登海默：《法理学——法哲学及其方法》，华夏出版社1987年版，第6页。

你们彼此虽是兄弟，但是神是用不同的东西把你们造出来的。你们之中有些人具有统治能力而适于统治人，在创造这些人的时候神用了金子，因此这些人也就是最珍贵的。另一些人是神用银子做成的，这些人就成为统治者的辅助者。再有一些人是农夫和手艺人，这些人是神用铜和铁做成的。[①]

柏拉图认为，金质的人是有"智慧"的哲学家，适于统治一切；银质的人是"勇敢"的武士，适于辅佐哲学家保卫国家；铜质、铁质的从事劳动生产的农夫和手艺人则以"节制"欲望为其"美德"。这些不同等级的人"各司其事"、"各守本分"，就达到了"正义"。显然，正如马克思所说的那样："在柏拉图的理想国中，分工被说成是国家的构成原则，就这一点说，他的理想国只是埃及种姓制度在雅典的理想化"[②]。而这种"理想化"直接借助于柏拉图的唯心主义理念论。

在柏拉图著作中，"理念"一词有时以"idea"表达，有时以"eidos"表达，相当于英文中的"form"。柏拉图认为，在现实的现象世界之外，有一个理念世界；理念世界是正本，是原型，而现实世界则是副本，是摹本，现实世界是以理念为范型铸造而成的。由此可以明显看出苏格拉底关于事物之外有一个先于它而存在的"普遍原理"、"本质"、"概念"的客观唯心主义对柏拉图的影响。在柏拉图看来，理念并非人造心设的东西，而是自存的本体，这一理念界本体是永恒、不变、普遍而绝对的；在这个理念界中，包括绝对的"美"、绝对的"公正"即"正义"和绝对的"善"等；理念界自成高下区分、层层递升的阶梯体系，体系的峰巅即"善"理念；人的是非观念是与生俱来的，只有聪明颖悟的哲学家才具有关于真理的真知灼见，才可能成为国王，即"哲学王"；等等。柏拉图的理念论就是这样由此及彼地从哲学论述延及社会政治生活的评析。这种理念论的哲学本质，无疑是一种客观唯心主义。正是在客观唯心主义理念论灵光圈的照射下，柏拉图建构了他的法律思想的基石——正义。

从正义论出发，柏拉图论述了法律的产生、法律的作用、法律的制定、法律的实施等重要问题。

三、论法律的产生

关于法律的产生，柏拉图认为有三种原因。

第一种原因是"神给统治者的指示"。

[①] 北京大学哲学系外国哲学史教研室编译：《古希腊罗马哲学》，生活·读书·新知三联书店1957年版，第232—233页。
[②] 《马克思恩格斯全集》第23卷，人民出版社1965年版，第405—406页。

如前所述，神用不同质料造成了不同等级的人。"一般说来，一个人属于哪一种，他所生下来的子女也就属于哪一种。但是，由于你们都是出自同一祖先的，因此金的父母有时也会生出银的儿子，而银的父母有时也会生出金的儿子。其余的也有类似的情形，有时可以互相产生。因此神给统治者所作的第一条重要的指示便是要教他们特别注意保护种的纯洁性，注意他们的子孙的灵魂里掺杂着什么样的金属。""统治者应当把这个神谕引以为戒，即：一旦铜铁做成的人掌握了政权，国家便要倾覆。"[1] 基于这类"神的指示"、"神谕"的要求，规定等级森严的法律就是"天经地义"的了。

柏拉图还借苏格拉底之口说：神规定统治者负有保卫国家的职责；他们之中的任何人都不许有私有财产、私有住所或贮藏室，不得接触和管理金银；否则"他们就要变成管家和农夫而不复是监护者（作者按：指统治者）了，就要从他们自己同胞的护持者变成他们自己同胞的敌人和暴君了。……因而就会很快使他们自己和他们的国家覆灭。"为此，"我们要宣布我们的监护者就是要这样居住生活，并且把它制成法律"[2]。

这里，神的指示仍是建立在理念地将人分为三个等级，各个等级必须"各守本分"、"各司其事"的"正义"基础上的。法律产生的这一原因，表示正义理念通过神的指示外化为现象世界的事物。

第二种原因是惩治无神论者的需要。

柏拉图在《法律》第十卷里集中发表了他的神学观点和对无神论的猛烈抨击。在概括指出"神是存在的，他们对于人是关心的，并且他们绝不会听人的怂恿去做不正义的事情"之后，柏拉图宣布，"要讨论主题，而这个讨论就是要来解释法律。我们要对一切不敬神的人宣布，要求他们不要再走邪路而走到敬神的人这边来。对于那些不服从的人，我们制定有关不敬神的法律"[3]。

第三种原因是基于约束人的"恶性"的需要。

柏拉图认为，一个"按照正确的方向建立起来的"国家"就应当是完善的"；这样的国家"就得是有智慧的，勇敢的，有节制的，并且合乎正义的了"[4]。柏拉图还认为，每一个人都应像国家组织那样具有智慧、勇敢、节制和正义四种德性。但"人的灵魂里面有一个较好的部分和一个较坏的部分"。通常，"较坏的一部分"是受"较好的一部分的控制"的。"但是当一个人由于坏的教养或者和坏人来往而使其中较好的同时也是较小的一部分受到较坏的同时也是较多的一部分的统治时，他便要受到谴责"了[5]。这就是说，人性有"较善"与"较恶"两部分，"较恶"部分占优势时，就必须借助外在的权威即法律予以整

---

[1] 《古希腊罗马哲学》，生活·读书·新知三联书店1957年版，第233页。
[2] 同上，第231—232页。
[3] 同上，第219页。
[4] 同上，第221页。
[5] 同上，第225—226页。

治,从而达到约束人性"较恶"部分的目的。

这里,柏拉图关于人性善恶及其社会控制的对策,也源于对人性的理念分析,源于维护正义秩序的需要。

四、论法律的作用

关于法律的作用,柏拉图的观点可以一言涵盖,即维护正义。但法律维护正义的表现又各有区别:或惩戒不正义以伸张正义;或约束人的品性使之成为德性高尚的人,从而使正义得以实现。

在柏拉图的"理想国"里,最严重的罪行是对神灵的亵渎,这是因为一旦"一个人在语言上或行动上犯了不敬神的罪"而不受惩罚,柏拉图的哲学观与法律观所赖以存在的基石——"正义"就会遭到严重损坏,他的"理念"论灵光圈也就烟消云散、不复存在了。有鉴于此,柏拉图要求,对不敬神的人"任何人见到了就应当起来维护法,向地方官报告。地方官接到报告之后,就应当立刻依法把这个人送到法庭"。"法庭应依照他的每一件不敬神的行为给予适当的惩罚;所有这种罪犯都应当监禁起来。"柏拉图为他的"理想国"设计了三种监狱:"第一个是在市场附近的普通监狱,……第二个是在午夜法庭①附近,将称为'感化所'。第三个要摆在国土中心的某个荒野地区,要用表示某种因果报应的惩罚的名字来称呼。"②这里,不敬神的罪被柏拉图当作破坏"正义"的最可怕行为来对待。

除不敬神外,最严重的罪行就是追求金钱而破坏"正义"。他说,"不惜为了金钱而陷害个人,破坏家庭,以至于颠覆国家",亦即最不守本分而破坏"正义","凡是犯了这种罪的人,法庭应当依法把他监禁在国土中心区的监狱里,不许任何自由人和他接触,由官奴送给他法定的一份粮食;当他死了之后,应当把他的尸体投到国境之外,不予掩埋"③。这些,就是法律惩戒不正义以伸张正义的作用。

柏拉图认为,人的德性是先天具有的,是非之心是人人固有而非后天学习所得的。这种德性与人的灵魂相表里,而灵魂在投生以前就已存在。灵魂在投胎以前已直接认识理念世界;投胎以后,只需由感官上的经验所提醒,就能唤起生前已知的真理。但这些真理会被暂时地遗忘,从而使应具有的德性——首先是正义的德性丧失。法律的作用在于作为外在的权威,禁止人们蔑视"正义",使人们规行矩步,不致放纵私欲,以维护"正义"的品德。柏拉图的这一观点,是与早期毕达哥拉斯派的灵魂转世观念紧密相连的。柏拉图在其《米诺》《斐多》与《理想国》等著作中,详细研讨了灵魂不灭及制约德性泯灭的法律措

---

① 午夜法庭是古希腊维持治安的机构之一,因每天于黎明之前开庭而得名。
② 《古希腊罗马哲学》,第219—220页。
③ 同上,第220页。

施等问题。因此,这十分明显地表现了他的法律思想为客观唯心主义灵光圈所笼罩,贯穿着"理念"论——"正义"论的线索。循着这一线索,我们就可以清楚地把握柏拉图法哲学的根本。

但法律毕竟只是外在的权威,在柏拉图看来,正义的执行应当是不要法律的。在《政治家》一书中,他充分表述了不重视法律的观念。他说:"法律绝不可能发布一种既约束所有人同时又对每个人都真正最有利的命令。法律在任何时候都不能完全准确地给社会的每个成员作出何谓善德、何谓正确的规定。人类个性的差异、人们行为的多样化、所有人类事务无休止的变化,使得无论是什么艺术在任何时候都不可能制定出可以适用于所有问题的规则。"在《理想国》中,柏拉图表述了类似的观点,他认为,城邦如实行法治,就可能妨碍哲学家的统治,而哲学家是"智慧"理念的化身,掌握着真理性的知识,它比国家机关制定的法律要文明得多;在秩序良好的国家里,修订法律并不重要,因为这是简易的事;而在秩序不佳的国家里,修订法律也作用不大,因为它不会被认真恪守。总之,法律的作用是不那么重要的。在柏拉图看来,法律是用以维护正义的工具,而不敬神是最大的不正义;要发挥法的作用,关键在于不使先天具有的德性泯灭;同时,正义的执行应当是不要法律的,只要先天地具有正义理念的哲学家出而治国,一切都可变得十分理想。这样,柏拉图在法律作用的问题上的观念,包括轻视法律的观念,源于唯心主义哲学观,就是了了分明的事实了。

五、论法律的制定

关于法律的制定,柏拉图同样是以理念所启示的公正格式为样板的。他认为,统治者的立法过程有如画家作画,必须先行擦洗干净画板上的污迹陈痕;统治者必须对原来的国家制度和人们的品质实行清洗,然后再来制定新的法律,否则国家与个人都将无所作为;统治者在完成"清洗"工作之后,首先应制定宪法(Constitution)大纲,在制定的过程中严格遵守理念所启示的公正格式作为样板。①

制定法律的原则,除依理念启示的公正格式外,最重要的则是以全体公民的幸福而非部分公民的幸福为前提。他认为,以全体公民的幸福为前提,那么,人人都可按着本性的特点从事本分的职务,从而互相团结,有利国家。② 这里同样反映了他从理念出发将人分为三等,并要各等级的人都恪守本分而臻于"正义"境界的观念。

---

① [古希腊]柏拉图:《理想国》,商务印书馆1975年版,第6章,第97—98页。
② 同上,第4章,第65—68页。

六、论法律的实施、人治与法治

关于法律的实施,柏拉图的法哲学思想表现在法官的选择、法治与人治关系的论述等方面。

早期与中期的柏拉图可以说几乎是一个纯粹的人治主义者。他身体力行,先是在他的学园里训练哲学家以便有效地从政,四十岁以后,他则三起三落地参与叙拉古政事。作为叙拉古国王的老师,他企图把国王训练成为"哲学王"。他认为,如果哲学家当不了国王,或国王成不了哲学家,国家就不会安宁。因为只有哲学家才懂得什么叫"善",才能在治理国家时,以心中的"善"来教诲人民,在人民中实现万世不易的"正义",使国家趋于道德标准。然而,他在叙拉古的试验却失败了。叙拉古国王狄俄尼悉俄斯二世被舅舅第昂推翻。第昂曾是柏拉图学园里的弟子。可是他又被同学用刀刺死,王位也被这个同学篡夺。此人在位一年,又被别人推翻。这一连串意想不到的变故,使柏拉图神昏目眩、心力交瘁,其学园的声誉也一落千丈。在无情的"现象世界"面前,柏拉图不得不改变了他对人治的一厢钟情。

晚期的柏拉图已变得比较重视法治了。在《政治家》与《法律》中,他开始重视法律的重要性。他比较了依靠个人才智自由地、不受约束地治理国家的构想和统治者的裁量权受到法律限制的国家模式,不得不承认"哲学王"难以寻觅,难以成功,因而认为"法治国"乃是统治人类、治理国家的"第二等好"的选择。在《理想国》中,当他论及可能出现的纷争如何裁决时,曾坚决主张法官应当拥有很大的自由裁量权,不应受法典中固定的呆板规则的约束。而在《法律》中,柏拉图已转而认为,统治者在没有成文法典和法律规定的情形下,不可以随意司法。这一转变,无异于在客观上说明柏拉图客观唯心主义理念论的失败。

柏拉图的法哲学虽然前期与后期略有变化,但从总体上看,他仍是一个囿于客观唯心主义的法哲学家。他的丰富著述是遗赠给人类的宝贵财富,我们可以从中了解在古希腊这一时期里,法律思想是怎样在某种哲学指导下彳亍发展、蹒跚前行的。

公元前347年,柏拉图参加一位朋友的婚礼时,在屋角平静地与世长辞,享年八十岁,永远结束了他的法哲学漫游。

第二章　亚里士多德的法哲学逍遥游

在社会矛盾激烈尖锐而又具备比较自由宽松的学术环境的情况下，必能造就出一些学术巨子。亚里士多德即是继柏拉图之后如璀璨明星般炫耀奴隶制夜空的思想巨人。他与柏拉图同处于古希腊奴隶制由盛而衰的转折时期。社会矛盾、阶级立场常常把他推到与柏拉图政治思想、哲学思想、法哲学理论相左的境界中去。

一、生平、哲学思想和著作

亚里士多德（Aristotle）于公元前384年出生在爱琴海西北岸希腊殖民城邦斯塔吉拉。十七岁到雅典，就学于柏拉图的学园，后来担任该学园教师，前后长达二十年之久。柏拉图死后，亚里士多德离开学园，在小亚细亚的爱索斯自立门户授徒讲学。公元前343年，他应邀担任马其顿王子亚历山大的教师。六年后，亚历山大继位，征服了雅典等希腊各邦，不久又亲率马其顿与希腊军队远征东方。亚里士多德因与亚历山大政见相左，回到雅典的吕克昂重过授徒讲学、著书立说的学者生活，前后达十二年。

在古代希腊思想家中，亚里士多德遗著最多，但在他生前几乎没有公开流传过。传说在他死后，其大量手稿由吕克昂学园首代传人特奥弗拉图交人带到小亚细亚，深埋于地窖达一百三十年，以免官方没收。当这些手稿被发现而送回雅典、被罗马帝国转运至罗马时，已破损且混乱。后经人修复誊抄，直到公元前40年左右，才由吕克昂学园第十一代传人安德洛尼柯整理成书发表。

据传，亚里士多德授徒讲学风格特殊：他常在当地郁郁葱葱的林荫道上，一边与门生愉悦地散步，一边讨论学问、讲述自己的观点。因此，他和他的门徒有"逍遥学派"的雅称。在今天看来，亚里士多德在林荫道上逍遥漫游，似应另有含义。例如，他的大量学术著作，内容涉及历史、哲学、伦理学、政治学、逻辑学、修辞学、法学、心理学、美学、经济学以及物理、天文、动物等自然科学，涉猎之广，几达"前无古人，后无来者"的程度，而且博大精深，许多学科自成体系而为后学鼻祖，所以被誉为"逍遥学派"，确是恰如其分。

但就其哲学思想而言,亚里士多德却常陷于唯物主义和唯心主义之间的重重矛盾之中不能自拔,因此,犹如"城门失火,殃及池鱼",其法哲学也同样摇摆于唯物主义和唯心主义之间,处于自相矛盾的境地。这在他的政治法律主要著作《伦理学》《政治学》与《雅典政制》等中,得到了鲜明的反映。《雅典政制》与亚里士多德的其他著作相比,遭遇更奇更惨,曾湮没失传达两千二百余年。直到1880年,有人在埃及的沙漠里发现了几页古代书写的纸草,据研究,它就是亚里士多德一百五十八种著作中最重要的一种,即《雅典政制》的抄本。它是亚里士多德对雅典等一百五十多个古希腊城邦国家的政制与法律做全面调查研究后的心得。

亚里士多德哲学思想上的矛盾,从形式上看表现在自我评价上的变化:在其早期著作中,他自称"我们柏拉图学派",而后期则改为"他们柏拉图学派"了。从内容上看,表现是多方面或曰全面性的。例如,在《形而上学》第一卷及第十三卷中,亚里士多德批判了柏拉图的理念论。列宁在《哲学笔记》中对此做了高度评价:"亚里士多德对柏拉图的'理念'的批判,是对唯心主义,即一般唯心主义的批判。"① 但在同书中,亚里士多德一面"对于认识的客观性没有怀疑",一面却又"对于理性的力量,对于认识的力量、能力和客观真理性抱着天真的信仰",从而"在一般和个别的辩证法,即概念与感觉得到的个别对象、事物、现象的实在性的辩证法上陷入稚气的混乱状态,陷入毫无办法的困窘的混乱状态。"② 又如,亚里士多德在《范畴篇》中明确肯定个别事物是"第一本体";明确认为知识的对象先于知识而存在,感觉的对象先于感觉活动而存在。总之,《范畴篇》表明他是站在唯物主义立场上的。但在《形而上学》第十二卷及在《物理学》中,他又倒退到唯心论立场上去了。他认为,万物有一个第一推动者,他称之为"不动的动者",就是神,即理性——阿那克萨哥拉③ 所提出的"努斯";而"努斯"的对象就是"善";"善"至高无上、完美无缺,因而不动,但它吸引万物万事趋它而动,因而是"不动的动者"。正是诸如此类的观点,后来被经院哲学和唯心论者所利用,如托马斯·阿奎那就利用它来证明上帝的存在;黑格尔在《哲学史讲演录》里则称亚里士多德的上述思想为"最高的唯心论"。因此,列宁在《亚里士多德〈形而上学〉一书摘要》中指出:"在《形而上学》的开始部分,最具特色和最有趣的地方就是同柏拉图的论战以及因唯心主义的胡说而发生的绝顶天真的'困惑的'问题和怀疑。而所有这一切又在关于基本的东西,即概念和个别东西这个问题上陷入毫无办法的混乱。"④ 再如,亚里士多德的哲学体系是一个运动变化的发展体系。恩

---

① 《列宁全集》第38卷,第313页。
② 《列宁全集》第38卷,第416页。
③ 古希腊哲学家。
④ 《列宁全集》第38卷,第416页。

格斯在《自然辩证法》中指出:"两个哲学派别:带有固定范畴的形而上学派,带有流动范畴的辩证法派(亚里士多德、特别是黑格尔)。"① 但亚里士多德并未将辩证法思想贯彻到底,当他探讨运动的永恒性时,在其辩证法中又出现了僵死的东西:他用"潜能"和"现实"等流动的范畴构筑哲学体系,但又设置了最后的终极,肯定最后一个不带任何"潜能"的"纯现实"即"不动的动者"。这后来就被黑格尔利用作构筑其"绝对观念"的理论根据了。

正是由于在哲学王国漫游中的矛盾、彷徨与变化无常,使得亚里士多德的法哲学同样地显出左右摇摆、自相矛盾的特点。

二、论法治与人治

几乎所有的政治学、法律思想史著作,都把亚里士多德说成是一个法治论者。诚然,亚里士多德在其著作中经常强调法治优于人治。他在《政治学》中指出:"让一个人来统治,这就在政治中混入了兽性的因素。"② "法律是最优良的统治者。"③ "法治应当优于一人之治。"④ 他认为,第一,法律由众人制定,众人的判断总比个人的判断为佳,犹如众人合资所办酒宴总比一人独办丰盛一样。第二,法律没有感情,不会偏私。他说:"凡是不凭感情因素治事的统治者总比感情用事的人们较为优良。法律正是全没有感情的。"⑤ 第三,法律具有稳定性,因为它不会说话,不至于像人那样易于信口开河,今天这样,明天又那样。第四,法律是借助文字表达的规范形式,具有明确性的特点。正因为上述观点,亚里士多德被看作是西方最早崇尚法治的人。《中国大百科全书·法学》中,肯定"亚里士多德极为重视法的作用"⑥。《法学词典》甚至断言,亚里士多德"始终重视法律的作用"⑦。

然而,在另一些场合,亚里士多德却认为"法治"的统治未必适合于一切社会,"有些社会自然地宜于专制式的统治(家主对于奴隶的统治),另一些宜于君王为治,……"⑧。他在分析研究了当时希腊城邦国家的各种政治制度后,将政体分为六种:君王制、贵族制、

---

① 《马克思恩格斯全集》第20卷,人民出版社1973年版,第545页。
② [古希腊] 亚里士多德:《政治学》,商务印书馆1981年版,第169、171页。
③ 同上,第171页。
④ 同上,第167—168页。
⑤ 同上,第163页。
⑥ 中国大百科全书总编辑委员会《法学》编辑委员会、中国大百科全书出版社编辑部编:《中国大百科全书·法学》,中国大百科全书出版社1984年版,第687页。
⑦ 《法学词典》编辑委员会编:《法学词典》,上海辞书出版社1980年版,第217页。
⑧ 同②,第171—172页。

共和制、民主制、寡头制、僭主制。他认为，前三种是好的、正常的、理想的政体，后三种则为坏的、变态的，但却是现实的政体。他一方面认为共和制就是由大多数人民（除奴隶外）制定出好的宪法、按照宪法行事的理想的政体；另一方面，他又再三强调由少数有治国才德的贵族来统治，才是他理想的贵族政体。显然，亚里士多德在这一点上是直接肯定了柏拉图的"哲学王"理论。《西方著名哲学家评传》一书对此做了恰当的评析："过去有人说：柏拉图主张让哲学家当王，是主张人治的，亚里士多德主张法治，他们师生在这个问题上刚好是相反的。其实，这也是从表面上看问题。柏拉图主张哲学王，因为他认为只有哲学家才能懂得怎样治理国家的道理，掌握治理国家的知识，所以他实际强调的还是理性—知识。亚里士多德强调要重视法律，也是因为法律是按照理性来规定的，是以知识为基础的。所以他们两人所强调的实际上都是理性—知识。重视理智的作用，这是从苏格拉底到柏拉图，再到亚里士多德的一贯主张。"①

因此，亚里士多德并不是什么彻底的法治论者。在法治和人治的关系这一法律观念上，可以明显地看出，由于他在哲学上摇摆于唯物主义与唯心主义之间，当他正视现实生活的矛盾时，会强调法治，而当他做思辨推论时，又不免经由"理性—知识"的桥梁而落入人治的窠臼。因此，如果说亚里士多德阐述了许多法治方面的观点因而给后世以巨大影响，无疑是正确的；但是如果不恰当地夸大这一点，断言亚里士多德是个"法治主义者"，甚至是反对"人治"的"法治主义者"，那就会一步越出真理的"雷池"而归入谬误了。

三、论法的作用

亚里士多德关于法的作用的观点，具有在唯物地承认法的客观功能与唯心地强调"个人理智"从而否定法的客观功能之间游移不定的摇摆性。这与他对法治与人治的关系的论述，是如出一辙的。

亚里士多德在《政治学》中，要求把一个以法律为基础的国家作为达到美好生活的唯一可行的手段，认为人在达到完美境界时是最优秀的动物，然而一旦离开法律就会成为最恶劣的动物。他不但重视成文法的作用，而且也重视习惯法的作用。他说："积习所成的'不成文法'比'成文法'实际上还更有权威，所涉及的事情也更为重要。"② 亚里士多德认为，法律是一种"合同"，是"权利的保证"。他赞同智者吕哥弗隆的"法律只是'人们互不侵害对方权利的（临时）保证'而已"的说法，指出"法律的实际意义"在于"促成全邦人民都能进于正义和善德的制度"③。从这些言论可以看出，亚里士多德是承认法律的

---

① 叶秀山、傅乐安编：《西方著名哲学家评传》第 1 卷，山东人民出版社 1984 年版，第 70 页。
② 《政治学》，商务印书馆 1981 年版，第 169—170 页。
③ 同上，第 138、163 页。

客观功能的。但是，亚里士多德同时又认为，"完全按照成文法律统治的政体不会是最优良的政体"①。他指出，当法律不能及时地适应变幻不定的现实生活时，还得运用理智，求助于最好的个人或请教全体人民。那么，什么是"最好的个人"呢？第一，他必须不是奴隶，因为奴隶在他看来不过是"会说话的工具"。第二，他必须是生性优美、适于从事政治活动的人。第三，他必须是"至善"的体现。这种体现"至善"的生性优美的适于从政的个人，其理智高于法律。也就是说，个人理智的作用大于法律的作用。个人的理智又重新返回到审定是非、裁决功罪、治理国事直至修订法律的重要地位上。显然，当这样论述问题时，亚里士多德又否定了法的客观功能了。究竟是法更重要还是人的理智更重要呢？我们如果不加思索地跟着他在法哲学王国里漫游，那也会左右失措的。亚里士多德曾打比方说："右手自然强于左手，但任何一个人都可以使左右手变得同样有力。"E.博登海默在《法理学——法哲学及其方法》一书中指出："亚里士多德用这种含糊的方法阐述其思想，任何想原原本本解释其思想的企图都变成了凭靠运气的猜测。"②因此，如果我们不愿意凭靠运气去做猜测的话，那么只能说，亚里士多德是重视法律的作用的，但不能说他真正认识了法律在调整社会关系中的无可替代的作用。因为对法律作用的真正有价值的评价，不可能建立于在唯物论与唯心论之间飘忽游移的基础上，也不可能建立于在辩证法与形而上学之间徘徊踯躅的基础上。

所以，亚里士多德关于法的作用和重要性的论述，在遇到具体的法律问题时，往往明显地暴露出理论的不彻底性与游移态度。例如，他分析有三种犯罪原因：一为缺乏衣食；二为温饱之余为情欲驱使而寻欢作乐；三为追求权威、肆意纵乐。对此，他提出了三种对策：对于第一种情况是提供给犯罪者相当的资财与职业；对于第二种情况是培养其克己复礼的品性；对于第三种情况是采取教育的办法，使其知足常乐，与世无争。亚里士多德是一个把奴隶当作"会说话的工具"的奴隶主阶级代言人，他所论及的上述犯罪不是指奴隶的犯罪，而是指奴隶主与自由平民的犯罪；他所开出的救治犯罪的药方中，没有一剂是法律惩戒手段。也就是说，他所重视的往往是法律以外的手段。这当然与他常常不自觉地为其先师柏拉图，为唯心主义理念论法哲学所左右分不开。而这再次证明，他并不是什么始终"极其重视法的作用"的。

四、论立法和对法的客观评价

在这个问题上，亚里士多德也没有能够表现出法哲学观的彻底性与坚定性。我们所看到的，仍然是他在法哲学逍遥游中的左右摇摆。

---

① 《政治学》，商务印书馆1981年版，第138、163页。
② 《法理学——法哲学及其方法》，华夏出版社1987年版，第12页。

古希腊哲学界中的"智者"大多是一些主观唯心主义者。例如，最著名的"智者"普罗塔哥拉就曾提出"人是万物的尺度"的观点。在法哲学上，"智者"派从"正义"随国家和个人的不同而有不同标准，因而什么是"善"也难以确定出发，认为法律是由习惯造成的，是人为的，不是天然如此的。也就是说，法律制度的确定是主观的，没有客观的标准。在这个问题上，亚里士多德继承了苏格拉底和柏拉图的思想，采取反对"智者"派的态度，认为法律、规章制度不能只是主观的，应有其客观的标准。上述"智者"派的观点，反映了当时希腊奴隶主民主制盛行时期进步民主派要求改革法律传统的要求，带有进步意义；与之对立的柏拉图、亚里士多德的观点则是属于保守的、落后的。同时，亚里士多德的法律的客观标准最终还是所谓"善"。他在关于伦理学的著作中指出，一切技术、研究、行为都以"善"为目的；政治学作为治理国家的最高的统治技术，可以表达最高的"善"。他认为，只有哲学的沉思，才能认识最高的"善"。但究竟什么是"善"呢？亚里士多德只是说到，"善"既不是"过"，也不是"不及"，"过"与"不及"都是"恶"，只有"中庸"之道才能臻于"善"。这样，当与法律的客观标准联系起来时，"中庸"就成了衡量法律的准绳了。但"中庸"又只有哲学的沉思才能认识，法律的客观标准还得到哲学的沉思中去寻找与澄清。这样，亚里士多德在法的评价标准上，就又陷入唯心主义的窠臼中去了。但是，单从他主张法律应有客观的评价标准看，他的观点还是有利于唯物论的。

在立法方面，亚里士多德强调必须遵守下列原则：第一，所订法律应该反映中产阶级的利益。他认为，一个城邦最好由中产阶级掌握立法权。他说，雅典的民主改革者梭伦和斯巴达的改革家莱库士都属于这样的中产阶级，他们都取得了改革的成功。在亚里士多德看来，中产阶级比其他阶级稳定，既不会像穷人那样觊觎侵夺别人的财物，也不会像富人那样对别人抱有阴谋而常自相残杀。他们过着无忧无虑的平安生活，具有"中庸"的美德；因此，反映中产阶级的利益，也就具有中立不倚的优点，有利于社会秩序的稳定，达到正义的要求，使人心趋善。第二，要详细研究国情，包括国家大小、人口多少及与邻邦的关系，此外还要注意国家财力、军力的实际及其需求等。他认为，非如此则难以使所立之法适应国家安全、社会安宁的需要。第三，要照顾到对公民尤其是青少年的教育，使之适应城邦的政治体制及其生活方式。亚里士多德认为："立法者是凭借使公民养成习惯而使他们好的，而这乃是每一个立法者所希望的，那些没有做到这一点的人，就没有达到目的，而正是这一点使得一个好的法制有别于一个坏的法制。"[①] 这就是说，"好的法制"应以利于养成公民好习惯为原则。第四，法律要有稳定性，但也要有灵活性，因此立法要有利于适时修改。亚里士多德认为："法律必须在某些情况、某些时候加以变革"[②]，而如果

---

① 《古希腊罗马哲学》，第323页。
② 《政治学》，第80、81页。

"守旧安常，就显得荒唐了"①。同时，他还认为法律的修改要慎重，轻易修改会使民众的守法习惯淡漠，法律权威性也将日趋低落。

从法必须有客观的评价标准的角度看，亚里士多德的以上论述无疑在一定程度上反映了他的唯物主义法哲学观，但是，如果深入追究他的法哲学观的本质，我们往往还可看到唯心主义阴影。首先，亚里士多德的法律价值判断的终极标准"善"，就不属物质性的范畴，带有极大的主观随意性。不仅如此，如前所述，亚里士多德还把"善"看作是"不动的动者"，万物的最高目的，其本身就是唯心论的强烈表现。因为用"善"去解释万物的产生、存在与发展，去评价万物的高下是非，正像更古老的人类虚构出神来解释自然变化一样，最终必与神学唯心论归于一路。其次，亚里士多德关于立法必须为中产阶级利益服务的原则，也仅仅是作为立法必须从客观实际出发这一个角度看待而具有唯物论的特点，如果作为一个普遍原则，就只能说是一个唯心主义者的一厢情愿了。这种思维方式本身当然不是典型的唯物论的。

以上对亚里士多德法哲学逍遥游中的负面评析，丝毫不意味着对他的成就的否定。亚里士多德法哲学的许多观点，是值得肯定的，而且实际上也已得到了肯定。亚里士多德强调法治优于人治，对法律作用及其评价标准、立法目的与立法原则等方面的阐述，撇开其摇摆不定、含糊不清之点，确有其独到之处。

不仅如此，作为古代希腊（甚至古代西方）最伟大的辩证法论者，作为在逻辑学上做出了奠基性贡献的思想家，其法哲学逍遥游给我们的启示还是相当的多。这里，仅择其二略加述评。

五、辩证的法律观

法律、正义和度。度是一个重要的哲学概念，是事物的质和量两个方面对立统一的具体表现。亚里士多德虽然没有直接而明确地论述过"度"这一范畴，但在他的法哲学思想中，却处处贯彻了把握事物的度的辩证思想。主要表现在其"中庸"思想上。在法律、伦理、道德问题上，亚里士多德反复强调他认为最重要的一个原则，就是不能"过"或"不及"，人们把这叫作亚里士多德的"中庸之道"。他说，人的一切行为都有过度、不及、适中三种状态。"美德就是涉及激情和行动的，在其中过度乃是一种失败的形式，不足也是这样，而中间则受称赞并且是一种成功的形式，而受称赞和成功，都是美德的特性。因此，美德乃是一种中庸之道……"②。在法律观上贯彻"中庸之道"，就是使法律的制定和实施、法律的修改都合乎"正义"。在亚里士多德看来，"正义"是一种美德，分为"普遍

---

① 《政治学》，第80、81页。
② 《古希腊罗马哲学》，第321页。

的正义"和"个别的正义"。"个别的正义"又可分为"分配的正义"和"平均的正义",而法律是正义的体现,"法律也有好坏,或者是合乎正义或者是不合乎正义。"① "要使事物合乎正义(公平),须有毫无偏私的权衡;法律恰恰正是这样一个中道的权衡。"② 要使法律合乎正义而适度,在奴隶制社会里当然是不可能的,但亚里士多德所表达的这一原则性思想,却是后世立法所应遵循的辩证观念。

在法律的可变性问题上,亚里士多德认为,初期的法律不可能十分周详明确,必须依据人类的经验进行变革,必须修订或补充现行的各种规章,使之日臻完备。他还认为,法律可以全面变革,也可以部分变革。法律始终是一种一般性的论述,而且具有刚性,这就会导致个别案件处理的困难,因为实际生活中总存在着一般性的陈述所不能囊括无遗的情形。为此,亚里士多德设计了所谓的"衡平"(epieikeia)对策。他将"衡平"视作当法律因其太原则而不能解决具体问题时对法律进行的一种补救。亦即当法律无法解决个别案件的独特情形时,法官可以离开法律的字面含义,并像立法者可能决断的那样去审理案件。英国早期的衡平法制度与其大体一致。这里,剔除其阶级性局限、阶级利害的偏私,以"衡平"补救法律的不足,正与法律可变性思想一致,反映了他的辩证法哲学思想。

关于法律和政体的辩证关系。亚里士多德在《政治学》和《雅典政制》中,反复阐述了法律决定于政体、又对政体起反作用的双向互动关系。他讨论了"什么是最好的政府形式"和"什么使得它成为最好的"问题,认为中等阶级占统治地位的贵族政体是"最好的政府形式",与之相应且由它决定的是"中等的法制或近似的法制";"至于其他的法制,既然我们说民主政治和寡头政治的种类很多,那么我们现在已规定出哪一种是最好的之后,就不难去认识按其优越性的次序上,哪个是第一、哪个是第二或其他的位次了"③。这就是说,政体的好坏,决定着法制的好坏。同时,他又强调了法制的反作用。他指出,"法制可以比作城邦的生命"④。"暴君政治从那些中等的法制或近似的法制中,就不会这么容易产生出来"⑤。要使法律为所选择的适当的政体服务,"立法者永远必须把中等阶级包括在他的政治里面;如果他把他的法律订成寡头政治式的,那就让他要照顾到中等阶级;如果他把法律订成民主政治式的,他同样也应该用他的法律使这个阶级紧靠国家"⑥。

---

① 《政治学》,第 148、169 页。
② 同上,第 148、169 页。
③ 《古希腊罗马哲学》,生活·读书·新知三联书店 1957 年版,第 330、331、332 页。
④ 同上,第 329 页。
⑤ 同上,第 330 页。
⑥ 同上,第 332—333 页。

六、法律观的逻辑思想

在学术上，亚里士多德的"主要贡献在于奠定逻辑思维的基础，使推理彻底一贯达到最大效果"[①]。作为形式逻辑的奠基人和辩证逻辑若干要点的最早阐发者，其在法律和政治学说中处处运用强有力的推理和其他逻辑方法，从而显得颇具理论说服力。

逻辑划分是他经常运用的逻辑方法。作为实在论哲学家，他把存在于人的意识之外的实物的原因或元素一分为四，即"质料因"、"形式因"、"动力因"、"目的因"；把"正义"这一人们社会关系中的美德划分为"普遍的正义"和"个别的正义"，又把"个别的正义"划分为"分配的正义"和"平均的正义"；把政体划分为六种，又将这六种分别归类为二；按法律的作用和效力，他把法律分为基本法和非基本法，按法律的形成或渊源，又将它分为人定法和自然法，按法律的形式分为习惯法和成文法；等等。

亚里士多德的法律逻辑推理的前提往往是主观的设想，并无切实的社会阶级分析材料，但是，凭借他的强有力的逻辑推理，却颇为动人。例如他说："这些考察会帮助我们了解，何以大多数的政制或者是民主政治的，或者是寡头政治的。理由就在于在这些国家中中等阶级很少是人数众多的，于是不论是富人方面，或普通的人民方面，一逾了中庸之道而占得优势，就把国家法制拉在自己一边，从而就或是产生了寡头政治，或是产生了民主政治。"[②] "只有在中等阶级较其他阶级之一或较两者都占上风的地方，政府才能够稳定，在这种情形之下，就不必怕富人会和穷人结合起来反对统治者了。因为这两个阶级中的任何一个都永不会愿意服从另一个，而如果他们找寻一种更适合于双方的政府形式，他们就会发觉再没有什么比这个形式更好的了；富人和穷人永远不会同意轮流来统治的，因为他们彼此互相不信任。仲裁者永远是被信任者，而且只有中等阶级中人才能是仲裁者。政治上各种成分的调配越完善，法制就越能持久。"[③] 在法治与人治的关系、法律与正义的关系、法律与政体的关系以及法律的制订与实施的关系等方面，亚里士多德的各种逻辑推理方法都起着重要的论证作用。

从上述亚里士多德将逻辑学在法律观方面的娴熟运用可以发现，他的法律观所蕴含的逻辑思想，在古往今来千百个法哲学家中，是显得比较突出的。其法律观的逻辑思想，主要可概括如下：第一，法律观方面的定义的相称相应；第二，法律划分逻辑依据的合理性与层次性；第三，法律推理的逻辑性（三段论大小前提与结论之间的有机联系与可推出性

[①] 中国大百科全书出版社《简明不列颠百科全书》编辑部译编：《简明不列颠百科全书》第8卷，中国大百科全书出版社1988年版，第782页。
[②] 《古希腊罗马哲学》，第331页。
[③] 同上，第333页。

等）；第四，法律证明与反驳的逻辑性；等等。这些法律观方面的逻辑思想无疑都应得到具体的阐述，法哲学提出了这一任务，法律逻辑学应予具体的研究。

尽管亚里士多德的法哲学思想由于摇摆于唯物主义和唯心主义之间而常常自相矛盾，但因其善于使用逻辑方法进行论述、证明，还因其善于运用辩证方法进行说理分析，所以，亚里士多德在法哲学领域的逍遥游仍然显得相当轻松自如，对后世也产生了巨大影响，并且给我们构建新的法哲学以种种启迪。

第三章　斯多葛派通往上帝的自然法观念

一、自然法观念和斯多葛派

自然法观念是西方法哲学中源远流长、影响深广的法哲学基本观念，通常指人类所共有的权利或正义体系，与"实在法"或"成文法"相对称。古希腊智者派首先将"自然"与"法"加以区分；亚里士多德把法律分为"自然法"与"人定法"；斯多葛派完成了在罗马法学中引进自然法观念的任务，对自然法观念做了多层面的阐述。此后，中世纪的经院法哲学家、17—18世纪欧洲资产阶级革命时期著名的法哲学家霍布斯、洛克、孟德斯鸠和卢梭等人，都对自然法做了大量的论述。直至19世纪90年代，还出现过新自然法或新托马斯主义法学。因此，在西方法哲学专著中略而不论斯多葛派的自然法观念，是莫大的缺失。

斯多葛派作为一种哲学和作为一种法哲学学派，其产生和发展绵延达四、五百年之久，其众多代表人物的活动地域远远超过希腊城邦国家的范围。要加论述，有不言自明的困难。

更为困难的是，斯多葛派虽然写下了大量的著作，但早期和中期斯多葛派的著作留传极少，只能根据时人的记载，如第欧根尼·拉尔修、普鲁塔克、辛普里丘、塞克斯都·恩里披柯及西塞罗的著作，披沙拣金，择要而述；晚期斯多葛派遗著，今天能见到的还算不少，但论及法哲学的十分分散，这同该派注重伦理学而不是法学分不开。因此，对于斯多葛派法哲学思想的论述方式，不得不与其他篇章略有不同。我们将以斯多葛派的自然法观念为线索，按其有关观点，穿插述评这些观点及有关观点的主人。

自然法观念的基本概念，或自然法观念的思维基础，是"自然"。"自然"这一概念早在斯多葛派之前已为古希腊哲学家们所运用。当时的"自然论"哲学家认为，法律以及其他社会政治制度都是事物本性的一部分，因自然而来，有自然根据。例如，犬儒学派就认为，顺从自然而生活，意味着回到"自然"状态去，回到原始生活去；因此，诸如国家、法律、名利、苦乐、宗教、文化，等等，都可漠不关心，尽应置诸脑后。斯多葛派汲取了古希腊哲学家的"自然论",提出了"自然法"概念。

二、斯多葛派奠基人芝诺的自然法观念

斯多葛派的奠基人是芝诺(Zeno,约前335—约前263年)①。由于大致同一时期的著名希腊罗马人物中有好几个"Zeno",所以,一些法哲学著作中把(我们这里提及的)芝诺称为"季蒂昂的芝诺",以其出生地塞浦路斯岛的季蒂昂而命名。芝诺早年读过柏拉图所写的记载审讯苏格拉底经过的《申辩篇》,对苏格拉底由衷敬佩。后经商失败,便致力哲学,受教于雅典的犬儒学派学者克拉提;后又学习麦加拉派的辩证术;还到柏拉图学院听过讲学,读过亚里士多德等的著作。约在公元前300年,芝诺开始在雅典设帐授徒。他的讲学地点是用绘画装饰、一侧为墙一侧为廊柱的有顶的柱廊。这种建筑物,希腊人称为"斯多葛",芝诺成名之后,他的学派就因此得名。据第欧根尼·拉尔修说,芝诺他们把哲学比作动物,其中逻辑学是骨骼与肌腱,自然哲学是有肉的部分,伦理哲学是灵魂;他们还把哲学比作鸡蛋,逻辑学为蛋壳,伦理学为蛋白,自然学为蛋黄;等等。芝诺他们还把哲学比作有城墙防守的城市,为理性所管辖,共有三个部分,即逻辑学、伦理哲学和自然哲学;任何一部分都不比其他部分优越,它们是联结着并且不可分地统一在一起的。②

芝诺从他的"为理性所管辖"而"有城墙防守的城市"的哲学出发,把"自然"概念作为其哲学体系的核心。

所谓"自然",按芝诺的理解,就是一种统治原则,其本质就是理性。所以,芝诺的"自然"概念,作为其哲学体系的核心,同样是"为理性所管辖"的。在芝诺看来,"自然法就是理性法。人类作为宇宙自然界的一部分,本质上是一种理性动物,服从理性的命令,根据人自己的自然法则安排其生活"③。也许正是由于这样的哲学、伦理学和自然法哲学观念,芝诺过着俭朴恬淡的生活而怡然自得。传说,他最后是自缢或绝食而自愿死去的。这种以自愿死去的方式结束生命,为斯多葛派所鼓励,他们认为"自由的死"是勇敢者的标志。

三、芝诺的传人克吕西普的自然法观念:理性=上帝=自然法

继芝诺之后领导斯多葛派的,是生于基里基亚的克吕西普(Chrysippus,约前281—前208年)。克吕西普在其《论主要的善》中说,按照美德生活,也就等于是按照一个人

---

① 见《简明不列颠百科全书》。《辞海》写作Zenon,约前336—约前264年。
② 《古希腊罗马哲学》,第371—372页。
③ 《法理学——法哲学及其方法》,华夏出版社1987年版,第13页。

对那些由自然而发生的事物的经验而生活。这是因为每个人的本性都是普遍本性的一部分，因此主要的善就是以一种顺从自然的方式生活，也即顺从一个人自己的本性和顺从普遍的本性；不做人类的共同法律惯常禁止的事情，而那共同法律与普及万物的正确理性是同一的，这正确理性，也就是宙斯，万物的主宰与主管。

从芝诺到克吕西普，斯多葛派的自然法观念由"理性"这一不明其真实含义的概念，发展到"理性＝上帝"这样一个含义明确的命题；而且，这"理性"与人类共同的"法律"是"同一"的。这是斯多葛派法哲学根本观点的鲜明表述。这样，克吕西普把芝诺的自然法观念导向了天命论。

斯多葛派法哲学家们的哲学观，并不否定自然界的客观性，他们认为，自然万物是有组织、有系统、不断运动的活生生的东西。但同时他们又肯定理性、灵魂、上帝的真实存在，从而把唯物主义与唯心主义揉成一团。芝诺及其传人，把赫拉克利特以火为万物最原始的基质这一唯物主义论断，作了唯心主义的发挥，认为上帝就是最原始的火，因此，上帝也就成了万物的原动力。他们又把上帝这种"原始的火"称为普遍的理性，与自然法等同。

四、斯多葛派晚期代表爱比克泰德的自然法观念

晚期斯多葛派法哲学家爱比克泰德（约50—138年）出生于奴隶家庭。年轻时曾听过斯多葛派哲学家穆索尼乌斯·鲁富斯的讲课。后来成为自由民。他曾在爱彼鲁的尼可波利聚徒讲学。他仿效苏格拉底，述而不作。他的学生阿里安记录了他的谈话，编有《爱比克泰德谈话集》共八卷，传世的有其中四卷。爱比克泰德认为，人事有"在我们能力以内"和"不在我们能力以内"之分，在我们能力以外的事是由上帝的意志、天命所决定的。上帝是我们这个世界的主宰，上帝提供了世上的万事万物；上帝的本质就是健全的理性，它也是善的本质，人要行善就得服从上帝的意志。在法哲学方面，爱比克泰德最主要的观点是：违反法律者应予以惩罚，但惩罚不仅只是一种威胁，还应看作是对罪犯的挽救，因此，这种惩罚一般应以宽恕来予以缓和。他认为，所有的人都是上帝的后代，按本性大家都是兄弟，所以应给一切人以爱，而不是以恶报恶。

爱比克泰德的上述法哲学观点是斯多葛派后期思想家法律观念发展的结晶。在他之前，塞涅卡（约前4—公元65年）也发表过类似的看法，认为对作恶者要进行惩罚，但惩罚不是为了发泄怨愤或施行报复，因此，惩罚必须是宽大的。塞涅卡曾为罗马元老院的元老，因卷入统治集团的内争而引起皇帝不满，后被控与皇帝的侄女私通而被放逐，获释后被召回罗马，当了尼禄的教师。尼禄当了皇帝后，塞涅卡成了他的主要顾问；最后被控参与推翻尼禄的阴谋活动，被尼禄命令自行切断动脉而死。塞涅卡的被处死，是对他所倡导的宽大的惩罚论莫大的讽刺。但这并不意味塞涅卡、爱比克泰德的宽大的惩罚论没有任何

社会影响。

五、马可·奥勒留的自然法观念

有意思的是，晚期斯多葛派中出了一位皇帝。他就是马可·奥勒留·安东尼（121—180年）。十一岁起就孜孜不倦地学习斯多葛派著作，成为罗马皇帝后仍然致力于实践斯多葛派的理论。他著有《沉思录》十二卷。马可·奥勒留十分敬重爱比克泰德的学说，力求保持和发扬爱比克泰德所阐明的原则。他认为，自然界事物的严格秩序是宇宙的本性，也即上帝的意志、天命；上帝决定着宇宙的秩序，也决定着人的命运。他鼓吹人人皆兄弟、彼此应相爱，认为彼此敌对而行是违反本性的并且也是使人恼怒和应该鄙弃的，因此，即使对于犯了罪的人，也要同情他们，宽恕他们，爱他们。

以上我们已大体可以看出了斯多葛派的自然法哲学观念的发展轨迹。这就是从芝诺的"自然法"概念的提出，经由他的学说的传人导向自然法即上帝的意志，并由晚期斯多葛学派思想家发挥了诸如宽大的惩罚论等自然法观念的具体内容。另外，在斯多葛派的自然法观念中，还包括人人平等的原则、动机决定一切的法律责任观和世界大同的单一法律观等。

六、斯多葛派的自然法原则

关于人人平等的原则。斯多葛派从人人都是上帝的创造物出发，认为人们在本质上是平等的，自然法的基础是理性和正义，以性别的不同、阶级的差别、种族的相异或国籍的区分而歧视人是不正义的，是与自然法精神背道而驰的。斯多葛派思想家塞涅卡曾公然要求调整奴隶制度使之更加人道。在斯多葛派这一观点的影响下，一些皇帝采取了若干实际步骤改善奴隶的法律地位。如克劳迪亚斯皇帝裁决年迈或患病的奴隶获释后可以成为自由人；哈德良皇帝下令禁止未经法官判决而处死奴隶，禁止私人监禁奴隶，禁止对未经证明犯罪的奴隶进行刑讯逼供，等等。其实，这些皇帝实行上述措施，首先是由当时的社会经济、政治发展状况决定的。希腊城邦奴隶制发展到公元前4世纪时，政治、经济上都产生了危机，社会矛盾激化。同时，由于征战频繁，当时也十分缺乏劳动人手。在这样的情况下，部分地解除对奴隶的束缚就成了社会的客观需求。正是在这样的前提下，才使以这一前提为基础的斯多葛派平等观得以发挥其影响。

关于动机决定一切的法律责任观。斯多葛派把动机作为衡量道德的标准，从而认为一切罪恶都是同等的。他们认为，一个真实的东西并不比另一个真实的东西更真实，一个虚假的东西也不比另一个虚假的东西更虚假，所以，一个欺骗不比另一欺骗更大，一个罪恶也不比另外一个罪恶更大。他们说，因为一个距离卡诺布五十里的人，同一个距离卡诺布只有半里的人，都同样不在卡诺布，所以一个犯了较大罪恶的人同一个犯了较小罪恶的人，都一样是不在正路上①。正因为如此，斯多葛派不同意亚里士多德的"中庸之道"论，认为只要是恶，适度与过度都是一样的。由此出发，他们反对一切激情，主张要"断激情"；财富、荣誉、地位、健康、生命等都是无足轻重的，从而导致了实质上的禁欲主义。他们还认为，只有实行这样的禁欲主义，才不至于让感情放纵而犯罪，而只有不犯罪才不必承担法律责任。这种以动机决定一切的法律责任观，符合当时奴隶主统治集团的需要，因为它可以麻醉奴隶的斗争精神，听天由命地服从奴隶主阶级的摆布。

关于世界大同的单一法律观。斯多葛派认为，"因为人与人都是兄弟，人与人必须互相友爱"，所以"人所生活的社会必须是一个具有普遍性的社团，是一种'国际城邦'（Cosmopolis），是一种'大同国家'（Universal State）。其中只有一种适合于所有的人的法律和权利，只有一种普遍的秩序，只有一种准则（或尺度、标准）。这种法律、秩序、准则都是合乎理性的，或者说都源于同一种世界理性。所有的人都要服从这同一种法律、秩序和准则，都是同一国家的公民。"②诚如黄颂杰所撰《斯多葛派》一文所说的那样："旧的希腊城邦制的崩溃，奴隶制在更大范围更大规模上的发展，国家的地域观念日益扩大，特别是罗马帝国，可以说是名副其实的世界性大帝国，这个帝国要求有统一的法律、制度……"③斯多葛派的世界大同、实行世界统一的单一性法律的观点，正是这一时代的政治需要。

综上所述，斯多葛派自然法哲学植根于唯心主义世界观，又把唯心主义与唯物主义糅合在一起而最终仍步入以上帝、天命为归宿的客观唯心主义，因此，我们把斯多葛派的法哲学判定为通向上帝的自然法观念。对这种通向上帝的自然法观念做了最全面阐述的，是斯多葛派著名思想家西塞罗。

---

① 《古希腊罗马哲学》，第375—376页。
② 叶秀山、傅乐安编：《西方著名哲学家评传》第2卷，山东人民出版社1984年版，第111页。
③ 同上，第77—129页。

第四章　古希腊罗马自然法哲学的集大成者西塞罗

一、西塞罗的生平和主要贡献

西塞罗（Marcus Tullius Cicero，前106—前43年）是古代罗马的政治家和律师，以雄辩著称。作为斯多葛派的一员，他是古希腊罗马自然法哲学的集大成者。西塞罗出身于富有的家庭，公元前80年因为罗希乌斯辩护而在法律界声名大振。公元前70年又因控告卸任总督威勒斯而功名显赫。公元前66年任大法官，三年后当选为执政官，被卡图卢斯誉为"国父"。公元前60年末，他拒绝凯撒要他参加凯撒、克拉苏、庞培政治联盟的邀请。公元前58年，P. 克洛狄乌斯任保民官，西塞罗处境危殆而庞培又拒绝帮助，只好逃出罗马，不久即被宣布放逐。当凯撒等重建三头联盟时，西塞罗屈于压力被迫表示支持，但从此不再积极参与政治角逐而潜心著述，写成《论演说术》《论共和国》和《论法律》等大量著作。凯撒遇刺之后，西塞罗再次卷入政治漩涡，不久即被"后三头"（渥大维、安东尼、李比大）的军队所杀。

西塞罗在法哲学方面的主要贡献，是把斯多葛派的自然法观念做了整理，构成了完整的自然法哲学思想体系。有的论者认为，西塞罗在政治思想上并无独创的东西。这是不符事实的。西塞罗在构建自然法哲学思想体系时，一方面汲取了斯多葛派先师的各种自然法观点，另一方面，他又补充了不少新的观点。否则，古希腊罗马的自然法哲学体系是无由构成的。

二、自然法和人定法

承继斯多葛派先师的自然法哲学观念，西塞罗认为，自然法就是"事实上存在着一种符合自然的、适用于一切人、永恒不变的、真正的法——正义的理性。这个法通过自己的命令鼓励人们履行他们的义务,又通过自己的禁令约束人们不去为非作歹"①。在西塞罗看来,自然法是制定人定法的准则,人定法中的"正义"正是自然法所蕴含的"永恒正义"的体现。和芝诺等人一样,西塞罗认为:"法律是最高的理性,是从自然生出来的,指导应做的事,禁止不应做的事","这种理性,当在人类理智中稳定而充分地发展了的时候,就是法律"。至于人类理性的来源,西塞罗同样求助于上帝。他说:"人是上帝赋予的各种活的生命当中唯一具有理性和思维的生命","人是具有充分理性的动物"②。西塞罗在论及自然法时,总是申明上帝监护、统治着宇宙,是人类唯一的主宰,是自然法的制定者、解释者和颁布者。

但上帝毕竟太虚无缥缈,因此,西塞罗创造性地提出,上帝是通过人间的执法官发挥作用的。他说:"由于法律统率执政官,执政官又统率人民,那么毋庸置疑,执政官是说话的法律,法律是沉默的执政官。"③这样,西塞罗似乎比他的斯多葛派同道们略为自圆其说地沟通了自然法观念在人类与上帝之间的桥梁关系。

但西塞罗目睹政坛剧变,对上述"法律=执政官"论似乎也感到破绽不小。所以,他又一再强调法律是上帝的意志,是和上帝的心意同时发生因而高于一切人定法的;这种法律就是自然法,它是万世长存的最高法律,产生于国家成立之前,也产生于人定法之前。

三、自然法与恶法

这种观点当然与"法律=执政官"论不无抵牾,但却为他构筑并划分他的人定法为"真正的法律"与恶法两种截然不同的东西提供了方便。

他认为,人定法必须以自然法为标准,按照上帝的意志,为着维护国家的统一和人民的幸福、安全而制定的法律,是"真正的法律"。与"真正的法律"背道而驰的是恶法。西塞罗认为,相信一个国家的法律全都合乎理性,符合正义,是"最愚蠢的想法"。他指出,难道暴君制定的法律也是正义的吗?例如,规定独裁者可以不经审讯就处死一个他想处死的无辜公民的法律,就是不正义的恶法。他强调指出,国家实施的恶法根本不配称为法律,而只能被称为一伙强盗在其集团内可能制定的规则。关于"真正的法律"与恶法的区分,无疑是西塞罗对斯多葛派自然法观念的一种新贡献,使自然法哲学略略脱离唯心主义的窠臼,而带有人世间的气味。但是,由于他的这些论述并非依据客观的社会实际,而仍旧是从上帝的意志、永恒的正义等观念推导出来的,因此与唯物主义法哲学观还有根本

---

① 转引自[美]沙宾:《政治学说史》,纽约,1946年英文版,第164页。(沙宾,即乔治·霍兰·萨拜因。——编者注)
② 《论法律》。英译文见摩里斯:《伟大的法哲学家》。
③ 同①,第166页。

的区别，决不应相提并论、同日而语。

四、永恒正义和自然平等观

西塞罗同样从上帝造人说，经由以永恒正义为基础的自然法哲学观推导出人类自然平等的法律观，并以此作为他的自然法哲学体系的重要原则。他在《论法律》中指出，"共享法律的人们"是"同一国家的成员"，一切人在法律面前应该是完全平等的。他说："假若自由不是一切公民平等地享受，自由便不存在。"① 在《论法律》中，西塞罗还指出："我们给人所下的定义，唯一的定义，它应当是适合于一切人的；因此，人与人之间在种类上是没有差别的；否则，人的定义就不会适合于一切人了。"他认为，所有的人同样具有发达的智力，能够通过判断、推理而获得结论；所有的人只要找到向导，都可以臻于美德的高尚境界。特别可贵的是，西塞罗认为奴隶也能成为国家的平等成员，被罗马征服的地区的各民族人民也应享有平等的公民权。比之柏拉图与亚里士多德，西塞罗的这一思想自然应说是一种质的飞跃。众所周知，奴隶从来就不在柏拉图的论域之内；在亚里士多德那里，奴隶不过是"会说话的工具"，甚至自由民中也只有少数人可以享有平等权利。

五、自然平等观和世界国家

从人类自然平等观出发，西塞罗构想了实施这种平等的政体，即实行共和主义的世界国家。

斯多葛派其他思想家也论述过世界国家，而西塞罗的贡献在于把有关论点系统化了。概而言之，西塞罗关于世界国家的理论要点是：第一，世界国家源于人类必须服从作为同一权威的超越宇宙权力的上帝，既然上帝只有一个，而且又是万物的创造者，那么，臣服其下的人类就不应分为不同的国家。第二，世界国家是仿照天国模式创造的，它超越城邦、民族的界限，有一个共同的理想的政府，这种政府不应为任何集团或寡头所垄断，其政治权力机关就是公民的自治政府。第三，世界国家受自然法支配，实施世界性宪法的法治而非人治，自然法是世界国家得以建立的基础，是法治的依据。第四，在世界国家里，"国家是人民的事业；人民不是由偶然事物联系起来的人群，而是共同拥有法律和各项权利，希望分享共同利益的为数众多的人的集合"②。因此，在世界国家中，人们与国家之间必须相互承担义务，并且以承认彼此的权利作为维系公民之间联系的准则。

---

① 转引自弥吉尔·勃·福斯特：《政治思想大师》卷1，第185页。
② 转引自沙宾：《政治学说史》，第166页。

六、世界国家中的权力制衡

西塞罗认为,作为系统化的世界国家构想的灵魂,是他创造性地从古希腊罗马政制中总结出来的共和主义。值得注意的是,西塞罗首先提出了依据法律在世界国家中实行执政官、元老院与平民大会三者的权力制衡机制。这一机制的具体内容包括:第一,依据世界性宪法的规定,实行官吏民选,从国家的最高执政官直至下层官吏概莫能外;民选的官吏实施行政权;行政权依法规定期限,例如最高执政官任期为一年且不得连任;公民有权控告违法官员;受理公民控告的机构为元老院和平民大会。第二,立法权由元老院掌握,由任期届满的执政官组成;平民大会选出的保民官可以主持元老院会议。第三,平民大会拥有处死或剥夺罗马公民公民权的权利;平民大会的议决案必须坚决地由行政官员付诸实施。第四,司法独立,司法执政官主持审判,严格依据法定的诉讼程序实行审判;司法官吏受平民大会和元老院监督;国家设监察官,有权清洗元老院中的犯罪分子,监督执政官的公务活动。显而易见,西塞罗的上述构想的基本点有二:其一为实行法治;其二为权力制约。正是这些基本点,使得西塞罗的自然法哲学远胜斯多葛派同道一筹,对后世发生了重大的影响。近代资产阶级法哲学家无不受惠于西塞罗的思维劳动成果。

第五章　开始走出思辨象牙塔的古罗马皇权法哲学

一、走出思辨象牙塔的社会需求

从柏拉图经亚里士多德到斯多葛派，古希腊罗马的法哲学基本上属于思辨象牙塔里的精美制品。柏拉图、亚里士多德、芝诺、克吕西普、爱比克泰德等人都是而且首先是哲学家。早期基督教法哲学的代表人物奥里根、德尔图良及奥古斯丁等人，也首先是作为哲学家而闻名于世的。所有这些人都擅长关在象牙塔里，将哲学观、政治观、法律观、伦理观等混杂在一起，依据他们出众的思辨能力推演、构想出世人瞩目、叹为观止的长文短论。因此，他们的法哲学观始终未能摆脱思辨象牙塔的禁锢，与现实社会的法律、政治制度有较大的距离。

开始走出思辨象牙塔的，是公元3世纪、4世纪尤其是5世纪时的罗马的法哲学家。

罗马的法哲学家之所以能够走出思辨象牙塔，既非"不动的推动者——上帝"的"旨意"，也非他们本人独特的天赋决定的，而是他们所处时代的社会实际需要决定的。这一社会实际需要主要见诸两个方面：

其一，罗马帝国版图扩大后平民对贵族斗争所取得的巨大胜利，奴隶反抗奴隶主斗争所造成的社会阶级力量对比的巨大变化，以及贸易迅速发展所导致的商品经济的空前繁荣，使得自由观、民主观、平等观及哲学思维的客观化都得到了发展。这就不会不对法哲学思想发生影响。其结果是使得法哲学家在继承前辈思辨传统的同时，不能不睁开眼睛面对现实，为法哲学思索开通走出思辨象牙塔而奔往现实生活大舞台的道路。

其二，罗马帝国在公元3世纪至6世纪间大量进行的立法，尤其是公元5世纪20至30年代罗马皇帝查士丁尼时期大规模地进行的罗马法典的编纂工作，迫使法学家面对这些法典做出理论解释，从而使他们从思辨象牙塔走向现实生活大舞台，为法制实践构建他们的法哲学观点。

但是，法律文化的发展同任何类型文化的发展一样，必有其继往承昔的一面。基于同样为奴隶主统治阶级服务的立场以及当时理论思维的实际可能性，罗马法哲学家只不过是"开始"走出思辨象牙塔而已,在他们的法哲学中仍然带有思辨法哲学的深刻痕迹,他们这些法哲学家的臀部仍然留有神权法哲学、唯心主义理念论、理性论等的鲜明印记。不过,从总体上说,他们已经从神权法哲学跃向皇权法哲学,因而必须刮目相待了。

马克思主义经典作家曾精辟地指出:"罗马法是简单商品生产即资本主义前的商品生产的完善的法"①,是"纯粹私有制占统治的社会的生活条件和冲突的十分经典性的法律表现"②。罗马法哲学家开始走出思辨象牙塔,主要见诸他们参与立法时的表现。罗马帝国前半期的近二百年中,法学家对法律及司法实践中提出的问题的解答,被认作法律的一种形式,具有法律效力。后来的罗马皇帝奥古斯都曾指定若干法学家有"公开解答法律的特权"。这样,法学家的理论与法律就"合二为一"了。公元2、3世纪之交,在罗马法进一步兴盛发展的过程中,出现了盖尤斯、保罗、乌尔比安、伯比尼安和莫德斯蒂努斯五大法学家。他们在世时大多参加过立法或任司法大臣;死后,罗马皇帝(如戴鹤图二世和瓦伦丁尼安三世)曾颁布《引证法》,明确规定上列五大法学家的著作具有法律效力。凡遇法律无明文规定处,则依五大法学家观点处理。查士丁尼时期编纂罗马法典《国法大全》,参与其事的都是当时声名显赫的法学家,如主编为特里波尼亚努斯大法官。因此,所有这些立法、司法的实践工作者兼法学理论的专门家,在他们的法哲学研究中就无论如何都难以脱离法制实际而纯然做法哲学思辨了。现在,我们来看一看他们的主要法哲学观点:

二、皇权法哲学观

在此之前的古希腊罗马的法哲学,强调上帝的意志决定自然法和实在法,总体上属于神权法哲学的范畴,即使像亚里士多德这样的带有朴素唯物主义观点的人也不例外。但公元2—5世纪时的罗马法学家,已开始转而崇奉皇权,经常宣传其皇权法哲学观。

在《法学总论——法学阶梯》③的序言第一部分,法学家们就让查士丁尼皇帝趾高气扬地以睥睨一切的腔调宣称:"皇帝的威严光荣不但依靠兵器,而且须用法律来巩固,这样,无论在战时或平时,总可以将国家治理得很好;皇帝不但能在战场上取得胜利,而且能采取法律手段排除违法分子的非法行径,皇帝既是虔诚的法纪伸张者,又是征服敌人的胜利者。"

但像这样赤裸裸地宣传皇权法哲学观的并不多见,更常见的是将皇权说成是人民权力的转让、人民公意的托付。例如盖尤斯就曾指出,一切权力都是从人民来的。皇帝的命

---

① 《马克思恩格斯全集》第36卷,第169页。
② 同上,第21卷,第454页。
③ [古罗马]查士丁尼:《法学总论——法学阶梯》,商务印书馆1989年版。作者署名为查士丁尼皇帝,实则为特里波尼亚努斯、西奥斐里斯及多罗西斯所著。

令何以有法律的效力呢？因为皇帝的地位是人民给他的。乌尔比安也认为："皇帝的意志具有法律的效力。因为人民已经把自己全部权力转交并委托给皇帝了。"①查士丁尼的《法学总论——法学阶梯》直接规定："皇帝的决定也具有法律效力，因为根据赋予他权力的《王权法》，人民把他们的全部权威和权力移转给他。"②在《法学总论——法学阶梯》中充满着这样的宣告皇权法的效力的话："市民法规定……但朕作出了更完善的决定……"③；"玛尔库帝的诏令规定……圣明的日诺帝所颁布的宪令……规定……朕最近颁布的宪令，规定……扩大适用于从皇帝或皇后宫廷受领恩赏物的人"④；"哈德里安帝……允许……，高尔第安帝加以推广……朕心怀仁慈，特将此利益赐予帝国所有臣民，并颁布公正而卓越的宪令……"⑤；等等。当"朕"即查士丁尼皇帝这样"决定"、"颁布"法令时，他是以行使"人民""转交并委托"给他的权力相标榜的。

这就是支配罗马法学家的皇权法思想。这一思想的出现，是因为当时国家的立法大权已经集中在皇帝手中，法学家除了把法说成是皇帝的独裁权力外，已经别无更佳的选择。

但是，皇帝的权威也不是绝对稳固的，统治阶级时时感到统治集团营垒内部的矛盾和平民、奴隶反抗斗争的威胁。因此，他们也仍然需要在虚构"人民"把权力"转交并委托"给皇帝的谎言的同时，继续利用沉淀在当时人们心灵深处的迷信观念，把皇帝的权威、权力以及他的法律决策和规定，与上帝、神权联系在一起，从而使他们的皇权法哲学观带有神权法观念的烙印。例如，他们在谈到物的法律时，把部分物划归"神法范围的东西，不构成任何人的财产"⑥；认为"可以依靠上帝的恩赐"获得更多的法律知识"⑦等。在《学说汇纂》中，他们甚至直截了当地引用古希腊底谟斯庭的话："一切人有种种理由要服从法律，最大的理由就是因为各种法律都是上帝设立的和给予的……"⑧

三、区分自然法与人定法

如上所述，罗马法学家是因罗马法的发达应运而生的。诚如恩格斯所说："随着立法发展为复杂和广泛的整体，出现了新的社会分工的必要性：一个职业法学者阶层形成起来

---

① [美]沙宾：《政治学说史》，第171页。
② 《法学总论——法学阶梯》，商务印书馆1989年版，第8页。
③ 同上，第64页。
④ 同上，第67页。
⑤ 同上，第101页。
⑥ 同上，第49页。
⑦ 同上，第242页。
⑧ 法学教材编辑部、《西方法律思想史》编写组：《西方法律思想史》，北京大学出版社1983年版，第78页。

了，同时也就产生了法学。"① 而罗马法所造就的"职业法学者阶层"和"法学"，必然带有"罗马法"的特点。其特点之一，就是明确地界定自然法和人定法的范畴。

在罗马法学家看来，"自然法是自然界教给一切动物的法律。因为这种法律不是人类所特有，而是一切动物都具有的，不问是天空、地上或海里的动物。由自然法产生了男与女的结合，我们把它叫作婚姻，从而有子女的繁殖及其教养。的确我们看到，除人而外，其他一切动物都被视为同样知道这种法则"②。这段话，大致包含四层意见：第一，自然法的"立法者"是自然。《法学总论——法学阶梯》在谈及"物的分类"时更明确地断言："自然法是较古的法，因为它是在人类的原始时由自然所规定的。"③ 第二，自然法的"适用对象"，除人类外，还包括其他的"一切动物"。第三，人类生活中的若干方面，如"男与女的结合"等，即使人定法中有所规定，也是由自然法产生的。第四，一切动物都"知道这种法则"。这最后一层含义是特别发人深思的，它实际上是说，自然法不过是自然界固有的"法则"。虽然罗马法学家没有进一步解释这里的"法则"是指什么，但它起码是与"法律"并不相同的概念。我们可以从"本能"、"自然规律"等方面为它做注脚。这样，罗马法学家所谓的"自然法"就与先前古代希腊罗马法学家所说的"自然法"大不相同了，后者所谓的"自然法"，是常常与人定法相混淆的，有时可以说就是人定法的神化，即将人定法披上神、上帝的外衣而已。

在阐释人定法时，我们可以从中进一步了解罗马法学家是怎样界定自然法与人定法的范畴的。他们指出，人定法有市民法与万民法之分："市民法与万民法有别，任何受制于法律和习惯的民族都部分适用自己特有的法律，部分则适用全人类共同的法律。每一民族专为自身治理制定的法律，是这个国家所特有的，叫作市民法，即该国本身特有的法。至于出于自然理性而为全人类制定的法，则受到所有民族的同样尊重，因为一切民族都适用它。"④ "至于市民法则只是在开始建立国家、设置长官并制定法律时才出现的。"⑤ 这些论断告诉我们：人定法是国家出现后的产物，自然法是在国家出现之前就存在的。这就进而从它们出现的时间上对它们做出了区分。这些论断还告诉我们：存在着适用于全人类的"共同的法律"；这种"共同的法律"是"出于自然理性"而制定的。关于后面这一点，罗马法学家在论及具体法律问题时曾问："如果任何人用他人的材料制成另一物，我们通常要问，根据自然理性，哪一个人是所有人，是制成新物的人呢，还是材料所有人？"⑥ "朕所编《法典》中辑入了一个宪令，在这一宪令中，朕考虑到自然理性，……认为应对母亲给

---

① 《马克思恩格斯选集》第 2 卷，第 539 页。
② 《法学总论——法学阶梯》，商务印书馆 1989 年版，第 6 页。
③ 同上，第 50 页。
④ 同上，第 7 页。
⑤ 同上，第 50 页。
⑥ 同上，第 52 页。

予照顾。"① 这样,"自然理性"成了人定法的立法依据了。就此而言,罗马法学家的法哲学观,显然受到了从柏拉图、亚里士多德到斯多葛派法哲学家关于"理性"、"理念"等唯心主义法哲学说教的严重影响,从而表明他们虽然走出了思辨的象牙塔而面向现实社会,并努力反映现实社会(统治阶级)的需求,但也仅仅是"开始"走出而已。"自然理性"概念的反复使用,反映了他们与前辈脐带相连,与前辈有着某种"血缘关系",标志着他们都只是奴隶主阶级的法哲学代言人。

但界定自然法与人定法的范畴,毕竟是西方古代法哲学的一个重要进步。起码,从今人对古代法哲学的认识意义上说,它使我们对"自然法"理论的含混性带来的理解方面的困惑,有所澄清、有所启迪。当然,他们的这种界定,仍然是缺乏科学根据因而是不科学的。但这并不妨碍我们把它看作是一种重要的法哲学观点,加以认识,进行研究。

四、权利公平的观念

查士丁尼皇帝钦定的《法学阶梯》宣称:"法律的基本原则是:为人诚实,不损害别人,给予每个人他应得的部分。"②

在述及"物的分类"时,罗马法学家认为,"根据自然法,转让是取得物的另一种方式;所有人既然愿意把他的物移转于他人,给这种意愿应有承认,这是最符合自然公平的道理的"③。

在论述"指定继承人"时,他们甚至这样规定:"自由人和奴隶——无论自己的或他人的——都可以被指定为继承人。……朕实施这一规则,非在标新立异,而是因为这样才公平。"④

在关于"宗亲的法定继承"方面,罗马法学家认为:"……把女性几乎一律作为家外人而加以排斥,显然是不公平的;……为什么在男女处于同一自然亲等,并且同具宗亲名义时,只准男性继承所有宗亲的遗产,而将女性,除了姊妹是唯一的例外,完全排除在外呢?……本皇帝宪令规定,具有法定身份者,即男系卑亲属,无论男女,一律可以按亲等的远近主张在无遗嘱情形下的法定继承权,不得因其不具有姊妹所有的父系血族权利而将其排除在外。"⑤"朕为求法律尽可能完善起见,基于公平原则,制定关于保护人权利的宪令……"⑥

---

① 《法学总论——法学阶梯》,商务印书馆1989年版,第137页。
② 同上,第5页。
③ 同上,第57页。
④ 同上,第85页。
⑤ 同上,第132—133页。
⑥ 同上,第135页。

从这些论述与规定中我们可以看到，自由人之间的公平权利、权利平等，已被认定为立法与司法的基本原则。这种权利上的平等，已具体到男女关系以及对待奴隶态度的问题上了。这比之思辨法哲学家们在象牙塔里高谈阔论"同是上帝的子女"、"同享上帝赋予的平等权利"，已经现实多了。但要注意，所云"自由人和奴隶都可以被指定为继承人"，并非奴隶主与奴隶之间的平等权利，而只是奴隶主本身的权利，即承认奴隶主具有指定无论什么人为继承人的平等权利。这当然对奴隶的地位变化不无影响，但与奴隶解放还有很大的距离。

　　除上述三方面外，罗马法学家在其著作中还对法、法律、法学及正义等概念做出了学理解释。如："正义是给予每个人他应得的部分的这种坚定而恒久的愿望。"[①] "法学是关于神和人的事物的知识；是关于正义和非正义的科学。"[②] 这些解释以及他们关于法的其他观点，同样表明罗马的法学家确实不同于先前的思辨型法哲学家，他们开始面向客观的现实社会，开始了经时济世的法哲学探索。这种探索虽然是十分粗浅的，但毕竟是向前走出的一大步。

[①]《法学总论——法学阶梯》，商务印书馆1989年版，第5页。
[②] 同上。

第六章　襁褓中的早期基督教法哲学婴儿

中外法律思想史著作或法哲学著作谈及从古希腊罗马到欧洲中世纪之间的法哲学家时，大多只过问奥古斯丁一人。这不能不说是十分遗憾的事，因为这样一来就很难全面地了解这一时期的法哲学与早期基督教的关系了。笔者以为，至少还应当述及早期基督教襁褓中除奥古斯丁以外的另两位法哲学家，即奥里根与德尔图良。

一、"神学的拓荒者"奥里根的生平、哲学观和著作

奥里根（Origenes，约185—约254年）出生于埃及亚历山大里亚的一个显贵家族，自幼信奉基督教，勤奋好学，博览群书。十七岁那年，其父在罗马皇帝反基督教的风潮中被捕。奥里根写信鼓励狱中的父亲要坚定地站在基督教的立场上，决不改变主意，要宁死不屈。其父不久即殉道牺牲，奥里根则承担起侍奉母亲和六个小弟弟的养家糊口重任。因此，年轻时期的奥里根即获得了"铁人"的外号，并于次年被破格任命为教理学校校长。在任近十年间，奥里根仍刻苦攻读，并遍访罗马、巴勒斯坦及雅典等地的知名学者，琢磨《圣经》，学习哲学，研读新柏拉图主义著作，了解斯多葛学派，并加以融会贯通，最后以新柏拉图主义和新斯多葛主义为基础，建构出一个论述基督教教义的初具规模的基督教学说，形成了亚历山大里亚基督教学派。

作为这一教派的创始人，奥里根对《圣经》坚信不疑，字字照办。但上帝却毫不怜悯护卫他，以至罗马帝国内再度与基督教发生矛盾时，他不幸被捕入狱，而且遭受了裂腿的酷刑。尽管如此坎坷，奥里根却纹丝不改初衷，终其毕生笃守对基督教的信仰。

奥里根的著作极多，以保存得最完整的《论真理》和《驳凯尔斯》传播最广。《论真理》被称为基督教史上第一部完整的理论性著作，主要是以哲学论证神学问题。书中，奥里根认为，世界是上帝创造的；人在诞生之前灵魂即已存在；人有自由意志，可同世俗与肉体斗争。《驳凯尔斯》以论战体裁阐述了他的宗教哲学见识，为基督教竭尽全力进行辩护。奥里根认为，上帝是绝对精神、最高存在，万物由上帝派生并从属于上帝；人类是灵魂堕

落的体现因而始终有罪，由于灵魂已被禁锢在肉体之中，受情欲影响而必然作恶；但灵魂依然知善，人仍自由，可以摆脱罪恶的物质束缚而复归于至善的上帝脚下。奥里根如此坚定地以其著作宣传基督教教义并做理论论证，被誉为"神学的拓荒者"[1]。

正是这个"神学的拓荒者"，在涉及社会政治法律问题时，同样地从哲学化了的神学出发，为基督教辩护。从中我们可以窥见这位早期基督教思想家的若干法哲学观点。他的法哲学观点，主要见诸《驳凯尔斯》。

二、两种法律：自然法和实在法

奥里根认为，"法律有两种：一种是自然法，上帝是它的创立者，另一种是实在法。"[2] 奥里根的这一观点，与他在《论真理》及其他著作中反复阐述的上帝创造万物的理论是完全一致的。从古代希腊开始，就有不少哲学家以朴素的唯物主义观点解释宇宙的起源问题，他们同样地从朴素唯物主义出发来认识法律的起源。凯尔斯即其中之一。凯尔斯曾著《真道》一书，对基督教的上帝、耶稣基督、降生救赎、《圣经》和教会以及基督徒进行了猛烈的攻击。作为基督教"神学的拓荒者"，奥里根自然起而批驳。他认为，"事实证明，希腊人或野蛮人那里的任何学说的创始者都远不如至高无上的上帝"，为此，"我们应当崇拜这唯一的上帝"[3]。既然这样，上帝作为自然法的"创立者"，似乎就是顺理成章的事了。

奥里根认为，"实在法如果不与上帝创立的自然法相矛盾，不制定出稀奇古怪的法令来扰乱人们的意识，它才是合理的成文法。"[4] 在奥里根看来，"上帝是精神，朝拜他的人应该用心灵和真诚来朝拜"[5]。实在法既是人类制定的，就必须由人类像"用心灵和真诚来朝拜"那样，与体现上帝精神的自然法相一致。

三、反抗暴君以实现自然法要求

那么，当实在法不符合自然法或者暴君无视法律怎么办呢？奥里根强调指出："归根结底，自然法即上帝的法律可以制裁不合理的实在法。如果道理说服不了立法者的意图和规定，为了效忠最高的立法者上帝，以及为了选择符合于上帝逻各斯的生活方式，理当进

---

[1] 凯兰：《教父学大纲》，Ⅰ；Ⅲ，3、4。
[2] 《驳凯尔斯》，Ⅰ，1。
[3] 同上，Ⅰ，9—10；Ⅳ，81。
[4] 同上，Ⅰ，1；Ⅴ，37。
[5] 《论真理》，Ⅰ，1—2。

行反抗，哪怕千辛万苦，乃至冒生命危险。"① 他还认为，"基督徒懂得统治人们的法律本质上同上帝的法律是一致的，我们基督徒将遵守这种法律，抛弃那些根本不属于法律的法令"；而暴君如果"无视法律"，"违反真正的法律"，"制定魔鬼般的法令"，那么基督徒必须为捍卫真理而"蔑视这种法令"，直至"建立组织"进行斗争。

奥里根竭尽全力维护的基督教法哲学观，充斥着对《圣经》、上帝的盲目崇拜和迷信。因此，这种法哲学的本质可以归结为信仰主义法哲学。在今天看来，信仰主义法哲学显得十分幼稚、愚昧。但在近两千年前，奥里根被奉为"教会之父"的杰出神学家，他的哲学被誉为"教父哲学"。因此，奥里根可说是信仰主义法哲学、经院主义法哲学的先驱。后来的基督教法哲学家奥古斯丁、经院主义法哲学家托马斯·阿奎那，直至现代的新经院主义法哲学家，都沿用奥里根的方法，用哲学来解释神学，解释法学，推进基督教法哲学的系统化与"现代化"。

四、禁欲主义者德尔图良的生平与著作

与奥里根大致同时代的早期基督教法哲学家德尔图良（Quintus Septimius Florens Tertullianus，约160—约240年）也是一个顽强地论证基督教教义的早期基督教法哲学家。他博学善辩，擅长罗马的法律诉讼。青年时期，德尔图良放荡不羁，过着花天酒地的淫逸生活。大约在他三十五岁时，才皈依基督教，并很快成了基督教义的坚强卫士。令人吃惊的是，他的生活方式也从此一反往昔，判若两人，身体力行禁欲主义，独来独往，以致最后谁也不知其去向，消失在茫茫寰宇人海之中而再也不闻其音讯下落。

德尔图良的著作基本上得到完整的保存。收存在《拉丁教父文集》巨著第一、二大卷中的三十一篇著作，有《护教篇》《论灵魂》等关于宗教信仰的护教论著，和《论忍耐》《论忏悔》《论桂冠》等宗教伦理道德论著。其中零星地论及法律哲学问题的，可以《护教篇》为代表。有人认为："通读全书，不难发现，本书不啻为一个善于诉讼、精于诡辩的职业律师的杰作。"② 在该书及《致殉道者书》和《论逃避迫害》等著作中，我们可以发现德尔图良的法哲学思想。

五、上帝本身即法律

和早期基督教派的其他法哲学家一样，德尔图良认为有所谓自然法，而自然法是上帝制定的，是神圣不可侵犯的。他甚至在《致殉道者书》和《论逃避迫害》等书中，断言

---

① 《驳凯尔斯》，I，1；V，37—40。
② 何佩智：《德尔图良》，《西方著名哲学家评传》第2卷，第257页。

上帝本身就是至高无上的法律，是最高的生活准则。这比一般地认为自然法是上帝制定的，又进了一步。为了论证他的这一思想，他借口反对偶像崇拜而把对上帝的崇拜推向极端。当时罗马流行泛神论，大庭广场、通衢大道，无不供有各种各样的神像以便人们顶礼膜拜，当时有人说：罗马的鬼神比人还多，找偶像比找人还容易。这就很容易把偶像之一的上帝淹没在偶像的海洋之中。德尔图良于是撰写了《论偶像崇拜》，猛烈攻击偶像崇拜，直至煽动基督徒去捣毁异教的庙宇，把反对异教的偶像说成是"虔诚的基督徒的责任"，是"我们（基督教）的法律"。德尔图良还将人间世界无法否定的日常生活，都解释成是上帝制定的法律所批准的，也就是上帝所允许的。例如，他力主禁欲，反对结婚，但人间的男女婚事是不可避免的。于是，他从自然法的角度肯定：男子应当有自己的妻子，女子应当有自己的丈夫；但婚姻只准有一次，而且只能实行一夫一妻制，成婚后不得离婚，续弦或改嫁即是犯重婚罪。他这样解释自然法的这一"规定"：这是因为上帝的允准；上帝为了避免欲火攻心而产生淫乱之事，才允准人们婚嫁一次。

六、德尔图良的蒙昧主义哲学和法律观

德尔图良的这一法哲学观点，建立在他的蒙昧主义哲学之上，比奥里根的信仰主义走得更远。德尔图良在其全部著作中，翻来覆去论证"信仰"问题。他认为"信仰是首要的"，"信仰是前提"。他断言，"信仰是基督亲自制定的准则"，"信仰这一准则无疑是唯一的，只有它是不会变的"。他宣誓要"永远承认这信仰、捍卫这信仰"[①]。为了维护"信仰"，他否定一切知识，一切哲学。他说："哲学家的思想渊源于魔鬼"，"哲学家的学说原来就是魔鬼的理论"[②]。他甚至援引《圣经》警告人们："谨防有人用哲学、虚伪的谎言、人间的传统，而不是按照圣灵的智慧，把你们俘虏过去。"[③] 显然，这样赤裸裸的蒙昧主义说教，比一般的信仰主义更加决绝地摒弃知识与哲学，也就比信仰主义离真理更加遥远了。德尔图良关于上帝制定自然法的理论，建立在蒙昧主义基础上，与纯然的神权法哲学几乎可以画上一个等号了。

那么，怎样看待人世的法律呢？德尔图良认为，第一，公共法律如果是合理的，那就只能是对自然法的反映；第二，法律不公正，就是暴虐。据此，德尔图良曾向罗马皇帝申诉，罗马法律缺乏公正条款，因为它既不保证基督徒的信仰自由，又不给他们以申辩的权利。他认为，法律的基本原则之一就是允许申诉和平反。"如果人们不知道如何进行申诉，也无法忠于法律。法律不仅自身应当公正，而且还希望大家遵守。如果人们期待的法

---

① 《取缔异教徒》，第3、7、10—11页。
② 同上，第7、29—31、40、43页。
③ 同上，第7页。

律不支持公道,它就是残酷。"①

但是,究竟什么是自然法?现在自然法所依据的上帝的准则究竟何在?或者再进一步问:上帝究竟在哪里?德尔图良无法作出明确回答,因此谁如果盲从他的法哲学,就"正如糊涂人领糊涂人、盲人领盲人一样,势必都掉进泥坑里"②了。但是尽管如此,作为人类法哲学思想的轨迹,了解德尔图良蒙昧主义法哲学观点还是必要的。

如上所述,早期基督教襁褓中的法哲学家奥里根、德尔图良,对法律做了基督教教义化的若干论证,开辟了从信仰主义法哲学通往蒙昧主义法哲学的羊肠小道,而循着这一小道继续前进,并成就了早期基督教教义化法哲学体系之功的是奥古斯丁。

七、奥古斯丁的生平、哲学观和著作

奥雷勒·奥古斯丁(Auielius Augustinus,354—430年)生于北非的塔加斯特(为罗马帝国的属地)。奥古斯丁青年时期终日出没花街柳巷寻欢作乐。他最初信奉摩尼教,前后长达九年,因为该教推崇善恶二元论,人的灵魂为善,人的肉体储恶,犯罪是由于恶的肉体,人的灵魂可以不负道德责任。这当然正中放浪形骸的奥古斯丁下怀。但公元383年,摩尼教主教孚斯德解答不了奥古斯丁关于善恶为何不停争战与分道扬镳的问题,使他的信仰发生了动摇。直至三年后,奥古斯丁才改信基督教,并通过柏拉图的"理念论"而相信《圣经》所云上帝的真实存在,而且认定上帝是最高存在、绝对存在、完美的美,上帝是应当毕生追求的永恒的真理。从此,他像德尔图良改邪归正一样,断然弃绝一切淫荡生活,甚至不惜与未婚妻解除婚约,连亲姊妹也不单独见面,并根据《圣经》把家中财物施舍给穷人,自己则开始过清贫的修道生活(这成了后来出现的修道院的滥觞),并潜心著述,撰写了大批作品。据他晚年所写《订正》一书的统计,他在前后四十四年中总共写有护教著作九十三种,二百三十二部,达上千万字之巨。后来,他被教会崇奉为"杰出的大师"、"伟大的教父",其遗骸现存罗马圣彼得教堂。在法律思想方面,奥古斯丁以早期基督教法哲学的体系化之功而彪炳于世。有关的主要著作是:《教义手册》《论三位一体》《忏悔录》与《上帝之城》等。

八、早期基督教法哲学体系

奥古斯丁所完成的早期基督教法哲学体系之纲,是"上帝之国"与"人间之国"的划分。(他在《上帝之城》中,把前者称为"上帝之城",把后者称为"人间之城"。)这一以

---

① 《护教编》,1、46。
② 同上。

"上帝之国"与"人间之国"的划分为纲的法哲学体系要点是：

第一，在人类诞生之前，并不存在"上帝之国"与"人间之国"的划分，其时存在的是自然法，只有神圣、纯洁的正义、平等和自由；上帝所创造的无数天使之间，共同享有财产和利益，像亲兄弟一样共同生活，没有也不知道什么奴隶制度以及人对人的统治。

第二，亚当与夏娃违抗上帝命令偷吃"禁果"，产生了后代。犯有这样的"原罪"的亚当与夏娃的后代即人类，天然地要"按照肉体"的欲求生活，因而必然犯罪。这样，就形成了以上帝和天使为一方的"上帝之国"与以人类为一方的"人间之国"。"上帝之国"按照精神生活，执行上帝的命令，崇奉善；"人间之国"按照肉体生活，不执行上帝的命令，崇奉恶。于是"人间之国"充满了犯罪。在这样的"人间之国"里，自然法不可再实现了。

第三，因此，绝对存在的上帝的精神、至高无上的理性便不得不为"人间之国"设计政府组织、法律制度以适应新的情况，于是"人间之国"里有了人间的法，即实在法。制定这种实在法所依据的标准便是《圣经》。在奥古斯丁看来，《圣经》是至高无上的权威，是判断是非的唯一标准，是上帝精神的体现，也即上帝的化身。

第四，但实在法是经由人手制定的，人类中的恶的性质会使实在法与自然法的精神相悖。因此，如果实在法与自然法所体现的上帝的精神背道而驰，就应当予以摒弃，因为这样的实在法不应具有任何实际效力。

第五，基督教会是上帝自然法的保卫者，它对国家有绝对的权威。人间的国家和人间的法必须用来维护人间的和平与秩序，只有起这样的作用时才是正当的。同时，国家必须保护教会，执行教会的命令。

第六，但人间法律的实际执行不可能尽如上帝之意达到"以心治心"的目的，在法院审判中也常发生差错。对此，教会给予原宥。奥古斯丁说，"经常由于法官的愚昧无知而给犯人造成无穷的灾难……把无辜者折磨至死"，但"在这种不易看清是非的人类社会，法官不能因为对真情的无知而不开庭审判"，因此，只要法官"并不抱有恶意"、徇私枉法，那么，即使错判错杀也"应该称为无罪"。①

第七，为了避免"人间之国"的一切罪恶，为了不至由于无知而错判从而使无辜者罹难，为了使一切人进入天堂，必须使人间的实在法逐步完善，达到"上帝之国"的自然法的境界。只有这样，才能使失去善的人复归于善，使"人间之国"与"上帝之国"合而为一。奥古斯丁相信这一天终将到来。

奥古斯丁的上述法哲学体系要点之"纲"是"上帝之国"与"人间之国"的划分，其"目"是自然法与实在法的对立、善与恶的对立以及实在法必须不悖上帝精神，否则应予修改或鄙弃等等。奥古斯丁开创的早期基督教法哲学体系，是对奥里根以来的基督教法哲

---

① 《上帝之城》第19卷，第6章。

学观的总结。它吸取了早期基督教的教义以及早期基督教法哲学家们关于实在法与自然法的对立的观点，并做了阐释、补充和体系化，使之成为似乎有内在有机联系的、可以自圆其说的理论。但是，只要略事剖析其唯心主义的哲学本质，这个体系的"内在联系"就不攻自破了。这一体系的社会意义在于，它对世俗政权所制定的法律以及封建专制的横暴野蛮的司法实践做了否定，从而给喘息呻吟于封建法制重压下的劳苦民众以一定的心理安慰。当然，早期基督教法哲学体系对被压迫的劳动人民的解放并不会起什么作用，因为它仅仅是为了建立教会的法律特权而做理论上的鼓吹罢了。

九、奥古斯丁法哲学与理念论

奥古斯丁的这一整套设想的哲学基础，是柏拉图的客观唯心主义理念论。他把柏拉图的理念论按照基督教教义的需要做了论证。因此，他的这些设想，以上帝为出发点又以上帝为归宿，其物化，则是以《圣经》和基督教会为出发点与归宿，从而形成了比较完整的早期基督教法哲学的体系。这一体系使法学与神化了的哲学融为一体。因此，奥古斯丁不仅成了基督教哲学的开山鼻祖，而且成了基督教法哲学的理论权威。

奥古斯丁法哲学与柏拉图的客观唯心主义理念论之间的联系，在《上帝之城》一书中表现得十分明显。该书的第一部分从道德哲学的角度分析善恶，极口称赞柏拉图的"理念论"对精神世界论证的正确性，颂扬柏拉图关于超越变化无常的物质世界去寻找永恒不变的"正义"的观点。奥古斯丁特别表示感激柏拉图为基督教神学提供了许多理论证明。该书的第二部分共十二卷，专论"上帝之城"与"人间之城"及其关系。他详细论证了上帝的客观存在，把人类社会的组成及其活动说成是上帝意旨的反映。奥古斯丁指出，上帝的概念就是人类思维的一种普遍而自然的知识；上帝即真理，真理即上帝；真理是永恒不变的。在《忏悔录》中，奥古斯丁写道："我是读了柏拉图学派那些著作之后，才知道透过受造物探究你的看不见的无形的真理。我已确信你是千真万确地存在着，确信你是无限的……你是真正永恒不变地自有的，你无部分，也无任何运动的变化。其他一切都来自你，他们的存在就是最可靠的证据。"① 这些观点和论述，说明奥古斯丁是何等坚定不移地笃信柏拉图及其理念论。由此也可见奥古斯丁法哲学与柏拉图的理念论是如出一辙、同一源流的客观唯心主义的产物。正因如此，同样对柏拉图顶礼膜拜的托马斯·阿奎那以及现代的经院主义法哲学家，也都对奥古斯丁赞不绝口。日尔松在《圣奥古斯丁研究导论》中指出："奥古斯丁主义已经经历了十五个世纪，谁也不可能预卜其终结。"② 这虽然未免夸大其词，但是，早期基督教襁褓中的这位壮实婴儿的啼叫，确是响亮有力，余音绵长。

---

① 《忏悔录》，Ⅶ，20、26。
② 《圣奥古斯丁研究导论》，巴黎，1969年版，第322页。

第七章 中世纪基督教的法学侍婢

中世纪的欧洲，基督教会无论在政治上、思想上、文化上还是在经济上，都已成为占有压倒一切的统治势力。在这样的氛围中，基督教神学的卫道士托马斯·阿奎那在其代表作《神学大全》中断言一切"其他科学，都是神圣理论的婢女"是毫不奇怪的。托马斯尊崇基督教神学臻于此前一切崇拜者的峰巅，他经常以"神圣理论"四个字来代替"神学"一词。其继承者为更明确表达先师托马斯的思想实质，就把托马斯的上述命题概括为："哲学是神学的婢女。"因此，当我们述评托马斯的法哲学思想时，指称他为"中世纪基督教的法学侍婢"是毫不为过的。

一、托马斯·阿奎那的生平、著作和哲学思想

托马斯·阿奎那（Thomas Aquinas，约 1225—1274 年）生于意大利那不勒斯附近的洛卡塞卡，其父是西西里王国皇帝费里德利希二世的姻亲。青少年时期，托马斯在修道院及多米尼克修会管理的那不勒斯大学深造。二十岁时，托马斯成为修道士。其母对此强烈反对，在他去巴黎大学途中，派他的两个军人兄弟半途拦截，押送回家，同时施用美人计，力图改变他成为修道士的计划。但他始终不改初衷，母亲万般无奈，只得成全，于是他最终得以进巴黎大学学习，并获得神学博士学位。1250 年，托马斯升为神父，从此开始其宣传基督教义的生涯，直至 1274 年在一座隐修院中与世长辞，终年四十九岁。

早夭的托马斯·阿奎那和奥古斯丁都被罗马基督教会尊称为"伟大的圣师"。两者的著作同样极其繁多。前者的代表作为《反异教大全》《神学大全》及《论君主政治》等。其法哲学思想主要见诸《神学大全》。由于这些思想产生于基督教会，故又称之为经院法哲学。

托马斯的法哲学思想建立在他的经院哲学基础上。他的基本哲学思想是：人都有理智认识，但理智使用的是自己的思维，以非物质的"有"为对象；经由对"有"的分析，可得到上帝是自在的实体的认识，自在的实体只有上帝一个，在现实中的一切存在都是非自在的实体；非自在的实体渊源于自在的实体，即由上帝所创造，上帝就是一切存在

的起源。法、法律当然也不出其外。关于上帝的存在,托马斯从五个方面做了论证,即:1."运动的证明";2."作用因的证明";3."可能性和必然性的证明";4."事物存在等级的证明";5."事物治理的证明"。这些"证明"大多预设一个人们极易忽略的虚假前提,然后进行逻辑严密的推理,得出诸如"上帝是一切运动的第一推动者"、"上帝是最初的作用因"、"上帝是最高等级的存在"等结论。由于教会的宣传鼓吹,托马斯的唯心主义哲学理论,竟被后来的经院哲学家和神学家们奉为空前绝后的理论独创。

其实,托马斯的上述"空前绝后的理论独创",完全可以在亚里士多德的《物理学》和《形而上学》中找到大致类似的概念、命题以至论证方法。而托马斯与奥古斯丁之不同,也就在于后者几乎是照搬柏拉图的理念论,而前者不过更巧妙地援引了亚里士多德的客观唯心主义的本体论罢了。傅乐安君评述托马斯·阿奎那时指出:"他虽然反对奥古斯丁的天赋概念论,承认感觉经验和理性认识,修改教父哲学和早期经院哲学的先验认识论,对基督教哲学的认识理论做些变动,可是本质上毫无区别,他同奥古斯丁一样坚定地站在基督教立场上,以上帝为前提,提出天赋灵魂论,由灵魂的精神性活动来认识一切,从而宣扬又一种形式的唯心主义认识论。"[①] 这样论定托马斯哲学的基督教实质,对我们认识他的法哲学观是颇有裨益的。托马斯研究法律的方法,正与奥古斯丁一样,其研究有关一切问题的基础是对《圣经》的绝对信仰;其研究有关的一切问题的方法是利用古代哲人的某些理论,来调和神学和法学、理论和现实的矛盾,以维护基督教的权威。如果说奥古斯丁所完成的是早期基督教法哲学的初步体系化工作的话,那么,托马斯就算是在基督教鼎盛时期,把基督教法哲学体系推向系统而完整的顶峰了。以下,我们从托马斯关于法的渊源、法的定义、法的类别、不同类别的法的关系等几个主要方面,来看一看他的法哲学体系的轮廓。

二、论法的渊源

托马斯以上帝为唯一的自在的实体,而万事万物都是由这个唯一的自在的实体推动即由上帝创造的,因此法以及一切伦理法则、道德规范都渊源于上帝。托马斯认为,正如自然界有其规律一样,国家和社会也必须为了安全、和平与秩序而制订法律;此外,人类为了追求爱和幸福,也必须制订法律。托马斯关于法源于上帝的思想,最典型地反映在《神学大全》中。《神学大全》分三部分,共五百一十二个问题。第一部分包括一百一十九个问题,主题是上帝,首先论证上帝为万物的原因,然后进而论证上帝的性质和活动,包括上帝的唯一性、实质性、无限性、永恒性、完满性和不变性以及上帝的知识、意志、理智、能力等等。第二部分共三百零三个问题,论述人和上帝的关系,断言人是世界万物的

[①] 《西方著名哲学家评传》第2卷,第478页。

主人,人有自由意志,但上帝是人的最终目的,人必须趋归上帝,一切思想与活动必须以上帝为准则。其余九十题为第三部分,纯粹论述神学问题,断言上帝为人的生命、道理和真理。那么,上帝给人类所定的准则是什么呢?那就是《圣经》中上帝向摩西宣谕的"十诫",也叫"十条诫命",是上帝给人类所定的准则,即:不许拜别的神;不许制造和敬拜偶像;不许妄称耶和华之名;须守安息日为圣日;须孝敬父母;不许杀人;不许奸淫;不许偷盗;不许作假见证;不许贪恋他人财物。托马斯把"十诫"概括为诸如"避恶行善"、"保全自己的生命"、"不杀害他人"等几项基本原则,并称之为天经地义的公理。他认为,这些都是人的理智所具有的天赋观念,任何时代、任何地点、任何民族都会公认;没有上帝的这种法律,社会生活便不会安宁,人类也不可能得到幸福;因此,上帝的法律是绝对必需的,是一切其他法律的渊源。托马斯还把人类生活的基础归结为一个字,那就是"爱",而"爱"的具体对象是上帝和人,所以一切法律既要体现全心全意爱上帝并爱所有的人。正如恩格斯所说:"中世纪只知道一种意识形态,即宗教和神学。"① 托马斯关于法律渊源于上帝、上帝的意志的说教,正是这种神学意识形态的反映。

三、论法的定义

托马斯在《神学大全》中说:"法是人们赖以导致某些行动和不做其他一些行动的准则或尺度。'法'这个名词(在语源上)由'拘束'一词而来,因为人们受法的拘束而不得不采取某种行动。但人类行动的准则和尺度是理性,因为理性是人类行动的第一原理;……正是理性指导着行动以达到它的适当的目的;而按照亚里士多德的说法,这就是一切活动的第一原理。"② 又说:"法律不外乎是对于种种有关公共幸福的事项的合理安排,由任何负有管理社会之责的人予以公布。"③ 还说:"法律不是别的,而是一种由管理社会的人所公布的、以共同福利为目的的理性的命令。"④

从上述托马斯关于法的定义的论断可以看出,他对法的定义有三方面的内容:

第一,法具有"拘束"力,亦即我们现在所说的"强制性"。这种法的"拘束"力来自何方?托马斯认为,它来自上帝无所不在、无所不能、不可否定、不可抗拒的力量。托马斯在《反异教大全》中说:"企图使矛盾复杂而互不协调的事物随时随地都朝向一个目的,无疑是不可能的,或者说,没有人能驾驭它们都朝向一个确定的目的。然而,我们发现,在这个世界上各式各样的事物都遵循着同一个秩序而活动,这既不是罕见的事,也不是偶

---

① 《马克思恩格斯选集》第4卷,第231页。
② [意]托马斯·阿奎那:《阿奎那政治著作选》,商务印书馆1963年版,第104页。
③ 同上,第106页。
④ 考克尔:《政治哲学选读》,英文版,第128页。

然的现象。所以，应当有一个统治世界的智慧存在。它就是我们所说的上帝。"① 在托马斯的心目中，这个上帝是一个有力量推动一切的"不动的推动者"，是一切原因的"最初的作用因"，是使一切可能转化为现实的"其他事物的必然原因"，是控制一切的无可怀疑的力量，正是这种力量使得法律具有不可抗拒的"拘束"力。

第二，法以"公共幸福"、"共同福利"为目的。在托马斯看来，"法律的首要的和主要的目的是公共幸福的安排。……法律的公布乃是整个社会或负有保护公共幸福之责的政治人的事情。"② 托马斯认为，追求福利就是发展人自身；人的整个一生在追求福利，为了很好地发展自己；人如果得到满足，也即得到幸福；所以，人生的最终目的在于"幸福"。正因如此，法的定义就包括它的目的在于维护人们对幸福的追求这一内容。

第三，法是"理性的命令"。在托马斯看来，理性与信仰、哲学和神学是统一的，信仰和神学可以补充理性知识和完善哲学真理，统一和完善的源泉都在于上帝，因为"几乎所有的哲学思维都是为了认识上帝"③。所以，这种作为"理性的命令"的法律，都是上帝的命令。

由上述三点可知，托马斯关于法的定义，是彻头彻尾地建立在上帝的存在、上帝的力量和上帝的权力的基础上的。他的法律定义同样很好地说明他的法哲学只不过是基督教的法学侍婢。

四、论法的类别

托马斯在《神学大全》中把法分成四种类型：

一为"永恒法"。托马斯说："法律不外乎是由那统治一个完整社会的'君王所体现的'实践理性的某项命令。然而，显然可以看出，如果世界是像我们在第一篇中所论证的那样由神治理的话，宇宙的整个社会就是由神的理性支配的。所以上帝对于创造物的合理领导，就像宇宙的君王那样具有法律的性质……这种法律我们称之为永恒法。"④

二为"自然法"。托马斯说："所有受神意支配的东西都是由永恒法来判断和管理的，那么显而易见，一切事物在某种程度上都与永恒法有关，只要它们从永恒法产生某些意向，以从事它们所特有的行动和目的。但是，与其他一切动物不同，理性的动物以一种非常特殊的方式受着神意的支配；他们既然支配着自己的行动和其他动物的行动，就变成神意本身的参与者。所以它们在某种程度上分享神的智慧，并由此产生一种自然的倾向以从

---

① 《反异教大全》，I，13；Ⅲ，38。
② 《阿奎那政治著作选》，商务印书馆1963年版，第105页。
③ 同①，I，4。
④ 同②，第106页。

事适当的行动和目的。这种理性动物之参与永恒法，就叫作自然法。"[1]

三为"神法"。托马斯所说的神法，就是《圣经》，它是法律的源泉，是主宰人类的法律。

四为"人法"。托马斯说："在推理时，我们从天然懂得的不言自明的原理出发，达到各种科学的结论，这类结论不是固有的而是运用推理的功夫得出的；同样地，人类的推理也必须从自然法的箴规出发，仿佛从某些普通的、不言自明的原理出发似的，达到其他比较特殊的安排。这种靠推理的力量得出的特殊的安排就叫做人法，如果我们已经提到的为一切法律所必具的其他条件被遵守的话。"[2] 他援引西塞罗《论修辞学》第二篇第五十三章所说，进一步阐明所谓"人法"："法律最初是从自然产生的；接着，被断定为有用的标准就相因成习地确定下来；最后，尊敬和神圣又对这一从自然产生的并为习惯所确定的东西加以认可。"

十分明显，托马斯关于法律类型的论断，都是从上帝的"永恒法"或曰上帝的意志是人类行动的规范和准则出发的。这一点，从他关于各类法律的关系中同样可以明晰地了解。

五、论各类法的关系

在《神学大全》中，托马斯论述了一切法律以上帝的永恒法为最高准则、为依归的原则。托马斯认为，以"上帝的法律来指导人类的生活"是绝对必要的，其理由为：

第一，人的任何行动都受法律支配。人为了追求幸福这个目标，常常超出实际可能，因此，为了规范、"拘束"自己的行动，就"必须不但接受自然法和实在法（作者按：指"人法"）的指导，而且还要接受上帝所赋予的法律的指导"。

第二，"因为人类的判断不可靠"，"各种各样的人对于人类的活动往往作出极不相同的判断"，"所以为了使人确凿无疑地知道他应该做什么和不应该做什么，就有必要让他的行动受上帝所赋予的法律的指导。因为大家知道，上帝的法律是不可能发生错误的。"

第三，"人的判定达不到隐蔽的内心活动，它只能涉及显而易见的外表活动"，可见，"人间的法律不足以指导和规定内心的活动，因而就有必要加上一种上帝的法律"。

第四，"人间的法律既不能惩罚甚至又不能禁止一切恶行"，"所以，为了不让任何罪恶不遭禁止和不受惩罚，就必须有一种可以防止各式各样罪恶的上帝法律。"

托马斯以上论述十分明白地指明"上帝的法律"是最高等级的法律，是其他一切法律的源泉、准则，也是弥补和解决其他法律解决不了的问题的最高法律。这与托马斯以"事物存在等级的证明"方法所"证明"的上帝乃是万事万物最高等级的哲学观，是完全一致

---

[1] 《阿奎那政治著作选》，商务印书馆1963年版，第107页。
[2] 同上。

的。托马斯认为,在万物中必然有一个最好而最纯粹的存在,它是一切存在、一切美好的原因,它就是上帝。他说:"当我们发现两个错误的东西一个更错误时,那么另一个则比较真实。所以,其中有一个东西比较接近纯粹而绝对的真。因此,最后可以得出结论,有一个东西是绝对地存在的,它就是我们所说的上帝。"托马斯把基督教神学作为最高学问,哲学及其他一切学问都是神学的婢女,也把法学作为神学的婢女加以论证,其结果只能是把自己放在了基督教神学的法学侍婢的地位上。

六、论教会和国家的关系及以暴力反抗恶法的合理性

托马斯这种充当神学侍婢的积极性和自觉性,在他论及教会与国家的关系时,更加赤裸裸地暴露无遗。他认为,一切非正义的、不合理的而且与上帝的永恒法相矛盾的法律根本不能称之为法律,而是对法律的歪曲;如果暴君颁布了导致盲目崇拜或与神法相背离的法律,那么抵制这种法律的权利就变成了一种真正的不服从的义务。他指出,绝不能遵守这种法律,因为应当服从的是上帝,而不是人。托马斯理论的矛头所向,不仅仅是法律,首先是指向国家。奥古斯丁所处的时代,主要的社会矛盾之一是基督教与异教之间的争斗。托马斯所处的时代,统治阶级内部的主要矛盾已转而成为教、俗集团之间,亦即教会和国家的矛盾了。所以,托马斯反复论证的是上帝的至高无上以及教皇拥有上帝赋予的权力,世上的君主"都应当受他的支配,像受耶稣基督本人的支配一样"[①]。也就是说,凡不服从教会和罗马教皇的君主就是暴君,反抗暴君所颁布的法律是神圣的权利而且也是绝对的义务。

正是由于托马斯·阿奎那作为基督教神学的法学侍婢,卖劲地向教会献媚,他得到了比奥古斯丁远远多得多的桂冠,如"圣师"、"圣徒"、"经院哲学家之王"、"天使博士"、"哲学与神学的导师",等等。直至20世纪80年代,在第八届国际托马斯主义大会上,教皇约翰·保罗二世还援引历届教皇的话说,托马斯是"教会的支柱,基督教思想由此而确保顺利的发展"[②]。新老经院法哲学家都继承托马斯的衣钵,如马利坦甚至自称为新托马斯主义者。从托马斯这个基督教神学的法学侍婢身上,我们是可以得到许多有益的启示的。

[①]《阿奎那政治著作选》,商务印书馆1963年版,第44页。
[②]《真正的哲学引导人类归向上帝》,罗马,1980年9月13日。

第八章　甚嚣尘上的新经院主义法哲学

一、新经院主义法哲学的使命

近几十年来，起源于天主教的现代哲学运动此起彼伏，极大地影响了政治学、法学、社会学以至经济学等，这就是新经院主义哲学。新经院主义哲学是天主教会的官方哲学，以复活中世纪经院哲学的神学唯心主义体系为职责。其源头可以追溯到20世纪初。新经院主义哲学之所以甚嚣凡尘，就是它在法哲学方面的影响所致。

新经院主义法哲学派的著名人物有瑞士的维克托·卡瑟莱茵，德国的黑瑞赫·罗明，比利时的叶·达班，法国的路易斯·利·弗、雅克·马里坦，意大利的瓦西奥等人。

维克托·卡瑟莱茵认为，自然法仅包含"公平待人"等几条简单的基本原则；而人类义务的最高原则为对上帝、同胞和自己而遵守适合于本人的秩序；一切违反自然法的实在法都是无效的。黑瑞赫·罗明认为，严格意义上的自然法只包含"坚持正义，避免非正义"和"给予每个人以应有的东西"两个原则。路易斯·利·弗认为，保持缔结协约的自由、对他人造成不正当损害的应予补偿和尊重权威是自然法的三大原则。达班认为，公共利益包含着全部人类的价值；与道德冲突的东西不能包含在自然法中；与自然法相矛盾的市民法是"徒具虚名"的法律，以至根本就不是法律。显然，新经院主义法哲学是以恢复古典自然法哲学的基本思想为其使命与主要内容的。他们几乎是异口同声地认为，自然法先于并高于实在法，而这种自然法哲学观的灵感来源于托马斯·阿奎那的法哲学。这在这一法哲学派最著名的代表马里坦身上表现得最明显，最突出。

二、马里坦："自己就是自己的律法。"

马里坦（Jacques Maritain，1882—1973年）生于法国，毕业于巴黎大学。1906年起信奉天主教，并从尊崇柏格森的生命哲学改信新托马斯主义经院哲学。1914年起，任巴黎天主教学院现代哲学教授。40年代后曾在美国普林斯顿大学长期任教。1945—1949年任法国驻梵蒂冈大使。其主要著作有《哲学导论》(1930年)、《宗教和文化》(1931年)、《现代世界中的自由》(1933年)、《真正的人道主义》(1938年)、《经院主义和政治》(1940年)、《人权和自然法》(1943年)、《论历史哲学》(1957年)和《人和国家》(1951年)等。后者集中地反映了他的法哲学思想。

马里坦对托马斯·阿奎那推崇备至,认为阿奎那"不是中世纪的一个遗迹……他完完全全是当代使徒的体现"[①]。

忠实承继经院哲学衣钵的马里坦,从经院哲学的抽象先验唯心主义出发,论述了亘古如此、永久不变的自然具有"本体论的要素"和"认识论的要素",并由此论述自然法的要义。

根据自然的"本体论要素"说,马里坦认为任何事物都有其本身的自然法则,而自然法则是理性的体现。马里坦写道:"正是靠着人性的力量,才有这样一种秩序或安排,它们是人的理性所能发现的,并且人的意志为了要使它自己同人类基本的和必然的目的合拍,就一定要按照它们而行动。不成文法或自然法就不外乎是这样。"[②]也就是说,自然法是人的本质的要求,自然法的本质来源于人的本性。

根据自然的"认识论要素"说,马里坦得出了这样的结论:只有在上帝的支配下,人的行动才会符合于理想的程序。他认为,自然法是不可知的;对自然法的认识依人的良知道德增减而定;人的良知道德只有得到上帝的启示才能到达对自然法的认识。"自然法是一种不成文法,人们对自然法的知识是随着人的道德良知的发展而一点一点增加的。人的道德良知起初处于朦胧的状态……只有等福音渗入了人的本体最深之处,即人的灵魂时,自然法才会开花并达到完善的境地。"[③]

这种"达到完善的境地"的自然法,在马里坦看来,有关观念早在斯多葛派那儿即已述及。他这样追述自然法观念的历史渊源:"真正的自然法观念是希腊和基督教思想的一种遗产。它不仅可以推溯到格劳秀斯(其实他开始使它变形),而且可以推溯到在他以前的苏亚雷斯和弗朗西斯科·德·比托利亚;并且还可以推溯到圣·托马斯·阿奎那(只有他才在一种完全一贯的学说中掌握了这一问题……);并且还可以再往后推溯到圣·奥古斯丁、教父们和圣保罗(我们记得圣保罗的话:"没有律法的外邦人若顺着本性行法律上的事,他们虽然没有律法,自己就是自己的律法……"),甚至还可以推溯到西塞罗、斯多葛派……"[④]仅仅从这样"天长地久"极其"深远"的源流看,自然法学说,就是赫然不可怀疑的"真理"了,但这并不等于说人们对自然法的认识已臻于完美无缺的境界。马里坦认

---

① [法]马里坦:《人和国家》,商务印书馆1964年版,第80、81—82页。
② 同上。
③ 同上,第85—86页。
④ 同上,第80页。

为古代直至中世纪，人们仅注意到自然法中人的义务，而18世纪以来人们又仅注意自然法中人的权利而忽视义务。他强调指出，按照自然法的要求既注意人的义务又注意人的权利，才是真正和全面认识自然法的观点。

马里坦认为，在谈及自然法中的人的权利时，应当突出"人权"问题。自然法是人权的哲学基础或理性基础；自然法保护以人的本性为依据的自然人权，这种自然人权是不可让与的，因为"人所拥有的每一权利都依靠上帝……的权利"①。只有在神圣的理性秩序中，在上帝的启示下，人权才能得到真正的尊重。有鉴于此，对信奉无神论的社会主义和共产主义者来说，马里坦认为他们不可能尊重人权。他对资本主义国家"尊重人权"褒奖有加，而对社会主义国家"践踏人权""痛心疾首"地非难不已。

当近代尤其是现代出现科学高度发达的情况时，崇奉子虚乌有的"上帝"而且奉为一种学说的渊源与归宿，从中演绎出十分系统的法哲学一派的全面观点（马里坦还论述了法律的分类、国家和主权、国际法等一系列问题），不能仅仅鞭挞其"为帝国主义的侵略政策服务"、"为垄断资产阶级利益服务"。它的出现，不是信奉经院主义哲学的法学家的"心血来潮"或"游戏人生"，而有其世界形势的、社会的、政治的和经济的以及认识的深刻根源。深入剖析这一现象，当为法哲学的科学化奠定基础。

三、奥里乌：动态的制度论

西方法学界常把团体法学派（Institutional theory of law）视为新经院主义法哲学派的支派。这一派的主要代表是法国的公法学家莫里斯·奥里乌（Maurice Hauriou，1856—1929年），出生于法国的拉迪维尔，曾在波尔多大学学习，1882年起执教于图卢兹大学直至逝世。其著作主要有《法律和社会学特性》（1893年）、《行政法概论》（生前共出了11版）、《公法原则》（1910年）、《宪法概要》（1923年）。反映他的"团体法学"观点、最有影响的文论，是1925年发表的《团体学说及其基础》。

莫·奥里乌的思想深受天主教教义的影响。他在《公法原则》一书中宣称自己是一个天主教的实证主义者，准备利用天主教教义中有关社会、道德和法理学的内容为构筑自己的法哲学服务。奥里乌创立了以他的名字命名的"奥里乌制度论"。这一理论研究思想渗透进社会实际的过程，分析思想支配实际的方式。他认为，制度是一种设想的观念或计划，它在社会环境中以法律形式变成现实并保持下去。他把制度看作一种客观现实，一种特殊的社会均势的产物和法律准则的源泉。据此，他排除了唯意志论对法律起源的各种解释，将动力因素引进法律领域。认为尽管制度虽然可以使法律稳定，但这种稳定并不排除变化，一个制度能否持续，取决于它是否能不断适应社会生活的新条件。

---

① 《人和国家》，商务印书馆1964年版，第90页。

奥里乌又以"团体学说"闻名。他认为国家的性质在很大程度上取决于"社会结构"，这一结构由社会经济结构、公民在国内的地位及个人的权利和自由等要素构成。他强调，个人自由是法律的先决条件，法律以法人和国民权利为基础。同时，他认为必须限制个人主义，自由应以道德规范和社会制裁的存在和实现为条件，他倡言"联合自由"、"分散自由"和"总体代理"三项基本改革，并把社会中的各种组织如家庭、教会、工会和企业的组织等都看作社会的有机体，是道德和法律的人格化。他为"团体"下了定义："团体乃是一种从法律上可在社会环境中得以实现的、持续存在的一种职业或事业单位的观念。"[1] 因此，"团体"作为"观念交流"，可以长期存在。它不同于契约的以个人自由意志为基础，而以权利为标准，要求个人的意图服从于团体的集体目标。但这些团体可以成为与国家团体抗衡的力量，从而保护团体成员不受国家专横权力的损害。实质上，"团体学说"提倡的是政治上的多元化和规范约束的多元化及其相互制约性。

---

[1] 《团体和机构的理论》，载《法国团体主义者》，A.Broderick 编，马萨诸塞，坎布里奇，1970年，第99页。

第九章　功利主义者霍布斯的法哲学

17世纪的英国，资本主义蓬勃发展。一切封建的、宗法的和田园诗般的关系，被破坏得支离破碎；人和人之间除了赤裸裸的利害关系，除了冷酷无情的"现金交易"，就再也没有任何别的联系了。"利己主义的冰水"荡涤着温情脉脉的人际关系面纱，使之色褪殆尽、冷若冰霜。正是在这样的土壤上，孕育和造就了近代功利主义的鼻祖霍布斯。他认为，"人对人像狼一样"，到处都在发生着"一切人反对一切人的战争"，从而"把所有各式各样的人类的相互关系都归结为唯一的功利关系"[1]。功利主义，正是霍布斯法哲学观的出发点与归宿。这在他确立其机械唯物论并在这一世界观和方法论基础上展开法哲学探索的过程中，可以看得十分清楚。

一、霍布斯的生平和思想

托马斯·霍布斯（Thomas Hobbes，1588—1679年）生于英国南部维特夏的维斯堡镇。他十五岁便以优异成绩进入牛津大学麦克多伦学院攻读古典文学，获得文学学士学位后，留校任教逻辑学。不久，受聘担任卡文迪许男爵家的家庭教师。从此，他终生与这个贵族家庭甘苦与共、息息相关。在卡文迪许家庭的帮助下，霍布斯研读了大量古今优秀典籍，周游了欧洲各国，结交了大批社会名流。霍布斯结交的密友中，有英国著名的大哲学家培根，并深受他的影响。霍布斯后来又曾专程赴意大利访问伽利略，研读了欧几里得几何学。这些，促使霍布斯踌躇满志地在胸中构筑他的宏伟的哲学大厦。他所确定的未来的哲学体系包括三个部分：第一，论物体——根据伽利略的机械运动原理解释各种自然物体和现象；第二，论人——以自然物体的运动原则为前提，推演出对人的精神现象的解释以及人性的基本原则；第三，论国家——进一步推演出人类社会组织的产生和存在的原则。

---

[1]《马克思恩格斯全集》第3卷，第479页。

霍布斯的哲学思想，贯穿着对宗教神学和经院哲学的批判，认为物体是不依赖于人们的思想而"自己存在的东西"[①]，"可以为感觉所知觉，并且为理性所了解"[②]，同时认为运动不是物体的根本属性，他只知道机械位移这一种运动形式。因此，他的哲学思想属于机械唯物主义的范畴。机械唯物主义的世界观和方法论，对霍布斯法哲学的形成有极其重要的影响。

但是，对霍布斯法哲学形成的更大影响，来自他的功利主义人生观。纵观霍布斯法哲学观点的形成及演变过程，不难发现，总是功利目的在支配着一切。恩格斯在指出霍布斯哲学的唯物主义性质的同时，特地又指明"当君主专制在整个欧洲处于全盛时代，并在英国开始和人民进行斗争的时候，他是专制制度的拥护者"。霍布斯从功利主义目的出发，为专制主义王权辩护，始终贯串在他的一系列著作中，从而使他的法哲学观点散发出浓烈的功利主义气息。

霍布斯著述活动之始，就把为当权的统治者提供政治策略作为首要任务。在《法律要旨》一书中，他站在当局的立场上，针对英国王党和反映资产阶级及新贵族利益与意志的国会之间一触即发的内战态势，竭力论证国家权力不可分割地属于统治者，国王应该有绝对的权力。他认为，人们只有同意把自己隶属于专制国王，他们才能在和平环境中共同生活。十年以后，在为流亡法国的查理二世王子当教师时，霍布斯开始写《利维坦，或教会国家和市民国家的实质、形式和权力》，企图分析《圣经》，并攻击教会对王权的挑战。但在这一著作的撰写过程中，英国国内形势发生了激剧变化，克伦威尔领导下的国会彻底击败了保王党，查理一世被送上了断头台，君主制被废除了，建立了共和国。功利主义的霍布斯于是在《利维坦》中，一面坚持绝对王权的观点，一面又看风使舵地论证：当君主已无法再履行保护臣民安全的职责时，臣民就可以解除对他的一切义务，并转而服从于一个新的君主。霍布斯甚至在《利维坦》中露骨地乞请某个当权者读到此书后采纳他的救世药方。1660年英国王政复辟，查理二世上台，霍布斯随即发表了效忠王室的声明。以后，他在修订《利维坦》时，则把一切为克伦威尔政策辩护的内容全然删去，并另加附录，力图证明他的学说与基督教义并无抵触。霍布斯就是这样翻来覆去地改变其政治态度、修改其学术观点的。霍布斯留下了大量遗著，于九十二岁走完他的人生旅途。

二、霍布斯的"人"和法律观："自然权利"与"自然状态"

霍布斯的法哲学，可以说是建立在机械唯物主义对人的理解的基础之上的。

在霍布斯看来，人是自然物体与人工物体——国家之间的中介物。由于人是这样一

[①] 北京大学哲学系外国哲学史教研室编译：《十六—十八世纪西欧各国哲学》，第82—83页。
[②] 同上，第83页。

种中介物，所以，霍布斯从对人的分析渐次进入对国家和法的分析。

依据他的机械唯物主义自然观，霍布斯认为，人和自然物体并无本质的差别，"生命不过是由内部关键部件发动起来的胶体运动"，"心脏不过是发条，神经不过是一些游丝，关节不过是一些齿轮"①，所以，人类活动和自然物体的运动一样，都服从机械力学的一般原则。但人与物体又有不同之处，即人是会思维"有理性"的。因此，霍布斯同时认为，所谓"人"的观念，就是由"物体"、"活的"和"有理性的"三个观念组合叠加而成的；而且，人本身就是"物体"与"理性"的叠加组合。霍布斯的上述看法，没有什么上帝创造人之类的神学论断。不是从神的角度，而是从自然的角度观察人，表明霍布斯冲出了神学的樊篱，站到了唯物主义的立场上。但他是依据机械力学原则，按照"推理即计算"、"推理与加和减相同"②的机械的形而上学的观念来"推理"出"人"的观念的。因此，他的这些观点，只能说是机械唯物主义的。

在此基础上，霍布斯进而用机械运动原理解释人的生理活动和心理活动。他的"推理"结论是，人的本性就是趋利避害，就是无休止地追求个人利益和个人权力。既然一切人都要追求利益与权力，理所当然地会发生争执。争执的原因，第一是"竞争"，第二是"猜疑"，第三是"荣誉"。这三者，"其一为求利，其二为求安全，其三为求名"③。

霍布斯把上述人的本性，即保存自己并采取一切手段去占有一切，看成是人人必具的天赋的"自然权利"。

从人的"自然权利"出发，霍布斯进而"推理"出"自然状态"的观念来。他认为，人类之初，人人按其"自然权利"生活，当时又无公认的公共权力去管理、压服一切，于是出现了每个人都要尽一切努力，不惜采取一切手段，去实现占有一切，包括占有他人人身的"自然权利"的情况。人们彼此争权夺利，纷争不已，使得"人对人像狼一样"，整个社会陷入"一切人反对一切人的状态"④。霍布斯把这种状态称为"自然状态"。在"自然状态"下，善良与邪恶不分，是非与曲直不辨，欺诈盛行，争斗不断，工农业无人经营，科学文化无人过问，一切都陷入极度混乱，到处都是无政府状态。

霍布斯的这一关于人、人的本性、人的自然权利和人类社会的自然状态的论断，是早期资本主义社会现实在他的头脑中的反映。马克思和恩格斯指出，霍布斯像后来的洛克一样，是把人的多样性的相互关系都归结为唯一的功利关系的鼻祖。他们说，把所有各式各样的人类的相互关系都归结为唯一的功利关系，看起来是很愚蠢的。这种看起来是形而上学的抽象之所以产生，是因为在现代资产阶级社会中，一切关系实际上仅仅服从于一种

---

① 《利维坦》，1929 年牛津英文版，第 65 页。
② 《十六—十八世纪西欧各国哲学》，第 61 页。
③ 同①，第 96 页。
④ 同上，第 99 页。

抽象的金钱盘剥关系①。霍布斯的"抽象"诚然带有"形而上学"的特点，但它源于社会现实，没有归结到上帝的旨意或什么神的指示方面去。应当指出，霍布斯的论断，也是他自己的心理、情感、欲望以及他本人的"状态"的反映。他的一生，正是在功利主义目的支配下度过的。他的法哲学观，浸透了功利主义的"冰水"。

三、论"自然法"

霍布斯认为，在上述"自然状态"中，必定是人人自危，因为不论什么人，不论其智勇如何，都难以安身保命、成名得利。因此，按照人的本性而要求自我保存、逃避死亡的威胁，成了头等重要的大事。也就是说，为了本身的利益，人们又不得不力求摆脱"自然状态"。这样，人们的理性便迫使人们去遵守共同的生活规则。这种人类自然要求共同遵守的生活规则，便是"自然法"。霍布斯认为："自然法是理性建立的箴言或一般规则。"② 也就是"由于人害怕死亡，希望过安逸的生活，并通过自己的辛勤劳动获得应有的东西，因此就提出了和平的合适条款，在这基础上签订协定。这些条款就是自然法"③。

显然，这种自然法是对自然权利的约束和限制，是对人们脱离自然状态的保障。因此，对其价值判断，霍布斯必定是这样推定的：自然法是善的规则，遵循自然法便是善；否则便是恶；自然法是衡量是非善恶的标准。霍布斯正是这样看的，他说，自然法的学说是"真正的和唯一的道德哲学"④。

那么，"自然法"有哪些内容呢？霍布斯认为，理性启示的"自然法"，第一条就是用以确保人类生命安全的"寻求和平，信守和平"⑤。第二条是从第一条引申出来的："如果别人也愿意这样做时，一个人在为了和平和保卫自己的范围内，会想到有必要自愿放弃这种对一切事物的权利；他应该满足于具有和别人一样多的自由，这恰如他愿意允许给别人和自己一样多的自由。"⑥ 这就是说，人们应当自觉地放弃"自然权利"。第三条是恪守正义，即恪守契约。霍布斯认为，正义就是恪守有效的契约。

在《利维坦》中，霍布斯一共列举了十九条"自然法"的条款。他把所有这些条款概括为一句话，即：己所不欲，勿施于人。他认为，"自然法"是永恒不变的。

如同许多机械唯物主义者一样，霍布斯在对自然界的认识上，还能坚持其唯物主义的观点，而一踏进社会历史领域，便摇摇晃晃起来，最后倒向唯心主义了。他对自然权利、

---

① 《马克思恩格斯全集》第3卷，第479页。
② 《利维坦》，第99、102页。
③ 同上。
④ 同上，第100页。
⑤ 同上。
⑥ 同上。

自然状态以及为了摆脱自然状态所设想的自然法的论断，都远离了唯物主义的立场。由人的心理与情欲推导出人的自然权利，又从人的理性中推导出自然法，无疑是唯心主义的一厢情愿的主观论定。因此，当我们说霍布斯是一个机械唯物主义哲学家时，并不能据此论定他的法哲学观也具有唯物主义的性质。恰恰相反，霍布斯的法哲学的出发点是功利主义性质的唯心主义，其归宿也带有功利主义和唯心主义的特点，这从他由人进而论及国家、由自然法进而论及国法时，可以看得更加清楚。

四、论社会契约

在霍布斯看来，理性所启示的"自然法"并不具有强制力，还要靠权威的强制力来保证施行。霍布斯说："虽然有自然法，如果没有树立起权力来，或者权力之大不足以保护我们的安全，那么任何人就会并且可以合法地依仗自己的能力和技术警戒别的一切人。"① 其结果，必定是"自然状态"仍存，"人人自危"依旧。于是，理性进一步启示人们，为了最终地确保安全与利益，必须相互签订契约，规定将各自的自然权利转让、交付给一个人或一些人组成的会议，以统一大家的利益与意志。霍布斯指出："这种统一的形成是由于人与人之间所订立的契约，好像每一个人对每一个人说：'我放弃我管理自己的权利，把它授予这个人或这些人的会议，只要你也同样把你的权利授予他，并且认可他的一切行动。'"② 所谓"国家"，就是人们赋予最高权力的"这个人或这些人的会议"。在《圣经》中提到过一种类似于鲸鱼的威力无比的海兽，叫"利维坦"。霍布斯就把他所说的"国家"比作"利维坦"，威力巨大，意志统一，凭借所有的人转让给他的权力，按照"自然法"的要求与规定，制订出国家的法律，强制人们严格遵守，以保证国家的和平和人们的安全。霍布斯这样定义国家："……是一个人格，一大群人通过相互的约定使他们自己每一个都成为这个人格的一切行动的主人，为的是当他认为适当的时候，可以使用他们大家的力量和工具来谋求他们的和平和公共的防御。"③ 霍布斯还把国家看作一部像人一样的机器：一国的主权如灵魂；官吏如骨骼；财富如体力；赏罚如神经；民和如健康，民怨如疾病；内乱如死亡；等等。

综上所说，霍布斯的国家观和法律观的基点是社会契约理论。他是近代第一个比较系统地阐明社会契约论的法哲学家，对洛克和卢梭有相当深刻的影响。

然而，霍布斯的社会契约论仍然散发出功利主义的气息，因为它带有为专制主义辩护的强烈色彩和鲜明倾向。例如，他在《利维坦》中论及国法时认为：国法"对每一个臣民

---

① 《利维坦》，第128页。
② 《十六—十八世纪西欧各国哲学》，第98页。
③ 同①，第98页。

来讲，是那些由国家通过口头、文字或其他足以表示意志的方式下达给他的规则，以便用以辨别是非"；"法律不可能是非正义的"。这就是说，是非善恶，正义与非正义，现在只有一个标准，就是国家制定的法律；而国家的法律是由当权者制定的，那么，当权者的意志就成了评判是非罪错的唯一标准。霍布斯甚至还认为，权力是绝对不能转让的，权力如被转让，就不可再行收回了，权力不仅不可转让，而且不可分割，因此，立法、司法、行政、财政、军政等一切大权，统统应当集中在当权者手中。他用当时英国内乱的事实来论证分权则国乱。所以，他的理论带有专制主义的特点。针对霍布斯的这个特点，恩格斯指出："当君主专制在整个欧洲处于全盛时代，并在英国开始和人民进行斗争的时候，他是专制制度的拥护者。"① 如本文开头所说，霍布斯在政治上的看风使舵是由功利目的引起的，他竭力为专制制度辩护，也正是出于同一目的。因此，当他受到教会的猛烈攻击因而身心危惧时，就又进一步弃置某些唯物主义观点而对宗教神学频送秋波了。在修改了的《利维坦》中，他转而论述"上帝之法不外乎就是自然法"②，而统治者颁布的国法是依据自然法制定的，"国法和自然法不是两回事"③，而且"相互包含，范围相同"④。他从而论定："每个臣民都有义务遵守国法，而遵守国法就是遵守自然法。"⑤ 这样，上帝之法、自然法、国法就被搅成一团了。作为"第一个近代唯物主义者"，霍布斯有不可磨灭的功绩；作为基本上在近代唯物主义基础上论述自然法哲学的思想家，霍布斯的学说也有许多发人深思的新贡献；而作为功利主义的鼻祖，他在学术探索途程上的看风使舵，又使他的学说大大逊色。

---

① 《马克思恩格斯选集》第 4 卷，第 485 页。
② 《利维坦》，第 90 页。
③ 同上，第 205 页。
④ 同上。
⑤ 同上。

第十章　崇尚"理性"的格劳秀斯和"辩证法的卓越代表"斯宾诺莎的法哲学观

欧洲历史上第一次成功的资产阶级革命发生在荷兰。到17世纪时，如马克思说的那样，荷兰已成了"标准的资本主义国家"[①]。为了进一步巩固资产阶级革命的成果，荷兰资产阶级必须继续努力肃清封建残余势力，扫荡其意识形态的污泥浊水，必须在哲学、政治学、法学以至整个人文科学方面论证资产阶级革命的合理性与资本主义制度的优越性。这一任务落到了格劳秀斯、斯宾诺莎等著名思想家的肩上。

一、格劳秀斯的自然法哲学观

格劳秀斯（Hugo Grotius，1583—1645年）是近代资产阶级自然法哲学的奠基人与国际法的创始者。他出身于荷兰代尔夫特城一个著名律师之家，自幼敏锐过人，被誉为神童。他年方八岁即以拉丁文写诗，十二岁进入莱顿大学攻读数学、哲学与法学，十五岁随荷兰大使赴法，法国国王亨利四世称之为"荷兰的奇迹"；十六岁成了海牙的著名律师；三十岁时出任鹿特丹市的首相。1618年荷兰发生政变后，他逃亡法国。此后即在法国潜心著述。其主要著作有《捕获法》(1604—1605年著，1668年出版)、《海洋自由论》(1609年出版)、《战争与和平法》(1625年出版)。

近代资产阶级自然法哲学的主要特点之一，是以人类的"理性"与基督教神学相抗衡，格劳秀斯正是高举"理性"旗帜的近代资产阶级自然法哲学的典型代表与先驱。

如前所述，托马斯·阿奎那的法哲学观是以神学为核心的。其强大影响，到荷兰资产阶级革命成功之后的相当长时期里，仍然处处可见。但格劳秀斯对阿奎那的"上帝—神学"理论颇不以为然，他说："上帝自己不能使二加二不为四；所以也不能把理性上认为

[①] 《马克思恩格斯全集》第23卷，第820页。

恶的变成善的。"① 在阐明其法哲学观时，格劳秀斯认为：

第一，自然法寓于理性之中。

格劳秀斯这样给自然法下定义："自然法是真正理性的命令，是一切行为的善恶的标准。"② 他认为，自然法的效力，既不源于权威，也非凭借强制，而是依靠人类的理性；人类生来就有理性、自然法，自然法寓于理性之中，因此，凡是有理性的人类都会自觉接受自然法的支配。他甚至认为，自然法是永恒的、不变的，上帝也得受自然法的支配。

第二，自然法的一切规范源于人性。

格劳秀斯是这样论述自然法与人性之间的关系的：人类虽然也是动物，但他是非常的动物，他和动物的差别比动物和动物的差别更大；有许多行为是人类特有的，这就是人类和别的动物不同的明证。人类最最重要的特性就是需要社会，即需要与他人交往；不仅如此，而且还需要和平的合理的共同生活。这样，"'一切动物生来就只求自己的利益'这句话是不能适用于人类的"③。总之，人类的社会交往需求所决定的人性，使人具有了理性，从而使人类自觉地选择、服从自然法。

由此出发，格劳秀斯反对"功利是正义和权利之母"的说法。他认为自然法之母是引导人类需要社会生活的人性。但他在反对功利主义法哲学观的同时，并不一般地否定人类趋利避害的本性。他认为，人类之所以超越一切动物，不仅在于推动社会发展，而且在于有能力鉴别和判断利害关系；正是在权衡利害之后，才不为威胁利诱步入歧途，才不为盲目和轻率的感情冲昏头脑。

囿于其阶级立场，格劳秀斯反复强调的"人性"、"理性"，实际上就是资产阶级的本性。他认为，现存的秩序、现存的财产及财产制度，都是不可侵犯的。他指出，自然法不仅尊重那些自然产生的东西，而且也尊重那些由人类的行为所产生的东西，例如现实存在的"财产"就是根据人类意志而产生的东西，一经承认，自然法就指示人们"违反任何一个人的意志而拿走他人的东西就是非法的"。他还指出，人的自然权利包括生命、躯体、平等，等等。从上述观念出发，格劳秀斯把自然法的内容归结为五个方面：

> 他人之物，不应妄取；
> 误取他人之物者，应该以原物和原物所见的收益归还原主；
> 有约必践；
> 有债必偿；
> 有罪必罚。

---

① [荷]格劳秀斯：《战争与和平法》第1编，第1章，第1节。
② 同上。
③ 《战争与和平法》序言，第6、16节。

显然，格劳秀斯完全是站在革命资产阶级的立场上来阐明他的自然法哲学观的。

稍晚于格劳秀斯的斯宾诺莎在荷兰思想界具有举足轻重的地位，下面我们介绍他的法哲学观。

二、斯宾诺莎其人、其书及哲学观

人们常把斯宾诺莎和霍布斯的哲学思想及法律思想相互对比、相提并论。但他们两者在治学态度上是完全不同的，前者为追求真理而历尽艰辛、死而无憾；后者则跟在当权的统治者后面时时改变着颂歌的内容与腔调。因此，前者的哲学与法学思想表现出了一贯性，后者则处于无定性的状态之中。尽管两者在法哲学探索的过程中，都循着对人→人的本性→自然状态与自然权利→社会契约→国家与法的起源的论述，抒发自己的观点，但斯宾诺莎在其哲学观与法律观上表现出更强的一致性与整体性。

巴鲁赫·斯宾诺莎（Baruch Spinoza，1632—1677年）生于荷兰阿姆斯特丹的一个犹太商人家庭。其父以犹太传统教育深深地在他的脑海中烙下了犹太民族为保持自由而誓死奋斗的精神。少年时代的犹太哲学和神学教育，使他确立了对宇宙做系统与整体解释的一元论观点。犹太神学所告知的哲学概念是，上帝是唯一的无限存在。青年时期的斯宾诺莎深受布鲁诺与笛卡尔学说的影响。他把犹太神学的上帝观念与布鲁诺自然哲学的自然概念合而为一，视同一体，因此，"自然"成了唯一的无限存在。同时，他又汲取了笛卡尔哲学中的"实体"概念，从而将神、自然和实体三者看成只是表达同一个最高存在的哲学概念。由于他的无神论思想，二十四岁时被永远开除犹太教籍，从住地被驱逐出去。从此，他无以为生，仅靠磨制玻璃眼镜片换钱度日。但在逆境中，他不改初衷，坚持其哲学探索，直至1677年2月21日，由于磨制镜片吸入尘埃导致肺病，仅四十五岁即英年早逝。

斯宾诺莎的遗著中，完整保存的有《笛卡尔哲学原理》《神学政治论》《伦理学》和《略论神、人和人的幸福》；残篇有《知性改进论》《政治论》和《希伯来语法》；此外还有若干书信。

洪汉鼎在《斯宾诺莎》一文中指出："斯宾诺莎哲学的根本出发点，是一种我们现在可以称之为系统论的认识论观点。这种认识论观点的特征在于它把整个宇宙不是看成一堆疏松的孤立不发生联系的个别事物的堆积，而是把它看成是由所有存在事物所组成的一个庞大的有机系统，虽然这个系统内的各个事物都有极其多样的性质和转化，但是它们都是这个系统的一部分，都服从统一的自然规律和法则。"[①] 斯宾诺莎说："每一个事物，就它们以一定方式存在而言，必定被认为是整个宇宙的一部分，与宇宙的整体相一致，并且与其他

[①] 钟宇人、余丽嫦编：《西方著名哲学家评传》第4卷，山东人民出版社1984年版，第340页。

部分相联系。"① 斯宾诺莎认为,自然界一切事物都处于紧密的相互联结与普遍联系中,它们都服从普遍而固定不变的秩序和规律,整个宇宙就是由这些相互联结并遵循规律的个别事物构成的和谐有序的系统。他把这个系统称之为自然、神或实体。自然是万物总和的统一;神是万物本源的统一;实体则为万物基质的统一。

斯宾诺莎的哲学思想曾备受称赞。德国诗人海涅说:"所有我们现代的哲学家,也许常不自觉地用斯宾诺莎所摩擦过的眼镜以观察世界。"② 费尔巴哈把斯宾诺莎称为"现代无神论者和唯物论者的摩西"③。马克思主义经典作家高度评价斯宾诺莎的哲学思想是"当时哲学的最高荣誉"④,并把他看作是近代哲学史上"辩证法的卓越代表"⑤。这里所说的"辩证法"思想,主要是指斯宾诺莎以系统思想论述了世界的统一性和互相联系的特点。这些思想深深地影响了他对法哲学的考察和探讨。

三、论人的"自然权利"与社会契约

斯宾诺莎对法的考察也是以人为出发点的。在他看来,人是自然的有机组成部分,不是"国家中的国家",即不是自然界普遍秩序与规律的例外。在斯宾诺莎看来,自然系统中的人的本性是"永远和到处同一的"。这一人的本性就是"自然保存"原则。这一原则的基点是个人利益。以个人利益为基点的自我保存原则,成了斯宾诺莎法哲学的轴心。斯宾诺莎说:"一个人的幸福即在于他能够保持他自己的存在。"⑥

由此出发,他提出了人的"自然权利"说。十分自然,他的"自然权利"中的最高和最重要的权利必定是"生存权"。这一"生存权"决非自然存在而已,它有其特定内容。斯宾诺莎认为,人的"生存权"这一最高的自然权利,意味着每个人都可以按照自己的意愿寻求本身的利益,可以像水中的鱼那样,为了自身的利益大鱼可以吃小鱼。

但这样一来,就会使得人类整体由于同类之间的损伤而受到破坏,最终仍旧影响作为这个整体的组成部分的个体的利益,而且使得人人惴惴不安,惶惶不可终日。斯宾诺莎说:"想到这里,我们就可以明白,如果人要大致竭力享受天然属于个人的权利,人就不得不同意尽可能妥善相处,生活不应再为个人的力量与欲望所规定,而是要取决于全体的力量与意志。"⑦ 这样,通过社会契约而组成相对安全的社会的社会契约论,便被提了出

---

① 《斯宾诺莎书信集》,1928 年英文版,第 211 页。
② [德]亨利希·海涅:《论德国》,商务印书馆 1980 年版,第 101 页。
③ [德]费尔巴哈:《未来哲学原理》,生活·读书·新知三联书店 1955 年版,第 25 页。
④ 《马克思恩格斯选集》第 3 卷,第 449 页。
⑤ 同上,第 59 页。
⑥ [荷]斯宾诺莎:《伦理学》,第 170 页。
⑦ [荷]斯宾诺莎:《神学政治论》,商务印书馆 1963 年版,第 214 页。

来。斯宾诺莎认为，通过契约组成社会，是由人的理性驱使决定的。人和动物最大不同点就在于人具有理性，人的正常欲望都取决于、依据于理性的命令。理性的人最善于爱护自己并寻求自己的利益，保持自身的存在。正是理性命令人缔结契约，因为"两利相权取其大，两害相权取其轻"①，与其生存处在险境之中，不如放弃部分自然权利而保护个人的整体利益。

所以，斯宾诺莎认为，社会契约的成立，是以每一个参加契约的人放弃部分自然权利为前提的。但对所放弃的自然权利，斯宾诺莎的看法与霍布斯的大不相同。霍布斯认为人们订立契约时，把自己的全部权力与权利都交出去了；斯宾诺莎则认为，订立契约时，人们所交出的仅仅是判断善恶与实施惩罚的权利。

在斯宾诺莎看来，如果将一切权利都交了出去，人就不成其为人了。因此，人必须保留除判断善恶与实施惩罚以外的一切权利。他认为，最重要的保留权利有：第一，自由权。斯宾诺莎说："自由比任何事物都珍贵。"②而最重要的是思想自由和言论自由，这种自由是绝对不能转让的。他说："人的心是不可能完全由别一个人处治安排的，因为没有人会愿意或被迫地把他的天赋的自由思考判断之权转让与人的。"③"强制言论一致是绝对不可能的。因为统治者越是设法消灭言论的自由，人们越是顽强地抵抗他们。"④第二，重新缔结契约的权利。斯宾诺莎认为，如果个人权利受到最高权力的侵犯，人民可以重新缔结契约。这是为了保证个人权益的实际实现。这个看法，与霍布斯也完全不同。在霍布斯看来，人民一旦交出权力就不可再加收回，必须绝对遵从最高权力的摆布。从这些方面可以看出，霍布斯所维护的是君主专制制度，而斯宾诺莎所追求的则是民主自由制度。

四、论自由与法的关系

斯宾诺莎认为有两种不同的自由。一种是自然状态下的受本能支配而无所节制的绝对自由。在这种绝对自由境界中，"每人是他自己的裁判人，有绝对之权为他自己立法，对所立的法随意解释。如果他认为废除所立的法方便，他就废除。"⑤另一种自由是"法律的自由"，即受法律约束的自由，在法律所允许的范围内实现的自由。这也是受理智支配的自由。斯宾诺莎说："每一个人只要是为理智所引导，他当然是自由的。……国家一般的法律若不为人所遵守，是不会有和平的。所以一个人越听理智的指使——换言之他越自

---

① 《神学政治论》，商务印书馆 1963 年版，第 215 页。
② 同上，第 12、270 页。
③ 同上。
④ 同上，第 272 页。
⑤ 同上，第 215 页。

由,他越始终遵守他的国家的法律,服从他所属的统治权的命令。"① 这反映斯宾诺莎已认识到没有绝对的自由。

正是从对两种自由,即受本能支配的自由和为理智所引导的自由的分析出发,斯宾诺莎论述了法的必要性。他指出:"若是人生来只听清醒的理智的指挥,社会显然就用不着法律了,教导真正的道德信条就够了,人就毫不迟疑地循他们的真正利益而行了。无如人类的天性不是这样。每个人都谋其个人利益。其所以出此并非是凭清醒的理智。因为大多数人关于欲求和效用的观念是为肉体的本能和情绪所支配,只顾眼前。因此之故,若无政府、武力和法律以约束压抑人的欲望和无节制的冲动,社会是站不住的。"②

如上所述,斯宾诺莎将人类社会作为一个整体来认识,从整体内各个组成部分即个体的相互联系,从个体的本能与理智的相互关联,从自然本性支配下的自由欲求与法律约束下的理智性的自由的相互关系,推导出了法律的必要性。这不能不说是深受其系统论哲学观影响的。

五、立法、守法与执法的辩证关系

在法哲学的探索中,斯宾诺莎还论述了立法、守法与执法的辩证关系。他在《神学政治论》中指出:"法律有约束一切的力量,只有如此一个国家才能存在。若是一个国家的所有分子忽视法律,就足以使国家解体和毁灭。"因为"服从法律所得的后果只是一个独立国家的长久幸福和此生的别的一些福利;反过来说,不服从法律和毁弃誓约就有国家覆亡和巨大艰苦的危险"③。这就是说,立法之后,必须随之以自觉地守法,否则,法律将毁弃、国家将灭亡。因此,他把自觉守法作为公民幸福与自由的必需和义务。斯宾诺莎认为"一个人与国家的法律相背而行也就是不尽本分的,因为如果这种做法普遍起来,国家必然会随之灭亡"④。这里所谓"本分",是"义务"的同义语。也就是说,自觉守法是公民的义务。

关于执法,斯宾诺莎认为严格而一视同仁地平等执法,是立法的必然要求。他说:"执行法律的人必须不顾到一些个人,而是把所有的人都看作平等的,对每个人的权利都一样地加以护卫,不嫉妒富者,也不蔑视穷者。"⑤ 这样,立法、守法、执法就不但是相互关联的,而且在个人自由与利益的基础上是统一的。

斯宾诺莎从对人、人的本性的论述开始,直到法制的建立和实施的整套看法,始终有

---

① 《神学政治论》,商务印书馆1963年版,第274页。
② 同上,第82页。
③ 同上,第54—55页。
④ 同上,第273、220页。
⑤ 同上,第220页。

着事物相互联系、整体与部分的辩证关系的哲学观贯彻其中，加上他所具有的对资产阶级民主自由的执着追求，使其法哲学观比霍布斯的法哲学观显然高出一筹。当然，他的许多法律观点必然带有资产阶级的局限性。但是，他从事物的联系及整体与部分的关系出发做法学考察，对我们是一重要的启示。循此继进，就可形成系统论法哲学。

第十一章 "专心追求真理"的法哲学家洛克

约翰·洛克（John Locke，1632—1704年），无论作为哲学家，还是作为政治学家、法学家，都以孜孜不倦地"专心追求真理"并取得卓著的成功而彪炳人类思想史册。这与随着政治风云的变幻而不断改变其学术观点的托马斯·霍布斯，有很大的不同。在法哲学方面，他也是如此。

一、洛克的生平与思想

洛克1632年诞生于英格兰西部的林格通城。二十岁时进入牛津大学基督教会学院，传统的课程使他万分厌恶。大学毕业后，他深受近代化学和物理学奠基人波义耳的影响，亲身从事实验科学研究。后又结交名医希顿海姆，从事医学研究，成为名医而医好了当时最有名的政治活动家阿希莱勋爵的怪病，并追随阿希莱步入政坛。此外，洛克与牛顿也过从甚密，友谊深厚。他还研读过笛卡尔的著作。这些经历，促成他形成了唯物主义的世界观。在政治斗争中，洛克还对社会、国家、法律做缜密的考察，发表了《政府论》《人类理智论》等大批著作，给英国民族带来莫大荣誉，为人类思想的发展做出了巨大的贡献。1704年10月28日，洛克逝世。在他的墓碑上，铭刻着他生前写下的碑文，其中，他自诩"是一位受过训练的学者、专心追求过真理的人"。略事研究洛克的法哲学思想，不难发现，他的自我评价是不过分的。

洛克法律思想的哲学基础，是他的唯物主义世界观。洛克坚定地承认客观物质世界的存在，并把事物的实在本质作为一切外部属性的内在根据，认为感官经验是事物的真实反映，全部认识的源泉是经验。洛克毕生所从事的哲学活动，始终以对经院哲学、宗教神学和天赋观念等唯心主义的批判为主要内容。但是，洛克同时认为有"感觉"与"反省"两种经验，又有"物质"（肉体）与"思想"（精神）两种实体，这为康德的二元论哲学开了先声。洛克还否认物质具有自己运动的能力，只承认它有在外力推动下可以运动的"可动性"，从而使他停留在机械唯物主义的水平上。

洛克哲学上的不彻底性，与其所处时代对他的影响分不开，而这又左右着他的法哲学观的发展。

洛克追随阿希莱步入政坛后，因阿希莱于1672年被册封为舍夫茨伯利伯爵，就任贵族院议长等要职而提高了其地位与政治影响。1682年，舍夫茨伯利在政争中败北，逃往荷兰，洛克也因此出走荷兰，一直到1688年后才因"光荣革命"的胜利而重返英国。政变的成功使洛克成了英国政坛与学界的显要人物。但"光荣革命"的结果，是资产阶级与地主阶级妥协，确立了资产阶级立宪君主制。马克思指出："'光荣革命'把地主、资本家这些谋利者同奥伦治的威廉三世一起推上了统治地位。"① 与这种政治需要相适应的，是与君主立宪制相一致的法律制度。洛克则成了为当时的政治与法律制度提供理论依据的巨匠。因此，恩格斯说洛克是"1688年的阶级妥协的产儿"。② 洛克的法哲学，正是在其哲学上的不彻底性与政治上的妥协性支配下形成的。所以，尽管他"专心追求真理"，真理却始终难以真正为他所掌握。

洛克在其政治学、法学的主要论著《政府论》序言中，曾十分明确地宣称该书的写作目的"是为了巩固我们伟大的复兴者、我们现在的威廉国王的王位，按照人民的意愿，履行他的权力……是为了为爱好自己的正义和自然权利，并决心保持它们，拯救国家于奴役和毁灭之境的英国人民进行辩护"。洛克法哲学的基本精神，在这一段话中得到了集中的反映，即论证公民的自然权利的保护和资产阶级法治的合理性。

二、论自然状态和自然法

与霍布斯相似，洛克的法哲学是从国家建立之前的所谓"自然状态"展开的。但洛克所描述的"自然状态"与霍布斯的几乎全然相反。在霍布斯那里，"自然状态"为"一切人反对一切人的战争"状态，自由放任的无政府主义风行。而在洛克这里，人类始初的"自然状态"是一种完美无缺的自由状态：人人地位平等，不存在人与人的从属关系，一切权力和管辖权都是相互对等的；是和平而安宁的社会状态，也是一种秩序井然的状态。"自然法"在起着规范人们行为的作用。洛克这样描述他的"自然状态"与霍布斯的不同："它们之间的区别，正像和平、善意、互助和安全的状态同敌对、恶意、暴力和互相残杀的状态之间的区别那样迥不相同。"③

那么，什么是"自然状态"下的"自然法"呢？对"自然法"下的定义，洛克与霍布斯大致相同，即"自然法"是人类理性所启示的规则。但洛克又说："……理性，也就是自

---

① 《马克思恩格斯全集》第23卷，第791页。
② 同上，第37卷，第489页。
③ [英]约翰·洛克：《政府论》下篇，商务印书馆1981年版，第14页。

然法，教导着有意遵从理性的全人类：人们既然都是平等和独立的，任何人就不得侵害他人的生命、健康、自由或财产。"① 这段话表明洛克的"自然法"定义与霍布斯的有相同的一面，也有不同的一面。不同之处在于洛克强调了"自然法"的内容。

洛克所指"自然法"的内容，主要包括人的财产权、平等权和执法权。

财产权是洛克的"自然法"的核心，是人的"自然权利"中最基本的权利。他认为，生命的权利即安全，不过是保障个人的财产不受侵犯的权利；而自由权不过是每个人都有任意处置自己全部财产之权。自然中的一切物品本为人类共同拥有，但因劳动而成为个人财产，形成个人的财产权利。他认为："如果窃贼想用强力夺取我的财产，尽管他不想伤害我的生命，但根据'自然法'所赋予人的自然权利，我也可以将窃贼处死。"这实际上是宣扬了资产阶级的私有财产神圣不可侵犯的观念。这种观念至今仍被写在各资本主义国家的宪法里，贯穿于这些国家的一切法律的精神中。

洛克所设想的"自然法"规定的平等权，指的是在同一自然社会的自然状态下，人们共享一切，权利平等；对自然财富拥有通过劳动化为个人财富的平等权利；人和人之间没有从属关系，无权彼此侵犯、彼此毁灭，谁被侵犯，谁就有报复与惩罚之权。而这种平等权最集中地体现在执法权上。洛克认为："为了约束所有的人不侵犯他人的权利、不互相伤害，使大家都遵守旨在维护和平和保卫全人类的自然法，自然法便在那种状态下交给每一个人去执行，使每一个人都有权惩罚违反自然法的人，以制止违反自然法为度。"② 洛克强调，平等的执法权是自然法的必然要求，否则自然法便会变得毫无用处；但这种执法权不是恣意妄为，对罪犯的惩罚必须"以制止违反自然法为度"，只能比照所犯罪行加以惩处，目的在于禁止犯罪，纠正错误，使之悔悟并儆诫他人。

三、洛克的社会契约论

"自然法"规范下的"自然状态"怎么会演变出纷争不已、有国家、有法律的现实社会呢？为了解答这个问题，洛克不得不把"自然状态"描述成也是有缺陷的。其缺陷主要是：第一，有违反自然法而侵犯别人的自然权利的人，是他们制造出战争状态来；第二，自然法并非明文规定的法律，作为理性的启示，有些人不服从它的约束；第三，没有依法裁决的法官，而任人自由裁决就难免偏私；第四，判决的执行也难以兑现，因为人人都有权自认为是"君主"而拒不执行。这些缺陷的存在，迫使人们通过协商、订立契约，成立国家、制定法律来保护其安全、自由、健康、财产。这样，国家就产生了。

洛克和霍布斯一样，都从社会契约论过渡到了对现实社会现象的解释。这种解释，从

---

① 《政府论》下篇，商务印书馆1981年版，第6页。
② 同上，第7页。

"自然状态"和"自然法"的描述,到社会契约论的提出,都是违反人类社会发展客观实际的主观臆测。

哲学上的不彻底性,使洛克从对自然的唯物主义认识陷到了对社会历史做唯心主义观察的歧途上去了。在指出洛克失误的同时,我们并不能要求洛克脱离其阶级出身、社会现实和时代需求,做到哲学上的彻底性和无产阶级化,这是不可能的。然而,洛克当时所能做到和已经做到的,已大大超过了同时代的任何一个思想家。这从他以"自然状态——自然权利——自然法——社会契约——国家和法律的出现"的思路,来进一步展开他的法哲学论述可以知道。

洛克认为,原始人类为了弥补自然状态下的缺陷,为了捍卫自身的自然权利,于是签订契约,自愿地放弃由自己惩罚他人的权利,把这一权利交给他们一致同意的某个人或某些人,从而出现了国家。洛克说:"这就是立法和行政权力的原始权利和这两者之所以产生的缘由,政府和社会本身的起源也在于此。"[1] 从国家和法律起源于社会契约这一点看,洛克与霍布斯的观点是一致的。但关于社会契约的内容,两者大相径庭。

首先,霍布斯认为契约的签订意味着人们把一切自然权利拱手交给了专制主义的君主或政府;洛克则认为,不仅保全自己生命的权利,而且自由权和财产权在订立契约时均是不应放弃、不可转让的。洛克说,政府的"重大的和主要的目的",就是保护人们的自由权和财产权。他特别强调地指出:最高权力"未经本人同意,不能取走任何人的财产的任何部分"[2],即使是征收为了维持政府活动而必需的赋税,也必须得到人民的同意。

其次,霍布斯认为君主或政府一旦取得每个人转让给他的权利,就可据以制订法律,强迫人们遵行,至于君主或政府本身,则不受法律的约束;洛克则认为,被授予权力者也是契约的参加者,必须受契约内容的限制,按社会全体成员的委托,而不是按个人的意志和专断来行使权力。洛克指出,国家即政府的权力"不是,并且也不能是专断的"[3],"政府所有的一切权力,既然只是为社会谋幸福,因而不应该是专断的和凭一时高兴的,而是应该根据既定的和公布的法律来行使。"[4]

十分明显,霍布斯的社会契约论是为专制主义作伥张目、呐喊摇旗的,洛克的社会契约论则是与专制主义背道而驰、毫无瓜葛的。

---

[1] 《政府论》下篇,商务印书馆1981年版,第78页。
[2] 同上,第86页。
[3] 同上,第83、85页。
[4] 同上,第85页。

四、论分权：法治论的基础

循此继进，洛克倡言分权学说和法治原则，成了资产阶级三权分立理论的奠基人和资产阶级法治主义的创言者。他的分权理论是法治原则的基础，而法治原则又是分权理论的深化。

洛克认为，国家有三种权力，而这三种权力必须分由不同的国家机构掌握。这三种权力是：立法权，行政权和对外权。立法权是指为了运用国家力量保障社会及其成员的利益而制定和公布法律的权力；行政权是指负责实施被制定和继续有效的法律的权力，又叫司法权；对外权是指决定战争与和平、联合与联盟以及同外国发生一切交往的权力。洛克主张三权必须分立。

在洛克的三权分立学说中，三权不是平列的，最高者为立法权，处于支配一切的地位。洛克说："立法权，不论属于一个人或较多的人，不论经常或定期存在，是每一个国家中的最高权力。"① 这是"因为谁能够对另一个人制定法律就必须是在他之上。而且，立法权之所以是社会的立法权，是因为它有权为社会的一切部分和每个成员制定法律，制定他们的行动准则，并在法律被违反时授权加以执行，因此立法权就必须是最高的权力。"② 但作为最高权力来说，仅仅是相对于司法权和对外权而言的。洛克从反对专制主义出发，认为立法权也不是专断的、不受限制的。对立法权有所限制的是以下四者，一为应以公布的法律进行统治，它对任何人都一视同仁；二为这些法律必须以谋求人民幸福为唯一宗旨，不得有任何其他目的；三为这些法律不得侵害人民的生命、自由和财产；四为立法机构不得转让其制定法律的权力。

洛克的上述三权分立的构想，对于资产阶级反对封建专制是极为重要的武器，不论从理论上看，还是从实践上看都是如此。后来孟德斯鸠以此为基础做了进一步的探索，形成了现代资本主义国家三权分立制度的理论基础。从英国的实践来看，"光荣革命"后逐步完善的君主立宪制，体现了洛克的三权分立理论：下院掌握立法权，执行权归政府内阁，国王名义上行使对外权。

五、论法治原则：分权论的深化

关于法治原则，洛克提出的主要有以下几个方面：

第一，政府必须依法办事。洛克认为，如果政府不依法办事，就不可能达到其目的，

---

① 《政府论》下篇，商务印书馆1981年版，第83页。
② 同上，第92页。

因而失去存在的意义,等于政府的解体。洛克说,哪里不依法办事,那里"就肯定不再有政府存在。如果法律不能被执行,那就等于没有法律;而一个没有法律的政府,我以为是政治上的不可思议的事情,非人类的能力所能想象,而且是与人类社会格格不入的"①。

第二,法律面前人人平等。洛克指出:"法律一经制定,任何人也不能凭他自己的权威逃避法律的制裁;也不能以地位优越为借口,放任自己或任何下属胡作非为,而要求免受法律的制裁。公民社会中的任何人都是不能免受它的法律的制裁的。"②他认为,公民社会的每一个成员,不论是穷人还是富人,抑或是权贵或最微贱的人,在法律面前都是平等的。

洛克的三权分立和实行法治的理论,不但是比较完整的,而且针对性极强,其矛头所向,就是反对专制独裁,而这与他阐述社会契约论时所持观点是完全一致的。洛克认为,"法律的目的不是废除或限制自由,而是保护和扩大自由。"③因此,如果是君主专制政体,那么不管是暴君还是"贤君",都应加以反对。在君主专制政体中,君主将用心血来潮或毫无拘束的意志代替法律,而没有任何准则可以约束君主的行为;在这种状况下,人们的处境就会比自然状态下还坏,因为在自然状态下人们还享有自我保护的自由,而在君主专制政体下这种自由反而丧失了。因此,即使是"贤君",也必须反对他的专制行为。洛克认为,"贤君"的继承人不一定具备超人的智慧和善良的品德,有可能将权力变为特权,从而导致"暴政"。因此君主专制政体"完全不可能是公民政府的一种形式",它只是"一切人痛苦的原因"④。

为了防止专制政体的出现,为了消除专制独裁,洛克提出了政府解体与革命正义的思想。他认为,当政府违背人民行事时,政府即解体了;如果政府坚持其非法的权力,那么就应当"用强力对付强力"去推翻政府。洛克指出:"社会始终保留着一种最高权力,以保卫自己不受任何团体,即使是他们的立法者们的攻击和谋算。"⑤"在一切情况和条件下,对于滥用职权的强力的真正纠正办法,就是用强力对付强力。"⑥

六、对洛克思想的评价

洛克的这些反对专制主义的革命思想,是英国资产阶级反对封建主义的高昂战斗口号。但它的意义不仅于此,因为它也鼓舞一切人们为反对专制独裁而斗争。所有这些,与

---

① 《政府论》下篇,商务印书馆 1981 年版,第 132 页。
② 同上,第 59 页。
③ 同上,第 36 页。
④ 同上,第 36、92、95 页。
⑤ 同上,第 92 页。
⑥ 同上,第 98 页。

霍布斯那种跟在当权者臀后亦步亦趋是不可相提并论的。

梯利在《西方哲学史》中说，历史上"没有一个哲学家比洛克的思想更加深刻地影响了人类的精神和制度"，事实正是如此。洛克在法哲学方面的成就，是此前所有法哲学家所不可企及的；同时，洛克的法哲学所遗留下来的社会的和历史的影响，也是柏拉图以来的法哲学家所望尘莫及的。这是洛克"专心追求真理"的结果。当然，作为资产阶级的代言人，作为距今三百多年前（科学技术尚未充分发达的时代）的人，他的思想必然受阶级的、社会条件的限制，他的唯物主义自然观未能贯彻到底，越到晚年他也越发远离无神论，他的某些政治主张反映了1688年"光荣革命"的不光荣妥协。洛克在自撰墓碑碑文中还写道："让他（作者按：指自己）的罪恶随他一起埋葬吧！"他似乎意识到了自己的理论的不彻底性和妥协性。

第十二章 "捏造上帝"的伏尔泰的法哲学观

法律思想史著作与法哲学著作几乎都不加论列的伏尔泰,其实是一位十分重要的法哲学家。之所以忽略了伏尔泰,也许是因为"他多才饱学,博大精深,既是哲学家、史学家、政治家,又是诗人、小说家、戏剧家。他的成就遍及人文学科的所有部门,而且在他所涉足的每一领域,都成为才华横溢的巨匠"[①]的缘故,以至他的法哲学成就被淹没在他的其他成就的洪波巨澜中,反而显不出成就的光辉了。既然如此,略事发掘并加论述,是很有意义的。

一、伏尔泰的生平、著作和"捏造上帝"之举

伏尔泰本名为弗朗索斯-马雷·阿鲁埃特(Francois-Marie Arouet,1694—1778年),出生于法国巴黎。他由于出生于法国封建制度总崩溃的时代,曾因撰诗讥讽封建王公贵族等事,多次被投入巴士底狱。1726年第二次出狱后,他被驱逐出法国,开始了在英国的漫长流亡生活,直到1729年回到法国。但他仍然以其犀利而生动的笔,写出大批哲学、政治学和文学作品进行反封建专制和反教会特权的斗争。1734年,他出版的《哲学通信》被以"违反宗教,妨害淳良风俗,不敬权威罪"而遭查禁、焚毁。巴黎最高法院还下令逮捕伏尔泰,于是他逃到了法国边境小城西雷隐居,长达十五年之久。1749年,他应普鲁士国王弗里德利希二世之邀来到柏林,希望在此辅佐普鲁士国王推行开明政治。但目睹普鲁士的反动专制统治,他终于又毅然逃离柏林,来到法国和瑞士边境小城凡尔纳定居。在凡尔纳,他以其著作和特有的方式即不断接待来访者,向他们进行宣传鼓动,继续开展反对法国封建专制主义的斗争。在斗争中,伏尔泰的声望越来越高,被人民群众誉为"法兰西民族的骄傲",成了18世纪法国启蒙运动的公认的领袖和导师。八十四岁那年,伏尔泰在巴黎全城沸腾般热烈的欢迎中荣归故里,当年5月30日与世长辞。

[①] 王树人、李凤鸣编:《西方著名哲学家评传》第5卷,山东人民出版社1984年版,第58页。

伏尔泰的著作极为丰富，其最初的全集即达八开本七十卷之多。《哲学通信》一书比较集中地反映了他的法哲学思想。"伏尔泰"是他多达一百余个笔名中最著名的一个，《哲学通信》就是以此署名的。

伏尔泰的一生，是反对教会的战斗一生。他坚持不懈地致力于批判天主教会的黑暗和腐朽，把教会史看作是一连串的迫害、抢劫、谋杀和胡作非为的肮脏历史。在哲学上，伏尔泰批判笛卡儿的"天赋观念"论，否定莱布尼茨的"前定和谐"说，认为物质世界是客观地存在着的，人们的感觉反映客观实在，感觉经验是认识的唯一源泉。

正是在这样的哲学思想指导下，他能够客观地反映并表达法国新兴资产阶级的政治要求和法律观点。但在教会权力、贵族专制仍然横行无忌的当时，伏尔泰不得不将自己的一系列思想观点乔装打扮、巧加伪饰以逃避迫害。所以，他在建树与宣传唯物主义的同时，还说过在客观世界之外存在着上帝的话。这是一种自然神论，是伏尔泰这个实际的唯物主义者用来"摆脱宗教的一种简便易行的方法"①。在伏尔泰看来，"即使没有上帝，也必须捏造一个"。伏尔泰认为，承认上帝具有惩恶赏善的能力是十分必要的，上帝具有"实践的意义"。他把上帝称作是"自然界的立法者"、"伟大的数学家"、"使世界机器运转的永恒的几何学家"，而在为自然立法之后又"并不干预世界的运转"的伟大力量。其实，伏尔泰心中十分明白，这个"上帝"不是别的，正是他所处时代的资产阶级。因此，"捏造上帝"的伏尔泰的法哲学观，十分鲜明地表达了资产阶级的愿望、利益和意志。

二、"法律是自然的女儿"

伏尔泰也使用"自然法"理论作为他的法哲学的出发点。他认为，"法律是自然的女儿"，"每一个精神健全的人心里都有自然法的概念"，这个"自然法的概念"，"就是那种使我们知道正义的本能"②。

伏尔泰的"自然法的概念"是建立在对"人性的本质"的论述基础上的。他认为，"正义的观念"是人性的本质，不管国别、时代如何变化，不管法律、习俗、风尚如何演进，也不管人类历史中确实存在着血腥的迫害、抢劫与屠杀等不正义的行为，"正义的观念"总是绵延不绝地顽强表现自己、永不泯灭的。在"正义的观念"基础上建立的"自然的法律"，遵循着下列基本原则："这种法律既不在于使别人痛苦，也不在于以别人的痛苦使自己快乐。"③

伏尔泰的自然法观点与霍布斯、洛克等的观点大致是相同的。不同之处主要有三点：

---

① 《马克思恩格斯全集》第2卷，第165页。
② 北京大学哲学系外国哲学史教研室编译：《十八世纪德国哲学》，商务印书馆1979年版，第98页。
③ 同上，第99页。

第一，伏尔泰在建立其自然法理论时，并不着意描绘所谓"自然状态"，而是直接借助于"正义的观念"这一"人性的本质"。第二，伏尔泰已经注意到了客观环境对法律制度的影响。伏尔泰认为，在社会发展中，气候、政府和宗教三者是致动的重要因素，其中政府和宗教的作用大于气候或地理的因素。第三，伏尔泰逐渐认识到还应从社会利益的角度去分析是非善恶、判断正义与否、研究政治法律。1734年他发表了《形而上学》一书，书中明确主张"社会的福利的的确确是道德上的善与恶的唯一标准"，正是在利益的驱使下，人们不断改变着对正义与非正义的认识。这些不同点表明，唯物主义世界观已有力地指导着伏尔泰认识社会、历史、政治与法律问题；而霍布斯等人则常常会自觉、不自觉地滑到唯心史观上去。

此外，由于并不着意去描述"自然状态"，所以伏尔泰对所谓"自然法"也不过借用这一概念的外壳而已。他所密切关注的是现实的法律问题以及与此直接相连的政治问题。在他所论及的法律问题中，我们认为特别值得注意的是法律的作用、法律的权威性和法律的基本内容等方面。

三、法律限制了特权，也"保障了我们的财富"

关于法律的作用，伏尔泰的观点主要见诸他对英国宪法和法律的称赞上。在《哲学通信》中，伏尔泰啧啧称赞英国"建立了一个举世无双的政府"，"在今天的世界中可能是最完美的政府"，而这一政府是由于法律而存在的。伏尔泰认为，英国的宪法与法律的巨大作用在于：首先，限制了专断独裁的特权，从而使得正常秩序能够持久地建立起来。他指出，在实行君主立宪制的英国，由于国王受法律的约束，因而"英国是世界上抵抗君主达到节制君主权力的唯一国家"[①]。他把国家比作巨大的航船，而国王"不过是一个舵手长"而不是船主。在《哲学通信》中，他借一个英国人之口这样描述在法律约束下的国王的作用："当国王们专权的时候，由于一种稀奇的命运，骚乱、内战、无政府状态、贫困而使全国不安。在我们这儿，只有当国王们并不独裁专断的时候，于是和平、富饶、公共幸福才统治着我国。"[②] 既然国王也受法律的约束，王室成员、达官显宦以及一般贵族自然也受法律的制约，不能享有特权。也正是由于贵族与国王都必须受法律的制约而失去特权，所以英国才能建立起十分正常的秩序。

其次，在于保证了议会的法定权力。他特别赞赏英国的议会制度实行着"主权在民"的法定原则。在英国，议会有上院与下院之分，上院议员多为贵族与主教；下院议员则为民选的代表，其人数要比上院议员多得多。在伏尔泰看来，英国"下院简直就是国家"，

---

① [法]伏尔泰：《哲学通信》，上海人民出版社1961年版，第29、187页。
② 同上，第29页。

因为它所拥有的实际权力比上院要大得多。这样，下院就可以比较充分地反映"民意"，代表"民利"，实现"民权"。

在伏尔泰看来，英国宪法与法律的第三个重要作用在于保护了财产的私有制。他借《哲学通信》中出现的英国人之口，一面炫耀英国"胜利的舰队把我们的光荣带至四海"，一面赞扬"法律保障了我们的财富"①。他极口称颂英国的法律保护商业，从而使得英国繁荣富强，鼓吹法律应充分保护商人即商业资本家的私有财产的积累。

法律的权威性，是伏尔泰十分重视的一个问题。他认为，法律高于一切，只有确立法律的最高权威的地位，才能限制特权，才能克服专制政体专权、横暴的弊端。法律的权威性表现在调整社会关系方面的三个层次上：第一个层次是法律高于议会。议会的上院与下院的关系要由法律来调整；上院与下院的机构与职责、权力要由法律做出规定；上院与下院的议员的选举都按法律规定的条件进行。第二个层次是君主的地位、权力由法律规定；君主的言论、行动受法律制约；君主并无法外的特权。第三个层次是一切人包括贵族，都必须服从法律，虽然每个人都享有自由，但不能超越法律的规定，必须接受法律的支配。总之，整个社会都必须臣服于法律这一最高权威。

四、法律保护"天赋人权"

关于法律的基本内容，伏尔泰特别强调的是以下三个方面：

其一，保护自由这一"天赋人权"。

伏尔泰认为，自由是人人生而有之的"天赋人权"。这种自由就是"试着去做你的意见绝对必然要求的事情的那种权力"。伏尔泰毕生为争取自由而不懈斗争，在他的大批作品中都反复出现自由这个主题。因而，伏尔泰自然期望在法律中规定人们的自由权利。

伏尔泰认为，法律规定的自由权利中，最重要的是言论自由与出版自由，因为有了这两种自由，其他一切自由也就有了可靠的保障。他赞扬英国法律保障了英国人享有"用笔向国家提意见的自由"以及发表一切观点的自由。

除言论自由与出版自由外，伏尔泰认为法律还应保护人身自由、宗教信仰自由和合法接受审讯的自由。他说，英国的法律保障公民不会半夜三更被从妻子的怀抱中拖出去押入城堡，这是在其他国家里没有的英国公民的"特权"。伏尔泰在《哲学通信》中写道，英国公民还享有"只能在一个由自由人所组成的陪审委员会面前才可受刑事审问的自由，不管什么案件，只能按照法律条文的明确规定来裁判的自由"②。伏尔泰认为，法律规定的公民的上述种种自由权利，比王公贵族的特权要牢靠得多。但是，这仅仅是法律规定还是不

---

① 《哲学通信》，上海人民出版社1961年版，第187页。
② 同上，第192页。

够的，因此，越到晚年，他便越是强调要依靠人民的斗争来捍卫法定的自由权利。

其二，保护平等这一"天赋人权"。

伏尔泰说："一切享有各种天然能力的人，显然都是平等的；当他们发挥各种动物机能的时候，以及运用他们的理智的时候，他们是平等的。"① 他形象地批判了贵族的特权观念："难道农民的儿子生来脖子上就套着轭，而贵族的儿子生来腿上就带着踢马刺吗？"他把"第一个人扮演主人，第二个人扮演奴隶，第三个人扮演谄媚者，第四个人扮演供应者"的不平等社会现象，称为一场"滑稽剧"。他认为，人人生而平等，因此，平等是天赋人权，法律必须予以保护。

其三，保护私有财产这一"天赋人权"。

伏尔泰把财产私有权包含在"自由"这一概念中，认为它是人们一切"天赋人权"中最根本的、神圣不可侵犯的权利。他认为，法定的财产私有自由，可以保证人们清晨醒来时放心他的财产和昨天一样，不会有丝毫变动，不会被突然剥夺，而这是一种最大、最幸福的权利。

五、矛盾的伏尔泰

但是，社会现实毕竟是贫穷与富裕的两极分化和与此相连的到处存在的不平等，而且这种贫富分化与不平等实际上还得到法律的保护。怎样自圆其说地做出解释呢？对此，伏尔泰将出卖劳动力的"自由"，"赋予"了一贫如洗的无产者与破产农民。他说，对社会上的大多数人来说，自由并不意味着拥有财产。他说：社会并不需要农民成为富人，而是需要这样一种人，在他的身上除了一双手、一颗善良的心以外，什么也没有；他们将自由地把自己的劳动出卖给出价最高的人；他们用这个自由来代替财产。至于"平等"，伏尔泰在《百科全书》的"平等"条中说：在我们这个不幸的星球上，生活在社会里面的人们不可能不分成两个阶级：一个是支配人的富人阶级，另一个是服侍人的穷人阶级，否则社会生活便无法维持，"因此平等既是一件最自然不过的事，同时也是最荒诞不经的事"。

正是出于上述对自由、财产所有权和平等的自相矛盾的认识，他把卢梭《论人类不平等的起源和基础》一书所宣扬的平等观斥为"想要使穷人掠夺富人的穷光蛋哲学"。

综上所述，"捏造"上帝来逃避宗教迫害的伏尔泰，在为资产阶级法制的本质、要求和原则进行宣传时，一方面客观地反映了当时的社会现实，另一方面又"捏造"出种种"荒诞不经"的理论来掩饰。

---

① 北京大学哲学系外国哲学史教研室编译：《十八世纪法国哲学》，商务印书馆1979年版，第88页。

第十三章　孟德斯鸠"思维着"的法哲学"悟性"

恩格斯曾经这样写道："在法国为行将到来的革命启发过人们头脑的那些伟大人物，本身都是非常革命的。他们不承认任何外界的权威，不管这种权威是什么样的。宗教、自然观、社会、国家制度，一切都受到了最无情的批判；一切都必须在理性的法庭面前为自己的存在做辩护或者放弃存在的权利。思维着的悟性成了衡量一切的唯一尺度。"① 孟德斯鸠就是这样一个"伟大人物"，他以其"思维着的悟性"作为衡量一切，包括法律文化的"唯一尺度"，把法律文化放在"理性的法庭"面前做了详尽审慎的评判。

一、孟德斯鸠的生平、思想和著作

沙利·路易·德·斯龚达·孟德斯鸠（Montesquieu，1689—1755年）在法国极端腐朽的封建专制主义发展到最高峰并开始转向没落的时代，生于法国西南部吉伦特省波尔多城附近的一个贵族家庭。青年时代，孟德斯鸠受到了反对封建专制和天主教会的新思潮影响。二十五岁时成了波尔多郡议会的议员，两年后继承伯父的职位成了议长。当时法国的议会不仅可以参政，而且负有司法责任，如同法院。但孟德斯鸠对诉讼不感兴趣，他致力于哲学、历史与文学研究，同时积极投身社交以了解社会现实。

1721年，孟德斯鸠以"彼尔·马多"的笔名在荷兰发表了《波斯人信札》，以散文笔法，引人入胜地猛烈批判了法国的封建专制制度，号召人们起来改革国家制度。该书获得了极大的成功，成了巴黎最畅销的书。孟德斯鸠因该书的出版而声名鹊起。

1726年，孟德斯鸠卖掉了议长职位，获得几十万镑巨款，迁居巴黎专事研究与著述。1728年，在几经周折之后，他被选入法国科学院。不久，出国做旅行考察，先后到过奥地利、匈牙利、意大利、瑞士、德意志、荷兰，于1729年10月抵达英国，结交名流，研究洛克，为英国的君主立宪制深深吸引。1731年，孟德斯鸠回到法国波尔多老家，研究

---

① 《马克思恩格斯选集》第3卷，第404页。

在国外考察的心得。三年后即 1734 年，孟德斯鸠发表《罗马盛衰原因论》，探索了历史更替的原因，探讨了法制的作用，论证了政治、法律制度及风俗习惯等在社会发展中的决定性作用。这是孟德斯鸠三部有重大影响的重要著作之一。

1748 年，孟德斯鸠发表了历经二十年辛勤探索的力作《论法的精神》。这是他的全部哲学、政治学、法学和社会学思想的理论总结。该书被迅速地介绍到世界各国。伏尔泰高度评价这部作品为"理性和自由的法典"。在这部作品中，孟德斯鸠以"思维着的悟性"探讨法哲学的方方面面，都得到了极好的表现。但《论法的精神》的出版，在受到以资产阶级为代表的广大人民群众热烈欢迎的同时，也遭到了封建贵族与反动教会的仇恨，甚至要将其列为禁书。1750 年，孟德斯鸠不得不为回答来自反动派的攻击而化名发表《为〈论法的精神〉辩护与解释》一文，捍卫自己的思想。在政治斗争与理论斗争的风雨中，伟大的法国启蒙思想家孟德斯鸠于 1755 年 2 月 10 日在巴黎病逝，享年六十六岁。

二、自然神论基础上的法治国家观

孟德斯鸠的"思维着的悟性"的哲学基础是自然神论。他批判过苏格拉底、柏拉图等人的唯心主义，认为人类是借助感觉来认识世界的，知识来源于经验；他承认客观真理，批判不可知论。但他并未建立起坚实的唯物主义世界观。在批判宗教神学的同时，他认为必须寻找到一种能为资产阶级服务的宗教来取代天主教，因而和伏尔泰一样，他认为即使没有上帝也要创造一个出来。这个上帝，就是他的自然神。他的自然神论的要点是：上帝是世界的"创造者和保养者"；上帝并不干预他已经创造的自然界事务；世界受自然规律支配，上帝不但不能改变自然规律，而且受它支配。他说："我们的世界是由物质的运动形成的，并且是没有智能的东西，但是它却永恒地生存着。所以它的运动必定有不变的规律。如果人们能够在这个世界之外再想象出另一个世界的话，那么这个另外的世界也必有固定不易的规律，否则就不免于毁灭。"[1] 孟德斯鸠通过他所塑造的上帝这一自然神与天主教抗衡，也以这样的自然神论来指导他对法的考察。举凡对法治国家的建立、法的精神、法的作用等的探讨，都与自然神论有这样那样的瓜葛。

建立法治国家，是孟德斯鸠法律思想的一个重要方面。他的法治国家主张大致可以从自然法论、法治原则的自然原因论、权力制衡论、自由权论等几个方面来考察。

和格劳秀斯、霍布斯、洛克等人相似，孟德斯鸠从人类自然状态、自然权利的假设出发，把通过社会契约建立国家、制订法律，看作是社会发展的普遍规律。他认为，社会建立以前的人类，生活在自然法统治的自然状态中，这种自然法有四条：第一条是和平；第二条是为了生存而觅食；第三条是相互间的爱慕；第四条是过社会生活。既然如此，自然

---

[1] [法]孟德斯鸠：《论法的精神》上册，商务印书馆 1961 年版，第 1 页。

状态中的人类就是友好地平等相处的，而不是像霍布斯所描述的那样："人对人是狼"、原始人处于"一切人反对一切人的战争"状态之中。孟德斯鸠说，但是"人类一有了社会，便立即失掉自身软弱的感觉；存于他们之间的平等消失了，于是战争的状态开始"①。由于产生了国与国之间的以及人与人之间的战争，于是出现了国际法、政治法与民法等非自然的人为法。

孟德斯鸠之所以论述自然法，目的在于否定封建专制制度。他认为：封建专制制度是违背人类理性、与人类的自然规律相抵触、与自然法的精神格格不入的；必须建立起资产阶级国家的法治原则，只有这样，才能与人类理性即人类社会建立前就存在的规律——自然法相吻合。孟德斯鸠指出：在封建专制国家里，"法律等于零"，"专制的国家没有任何基本法律，也没有法律的保卫机构"；②而专制君主却拥有至高无上的权力，实行"朕即法律"的原则，"君主的意志一旦发出，便应确实发生效力"，必须"绝对服从"，甚至"如果国王是在酒醉或是精神失常时做出这个决定的话，他的敕令仍然是要执行的"③。孟德斯鸠还指出，在专制国家里，不但"朕即法律"，而且由于专制国家无法可依，而君主的意志又不可捉摸，因此，大小官吏只好各行其是地遵从自己的意志，以至"替君主表示意志，并且同君主一样地表示意志"、"突然地表示意志"④，于是大大小小的官吏便变成了大大小小的暴君，有多少官吏就有了多少法律，而人民群众便变成了"什么都不是"的奴隶，"人的命运和牲畜一样，就是本能、服从与惩罚"⑤。此外，孟德斯鸠还激烈地抨击了封建专制国家法律的不完备性及条文的含混性等。

针对封建专制主义，孟德斯鸠竭力主张建立实行法治的资产阶级国家。这种法治国将"永恒地生存着"，按"不变的规律"运行。这些规律是人类理性的体现，受自然环境制约，为自然环境决定，其最主要之点是实行三权分立、法律平等与法定自由。

三、自然环境决定论

在孟德斯鸠看来，是否实行法治，是"亚洲的奴役"还是"欧洲的自由"，取决于自然环境的影响。他说："在亚洲，人们时常看到一些大帝国，这种帝国在欧洲是绝对不能存在的。这是因为我们所知道的亚洲有较大的平原，海洋所划分出来的区域广阔得多。而且它的位置偏南、水泉比较容易涸竭，山岳积雪较少，河流不那么宽，给人的障碍较少。"因此，"在亚洲，权力就不能不老是专制的了。因为如果奴役的统治不是极端严酷的话，

---

① 《论法的精神》上册，商务印书馆1961年版，第5页。
② 同上，第17页。
③ 同上，第28、66—67、27页。
④ 同上，第66—67页。
⑤ 同上，第27页。

便要迅速形成一种割据的局面,这和地理的性质是不能相容的"。和亚洲相反,"在欧洲,天然的区域划分形成了许多不太小的国家。在这些国家里,法治和保国不是格格不相入的;不,法治是很有利于保国的;所以没有法治,国家便将腐化堕落,而和一切邻邦都不能相比"①。在《论法的精神》中,孟德斯鸠以整整五章的巨大篇幅来论证气候、土壤等自然环境条件对是否实行法治的决定性影响。他特别强调气候的决定性作用,"不同气候的不同需要产生了不同的生活方式;不同的生活方式产生了不同种类的法律。"②

孟德斯鸠的有关是否实行法治取决于自然环境的论述,对一切由上帝意志决定的宗教神学来说,无疑是异端邪说。作为摆脱宗教神学的羁绊而进行社会问题探讨的唯物论表现,自然环境决定论是应该予以肯定的。但是,自然环境决定论并非彻底唯物主义的观点,把自然环境神化到决定一切的地步,也只是孟德斯鸠以"思维着的悟性"衡量法律问题等的结果,而不是、也不可能是与客观事实相符的科学结论。因此孟德斯鸠无法回答为什么自然环境千万年来几乎毫无变化,而历史进程却天翻地覆。既然一切都取决于自然环境,那么一切都是天地决定的,后天的努力自然全无用处。但是陷入了迷宫的"思维着的悟性",却"一本三正经"地讨论起以人为的努力去争取"三权分立"的法治国理想的实现问题。这样,我们也只好撇下自然环境决定论去看孟德斯鸠倡言的"三权分立"理论了。

四、三权分立论

孟德斯鸠考察英国后认为,英国所实行的三权分立制是实现法治国理想的制度。他认为,只有将立法权、行政权和司法权分别掌握在不同的人和不同的国家机构手中,才能使这三种权力互相制约,互相保持平衡和协调,从而最终建立起法治国家来。孟德斯鸠说:"当立法权和行政权集中在同一个人或同一个机关之手,自由便不复存在了。""如果司法权不同立法权和行政权分立,自由也就不存在了。如果司法权同立法权合而为一,则将对公民的生命和自由施行专断的权力,因为法官就是立法者。""如果同一个人或……同一个机关行使这三种权力,……则一切便都完了。"③

孟德斯鸠的上述"三权分立"说,同样是用其"思维着的悟性"所衡量而予以肯定的。英国当时处于王权、贵族和资产阶级势均力敌的时期,权力分享是利益分配的必要,是不同政治力量与利益集团妥协的结果。把它当成"不变的规律",是自然神论的社会学说的表现。马克思和恩格斯曾经指出:"在某一国家里,某个时期王权、贵族和资产阶级争夺

---

① 《论法的精神》上册,商务印书馆1961年版,第278、235页。
② 同上,第235页。
③ 同上,第156页。

统治，因而，在那里统治是分享的，那里占统治地位的思想就会是关于分权的学说，人们把分权当作'永恒的规律'来谈论。"① 孟德斯鸠就是这样一个人。其实，即使在英国，权力也不是"制衡"的。那里，行政权与司法权低于立法权。H.G. 汉伯里在《英国法院》一书中指出："孟德斯鸠就像梅特林克剧本中寻找蓝色幸福之鸟的小孩一样，想象这只鸟已先存于邻近的树林里了，而他的思想则在那个'未来之国'中也早就真正地实现了似的。如果我们不用比喻的说法，那就是说，注定在美国第一次出现的那种制度，却被孟德斯鸠错误地安放在当代英国了。"② 孟德斯鸠这个伟大的启蒙思想家之被讥为"寻找蓝色幸福之鸟的小孩"，是咎由自取的。主观地从自然神论出发，以"思维着的悟性"炮制"永恒的规律"，只能得出那样的结果。但是，对权力制衡的理论、三权分立学说，不能作简单的否定。它所蕴含的权力必须受监督、必须依法行使权力的思想，是完全应该为后来的人们所首肯的。不受监督的权力必定导致腐败；无法而治、有法不依的权力，必定流为专制。

五、论平等与自由

孟德斯鸠的法治理论强调公民的身份平等，他说，在专制国家里，人人都是平等的，因为人人都是奴隶。这一批判当然是机智而深刻的。但孟德斯鸠同时竭力反对政治权利和财产的平等。他认为，私有财产是人们的自然权利，任何人都无权剥夺私有财产权。立法机关的主要任务是颁布一些保护公民私有财产的法律；行政机关应当通过行政手段促使人们遵守保护私有财产的法律；司法机关则应处罚一切侵犯私有财产权的违法分子。这样，孟德斯鸠的"平等"，就只是私有财产基础上的法律面前的平等，亦即实质不平等的法律面前的平等。这样的法治，当然只能是私有财产权神圣不可侵犯的法治。

孟德斯鸠的法治理论还特别强调了政治自由。他试图为政治自由下一定义："在民主国家里，人民仿佛愿意做什么就做什么，这是真的；然而，政治自由并不是愿意做什么就做什么。在一个国家里，也就是说，在一个有法律的社会里，自由仅仅是：一个人能够做他应该做的事情，而不被强迫去做他不应该做的事情。""自由是做法律所许可的一切事情的权利；如果一个公民能够做法律所禁止的事情，他就不再自由了，因为其他的人也同样会有这个权利。"③ 孟德斯鸠把政治自由看成是最重要的自由权，而言论自由与出版自由又是政治自由的主要方面。他写道："要享受自由的话，就应该使每个人能够想什么就说什么；要保全自由的话，也应该使每个人能够想什么就说什么。这个国家的公民可以说或写

---

① 《马克思恩格斯全集》第 3 卷，第 52—53 页。
② 《法理学——法哲学及其方法》，华夏出版社 1987 年版，第 55—56 页。
③ 《论法的精神》上册，商务印书馆 1961 年版，第 154、322 页。

一切法律所没有明文禁止说或禁止写的东西。"[1] 与法律平等一样，孟德斯鸠的自由是私有财产权神圣不可侵犯前提下的自由，这种自由受到"先天"的限制，是富人的自由而非穷人的自由。把这样的自由当成普遍而永恒不变的规律，也只不过是"思维着的悟性"的幻想。

六、论"法的精神"

孟德斯鸠的法治论是与他对法的精神的认识紧密相连的。那么，什么是法的精神呢？他回答道："法律应该和国家的自然状态有关系；和寒、热、温的气候有关系；和土地的质量、形势和面积有关系；和农、猎、牧各种人民的生活方式有关系。法律应该和政制所能容忍的自由程度有关系；和居民的宗教、性癖、财富、人口、财贸、风俗、习惯相适应。最后，法律和法律之间也有关系，法律和它们的渊源，和立法者的目的，以及和作为法律建立的基础的事物的秩序也有关系。应该从所有这些观点去考察法律。""这就是我打算在这本书里所要进行的工作。我将研讨所有的这些关系。这些关系综合起来就构成所谓'法的精神'。"[2]

在考察所有这些"关系"时，孟德斯鸠的出发点是事物本性固有的必然关系的规律性，而这种规律性是人类理性的体现。他说："一般地说，法律，在它支配着地球上所有人民的场合，就是人类的理性；每个国家的政治法规和民事法规应该只是把这种人类理性适用于个别的情况。"[3]

那么，什么是人类的理性呢？孟德斯鸠认为，理性就是知觉。他写道："神圣的女神们啊，我感到你们在激励我，不是要我重唱人们在塘比山谷用野笛吹出的歌曲，或是要我吟诵人们在德洛斯岛用古琴弹奏的诗篇。你们要我根据理性说话，理性是我们知觉中最完全、最高尚、最精致的知觉。"[4]

事物的必然关系、规律性、理性、知觉以及所有这些概念所通往的法律，在孟德斯鸠那里，被全然抹去了界限，混成了一锅粥。从这一锅粥中，孟德斯鸠说："我建立了一些原则……所有各国的历史都不过是由这些原则而来的结果。"[5] 这样，孟德斯鸠就使自己从自然神论的某些唯物主义因素完全倒退到历史唯心主义的立场上去了。正因如此，他关于立法、法律与规律的关系、法的作用等的论述，都陷入了历史唯心主义的泥淖。

在谈到立法问题时，孟德斯鸠认为，人类历史的命运归根到底主要以立法者的意志

---

[1] 《论法的精神》上册，商务印书馆1961年版，第322页。
[2] 同上，第7页。
[3] 同上，第6页。
[4] 同上，下册，商务印书馆1961年版，第14页。
[5] 同①，第37页。

为转移：立法者贤明，就会颁布好的法律，而有了好的法律，就会产生好的社会制度，人民生活安定、幸福，自由就得到了可靠的保障；如果立法者昏庸残暴，他就会颁布坏的法律，并从而产生坏的社会制度。为此，孟德斯鸠主张立法者应该具有中庸的精神品格。他说："我写这本书的目的就是要证明这句话：适中宽和的精神应当是立法者的精神；政治的'善'就好像道德的'善'一样，是经常处于两个极端之间的。"① "我认为，即使是最高尚的理智，如果过度了的话，也并非总是值得希求的东西，适中往往比极端更适合于人类。"② 孟德斯鸠的"思维着的悟性"就是这样一厢情愿地"指令"（或乞请）立法者开恩赐予"好的法律"的。

在论及法律问题时，孟德斯鸠常常把它与规律混为一谈。他对规律是这样看的："人，作为一个'物理的存在物'来说，是和一切物体一样，受不变的规律支配。作为一个'智能的存在物'来说，人是不断地违背上帝所制定的规律的，并且更改自己所制定的规律。"③ 在《论法的精神》中，他还说："从最广泛的意义来说，法是由事物的性质产生出来的必然关系。在这个意义上，一切存在物都有它们的法。"④ 显然，"法"与"规律"被孟德斯鸠画上了等号。这种混淆概念的现象，不是源于逻辑思维的混乱，而是源于他的"思维着的悟性"的唯心主义原则。事实上客观地考察法律与规律，是比较容易将一为主观、一为客观的两者区分开来的。

在论及法的作用时，孟德斯鸠可谓"法律万能论"者。他认为，好的法律可以纠正自然地理环境所带来的不利因素和种种弊端；由于君主执政容易流于轻率，应以好的法律去"矫正从这种政制的性质可能产生的弊端"⑤；"立法者应该制定民法去战胜气候，以恢复原始的法则"⑥；等等。总之，在孟德斯鸠看来，法律万能，"法力"无边。而实际上，法律不但有积极作用与消极作用以至破坏作用之分，即便是起着积极作用的法律也绝不是万能的。社会这一复杂的事物，有无数的制约因素，导引社会循着健康道路前进的既有法律，也有其他手段，是所有科学的、正确的手段综合、协调作用的结果，因此，孟德斯鸠的上述观点，同样不过是"思维着的悟性"的主观推测而已。

综上所述，孟德斯鸠作为"非常革命的""伟大人物"，英勇而坚决地批判了封建专制与宗教神学，同时又在社会历史观上以其唯心主义的机智提出了一系列重要的法哲学观点。这是他对后人的伟大贡献。他所进行的探索，采用了从事物性质推演出原则的方法，对17世纪英国的逻辑推论方法做了改造，也是应予肯定的。他的上述法哲学以及政治、

---

① 《论法的精神》下册，商务印书馆1961年版，第286页。
② 同上，上册，商务印书馆1961年版，第166页。
③ 同上，第3、1页。
④ 同上，第1页。
⑤ 同上，第56、268页。
⑥ 同上，第268页。

社会思想方面的巨大贡献，产生了深远的影响：法国资产阶级革命的第一阶段，大资产阶级执政时奉行的政策，大多为孟德斯鸠所定的原则；其分权学说和政治自由原则也给予19世纪欧美各国的革命以巨大的影响；时至今日，孟德斯鸠的《论法的精神》还是资本主义国家高等法律院校的必修课程，在这些国家里奉行的政策，与孟德斯鸠的理论仍似丝丝入扣。因此，他的著作，仍应作为人类文化的珍贵遗产，作为法哲学发展的重要结晶而予以重视和深入研究。

第十四章　卢梭独树一帜的法哲学观

学术界流行的看法把卢梭列为古典自然法学派的代表之一。但也有人认为，卢梭抛弃了古典自然法传统，"因为他不是在保护不可废除的个人权利中，而是在主权者和集体'公意'的至高无上性中寻求社会生活的终极规范"[①]。两种看法南辕北辙截然不同，但又各有其一定的论据。本章撇开这一分歧而以卢梭法哲学观的独特性而加论述。

一、卢梭的生平、著作和思想

让·雅克·卢梭（Jean Jacques Rousseau，1712—1778年）诞生于瑞士日内瓦一个钟表匠的家庭，祖籍法国巴黎。十岁时，其父离家出走后，卢梭去过农村，在城里学过"承揽诉讼人"和钟表镂刻。十六岁后，浪迹瑞士、意大利和法国各地，当过仆役、小职员、家庭教师。1743年，卢梭到了巴黎，做过秘书、出纳员、家庭教师，但终其生则以替人抄写乐谱为主要的谋生手段。在社会底层的生活，使他得以亲身体验社会的丑恶现象，促成其小资产阶级激进民主主义思想的形成。在巴黎，他与狄德罗、霍尔巴赫、达朗贝等法国"百科全书派"的领袖人物过从甚密。1749年，卢梭撰成《论科学和艺术的复兴是否有助于敦化风俗》一文，认为文明的进化实际上亵渎了人的善良纯朴的天性，造成了良知和道德风尚的普遍堕落。1755年他发表了《论人类不平等的起源和基础》一书。"这部著作对于理解卢梭思想具有关键意义：它系统阐述了卢梭的社会发展观和作为他一贯中心思想的平等观；它将在《论科学和艺术的复兴是否有助于敦化风俗》一文中还只具雏形的关于'自然'和'文明'对立的思想系统化，使之有血有肉，并着手不仅对'文明'的伦理价值，而且对'文明'的社会政治后果加以批判；它所运用的方法和其中阐发的一些精辟见解不仅表明卢梭走到了他同时代人的前面，而且后来得到了马克思主义经典作家的肯定；它连同《论科学和艺术》一起，构成了卢梭全部世界观的基础，也埋下了他与百科全书派

[①] 《法理学——法哲学及其方法》，华夏出版社1987年版，第60页。

决裂的种子。"① 1762 年 4 月，卢梭出版了《社会契约论》，它包含了卢梭政治学说的主要内容。该书"意在设计一种理想的国家制度，这种国家制度应建立在与迄今一切政治结合体完全不同的崭新基础上，其宗旨是保障人民的自由、平等、财产权和幸福，培育、升华公民的道德、爱国主义情操。这部著作后来不仅成了法国大革命时期代表中、小资产阶级利益的雅各宾派领袖们的'圣经'，而且直接影响了从封建社会到资本主义社会的整个历史过程。"② 与《社会契约论》同年出版的还有《爱弥儿》，该书包含了卢梭丰富的教育、哲学、伦理以及社会政治学说、观点。《爱弥儿》的出版，使卢梭横遭迫害，因而他被迫逃离巴黎。1766 年，卢梭曾应休谟之邀赴英小住。回国后隐居于巴黎近郊，先后写了《忏悔录》等名著。1778 年 7 月 2 日，贫病交加的卢梭与世长辞。

二、卢梭的进步哲学观

要了解卢梭的法哲学思想和政治学、伦理学、教育学及文学思想，等等，不能离开他的哲学思想做孤立的考察。布律尔认为，卢梭的哲学才能是他作为著作家的才能的真正灵魂。卢梭的全部学说比之同时代的其他思想家，具有首尾一贯而严整统一的特点。这与他在哲学上的坚定信仰分不开。

卢梭的哲学观已接近于唯物论和辩证法。他曾指出："我把我所感觉到的在我身外对我的感官发生作用的东西都称为物质。"③ 又说："我只知道真理是存在于事物中而不存在于我对事物进行判断的思想中，……在我对事物所做的判断中，'我'的成分愈少，则我愈是接近真理。"④ 这样的"物质"定义和认识论观点，在 18 世纪唯物主义者队伍中也可算是佼佼者的清醒认识。关于卢梭的辩证法思想，恩格斯在谈到卢梭对"平等"的论述时指出，"我们在卢梭那里不仅已经可以看到那种和马克思《资本论》中所遵循的完全相同的思想进程，而且还在他的详细叙述中可以看到马克思所使用的整整一系列辩证的说法：按本性说是对抗的、包含着矛盾的过程，每个极端向它的反面的转化，最后，作为整个过程的核心的否定的否定"⑤。当然，囿于时代和阶级立场的局限，卢梭还没能成为彻底的辩证唯物主义者。因此，他对法律现象的哲理探讨，不可能完全脱离同时代法哲学思潮的许多基本认识，仍带有其不足之处。

---

① 《卢梭》，《西方著名哲学家评传》第 5 卷，第 184 页。
② 同上，第 187 页。
③ [法]让·雅克·卢梭：《爱弥儿》下卷，第 383 页。
④ 同上，第 386 页。
⑤ 《马克思恩格斯选集》第 3 卷，第 180 页。

三、假设的"自然状态"和"自然人"

卢梭的法哲学观虽然与霍布斯、洛克、伏尔泰等人相似，从人类的"自然状态"和"自然人"的人性开始展开论述，但从实质上看，它们是根本不同的：首先，卢梭并不像霍布斯等人那样真以为有什么"自然状态"。卢梭使用"自然状态"等概念，仅仅是为了用它来展开推论，因此，只是一些假设。卢梭曾明确地说："不应当把我们在这个主题上所能着手进行的一些研究认为是历史真相，而只应认为是一些假定的和有条件的推理。这些推理与其说是适于说明事物的真实来源，不如说是适于阐明事物的性质……"[①] 霍布斯、洛克等人则相反，他们笃信"人之初"确有所谓"自然状态"，他们把人类在特定历史条件（即资本主义生产关系的条件）下所获得的观念强加给了"自然人"。其次，霍布斯从人性本恶的观点出发，把"自然状态"说成是"一切人反对一切人的战争"状态；卢梭则从人性本善的观点出发，把"自然状态"描述成怡然自得的"世外桃源"，"自然人"按其本能无忧无虑地生活，他们的理性尚未发展，野心、贪心、妒忌心、虚荣心等也不存在，他们有年龄、健康、体力、智力等的不同，但这些并不具有道德的意义，不会因此而造成精神的或政治的不平等。[②]

四、论不平等的起源

从上述假设的"自然状态"和"自然人"出发，卢梭论述了不平等的起源。他认为，不平等的发展经历过三个不同的阶段：

第一阶段产生了富人和穷人的对立。卢梭认为，人类的繁衍、家庭的形成、交往的增多等宏观条件促成了人们私有观念的产生。他说："谁第一个把一块土地圈起来并想到说：'这是我的'，而且找到一些头脑十分简单的人居然相信了他的话，谁就是文明社会的真正奠基者。"[③] 他特别指出，是农业和冶金术的发展决定了私有制和文明的发展。私有制的发展使得富人和穷人分化。富人为了维护其私有财产，通过欺骗的手段，诱使穷人与之订立契约、组成社会，并以法律把贫富分化、财产私有及社会不平等等肯定了下来。

第二阶段产生了强者和弱者的对立。契约和法律须有强制力保证才得以实施，为此，国家权力机构应运而生，官职的设立便使得强者与弱者的对立产生了。在这一阶段里，人们为了逃避法律产生的不便和混乱，不得不把公共权力委托给私人，即委托给政府和官吏。

---

① [法]让·雅克·卢梭：《论人类不平等的起源和基础》，商务印书馆1979年版，第71页。
② 同上，第70页。
③ 同上，第111页。

第三阶段产生了主人和奴隶的对立。政府和官吏会产生派系的分化和冲突，内战因此而起，政府因此腐化，专制由此形成，暴君因此出现。于是，一小撮有钱有势的人达到了富贵的顶点，贫困的群众被迫匍匐呻吟于水深火热的黑暗现实中。在这一阶段，不平等发展到了顶点，君主的意志代替了法律。在暴君面前，一切人都等于零；权利和义务不再存在；对暴君来说，一切都是他的权利，可以随心所欲、为所欲为；对于人民群众来说，只有履行义务与唯命是从的可能。

在对不平等的起源做了上述论述之后，卢梭指出，人类社会既从平等开始，而现在达到了不平等的顶点，必将逻辑地以新的平等的社会契约取而代之，因此，以暴力推翻暴君是完全合理和合法的。他喊出了"回到自然去"的口号，主张重建合乎人类理性的新的平等社会。

如上所述，卢梭的平等观以及与此相关联的法律观，比之同时代的政治、法律思想家显然高出一筹。集中表达了他的唯物主义观点和辩证法思想，不愧被恩格斯誉为18世纪辩证法的杰作。

五、论法治

对不平等的起源与发展的精心论述，使卢梭得以逻辑严密地推断，在推翻暴君的专制统治即封建专制之后，应该在人民自由同意的社会契约基础之上，建立由人民握有主权、受公意指导的实行法治的国家。实行法治，是卢梭法律观的一个重要方面。他对法治的论述，主要见诸以下三个方面，即什么是法律，法律的特点，法律面前人人平等的原则。

卢梭认为，法律是作为主权者的全体人民对作为臣民的全体人民所作的规定。"法律只不过是我们自己意志的记录。"[①] 他把意志分为"公意"、"众意"、"团体意志"和"个别意志"四类。其中，"个别意志"由于是每一个个人的意志，不免有偏私的性质，"团体意志"由于是小团体的意志，对国家来说也是"个别意志"；"众意"是个人意志的相加，常为个人利益所左右；只有"公意"体现大多数人的意见，以公共利益为依归，总是倾向于平等，因而是公正与可取的。卢梭说："众意与公意之间经常有巨大的差别。公意只考虑公共的利益；而众意则考虑到个人的利益，众意只是个别意志的总和。但是，除掉这些个别意志里正负相抵消的部分而外，则其余的部分就是公意。"[②] 国家的法律就是通过国家主权权力予以肯定的公意，一切其他的东西，都不是法律。卢梭认为，法律的本性在于它结合了意志的普遍性与对象的普遍性。所谓意志的普遍性，即指公意。除公意以外，任何个人意志、发号施令都不是法律。所谓对象的普遍性，即指法律对任何人都采取同一尺度，谁都不能超乎法律之上，针对个别成员的特殊惩罚或法外特权，都是与法律的本性根本不

---

① [法]让·雅克·卢梭：《社会契约论》，商务印书馆1962年版，第47页。
② 同上，第36页。

相容的。"法律既然结合了意志的普遍性与对象的普遍性，所以，一个个人，不论他是谁，擅自发号施令就绝不能是法律；即使是主权者对某个个别对象所发出的号令，也决不能是一条法律，而只能是一道命令；那不是主权的行为，而只是行政的行为。"①"人民在一切社会关系上，既已把他们每个人的意志结合成为一个单一的意志，所以一切表现这个意志的条款，同时也就成为对于国家全体成员无不具有拘束力的根本法。这些根本法之一并规定着负责监督执行其他各项法律的官员的选任和权力，这种权力可以包括维持宪法所需要的一切职权，但不能涉及宪法的变更。"② 这里，卢梭把法律是"作为主权者的全体人民"对"作为臣民的全体人民""所作的规定"的意思，表达得十分清楚。

这样的法律，当然以意志的普遍性与对象的普遍性为特点。由此，又派生出立法权永远属于人民的特点和法律只规定全体公民集体的抽象行为而不规定公民个人的具体行为的特点。关于立法权，卢梭指出："国家的生存……依靠立法权"，③ 而"凡是不曾为人民亲自批准的法律都是无效的，那绝不能是法律。"④ 关于法律约束对象的特点，卢梭说："法律很可以规定有若干特权，但是它绝不能指名把特权赋予某个人；法律可以把公民划分为若干等级，甚至于规定取得各该等级的权利的种种资格，但是它却不能指名把某某人列入某个等级之中；它可以确立一个王朝政府和一种世袭的继承制，但是它却不能选定一个国王，也不能指定一家王室。"⑤

所有这些关于法律定义、法律特点的论述，显然将矛头直接指向了封建法律及其所维护的封建专制制度。正因如此，卢梭多次被下令通缉，不得不像被追逐的野兽那样，从巴黎逃往日内瓦，又从日内瓦逃往伯尔尼，逃往普鲁士属下的纳沙泰尔，逃往英国，又逃回法国……孤独、贫病交加、惊恐万状……成了他一生生活的伴侣。然而，卢梭矢志不移地以其犀利的笔触、畅抒激进的小资产阶级民主主义观点，以高昂的呐喊，召唤人们起而推翻封建专制，而这样的斗争生活和斗争精神，谱写了卢梭一生的主旋律。

六、论法律面前人人平等

关于法律面前人人平等问题，也是卢梭倡导的法治理论的重要方面。卢梭指出："社会公约在公民之间确立了这样一种平等，以致他们大家都遵守同样条件并且全都应该享有同样的权利。"⑥ 这就是说，以社会契约所确定的人们的法定权利与法定义务，都是相同

---

① 《社会契约论》，商务印书馆1962年版，第47页。
② [法]卢梭：《论人类不平等的起源和基础》，商务印书馆1979年版，第138页。
③ 同①，第109页。
④ 同上，第106、46—47页。
⑤ 同上，第46—47页。
⑥ 同上，第44页。

的。因此，卢梭进而认为，任何人都不能享有不守法律而不受惩罚的特权。"不论是我或任何人都不能脱离法律的光荣的束缚"，"我愿意不但国内任何人都不能自以为居于法律之上，而且国外的任何人也不能迫使这一国家承认他的权威。因为，不管一个国家的政体如何，如果在它管辖范围内有一个人可以不遵守法律，所有其他的人就必然会受这个人的任意支配。"① "统治者是法律的臣仆"，也得"更加严格地遵守法律"②，一旦有人能够认为不遵守法律是好事时，"这个国家就临近灭亡了"③。

卢梭上述观点乃至整套关于平等的观点，虽然局限于财产私有制基础上的平等权利，正如恩格斯所说的那样，"平等原则又由于被限制为仅仅在'法律上的平等'而一笔勾销了，法律上的平等就是在富人和穷人不平等的前提下的平等，即限制在目前主要的不平等的范围内的平等，简括地说，就是简直把不平等叫作平等"④，但是，在当时的社会条件下，甚至在以后的相当长时期内，在社会主义运动中，都仍有重要的意义。恩格斯还指出："平等要求的资产阶级方面是由卢梭首先明确地阐述的，但还是作为全人类要求来阐述的。"⑤ 卢梭的平等要求"起了一种理论的作用，……今天差不多在一切国家的社会主义运动中仍然起着很大的鼓动作用。"⑥ "资产阶级的平等同无产阶级的结论之间的这种联系应当详加发挥。"⑦ 毋庸讳言，目前关于卢梭平等观的研究，还是十分不够的。由于人为的原因，"资产阶级的平等同无产阶级的结论"的天然联系，不但未能"详加发挥"，在许多情况下甚至被列为禁区而不能论列了。这当然是十分可悲的。

上述卢梭的法治理论，同样散发出他的唯物论和辩证法的思想光芒。霍布斯、洛克等人始终停留在"法律是根据自然法则制定的规则"的理论基础上，不能越出历史唯心主义一步。卢梭则提出了法律源于"意志"的新理论，这与古典自然法学派无疑是不同而独树一帜的。

七、辩证的法哲学观

卢梭法哲学观的辩证法思想光芒，可以从许多方面感受到，这里择其要者略做介绍：

其一，关于自由与法律的关系。卢梭认为，法律是自由的基石，但自由并不意味着可以为所欲为。"唯有服从人们为自己制定的法律才是自由。"⑧ 由于"法律只不过是我们自

---

① 《论人类不平等的起源和基础》，第51—52页。
② [法]卢梭：《论政治经济学》，商务印书馆1962年版，第9、10页。
③ 同上，第10页。
④ 《马克思恩格斯全集》第2卷，第648页。
⑤ 同上，第20卷，第669页。
⑥ 同上，第20卷，第113、669页。
⑦ 同上，第669页。
⑧ 《社会契约论》，商务印书馆1962年版，第27、47页。

己意志的记录"①,因此,服从法律与自由是并不矛盾的。

其二,关于权利和义务的关系。卢梭认为,以法律将权利和义务结合起来,才能达到社会正义的要求,"当正直的人对一切人都遵守正义的法则却没有人对他遵守正义的法制时,正义的法则就只不过造成了坏人的幸运和正直的人的不幸罢了。因此,就需要有约定和法律来把权利和义务结合在一起,并使正义能符合于它的目的"②,因此,片面地强调权利或片面地强调义务,都只能导致权利义务的分离,而将二者结合在一起,无疑是有利于享受权利与履行义务的辩证思考。

其三,关于惩罚与教育的关系。卢梭是反对滥施刑罚,尤其滥施酷刑的。他主张教育公民守法。他说:"事实上,尊重法律是第一条重要的法律;而严厉的惩罚只是一种无效的手段,它是气量狭小的人所发明的,旨在用恐怖来代替他们所无法得到的对法律的尊重,……对任何事情都绳之以同等严厉的法律,往往会诱使自觉有罪的人去犯罪,以逃避应受的惩罚。"③他主张政府运用其"无数的手段去启发人们热爱法律",以避免严刑酷罚必然造成的上述"逃避惩罚"的恶果。

其四,关于法律与风俗、习惯、舆论的关系。卢梭把风俗、习惯与舆论等称之为"习惯法",各列为四种"实在法"中的一种。他认为,这些"习惯法"是重要的法律,"这种法律既不是铭刻在大理石上,也不是铭刻在铜表上,而是铭刻在公民们的内心里;它形成了国家的真正宪法;它每天都在获得新的力量;当其他的法律衰老或消亡的时候,它可以复活那些法律或代替那些法律;它可以保持一个民族的创制精神,而且可以不知不觉地以习惯的力量取代权威的力量。我说的就是风尚、习俗,而尤其是舆论。"④卢梭把风俗、习惯、舆论等视为法律显然并不妥当,但在论及它们与法律的关系时,并不像霍布斯等人那样,把法律捧上云天却无视其他社会调节措施的作用,而是揭示了二者的辩证关系。

此外,在"自然"与"文明"的对立关系、政府的平衡作用、法律必须因事制宜以及统治者的守法问题等的论述中,卢梭的理论都显出了辩证思维的智慧之光。这是我们研究卢梭法哲学时应予以充分注意的。

歌德曾说,伏尔泰是旧世界的终点,卢梭是新世界的开端。这里所说的"新世界",是指资本主义新纪元。事实正是如此。卢梭不仅在法哲学观以及政治哲学方面表现出与霍布斯等人的极大不同,因而给人以独树一帜的印象,而且以其激进的小资产阶级民主主义的法哲学理论及其他理论,彻底批判了封建专制制度,为资本主义制度的确立竭尽毕生之力,从而在资产阶级世界革命的前夕成了一名伟大的号手和鼓手。

---

① 《社会契约论》,商务印书馆1962年版,第47页。
② 同上,第45页。
③ 《论政治经济学》,商务印书馆1962年版,第10页。
④ 同①,第67页。

第十五章　先验唯心主义法哲学家康德

恩格斯曾指出:"在法国发生政治革命的同时,德国发生了哲学革命。这个革命是由康德开始的。他推翻了前世纪末欧洲各大学所采用的陈旧的莱布尼茨的形而上学体系。"① 康德所开始的德国哲学革命,经历了两个阶段。早期的康德曾追随法国资产阶级的解放热潮,接受唯物主义原则,提出自由、平等、博爱的要求;但在往后的发展中,康德却举起唯心主义的旗帜,攻击唯物论,攻击无神论,变成了一位先验唯心主义者。我们在论述康德的法哲学时,指的是后期的康德。

一、康德及其法哲学的哲学基础

康德(Immanuel Kant,1724—1804年)出生于东普鲁士的哥尼斯堡(今俄罗斯加里宁格勒)的一个马鞍匠家庭。大学毕业后,当过九年家庭教师,后在大学任教,一生中除出游一次外,至死未离开过哥尼斯堡。他著有《自然通史和天体论》(1755年)、《纯粹理性批判》(1781年)、《实践理性批判》(1788年)、《判断力批判》(1790年)、《未来形而上学导论》(1783年)、《道德形而上学基础》(1785年)等哲学论著。其法律思想则主要见诸晚年所写的《政治权利原则》(1793年)、《永久和平》(1795年)和《法律哲学》(1796—1797年)②等书。

康德把他的哲学称为"先验唯心主义"。其主要观点是:意识之外存在着实物世界即"自在之物";"自在之物"是不可认识的;空间、时间、因果性、自然规律不是自然界的特性,而是人类认识能力的特性;这些特性是"先天的",即先于经验、不以经验为转移的,它们是一切经验的条件,是"先验"的。康德哲学显然是一种二元论的调和哲学。列

---

① 《马克思恩格斯全集》第1卷,第588页。
② 《法律哲学》由《道德形而上学基础》的第一部分(《道德形而上学总论》)及其他几篇论文合编而成,统称《康德的法律哲学》。1887年 W. Hastie 将《总论》译为英文出版时,题为《法律哲学》。

宁指出:"康德哲学的基本特征是调和唯物主义和唯心主义,使两者妥协,使各种相互对立的哲学派别结合在一个体系中。"①

在这种先验唯心主义哲学的基础上形成的康德的法哲学,也是先验唯心主义性质的,带有严重的调和色彩和折中性质。康德在其社会政治学说中也谈到公民自由、永久和平等,但他同时认为,所有这一切都是不能达到的。马克思和恩格斯指出:"康德只满足于'善良意志'(即使它不会有什么效果),并把这个善良意志的实现以及它与个人的需要和欲望之间的协调都推到彼岸世界。康德的这个善良意志完全符合德国小市民的软弱、受压制和贫乏,他们的卑微的利益永远不会发展为一个阶级的共同的民族利益。"②正是在上述哲学认识和阶级立场的基础上,康德形成了自己独特的先验唯心主义的法哲学观。

康德的先验唯心主义法哲学观的全部出发点,在于"全人类中"的"人运用理性的自然能力。"他说:"人,地球上唯一有理性的生物,在他体内的那些运用理性的自然能力,不是在单个人中而只有在全人类中才能获得完全的发展。"③这一"出发点"的含义有三:首先,人是有理性的生物;其次,人有运用理性的自然能力;再次,只有"在全人类中"而不是单个地,人才能发挥这种能力。这与他的先验唯心主义哲学是吻合的。按照先验唯心主义哲学,人的观念造成了现实世界,因此人的智力具有惊人的伟大力量。博登海默在《法理学——法哲学及其方法》中指出,先验唯心主义"这种哲学思想的特点是把巨大的强力和力量归于人的智力,认为经验的现实世界在很大程度上是由人的思想所构成或产生的观念形成的","这种哲学最基本的表现形式乃是把人类思想变成'宇宙的唯一支柱'"④。依据上述基本出发点,康德论述了国家和法律的形成、法律的定义、法律和道德的关系、人民和法律的关系等法律基本问题。

二、论法的形成

关于国家和法律的形成,康德搬用了法国启蒙思想家的社会契约论。他首先假设,在没有国家之前,人类处于没有任何法律保障的"自然状态"。"自然状态"下的人既有社会性(合群性)又有反社会性(非群性),既有利他主义又有利己主义,既不能和别人和平相处,同时若缺少别人自己又根本不能生存。康德写道:"人有一种社会化的倾向,因为在这种状态中,他感到自己不仅仅是人,即比发展他的自然才能更多一点什么。但是,他又有一种个体化自身的强烈倾向,因为他同时有要求事物都按自己的心愿摆布的非社会的本

---

① 《列宁全集》第14卷,人民出版社1957年版,第203页。
② 《马克思恩格斯全集》第3卷,第211—212页。
③ [德]伊曼努尔·康德:《永久和平》,波士顿世界和平基金社1914年版,第3页。
④ 《法理学——法哲学及其方法》,华夏出版社1987年版,第69页。

性，于是这在所有方面都发现对抗。……正是这种对抗唤醒他的全部能力，驱使他去克服他的懒惰，使他通过渴望荣誉、权力和财富，去追求地位……从野蛮到文明的第一步就这样开始了。"①这样，"自然状态"往往变成"战争状态"。"战争状态"使得人们发现，长此以往必将自我毁灭，于是，人类理性指示他们通过"原始契约"组成"民族国家"。当人们为理性所支配而认识到危险逼近时，"人们首先不得不做的事，就是接受一条原则：必须离开自然状态"；"所有那些不免要互相往来的人组成一个联合体，大家共同服从由公共强制性法律所规定的外部限制"②。国家和法律就是这样形成的。康德说，这样的"国家是许多人依据法律生活而组织起来的联合体"③；这种国家即"文明的社会组织是唯一的法治社会"④；在这样的社会里，人们过着"一种用法律来规定的秩序"⑤的生活。

三、论法的定义

法律是什么呢？康德认为，法律和权利一样，都是"那些使任何人的有意识的行为，按照普遍的自由法则，确实能与别人的有意识的行为相协调的全部条件的综合"⑥。这里的"普遍的自由法则"，是指人们的行为必须"和每一个人以及所有人的意志自由在行动上可以同时并存"⑦。这表明康德主张：某人的行为如果根据法律能和任何其他人的自由并存，那么，任何人妨碍他实施该行为，就是侵犯了他的权利；对此，法律可以运用强制力量来对付那些不适当和不必要地干涉他人自由的人。由此可见，康德关于法律的定义，核心问题是"法律自由"或曰"法律权利"。这种法律自由，一方面保证了人们不受他人侵犯的自由，另一方面又限制了自然状态下那种为所欲为的自由。

值得注意的是，康德从法律的上述定义中引申出了他对革命的态度。康德生逢美国独立战争和法国大革命这两件近代史上震撼全球的伟大事变。一方面，他对革命的美国和法国人民表示深切的关怀和同情；另一方面，他又反对在德国开展革命以推翻现政权。他一方面宣称，根据自由的规律，根据法律赋予人民的权利，国家的主权只能属于全体人民；另一方面，人民又必须守法，不能革命，只能耐心地等待合理国家的到来。他认为，君主"过去以元首地位所做的一切事，必须认为是外在地合法的，而他本身，是法律的本源，

---

① 李泽厚：《批判哲学的批判》，人民出版社 1984 年版，第 325 页。
② 法学教材编辑部《西方法律思想史编写组》编：《西方法律思想史资料选编》，北京大学出版社 1983 年版，第 418 页。
③ 《永久和平》，第 9、135 页。
④ C. 摩恩斯：《伟大法律哲学家》，1971 年版，第 242、247 页。
⑤ 同③。
⑥ 同④。
⑦ 同上，第 242 页。

则根本不会做出不正当的事"①。康德主张,国家宪法如有缺点,应当由掌权者加以改进,不能由人民起来革命;因此,被革命非正义地推翻了的君主,永远有权实行反革命复辟。

这里我们看到,康德的法律、自由、权利观念,都包含着调和和折中的因素。先验唯心主义的二元论阴影笼罩着他的全部有关法律定义的观点。

四、论法律和道德的关系

关于法律和道德的关系,康德认为,法律先于道德,法律所管理的是外部的自由和人们的外在行为,道德约束的是内在的自由和内心的动机;法律是强制性的,道德则是自愿遵循的,两者相辅相成而又相互区别。他把法律和道德都纳入概念的世界,力图从一种建立在理性命令基础上的先验的"应有"世界而非"实有"世界中,发现法律和道德的基础。在康德看来,道德关键在于人类理性自身,不在于"纯粹理性"而在于"实践理性"。这里的"实践"是指人的意志对于对象起作用的行动,而意志是行动的根本。

康德提出了"道德律"的概念,而道德律从根本上要求"永远使你的意志的准则能够同时成为普遍制定法律的原则"②。这样,道德虽在法律之后,却高于法律;法律虽低于道德,却是实现道德的基础。两者都来自"理性的命令"。但道德世界又只是一个"应有"世界,纯然是一种理想;而法治社会、法律世界却是"实有"世界,是可以实现的。人类朝道德律普遍发挥作用的"应有"世界发展,这就是康德的理想。但这一理想只能通过自上而下的渐进式"改进"来实现。康德自己曾说:"我的立场是经验上的肥沃的洼地。"③如果仅看他的理想,可见康德的崇高伟大;一旦联系他所主张的行动,康德就成了侏儒。这是德国资产阶级软弱性在康德身上的反映。

五、论法律和人民的关系

关于法律和人民的关系,康德认为,立法权属于人民,即"主权在民"论;人民的集体意志是法律的唯一源泉,是法律的最高也是最后的标准。他写道:"立法权,从它的理性原则来看,只能属于人民的联合意志……只有全体人民联合并集中起来的意志(这就是每一个人为全体决定同一件事,以及全体为每一个人决定同一件事),应该在国家中拥有制定法律的权力。"④然而,如前所述,康德同时又主张君主本身"是法律的本源";还主

---

① 《康德著作选集》第 1 卷,第 8 页。
② 《康德著作集》第 5 卷,第 35 页。
③ 同上,第 4 卷,中译本第 172 页。
④ 《西方法律思想史资料选编》,第 419 页。

张"主权可由君主行使",因而主权可由议员做代表,也可由国王和贵族做代表。哲学上的二元论导致法律观念上的二元论,这是一个绝好的例证。

与此相仿,康德一方面提出了公民的三项"法律属性",即"(1)宪法规定的自由,这是指每一个公民除了他表示同意或认可的法律外,不必服从任何其他法律;(2)公民的平等,这是指一个公民有权不承认在人民当中还有在他之上的人……;(3)政治上的独立(自主),这个权利使一个公民生活在社会中并继续生活下去,并不是由于别人的专横意志,而是由于他本人的权利以及作为这个共同体成员的权力"①。另一方面,又把这些"法律属性"作了限制与阉割。康德认为,公民的自由是指言论自由和思想自由,而不是行动自由和反抗自由。"对人民说来,不存在煽动闹事权,更无叛乱权。"②公民的平等应与私有财产的一切不平等并存。康德把公民分为积极公民与消极公民两类,认为"驻校助教与大学校长有区别,田里干活的人和农场主有区别"等等。消极成员政治上无独立见解,地位次要,需要别人指挥和保护。"像这样在意志上依赖别人以及由之而来的不平等,是无法和那些有助于构成人民的人相比,在自由和平等上彼此一致"的。③因此,康德关于"主权在民"、立法权属于人民的观点,确实不过是一种被偷偷阉割的高调而已。

康德既向往革命,又害怕采取实际行动。他以"理性的命令"宣传真理,又以"理性的命令"反对革命。他这样表达自己的矛盾心理:"我没有勇气说出我确信的许多事情,我也决不说出我不相信的任何事情","我知道的不宜说,适宜说的我不知道。"④从先验唯心主义出发而推导得出的一切法哲学,必然会堕入这种矛盾惶惧的状态。论者有谓康德的法哲学并无多少新颖的创见,诚然如此。究其原因,盖出于康德上述欲言又止、欲行趑趄的矛盾心理。法哲学探索如同一切科学探索一样,必须具有大无畏的革命精神与革命气概,勇于破"地狱"之门而入,敢于摧垮一切陈旧腐朽的理论建筑,鲜明泼辣地宣传真理。从这个要求看,康德当然有极大的距离。但是,作为法哲学发展的一个阶段,没有康德便不会有后来的黑格尔。康德的法哲学是法哲学发展长链的一环,因此,尽管并无多少新颖的创见,还是值得录以备考并做研究的。

---

① 《西方法律思想史资料选编》,第419—420、424页。
② 同上。
③ 同上,第420页。
④ 李泽厚:《批判哲学的批判》,人民出版社1979年版,第13页。

第十六章　客观唯心主义法哲学的集大成者黑格尔

黑格尔在《法哲学原理》一书中曾这样强调:"就个人来说,每个人都是他那时代的产儿。哲学也是这样,它是被把握在思想中的它的时代。妄想一种哲学可以超出它那个时代,这与妄想个人可以跳出他的时代,跳出罗陀斯岛,是同样愚蠢的。"①

作为"时代的产儿",黑格尔生逢西方资产阶级革命的高涨,即法国和德国的启蒙运动高潮刚刚结束并转向实际运动的阶段,从而深受这一运动的影响;同时他又处于康德哲学的时代,因而全面地接受了康德的遗产。但是,黑格尔作出了自己的艰辛努力、独特创造和巨大贡献。他批判了康德的主观唯心论和不可知论,使自己在先验唯心主义的领域内,由主观唯心论转到了客观唯心论,并在此基础上十分深刻地阐明了辩证法的基本原理。因此,黑格尔成了客观唯心主义的集大成者,其法哲学也带有鲜明的客观唯心主义和辩证法的特色。马克思高度评价道,18世纪末和19世纪初,"德国的国家哲学和法哲学在黑格尔的著作中得到了最系统、最丰富和最完整的阐述"②。

一、黑格尔及其法哲学的哲学基础

乔治·威廉·弗里德利希·黑格尔(Georg Wilhelm Friedrich Hegel,1770—1831年)生于斯图加特一个高级官员的家庭。1788—1793年于图宾根大学攻读哲学和神学。毕业后当过家庭教师、大学讲师、中学校长。1818年任柏林大学教授,主持哲学讲座,系统地传授了体系化的客观唯心主义哲学。1830年任柏林大学校长。法国大革命爆发时,在图宾根神学院学习的黑格尔,在朋友的纪念册中题上了"卢梭万岁!""自由万岁!"的口号,还与几个好朋友在郊外种植了"自由之树"。直至晚年,他在讲演《历史哲学》时,还称法国革命"是一次壮丽的日出,一切能思维的生物都欢庆这个时代的来临。这时笼罩

---

① [德]黑格尔:《法哲学原理》,商务印书馆1961年版,第12页。
② 《马克思恩格斯选集》第1卷,第8页。

着一种高尚的热情，全世界都浸透了一种精神的热忱，仿佛第一次达到了神意与人世的和谐。"① 然而，落后的德国当时四分五裂，资产阶级十分软弱。影响所及，黑格尔反对德国人民起来举行暴力革命，在政治上，他只是止步于制造一些理论来宣扬自由、平等、博爱。黑格尔的主要著作有：《精神现象学》(1806年)、《逻辑学》(1812—1816年)、《哲学全书》(1817年)、《法哲学原理》(1821年)等。黑格尔的法哲学思想集中地表述在《法哲学原理》一书中。

黑格尔的法哲学奠基于客观唯心主义哲学的基础上。他创立了世界哲学史上最庞大而完整的客观唯心主义体系。这一体系从"绝对精神"出发，论述思维转化为存在、精神转化为物质，然后再由存在转化为思维、物质转化为精神的"世界历史"过程。

什么是"绝对精神"呢？黑格尔说："就理念之为主观的和客观的理念的统一而言，就是理念的概念，这概念以理念的本身作为对象，而且从这一概念看来，客观世界即是理念。在这客观世界里一切规定均统一起来了。因此这种统一乃是绝对的和全部的真理。自己思想自己的理念，而在这里作为思想的或逻辑的理念。"② 他把"绝对精神"看作"宇宙精神"，是万物的最初原因与本质，是自然界和人类未出现时就已存在着的实在，世界上的一切都是它的表现。这就是黑格尔不同于康德的主观唯心主义的客观唯心主义哲学基石。黑格尔认为，"绝对精神"的发展经历了逻辑、自然、精神三个阶段。第一阶段即逻辑阶段，是由逻辑学来阐明的，这是关于"绝对精神"在没有体现为自然和人类社会之前的情况的学问，是研究理念自在自为的科学；第二阶段是自然阶段，由自然哲学阐明，是关于"绝对精神"体现为自然的学问，是研究理念他在或外在化的科学；第三阶段是精神阶段，由精神哲学阐明，这是关于"绝对精神"体现为人类社会的学问，是研究理念由他在回复到自身的科学。

黑格尔的法哲学观集中体现在精神哲学这一阶段。这个精神哲学则先后表现为主观精神（个人意识）、客观精神（社会意识，包括抽象法、道德和伦理）、绝对精神（通过艺术、宗教和哲学三种形式来认识自己）这三个依次交替的阶段。在论述"绝对精神"发展过程以及精神哲学发展逻辑等问题时，黑格尔始终注意过程转化的辩证性质。他认为，历史是一条"永动的河流，随着它的奔腾，独特的个性不断被抛弃，并且总是在新的法律基础上形成新的个性结构"③。他把包括法律在内的社会生活的多种多样表现形式，都看作能动的、发展的过程的产物；这种过程表现为"正题——反题——合题"的辩证形式。这样，黑格尔阐述其法哲学体系时，就必然地显现出客观唯心主义辩证法的鲜明特点来了。

---

① [德]黑格尔：《历史哲学》，1840年德文版，第535页。
② 《十八世纪末—十九世纪初德国哲学》，商务印书馆1982年版，第345页。
③ 《法理学——法哲学及其方法》，华夏出版社1987年版，第76页。

二、黑格尔法哲学的核心和体系

黑格尔客观唯心主义法哲学的核心概念是"法的理念",而他的法哲学是以法的理念为对象的科学。他认为,任何事物都由客观精神的某一特定部分即概念为其实体,并经过这一实体的外化、现实化即定在而成。法即以法的理念这一概念为实体并定在为法律。法的理念即法的理念这一概念及其定在的统一。由此出发,法哲学所研究的法,是自在自为的、不以法学家的意志为转移的法。既然如此,这种自在自为、不依人的意志为转移的法,就只能是自然法。因此,黑格尔最初曾把法哲学叫作"自然法学说"。在黑格尔的法哲学或自然法学说中,所研究的只是法的理念这一概念的运动,而不像法学那样研究具体的法律。他还因此而将法哲学归入哲学范畴,以示与法学的区别。

黑格尔客观唯心主义法哲学所研究的法,不仅指法律即"实定法",而且包括道德、伦理和世界历史。因此,他的法哲学体系是:

第一,抽象法,包括所有权、契约、不法。

第二,道德,包括故意和责任,意图和福利、善和良心。

第三,伦理,包括家庭、市民社会和国家。

黑格尔十分丰富的法哲学思想,就体现在上述体系的展开过程中。

三、论"法"和"法律"

在《法哲学原理》中,黑格尔这样论述"法"和"法律"这两个不同的概念。

关于法,黑格尔认为,它是自我存在的精神和它通过人的意志所体现出来的精神世界之间的统一;法的出发点、它的实质性,就是意志。这就是说,法是精神的东西,正因为如此,法的根本属性与精神、意志的根本属性一样,是自由。黑格尔说:"法的基地一般说来是精神的东西,它的确定的地位和出发点是意志。意志是自由的,所以自由就构成法的实体和规定性。"[①] 他认为,这样,法的体系就是实现的(通过人的意志体现出来的)自由王国,法哲学就是关于人类自由学说的系统化。

黑格尔把意志的发展或自由的发展分为三个环节:一为纯粹的意志,即主体把自己的意志作为自己思维的对象,作为一种普遍性,它所体现的是无规定性的抽象的自由;二为主体设定一个特定物为对象的意志,即意志的特殊化,它所体现的是有规定性的、有区分的或有限的自由;三为纯粹意志与特定意志的统一物,即单一意志,它所体现的是人我双便的自由、具体的自由。他认为,法正是具体自由的体现,反映了个人自由与普遍自由的

[①] [德] 黑格尔:《法哲学原理》,商务印书馆 1970 年版,第 10 页。

关系。

关于法律，黑格尔认为它"是自在地是法的东西而被设定在它的客观定在中，这就是说，为了提供于意识，思想把它明确规定，并作为法的东西和有效的东西予以公布。通过这种规定，法就成为一般的实定法"[①]。显然，在黑格尔那里，法律与法是相互区别的，法律有别于自在自为的法，是将抽象的法加以人为的外在化，使之取得客观的实定法的形式，是具体的法，或曰法的具体化。黑格尔指出，法要成为法律，必须具备以下两个条件：其一，法要获得普遍的形式，表述为对一切人都有拘束力的行为规则；其二，法必须获得真实的规定性，即具有能够被普遍了解的具体内容。法律只有与法一致才会有真正的拘束力；而法也只有与法律一致才真正是作为法律的法而存在。

许多论者忽略了黑格尔法哲学中法与法律的上述区别，把两者混为一谈、相提并论。这是一种严重的失误。黑格尔在论述其法哲学基本理论时，一方面充满了辩证法，另一方面又头脚倒立地建基于客观唯心主义之上。如果把他的法与法律概念混淆起来，就很难揭示其法哲学的客观唯心主义性质了。例如，当黑格尔强调法与法律的彼此一致时，还指出这种一致的相对性，它取决于立法者的认识与客观的法（实际上是主观的"绝对精神"的法）之间的差异。如果不如实地将黑格尔的法看成是他所谓的"绝对精神"，那么上述论断就颇为科学的了。但在黑格尔那里，一切科学都是"立天顶地"地被颠倒了的。如果论述黑格尔法哲学或法律思想时，连这样一个基本点都不弄清楚，那就"失误"得太厉害了。

四、辩证的法律观

黑格尔关于法律的一般论述中的辩证法思想，从法律的概念规定性和法律的偶然性的关系上，可以看得很清楚。黑格尔认为，法律的概念规定性即质的规定，是指法律规定的一般界限；法律的偶然性即量的规定，是指在一般的质的界限以内确定一个适用的幅度，确定一个量的领域。例如，法律不仅要从质上作出对某种罪行进行处罚的规定，而且要从量上规定处罚的宽严幅度。法律规定的量刑幅度所形成的法律的偶然性，就司法而言，就成了"法官的偶然性"。黑格尔指出，法律偶然性和法官的偶然性不是与法制对立的东西，恰恰相反，是法制的需要，这是因为法律的概念规定性是通过法律偶然性、法官偶然性体现和实现的；离开法律偶然性、法官偶然性，法律的概念规定性便是纯然的抽象物，因完全脱离了实践而没有实际意义。这样，黑格尔就在唯心主义基础上道出了法律的原则性与法律适用的灵活性之间的辩证关系了。从这一点看，许多后来刻板的法学家，是远逊于黑格尔的。在他们那里，法律的原则性是"神圣不可侵犯"的，来不得半点法律适用的灵活性。

[①]《法哲学原理》，商务印书馆1970年版，第211页。

五、论法哲学体系

如上所述,黑格尔的法哲学以"抽象法—道德—伦理"为体系,那么,具体来说,他是怎样论证的呢?

黑格尔首先论述的是"抽象法"。他认为,作为知道自己是某种无限的、普遍的、自由的人,具有其人格。人格表现意志或自由,它所包含的东西,首先是人的权利能力,即权利可能性。所谓抽象法,就是一般地表现这种权利可能性的东西。但可能性本身就包含着不可能性,所以抽象法仅仅是一种一般形式的法。这决定了抽象法包括三个环节:第一个环节是所有权。黑格尔认为,财产私有权是所有权的核心。他说:"从自由的角度看,财产是自由最初的定在,它本身是本质的目的。"① "人有权把他的意志体现在任何物中,因而使该物成为我的东西;……这就是人对一切物据为己有的绝对权利。"② 第二个环节是契约。黑格尔认为,契约是"中介的所有权",即两个主体间为转移所有权而达成的合意。他把契约分为实在契约与形式契约两类。第三个环节是不法,即对所有权与契约的否定,是行为人对普遍意志的对抗。不法有无犯意的不法、欺诈和犯罪三类。犯罪行为必须受到惩罚,即施以刑罚,而刑罚是正义的,是尊重犯罪人的人格的表现。

在论述犯罪与刑罚时,黑格尔把犯罪看作是对普遍的法的否定,刑罚则是否定之否定。他说:"犯罪行为不是最初的东西、肯定的东西,刑罚是作为否定加于它的,相反地,它(作者按:指犯罪)是否定的东西,所以刑罚不过是否定的否定。"③ 因此,他把犯罪与刑罚的这种关系称为"法的自我辩证运动"。毫无疑问,法,尤其是黑格尔的"绝对精神"的法是不可能有什么"自我辩证运动"的,甚至这样的法本身就是黑格尔先验唯心主义的产物,是不存在的。但他对法、犯罪与刑罚关系的论述,却是辩证的,没有形而上学的武断。这是值得肯定的。

黑格尔法哲学体系的第二个环节是道德。他把道德看成是主观意志的法,只有在道德领域中,才真正表现出单一人格的能动性从而真正使人格成为主体。他将道德也划分为三个环节:一为故意和责任;二为意图和福利;三为善和良心。

黑格尔法哲学体系的第三个环节是伦理。他把伦理看成自在自为的东西,是客观的必然和永恒的,不以个人意志为转移的。伦理由三个依次向上运动的环节,即家庭、市民社会和国家组成。其中,家庭是直接的伦理实体,以爱为规定的集团;市民社会是家庭与国家之间的伦理发展阶段;国家是伦理理念的现实。

---

① [德]黑格尔:《法哲学原理》,商务印书馆1979年版,第54页。
② 同上,第52页。
③ 同上,第100页。

在论述市民社会与国家时，黑格尔辩证的法哲学观得到了详尽的反映。

黑格尔认为，市民社会首先是需要的体系；需要体系的原则体现着抽象的所有权的法，即法自在地赋予每一个人获取与占有财富的权力；而只有经过司法对所有权的法加以保护，后者才达到有效的现实性，成为自为的法。黑格尔指出，当人们感到法是保护需要体系的外部条件时，就具有了法的观念并开始为自己制定法律；作为法律的法，是自在的法的一种客观实在的形式即实定法；法律是思维的产物，以法为其内容，法是通过思维被知道的；法是自在的存在，法律是设定的存在；法以实定法达到形式的定在，以法律的适用达到内容的定在；法律的定在必须为人们所普遍了解，因此必须制定完备的法典，而法典的完备是个无止境的相对过程。在这里，黑格尔比较完整地论述了从法到法律的辩证运动的过程，虽然全部论述是建筑在客观唯心主义基础上的。作为中介，他以需要这一社会生活中的实际事物，完成了法到法律的过渡，阐明了自在法到自为法的动态的发展。这是以前的法哲学家所未能做到的。

在论述国家时，黑格尔指出，它是借助最高组织形式表现出来的法，最高最完善的国家形式是君主立宪制。他把孟德斯鸠的立法、司法、行政三权分立的思想，改造成为王权（单一）、行政权（特殊）、立法权（普遍）相结合的政治法律学说。其中，他加进了一个王权，把司法权划归行政范围，从而给君权以特殊的地位。在黑格尔看来，君主是逻辑上的"绝对理念"，而逻辑理念包含有单一、特殊和普遍三个环节，并且是这三个环节的有机统一体。这样，国家也就是王权（表示单一）、行政权（表示特殊）和立法权（表示普遍）三者的统一体。

在论及立法权时，黑格尔把它定义为规定和确立普遍物的权力，而法是对人来说最神圣可贵的东西，立法是时代无限迫切的要求。但他同时又贬抑立法权的至高无上性，认为国家制度本身是立法权赖以建立的、公认的、坚固的基础，不应当由立法权产生。在黑格尔的立法权理论中，完全排斥劳动群众的地位，认为人民只是一种无定形的群体，其行动是自发的、无理性的、野蛮的和恐怖的。因此，他反对人民革命，就是很自然的了。

六、评黑格尔的法哲学观

恩格斯曾说："当黑格尔在他的《法哲学》一书中宣称君主立宪是最高的、最完善的政体时，德国哲学这个表明德国思想发展的最复杂但也最准确的指标，也站到资产阶级方面去了。"[①] 恩格斯的这一论断，指明了黑格尔法哲学体系的阶级性。扬弃黑格尔法哲学中的资产阶级阶级性和客观唯心主义的成分，汲取其辩证法的"合理内核"，对发展法哲学是极有价值的。

---

① 《马克思恩格斯选集》第1卷，第510页。

在指出和肯定黑格尔法哲学的积极成果的同时，有必要就他对法哲学所下的定义略事评论。

黑格尔给法哲学下过两个定义：

一为法哲学是哲学的一个部门。

二为法哲学是关于人类自由学说的系统化。

在《法哲学原理》中，黑格尔正是时而按前一定义论述，时而按后一定义论述的。但这是两个互相矛盾的定义。因为，如果把法哲学看作是关于人类自由学说的系统化，那么，它就是政治学（或社会学）而不是哲学；如果把法哲学看作是哲学，那么，它就不是政治学（或社会学）。

诚然，法哲学不可避免地会论及自由之类的问题，但仅仅是把自由作为与法有极其密切关系的问题而论及而已。自由本身并非法学问题，政治自由、思想自由等也非哲学问题。所以，无论从何种意义上看，关于人类自由学说的系统化，绝不是法哲学的基本问题或主要问题。只有当把人类自由与法联系起来研究时，它才可能成为法哲学的研究领域，即使如此，它也不是法哲学的基本问题或主要问题。

那么，法哲学是不是哲学？是不是哲学的一个部门呢？从词汇学的角度看，法哲学只能是哲学或哲学的一个部门，因为在"法哲学"一词中，"法"是用来限定"哲学"的，是"哲学"的附加词。但法哲学应有其特定的含义。如果把法哲学与哲学或哲学的一个部门混同起来，那就退回到了科学的童年时代，因为那时是把一切科学都放在"哲学"这一无所不包的范畴之内的。尽管一切科学问题都离不开哲学的指导，都有哲学观的反映，但时至近代，科学的分工早已将哲学和其他科学独立地区分开来了。属于哲学领地的，只有世界观与方法论等最基本的思维科学问题了。因此，当我们运用哲学方法来探讨法理问题从而形成法哲学时，它已成为法学而非哲学了。对此，我将在"纬篇"部分展开论述。这里主要说明两点：

其一，许多人把黑格尔的法哲学当作法哲学的系统性典范，这是不妥当的，因为就是黑格尔本人也并不把他的《法哲学原理》当作我们所理解的作为法学的法哲学来看待，而是当作哲学的。

其二，传统的观点把法哲学当作"剥削阶级的学说"，其主要理由是黑格尔法哲学是资产阶级性的，这也不无偏颇。黑格尔在论述他的哲学的一个部门法哲学时，载体虽主要是法（但不全是法，还有道德和伦理等），却是作为哲学问题来展开的。因此，我们一方面可以把黑格尔作为客观唯心主义法哲学的集大成者来看待，指出其资产阶级性；另一方面，却不可以因此而断言一切法哲学都是"剥削阶级"的法学。

第十七章　风靡欧美的历史法学派及其
对自然法学派的反动

一、历史法学派的兴起

历史法学派的兴起，与法兰西第一帝国的兴衰有着密切的关系。法兰西第一帝国的创建者拿破仑·波拿巴承继法国资产阶级革命的成果，并向前推进，于1799年发动雾月政变，组成执政府，自任第一执政。1804年称帝，建立法兰西第一帝国。他竭力强化中央集权的军事官僚国家机器，坚决镇压反革命王党复辟势力，并颁布《法国民法典》，（又称《拿破仑法典》），用法律形式巩固资产阶级革命成果。与此相应，作为《法国民法典》法哲学基础的自然法哲学和欧洲的理性主义，也风行于世。但是，与此同时，英国和德国由于存在着强大的封建复辟势力，却形成了一股反对资产阶级革命的思潮，反映在法哲学上就是反对自然法哲学、反对理性主义的思潮。随着拿破仑对外侵略的失败，1814年欧洲反法联军攻陷巴黎，拿破仑被放逐于圣赫勒那岛，这一反自然法哲学的思潮得到了鼓励而风靡德国和英国，后来在美国也得到了热烈的响应。这就是历史法学派风靡欧美的历史背景。

在德国，历史法学派的创始人是格丁根大学法学教授胡果（1764—1844年），他著有《从自然法到人定法哲学教程》等。在该书中，胡果主张法律由历史传统形成，而不是由理性、自然法形成，因此，他的观点被叫作历史法学观点，他所开创的学派被称为历史法学派。

使历史法学派得到广泛传播的是弗里德利希·卡尔·冯·萨维尼（Friedrich Carl Von Savigny，1779—1861年），他出生于法兰克福的一个贵族家庭，先后在格丁根大学和马尔堡大学接受教育。1800年开始执教，1803年发表了《占有法》一书。1808年到巴伐利亚的兰茨胡特大学教授罗马法；1810年到柏林大学任教，成了该校最著名的教授之一。1814年，在反拿破仑战争激励下的民族主义浪潮中，海德堡大学民法教授A.F.J.蒂博特提出了一个制定德意志各邦统一民法典的建议。为反驳这一建议，萨维尼写了《论当代立法和法理学方面的使命》一书，认为历史的经验表明，匆忙编纂的法典是无用的，法律的内容必须和民族精神相吻合，不符合民族精神的法律必定失败。1815 年，他与人合作，创办了《历史法学杂志》；同时开始出版他所著的七卷本《中世纪罗马法历史》。在这一巨著中，萨维尼认为法律科学应该既是历史的，又是系统的，即它应显示出从罗马法所留传下来的历史资料的内在一致性。后来，他又写了八卷本《现代罗马法制度》。1817 年，萨维尼被任命为普鲁士的枢密院成员；1819 年任柏林上诉法院法官；1842 年出任法律修订大臣；1850 年他出版了自己的《著作集》；1851—1853 年出版了两卷本的《论契约法》。由于传播历史法学派观点及大量的著作和法律活动，他成了 19 世纪德国最有影响的法学家。他的法哲学观在《论当代立法和法理学方面的使命》中得到了比较全面的反映。

二、萨维尼的法哲学观

萨维尼的历史法哲学观主要内容是：

第一，法是民族精神的体现。

在萨维尼看来，法的发展动力是隐秘地存在的民族精神。立法者不能按其主观意图和愿望去创设法律，只能努力揭示民族精神、民族意识，从而使之在立法中得到体现与肯定。美国法学家 M. 柯亨在《法理学读本》中引述萨维尼的话说：在人类"历史的早期阶段，法律已经有了该民族独存的固有的特征，就如同他们的语言、风俗和建筑有自己的特征一样。不仅如此，而且这些现象并不是孤立存在的。它们不过是自然地不可分割地联系在一起的、具有个性的个别民族的独特的才能和意向。把他们联结为一体的是民族的共同信念和具有内在必然性的共同意识。"[①] 萨维尼还指出："法律随着民族的成长而成长，随着民族的加强而加强，最后随着民族个性的消亡而消亡。"[②] 萨维尼的历史法哲学观就是奠基于"法是民族精神体现"说之上的。据此，他提出了法的发展的基础是习惯法的观点。

第二，法的基础是习惯法。

萨维尼认为，最能体现民族精神和民族意识的，是"在人民中活着的法"，即习惯法；只有习惯法才是最合理、最有生命力的。他指出，在每个民族中，由于长期的共同生活，逐渐地形成了一些传统和习惯；正是这些传统和习惯的不断被运用，才出现了法律规则，法律规则就是传统和习惯逐渐演变而成的。因此，他认为只要对这些传统和习惯进行认真的研究，就能发现法律的真正内容。这样，专业法律家、立法者就不过是被人民"授权对法律进行技术处理的社会精神的代表……"[③]。

[①] 《西方法律思想史》，北京大学出版社 1983 年版，第 371 页。
[②] 《法理学——法哲学及其方法》，华夏出版社 1987 年版，第 83 页。
[③] 同上，第 84 页。

第三，法律的三个历史发展阶段。

第一阶段是"民族精神"在人们内心深处自然地、不知不觉地产生出人人遵守的习惯法，即习惯法阶段。萨维尼认为，"法律只能是土生土长和几乎是盲目地发展，不能通过正式理性的立法手段来创建"①。而这"土生土长"、"盲目发展"起来的就是习惯法。

第二阶段是法学家对习惯法作出说明和整理，使之科学化，即学术法阶段。在这一阶段，法既是"民族精神"的体现，又为法学家做了特殊加工，但所加工的仅仅是技术性的部分，其实质性的部分即"民族精神"，必须一如既往地保持和发扬。因此，萨维尼认为，法学家不仅要具备渊博的法律知识，懂得法律技术，而且首先必须要有敏锐的历史眼光，把握各个历史时代的"民族精神"。

第三阶段是在比较习惯法和法学家的立法的基础上进行法典编纂，即法典编纂阶段。但萨维尼同时认为，若无紧迫的必要性，决不要轻易编纂法典，只要现行法律符合"民族精神"就应肯定而无须改变。

萨维尼根据法律发展的三个历史阶段的观点，进而认为立法是次要的，德国法学家还无能力从事普遍立法工作，编纂法典尤其是全德统一的法典，当时更无条件因而不合时宜。

在论述法律发展阶段时，萨维尼强调："法律如同语言一样，没有绝对停息的时候，它同其他的民族意识一样，总是在运动和发展中。"②

上述萨维尼的法哲学观明显地反映了他反对以统一的德国法典帮助实现民族国家统一的立场，表明他所维护的是四分五裂的封建割据势力的利益，亦即封建贵族的割据统治。

对于以萨维尼为代表的德国历史法学派，马克思曾做过深刻的批判。他在《法的历史学派的哲学宣言》中，给这一学派做出这样的历史评价："反历史的幻觉、模糊的空想和故意的虚构"③。马克思指出，历史法学派"把研究起源变成了自己的口号，它使自己对起源的爱好达到了极点，——它要求船夫不沿着河航行，而沿着河的起源航行"④。这样，历史法学派无视正在发展、并已经发展了的历史事实，反对跟着历史前进，就表明它与社会发展规律的格格不入，对历史行程的前进步伐背道而驰。

我们在赞同马克思对历史法学派的有力批判的同时，还应看到，这一学派对法律发展历史的研究确是做出了一定贡献。他们对原始社会和奴隶社会时期习惯法的产生、发展的历史，做过详尽的研究，"学者们常常撰写出一些详尽描述某个古旧法律制度中较小细节的书籍。……在许多情况下，它也大大丰富了我们对早期法律制度发展方面必不可

---

① 《美国百科全书》第 24 卷，1978 年版，第 312 页。
② [美] M. 柯亨：《法理学读本》，1979 年版，第 5 页。
③ 《马克思恩格斯全集》第 1 卷，第 105 页。
④ 同上，第 97 页。

少的知识"①。

在萨维尼之后,他的学生乔治·弗里德利希·普赫塔进一步传播了历史法学派的法哲学观。他说:"对我们来说,可见的只是其结果——法律,好像它是从一个黑暗的实验室中产生的一样,这个暗室孕育了它并使它成为现实。"② 这个"暗室"就是不可见却又无所不在的"民族精神"。他认为,习惯法是"民族精神"的体现,因而它高于制定法;制定法只有体现"民族精神"时才是有用的。

历史法学派的影响超出德国,远播欧美其他国家。英国的梅因和美国的库欣、卡特等就是坚持历史法学派观点的法学家。

三、梅因的历史法哲学观

亨利·梅因(Henry Maine,1822—1888年)是英国研究原始法和人类学法学的先驱。1847—1854年曾在剑桥大学任民法教授,同时在伦敦几个律师学院讲授罗马法,有关讲稿成了他后来的名著《古代法——它与早期社会历史的联系以及与现代思想的关系》的基础。1863—1869年梅因作为印度总督委员会的成员,负责过印度法典的编纂工作。1869年任牛津大学教授,为该校第一位比较法学教授。1887年成为剑桥大学国际法教授。著有《古代法》(1861年)和《古代制度史》(1875年)、《古代法和习惯》(1883年)等。

梅因的历史法哲学观主要内容如下:

其一,法律萌芽于父系氏族首领的判决,经过贵族阶级采用的习惯法,以后才逐渐法典化。

梅因认为,在人类社会的最初阶段,不可能有任何形式的立法机关,也不可能有专业的立法者;人类的纷争不是依靠法律来判别是非曲直,而是依靠富有权威的族长的随机判决。这种"判决"只是对单独行为、具体事实有效,而无普遍遵行的约束力;但相同的判决不断重复,就形成一种具有命令性质的习惯行为("惯行")而为人们所重视,并变成代代相传的行为规则。但这种"判决"、"惯行"、"行为规则"还不是法律,甚至也不是习惯法。

习惯法是在民族首领失去权力而让位于贵族阶级后产生的。贵族阶级根据自身的利益和传统的"惯行",采取一整套处理纠纷的原则和规定。这些原则和规定就成了"习惯法"。梅因认为,习惯法才是真正的法律,虽然它是不成文的。

在习惯法时代之后到来的,是法典化时代,这是由于社会冲突引起的法律需要,罗马的十二铜表法就是习惯法法典化的典型。梅因认为,法律发展到法典,其自发发展便宣告

---

① 《法理学——法哲学及其方法》,华夏出版社1987年版,第85页。
② 同上,第84页。

中止。此后，法律的人为发展是借助于杜撰、衡平、立法等手段而对法律进行修改，使法律同日益进步的社会相和谐（第四阶段）；最后，用科学的法理学把上述不同形式的法律编制成一个一致的系统的整体（第五阶段）。

梅因对法律发展过程的阶段划分，大致是符合客观事实的。但他止于阶段划分的描述，而未深究法律发展的深层原因、制约机制和运行规律。"在探索法律'自然历史'的某些基本思路方面，梅因是极为成功的。"① 可惜的是，在探索法律的"社会历史"方面，梅因几无所获，更准确地说，他几无关注。

其二，对自然法理论做全面的批驳。这些批驳主要集中在：

第一，"自然状态"的虚假性。梅因认为，事实上根本不存在人类社会初期的所谓"自然状态"；"自然状态"只是后人所描述的一种"幻想"、"假设"和"偏见"；因此，"自然权利"、"自然平等"等也是毫无根据的杜撰。

第二，"自然法"理论的谬误性。梅因指出，"自然法"理论及这一理论所描述的"自然法"尽管洋洋大观，头头是道，但都是未经证实的理论，盲从这种理论势必影响对法律学的科学探讨。梅因认为，"自然法"不过是从现代法中区分离析出来的东西，是"万民法"的现代化，只有通过现代法才能找到"自然法"，而不可能有始初的"自然法"。他还进而指出，假设和传播"自然法"理论，势必引起而且在法国确曾引起社会混乱，从而表明他反对和否认这一理论在反封建斗争中的积极作用。

梅因对古代法的研究做出了巨大的贡献。他所采用的历史的和比较的研究方法，具有巨大的科学价值。但这种方法的运用，必须以唯物主义为基础，必须遵循辩证法，不能止步于对法律史的表层的"自然"描述。因此，从法哲学的角度看，梅因的理论为法哲学的发展提供了启示，即启迪我们从法的发展史中寻找法的发展规律。至于他在研究中所收集的大量古代法的资料，也都是有极重要价值的。

四、历史法学派在美国的传播

在历史法学派风靡欧洲的影响下，美国的法学家中也有不少人醉心于这一学派的理论。据博登海默在《法理学——法哲学及其方法》一书中的介绍，1849年卢瑟·S.库欣（Luther.S.Cushing）在哈佛大学法学院开设了一个系列讲座，宣扬德国历史法学派尤其是萨维尼的观点。听他讲课的学生詹姆斯·库利奇·卡特后来成了历史法学派在美国的最有影响的传播者，他终生笃信并倡导萨维尼的理论。卡特与萨维尼一样，认为法典会妨碍法律的发展，他成功地阻止了在纽约州制定民法典的计划。作为历史法学派的法哲学家，卡特认为习惯和惯例提供了调整人们行为的规则，司法惯例只不过是"权威的惯例"罢了。

---

① 《法理学——法哲学及其方法》，华夏出版社1987年版，第88页。

卡特强调，从本质上看，是惯例决定行为正确与否，司法判决不过是给某一具体的社会习惯盖上了政府许可的证章，证明了它的真实性；法院并不制定法律，而只是从得到社会承认的惯例中发现和探寻法律。"他甚至将欧洲大陆的伟大法典也看成是植根于公众意识中的先存法律的重述。'制定的新法律只是客观存在的法律中的一小部分。'"① 这些观点，几乎是逐字逐句地与萨维尼的观点相互一致。

五、历史法学派与自然法哲学派的分歧

风靡欧美的历史法学派在大约半个多世纪里（19世纪初叶至中叶），发生着巨大的影响。显然，这一学派的基本观点与自然法哲学是尖锐对立的。其主要表现是：

第一，自然法哲学家认为法律源于人类理性，是对史前期人类社会的自然状态、自然权利的法律肯定；历史法哲学家认为法律源于"民族精神"，是对人类初期习惯的法律肯定。

第二，自然法哲学家认为法律原则是举世相同、无所不在的；历史法哲学家则认为各国的法律原则具有各不相同的民族个性。

第三，自然法哲学家否定现存法律制度，向往理性全胜的未来法律，即资产阶级法律；历史法哲学家则向往远古的习惯，而对现存法律制度抱拥护、保守的态度。

如果仅从政治上作价值判断，无疑只能说自然法哲学是革命的，历史法哲学是反革命的。考之历史实际，事实上确也如此。马克思曾这样评析历史法学派："有个学派以昨天的卑鄙行为来为今天的卑鄙行为进行辩护，把农奴反抗鞭子——只要它是陈旧的、祖传的、历史性的鞭子——的每个呼声宣布为叛乱。"② 这对历史法学派的政治本质做了最好的概括。但是，历史法学派的出现及其全部活动，不能用三言两语作简单的否定，更不能因为应作基本否定而作全盘否定。历史法学派对法律史所做研究的本身以及它所提供的经验与启示，还是值得后人很好地加以分析、利用的。

---

① 《法理学——法哲学及其方法》，华夏出版社1987年版，第89页。
② 《马克思恩格斯全集》第1卷，第454页。

第十八章　边沁的功利主义法哲学

一、边沁和功利主义法哲学崛起的背景

19世纪上半叶，欧洲反动贵族占据了许多国家的政治舞台，"从伦敦到那不勒斯，从里斯本到圣彼得堡，各国的内阁都由封建贵族统治着"[①]。在这种社会政治背景下，一方面，封建阶级的正统主义思潮甚嚣尘上，出现了包括历史法哲学在内的维护封建贵族割据政治利益的保守的政治、法律、经济和社会理论；另一方面，为了打破封建的樊篱，保障工业资产阶级自由发展的利益，资产阶级自由主义理论作为前者的对立面，也在各个人文科学领域发展起来。但这一时期同时也发生着自然法理论由盛而衰的变化，因此，一方面这些自由主义理论与历史法哲学等保守理论相悖相逆；另一方面，二者又都同样地表现出反对自然法哲学的特征来。以边沁为代表的功利主义法哲学的崛起，反映了这种时代背景与理论发展背景。

杰利米·边沁（Jeremy Bentham，1748—1832年）出身于英国伦敦的一个律师家庭。1763年毕业于牛津大学女王学院，1776年发表《政府片论》，1811年用法文发表《赏罚原理》，1787年以书信体写成《为高利贷辩护》，1789年发表《道德和立法原则概述》，从此蜚声英伦，名播异国，享誉欧美。1792年被法国大革命政府选为法国荣誉公民。晚年著作《宪法论》第一卷于1830年出版。边沁并不刻意追求发表著作，因此，他的不少著作是由他的朋友、学生悄悄地为他出版的，主要有《谬误集》（1824年）、《审判证据原理》（1827年）、《新逻辑体系》、《义务学》和《行为的动力》等。

边沁一生致力于研究和宣传功利主义法哲学，并为改革英国法律及各国的法典编纂做大力的鼓吹工作。1776年发表的《政府片论》就是为改革英国法律而写的，该书针对布莱克斯东在《英国法释义》中为英国国家制度和法律制度进行辩护的观点作了有力的批判。1811年，他致函美国总统麦迪逊，自荐为美国编纂法典；1815年，他驰书俄国沙皇，请

[①]《马克思恩格斯全集》第2卷，第647页。

求为俄国编纂法典；1815年他同时还致书美国宾夕法尼亚州长，表示愿为该州编制法律；1822年，他撰文呼吁"世界上一切崇尚自由的国家"编纂法典。虽然他的呼吁、自荐和请求毫无结果，但却乐此不疲。1823年，他大力支持主张法律改革的《威斯敏特评论》；1832年，他在去世前还出资续办《威斯敏特评论》，使之更好地宣传他的功利主义法哲学和改革法律的主张。

二、边沁法哲学的思想渊源和理论基础

边沁功利主义法哲学的思想渊源，来自其众多先师的理论。

哲学方面，边沁受惠休谟和爱尔维修甚多。休谟在哲学上是主观唯心主义者、不可知论者；在政治上对迅速发展的英国资本主义社会颂扬备至；在伦理学、社会学上，他是以人类价值经验为基础的价值经验论的奠基人。爱尔维修是法国唯物主义和无神论的杰出代表，法国资产阶级革命活动家的思想先驱。但在社会历史方面，爱尔维修又是个唯心主义者，他断言社会环境是由现存的法律造成的，"法律制造一切"。边沁在1769年研读爱尔维修的著作后，决定研究立法原理。受他们的影响，边沁主张改革法律、编纂法典也就毫不奇怪了。

在法学方面，边沁深受意大利法学家贝卡利亚的影响。他研读贝卡利亚的《论犯罪与刑罚》后认为："你（作者按：指贝卡利亚）是'理性'的第一个使者，你提高意大利的地位，使它远在英国之上；法国若没有爱尔维修，亦只好甘居下风。"[①] 他还这样追述自己师承贝卡利亚的学说："我记得非常清楚，最初就是从贝卡利亚关于犯罪和刑罚那一篇小论文中取得了这一原理（计算快乐和幸福）的第一个启示。贝卡利亚说过：人的幸福是计算欢乐和痛苦，好的立法是把人引向最多幸福和最少痛苦的一种艺术，要是我们能运用数学公式来计算人生的善恶的话。"[②]

边沁的功利主义法哲学是建立在心理学的"联想原理"和伦理学的"最大幸福原理"基础上的。所谓"联想原理"，与巴甫洛夫的"条件反射"相似。但后者是唯物主义的，前者却是唯心主义的。边沁根据"联想原理"对精神现象做决定论的说明，并从而认为这是制订一部会自动使人道德善良的法典或从本质与形式方面着手改革法律的必需。所谓"最大幸福原理"是指最好的行为是由实现最大多数人的最大幸福来确定的这样一种原则。根据这一原则，边沁可给"善"、"德"下定义，从而着手制订他心目中最适当的法律。

---

① ［英］罗素：《自由与组织》，商务印书馆1937年版，第100—101页。
② 《西方法律思想史》，北京大学出版社1983年版，第349页。

三、法律的功利主义原则

在边沁看来，最适当的法律是符合功利主义原则的。边沁认为，功利主义源自人的本性，而人的本性在于求乐避苦，因此，个人利益就成了行为的依据、道德的根源；从人的本性出发，凡是能减轻痛苦、增加快乐的，在道德上就是善，在政治上就是优越，在法律上就是权利。边沁功利主义法哲学的要旨是：功利即法律与道德的标准。边沁这样说明他的功利主义法哲学的人性原理："大自然将人类置于两位国王，即痛苦和快乐的统治之下。只有他们能指挥我们应该做什么以及决定我们要做什么。是非标准为一方，因果锁链为另一方，这二者都系在他们的宝座上。凡我们所做的、所说的、所想的，都受他们的管辖；我们能够做的想摆脱对它们屈服的一切努力只能说明并肯定这种屈从关系。一个人口头上可能佯装要痛骂他们的帝国，但实际上他只能继续服从它。功利原理承认这种屈从关系，认为它是那个制度的基石，其目的是以理性和法律手段来建立幸福。"① "……功利原理意味着对任何一种行为表示赞成或反对是根据它能增加或减少当事人的幸福的趋向；或者用不同的话来说同样的事情，是提高或反对那种幸福。我指的是任何一种行为；因此，它不仅是指向人的行为，而且也是指政府的每一项措施。"②

为进一步说明功利主义原则，边沁从十三个方面加以阐述，其中主要有以下几点：

其一，功利原则承认人类受苦乐的统治，并且以这种统治为其体系的基础。

其二，对功利原则所作的界定是：以行为增进或违反当事者的幸福为准。这里的"行为"，是指"任何一种行为"，既包括个人的，也包括政府的。这里所说的"当事者"，既包括社团，也包括个人。

其三，所谓"功利"，简单地说就是"乐"，具体地说，即一种外物给当事者求乐避苦、求福避祸的特性，由于这种特性，该外物就趋于产生福泽、利益、快乐、善或幸福，或者防止对利益攸关之当事者的祸患——痛苦、恶或不幸。

其四，判断一事是否符合功利，就看增多社会幸福的趋向是否大于其任何减少社会幸福的趋向。这里的关键是"社会幸福"。

其五，功利原则是普遍的。任何人，其一生都在大多数场合不假思索地采纳这个原则。不承认这个原则，就会造成人人皆有各自不同的是非标准，就会造成无政府状态。

除从正面论述外，边沁还从反面，即从"反功利原则"做了论述。他认为"禁欲主义原则"、"同情与反感原则"、"神学的原则"等，与功利原则不合，因此都是要不得的。在谈到"禁欲主义原则"时，边沁指出："只要让地球上十分之一的居民坚持奉行它，不过在

---

① [英]边沁：《道德和立法原则概述》第1章。
② 同上。

一天之内，就会把地球变成地狱了。"① 边沁认为"同情与反感原则"与功利原则时合时反，其特点是它的不肯定性，因而不成其为可靠的原则。在述及"神学原则"时，边沁认为，这种意志"只可以称作假定的意志：这就是说，一种意志的要求，因为同某个别的原则的要求相符合，才被假定为神意。"② 这"个别的原则"，无非是"禁欲主义原则"等。边沁指出，"神学原则"把一切都扯到上帝的喜悦上去。但上帝的喜悦是什么呢？上帝不跟我们通信，不和我们说话，我们怎么知道他喜悦什么呢？所以，主张"神学原则"的人，自己喜欢什么，就说上帝喜悦什么。这样，边沁就表明了他的功利原则是"人世的原则"而非"天国的原则"。

值得注意的是，边沁的功利原则中的"社会幸福"标准，在别的地方，边沁是以"是非的标准是最大多数人的最大幸福"来表述的，这似乎表明边沁是反个人主义的。但事实并非如此，他是极力主张实行个人主义的。边沁强调：人们侈谈"社会利益"，但社会是什么呢？"如果它还有意义的话，那就是这样：社会是一种虚构的团体，由被认作其成员的个人组成。那么社会利益又是什么呢？——它就是组成社会之所有单个成员的利益之总和。""不了解个人利益是什么，而侈谈社会利益，是无益的。"③ 由此可见，边沁的"社会幸福"就是个人幸福，边沁的功利原则是完全建立在个人主义基础上的。恩格斯指出，边沁"把私人利益当作公共利益的基础"，"他使主体从属于谓语，使整体从属于部分，因此把一切都弄颠倒了"④。

从上述功利原则出发，边沁论述了他的法哲学观。

四、论法的起源："求乐避苦"

边沁反对自然法哲学家们关于社会契约和自然法的理论，他认为，社会契约论和自然法学派关于"自然状态"、"自然权利"等的观点，都不过是"虚构"和"想象"的产物，而"现在，虚构的时代已经过去了"。要认识国家和法的产生，必须从功利原则出发。在边沁看来，国家不是别的，而是人的集合体、有机体，其产生不是基于人们相互间签订契约，而取决于人们对苦乐的计算。边沁这样解释国家的起源：当人们考虑到服从的习惯所造成的祸害比不服从的习惯所造成的祸害小时，人们就要求建立国家。他说："当一群人惯于互相交换意见，而不惯于服从某一个人或某一群人时，这就是自然社会存在的时候"，而"当一群人（可以称之为臣民）被认为具有服从某一类性质的人或集团（可以称为统治

---

① 周辅成编：《从文艺复兴到19世纪资产阶级哲学家政治思想家有关人道主义人性论言论选辑》，商务印书馆1966年版，第588页。
② 同上，第592页。
③ 同上，第583页。
④ 《马克思恩格斯全集》第1卷，第675页。

者的人或统治集团）的习惯时，那这些臣民和统治者聚集在一起便可以说处在政治社会状态中。"[①] 这里的"政治社会"就是指国家。

边沁同样以功利原则来解释法律的起源。他不认为法律起源于"自然法"，也不认为法与国家同时产生，而是认为：自有人类以来，就存在法律；人类之初始的野蛮人，为求乐避苦而互相谅解，不相侵犯、不相欺凌，这就是法的萌芽。

当边沁反对社会契约论和自然法理论，指斥它们为"虚构"时，他并没有认真思考一下自己的理论是否也属"虚构"。我们不难发现，边沁关于国家与法的起源的理论也是"一厢情愿"的"虚构"，并无切实的理论和事实作为根据。不仅如此，边沁的理论还常表现出自相矛盾。

五、法是"主权者的命令"

边沁认为，法律是主权者的命令或主权者采纳的命令的总和。这个主权者或是君主制下的君主，或是民主制下通过议会来体现的人民。他同时认为，主权者是有意志的人物，所以，法律只能是主权者的意志，这种意志是一种"命令"，是强加于公民的义务；如果公民反对、反抗"命令"，就要受到制裁。制裁是与刑罚相联系的，何况还可能发生法律适用的错误，因此，法律本身又是一种苦事、恶事（在发生错误适用的情况下）。

既然法律是主权者的命令，那么，法律就不是从来就有的，不是自人类存在之日起就有的。既然法律本身是一种苦（恶）事，那么，与前述"乐事"的论断是背道而驰的。这些，都表明了边沁理论的自相矛盾。这同他既相信人完全是自私的，又说人应该促进大多数人的最大幸福一样，都难以自圆其说。

在论及法律原则时，边沁说："……因此，我们便把功利性称为一种原则。它可以控制并指导法律科学所研究的各种制度或制度组合体的安排。唯有用这种原则来解释这些制度的组合所具有的名称，才能使它们的安排变得清晰而令人满意。""根据这条人人公认的原则来处理，某一国家的司法安排，无须做多大变化就可以适用于他的国家。"[②] 显然，边沁是把功利原则视为法律以至司法的本质的。

六、法的作用在于达到功利目的

边沁认为，法的作用简单来说就是为了达到功利的目的。法的功利目的，既反映在立法上，也反映在法的内容上，还反映在司法上。

---

① 《西方法律思想史》，北京大学出版社1983年版，第357页。
② [英]边沁：《政府片论·序》。

从立法上看，边沁强调立法应从人的幸福出发，依功利原则为指导。他说："个人的伦理以幸福为它的目的，而立法也不能有其他的目的。个人伦理涉及每一个人，也可说是涉及任何社会集团里每一个成员的幸福和行为；而立法也不能涉及更多的人了。"① 根据功利主义的立法标准，立法时必须考虑：首先，法律草案的假定行为对任何人来说是苦多于乐还是乐多于苦；其次，法律草案的假定内容是否依次遍及所有关系人；再次，法律规定的内容使受利的人多还是受害的人多。边沁指出，立法应追求或依据四项目标，即生存、富裕、平等和安全。在这四项目标中，"安全"是最基本最主要的目标，因为"安全"将给人的人身、名誉、财产和地位以保护；"平等"是仅次于"安全"的重要目标，"平等"并非条件的平等，而只是一种机会的平等，即允许每个人寻求幸福、追求财富、享受人生；"富裕"的标准，在边沁看来主要是保护私有财产和刺激人们去创造和占有财富。他说："财产和法律是同生共死的。法律产生以前是没有财产的；而一旦消灭了法律，财产也不会存在。"②

关于法律的内容，边沁认为，主要就是规定权利和义务。他指出，权利和义务都产生于法律，而义务是根据权利的保障而确定的；有三种权利，即政治权利、宗教权利和道德权利；有三种义务，即侵犯政治权利而受最高统治者的处罚所形成的政治义务，侵犯宗教权利而受上帝的处罚所形成的宗教义务，侵犯道德权利而受道德处罚所形成的道德义务，但道德义务的内容是不确定的。

根据法的内容，边沁把法分为实体法和程序法、强制法和非强制法、命令法和处罚法。此外，边沁还以其他标准对法做了划分：按法的应用范围分为普通法和地方法，按法人地位分为国内法和国际法，按法的形式分为成文法和习惯法，按时效分为已废止法和现行法。从总体上，边沁还将法分为人为法和神定法，基本法（即宪法）和具体部门法（如刑法、刑事诉讼法等）。

关于司法，边沁认为，凡对人的行为无惩罚的根据，法律就不要过问；凡对人的行为惩罚无能为力，法律也不应干涉。他以酗酒与通奸为例，指出法律对此一向无能为力，从无成功的机会，因此法律以保持沉默为宜。边沁的司法观同样源自功利原则。例如他之反对用法律手段惩罚酗酒和通奸，理由就在于：在没有取得任何值得一提的进展之前，惩罚的恶果已超出罪行的最大可能的恶果一千倍了。他认为这样的惩罚"代价太昂贵"，不会带来好处，而其恶果却是引起每一个家庭的惊恐，把人们的同情心撕得粉碎。

---

① 《西方法律思想史资料选编》，第495页。
② 《西方法律思想史》，北京大学出版社1981年版，第352页。

七、"严正地服从,自由地批判",关于法律的改革

从功利主义原则出发,边沁批判了现行的英国法律并试图加以改革。

边沁认为,英国的现行法律已"太古老",不完善,不能保障安全,促进平等,更不能带来任何人的幸福,因而亟须改革。他的理由是:一种制度如果不受批判,那就无法得到改进;任何东西如果永远不去找出毛病,就永远无法改正,就会妨碍一切增进幸福的希望。他说:"人们认为当法律正确的时候加以辩护,比当它错误的时候加以批判其功劳要大得多;我真不知道这种看法有什么理由。在一个法制政府下,善良公民的金科玉律是什么呢?那就是'严正地服从,自由地批判'。"[①] 边沁提出,评价英国的法律,确定英国的立法方针和立法的根据,都要以功利原则为准。据此,英国的法律统统要重新改写。

根据上述观点,边沁提出了内容广泛的改革英国法律的主张。在社会政治生活方面,边沁曾草拟了英国宪法、刑法和民法。在宪法改革的主张中,他表示反对君主立宪制,极力主张改革国会,反对两院制,认为立法权应当属于人民,由一院制的代表机关来行使人民的立法权;他认为行政权应由公职人员行使,他们应服从立法院,对立法院负责,并且要及时地更换。在社会经济生活方面,边沁主张立法保障自由竞争、自由贸易、自由信贷,反对国家干涉私人企业的经济活动,要求对经济采取自由放任的原则。在社会立法方面,边沁反对严刑酷法,提倡除极恶犯外一律废除死刑;主张改革一系列诉讼和证据法,废除因债务而入狱的刑罚;修改济贫法,制订卫生法;等等。

在推动英国法律的改革方面,边沁的改革理论和许多立法草案确曾具有重要的历史功绩。

八、评边沁的法哲学观

综观边沁的法哲学观点,既有值得肯定之处,也有应予批评与否定之点。

值得首肯的主要是他的法律改革思想。尽管他所处的时代是欧洲的反动时代,边沁却不惮攻击英格兰普通法和衡平法的"陈旧、零乱、无法理解、专横悖理、带有残酷的报复性、拖拉缓慢、极不正常,而且费用又是灾难性的昂贵,因而十有九人都被排斥在法律保护之外"[②],并据此提出改革而且身体力行拟定了许多法律方案,这在有史以来的法哲学家中,可谓凤毛麟角。《国际社会科学百科全书》介绍边沁时指出:"在行政、法律和议会的改革中,他的成就在思想上几乎没有任何人的思想曾经像他那样直接和广泛地转化为行

[①] 《西方法律思想史资料选编》,第479—480页。
[②] 上海社会科学院法学研究所编译:《法学流派与法学家》,知识出版社1981年版,第187页。

动。他的一个热情的弟子曾经把 19 世纪前半叶的所有伟大改革几乎都归功于边沁,而许多比较严肃的鉴定家,如亨利·梅因爵士、艾·维·戴西和莱斯利·斯蒂芬等后来也都同意这种看法。"边沁的改革法律的热情至死无有稍减。他于 1832 年去世,直至八十四岁高龄时仍日夜不辍地埋头工作,"生龙活虎地从事于编纂"。据说,他在后四十年里,"一直隐居在离议会大厦只有九百码远的一所迷人的、四周种满鲜花的小屋里。他在那里注视着每一件事,每天写十五张对开页的文章,源源不断地提出改革的建议"[①]。

另外,值得首肯的还有他以计量方法进行法学阐释的尝试,也应为后人借鉴。作为一个热心的业余科学家,边沁希望像在物理科学中获得显著成果那样,把用词精确和定量的方法用于法学研究。他的功利主义原则,以苦乐的计算为基础,列出了六条计算苦与乐的办法。其内容即首先计算出一种行为最初产生的乐或苦的价值,以及从这最初的乐和苦中所产生的每一种乐或苦的价值,然后"将全部快乐的总价值加在一方,痛苦的总价值加在另一方。顺差如在快乐一方,就那个人的利益而论,他的行为大体上将会产生良好趋向;其顺差如在痛苦一方,大体上将会产生坏的趋向"[②]。如果是社会的话,边沁认为只要在上述计算基础上再把感受乐和苦的人数多寡计算清楚即可。当然,这种计算无疑是主观的,实际上也不可能做到。但在边沁之前,没有一个法哲学家进行过甚至还没有想到过要在法学研究中引入定量分析的方法。尽管边沁这样做时,并不是建立在定量分析研究法的明确理论的基础上,但他的做法本身所提供的启示,却具有重大的法哲学方法论的价值。

此外,边沁指出了自然法哲学家们的论断的虚幻性及其思想方法上的直觉性和直觉主义立场,也是值得肯定的。但这实际上是肯定边沁对自然法哲学的历史唯心主义的否定。

然而,边沁的功利主义法哲学本身也充满着历史唯心主义。苦、乐计算的本身就是唯心的,因为它的衡量苦、乐及功利的标准并不客观。法律不过是主权者的意志,而这种意志不是一般意志,只是意志本身等看法,不是植根于唯物主义地承认精神来源于物质、存在决定意识的正确观点。关于国家和法律起源的论断,边沁并没有比自然法哲学前进一步,仍然囿于虚构与幻想的藩篱之中。

正如马克思所说的那样,边沁的功利原则充满着市侩气息,边沁是"市侩鼻祖"。马克思把边沁的功利主义与资产阶级榨取剩余价值视同一物、相提并论。他指出:"劳动力的买和卖是在流通领域或商品交换领域的限界以内进行的,这个领域确实是天赋人权的真正乐园。那里占统治地位的只是自由、平等、所有权和边沁。"[③] 我们必须如实地看到边沁作为资产阶级激进主义的思想家的不足之处。

[①] 《法学流派和法学家》,第 190 页。
[②] 《西方法律思想史资料选编》,第 488—489 页。
[③] 《马克思恩格斯全集》第 23 卷,第 199 页。

第十九章　法律社会学的勃兴与庞德的系统化开拓

19世纪末，西方思想界创立的社会学给法学界以强大的影响，一些社会学家本人也涉足社会学法学的研究，从而开创了法律社会学，并在20世纪初得到勃兴，并因庞德的系统化开拓臻于顶峰。

一、法律社会学的勃兴及其前驱者

"法律社会学"一词，据甘肃省社会科学院的冉志江先生说，是意大利法学家、社会学家安齐洛蒂首创的。但安齐洛蒂的主要贡献倒不在于法律社会学，而在于国际法实证法学。较早投身于法律社会学研究并做出贡献的，有奥地利的贡普洛维齐、埃利希和德国的马克斯·韦伯、柯勒、坎特罗维奇等人。

贡普洛维齐（Gumplowicz Ludwig，1838—1909年）出生于波兰籍犹太人家庭，从1875年起直到逝世，一直执教公法于奥地利格拉茨大学，因竭力主张社会学的独立地位而享有盛名。他力求把社会学原则运用到法学中去，因而被认为是法律社会学的创始人之一。贡普洛维齐认为，法律总是从国家内部的阶级和利害的冲突中产生的，因此，法律是社会的产物而不是神的启示；法律是社会和人类本性发展进程的一个结果，根本不存在什么"自然法"；法律的制订不是去追求任何抽象意义上的正义，而是使处于统治地位的阶级得以进行剥削；法律权利是社会各阶级为权益而斗争的结果；法律的指导思想是维持和巩固政治、社会和经济上的不平等，任何法律都是不平等的体现。他指出，在国家内部，统治与被统治群体之间的关系不是一成不变的，人类历史上经常发生不享有政治、社会和经济权力的阶级和集团为解放而开展斗争，他们在斗争中把理想的法律思想当作争取自由、平等的重要武器。他承认这种实际存在的法律理想而否定"自然法"，认为"自然法"以及"不可剥夺的自然权利"不过是纯粹想象出来的荒谬产物，与"理性"、"自由意志"之类概念一样毫无实际意义。但与此同时，他又认为被统治阶级争取充分自由和完全平等的终极目标是永远无法实现的。

埃利希（Eegen Ehrlich，1862—1922年）出生于奥地利布科维纳省省会切尔诺维茨（今属俄罗斯），于维也纳大学就学法律，后来成为该校特聘教授。1897年起成为切尔维诺茨大学教授直至去世。他提倡以当时最为先进的社会学方法来研究法律，企图借以观察、概括、判断法律现象，并进而形成体系。1913年，埃利希发表《法律社会学基本原理》一书，讨论了法律社会学的若干问题，但未加以系统化。他对法律社会学的主要贡献是：第一，把法律作为一个社会事实而不只是作为书本上的观念体系来加以研究。第二，提出了"活法"（living law）的概念，认为"活法"是社会"联合体的内在秩序"，离开"活法"就无法理解实在法。第三，"活法"是支配社会生活的法律，因此法律发展的重心在于社会本身。他写道："现在以及任何别的时候，法律发展的重心都不在于立法，也不在于法律科学和司法判决，而在于社会本身。"[①] 第四，要研究"活法"，就必须研究婚约、租赁、契约、买卖合同、遗嘱、继承的实际制度、合伙条款以及公司规章等社会实际生活。在《法律社会学基本原理》的最后一章，埃利希还论及"活法"的社会学研究方法。

马克斯·韦伯（Max Weber，1864—1920年）出生于德国爱尔福特一个经营麻纺工业的家庭。其父为帝国议会议员。1881—1884年，韦伯就学于海德堡大学，后入柏林大学完成学业。二十多岁时，他曾任律师助手和大学助教，直至1893年。1896年起执教于海德堡大学。后来转而研究社会学，成了德国社会学学会的创始人之一，主编《社会学与社会政策文献》。其主要著作有《新教伦理与资本主义精神》《理解社会学》和《经济和社会》等。在其著作中，韦伯以社会学方法研究了政治、法律和经济、伦理等大量问题。作为法律社会学的创始人之一，他提出了"法律合理化"这一著名命题，讨论了法律合理性与非理性的各种类型，企图探求出法律发展进程中法律自身及其与社会其他因素之间的逻辑联系。韦伯认为，法律的实现有赖于法律以外的社会机制，法律本身不能成为控制社会的主动而有效的工具。

柯勒（Josef Kohler，1849—1919年），德国法学家，曾就学于海德堡大学和弗莱堡大学，1873年获法学博士学位，1874年任蒙海姆法院的法官，1888年任柏林大学教授直至逝世。其主要法哲学著作有《法哲学》（1909年）等，此外还写了大量哲学、历史学著作，写过几本诗歌、一部小说和一些艺术史论文。柯勒也是法律社会学的早期代表之一。他主张每种文明形态都必须去发现最适合其意图和目的的法律。并认为，适合于一个时期的法律并不适合于另一个时期。因此，没有永恒的法律，法律必须与不断变化的文明状况相适应，社会的义务就是制订出与新的情势相适应的法律。在论述法律的社会控制作用时，柯勒一方面认为法律不能排斥利己主义，否则就不能刺激个人的积极性和主动性去开拓财源；另一方面，他又主张以"集体主义的巨大利益"去增强社会的"内聚力"。

综合以上论述，贡普洛维齐等人虽然开创了法律社会学，使之呈现勃然兴起的状态，

[①]《法律社会学基本原理》，剑桥英文版，1936年，第37页。

但并未使法律社会学理论系统化。这一任务后来由美国的庞德完成了。

二、庞德法律观的师承关系

庞德（Roscoe Pound，1870—1964年）出生于美国内布拉斯加州林肯城，曾在内布拉斯加大学攻读植物学，1897年获植物学方面的哲学博士学位。1889—1890年又在哈佛大学攻读法律。1890—1903年一面在州立大学任教，一面当开业律师。1904—1907年任州法律委员。此后，先后任教于芝加哥的西北大学、哈佛大学，并于1916—1936年任哈佛大学法律学院院长。第二次世界大战后曾赴我国台湾。其著作甚多，至1960年，曾出版过二十四本著作，发表二百八十七篇论文和报告。其法哲学方面的主要著作有《社会学法学的范围和目的》(1911—1912年)、《普通法的精神》(1921年)、《法哲学导论》(1922年初版，1954年修正版)、《法律史解释》(1923年)、《法律和道德》(1924年)、《通过法律的社会控制》(1942年)、《法的任务》(1944年)及《法理学》五卷(1959年)等。

朱利叶斯·斯通在其《法学的范围和作用》中评析庞德思想方法的师承关系时指出：第一，庞德认为"事实主张、要求或利益本身就是有效的根据"的见解"来自耶林[①]和詹姆斯"。第二，庞德认为"法律先决条件是以一定时期一定文化的事实主张、要求或利益为先决条件"的观点师承于柯勒。第三，庞德认为"事实主张、要求或利益的结构表现在一定的文化之中，并与其法律先决条件相协调"的观点师承关系不明。第四，庞德认为"对一定案件中相冲突的利益要进行分析，并且要根据其对整个利益结构的冲突情况来解决"的观点，师承于詹姆斯和施塔姆勒。由此可见，庞德学说的思想来源是比较复杂的。我国著名法学家沈宗灵教授论及这点时也指出："庞德的学说的思想渊源较为复杂，比较明显和重要的思想渊源是詹姆斯的实用主义哲学和霍姆斯的实用主义法律思想；美国社会学家沃德关于社会力量和社会控制等学说，也对庞德的学说有很大的影响。据庞德本人讲，他在形成社会学法学以前，曾信奉功利主义、分析派法学和历史法学，在20世纪初结识罗斯并阅读沃德著作后，才开始考虑社会学法学。"[②]

如上所述，庞德曾受多种哲学、法学思潮的影响。但他的法哲学并不是各种学派的杂糅。庞德在比较了各家观点的优劣长短之后，决心选择社会学方法从事他的法哲学研究，并开拓性地建立其法律社会学的体系。为此，他在1911—1912年撰写了《社会学法学的范围和目的》，宣布了他的"社会学法学"亦即法律社会学的纲领；1923年他又发表

---

① 耶林著有《法律的目的》(1872年)等书，从社会的实际出发用因果律来解释法律，认为法律是以个人的和社会的目的为基础的。他强调，目的是全部法的创造者，是法的根本标志。在许多法学著作中，耶林本人也被列为法律社会学的早期代表。

② 《现代西方法律哲学》，法律出版社1983年版，第65页。

了《法律史解释》一书，依据上述"纲领"对其他种种法哲学观做了批判。1942年，他发表《通过法律的社会控制》一书，进一步阐述了他在上述文论中已经论及的建立在利益论基础上的社会工程和社会控制论。所有这些，都在20世纪50年代发表的五卷集《法理学》中做了总结和发展。研究庞德的法律社会学法哲学观，可以上列三种著作为主。从中我们可以看到，庞德的法哲学确实比前此各个法哲学家更体系化，表述得更清楚，论证得更集中。

三、法律社会学的纲领

庞德在《社会学法学的范围和目的》中宣布，社会学法学家当前所要解决的主要问题是，创立、解释和适用法律方面，应更加注意与法律有关的事实。他写道："当前社会学法学家所要解决的主要问题是：在创造法律以及在解释和适用法律规则方面，如何使其可能，并促使其更多和更明智地注意法律所必须触及和对之适用的社会事实。"为此，社会学法学家必须坚持下列六点：

"（1）首先是研究法律制度和法律学说的实际社会效果。

"（2）其次是社会学研究与法律研究并行前进而为立法做准备，用传统的科学方法分析地研究其他立法。比较立法被认为是明智地创造法律的最好基础，但对法律本身进行比较是不够的。远为重要的是，如果实行法律的话，就要研究这些法律的社会作用和产生的效果。

"（3）第三是研究使法律规则生效的手段。这在过去几乎是完全被忽视的。我们孜孜不倦地研究法律的创造，似乎以为法律一经立出，就会自动执行。这不仅在立法方面如此，而且在我们法律中的、以判例报告为依据的最重要部分也是如此。我们司法制度的全部精力差不多都花在编出一套首尾一贯的、合乎逻辑的、严格精确的案例。我们司法制度的重要部分不是对诉讼人执行正义的初审法官，却是借诉讼作为发展法律的一种手段的上诉法院法官；我们用以判断这一制度的是书面意见量，而不是以具体案件中当事人的实际结果。但是法律的生命在于它的实施，迫切需要认真地、科学地研究如何使我们每年的大量立法和司法解释得以生效。

"（4）达到最终考虑目的的一个手段就是社会学的法律史，即不仅研究这些学说如何演变和发展，不是仅仅把它们当作法律材料来看待，而且要研究这种法律原理在以往产生了什么社会效果，以及它们是如何产生这些效果的。所以坎特罗维奇主张另一种法律史，它并不研究离开当时经济和社会历史的规则和原理，仿佛法律变化的原因完全在于过去的法律现象中。这另一种法律史不会试图表明，通过系统的演绎法，过去的法律就能给予我们对每一个问题的答案，仿佛那种法律是一个没有中断和矛盾的体系。这另一种法律史要向我们表明，过去的法律如何从社会、经济和心理条件中成长，如何与这些条件相协调，使自己与它们相适应，以及我们能进行到什么程度，如以那种法律为基础或者是不顾法律，但却有充分根据可预期产生所希望的结果。

"（5）再一点是使各个案件能合理地和公正地解决的重要性。不久以前，为了想使法律确定性达到不可能的程度，而往往牺牲这些案件。关于这一主题，近年来出现了一批专著。一般地说，社会法学家支持'法律的衡平适用'论；这就是说，他们认为法律规则是对法官的一个指针，引导他走向公正的结果；但他们又坚持在广泛限度内，法官应自由处置各个案件，从而满足当事人之间的正义要求，并符合普通的一般理性。

"（6）最后，以上各点都不过是朝着同一目标的某些手段：力求使法律秩序的目的实现将更为有效。"①

上述六点在《法理学》中被庞德扩展为八点，所增加的两点是：（1）法律研究的方法应该是，既对司法、行政和立法以及法学的活动进行心理学的研究，又要对理想的哲理进行研究。（2）在普通法系国家中司法部的作用。在美国……司法部门并不研究以下这些重要问题，如：法律制度的作用；法律的适用和施行；案件是否公正及其理由；不断出现的新情况及其应付办法；立法是否符合其目的及其原因；等等。因此，司法部门也就无法向制定和执行法律的人提供专家的、明智的指引。②

上述庞德提出的法律社会学八点纲领，从法律史到实际立法、司法，从法律的学理研究到法律的实际施行，都紧紧地围绕着与"社会事实"相关进行思索这一中心点。也就是说，他的关注焦点是法与社会事实的关系。因此，庞德法律社会学的核心，从一开始就明确地被确定为：法律的社会基础、社会作用和社会效果。

四、在批判中创新："法律史解释"

庞德在提出八点（最初是六点）法律社会学纲领时，对其他法哲学流派做了批判，以巩固法律社会学的阵地。这主要见诸《法律史解释》。在《法律史解释》中，庞德描述了主要是近代以来对法律所做的伦理和宗教解释、政治解释、人种学和生物学解释、经济学解释以及其他著名法学家的解释，其中特别对19世纪的历史法学派和分析法学派的学说做了详尽的介绍，并以法律社会学的纲领为依据，对其做了深刻的法哲学批判。

在《法律史解释》的"法律与历史"一章中，庞德评析了萨维尼的历史法哲学，指出"法律必须稳定，但又不能静止不变"③。历史法哲学的兴盛虽然"持续了近一百年，在后

---

① 于浩成、段秋关等编：《中外法学原著选读》，群众出版社1986年版，第604—606页。
② 《现代西方法律哲学》，法律出版社1983年版，第65—68页。
③ [美]罗斯科·庞德：《法律史解释》，华夏出版社1989年版，第1页。

半期几乎是独霸法学舞台，但到19世纪末却"明显地遭到了冷遇"[①]，因为"历史法学派对法律学科来说，实际上是一种消极的、压抑性的思想模式，它背离了哲学时代积极的、创造性的法理思想"[②]。他指出历史法学派把法律看作为"发现的"而不是"制定的"，用唯心主义方法解释法制史，强调"法律规则背后的社会压力"等，都是不科学的。庞德写道："在对……历史法理学进行分析之后，我们渐渐认识到，它根本不是一种历史学派。"[③] 历史法学派"把解释视为历史，抑或如克罗齐那样，把解释称为历史记述"[④]，这是萨维尼的历史法学派不成其为"历史学派"的致命原因。

在《伦理和宗教解释》中，庞德批判了"唯心主义伦理学"的"权利观念"，指出"它与其说是根据伦理学不如说是根据宗教来看待权利观念，并且把法律史视为实现某种在权利和法律中与宗教观念表现形式有关的宗教观念的那部分历史"[⑤]。庞德否定了这种"伦理和宗教解释"的科学性。

在《政治解释》中，庞德指出"梅因把法制史归纳为从身份到契约的发展。这一著名概括无论是在理论研究上，还是在法院或律师的实际运用中，都是政治解释的最重要的一个方面"。"实质上，梅因的理论乃是黑格尔的理论"[⑥]，而"契约观念就是萨维尼的意志说"[⑦]，但"如果我们一定要从普通法中寻找一个基本观念的话，那么，它就是关系，而不是意志"[⑧]，"我们应该记住，在我们的法律的形成时期出现在律师和法官面前的类推，是当时典型的社会制度和法律制度，是贵族和平民的关系。这在我们的法律中表现为佃主和雇农的关系"[⑨]。庞德认为，梅因"这种从身份到契约发展的归纳，在前三十多年，无论是在立法方面还是在司法判例方面，都遭到了整个法律发展过程的批驳"[⑩]，因为"它是一种消极的法律理论"[⑪]，在那里，"历史宿命论变成法律悲观论"[⑫]。

在《人种学和生物学解释》中，庞德指出，"人种学解释和生物学解释是过渡性解释的两种主要形式，区分它们并不困难。前者依据种族精神或种族心理或种族制度解释法律和法制史。……后者依据达尔文的自然选择，即生存竞争和适者生存的观点解释法律和法

[①] [美] 罗斯科·庞德：《法律史解释》，华夏出版社1989年版，第9页。
[②] 同上，第12页。
[③] 同上，第18页。
[④] 同上，第19页。
[⑤] 同上，第22页。
[⑥] 同上，第51页。
[⑦] 同上。
[⑧] 同上，第54页。
[⑨] 同上，第55页。
[⑩] 同上，第57页。
[⑪] 同上，第62页。
[⑫] 同上，第63页。

制史"①。庞德认为，这两种"解释"除提供了机械物理学原理的类推和有机体类推的方法外，"几乎没有为我们提供任何其他东西，"②，而这些类推已被证明都"失败"了。他强调指出，"法律不是通过其内在力量对刺激因素的反应而自我适应的，也不会受制于它所要适用于的那种外部生活环境的最直接的压力"③。

在《经济学解释》中，庞德肯定了这种"解释""在促使我们去思考如何满足需求而不是表现意志，在引导法学家从现存的有限的物质资料中描绘出关于满足需求的法律秩序的图画以取代在行动中的协调意志方面，都不无帮助"④。同时，他批评了经济学解释"夸张了人类为达到阶级目的而有意识地制定法律的程度"⑤，指责了马克思、恩格斯的法哲学观为"唯心主义的经济解释"⑥。此外，庞德还批评了其他许多著名法哲学家的法律解释。在否定或指出了各种法律解释的片面性之后，庞德得出了"我们就需要一种新的法制史解释"的结论。⑦ 这种解释在他看来只能是"社会工程解释"。

综合以上观点，我们可以将庞德的法律社会学基本观点概括如下：

第一，"法律必须稳定，但又不能静止不变。"社会的安全和利益要求法律具有确定性和稳定性，但社会生活的变化及社会利益的压力同时要求法律适时地作出相应的变化。

第二，人类社会发展出现了社会化进程，社会利益逐渐取代个人利益，合作开始取代竞争，综合开始取代分析。这要求法律也相应地"社会化"。

第三，法律是一种"社会工程"，人类应通过法学家、法官和立法者来设计和改造这一"社会工程"。

第四，法律作为控制人类本性的手段，是文明发展的产物，是维系和促进文明发展的工具，人类因此必须注重法律的作用和效果，而不是其抽象的内容。

庞德在《社会学法学的范围和目的》和《法律史解释》中宣布和阐述的法律社会学法哲学的纲领和基本观点，在《法理学》及其他著作中得到了充分的展开。为述评的方便，我们按庞德对法律概念、法律发展、法律功能的基础和法律功能的看法等四个方面来略事述评。

---

① 《法律史解释》，华夏出版社1989年版，第71页。
② 同上，第86—87页。
③ 同上，第87页。
④ 同上，第110页。
⑤ 同上，第111页。
⑥ 同上，第90—91页。
⑦ 同上，第138页。

五、论法律的内涵与外延及"法的行动主义"

庞德认为，法律的内涵是"一种制度，它是依照一批在司法和行政过程中运用权威性律令（precept）来实施的、高度专门形式的社会控制"[①]。对于法律的外延，庞德指出："它是由规则、原则、确定概念的律令和建立标准的律令构成的。"[②] 法律包括三种成分："法律是由律令、技术和理想构成的：一批权威性的律令，并根据权威性的传统理想或以它为背景，以权威性的技术对其加以发展和适用。"[③] 这样，庞德的"法律"概念就包含了法律条文以外的"法律秩序"和"司法行政过程"等。如下所示：

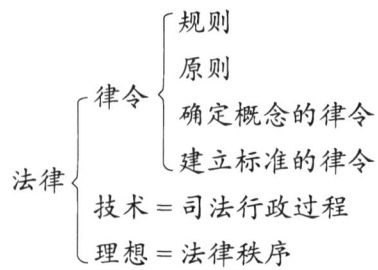

在庞德的法律概念定义中，值得注意的是以下几点：其一，法律是一种"社会控制"，而不仅仅是条文。从这里可以看出，作为法律社会学家，庞德的主要着眼点是法律的社会功能，而不是法律的形式和结构。第二，法律包括司法行政过程。他把法律的运用和适用看成法律的重要方面，扩大了法律概念的外延，拓展了考察法律的视野。第三，法律是"以权威性的技术""加以发展和适用"的。也就是说，法律不是静态的而是动态地"适用着"、"发展着"的事物。

从庞德的法律概念定义中，我们已昭然可见他以动态的视角，阐述法律社会学的法哲学观。如果我们再结合他极力主张"在行动中研究法律"的主张和对"书本上的法"的鄙夷态度来看，就可以更清楚地看到他的动态法哲学观。

庞德提倡"法的行动主义"，其具体表现之一即关于"无法司法"和"法官立法"的理论。庞德写道："为了使司法适应新的道德观念和变化了的社会和政治条件，有时或多或少采取无法的司法是必要的。"[④] 这种"无法的司法"也就是"法官立法"，即法官根据个人的意志和直觉"自由裁量"，不受任何固定的一般规则的约束。庞德把这种"无法的司法"

---

① [美]罗斯科·庞德：《法理学》第1卷，第15页。
② 同上，第2卷，第124页。
③ 同上，第107页。
④ [美]罗斯科·庞德：《依法审判》，《哥伦比亚法律评论》第13期，第691页。

视为"行政",与此相对的是"有法司法",即根据权威性律令、规范或命令、指示而进行"不受个人情感影响的、平等的、确定的司法"①。庞德认为这是与"行政"不同的"司法"。在所有的法律制度中,都可以发现"有法司法"和"无法司法"的形式同时并存,而法律的历史始终是在推崇广泛的自由裁量权的"无法司法"和坚持严格细微的规则的"有法司法"之间来回摆动的。庞德因此认为,必须力求达成"有法司法"与"无法司法"即司法与行政之间的平衡。这是维持极端任意的权力与极端受限制的权力之间的平衡。但这种平衡不可能永远地保持,文明的进步会不断地打破平衡而又逐渐恢复平衡。

六、法律的发展:社会化程度的提高

庞德将法律的发展史划分为"原始法"、"严格法"、"衡平法和自然法"、"成熟法"、"社会化法"五个阶段,并认为"社会化法"之后将有一个"世界法"的阶段。

原始法阶段的法,如古希腊法律、古罗马的《十二铜表法》、古日耳曼法、盎格鲁—撒克逊法以及《汉穆拉比法》等,都是为了保持和平、防止无限制的血亲复仇而未从或刚从一般社会控制手段中初步分化出来的原始而简单粗糙的法律。

严格法阶段的法,如公元前4世纪的罗马法以及13世纪英国的普通法学,以维护一般安全为目的,其特征主要是形式主义、硬性和不变性,法律不考虑道德因素,权利与义务仅属于具有法律人格的人。

衡平法和自然法阶段的法,如英国17、18世纪的衡平法和欧洲同期的自然法,以合乎伦理和符合善良道德为目的,其特征是法律与道德的一致性、强化义务观念及依靠理性而非专横的规则。

成熟法阶段的法,如19世纪欧洲国家的法律,以保障机会平等和安全为目的,其特征是彻底的个人权利观念和人皆具有法律人格。

社会化阶段的法,指的是19世纪末以来西方国家的法律。这一阶段的法律的重点,已从个人利益向社会利益转化,法律的目的是以最低限度的障碍和浪费,以尽可能地满足人们的要求。庞德以美国法律为例,分析了这一阶段的法律的十二个特征,其中包括对财产的使用以及对违反社会利益的自由、契约自由、处分权、债权人或受害人的求偿权的限制;无过失损害赔偿责任;公共财产观念;强调社会对被抚养家属的关系;由公共资金支付个人因公共机构造成的损害;保护集团的联合利益;等等。

庞德关于法律发展史的阶段划分,建立于法律的社会控制作用和在这一方面所表现出的特征之上,法律越是发达而成熟,其"社会化"的程度也就越高。

---

① 《法理学》第2卷,第375页。

七、论法律的功能：利益机制

庞德认为，法律的作用和任务在于承认、确定、实现和保障利益以求达到社会控制的目的，为此，就必须研究法律功能的基础。在庞德看来，这一基础就在于对人类利益的剖析。

他把人类利益分为"个人利益"、"公共利益"和"社会利益"三类；又将"个人利益"分为"人格利益"、"家庭关系利益"和"物质利益"三类；将"公共利益"分为"国家作为法人的利益"和"国家作为社会利益捍卫者的利益"两类；将"社会利益"分为"一般安全利益"、"社会组织安全利益"、"一般道德的利益"、"保护社会资源的利益"、"一般进步的利益"和"个人生活方面的利益"等六类。

庞德指出，"对这些利益如何估量，对它们如何评价？用什么原则来决定它们相互之间的分量？在发生冲突的情况下，哪些利益应让位？"这一切都是立法、司法和行政过程中必须密切关注的。他认为，法律必须承认和保护社会利益，法律应通过调和社会各种有所冲突的利益来实现其作为社会"调节器"和"稳定器"的功能。

要了解庞德关于法律的功能的观点，首先必须了解他的"法律的社会工程"说，这是庞德法律社会学理论体系的核心。

庞德把法学比作一门工程科学。他说："让我们暂时把法理学当作一门社会工程科学。这门科学所必须处理的事务是整个领域中能够通过社会政治组织对人类关系进行调整的行为而实现的那一部分事务。"① "社会工程被看作是一个过程，一种活动，而不只是一种知识体系，或是一种固定的建筑秩序。它是一种行为活动，而不是一种数学公式与机械规律按照亘古不变的指定方法而自我形成的被动的工具。"② 这种"社会工程"的目的是为了实现"社会控制"，法律就是"社会控制"的工具。庞德认为，人类的社会控制手段有"法律"、"道德"和"宗教"三类，而"从 16 世纪以来，法律已成为社会控制的首要工具"③。因为从那时以来，"社会政治组织已成为首要的了。它具有或要求具有，而且就整个来说也保持着一种对强力的垄断。所有其他的社会控制手段只能行使从属于法律，并在法律确定范围内的纪律性权力"④。

在 1954 年修订版《法律哲学导论》中，庞德把他建立于利益论之上的法律的"社会工程"论和"社会控制"说这样综合在一起，作了被博登海默称为"对法律的基本看法的简

---

① 《法律史解释》，华夏出版社 1989 年版，第 149 页。
② 同上。
③ 《法理学》第 3 卷，第 6—7 页。
④ [美] 罗斯科·庞德：《通过法律的社会控制》，1942 年，第 24 页。

洁而精彩的表述"[①]:"为了理解今天的法律,我满足于这样一种美景,即在付出最小代价的条件下尽可能地满足人们的要求。我愿意把法律看成是这样一种社会制度,即在通过社会政治组织安排人们行为而可以满足人们的需要或实现这些要求的情形下,它能以付出最小代价为条件而尽可能地满足社会需求——产生于文明社会生活中的要求、需要和期望。就眼下的目的而言,我很乐意能从法律历史中发现这样的记载,这就是通过社会控制对人类的需求、需要和欲望的承认和满足得到不断扩大;对社会利益的保护日益广泛和有效;更彻底、更有效地杜绝浪费并防止人们在享受生活利益时发生冲突——总而言之,一个日益有效的社会工程。"

庞德的这些言论清楚地表述了他关于法律功能以至整个法律社会学的观点。这是法律社会学发展史上最完整而系统的表述。

论者可以轻而易举地指出庞德在系统性地开拓法律社会学原理时表现出来的阶级局限性,确有许多人也这样做了。但正如沈宗灵教授指出的那样,庞德"在阐述某些问题上,也提出了接近科学的观点"[②]。笔者认为,更重要的不在于非议他的局限,而在于分析、研究、借鉴他的"接近科学的观点"。应当承认,庞德对各种法哲学的片面观点的批评是相当成功的,他把法律作为"社会控制"的主要手段而且围绕这一点展开法律社会学的论述,也是值得肯定的;而他从动态的角度论述法律的"过程",更将法哲学研究往前推进了一大步,这是分析法哲学,更是历史法哲学所望尘莫及的。

[①] 《法理学——法哲学及其方法》,华夏出版社 1987 年版,第 140 页。
[②] 《现代西方法律哲学》,法律出版社 1983 年版,第 95 页。

第二十章　狄骥独辟蹊径的社会连带主义法哲学

一、狄骥法哲学观的思想渊源

在庞德系统性地开拓法律社会学的同时，狄骥独辟蹊径地开拓了法律社会学的一个支派——社会连带主义法哲学。

狄骥（Léon Duguit，1859—1928年）出生于法国的利堡尼。1881年在波尔多大学获得法学博士学位，先后任教于波尔多大学、里昂大学。1886年回波尔多大学任法律系主任直到去世。其主要著作多由讲义编成，计有《1879年以来法国的宪法和主要政治法》(1898年)、《国家、客观法与实在法》(1901年)、《国家、政府及执政者》(1903年)、《社会权利、个人权利和国家的改造》(1908年)、《主权与自由》(1922年)、《公法的变迁》(1911年)、《私法的一般变迁》(1912年)，而于1927年出版的五卷本《宪法论》，则为其法律思想的集大成。

狄骥法律思想的哲学基础，他自己坚决地认为是实证主义哲学。[①] 他崇奉19世纪中叶法国哲学家和社会学家奥古斯特·孔德的理论。孔德是实证主义哲学的创始人。他宣称他的实证主义哲学是凌驾于唯物主义和唯心主义之上的"中派"哲学，他把所有想洞察现象之本质的意图都贬为形而上学，既否认自然界的客观规律，也否认社会生活的客观规律性，认为科学的任务就在于描写人的主观感觉。在社会学方面，孔德称自己是没有矛盾的"秩序"的拥护者，而资本主义就是这样一种"秩序"。他把社会学划分为社会静力学和社会动力学，认为社会是不动的、静止的体系，这个体系只是由于外部的机械推动，才改变其某些特点。狄骥利用孔德的实证主义哲学，对上迄柏拉图、亚里士多德，下至阿奎那、霍布斯和卢梭，以及同时代的一些政治学和法律学学派，几乎毫无例外地都作了"分析批判"，包括个人自由、平等权利、国家主权，等等，一概斥之为"形而上学概念"，要用他的"实证"理论取而代之。

---

① ［法］C. 艾斯曼:《里昂·狄骥》，《国际社会科学百科全书》第4卷，1968年，第307页。

狄骥崇奉的另一位思想家是法国社会学家埃米尔·迪尔凯姆。迪尔凯姆的主要著作是《社会劳动分工》(1893年),书中力求证明个人的成长从属于一种永远和社会极密切的依附关系。他认为,品德是和集体的连带关系相团结一致成正比例的,因此,务必优待职业群众组织。1894年,迪尔凯姆出版了《社会学方法论》,阐明其方法论要点为既重视伦理事实,亦同样看待社会事实,两者都为个人意识之外存在着的"事物"。加上1897年出版的《自杀——社会学的研究》和《乱伦的禁止》,他完成了社会连带主义的社会学支派学说。按照迪尔凯姆的社会连带主义观点,社会存在的基本条件是全体社会成员的统一而和谐的集合。这种集合取决于社会成员的两种连带关系的巩固发展,一种是人们像分子构成结晶体一样被并入一个大的单位的"机械的连带关系";另一种是人们作为社会有机体的组成部分,从而对其做出贡献的"有机的连带关系"。此外,与狄骥同时代的法国政治家、诺贝尔和平奖获得者布尔茹瓦,也曾以鼓吹社会连带主义理论而给狄骥以很大影响。

狄骥的法律社会学、法哲学观,就是从实证主义哲学出发,以社会连带主义为理论基础建立而成的,社会连带主义是狄骥法律社会学的核心。

二、"社会连带"论及其与法律的关系

狄骥在阐述他的"社会连带"说的哲学指导思想时强调,"社会连带"是一种"不容争辩的"事实,这种事实"由观察所得"[①];他认为:"连带关系并不是行为规则,它是一个事实,一切人类社会的基本事实。"[②]

在这样"坚决"地从"观察"到的"事实"中,他"进行推理"后获得的"真理",便是"稍微和迪尔凯姆不同"的关于社会连带主义的"认识"和"观点"。这些"认识"和"观点"主要有:第一,人们的共同需要决定他们在共同生活中互相援助,从而形成机械的连带关系。第二,人们又因能力与需求的不同而进行交换,实行分工,从而形成有机的连带关系。第三,个人自由是社会连带关系的基本因素。他把社会连带关系分为"同求的"和"分工的"两类,实际上就是迪尔凯姆所说的"机械的"和"有机的"两类。他认为这两类连带关系构成的统一整体就是"社会连带",即"社会基础"。他写道:"人们是始终在社会中联合,并且始终是联合的。""人们有共同的需要,这种需要只能通过共同的生活来获得满足。人们为实现他们的共同需要而做出了一种相互的援助,而这种共同需要的实现是通过其共同事业而贡献自己同样的能力来完成的。这就构成社会生活的第一种要素,形成迪尔凯姆所称的同求的连带关系或机械的连带关系。"

"在另一方面,人们有不同的能力和不同的需要。他们通过一种交换的服务来保证这

---

① [法]狄骥:《宪法论》,第64页。
② 《国家、客观法和实在法》,载《现代法国法律哲学》,美国,1921年,第259页。

些需要的满足，每个人贡献出自己固有的能力来满足他人的需要，并由以从他人手中带来一种服务的报酬。这样便在人类社会中产生一种广泛的分工，这种分工主要是构成社会的团结。按照迪尔凯姆的术语来说，这就是经常分工的连带关系或有机的连带关系。在这里，个人自由是作为社会连带关系的基本因素出现的，因为这种联带关系越加增大，个人的活动也将日益发展起来。不同的需要越得到满足，社会纽带便更加巩固；社会生活也愈益紧张，个人的活动将发展得更加积极和更加自由。"① 他把社会连带关系分为同求的（或称机械的）和分工的（或称有机的）两类，这两类连带关系又构成一个统一的整体，就是"社会连带"，而这则成为"社会的基础"。

狄骥的"社会连带"论显然比迪尔凯姆的更加全面并且似乎更能自圆其说了。正是在这种社会哲学的基础上，他构建了他的社会连带主义法哲学。为此，狄骥首先来解释社会连带关系和法律的关系。他指出："人们相互有联带关系，即他们有共同需要，只能共同地加以满足；他们有不同的才能和需要，只有通过相互服务才能使自己得到满足。因而，人们如果想要生存，就必须遵循连带关系的社会法则。"② 他认为，人生活在"社会连带"的条件下，主要有两种感觉：一为"社交的感觉"，它使人们害怕"社会连带的破裂"；二为"公平的感觉"，它是"自我本位主义的感觉的延长"，对这种感觉的侵犯会引起社会集体的反抗。因此，社会连带关系本身虽非行为规范，却成了人们行为规则的基础，成了规范性的原则，一切行为规则都不能有悖于这一规范性的原则。法律作为行为规则，当然也不例外。狄骥说："在客观主义的观点上，是很容易提出法的问题的。首先这是两种不容争辩的直接观察的事实。"③ 这里，他指的就是同求和分工这"两种"社会连带关系的"事实"。

狄骥将社会规范分为经济规范、道德规范和法律规范三类。三者构成一个体系，都以社会连带关系为基础，而法律规范居于最高地位。他认为，一切法律规范都是道德规范或经济规范，但一切道德规范或经济规范却不完全是法律规范。道德规范或经济规范只有在一定的条件下才能上升为法律规范，人们必须把握和确定这种"上升"的"时机"。

三、论"客观法"和"实在法"

在狄骥那里，上述法律规范被称为"客观法"。他说："到现在为止，我所考虑的是社会集团本身，还没有估计到社会团体内部可能发生的分化。我们已经确认，在整个社会团体之内人们势必要服从某种行为规则；我们也确认人们已认识到这些规则可以由集体强制

---

① 《宪法论》，第63—64页。
② 《国家、客观法和实在法》，第259页。
③ 《宪法论》，第49页。

加以合法的制裁。我曾说过，这些规则的总体形式是客观法，因此客观法是整个人类所固有的；只要人类社会存在，客观法就存在；而且同时这种客观法和社会内部发生的分化完全没有关系。即使假定一个社会集团没有任何分化的痕迹，但是也仍会有一种客观法，因为只要有社会团体存在，法也就存在。社会的概念就含有法的概念；我们不可能想象有一种没有法的人类团体，因为如果对这个团体的人们不强加一种法律规则，这个团体就会因此消灭。社会的相互依赖关系主要是一种法律关系，我所说的客观法的基础是社会的连带关系，仅仅是指这一点，并没有其他的意义。"[1] 简而言之，客观法是以社会的连带关系为基础的整个人类社会所固有的、人人都必须服从的某种行为规则。

狄骥把客观法称为"社会纪律"，认为"既然在定义上规定是一种社会的纪律，就必须对富人或穷人，对地位高的和低微的人，对强者和弱者，对统治者和被统治者全体一律平等待遇"。因为"统治者和其他人一样，都是个人；因此他们同各该集团的一切成员一样，都应服从这个集团的客观法。"[2]

除客观法外，狄骥认为，还有国家制定的法律。他把后者称为"实在法"，而客观法高于实在法，实在法以客观法为生效条件并以实现客观法为目的。狄骥强调，实在法本身不具约束力，只有由客观法规则的认可与支持下才获得约束力；从逻辑上讲，国家在制定法律时的责任在于系统地阐述已经存在的本身具有约束力的法律规则，而不使它与"高级法律"即客观法对立起来。所有这一切，狄骥认为都是他"观察到的事实"，是"以纯粹观察社会事实为根据"的结果。

四、彻底否定"权利"

狄骥根据上述分析，决绝地否定以往的一切法律体系，斥之为"个人主义的"、"主观主义的"和"形而上学的"，并进而主张把"法的实质"、"权利主体"和"主观权利"等"形而上学的概念"，从法学中彻底予以排除。他说："当人们问：什么是法？法的基础是什么？它的范围怎样？究竟是法强迫力服从，还是力创造法？人们这时注意的只是主观的权利。然而主观权利的本质和基础是根本无法解决的……""人类现在不能做到，以后也永远做不到"对主观权利的解释。[3] 因此，他认为服从于客观法的由国家制定的实在法，只应规定人们必须履行的义务，而不是规定什么"法律权利"。针对法国1789年《人权宣言》规定"在权利方面，人们生来是而且始终是自由和平等的"，他认为如果把它理解为所有的人事实上是平等的，就是错误的，只有理解为所有的人均受实在法保护的平等权

---

[1] 《宪法论》，第381页。
[2] 同上，第479页。
[3] 同上，第13页。

利,才是正确的。但由此引申而得的,不是由法律(实在法)肯定人们的权利,而是要规定其义务,以使社会连带关系得以保持和巩固。

和否定个人权利而仅肯定其义务一样,狄骥认为国家和国家政府的官员也只有义务而无权利。他说"现代的学者"所论国家的三种目的,即(1)维持本身的存在;(2)执行法律;(3)促进文化,即发展公共利益精神与道德的文明。指出"这三个目的可以归结为实现法的唯一目的",而"统治者不得不确保文化的发展,并协力促进物质、精神和道德的发展",就不是什么权利,而是义务了。狄骥指出:"这些积极和消极的义务全部总不外是这两种义务:不做任何违反社会连带关系的事情并尽量为实现社会连带关系而合作。"① 他创议以"公务观念"代替传统的国家主权的观念。他说:"公务观念代替了主权观念。国家不再是一个发号施令的主权权力,它不过是一批人,他们必须使用他们掌握的权力来提供公众需要。公务观念成了现代国家学说的基础。"②

狄骥还将他的社会连带关系说运用到对国际法的研究上。他认为,国家进入国际社会即与其他国家发生关系时不可能带有什么基本权利,只有"进入之后"才有权利,这种权利同样来自客观法,因为国际社会也是服从客观法的。他说:"当群众在思想上了解到为了国际连带关系和一种公共的急迫需要,必须有这种规则的制裁,并了解到如果这些规则被违犯就要强加制止的时候,道德的和经济的规则才变成法律规则。就是这种观念,而也只是这种观念才会是国家之间的规则的基础。"③

五、狄骥的法哲学观:歧见述评

我们把上述狄骥的一系列法哲学观点界定为社会连带主义法哲学。但对他的法哲学的看法,存在着分歧意见。E.博登海默在《法理学——法哲学及其方法》一书中指出,狄骥提出的是"一种带有强烈的社会学色彩的自然法理论"④。"他的理论……应当被划为自然法理论中的一种特殊观点。"⑤ 其依据之一是,法国法学家费朗索瓦·惹尼认为狄骥已远离了法律实证主义和经验主义⑥。《简明不列颠百科全书》也作此论:狄骥"是同代人中最革命的法律思想家之一,他详尽地论述了一种富有影响的自然法哲学"。此外,还有人认为狄骥"是20世纪初法国协作主义的代表人物"⑦;"他的国家和法的理论是实证主义的、现

---

① 《宪法论》,第483页。
② 《现代国家的法律·序言》(《公法的变迁》),1919年英文版,第36页。
③ 同①,第139页。
④ 《法理学——法哲学及其方法》,华夏出版社1987年版,第177页。
⑤ 同上,第179页。
⑥ 同上。
⑦ 徐大同:《西方政治思想史》,天津人民出版社1985年版,第465页。

实主义的和社会学的"[1]等。这些分歧意见的存在并不奇怪，因为狄骥的法哲学的确是在多种理论思潮、流派的影响下形成的，自然带有这些影响的痕迹。但是，由于狄骥截然否定"自然权利"和"个人的权利"[2]，"正如科温（Corwin）所恰当指出的，这种理论是'洛克理论的倒置'"[3]，把他的法哲学看作自然法哲学的观点，显然是不妥当的。"社会协作主义"一词也并不贴切，因为，狄骥虽然旨在宣扬阶级合作、阶级调和的"协作"主张，但其理论的核心和基础却是明明白白的"社会连带主义"，后者才是他的理论不同于其他法哲学的根本特点。至于同时冠以"实证主义的"、"现实主义的"和"社会学的"定语，则显然混淆了"实证主义"、"现实主义"和"社会学"三者。因此，我们界定其为法律社会学的特殊一支，即社会连带主义法哲学，似乎是比较妥当的。

从狄骥独辟蹊径的社会连带主义法哲学的全部观点看，哲学、社会学之影响特别明显。因此，他的法律理论作为法哲学的特征也格外清晰。

狄骥在法律社会学方面的探索，方法是独特的，其探索结论揭示了人类社会实际存在的关系的若干特点，启示人们从这些特点去分析各种社会关系，分析国际关系，对法律的作用的某些结论也有助于人们去认识法律。但是，第一，狄骥法哲学的实证主义哲学基础本身就不科学。实证主义哲学以为它已使哲学告终，超乎唯物主义与唯心主义之上，实际上坠入了主观唯心主义的陷阱。因为这一哲学观的特征就是把经验和科学唯心地解释成主观的感觉、表象和体验的总和，否定自然界和人类社会的客观规律性。狄骥以此为指导提出的"客观法"，就是这种"超然"物外的主观想象。第二，狄骥的社会连带主义来源于迪尔凯姆的社会学观点，但这一观点把"社会事实"看作"根本上的心理事实"、"也是个人心理上的事实"。这样，从迪尔凯姆这个"根子"开始，狄骥就已陷入了主观唯心主义的哲学黑洞。尽管狄骥的社会连带主义法哲学似乎是可以自圆其说、自成体系的，但在这个体系的根基上留有一个主观唯心主义的大洞，他的一切探索就变得空洞无物。

---

[1]《国际社会科学百科全书》第4卷，第541页。
[2]《法理学——法哲学及其方法》，第177页。
[3] 同上。

第二十一章　斯宾塞进化论法哲学的小小插曲

19世纪后半叶，法哲学乐坛上响起了斯宾塞进化论法哲学的小小插曲。这一插曲虽然音量微弱、并未引起共鸣和听众的注意，但作为法哲学发展史上的一章，却应略书一笔而使之不至湮没无闻。

一、斯宾塞的生平、著作与哲学观

赫伯特·斯宾塞（Herbert Spencer，1820—1903年）生于英格兰中部一个乡村教师的家庭。其父对数学、物理等自然科学颇有修养，思想活跃，善于独立思考，这对斯宾塞有较大的影响。斯宾塞从小体质羸弱，很少上学。青少年时期大部分时间是在自学中度过的。其自学，并无明确目的，完全随心所欲。十七岁至二十一岁当了四年铁路工程师。其间读了查尔斯·莱尔的著名的《地质学原理》，第一次接触了进化论学说。后来他回忆说，这本书中的进化论思想给他留下了强烈的印象，并从此变成了进化论的坚定拥护者。1842年他撰写了第一本政治学论著《政府作用的范围》。后来他先后担任过编辑、铁路工程师等，但绝大部分生涯是在撰写哲学、社会学和政治学著作中度过的。1851年因发表《社会静力学》而引起知识界的重视。从1862年到1896年，他用三十余年的时间完成了阐述一个完整的哲学思想体系的十卷本《综合哲学》，在英国产生了很大的思想影响，被奉为"思想泰斗"。此后，他先后获得剑桥大学、爱丁堡大学、布达佩斯大学、波伦亚大学、圣安得鲁大学的博士头衔，并被任为罗马、都灵、那不勒斯、巴黎、费城、哥本哈根、布鲁塞尔、维也纳和米兰科学院的国外院士或通讯院士。其著作中，《政府作用的范围》、《社会静力学》、《社会学原理》（1876—1896年）、《个人对国家》（1884年）等，比较集中地反映了他的社会政治思想和法哲学观。《综合哲学》洋洋大观，把从自然界到人类社会乃至人类思维的各种知识杂糅一起，也涉及社会政治和法律问题。

斯宾塞的法哲学观建立在庸俗进化论哲学的基础上。他认为，世上的万事万物，包括宇宙的构成、生物的演变和人类社会的发展，无不处于进化之中，受进化规律的支配。在斯宾塞那里，进化是物体由不确定的、无联系的同质状态转变、"集结"为确定的、有联系的异质状态。他认为，这种转化是一个由低级到高级、简单到复杂的过程，而这种进化特别明显地在生物界和人类社会的演变中得到表现。与此同时，斯宾塞又认为，进化的动力是神秘的"力的恒久性"规律，即外力；进化是一个单纯的量变过程，没有质的飞跃，因此社会进化只能是改良而非革命；进化达到均衡与和谐就将终止，均衡是进化的起点、终点和不可逾越的界线；进化达到顶点而建立均衡时，解体就将开始，最终将退回到原初状态。在上述哲学观的支配下，斯宾塞阐述了他的法哲学观点，主要表现在对下列问题的论述中：

二、论"社会有机体"

斯宾塞把人类社会和生物机体加以庸俗的类比，认为人类社会的阶级分化、国家的产生、法律的形成和发展以至整个人类文明的进步，都和生物的进化一样，是一种进化的过程，是生存竞争的结果，遵循"优胜劣汰，适者生存"的规律。在国家和法律的进化过程中，"适者生存"的规律是主要的、决定性的因素。

在类比人类社会与生物机体的进化时，他指出，生物机体在进化过程中逐渐形成了三大器官系统，即营养系统、循环系统和神经系统；与此相仿，人类社会在进化过程中也形成了不同的阶级和不同的部门。相对应于生物机体的三大器官系统，人类社会的三大系统是：第一，保持系统，表现为社会的产业组织，其职能是用其产品来供应社会有机体的需求；第二，分配系统，表现为商业与运输组织，由商人阶级承担其分配产品的职能；第三，调节系统，表现为国家或政府，由军事阶级、资本家阶级承担其指挥整个社会有机体活动的职能。三大系统的相互配合、协调一致而又各司其职，从而维持社会有机体的存在和发展。这样的社会有机体的发展，经历了一个从简单到复杂、由低级向高级发展的渐进过程，在这一过程中，社会有机体从原来的同质进化为最终的异质。

斯宾塞把社会有机体的渐进过程划分为两个阶段：第一个阶段处于原始或军事的社会形态，以战争、强制和身份划分为社会规范的手段；第二阶段是较高的工业化社会形态，以和平、自由和契约为社会的支配手段。社会有机体从第一阶段发展到第二阶段，是在自然选择法则的支配下进行的。斯宾塞认为，一切妨碍社会按自然选择法则进化的社会立法和集体管理，包括政府的强制性行政行为，都必须加以反对；在社会有机体的高级发展阶段，自然选择法则应该具有无限的权威，因此，与此"格格不入"的国家或政府的活动，包括公共教育、公共通讯、公共医院、国家通货、邮政制度以及济贫法等，都是应予鄙弃的。[①]

根据上述社会有机体渐进的学说，斯宾塞表达了国家、军队、警察以及法律和其他

[①] 《社会静力学》，伦敦，英文版，1950年。

社会制度都是自然进化的结果的观点。他认为，如果法律和其他社会制度是自然进化的产物，那么它就是合理的，否则就是不合理的。众所周知，动物界的生存竞争中，"弱肉强食"是一条公开的、必然的"法则"。这样，当斯宾塞把生物界的生存竞争机械地搬进社会有机体并作为"自然法则"加以肯定时，也就势必得出"暴力论"的错误结论。他认为，国家起源于暴力斗争，而维护暴力斗争的法律也就是合理的"自然法则"。

三、以自我快乐为标准的正义论

在《伦理学原理》一书中，斯宾塞论述了他的正义观。他继承英国实证主义者约翰·穆勒的功利主义伦理观，[①]并把它与他的庸俗进化论结合起来，强调凡对个人（自我）有利的行为就是善，反之就是恶。据此，斯宾塞建立了他的"正义"观。所谓正义，斯宾塞认为就是追求自我利益而不损害他人。

斯宾塞的这一"正义"观，以自我的快乐为标准。这"自我的快乐"的核心和关键，是个人的自由，而个人的自由是个人的"自然权利"。他认为，这种个人自由的"自然权利"遵循一种"同等自由规律"，即每个人都享有充分的自由，并与其他人所具有的同等自由协调一致。而社会就是按这一原则组织起来的，这一原则是"正义"的根本内容，是国家活动的最高准则，是法律制度的基本要求。国家的立法和司法活动，都必须和"同等自由规律"这一"自然法则"相符，只有这样，才是"正义"，否则就是"不正义"。据此，他认为人身不受侵害、迁徙自由、利用阳光和空气等自然资源、财产私有、交换自由、契约自由、信仰和崇拜自由、言论和出版自由等权利，都是人人平等、人皆有之的"特定自由"，立法和司法都应保证这种自由不受侵犯，只有这样，才能臻于"善"和"正义"的境界。

与此同时，斯宾塞又把生存竞争当作社会运动的普遍原则，并从中引申出人类有优等民族与劣等民族之分的理论。他强调扶植优等民族以繁荣人类，淘汰劣等民族以净化人类。他甚至认为盎格鲁-撒克逊民族是天然的优等民族，应当成为世界的当然统治者。他还为英国维护以掠夺为宗旨的"自由贸易政策"和以侵略为目的的扩张主义政策的法律制度辩护，断言它的切实施行将促进人类社会的发展和社会经济的繁荣。这些观点无疑是为帝国主义侵略政策张目的，应当予以批判和否定。即使撇开这一点不说，它也和所谓"正义"及"平等自由规律"相悖，和政治、法律学说中的庸俗进化论不相和谐。

尽管斯宾塞的进化论哲学和他的社会政治思想在西方有过较大的影响，然而他的进化论法哲学并不系统，立论也不严谨。因此，他的进化论法哲学在19世纪后半叶不过是一支小小的插曲，反响不大，但到20世纪时，却又引来了一些新的论者的青睐，在更加全面的范围内循着进化论法哲学的足迹前进。这就是美国的进化论法哲学。

[①] 约翰·穆勒认为：凡是快乐的就是善，反之就是恶。斯宾塞称之为"快乐主义的功利主义"。

第二十二章　进化论法哲学在美国的发展

一、开拓者霍姆斯：动态的法律与"一贯性"

美国杜克大学哲学和法律学教授马丁·P.戈尔丁在美国《法律教育杂志》①载文，论述20世纪美国的法哲学时认为，20世纪美国的法哲学"可以说是从1880年前后O.W.霍姆斯的《普通法》一书的发表而起始的"。

霍姆斯（Oliver Wendell Holmes，1841—1935年）生于美国马萨诸塞州的波士顿，1866年毕业于哈佛大学法学院，1867年起从事律师事务十五年。1880—1881年受聘到波士顿洛维尔研究所讲授普通法，1881年出版了《普通法》一书，提出了"法律的生命并非逻辑而是经验"这一观点。1882年被任命为马萨诸塞最高法院法官，任职达二十年之久。1902年被任命为美国联邦法院最高法院大法官，任职三十年，直至近九十一岁时方退休。在最高法院大法官任内，他被认为是当代最著名的法学家，常因在法院审判中发表与多数人不同意见而被人称为"伟大的异议者"。其主要著作除《普通法》外，还有《法律论文集》(1920年)等。作为一个法学家，他的法律思想有多方面的内涵，而在美国法学发展中起过最大影响的，是他的进化论法哲学观。

霍姆斯深受梅因《古代法》一书关于法的历史发展论述的影响。此外，达尔文《物种起源》中阐述的进化论思想以及边沁、约翰·奥斯丁等人的学说，也对他的进化论法哲学的形成产生了重大的影响。霍姆斯的进化论法哲学，在《普通法》一书中得到鲜明的体现。他在书中写道："法律的生命并非逻辑而是经验。当确定人们必须受其支配的法规时，感到的时间必然性、流行的道德和政治理论、社会政策上公认的或无意识的直觉知识，以及法官与其同胞共有的偏见，都要比演绎推理的作用大得多。法律表现了一个国家许多世纪以来的发展史，我们不能仅仅把它看成好像数学书本中的一些公理和系定理。"②这里，

---

① 1986年第4期。
② 《国际社会科学百科全书》第6卷，第491—492页。

霍姆斯把法律看作不是静止的"公理"和"系定理",而是"一个国家许多世纪以来的发展史"的"表现"。也就是说,法律不是静态的而是动态的。

他还把法律学说类比作"猫的锁骨",指出:正如进化使现存生物结构适应不同时间阶段中不同用途一样,法律学说的作用也从一个时期向另一个时期进化。他认为,影响并促使法律进化(包括法律和法律学说)的因素是多种多样的,其中主要有"时间的必然性"的感受、"流行的道德和政治理论"、"社会政策上公认的或无意识的直觉知识"以及"法官与其同胞共有的偏见"等。这实际上是主张法律与法律学说随着社会环境的变化而进化。

《普通法》一书发表二十年后,霍姆斯撰写了一篇题为《科学中的法律和法律中的科学》的著名论文,阐述了他的进化论法哲学的一个新观点,即法律向"一贯性"接近的无限的进化过程。他说:"法律总是接近一贯性,但永远达不到一贯性。它一方面从生活中采纳新的原则,而另一方面总是保留来自历史的旧原则……只有当它停止发展时,才会变得完全一致。"① 这里的"一贯性",指的是法律原理、法律原则、法律精神与现实生活的一致。霍姆斯既然认为社会生活也是不断进化的,那么力求与社会生活的进化保持一致的法律,就也是处于"接近一贯性"的进化状态中。

十分明显,霍姆斯关于"法律总是接近一贯性,但永远达不到一贯性"的观点,闪现着不自觉的辩证法思想的光辉。但遗憾的是,在霍姆斯那里,动态的发展不过是进化即量的改变,而无质的飞跃。

二、科尔宾:"适者生存"的法律

和霍姆斯持相同的进化论法哲学观的,还有美国法学家科尔宾。1914年,科尔宾发表了《法律和法官》一文,论证了"法律的发展是一个进化的过程"的论点。他认为,法律学说也遵循"适者生存"的进化论基本观点。至于法律本身,"不论法律规则怎样牢固地确立了,在现实生活中适用它们的时候总是变化不定的。一项法律只是在适用中才生存,除非适用,它就是一种死的、无活力的东西。对一项法律规则的新的和不同的适用就是创立一项新的法律规则。"② 科尔宾强调指出,法律永远不会用一种声音说话。法律汇编中的"上百万案件的记录",具有"启导性"的作用,但绝不是"协调一致"的。

霍姆斯与科尔宾因主张法律学说的进化发展观,被称为法律进化的"学说学派"。在美国的进化论法哲学领地上,除了"学说学派",还有所谓"社会理论派"、"经济学理论派"和"社会生物学派"等。

---

① [美]E. 唐纳德·埃利奥特:《美国法学中的进化论传统》,《哥伦比亚法学评论》1985年第1期。
② 同上。

三、进化论法哲学发展的繁花

"社会理论派"的著名代表人物是美国法哲学家约翰·亨利·维格莫尔和他的同事、法理学教授艾伯特·科库雷克。在1915—1918年间,他们合撰了一套长达两千一百页的三卷本著作《法律的进化》。他们给自己的著作规定的目标是"追溯……普遍的法律观念的进化以响应'梅因提出的鼓舞人心的号召'"。该书所阐述的法律进化的"社会理论",从论述法律进化标准及其研究方法开始,描述了地球物理的、经济的、人种的、宗教的和政治的因素以及自然力量对法律发展的影响。他们认为,外国入侵带来的对外国的仿效、伟大法学家的问世以及人口的密度等,也会影响法律的进化。他们引证达尔文所说森林中的植物如何适应不同的光照的文字,论证了法律的进化也受地理环境因素的影响,并还在《法律进化的行星理论》中提出了所谓"行星理论"。梅因等人曾认为,法律发展具有阶段性,是从一个阶段到另一阶段的进化。维格莫尔认为梅因的这一进化模式失之简单、失之粗糙,断定法律制度并不是以连续的步伐通过各个同一阶段,甚至不是沿着同一方向发展的;有如行星的存在与运行是周围各个星球的引力合力作用的结果一样,法律也不过是意味着各种相互竞争的社会力量达成暂时"均势"的结果。他指出,法律通常是一系列的角力较量,"为了说明法律规则的进化问题,我们首先必须全面分析在外表之下正在相互斗争的各种社会力量"。由于这些社会力量因时、空的不同而不同,因此,法律就不可能总是循着同一途径进化。

"经济学理论派"的著名代表有鲁宾、普里斯特、库特和科恩豪泽等人。这一学派的基本观点是:人们都有消除不必要的代价的愿望,随着时间的推移,降低不必要成本的共同目标将促使法律朝着更经济、更少浪费的法律规则进化,反之,也就是朝着增加经济效率的法律规则进化。鲁宾从法官只判决起诉的案件而不对不起诉的案件有所过问出发,认为法律不是法官单独制作的产物,而是起诉与判决的共同产物,这样,由于只有在经济效益较佳的情况下才会起诉,法官的判决也就被限定在此范围之内。因此,是诉讼人的经济利益权衡决定着法官的行为并从而决定法律规则为法官创制,说到底,是经济效益左右了法律规则的进化。库特和科恩豪泽都兼治经济学,他们大致赞同鲁宾的观点。

"社会生物学派"认为,法律进化是因果关系的过程,法律本身已经进化,是进化的产物。其代表人物是经济学家杰克·赫什利弗和法学教授理查德·爱泼斯坦等。他们把社会生物学的各种结论用来类比甚至直接说明法律进化的机制。他们与上述各派的区别,主要在于对法律进化的原因与机制的不同论述,而在法律的进化论上,没有什么大的差异。

美国各派进化论法哲学观点都没有超越"生存竞争,优胜劣汰"的达尔文进化论。然而,这种进化论法哲学尽管缺乏辩证性,甚至没有触及辩证发展的最基本点,但如果我们从中汲取关于法律发展的动态观念,对于法学的研究倒是大有裨益的。确实,越往近代、现代发展,法的动态发展观已越来越引起法哲学家们的关注。

第二十三章 奥斯丁与分析法学派的创始

被《不列颠百科全书》誉为"继边沁之后英国的最卓越的法律哲学家"的奥斯丁，以分析法学派的创始人而成为法哲学史上的佼佼者。

一、奥斯丁与边沁之比较

约翰·奥斯丁（John Austin，1790—1859年）生于英国福萨克的克雷丁密尔一个磨坊主家庭。十六岁时应征入伍，服役五年后退役学习法律。1818—1825年以律师资格在大法官法庭实习。1826年在伦敦大学院任该院第一个法理学教授。1833年任职于刑法委员会，但因其主张得不到支持而辞职。在伦敦大学院的讲学，也因过于艰深而不孚实用，听讲的学生越来越少而失败，1834年放弃了法理学教学工作。1836年任马耳他事务专员，以后在巴黎定居多年。主要著作有《法理学范围》（1832年）和《法理学讲义》（1863年）。

1820年结婚之后，定居于伦敦皇后街的奥斯丁，曾师事边沁，过从甚密，并因此而决心献身于法哲学。因此，奥斯丁的法哲学与边沁的有许多相似之处，以致不少著作把奥斯丁也列为功利主义法哲学家。

奥斯丁与边沁相同的法哲学观点主要表现在以下几点：

其一，法律的基础、法律的原则、区分法律好坏的标准是功利；功利原则在法律中是绝对的和普遍的；法律由功利产生，又为功利服务。不仅如此，奥斯丁论述其法哲学的功利主义原则时所使用的语言，有时也几乎是与边沁的文字如出一辙的。

但奥斯丁并不是简单地停留在边沁的功利主义法哲学观点上。他指出历代不同的法律体系尽管千差万别，但其中有共通的原则，这就是功利。这样，奥斯丁就把边沁的功利原则推到了绝对和普遍的地位。

其二，法律是主权者的命令。奥斯丁认为，法律是主权者制定的，是他们按其意志发出的命令，因此，是依靠强制力来施行的。奥斯丁说："每项实在法都由一位主权者或一个由人们组成的享有主权的机构制定，并且是为一个独立的政治社会中某一成员或许多成员而制定。在此,独立政治社会中制定法律的个人或机构享有最高权力;换句话说,它由君主或主权者制定,为他们所支配的国家中的某人或某些人而制定。"[①]

其三,对自然法哲学持否定态度。奥斯丁不承认有所谓"自然状态"、"自然权利"及所谓"自然法"。他认为,宇宙中有两种法则;一为自然界中的自然规律,如四季循环、蔬菜生成、地心引力、动物生死等;另一为人为的法则即规则。因此,自然法则根本不是法律,法律既是人为的规则就与自然法风马牛不相及。由于奥斯丁认为英国法律受自然法学派影响太深而导致杂乱无章、杜撰虚构、重叠纷繁,因此他同边沁一样,对现行英国法持反对态度,竭力主张予以改革,并编纂适合英国当时情况的法典。

作为分析法学派的创始人和奠基人,奥斯丁当然不只是在重复边沁做过的工作。尽管他对功利主义法哲学的发展做出了若干贡献,但他的主要著作和功绩却是在分析法哲学方面。

二、道德非法,恶法亦法

在边沁那里,法理学与伦理学是混在一起的,至少其界限是模糊不清的。法与伦理道德的本质、目的和内容都是相同的,只有方法、作用范围和程度不同。他在谈到法律权利和法律义务时,甚至将道德权利和道德义务也包括其中,完全抹杀了两者的区别。

奥斯丁虽然赞同边沁关于法律与道德都得依功利原则而定,但却在法理学与伦理学之间划了一条明确的理论界限。奥斯丁认为,法理学是一种独立的理论,"法理学科学(或简称为法理学)所关注的乃是实在法,或严格意义上的法律……"[②]。把法律和道德混淆起来,是产生"莫明其妙的术语,隐晦无知和困惑的一种最丰富的来源"。奥斯丁指出,法律和道德的根本区别在于:法律是由主权者制定的"命令",以强制执行为其特征;道德却不具有上述特征。因此,原始社会的行为规则不具有"主权者制定"的特征,因而不是法。这样,他不仅把自己与边沁划清了界限,而且更清楚地表明了反对自然法哲学的理论观点,因为后者实际上把原始社会的道德规范也当成了法律规范。作为分析法哲学的创始人,奥斯丁将法律规范与道德规范、法理学与伦理学加以严格区分,是他的一大贡献。但另一方面,奥斯丁又将立法学与伦理学混在一起,认为立法学是伦理学的一个分支;不承认国际法的法律性质,认为国际法也是道德规范。这显然是很不妥当的。

奥斯丁的这一理论贡献的意义在于,从此法哲学界对实有法与应有法的区别被明确揭示了,懂得"法律是什么"属于法学家注目的范围,而伦理哲学家所关注的则为"法律应当是什么"等。

---

① 《法理学讲义》第5卷,转引自《中外法学原著选读》第576页。
② 《法理学——法哲学及其方法》,华夏出版社1987年版,第113页。

奥斯丁的上述观点表明,他认为实在法与其是否理想、是否符合正义是无关的。在他看来,凡是实际存在的法律就是必须服从的法律,无视这种服从法律的义务,在法律上就是不正当的。这就是西方"恶法亦法"观点的由来。从区分法理学与伦理学到"恶法亦法",虽然浑然一体地反映了分析法哲学的第一层次的"分析",这是这一学派的一个重大特征,而下一层次的"分析",就转向比较单纯的对象即实在法了。

三、实在法的比较分析

奥斯丁以高度的热情毕生从事法律体系的分析工作,他将罗马法、德国法、英国法等进行仔细的比较分析,从中找出法律的共通原则、概念和特征。奥斯丁认为,法理学的任务就是从实在法中抽象出一般概念和原则来,其方法就是分析。他说:"我所称之为的'一般法理学'是指这样一门科学,它所关心的是说明不同法律制度所共有的一些原则、概念和特点:通过对法律制度的分析,我们能够获得这样的认识,即那些较为完善和成熟的制度,由于具有完善性和成熟性,从而也就富有卓越的指导意义。"[①]

奥斯丁通过对各国实在法的比较分析后,认为主要有下列六个方面共通的原则、概念和特征:

一为义务、权利、自由、伤害、惩罚、赔偿的概念与它们彼此间的关系;它们与法律、主权和政治社会间的各种关系。

二为成文法和不成文法之间在司法实践中或由于理解不适当而作出相反解释的区别。这是指主权者与从属者或最高司法机关与下级司法机关之间在适用上述法律过程中产生的情况。

三为权利的特征。权利与最大权利之间的对立及其关系(如财产权与最高主权)。

四为权利的限制。在进入到所有权领域或主权领域分别对其他权利的限制问题。

五为责任的特征。责任是义务同权利一致的情况下,旨在反对人们的一种特殊决定。责任由契约而来或由损害而来,或者既非由契约也不是由损害来的,这种情况称类推责任。

六为损害和不法行为的特征。[②]

四、评奥斯丁的分析法哲学

实在法的共通的原则、概念和特征是否上述各点,奥斯丁的分析、抽象是否有当,这

[①] 《法理学范围》第373页,转引自《法理学——法哲学及其方法》,华夏出版社1987年版,第113页。
[②] 《西方法律思想史》,北京大学出版社1983年版,第361页。

是一个问题。通过比较分析，抽象出法律的共通原则、概念、特征，是否为科学的法律研究方法，是否是法哲学的一个成功发展，这是另一个问题。

奥斯丁肯定这种方法并毕生为之献身。他坚持认为："虽然法律的每种体系有它特殊的和不同的性质，可在各种体系中存在共通的原则、概念和特征"，"这些共通的原则中有很多对所有体系是共通的；——对于简陋社会的贫乏的和粗糙的体系及变成文雅的公社的丰富的和成熟的体系。"① 奥斯丁指出，这种寻求实在法的共通点的科学即法哲学。

有的论者对奥斯丁的分析法哲学持全面否定的态度，认为他只是从形式上对法律做比较分析，采用的是纯粹形式逻辑的推理方法，根本不涉及法律的阶级本质。我们认为，指出奥斯丁回避法律的阶级性是必要的，但不能因此否定他所开创的分析法哲学值得肯定的方面。通过比较分析，对法律体系间的共同点（包括法律概念、法律原则、法律特征等等）作出科学抽象，有助于借鉴与继承人类的法律文化成果，从而使法律发展、法制建设更加科学化。这对社会主义法哲学、社会主义法制建设来说，也是需要的和有利的。

奥斯丁的分析法哲学在其生前并未受到青睐，但在他身后，其著作备受英国著名法学家梅因的推崇，他的分析法哲学方法对英国法理学的发展产生了很大的影响。在他的分析方法基础上，托马斯·厄斯金·霍兰、威廉·马克本及谢尔登·阿莫斯等人撰写了大批法哲学论文追随奥斯丁，美国的约翰·奇普曼·格雷、韦斯利·N.霍菲尔德及艾伯特·考克雷克等也在分析法哲学方面做了大量工作。此外，在澳大利亚、新西兰也有奥斯丁的分析法哲学的继承者。在20世纪，他的学说仍对凯尔森的纯粹法学和H.L.A.哈特的新分析法学产生过深刻影响。

---

① 《法理学讲义》第2卷，转引自《中外法学原著选读》第575—576页。

第二十四章　凯尔森纯粹法哲学的启示

在分析法哲学家奥斯丁思想的基础上，凯尔森继续向前推进，使奥斯丁创始的"分析"达到了"顶峰"，从而形成凯尔森的"纯粹"法哲学。因此有人称凯尔森是"现代法学思想史上影响最大的一人"。[①]

一、凯尔森的生平、著作和哲学观

凯尔森（Hans Kelsen，1881—1973年）美籍奥地利人，出生于布拉格，早年曾就学于海德堡、柏林和维也纳。1911年发表的《国际法学说的主要问题》中，他提出了"纯粹法学"理论，从此崭露头角，并在维也纳大学受到众多追随者的崇拜，形成了"维也纳法学派"。1919年任维也纳大学教授。1920—1930年任奥地利最高宪法法院法官，曾参加起草奥地利的现行宪法，1930—1940年任教于科隆大学、日内瓦及布拉格的大学。1940年移居美国并入籍，先后任教于哈佛大学、加利福尼亚大学及纽波特海军军事学院。凯尔森一生的论文多达六百二十多种，其主要著作为《国际法学说中的主要问题》（1911年）、《国家学概论》（1925年）、《国际法概论》（1928年）、《纯粹法学》（1934年）、《法律和国家的一般理论》（1945年）、《国际法原理》（1952年）等。

有论者指出，凯尔森的纯粹法哲学是"以……康德的先验哲学作为思想基础"的。[②]但在肯定康德的影响居于首位的同时，应进一步指明，这是一种经赫尔曼·科恩和厄恩特·卡西勒等新康德主义者修正过的东西。康德从"自在之物"的不可知性出发，创立了他的先验唯心主义认识论，认为意识的先天形式先于经验并且是经验的条件。新康德主义者则企图使科学与康德的唯心主义哲学相调和，否认"自在之物"的存在，认为它是"异己的血滴"，不承认社会的客观规律性，把科学的范畴归结为主观的范畴。凯尔森对康德主义

[①] 《国际社会科学百科全书》第8卷，第360页。
[②] 中国大百科全书总编辑委员会《法学》编辑委员会：《中国大百科全书·法学》，第340页。

和新康德主义深信不疑,他在对"正义"及其他一系列概念、原理的分析中都表现了这种哲学信仰。在论及法与正义的关系时,凯尔森认为,"正义"只是"基于主观情绪因素所作的价值判断",其内容没有客观的标准;"绝对正义"是超越于一切经验之上的,正像康德的"物自体"超越于现实之上一样。凯尔森由此得出结论,在充满利益矛盾的社会生活中不可能有"正义",法哲学研究的对象只应该是"实在法","纯粹法律理论通过把先验的正义从它的特定的关心事项中排除出去,而坚持明确区别经验的法律和先验的正义"①。

康德的不可知论和新康德主义对"自在之物"的否定,与相对主义哲学是一脉相承、互通声气的。因此凯尔森对相对主义哲学也就格外钟情。认为"正因为相对主义对人的要求是过高而不是过低,所以它被否定,更坏的是——还被曲解"②。正是在上述哲学观念的基础上,凯尔森构筑了他的纯粹法学。

纯粹法学又称规范法学。凯尔森的法哲学观集中体现在"纯粹"、"规范"等概念方面。此外,在论述规范体系时,凯尔森法哲学中的动态法哲学观也相当突出。这些都给后人以重要的启示。

二、纯粹法学之"纯粹"

凯尔森"纯粹法学"之"纯粹",集中反映在《法律和国家的一般理论》一书的写作宗旨上:"本书所提出的一般理论旨在从结构上去分析实在法,而不是从心理上或经济上去解释它的条件,或从道德上或政治上对它的目的进行评价。"③这就是说,"纯粹法学"之"纯粹",一是只研究"实在法";二是只研究"实在法"的"结构";三是不考虑法与心理、经济、伦理道德及政治的关系。确实,凯尔森要比奥斯丁走得更远,"纯粹"得多了。

在谈到法学的研究对象时,凯尔森指出:"法律科学的特定主题是实在的或真正的法律,不同于理想法,即政治的目标。"④他把法律分为"实有法"与"应有法";这"实有"与"应有"之间,即"是不是"与"应该不应该"之间,有一条不可逾越的鸿沟;而"区别'应有世界'(Ought)和'现有世界'(Is)对说明法律是根本性的"⑤。他强调"纯粹法学"的对象就是解答"什么是法"或者"法是怎样存在的"问题,而不是解答诸如"法是怎样制定的"、"法是应该怎样存在的"之类问题;"纯粹法学"之所以名之曰"纯粹",就是要保证对法的"单一的认识",排除不属于由法律所规定的对象的一切事物的认识。

在谈到纯粹法学只研究"实有法"的"结构"时,凯尔森强调"一门科学必须就其对

---

① 《法律和国家的一般理论》,转引自《中外法学原著选读》,群众出版社1986年版,第613页。
② 徐步衡、余振龙主编:《法学流派与法学家》,知识出版社1981年版,第275页。
③ 《中外法学原著选读》,第612页。
④ 同上,第613页。
⑤ 同上,第615页。

象实际上是什么来加以叙述,而不是从某些特定的价值判断的观点来规定它应该如何或不应该如何"①。所谓"对象实际上是什么",在凯尔森看来,则只能通过对该对象的结构做逻辑分析才能解决。正因为如此,凯尔森自诩"纯粹法律理论拒绝成为一种法律的形而上学,因而它并不从形而上学原则中,而是从法律的假设中,即从实际法律思想的逻辑分析所确立的基本规范中去寻求法律的基础,即它的效力的理由"②。有鉴于此,凯尔森把诸如"正义"之类的与价值判断相关的概念完全排除在法律分析之外。他认为,要是有"正义",就根本不需要"实在法"了,"国家立法者的活动"就会如同"在煊赫的阳光底下燃点油灯一样无聊"了。③

为使"纯粹法学"更显"纯粹",凯尔森进而反复阐述必须把"实在法"的"结构"分析之外的一切统统逐出法学研究领地之外的观点。他指出,"法律科学一直被毫无鉴别地同心理学、社会学、伦理学及政治理论等因素搅和在一起的"④。为达到"纯粹"之目的,凯尔森首先放逐的是"政治"。他反对具有政治色彩的法律定义,无论是"具有民主倾向的法律定义",还是马克思主义的法律定义。因为前者把一切否定个人自由的法律都排除在"真正"法律之外,而后者又把维护生产资料私有制的法律视作资产阶级的赤裸裸的暴力,也不承认其"真正"法律的性质。凯尔森设想把法律按其最广泛的含义,明确地表述为"人类行为的秩序化"和"社会组织的专门技巧",但这样做时,他面对着伦理、宗教等也调整人们行为的规范体系的困难。为此,他又把道德伦理逐出法律研究的领地,引进"强制"概念,强调法律方法独具的以"物质力量的因素"即强制力来调节人类行为的特点。这样,凯尔森就可以把"自由主义的或极权主义的、资本主义的或集体主义的"法律,以其"只要它是人类行为的强制性秩序"而都一并纳入"法律秩序"的框架之内了。此外,凯尔森还从法律研究的领域上逐出了与心理学、社会学、经济学等有关的方面。

但正如许多论者所指出的那样,凯尔森的"纯粹法学"并不"纯粹",他必定会碰到许多解决不了的问题。例如关于"国家"、"国际法"问题就是如此。

在论及国家和法的关系时,凯尔森反对传统的法哲学理论所采取的将国家与法视为不同的东西的"二元论"观点。他认为,法和国家只不过是一个东西,国家是法的人格化,国家问题是一个国内法律秩序的问题;因此,不是先有国家而后有法,相反,是先有法而后有国家。他说:"人类的创造法律和执行法律的行为,只有它们是由法律秩序所决定时,才是国家的行为;它们归属于'国家'的意思,只不过是指它们归属于决定它们的法律秩序;国家——通过自然人而活动的国家,作为能够活动的人的国家——只不过是这个法律

---

① 《中外法学原著选读》,群众出版社1986年版,第612页。
② 同上,第614页。
③ 《纯粹法学》,转引自《西方法律思想史》,北京大学出版社1983年版,第430页。
④ 《法理学——法哲学及其方法》,华夏出版社1987年版,第119页。

秩序的人格化而已。"① "从法律的见地来说，国家并不在法之上，也不在法之下，而是与法完全同一的东西。"② 但这样一来，凯尔森就陷入了与政治、社会问题紧缠在一起的国家和弃绝政治、社会问题的"纯粹"的"实有法"的矛盾，陷入了究竟法与国家同时产生还是先有法后有国家的矛盾。实际上，凯尔森是无法回答这类问题的，他也没有回答这类问题。

在论及国际法与国内法关系时，凯尔森认为前者优于、高于国内法。他由此认定，一个国家的空间大小、人口管辖的多少以及国内法律秩序的时效范围等，都应由国际法来决定。这样一来，就必须建立"世界国家"、"世界政府"了。这与人类祖先的"大同世界"是迥然不同的两个概念和两个理想。凯尔森的理论得到了正在野心勃勃地为独霸世界而备战的帝国主义者的支持和喝彩。即使撇开这一点不说，在法律理论和一般逻辑上，凯尔森也会陷入新的理论和逻辑困境。其一，他本人也承认"纯粹法学"本身无法最终解决究竟是国际法第一，还是国内法第一。也就是说，凯尔森面对着"国际法的基本规范要从各国的国内法中去找呢？还是国内法的基本规范要从国际法中去找？""如果国际法的基本规范要从各国的国内法去找，结果是有多少国家就会有多少种法律制度（作者按：指国际法规范）；如果国内法的基本规范要从国际法去找，那么世界各国只有一种法律制度。"③ 这两种结果有天壤之别。其二，假定国际法第一，凯尔森本人及其门徒也说不清它的基本规范究竟是什么。

三、规范法学之"规范"

凯尔森的"纯粹法学"又称"规范法学"。所谓"规范法学"，在凯尔森看来，其要点是：按照法律的逻辑结构，各种具体的法律或法律规范都是从"基本规范"派生出来的；"基本规范"所派生的规范，有等级层次的差别，低等层次的规范必须服从于高等层次的规范，宪法规范为最高层次的基本规范；所有的法律规范构成了法律规范的体系，"纯粹法学"或"规范法学"的主要任务就在于研究这一规范体系。

根据凯尔森的规范法学理论，所谓"规范"是指人们应当如何行为的规定，这种规定是以强制力为后盾的。凯尔森指出，"规范表示这样的观念：某件事应当发生，特别是一个个人应当在一定方式下行为，规范丝毫没有讲到有关的个人的实际行为。认为一个个人'应当'在一定方式下行为这种说法意味着，这一行为是由一个规范（它可能是一个道德的或法律的，或某种其他规范）所规定的。""一个人表示某件事应当发生——虽然它可能

---

① [美] 凯尔森：《共产主义的法律理论》，商务印书馆 1962 年版，第 173 页。
② 《纯粹法学》，转引自《西方法律思想史》，北京大学出版社 1983 年版，第 438 页。
③ 朱利叶斯·斯通：《法学的范围和作用》第 4 章，转引自《法学流派与法学家》，知识出版社 1981 年版，第 74 页。

实际上并不发生——这种观念的规范,是'有效力的'。而如果指的发生的事是某个个人的行为,如果规范说某个个人应当在一定方式下行为,那么,该规范就对那个个人有'拘束力'。只有借助于规范的概念和相关联的'应当'的概念,我们才能理解法律规则的特定意义。"① 他还认为,法律是一种人类行为的强制性秩序,法律秩序所实施的强制不是一种心理上的强制,而是外在的强制,是强制剥夺生命、自由、财产等的措施,这种强制措施是法律规范自身的特征。

凯尔森认为,法律规范的有效性来自另一条更高层次的法律规范的认可,而不是来自诸如普遍接受或实际运用等社会事实从而合法化。

根据这个原理,凯尔森构建了他的法律规范等级层次原则和法律规范体系。他把已得到另一条更高层次的法律规范认可的法律规范看作是有效的,例如,一个行政命令如取得一个法规的认可,它就是有效的;如果一个法规符合宪法,该法规即为有效;而一部宪法的制定如得到先前的一部宪法的认可,则该宪法就有效。但如发生革命、成立了新的国家,就无所谓"先前的一部宪法的认可"。在这种情况下,凯尔森认为它只有符合法律的"基本规范"才有效。至于"基本规范",它只是法律思想的一种推测,而不是一个实际规范,其含义为:"人对人的强制,应当根据历史上第一部宪法所确定的方式与条件来执行。"②

这样,凯尔森就为自己的下述结论阐述了不无破绽的"理由":"法律制度并不是由一种同等层次的并列的规范组成的体系,而是一种由不同层次的法律规范组成的等级体系。"③ 这一"等级体系"的法律效力由高至低依次是:基本规范→"第一部宪法"→宪法→法律→行政法规→……显然,所谓"基本规范"的假设是一种为逃遁所设的理论"黑洞"和陷阱,它的基础和所导向的结局,除了康德先验唯心主义的法哲学观外,别无其他更好的抉择。正因为如此,把凯尔森规范法学或纯粹法学归入先验唯心主义法哲学的范畴毫不为过。

四、动态法学观

值得指出的是,凯尔森在论述法律规范体系时,把他的分析结果分为两类:一类是上述静态的规范体系;另一类则是动态的规范体系。后者所提供的研究方法,是新型的法学方法,极具启示而又未引起国内法学界同人的足够重视。所以,我们单独列出略事论述,作为考察凯尔森法哲学观的一个重要方面。

已为凯尔森所述及的法的动态或动态法学的基本思想主要是:

---

① 《中外法学原著选读》,群众出版社1986年版,第614—615页。
② 《论基本规范》,《加利福尼亚法律评论》1957年第47期,第10—11页。
③ 同上,第221页。

第一，法律规范的效力不是它本身静态地所具有的，而是通过高一层次的法律规范动态地创立或制定的。凯尔森写道："法律始终是实在法，而它的实在性在于这样的事实，它是为人的行为所创造和废除的，因而不是以道德和类似的规范体系为转移的。这一点就构成了实在法和自然法之间的区别；……一个实在法律秩序的基本规范都只不过是用来创造这一秩序的多种规范的基本规则而已。它把某一事件当作多种法律规范的创造中的最初事件。它是一个规范创造过程中的出发点，并因而具有一种完全动的性质……"[①]这里，凯尔森表达了"过程"和"动"态的观点。

第二，法律规范具有适用法律与创造法律的二重性。凯尔森认为，"大多数法律规范既适用法律又创造法律"。[②]立法机关无疑制定了新的法律，但它必须在宪法范围内制定，因而也就是适用宪法。这样，在凯尔森那里，法律规范就不只是静态地被适用，而且是动态地参与法律的创造了。从"死"的法律条文中发现它的"活"的动态活动与作用，是难能可贵的。

五、评凯尔森法哲学观

凯尔森法哲学观的先验唯心主义性质，并在这一哲学观下表达的他对马克思主义法学和社会主义国家的非难，当然应当予以否定。但与此同时，他所作的学术探索提供的启示，还是应当重视的。

首先，偏于"纯粹"地分析法律现象固然并不科学，因为法律现象与任何事物一样，都是处在客观世界的紧密联系与相互依存中才获得并显示其属性的，将它们孤立起来做割裂的、片面的、形而上学的"纯粹"分析，只能导致对事物的曲解；但是，如果偏于事物间的联系而忽视事物本身的研究，即漠视其"内部矛盾"及这种"内部矛盾"在内部结构等方面的表现的分析与研究，也不是科学的。因此，我们得到的启示是：探索法律现象的内在矛盾、法律的内部结构并做过细的分析，揭示其构成、体系、有机的逻辑联系，将是法哲学的一个重要课题。

其次，凯尔森所触及的（虽未明确立论、细致研究的）法的动态或动态法学的初步观点，是一个十分重要的方法论问题，应当在法哲学界引起普遍的重视。在国外的法哲学界中，对动态法学的研究文论已相当可观了。日本新正幸教授在其关于宪法立法过程论的专著中，就考察了从以凯尔森为代表的维也纳法学派直到当代日本诸多学者关于法的过程和法的动态的理论历程，并提出了自己的比较完整的关于立法过程的动态法学理论。因此，从这一角度来看，凯尔森倡言的动态的法律规范体系所给人的启示，是功不可没的。

---

① 《中外法学原著选读》，群众出版社1986年版，第616页。
② 《法理学——法哲学及其方法》，华夏出版社1987年版，第121页注⑥。

第二十五章　哈特为新分析法哲学而奋战

19 世纪美国法哲学家奥斯丁创始的分析法学，发展到 20 世纪，出现了以凯尔森为代表的纯粹法学和以哈特为首的新分析法学。其中，哈特的新分析法哲学引起了法哲学界的轩然大波。

一、哈特的顽强论战及其哲学观

哈特（Herbert L.A.Hart，1907—1992 年），英国牛津大学法理学教授。主要著作有《法律的概念》(1961 年)、《法律、自由和道德》(1963 年)、《刑法的道德》(1964 年)、《惩罚与责任》(1968 年) 以及《实证主义和法律与道德的分离》(1958 年)、《斯堪的纳维亚的法律现实主义》(1959 年) 等。

哈特的新分析法哲学是在战后的法哲学论战中渐次阐明并发展完成的。这一论战从 50 年代持续到 70 年代。载入西方法学史册的三次最激烈的论战，都以哈特为一方，另一方则先后为富勒、德富林、德沃金。第一场大论战，是由哈特 1957 年 4 月在美国哈佛大学做题为《实证主义和法律与道德的分离》的演讲引发的。哈特在演讲中为分析法哲学将法与道德、实有法与应有法、法律结构分析与价值判断截然分开的传统的基本理论辩护，同时抨击了德国和美国法学家对这一理论的非议。哈佛大学法理学教授富勒起而反驳，撰写了《实证主义和对法的忠诚——答哈特教授》，针锋相对地阐明了法与道德、应有法与实有法不可分离的理由。这实际上是分析法哲学派与自然法哲学派的论战，因此，西方许多著名的法哲学家都十分关注并卷入了论战。

第二场大论战是以哈特为一方，德富林[①]为另一方，围绕英国议会《同性恋犯罪和卖淫调查委员会报告》的内容和观点，实质上是就法的作用、道德的作用、法律是否应干涉私人道德、自由和法律的关系等重要法理问题而展开的。论战中，哈特仍然坚持其法与道

---

① 英国 1948—1960 年高等法院法官，1960—1964 年上诉法院常任法官。

德分离的观点，德富林则猛烈抨击上述《报告》。西方法学界，以至哲学家、社会学家和宗教界的一些人士也都卷入了论战。

第三场论战由德沃金（1962—1968年，美国耶鲁大学法学院教授，1969年后任牛津大学法理学教授）发起，他首先撰文批判以哈特为代表的新分析法哲学。哈特起而迎战，于是形成了一场涉及法的性质、法的渊源、司法推理、自由裁量权、法的存在和统一的基础、民主和法治等法理学基本问题的大论战。这场大论战有人评价为"战后西方法哲学界水平最高的一次论战"[①]。

综观几次论战以及哈特的主要著作，其法律思想的哲学基础是逻辑实证主义——语义哲学。逻辑实证主义或称逻辑经验论，师承休谟的哲学路线，否认不以感性经验为转移的客观实在，企图用符号逻辑来与唯物主义抗争，认为哲学的主要任务在于"分析"科学的概念和判断。与逻辑实证主义关系紧密的语义哲学是前者的极端表现，认为哲学的任务不是分析实在的事物及其关系，而是分析词与词的组合，研究语言的结构，以为哲学家能够用语言来"组织"和"整顿"世界。"哈特将这种哲学运用到法学中来，反对法律概念传统的下定义的方法，主张采用根据具体情况进行逻辑分析的方法。"[②]哈特的《法律的概念》就是运用概念和语言分析法来分析法律这一概念，从而系统地阐述其新分析法哲学的。

二、法律：主要规则与次要规则

奥斯丁开创的分析法哲学断言"法律是主权者的命令"，法律因具有强制力特征而与其他规范相区别。也就是说，法律的关键是强制力。凯尔森的纯粹法哲学也持相同观点。但是，师承奥斯丁的哈特却别出"新"裁地认为，"法律科学的关键"，"法律制度的中心"不是"主权者的强制性命令"，而是"主要规则和次要规则的结合"。

主要规则是行为的标准方式，以"法律义务"的形式出现，它强制社会成员为或不为某种行为。主要规则源出于社会的需要，是用来保证一种满意的生活方式的。主要规则的约束力基础在于大多数人的接受，而这大多数人则以强大的压力迫使不接受此规则的少数人遵守这些规则。

次要规则为承认和执行主要规则确立法定手段，亦即授予权力。根据次要规则，人们或者承认其他规则具有法律效力；或者授权个人和集团实行新的规则，取消旧的主要规则；或者授权个人或机关就某一主要规则是否已被违反及应做何种制裁作出权威性的裁定。这三者分别为"承认规则"、"改变规则"、"审判规则"。哈特认为，其中承认规则是

---

① 张文显：《战后西方法哲学的发展和一般特征》，《法学研究》1987年第3期。
② 沈宗灵：《论哈特的新分析法学》，《法学研究》1981年第6期。

次要规则中最重要的规则，是"法律制度的基础"，它"提供了用以评价这一制度其他规则的效力的准则"。①

由此可见，哈特所谓"主要规则"、"次要规则"中的"主要"与"次要"，并非通常理解的含义。在哈特看来，次要规则依附或辅助主要规则，在社会日常生活中产生规范人们行为的法律效力的是主要规则；另外，根据次要规则，可以引进或修改、取消原有的主要规则，或决定主要规则的范围，控制其实施的程度。因此，"主"、"次"之说，不过是就规则在社会生活中实施、适用时的相互关系而言的，不是指次要规则在任何方面都不如主要规则那么重要。

关于法律的产生过程，哈特也以其主要规则与次要规则相互关系的观点做了阐述。他认为，在"前法律世界"即原始社会中，由于这一社会是简单的、小型的，因此，仅有主要规则存在。如禁止施暴、偷窃、欺诈以及人人必须对共同生活做出贡献的规定。当然，这些规定都只是为人们设定义务，而不是授予人们以权利或权力。哈特认为，在当时并不存在授予权力的次要规则，而且也不需要这类次要规则；而主要规则也不是"官方规则"。因为在简单的、小型的原始社会中，仅仅采用主要规则来控制社会生活，在相当长的时间里已经足够了。但随着社会生活的发展和复杂化，它逐渐暴露出了若干不足。主要是：一、主要规则的不确定性，未构成稳定的行为规则体系。二、静态性，即主要规则按照"偶然采用的行为方式→不断被仿行的习惯→有约束力的行为规则"而形成的过程（或者相反的过程，即"偏离规则的偶然性行为被人们容忍→不断出现的此类行为不为人们关注→规则自然消失"的过程），是缓慢自发的，也就是接近于停滞的、静态的。三、维护规则的社会压力的无效性，即不存在裁决违反规则并实行惩罚的机关。这样，社会越往前发展，仅凭主要规则来调控复杂的社会生活就越来越困难。因此，就逐渐出现了上述三种次要规则来补充、辅佐主要规则，从而使"前法律世界"走向"法律世界"，形成"法律世界"中健全的法律体系。

三、法律意识：内在观点与外在观点

奥斯丁和凯尔森都未对人们的法律观念给予必要的关注，而仅对法律本身作"分析"。哈特的"分析"则扩展到对社会法律思想、人们的法律意识与法律观念方面，提出了对法律规则的"内在观点"和"外在观点"互不相同、相互关系的"新"学说。

哈特认为，人们对法律规则的认识和态度并不是一致的，剔去各种态度的混合形态不论，主要有两类：一类人自觉自愿地接受法律规则的指导或约束，把遵守法律当作是自己应尽的义务，并以这种态度来评价他人的行为；另一类人把遵守法律当作"不得不这样

---

① ［英］哈特：《法律的概念》，1972年重印本，第97、102、107页。

做"的被迫接受行为，并以这种态度来观察别人行为可能造成的不良后果。他把前者所具有的法律意识和观念称作对法律规则的"内在观点"，后者则为"外在观点"。

从"内在观点"与"外在观点"的"分析"出发，哈特推定，一个设定了法律规则的社会，既有持"内在观点"因而可以信任、放心的人，也有抱"外在观点"因而可能不得不施以武力以迫使其接受法律、遵守法律，或在其违反法律时处以惩罚的人。因此，治理社会，设定法律，就必须缜密关注这两种观点的相互关系，关注这两类人的相互关系，力求达到平衡。他说："这两种人之间的平衡将取决于许多不同因素。如果这一制度是公正的，并真正关注所有它所要求服从的人的巨大利益的话，它就可以取得和保持大部分人长期对它的忠诚，从而也将是稳定的。相反地，这一制度可能是一个狭隘的、排他性的、为了谋求统治集团利益的制度，它可能日益成为压制性的和动摇的，具有产生动乱的潜在威胁的。"①

有人把哈特的上述分析视作他对法律的本质、作用和法律效力的基本观点，是必然的结论。对哈特的新分析法哲学持肯定态度的人评价道：哈特上述将人们的法律观念详加分析的做法，突破了在分析法哲学家将视野局限于分析法律规则本身的陈规，实际上承认了社会学的解释法制现象方法的合理性。哈特和他的支持者们还运用了现代先进逻辑方法，其中包括符号逻辑的积极方面和计算机科学等，运用了 20 世纪语言科学的某些成就，尤其是对司法程序进行了严密、详尽的调查研究。Robert S. Summers 在《新分析学家》一文中，对比了新旧分析法哲学方法的差异，并做了如下概括："新分析法学在范围上更广泛，在方法上更高级，较少空谈理论和实证，更可能注重实际的功利。"②

四、"最低限度内容的自然法"观点

奥斯丁把实在法与道德做了严格的区分，凯尔森更认为正义理论、伦理道德科学根本不能回答法律问题。哈特则一方面反对自然法哲学关于法律与道德不可分的观点，为奥斯丁和凯尔森的基本观点辩护；另一方面却又认为，法律和道德是有联系的，尽管并无"必然的联系"。他指出，任何法律都会受到一定社会集团的传统道德的影响，也会受到个人的、超过流行道德水平的、更开明的道德观念的影响。他这样重新解释了分析法哲学关于法律与道德的关系的观点："法律反映或符合一定道德的要求，尽管事实上往往如此，然而不是一个必然的真理。"③

哈特在法律和道德关系问题上对分析法哲学所做的"新"贡献，不是像凯尔森那样把

---

① 《法律的概念》，第 197 页。
② 《纽约大学法律季刊》，1966 年第 41 期，第 861 页。
③ 《法律的概念》，第 182 页。

传统的反对自然法哲学的观点推向极端,而是向它略略靠拢了。这还反映在哈特明确提出"最低限度内容的自然法"的观点上。他认为,一个社会为了生存下去,根据人性和公理,必须设定若干具有法律和道德的共同因素的行为规则,而这就是"最低限度内容的自然法"。哈特列举了五个方面的"人性"和"公理":"一为人的脆弱性;二为大致的平等性;三为有限的利他主义;四为资源的有限性;五为理解和意志力的有限性"。由于"人的脆弱性",即由于人们既可能攻击他人肉体,又可能被他人攻击,所以法律和道德必然共同地禁止、否定这种攻击而要求人人都采取克制态度。由于人们之间的大致的平等性,即人类体力、智力虽有差异,却无超出自然能力的极限(如强者总要睡觉,而睡觉时就失去了一切优势,使弱者反而强于他),所以相互克制和妥协的制度就以此为基础,成了法律和道德的共同要求。由于人类的有限的利他主义和经常存在的侵犯他人的利己主义,使得法律和道德共同控制有了必要。资源的有限性,造成了尊重所有权规则的行为规范由法律与道德予以共同保证的必要性。理解和意志力的有限性,造成了将自觉遵行和强迫施行相应行为规则的必要性,而这就要求有关行为规则反映共同的法律和道德因素,以使大多数人得以自觉遵行,少数人可以强制适用。

哈特以上"最低限度内容的自然法"的观点,避免了奥斯丁的法律是"主权者的强制性命令"的片面性,在法律的强制性观念和社会性观念之间架起了一座由此达彼的桥梁,从而避免了新分析法哲学与自然法哲学的截然对立。

对哈特新分析法哲学,有人指出了这一学派抹杀法律的阶级性的局限,这是对的。他们同时又认为这一学派的"分析"之"新"仍然囿于法律的形式。毋庸置疑,这一评价也是中肯的。但应当看到,哈特的"新"努力,一方面有其局限;另一方面却也体现了坚持学派基本观点的顽强性和吸取其他学派合理观点、修正本学派片面或偏激观点的科学精神。还应当看到,撇开政治观念的因素,将法律规则划分为主要规则与次要规则,至少在形式上是有一定的科学性的;与今天流行的"授权性规范"与"义务性规范"的划分是大致吻合的;将法学"分析"扩展到人们的法律意识、法律观念方面去,从而开拓了法哲学的研究领域,这对建设科学的法哲学,建设健全的社会主义法制,都是一种重要的启示;这一学派勇于运用其他科学,尤其是运用计算机科学的新成果于法哲学研究,尽管由于从唯心主义立场出发堕入了形式主义的泥淖,但同时也启迪了我们放开眼光、开拓思路、善于汲取其他科学方法运用于法哲学研究。无疑,这对法哲学的发展也是十分重要的。

第二十六章　新自然法哲学的泛起

由盛而衰的自然法哲学，在19世纪初走入低谷后，长期处于沉默状态。直至19世纪末20世纪初，才又逐渐复兴，发展为新自然法哲学，又称复兴自然法哲学。

一、从夏蒙到拉德勃鲁赫

最先倡言"复兴自然法"的著名法学家，是法国的J.夏蒙（J.Charmant，1859—1922年）。他原来是功利主义法哲学的信奉者，后来改变了观点，企图将各种新兴的法学派与自然法学派调和起来。他在逝世前发表的《集体主义基础》一文中，指出功利主义法哲学应当接纳社会学观点。他还在许多著作中以大量篇幅论述"法律社会化"的观点，强调个人权利和社会权利应在"理性"和"正义"的制度下相互结合。而这，在夏蒙看来，将导向自然法的复兴。

与夏蒙大致同时代的德国法哲学家R.施塔姆勒（Rudolf Stammler，1856—1938年）以倡言"内容可变的自然法"概念而成为新自然法哲学派的著名人物。1882年起，他在马尔堡大学讲学，1884年后在吉森和哈雷两地大学讲学，1916—1923年任柏林大学法学教授，1938年4月25日逝世于韦尼格罗德。其主要著作有《从唯物史观论经济和法律》（1896年）、《正义法理论》（1902年）、《法学理论》（1911年）和《法哲学教程》（1923年）等。

从"初出茅庐"时期开始，施塔姆勒就表现得倾向于自然法哲学。18世纪末，德国的"法典派"曾开始草拟德国民法典的准备工作，由于遭到历史法哲学派的强烈反对而被长期延搁，直至1887年，才公布了第一个德国民法典草案。这时，历史法学派的后期代表祁克，仍然表示坚决反对德国法律的法典化。其时，施塔姆勒加入了"法典派"的行列，抛弃了民族法律自身发展的宿命论设想，认为历史法学派关于法律发展不可有意识地使之转向的观点，在理论上是错误的，在事实上也不可能。

由于施塔姆勒赞同康德在区分法律和正义方面所定的主要界限，又像康德一样不同意自然法哲学把实在法与正义法完全等同起来，有的论者把他看作新康德主义法哲学的代表。其实，他明确表示过，不同意康德关于法的定义，认为康德混淆了"法的概念"和"法的理想"；康德讲"绝对命令"，认为意志自由的个人的行为要与其他人的行为相协调，他却认为个人的行为必须与社会观念相协调。施塔姆勒还在《从唯物史观论经济和法律》一书中系统地、反复地强调：正义观念虽是绝对的，但在应用上还应随着时间与空间的变化而变化；"自然法内容是可变的"。他还力图找出"相对的"自然法。因此，与其说施塔姆勒是一个"新康德主义法哲学家"，还不如说他是一个"新自然法哲学家"。他的"自然法内容是可变的"，"成了20世纪法学家们的口号"；他的著作"使哲学界重兴对正义论的研究热潮"，把正义哲学"重新套上了马车去追寻善与恶的渊源"；"他使古老的夙愿成为20世纪的渴望，要为法规求得比人类的专横意志和判断来得高明的基础"[①]。施塔姆勒认为，社会的理想是建立自由意志人的共同体。他从这一社会理想中引申出四个"尊重与参与"的立法原则：一为个人意志决不受制于他人的专权；二为任何法律要求都必须保证保持义务承担人的人格尊严；三为法律共同体的每一成员都不得被排除于共同体之外；四为法律控制权以保持受控制者的人格尊严为前提。这些立法原则，与古典自然法哲学派的主张是大致吻合的。但它已不是古典自然法哲学的现代语义翻版，而是"内容多变"地与古典自然法哲学的"恒久不变"观大相径庭了。因此，称之为"新自然法哲学"观，是恰如其分的。

比施塔姆勒稍后的德国新自然法哲学家有G.拉德勃鲁赫（Gustar Radbruch，1878—1949年）等人。G.拉德勃鲁赫出身于富裕的中产阶级家庭，曾在慕尼黑大学、莱比锡大学研习法律。在柏林大学获得法学博士学位，曾就教于海德堡大学。在该大学，他接受了新康德主义哲学的影响；后来又受到社会学创始人马克斯·韦伯的影响。1914年，他在柯尼斯堡大学任刑法学教授，后在基尔大学任教。1920—1924年出任魏玛共和国司法部部长。1926年后又执教于海德堡大学。1948年获"功在文化与法哲学"的纪念奖，其主要著作有《法学导论》（1910年）、《法哲学要义》（1914年）、《法哲学》（1932年）和《刑法选集》（1938年）等。

G.拉德勃鲁赫尊崇康德的先验唯心主义哲学，主张法作为一种文化现象，最终目的是实现正义。他认为，法律是人类共同生活的一般规则的总和，不能把法律制度当作各种相互冲突的政治和社会观点的玩具。为此，他提出了立法三原则，即正义原则、便利原则和确定性原则。他认为，从理论上看，一个制定得合理、切实可行的法律，应当将这三项原则有机地结合起来并贯彻始终。但是从实际上看，这三项原则中的任何一项如果得以完全实现，就必然在一定程度上牺牲或否定其他两项原则；同时，又不可能有一个能够令人满意地确定制定法律时运用和分配这三项原则的"比例关系"的绝对标准。所以，实际

[①] 朱利叶斯·斯通：《法学的范围和作用》第12章，转引自《法学流派与法学家》，知识出版社1981年版，第93页。

上,"恒久不变"的古典自然法哲学家的立法原则是不存在的。G.拉德勃鲁赫认为,这样,不同的时代将会明确地强调上述三项原则中的一个原则。第二次世界大战以前,G.拉德勃鲁赫就曾认为,在这些原则发生不可调和的冲突的情况下,可以而且必须以确定性为优先原则。他指出:"结束法律观点的冲突比正义地、便利地决定它更重要。"① 但在第二次世界大战后,G.拉德勃鲁赫修正了原先的观点,转而认为为了使法律名副其实,立法时必须遵循某些"绝对的要求"。这"绝对的要求"是指法律对个人自由的一定的承认,反之,国家如果完全否定个人的自由权利,就会出现"绝对错误的法律"。G.拉德勃鲁赫晚年更进而认为正义原则的优先性,从而使自己的新自然法哲学观点变得更加鲜明起来。

新自然法哲学的泛起,在第二次世界大战后成了国际性的学术现象。它在美国的反映是涌现出了富勒、罗尔斯和德沃金等著名的新自然法哲学家。

二、富勒:实体自然法与程序自然法;内在道德与外在道德

富勒(Lon L.Fuller)噪名于与哈特的论战。他生于 1902 年,死于 1978 年。40 年代开始,长期任哈佛大学法理学教授。主要著作有《法律在探求自己》(1940 年)、《法理学》(1949 年)、《法律的道德性》(1964 年)、《法律的虚构》(1967 年)和《法律的自相矛盾》(1968 年)等。富勒对新自然法哲学的主要贡献在于,主张将自然法划分为实体自然法与程序自然法,并对后者做了比较系统的论证。在论述程序自然法时,富勒提出了八项法制原则:一为法律的普遍性;二为法律的公布;三为法律适用于未来而不溯既往;四为法律的明确性;五为法律的不矛盾性;六为法律的可行性;七为法律的稳定性;八为法律和官方行为的一致性。他认为,这八项法制原则缺一不可,否则必定是"并不单纯导致坏的法律制度,而是导致一个根本不宜称为法律制度的东西"②。富勒这八项程序自然法法制原则的确立,以他关于法律和道德的关系的基本观点,即法律和道德的不可分为前提。他认为,有"义务的道德"和"愿望的道德"之分,前者与法无直接联系,只有后者与法是相似的。为了进一步阐明他的新自然法哲学,富勒又区分出法的内在道德和外在道德,认为法的内在道德相当于程序自然法,法的外在道德相当于实体自然法。八项法制原则就是法的内在道德的要求。

特别值得注意的是富勒关于法律概念的观点。他认为:"法律是使人的行为服从规则治理的事业。"③ 这里的"事业"是法律的上位概念,因而富勒所说的"法律"也就具有"事业"这一概念的内涵。在富勒看来,法律是不断的、有目的活动的产物,因此,法律的特

---

① 《法哲学》,载《拉斯克、拉德勃鲁赫和达班的法律哲学》,马萨诸塞,剑桥,1950 年,第 90 页。
② [美]富勒:《法律的道德性》,第 39 页。
③ 同上,第 106 页。

点是与困难并行，并为实现其目的而克服这些困难。他认为，以德裔法学家弗里特曼为代表提出的公共秩序说不注意法律的"活动"而把它看作什么"公共秩序的存在"；人类学家霍贝尔的武力说将武力看作法律的特殊标志；以奥斯丁、凯尔森等为代表的分析法学派、纯粹法学派把法律概念与权力等级体系搅在一起等等，也都没有注意法律作为"事业"的活动性。富勒指出，如果将法律视为"公共秩序的存在"，就必须研究这是什么样的秩序以及如何实现这种秩序；而武力的使用与否并不能改变制定和执行法律的人的基本问题；法律活动的等级结构本身就是成为秩序的活动的产物。鉴于富勒的上述观点，应当肯定，他关于法的概念的认识是动态而非静态的。因此，尽管他的新自然法哲学的许多观点并不科学，而动态地考察法律，却是难能可贵的。

三、罗尔斯：系统而全面的"正义论"

富勒之后美国的一个著名新自然法哲学家是罗尔斯。J. 罗尔斯（John Rawls，1921—2002年）1950 年以来先后于普林斯顿大学、康奈尔大学、麻省理工学院和哈佛大学执掌教鞭，代表作为《正义论》（1971 年）。在《正义论》中，罗尔斯淋漓尽致地论述了"社会正义说"，几乎只字未及"自然法"。但是，就其实质而言，却是在接受洛克、卢梭等的社会契约论基础上，对自然法哲学的基本思想做了新的解释，灌输进新的名为"正义"的"血液"，从而成为新自然法哲学的重要理论"台柱"。

其影响之大，可以见诸下列评述。美国法学家 L. J. 梅佐尔在《美国法律理论的两极分化》一文中指出："在美国政治制度的合法性处于阴暗的时刻，罗尔斯等提供了自由主义信念基础可以复兴的希望。法学家急急忙忙把罗尔斯理论应用于每一个可设想的问题中去。"[①] G. W. 凯里写道："近年来在美国学术界发表的论著中，几乎没有一本论著像《正义论》那样引起广泛的注意，它已成了美国各大学政治、法律科学和哲学课程的标准精神食粮。"[②] S. 贝茨评述《正义论》作为新自然法哲学著作的特点时则指出："这部著作标志着回到所谓伟大的古典的非怀疑的传统。"[③] 那么在《正义论》中罗尔斯的哪些论述涉及对自然法哲学的"创新"呢？我们首先看一看他在该书中提出的"正义"的主要含义是什么。

在罗尔斯看来，作为"有生命力的理论"，"正义论"建立在以下"正义原则"的基础上：

第一，利益分配的社会性正义原则。罗尔斯认为，社会性正义原则对整个社会关系起着调整作用，既调整一致利益，也调整冲突利益。为此，必须正确规定利益分配的原则，

---

① 《现代西方法律哲学》，第 228 页。
② 杜任之主编：《现代西方著名哲学家述评》（续集），生活·读书·新知三联书店 1983 年版，第 521—522 页。
③ 同上，第 522 页。

使得权利、义务分配合理。

第二，社会地位平等的公正正义原则。罗尔斯认为，平等地位原则在人类为"无知之幕"笼罩的"始初状态"中就形成了；现代社会的成员如具备"始初状态社会成员的特征"，也很容易接受平等地位原则。

第三，公共规则的制度性正义原则。罗尔斯所说之"制度"是指公共规则，包括规定官职地位及其权利义务；规定某些容许的和不容许的行为方式；规定在被制止的或违反的情况下如何惩罚或辩护等。他要求实现制度性的平等以消除现实生活中的严重不平等状况，但同时又认为这种严重不平等是普遍存在而且是不可避免的。

第四，自然义务的个人正义原则。他认为，个人自愿接受并遵守制度的安排，在这一前提下去创造个人的利益，是符合个人正义原则的自然义务。

第五，实行法治的形式正义原则。罗尔斯强调，法治是调整人们的行为、排除非正义的举措。

综观罗尔斯的"正义原则"，或与自然法哲学推定的"自然状态"相近，或与"自然权利"略同，或为"社会契约"翻版等等，尽管以"正义论"相标榜，却与古典自然法哲学家们"英雄所见略同"。至于其"新"，主要是在于以系统而全面的"正义"理论，将古典自然法哲学的一系列基本观点作了乔装改扮，也就是"回到所谓伟大的古典的非怀疑的传统"而又新鞋、新帽、新衣、新裤地使人难识其真。

四、德沃金："认真地看待权利"

与罗尔斯齐名且大致同时代的是德沃金（Ronald M.Dworkin，1931—2013年）。1959—1961年德沃金曾任律师，1962年后任耶鲁大学、牛津大学、纽约大学、哈佛大学的法理学教授。1977年因出版著名的论文集《认真地看待权利》而以"权利论"观点蜚声西方法哲学界。和罗尔斯"正义论"不着"自然法"一字而实即自然法哲学一样，德沃金的"权利论"亦不沾"自然法"字样之边，却未脱自然法哲学窠臼。

德沃金主要阐述了下列观点：第一，作为"权利论"核心的"权利平等论"。他认为，每一个人都应当"作为平等的人被对待"。据此，他批判了新分析法哲学代表哈特和功利主义法哲学家边沁的除法定权利别无其他权利的观点。他认为，边沁关于谋求最大多数人的最大幸福的观点，先天地遗弃了少数人的权利，这是要不得的。第二，法律由规则、原则、政策构成论。他认为，立法必须考虑到原则和政策，而司法更应在研究成文规则之外，再加上在尊重他人权利的社会里所采取的其他一切考虑，以做出正确的裁决。第三，"原则效力论"。德沃金认为，规则有时有效而有时完全无效，如规则提供的解决办法不符合道德原则，就是无效的，所做裁决也不发生切实作用。因此，某些原则如更加适用，就可用作有约束力的裁决依据。第四，"自由裁量权"观点。德沃金主张法官具有绝对的自由裁量权。

德沃金这些建立于"权利平等"基础上的全部理论,"新"在为法官的自由裁量设定了理论依据,本质上与古典自然法哲学的基本观念并无二致。

五、菲尼斯:对自然法全面的再表述

和罗尔斯、德沃金不同,英国的法哲学家约翰·菲尼斯(John Finnis,1940—)以其《自然法与自然权利》(1980年)直接"对自然法的权威性"做了全面的"再表述",而以自然法哲学家驰名于西方法学界。张乃根先生在《菲尼斯的新自然法思想》一文中,把菲尼斯的学说概括为以下三个方面:第一,倡言恢复亚里士多德和阿奎那以"善"为中心的自然法哲学。他把人类幸福的"基本善"概括为"生命"、"知识"、"娱乐"、"美感"、"友谊"、"宗教"和"实践理性"七项,此外还有许多善的形式,但均属"基本善"的实现方法。第二,认为自然法通过实践理性的要求转化为实在法,实在法(法律秩序、法律制度)反映实践理性的要求,旨在保障人类幸福生活的基本条件亦即人类善的基本形式。第三,法律与正义密切相关,当统治者制定法律不是为了公共善而是为了个人或小团体的利益时,当违反分权原则、法治原则时,当违反适用程序时,也就破坏了正义原则。菲尼斯这些主要观点为自然法过渡到实在法架设了由此达彼的桥梁,大力倡导亚里士多德与阿奎那以"善"为中心的自然法哲学,并论述了非正义的法律不是法等重要问题,这是他对自然法哲学的"新"贡献。

六、新自然法哲学略评

综观各个新自然法哲学代表人物的"新"观点并与古典自然法哲学观点相对比,可以看出,其差异主要在于:古典自然法哲学派认为自然法是"恒久不变"的,新自然法哲学派则认为自然法的内容是可以改变的;古典自然法哲学派强调用自然法学说制定出一整套详尽的、普遍适用的法律规范,而新自然法哲学派则认为应将个人权利与社会权利在理性与正义的制度下相互结合而适时地更改法律规范的内容。当然,新自然法哲学派以"正义论"、"权利论"为古典自然法哲学披上新装,也是他们的"新"贡献。

新自然法哲学的泛起,有其深刻的政治和经济原因。在"追究"这些原因并予批判性评价的同时,还应当从中发掘其可以启迪人们思索的成分。诸如动态考察法律的方法等,就是可以肯定的法哲学贡献,自不必一股脑儿地通通斥为"竭力维护帝国主义制度的理论"。

新自然法哲学对古典自然法哲学的这些理论更新,无疑是一种进步。

古典自然法哲学的"恒久不变"的自然法,囿于静止的形而上学哲学观,早已被客观上不断发展的社会现实生活所否定。新自然法哲学家们把自然法的内容看成是可以改变的，从而与现实生活的变化以及反映到人们头脑里的观念发展相一致，也就容易为自然法理论开拓新的市场。这一理论更新，一方面是法哲学观从形而上学往辩证法观念发展的必然反映，因而有其值得肯定的进步之点；另一方面，又由于并未越出"自然法"这一更带根本性的基点，因而不能说是符合法律现象客观实际的正确观点，同时反而使"新"的"自然法"带上了更大的迷惑人的力量，因而必须认真分析。

新自然法哲学家们还打破古典自然法哲学家们企图制定普遍适用的详尽法律规范的迷梦，重视个人权利、社会权利的法律保障，主张适时修改法律。这既是资产阶级阶级要求的反映，也是面对风起云涌的群众性争取民主权利斗争的现实的法哲学对策。不管其主观意图如何，客观上对肯定群众性民主斗争成果，是有利的。

最后，新自然法哲学家们动态地考察法律的方法是对法哲学的巨大贡献。法的产生、发展，本身就是变化着的。同时，一切事物包括法在内，都与其他事物发生种种关系。在这种关系中，它们互相依存、互相制约，形成了矛盾运动。只有在运动中考察法，才能对它本身及它与其他事物的关系有正确的认识。古典自然法哲学家们不承认自然法的发展，自然不能形成正确的法哲学观。新自然法哲学家们虽然在总体上也没有形成科学的法哲学观，但是他们的动态考察的方法必然使其法哲学观产生合理的因素。这些合理的因素，我们自应汲取之以为我所用。

第二十七章　虚无主义法哲学的"神话"

20世纪20年代至50年代，美国法哲学界出现了一个重要的深有影响的学派。有称其为"实在主义法哲学"的，有称其为"心理学法学"的，更普遍的则是称其为"现实主义法哲学"。该派的代表人物曾一再声称，"美国现实主义法学并不是一个正式意义上的学派，它只是指一批具有很多不同观点但却具有'一个共同联系'的法学家，或者说，它只是指'关于法律思想和工作中的一个运动'"①。而这些"不同观点"的'法学家'，或则以实用主义哲学作指导，或则受弗洛伊德的精神分析学主宰。这样，就又可称之为"心理学法学"或"心理法哲学"了。事实上，"由于心理学是现实主义法学派的重要思想渊源，因而有些法学著作也将该派列为心理学法学之一。②因此，以"现实主义法学"来概括，似乎也不太贴切。鉴于这一批"具有'一个共同联系'的法学家"的"共同联系"或"共同特征"仅仅在于怀疑以至反对传统的法律制度和法学，对法律抱虚无主义的态度，我们以为称之"虚无主义法哲学"则更为妥当。

一、弗兰克法律观的思想渊源

虚无主义法哲学派在美国最著名的代表是弗兰克（Jerome New Frank，1889—1957年）。他出生于纽约，就学于芝加哥大学，1912年毕业后在芝加哥当了十七年开业律师。1929年迁居纽约，继续当开业律师，同时在新社会研究学院讲课。1930年起直至去世，与耶鲁法学院有过时断时续的联系。当时的耶鲁法学院里，"一个引起争论的哲学运动正在把注意力从'书本上的法律'，即上诉法院的教条法律，引向'有实效的法律'，也就是在日常生活、低级法院和商业领域实际流行的各种形式的习俗和惯例。"③在这个"引起争

---

① 《现代西方法律哲学》，第96页。
② 同上，第97页。
③ 《国际社会科学百科全书》第5卷，第549页。

论的哲学运动"中,实用主义哲学和弗洛伊德的精神分析学颇受青睐,且对弗兰克有很大的影响。弗兰克的主要著作有《法律与现代精神》(1930年初版,1949年修正版,1963年再版)、《初审法院:美国司法的神话与现实》(1949年初版,1963年再版)、《无罪》(1957年)等。从这些著作中可以看到弗兰克的虚无主义法律观是奠基于实用主义哲学与弗洛伊德心理学之上的。

实用主义是一种主观唯心主义哲学。其基本原则首先由美国的查理·波尔斯做了表述,而最有权威的代表是威廉·詹姆斯,后来约翰·杜威成了实用主义哲学学派的首脑。实用主义哲学的特点是把真理和实践中有用的东西、有利的东西混为一谈,主张"有用即真理"。詹姆斯就把凡是"方便的"、"有用的"、符合于"实际目的"的东西都称为"真理"。詹姆斯既是实用主义哲学家,同时又是心理学家,他还常用心理学方法来论证实用主义哲学的一些基本理论。

弗洛伊德的精神分析学对美国文化有过强大的"冲击"。"1910年后,美国报刊载满了弗洛伊德的论文。1920年后,美国出版了两百部以上的书籍,论述弗洛伊德的精神分析。"① 弗洛伊德认为,人的潜意识决定着人的一切行动,他把潜意识"片面地、夸大地、过分地发展为脱离了物质、脱离了自然的、神化了的绝对"。②

关于自己的法哲学观的思想渊源,弗兰克常常直言不讳地承认是来自实用主义哲学与弗洛伊德心理学。例如他在自己的著作中就指出过,他关于"重新发现父亲"的儿童心理会使人们赋予外表上很像"法官式的父亲"的法律以最大的权威的观点,就直接来自弗洛伊德心理学派的基本论点。至于他关于法律的不确定性、法律的作用、法官的地位与作用、法院的地位与作用等的论述,更是实用主义哲学基本观点——"有用就是真理"的法哲学注脚。但是在上述实用主义哲学和弗洛伊德心理学的基本观点支配下,弗兰克得出的却是对法律的虚无主义的态度,并由此发展了他的虚无主义法哲学。

二、法律的确定性是"幻想或神话"

弗兰克抓住法律具有不确定性的事实,认为关于法律精确性的种种可能情况的流行观念完全是错误的,"法律在很大程度上曾经是、现在是,而且将永远是含混的和有变化的"③。他说:"法律所要应付的是纷至沓来的、变幻莫测的全部混乱人生,而在我们这个万花筒式的时代里,这全部情况比以往任何时候都更为混乱。"④ 即使在"一个比较静止的社

---

① [美]舒尔茨:《现代心理学史》,1981年第3版,第339页,转引自[奥地利]弗洛伊德:《精神分析引论》,商务印书馆1986年版,《译序》之 Vi 页注②。
② [苏]列宁:《哲学笔记》,人民出版社1960年版,第411页。
③ [美]弗兰克:《法律与现代精神》,1963年版,第6页。
④ 同上。

会","人们也从来没有能够创造出事前能预料到一切可能的法律纠纷并预先加以解决的一套包罗万象的、永恒不移的规则。即使在那样一个社会秩序中,任何人也不能预见到所有未来的事件的变动和结合;一些在制定原来规则时所绝未想到的情况是必然会产生的。"① 从"现代"社会看,他说:"这样一种被冻结的法律制度在现代更是不可能的。新的生产和交换形式、新的交通和居住方式、新的社会风俗、目标和理想——所有这些革新因素,使得制定出以后可以用来解决一切法律问题的固定规则这种希望,只能成为泡影。"② 弗兰克从"人类关系每天都在改变"及因此而造成"法律关系也就无法以持久不变的形式来加以表达"的事实,荒谬地得出了法律的确定性将"成为泡影"的结论,并从而主张实行"一个具有流动性和弹性的法律制度"。③ 他把追求"大体上静止的和确定的"法律的愿望和有关学说视作"幻想或神话";而断言"法律的许多不确定性并不是一个什么不幸的偶然事件。它具有巨大的社会价值。"④

三、法官是"宣告法律的嘴巴"

既然法律是"不确定的",那么怎么判案呢?

弗兰克对传统的观点作了批判。他说,传统的观点把法律看成是一套规则,这些规则自古以来就已存在,并且除了立法机关予以变更外就不会变更,法官只是适用法律而已。因此,弗兰克称法官不过是"传神谕的人"、"说着话的法律"、"宣告法律的嘴巴",其职能是纯然消极的。

弗兰克认为,应当赋予法官以创造和变更法律的权利。首先,这已经是客观的事实。他援引英国法学家鲍洛克的话说,任何一个明智的律师每天都不会假装说法院的判决并未增加和改变法律。他还援引法律注释家戴雷的话说,法官立的法是真实的法律,在英国这种法官立的法的总数远比一个学生所认识到的为广,至少十分之九的契约法和几乎全部侵权行为法都是任何一卷法规中所未见的,许多很新的整个法律部门都是通过法律部门而建立的。这既然是事实,否定或视而不见就不是明智的。其次,任何人在行为之前,大多对其行为的法律后果并不清楚,因此,法律追溯既往和因而产生的不可避免的不确定性,并不像人们往往所推测的有那么大的实际邪恶。这样,法官不能立法的学说,从根本上说不符合实际需要。因此,赋予法官以创造和变更法律的权利,在弗兰克看来就是理所当然的了。

---

① [美]弗兰克:《法律与现代精神》,1963年版,第6页。
② 同上。
③ 同上。
④ 同上。

至此，弗兰克还是承认"法律的存在"的。但实际上，弗兰克在法律虚无主义方面走得很远，以至认为根本就不存在什么法律。这可以见诸以下观点。

四、"法院的判决就是法律"

弗兰克认为，对法律下一个完全的定义是不可能的，对任何一个一般人来说，对任何一批具体的事实来说，就法院判决影响这个具体的人这一范围而论，"法律就是一个法院关于这些事件的一个判决。直到一个法院已审理这些事实以后，在这一问题上并不存在任何法律"[①]。"法院的判决"就是"法律"，这就是弗兰克的法律定义。具体来说，"就任何具体情况而论，法律或者是：（1）实际的法律，即关于这一情况的一个已作出的判决；或者是（2）大概的法律，即关于一个未来判决的推测"[②]。

这几乎是无异于不承认任何制定法的存在了。

但在弗兰克的法律定义前面，冠有"就任何具体情况而论"等限制词，这似乎又是承认通常所讲的法律的存在。然而，如果一切日常意义上的法律一"就具体情况而论"，就会变成了法官的"判决"或"关于一个未来判决的推测"，而不是法律本身的存在，那么，法律本身实际上仍被彻底摈弃了。因此，弗兰克的法律定义实际上是宣告法律的不存在，也就是宣告了他的彻底的虚无主义法哲学。

在论述上列观点时，弗兰克关注法律问题的出发点就是"有用"和"法官个性"的决定性意义。

五、法官个性决定一切

弗兰克分析人们为什么着重于法律的确定性时指出，这是一种"儿童的心理状态"：儿童总是由于追求出生前安宁之类的状态而寄厚望于父亲的权威和全能；直到长大成人之后，人们仍然未脱离这种"儿童心理状态"，于是从父亲转向法律，企求法律的权威、全能，因而企求它的确定性。然而"现代文明要求一种不受父亲管束的精神……法律如果要适应现代文明的需要，就必须使自己适应现代精神。它一定不再体现为反对变革的哲学。它一定要公开承认是实用主义的。为此目的，就必须承认和消灭儿童对父亲万能这种恐惧和崇拜心理……人不是为法律而创造的，而法律却是由人并为了人才创造的"[③]。

弗兰克在论述司法过程中法官的个性的意义时，引证过哈奇森法官对自己作出判决

[①] 《法律与现代精神》，第 50 页。
[②] 同上，第 51 页。
[③] 同上，第 268—269 页。

的过程的描述。哈奇森写道：审核案件材料之后，自己接着就"沉思原因，等待感觉、预感——了解问题的直觉的闪光，成为问题和决定之间的闪光连接器，并在对司法脚步来说最黑暗的道路上，照出沿途的闪光……法官……处在负有找出正当解决办法的徘徊不定的使命的路上，所以就要随着去他的预感所指的任何地方……"[1]。弗兰克认为哈奇森的上述反顾是"对所有法官如何思想的大体正确的说明"[2]。据此，弗兰克得出了下列结论：如果法律是由法官判决组成的，而如果这些判决又是以法官的预感为依据的，那么，法官获得其预感的方式就是司法活动的关键所在；凡制造出法官预感的东西，就创造了法律。那"制造出法官预感的东西"，就是具体法官的特征、性质、偏见和习惯等等。一句话，是法官的个性。根据以上认识，弗兰克把法官的个性看成司法中的中枢神经，法律则被置诸九霄云外了。

尽管后期的弗兰克不再过分地坚持其关于法律的心理学观点，改变了某些看法，但综观其一生所发表的言论，认定其为虚无主义法哲学家是毋庸置疑的。其虚无主义法哲学由于与事实相悖，因此，套用弗兰克的话，他自己的理论倒是一种"神话"。基本否定弗兰克的虚无主义法哲学神话及其理论基础（实用主义哲学与某些唯心主义的心理分析法），在理论上并不是什么困难的事。但是，他的理论注意到法律的稳定性与变动性的关系，注意到法官审判活动过程中的心理因素、个性特点的影响，却也给人以启迪。社会生活确是千变万化，法律的稳定性存在着与社会生活不相适应的一面；司法过程中，司法人员的心理、个性、习惯、思想方法会对法律的适用产生这样那样的影响。所以，对这些问题做出科学的分析，应成为法哲学的任务。

---

[1] 《法律与现代精神》，第 111—112 页。
[2] 同上，第 112 页。

第二十八章 宗教神学严重束缚下的早期空想社会主义法哲学思潮

14世纪尤其是15、16世纪的欧洲，资本主义经济正以勃勃生机迅速发展。相伴而来的，是从城市平民和破产农民中涌现出近代无产者。饱受封建制破产时期地主阶级敲骨吸髓般剥削之苦和资本主义初创时期资产阶级穷凶极恶地榨取掠夺之灾的近代无产者，开始了反封建、反资本主义的殊死斗争。但在他们自己的队伍里，暂时还产生不出政治、法律和哲学思想的代言人，而一些先进知识分子，由于卷入了社会斗争及理论斗争，成了初期无产阶级的喉舌。这些先进知识分子以其广博的学识，撷取从柏拉图到早期、中世纪时期基督教义中泄射出来的天国的理想之光，构造了早期的空想社会主义理论。这种空想社会主义几乎包括了人文科学的全部内容，其主要部分则是政治学和法哲学。但是，囿于阶级出身、生活经历和文化教育传统的影响，他们所反映的，是宗教神学严重束缚下的早期空想社会主义的法哲学思潮。他们的代表是莫尔和康帕内拉。

一、莫尔的生平和著作

托马斯·莫尔（Thomas More，1478—1535年）生于英国伦敦一个富人家庭。其父曾任皇家高等法院法官，在他的执意努力下，莫尔被造就成了一名律师和法律学家。二十六岁时，莫尔被选为国会议员，后曾担任掌管司法的伦敦市副执行官、枢密院顾问、副财政大臣、下院议长、兰加斯德公国首相。直至1533年，莫尔的仕途生涯可谓一帆风顺、平步青云。亨利八世国王常与他不拘礼仪、勾肩搭背地散步、交谈。但莫尔反对亨利八世的宗教改革，于1534年被捕入狱，次年即被一个特别委员会判处死刑，罪名为"叛国"。

反映莫尔法律思想的，是他的主要著作《乌托邦》。该书全名为《关于最完美的国家制度和乌托邦新岛的既有益又有趣的全书》，分两部分：第一部分为对西欧诸国，尤其是英国的政治经济制度的批判；第二部分为对实行财产公有制度的乌托邦岛国的构想的叙述。"乌托邦"的希腊文原意为"乌有之乡"，即该书所写内容均为虚构的意思，此后，"乌托邦"就成了空想主义的代名词。

莫尔法律思想的理论基础是人文主义。人文主义重视人和上帝的关系、人的自由意志和人对于自然的优越感。人文主义的哲学观是以人为衡量一切事物的标准，它扬弃偏狭的哲学系统、宗教教条和抽象推理，重视人的价值。因此，它反对烦琐神秘的经院哲学。在英国，莫尔就读的牛津大学是人文主义思潮的中心。莫尔本人也是牛津大学人文主义活动的积极分子。他认为经院哲学只能作为茶余酒后的谈资而丝毫没有经世致用的价值。《乌托邦》一书中所反映的莫尔的法哲学观，正是人文主义在法哲学领域的折射。

二、莫尔对英国腐朽法制的谴责

作为人文主义者，莫尔从人的价值高于一切出发，谴责了英国社会的黑暗和法制的腐朽。

英国资本主义生产关系的发展，是在毛纺织业的繁荣过程中实现的。贵族和地主为了牟取暴利，发动"圈地运动"，用暴力把农民驱赶出家园，使其被迫沦为游民、乞丐和盗贼。目睹这一残酷现实，莫尔在《乌托邦》中借希斯拉德之口愤怒地抨击道："你们的绵羊本来是那么驯服，吃一点点就满足，现在据说变成很贪婪很凶蛮，甚至要把人吃掉，把你们的田地、家园、城市要蹂躏完啦。"① "羊吃人"，这就是莫尔对英国当时黑暗现实的总体评价。

莫尔对破产农民的悲惨境遇寄以深深的同情："他们被驱逐出熟悉的乡土，找不到安身之处；他们所有的家庭用具虽然不很值钱，但在其他的情况下，还能卖一点钱；可是他们是突然被驱逐出来的，因此只好以极低的价格卖掉。当他们游荡到不名一文的时候，除了偷盗以致被依法绞死以外，除了行乞以外，还能做什么呢？而他们去行乞，就会被当作流浪者，以游手好闲、无所事事的罪名被投入监狱，虽然他们努力找工作，但没有人愿意给他们工作做。"② 但英国统治者是决不会同情他们的。英王颁布了一系列血腥法令去惩治破产农民。其中有的法令规定禁止有劳动能力的人流浪，否则即予鞭打、监禁的惩罚。后来，法令还规定：流浪者第二次被捕，除被鞭打外，还要割去半个耳朵，第三次被捕就要判处死刑。对这样的法律，莫尔做了入木三分的剖析并予以痛斥。他指出，所谓法律不过是"富人假借国家的名义，就是说，包括了穷人的名义在内，把他们的阴谋规定成大家必须遵守的东西，这种阴谋就当成了法律。"③

---

① [英]托马斯·莫尔：《乌托邦》，生活·读书·新知三联书店1957年版，第36页。
② 《马克思恩格斯全集》第23卷，第804页。
③ 同①，第125页。

三、莫尔论犯罪原因与对策

在对犯罪原因和对策进行探讨时,莫尔不是将犯罪归于对上帝意志的忤逆或人性中的"恶",而是追究社会的责任。他认为,富人的贪得无厌和残暴掠夺,是造成大批破产农民沦为罪犯的原因。他责问道:"那些背井离乡、走投无路的人,不去讨饭、偷窃和抢劫又有何路可走呢?"莫尔斥责大批贵族好像公蜂一样一事不做,靠剥削别人的劳动来养活自己,对佃农敲骨吸髓、重重盘剥;斥责贵族地主驱赶农民离乡出走,四处流浪;更斥责他们"纵民为盗,又去办盗",指出这正是他们所干的事情。至于制止盗窃和抢劫的对策,莫尔认为,决不能靠残酷的刑罚;他主张撤去监狱;他呼吁从经济生活着手来解决犯罪问题:"凡破坏农庄和乡村的须亲手加以恢复,否则将其出让于愿意加以恢复的人们。""把农业振兴起来。恢复织布业,使其成为光荣的事业。教那些成批的闲人从事有益的事业吧。"[①]

四、莫尔论乌托邦法律制度

莫尔构想的乌托邦法律制度,条文很少,且简单扼要。莫尔认为,解释越简单的法律就越公正;一切法律的颁布仅仅为了使每个人记住自己的职责;在进行诉讼的时候,每个人都应当亲自掌握并告知法官有关事实,不允许有挑拨是非、曲解法律的律师存在,以使法官公正判案。

莫尔所构想的乌托邦法律制度,是建立在社会财富公有、社会政治民主和社会关系平等的基础上。莫尔指出,私有制是万恶之源,必须实行社会财富的公有制。他指出:"假使私有制度存在,假使金钱是衡量一切的标准,我以为国事的进行就不可能公正顺利。""如果每个人有他自己的财产,幸福是不能达到的。""我深信,只有完全废止私有制度,财富才可以得到平均公正的分配,人类才有福利。如果私有制度仍然保留下来,那么,大多数人类,并且是最优秀的人类,会永远被压在痛苦难逃的悲惨重负下。"[②] 和公有制相适应,莫尔构想的乌托邦实行彻底的民主制政治。其主要规定是:一切行政长官定期选举产生;元老会议和民众大会决定国家大事;除在元老院和民众大会上外,不能对公众事务做出任何决定,否则以处死论罪;一般群众都有参与国家大事的民主权利;等等。

在莫尔的乌托邦里,社会关系是完全平等的,不允许存在侵占他人利益的法外特权,官民平等,尊老爱幼。这种平等关系表现在社会生活的一切方面。

---

① 《乌托邦》,第 38 页。
② 同上,第 55—56 页。

五、对莫尔法哲学观的评论

莫尔上述法律观点,无疑是进步的。它建立于人文主义对人的价值的高度肯定上。但莫尔的人文主义法哲学又有很大的局限性。其一在于它是一种不切实际的空想。在当时资本主义生产关系刚刚得到发展的时候,实行诸如此类的社会主义、共产主义经济、政治和法律制度,是毫无现实基础可言的。

其二在于它是从理性主义的角度来建构其未来社会的经济、政治与法律制度的。莫尔认为,乌托邦的一切制度符合自然的本性,是最公正最合理的;之所以当时的英国未能建立这样的社会,并非客观条件不具备,而是由于人心存有不合理性的情感。

其三在于莫尔构造的理想社会中仍存在奴隶制度。莫尔主张,战争中的俘虏、国民中干了不名誉的事的人以及别国来的死刑犯,都应以奴隶相待,戴锁披枷,干最肮脏的工作。莫尔甚至主张殖民开发,赶走不服从乌托邦法律的土人或加讨伐。

其四在于在莫尔的《乌托邦》中,宗教教义和礼仪被大加颂扬。这与莫尔作为虔诚的天主教徒的宗教神学观念是分不开的。

像莫尔这样受着宗教神学束缚而又在空想社会主义法哲学观方面有所建树、闻名于世的,是意大利的康帕内拉。

六、康帕内拉的生平、著作与哲学思想

托马斯·康帕内拉(Tommaso Campanella,1568—1639年)出生于意大利南部卡布里亚省的一个贫苦的鞋匠家庭。康帕内拉生活的时代,意大利处在西班牙残暴统治下,政治上四分五裂,经济上停滞破产,人民生活在水深火热之中。同时,社会矛盾激化,人民的反抗斗争此起彼伏。生活把康帕内拉养育成了一个爱国主义者。他十四岁进修道院当院士,以强烈的求知欲博览群书,从古希腊罗马的各种著作到中世纪经院哲学家及近代莫尔、哥白尼、布鲁诺、伽利略的著作,无不涉猎、精研,这使他成了知识渊博的人。

哲学上,康帕内拉追随16世纪意大利著名哲学家特莱肖的唯物主义路线,批判亚里士多德哲学,批判中世纪经院哲学。为此,他屡遭宗教裁判所的残酷迫害。政治上,他积极鼓动和秘密组织意大利人民举行反对西班牙统治的武装起义。在斗争中,康帕内拉写出了《太阳城》《论最好的国家》《伟大的结论》《被战败的无神论》《论救世主君主国》《生理、道德和政治问题》等大批著作。但这些活动和著作带给他的却是三十三年之久的狱中生活。坐过五十所牢房,受过七次严酷刑讯。晚年,他亡命法国,七十一岁时与世长辞。

作为哲学家,康帕内拉崇奉自然,认为真正的权威是自然,自然是一部"活法典",是认识的源泉;至于神学家、经院哲学家,他们"不去研究事物的本身,只知道读死书和

研究事物的死的标志"①，是丝毫不值得崇拜的"书蠹"。康帕内拉肯定物质的实体性，物体的运动是自身固有的性质，时间和空间是客观存在的，因此，他的哲学基本上是唯物主义的。但是，他同时又提倡"两本书"主义，认为"自然界"和《圣经》是可以告知真理的两本"圣书"；认为一切物体都有"灵性"；同后来的笛卡尔一样抱有"我思故我在"的认识论；认为"神的启示"、教会的权威是真理的最高准则；甚至有时他还认为神溶化在自然界的万物之中，自然界就是神的化身；等等。这样，康帕内拉又陷入了唯心主义的泥淖。他反对经院哲学，可又承认上帝的存在，上帝具有全能、全智和绝对的善。他写道："上帝是最高的威力，这种威力产生了最高的智慧，这种智慧就是上帝……"②正是在把唯物论和唯心论混为一体，在宗教神学的严重束缚中，康帕内拉构想了他的空想社会主义法哲学。

七、康帕内拉的法哲学观

康帕内拉的空想社会主义法哲学的基础，是从他的自然哲学引申而出的"自然法"和人类的"自然本性"。他从"自然法"与"人类本性"推定必须实行公有制、实行平均主义和民主主义，创建大同世界，建设贤人政治。

康帕内拉和古典自然法哲学家一样认为存在着自然法，他认为在自然法制度下，人人都应该同样享有大自然的赐予，不应该分什么"你的"和"我的"，因为这是人性的自然要求。他引用罗马法学家乌尔皮安所说的"自然法是自然界教会了一切动物的法律"，认为："因此，千真万确的是，按照自然法，万物都是公有的。"但康帕内拉不像有的自然法哲学家那样维护私有制，他与此相反，主张实行财产公有，因为在财产公有制下，可以消灭由于财产私有与贫富对立而产生的一切恶习，战争就会停止，和平将能实现。在康帕内拉设计的太阳城里，甚至连法定的一夫一妻制的家庭也被消灭了，实行的是法定的公妻制度。因为家庭的存在，是私有制与社会不平等产生的根源。太阳城里还由于公有制而由社会组织生产，实行人人都参加劳动的义务劳动制，并为此而规定必要的监督和奖惩制度。

在财产公有和义务劳动的基础上，太阳城实行平均主义的分配原则。一切产品都送往公共仓库，按照各取所需的原则各自领取所需的一切。为此而建立严格的监督制度，"负责人员严密地监视着，不让任何人获取超过他应得的东西，但也不会不给他所必需的东西。"③住房公有，分配使用，每六个月更换住房一次。建有公共食堂，全体公民在公共食堂用餐。由于财富公有并按平均主义共同享用，所以太阳城里已不存在商品货币关系，金

---

① [意]康帕内拉：《太阳城》，第26页。
② 同上，第59页。
③ 同上，第23页。

银只用来制作器皿或公共的装饰品;仅有的货币只供驻外使节、外贸等用。

仿效自然界的模式,同时又依据宗教神权的崇高地位,康帕内拉设计了太阳城的政体。这种政体类似于教会国家,同时实行民主主义的政治原则。

在这种类似于教会国家的太阳城里,宗教界的要员占据指导与领导的地位,他们具有司祭和学者双重身份。最高领导人为大司祭,被称为"太阳"或"形而上学者"。在《最好的国家》中,康帕内拉指出:"我们也仿效自然界,使最优秀的人物担任首长的职务,像蜜蜂的办法那样;如果说我们也采取选举的方法,那它是合乎自然的,而不是随意的,这就意味着我们所选举的是由于天赋条件和高尚道德而出众的人。"[①]

太阳城里的最高领导人选举产生,实行终身制,不能随便更换。选举的机构是公民大会,由年满二十岁的全体公民参加。公民大会还可拟定高级公务人员的候选人,监督一般公职人员的工作。最高领导人"太阳""不会抬高一些人,贬低另一些人,因为他们不能随便处理问题,必须遵循自然的法则……"。[②]"太阳"下设"蓬"(Pon)、"信"(Sin)和"摩尔"(Mor)三个辅佐他工作的领导人,其职务含义分别为威力、智慧与爱。"蓬"(威力)掌管军事,战时是最高统帅;"信"(智慧)管理手工业、科学和艺术部门;"摩尔"(爱)掌管生育、教育及医疗等。

顺着构造"太阳城"理想国家的思路,康帕内拉还构想了未来大同世界的蓝图。在《论救世主君主国》和《论神的统治》中,康帕内拉提出了建立"世界君主国"的设想。"世界君主国"作为一种国家和民族的联盟,中心设在罗马,由罗马的"第一圣者"担任首领;在罗马建立由各国首脑或其代表组成的"元老院";由"元老院"的共同协议来解决纷争。康帕内拉认为,通过"世界君主国",可以制止"与自然对立"的各民族之间的征战残杀,从而可以拯救人类免遭战火、饥饿与瘟疫。"元老院"可以通过和平讨论来解决争端;统一的世界君主国各地区的相互援助,则可以丰补歉,避免天灾造成的局部地区的饥荒;发病地区的民族迁往世界君主国内的无病地区,则可避免瘟疫。

和莫尔一样,在康帕内拉所设计的理想国家中,也只有很少的几条法律而且都是简单明确的。这几条简单而明确的法律涉及立法、司法、刑法、诉讼法等方面。他以宣告太阳城"只有很少的几条法律,然而是简单而明确的"[③],表达了对立法烦冗复杂的厌恶。他主张司法与行政合而为一,太阳城的领导人兼任法官,履行对下属犯罪者进行司法判决的职责。在太阳城里,违反道德规范的行为视同犯罪,要受法律制裁。诸如胆怯、骄傲、懒惰、撒谎等都要受惩罚。诉讼程序非常简单,不必以书面起诉,口头即可提起诉讼,实际上就是向领导人报告。被告可以为自己辩护,法官(即领导人)可以当场判决。刑罚的种

---

① [意]康帕内拉:《太阳城·附录I》,第84页。
② 同上,第80页。
③ 同上,第43页。

类有流放、鞭打、训诫、禁止在公共食堂进餐、禁止与异性交往以及判处死刑等。死刑由太阳城人民执行，方法是直接打死或授权自杀。但死刑判决应在得到犯人同意后才得执行，否则要做说服工作，直至犯人同意为止。这些法律制度及它们反映的康帕内拉的法哲学观无疑是天真的空想。但是这些空想反映了当时的社会要求，是对封建专制制度和私有制的直接否定。

康帕内拉认为，他所设想的上述国家模式，是"最好的国家"。在《最好的国家》中，他欣然自得地说："我们描绘的我们的这个国家，不是上帝所提供的国家制度，而是通过哲学家的推理所发现的国家，并且我们是从人类智慧的可能性出发，来证明《福音书》的真理是合乎自然的。"

综上所述，康帕内拉"已经用人的眼光来观察国家了，他们是从理性和经验中而不是从神学中引申出国家的自然规律"[①]。但在这样"观察"、"引申"时，康帕内拉显然未完全摆脱宗教神学的束缚，他常常杂糅唯物主义和唯心主义，发表一些自相抵牾的言论；当然，他的全部构想都是建立在空想的基础上的，在他所处的时代，根本不存在实现的可能。即使在今天来看，他的空想社会主义也不过是可望而不可即的画饼。当我们观察他的法哲学时，无疑必须同时指出其宗教神学束缚下的空想社会主义的特点。

---

① 《马克思恩格斯全集》第 1 卷，第 128 页。

第二十九章　空想社会主义法哲学思潮的发展

从莫尔、康帕内拉到欧文、圣西门、傅立叶，空想社会主义法哲学家绳绳继继，不绝如缕。在这一漫长的发展途程中，温斯坦莱、梅叶、摩莱里、马布利等人，是空想社会主义法哲学的发展史上颇有影响的杰出代表。

一、"掘地派"首领温斯坦莱和他的法哲学基石

杰拉德·温斯坦莱（Gerrand Winstanley，1609—1660年以后）[①] 出生于英国兰开夏郡的一个商人家庭，从商破产后替人放牧，生活困顿，因而比较接近于贫苦民众。1649年4月加入贫苦农民在伦敦附近圣·乔治山上的垦荒运动。他们被称为"掘地派"，而温斯坦莱则成了该派的领袖。掘地派在坚决揭露和批判封建制度的同时，还进而批判革命后建立起来的资产阶级政权，因此遭到克伦威尔政权的镇压。在宣扬和捍卫掘地派事业的不懈战斗中，温斯坦莱写下了《新正义法典》（1649年1月）、《真正平等派的宣言》（1649年）和《自由法则》（1651年）等不朽著作。马克思曾高度评价温斯坦莱领导的掘地派是"最彻底的共和主义者"、"真正能动的共产主义政党"[②]。

温斯坦莱的法哲学奠基于"理性"和"永恒正义"的唯心主义幻想之上。他以虚幻的"理性"和"永恒正义"为参照系，衡量并猛烈鞭挞了封建法律制度和新型的资产阶级法律制度，构想并热情宣扬了理想社会的法制原则和法制蓝图。

温斯坦莱认为，人是理性动物；理性动物必然受自然法支配；自然法是上帝创造的永远存在的法律。他指出：上帝的本意是要将土地作为公有财产，土地是上帝为大家过共同幸福生活而提供的。按照上帝的旨意，理应"每一个人都奉行着同一个原则，这个原则促使他一视同仁地为别人也为自己寻找幸福；这是正义与和平的法律的真正管理制度的根

---

① 许多著作把温斯坦莱的生卒年月定为1609—1652年，这并不确切，此处从《简明不列颠百科全书》。
② 《马克思恩格斯选集》第1卷，第173—174页。

源。"① 这样，土地及财产的公有和为了共同的自我保存、共同的幸福而和平相处，这两条根本的原则就成了温斯坦莱的"理性"和"永恒正义"的基本点。这样的"理性"和"永恒正义"的原则，当然只能是现实世界中人类的一种向往和追求。把它当作客观存在，不过是唯心主义的一厢情愿。但是，以此为观察世界、观察法律问题的出发点，却可十分方便地用来批判一切反社会、反人民的陈腐制度。温斯坦莱正是利用了这种方便，对封建法制作了无情的揭露与有力的批判。

二、批判剥削阶级的法制

温斯坦莱对封建法制的批判，主要集中在以下几点：第一，有关立法都是为了夺得封建主对人民的统治权。他在把封建统治权斥为"杀人的权力"之后，深刻地指出："你们要夺取对我们的统治权，除了颁布进行奴役的或让无辜者流血的压迫和暴虐的法律外，还能够颁布什么法律呢？"② 第二，封建司法乃是为了实现对人民的统治权，为此，金钱成了司法的准绳和目的。温斯坦莱指出，"王法始终都是为了惩办平民最愿意做的那些事，在法院开庭期中给他们设下圈套，使那些支持国王的法学家和僧侣能够得到金钱，靠他人劳动来过富裕生活"③，"谁的口袋钱多，谁就可以打赢官司"，"司法被金钱所收买"④。第三，必须彻底推倒封建法制。温斯坦莱愤然斥责"英国是一座大监狱。法律的各种各样伎俩用刀剑、城堡、监狱大门做它的靠山。法学家是狱卒，穷人是囚犯。如果有人落到他们任何人（从管事到审判官）手中，不是死亡，就是一辈子被葬送掉"⑤。因此，推翻封建法制的沉重压迫就成了天经地义的革命要求。

论者在谈及温斯坦莱法哲学时，往往以为他批判封建法制仅止于此，至于进而批判资产阶级法制则是另一个问题。这在法哲学上既不符合思维逻辑，也与实际情况相悖。

温斯坦莱所处的时代，正当英国资产阶级革命时期。英国资产阶级革命爆发于1640年；1642—1646年、1649年4—9月各发生过一次内战；随后是共和国建立，克伦威尔专政（1653—1658年）、斯图亚特王朝复辟（1660—1688年）。英国资产阶级革命带有浓厚的保守性和妥协性，对封建势力的摧毁并不彻底。温斯坦莱对封建法制的犀利、尖刻的批判，与其说主要是针对封建统治者的，还不如说主要是针对妥协于封建势力的资产阶级统治者的。正因为如此，温斯坦莱才坚决主张彻底废弃"旧法律"，哪怕它"用共和国的水洗过脸"。他说："这些旧法律不能管理自由共和国，因为国家现在要从诺曼人的占领制度

---

① [英]温斯坦莱：《温斯坦莱文选》，商务印书馆1979年版，第130页。
② 同上，第28页。
③ 同上，第192页。
④ 同上，第93页。
⑤ 同上，第70页。

的奴役下解放出来，而领主和诺曼人的自由持有农的政权应当被推翻，否则平民还是像过去一样，甚至比以前还要贫困。旧法律绝不会换上另一副面孔，即使用共和国的水洗脸，其内容还是像过去一样枯燥无味。"[1]

但历史不可能按照温斯坦莱的良好愿望发展。英国资产阶级革命后的两次内战，都以资产阶级国会俘虏国王而结束。但内战胜利后，资产阶级所颁行的法律一方面宣布废除封建土地私有制；另一方面却同时保留农民对地主所承担的义务，原有的封建法律和"普通法"也纹丝未予废除或修改。

有鉴于此，借批判封建法制表达争取"理性"和"永恒正义"的法律的宏愿，显然已经成为"隔靴搔痒"的徒然劳作，所以，温斯坦莱便公开、明确而大无畏地转而开始抨击资产阶级"共和国的法律"。

资产阶级在革命前曾保证给人民土地和自由，但如上所说，实际上没有也不可能做到。温斯坦莱揭露了这一事实，指出克伦威尔政权拒绝把土地归还农民，"共和国"里"出现了新的主人"，穷人被迫陷入更为悲惨的境地。"共和国"政府用"饥饿纪律"代替了国王的横暴法律；共和国的法律对于劳动人民来说，"只不过是绳索和脚镣手铐而已"[2]。他批判资产阶级政府不过是"集体的王权专制"而不是"公正的政府"，对资产阶级和封建贵族的联合专政表示了最大的厌恶。温斯坦莱是空想社会主义法哲学家中猛烈抨击资产阶级共和国政权和法律的第一位思想家。

三、空想社会主义的法律原则

正是在"理性"和"永恒正义"幻影的鼓舞下做了对封建的和资本主义法制的批判，才使温斯坦莱得以构筑其空想社会主义的法律原则。这些原则主要是：

第一，在承认劳动者首先是农民的土地权和生存权的前提下，确认法律的基本要求为保证公民的自由、保护社会的和平。他认为，只有这样，才符合"理性"与"永恒正义"的要求。为此，共和国管理制度的基础，应当是"自由法"，因为只有自由的法律才能使人人丰衣足食，才能消除人际奴役。为了达到这一点，温斯坦莱主张立法保证人民自由选举公职人员，这些公职人员应成为忠于人民事业而大公无私的人，是"共和国的忠实的、公正的奴仆"，其职责是"使选举他们的人民感到满意"，以至到处"出现一片欣欣向荣的景象"[3]。

第二，立法必须健全而普遍的原则。所谓健全和普遍，是指一切社会事务、一切人的

---

[1]《温斯坦莱文选》，商务印书馆1979年版，第190页。
[2] 同上，第15页。
[3] 同上，第133页。

行为都要有法可依，而且法律要四时不同，时时适应。温斯坦莱说："对每件事情和人们的几乎所有的行为，都应该规定适当的法律，因为一项法令不能适用于一年四季，而一年的每一季和人们的每一个行为都应该有自己特殊的法令，来规定维持一定的秩序。例如，在耕种的季节，就要有解释得很正确的法律来调整这一工作；在收割的季节，就应该有要求按时进行收割的法律。"① 他认为只有如此，法律才是健全和普遍的。

第三，国家法律必须严格施行的原则。温斯坦莱认为，政府的真正生命在于法律的执行，议会的法律在通过后一个月再生效，以便人们有机会表达自己的意见或在同意的情况下，了解并熟悉法律以便遵行。

为了实现上述原则，温斯坦莱亲自为理想共和国设计行政法、诉讼法等基本法律和其他一些法律。他所希望制订的法律，主要的有：管理国家的专门法律、耕种法、游手好闲惩治法、仓库法、监督人法、买卖惩治法、航海法、金银法、公职人员选举法、背叛惩治法、失去自由人法、奴隶恢复自由法、婚姻法等等。温斯坦莱是西方空想社会主义法哲学家亲自制定理想社会法律方案的第一人。可惜的是，所有这一切都不过是脱离现实的唯心主义空想，不仅为当时的社会所不容，即使到了以后，也不可能像他计划的那样事事立法、时时立法。因此，这一时期的空想社会主义法哲学及其代表人物，仍然处于比较幼稚的理论发展阶段。这一点，同样表现在梅叶、摩莱里、马布利等人的身上。

四、梅叶的反戈一击和"回到自然状态去"的空想

梅叶（Jean Meslier，1664—1729年）出身于法国纺织工人家庭。1687年，梅叶从宗教学校毕业后，被派往香槟省埃特列平低级教区担任教职长达四十余年，直至逝世。他表面上温和谦恭、忠于职守，内心是刻骨仇恨宗教观念以及整个封建社会制度。在他晚年，当面临失明危险时，写下了长达三百六十六页的长篇《遗书》，高举唯物论和无神论的大旗，无情地批判封建的政治法律制度，号召人民起来反抗、推翻暴君的罪恶统治，创造真正平等的自由世界。

梅叶在《遗书》中，批驳了宗教教义和神学迷信，强调世界的"始因"不是根本就不存在的上帝，而是"物质粒子"，一切"精神存在物""永远不能影响物质，对它产生任何作用，或在它上面留下任何痕迹。"② 从朴素的唯物论出发，梅叶批判了"原罪"说，认为"原罪"说本身即表明"这样的上帝是应该仇恨、厌恶和诅咒的……因为他比世上过去所有和今后可能出现的一切残酷的暴君还要残酷。"③ 在阐明上帝不过是"编造"的"哑

---

① 《温斯坦莱文选》，第119页。
② [法]让·梅叶：《遗书》第2卷，商务印书馆1959年版，第204页。
③ 同上，第68页。

谜"并做了无情的鞭挞之后,他转而愤怒"斥责那些暴君、狠毒的财主和一切有钱有势的人"①。他把攻击的矛头首先指向作为封建国家总代表和最高统治者的国王。梅叶引用柏拉图给暴君下的定义:"能够在社会中专横地为所欲为的人",指出现在的暴君比之柏拉图时代的暴君有过之而无不及,他们本应"英明地治理人民,遵守正义和法律",然而他们却把个人意志当作国家的法律,依靠军队和官吏横征暴敛,敲骨吸髓。他还指斥贵族、僧侣和奸臣"都是些嗜血的和残酷的压迫者","是一群令人发指的暴徒"②。而封建专制的政治法律制度,就是"大人物的暴政"③。梅叶指出,法官、检察官、律师、公证人等,都假借法律的名义对人民又骗又抢;大小官员、警官,都在为国王服务的名义下,"依法"蹂躏、欺凌穷人。面对残酷的现实,梅叶号召人民"行动起来,举行起义,——这就是不幸者的最后手段"④。

在抨击黑暗、号召人民起义的同时,梅叶根据流行的"自然法"观点,从人人生而平等的抽象原则出发,宣称每一个人都"同样有权在地上生活和立足,同样有权享受天赋的自由和他的一份世间福利,人人都应当从事有益的劳动,以便取得生活中必需的和有益的东西"⑤。梅叶主张回到远古"自然状态"的"黄金时代"去,认为那时没有私有财产,人们是地位平等的,没有奴役和贫困;只是由于贪婪和浪费,才破坏了公有制,破坏了自然法权,开始了社会不平等的苦难历程。据此,他进而构想了未来的理想社会。那是一个公有制的社会,人类在平等的基础上共同占有和享用一切社会财富,法律保证杜绝愚弄、欺诈、偷窃和抢劫等罪行。他认为,在未来的理想社会里,"必须制定良好的法律,发布旨在始终能促进繁荣和增进公共福利的命令,而且无论如何都必须根据时间、地点和环境的条件来发布命令"⑥。和梅叶的无神论深深影响了伏尔泰、卢梭一样,他的空想社会主义法哲学也深深影响了摩莱里和马布利。

五、摩莱里的"理性"尺度

摩莱里(Morelly 为笔名,作者注)著有《人类理智论》(1743 年)、《人心论》(1745 年)、《君主论》(1751 年)、《巴齐里阿达》(1753 年)和《自然法典》(1755 年)等。其中《自然法典》成了空想社会主义法哲学发展时期的宝贵文献。在《自然法典》中,摩莱里的空想社会主义法哲学的理论基点和主要内容是,主张"理性"是权衡法律制度对错是非的唯

---

① [法]让·梅叶:《遗书》第 3 卷,商务印书馆 1959 年版,第 216 页。
② 同上,第 2 卷,第 85 页。
③ 同上,第 122 页。
④ 同上,第 231 页。
⑤ 同上,第 82 页。
⑥ 《十八世纪法国哲学》,商务印书馆 1979 年版,第 731 页。

一尺度。他认为，存在着一种永恒不变的理性，社会生活、人类历史、法律制度等等，都要用"理性"来加以检验，以定取舍。摩莱里指出，远古人类的自然状态最符合"理性"，因为那时实行的是公有制，这种公有制的社会如同一部奇妙的自动机，"它的齿轮、平衡锤、发条、效力，一切都经过准确调节，经过衡量，一切都已预先规定。……一切都被引向唯一的共同的目标"[1]。当社会演变到私有制占统治地位时，一切都变得不合"理性"了，立法者制订了维护私有制的法律，"这些法律，由于规定对自然产品及自然界的成分本身实行骇人听闻的分割，由于对本应保持完整，或者因某种偶然原因被分开，但仍应恢复原状的东西进行瓜分，这就助长和促进了整个社会性的破坏"[2]。这种法律本身就不合理，所以它们不是对人们加重了压迫，就是给人们增加了新的负担。为了维持自己的摇摇欲坠的威信，法律时常把无罪的行为变为罪行。"[3] 为此，必须使社会仍然恢复到符合"理性"的公有制社会去。总之，一切都以"理性"为取舍。这种"理性"论法哲学观，是空想社会主义法哲学家摩莱里的一个显著特色。

六、"自然法典"：未来社会的法律

摩莱里把未来社会的法律——"自然法典"分为基本法和单项法两部分，而其三条"基本法"是"可以从根本上消除社会的恶习和祸害的基本的和神圣的法律"，具有决定性的意义。这三条"基本法"是：(1)"社会上的任何东西都不得单独地或作为私有财产属于任何个人，但每个人因生活需要、因娱乐或因进行日常劳动而于当前使用的物品除外。"[4] 简而言之，就是在区分生产资料与生活资料的前提下，实行生产资料公有制，废除私有制。(2)"每个公民都是依靠社会供养，维持生计和受到照料的公务人员。"[5] 这是为了保证公民的生存权和劳动权，实际上是为了消灭寄生现象和剥削现象。(3)"每个公民都要根据自己的力量、才能和年龄促进公益的增长。据此按分配法规定每个人的义务。"[6] 这补充了第二条的规定，含有"各尽所能"的意思。

单项法共十一项，分别对生产、分配、行政、婚姻与家庭、教育、刑事等方面作出法律规定。这些单项法是：分配法或经济法、市政法、土地法、治理法、取缔奢侈法、政府组成法、行政管理法、婚姻法、教育法、研究法、刑法。

摩莱里认为，他的这一"自然法典"是完整的、"符合自然要求"的法律体系；在这

---

[1] [法]摩莱里：《自然法典》，商务印书馆1982年版，第24页。
[2] 同上，第50页。
[3] 同上，第154页。
[4] 同上，第106页。
[5] 同上，第107页。
[6] 同上。

个法律体系基础上建立的社会，有一个共同的口号，即"理性要求，法律命令！"他就是这样地从"理性"出发，通过构筑"自然法典"而显现其空想社会主义法哲学的基本面貌，起了承继莫尔、康帕内拉，开启通往19世纪空想社会主义法哲学思潮顶峰的桥梁作用。

七、"健全的理性"：马布利法哲学的出发点

马布利（Gabriel Bonnot de Mably，1709—1785年），出身于法国一个司法界贵族家庭。曾担任过修道院长，后从事古典文学和古代史研究。1740年后，与孟德斯鸠过从甚密。后又担任过外交部部长秘书。1746年自动离开官场，靠养老金维持生活，专心致力于著述。1792年法国里昂曾出版过十五卷本的《马布利全集》。其中《哲学家经济学家对政治社会的自然的和必然的秩序的疑问》(1768年)、《论法制或法律的原则》(1776年)、《论公民的权利与义务》(1768年著，1789年出版)等著作，比较集中地论及法律问题，可以从中窥见他的法哲学梗概。

马布利所处的时代，正是成长中的法国无产阶级掀起自发斗争和起义的时期。恩格斯曾经指出："伴随着一个还没有成熟的阶级的这些革命武装起义，产生了相应的理论表现；在16和17世纪有理想社会制度的空想的描写，而在18世纪已经有直接共产主义的理论（摩莱里和马布利）。"[①] 这当然不是说马布利等的"共产主义的理论"与马克思列宁主义的科学社会主义理论之间可以画上一个等号，因为前者仍旧属于空想社会主义的范畴。马布利曾这样援引西塞罗的话来阐明自己的观点："人所具有的只有一项权利，规定权利的只有一项法律，这项法律就是健康的理性，理性指示我们应当命令什么和禁止什么。"[②] 十分清楚，马布利法哲学以至全部政治、社会、法律观点的核心，就是"健康的理性"。正是在这一点上，他与从柏拉图到温斯坦莱有相通之点，而与马克思列宁主义的经典作家们分道扬镳。

马布利认为："我自身的理性是我的首席法官、我的第一统治者和我的国王。"[③] 这更证明马布利步入的不过是主观唯心主义的范畴。

八、批判和构想

马布利法哲学观的主要内容为：

第一，违反理性的封建法制应当批判并以革命手段加以推翻。马布利说："自然界以

---

① 《马克思恩格斯选集》第3卷，第57—58页。
② [法]马布利：《马布利选集》，商务印书馆1961年版，第160页。
③ 同上。

千百种的不同方式在向我们说：你们都是我的孩子，我同样地爱你们每一个人，我给你们以同样的权利，我使你们担负同样的义务，所有的土地都是你们每一个人的财产，你们在离开我的怀抱的时候都是平等的。"[1]"自然界没有创造国王、统治者、庶民和奴隶，它给我们制定了一条规律：为了成为幸福的人而工作。……每一个人都是一个有权治理世界规模的大国的君主。"[2] 然而，私有制却造成了经济上、政治上的不平等，由于实行私有制，"马上就会出现不公正和暴虐的政府，制定偏袒而具有压制性质的法律，一句话，折磨人民的一切灾难都要降临。"[3] 在马布利看来，私有制不是理性的产物，而是欲念的产物。对于这种违反理性的封建法制和封建政权，马布利认为应当允许人民用暴力予以推翻。他指出："公正的原则是允许人民拿起武器，反抗破坏法律或滥用法律来窃取权力的压迫者的。"[4]

第二，理性指导下的法律与自然法是一致的。马布利说："法律和一切政治管理机器，只是为了帮助我们的几乎经常无力对付欲念的理性而制定出来的。"[5] 他认为法定的权利来自人的自然本性，政治秩序应与自然秩序和谐，自然法是符合人类理性的永恒不变的自然规律。应当承认，马布利是一个自然法理论的拥护者，他的法哲学没有脱出自然法哲学的窠臼。但是，他的法哲学与一般自然法理论又有很大的不同，这就是他的"直接共产主义理论"亦即空想社会主义的理论，包括空想社会主义法哲学观。

第三，实行平等、民主、符合理性的立法，以消灭私有制，取消财产继承，过渡到共产主义的理想共和国去。马布利说，他在读一本旅行家游记时，"一直怀着一个愿望，想到那里去建立一个共和国，在这里，人人都是富人，人人都是穷人，人人平等，人人自由，人人是兄弟，这个共和国的第一条法律就是禁止财产私有"[6]。他主张取消商品和商品交换，劳动产品实行按"需"分配。而一切均以"理性"这一"首席法官"为裁决标准。他说自己想建立一个比柏拉图的共和国还要完美的共和国，但可惜没有"建筑这所房屋的材料"，因此寄厚望于"立法者"，"如果立法机关掌握在人民手里，那么，请你相信，人民不久就会有最英明和最有益的法律。"[7]

---

[1]《马布利选集》，第97页。
[2] 同上，第120页。
[3] 同上，第95页。
[4] 同上，第148页。
[5] 同上，第122页。
[6] 同上，第170页。
[7] 同上，第165—166页。

第三十章　空想社会主义法哲学的顶峰

空想社会主义法哲学从早期受宗教神学严重束缚的莫尔、康帕内拉，经过温斯坦莱、梅叶、摩莱里和马布利，到19世纪初的圣西门、傅立叶、欧文，达到了顶峰，为马克思主义法哲学的形成提供了丰富的理论营养。恩格斯曾高度评价顶峰阶段的空想社会主义理论："德国的理论上的社会主义永远不会忘记，它是依靠圣西门、傅立叶和欧文这三位思想家而确立起来的。"①

一、圣西门的"新的哲学"和法学道路："万有引力"哲学与"实业社会"法律

圣西门（Claude Henri de Saint-Simon，1760—1825年）生于一个败落的贵族家庭，自称为查理曼大帝的后裔。十七岁时曾从军，但他深信"我的天职根本不是当一个军人……研究人类理性的进程，以便将来为改进人类的文明而努力——这就是我为自己规定的目的。"② 为此，他从军队退役后，常提出各种改造社会的宏大计划；举办沙龙，邀请名人以为观察对象，探讨人类的情欲和性质。1797年起从事地产、金融投机而成为巨富，但不久又一贫如洗，不得不受雇于人当誊抄员。1802年写了《一个日内瓦居民给当代人的信》，由于贫困不能印制，不得不自抄几十部书送社会名人，自诩"开辟了一条新的哲学道路"，"有了非常重要的发现"，并请求资助。1823年，曾因自杀未遂而右眼失明。1825年逝世前曾说："我一生只有一个念头，就是要为一切人保证其才能的最自由的发展。"③ 其著作有《论万有引力》（1813年）、《人类科学概论》（1813年）、《论欧洲社会的改组》（1814年）、《论财产和法制》（1818年）、《论实业制度》（1821年）、《论新旧政治制度》与《实业家问

---

① 《马克思恩格斯选集》第2卷，第300—301页。
② [法]圣西门:《圣西门选集》第1卷，商务印书馆1979年版，第147页。
③ 《西方社会思想史》，第460—461页。

答》(1823—1824年)、《新基督教》(1825年)等。

圣西门所"开辟"的"新的哲学道路",叫作"万有引力哲学"。他认为,"万有引力的观念应当成为新哲学的理论基础,而欧洲的新政治体系应是新哲学的成果。"[①] 他企图以力学观点来解释世界,把"万有引力"看作是支配宇宙万事万物的普遍规律,而且是一般的、统一的和不变的规律。由此出发,他认为人类社会因受"万有引力"的支配而呈现出有规律地发展的状态,是一个连续的、上升的、进步的过程。他把人类社会的历史发展划分为五个时期:人类的"开化时期"、古希腊罗马的奴隶社会、中世纪神学的封建制度、封建制度解体的"过渡时期"或"新封建制度"社会和未来的"实业制度"社会。在论述社会发展的动力时,圣西门认为有经济发展、阶级斗争和理性因素三者。在论及经济发展与阶级斗争作为社会发展的动力时,圣西门表现出了些许唯物主义的哲学观,但当他论及理性因素时,却又陷入了唯心主义的泥淖。他认为:"研究人类理性至今走过的道路,将向我们指明人类理性在科学活动和幸福道路上还应该迈出哪些有益的步伐。"[②] 他把人类历史看成为人类理性进化的历史,分为神学阶段、形而上学阶段和实证阶段,并认为在这三个阶段中起伟大作用的,分别是知识界的下列天才:祭司和教士;思辨的形而上学者;实证主义者。他坚持天才论,认为伟大的天才是人类的救星,而他自己就是这样的天才。于是,他就以天才和救星的姿态对当代的资本主义法律制度进行批判并为人类的未来设计一套"崭新的"法律制度。

圣西门抨击现行的资本主义法律制度特别是宪法"根本不合乎理性"。他认为法国革命之后照抄英国法律是"给自己制造新的枷锁"[③],是造成社会灾难的一个重要原因。他指出,法国宪法没有兼顾自由、财富和造福社会三者,没有解决所有制问题,因而使得法国变成了一个"黑白颠倒的世界":穷人不得温饱,却不得不"依法""每天使自己失去一部分必要的生活资料",去"增加大财主的多余的财产";"最大的罪犯……掌握着惩罚违反社会秩序的小罪犯的权力";"没有才能的人统治着有才能的人,没有道德的人支配着善良的公民……"[④]。法制中的立法方面如此,司法方面也不例外。圣西门揭露当时的司法机关中,"由最低级的文书到最高的司法大臣",都"一鼻孔出气",为"贪得无厌的权力欲"所支配,[⑤] 连"整个法学家等级……都怀有反对民族利益的情绪"而追逐个人的私利。[⑥]

圣西门把"理性"作为立法的根本指导思想,他说:"法律本身依附于一个更高的和更普遍的法律,即自然法则。凭借这一法则,人类理性取得了不断地进步,一切政治社会

---

① 《圣西门选集》第1卷,商务印书馆1979年版,第89页。
② 同上,第42页。
③ 《圣西门选集》第1卷,商务印书馆1962年版,第224页。
④ 同上,第275页。
⑤ 同上,第267页。
⑥ 同上,第252页。

得到了改变和改进其制度的权利。这个最高法则将防止我们的子孙后代受到任何性质的法令的束缚。"① 从这一"理性"出发，圣西门先验地设想了一整套未来社会的法制。这一法制根本上是有利于他所大力主张的"实业制度"的发展的。它以宪法为根本，加上"比宪章有重大得多的意义的法令"②，其中包括保证良吏择用的选举法，有利于"实业制度"的财政法，吸引农民缴纳一定的土地税的法案，使土地所有者愿意把土地交给别人耕种的法案，动员地产由国家支配的法案、改革现行司法制度的专门法令，等等。

二、傅立叶的"情欲引力"和"法郎吉"

傅立叶（Charles Fourier，1772—1837年）出生于法国的一个富商家庭。1792年开始独立经商。在1793年的法国大革命中几乎丢了性命，因此对暴力革命抱有极大的反感。此后，他仍长期从事商业活动，同时努力博览群书，自学了哲学、经济学、政治学、历史学、伦理学、教育学和大量的自然科学知识。其主要著作有《关于四种运动和普遍命运的（普遍统一）理论》（1808年）、《宇宙统一论》（又名《论家务和农业协作社》，1822年）、《论情欲的力量》（1812年）和《新的工业世界和协作的世界》（1827年）等。

恩格斯说，傅立叶的理论基础早在1799年就已经奠定了。这一理论基础被傅立叶本人称为"世界运动规律"、"情欲引力"。他正是从这样的理论基础出发构筑他的空想社会主义法哲学的。

傅立叶的"世界运动规律"简单说来就是"数学规律"。他认为，"大自然是由三个永恒的、自生的、不可毁灭的原则组成的"，这三个原则一为"上帝或神意即积极的作为动力的原则"，二为"物质即消极被动的原则"，三为"正义或数学即调节运动的原则。"③ 在这里，他虽然把"上帝"作为"动力"来对世界做"积极的"推动，但"上帝"在推动物质与改变物质的时候"是按数学规律行事"的④。因此，实际上不是"上帝"在主宰世界，而是"数学规律"在推动世界的发展。他认为，在"数学规律"的支配下，宇宙采取了四种重要的运动形式：一为"社会运动"，二为"动物运动"，三为"有机运动"，四为"物质运动"。其中最主要的是"社会运动"。他认为人类的历史经历了蒙昧、宗法、野蛮和文明四种社会制度。而"文明制度"即当时的资本主义制度下的经济、政治、法律、道德和哲学都应予以否定，因为那是一个"颠倒世界，社会地狱"⑤。他立志要"消灭这个制度"⑥。

---

① 《圣西门选集》第1卷，商务印书馆1962年版，第231页。
② 同上，第231页。
③ [法]傅立叶：《傅立叶选集》第3卷，商务印书馆1979年版，第209页。
④ 同上，第1卷，第28页。
⑤ 同上，第3卷，第321页。
⑥ 同上，第1卷，第231页。

傅立叶以其"几乎每一页都放射出对备受称颂的文明造成的灾祸所作的讽刺和批判的火花"①的论文,对资本主义法律制度做了有力的揭露和批判。他说,资本主义的法律制度对人民大众不过是欺骗和陷阱,因为它仅仅保护少数人的利益。资本主义宪法保护的是"代议制政体"这一"巩固了罪恶"的"十足的骗局"②。他还批判资本主义宪法规定的人民的民主权利不过是"幻想的权利",它不仅没有带给人民现实的利益,反而不过是"对他们的一种侮辱"③;同样,人权、平等、自由等也不过是对劳动人民的嘲弄。对资本主义法律所保护的资产阶级的婚姻家庭制度,傅立叶也作了尖刻而猛烈的批判。他指出,资本主义法律所维护的整个"文明制度过去是,将来也只能是一切罪恶的渊薮"④,而"犯罪——乃名副其实的文明制度的灵魂"⑤。

傅立叶空想社会主义法哲学由对资本主义法律制度的揭露与批判和对未来社会法律制度的构想两部分组成。后者建立在他的"情欲引力"的理论基础上。他认为,"情欲"为人的本性,因此,"情欲引力"就成了人类社会发展的动力。他说,上帝在"数学规律"的支配下把情欲赋予每一个人,使之成为人的基本特性,而社会运动就是由人的情欲与物质财富之间的矛盾所推动的。由情欲所产生的有两种力量,一为"情欲引力",它可使社会协调;一为"情欲斥力",它将使社会冲突。他认为他"所发现的第一种科学"就是"情欲引力论",而"情欲引力的规律在各个方面都符合由牛顿和莱布尼茨所阐明的物质引力规律"的。⑥在这一点上,他与圣西门的"万有引力哲学"既有一致的一面,又显得有所"深化",即深入到对社会运动的分析和对未来社会理想,包括法律制度的构筑上去了。

傅立叶所设想的未来社会叫作"法郎吉"。这是一种"和谐制度",其法律制度是上帝为人类社会生活规定的法则即"社会法典"。他写道:"为了把我们的社会引向幸福,就必须力求认识上帝本应为我们制定的社会法典。"⑦这一《社会法典》的基础就是"情欲引力",要了解《社会法典》的内容,就必须研究人的各项情欲。在傅立叶看来,以往一切社会制度都极不合理地压制大多数人的情欲,只有"社会法典"所保护的实行"和谐制度"的"法郎吉",才能充分满足人的情欲。理想的法律制度都应用来创造一种社会环境,使每一个人的情欲得到满足。

---

① 《马克思恩格斯选集》第3卷,第305页。
② 《傅立叶选集》第1卷,商务印书馆1979年版,第69页。
③ 同上,第154页。
④ 同上,第2卷,第27页。
⑤ 同上,第40页。
⑥ 同上,第1卷,第11—12页。
⑦ 同上,第4卷,第69页。

三、欧文的"犯罪的世界"和"新协和公社"

欧文（Robert Owen，1771—1858 年）出生于英国蒙哥马利郡的牛顿城。十岁时进衣料店当学徒，十九岁时成了曼彻斯特一家大棉纺厂的管理人，后来成了经理。二十九岁后开始了慈善事业，并逐步从慈善家走向空想社会主义。他开始从事社会改革的实验：在苏格兰克莱德河谷的拉纳克建立"模范移民区"。后来，欧文谈及此事时说，开头工人们"对我像对外国人一样毫无好感，对我准备进行的改革也非常不高兴"①，经过改革，"全体居民的性格改变了：从懒惰、肮脏、嗜酒、愚蠢和不道德变成了非常勤勉、不饮酒、积极、清洁和有道德。他们在所有这些方面都达到了很高的水平，甚至远远超过他们在最近所处的经过改革的环境中所能达到的地步。"②试验的成功，使欧文名声大噪，震动全欧洲。但欧文不满足于这些成就，于 1824 年前往美国印第安纳州建立"新哈蒙尼"（New Harmory）——"新协和公社"，但到 1828 年因管理形式上的意见分歧和宗教问题而失败。1829 年欧文回到英国。此后即转向工人阶级，成了当时工人运动的领导人。恩格斯曾这样评价欧文的活动："当时英国的有利于工人的一切社会运动、一切实际成就，都是和欧文的名字连在一起的。"③1839 年到 1845 年，欧文又在英国汉普郡组织示范性公社，即"协和大厦"。失败后，去了美国。八十二岁时，欧文成了一个唯灵论者。他的主要著作有《新社会观或论人类性格的形成》（1813—1814 年）、《新道德世界书》（1842—1844 年）、《人类思想和实践中的革命》（1849 年）等。

欧文空想社会主义法哲学的哲学理论基础是 18 世纪的法国唯物主义。恩格斯说："罗伯特·欧文接受了唯物主义启蒙学者的学说，认为人的性格是先天组织和人在自己的一生中、特别是在发育时期所处的环境这两个方面的产物。"④欧文自己也说："一切事实都证明，人过去是、现在是、将来也永远是他从有生之日起终身所处好的或坏的、有益的或有害的环境的产物。"⑤欧文所说的"环境"，是指人类的整个状况，主要是指人所处的社会环境。从这种环境决定人性格的唯物主义观点出发，欧文认为只有由良好环境决定的善与恶劣环境造成的恶这两个因素能够支配人类。善导源于事实，导致真理、团结和幸福；恶导源于幻想，导致虚伪、不和和灾难。从古到今，恶的因素一直在支配世界。社会存在的一切罪恶都是由不合理的社会制度产生出来的，为此就要消灭产生罪恶的社会制度。由此，欧文坚定地认为并着手批判英国资本主义的政治和法律制度，并设计他的理想的社会

---

① [英]欧文：《欧文选集》下卷，商务印书馆 1965 年版，第 101 页。
② 同上，第 96 页。
③ 《马克思恩格斯选集》第 3 卷，第 304 页。
④ 同上，第 302 页。
⑤ 同①，第 71 页。

蓝图。

欧文空想社会主义法哲学的法学理论基础，是关于自然法的古典法哲学理论。他把法分为自然法与人为法两大类，二者是截然不同的，无论就立法依据、立法目的来看，还是就法律效果来看，都是如此。他说："自然法本身决定着应当施用于人类的唯一公正的奖惩；自然法在一切情况下都足以达到自然界所提出的目的，足以保障一切国家和各种气候条件下的人民得到幸福；它们与毫无意义而没有远见的人为的法律不同，始终符合于为他们所提出的目的。这一目的显然在于增进人的知识和幸福。"① 这就是说，自然法的立法依据是"自然界所提出的目的"；自然法的立法目的是"增进人的知识和幸福"；自然法的法律效果必然是"保障一切国家和人民得到幸福"。在欧文看来，自然法是一种"神圣法则"，它能够自动地起作用。他写道："早已深入人心而为人们所深切理解的神圣法则，会使人们变成有理性的人。那时，人们将不需要社会操心和花费，就可以永远合乎理性地感受、思考和行动。这样一来，现在那些为预防犯罪而毫无效果地应用惩罚方法的无用机关和其他措施，在各方面都没有存在的必要了。"② 和自然法相反，人为法"在人身上制造出各种各样的仇恨之心和没有理性的感情"，"制造犯罪，然后又惩罚犯罪的人"③。欧文据此批判了英国的"人为法"，并设计了实行自然法的未来社会。

在批判英国的"人为法"时，欧文首先指出，"现行的制度实质上是依靠人们违反自然法所制定的奖惩规则来支持和管理的一种制度。这种制度是人为的，它始终在制造犯罪和灾难"④。其次，他指出，维护这种制度的是"人为法"。他说："人为的法律旨在维护不正义的行为，赋予压迫者和一般不本分、不诚实的人以额外的权力去欺侮无辜和正直的人。只要社会准许人为的法律、法律家和一切司法工具存在，这种后果就是不可避免的。"⑤ 第三，他认为"人为法"无论怎样修改补充都毫无意义："人们就是这样永无休止地增加人为的法律来反对自然法，但始终毫无成就。""由于把始终同自然法相抵触的人为的法律强加于各国人民，并且不断增加这种法律，妄想由此修正以前公布的种种法律，所以世界已经变成并继续成为犯罪的世界，而且随着这些人为的法律的增加，犯罪事件也有增无已。"⑥ 根据上述分析，他直接抨击"不列颠政府""是一个坏政府"；它"在不了解人性的基础上制定了法律，又根据这种法律建立制度，这种制度使人民群众处于精神上屈辱的愚钝状态和极端的贫困境地"；"并逐渐堕落到犯罪的地步"⑦。总之，资本主义英国的人为

---

① 《欧文选集》下卷，商务印书馆1965年版，第15页。
② 同上，第137页。
③ 同上。
④ 同上，第14页。
⑤ 同上，第15页。
⑥ 同上，第14页。
⑦ 同上。

法律是"坏政府"、"坏制度"、"贫困"和"犯罪"的根源。

在设计未来社会理想蓝图时，欧文把希望寄托在制定和实施自然法上。欧文的未来社会制度以生产资料公有制为基础，是一个实行按需分配的共产主义社会。为此，欧文以他设想中的自然法为"蓝本"制订"组织法"来规定组织未来社会的基层单位"新协和公社"；制订"刑法"来预防犯罪，他认为预防犯罪远胜于惩罚犯罪；制订"婚姻法"来保证妇女解放和男女平等；还制订"国际法"来制止战争和实现国际平等。

综观圣西门、傅立叶、欧文的空想社会主义的法哲学观，他们在哲学上都接受了18世纪法国唯物主义启蒙学者的思想，但在对社会历史的分析和未来社会的设计上，又都陷入了历史唯心主义；在社会学和法学理论上，他们都从人性论、理性观和自然法哲学中寻找工具；他们对资本主义的社会、政治和法律制度做了无情的揭露和批判；又为未来社会设计了一些不可能实现的方案，其中包括法制方案。

空想社会主义法哲学发展到圣西门、傅立叶和欧文的时代，已经达到了顶峰。这是由于无产阶级已经成长并开始斗争，一种新型的社会制度行将成为现实，"空想"的时代必定随之结束。

第三十一章　马克思主义对法哲学的革命性改造

马克思主义诞生以前，万千法律思想家殚精竭虑、皓首穷经地毕生探索法哲学原理，虽然无不显示了他们杰出的智慧，贡献了他们思想的精华，留给我们很多教益与启示，但是，由于这些思想打上了剥削阶级的深刻烙印，背着唯心主义和形而上学的沉重枷锁，因此未能为科学法哲学的建立做出全面的贡献。只有在马克思主义诞生以后，社会科学的一切重大问题，包括科学法哲学的问题，才得以在唯物主义和辩证法的指导下逐步解决。

"马克思主义法哲学"是一个涵盖面极为宽广的概念；马克思主义本身也告诫人们，人类完全有能力在实践斗争中沿着绝对真理的长河搏击前进，却不可能穷尽绝对真理。因此，我们可以说，我们开始了或正在进行着马克思主义法哲学体系的探索和构筑，但不能说马克思主义法哲学体系业已完功。有鉴于此，也囿于篇幅所限，本书仅对马克思个人的法哲学观作一概述。

一、马克思的法哲学著作

马克思主义法哲学长征队伍的举旗人是卡尔·马克思（Karl Marx，1818年5月5日—1883年3月14日），生于普鲁士莱茵省特里尔城一个律师家庭。曾先后就学于波恩大学和柏林大学法律系。1841年获哲学博士学位。1844年8月会见恩格斯，从此并肩为无产阶级革命事业共同斗争终生。1847年加入并领导了共产主义者同盟。翌年，与恩格斯共同起草了该同盟的纲领，即科学共产主义的纲领性文献《共产党宣言》。1864年9月马克思在伦敦建立了国际工人协会，即第一国际，并成为它的领导者。在毕生投入并领导无产阶级革命的紧张斗争过程中，马克思撰写了《神圣家族》（1844年）、《德意志意识形态》（1845—1846年）、《哲学的贫困》（1847年）、《1848—1850年法兰西阶级斗争》（1850年）、《路易·波拿巴的雾月十八日》（1852年）、《政治经济学批判》（1859年）、《资本论》（1867年出版第一卷；第二、三卷在他逝世后由恩格斯整理出版；第四卷即《剩余价值理论》，在恩格斯逝世后出版）、《法兰西内战》（1871年）、《哥达纲领批判》（1875年）等流芳千古的不朽著作。

恩格斯在谈到马克思的伟大功绩时指出："马克思发现了人类历史的发展规律"，"还发现了现代资本主义生产方式和它所产生的资产阶级社会的特殊的运动规律"；马克思是"科学巨匠"，但是"马克思首先是一个革命家"①。同样，马克思在发展法哲学方面的工作，也作出了一个"科学巨匠"和"革命家"的贡献。这种贡献，就其完成的形态来看，是建立在辩证唯物主义和历史唯物主义坚实基础之上的。

二、崎岖山路上的法哲学探索

马克思青年时期，曾受到各种思潮的影响。在哲学方面，他开始曾受费希特和康德的理性主义哲学的影响，后来又为黑格尔哲学所深深吸引，并成为"青年黑格尔派"的一员；在人生观方面，他曾深受柏林大学颇具民主主义思想的法学教授爱德华·甘斯的熏陶。这样，马克思在创立马克思主义法哲学之初，就不能不跋涉在峰回路转的崎岖山路和深浅莫测的急流险滩之间。

马克思在其中学的作文中曾这样写道："在选择职业时，我们应该遵循的主要指针是人类的幸福和我们自身的完美。"②他的父亲也谆谆教导他追求自由和民主并投身法律事务以实现其人生抱负。因此，马克思于1835年10月进波恩大学法律系学习。在当时的马克思看来，法律是公平、正义的化身，法律事务是一种高尚的职业，他正可借以"为人类的幸福"劳动，施展自己的才华。因此，它成为马克思大学期间观察法律、研究法学的重要理论指导思想。1836年10月，马克思转学于柏林大学法律系。当时，马克思已开始不满足于理想主义的法律观，他企图在理想主义指导下建立他自己独特的无所不包的新的法哲学体系。为此，他夜以继日、如饥似渴地阅读了约·海奈克齐乌斯的《按照〈罗马法全书的体系〉次序叙述的民法原理便览》、安·蒂博的《罗马法全书的体系》等书；把《罗马法全书》头两卷译成了德文；修习了《罗马法》《教会法》《刑法》《德国普通民事诉讼》《普鲁士民事诉讼》等大量课程。当时马克思试图构筑的新法哲学体系分为两大部分：一为《法的形而上学》，涉及法的原则、思维、定义；二为《法哲学》，论述法的先验原则在罗马法中的体现，分为"形式法"与"实体法"两种学说。在他撰写的同时，他的哲学世界观已经受着新思潮的冲击，使他逐渐感到康德、费希特理想主义世界观的缺陷，有必要寻找新的世界观作为其新的法哲学体系的基础。

这个"新的世界观"就是黑格尔的哲学思想。1837年夏秋，马克思利用患病休息的时间，"从头到尾"研读了黑格尔的主要著作和黑格尔"大部分弟子的著作"，从而和黑格尔

---

① 《马克思恩格斯选集》第3卷，第574—575页。
② 《马克思恩格斯全集》第40卷，第7页。

的"现代世界哲学的联系""越来越紧密了"①。马克思称黑格尔哲学在当时成了他的"精神依托",并已被黑格尔所"征服"。他批判了自己先前构筑的"新法哲学体系"的矛盾与错误,从而因其"全部体系的虚假"而放弃这一"倒霉的作品"的工程。马克思分析其探索"新法哲学体系"初战失败的原因时说:"这里首先出现的严重障碍正是应有的东西和现有的东西之间的对立,这种对立是唯心主义所固有的;它又成了拙劣的、错误的划分的根源。"②从此,马克思"从理想主义……转而向现实本身去寻求思想"③。

"新法哲学体系"构筑工程的失败,使马克思认识到科学的哲学指导在探索法哲学中的极端重要性。从此,他大力研究哲学问题,写出了著名的博士论文《德谟克利特的自然哲学和伊壁鸠鲁的自然哲学的差别》。在该论文中,马克思表达了其时的哲学世界观:既强调人的自由、价值与尊严,又重视环境的作用;既要对现存世界进行批判,又要采取行动来改造世界。

三、在革命斗争的实践中探索科学的法哲学

1841年12月24日,德皇威廉四世颁布了新的书报检查令以进一步扼杀德国的民主自由运动。义愤填膺的马克思毅然放弃了去大学执掌教席并作理论研究的计划,投入了革命斗争,开始了他辉煌的政治生涯。1842年1至2月,马克思写了《评普鲁士最近的书报检查令》。在这篇文章中,马克思以《书报检查令》是不合理性的法律为由,对同样不合理性的普鲁士政府进行了尖锐的批判。这显然与黑格尔关于国家理性的观点如出一辙。但黑格尔是把国家当作普遍利益的代表而无视社会体系中各种利益的对立,马克思却已意识到现实生活中的国家充满着极为深刻的矛盾,只有那种自诩为国家理性的独裁者和同人民对立的政府,才会颁布惩罚思想方式的法律。这意味着马克思已超越了黑格尔,发现了国家的固有矛盾,从而为他根本改造社会的革命思想奠定了基础。

1842年4月,马克思成了《莱茵报》的撰稿人,撰写了《关于出版自由》的辩论等重要文章。在《关于出版自由和公布等级会议记录的辩论》一文中,仍然清晰可见黑格尔关于国家理性的观点,康德的自由观也若隐若现地可以察觉。马克思在文中指出,"在衡量事物的存在时我们应当用内在思想实质的标尺"④,即理性的标尺;强调"法制不是压制自由的手段,……法律是肯定的、明确的、普遍的规范,……法典是人民自由的圣经"⑤。《关于出版自由和公布等级会议记录的辩论》一文表明,马克思其时已进一步发现并关注"国

---

① 《马克思恩格斯全集》第40卷,第379页。
② 同上,第384页。
③ 同上,第395页。
④ 《马克思恩格斯全集》第1卷,第61页。
⑤ 同上,第71页。

家"的内在"矛盾"了。他看到"在关于出版的辩论中，特殊等级精神表现得无比明确而完备。出版自由的反对派更是如此。""所以，在这里论战的不是个别的人，而是等级。"① 也就是说，只是等级利益在左右立法。这一发现，势必冲击马克思的法哲学观，因为"等级利益"的立法，与理性法观念、理想主义法观念是直接对立的。

在就莱茵省议会关于林木盗窃法的辩论撰写评论稿时，马克思"第一次遇到要对所谓物质利益发表意见的难事"②，理性法观念已无法自圆其说地解释立法在表现上的公正与实际上对剥削阶级利益的偏袒。马克思看到了社会各阶级、各等级公平观、权利观的尖锐对立，看到了"凡是在法曾给私人利益制定法律的地方，它都让私人利益给法制定法律"③。这样一来，理性法、自然法当然无立锥之地了。这又一次冲击了马克思的法哲学观。

现实生活并非对马克思"情有独钟"，它同样无数次地以尖锐的客观矛盾冲击古往今来所有的人，其中包括法哲学家。只是此前的法哲学家囿于阶级观念、等级观念、世界观、人生观或认识水平，没有因"冲击"而前进罢了。马克思却不同，现实生活的冲击使他深入思考思辨哲学、理性法、自然法观念的软弱无力。他转而分析现实的社会关系，并努力将自己的法哲学考察建立在对现实社会关系分析的基础上。在不久以后发表的《摩萨尔记者的辩护》一文中，马克思已着力于对摩萨尔地区农民经济状况及有关社会关系的分析，不再在思辨哲学的象牙塔里兜圈子了。马克思写道："在研究国家生活现象时，很容易走入歧途，即忽视各种关系的客观本性，而用当事人的意志来解释一切。但是存在着这样一些关系，这些关系决定私人和个别政权代表者的行动，而且就像呼吸一样地不以他们的意志为转移。只要我们一开始就站在这种客观立场上，我们就不会忽此忽彼地去寻找善意或恶意，而会在初看起来似乎只有人在活动的地方看到客观关系的作用。"④ 这表明马克思正努力接近以唯物主义哲学来剖析国家和法律的立场。

四、运用唯物主义哲学改造法律研究

此时正值费尔巴哈《哲学改造临时纲要》发表。费尔巴哈的唯物主义思想给马克思以巨大的启迪。但马克思并不满意费尔巴哈在历史观上的人本主义立场，他写给卢格的信指出了费尔巴哈"过多地强调自然而过少地强调政治"⑤的弊病。同时，马克思为自己提出了运用唯物主义哲学改造法律研究的任务。从 1843 年 5 月到 10 月，他研究了历史，特别是研究了从封建末世到资产阶级革命时期的经济和政治法律制度史及近代的资产阶级政治

---

① 《马克思恩格斯全集》第 1 卷，第 42 页。
② 同上，第 2 卷，第 81 页。
③ 同上，第 1 卷，第 179 页。
④ 同上，第 216 页。
⑤ 同上，第 27 卷，第 443 页。

法律理论。这一研究对马克思认识资本主义社会的自由、平等、人权及其法律保障机制，有极其重大的意义。在他不久以后撰写的《黑格尔法哲学批判》手稿中，马克思已经初步掌握了唯物主义，并作为剖析法律的武器，唯物主义法哲学观正孕育在新的襁褓之中。在《黑格尔法哲学批判》中，马克思尖锐地批判黑格尔颠倒国家、法律和社会的真实关系的唯心主义法哲学观。马克思指出："实际上，家庭和市民社会是国家的前提，它们才是真正的活动者；而思辨的思维却把这一切头足倒置。""家庭和市民社会……才是原动力。可是在黑格尔看来却刚好相反，它们是由现实的理念产生的。"① 在分析市民社会与法的关系时，马克思指出了黑格尔唯心主义法哲学的内在矛盾和"头足倒置"。他写道："长子继承制是土地占有制本身的结果，是已经硬化了的私有财产，是最独立和最发达的私有财产〔quand même（无论什么样的）〕。而黑格尔当作目的、当作决定因素、当作长子继承制的 prima causa（始因）来描述的东西，反而是长子继承制的结果和后果，是抽象的私有财产对政治国家的支配权。"② "只是由于社会赋予实际占有的法律的规定，实际占有才具有合法占有的性质，才具有私有财产的性质。"③

马克思在十多年后回顾《黑格尔法哲学批判》一书的写作时说："我的研究得出这样一个结果：法的关系正像国家的形式一样，既不能从它们本身来理解，也不能从所谓人类精神的一般发展来理解，相反，它们根源于物质的生活关系，这种物质的生活关系的总和，黑格尔……称之为'市民社会'，而对市民社会的解剖应该到政治经济学中去寻求。"④ 显而易见，其时马克思已经表明了与黑格尔唯心主义法哲学观的彻底决裂，表明了他正在历史唯物主义法哲学观的道路上昂首挺进。

五、方法论的革新和法哲学研究的开拓

这一继续开拓的工作，如果仅仅凭借革命的政治立场和唯物主义的哲学观点，而不讲求方法论的革新，无疑不可能取得如我们今天所看到的那样辉煌的成果。令人钦佩的是，在《黑格尔法哲学批判》中，马克思不仅批判了黑格尔的唯心主义国家观和法哲学，而且批判了黑格尔把法哲学变成应用逻辑学的错误方法。马克思指出，黑格尔"注意的中心不是法哲学，而是逻辑学。……不是用逻辑来论证国家，而是用国家来论证逻辑"⑤。马克思在法哲学方法论上的这一重要认识，为科学法哲学观的系统建立，奠定了极其重要的基础。《黑格尔法哲学批判》是开启继续开拓的大门的一把钥匙。马克思主义法哲学长征将

---

① 《马克思恩格斯全集》第1卷，人民出版社1956年版，第250—251、369页。
② 同上。
③ 同上，第382页。
④ 《马克思恩格斯选集》第2卷，第82页。
⑤ 《马克思恩格斯全集》第1卷，第263页。

揭开新的一页。

六、关于马克思早期法律观的评价问题

在纪念马克思逝世一百周年之际，我国学术界发表了大批论述马克思早期法律思想的文章，其中论述马克思早期法哲学观的文章，以陈学明和公丕祥的最有影响。

公丕祥的论文《试论青年马克思对于法哲学的探索》[①]，没有为这一时期马克思的法哲学的性质作出界定，而仅指明："在马克思法哲学观的形成过程中，有一个十分突出的特点，即哲学观与政治、法的观点之发展相互制约、相互影响、相互作用。在这一阶段，两者的关系具体表现为纯哲学的思辨与关注现实的热情，在'自由'这个问题上统一起来。"虽然该文认为，"一方面，马克思继承了康德的思想，强调自由是人类的本质之体现，真正的法律乃是以自由为基础并且是自由之实现；另一方面，马克思又超出了康德，他不仅抨击贵族阶级对普遍自由的否定态度，而且明确提出'法典就是人民自由的圣经'，从而使自由法哲学更具有实践意义。"但是，仍未见该文为当时的马克思的法哲学观作出界定。所谓"使自由法哲学观更具有实践意义"，其意不明。或许是指称康德有"自由法哲学观"，而马克思"使"之"更具有实践意义"。但从无论者谓康德的法哲学观为"自由法哲学观"，流行的关于"自由法学派"的队伍里也无康德的席位。所以，仍可认为该文未下结论。

陈学明的论文《马克思早期法哲学观及法律思想初探》[②]，界定青年马克思的法哲学为"革命民主主义法哲学"，认为它是"人民主权思想、理性法观念和自由法观念的有机统一体"，"人民主权思想是早期马克思法哲学观的核心。"我国著名法学家吴大英先生赞同这一界定，而李光灿先生则认为，"此文的基调是：整个《马克思恩格斯全集》第1卷，是革命民主主义性质的作品，而不是马克思主义。这未免降低了马克思早期思想的性质和作用。""我认为，早期的马克思、恩格斯，是站在穷苦大众的立场上的劳动人民民主主义和共产主义思想因素的结合。"[③] 众说纷纭的界定，表明了法学界的活跃。

笔者以为，公丕祥同志对马克思早期法哲学观不做明确界定是较为明智的，因为其时马克思的法哲学观正在迅速改变之中，而且一般说来，也还不是一个成熟的马克思的法哲学观，作出界定的必要性与意义都不大。至于对法哲学观作政治性的价值判断，从总体上看是否可取，还是一个值得商榷的问题。笔者倾向于特别审慎地对法哲学观作政治性的价值判断。我们可以而且必须对法律思想做政治性的价值判断，而对法哲学观则应以做哲学的性质判断为主。不然，法哲学与法理学或法学就难以区别了。这类问题，我们将在本书

---

① 《社会科学》1983年第10期。
② 《中国社会科学》1983年第1期。
③ 《社会科学评论》1985年第3期。

的第二部分法哲学"纬篇"中展开论述。现在，我们仍然回到纵论性的"经篇"上来，继续追踪马克思在法哲学长征中的足迹。

七、在对黑格尔法哲学的批判中前进

马克思在写作《黑格尔法哲学批判》的同时，积极筹备与卢格①在国外合办刊物。经过艰苦的努力，1844年2月，他们合办的刊物《德法年鉴》创刊号在巴黎出版了。马克思在创刊号上发表了《〈黑格尔法哲学批判〉导言》和《论犹太人问题》。列宁曾高度评价这些文章是"马克思的特别优秀的著作"，"已表明他是一个革命家，主张'对现存的一切进行无情的批判'，特别主张进行'武器的批判'；他诉诸群众，诉诸无产阶级。"②

在《论犹太人问题》中，马克思探讨了政治解放和人类解放的关系，从而提出了社会主义革命问题。该文进一步反映了马克思正在健全发展的唯物主义观点。他说："在我们看来，宗教已经不是世俗狭隘性的原因，而只是它的表现。……我们不把世俗问题化为神学问题。我们要把科学问题化为世俗问题。"③

在《〈黑格尔法哲学批判〉导言》（以下简称《导言》）中，马克思指出，唯心主义的"彼岸世界的真理消逝以后，历史的任务就是确立此岸世界的真理。……于是对天国的批判就变成对尘世的批判，对宗教的批判就变成对法的批判，对神学的批判就变成对政治的批判。"④

《导言》整体上仍是对黑格尔法哲学批判的"导言"，但也批判了整个德国国家哲学和法哲学。马克思批判胡果、萨维尼的历史法哲学时写道："有个学派以昨天的卑鄙行为来为今天的卑鄙行为进行辩护，把农奴反抗鞭子——只要它是陈旧的、祖传的、历史性的鞭子——的每个呼声宣布为叛乱；历史对这一学派，正像以色列上帝对他的奴仆摩西一样，只是表明了自己的过去，因此，这个法的历史学派本身如果不是德国历史的产物，那它就是杜撰了德国的历史。这个夏洛克，奴仆式的夏洛克，发誓要凭他的期票、历史的期票、基督教德意志的期票来索取从人民心上剜下来的每一磅肉。"⑤他指出，如果像历史法哲学家那样，为了寻找"自由的历史"而只能到"条顿原始森林"中去，"那么我们的自由历史和野猪的自由历史又有什么区别呢？"⑥历史法哲学派之脱离现实、保守和反动，遭到了马克思的彻底唾弃。

---

① [德]阿尔诺德·卢格（1802—1880年），政论家，"青年黑格尔派"的成员。
② 《列宁全集》第21卷，第29页。
③ 《马克思恩格斯全集》第1卷，第425页。
④ 《马克思恩格斯选集》第1卷，第2页。
⑤ 同上，第3页。
⑥ 同上。

在论述整个德国法哲学时，马克思认为应当把对现存制度的批判和对这种制度的抽象继续，即德国的法哲学和国家哲学结合在一起。他说："德国的国家哲学和法哲学在黑格尔的著作中得到了最系统、最丰富和最完整的阐述；对这种哲学的批判不但是对现代国家和对同它联系着的现实的批判性分析，而且也是对到目前为止的德国政治意识和法意识的整个形式的最彻底的否定，而这种意识的最主要、最普遍、升为科学的表现就是思辨的法哲学本身。"① 这表明，马克思不仅宣告了与黑格尔"思辨的法哲学"的彻底决裂，而且将把对它的批判斗争与对整个德国社会制度的革命性批判结合在一起，或者更精确地说，把对它的批判斗争作为德国无产阶级革命批判对象的一个部分，用马克思的话来说，就是"对思辨的法哲学的批判""集中于只用一个办法即通过实践才能解决的那些课题上去"②。马克思宣告："哲学把无产阶级当作自己的物质武器，同样地，无产阶级也把哲学当作自己的精神武器"。③ 这里宣告的虽然是作为精神武器的"哲学"的使命而不是法学使命，但它无疑也可认为是法学包括法哲学的使命，因为法哲学同样应当成为无产阶级的精神武器而把无产阶级当作自己的物质武器的。

八、评价："彻底完成"向唯物主义法哲学观的过渡

从《导言》对历史法哲学和黑格尔法哲学的批判以及对法哲学使命及其实现使命的阶级基础的论述看，马克思主义法哲学长征正在唯物主义的指引下大步前进。因此，公丕祥先生认为，《莱茵报》时期、《黑格尔法哲学批判》以及《德法年鉴》时期的马克思"正在由新理性批判主义法学观向历史唯物主义法学观过渡"的论断④，似乎划得粗了一些。应当说，《导言》所表述的马克思的法哲学观与《莱茵报》时期相比，已经起了很大的、革命性的变化。不是"正在向……过渡"，而是"已经过渡到……"，如列宁所说的那样，是"1844年在巴黎出版马克思和阿尔诺德·卢格主编的'德法年鉴'，上述的转变在这里已彻底完成"⑤。列宁的评价是恰如其分的。

九、法哲学"新世界"的发现

马克思对法哲学"新世界"的发现工作，在《1844年经济学——哲学手稿》以及他和

---

① 《马克思恩格斯选集》第1卷，第8页。
② 同上，第8—9页。
③ 同上，第15页。
④ 公丕祥：《科学法哲学观的理论形态——学习〈德意志意识形态〉》，《南京师大学报（社会科学版）》1985年第4期。
⑤ 《列宁全集》第21卷，第59页。

恩格斯合著的《神圣家族》等著作中得到了客观的反映。

《德法年鉴》只出版了创刊号，就因马克思与卢格的思想分歧以及财政困难等原因而停办了。但《德法年鉴》创刊号刊登的恩格斯的《政治经济学批判大纲》，促使马克思与恩格斯建立了通信联系，也推动了马克思着手研究政治经济学。其研究成果的一个重要反映，便是《1844年经济学—哲学手稿》（以下简称《手稿》）。

马克思在《手稿》中对资产阶级政治经济学进行了批判，对资本主义生产方式做了初步解剖，得出了这样一个新的结论："私有财产的运动——生产和消费——是以往全部生产的运动的感性表现，也就是说，是人的实现或现实。宗教、家庭、国家、法、道德、科学、艺术等等，都不过是生产的一些特殊的方式，并且受生产的普遍规律的支配。"[①] 马克思在这里不仅把物质生产看成整个社会的基础，把私有制的产生看成以往全部生产发展的结果，而且把物质生产看作是决定国家和法以及各种社会意识形态的根本。"生产的普遍规律"支配着国家、法和社会意识形态的发展。贯穿《手稿》全书的是异化劳动理论。这一理论凝结了1844年马克思的哲学成就。马克思以异化劳动理论把实践引入了认识论，从而使他无论在认识论上还是在历史观上都高出费尔巴哈一筹。而这对马克思顺利进行科学法哲学的探索是至关重要的。

1844年8月末，恩格斯回国途中在巴黎与马克思会见。从此他们即开始了长达四十年的共同战斗，并在法哲学探索中配合默契、步调一致。在《神圣家族》一书中，马克思和恩格斯阐述了许多重要的原理，是他们创立科学共产主义理论过程中的一个重大成果。该书论述国家和法的问题时，坚持了历史唯物主义。例如，在论及资产阶级国家的法律关于人权的规定时，他们指出："现代国家承认人权同古代国家承认奴隶制是一个意思。""现代国家既然是由于自身的发展而不得不挣脱旧的政治桎梏的市民社会的产物，所以，它就用宣布人权的办法从自己的方面来承认自己的出生地和自己的基础。"[②] 马克思和恩格斯科学地阐明了资产阶级的"人权"口号不过是资本主义生产关系发展的产物罢了。

迄至《神圣家族》，马克思的科学法哲学已经比较成熟了。但这还不是马克思主义法哲学理论体系的创立，除去《神圣家族》主要不是探讨法哲学理论这一原因外，还由于该书没有来得及对与费尔巴哈的思想矛盾做全面的剖析。创立马克思主义法哲学体系，对包括费尔巴哈在内的当时德国意识形态的清算工作，是由《德意志意识形态》一书来承担的。

十、《德意志意识形态》中的科学法哲学观

《德意志意识形态》一书是马克思和恩格斯于1845—1846年合作撰写的。

---

① 《马克思恩格斯全集》第42卷，第121页。
② 同上，第2卷，第145页。

《德意志意识形态》的主要内容是批判黑格尔后的整个德国哲学（青年黑格尔派哲学和一般唯心主义）、德国的小资产阶级社会主义——所谓"真正的社会主义"和费尔巴哈体系。其中，在法哲学方面也做了大量的论述。这里略述其中的三个重要问题。

（一）法的历史发展

《德意志意识形态》的最大成就在于系统地阐述了唯物主义历史观的基本原理。马克思和恩格斯这样概括道："这种历史观就在于：从直接生活的物质生产出发来考察现实的生产过程，并把与该生产方式相联系的、它所产生的交往形式，即各个不同阶段上的市民社会，理解为整个历史的基础；然后必须在国家生活的范围内描述市民社会的活动，同时从市民社会出发来阐明各种不同的理论产物和意识形态，如宗教、哲学、道德，等等，并在这个基础上追溯它们产生的过程。"① 他们正是运用这一历史观来科学地论述法的历史发展的。

青年黑格尔分子施蒂纳把法看成是"人的暴力"的产物，马克思、恩格斯对此做了批判并揭示了法的起源的根本原因。他们指出："任何新的生产力，只要它不仅仅是现有生产力的量的扩大（例如开垦新的土地），都会引起分工的进一步发展。"而"某一民族内部的分工，首先引起工商业劳动和农业劳动的分离，从而也引起城乡的分离和城乡利益的对立。分工的进一步发展导致商业劳动和工业劳动的分离。""分工发展的各个不同阶段，同时也就是所有制的各种不同形式。"② 于是依次更替的不同所有制形式出现了：第一种所有制形式是部落（stamm）所有制；第二种所有制形式是古代公社所有制和国家所有制；第三种形式是封建的或等级的所有制，第四种形式是资本主义的纯粹的私有制。马克思、恩格斯论证了是所有制决定着国家和法的性质，而不是相反。因此，有什么样的所有制，就会有什么性质的国家和法。虽然其时马克思和恩格斯还未明确概括出所有制及它所决定的法的性质和形态，但是从他们论证所有制的四种形态及所有制对法和国家的决定性作用，已可窥见，他们实际上已揭示并描画出了法与社会制度的同类型及这些类型的先后排列、依次上升的规律。在做上述论述的同时，马克思和恩格斯指出："私法和私有制是从自然形成的共同体形式的解体过程中同时发展起来的。"③ 他们还指出："由于私有制摆脱了共同体，国家获得了和市民社会并列的并且在市民社会之外的独立存在；实际上国家不外是资产者为了在国内外相互保障自己的财产和利益所必然要采取的一种组织形式。"④ 这里的"资产者"可以视作一切"剥削阶级"的同义语，而"国家"也可看成"法"的等义词。也就是说，马克思恩格斯告诉我们的是：私有制决定了法的独立存在，法是所有制类似"组

---

① 《马克思恩格斯选集》第 1 卷，第 430 页。
② 同上，第 25—26 页。
③ 同上，第 70 页。
④ 同上，第 69 页。

织形式"的形式。这种"形式"是不以人们的意志为转移的。

他们批判了"法学家们"的下列"幻想"："一切共同的规章都是以国家为中介的，都带有政治形式"，因而"好像法律是以意志为基础的，而且是以脱离现实基础的自由意志为基础的"[1]；"各个个人之间的关系，例如缔结契约这类事情，一般是纯粹偶然的现象；这些关系被他们看作是可以随意建立或不建立的关系，它们的内容完全取决于缔约双方的个人意愿。"但实际上，"每当工业和商业的发展创造出新的交往形式，例如保险公司等的时候，法便不得不承认它们是获得财产的新方式。"[2] 总之，是生产力的发展"创造出新的交往形式"即新的生产关系，然后是法对新生产关系的"不得不承认"，即生产关系决定法的发展变化。

在法哲学发展史上，是马克思恩格斯第一次最为明确而科学地阐明了：(1)生产力性质所决定的生产关系的变化，制约着法的发展变化；(2)这种变化已依次历经了与所有制形式相应的四种形式。此外，马克思和恩格斯还论述了被压迫的无产阶级为了保住自己的个性，应当消灭资本主义社会赖以生存的条件，铲除资本主义的国家和法，从而阐明了社会主义法制时代行将到来的必然性。

（二）论法的特征

马克思和恩格斯在《德意志意识形态》中指出，反映并为"交往形式"即生产关系决定的法，必须以"国家的形式"组织自己，"必须给予他们自己的由这些特定关系所决定的意志以国家意志即法律的一般表现形式"[3]，也就是说，法具有"国家意志"的特征。这是法与其他社会规范相区别的一个根本特征。

《德意志意识形态》进一步分析了国家以法律形式实现其意志时是如何处理阶级与个人的关系的。马克思和恩格斯认为，统治阶级代表人物的个人统治必须同时是一个一般的统治；统治阶级通过法律形式实现自己的意志，同时使其不受他们中任何一个单个人的任性所左右，这一点不取决于他们的意志，如同他们的体重不取决于他们的唯心主义的意志和任性一样；法律是统治阶级共同利益的体现，因此统治阶级中的单个人的自我舍弃在法律、法中是必要的，不过自我舍弃是在个别场合，而利益的肯定是在一般场合。他们在这里阐明了法的统治阶级利益整体性的特征。

（三）法哲学方法论

法哲学的研究方法在极大的程度上决定了这一研究可能取得的成就。马克思、恩格斯

---

[1]《马克思恩格斯选集》第1卷，第69—70页。
[2] 同上，第71页。
[3]《马克思恩格斯全集》第3卷，第378页。

在创建科学的法哲学道路上的成就,首先取决于他们的革命立场,其次取决于他们采取了(精确地说是:总是努力探索着)辩证唯物主义的研究方法。在《德意志意识形态》中我们可以看到他们的这种努力的鲜明表现。

《德意志意识形态》指出了法哲学和一般社会科学的两种根本相反的研究方法:一种方法是如同德国哲学那样的"从天上降到地上";另一种方法则为"从地上升到天上"①。"前一种观察方法从意识出发,把意识看作是有生命的个人。符合实际生活的第二种观察方法则是从现实的、有生命的个人本身出发,把意识仅仅看作是他们的意识。"②

马克思、恩格斯这样论述"第二种观察方法":"我们的出发点是从事实际活动的人","从他们的现实生活过程中""揭示出这一生活过程在意识形态上的反射和回声的发展。"③ 马克思、恩格斯指出:"思想、观念、意识的生产最初是直接与人们的物质活动,与人们的物质交往,与现实生活的语言交织在一起的。观念、思维、人们的精神交往在这里还是人们物质关系的直接产物。表现在某一民族的政治、法律、道德、宗教、形而上学等的语言中的精神生产也是这样。人们是自己的观念、思想等等的生产者,但这里所说的人们是现实的,从事活动的人们,他们受着自己的生产力的一定发展以及与这种发展相适应的交往(直到它的最遥远的形式)的制约。意识在任何时候都只能是被意识到了的存在,而人们的存在就是他们的实际生活过程。"④ "那些发展着自己的物质生产和物质交往的人们,在改变自己的这个现实的同时也改变着自己的思维和思维的产物。不是意识决定生活,而是生活决定意识"⑤。

我们大段引述《德意志意识形态》中马克思、恩格斯唯物主义地研究政治、法律和整个意识形态的科学方法的文字,原因在于:法哲学发展的数千年历史上,直到马克思、恩格斯发表《德意志意识形态》,才出现了如此鲜明、确切的科学研究方法的文字表述。这一方法为"真正实证的科学"⑥ 方法:"思辨终止的地方,即在现实生活面前,正是描述人们的实践活动和实际发展过程的真正实证的科学开始的地方。关于意识的空话将销声匿迹,它们一定为真正的知识所代替。"⑦ 从此,一种从对人类历史发展的观察中抽象出来的最一般的结果的综合,将代替"抽象的经验论者"所做的"僵死事实的搜集",所谓"独立的哲学"将"失去生存环境"。《德意志意识形态》所阐述的科学法哲学以及整个社会科学的科学研究方法,是具有划时代意义的。

---

① 《马克思恩格斯选集》第 1 卷,第 30 页。
② 同上,第 31 页。
③ 同上,第 30 页。
④ 同上。
⑤ 同上,第 31 页。
⑥ 同上。
⑦ 同上。

十一、《哲学的贫困》对法哲学探索的意义

在《德意志意识形态》之后，为反对蒲鲁东在经济学说中表现出来的唯心主义和形而上学，马克思撰写了《哲学的贫困》一书。在该书中，马克思进一步完善了唯物主义哲学的基本原理，阐明了辩证法的核心——对立统一规律和否定之否定的辩证规律，批判了人类社会的"理性"运动观，阐述了社会形态运动的规律。

蒲鲁东从黑格尔的主观唯心论出发，把人类历史看成是观念和永恒理性的历史。马克思尖锐地批判道："真正的哲学家蒲鲁东先生对事物的理解是颠倒的，他认为现实关系只是睡在'人类的无人身的理性'怀抱里……的一些原理和范畴的化身。"[①] 他指出，人们是按照自己的物质生产的发展建立相应的社会关系的，正是这些人又按照自己的社会关系创造了相应的原理、观念和范畴；观念、原理、范畴不是永恒的，它们是历史的暂时的产物；而生产力的增长、社会关系的破坏、观念的产生都是不断变动的。因此，人类的历史不是什么观念和永恒理性的历史。

在《哲学的贫困》中，马克思还进一步论述道："社会关系和生产力密切相联。随着新生产力的获得，人们改变自己的生产方式，随着生产方式即保证自己生活的方式的改变，人们也就会改变自己的一切社会关系。手推磨产生的是封建主为首的社会，蒸汽磨产生的是工业资本家为首的社会。"[②] "每一个社会中的生产关系都形成一个统一的整体。"[③] 这些论断告诉人们：生产力是人类全部历史的基础，有什么样的生产力就有什么样的生产关系，从而就构成什么样的社会，人们的意识形态、法律观念以及全部法哲学都是生产力、生产关系和人们的社会存在的反映和表现。

在《哲学的贫困》中，马克思除首次提出"生产关系"这个概念代替了《德意志意识形态》中的"交往形式"外，还特别阐述了对政治经济学、法哲学和整个社会科学研究至关重要的辩证方法问题。马克思指出，形而上学只分出事物的"好"与"坏"，以为简单地弃坏留好即是事物的发展，事物运动的辩证法绝不是如此简单，即使是人们的观念包括黑格尔的"绝对精神"和所谓"理性"的运动也不是如此简单。马克思写道："理性一旦把自己作为正题安置下来，这个正题、这个思想就会自相对置，分为两个互相矛盾的思想，即肯定和否定，'是'和'否'。这两个包含在反题中的对抗因素的斗争，形成辩证运动。"[④] "两个互相矛盾方面的共存、斗争及融合成一个新范畴，就是辩证运动的实

---

① 《马克思恩格斯选集》第 1 卷，第 108 页。
② 同上。
③ 同上，第 109 页。
④ 同上，第 107 页。

质。"① "对于不懂黑格尔语言的读者,我们将告诉他们一个神圣的公式:肯定、否定、否定的否定。"② 虽然对立统一和否定之否定规律,在黑格尔那里已做过论述,但是,初步阐明唯物主义辩证法的方法,却是马克思《哲学的贫困》的功绩。正是由于马克思在历史唯物主义、唯物辩证法方面的卓越见识,才使得他终于以《共产党宣言》这一不朽的著作表明,在马克思主义法哲学长征之开始阶段,他已经取得了法哲学革命的决定性胜利。

十二、《共产党宣言》和马克思主义法哲学长征的宏伟里程碑

以宣告现代资产阶级所有制必然灭亡为主旨的《共产党宣言》始终贯彻的基本思想是:"每一历史时代的经济生产以及必然由此产生的社会结构,是该时代政治的和精神的历史的基础;因此,(从原始土地公有制解体以来)全部历史都是阶级斗争的历史,即社会发展各个阶段上被剥削阶级和剥削阶级之间、被统治阶级和统治阶级之间斗争的历史;而这个斗争现在已经达到这样一个阶段,即被剥削被压迫的阶级(无产阶级),如果不同时使整个社会永远摆脱剥削、压迫和阶级斗争,就不再能使自己从剥削它压迫它的那个阶级(资产阶级)下解放出来"③。

这一"基本思想"虽然一字未涉及法哲学,但却是我们探讨马克思主义法哲学长征开始阶段的终结——马克思主义法哲学长征的重要里程碑的关键。正是这一"基本思想"为我们揭示了科学地探讨法哲学所应运用的唯物主义观点、辩证的方法和马克思主义法哲学对国家与法的一些基本观点;阐明了科学法哲学的若干原则,作出了关于无产阶级法律观的一些重要结论。

(一)论法的本质

《共产党宣言》指出:"现代的国家政权不过是管理整个资产阶级的共同事务的委员会罢了。"④ 这揭示了国家的阶级性本质。

关于法和法律,《共产党宣言》也强调了它的阶级性本质。其一,现代的"统一的法律"是资产阶级消灭了分散状态的封建割据后,通过"政治的集中"而形成的。"资产阶级日甚一日地消灭生产资料、财产和人口的分散状态。它使人口密集起来,使生产资料集中起来,使财产聚集在少数人的手里。由此必然产生的后果就是政治的集中。各自独立的、几乎只有同盟关系的、各有不同利益、不同法律、不同政府、不同关税的各个地区,现在

---

① 《马克思恩格斯选集》第1卷,第111页。
② 同上,第105页。
③ 同上,第232页。
④ 同上,第253页。

已经结合为一个拥有统一的政府、统一的法律、统一的民族阶级利益和统一的关税的国家了。"① 其二，对于无产阶级来说，"法律、道德、宗教，在他们看来全都是掩盖资产阶级利益的资产阶级偏见。"② 其三，现代法不过是资产阶级意志的产物："你们的法不过是被奉为法律的你们这个阶级的意志"，"这种意志的内容是由你们这个阶级的物质生活条件来决定的"③。至于资产阶级国家的法律的某些似乎保护工人利益的规定，《宣言》认为，那是工人斗争的结果：无产阶级不断开展斗争，"利用资产阶级内部的分裂，迫使他们用法律形式承认工人的个别利益。"④

（二）论法哲学观的阶级性

《共产党宣言》强调指出，"永恒的自然规律和理性规律"都不过是资产阶级及以前一切灭亡了的统治阶级的"偏私观念"的产物。"自然状态"及其"自然权利"、"自然法"等，曾经长期被古典自然法哲学家们作为"理性"复归的最高目标。资产阶级的法哲学家们企图捡起这一古典的武器，来为资本主义生产关系和所有制的法律保障制造理论根据。马克思、恩格斯的论断有力地阐明了有关观念的阶级性，指出"你们既然用你们资产阶级关于自由、教育、法等等的观念来衡量废除资产阶级所有制的主张，那就请你们不要同我们争论了。"⑤

马克思主义的法哲学观与资产阶级形形色色的法哲学观是有本质区别的，不可能在相同的前提下按相同的理论标准、理论依据来共同讨论。由此可见，调和不同阶段的不同法哲学观，从根本上看是不可能的。但这并不意味着可以不屑一顾地无视马克思主义法哲学观以外的一切其他法哲学观，也不意味着其他法哲学观丝毫没有它"合理的因素"或根本不可能给我们借鉴、启迪。

（三）论法的"永恒真理"

历史上的许多法哲学派别都认为他们各自所主张的"法"本身是不变的。他们甚至进而认为，还存在着永恒的真理，如自由、正义等。对此，《共产党宣言》批驳道："到目前为止的一切社会的历史都是在阶级对立中运动的，而这种对立在各个不同的时代是各不相同的。"⑥ 而"不管这种对立具有什么样的形式，社会上一部分人对另一部分人的剥削却是过去各个世纪所共有的事实。因此，毫不奇怪，各个世纪的社会意识，尽管形形色色、千

---

① 《马克思恩格斯选集》第 1 卷，第 255—256 页。
② 同上，第 262 页。
③ 同上，第 268 页。
④ 同上，第 260 页。
⑤ 同上，第 268 页。
⑥ 同上，第 271 页。

差万别，总是在某种共同的形式中运动的，这些形式，这些意识形式，只有当阶级对立完全消失的时候才会完全消失。"① 因此，"共产主义革命就是同传统的所有制关系实行最彻底的决裂；毫不奇怪，它在自己的发展进程中要同传统的观念实行最彻底的决裂。"② 这当然意味着同一切法哲学观作"最彻底的决裂"，包括对法的"永恒真理"的彻底否定。

（四）对形形色色社会主义理论的法哲学批判

《共产党宣言》在其第三章《社会主义的和共产主义的文献》中，把曾经出现过的社会主义理论分为"反动的社会主义"、"保守的或资产阶级的社会主义"及"批判的空想的社会主义和共产主义"三类，分别做了批判和分析。

被列为"反动的社会主义"的，有"封建的社会主义"、"小资产阶级的社会主义"和"德国的或'真正的'社会主义"三种。

在批判"封建的社会主义"时，《共产党宣言》指出：基督教也激烈反对私有制、反对婚姻、反对国家，给"基督教的禁欲主义涂上一层社会主义的色彩"就"产生了封建的社会主义"，它"半是挽歌，半是谤文；半是过去的回音，半是未来的恫吓"③。

在批判"小资产阶级的社会主义"时，《共产党宣言》指出，这种"社会主义"企图"恢复旧的所有制关系和旧的社会"或者"把现代的生产资料和交换手段硬塞到……旧的所有制关系的框子里去"，这"都是反动的，同时又是空想的"④。

在批判"德国的或'真正的'社会主义"时，《共产党宣言》指出，德国的"社会主义"者把法国的社会主义和共产主义文献搬到德国去时，并没有把法国的生活条件同时搬去，因此也就"完全失去了直接实践的意义"，结果流为毫无用处的"无谓思辨"。他们所做的工作不过是"在法国的原著下面写上自己的哲学胡说"，他们"把自己的哲学词句硬塞进法国理论"而且称之为"行动的哲学"、"真正的社会主义"、"德国的社会主义科学"、"社会主义的哲学论证"，等等。马克思恩格斯认为，这是对法国的社会主义和共产主义文献的阉割，是德意志各邦专制政府"用来镇压德国工人起义的毒辣的皮鞭和枪弹的甜蜜的补充"⑤。

《共产党宣言》揭露了"倡导的或资产阶级的社会主义"的实质在于漫天撒谎："资产者之为资产者，是为了工人阶级的利益。"而对此的注解或"资产阶级的社会主义唯一认真说出的最后的话"却是："自由贸易！是为了工人阶级的利益；保护关税！是为了工人

---

① 《马克思恩格斯选集》第1卷，第271页。
② 同上，第271—272页。
③ 同上，第274、275页。
④ 同上，第276页。
⑤ 同上，第277—279页。

阶级的利益；单身牢房！是为了工人阶级的利益。"[①]

在评论"批判的空想的社会主义和共产主义"时，《共产党宣言》指出了圣西门、傅立叶、欧文等企图以"个人的发明活动"代替"社会活动"，以"幻想的条件"代替"解放的历史条件"，以"特意设计出来的社会组织"代替"无产阶级的逐步组织成为阶级"，"拒绝一切政治行动，特别是一切革命行动"，企图"通过示范的力量来为新的社会福音开辟道路"。当他们这样做的时候，虽然"带有纯粹空想的性质"，但当时"无产阶级还很不发展，因而对本身的地位的认识还基于幻想的时候"，因此，他们的空想社会主义"同无产阶级对社会普遍改造的最初的本能的渴望是相适应的"。然而当无产阶级的阶级斗争愈发展、愈具有确定形式时，"虽然这些体系的创始人在许多方面是革命的，但是他们的信徒总是组成一些反动的宗派"，"一贯企图削弱阶级斗争，调和对立"，因而"逐渐地堕落到上述反动的或保守的社会主义者的一伙中去了"。"所不同的只是他们更加系统地卖弄学问，狂热地迷信自己那一套社会科学的奇功异效。"[②]

马克思、恩格斯对"批判的空想的社会主义和共产主义"的评析，既有历史的肯定，又有现实的分析，充满了辩证法。这是动态的辩证的评析。同前面批判其他社会主义派别一样，虽未出现"法哲学"字样，但却包含着或适用于对这些派别的法哲学观的批判或评析，是我们分析研究各种"社会主义"法哲学的有力武器。正是通过对形形色色"社会主义"的批判，使得《共产党宣言》所阐明的马克思主义的无产阶级社会革命理论显得坚实有力、无比正确。对于无产阶级来说，法律不过是资本主义的护身符，是资产阶级掩盖其利益的工具，因此，"他们必须摧毁至今保护和保障私有财产的一切"[③]，必须"公开宣布：他们的目的只有用暴力推翻现存的社会制度才能达到"[④]。

十三、马克思主义法哲学探索的辉煌成果

马克思主义法哲学的探索，到《共产党宣言》的发表，达到了一个光辉的高峰。《共产党宣言》是这一高峰上的一座巍峨的纪念碑，记载着马克思主义法哲学长征的开始阶段，在科学法哲学的探索方面，已经取得了下列主要成果：

——每一历史时代主要的经济生产方式与交换方式以及必然由此产生的社会结构，是该时代政治的和精神的历史所赖以确立的基础，并且只有从这一基础出发，这一历史才能得到说明。该时代的法律制度和法学理论包括法哲学理论，同样有赖于这一基础而确立、

---

① 《马克思恩格斯选集》第 1 卷，第 281 页。
② 同上，第 281—284 页。
③ 同上，第 262 页。
④ 同上，第 285 页。

而说明。

——从土地公有的原始氏族社会解体以来的人类历史，都是阶级斗争的历史。法律制度和法哲学必须联系阶级斗争的历史，才能得到正确的解释；法哲学流派的产生与阶级的分化、阶级之间的斗争相联系，是阶级分化与阶级斗争的反映。

——对法做唯心主义的解释，脱离了社会经济基础和阶级斗争的发展状况，不但不能自圆其说，而且必定导致结论错误；对法作形而上学的认识，违反了事物发展的辩证规律，同样既不能自圆其说，也只会得出错误结论。因此从古典的自然法哲学到近代的历史法哲学、黑格尔的唯心主义法哲学、空想社会主义法哲学等，都未对法做出科学的解释，无产阶级必须同所有这些法哲学观念彻底决裂。

——法不过是被奉为法律的统治阶级意志的表现，这个意志是统治阶级的物质生活条件决定的；法的本质是它的阶级性；法的阶级性要求统治阶级的个人舍弃自我的利益而服从阶级的利益，但法所保护的阶级的利益是对该阶级的个人利益的根本保证；法律所承认的被统治阶级的个别利益，是被统治阶级利用统治阶级内部的分裂，经过斗争，迫使统治阶级同意而取得的；法与社会的和所有制的形态相适应，曾经历经不同的发展阶段；无产阶级必须用暴力革命推翻资产阶级及其政治制度和法律制度。

——整个社会科学包括法哲学的研究，必须运用唯物主义辩证法的方法，既不能唯心地头足倒置，也不能形而上学地孤立片面、静止、割裂。

十四、《资本论》的写作及其对法哲学的贡献

在发表《共产党宣言》之后，马克思还撰写了《1848—1850年法兰西的阶级斗争》《路易·波拿巴的雾月十八日》《政治经济学批判》等重要著作，在这些著作中，表达了他的一些法哲学见解。而1867年开始陆续出版的旷世宏文《资本论》虽然主要是政治经济学范畴的巨著，但它可以说是马克思主义的百科全书，其中也涵有丰富而重要的法哲学思想。

马克思撰写《资本论》时，处境极为艰难。他贫病交加，一方面经常遭到债主和房东穷凶极恶的催款逼债；另一方面又罹患肝病和此起彼伏的痛肿。马克思这样写道："我一直在坟墓的边缘徘徊。因此，我不得不利用我还能工作的每时每刻来完成我的著作，为了它，我已经牺牲了我的健康、幸福和家庭。"[①] 正是在这种为共产主义理论牺牲拼搏的精神状态下，马克思给全人类留下了《资本论》这一博大精深的理论宝库。

《资本论》的"最终目的就是揭示现代社会的经济运动规律"[②]。在极其细微地解剖商品这一以资本运动为核心的资本主义社会"细胞"的基础上，马克思条分缕析了资本运动的

---

① 《马克思恩格斯全集》第31卷，第543页。
② 同上，第23卷，第11页。

过程与规律，从详尽分析资本主义社会的生产、交换、流通、分配和与之相适应的立法及法律关系入手，深刻地揭示了资产阶级法的本质、特征、必然灭亡的命运，精辟地论述了法与经济的关系，进一步阐明了法的意义、作用以及发展变化的规律。

这里，我们着重介绍马克思在《资本论》以及《政治经济学批判》一书中阐述的关于"人的法律因素"、法的社会性以及法的社会调节器职能、法和自由的关系、法的基本精神等四个方面的主要观点。从这些方面可以看到，马克思在法哲学方面又做出了新的贡献。

（一）论"人的法律因素"

"人的法律因素"这一概念是首先在《政治经济学批判》（1857—1858年草稿）中提出的："尽管个人A需要个人B的商品，但他并不是用暴力去占有这个商品，反过来也一样，相反地他们互相承认对方是所有者，是把自己的意志渗透到商品中去的人。因此在这里第一次出现了人的法律因素以及其中包含的自由的因素。"① 这种"人的法律因素"，在商品交换中是以契约的形式表现的，其实质是以契约为媒介，通过相互转让而互相占有。马克思写道："他们起初在交换行为中作为这样的人相对立：互相承认对方是所有者，是把自己的意志渗透到自己的商品中去的人，并且只是按照他们共同的意志，就是说实质上是以契约为媒介，通过互相转让而互相占有。这里边已有人的法律因素以及其中包含的自由因素。"②

"人的法律因素"这一概念的提出，对研究法律产生的动因，运用法律调整机制去促进商品经济的发展，有重要的意义。从直观上看，"人的法律因素"是暴力因素的对立物。它不是神的创造，也不是人的主观臆想。它本身就是商品经济产生与发展的结果。经济发展到商品经济占统治地位的阶段，商品生产者或占有者的经济要求就以强烈的自由与权利关系表现出来。没有商品交换的自由及商品生产者或占有者的权利，商品交换无由发生、无法进行。现实的大量发生的每日每时都在进行的商品交换，是建立在交换自由并兑现权利的基础上的。"人的法律因素"就是对这种业已存在的自由与权利的一种选择意向，它可以对消除暴力抢掠起重要作用。一旦有关的"人的法律因素"得到国家的承认并物化为法律条文，它就实现了从意志到法律的飞跃，成为对整个商品社会有约束力的行为规范，从而在普遍有效的基础上保障与促进商品经济的发展。

从"人的法律因素"到法律的飞跃，给人们的法哲学启迪是：第一，法律因素植根于现实的经济运动过程中。因此，应当研究经济运动过程中的"人的法律因素"，从而探索、确定普遍的法律需求（立法要求与司法要求）。第二，自由、平等、权利等应成为商品经济社会的基本观念包括基本法律观念，应自觉地尊重并以法律作为实现自由、平等、权利

---

① 《马克思恩格斯全集》第46卷（上），第195—196页。
② 《马克思恩格斯全集》第46卷（下），第472页。

的有力保障。马克思说:"流通中发展起来的交换价值过程,不但尊重自由和平等,而且自由和平等是它的产物,它是自由和平等的现实基础。作为纯粹的观念,自由和平等是交换价值过程的各种要素的一种理想化的表现;作为在法律的、政治的和社会的关系上发展了的东西,自由和平等不过是另一次方上的再生产物而已。"①

(二)论法的社会调节器职能

在《资本论》第3卷中,马克思阐明了一个重要思想,即国家机器的双重性,其一是管理社会公共事务的职能;其二是执行为特定统治阶级服务的特殊职能。他写道:在资本主义生产方式下,"完全同在专制国家中一样,在那里,政府的监督劳动和全面干涉包括两方面:既包括执行由一切社会的性质产生的各种公共事务,又包括由政府同人民大众相对立而产生的各种特殊职能。"②

马克思认为,法是由两方面的因素决定的。一为由物质生产的一定形式所产生的一定的社会结构,一为由物质生产水平所产生的人对自然的一定关系。前者是社会发展规律的具体体现,后者是自然发展规律的具体体现,两者都具有不可抗拒的权威,都对法、法律产生制约。因此,法律不是统治者个人的恣意妄为,而任何恣意妄为者都必定会受到法的、归根结底是受到社会发展规律和自然发展规律的报复与惩罚。

正是因此,"政治统治"不得不"到处都是以执行某种社会职能为基础,而且政治统治只有在它执行了它的这种社会职能时才能持续下去。"③ 这里,恩格斯表达了与马克思完全一致的观点,即政治统治包括法律统治都有它的社会职能并以社会职能的履行为基础。

政治统治之执行社会职能并不是每一个个别的资本家的自觉,恰恰相反,几乎每一个资本家都不情愿"他的"国家站在"公正"的立场上去处理社会事务。但是,所有个别的资本家的整体,却又苟同"他们的"国家履行这种义务、具有这种职能。这与资本家在工场监督雇佣工人的劳动时的情况正好是一致的。马克思也正是仔细考察了资本家在资本主义工场监督和指挥雇佣工人的劳动的情况,从中得到广义的启迪而论证了国家的上述职能的。马克思指出,资本家监督与指挥雇佣工人的劳动具有两重性。一方面,他要尽最大的可能统一和协调与工场全部活动(而不是局部)有关的劳动和事务,表现指挥者权威性的意志;另一方面,他又要保证自己对雇佣劳动者的剥削。当资本家积累了相当的财富以后,他已不屑于干这份操心的事了,于是交给他的大大小小的管家,从而实现了管理职能与资本所有权的分离,行使管理职能的人、部门就具有了相对的独立性。这种情况,正与国家的管理职能相一致。国家一方面管理公共事务以维持全社会的生产和生存;另一方

---

① 《马克思恩格斯全集》第46卷(下),第477页。
② 《马克思恩格斯全集》第25卷,第432页。
③ [德]恩格斯:《反杜林论》,第177页。

面要加强统治和镇压以适应统治阶级的需要。由此可见,植根于经济基础、发源于经济过程、吻合乎经济规律的国家职能的上述两重性,是客观事实,也是必然规律。

既然管理和调整公共事务是国家的一项重要职能,国家就一定会通过法律来加以实施,给予保证。这样,法律也就具有了管理和调整公共事务的职能,成了社会调节器。在这种意义上,法有它的社会性。全面地说,法是阶级性与社会性的对立统一体。

马克思关于法的社会调节器职能的论述,给我们以重要的启示。其一,马克思从对于资本主义工场的劳动监督和劳动指挥的分析出发,得出关于国家和法的两重性职能的重要原理,这一研究过程、研究方法,应当成为法学研究的典范。从政治权威或学术权威的言论或本本中,从法学著作中,从法律条条中,都不可能真正地找到并阐明法的原理。研究社会经济运行的过程与规律,研究客观的社会实际生活,这才是法学与一切社会科学的"源头活水"。其二,马克思关于国家与法的双重职能的论述,对法的性质的讨论是极重要的指针。坚持法只有阶级性、阶级性是法的唯一属性的观点,实际上根本忘记了事物的复杂性,漠视了马克思主义经典作家早已阐明了的关于国家与法的双重职能的原理;认为法只有社会性而无阶级性的观点,从一个极端跳到了另一个极端,同样漠视了、背离了马克思主义法学的基本原理。孜孜以求于实际生活的深入考察,兢兢业业于经济过程的精心分析,将会帮助只"从书本上找生活"的理论工作者走出偏执一词的困惑境地。

(三)论法和自由的关系

法和自由的关系,早在马克思之前就有万千个学问家给予毕生的关注与精心的研究。马克思则从全新的角度进行了突破性的探讨,廓清了蒙在这个问题上的种种理论迷雾。

自由和平等是流通中发展起来的交换价值过程的产物,它在法律上的表现"不过是另一次方上的再生产物而已"[①]。

这一观点与资产阶级思想家的观点是截然相反的。在后者看来,是"天赋"的自由、平等权利或人们的意志自由赋予了流通过程中的交换自由,是自然法的自由权利给予人们的现实自由。这是对自由、平等与现实基础之间关系的颠倒反映,马克思做了再颠倒,拨乱反正于科学的自由平等观。马克思在《资本论》中指出,在社会关系的一切方面,意志是不自由的,起决定作用的是"一种不顾个人自由意志而压倒一切的自然规律"[②]。马克思认为,自由王国只有建立在必然王国的基础上才能繁荣起来:"自由王国只是在由必需和外在目的规定要做的劳动终止的地方才开始;因而按照事物的本性来说,它存在于真正物质生产领域的彼岸。像野蛮人为了满足自己的需要,为了维持和再生产自己的生命,必须与自然进行斗争一样,文明人也必须这样做;而且在一切社会形态中,在一切可能的生产

---

① 《马克思恩格斯全集》第 46 卷(下),第 477 页。
② 同上,第 25 卷,第 997 页。

方式中,他都必须这样做。这个自然必然性的王国会随着人的发展而扩大,因为需要会扩大;但是,满足这种需要的生产力同时也会扩大。这个领域内的自由只能是:社会化的人,联合起来的生产者,将合理地调节他们和自然之间的物质变换,把它置于他们的共同控制之下,而不让它作为盲目的力量来统治自己;靠消耗最小的力量,在最无愧于和最适合于他们的人类本性的条件下来进行这种物质交换。但是不管怎样,这个领域始终是一个必然王国。在这个必然王国的彼岸,作为目的本身的人类能力的发展,真正的自由王国,就开始了。但是这个自由王国只有建立在必然王国的基础上,才能繁荣起来。"① 从马克思的上述论断中可知:自由总是受到一定生产方式限制因而永远不可能达到所谓"绝对自由";只有合理调节人类与自然之间的物质变换才有可能实现自由。法律不应当赋予人们超越生产方式所许可的自由,而应保证合理调节人类与自然的物质变换。这样,遵守法律就意味着限制自由,要获得自由就必须遵守法律。

但在不同社会发展阶段下,生产方式是不同的,因此法律赋予人们的自由也是不同的;而从阶级对立的现实出发,法律赋予不同阶级的人们的自由也是相异的。马克思的自由发展三阶段论,对此做了最好的说明。马克思说:"人的依赖关系(起初完全是自然发生的),是最初的社会形态,在这种形态下,人的生产能力只是在狭窄的范围内和孤立的地点上发展着。以物的依赖性为基础的人的独立性,是第二大形态,在这种形态下,才形成普遍的社会物质变换,全面的关系,多方面的需求以及全面的能力体系。建立在个人全面发展和他们共同的社会生产能力成为他们的社会财富这一基础上的自由个性,是第三个阶段。第二个阶段为第三个阶段创造条件。"② 这里的三个阶段,大致上相当于前资本主义社会、资本主义社会、社会主义和共产主义社会这样三个历史时期。在前资本主义社会的原始社会里,原始人"在一切本质方面是和动物本身一样不自由的"③;而在奴隶社会和封建社会里,人与人之间"只是以自然血缘关系和统治服从关系为基础的地方性联系。"④ 人同样的是极不自由的。第二阶段赋予人"以物的依赖性为基础的人的独立性",即赋予了人以有限的自由,与第一阶段相比,人类已获得了相当多的相当大的自由,但只有到了第三阶段,人的自由个性才得到了真正的充分的发展,只有这时才"第一次能够谈到真正的人的自由,谈到那种同已被认识的自然规律相协调的生活"⑤。然而,对自然规律的认识是永无止境的,因此,超越认识的局限性的"绝对自由",即使在社会主义、共产主义阶段也不存在。与此紧密联系的是,在一定程度上保障人们自由权利而同时又在一定范围里限制人的自由的社会主义法律,必须得到认真的切实的遵行,否则将受到自然规律的惩罚,

---

① 《马克思恩格斯全集》第 25 卷,第 926—927 页。
② 同上,第 46 卷(上),第 104 页。
③ 恩格斯:《反杜林论》,第 112 页。
④ 同②,第 108 页。
⑤ 同③,第 154 页。

受到法律的惩罚。

关于法和自由的关系,马克思还从自由的自身限制和外在限制、资本主义自由平等的实质等方面做了详尽的论证,这里就不一一详述了。

(四) 论法律的基本精神

在《资本论》中,马克思对资本的流通过程做了详尽、精辟、深刻的分析,区分了所有制与所有权这两个不同的概念,指出所有制是一定社会中人们对生产资料的占有方式,而所有权则是所有制在法律上的表现,法律的基本精神就是所有权。马克思在《资本论》中写道:"'社会'本身——人生活在社会中,而不是作为独立自主的个人——是所有权、建立在所有权基础上的法律以及由所有权必然产生的奴隶制的根源。"[①] 这里,马克思点出了法律所由以确立的基础便是所有权。这对一切法律都是一样的。在资本主义社会里,"所有权表现为占有他人劳动的权利,表现为劳动不能占有它自己的产品"[②],这种状况虽然"不是经济上的合理存在",却成了"法律上的合理存在"[③]。

法律不仅仅是被动地、被决定地在所有权的基础上建立的,而且,一旦建立,它就主动地、决定性地起着保护一定的所有权关系的作用,这是《资本论》反复强调的一个重要法学观点。马克思在《资本论》中多次提到兰盖及其《民法论》,并做了多处转述。《资本论》第4卷第1册第7章,就是对《民法论》第1卷摘录的全部内容及其评论。该章专门围绕法律和所有权的关系这个中心问题展开述评。马克思强调指出,法国律师、政论家、经济学家兰盖的"法律的精神就是所有权"的观点是十分"深刻"的。他认为,兰盖"这样一句话,就把孟德斯鸠幻想的'法的精神'推翻了。"[④] 孟德斯鸠在其代表作《论法的精神》中,把法律同国家的自然状态、气候、土地、人民的生活习惯、政制、宗教、人口、风俗等等关系的综合,看成是"法的精神"。马克思对兰盖所未阐明的法、所有权与社会经济关系的相互关系,做了重要的补充论证,从而把关于法律的精神的观点阐述得更为完整、全面、深刻。同时,马克思在对土地所有权的变迁、英国工厂法、银行立法的实质等的详细分析中,反复论证了他的关于法律精神的观点。

如前所说,马克思在《资本论》中对法律与法学问题都有大量的论述,以上不过是对其中的几个主要观点略事介绍,挂一漏万且不说,所做介绍也许还不免谬讹。进而言之,在马克思主义的经典作家中,恩格斯、列宁、斯大林以及毛泽东等,也对马克思主义法学包括法哲学做出过辉煌的贡献。本书理应对此作出述评。但囿于学力与篇幅,就只以马克

[①]《马克思恩格斯全集》第26卷(Ⅰ),第368页。
[②] 同上,第46卷(上),第455页。
[③] 同上,第293—294页。
[④] 同上,第23卷,第676页注(73)。

思为代表、以他对法哲学所实行的革命性改造为代表述评如上了。马克思主义法学的诞生已有一百五十多年的历史,其法哲学内容极为丰富,应当有千百个法哲学工作者共同努力来加以研究与阐述。

自从马克思主义在全世界广泛传播以后,尤其是科学技术的迅猛发展,使得社会生活、人们的社会关系处于急剧的变动之中,许多情况变得和马克思的时代大不相同了。因此,进入20世纪以来,理论界对法哲学的研究热情非但不见稍减,而且屡增不已、高潮迭出,形形色色的新的法哲学流派又如雨后春笋般涌现出来。我们应该随着社会生活发展的快速节拍,继续深入研究法哲学。这不但是必要的,而且是可能的。可以有"高峰论",但不应有"顶峰论"。理论,同样,法哲学永远没有什么"泰山绝顶"。学派蜂起,百家林立,满园春色,万紫千红,这才是学术包括法哲学发展的希望与应有景象。当然,有错误仍应批评,有"对立"仍应"斗争";也只有通过光明磊落的争鸣辩论,才能有所扬弃,有所前进。"资产阶级除非使生产工具,从而使生产关系,从而使全部社会关系不断革命化,否则就不能生存下去。""生产的不断变革,一切社会关系不停地动荡,永远的不安定和变动,这就是资产阶级时代不同于过去一切时代的地方。"① 马克思恩格斯在《共产党宣言》中字斟句酌地写下的这段话,是值得我们深思而又深思的。只有深刻领会这段话和马克思主义全部学说的精神实质,我们才有可能面对瞬息万变、繁花似锦的社会发展和法哲学园苑的百花争妍而不致头晕目眩、手忙脚乱、不知所措、进退失据。

---

① 1890年德文版《共产党宣言》中"不同于过去一切时代"的"过去"改成了"其他"。

经篇（下）

第三十二章　夏、商、西周的神权法思潮

一、神权法思潮笼罩下的"三代"

中国远古的夏、商、西周三个朝代，时当公元前21世纪到公元前770年，生产力水平还相当低下，天命鬼神观念流行于社会各个阶级、阶层。马克思曾经指出："在不同的所有制形式上，在生存的社会条件上，耸立着由各种不同情感、幻想、思想方式和世界观构成的整个上层建筑，整个阶级在它的物质条件和相应的社会关系的基础上创造和构成这一切。"[①] 就是在当时低下的生产力水平的"社会条件"基础上，在流行的天命鬼神观念的支配下，产生了这一时期占据绝对统治地位的神权法思潮。

神权法思潮本身就表明了它的哲学性质属于客观唯心主义。追根溯源，神权法思潮及其客观唯心主义的哲学指导思想，既非来自阶级分化和阶级斗争，也非来自前辈哲学流派的影响。因为在此之前，只有原始氏族社会人们对自然现象的敬畏和对祖先、族长的尊敬和崇拜，以及由此而形成的对天地鬼神的崇拜与畏惧。这样，当原始氏族社会解体、逐步进入奴隶社会，原先用以调整原始的社会关系的传统、习惯、风俗演变成为习惯法的时候，一方面统治阶级本身对此并不能作出科学的解释；另一方面被统治阶级也同样地不可能作出科学的解释。整个社会处于以神权观念即客观唯心主义为基础的习惯法的统治之下。

关于夏、商、西周三代神权法思潮发展的历史，孔子曾大致地把它划分为三个阶段：第一阶段为夏代："夏道尊命，事鬼敬神而远之。"[②]《论语·泰伯》说夏禹"菲饮食而致孝乎鬼神，恶衣服而致美乎黻冕"，对鬼神敬重有加、虔诚备至。《尚书·甘誓》谓夏启讨伐有扈氏时告诫部属"用命赏于祖；弗用命戮于社"，刑赏于祖先神位之前，以示代鬼神遵天道而行事。这是"代天行赏罚"的阶段。

---

① 《马克思恩格斯选集》第1卷，第629页。
② 《礼记·表记》。

第二阶段为商代:"殷人尊神,率民以事神。"① 殷商统治者宣称商王的祖先是"上帝"的嫡系子孙,这可见诸《诗经》的记载:"天命玄鸟,降而生商,宅殷土茫茫。古帝命武汤,正域彼四方。"②"有娀方将,帝立子生商。"③ 通过这样的宣告,他们说明自己的权力是上天所授予。这样,"代天行赏罚"就带上了"君权神授"的解释和特点,以原先的以"天"的化身"行赏罚",演变到了以接受了"天"的授权的"人"来"行赏罚"的阶段。这是"君权神授"阶段。

第三阶段为西周时代:"周人尊礼尚施,事鬼敬神而远之。"④ 西周统治者一方面像夏、商的统治者一样,宣称"丕显文王,受天有大命",继续认为"君权"是"神授"的;另一方面又不得不面对社会现实的迅疾变化而承认"惟命不于常"⑤,并以"皇天无亲,惟德是辅"⑥ 做出新的解释。这是神权动摇的阶段。

在上述三个阶段中,共同的特点是坚持法的神权性质,也就是始终处于神权法思潮笼罩之下。

夏、商、西周神权法思潮的主要表现可以概括为以下几个方面:

二、神权法思潮表现之一:"法自天出"

夏代行法的第一人是禹,他所行的法被说成是上天创制的。据《尚书·洪范》序言记载,周武王向箕子请教立国之法,箕子说:"我闻在昔,鲧堙洪水,汩陈其五行,帝乃震怒,不畀洪范九畴,彝伦攸斁。鲧则殛死,禹乃嗣兴。天乃赐禹洪范九畴,彝伦攸叙。"⑦ 禹之父鲧在治理洪水的过程中犯有违反五行的大罪,被罚雷殛而死,即上天直接出而判处了鲧的死刑;同时,上天赐禹"九畴"即包括五行、皇极、五事、八政、五纪、三德、稽疑、庶政等天子治国的大法。

和禹同时代的皋陶则为第一个谈及法是天创制的人。《尚书·皋陶谟》载,皋陶向舜谈及礼与刑时说:"天叙有典,敕我五典五惇哉!天秩有礼,自我五礼有庸哉!同寅协恭和衷哉!天命有德,五服五章哉!天讨有罪、五刑五用哉!政事懋哉!懋哉!""五

---

① 《礼记·表记》。
② 《诗经·商颂·玄鸟》。
③ 《诗经,商颂·长发》。
④ 《礼记·表记》。
⑤ 《尚书·康诰》。
⑥ 《左传·僖公五年》引《周书》。
⑦ 《尚书》中的《洪范》是从夏代史官手中和口耳相传保留下来,经箕子口授和后人再传,加工整理而成的。《洪范》记载的可靠性,参见阎青义:《洪范——举世最早的一部古代成文法典》,《中国法律史国际学术讨论会论文集》,陕西人民出版社 1990 年版。

典"、"五惇"、"五礼"、"五服"、"五章"、"五刑"、"五用"都是属于"天"之所"叙"、所"敕"。"礼"是"天"之"秩";"罚"是"天"之"讨"。

禹和皋陶是否以及如何行"天"创制的"法",史无记载,不得而知。有记载的是禹的儿子启。《尚书·甘誓》记载夏启宣布:"今予惟行天之罚。左不攻于左,汝不恭命。右不攻于右,汝不恭命。御非马之正,汝不恭命。用命赏于祖;弗用命戮于社,予则孥戮汝。""赏于祖"即在祖先神位之前行赏;"戮于社"即在社稷神位之前刑戮。这里,"赏"与"罚"仍是"天"所创制、所实施的,虽然事实上是经启之手赏罚。

在启之后,典籍有记载的是迁殷的盘庚的话。《尚书·盘庚》中记载盘庚动迁族人到殷地去时的话说:"予念我先神后之劳尔先,予丕克羞尔,用怀尔。然。失于政,陈于兹,高后丕乃崇降罪疾,曰:'曷虐朕民!'"又说:"汝万民乃不生生,暨予一人猷同心,先后丕降与汝罪疾,曰:'曷不暨朕幼孙有比!'故有爽德,自上其罚汝,汝罔能迪。"盘庚仍把不可逃脱的惩罚说成是神鬼的创造物,上天的意志。

至此为止,"天"创制的"法"、"刑"、"赏"、"罚",还是由夏禹、皋陶、夏启、盘庚从口中说出的。也许,天长日久,仅仅由他们说说,已引起了怀疑,或他们担心会引起怀疑,或有人利用"法自天出"以营私利,于是出现了沟通天人的巫者卜人。巫卜可以直接传达"天"之命令,包括赏罚命令。殷墟发掘出了大量记载殷代司法状况的卜辞。如甲骨文记载:"贞(卜问):王闻不惟辟。贞:王闻惟辟。"① "兹人井(刑)不?"② 这些都是关于向上天请示是否行刑的卜辞,表明"法自天出"的神权法观念。

三、神权法思潮表现之二:"君权神授"

夏、商、西周所有的统治者的权力,都被看作是由上天鬼神授予的。《周书·召诰》云:"有夏服(受)天命。"说的是"天"授"命"予夏禹。殷商统治者创造了一种"至上神"的观念,称为"帝"或"上帝",是天地人世的主宰。这主宰一切的"帝"或"上帝"已不是虚无缥缈的"天",而是多少可以想象思索而实际上存在过的他们的祖先。因此,这样的祖先神鬼同时成了至上神和祖先双重意义的代称。所谓"帝"、"上帝",既是至上神,与从前的"天"的概念大致相等;又是宗祖神。宗祖神之代代相传于当代的君王,便是可以理解的。因此,"一身而二任"的"帝"、"上帝"成了新的授权于当代君王的神。甲骨卜辞所记载的"帝令雨足年?帝令雨弗足其年!"③ "伐舌方,帝受(授)我又(佑)"④,都是当

---

① 《殷墟文字乙编》4604。
② 《殷契佚存》850。
③ 《殷墟书·契前编》。
④ 《龟甲兽骨文字》。

时创造"帝"的证明。到了西周,又逐渐用"天"来代替"帝"、"上帝"了。周代的铜器"大盂鼎"铭文里说:"丕显文王,受天有大命。"《诗经》也说:"文王在上,于昭于天,周虽旧邦,其命维新。"①

四、神权法思潮表现之三:"代天行罚"

夏启讨伐有扈氏,说自己是"恭行天之罚",即代天行罚于该氏。商汤伐夏桀时发布《汤誓》曰:"非尔小子敢行称乱,有夏多罪,天命殛之。"因为夏桀犯了许多罪,上天命令我去讨伐他,给以"殛"刑的处罚。商汤还说:"予畏上帝,不敢不正。"②表示不敢不去讨伐惩罚,因为怕上帝发怒。周武王讨伐商纣王时发布了《牧誓》,宣布纣王"昏弃厥肆祀,弗答",即不敬天命,对祭祀上帝和祖先的事不闻不问,因此"今予发,惟恭行天之罚"。周公旦③特别重视"慎罚",主张定罪量刑要区别情况、分别对待;依法定罪、罪刑相当;慎重地审查犯人的情况和供词,避免滥刑;紧于内而缓于外,内外有别;等等。他的这些"慎罚"思想,同样是用"代天行罚"来做基础的,在《尚书·康诰》中,周公以成王之命告诫康叔说:"汝惟小子,乃服惟弘。王应保殷民,亦惟助王宅天命,作新民。"王承受天命治国理民、代天行罚,当然要谨慎行事。

五、评"三代"时期法哲学观的特点

从上述神权法思潮的表现看,夏、商、西周时期的法哲学观有以下特点:

其一,客观存在的神权法思潮以客观唯心主义为其哲学基础。

无论是"法自天出",还是"君权神授",抑或"代天行罚","法"、"权"、"罚"都来自"天"和"神",这些都是外在于人的"幻影",而不是人的主观精神、意志。因此,神权法思潮属于客观唯心主义法哲学的范畴。由于它以"神权法"为特色,而不是诸如黑格尔法哲学以"绝对精神"那样的"客观"幻影为特色,我们也可以称之为"神权法哲学"。

其二,夏、商、西周的神权法哲学是内容变动中的法哲学。

这同外国法哲学史上诸多法哲学学派中的大多数是很不相同的。许多外国法哲学学派虽然历经漫长岁月,甚至长达几个世纪,其内容基本没有什么变化。夏、商、西周神权法哲学的内容则不断丰满,不断变化。从"法自天出"到"法自帝出",就是从以"天"为"神"到以"帝"为"神",以"天"为唯一的"神"到以"帝"为兼"天神"与"宗祖神"二

---

① 《诗经·大雅·文王》。
② 《尚书·汤誓》。
③ 周公旦,姬姓,文王之子,武王之弟,著名的政治家、思想家。

"神"的变化。至于从"天"、"神"所授之"法"、"罚"一成不变,到"皇天无亲,惟德是辅"的"法"、"罚"的变动不居,更说明当时的神权法哲学是变动中的法哲学。

其三,夏、商、西周的神权法哲学不存在完备的理论形态,它寄生于神权法律观念中。

这就产生了一个夏、商、西周是否存在法哲学的问题。笔者认为,法哲学可以一定的理论形态存在,以理论形态存在的法哲学既可以有其文字表达,也可仅有其口头表述;法哲学也可以不具备其理论外壳。每个时代都会有这样那样的法哲学,不存在没有法哲学的时代。

其四,神权法哲学在夏、商、周时代是占绝对统治地位的法哲学,一如当时神权法思潮是唯一的占绝对统治地位的法律思潮。这同国外各个时代大多有不同的法哲学流派有很大的不同。

这一特点表明,论者谓"神权法"不过是"统治阶级编造出来的"一个阶级的法律观(当然,如果这样,那么神权法哲学也就仅仅是统治阶级的法哲学了),是值得商榷的。我认为,神权法观念是全社会的观念,神权法哲学是全社会的法哲学。没有什么证据可以说明"法自天出"、"代天行罚"之类神权法观念是统治阶级的"编造"。"编造"也者,是明知其"非"而胡言其"是"、明知其"黑"而偏说为"白"之类的扯谎。我们可以合乎逻辑地推论夏禹、皋陶、夏启、盘庚、周文王、周武王、周公旦,等等,对"法自天出"、"神"授吾"权"之类在今人看来实属无稽的谎言,倒是深信不疑、敬畏有加、身体力行的。当然,仅有统治阶级的笃信力行,神权法观念、神权法哲学仍不能说是全社会性的。我认为,当时的被统治阶级囿于认识水平的低下,不可能认清神权法的虚伪性,也是深信神权法而不疑的。既然如此,神权法思潮就是贯穿夏、商、西周三代的全社会的法律观念,神权法哲学就是贯穿夏、商、西周三代的全社会的法哲学。这样想,这样看,比较符合一个刚从原始氏族社会过渡到奴隶制的社会的实际。

第三十三章 管仲对神权法哲学的反叛

古希腊米利都人泰勒斯因其以水为万物本质的宇宙论，而被看作是第一位朴素唯物主义大师①。其实，早在泰勒斯之前约一个世纪，我国的管仲就提出了水为万物之本原的论断。

一、管仲反叛神权法的社会基础与理论基础

管仲，名夷吾，约在公元前725年左右生于颍上（今安徽省颍上县），卒于公元前645年。少年家贫，经过商，当过兵，与鲍叔牙过从甚密。齐襄公被杀后，齐桓公即位，拟用鲍叔牙为相，鲍却力荐管仲，认为自己有五个方面不如管仲："宽惠柔民，不若也；治国家不失其柄，不若也；忠惠可请于百姓，不若也；制礼义可法于四方，不若也；执枹鼓立于号门使百姓皆加勇，不若也。"②齐桓公曾被管仲射过一箭而差点死于非命，但他还是为图霸业而任管仲为相多年，致使齐国日益富强。管仲的著作甚多，但对何者为管仲亲撰，歧见亦甚多。比较可靠的看法是：属于管仲自荐的篇章有《牧民》《形势》《权修》《乘马》《七法》《版法》《五辅》《宙合》《八观》《法禁》《重令》《法法》《兵法》《问》《地图》《参患》《君臣上》《君臣下》《正》《任法》《明法》《正世》《治国》《禁藏》《入国》《九守》等；属于管仲后学整理管仲思想、事迹而成的篇章有《立政》《幼官》《枢言》《大匡》《中匡》《小匡》《戒》《制分》《小称》《四称》《水地》《桓公问》《度地》《形势解》《版法解》《明法解》等。

从管仲的著作和事迹中可以看出，他完全否定了神权法思潮，并以其高超卓识的朴素唯物主义和朴素辩证法思想治国理民、立法施教，使自己成为历史上第一位神权法哲学的反叛者。

---

① 泰勒斯（Thales，活动时期在公元前580年前后），哲学家、科学家、商人。
② 《国语·齐语》。

管仲反神权法思潮，有一定的社会基础，西周末年，对"天"和"神"已经怨声迭起，诸如"天之抗我，如不我克"①（天这样残害我，像要把我害死似的）。"昊天上帝，宁俾我逋"②（苍天上帝啊，逼得我走投无路）之类对"天"、"帝"的抱怨，"昊天不佣！"③、"昊天不惠！"④（苍天不均！苍天刻毒！）、"不吊昊天！"⑤（苍天作恶呀！）之类的责难，诸如"群公先正，则不我助"⑥（先公先祖不保佑我）、"圭璧既卒，宁莫我听？"⑦（呈献了璧玉，祖宗怎么不予理睬？）之类对宗祖神的抱怨、"先祖匪人……"⑧（先祖不是人……）之类的谩骂，在西周末年已经成了惯常的事。在这样的社会情势下形成的管仲对神权法哲学的反叛，有其广泛的群众性的社会思潮作为思想基础。

　　神权法哲学奠基于笃信天命鬼神的客观唯心主义之上，认为法也和万事万物一样，都来源于"天"或承天之意志的"宗祖神"——"帝"。管仲却认为宇宙万物以至人的灵魂、思想都起源于水。管仲的这一认识，不仅早于泰勒斯一个世纪，而且远比泰勒斯分析得深入细致。他不仅作出了"水者，万物之本原"的判断，还对这一命题进行了详尽的论证：其一，从万物由水构成论证水为万物之原；其二，从水在土地生长万物中的作用上论证；其三，从水所具有的特性上论证；其四，从由水构成的物是无所不包的角度论证；其五，从人的精神面貌也由水性决定来论证。⑨管子的结论是，水是万物的本原，一切生物的祖宗，一切美好的、丑恶的、贤惠的、不肖的、愚蠢的、俊俏的事物赖以产生的总根子。以今天的科学水平来看，管仲的结论和论证不免幼稚粗疏谬误。但从历史的角度看，他的"水为万物之本原"的论断，却有着极其伟大的意义。这就是把至高无上的神——"天"、"帝"，降到了无所不在、随处可见、极其普通的"水"之下。在管仲看来，一切神灵和普通事物一样，也是由水生成的。例如，管仲把曾被当作能预知祸福、卜晓吉凶的龟及上天入水、变化莫测的龙都视作由水而生的普通一物："龟生于水，发之于火，于是为万物先，为祸福正。""龙生于水，被五色而游，故神。"管仲这样否定天地神灵，对神权法哲学当然是如同釜底抽薪、斫根绝源般的哲学反叛。但仅此而已，还不能说是对神权法哲学的直接对立。

---

① 《诗经·小雅·正月》。
② 《诗经·大雅·云汉》。
③ 《诗经·小雅·节南山》。
④ 同上。
⑤ 同上。
⑥ 《诗经·大雅·云汉》。
⑦ 同上。
⑧ 《诗经·小雅·四同》。
⑨ 《管子·水地》。以下未注明出处者同此。

二、以"以人为本"对抗"以天为本"

管仲对神权法哲学的直接对立,是在以主张"以人为本"取代"法自天出"的以天为本,以贬低王权取代"君权神授"等方面表现出来的。

管仲生于春秋初年井田制被破坏、私田大量出现之时,奴隶制的土地为国王所有被新兴的土地私人占有所突破,使用奴隶劳动也逐渐被"隐民"、"私属徒"、"宾朋"等名目的农奴所代替,新的封建制生产关系开始出现。适应这种新的生产关系建立的需要,管仲提出了"以人为本"的主张。他说:"夫霸王之所始也,以人为本,本理则国固,本乱则国危。"①

"以人为本",是与以天为本的"法自天出"、"代天行罚"直接对立的。囿于为人主之臣,也为了与前代"法自天出"的以天为本论相衔接,管仲做了机智乖巧的说明。有一次,齐桓公问管仲"王者何贵",管仲先答以"贵天",待齐桓公仰面观天时,则补充说道:"所谓天者,非谓莽莽苍苍之天也。君人者,以百姓为天。"②

管仲"以百姓为天"、"以人为本"的反神权法哲学观,包括下列内容:

首先,国家的安宁、富强、危险、败亡都取决于百姓。管仲说:"百姓与之则安,辅之则强,非之则危,背之则亡。诗云:'人耳无良,相怨一方',民怨其上,不遂亡者未之有也。"③因此,统治者必须爱民。管仲主张以"慈爱百姓"④为治国的根本原则之一。

其次,爱民的根本,在于得民之心,因此,要立法以顺民心,管仲说:"政之所兴,在顺民心;政之所废,在逆民心。"⑤据此,管仲认为必须"修旧法,择其善者而业用之"⑥。即对旧法进行检查,废除那一切"逆民心"的法规,择用那些"顺民心"的法规。旧法的扬弃以"民之所欲,因而予之;民之所否,因而去之"⑦为原则。

为"顺民心",管仲认为必须实行奖善罚恶的法治原则,即他所说的"劝之以赏赐,纠之以刑罚"⑧,而周礼的"亲亲"、"尊尊"、"礼不下庶人,刑不上大夫"⑨的原则必须突破。为此,管仲在主张"匹夫有善,可得而举"⑩,以便破格选拔人才的同时,还主张责

---

① 《管子·霸言》。
② 〔西汉〕刘向:《说苑》卷3。
③ 同上。
④ 《管子·中匡》。
⑤ 《管子·牧民》。
⑥ 《国语·齐语》。
⑦ 《史记·管晏列传》。
⑧ 《国语·齐语》。
⑨ 《礼记·曲礼上》。
⑩ 《国语·齐语》。

成乡大夫推举人才，否则，如果有才不举，即以"敝明"、"敝贤"论罪。至于那些"不用上令"、"寡功"与"政不治"的官吏，管仲强调应绳之以法，实行"一再则宥"、"三则不赦"①的原则。

第三，爱民之先在于"富民"。管仲说："民富则易治也，民贫则难治也。王天下者何也？必国富而粟多也。"②他把"富民"看作法治良善的基础，因为"仓廪实则知礼节，衣食足则知荣辱"③。尽管他十分重视"礼义廉耻"，把它比作"国之四维"④。但他更重视"四维"之基。因此，他利用齐国滨临黄海、矿产资源丰富的有利条件，大兴渔盐和铸铁之业，规定渔盐出口不纳税；还以"一农不耕，民或为之饥；一女不织，民或为之寒"⑤为由，号召人民努力耕织。在论述刑政与"富民"的关系时，他指出，必须"轻其税敛，使人不忧饥，缓其刑政，则人不惧死，举事以时，则人不伤劳"⑥，真正做到"省刑罚，薄赋敛，则民富矣"⑦。

从上述管仲的爱民、富民以及国事取决于民的理论，可以明显地看到管仲"以百姓为天"、"以人为本"的观念及由此而产生的一系列法律观念，是与神权法哲学直接对立的。

三、对"君权神授"的挑战

夏、商、西周的漫长历史时期里，帝王君主都被神化为"天"之"子"、"天"在人间的代表，他们手中的权力都是"神授"的。这种"君权神授"，是神权法哲学的重要内容。管仲针对"君权神授"的观念，首先论证了君王并非和普通人不同的神。他说："古者未有君臣上下之别，未有夫妇妃匹之合，兽处群居，以力相征，于是智者诈愚，强者凌弱，老幼孤独，不得其所，故知者假众力以禁强虐而暴人止，为民兴利除害，正民之德而民师之。"⑧这就是说，自古以来，本无君臣上下之分，君主的出现不过是借助众人之力、为民兴利而受民拥戴的普通智者。

其次，管仲进而论证了法令高于君王，君王及其亲戚眷属都必须服从法律规定。他认为，"令重于宝，社稷重于亲戚"⑨。"明君不为亲戚危其社稷，社稷戚于亲，不为君欲变

---

① 《管子·治国》。
② 同上。
③ 《管子·牧民》。
④ 《史记·管晏列传》。
⑤ 《管子·牧民》。
⑥ 《管子·霸形》。
⑦ 《管子·小匡》。
⑧ 《管子·君臣》。
⑨ 《管子·揆度》。

其令，令尊于君……不为爱民亏其法，法爱于民"①。他特别强调不能为"亲戚故贵易其法"②。指出君主必须一切依法而行。因为"法者，天下之至道也，圣君之实用也"③。这些，充分体现了他的社稷法令高于一切的思想。

管仲就是这样把"天"、"神"加以否定，又把"君权神授"加以否定，从而表明了他反神权法哲学的朴素唯物主义法哲学观。

难能可贵的是，管仲不仅站在朴素唯物主义的立场上否定神权法哲学，而且还以其朴素的辩证法哲学观把对神权法哲学的反叛向纵深推进。

四、朴素的辩证的法哲学观

管仲朴素的辩证法哲学，以一切事物都在运动变化，变化的关键在于事物的内在矛盾，人的主观努力可以促成矛盾转化等辩证观点为基础。

管仲认为，一切事物都是运动变化的。如"岁有春、秋、冬、夏，月有上、下、中旬，日有朝暮，夜有昏晨"④。这是指"天不一时"。"山陵岑岩，渊泉闳流，泉逾瀷而不尽，薄承瀷而不满。高下肥硗，物有所宜。"⑤ 这是指"地不一利"。而"乡有俗，国有法，食饮不同味，衣服异彩，世用器械，规矩绳准，称置数度，品有所成。"⑥ 这是指"人不一事"。因此，治国理民必须"不慕古，不留今，与时变，与俗化"⑦。管仲强调"法者不可恒也"⑧，指出法不是不变的，不能死守"恒常"的法。他说："千里之路，不可扶以绳；万家之都，不可平以准。言大人之行，不必以先帝常义立之谓贤。"⑨ 先帝的法制也不必事事信守，应该修旧法，择其善者，举而严用之"⑩。

管仲还把自然界运动变化的原因解说成是阴阳两种对立势力的矛盾斗争。他说："春秋冬夏，阴阳之推移也；时之短长，阴阳之利用也。日夜之易，阴阳之化也。"⑪ 他列举刚柔、轻重、大小、实虚、远近、多少、强弱、贵贱、贫富等多种矛盾，说明只有通过这些矛盾的解决，事物才能发展变化。管仲用这种辩证思想来治理国家，得到了极大的成

---

① 《管子·法法》。
② 《管子·禁藏》。
③ 《管子·任法》。
④ 《管子·宙合》。
⑤ 同上。
⑥ 同上。
⑦ 《管子·正世》。
⑧ 《管子·任法》。
⑨ 《管子·宙合》。
⑩ 《管子·小匡》。
⑪ 《管子·乘马》。

功,史称"其为政也,善因祸而为福,转败而为功"①。在法制方面,一方面,他主张"法者不可恒"②、"政不旅旧"③;另一方面他又特别主张政令要稳健慎重,不要"号令已出,又易之;礼义已行,又止之;度量已制,又迁之;刑法已错(措),又移之"。否则"庆赏虽重,民不勤也。杀戮虽繁,民不畏也。"④

管仲这些辩证法哲学观点及其在法治方面的运用,显然与神权法哲学是北辙南辕、相悖驰行的。神权法哲学既认定"法自天出",法当然不可移易而恒守其常,既认定"代天行罚",罚当然一言九鼎而"令行禁止",哪里允许法制的更新,哪里允许变法便民呢?

由于管仲顺应新兴封建制生产关系发展的要求,又能以其朴素的辩证唯物主义法哲学治国理政,所以在政治上取得了极大的成功,并为孔子、墨子、晏子、韩非子、韩愈等许多不同流派甚至对立流派的思想家所极口称颂。

---

① 《史记·管晏列传》。
② 《管子·任法》。
③ 《国语·齐语》。
④ 《管子·任法》。

第三十四章　子产反神权法哲学的新突破

人类在反神权法哲学的征途上，每前进一步，都要经过艰苦的斗争。我国春秋中期郑国子产，正是在斗争中取得反神权法哲学新突破的。这一突破，就是他提出了"天道远，人道迩（近）"的"天人相分"理论，使得反神权法哲学带上了比管仲更深入浓厚的法哲学色彩。他的一系列法律观点，都与这一突破相关。

一、子产的"天人相分"哲学观

子产（约前580—约前522年），名公孙侨。二十八岁被立为卿，任少正；公元前542年为郑国正卿，相郑简公，执掌国政二十余年之久，对社会实行了一系列政治和经济的改革。这些改革主要是在"作封洫，立谤政，制参辟，铸刑书"[①]等方面，并推动了郑国生产力的发展，增强了国家的实力，得到了人民的拥护。据《史记·循吏列传》载：子产"为相一年，竖子不戏狎，斑白不提挈，僮子不犁畔。二年，市不豫贾。三年，门不夜关，道不拾遗。四年，田器不归。五年，士无尺籍，丧期不令而治"。这些记载虽有夸张，但在一定程度上反映了子产改革、执政的成功。

子产在反神权法哲学方面的最大贡献，是在中国无神论历史上第一次提出了"天道远，人道迩"的命题。提出这一命题的经过是这样的：

子产的改革措施引起了保守的贵族的不满，纷纷以神鬼灾异来吓唬子产、制造社会混乱。郑大夫吉里"警告"子产："将有大祥，民震动，国几亡。吾身泯焉，弗良及也，国迁，其可乎？"[②]晋国士文伯制造铸刑书将有大火灾后果的舆论："火见，郑其火乎？火未见而作火，以铸刑器，藏争辟焉，火如象之，不火何为。"[③]公元前525年，郑国大夫裨灶

[①] 《左传·昭公六年》。
[②] 《左传·昭公十八年》。
[③] 《左传·昭公七年》。

对子产说："宋、卫、陈、郑将同日火，若我用瓘斝玉瓒，郑必不火。"子产未予理会。几天后，宋、卫、陈、郑果然发现有火灾，于是神灶又说："不用吾言，郑又将火。"① 他还联络太叔，动员许多人请求采纳他的建议。子产非但不为所动，反而针锋相对地指出："天道远，人道迩，非所及也，何以知之？""灶焉知天道？是以多言矣，岂不成信！"② 灶之言中火灾一事，不过是他多次那么说，偶尔言中罢了。这是子产在社会改革的斗争中提出用对"人道"即社会客观规律的探讨，来代替借"天道"即虚无缥缈的"天"的意志对人事做推测。

"天道远，人道迩，非所及也，何以知之？"这是一句完整的话。这一命题所包含的意思有四层：第一，"天道"遥远，玄虚莫测；第二，"人道"切近，易于了解；第三，"天道"不如"人道"；第四，"天道"不可知。这四层意思综合起来，表达了"天人"应该分离的无神论哲学观点。这与神权法哲学指导思想是截然相反的，因此，也就与神权法论者的种种具体观点相对立。

二、"铸刑书"、"立谤政"与反神权法

神权法哲学的立法观是"法自天出"，子产却"冒天下之大不韪"，自己来"铸刑书"。公元前536年，子产把郑国的刑律铸在鼎上予以公布，这就是我国成文法公布之始，也是中国立法史上突出的一件大事。它使"天书"之"法"的神秘性、"代天行罚"的欺骗性，受到了严重的挑战。因此，子产"铸刑书"之举，受到了奴隶主贵族保守派的极力反对。晋国大夫叔向一得到消息，立即驰函阻止："昔先王议事以制，不为刑辟，惧民之有争心也。……民之有辟（法），则不忌于上，并有争心，以征于书，而侥幸以成之，弗可为矣！"而且威吓子产说："……弃礼而征于书，锥刀之末，将尽争之。乱狱滋丰，贿赂并行，终子之世，郑其败乎！"③ 叔向指责子产毁法弃礼，但子产并不予以否定，而是说这样做是为了"救世"。"吾以救世也！"④ 为了"救世"，不再按照老办法统治了。

子产"铸刑书""以为国之常法"⑤，是在提出"天道远，人道迩"这一命题之前。但这不等于提出这一命题之前，子产不具有该命题所包含的思想。这也说明，子产的无神论思想早已萌生，而且比较坚定。因此，当保守派在"铸刑书"之后以灾异相吓相逼时，子产才可能提高一步，做理论上的反驳。

神权法哲学认为君王的大权是"天"、"神"授予的，即所谓"君权神授"。对此，子

---

① 《左传·昭公十八年》。
② 同上。
③ 《左传·昭公六年》。
④ 同上。
⑤ 《左传·昭公六年》杜预注。

产统统予以否定。他认为，君王的身体健康状况与劳逸、饮食、精神状态相关，只要"朝以听政，昼以访问，夕以修令，夜以安身"①，即作息有时，劳逸结合就可以了，与天地神灵是无关的。他说："若君身，则亦出入、饮食、哀乐之事也，山川星辰之神又何为焉。"②子产的这段话，是在回答晋国叔向问他晋王有疾而卜人谓神鬼作祟时说的。子产指出，卜人所说实沈、台骀两个神与晋王毫无关系，他的病是因为女色过度造成的。他指出晋王宠妾太多，仅姬姓的就有四个，能不患病吗？子产还讲了一点生理知识："内官不及同姓，其生不殖。"③用血缘近亲不应结婚的科学知识做了论证，显示了他的无神论不仅仅停留在直觉上。

神权法哲学观把刑罚看成是君王"代天行罚"，以至相信水火旱涝及疾病流行等天灾人祸都是上天对人类的惩罚。子产对此也一概不信。他认为这些都是无稽之谈，真要社会进步、减少灾害，最要紧的不是祭祀祖宗、跪拜天地，而是进行社会改革。他的社会改革措施中，"作封洫"就有利于减轻自然灾害的侵扰。"作封洫"，即把现有田界固定起来，开沟筑渠、兴修水利。这既肯定了土地私有的合法性，也为防止旱涝等自然灾害创造了条件。

神权法哲学观既把"君权"看成是"神授"、把"行罚"看作是"代天"而行，那么不准议政，更不准"谤政"就是"理所当然"的事了。子产对此反其道而行，采取了"不毁乡校"而"立谤政"的措施。"郑人游于乡校以议朝政"，是郑国原有的制度。但是大夫然明要毁掉乡校，不许议政、谤政。子产不同意然明的意见，决定保持"乡校"制度，鼓励"谤政"之人。他说："夫人朝夕而游焉，以议执政之善否。其所善者，吾则行之；其所恶者，吾则改之。是，吾师也，若之何毁之？我闻忠善以损怨，岂不遽止，然犹防川，大决所犯，伤人必多，吾不克救也。不如小决使道，不为吾闻而药之也。"④

三、朴素唯物主义的"礼论"

子产反神权法哲学的新突破，还相当突出地表现于他的"礼论"中的朴素唯物主义思想。

西周初期，奴隶主贵族为了巩固其政治统治，维护奴隶制的社会关系，在周公的主持下，对以往的宗法制传统习惯进行了整理、补充，形成一套以维护宗法等级制为中心的行为规范以及相应的典章制度、礼节仪式，用以治国，即所谓"礼治"。如果有违"礼"数，

---

① 《左传·昭公元年》。
② 同上。
③ 《左传·昭公元年》。
④ 《左传·襄公三十一年》。

就要严刑相处。因此，在我国古代，"礼"与法是不可分的，是法的另一种形式。"礼"虽以"亲亲"、"尊尊"为基本原则，似乎只是宗法等级制的反映，其实它是与天地鬼神紧相联系，是神权法哲学的一个重要组成部分。"礼，履也，所以事神致福也。"① 这道出了"礼"与"神"，与神权法哲学的关系。"礼"纵贯了周代的始终，历时既久，就发展成了一套相当详尽严密的制度。春秋时期，"礼"成了意识形态的中心课题，诸侯列国的交往、人际四时的关系、是非的衡量，都以"礼"为标准。

那么，子产是怎么看"礼"的呢？他的看法见诸："子太叔见赵简子，简子问揖让周旋之礼焉。对曰：'是仪也，非礼也。'简子曰：'敢问何谓礼？'对曰：'吉也闻诸先大夫子产曰，夫礼，天之经也，地之义也，民之行也。天地之经，而民实之。则天之明，因地之性，生其六气②，用其五行③；气为五味④，发为五色⑤，章为五声⑥。淫则昏乱，民失其性。是故为礼以奉之：为六畜、五牲、三牺，以奉五味；为九文⑦、六采⑧、五章⑨以奉五色，为九歌⑩、八风⑪、七音⑫、六律⑬，以奉五声；为君臣上下，以则地义；为夫妇外内，以经二物；为父子、兄弟、姑姊、甥舅、昏媾、姻娅，以象天明；为政事庸力、行务，以从四时；为刑罚、威狱，使民畏忌，以类其震曜杀戮；为温慈、惠和，以效天之生殖长育。民有好、恶、喜、怒、哀、乐，生于六气。是故审则宜类，以制六志：哀有哭泣，乐有歌舞，喜有施舍，怒有战斗，喜生于好，怒生于恶。是故审行信令，祸福赏罚，以制死生：生，好物也，死，恶物也；好物、乐也，恶物、哀也。哀乐不失，乃能协于天地之性，是以长久。'简子曰'甚哉，礼之大矣。'对曰：'礼，上下之纪，天地之经纬也，民之所以生也。是以先王尚之，故人之能自曲直以赴礼者，谓之成人。大，不亦宜乎。'"⑭

子太叔所述子产的"礼论"是比较可信的，因为他是子产的忠实的继承人。子产论"礼"的上述言论表明：第一，他给"礼"下的定义是："夫礼，天之经也，地之义也，民

---

① 《说文解字》。
② "六气"：阴、阳、风、雨、晦、明。
③ "五行"：金、木、水、火、土。
④ "五味"：酸、咸、辛、苦、甘。
⑤ "五色"：青、黄、赤、白、黑。
⑥ "五声"：宫、商、角、徵、羽。
⑦ "九文"为章服之纹：山、龙、华虫、藻、火、宗彝、粉米、黼、黻。
⑧ "六采"为画绘之事，杂用天地四方之色：青白、赤黑、玄黄相次为用。
⑨ "五章"：青与赤间谓之"文"；赤与白间谓之"章"；白与黑间谓之"黼"；黑与青间谓之"黻"；五色备谓之"绣"，合此五者谓"五章"。
⑩ "九歌"：歌九功之德，水、火、金、木、土、谷，谓"六府"；正德、利用、厚生三事，谓"九功"。
⑪ "八风"：八方之风。
⑫ "七音"：宫、商、角、徵、羽、变宫、变徵。
⑬ "六律"：黄钟、大蔟、姑洗、蕤宾、夷则、无射。
⑭ 《左传·昭公二十五年》。

之行也。""礼，上下之纪也，天地之经纬，民之所以生也。"指出了"礼"是天地遵循的规律、民从而得出的行为规则，也就是一切事物应遵循的规律。这与源于"天"、"神"而又"事神致福"的"礼"的定义，是截然不同的。子产的定义把"礼"的唯心定义颠倒了过来。第二，在子产看来，天并不是有意志的，不过是自然的天。他讲的"天经地义"是指"天明"，就是春夏秋冬"四时"、日月星辰"三星"和阴阳风雨晦明"六气"的变化。他讲的"地性"就是五行、五味、五色、五声这些客观事物和现象的变化。这一切在子产那里成了"礼"的总起源。"礼"不是起源于虚无缥缈的"天"，而是起源于作为自然现象的"天"。第三，关于社会制度、社会秩序、人际伦理道德以及人的喜怒哀乐，子产以自然现象作了类比。如他说，一切政事、刑罚、威狱，就好像四时的变化。这诚然很不科学，但与把这一切解释作来之于"天"、"神"的唯心主义"礼论"，又不可同日而语。总之，子产的"礼论"在很大的程度上是与传统的"礼论"相对立的，摆脱了有神论的樊篱，同样显示了反神权法哲学的观点。

第三十五章 儒家法哲学的奠基与孔子的突出贡献

春秋战国时期,百家争鸣,学派蜂起。其中,由孔丘创始而为从先秦经秦汉唐宋元明直至清代不绝如缕地崇奉的一个最大的学派,即儒家学派,《汉书·艺文志》列为"九流"之一。战国时,儒家有八派,重要的有孟子和荀子两派。自汉武帝罢黜百家后,儒家为适合各个时期封建统治阶级的需要,总是从创始人孔子的学说中演绎出各种应时的儒学理论来。如在两汉,有以董仲舒和刘歆等为代表的今古文经学和谶纬之学;在魏晋,有王弼、何晏以老庄思想解释儒经的玄学;在唐代,有韩愈为排佛而倡导的儒家"道统"说;在宋明,有兼取佛道思想的程朱派和陆王派的理学;清代前期有汉学、宋学之争,清代中叶以后有今文经学和古文经学之争。五四运动前后,儒家学说随着封建社会的没落而日渐丧失了作为正统思想的地位。儒家学说统治中国学术思想两千余年,其经典一方面曾是中国封建统治阶级的最高教条;另一方面也为后代保存了极为丰富的民族文化遗产。儒家学说是一个体系庞大、内容繁杂、源远流长、精芜并存的学术思想派别。法哲学也是儒家学说蕴涵的一个重要内容。

一、周礼的"天命靡常"论:儒家法哲学的奠基

儒家法哲学和儒学整体一样,都应说是由孔子创始的,但它同儒学其他部分略有不同,即儒家法哲学源于周礼、奠基于周礼。因此,论述儒家法哲学,必须始于周礼的剖析。

相传,周礼由西周奴隶主阶级的杰出政治家周公旦制作。周公旦的事迹和言论、思想见诸多种史书和《尚书》中的《大诰》《康诰》《酒诰》《梓材》《召诰》《多士》《多方》《无逸》《君奭》《立政》及《诗经·大雅》的《文王》等篇。

周公制礼,并非他闭门造车、冥思苦想所得,而是根据以宗教祭祀活动为中心内容的原始社会风俗习惯演变而成的祭祀仪式、原始社会末期和奴隶社会初期调整宗法血缘关系的伦常规范,以及奴隶制国家政权出现后形成的纳入"典常"规范的政治统治原则,加以

改造制作而成的。因此，孔子认为周礼吸收了夏礼和殷礼的精华，所谓"周因于殷礼"[①]是也。

周公制礼，是为了"以礼治国"，以礼作为"经国家，定社稷，序人民，利后嗣"[②]的根本大法。周礼内容十分庞杂，涉及政治、经济、军事、教育、行政、司法、宗教、祭祀、婚姻家庭、伦理道德直至国家关系等各个方面。有"冠礼"、"婚礼"、"乡饮酒礼"、"乡射礼"、"丧礼"、"祭礼"、"朝聘礼"、"贡赋礼"、"会盟礼"、"军礼"，等等。《礼记·曲礼》云："道德仁义，非礼不成；教训正俗，非礼不定；宦学事师，非礼不亲；班朝治军，莅官行法，非礼威严不行；祷祠祭祀，供给鬼神，非礼不诚不庄。"说明了周礼内容之广泛丰富以及以礼规范社会生活的必要性。礼，在当时是作为衡量一切的标准的。

周礼作为社会规范，带有强制性。周公把符合礼的规范称为"吉德"，如孝顺父母、尊敬兄长、忠于君主、取信朋友等；把有违礼条的行为，如盗窃财物、伤害人身、隐匿罪犯等，称为"凶礼"。对于"凶礼"，则"'九刑'不忘"[③]，要实施刑罚的惩治。因此，周礼实际上是周法。但它同法又有区别，最大的区别在于它首先依靠的是人们的自觉遵行，只有"出礼"时才"入刑"。

周礼有两条基本原则，一为"亲亲"，二为"尊尊"。

"亲亲"即亲其亲族，"父慈，子孝、兄友、弟恭"，是处理亲属血缘关系的准则。周公认为，做到了"亲亲"，就不会犯上作乱，有利于巩固统治秩序。正因如此，违反了"亲亲"的原则，不孝不友，便被视作罪大恶极，要依据周文王制定的刑罚惩治，而且不可赦宥。即周公所说"刑兹无赦"[④]。"亲亲"原则推广应用，就有"任人唯亲"，实行亲者贵、疏者贱并按嫡长继承制承袭职官的"世袭制"。按照"亲亲"原则，周公分封文王诸子于管、蔡、郕、霍、鲁、卫、毛、聃等国，分封武王诸子于邘、晋、应、韩等国，分封自己的儿子于凡、蒋、邢、茅等国；同时，还分封异姓甥舅为诸侯，即"封建亲戚，以藩屏周"[⑤]，用以巩固自己的政治统治并收取经济利益。各国诸侯同样按"亲亲"原则，在自己的领地内分封。依此类推，以"亲亲"为原则在全国范围内结成一个宗法血缘关系的政治罗网。

"尊尊"指下级尊敬和服从上级，首先是尊敬和服从天子。"尊"者有上下等级的秩序，不得僭越，不得犯上。这是处理君臣上下、尊卑贵贱政治关系的原则。推而广之，奴隶和平民必须尊敬和服从各级奴隶主及其政治代表即从中央到地方的大小官吏。

"亲亲"与"尊尊"因血缘关系会有交叉，因此，周礼又规定两者以"尊尊"为首位，

[①]《论语·为政》。
[②]《左传·隐公十一年》。
[③]《左传·文公十八年》。
[④]《尚书·康诰》。
[⑤]《左传·僖公二十四年》。

"亲亲"必须服从"尊尊",即所谓"不以亲亲害尊尊"①,血缘上的亲属关系必须服从政治上的尊卑关系。

《礼记·曲礼》规定:"礼不下庶人,刑不上大夫。"这是周礼所规定的适用法上等级特权的表现,是周礼"礼治"的一大特征,也是西周立法、司法的根本原则之一。

在西周,被征服而落入"庶人"地位的平民不得参与贵族宗庙之礼,无言论自由,无政治权利,但周礼对人的一切束缚与制约原则,庶人仍得严守,一旦"出礼",往往"入刑"得比大夫更严。至于黥、劓、刖、宫等肉刑,则"不上大夫",但"有赐死"。《礼记·文王世子》曰"公族无宫刑",《汉书·贾谊传》胃"有赐死(大夫)而无戮辱"。就是"刑不上大夫"的注释。这说明,古代的"刑"与"杀"有别,"刑"不包含"杀"之义。

如上所述,周公制礼,针对的都是社会实际必须调整的关系,依据的同样是客观存在的宗法等级关系,也就是把业已形成的宗法等级关系制度化、礼仪化、规范化,用以普遍调整宗法等级关系运行中出现的种种矛盾和问题。这是非常现实、非常客观、非常"唯物"的。但如果这样如实地一一说明,在当时的社会情势下,就难以"服众",难以达到目的。由于周承殷祚,"法自天出"、"君权神授"、"代天行罚"的神权法哲学还有很大的影响,占据着法哲学的统治地位,因此,周公制礼,也受神权法哲学的指导。但周本殷商的小国,以小周灭大商,从神权法哲学的"君权神授"观上说不通,必须有新的理论加以解释。这个新理论,就是周公旦提出的"天命靡常"②论。所谓"天命靡常"论,有两个基本点:一为"天命"可变,它可以改授君权于此于彼,当然可以将君权由殷商而改授予周。《尚书·召诰》曰:"呜呼!皇天上帝,改厥元子兹大国殷之命。惟王受命,无疆惟休,亦无疆惟恤。呜呼!曷其奈何弗敬!"即是说皇天上帝改授君权由殷商而周。"天命靡常"论的另一基本点为,"天命"改属并不是无原则的,其原则为有德抑或无德,有德才能得"天命",受"君权"。殷商灭夏而且巩固发展,被说成是从成汤到武丁都有"德",以后却失去了"德","惟不敬厥德,乃早坠厥命"③。

这样,周公旦实际上提出了"天命靡常"、"以德配天"的理论,并以"德"为中心,把"天命"和"王权"加以沟通,使神权法哲学发展到了一个新的阶段,为儒家法哲学的形成奠定了理论基础。

二、"礼":孔子法哲学观的理论基础

儒家法哲学的创始人孔子(前551—前479年),名丘,字仲尼。鲁国陬邑(今山东

---

① 《春秋谷梁传·文公二年》
② 《尚书·君奭》。
③ 《尚书·召诰》。

曲阜东南）人。先世为宋国贵族，少"贫且贱"，及长，做过"委吏"（司会计）和"乘田"（管畜牧）等事。学无常师。相传曾问礼于老聃，学乐于苌弘，习琴于师襄。及有所成，便聚徒讲学，并从事政治活动。年五十，由鲁国中都宰升任司寇，摄行相事。后又周游宋、卫、陈、蔡、齐、楚等国。自称"如有用我者，吾其为东周乎？"但终不见用。晚年致力于教育，整理《诗》《书》等古典文献，并删修鲁国史官所记《春秋》，使之成为我国第一部编年体历史著作。相传有弟子三千多人，著名的有七十二位。现存《论语》一书，为孔子弟子所记孔子的语录，是研究孔子学说的主要资料。其他史籍也大量载有孔子的事迹、思想与言行，可供研究孔子所创儒家法哲学的参考。

孔子的思想包括法哲学思想基于周礼、源于周礼。孔子之时，多数诸侯国对周礼已不甚重视，甚至"礼崩乐坏"了，唯他所在的鲁国"犹秉周礼"，使他受到深刻的熏陶。孔子自己也说："周监乎二代，郁郁乎文哉，吾从周"①，把保守周代的礼仪制度作为自己的责任。至于周礼，他指示门徒说："非礼勿视，非礼勿听，非礼勿言，非礼勿行。"② 在"孔门六艺"中，礼是为首的一艺，其余的乐、射、御、书、数，都位列礼之后。在《论语》中，孔子论"礼"，多达七十余处。他认为"道之以德，齐之以礼"③是治国的根本措施，强调"上好礼，则民莫敢不敬；上好义，则民莫敢不服；上好信，则民莫敢不用情。夫如是，则四方之民襁负其子而至矣。"④ 总之，孔子思想与周礼有着万缕千丝的紧密联系。"礼"是其法哲学观的基础。

三、"仁"：孔子法哲学的核心

孔子为开创儒家法哲学所做的突出贡献，是引进了一个"仁"字。这"仁"代表了孔子思想的精华，是孔子思想体系的核心，也是孔子开创的儒家法哲学的根本原则。

在《论语》五十九章中，出现"仁"字多达一百零五处，都是应答人、事之间时言及而对"仁"做阐释的。如"仁者必有勇。"⑤ "樊迟问仁。子曰：爱人。"⑥ "仁远乎哉？我欲仁，斯仁至矣。"⑦ 分别对"仁"的品格、"仁"的含义和求"仁"由己做了说明。所有这一百零五个"仁"，都与人事密切相关，突出重视人、关心人的精神。

孔子论"仁"分为四类：

---

① 《左传·闵公元年》。
② 《论语·颜渊》。
③ 《论语·为政》。
④ 《论语·子路》。
⑤ 《论语·宪问》。
⑥ 《论语·颜渊》。
⑦ 《论语·述而》。

其一，论仁"为众德之总"。如"孝弟也者，其为仁之本与！"①"巧言令色鲜矣仁。"②"刚、毅、木、讷近仁。"③"博闻而笃志，切问而近思，仁在其中矣。"④等等。他把一切美好的品德，如孝、悌、忠、信、恭、宽、敏、惠、智、勇、诚、清、直、义都作为"仁"的表现；而"巧言令色"及不孝、无信、寡廉、鲜耻等，都看作与"仁"相悖的表现。

其二，论"仁人"。孔子把微子、箕子、比干、伯夷、叔齐、管仲、子产、颜回等人称为"仁人"，而当人问及子路、冉求等人时，则答曰"不知其仁也"⑤。他赞扬管仲"相桓公，霸诸侯，一匡天下，民到于今受其赐"之类的政治家的"仁"，也赞扬伯夷、叔齐等在险恶环境下"不降其志，不辱其身"⑥、"不念旧恶"⑦之类的道德家的"仁"。孔子认为，只要有高风亮节，不管是身居高位的君子，还是陋巷屈身的"匹夫"，都可成为"仁人"。

其三，论"爱人"。孔子所说"节用而爱人"⑧、"泛爱众"⑨、"安人"⑩、"安百姓"⑪、"博施于民而能济众"⑫，都表达了"爱人"为"仁"的精神。作为大政治家的管仲受到称赞，首先不是因为"相桓公，霸诸侯，一匡天下"，而是因为所有这些政行达到了"民到于今受其赐"；同为身居高位的纣王，因行暴政、残虐人民，被孔子大加贬斥。但孔子的"爱人"是局限在宗法制度范围内的，他的"爱人"的"仁"不可能脱离"亲亲"的宗法关系的藩篱，也不可能跳出"尊尊"的阶级和等级的政治关系的窠臼。尽管如此，孔子是把人当作人，而不是当作牛、马之类的家畜或"会说话的工具"来役使的，这当然是一种进步。

其四，论为"仁"之方。孔子认为，实践"仁"的方法一为"克己"，所谓"克己复礼为仁"⑬；二为"忠恕"，所谓"夫子之道，忠恕而已矣"⑭、"己所不欲，勿施于人"⑮。这是一种主体自觉地实现自我完善的过程。⑯

---

① 《论语·学而》。
② 同上。
③ 《论语·子路》。
④ 《论语·子张》。
⑤ 《论语·公冶长》。
⑥ 《论语·微子》。
⑦ 《论语·公冶长》。
⑧ 《论语·学而》。
⑨ 同上。
⑩ 《论语·宪问》。
⑪ 同上。
⑫ 《论语·雍也》。
⑬ 《论语·颜渊》。
⑭ 《论语·里仁》。
⑮ 《论语·颜渊》。
⑯ 杨景凡、俞荣根：《孔子的法律思想》，群众出版社1984年版，第70—81页。

孔子以上对"仁"所阐发的四个方面理论、原则，都是关于"人"的，是关心人、重视人，以人为人的人道主义精神，是其人本主义思想的具体展开。杨景凡、俞荣根先生《孔子的法律思想》一书指出："孔子仁学论人的广度和深度，对人的尊重、关心和爱护，只是他那个时代的水平……人类发现自己、认识自己是一个漫长的历史过程，每一代人都肩负着实践该时代'人的发现'的历史任务。孔子的仁学就达到了他的时代关于人的学说的高度。他开人的学说之先河，走在了欧洲'文艺复兴'时期资产阶级人道主义和人本主义学说二千年之前。"

孔子的"仁"学既如上述，那么，他的"仁"学与法律思想有什么关系呢？孔子的儒家法哲学与"仁"学又有什么关系呢？

孔子在法律观上的建树，具体见诸他对立法、司法、守法方面一些具体原则和政策的见解上。

四、"仁"与立法

第一，立法以"正名"、"教民"。

孔子拟赴卫国从政，路上对子路谈了他的"正名"主张："野哉，由也！君子于其所不知，盖阙如也。名不正，则言不顺；言不顺，则事不成；事不成，则礼乐不兴；礼乐不兴，则刑罚不中；刑罚不中，则民无所措手足。故君子名之必可言也，言之必可行也。君子于其言，无所苟而已矣。"[1]对孔子的这段话，历来有不同的理解。其中，刘宝楠的《论语正义》谓"正名指蒯聩之事"一说，为杨景凡、俞荣根等当代孔子法律思想权威理论家所首肯[2]。"蒯聩之事"指：卫灵公生前逐太子蒯聩出卫国，他死后，部分卫国贵族矫卫灵公遗命拒绝蒯聩回国继位，而拥戴了蒯聩之子辄。晋国乘机武装护送蒯聩回国夺位。于是，骨肉兵戎、父子"乱伦"，君臣无序，祸国殃民。孔子认为，蒯聩父子都是名不正、言不顺，要搞好卫国政治，必须从"正名"开始，摆正"君君、臣臣、父父、子子"的伦理政治秩序，使卫国的君像君、臣像臣、父像父、子像子。这就是孔子的"正名"思想。

孔子的"正名"思想中包含着一个重要的立法准则。所谓"名正言顺"的"言"，包括法令在内。"名正"才能"法顺"，才能"礼乐兴"、"刑罚中"。而"正名"原则的落脚点，是在"仁"，只有"正名"才能经"礼乐兴"、"刑罚中"而达到国泰民安的"仁"。

孔子提出的另一重要立法准则是"教民"。他极力反对"不教而诛"的虐杀政策。"不教而杀谓之虐，不戒视成谓之暴；慢令致期谓之贼"[3]。西汉刘向的《说苑》这样记载："鲁

---

[1]《论语·子路》。
[2]《孔子的法律思想》，第128页。
[3]《论语·尧曰》。

有父子讼者，康子曰：'杀之。'孔子曰：'未可杀也。夫民不知子父讼之不善者久矣，是则上过也。上有道，是人亡矣。'康子曰：'夫治民以孝为本，今杀一人以戮不孝，不亦可乎？'孔子曰：'不教而诛之，是虐杀不辜也。三军大败，不可诛也；狱讼不治，不可刑也。上陈之教而先服之，则百姓从风矣；躬行不从而后俟之以刑，则民知罪矣。……'于是讼者闻之，乃请无讼。"《荀子·宥坐》篇记有类似的话："孔子慨然叹曰：'呜呼！上失之，下杀之，其可乎！不教其民而听其狱，杀不辜也。三军大败，不可斩也；狱犴不治，不可刑也，罪不在民故也。"孔子极力主张的是：为上者应先正己，实行教而后刑。

"教民"在先，似是司法原则。其实不然，孔子是把"教民在先"、教而后刑作为立法准则提出来的。其理由为：首先，有"言教"、"身教"之分。"言教"中有制订法律以预防犯罪、法律本身即具"教"民的内容和含义。而"身教"，在孔子那里是先于、重于"言教"的。"季康子问政于孔子曰：'如杀无道，以就有道，何如？'孔子对曰：'子为政，焉用杀？子欲善而民善矣。……'"① "政者，正也。子帅以正，孰敢不正？"② "其身正，不令而行；其身不正，虽令不从。"③ "上好礼，则民莫敢不敬；上好义，则民莫敢不服；上好信，则民莫敢不用情。"④ 这些都说明孔子视"身教"重于"言教"。所谓"身教"，一方面是以道德律己；另一方面就是以法律律己。所以，立法以"正"君主之"身"，使其"身教"也有法可依、有绳可准，就成了前提条件。这样，为"教民"而立法、立法以"正"君主之"身"，就成了重要的立法准则。其次，"教而后刑"的"教"，是"教"之以法，"教"之以礼。而"礼"本身即为伦理道德法。所以，"教而后刑"包括设礼而教亦即立法而教的含义。这样，设礼的准则，与立法的准则就是相通的了。

"教民"在先，立法以"教民"，比立法以"正民"更为直接地表达了孔子"仁"的精神。

五、"仁"与司法

第二，"中庸"以司法、"原心"以论罪的人治主义司法原则。

"中庸"这一范畴，是孔子首创的。他说："中庸之为德矣，其至矣乎！民鲜久矣。"⑤ "中庸"之义，郑玄《礼记·中庸》解作"以其记中和之为用也"。"庸，常也。用中为常道也"。即办事不偏不倚、调和持中。因此，孔子既反对"过分"，也反对"不及"，所谓"过犹不及"⑥ 是也。孔子以"中庸"作为其思想、言行的准则，也作为司法的原则。

---

① 《论语·颜渊》。
② 同上。
③ 《论语·子路》。
④ 同上。
⑤ 《论语·雍也》。
⑥ 《论语·先进》。

"刑罚不中"的"中",指的就是不偏不倚的"中庸","不中"就是"过"与"不及"。

为求"中庸"的司法原则得以实现,孔子主张在行宽惠之政的前提下,努力明察是非、权衡轻重而不失偏倚。他说:"众恶之,必察焉;众好之,必察焉。"① 反对"片言折狱"的不察是非的鲁莽断狱。

"原心"论罪,也是孔子为达到"中庸"司法而主张的一条司法原则。虽然"原心"字样未见诸《论语》,但许多篇章的字里行间贯穿了这一思想。《尚书·大传》托孔子之名义为《吕刑》之"哀敬折狱"释义曰:"听讼,虽得其指,必哀矜之,死者不可复生,断者不可复续也。"孔子的忠实信徒孟子所说"以不忍人之心,行不忍人之政"②,也都透露了其中信息。

"中庸"以司法,"原心"以论罪,取决于"司法"、"论罪"之人。所以,孔子十分重视"为政在人"而主张"举贤"、"选能"。在《子路》篇中,孔子提出了"举贤才"说,在《为政》等篇中提出了"举直错诸枉"和举贤不拘门第等原则。他说:"举直错诸枉,则民服;举枉错诸直,则民不服。"③"先进于礼乐,野人也;后进于礼乐,君子也。如用之,则吾从先进。"④ 孔子认为"文武之政,布在方策。其人存,则其政举;其人亡,则其政息。……故为政在人"⑤,而如果不拘一格地举贤选能,就使司法行政得到了可靠的保证。这就是孔子的人治主义的主要内容。由此可见,他的人治主义并非为"司法专横"张目,恰恰相反,是为他的"仁"学核心思想服务的。

六、"仁"与守法

第三,"父子相隐"以诉讼、以守法。

孔子主张诉讼中遵守"父子相隐"的原则,他说:"父为子隐,子为父隐,直在其中矣。"⑥ 这里的"直",指的是"父子相隐"而合乎"慈"、"孝"之道。因为符合"慈"、"孝"之道,所以在诉讼中可予胜论;反之,"父子"不"相隐"如叶公对孔子说的"父攘羊,而子证之"就要败诉。

诉讼要守"父子相隐"的原则,日常生活中也要"父子相隐"。因此,它又成了守法的重要原则,即"父子相隐"才是守法,否则就是不守法。不守法,不但诉讼中要败北,而且"不相隐"本身就是违法,就要受法律制裁。

---

① 《论语·卫灵公》。
② 同上。
③ 《论语·为政》。
④ 《论语·先进》。
⑤ 《论语·中庸》。
⑥ 《论语·子路》。

"父子相隐"的诉讼原则与守法原则,是为了实践"孝"道,是为了维护家庭内部的稳定,说到底,是为了提供稳固的政治统治基础。但孔子不直接挑明此点,他把"父子相隐"作为"仁"的一个方面、一种表现。

孔子的立法、司法、守法观就是这样与"仁"学紧密相连。那么,他的"仁"学与儒家法哲学有何关系呢?

七、"仁"、"礼"关系与民本主义法哲学观

前面说过,儒家法哲学是基于、源于周礼的,因此,要说明"仁"学与儒家法哲学的关系,必须略事研究"仁"与"礼"的关系。在孔子的"仁"学中,仁礼关系极为重要。孔子说:"克己复礼为仁。一日克己复礼,天下归仁焉。"① 可见"礼"、"仁"之间有直接的联系。"克己"是内心体验、内心自律,"复礼"为这种内省与自律的外部表现、外部行为。但"克己"与"复礼"须以"仁"为依归,是"仁"人之心支配人"克己复礼","仁"是"克己"与"复礼"的纲领、内容与最高要求。因此,孔子一方面常以知"礼"自诩;另一方面又未敢以达"仁"自誉。他说:"夏礼,吾能言之,杞不足征也;殷礼,吾能言之,宋不足征也。"② "周监乎二代,郁郁乎文哉!吾从周。"③ 他对夏礼、殷礼、周礼都是相当熟悉的。他又说:"若圣与仁,则吾岂敢?"④ 以此坚辞别人以仁誉己。由此可见,在孔子的心目中,仁高于礼、难于礼、重于礼,是礼的前提、中心、内容和根本。他说:"人而不仁,如礼何?人而不仁,如乐何?"⑤ "不仁"不能有"礼"、不可能为"乐",说的就是"仁"为"礼"的前提与根本。

从孔子的仁礼关系中,我们一方面可以看到,孔子虽为儒家法哲学引进了"仁"学,但仍不脱离周礼这个基础;另一方面又可发现,儒家法哲学以孔子的"仁"学为核心,则比周礼的神权法哲学发展到更高一个层次。在这一层次,儒家法哲学已从周礼的神权法哲学跃升到了并不否定神权的民本主义法哲学观了。不否定神权,主要体现于孔子的"天命"论思想。他说:"天何言哉!四时行矣,万物生矣,天何言哉!"⑥ 天虽不言,但四时八节的运行更替、万物的发生成长都是秉承天的意旨而进行,天又何必言呢。就是说,世上的一切,都是由天主宰的。既然是天统治一切、支配一切,那么"君权"就是"天"(神)授,绝对不可违反"天"意而越轨行动。至于民本主义,在孔子的"仁"学中已窥其

---

① 《论语·颜渊》。
② 《论语·八佾》。
③ 同上。
④ 《论语·述而》。
⑤ 《论语·八佾》。
⑥ 《论语·阳货》。

大体。

综上所述,儒家法哲学是一种建立在客观唯心主义基础上的源于周礼而以"仁"学为核心的民本主义法哲学。"天命"论和"君权神(天)授"的客观唯心主义,是其哲学基础;周礼是儒家法哲学的泉源;民本主义的"仁"学是孔子的突出新贡献。孔子把两者结合在一起,创立了体系比较完整的儒家法哲学,开了儒家法哲学之先河。从此以后,儒家法哲学在历代封建统治者的精心扶植之下,不断发展、丰富,成了中国法哲学发展史中不可缺少的组成部分。

八、评儒家法哲学与自然法哲学之比较

在法哲学界,长期以来,有许多人把孔子开创的儒家法哲学与西方的自然法哲学做了比较,并论定两者之间可以画一个等号。梁启超在1904年写的《中国法理学发达史论》中肯定儒家法理学即"自然法"。陈顾远1934年出版的《中国法制史》认为它"近于自然法或正义法"。台湾当今的法学家也有许多人持此一说,如耿云卿1971年著《先秦法律思想与自然法》、何孝元1981年著《法律思想研究》、王洁卿1982年著《中国法律与法治思想》等都持此观点。大陆当代法学家大多不做此类比较,诸如法律出版社出版的《中国法律思想史》、黑龙江人民出版社出版的《中国法律思想史》、甘肃人民出版社出版的《中国法律思想史纲》、同济大学出版社出版的《中国法律思想简史》、群众出版社出版的《中华法苑四千年》以及吉林人民出版社出版的《中国法思想史》等,都仅在述及孔子法律观的基础上就此法律观做评论,而不做中西比较评论。在专著中,就目前所见,只有吾友江山君所著、中国地质大学出版社出版的《中国法理念》一书,不但做了比较,而且详加论列,几近将儒家法哲学与西方的自然法哲学相提并论。

诚如萧箑父先生为《中国法理念》所作的《序》说的那样,该书"是一部填补空白的学术专著",作者的"学术思想现在不但达到一定的深广度"而且"能以自己的哲学观、历史观、法律观、人生观去说明、解释一个学术思想体系。他主张宇宙的统态、守衡、模糊与自助、自足",等等。《中国法理念》确是研究中国法律思想、中国法哲学的一部不可多得的佳作。因此,看一看江山君如何评述儒家法哲学,是不无裨益的。

在这一问题上,江山君首先指出,春秋时代,儒家的祖宗孔子"正是在突出地强调礼法的重要意义和社会实践价值的同时,提出了……'仁法'思想和法体系的"[1]。接着指出:"儒家的法思想确乎是自然法思想。"[2]但是,儒家的这种自然法思想,"几乎专一务于人性、人道的体系需要,并强加了大量的主观意识理念,其人为理性的程度已大大超出了

---

[1] 江山:《中国法理念》,第196页。
[2] 同上,第198页。

具体概域范围，达到了超理性的地步。……故而，我认定，儒家的法思想并不是一种严格意义上的自然法，而是一种本乎人性、人道的理性法。"① 他的结论是："儒家的仁法思想体系，由我看来，实由客观定在的自然法和主观追求的理性法两部分组成，或者说是客观正义法与主观正义法之和。"②

当然，这仅是江山君的一家之言。这"一家之言"和同为我友的江山君的导师俞荣根的看法是不一的。耘耕即俞荣根君在《试论儒家之法的精神》一文③ 中，专门论述了"儒家法思想的非自然法性"。该文首先指出古希腊罗马自然法有理性精神、宗教神秘主义和权利本位观念三种基本精神；然后比较了儒家法思想与自然法哲学在此三点上的异同，指出：古希腊罗马自然法哲学奠基于知识理性而儒家法哲学立根于人伦理性，古希腊罗马法哲学声称上帝制法而儒家法哲学托言圣人制法，古希腊罗马法哲学力主公民之权利本位而儒家法哲学强调家庭的人伦道德义务本位。其结论是："儒家仁——礼法不同于古希腊罗马的自然法。儒家法思想非自然法。"

此外，还有夏勇先生在《孔子与柏拉图》一文④ 中，在论述了"孔子：仁法→圣人→现实法（礼法）；柏拉图：理性法→哲学王→现实法（法律）"这一表面上的"同样历程"之后，进一步做出剖析，指出两者是"几有云泥之别"的貌合神离，完全不可相提并论。

笔者以为，做中外法哲学的比较研究实为发展法哲学的一项重要工作。有比较才有鉴别，才生取舍。但皮相的机械的类比而不顾及精神实质，是无多大意义的，此其一。其二，就儒家法哲学与自然法哲学而言，毕竟有不少相同之点，又有不少实质性的区别，因此，笼统地是是否否，似易生偏颇而落入极端。既然如此，其三，以具体阐明中国某一派与西方某一派在法哲学上的相同之点与相异之点为好。但这已在一定程度上步入了比较法哲学的领地。本书"经篇"部分以历史上的法哲学家、法哲学流派述评为限，因此，暂不展开了。

---

① 江山：《中国法理念》，第 198—199 页。
② 同上，第 199 页。
③ 《现代法学》1989 年第 2 期。
④ 《比较法研究》1989 年第 1 期。

第三十六章　儒家法哲学的发展和孟子的再创造

孔子创儒家法哲学后，遭到了墨家的反对。此后约一百年间，恰当战国初期，封建制生产关系渐趋成熟，新兴地主阶级再也不能容忍对奴隶主贵族的重大妥协，表现在政治和法律制度及思想上，就是李悝、申不害、慎到和商鞅等法家在各国创立封建法制和宣扬法治主义。但这一时期里，儒家法哲学并没有偃旗息鼓停止其发展。

儒家法哲学的发展，最关键的一点是，开始了哲学指导思想的转换，即从孔子"天命"论的客观唯心主义逐渐向主观唯心主义变化。这一变化，开始于曾参、子思，完成于孟子。

一、曾参、子思：儒家法哲学的理论转换

曾参（前505—前436年），字子舆，孔子的学生，鲁国南武城（今山东费县）人。《礼记》之《大学》篇，朱熹认为是他的著作。在《大学》中，曾参缄口不谈"天命"论，直接发挥孔子"仁"学的一些观点，宋儒概括为"三纲领"、"八条目"。"三纲领"为"明明德"、"亲民"、"止于至善"；"八条目"为"格物"、"致知"、"诚意"、"正心"、"修身"、"齐家"、"治国"、"平天下"。其中"格物"、"致知"与唯物主义的"实践"以求"认识"是两回事，它指的是推究事物原理的内心审视活动。至于"诚意"、"正心"，更明显地已转向把心灵的内省活动放在很高的地位上。

曾参在《大学》中还提出要"吾日三省吾身"，道出了转向内省而排斥祈求"天命"的主观唯心主义。曾参的修身内省有一个具体的方法，叫"絜矩之道"，就是将心比心、自我约束。其具体做法是：我憎恶为上者待我无礼，则不以无礼待为下者；我憎恶为下者待我不忠，则不以不忠待为上者；等等。这个"絜矩之道"更具体地释告了"格物"、"致知"、"正心"、"修身"的主观唯心主义性质。曾参把这种主观唯心主义用来解释孔子的一些法律观点，使之成为主观唯心主义性质的论点。例如，孔子说："听讼，吾犹人也，必

也使无讼乎。"①《大学》引此话后解释道："无情者不得尽其辞，大畏民志，此谓知本。"孔子说的是行"德礼"、"教化"以求"无讼"，曾参却解作孔子听讼，使那些心怀鬼胎的"无情者"不敢狡辩，并使人民从内心信服贤德而"知本"息讼。总之是尽量地往主观唯心主义的解说上靠拢。但曾参未敢直接提出违反孔子客观唯心主义的一些命题。这个工作是由子思来做的。

子思（约前483—前402年）是孔子的孙子，名伋。子思在全盘继承孔子的儒家法哲学的核心——"仁"学的同时，提出了一个新的概念——"诚"。他认为，"不诚无物"②，即没有"诚"，就没有客观的物质世界。子思认为："诚者，自成也。"③即"诚"是人心所固有的东西，是人的本性。他提倡"至诚"，认为"至诚"就可前知后晓以至"如神"先知。他说："至诚之道，可以前知。国家将兴，必有祯祥；国家将亡，必有妖孽。……祸福将至，善必先知之，不善必先知之，故至诚如神。"④为达到"至诚"，子思提倡"慎独"，以"先知"天下万事万物。

子思的"诚"论，是在《礼记·中庸》中提出的。《中庸》的作者朱熹认为是子思，我们从此说。子思在《中庸》中除论及"诚"这一带有根本指导意义的哲学概念外，还论及"中庸"和"为政在人"。在这两点上，子思同样对孔子开创的儒家法哲学有所发展。子思论"中庸"时提出了"中和"、"时中"、"用中"、"忠恕"等命题。

论"中和"时他指出："喜怒哀乐之未发，谓之中；发而皆中节，谓之和。""致中和，天地位焉，万物育焉。""中"即心理上平衡，未为"喜怒哀乐"之表现；"和"指行为合法度，喜怒哀乐皆无"不及"亦无"过"。论"时中"时，他主张随着客观情况时时变动而保持不偏不倚的持中之道。论"用中"时他指出："执其两端，用其中于民。"即分析"过"与"不及"两种偏于极端的意见，取其无"过"与不及用之于民，论"忠恕"时，他认为"忠恕"是达到"中庸"的重要途径。

综合"中和"、"时中"、"用中"与"忠恕"等"中庸"之道，子思主张立法、司法、守法上保持和谐、平衡、随时变动而无所偏倚。这比孔子论"中庸"显然具体多了。

论"为政在人"时他指出："礼仪三百，威仪三千，待其人而后行。"礼或法，都须人去贯彻执行。为此，贯彻执行礼、法的人，必须努力修身，使自己具有高尚的道德和高超的政治手段。

曾参、子思开始了儒家法哲学向主观唯心主义的转化，但仅仅开始而已，并未完成。完成的工作，是由孟子进行的。

---

① 《论语·颜渊》。
② 《中庸》第25章。
③ 同上。
④ 同上，第24章。

二、孟子对孔子的继承与创造

孟子（约前372—前289年）名轲，字同曾参字，亦作子舆。鲁国邹（今山东邹县东南）人。司马迁说他是"受业子思之门人"①。他自己则以孔学继承人自居，说"乃所愿，则学孔子"②。他曾率"后车数十乘，从者数百人"③的庞大队伍游说于齐、梁、宋、滕、鲁、魏等国，会见过齐宣王、梁惠王。但他的种种主张都因"迂远而阔于事情"④未被采纳。司马迁指出："当是之时，秦用商君，富国强兵；楚魏用吴起，战胜弱敌；齐威王、宣王用孙子、田忌之徒，而诸侯东面朝齐。天下方务于合纵连横，以攻伐为贤。而孟轲乃述唐、虞三代之德，是以所如者不合，退而与万章之徒序诗、书，述仲尼之意，作《孟子》七篇。"⑤《孟子》七篇，是我们探讨他对孔子的儒家法哲学的继承与再创造的主要资料。此外，史籍所记孟子言行也可参考。

孟子对孔子极为推崇，称孔子为"圣之时者也"⑥；"自有生民以来，未有盛于孔子也"⑦。历代均以"孔孟"并称，可见两者关系之一斑。宋代以后，《孟子》一书被列为与《论语》一样的经典，是士大夫必读的书。"亚圣"之称也是此时流传的。但孟子对孔子的崇拜，并没有影响他对孔学的改造，人们把"孔孟"相提并论而忽视了孟子对孔学的再创造，也是不妥的。

从儒家法哲学这个方面来说，孟子既有继承的一面，又有再创造的一面。因为有所师承，不脱孔学之大体，所以仍是儒家法哲学；又因为有所创造，所以不能在孔孟两者之间画上等号，无视孔子死后约一百五十年的孟子时代儒家法哲学的变化。孟子对儒家法哲学的继承和再创造，可以见诸以下几个方面：

三、哲学观的转换

第一，从儒家法哲学的哲学指导思想上看。

孔子开创的儒家法哲学，奠基于客观唯心主义的哲学基础上。孔子的"天命"观，一方面把"天"人格化了，从而可以用来解释人事、为我所用；另一方面又承认"天"的客

---

① 《史记·孟子荀卿列传》。
② 《孟子·公孙丑上》。
③ 《孟子·滕文公下》。
④ 同上。
⑤ 《史记·孟子荀卿列传》。
⑥ 《孟子·万章下》。
⑦ 《孟子·公孙丑上》。

观存在,"天"的意志的权威性,因此他又强调了"天"之"可畏"。

孟子继承了孔子的唯心主义哲学观,也讲"天"、"天命"。但他不是把"天"、"天命"像孔子那样看作是外在于"我"的客观存在,而看作是内在于我心里的东西。孟子说:"万物皆备于我矣,反身而诚,乐莫大焉。"① "万物皆备于我",把"天"、"天命"一股脑儿都包括在"我"之心内了。"备于我"的"万物",是怎么被"我"所得知的呢?孟子说:"耳目之官不思而蔽于物,物交物,则引之而已矣。心之官则思,思则得之,不思则不得也。"② "万物"是因"我"之"思"而"得","不思则不得"的。为了与孔学的"天命"论衔接,孟子又说:"尽其心者,知其性也;知其性,则知天矣。"③ "尽心"即寻求、探索和扩充自己的心,"知性"即认识自己的本性,认识本性中本来就包含着的仁、义、礼、智等美德,这样,就是认识了"天"。转了一个圈子,他又回到了孔子的"天"那儿去了。但这个圈子一经过人的内"心",孔子的客观唯心主义就变成了孟子的主观唯心主义。

孟子正是在这种主观唯心主义哲学的指导下,展开他对儒家法哲学的再创造的。

四、从"仁"到性善论

第二,从儒家法哲学的伦理学基础看。

孔子开创的儒家法哲学的根本原则和理论基础是他的"仁"学,他把"礼"看成"仁"的外部表现,"仁"则是"礼"的内容。对此,孟子仅做小小的发挥,他说:"仁之实,事亲也;义之实,从兄也;智之实,知斯二者弗去是也;礼之实,节文斯二者是也。"④ "礼"仍然作为"仁"的外部表现,未赋予新的意义。但"仁"与"礼"从何而来呢?孔子未做说明,孟子便创新建言:"恻隐之心,人皆有之;羞恶之心,人皆有之;恭敬之心,人皆有之;是非之心,人皆有之。恻隐之心,仁也;羞恶之心,义也;恭敬之心,礼也;是非之心,智也。仁义礼智,非由外铄我也、我固有之也。"⑤ "君子所性,仁义礼智根于心。"⑥ 孟子的这些言论,与他的"万物皆备于我"的主观唯心主义是完全一致的;在此基础上,他表达了"仁义礼智"这些"善"性"人皆有之"的性善论。孔子虽也谈及"性",但只说"性相近也,习相远",没有对"性"做出更多的说明和论证。孟子则不同。这一性善论,就是孟子对儒家法哲学的一个新的发展。孟子所发展的儒家法哲学就是建立在性善论的基础上的。

---

① 《孟子·尽心上》。
② 《孟子·告子上》。
③ 《孟子·尽心上》。
④ 《孟子·离娄上》。
⑤ 《孟子·告子上》。
⑥ 《孟子·尽心上》。

孟子性善论的主要内容是：其一，人人都具有天生的"良知"、"良能"："人之所不学而能者，其良能也；所不虑而知者，其良知也。"① 其二，人人都有共同的善的本质。他说："凡同类者，举相似也，何独举于人而疑之？"他类比"口之于味也，有同嗜焉；耳之于声也，有同听焉；目之于色也，有同美焉"，推得"心"亦"同然"的结论。② 这共同的善就是"仁义礼智"。其三，人之所以发生种种恶行，是因为追求"利欲"而失去"善性"。他把"利欲"与"仁义"之类的"善"看成是截然对立之物，可以用来区别小人与君子、被统治者与统治者。他说："欲知舜与跖之分，无他，利与善之间也。"③ 其四，为要去掉追求"利欲"之心而维持原来的"善性"，就要进行修身养性。

依据他的性善论，孟子为"礼"提供了新的思想基础，也为"仁"提供了新的思想基础。这就是说，在孟子那里，"礼"与"仁"都是以天生就有的人的"善性"为基础的。因此，"礼"与"仁"不是外界强加于人的规范，而是产生于人们的自然本性的规范，是自然规范。

孔子开创的儒家法哲学源于、基于周礼而又以"仁"为核心。孔子并未说明"仁"的来源；而"礼"是很容易被认作外界强加于人的束缚。孟子把"仁"与"礼"都解释成产生于人的自然本性的自然规范，不能不说是把儒家法哲学大大地向前推进了一步，使之更带理论性而减少了直观性。

五、从"仁"到"仁政"

第三，从儒家法哲学的"仁"学核心看。

孔子创始的儒家法哲学以"仁"学为其核心。对此，孟子未加否定并予坚守。但是，他看到孔子的"仁"学虚而不实，于是做了发挥，发展成独具特色的"仁政"学。

孟子说："尧舜之道，不以仁政，不能平治天下。今有仁心仁闻，而民不被泽，不可法于后世者，不行先王之道也。"④ 他提出了"仁政"和"法先王之道"的概念。他认为："徒善不足以为政，徒法不能以自行。"⑤ 要"为政"、"行法"，就必须"遵先王之法"。他说："遵先王之法而过者，未之有也。"又说："规矩，方圆之至也；圣人，人伦之至也。欲为君，尽君道。欲为臣，尽臣道。二者皆法尧舜而已矣。"⑥ 这样，孟子就把"仁政"和"法先王"挂起钩来了。但"法先王"不过是一个假借的幌子。"仁政"学说的主要内容是：

---

① 《孟子·尽心上》。
② 《孟子·告子上》。
③ 《孟子·尽心上》。
④ 《孟子·离娄上》。
⑤ 同上。
⑥ 同上。

推"善性"及于政；推"善性"及于人。

推"善性"及于政，就是孟子所说的"仁政"之表。孟子曰："……推恩足以保四海，不推恩无以保妻子。古之人所以大过人者，无他焉，善推其所为而已矣。"① 把"善性"推及于政，就可"保四海"，就可巩固统治阶级的政治地位。他又说："人皆有不忍人之心。先王有不忍人之心，斯有不忍人之政矣。以不忍人之心，行不忍人之政，治天下可运之掌上。"② "先王"的榜样，就是推"不忍人"的"善性"及于政的榜样，做到这样，就可长治久安了。

推"善性"及于民，则是孟子所说的"仁政"之里。孟子主张"老吾老，以及人之老；幼吾幼，以及人之幼"③。他答滕文公"为国"之要一问时，答曰"民事不可缓也"④。他答齐宣王"德何如则可以王"一问时，答曰"使民而王，莫之能御也"，还曾一再追问齐宣王为何"恩足以及禽兽，而功不至于百姓"⑤。他把推"善性"及于民的"仁政"，看作是巩固统治的根本。为此，他还提出了"政在得民"的主张。他说："得天下有道，得其民斯得天下矣。"⑥ 关于"得民"的具体主张则有三条：一曰"得民心"；二曰"教民"；三曰"养民"。他认为，逐一做去，尤其是落实了"养民"措施，就一定能巩固自己的统治地位。

既推"善性"及于政，又推"善性"及于民，表里结合，本固枝荣，"不王者，未之有也"⑦。

如上所述，从孔子的"仁"学到孟子的"仁政"学，确已有了长足的发展。如果再联系孟子的"民贵君轻"思想及有关的一系列观点，相较之下，由孔而孟，实为由虚而实，由空泛而具体，由不系统而比较系统，由理论性弱而较强，的确是孟子对"仁"学的再创造。

六、对法家法律观的吸收

第四，再从具体的法律主张上看。

孟子的时代，法家的法治主义已呈"风行草偃"之势，但孟子仍坚持儒家的人治主义。他说："君仁，莫不仁；君义，莫不义；君正，莫不正。一正君而国定矣。"⑧ 他甚至

---

① 《孟子·梁惠王上》。
② 《孟子·公孙丑上》。
③ 《孟子·梁惠王上》。
④ 《孟子·滕文公上》。
⑤ 《孟子·梁惠王上》。
⑥ 《孟子·离娄上》。
⑦ 《孟子·梁惠王下》。
⑧ 《孟子·离娄上》。

于设想"五百年必有王者兴"①，五百年左右出一个大贤人为王，实行卓有成效的人治，于是国泰民安、天下升平。但孟子之坚持人治主义与孔子又有不同，他并不否定法的重要作用。他吸取了法家的某些法治主张，作为他的人治主导思想的补充。他说："圣人既竭目力焉，继之以规矩准绳，以为方圆平直，不可胜用也；既竭耳力焉，继之以六律正五音，不可胜用也；既竭心思焉，继之以不忍人之政，而仁覆天下矣。"②也就是人治为主、法治为辅的主张。

晋铸刑鼎，孔子曾表示反对。虽然这不一定就可看作是反对法治，反对成文法，但至少孔子对法治、对成文法不那么热心。孟子则不同。他说："国家闲暇，及是时，明其刑政。"③认为国家应抓紧无内忧外患的太平时期修订法典，修明政治。他批评"上无道揆"、"下无法守"④的法制混乱状况，主张"廛而不征，法而不廛"⑤，以法来调整经济关系。

在司法上，孔子主张"父子相隐"，而孟子则不然。有人问，舜之父杀人怎么办？孟子答曰："执之而已矣。"又问舜不禁止吗？答曰："夫舜恶得而禁止，夫有所受之也。"⑥作为天子之父的犯了法，天子也不可"相隐"而纵容包庇。

这一类具体法律观点上孟子与孔子的不同，并未使孟子越出儒家法哲学的范围，同时又同样地表明他已有所创新、有所发展。应当说，这些创新与发展，是与当时的时代潮流和社会需求相切合的，因而带有进步的意义。

---

① 《孟子·公孙丑下》。
② 《孟子·离娄上》。
③ 《孟子·公孙丑上》。
④ 《孟子·离娄上》。
⑤ 《孟子·公孙丑上》。
⑥ 《孟子·尽心上》。

第三十七章　荀况和儒、法法哲学合流的肇始

一、众说纷纭——一个特别值得研究的人物

在中国法哲学史上，荀况是一个特别值得研究的人物。他本人以儒家正统自居，对孔子推崇备至、褒奖有加，称之为"大儒"，赞扬孔子"德与周公齐，名与三王并"[①]，把"法仲尼子弓之义"与"法舜禹之迹"相提并论，认为"如是则天下之害除，仁人之事毕，圣人之义著矣"[②]。范文澜先生在《中国通史》一书中称："荀子在儒家中是和孟子有同等地位的大师，在诸子百家中也和孟子一样，善于评论异家，表彰儒学，是孟子以后最大的儒者。"[③] 徐大同等著的《中国古代政治思想史》也认为："从理论体系来说，荀况属于先秦的儒家学派。"[④] 杨景凡、俞荣根先生也把荀子列为"儒家"。[⑤] 但同时又有不少学者持截然相反的观点。有说"荀子虽然还披上儒者的外衣，受到儒家的某些影响，而实际上是法家。……荀子实际上是封建地主阶级的法家思想家"[⑥]。有说"从思想实质来看"，荀况"是属于法家阵营的杰出思想家"[⑦]。又有说"他总结春秋战国以来各派学说的得失，扬弃和改造了儒家不合时宜的思想，批判地吸取百家的精华，把法家的法治思想纳入儒家的体系，仍以仲尼之道为宗，改造、发展了儒家思想，从而成为和原本儒家异端的、新的儒

[①] 《荀子·解蔽》。
[②] 《荀子·非十二子》。
[③] 范文澜：《中国通史》第 1 册，人民出版社 1978 年版，第 250 页。
[④] 徐大同、陈哲夫等编著：《中国古代政治思想史》，吉林人民出版社 1981 年版，第 144 页。
[⑤] 杨景凡主编：《中国法律思想史简编》，广西师范大学出版社 1988 年版。
[⑥] 任继愈主编：《中国哲学史简编》，人民出版社 1973 年版，第 193 页。
[⑦] 杨荣国主编：《简明中国哲学史》，人民出版社 1973 年版，第 82 页。

家流派。"① 近年来，又有不少学者提出了"儒、法合流的先行者"②论，众说纷纭，不一而足。且不说在哲学观、历史观、人治法治观、礼法关系观等方面对荀子的不同评价，仅上述儒、法家属性一点，就可见研究荀况，给予他的思想包括法哲学一个比较科学合理的评价，实在是一件大有可为而十分必要的工作。

二、荀况其人及其朴素唯物主义思想

荀况即荀子（约前313—前238年），时人尊而号为"卿"，汉人避宣帝讳，称为孙卿，赵国郇（今山西临猗）人。曾游学于齐，后"三为祭酒"。继赴楚国，春申君任其为兰陵（今山东省临沂市兰陵县兰陵镇）令，著书立说终老其地。

荀况虽以儒家正统自居，实际上对后世封建社会的思想发展也起过重大的影响，汉代大儒董仲舒还"作书美孙卿"③，但他在历代统治阶级的心目中是不受欢迎、不受重视的，甚至还被视为背离儒家道统的异端。其著作《荀子》一书长期备受冷落，汉刘向虽早校定为三十二篇并名为《孙卿新书》，却直至唐代中叶才由杨倞作注，而且因"编简烂脱，传写谬误"④，未能齐全严整地流传。现存《荀子》三十二篇中，大部分为荀况所著，其中《王制》《富国》《王霸》《君道》《臣道》《致士》《议兵》《强国》《礼论》《性恶》《成相》《大略》等篇，比较集中地反映了荀况的政治法律观，与《天论》《正名》等篇及其他史料相结合，可从中了解荀况法哲学观之大概。

荀况的法哲学观，以其朴素的唯物主义哲学为坚实的基础。这一朴素的唯物主义哲学观有多方面的表现：第一，荀况认为应该"明于天人之分"，承认有客观存在于"人"外之"天"即自然界及其规律。他说："天行有常，不为尧存，不为桀亡。""天不为人之恶寒也辍冬，地不为人之恶辽远也辍广。"⑤第二，荀况认为"气"是构成世界的总根源："水火有气而无生；草木有生而无知；禽兽有知而无义；人有气有生有知亦且有义，故最为天下贵也。"⑥ "气"是经"天地合而万物生，阴阳接而变化起"⑦的。第三，荀况认为在物质与精神的关系上，是先有物质后有精神。他说："形具而神生。"⑧第四，荀况认为人类可以认识

---

① 栗劲等编著：《中国法律思想史》，黑龙江人民出版社1983年版，第96页。
② 参见《中国法律思想史》（法律出版社）、《中国法律思想史纲》（陕西人民出版社）等书。
③ 刘向：《孙卿叙录》。
④ 杨倞：《荀子注序》。
⑤ 《荀子·天论》。
⑥ 《荀子·王制》。
⑦ 《荀子·礼论》。
⑧ 《荀子·天论》。

客观事物并改造客观事物。他说:"凡以知,人之性也;可以知,物之理也。"① 以耳、目、鼻、口等感觉器官(荀况称之为"天官")感触形状、颜色,分别清浊、大小,等等,经过心(荀况称之为"天君")进行思维,即"可以知"外界事物。他提出了光辉的"制天命而用之"的人定胜天的思想。他说:"大天而思之,孰与物畜而制之;从天而颂之,孰与制天命而用之。"② 主张积蓄天物为人所用。

以上这些,构成了荀况比较完整的朴素唯物主义思想,在当时的认识水平下,是十分难能可贵的。当然,由于科学水平和认识水平的限制,荀况的唯物主义哲学观还具有相当大的直观性,也不可能形成一个科学的体系。他甚至还没有摆脱循环论的自然观与历史观,他说过天地万物"始则终、终则始,若环之无端也"③ 的话,也说过"君臣父子兄弟夫妇,始则终、终则始,与天地同理,与万物同久"④ 的话。但这些并不是他的哲学观的主要方面。

正是在素朴唯物主义哲学观的基础上,荀况提出了他的"人性恶"论;而后者,则成了他的法哲学的直接的理论基础。

三、"人性恶"论

荀况的"人性恶"论,与孟子先天的"人性善"论直接对立。他说:"人之性恶,其善者伪也"⑤,这里的"伪"指的是"人为加工"而非"虚伪"。即人的善良品格是后天学习所得,不是先天就有的。至于"恶"的本性,则是因为"目好色,耳好声,口好味,心好利,骨体肤理好愉逸"⑥ 所致,因此是"天之就也",即天生本来就有的。他说:"凡性者,天之就也,不可学,不可事。礼义者,圣人之所生也,人之所学而能,所事而成者也。不可学、不可事而在人者谓之性;可学而能、可事而成之在人者谓之伪,是性伪之分也。"⑦

在孟子的"人性善"论中,所谓"性善"的"人",指的是"君子",不包括"小人"。他说:"人之异于禽兽者几希,庶民去之,君子存之。"被比作"禽兽"的"庶民"是没有什么"仁义"的"善"性的,他们不过"鸡鸣而起,孳孳为利者"⑧ 而已。与孟子截然相反,荀况不但提出了"人性恶"论,而且认为"君子"、"小人"都一样:"君子与小人,其性

---

① 《荀子·解蔽》。
② 《荀子·天论》。
③ 《荀子·王制》。
④ 《荀子,王制》。
⑤ 《荀子,性恶》。
⑥ 同上。
⑦ 同上。
⑧ 《孟子·尽心上》。

也一。"① "凡人有一同。饥而欲食,寒而欲暖,劳而欲息,好利而恶害,是人之所生而有也。"②

总之,荀子认为,一切人的客观的感官的感情欲望决定了"性恶"的与生俱来、不学而会,而礼义道德则是受了教育,经学习而形成的。这样,"人性恶"论,就成了荀况论述国家和法律的起源、礼的产生,论述人治与法治的关系、礼与法的关系等的直接理论根据。

荀况的法哲学观的直接理论根据,除"人性恶"论外,还有所谓"群分"论。所谓"群",是指人有合群的意愿和合群的必要及合群的可能。他说:人之"力不若牛,走不若马,而牛马为用,何也?曰:人能群,彼不能群也。"③ 所谓"分",是指分工:"农分田而耕,贾分货而贩,百工分事而劝,士大夫分职而听。"④ 荀况认为,"分"是"群"的基础,其标准是"义":"人何以能群?曰:分。分何以能行?曰:义,故义以分则和,和则一,一则多力,多力则强,强则胜物。"⑤ 于是达到了合群的目的,使人类得以存立于天地之间而胜过禽兽万千倍。

四、论法律的起源

荀况认为,由于"人性恶",欲望无限而财富有限,即"欲多而物寡",于是产生纷争;纷争而不予制止,必定"物欲两丧";解决这种不利于人类的问题的办法,就是由"圣人"制定"礼义""法度"来定"分"止"争",于是"生礼义"、"起法度"。荀况说:"今人之性,生而有好利焉,顺是,故残贼生而忠信亡焉;生而有耳目之欲,有好声色焉,顺是,故淫乱生而礼义文理亡焉。"⑥ 如不予节制,"人性恶"将导致"残贼生"、"淫乱生"的混乱状况。他又说:"礼起于何也?曰:人生而有欲,欲而不得,则不能无求,求而无度量分界,则不能无争。争则乱,乱则穷。先王恶其乱也,故制礼义以分之,以养人之欲,给人之求,使欲必不穷乎物,物必不屈于欲,两者相持而长,是礼之所起也。"⑦

这里荀况所说的"制礼义",不仅仅而且主要地不是指"礼仪",而是指"法度"。他说:"今人之性恶,必将待师法然后正,得礼义然后治。"⑧ "圣人积思虑,习伪故,以生

---

① 《荀子·性恶》。
② 《荀子·荣辱》。
③ 《荀子·王制》。
④ 《荀子·王霸》。
⑤ 《荀子·王制》。
⑥ 《荀子·性恶》。
⑦ 《荀子·礼论》。
⑧ 《荀子·性恶》。

礼义而起法度。"① 又说："……或禄天下而不自以为多，或监门、御旅、抱关、击柝，而不自以为寡。故而：'斩而齐，枉而顺。'"② 显然，是以具有强制力的"法度"维护"多"、"寡"悬殊的不平均"分"配，而"礼义"在这里也常有"定分止争"的强制性。因此，杨鸿烈先生在《中国法律思想史》中说荀况的"礼义"是"和法律性质差不多一样的礼"③，杜国庠先生说他"把礼的内涵扩大，几乎变成'法'的同义语"④，而侯外庐先生在《中国思想通史》中说荀况的"礼义""包含了法的因素"⑤。总之，荀况的"礼起于何"，实际上是"法起于何"的法律起源论。

荀况的"礼义"、"法度"起源论与孔子创始的儒家法哲学以礼、法为"天命"的观点，无疑是大相径庭的。它成了后来韩非子法律起源论与法治论的直接理论来源。韩非是著名的法家。因此，在法律起源论方面已可见荀况的法哲学实为儒、法法哲学合流的肇始。此外，在礼论、法论以及法治与人治的关系问题上，同样可见这一点。

五、论"隆礼重法"

荀况秉承儒家法哲学观，对"礼"高度重视，主张"隆礼"而治。《荀子》一书中论礼最多，竟达三百三十九次。他说："礼者，法之大分，类之纲纪。"⑥ 把"礼"看成是"法"的纲领。

关于"礼"的作用，荀况指出，一为"分"以定伦，即分别君臣、父子、兄弟、夫妇、朋友，以确定其贵贱等级、亲疏关系，从而明确其权利义务。荀况说："辨莫大于分，分莫大于礼，礼莫大于圣王。"⑦ 又说："君子既得其养，又好其别。曷谓别？曰：贵贱有等，长幼有差，贫富轻重皆有称者也。"⑧ "礼者，贵贱有等，长幼有差，贫富轻重皆有称者也。"⑨ 这就是要求按"圣王"制定的"礼"，使君臣得尊，父子得亲，兄弟得顺，夫妇得和，少以事长，老有所养，伦常关系明确而合"礼"。这与孔子的"君君、臣臣、父父、子子"的伦理观是如出一辙的。

"礼"的作用之二为"节"以用财，即节制利禄财富的使用，保证国家官吏的薪俸。

---

① 《荀子·性恶》。
② 《荀子·荣辱》。
③ 杨鸿烈：《中国法律思想史》（上），第 54 页。
④ 杜国庠文集编辑小组编：《杜国庠文集》，第 39 页。
⑤ 侯外庐：《中国思想通史》第 1 卷，第 575 页。
⑥ 《荀子·劝学》。
⑦ 《荀子·非相》。
⑧ 《荀子·礼论》。
⑨ 《荀子·富国》。

他主张"德必称位，位必称禄，禄必称用，由士以上必以礼乐节之，……"①。这是要求士以上的官吏也要按其德位之别、等级之差，有节制地享用薪俸。这些看法与孔子、墨子的看法大致相同，无所出其左右。但与此同时，荀况扩大了"礼"的适用范围，使"礼"也适用于"庶民"。他说："故礼之先，为贤人以下至庶民也。"②又说："虽王公士大夫之子孙也，不能属于礼义，则归之庶人，虽庶人之子孙也，积文学、正身行，能属于礼义，则归之卿相士大夫。"③这就完全打破了儒家法哲学"礼不下庶人"的主张，而与法家的有关观点几乎完全一样。荀子的"礼"论，是他肇始儒、法法哲学合流的又一表现。

荀况既"隆礼"而承继儒家衣钵并予改造，又"重法"而更表现出汲取法家法哲学的观点，把两家的学说精华尽行吸收，实行"礼法结合"。

"隆礼重法"是荀况法哲学的重要内容，他常常礼、法并提，认为"隆礼重法则国有常"④，说"治之经，礼与刑，君子以修百姓宁，明德慎罚，国家既治四海平"⑤。他认为，法是治理国家的必要条件，所谓"法者，治之端"⑥是也。仅有礼而无法，"君子"就不能"安位"；而如仅有法而无礼，即像法家那样实行"一之于法"，就会导致"庶人骇政"，也不利于统治。他主张"隆礼重法"、礼法并用，强调指出："今当试去君上之势，无礼义之化，去法正之治，无刑罚之禁，倚而观天下民人之相与也；若是则夫强者害弱而夺之，众者暴寡而哗许之，天下之悖乱而相亡不待顷矣。"⑦

荀况的"重法"思想，表现在以下几个方面：其一，主张制定、公布与宣传成文法，"使天下晓然皆知夫盗窃之不可以为富也，皆知夫贼害之不可以为寿也，皆知夫犯上之禁之不可以为安也。……皆知夫为奸虽隐窜逃亡，由（犹）不足以免也"⑧。其二，主张"庆赏刑罚必以信"⑨、"无功不赏，无罪不罚"⑩。其三，主张罪刑相称，认为"刑称罪则治，不称罪则乱"、"赏不当功，罚不当罪，不祥莫大焉"、"罪至重而刑至轻，庸人不知恶矣，乱莫大焉"⑪。其四，依法公断。他主张"公道达而私门塞，公义明而私事息"，有法必依，不徇私情，做到"怒不过夺，喜不过予"⑫，认为只有这样才能天下大治。荀况的这一系列

---

① 《荀子·富国》。
② 《荀子·大略》。
③ 《荀子·王制》。
④ 《荀子·君道》。
⑤ 《荀子·成相》。
⑥ 《荀子·君道》。
⑦ 《荀子·性恶》。
⑧ 《荀子·君子》。
⑨ 《荀子·议兵》。
⑩ 《荀子·君子》。
⑪ 《荀子·正论》。
⑫ 《荀子·修身》。

"重法"思想和主张,更明显地告诉人们,他绝未囿于儒家法哲学的桎梏,而是尽行吸收早期法家的观点,充实他的法哲学,为儒、法法哲学的合流做出他的特殊贡献。

六、论"人治"与"法治"

关于荀况对"人治"与"法治"的关系的论述,与对荀况的"儒、法"家属性的看法一样,一向有不同的观点。有的认为荀况主张实行"法治",有的认为他主张实行"人治",也有的认为他主张结合实行"法治"与"人治",至今仍未有定论。

《中国法律思想史纲》一书认为:"荀况虽然是儒家中最重视法律及其强制作用的一个,但在'人治'与'法治'之争中,却仍然坚持'人治',而且他是从法理学的角度得出这一结论的,因而在法律思想史上具有较大的意义"①。其理由为:第一,荀况开宗明义便提出"有治人,无治法"。第二,他认为即使有了"良法",还得靠人来掌握和贯彻,否则便成一纸具文。第三,国家大事非常复杂而又经常变化,法律既不能概括无遗,又不能随机应变,完全仰仗人的灵活运用和当机立断。法律出版社出版的《中国法律思想史》也持此观点。

《中国法律思想史简编》认为,把"有治人,无治法"作为荀况是"人治"论者的论据是不妥的:"如果把他的这一命题归入'人治论'的范围,是一种误解。这一命题只不过是儒家伦理法思想的一个侧面,即认为三代以宗法伦理为基础和核心的礼法是最优良的法("治法")。能秉承三代先王之遗风,具有高尚道德人格的大儒是最能治理国家的人("治人")。有这样的'治人'才能恢复'治法',才能实施三代之法。"②

《中国法律思想史》一书认为荀况是"法治与人治结合",但"说到底还是人起决定作用,保持了儒家的本色"③。栗劲等编的《中国法律思想史》持相同的观点④。

笔者认为,《中国法律思想史简编》对"有治人,无治法"命题的理解是正确的。该命题出自《荀子·君道》:"有乱君,无乱国;有治人,无治法。"其意为:有乱国之君,无必乱之国;有致治之人,无必治之法。所以,荀况又说:"有君子,则法虽省,足以遍矣;无君子,则法虽具,失先后之施,不能应事之变,足以乱矣。"在荀子看来,在"重法"的同时,为使"法"得以如实贯彻执行,必须有尊君爱民的"贤人"。他在《君道》中指出:"羿之法非亡也,而羿不世中;禹之法犹存,而夏不世王。故法不能独立,类不能自行;得其人则存,失其人则亡。"这段话里的"法不能独立"一句,提供了剖析荀况的"治术"

---

① 张国华、饶鑫贤主编:《中国法律思想史纲》(上),甘肃人民出版社1984年版,第123页。
② 杨景凡主编,广西师范大学出版社1988年版,第79页。
③ 吉林人民出版社出版,第132—133页。
④ 栗劲、孔庆明等编著:《中国法律思想史》,黑龙江人民出版社出版,第102—103页。

的钥匙。

实际上，荀况既不是"法治"主义者，也不是"人治"主义者，他认为"法"是不能"独立"的，必须有"贤人"予以贯彻执行。说"法不能独立"，不是说不要以"法"治理，因为他一再强调过必须"重法"。认为荀子是"人治论"者的诸位，忘记了荀子还是"重法"论者，一个"重法"论者，怎么可能是"人治论"者呢？认为荀子是"法治论"者的诸位，似也忘记了荀子同时又是"隆礼论"者，一个"隆礼论"者，又怎么可能是"法治论"者呢？因此，实际上，在"人治论"与"法治论"之间做出选择，是不科学的。以为"人治"、"法治"结合，似无必要、也不尽妥当。笔者认为，不要以近世的术语去套荀况为好。荀况是一个"隆礼"而又"重法"且注重发挥人的主观能动性的朴素的唯物主义者，这就是荀况作为儒、法法哲学合流的肇始者的本来面目。

第三十八章　墨家法哲学对儒家法哲学的抗争

一、与儒家并称"显学"的墨家

儒、墨两家并称先秦"显学"。韩非子说："世之显学，儒、墨也。儒之所至，孔丘也；墨之所至，墨翟也。"① 但儒、墨两"显学"是对立的。在中国法哲学史上，是墨家法哲学最早起而与儒家法哲学进行抗争。

墨家的创始者和代表人物，是墨翟即墨子，约生于孔子死时，约亡于花甲之年，鲁国人。据《墨子·贵义》云，他"上无君上之事，下无耕农之难"，有精湛的手工技巧②。他早年曾"学儒者之业，受孔子之术"，但孔子开创的儒学对他没有吸引力，他反而"以为其礼烦扰而不说，厚葬靡财而贫民，服丧生而害事，故背周道而用夏政。"③ 他认为"儒之道足以丧天下者，四政焉：儒以天为不明，以鬼为不神，天鬼不说，此足以丧天下。又厚葬久丧，重为棺椁，多为衣衾，送死若徙，三年哭泣，扶后起，杖后行，耳无闻，目无见，此足以丧天下。又弦歌鼓舞，习为声乐，此足以丧天下。又以命为富贵寿夭，治乱安危有极矣，不可损益也，为上者行之，必不听治矣，为下者行之，必不从事矣，此足以丧天下。"④ 有鉴于此，墨子毅然抛弃所受"儒者之业"，致力于创立与儒学抗争的学派。

墨子所创的墨家学派，组织上是一个帮会性质的政治集团，由"充满天下"的"弟子徒属"⑤组成。他们大多为自耕农和手工业者中的知识分子。据西汉淮南王刘安说，墨者常"囚首垢面"，以农夫、庖人、杂役等"贱人"自况，并以"自苦为极"。其领袖称"巨（钜）子"。集团崇尚勇武精神，有极严格的纪律，"墨子服役者百八十人，皆可使赴火蹈

---

① 《韩非子·显学》。
② 《墨子·公输盘》。
③ 《淮南子·要略》。
④ 《墨子·公孟》。
⑤ 《吕氏春秋·别类》。

刃，死不旋踵。"①

由于墨家学派以小生产者广大群众为其社会基础，既从事政治活动，又从事学术活动，还尚武行侠，因此在当时造成了极大的社会影响。连一百多年后的孟子都承认，墨子之时，"圣王不作，诸侯放恣，处士横议，杨朱墨翟之言盈天下。天下之言，不归杨则归墨"②。

墨子死后，墨家学派分化成三派，亦称"三墨"。《韩非子·显学》说："自墨子之死也，有相里氏之墨，有相夫氏之墨，有邓陵氏之墨。"后期墨家注重名辩逻辑和自然科学的研究，部分墨者变成了武侠流于民间。秦汉以后，墨学本身日渐衰微，几成"绝学"而销声匿迹了。但墨学的许多珍贵思想，却为儒、法名家所吸收，融合进了中国古代博大精深的华夏传统文化之中。

这里所说"墨家法哲学对儒家法哲学的抗争"，主要是指墨子本人的法哲学思想，但也可能杂有墨家后学的思想。这是因为迄今未见墨子本人著作，《汉书·艺文志》所载《墨子》七十一篇、现存《墨子》五十三篇，则为墨子门人所编纂记载，其中还有少数真伪莫辨的篇章。可信为墨子本人思想的《兼爱》《尚同》《尚贤》《非儒》《非攻》《非命》《非乐》《节葬》《节用》《天志》《明鬼》等篇，比较集中地反映了他的政治、法律思想和法哲学观点。

二、以"非命"、"兼爱"、"尚贤"批判"天命"、"亲亲"、"尊尊"

儒家法哲学源于周礼、奠基于周礼，对周礼推崇备至。墨家法哲学则持相反的态度。"墨家之所以要反对儒家，根源于他的对待周礼的态度。他们是先秦最先起来公开反对和批判周礼的学派。"③

儒家法哲学所尊崇的周礼以"天命"论为依据，以"亲亲"、"尊尊"为基本点，固守血缘宗法关系的地盘。墨家法哲学则以"非命"、"兼爱"、"尚贤"理论予以抗争。

在孔子的《论语》中，当他论及周礼时，总不忘同时宣传作为周礼的哲学依据的"天命"论，反复强调"死生有命，富贵在天"④。墨子作《非命》予以批驳。他认为天生命定的理论是"暴王所作，穷人述之，此皆疑众迟朴"⑤，即用以欺骗愚弄大众的骗术。他指出，这一理论之所以错误，是因为：第一，与历史事实不符，与古圣王之事迹相悖。他说："昔桀之所乱，汤治之；纣之所乱，武王治之。当此之时，世不渝而民不易，上变政

---

① 《淮南子·泰族训》。
② 《孟子·滕文公下》。
③ 《中国法律思想史纲》(上)，第127页。
④ 《论语·颜渊》。
⑤ 《墨子·非命下》。

而民改俗。存乎桀纣而天下乱，存乎汤武而天下治。天下之治也，汤武之力也；天下之乱也。桀纣之罪也。若以此观之，夫安危治乱，存乎上之为政也，则夫岂可谓有命哉？"① 他以确凿的历史事实说明，是人事而非"天命"决定社会的治乱、国家的兴亡。第二，与人们的亲身经验不符，与可见的客观事实相悖。他说："自古以及今，生民以来者，亦尝见'命'之物，闻'命'之声者乎？则未尝有也。"② 墨子不但是个政治、法律思想家，还是个逻辑学家。这里，他用反证法排除了"天命"观的立论依据。"天命"论既不符历史事实，又与人们的直接经验相背，当然不足为信。

墨子反"天命"而主张"非命"，他提出了以"力"抗"命"的理论。他认为人类与动物的区别之一在于人能依靠劳动之"力"创造和改善自己的生活条件。他说："今人固与禽兽麋鹿蜚鸟贞虫异者也。今之禽兽麋鹿蜚鸟贞虫，因其羽毛以为衣裳，因其蹄蚤以为袴履，因其水草以为饮食。故唯使雄不耕稼树艺，雌不纺绩织纴，衣食之财固已具矣。今人与此异者也，赖其力者生，不赖其力者不生。"③ 他还将"力"做了"强力"与"非强力"之分，有"力"而不"强力从事"仍无济于事、无益于人也无益于社会。他认为，国家的治乱兴衰、人们的贵贱贫富，就看是否"强力从事"，亦即主张事在人为而非"命"由"天"定。他说："强必治，不强必乱；强必宁，不强必危。"又说："强必贵，不强必贱；强必荣，不强必辱。"④ 他指出，贤君明臣早朝晏退、听狱治政而不敢稍有怠慢疏忽，农夫织妇早出晚归、夜以继日而不敢倦怠慵懒，就是因为懂得必须"强力从事"的道理；如果他们相信"天命"而不作努力，国家刑政就必定混乱，民众生活也将贫困饥饿。他强调指出："执有命者，此天下之厚害也。"⑤ 对"天命"做了坚决的否定和批判。

墨子的"兼爱"、"尚贤"论，与孔子尊崇的周礼基本原则"亲亲"、"尊尊"是针锋相对的。

墨子的"兼爱"论，突出的是一个"兼"字。"贵兼"，是先秦各个学派公认的墨家学派的特点。墨子强调的是"天下之人皆相爱"⑥，"视人之国若视其国，视人之家若视其家，视人之身若视其身。"⑦ 总之是打破贵、贱、贫、富的界限，不分远、近、亲、疏的区别，普遍地、平等地互爱。这就是"爱无差等"。孔子也讲过"泛爱众"、"仁者爱人"，但他的"爱"是有差等、别贵贱、分亲疏的"亲亲"、"尊尊"的"爱"，与墨子的"兼爱"是两回事，决不可同日而语。

---

① 《墨子·非命下》。
② 《墨子·非命中》。
③ 《墨子·非乐》。
④ 《墨子·非命下》。
⑤ 《墨子·非命中》。
⑥ 《墨子·兼爱中、下》。
⑦ 《墨子·兼爱中》。

为论证"兼爱"的必要,墨子从社会和个人两方面加以说明。墨子说:"天下兼相爱则治,交相恶则乱。"① 他指出:"今诸侯独知爱其国,不爱人之国,是以不惮举其国以攻人之国;今家主独知爱其家,而不爱人之家,是以不惮举其家以篡人之家;今人独知爱其身,不爱人之身,是以不惮举其身以贼人之身。是故诸侯不相爱,则必野战;家主不相爱,则必相篡;人与人不相爱,则必相贼;君臣不相爱,则不惠忠;父子不相爱,则不慈孝;兄弟不相爱,则不和调。天下之人皆不相爱,强必执弱,富必侮贫,贵必傲贱,诈必欺愚。凡天下祸篡怨恨,其所以起者,以不相爱生也。"② 总之,"兼爱"是社会安宁、个人幸福、家庭平安的保证。否则就会造成社会混乱、个人和家庭不幸的恶果。这一论证进一步使得孔学尊崇的周礼的"亲亲"、"尊尊"的"差等之爱",失去了理论说服力和社会影响力。

孔子以"亲亲"、"尊尊"的"差等之爱"来维护统治阶级内部的秩序。墨子则以"兼爱"来"治"社会之"乱",即消灭犯罪的根源。墨子说:"当察乱自何起?起不相爱。""盗爱其室,不爱异室,故窃异室以利其室。贼爱其身,不爱人,故贼人以利其身。此何也?皆起不相爱。"如"兼爱",情况则完全不同:"视人之室若其室,谁窃?视人之身若其身,谁贼!故盗贼无有。"③ 墨子以"兼爱"来防止和消灭犯罪,无非是一种幻想。但是,此论之有别于孔子的儒家法哲学观,却是很清楚的。

墨家的另一重要理论为"尚贤"论。墨子认为,贤良之士是国家的宝贵财富,因此,应尽可能多地举贤。他说:"国家贤良之士众,则国家之治厚;贤良之士寡,则国家之治薄。故士人之务,将在于众贤而已。"④ 推举众多的贤良之士的办法是有贤即举而不阿亲近贵:"不党父兄,不偏富贵,不嬖颜色,贤者举而上之,富而贵之,以为官长;不肖者抑而废之,贫而贱之,以为徒役。"他认为,只有这样,才能使天下的人都"劝其赏,畏其罚,相率而为贤者。"⑤ 墨子特别强调要打破尊卑贵贱的界限。他托言古代"圣王"因"尚贤"而治来论证:"古者圣王之为政,列德而尚贤,虽在农与工肆之人,有能则举之,高予之爵,重予之禄,任之以事,断予之令,曰:'爵位不高,则民弗敬;蓄禄不厚,则民不信;政令不断,则民不畏。'""尚贤"是古代至治的重要原因。因此,墨子主张"官无常贵,而民无终贱,有能则举之,无能则下之"⑥。这些议论,不但告知人们,"尚贤"可使"政令断"、"天下治",而且直接反对了儒家法哲学所拥护的奴隶制世卿世禄宗法制度。当然,这也与周礼的种种原则是直接对立的。

---

① 《墨子·兼爱中》。
② 同上。
③ 《墨子·兼爱上》。
④ 《墨子·尚贤上》。
⑤ 《墨子·尚贤中》。
⑥ 《墨子·尚贤上》。

综上所述，墨子的反"天命"论、"兼爱"论、"尚贤"论与儒家法哲学的基础周礼是截然不同的，强烈地表现了墨家法哲学对儒家法哲学的抗争。

三、墨家的功利论

墨家法哲学的抗争，还表现在功利论、法治论等方面。

墨子所倡言的功利论，是与"兼爱"论紧密地联系着的。他常将"兼相爱"与"交相利"结合在一起，"交相利"就成了"兼相爱"的具体内容。孔子言"仁"，说"泛爱众"，但内容抽象空洞，墨子所说"兼爱"则比较具体。他说："顺天意者，兼相爱，交相利，必得赏；反天意者，则相恶，交相贼，必得罚。"① "仁之事者，也务求兴天下之利，除天下之害。将以为法乎天下，利人乎即为，不利人乎即止。"② 郭沫若先生解释"兼相爱，交相利"的含义时说，这就是"你尊重我的所有权，我也尊重你的所有权；彼此互相尊重，于是也就互相得到好处"③。他比较了孔、墨的"爱"后指出："尽管同样在说爱，同样在说爱人，而墨子的重心却不在人而在财产，墨子是把财产私有权特别神圣视的。"④

在其功利论的基础上，墨子合乎逻辑地得出了以法律保护"利"即私有财产权、人身权以及劳动成果，对夺人之"利"者予以法律制裁的结论。他举例说："今有一人，入人园圃，窃其桃李，众闻则非之，上为政者则罚之。此何也？以亏人自利也。至攘人犬豕鸡豚者，其不义又甚入园圃窃桃李。是何故也？以亏人愈多，其不仁兹甚，罪益厚。至入人栏厩，取人马牛者，其不仁又甚攘人犬豕鸡豚。此何故也？以其亏人愈多。苟亏人愈多，其不仁兹甚，罪益厚。至杀不辜人也，拖其衣裘，取戈剑者，其不义又甚入人栏厩取人马牛。此何故也？以其亏人愈多，其不仁慈甚矣，罪益厚。"⑤ 又举例说："今有人于此，入人之场园，取人之桃李瓜姜者，上得且罚之，众闻则非之，是何也？曰不与其劳，获其实，已非其所取之故。"⑥ 在墨子看来，以法律保证私"利"，是天经地义的事，"为政"者必行，"为人"者必喜。这同孔子主张的"道之以政，齐之以刑，民免而无耻；道之以德，齐之以礼，有耻且格"⑦，自有根本的不同。在孔子那里，一切的标准是"德"与"礼"；在墨子那里，一切的标准是"利"。

与这一功利论相关，墨子还有一个"三表"说，即："有本之者，有原之者，有用之

---

① 《墨子·天志上》。
② 《墨子·非乐上》。
③ 郭沫若:《十批判书》，科学出版社1956年版，第112页。
④ 同上。
⑤ 《墨子·非攻上》。
⑥ 《墨子·天志下》。
⑦ 《论语·为政》。

者。于何本之？上本之于古者圣王之事。于何原之？下原察百姓耳目之实。于何用之？废以为刑政，观其中国家百姓人民之利。此所谓言有三表也。"① 他认为"古者圣王"、"百姓耳目"以及现行"刑政"衡量一切的标准都在于对国家和人民有"利"与否。

这些，虽然不能称之为功利主义法哲学，因为它并无比较系统的理论，但作为一种法哲学上的功利观，无疑是无可否定的。

四、论"尚同"与法治

墨子的法治观有多方面的表现。最突出的是他以"尚同"论解析了法律的起源。《墨子》中有《尚同》篇，说古代社会曾有"未有刑政之时"，其时"一人一义，十人十义，百人百义"而又"各是其义，以非人之义"，造成了"天下之乱也，至若禽兽然"的状况。为了解决这一问题，"明乎民之无正长以一同天下之义，而天下乱也。是故选择天下贤良圣智辩慧之人，立以为天子，使从事乎一同天下之义"，又"选择天下赞阅贤良圣智辩慧之人，置以为三公，与从事乎一同天下之义"，直至设"诸侯国君"、"乡里之长"以"与从事乎一同其国之义"②，而"天子"有权"发宪布令于天下"借以"一同天下之义"③。于是，法律就这样产生了。"天子"发布的"宪令"，是必须服从的统一的行为规范，如果"上之所是弗能是，上之所非弗能非"，亦即破坏了"宪令"，就要受到制裁，即实施"上之所罚"④。

墨子的法治观还表现在他对法的重视上。他认为无论从事何种工作都必须如百工"为方以矩，为圆以规"那样，以"法"、"法仪"、"法度"为依据。他在《经上》篇中强调"法，所若而然也"，即一切须"若"（顺）法而行。他指出："天下从事者，不可以无法仪；无法仪而其事能成者，无有也。""今大治天下，其次治大国，而无法所度，此不若百工之辩也。"⑤ 这与孔子治国以"礼"、道德教化至上的主张，显然迥然有别。

如上所述，在孔子死后不久，墨子即创立墨家学派与他的儒家法哲学抗争，而且天下"非杨即墨"，充分显示了这一抗争的激烈与影响之大。但如果过高估计、评价墨子的法哲学观，如有的著作那样，冠以功利主义法哲学、法治主义，或套之以"自然法"的光环，却似不甚妥当。

墨子本人的思想有时处于矛盾之中。他的思想实质是反"天命"的，但他经常乞诉"天意"，援手于"神鬼"；他的许多法哲学观与孔子的"仁"学是北辙南辕的，但他同时

---

① 《墨子·非命上》。
② 《墨子·尚同中》。
③ 《墨子·尚同下》。
④ 《墨子·尚同中》。
⑤ 《墨子·法仪》。

也大谈"仁",而且有时谈得与孔子十分近似。他说:"鬼神之明智于圣人,犹聪耳明目之于聋瞽也。"①"天子为善,天能赏之;天子为暴,天能罚之。"②"仁者,义也"是应该"书其事于竹帛,镂之金石,琢之槃盂,传遗后世子孙的"③。如此等等。这种情况的存在,并不能否定墨家法哲学抗争于儒家法哲学之大体,只是告诉我们一条很普通的道理;任何一个思想家,其思想是很难纯而又纯的。更不用说《墨子》不过是后学所记,而墨子也仅是一个连生卒年月都未确知的"平民"思想家。

---

① 《墨子·耕柱》。
② 《墨子·天志中》。
③ 同上。

第三十九章 老、庄的法律虚无主义法哲学

一、老、庄及其法哲学的实质

先秦诸子中,老、庄并称,虽然老子与庄子的生年相距大约有二百年之久。

老子即老聃,姓李名耳,字伯阳,楚国苦县(今河南鹿邑东)厉乡曲仁里人,做过周朝管理藏书的史官。孔子曾向他请教过周礼,可见比孔子年长,据推算约生于公元前571年左右。《史记·老子传》曰:老子"见周之衰,乃遂去。"西出函谷,不知所终。著作有今本之《老子》,又称《道德经》①。

庄子名周,宋国蒙(今河南商丘市东北)人,约生于公元前369年,死于前286年,做过蒙地的漆园吏。家贫,曾借粟于监河侯,但拒绝了楚威王的厚禄礼聘。著作有《庄子》,亦称《南华经》。《汉书·艺文志》著录《庄子》五十二篇,但留下来的仅有三十三篇。历来注解极多,如晋郭象注、清末王先谦《庄子集解》、郭庆藩《庄子集释》等,均为流行的注本。今人台湾学者陈鼓应的《庄子今注今译》甚受欢迎。

在政治思想史、法律思想史专著中,多有把老、庄的法律思想称为"自然法"的。此种观点以近年来的一些单篇论文为甚。《法学评论》杂志所发表的《崇尚自然的庄子法律思想》②和《老庄学派与斯多葛学派法律思想之比较》③,对老庄的法哲学做了非常深刻的独到论述,给人以极大教益与启示。两文都认定老、庄的法哲学为"自然法"哲学。但对于老、庄自然法哲学论,笔者不敢苟同,笔者认为老、庄法哲学实属于法律虚无主义的范畴。

---

① 《老子》一书是否为老子所作,历来有争论。但从书中的思想内容和所涉的某些问题看,可能编定于战国初期,而保留了老子本人的主要思想。注本有西汉河上公注、魏王弼注、明清之际王夫之《老子衍》、清魏源《老子本义》等。1973年长沙马王堆三号汉墓出土的文物中,有《老子》的抄写本。
② 费开文:《崇尚自然的庄子法律思想》,《法学评论》1986年第3期。
③ 徐爱国:《老庄学派与斯多葛学派法律思想之比较》,《法学评论》1989年第3期。

二、论据之一：虚无主义的"道"是其法哲学基础

老、庄虚无主义法哲学的世界观基础是所谓"道"。那么，"道"又是什么呢？

老子把"道"看成是整个物质世界的总根源，是第一性的东西，世界万物是从"道"派生出来的第二性的东西，所谓"道生一，一生二，二生三，三生万物"①是也。但"道"即是"无"："天下万物生于有，有生于无。"②是看不见、听不到、摸不着的"其上不皦，其下不昧，绳绳不可名，复归于无物，是谓无状之状、无象之象"，"视之不见""听之不闻""搏之不得"的"夷"、"希"、"微"即"无"③。而且，这"道"还是超时空、先于天地而生"寂兮寥兮，独立而不改，周行而不殆"④的永久存在，周而复始的"无"。

庄子和老子一样，把天地万物看成是由"道"而来的，所谓"物物者非物"⑤，即是说"道"为"非物"。这"非物"的"道""有情有信，无为无形，可传而不可受，可得而不可见，自本自根，未有天地，自古以固存；神鬼神帝，生天生地。在太极之先而不为高，在六极之下而不为深，先天地生而不为久，长于上古而不为老"⑥。这"道"仍是"无"即"非物"。

不过庄子的"道"与老子的"道"也是有一点区别的。这就是"老子"的"道"是"客观存在"于人心之外的"无"，而庄子的"道"却是在人心之内的"非物"。一为客观唯心主义，一为主观唯心主义，此其区别之一。其二，老子对"道"的存在并不怀疑，而庄子却认为："有始也者，有未始有始也者，有未始有夫未始有始也者。俄而有无矣，而未知有无果孰有孰无也。"⑦对"道"的存在也怀疑起来了。但怀疑也罢，确信也罢，有一点是肯定的，即万事万物都生于"无"或"非物"，而为保持世界的有序，就要复归于"无"，包括一切政治法律制度、礼仪道德规范，统统可以不要。

这样，老、庄从虚无主义的"无"或"非物"之"道"，就得出了法律虚无主义的主张。

---

① 《老子》第42章。
② 《老子》第40章。
③ 《老子》第14章。
④ 《老子》第25章。
⑤ 《庄子·知北游》。
⑥ 《庄子·大宗师》。
⑦ 《庄子·齐物论》。

三、论据之二：反对一切形式的法是其法哲学主要观点

"法令滋彰，盗贼多有"[①]是老子的一句名言。他认为，统治者应无为而治，"以无事取天下"[②]，但他们却搞了许多规章禁令去"损不足以奉有余"；统治者本应"去甚，去奢，去泰"[③]，但他们却以越来越烦琐的规章禁令去收税、压榨。其结果不是民之"畏威"、"畏死"而束手待毙，而是铤而走险、沦为"盗贼"。也就是"法令滋彰，盗贼多有"。

礼是另一种形式的法，老子也予以反对。他说："夫礼者，忠信之薄而乱之首也。"[④]"大道废，有仁义，……六亲不和有孝慈，国家昏乱有忠臣。"仁、义、忠、信、孝、慈的"礼"成了罪魁祸首。

如果老子止于抨击统治阶级的法令的残忍和礼义的虚伪，那么，上述论断倒是警世的高论。但他却答出了"无为而治"的结论，认为最理想的治国方法就是"无为"。他说："为无为，则无不治。"[⑤]"我无为而民自化，我好静而民自正，我无事而民自富，我无欲而民自朴。"[⑥]

庄子更把"老子之术"进一步推向极端。他不但认为"赏罚利害，五刑之辟，教之末也；礼法度数，刑名比详，治之末也"[⑦]，主张"君子不得已而临莅天下，莫若无为"[⑧]；而且认为应当回到人与物无别的"混沌时代"[⑨]去，"同与群兽居，族与万物并"[⑩]，主张取消一切制度、规范和文化。这已不仅仅是法律虚无主义，而且是文化虚无主义了。

综上所述，老、庄以虚无的"道"论哲学观作指导，提出了"无为而治"的主张，强调应废弃一切法律、礼义规范，其虚无主义法哲学是一目了然的。

诚然，老子提出过"道法自然"[⑪]一说。这是一些论者谓老子为中国"自然法"创始人的最重要依据。但是，老子没有说"道法自然"究属何意。他曾设想过小国寡民的社会，那里虽无法律，但有一定的生活准则，即来源于"道"，经"天"与"圣人"相继取法而具体化为"天之道"、"圣人之道"。但他再未说明什么是"天之道"与"圣人之道"。庄子则

---

① 《老子》第 57 章。
② 同上。
③ 《老子》第 27 章。
④ 《老子》第 38 章。
⑤ 《老子》第 3 章。
⑥ 《老子》第 57 章。
⑦ 《庄子·天地》。
⑧ 《庄子·在宥》。
⑨ 《庄子·应帝王》。
⑩ 《庄子·马蹄》。
⑪ 《老子》第 25 章。

连一般的文化都予否定，再无对"天之道"、"圣人之道"的评析、发挥。因此，以"道法自然"一语认定老、庄为"自然法"哲学在中国的创始者，未免勉强有过。

四、略评老、庄的虚无主义法哲学

历史上的虚无主义法哲学究应如何评价？论及老、庄的法律虚无主义时，几乎所有的论文都一致地批判其"消极"、"悲观"的态度。更有甚者，认为它所反映的是没落贵族的悲观绝望的情绪，而且给后世法律思想的发展带来有害的影响。笔者认为，这些看法是值得商榷的。

老子其人，史学界迄今仍不得其详。庄子身世虽比老子的清楚，但不过是一个"家贫"已甚的"漆园小吏"。从惯用的"阶级分析"法，反而难以从其"阶级立场""分析"出他们代表了"没落贵族"。如果一定要说是"没落贵族"的话，那么，历史事实告诉我们的是，无论是老子的时代，还是二百年后的庄子时代，没落的奴隶主贵族都始终是积极地从事复辟活动的。尽管这些复辟活动最终总是以失败告终，但它们往往是与血、火交融，与干、戈紧连的疯狂的活动。每一个行将退出历史舞台的反动阶级，总是咬牙切齿地带着无比的仇恨，以千万倍疯狂的热情，为夺回失去的天堂而做困兽之斗的。

理解老、庄对法律的虚无主义观点的钥匙，不是无端地冠以"没落贵族"的阶级标签。笔者以为，老、庄的虚无主义法哲学，是"虚无"的实在，是"消极"的积极。其实实在在的积极意义就在于对当时的法律制度中的不合理方面的彻底批判与否定。庄子指斥当时的社会实际是"窃钩者诛，窃国者为诸侯。诸侯之门而仁义存焉"，当时的统治阶级是"为之斗斛以量之，则并与斗斛而窃之；为之权衡以称之，则并与权衡而窃之；为之符玺以信之，则并与符玺而窃之；为之仁义以矫之，则并与仁义而窃之"①。这是中国历史上最早而且是最尖刻的入木三分的揭露与批判。这些思想不但对法律思想的发展没有带来什么有害的消极影响，因为任何别的阶级、阶层都不会因老、庄的言论而停止其理论思维，而且，它对劳动人民的法律意识的发展却带来了有利的积极影响。几乎所有后代的奴隶起义和农民起义，甚至无产阶级革命斗争，都以老、庄对当时法律的批判所用过的语言，作针对当时的统治阶级的批判，写入声罪致讨的檄文。因此，笔者以为，历史上的虚无主义法哲学，包括老、庄的法哲学，是有着重要的积极意义的。

---

① 《庄子·胠箧》。

第四十章　灿若群星的先秦法家和法家法哲学的集大成

公元前475年到公元前221年的"战国时期",韩、魏、赵、燕、秦、楚、齐七雄争霸。适应社会矛盾尖锐和列国争斗的需要,力主法治的法家学说在各国应运而生、蓬勃发展。时势造成这一时期各国法家灿若群星般出现,并为韩非子宏论迭出、集法家法哲学之大成奠定基础。

一、灿若群星的先秦法家

战国初期最出名的法家,是魏国的李悝(约前455—前395年),他在魏国以"魏文侯师"的身份主持变法。章太炎在《检论·原法》中说李悝"著书定律为法家",是法家的开山鼻祖。《汉书·艺文志》的法家类,首列《李子》三十二篇,可惜已经亡佚。李悝的事迹,据其他史料所知,最重要的是总结前人的立法经验,编撰了作为成文法典的《法经》。《法经》和《李子》一样,亦已亡佚,仅《晋书·刑法志》保存了它的篇目:"秦汉旧律,其文起自魏文侯师李悝,悝撰次诸国法,著《法经》。以为王者之政莫急于盗贼,故其律始于《盗》《贼》。盗贼须劾捕,故著《网》(当作《囚》)、《捕》二篇。其轻狡、越城、博戏、假借、不廉、淫侈、逾制以为《杂律》一篇,又以《具律》具其加减。是故所著六篇而已,然皆罪名之制也。"《法经》以"王者之政莫急于盗贼"为指导思想,把维护封建地主阶级的土地私有制、宗法等级制的经济、政治和社会秩序放在最重要的地位,是一部诸法合体而以刑为主的刑法和刑事诉讼法典。

战国初期的另一著名法家是由魏入楚,主持了楚国变法大业的吴起(?—前381年)。他在楚国,以"损有余而继其不足"[①]的基本原则实行改革,逐步废除"世卿世禄"制度。为了贯彻他的改革措施,吴起主张"明审法令"[②],厉行"使私不害公,谗不蔽忠,言不

[①]《说苑·指武》。
[②]《史记·孙子吴起列传》。

敢苟同，行不敢苟容，行义不顾毁誉"①的"法治"。经过变法，楚国很快地强盛起来，曾"南收扬越、北并陈蔡"②、"却三晋，西伐秦"③，一度战败魏国、"马饮于大河"④，直达黄河两岸。

比吴起稍后的"少好刑名之学"⑤的商鞅（约前390—前338年），是在秦国主持改革的著名法家。在先秦法家中，商鞅以"重法"著称。他于公元前361年携《法经》由魏入秦，取信于秦孝公，在秦先后两次实施了规模浩大、厥功甚伟的改革。首次改革始于公元前359年，主要内容是：修订补充《法经》，改法为律，增加《连坐法》，以《秦律》之名颁布施行；奖励军功，取消"世卿世禄"制；奖励耕战，重农抑商。第二次改革始于公元前350年，主要内容是：废除井田制，确立封建土地私有制；推行法制，集权中央；统一度量衡；按户口征收军赋；革除旧俗，禁止父子同室无别而居。在改革的过程中，商鞅留下了他关于改革的理论著作，即现存之《商君书》。

在《商君书》中，商鞅强调了"礼法以时而定，制令各顺其宜"的辩证法哲学思想。商鞅指出："苟可以强国，不法其故；苟可以利民，不循其礼。"⑥针对反改革者"法古无过，循礼无邪"的言论，他强调了"礼法以时而定，制令各顺其宜"的思想。在《商君书·开塞》中，商鞅进而提出了"不法古，不修（循）今"的口号，认为"法古则后于时，修今则塞于势"。他在《开塞》中还将人类历史划分成"上世"、"中世"、"下世"和"今世"四个阶段，阐述了世世变易、时时变法的历史事实和必须继续变法的道理。

在变法过程中，商鞅表达了"缘法而治"⑦的依法治国思想；主张"壹赏"、"壹刑"，即赏善奖励惩奸罚罪只凭法律与事实，而不管赏罚对象的阶级、阶层身份，实行"刑无等级，自卿相将军以至大夫庶人，有不从王令、犯国禁、乱上制者，罪死不赦"⑧。为了推行法治，商鞅认为必须具备"法"、"信"、"权"三要素。他说："法者，国之权衡也。"⑨因此，立法必须统一、公布。法律公布之后，必须有法必依，即强调一个"信"字，做到"信赏必罚"，而不要失信于民。他说："民信其赏，则事功成；信其罚，则奸无端。"⑩"法"、"信"说的是立法与司法。至于立法、司法权，他认为应集中到君主一身，

---

① 《战国策·秦策三》。
② 同上。
③ 《史记·孙子吴起列传》。
④ 《史记·赵世家》《战国策·秦策五》。
⑤ 《史记·商君列传》。
⑥ 《商君书·更法》。
⑦ 《商君书·壹言》。
⑧ 《商君书·赏刑》。
⑨ 《商君书·修权》。
⑩ 《商君书·修权》。

"权者，君之所独制也"①，即所谓三要素之一的"君权"。把三要素联结起来看就是，实行君主专制、依法而治的政治体制。

在先秦法家中，其他法家的著作大多佚失了。商鞅是留下了理论著作的佼佼者。从其幸存的著作中，还可见到他关于"定分止争"的法律起源论以及关于法的本质和作用的论述。关于法律的起源，他指出："神农之世，男耕而食，妇织而衣，刑政不用而治，甲兵不起而王。"②后来出现了"亲亲而爱私"③、"以强胜弱，以众暴寡"④的混乱争夺局面，为"定分"、"止乱"，"圣人"出而"立禁"、"立官"、"立君"，于是出现了国家与法律。关于法律的本质与作用，商鞅以法律乃"制民之本"⑤做了高度集中的概括。为此，他还主张实行重刑主义，认为"重刑轻赏"则"上爱民，民死上"⑥，可收法治之人效。

与商鞅大致同时代的慎到（约前390—前315年），曾著有《慎子》十二篇，现仅残存《威德》《周循》《民杂》《德立》《君人》《知忠》《君臣》七篇。在先秦法家中，慎到以重"势"而著称。他非常重视法律的作用，认为"国之大道"在于"民一于君，事断于法"，强调"治国无其法则乱"⑦。慎到从理论上说明："法者，所以齐天下之动，至公大定之制也。故智者不得越法而肆谋，辩者不得越法而肆议，士不得背法而有名，臣不得背法而有功。"⑧既然法律如此重要，慎到主张君主必须紧紧抓住大权，以权势制服臣民，使之不得不服从。他将君主比作飞龙、权势比作云雾，飞龙得云雾而高飞，失云雾则坠地而成蚯蚓。他说："尧为匹夫不能治三人，而桀为天子能乱天下。吾以此知势位之足恃，而贤者之不足慕也。"⑨这些，就是他的"尚法"、"重势"的著名观点。

与商鞅大致同时代的还有申不害（约前395—前337年），他曾在韩国主持改革，一度使韩国"国治兵强"⑩。其著作有《申子》二篇，现仅存《群书治要》卷三十六所列《大体篇》，以及散见于其他史书的一些佚文。

在先秦法家中，申不害与"尚法"的慎到一样，重视法律，主张"任法"而治。不同的是，慎到以重"势"出名，申不害则以重"术"传世。他所重之"术"，多种多样：一为"独断"之术。申不害认为"独视者谓明，独听者谓聪。能独断者，故可以为天下王。"⑪主

---

① 《商君书·修权》。
② 《商君书·画策》。
③ 《商君书·开塞》。
④ 同②。
⑤ 同上。
⑥ 《商君书·去强》。
⑦ 《艺文类聚》卷54引《慎子》佚文。
⑧ 〔清〕钱熙祚：《守山阁丛书》引《慎子》佚文。
⑨ 《意林》卷又引《慎子》佚文。
⑩ 《史记·老子韩非列传》。
⑪ 《韩非子·外储说右上》。

张专权擅断，独断独行，不为左右所蒙蔽。他的这一"术"说，是从加强中央集权、厉行封建专制制度的需要出发的。但当他强调"独断"时，忘却了所断的依据应是"法"。因此，这就和"任法"有了矛盾。韩非子曾批评他"徒术而无法"。二为"藏"术。韩非子曾在《难三》中阐释申不害的"术"的含义说："'术'者，藏之于胸中，以偶众端，而潜御群臣者也。"申不害也说过："藏于无事，示天下无为。"① 这里的"无为"是虚伪的表面现象，与道家的放任自然的"无为"是两回事。申不害"藏"术的目的在于使臣下莫测高深，于"无为"中识别忠奸、洞察一切，即"惟无为可以规（窥）之。"② 三为"君人南面之术"，即君主紧紧掌握一切大权，决不允许臣下"蔽君之明，塞君之听，夺之政而专其令，有其民而取其国。"③ 四为"操契以赏其名"，即用公开的任免、监督、考核而使臣下驯顺地服从君上。所有这些"术"，都建筑在君主独擅立法、司法、行政大权的基础之上。因此，归根结底，申不害的"术"治与慎到的"势"治，殊途同归于加强君主专制与依法治国两个基点上。

光辉璀璨的群星，烘云托月般地使得受其照耀、孕育的后起之秀韩非的法哲学，放射出更加丰富多姿的绚丽色彩。韩非是以法家学说的集大成者而为世所称颂的。

二、韩非及其不同凡响的世界观与历史观

韩非（约前280—前233年），出身于韩国的贵族，曾与李斯一起师事于荀子。曾建议韩王变法图强，未见用。退而著《孤愤》《五蠹》《说难》等十余万言，受到秦王嬴政的重视，应邀赴秦。不久，因李斯、姚贾陷害而自杀于狱中。其著作有今人辑集的《韩非子》。

春秋战国时期的百家争鸣和广泛而普遍的文化交流，使韩非得以吸取丰富的先秦文化成果，儒、墨、道各家的学说都成了韩非的精神营养。先秦前期法家的学说，更直接孕育了韩非。因此，韩非之成为法家学说的集大成者，是时代使然，历史使然。但作为杰出的法家法哲学大师，韩非自有其对前人学说的改造、加工和制作，自有其独特的贡献。他的贡献，在很大程度上得力于进步的哲学观与历史观。

韩非在批判地改造老子的"道"论的基础上，提出了自己的唯物主义自然观。在老子那里，"道"即是外在于人的"无"，但这"无"并非客观的自然界及其规律。但韩非却把"道"说成是自然界及其规律本身。他在《解老》中说到"道"时指出："天得之以高，地得之以藏，维斗得之以成其威，日月得之以恒其光，五常得之以常其位，列星得之以端

---

① 《申子·大体篇》。
② 《韩非子·外储说右上》。
③ 《申子·大体篇》。

其行，四时得之以御其变气。"即是说，"道"见之于自然界万物的生成与变化之中，是自然界万物的总规律。他在改造解释老子之"道"的同时，提出了一个新的概念"理"，把"理"看成是事物的特殊规律："道者，万物之所然也，万理之所稽也。""物有理不可以相薄，故理之为物之制。万物各异理，万物各异理而道尽万物之理。"① 提出"理"这一新的哲学范畴，是韩非的一个重要哲学贡献。此外，韩非还表达了他反迷信鬼神的唯物主义思想。他尖锐地指出："用时日，事鬼神、信卜筮而好祭祀者，可亡也。"② 从唯物主义的立场出发，韩非认为，按客观规律办事就能成功，即"缘道理以从事者，无不能成"③；先知先觉的"前识"是虚妄不可信的，即"先物行，先理动，之谓前识。前识者，无缘而忘（妄）意度也。"④ 这些都表明，作为法家法哲学的集大成者，韩非有其比较科学的世界观作为指导。

韩非的进步历史观，从总体上看，见诸对"是古非今"的复古思想的批判。他认为历史是不断发展的，不会倒退也不能倒退。他写道："今有构木钻燧于夏后氏之世者，必为鲧禹笑矣。有决渎于殷周之世者，必为新圣笑矣。然则今有美尧舜汤武之道于当今之世者，必为新圣笑矣。"⑤ 他主张"圣人不期修古，不法常可，论世之事，因为之备"⑥，指斥"明据先王必定尧舜者，非愚则诬也"⑦。

上述比较科学的世界观和历史观，使得他的法哲学观不但在儒、墨、道各家中，而且在法家中，也显得不同凡响。

三、韩非法哲学的突出特征："时"

韩非的法哲学可以"时"字为突出的特征。他把社会与法看作与"时"俱变的客观事实，认为实行"与时而转"的法治是国家的根本，主张法、术、势三者结合而随"时"侧重使用。

像商鞅那样，韩非把历史划分为"上古"、"中古"、"近古"和当今四个时期。"上古之世"为"构木为巢"、"钻燧取火"的"有巢氏"、"燧人氏"时代。"中古之世"是"天下大小，而鲧、禹决渎"的鲧、禹时代。"近古之世"是"桀、纣暴乱，而汤、武征伐"的殷周时代。他说，"上古之世"时"丈夫不耕，草木之实足食；妇人不织，禽兽之皮足衣也。

---

① 《韩非子·解老》。
② 《韩非子·亡徵》。
③ 《韩非子·解老》。
④ 同上。
⑤ 《韩非子·五蠹》。
⑥ 同上。
⑦ 《韩非子·显学》。

不事力而养足,人民少而财有余,故民不争。是以厚赏不行,重罚不用,而民自治"①,即那时无需国家与法律。但后来人口越来越多,财富增长跟不上人口发展的需要,于是发生争夺征战而陷于混乱:"今人有五子不为多,子又有五子,大父未死而有二十五孙,是以人民众而货财寡,事力劳而供养薄,故民争,虽倍赏累罚而不免于乱。"②在这一从"丈夫不耕"、"妇人不织"到"人民众而货财寡"的过程中,国家和法律产生了。

许多论者注意到了韩非上述论断的非科学性,尤其是脱离马克思主义的"阶级分析法"的方面。这固然是不错的。但笔者认为,更重要的是去发现几千年前的我们的老祖宗的聪明才智。我以为韩非当时具有历史随"时"而变的观念,是很了不起的。更了不起的不是他借鉴了商鞅的观点作了发挥,而是他以此历史阶段的划分,阐明了法律与"时"而变的历史事实、历史规律并指明变革法律的必要性。这一点,贯串在《韩非子》全书中而以《五蠹》篇最为集中。《五蠹》篇述及以下关于法与"时"转的事实、规律或观点:

其一,从"上古之世"到"当今之世"的变化告诉我们"有美尧、舜、汤、武、禹之道于当今之世者,必为新圣笑矣。是以圣人不期修古,不法常可,论世之事,因为之备"。他以"守株待兔"的故事嘲笑了那些政治、法律上裹足不前的人。

其二,从"尧之王天下"到"当今之世"的变化说明,"今之争夺,非鄙也,财寡也";"轻辞天子,非高也,势薄也";"争土橐,非下也,权重也。故圣人议多少、论薄厚为之政,故罚薄不为慈,诛严不为戾,称俗而行也。故事因于世,而备适于事。"

其三,以历史事实说明"世异则事异"、"事异则备变",指出"上古竞于道德,中世逐于智谋,当今争于气力",因此,在"古今异俗,新故异备"的情况下,"欲以宽缓之政,治急世之民,犹无辔策而御骅马,此不知(智)之患也。"

其四,根据"当今之世"的情况,"赏莫如厚而信,使民利之;罚莫如重而必,使民畏之;法莫如一而固,使民知之。故主施赏不迁,行诛无赦。誉辅其赏,毁随其罚,则贤不尚俱尽力矣"。从"上古之世"到"当今之世"的"时"势变迁,韩非得出了必须实行"信赏必罚"的法治理论。这些,才是我们应当特别注意而予肯定的东西。

四、"不务德而务法"的法治论

为什么必须实行"法治"而不能像儒家主张的那样搞"德治",仅从"时"世变迁去说明,当然是不够的。因此,韩非还从其他方面论证了他的"不务德而务法"的"法治"论。韩非的论据是:第一,人是生而自私自利即"皆挟自为心"③,且不可能如荀况所说那样可

---

① 《韩非子·五蠹》。
② 同上。
③ 《韩非子·忠孝》。

以"化性起伪"①的。韩非以制轿匠与制棺匠为例做了说明:"舆人成舆,则欲人之富贵;匠人成棺,则欲人之夭死也。非舆人仁而匠人贼也。人不贵则舆不售,人不死则棺不卖,情非憎人也,利在人之死也。"② 又用亲子关系仍以"利"为计做了说明:"父母之于子也,产男则相贺,产女则杀之,此俱出于父母之怀衽。然男子受贺,女子杀之者,虑其后便,计之长利也。"③ 如此类推,韩非说明官民关系、君臣关系尽皆如此。以"利"为计,连尧、舜的"禅让"在韩非看来都是一样。这是相当彻底的唯"物"主义。第二,韩非认为人口的增长比生活资料的增长要快得多,因此你争我夺的社会的矛盾必然越来越激烈而突出,这样,实行严厉的法治就成了理所当然。

关于"法治"。韩非特别强调的不是"缘法而治",因为这已是自管仲以来直到申不害、慎到反复述说了的观点。他特别强调的是"法与时转"。他说:"故治民无常,唯治为法。法与时转则治。治与世宜时有功。……时移而治不易者乱,能治众而禁不变者敝。故圣人之治民也,法与时移而禁与能变。"④

五、综取法、术、势的"以法为本"论

商鞅重"法"、申不害重"术"、慎到重"势",各有所偏。韩非比较了"法"、"术"、"势"三者之优劣短长,综而取之,认为应将三者结合起来、综合使用而"以法为本"⑤。

所谓"以法为本",是指在"法"、"术"、"势"三者中,"法"是一切治术的根本。韩非在《饰邪》中从以下几个方面论证了"以法为本":其一,"古者先王尽力于亲民,加事于明法。彼法明则君臣劝,罚必则邪臣止"。以"古"之"先王""明法"而治的历史经验,证明"以法为本"的正确性。其二,以秦行法治而"忠劝邪止"和"山东"各国"慢法"造成"地削主卑"的正反两方面事实,进一步证明"以法为本"的必要。"山东"各国,是指越、曹、荆、许、郑、韩等诸侯小国。此外,韩非又从历史和现实的经验教训中做了引申论证。在《韩非子》中,还有很多篇章具体论证了"以法为本"问题,如《安危》《南面》《问辩》《八经》《诡使》《心度》《用人》《五蠹》《外储说》《有度》《备内》《六反》《二柄》《定法》等。在这些篇章中,韩非具体指出,"以法为本"就必须:有法;明法;树立法令的绝对权威,使法令成为唯一的判断是非的标准;反对在法令之外讲什么仁义;法不阿贵;赏罚必当;厚赏重罚;等等。

韩非认为,"以法为本"不是"唯法"为治,而要与"势"、"术"结合。

---

① 《荀子·性恶》。
② 《韩非子·备内》。
③ 《韩非子·六反》。
④ 《韩非子·心度》。
⑤ 《韩非子·饰邪》。

他认为,"抱法处势则治,背法去势则乱"。他专门写了一篇《难势》来论述"势"治的重要性。实际上,在《难势》中韩非已接触到了法律对国家政权的依赖性的问题了,这是他在法律理论上的一个重要贡献。慎到论"势",是针对儒、墨"尊贤"、"尚贤"而发挥的。韩非论"势",则着重在阐明"权重位尊"才能"令行禁止",指出"法"、"势"结合的必要性。他说:"君执柄以处势,故令行禁止。柄者,杀生之制也;势者,胜众之资也。"①

除"法"、"势"结合外,韩非还着重论证了"法"、"术"的结合。在《定法》中,他把"法"、"术"比作人的衣、食,指出:"人不食十日则死;大寒之隆,不衣亦死。"因此,"法"、"术"二者是"不可一无"的"帝王之具"。他给"术"下了一个定义:"术者,因任而授官,循名而责实,操杀生之柄,课群臣之能者也"②,把"术"的外延限定在任免官吏和考核政绩等方面。一旦掌握了任免与考核,帝王便可通过官吏厉行法治了。

"术"、"势"本身,都与随机应变紧相联系。所谓"抱法处势"或"乘势",并不仅仅强调"势重",而且还强调"用势"。韩非把"尧舜生而在上位"或"桀纣亦生而在上位"的"势"叫"自然之势",这是一种已成的定"势"。他又把绝大多数并非"圣贤"而只是"中人"、只具有"中人之智"的君王的"势"叫作"人设之势"。他认为后者固然不如前者"势重",却可"抱法处势",随机应变,"与时俱转",而收治效。至于"术",韩非把它看作是"藏之于胸中……而潜御群臣"的治理方法,更必须随机应变而不可墨守成规。总之,在韩非那里,"法"、"术"、"势"都是与"时"即变化发展相联系的。这就接近于动态的法治观。在两千多年之前,仅凭逻辑推理与历史事实及现实考察得出这样重要的认识,实在值得人们钦敬。

先秦法家曾如璀璨群星满缀天庭而光芒四射。但在漫漫长夜之中,时而陨灭的也常是这些耀眼的星星。吴起兴楚而最终落得车裂肢解;商鞅强秦亦终被车裂分尸;韩非入秦而为陷害,系狱经年,被迫自杀……历史上的改革者往往落入这种悲惨的下场。但前赴后继仍不绝如缕,古今中外,概莫如此。他们的血,浇灌了历史,浇灌了改革之花,也浇灌了法哲学的园苑。

---

① 《韩非子·八经》。
② 《韩非子·定法》。

第四十一章　阴阳五行法哲学的崛起

先秦法哲学论坛上，儒、墨、道、法四家纵横驰骋，热闹非凡。在其驰骋往来的隙地上，还曾崛起过对当世及后世有一定影响的阴阳五行法哲学和杂家法哲学。

阴阳五行作为一家，声势虽无儒、墨、道、法四家那么显赫，但在《史记·太史公自序》和司马谈的《论六家之要旨》中却被列为六家之首，即在《汉书·艺文志》中也名列"九流"的第三位，可见它的不容忽视。探讨阴阳五行法哲学在中国法哲学史上的地位，实属理所当然。

一、阴阳五行法哲学的哲学基础

西周末年神权法哲学衰落时期，正值崇神拜鬼尊天颂地的唯心主义神鬼哲学深受怀疑，各种迹近唯物主义的学说应运而生，阴阳说与五行说皆是其中之要者。

"阴阳"最初的意义，是指日光的向背，向日为阳，背阳为阴。古代思想家看到一切事物都有正反两方面的性质，就用阴、阳这两个概念来解释自然界两种对立而相互消长的物质势力。如西周末年伯阳父认为"阳伏而不能出，阴迫而不能蒸，于是有地震。"①《老子》也说过"万物负阴而抱阳"的话，意即万物为阴阳二者构成。《易传》的作者进一步提出了"一阴一阳谓之道"的说法，把阴阳交替看成宇宙的根本规律。

"五行"指木、火、土、金、水五种物质。西周末年的思想家们企图用这五种日常生活中司空见惯的物质，来说明世界万物的起源、多样性和统一性。《左传》《国语》和《尚书·洪范》中多有述及。战国时代，"五行"说颇为流行，出现了"五行相生相胜"的学说。"相生"意为相互促进，如"木生火"、"火生土"等；"相胜"即"相克"，意为互相排斥，如"水胜火"、"火胜金"等。

同为努力以物质解释万物起源及其发展的"阴阳"说与"五行"说，往往彼此交融，

---

① 《国语·周语上》。

因此，常以"阴阳五行"说混称。"阴阳五行"的合流，就成了我国古代迹近唯物主义的世界观。但它发展到战国末年，却被纳入了唯心主义轨道，使之带有神秘的性质；用以观察和解释社会政治和法律现象，就形成了唯心主义性质的阴阳五行法哲学观。

阴阳五行法哲学的主要观点是：

二、"天人感应"论

第一，"天人感应"的"时政"论。

集中反映此论的是《礼记·月令》篇。该篇除按四时节气规定了农事活动的程式外，述及与农事相应的施政理论和施政原则。

其主要施政理论是"天人感应"论。按照"天人感应"论，天、地、人三者是相贯互通、相感相应而由天主宰的。因此，上自君主下至庶民，一切活动均须按照农事活动的四时程式有序进行，否则就会因"天人相背"而遭天灾的谴告。经天灾谴告而回到四时程式上来的，可以消灾弭难；否则，会因长期的阴阳失调、五行倒克而大祸临头。

其主要的施政原则有三：一为德刑并用；二为秋冬行刑；三为决狱有当。《礼记·月令》规定的"时政"内容是：春季"生而勿杀，赏而勿罚，罪狱勿断，以待期年"，在庆赏方面"命相布德和令，行庆施惠，下及兆民"，在法刑方面"命有司，省囹圄，去桎梏，毋肆掠，止狱讼"；夏季"断薄刑，决小罪，出轻系"；秋季"罚而勿赏，夺而勿予，罪狱诛而勿生，终岁之罪，毋有所赦"，"命有司，修法制，缮囹圄，具桎梏，禁止奸，慎罪邪，务搏执。……审断决狱讼必端平，戮有罪，严断刑"，"申严百刑，斩杀必当，毋或枉桡，枉桡不当，反受其殃"；冬季"可以罢官之无事，去器之无用"，要"行罪无赦"。从上述规定中可见：反映阴阳家思想的重要著作《月令》，主张有赏有罚、有德有刑、德刑并用，但要依时而行；主张春夏行赏，秋冬行罚；主张狱讼端平，不得枉桡失当。

三、"五德转移"的治国论

第二，"五德转移，治各有宜"说。

此说的首倡者是战国末期齐国的阴阳五行家邹衍（约前305—前240年）。曾游历魏、燕、赵等国，为燕昭王师。他重视研究方法的探索，主张"先验小物，推而大之，至于无垠"[①]。他提出"大九州"说，论证"赤县神州"（中国）只是全世界八十一州中的一州；每九州为一集合单位即"大九州"，有小海环绕；九个"大九州"另有大海环绕；再往外便是天地的边际。因其语"闳大不经"，人称"谈天衍"。据《汉书·艺文志》载，著有《邹

---

① 《史记·孟子荀卿列传》。

子》四十九篇、《邹子终始》五十六篇，现均已亡佚不传。司马迁说："邹衍睹有国者益淫侈，不能尚德，若《大雅》整之于身，施及黎庶矣。"指出邹衍反对统治者的"淫侈"腐败。又评论邹衍学术思想的性质曰："然其要归，必止乎仁义节俭，君臣上下六亲之施始也滥耳。"① 即指出邹衍学术的接近儒学的性质。

邹衍的"五德转移，治各有宜"说，见诸《史记·孟子荀卿列传》所记："……天地剖判以来，五德转移，治各有宜，而符应若兹。"

所谓"五德"，是指"五行"的属性。邹衍认为，每一朝代都有一种"德"支配着："五德从所不胜，虞土、夏木、殷金、周火"②，"……终始五德，从所不胜。土德后木德继之，金德次之，火德次之，水德次之。"③ 这"五德"是循环移转的，即所谓"五德转移"。

值得注意的是，早期阴阳五行哲学讲的是"五行"的"相胜"即"相克"，而邹衍强调的却是"五德从所不胜"，即只能服从"天"生注定配属的"德"而不能"胜"或"克"。既然如此，国家与法律就是"天"所安排，因而神圣不可侵犯的了。联系邹衍所处的时代来看，这一学说无异于为新生的封建地主阶级的国家政权和法律制度的推行鸣锣开道，因而它是有其进步意义的。正因如此，"邹子之徒，论著终始五德之运，及秦帝而齐人奏之，故始皇采用之。"④ 不仅秦始皇欢迎邹衍的理论，而且后世的许多法律思想家也曾深受其影响，或竟至改造邹衍的理论为己所用。

阴阳五行法哲学崛起之后，产生了一定的影响，邹衍本人也深受礼遇。《史记·孟子荀卿列传》载："……骑子（即邹衍）重于齐。适梁，惠王郊迎，执宾主之礼。适赵，平原君侧行撇席。如燕，昭王拥彗先驱，请列弟子之座而受业，筑碣石宫，身亲往师之。……其游诸侯见尊礼如此，岂与仲尼菜色陈蔡、孟轲困于齐梁同乎哉！"司马迁评论邹衍"其言虽不轨，傥亦有斗鼎之意乎？"谯周因此谓司马迁"是其爱奇之甚"⑤。此后，秦汉学者多有吸取阴阳五行法哲学观点者，其最为著名的就是汉儒董仲舒，他的"天人感应"法哲学观，就是直接导源于阴阳五行法哲学的。

论者有指斥邹衍的"五德转移"说及"天人感应"的"时政"论为"剥削阶级理论"、"唯心主义"等，从而鄙弃不顾的。这诚然不无道理，但撇开某些观点，"时政"之"时"和"五德转移，治各有宜"之"转移"与"有宜"，表达了政治法律制度变迁的必然性、必要性，提出了相应的具体对策设想，不能不说是有辩证因素的高见，仍是值得重视的。历史的发展，同样，反映历史的法哲学观的发展不可能是遂情径直、一蹴而就的。对于人类历史上的每一点，哪怕是微小的一点有意义的思想，我们都应予以关注，并从而取得教益。

---

① 《史记·孟子荀卿列传》。
② 《文选》卷59，《齐故安陵君王碑》李善注引。
③ 《文选》卷6，《魏都赋》李善注引《七略》。
④ 《史记·封禅书》。
⑤ 《史记·孟子荀卿列传》索引。

第四十二章　兼容并蓄的杂家法哲学

先秦法哲学大军的殿后者,是兼容并蓄的杂家法哲学。它集中反映在被司马迁誉为"圣贤发愤之所为作"并与《周易》《春秋》《离骚》《国语》等齐名的《吕氏春秋》中。①

一、非儒、非道的《吕氏春秋》

《吕氏春秋》又称《吕览》,是秦王嬴政八年(前239年)由秦相吕不韦主持编写的。"当是时,魏有信陵君,楚有春申君,赵有平原君,齐有孟尝君,皆下士喜宾客以相倾。吕不韦以秦之强羞不如,亦招致士厚迁之,至食客三千人。是时诸侯多辩士,如荀卿之徒,著书布天下,吕不韦乃使其客人人著所闻,集论以为八览、六论、十二纪,二十余万言,以为备天地万物古今之事……"②

吕不韦组织编著《吕氏春秋》的指导思想是杂取各家所长。他认为先秦各家各有短长,而"善学者假人之长以补其短,故假人者遂有天下"③。因此,实际上,《吕氏春秋》虽为《汉书·艺文志》归入"杂家",却兼容并蓄各家,主要是儒、道、法家之长,形成了独具一格的杂家法哲学。

清代汪中评说《吕氏春秋》道:"周官失其职而诸子之学以兴,各择其术以明其学,莫不持之有故、言之成理。及比而同之,则仁之与义,敬之与和,犹水火之相反也。最后《吕氏春秋》出,则诸子之说兼有之。"④但《吕氏春秋》之择各家所长而兼容并蓄,并不是无所取舍的随意掇拾。高诱谓"此书所尚,以无为为纲纪,以忠义为品式,以公方为检格"⑤。吕不韦自己也说:"古之清世,是法天地","如能法之,为民父母","天曰顺,顺维

---

① 《史记·吕不韦列传》。
② 同上。
③ 《吕氏春秋·用众》。
④ 《吕氏春秋·序》。
⑤ 同上。

生;地曰固,固维宁;人曰信,信维听。三者咸当,无为而行。"① 由此可见,吕不韦主持编著《吕氏春秋》,并非轻心随意而是有所依循。不过,有的论著认为:"《吕氏春秋》的指导精神是以道为本,以儒为宗的。它在既偏重道、儒而又兼取众长的基础上培育出一株以道为根本、以儒为主干、以法为枝叶的杂家之树。"② 这是值得商榷的。《辞海》释《吕氏春秋》也说它是"以儒、道为主,兼及名、法、墨、农及阴阳家言",同样是值得研究的。

首先,上述观点的持有者同时都认为《吕氏春秋》"汇合先秦各派学说",是"为当时秦国统一天下、治理国家提供思想武器"而作的。这就产生一个问题,其时正在战国末年,"秦王扫六合"而"一统天下",正处在最紧张的阶段,最需要的"思想武器",绝不会是"无为"的道家思想,也难以用"仁义"为本的儒家思想。当时最需要的恰是法家的学说。秦王政之掌灯勤读韩非著作并急欲相见及拜李斯为相等,都是最好的说明。也就是说,时代不需要也不允许《吕氏春秋》提供以道家或儒家思想为根本、为主干的"思想武器"。

其次,与《吕氏春秋》所实际持有的法哲学观不相符合。现在我们来看一看《吕氏春秋》主要阐述了哪些法哲学观点:

二、《吕氏春秋》中的法哲学观

一为暴力争斗的法律起源论。《吕氏春秋》描述人类的祖先"爪牙不足以自恃,肌肤不足以捍寒暑,筋骨不是以从利辟害,勇敢不足以却猛禁悍",为了互助互利而"群聚"生活,形成了能"裁万物、制禽兽、服蛟虫"、"寒暑燥湿弗能害"的社会。在这最初的人类社会中,"无君"、"知母不知父",亦"无亲戚兄弟夫妻男女之别,无上下长幼之道,无进退揖让之礼"③,即既无国家政权,亦无法律。后来,因人们"天生"的"有贪有欲"④而"日夜相残,无时休息","圣人"不得不出而"置君"并立法相治。"争斗之所自来者久矣,不可禁,不可止"⑤,立法而治就成了势所必然:"家无怒笞,则竖子婴儿之有过也立见;国无刑罚,则百姓之悟相侵也立见;天下无诛伐,则诸侯之相暴也立见。故怒笞不可偃于家,刑罚不可偃于国,诛伐不可偃于天下。"⑥ 这就是《吕氏春秋》的暴力争斗法律起源论。这一法哲学观,与法家代表人物商鞅、韩非的法哲学观,几乎是字同文类、如出一辙的。

二为从人性"欲荣利恶辱害"出发论证"赏实"、"罚充"的必要性。《吕氏春秋》认

---

① 《吕氏春秋·序意》。
② 《中国法律思想史纲》(上),第237页。
③ 《吕氏春秋·恃君览》。
④ 《吕氏春秋·情欲》。
⑤ 《吕氏春秋·荡兵》。
⑥ 同上。

为人性与生俱来地有"欲"有"恶"而且不可改变:"欲与恶受于天也,……不可变、不可易。"① 庶民如此,君王也如此:"贤不肖之所欲与人同,尧桀幽厉皆然。"② 这样,就要因势利导,循万民"欲"、"恶"之"纲纪"而行赏设罚:"用民有纪有纲,壹引其纪,万目皆起;壹引其纲,万目皆张。为民纪纲者何也?欲也恶也。何欲何恶?欲荣利,恶辱害。辱害所以为罚充也,荣利所以为赏实也。赏罚皆有充实,则民无不用矣。"③ 这一从人性"欲"、"恶"出发论证赏罚之必要的观点,显然与韩非等法家的赏罚观并无不同。

在这个基础上,《吕氏春秋》又论述了天下一统必须有统一天下的法,《执一》篇云:"天下必有天子,所以一之也。天子必执一,所以抟之也。一则治,两则乱。"这与韩非的"圣人执一以静"④的法令统一观,也是完全一致的。《吕氏春秋》还论述了法随时转、及时变法的思想。《察今》篇云:"故治国无法则乱,守法而弗变则悖,悖乱不可以持国。世易时移,变法宜矣。""夫不敢议法者,众庶也;以死守法者,有司也;因时变法者,贤主也。"这正是法家所力主的变法以适应时势需要的理论。《吕氏春秋》还详论了"当功以受赏,当罪以受罚"⑤、"赏罚不信,则民易犯法"⑥的信赏必罚观点;"民之治乱,在于有司"的重视司法、有法必依的观点;等等。这些无疑也与法家法哲学观"英雄所见略同",而为儒家所忽略,更为道家所不齿。

因此,说杂家法哲学"以道为根本"、"以儒为主干",不符《吕氏春秋》的实际。

三、《吕氏春秋》之"杂"

但《吕氏春秋》毕竟为杂家法哲学的"杂"所囿,带有"杂"的特点。所以,它在某些地方又表现出重视儒家、道家的一些重要思想的特色来,与纯然的法家法哲学不能相提并论。

例如,在治国的方略中,《吕氏春秋》一方面重视法治,同时又重视儒家的"德治"思想和"正名"观点,加以吸收和改造。《吕氏春秋》认为,纯然的法治只能成其小而不能收大效:"强令之为道也,可以成小,不可以成其大。"⑦ 并因此而主张:"凡用民,太上以义,其次以赏罚"⑧,"为天下及国,莫如以德,莫如行义。以德以义,不赏而民劝,不罚

---

① 《吕氏春秋·大乐》。
② 《吕氏春秋·贵当》。
③ 《吕氏春秋·用民》。
④ 《韩非子·扬权》。
⑤ 《吕氏春秋·高义》。
⑥ 《吕氏春秋·贵当》。
⑦ 《吕氏春秋·功名》。
⑧ 《吕氏春秋·用名》。

而邪止"①。《吕氏春秋》还认为"正名审分是治之辔"②，指出"凡乱者，形名不当也"③。这些，明显是儒家观点的杂家翻版。

至于道家思想，杂家法哲学也有所吸收。吕不韦在《吕氏春秋·序意》中所说之"长之清世，是法天地"、天地人"三者咸当，无为而行"等就是其反映。此外，如《君守》篇所说"得道者必静，静者无知，知乃无知，可以言君道也"、"大圣无事，而千官尽能"，《圜道》篇所说"（道）莫知其原，莫知其端，莫知其始，莫知其终，而万物以为宗。圣王法之，以令其性，以定其正，以出号令……"等，都有汲取道家法哲学观的明显印记。

杂家法哲学并无太多的创新。但它在时代转变之际，承受多家学说的雨露滋润，为后世儒法合流、各家兼容开了先声，其功不可没，司马迁令其与《周易》《国语》等并列，不是没有道理的。

---

① 《吕氏春秋·上德》。
② 《吕氏春秋·正名》。
③ 同上。

第四十三章　汉初黄老法哲学的渊源流变

"秦王扫六合，天下成一统"后，秦始皇"焚书坑儒"独尊法家，把法家法哲学推向了极端。"举措暴众而用刑太极"①，致使"刑者相伴于道，而死人日积于市"②，"海内愁怨，遂用溃畔"③。中国历史上第一个统一的中央集权封建大帝国，很快就灭亡了。

一、汉初统治者的法哲学抉择

秦亡汉兴，如何接受亡秦的教训治理汉初社会，成了摆在汉初统治者和他们的谋臣策士们面前的重大课题。比较研究的结果，黄老法哲学观占了上风。

黄老法哲学之"黄"指黄帝，"老"指老子。王充的《论衡·自然》即云："黄者，黄帝也；老者，老子也。"但黄老法哲学与"黄帝"也者全无关系，他只是传说中的远古圣王而已，并无学术思想遗产可资继承，以"黄"相标榜，不过是打他的旗号以壮声威罢了；与老子关系确实甚深，但也不全是老子的道家法哲学。

黄老法哲学是以经过改造的道家法哲学观为主体而兼收法家法哲学的一个学派，最初出现于战国中期。1973 年在河北定县汉墓中出土的《文子》简书，阐发了老子的道原、无为、自然、微明等思想。同年在长沙马王堆出土的《经法》《十六经》《称》与《道原》四种简书。这是大致可认定为是战国中期兴起的黄老学派的著作，除阐发道家法哲学观外，还杂有某些儒家观点与法家观点。由于它亦有兼容并蓄、合取各家之长的优点，所以也有较大的影响。先秦的不少著名法家都从中获得教益，如申不害即"本于黄老而主刑名"④，慎

---

① 〔西汉〕陆贾：《新语·无为》。
② 《史记·李斯列传》。
③ 《汉书·食货志》。
④ 《史记·老子韩非列传》。

到等"皆学黄老道德之术"[①],韩非则"喜刑名法术之学,而其归本于黄老"[②]。

汉初统治者接受并进一步改造了早期黄老法哲学,以之作为治国施政的指导性理论。据史籍记载,汉初"萧、曹为相,慎以无为,从民之欲而不扰乱"[③]。"萧规曹随"的曹参早在齐国为相时,即"尽召长者诸生,问所以安集百姓","闻胶西有盖公,善治黄老言,使人厚币请之。既见盖公,盖公为言,治道贵清静而民自定",曹参"治要用黄老术,故相齐九年,齐国安集,大称贤相"[④]。继萧何在朝主政后,曹参仍以黄老之术治国行政。其时,陆贾常对刘邦宣传《诗》《书》,刘邦不满地斥曰:"乃公居马上而得之,安事《诗》《书》?!"陆贾对曰:"居马上得之,宁可以马上治之乎?且汤武逆取而以顺守之,文武并用,长久之术也。……秦任刑法不变,卒灭赵氏。向使秦已并天下,行仁义,法先圣,陛下安得而有之?"[⑤]刘邦听后便令陆贾总结秦亡汉兴的经验。陆贾于是写了《新语》十二篇,阐述了深深影响汉初统治集团的黄老法哲学基本观点。此后,高后吕雉以推行黄老之术著称;陈平"好读书,治黄帝、老子之术"[⑥];汉文帝亦"好道家之学"[⑦],皇后窦氏更"好黄帝、老子之言"而使"景帝及诸窦不得不读老子,尊其术"[⑧]。总之,汉初统治集团的治国行政实践中,是深为黄老法哲学所左右的。记载他们的言行思想的史料和陆贾的《新语》,便是这一时期黄老法哲学观的反映。从中可以看出其时黄老法哲学的主要观点。

二、黄老法哲学的主要观点

第一,"以虚无为本,以因循为用"。

许多论著言及汉初黄老学派的主张时,都以"清静无为"相指。如果这样,那么它就与道家法哲学观几无区别了。其实不然。司马谈在《论六家要旨》中谈到"道家"(实即衍变新生的黄老学派)时的评述,我们认为,是最切实际的。司马谈说:"道家使人精神专一,动合无形,赡足万物。其为术也,因阴阳之大顺,采儒墨之善,撮名法之要,与时迁移,应物变化,立俗施事,无所不宜,指约而易操,事少而功多。"又说:"道家无为,又曰无不为,其实易行,其辞难知。其术以虚无为本,以因循为用。""有法无法,因时为业;有度无度,因物与合。故曰'圣人不朽,时变是守'。虚者道之常也,因者君之纲也。

---

① 《史记·孟子荀卿列传》。
② 《史记·老子韩非列传》。
③ 《汉书·刑法志》。
④ 《史记·曹相国世家》。
⑤ 《史记·郦生陆贾列传》。
⑥ 《汉书·陈平传》。
⑦ 《史记·礼书》。
⑧ 《汉书·外戚传》。

群臣并至，使各自明也。"

司马谈所说"因阴阳"、"采儒墨"、"撮名法"的"道家"，当然不是老、庄的老"道家"，而是"新道家"黄老学派。这"新道家"的根本特点不是"清静无为"，而是"以虚无为本，以因循为用"。

这里的"以虚无为本"，可以用上引班固《汉书·刑法志》里的这段话作为注解："肖、曹为相，慎以无为，从民之欲，而不扰乱。是以衣食滋殖，刑罚用稀。""刑罚用稀"透露的消息是"刑罚"仍"用"。所谓"汉承秦制"，首先包括了秦的法律制度。秦亡的原因并不在于秦之有法，而在于秦之法外滥刑。因此，汉初高祖便命"萧何次律令，韩信定军法，张苍为章程，叔孙通定礼义"①，终于由萧何收集秦法，制定了著名的《九章律》，即在秦的《盗》《贼》《囚》《捕》《杂》《具》律外，另加上《户》《兴》《厩》三章。这就绝不是什么"虚无"了。因此，所谓"虚无为本"，是指"从民之欲，而不扰乱"，而其前提是"因循为用"，即曹参回答汉惠帝指责他"不治事"时所说的"高帝与萧何定天下，法令既明，今陛下垂拱，参等守职，遵而勿失，不亦可乎？"②"遵而勿失"即为"因循"的要义，所"因循"的不是道家法哲学的"顺乎自然"，而是循乎法令而不使法繁令苛或法外用刑。好黄老之学的汉文帝曾说过："法者，治之正也，所以禁暴而率善人也。"③同样尊崇黄老法哲学的汉景帝也说过："法令度量，所以禁暴止邪也。"④

既以"因循为用"，并不排斥法律和刑罚，那么，作为一种统治策略，当权者尽可以高唱"虚无为本"的高调。因此，陆贾《新语》中关于"无为"而治的文字，比比皆是。例如，他说："夫道莫大于无为，行莫大于敬谨。"要求努力做到"块然若无事，寂然若无声，官府若无吏，亭落若无民……在朝者忠于君，在家者孝于亲。于是赏善罚恶而润色之，兴辟雍庠序而教诲之"⑤。

第二，轻刑薄罚，约法省禁。

轻刑薄罚，指的是使刑罚轻化、废弃重刑酷罚；约法省禁，指的是使法律简化、删削繁苛的法令。

早在刘邦于公元前初入咸阳时，他就以"约法三章"而行黄老之学了："（刘邦）诏诸县父老豪杰曰：'父老苦秦苛法久矣，诽谤者族，偶语者弃市。……与父老约法三章耳：杀人者死，伤人及盗抵罪。余悉除去秦法。'"⑥

后因"四夷未附，兵革未息"，恐"三章之法不足以御奸"，而制定了《九章律》。但

---

① 《汉书·司马迁传》。
② 《史记·曹相国世家》。
③ 《史记·孝文本纪》。
④ 《汉书·景帝纪》。
⑤ 《新论·至德》。
⑥ 《史记·高祖本纪》。

《九章律》本身并非繁苛的法律,而且自此之后直至汉末,就很少增损。尤其是在文、景之时,更是注意删繁就简、减刑薄罚,尽力不滋事扰民。《新语》即强调"设刑者不厌轻,为德者不厌重,行罚者不患薄,布赏者不患厚"①。文帝时要求"论议务在宽厚"②,景帝则要求"治狱者务先宽"③,并先后颁布法令废除肉刑、"收律"、"相坐法"和减轻笞刑,等等。

汉初黄老法哲学在实践中行用多年,积累了相当丰富的经验,有关理论也随之发展。《淮南子》一书的编纂便是黄老法哲学继续发展的一个阶段总结。

三、《淮南子》对黄老法哲学的发展

《淮南子》为西汉淮南王刘安招募大批宾客合撰而成,内容如《吕氏春秋》一样,比较庞杂,因而被《汉书·艺文志》同列为"杂家"。但究其实质,却是以黄老法哲学为其"纲纪"的。

《淮南子》的哲学思想,在自然观方面,偶尔杂有唯心主义的神秘因素,但总的倾向却是唯物的;在社会历史观方面,强调了因时而变的朴素辩证法思想。例如,它说:"先王之制,不宜则废之;末世之事,善则著之。是故礼乐未始有常也。故圣人制礼乐而不制于礼乐。治国有常,而利民为本;政教有经,而令行为上。苟利于民;不必法古;苟用于事,不必循旧。""故圣人法与时变,礼与俗化;衣服器械,各便其用;法度制令,各用其宜。故变古未可非,而循俗未足多也。"④"世异则事变,时移则俗易。故圣人论世而立法,随时而举事。"⑤ 正是在这种比较进步的哲学观与社会历史观的基础上,《淮南子》在法律起源、自然无为、法与时变等几个方面,继承并发展了早期黄老法哲学观。

关于法律的起源,《淮南子》唯物地认为:"法者,非天堕、非地生,发于人间,而反以自正。"⑥ 它和商鞅、韩非一样,也对人类社会的历史做了划分;"上世"、"中世"、"末世"和当世。"上世体道而不体德"⑦,其时之人"机械诈伪,莫藏于心"⑧、"为官正而无

---

① 《至德》。
② 《汉书·刑法志》。
③ 《汉书·景帝纪》。
④ 《氾论训》。
⑤ 《齐俗训》。
⑥ 《主术训》。
⑦ 《谬称训》。
⑧ 《本经训》。

私"①。"中世"杂道以伪,俭德以行,而巧故萌生"②,故"守德而弗坏"③。"末世"时,"人众财寡,事力劳而养不足,于是忿争生,是以贵仁。仁鄙不齐,比周朋党,设诈谓,怀机械巧故之心,而性失矣,是以贵义。"④此时以仁为本、以法为末:"治之所以为本者,仁义也;所以为末者,法度也。"⑤这样的划分,科学依据固然阙如,但从直观出发,迹近代代相传的"感性经验",比之于唯心主义神权法哲学的"法由天定"、"代天行罚",要进步得多了。

关于自然无为的治国思想,《淮南子》在很大的程度上是与老子和庄子的唯心主义的"道"论相悖而行的。《淮南子》的"道"是"物"之"道",即万物的客观规律。既不是老子的心外的"无",也不是庄子的"皆备于我"心内的"万物"。《淮南子》谓"往古来今谓之宙,四方上下谓之宇。道在其间而莫知其所。"⑥即是说"道"存在于无边无际、无始无终的空间与时间之中,而又不是肉眼可见的。循着这样的"道"而治理国家,就是"因其自然",即遵循、顺从客观存在的规律。但这"道"又是"莫知其所"的,因此,听其自然地实行"无为"之治就是上策。

但《淮南子》之"无为而治"也不是如同老、庄那样的放任自流,它提出了"无为而治"的具体内容与要求:"为治之本,务在于安民。安民之本,在于足用。足用之本,在于勿夺时。勿夺时之本,在于省事。省事之本,在于节欲。节欲之本,在于反性。反性之本,在于去载。去载则虚,虚则平。平者,道之素也;虚者,道之舍也。"⑦可见《淮南子》之自然无为实即"安民"、"省事"、"节欲"等的"有为"。这样的"有为",既与老、庄的"无为"不同,也与主刑务法的法家观点不同。《淮南子》认为:"无为者,非谓其凝滞而不动也,以其言莫从己出也。"⑧"若吾所谓无为者,私志不得入公道,嗜欲不得枉正术,循理而举事,因资而立功,权自然之势,而曲故不得容者。"⑨"莫从己出"是要求尊重客观的"道";去"私志"与"嗜欲"即"无为"。所有这些,都是与老、庄道家法哲学显著不同的地方。它显示了黄老法哲学吸取引用了老庄法哲学的"外壳",对其内容做了革命性的改造。而这,是与当时的时代要求相吻合的。

关于"法与时变"的法哲学观,在《淮南子》全书中几乎随处可见。除上文已述及者

---

① 《览冥训》。
② 《俶真训》。
③ 《谬称训》。
④ 《本经训》。
⑤ 同上。
⑥ 《齐俗训》。
⑦ 《诠言训》。
⑧ 《主术训》。
⑨ 《修务训》。

外，它从古今之"时移世易"作为论据予以说明，指出"夫伏羲、神农不施赏罚，而民不为非，然而立政者不能废法而治民；舜执干戚而服有苗，然而征伐者不能释甲兵而制强暴。由此观之，法度者，所以论民俗而节缓急也；器械者，因时变而制宜适也"[1]。"殷变夏，周变殷，春秋变周，三代之礼不同，何古之从？大人作而弟子循，知法治所由生，则应时而变。不知法治之源，虽循古终乱。"[2]《淮南子》还以著名的"刻舟求剑"的寓言嘲讽了"循古""乱今"的愚人。这些观点，对后世主张变法的改革者，产生了很大的影响。

如上所述，黄老法哲学由老、庄的道家法哲学而来，逐步地改造了老、庄首倡的一系列概念和观点，融会贯通了其他法哲学、主要是法家法哲学，杂取各家之长而成为颇有特色的一派法哲学。它的产生，为尔后中国法哲学之兼取儒、墨、道、法，合流而成的儒家为主体的中国"正统"法哲学，进一步奠定了理论基础。

---

[1]《氾论训》。
[2] 同上。

第四十四章　汉初儒家法哲学的发展

汉初，一方面黄老法哲学大受青睐；另一方面，儒家法哲学也在继续发展。后者主要体现在贾谊身上。

一、贾谊的生平、著作与哲学观

贾谊生于汉高祖刘邦七年（前200年），卒于汉文帝刘恒前元十二年（前168年），洛阳人。贾谊一生只活了短短的三十三年，但却留下了光辉的思想遗产。据唐人陆德明著《经典释文序录》说，贾谊从小即受名师指教，博览群书，刻苦努力，勤于笔耕。青年时期就注释过《左传》，写有《道德说》《道术》等论著。十八岁时，便"以能诵诗书属文称于郡中"[①]。汉文帝登基，贾谊被召为博士，从此步入政坛。由于博学多才，很快被提拔为"中大夫"，成了汉文帝的顾问。其时，他写了《论定制度兴礼乐疏》《无蓄》等。后因遭因循守旧的官僚排挤、诽谤而调到长沙任长沙王吴差的太傅。贾谊虽然因此而伤感，却并不消沉，仍著书不已，向文帝上了《谏铸钱疏》等。文帝前元七年（前173年），他重被召回京城，又写了著名的《治安策》等重要疏文。其时，他被任为文帝最喜爱的小儿子、梁怀王刘揖的太傅。文帝前元十一年（前169年），刘揖不慎坠马身亡，贾谊认为自己亦有失责之过，经常悲泣，过了一年，便忧郁而死了。贾谊的著作，经刘向整理，编成《贾谊新书》。其注释有何孟春的《贾太傅新书订注》本，清人卢文弨校注的《贾谊新书》和清人王耕心的《贾子次诂》。1975年上海人民出版社出版的《贾谊集》，为资料较全的校点本。

唐代著名诗人刘禹锡在《咏史》诗中曾称赞"贾谊明王道"。清人卢文弨则把贾谊与董仲舒相提并论，认为西汉文帝、武帝之世的两大儒，一为贾谊，一为董仲舒，二人都是以经生而通达治体的。谓其为汉初儒家法哲学的发展与有力者，是比较妥当的。但这并不排斥在当时的社会条件和理论积累情况下，他也吸收了道家和法家的某些观点，为儒法合

[①] 《汉书·贾谊传》。

流起了桥梁作用。

贾谊的哲学观,有一个由客观唯心主义向朴素唯物主义的转变过程。《道德论》比较集中地反映了他的前期哲学观。在该文中,贾谊把老、庄的"道"看成是他的哲学思想的最高范畴,认为万物由德而生,而德则由道而生:"德之有也,以道为本。故曰:'道者,德之本也。'德生物又养物,则物安利矣,……德生于道而有理,守理则合于道,与道理密而弗离也,故能畜物养物。"《道术》也表达了大致类似的思想。例如:"道者,所以接物也,其本谓之虚。"这就与老子的"道"即"虚无"毫无二致,同属于客观唯心主义而无疑了。贾谊后期的哲学思想集中反映在《鹏鸟赋》中。在该文中,贾谊把天地看成是铸造万物的洪炉,而阴阳二气是炭,天地间的万物就如被冶炼而出的铜:"天地为炉兮,造化为工;阴阳为炭兮,万物为铜。"后来的杰出唯物主义者王充也写过"天地为炉,造化为工"[1]的文句,可见贾谊对他产生了影响。这已是朴素的唯物主义哲学观了。在《鹏鸟赋》中,贾谊还表达了某些辩证的观点。他认为宇宙万物的变化是无穷无尽的:"万物变化兮,固无休息。斡流而迁兮,或推而还;形气转续兮,变化而嬗。沕穆无穷兮,胡可胜言。"还认为事物有正反两面且相互依存、相互转化:"祸兮福之所倚,福兮祸之所伏;忧喜聚门兮,吉凶同域。彼吴强大兮,夫差以败;越栖会稽兮,勾践霸世。……夫祸之与福兮,何异纠缠;命不可说兮,孰知其极!水激则旱兮,矢激则远;万物回薄兮,振荡相转。"

用这样的哲学观来探究社会历史问题,贾谊自然能对儒家法哲学的发展做出贡献。

他在《无蓄》中把社会治乱、人的荣辱观念,看作是由衣食条件所决定的:"管子曰:'仓廪实,知礼节;衣食足,知荣辱。'民非足也,而可治之者,自古及今,未之尝闻。"在《治安策》中,他表达了类似的观点:"饥寒切于民之肌肤,欲其亡为奸邪,不可得也。"但囿于认识论上的短视,贾谊未能将上述观点贯彻到底,当他分析政治法律问题时,又跌入了唯心主义历史观与社会观的泥淖之中。以此为基础,贾谊在以下几个方面发展了儒家法哲学:

二、礼法结合的"德治"论

第一,提出了礼法结合"道之以德教"的"德治"论。

先秦儒家早已重视"德治"并做过论述。贾谊继承了儒学的"德治"观,又引进了"礼法结合"作为补充,从而发展了儒家的法哲学。他认为"德教"有重要的作用:"道之以德教者,德教洽而民气乐"。[2] 他说:"岂为人子背其父,为人臣因忠于君哉?岂为人弟

---

[1] 《论衡·自然篇》。
[2] 《新语·修政语》。

欺其兄，为人下因信其上哉？"道德教化，被看成是与政治行为紧密相关的。为此，他主张"移风易俗，使天下移心而向道。"[1] 但贾谊并不认为仅有"德教"即万事大吉，所以，他特别指出，必须辅之以礼治与法治。他说："礼者禁于将然之前，而法者禁于已然之后"[2]，礼与法二者都是不可偏废的。他还说："若夫庆赏以劝善，刑罚以惩恶，先王执此之政，坚如金石，行此之令，信如四时，据此之公，无私如天地耳，岂顾不用哉？"[3] 即礼与法自"先王"以来就是同时并用，不可或缺的两手。从礼与法两手相较而言，贾谊仍认为礼比法更重要。他说："以礼义治之者，积礼义；以刑罚治之者，积刑罚。刑罚积而民怨背，礼义积而民和亲。"[4] 从而表明了他是儒家法哲学派的一员，而不是其他法哲学派中的人物。

三、"变化因时"的"万世法程"论

第二，提出了"变化因时"又确立封建法制准则"为万世法程"的观点。

从朴素的辩证发展观出发，贾谊认为立法行政必须"变化因时"。在《过秦论》中，他指出秦始皇"怀贪鄙之心，行自奋之智，不信功臣，不亲士民，废王道，立私权，禁文书而酷刑法，先诈力而后仁义，以暴虐为天下始"；秦二世"重之以无道……繁刑严诛，吏治深刻；赏罚不当，赋敛无度；天下多事，吏弗能纪；百姓困穷，而主弗收恤。"从这些历史教训中，贾谊得出了必须"变化因时"的政治法律观。他说："是以君子为国，观之上古，验之当世，参以人事，察盛衰之理，审权势之宜；去就有序，变化因时；故旷日持久，而社稷安矣。"

但仅仅主张"变化因时"，那早已为前代儒家与法家所论述。贾谊的贡献是，在论述了法律制度不可一成不变的同时，又指出还必须为封建法制确立一定的准则，以其作为"万世法程"。他向汉文帝上书时说："立经陈纪，轻重同得，后可以为万世法程，虽有愚幼不肖之嗣，犹得蒙业而安。"[5] 即确定"经"、"纪"以为"万世"必遵的立法程式保证千年万代的封建法制根本特点。

虽然两千多年前的贾谊不可能讲什么法的稳定性与灵活性，但他的"变化因时"即已具有"灵活性"的含义，而"为万世法程"则近乎保证"法的稳定性"。因此，他的这些观点是很值得重视的。

---

[1]《新语·俗激》。
[2]《新语·治安策》。
[3]《汉书·贾谊传》。
[4]《新语·治安策》。
[5]《汉书·贾谊传》。

四、"以民为本"的法治观

第三，提出了"以民为本"、省刑慎罚的法治观点。

贾谊从秦始皇因行酷法苛刑而致灭亡，得出了必须省刑慎罚的主张。他斥责"秦王置天下于法令刑罚，德泽亡一有，而怨毒盈于世，下憎恶之如仇雠，祸几及身，子孙诛绝"[①]，并从而主张"虚囹圄而免刑戮，去收孥污秽之罪"[②]，"约法省刑"、"毋无罪而见诛，毋有功而无赏"[③]。

这些省刑慎罚的观点同样是儒学先师已经述及的。贾谊对儒家法哲学的发展在于比他的前辈更明确地提出了"以民为本"的思想。并把省刑慎罚的主张建立在"以民为本"观念的基础上。

贾谊总结亡秦的教训指出："闻之于政也，民无不为本也。国以为本，君以为本，吏以为本。故国以民为安危，君以民为威侮，吏以民为贵贱。此之谓民无不为本也。"[④] 在贾谊看来，"民"之所以为"本"，是因为力量在人民一边。他说："夫民者，万世之本也，不可欺。……故夫民者，大族也。民不可不畏也。故夫民者，多力而不可适也。呜呼！戒之哉！戒之哉！！与民为敌者，民必胜之！"[⑤] 正是在这种重视民众力量的认识基础上，他主张对人民省刑慎罚："道之以德教者，德教洽而民气乐；驱之以法令者，法令极而民风哀。哀乐之感，祸福之应也。"[⑥]

体现在贾谊《新论》中的儒家法哲学在汉初的上述演变，为汉代大儒董仲舒完成儒家法哲学的"正统"化与系统化奠定了基础。

---

① 《汉书·贾谊传》。
② 《新书·过秦中》。
③ 《新书·大政上》。
④ 同上。
⑤ 同上。
⑥ 《新书·治安策》。

第四十五章 "天人感应"和董仲舒的新儒家法哲学

西汉初期近七十年中,黄老法哲学影响下的"无为"政治,使经济得到发展,封建专制中央集权的大一统局面稳固形成。但事物总有其两面性。"无为"也使得阴阳、纵横、名、墨、法等各家学说乘机发展,形成了"师异道、人异论、百家殊方、指意不同"以致"上无以持一统,治制数变,下不知所守"的令统治集团头痛的思想理论"混乱"状态。"无为"走到了顶点,统治阶级感到不能再"无为"下去了。他们渴求一种适应封建宗法制与君主专制的意识形态来"统一"思想理论界。但思想理论"一统",谈何容易?统治者从来的办法就是凭借政治权力,直到不惜使用暴力。汉武帝于是步秦始皇"焚书坑儒"的后尘,来了个"罢黜百家,独尊儒术",按"诸不在六艺之科、孔子之术者,皆绝其道,勿使并进"的建议,[①] 硬是把儒学捧成了官学,而将其他各家各派统统横扫而去。

惊呼"师异道,人异论",生怕"上无以持一统"而建议独尊"孔子之术"的,就是董仲舒。正是他,以其坚忍不拔的努力,完成了儒家法哲学的"正统化"和系统化,开始了新儒家法哲学的发展历程。

一、董仲舒及其"天人感应"论

董仲舒(前179—前104年),广川(今河北枣强县)人。"少治《春秋》,孝景时为博士。下帷讲诵,弟子传以久次相授业,或莫见其面。盖三年不窥园,其精如此。非礼不行,学士皆师尊之。"[②] 汉武帝即位后,董仲舒在汉武帝亲自主持的"举贤良文学之士"的策试中,以《天人三策》获得赏识,从此步入政坛。曾任江都相、中大夫、胶西相,晚年辞官家居,专事著作。但"朝廷若有大议,使使者及廷尉张汤就其家而问之"[③],可见其影

---

① 《汉书·董仲舒传》。
② 同上。
③ 《汉书·董仲舒传》。

响之大，威望之高。其著作现存者，主要有《春秋繁露》和《举贤良对策》等。

董仲舒的新儒家法哲学，以"天人感应"哲学观为理论根据，以"三统循环"论代替"五德终始"说，主张君权神授的国家观和天施而成的法律渊源论，强调"德主刑辅"并以"三纲五常"为立法准则，以《春秋》"经义决狱"、"原心论罪"为司法准则。这是一个前所未有地完整的儒家法哲学体系，极受两汉及后代封建统治者的重视。

殷周天命思想为董仲舒所继承，但他对"天"做了改造，通过对阴阳五行说原意的曲释，赋予"天"以超自然的意志，使得原始的神权论带上了系统的理论色彩。他首先把阴阳与四时相配，把四时的运行和万物的生长说成是"天之志"；又把五行说成是"天次之序"，并与四时及东南西北中五方相配。这样，"天"似乎不容置疑地就有了支配四时、五方的力量，从而也就有了支配人类的力量。那么，"天"是怎么"支配"人的呢？董仲舒的创造是所谓"天人感应"。他创造"天人感应"说的方法，一为比附，二为捏造。他以阴阳比附人事说："君臣、父子、夫妇之义，皆取之阴阳之道。君为阳，臣为阴；父为阳，子为阴；夫为阳，妇为阴。"① 又捏造人身的"内有五脏"恰符"五行"，而"外有四肢"则合"四时"，由此得出"为人者，天也"的结论。② 然后，他又用天有阴阳来比附人性，说"天两有阴阳之施，身亦两有贪仁之性"③。这样，上天阴阳的两性与人类贪仁两性，就可互相沟通。这也就是"天人感应"的根据了。"天人感应"的具体内容是："天"能有目的地安排人事；同时"天"又能对人世间的活动有所反应。他说："国家将有失败之道，而天乃先出灾害以谴告之；不知自省，又出怪异以警惧之；尚不知变，而伤败乃至。"④

在创造"天人感应"的唯心主义宗教神学的同时，董仲舒又大力鼓吹形而上学观。他说："道之大原出于天，天不变，道亦不变。"⑤ 这"天"之"道"，令"阴"只能服从"阳"，双方的地位"亦不变"，永远不可能转化。其余则依此类推。

二、论法律起源

从"天人感应"的神学世界观出发，董仲舒编造了君权神授的国家起源论并连类而及法律起源论。君权神授论在春秋战国时期曾受到了极大的冲击，董仲舒于是以更精巧的方式来编造。首先，他说最尊贵而至高无上的"天"是"百神"中最高的神；其次，"天"按照自己的特点塑造了人，这叫"人副天数"；再次，"天"又授权人中的"圣人"使之成

---

① 《春秋繁露·基义》。
② 《春秋繁露·为人者天》。
③ 《春秋繁露·深察名号》。
④ 《汉书·董仲舒传》。
⑤ 同上。

为君主，他就是所谓"天子"。所谓"天子受命于天，天下受命于天子"① 就是"天人感应"的结果，国家就是"天子"受"天"之"命"来治理臣民而形成的。既然"天"为最高的神，那么普天之下的人就必须服从人类中的"天子"。为了增强"论证"力，董仲舒还编造了"符瑞"说，来证明"受命之君，天意之所予也"。他说："臣闻天之所大奉使之王者，必有非人力所能致而自至者，此受命之符也。天下之人同心归之，若归父母，故天瑞应诚而至。《书》曰：'白鱼入于王舟，有火复于王屋，流为乌。'此盖受命之符也。"② 他把《春秋》中记载的一些自然现象牵强附会地解释成上天赐国家予君主的征兆，即"符瑞"。这样，受命于"天"的"天子"所说的一切，就有了代表"天意"的威力，就必须不折不扣地执行，如不执行，"天子"就有"权"代表"天"而加以惩罚。于是，法律就从"天子"的口中"起源"了。所谓"口含天宪"就是这种"天子"之"天意"的表达。他把"德"、"刑"与"阴阳"加以比附："阳者天之德也，阴者天之刑也。"③ 又将庆赏刑罚与四时加以比附："天之道，春暖以生，夏暑以养，秋清以杀，冬寒以藏，暖暑清寒，异气而同功，皆天之所以成岁也。圣人副天之所以为政，故以庆副暖而当春，以赏副暑而当夏，以罚副清而当秋，以刑副寒而当冬。"④ 这样比附的结果，不但国家与法似乎真是应"天"之"数"而成立的，而且因为阴阳、四时是固定不变的，因此庆赏刑罚也是固定不变、不可或变的。

但是，夏、商、周三代及此而后的朝代更迭怎么解释呢？"以德配天"以及"五德终始"的说法也已遭到了冲击，于是董仲舒又提出了所谓"三统"、"三正"说来"论证"，以代替"五德终始"说。他说，夏是"黑统"，商是"白统"，周是"赤统"，改朝换代是"三统"的依次循环；而夏以寅月为正月，商以丑月为正月，周以子月为正月，三代正月的历法变易即所谓"三正"。改朝换代就是历法改变、衣服颜色由黑而白而赤的"改正朔，易服色"的变化而已。这样的"变化"，只是循环不变的代名词、同义语。因此，他说"古之天下，亦今之天下；今之天下，亦古之天下"，⑤ 就毫不足怪了。

三、论"德主刑辅"与"性三品"

那么，"天"有阳有阴即有"德"有"刑"，是如何施行的呢？董仲舒提出了"德主刑辅"说。先秦儒家有过"德主刑辅"说的某些论述，到董仲舒处，就被"论证"得相当完整了。他重新"论证"了德教的重要性，指出："圣王已没，而子孙长久安宁数百岁，此皆

---

① 《春秋繁露·为人者天》。
② 《春秋繁露·深察名号》。
③ 《春秋繁露·阴阳义》。
④ 《春秋繁露·四时之副》。
⑤ 《汉书·董仲舒传》。

礼乐教化之功也";"成康之隆,囹圄空虚四十余年,此亦教化之渐而仁义之流,非独伤肌肤之效也。"① 他认为,德教有防微杜渐的防止犯罪的作用,因此应以德教为主:"凡百乱之源,皆出嫌疑纤微以渐浸稍长至于大",而德教可"章其疑者,别其微者,绝其纤者,不得嫌以早防之"。德教有如堤防,可以禁奸止邪:"故教化立而奸邪止者,其堤防完也;教化废而奸邪并出,刑罚不能胜者,其堤防坏也。"② 但刑罚也不可废,必须辅德而行刑,不过"天"是阳多阴少,阳先阴后的,所以他比附成"德主刑辅"与"先德后刑":"天出阳为暖以生之,地出阴为清以成之。不暖不生,不清不成;然计其多少之分,则暖暑居百而清寒居一。德教之与刑罚,犹此也,故圣人多其爱而少其严,厚其德而简其刑,以此配天。"③

为了解决"德主刑辅"说的一个理论困难,董仲舒提出了"性三品"说。这个理论困难是:儒学先师据"人性善"而倡言德治与礼治,法家大多据"人性恶"而力主法治与刑治;他主张"德主刑辅",有德治又有刑治,但又不能单纯照搬"人性善"或"人性恶"的观点。于是董仲舒以"圣人之性"、"中人之性"、"斗筲之性"的"性三品"来对付这个理论困难。他说:"人受命于天,有善善恶恶之性。"④ 即人性有善亦有恶。但善恶二性在"圣人"、"中人"、"斗筲"身上的表现是不一样的:"圣人"不教而善;"斗筲"教而难善;"中人"可塑性最强,最好施以德教而发展其善,又施以刑罚以防止和惩罚其恶。他认为:"天令之谓命,命非圣人不行。质朴之谓性,性非教化不成。人欲之谓情,情非度制不节。是故王者上谨于承天意,以顺命也;下务明教化民,以成性也;正法度之宜,别上下之序,以防欲也。修此三者,而大本举矣。"⑤

四、"三纲五常":立法的指导原则

董仲舒的新儒家法哲学的另一个"新"内容是提出"三纲五常"作为封建立法的指导原则。"三纲"即"君为臣纲,父为子纲,夫为妻纲"。"纲"是提网的总绳。"为纲",是居于支配地位的意思。"五常"即"仁、义、礼、智、信"。董仲舒在《举贤良对策》中说:"夫仁、谊(义)、礼、知(智)、信五常之道,王者之所修饰也。"他用这"五常"来配"三纲",作为立法的根本准则,认为违反"三纲五常"就是"反天之道"而为法所不容。这样,"三纲五常"本身也具有了法律的约束力,就既是立法准则,又是法条内容了。董仲舒极为重视"三纲五常",他强调:如果君主运用"三纲五常"来指导政治法律活动,就

---

① 《汉书·董仲舒传》。
② 《春秋繁露·度制》。
③ 《春秋繁露·基义》。
④ 《春秋繁露·深察名号》。
⑤ 《汉书·董仲舒传》。

可收"人有父子兄弟之亲,出有君臣上下之谊(义),会聚相遇则有耆老长幼之施,粲然有文以相接,欢然有恩以、相爱"之益①,国家、社会就太平无事了。

五、"春秋决狱"与"原心论罪"

在司法方面,董仲舒开天辟地的一大创造是"春秋决狱"并配以"原心论罪"。所谓"春秋决狱",是指董仲舒以《春秋》经义附会法律规定判案量刑。他又将三十二个判例汇编成书,即《春秋决事比》。董仲舒的"春秋决狱",其实就是将《春秋》中的儒家伦理观念运用到审判中,其基本原则即绝对的尊君、严格的父子相隐。如"春秋为亲者讳"、"春秋之义,父为子隐,子为父隐"等即是;"春秋之义,君亲无将,将而诛之"等亦是。

董仲舒用以配合"春秋决狱"的另一司法原则为"原心论罪",即根据罪犯的犯罪动机、心理的善恶定罪量刑,而将犯罪行为、后果放在次要地位。董仲舒说:"春秋之听狱也,必本其事而原其志。志邪者不待成,首恶者罪特重,本直者其论轻。"②虽有"本其事"的犯罪事实追查,但首先是"原其志"即根据其犯罪动机而衡量"其事"若何。他曾这样评论过一个案例:"甲父乙与丙争言相斗,丙以佩刀刺乙,甲即以杖击丙,误伤乙。甲当何论?或曰:殴父也,当枭首。论曰:臣愚以为,父子至亲也,闻其斗,莫不有怵怅之心。扶杖而救之,非所以欲诟父也。春秋之义,许止父病,进药于其父,而卒。君子原心,赦而不诛。甲非律所谓殴父,不当坐。"③董仲舒之"论曰",就是"原心论罪"的一个典型例子。从这一类例子看,董仲舒是常将动机放在第一位而使得许多不合人道的死罪、重罪改判轻刑、免刑的。

论者有据此而对董仲舒的"春秋决狱"与"原心论罪"加以肯定的。如果要附议这种观点,我们还可举出其他例子,如董仲舒说"春秋之义,善善及子孙,恶恶止其身"④,即功赏可荫及子孙,而惩罪只罚及犯罪者本人。这就无异于否定了株连之刑了。这些方面的肯定,是不无道理的。彻底否定董仲舒的新儒家法哲学的任何一个方面,怕是不少偏颇而乏公正的。但与此同时,必须看到,董仲舒之"决狱"依据是儒家经典《春秋》,董仲舒之"论罪"依据是"原""仁、义、礼、智、信"和"三纲"之"心",终未脱出儒家说教的根本,充其量是"新"儒家的法哲学,而不是其他的各家各派或什么全新的法哲学流派。

从孔子创儒家法哲学,到董仲舒发展为新儒家法哲学,是一大变化。董仲舒以"天人感应"为哲学依据,以"三统"、"三正"、"性三品"为理论基石,阐述国家与法律的起源,

---

① 《汉书·董仲舒传》。
② 《春秋繁露·精华》。
③ 《太平御览》卷640。
④ 《后汉书·梁统传》。

强调"德主刑辅"并以"三纲五常"为立法准则,且在司法方面提出"春秋决狱"与"原心论罪"的原则,理论色彩几乎令人眼花缭乱,更非前此儒家先师所能企及。加上汉代统治者的极力扶持,后世统治者的相继吹捧,这一新儒家法哲学产生了深远影响。例如董仲舒的"春秋决狱"与"原心论罪",就盛行于汉代和魏、晋、南北朝,并长期为封建官吏判案承袭使用。

第四十六章　谶纬神学的泛滥与法哲学的危机

董仲舒的新儒家法哲学一方面以其丰富的思想内容和缤纷的理论色彩，使儒家法哲学达到了一个新的境界；另一方面又全面地开创了以比附和捏造为方法的神学目的论之先河。后者发展之极致，便是谶纬神学的泛滥。

一、谶纬神学的产生与泛滥

汉武帝好大喜功，不断以武力扩展边疆，连年对外征战不已，本已造成了尖锐的民族矛盾、内部阶级矛盾的激化和统治阶级营垒内部争权夺利斗争的加剧。此后，两汉社会处于极度的动荡不安之中，尤以西汉末年、王莽"新政"时期和东汉初年为甚。由于岌岌可危的统治地位使得统治者本身也惶惶不可终日，于是便愈加笃信宗教、乞灵迷信，妄图借此自我慰安以致拯救厄运。在这一社会背景下，董仲舒倡言的一套神学目的论，便发展成为谶纬神学，到处流行，以致泛滥。

谶，本是一种"预决吉凶"的宗教预言。起源于秦代。可证诸《史记·赵世家》："公孙支书而藏之，秦谶于是出矣。"不过秦代并未流行，反而被反秦的人利用了。曾有这样的传说：秦始皇时有人从地下挖出一块石头，上书谶文"亡秦者，胡也"。后来果然秦在二世胡亥时灭亡。这当然是骗人的。但它竟也被系统化为文书，即"谶书"。

纬，原来是指天象，后来被用来以星象变化附会人事、预卜吉凶并注释儒家经典。以天象变化注释儒经的就是所谓"纬书"，伪托孔子所撰，有《易纬》《书纬》《诗纬》《礼纬》《乐纬》《春秋纬》及《孝经纬》七种，为"七经"的对称。内容是以经天象注释的儒家经典来附会人事凶吉。

"谶纬"，即谶书与纬书的合称。谶纬之说在西汉末年开始盛行。当时社会危机严重，拥护刘氏政权的纷纷以谶纬之说来论证汉朝不能易姓而王；而企图夺权的王莽却以另外的符谶来解释"易始改制"的必然。这样一来，谶纬之说几乎成了官学。王莽建立"新"朝，举国上下自然"争言符命"，把谶纬之说吹得天花乱坠。起兵反王莽的刘秀也利用谶纬之说树立威信、集结力量。据《后汉书·光武帝纪》载：有"刘秀发兵捕不道，卯金修德为天子"的谶文被发现，意即姓"卯"、"金"、"刂"的刘秀将成为"天子"。刘秀是大大地利用了这条伪造的谶语来做成了皇帝的。他当皇帝后，便命令尹敏、薛汉等校定四方流布的各种谶书图说，在中元元年（56年），正式"宣布图谶于天下"①。这就更使得谶纬之说泛滥于全国。"刘秀起兵，亦以符命笼络人心。风气所至，甚者以通《七纬》为内学，以通诸经为外学。"② 普天之下，于是为乌烟瘴气的宗教迷信所笼罩。

到汉章帝时，谶纬之说有了进一步的发展，它与儒家经典结合起来了。其契机是汉章帝亲自主持召开的白虎观会议。时在公元79年，名为"讲义五经同异"③，实图将官定谶纬之说立为法制"永为后世则"④。白虎观会议的结晶是《白虎通义》一书，内容涉及天地神灵、历史人伦、政治法律、天象地理以及各种制度典章。

《白虎通义》解释形体与精神的关系时，认为"精"是"太阴施化之气"，"神"为"太阳之气"，二"气"交汇而"出入无间"，成为"万化之本"。⑤ 古代素朴唯物主义者曾以"气"作为万物的本源，但把"阴阳之气"交汇而成的"精神"作为"万化之本"，却堕入唯心主义深渊去了。

《白虎通义》把封建社会的统治秩序，从政治制度到法律制度，都与自然现象紧密联系了起来，用被彻底歪曲了的庸俗化、神秘化的自然现象来解释封建政治、法律的神圣性、合理性和永恒性。如说："五行者谓何也？谓金木水火土也。言行者，欲（犹）言为天行气之义也。地之承天，犹妻之事夫、臣之事君也。其位卑，卑者亲视事，故自周于一，行尊于天也。""地，土之别名也，比于五行最尊，故不自居部职也。"⑥ 即是说天地阴阳五行是尊卑贵贱的封建等级的原因和蓝本。这样一来，尊卑贵贱的封建等级以至一切政治法律制度，就都是天经地义地合理的了。

《白虎通义》发挥了董仲舒的"三纲五常"，演绎成"三纲六纪"，说什么"三纲法天地人，六纪法六合"⑦，"天道莫不成于三，天有三光日月星，地有三形高下平，人有三尊君父师"⑧，等等，把维护封建统治秩序的"三纲六纪"吹成像自然界运行法则那样神圣不可改变的东西。

以《白虎通义》为代表的谶纬之说，由于统治者的认可与推行，由于儒生形诸文字、

---

① 《后汉书·光武帝纪》。
② 《辞源》，商务印书馆1986年版，第2927页。
③ 《后汉书·章帝纪》。
④ 《后汉书·光武帝纪》。
⑤ 《白虎通义·性情》。
⑥ 《白虎通义·五行》。
⑦ 《白虎通义·三纲六纪》。
⑧ 《白虎通义·封公侯》。

化为"理论",变成了一种虽极荒诞却统治了思想理论界的谶纬神学。不仅最高统治者笃信力行,广大官吏儒生竞相仿行,而且此伏彼起的反抗农民也不得不利用来彼此鼓舞、相互号召。这样一来,东汉以来,谶纬神学就成了滔天泛滥的谬说洪流。其恶果之一,便是造成了法哲学发展的危机。

二、法哲学发展的危机

首先是儒家法哲学发展的危机。尽管谶纬神学在相当大的程度上源于董仲舒的"天人感应"说和他以比附、捏造方法建构的神学目的论,但当把董仲舒的新儒家法哲学发展为谶纬神学后,连原先的儒家法哲学影子也不见了。所剩的只有荒诞不经的任意吹嘘、荒唐绝伦的随便胡说和自欺欺人的诈骗伎俩。这就根本不是什么法哲学了,当然与儒家法哲学不可同日而语。

尤其是,白虎观会议以"钦定"的形式把谶纬之书法典化,使得汉武帝时开始的"独尊儒术"的国策得到最终的确立,由班固撰写的《白虎通义》竟被定为"国宪"而强迫人们信奉。这样,具有一定合理性因素的儒家法哲学之被荒唐的谶纬神学代替,也就失去了"独尊儒术"的本来意义,反而使儒家法哲学的发展困难重重、裹足不前了。

其次,由于《白虎通义》被定为"国宪"、立为"一尊",儒生纷纷以习学《白虎通义》、撰注类同著作为务,竞相以此谋生、求仕、安身、立命。作为社会精华的知识分子的人,以及全国的大量财力、物力全然集中于谶纬神学,自然影响、阻碍了科学包括科学法哲学以及虽不科学却还算得上为理论的其他法哲学的发展。

尤其是,道、法、墨、名等各家法哲学更因儒学独尊地位的最终确立,几无发展的余地了。因此,东汉一代的法哲学发展,陷入了深深的危机之中。

第四十七章 《盐铁论》与西汉儒、法两家法哲学的分庭抗礼

西汉昭帝始元六年（前81年），为解决盐、铁官营和平准、均输措施实行近三十年来所出现的问题和矛盾，"令郡国贤良文学之士乘传诣公车"①，赴京城长安与政府官员如丞相田子秋、御史大夫桑弘羊等辩论各自的对策。这就是中国历史上著名的"盐铁会议"。以贤良文学之士为一方，以御史大夫桑弘羊等为另一方，唇枪舌剑，争辩激烈，几至出现了多次的热讽冷嘲与人身攻击。双方的辩论言辞，由西汉文士桓宽汇编成册，即《盐铁论》。全书分十卷六十篇，但内容是相互贯连的，涉及政治、法律、经济、军事、文化等方面，资料十分丰富。就中可以略窥其时儒法两家法哲学分庭抗礼的斗争情况。

先秦儒、法两家法哲学的斗争，到汉代已形成了儒、法合流的大趋势。因此，以御史大夫桑弘羊为代表，既赞颂商鞅、韩非的法哲学，又常语涉"春秋之法"，表现了法家法哲学对儒家法哲学的吸收；而贤良文学唐生、祝生、万生和刘子雍等，也既诩许孔孟儒家经典，又承认"法势者，治之具"②等法家观点，表现了儒家法哲学对法家法哲学的汲取。但是，从双方争辩的内容总体上看，桑弘羊等坚持的是法家法哲学，贤良文学坚持的是儒家法哲学，从而形成双方各不相让、分庭抗礼的局面。

一、世界观的对立

这种分庭抗礼，首先表现在双方相互对立的世界观上。贤良文学重复董仲舒的阴阳五行、"天人感应"说，来为他们的法律渊源论张目。他们说："春夏生长，圣人象而为令；秋冬杀藏，圣人则而为法。"③ 法律法令是渊源于四时的自然现象的。又说："天道好生恶

---

① 《盐铁论·复古》。
② 《盐铁论·刑德》。
③ 《盐铁论·诏圣》。

杀,好赏恶罚。故使阳居于实而宣德施,阴藏于虚而为阳佐辅。阳刚阴柔,季不能加孟,此天贼冬而贵春,申阳而屈阴。故王者南面而听天下,背阴向阳,前德而后刑也。"① 这则是把"前德后刑"、"德主刑辅"也附会到阴阳五行上去了。在述及司法问题时,贤良文学认为"狱讼平,刑罚得,则阴阳调,风雨时"②,否则,狱讼不平则是阴阳失调,会引起上天的灾异"谴告"。这些,明显地表明了贤良文学的法律观是建立在唯心主义哲学的基础上的。与贤良文学相反,桑弘羊等坚决否定以"天人感应"、阴阳五行来解说人事。他们指出:"禹、汤圣主,后稷、伊尹贤相也,而有水旱之灾。水旱,天之所为;饥穰,阴阳之运也,非人力故。太岁之数在阳为旱,在阴为水。六岁一饥,十二岁一荒,天道然,殆非独有司之罪也。"③ 这就是否定了天道与人事的"感应"关系。他们直接驳斥了贤良文学的灾异"谴告"之说:"文学合同四时,合阴阳,尚德而除刑。如此,则鹰隼不势,猛兽不攫,秋不授狝,冬不田狩者也。"④ 这些驳斥以事实为据,是无可非议的。但是,这毕竟不是对天道人事关系的科学的唯物主义的解释,因而在贤良文学的攻逼面前,似乎只是招架性的反驳,而不具进攻性的威力。尽管如此,两家法哲学的哲学依据截然不同,也还是一清二楚的。

二、治国方略的对立

《盐铁论》中反映的儒、法两家法哲学的分庭抗礼,其次还表现在治国方略的对立上。这一对立可见诸:第一,贤良文学力主"德治"、"礼治",桑弘羊等则力主力治、刑治。贤良文学力主"德礼"之治的理由之一是,春生、夏长、秋成、冬藏这一事物自然发展的规律与仁、德、礼、义是相契相合、相生相成、相感相应的,"四时之序"不可改变,仁、德、礼、义不可鄙弃;⑤ 理由之二是,"德礼"之治是古已有之的万世不易之道,不可改变:"圣王之治世,不离仁义。……上自黄帝,下及三王,莫不明德教、谨庠序、崇仁义、主教化,此万世不易之道也。"⑥ 理由之三是,亡秦的教训:秦朝"以力取之,以法守之,本末不得,故亡。"⑦ "昔秦以武力吞天下,……废古术,隳旧礼,专任刑法,……此秦所以失天下而陨社稷也。"⑧ 桑弘羊等则针锋相对予以反驳,阐述了他们力主力治、刑治的理

---

① 《盐铁论·论灾》。
② 《盐铁论·执务》。
③ 《盐铁论·水旱》。
④ 《盐铁论·论菑》。
⑤ 《盐铁论·论菑》。
⑥ 《盐铁论·遵道》。
⑦ 《盐铁论·繇役》。
⑧ 《盐铁论·论诽》。

由。理由之一是上面提到过的天道人事两不相干的观点；理由之二是，历史与当代的事实证明必须以"力"以"刑"治国，只是根据时势的不同有所侧重罢了。他们说："虞夏以文，殷周以武，异时各有所施。今欲以敦朴之时治抗弊之民，是犹迁延而拯溺，揖让而救火也。""俗非唐虞之时而世非许由之民，而欲废法以治，是犹不用隐括斧斤，欲挠曲直枉也。"①"今刑法设备而民犹犯之，况无法乎？其乱必也！"②理由之三是，秦兴的经验："虎凶所以能执熊罴服群兽者，爪牙利而攫取便也；秦所以超诸侯、吞天下、并敌国者，险阻固而势后便也。"③"秦既并天下，……立帝号、朝四夷、舟车所通、足迹所至，靡不毕至。非服其德，畏其威也。力多则人朝，力寡则朝于人。"④

"人治"还是"法治"，是《盐铁论》反映的儒、法两家法哲学分庭抗礼的第二个方面。力主"人治"的贤良文学谓"民乱反之政，政乱反之身，身正而天下定"⑤，反过来看则是"公族不正则法令不行，股肱不正则奸邪兴起"⑥，总之，"人治"是第一位重要的，只要"人正"，一切问题都可迎刃而解了。桑弘羊等则力主"法治"，认为"无法势，虽贤人不能以为治；无甲兵，虽孙、吴不能以制敌"⑦，"执法者国之辔衔，刑罚者国之维楫也。故辔衔不饬，虽王良不能以致远；维楫不设，虽良工不能以施水。"⑧"夫善为政者，弊则补之，决则塞之。故吴、李以法治楚、魏，申、商以法强秦、韩也。"⑨总之，无论从理论上分析，还是从历史事实上考校，"法治"都应放在第一位。

尽管贤良文学力主"德治"、"礼治"和"人治"，但汉代有法律是毋庸置疑、不可否认的事实。因此，面对客观上已施行的法律，就它的宽严和刑罚之轻重，儒、法两家的观点又尖锐地对立起来了。它同样在《盐铁论》中得到了反映。其一，贤良文学主张法令简约，认为"秦法繁于秋荼，而网密于凝脂"⑩是秦亡的重要原因，因此他们说："法约而易辨，求寡而易供。是以刑省而不犯，指麾而令从。"⑪对此，桑弘羊等以"礼让不可以禁邪而刑法可以止暴"⑫为由，提出立法必须完备、严密的观点。他们说："少目之罔不可以得鱼，

---

① 《盐铁论·大论》。
② 《盐铁论·刑德》。
③ 《盐铁论·险固》。
④ 《盐铁论·诛秦》。
⑤ 《盐铁论·后刑》。
⑥ 《盐铁论·讼贤》。
⑦ 《盐铁论·申韩》。
⑧ 《盐铁论·刑德》。
⑨ 《盐铁论·申韩》。
⑩ 《盐铁论·刑德》。
⑪ 《盐铁论·论功》。
⑫ 《盐铁论·刑德》。

三章之法不可以为治,故令不得不加,法不得不多。"① 立法制辟,若临百仞之壑、握火蹈刃,则民畏忌,而无敢犯禁矣。慈母有败子,小不忍也。严家无悍虏,笃责急也。令不立严家之所以制下,而修慈母所以败子,则惑矣。"② 其二,贤良文学主张刑罚适中、"轻重各服其诛"③,特别反对重刑,认为不但"严刑峻法不可久",而且还会因为"政严则民谋主"④,激成政治动乱。桑弘羊一派则大唱反调,认为"秦民治"是由于"商君刑弃灰于道"的重刑主义的结果,因而强调"盗伤与杀同罪"等"轻之为重"的轻罪重判措施。他们甚至还主张"连坐"之制:"父不教子,兄不正弟,舍是谁责乎?"其理由是"以知为非罪之必加,而戮及父兄,必惧而为善"⑤。其三,贤良文学主张定罪量刑应着重依据主观动机。他们说:"法者缘人情而制,非设罪以陷人也。故《春秋》之治狱,论心定罪:志善而违于法者免,志恶而合于法者诛。"⑥ 桑弘羊一派则认为应该首重犯罪的事实与法条的规定。他们主张严格地对犯罪者"绳之以法,断之以刑",强调非如此则不得"寇止奸禁"⑦。总之,儒、法两家在承认法制事实的前提下,对立法、司法、执法问题,也各个表现了明显的对立。

三、评论:儒、法对立的原因

如前所述,贤良文学与桑弘羊一派并不是纯然的儒家观点或法家观点,他们在总体上分属儒、法两家,又各个吸收了对立一家的某些观点,从而反映出儒、法合流的客观趋势。那么,为什么在儒、法合流的大趋势已越来越强烈的情况下,在"盐铁会议"上会出现儒、法两家法哲学观的严重对立和分庭抗礼的局面呢?笔者以为,儒家法哲学强调的"德治""礼治"、"人治",一般来说,仅仅适用于阶级矛盾、民族矛盾和其他社会矛盾比较缓和的时期。一旦各种矛盾尖锐化,或者分裂割据各自为政的封建国家征战频繁,或者一国处于他国的包围与威胁之中,"力治"、"刑治"、"法治"就会取"德治"、"礼治"、"人治"而代之,以求社会秩序、统治秩序的稳定。"盐铁会议"上儒、法两家法哲学的分庭抗礼与针锋相对的斗争,恰是当时社会矛盾激化的表现。汉代由汉初的"无为"政治,到汉武帝的"独尊儒术",到汉昭帝时必须在儒、法两家中做出抉择,都是由社会政治生活需求而定的。当然,选择的结果,未必就是儒、法两家法哲学中的一家,那就又别有原因了。毕竟,社会是一个极为复杂的大系统,影响社会治理、社会控制的,必定是诸多因素的合力。

---

① 《盐铁论·诏圣》。
② 《盐铁论·刑德》。
③ 《盐铁论·周秦》。
④ 同上。
⑤ 同上。
⑥ 《盐铁论·刑德》。
⑦ 《盐铁论·刑论》。

第四十八章 反谶纬神学的唯物主义法哲学星光

西汉直至东汉末谶纬神学的泛滥，使法哲学的发展陷入了深深的危机。但社会思想在任何时候都绝不可能真正"定于一尊"、"一统天下"。有上必有下，有强必有弱，有高必有低，有"道"必有"魔"，有谶纬神学的甚嚣尘上必有反谶纬神学的反抗呐喊。正是在谶纬神学浊流滚滚、恶浪滔天的年代里，绽出了桓谭、王充、王符、仲长统等以反谶纬神学为职志的素朴唯物主义法哲学的灿灿新星。

一、桓谭：反谶纬神学的先驱

桓谭（前24？—公元56年），字君山，沛国相（今安徽省宿县）人。曾任小官吏，精于天文，主张浑天说，对音律亦研究有素。据《后汉书·桓谭传》载，他性喜"非毁俗儒"，批评他们烦琐的章句之学，更讥讽他们依靠"奇怪虚诞"的"图书谶记"去求仕任官。王莽时曾任掌乐大夫，面对"天下之士莫不竞褒称德美，作符合以求容媚"，他"独自守"而"默然无言"。刘秀称帝后，"时帝方信谶，多以决定嫌疑"，桓谭却上疏指斥"听纳谶记，又何误也"，为此几乎被斩首处死。他有《新论》二十九篇，自称"余为新论，术辩古今，亦欲兴治也"[①]。但该书已在唐、宋时失传。今本《新论》是原书片段的汇辑。

桓谭之反谶纬神学，以素朴的唯物主义思想做指导。他以巴豆可以毒鱼为例说明自然界生长了毒药，并非有目的的"天神"之所为。他说："天非故为作也。"[②]又说："灾异怪变者，天下所常有，无世而不然。"[③]总之是否定天有意志，说明灾异只是自然现象。桓谭在中国唯物主义哲学史上的贡献是，以烛火为例正确地解决了形神关系。他以烛比喻人体，以烛火比喻精神，认为有烛才有火，即有人的形体才有人的精神，如烛尽火灭一样，人体

[①] 《新论·本告》。
[②] 《新论·祛蔽》。
[③] 《新论·谴非》。

死亡则精神亦消失。这就是形体第一性、精神第二性的正确观点，虽然这个观点的得出算不上是科学的。由烛火，桓谭进而观察"草木五谷"、"禽兽昆虫"，看到这些有生命的东西都有一个生长、衰老、死亡的过程，于是说："生之有长，长之有老，老之有死，若四时之代谢矣。"① 把生命物体的变化看成是一种有规律的自然现象。这样，在桓谭那里，不但谶纬神学是无稽之谈，而且长期流行的"天人感应"等唯心主义说教，也失去了存在的基础。由此出发考察治乱兴衰的政事，考察庆赏刑罚的法律问题，自然与立足于唯心主义神学之上的考察截然不同。

作为一个素朴的唯物主义思想家，桓谭在法哲学上的主要贡献是：

第一，批判了以"谶纬"为立法准则和使"谶纬"法典化的倒行逆施。他在上书东汉光武帝（刘秀）时直言不讳地说："愚夫策谋有益于政道者，以合人心而得事理也。……观先王之所记述，咸以仁义正道为本，非有奇怪虚诞之事。……今诸巧慧小才使数之人，增益图书，矫称谶记，以欺惑贪邪，诖误人主，焉人抑远之哉！"② 桓谭提出的立法准则是"合人心"、"得事理"。他以"先王"之"非有奇怪虚诞之事"来否定"谶纬"之说，斥责"矫称谶记"者为"巧慧小才使数之人"必"诖误人主"，主张治国立法应以"仁义正道为本"。

第二，反对"事事效古"，主张"政合于时"、及时修订法律。刘秀之时，"诸儒睹《春秋》之记，录政治之得失，以立正义，以为圣人复起，当复作《春秋》"。对此，桓谭明确宣布："余谓之否。"表明了他予以否定的决绝态度。他提出了"前圣后圣，未必相袭"的观点，称赞汉高祖刘邦"能自揆度"政之"大体"、"遭变而用权"，使"宪度内疏，政合于时"，指斥王莽"多所变更，欲事事效古，美先圣制度，而不知己之不能行其事……"③。鉴于当时以"谶纬"之说为法令内容，桓谭认为必须结束这种混乱现象，主张重新修订法律、统一法度，以切合时宜。以主张"今可令通义理明司法律者，校定科比，一其法度，班下郡国，蠲除故条"，以求"法度明正"、"狱无怨滥"。④

上述法律观点，明显地导源于桓谭的素朴唯物主义观点和对事物发展规律性的认识。此外，桓谭还主张杂用"五霸"之术、"技法宜如丹青"⑤，即贤吏执法、罪刑相当而不施酷罚等。这些无疑也有其可取的地方，但与法哲学就关系较远了。

桓谭与官定的"谶纬"之学背道而驰，甚至直接反对皇帝刘秀的种种举措，当然"多见排抵"，不得重用。最后，他是在"意忽忽不乐"中与世永逝的。但他的思想，对王充和范缜的神灭论起了重大的影响，对打击董仲舒"天不变，道亦不变"的形而上学法律观

---

① 《新论·形神》。
② 《后汉书·桓谭传》。
③ 《新论·言体》。
④ 《后汉书·桓谭传》。
⑤ 《群书治要》卷44。

起了重大作用。

二、王充：批判谶纬神学的战斗无神论者

王充（27—97年），字仲任，会稽上虞（今浙江上虞区）人。少年时"家贫无书，常游洛阳市肆，阅所卖书"，"一见辄能诵忆，遂博通众流百家之言"。[1] 成年后曾做过小县吏，晚年丢官家居，穷愁潦倒，"贫无一亩庇身"、"贱无斗石之秩"。[2] 然而他不坠救世之愿，奋笔著书不已："闵人君之政，德欲治人，不得其宜，不晓其务，愁精苦思，不睹所趋，故作《政务》之书。又伤伪书俗文，多不实诚，故为《论衡》之书。"[3] 现《政务》已佚失不见，唯《论衡》遗世，可从中了解王充的唯物主义法哲学观。

《论衡》是一部战斗性前所未见地强烈的唯物主义无神论著作，对董仲舒的"天人感应"说和当时正泛滥不已的"谶纬"之说进行了全面的激烈的批判。从哲学观看，王充的唯物主义无神论主要表现在：第一，提出唯物主义的元气自然论，认为天地和自然界的万物都以元气为物质基础。他说："天地，含气之自然也。"[4] 又说："天地合气，万物自生。犹夫妇合气，子自生矣。"[5] 由这个基本观点出发，王充否定有意志的天，说"夫天者，体也，与地同"[6]，把天地看成是物质的实体，抨击"儒者"说"天地故生人"为"妄言"，[7] 从而与"天人感应"的神学目的论直接对立起来。第二，唯物主义地解释了精神和物质的关系。他认为："精神本以血气为主，血气常附形体。"他还发挥了桓谭的"烛火"论，提出了"天下无独燃之火，世间安得有无体独知之精"[8] 的光辉哲学命题。第三，以唯物主义认识论解释了鬼神观念的产生，批判了种种迷信鬼神、卜筮、祭祀的言行。他说："凡人不病则不畏惧，故得病寝衽，畏惧鬼至。畏惧则存想，存想则目虚见。"[9] 又说："论祭祀，祭祀无补；论巫祝，巫祝无力，竟在人不在鬼，在德不在祀。"[10] 第四，比较全面地论述了唯物主义的认识论。他认为是人的感官与外界接触而获得知识的；学识渊博是因多闻多见而形成的；感性认识必须借助"推类以见方来"[11] 的理性认识；学用必须一致，讲求"效

---

[1] 《后汉书·王充传》。
[2] 《论衡·自纪》。
[3] 同上。
[4] 《论衡·谈天篇》。
[5] 《论衡·自然篇》。
[6] 《论衡·祀义篇》。
[7] 《论衡·物势篇》。
[8] 《论衡·论死篇》。
[9] 《论衡·订鬼篇》。
[10] 《论衡·解除篇》。
[11] 《论衡·知实篇》。

验"。他说:"凡论事者,违实不行效验,则虽甘义繁说众不见信。"① 但由于当时科学水平的低下,王充的这些光辉思想都是借助于直观和推理而得的,有其正确性,缺乏科学性。这当然是不能苛求于他的。我们需要了解的是,在上述唯物主义无神论的基础上,王充形成了怎样的法哲学观。反谶纬神学的王充的唯物主义法哲学观,主要有这样几点特别值得一提:

其一,针锋相对地批判谶纬神学,彻底否定"君权神授"与"法由天定"的"虚妄之言"。例如,谶书上说,禹母吞薏苡而生禹、禼母吞燕卵而生禼(殷的祖先)、后稷母履大人迹而生后稷(周的祖先),以及刘邦母梦与龙交感而生刘邦等,借此神化帝王说明"君权神授"。王充批驳道:"含血之类,相与为牝牡,牝牡之会,皆见同类之物,精感欲动,乃能授施。若夫牡马见雌牛,雄雀见牝鸡,不相与合者,异类故也。今龙与人异类,何能感于人而施气?""令贵人之气,更禀贱物之精,安能精微乎?"因此,他说,谶语之类"如实论之,虚妄言也"②。王充指出,纬书所谓"符瑞",不过是人事与自然现象的某种巧合罢了:"文王当兴,赤雀适来,鱼跃乌飞,武王偶见,非天使雀至白鱼来也。"③ 而纬书所谓圣君有道可招凤凰来仪之类,也属"虚妄":"鸟兽之知不与人通,何以能知国有道无道也。"④ 谶纬神学还宣扬"法由天定",鼓吹赏善罚恶乃"天意"使然,为此炮制了"天谴"的谎言。王充批驳道:"灾变时至,气自为之。"灾异变化不过是自然现象而已,何来"谴告"之有?"谴告之言"的产生,是由于"末世衰微,上下相非"而附会偶然而来的灾异捏造出来的,即"造谴告之言"⑤。王充指出,"尧、舜虽优,不能使一人不刑;文、武虽贤,不能使刑不用"⑥,"刑人用刀,伐人用兵,罪人用法,刑人用诛"是人世之需要而由人来采取设定的,"故叔孙通定仪,而高祖以尊;萧何造律,而汉室以宁"⑦。总之,君权并非神授,法令皆由人定。

其二,逻辑严密地批判神明裁判说。谶纬神学宣称"太平之时"有所谓神灵奇妙的"屈轶"之草,有"主指佞人"的裁判能力;还宣传皋陶之时"其罪疑者,令羊触之,有罪则触,无罪则不触";等等。王充驳斥说,最为"太平之时"莫过于尧舜之时,那时也该有"屈轶"之草辨析忠奸,却又何必"使皋陶陈知人术"、"若心听讼,三人断狱"呢?他指出:"人含五常,音气交通,且犹不能相知。屈轶,草也,安能知佞?"他由此推断"屈轶辨佞"之说不过是以讹传讹的谎言。至于神觟断罪之说,王充指出:"觟者,一角之羊

---

① 《论衡·知实篇》。
② 《论衡·奇怪篇》。
③ 《论衡·初禀篇》。
④ 《论衡·指瑞篇》。
⑤ 《论衡·自然篇》。
⑥ 《论衡·儒增篇》。
⑦ 《论衡·效力篇》。

也"，"一角之羊，何能圣于两角之禽？"既然连两只角的禽兽都不如，又有何神灵之力可以断罪定刑呢？王充说："物性各自有所知，如以鲑能触谓之为神，则独独之徒皆为神也。"他由此断言诸如此类的神明裁判说"盖有虚名，无其实效也"，都是不可信的谎言。①

神明裁判倒并不是纯然的捏造。古代的中外各国大多有过神明裁判的种种怪诞做法。瞿同祖先生的《中国法律与中国社会》②一书有《神判》一节，指出："原始的法律常求助于神的裁判。神判法（ordeal）是各民族原始时代所通用的一种方法。"瞿先生列举了"希腊人常将人浮在海上，又有使人从高岩上跃下的习惯"，"毒剂是非洲 Ashanti 人常用的一种方法"，"Ju Ju 人则使嫌疑犯在充满毒蛇与鳄鱼的池里游泳过去"，以及"以滚热的油注入手中"，使人"赤足从铁藜上走过"等神明裁判的方法。他认为："以兽断曲直，并不是中国所独有的习惯。"瞿先生甚至还引录了王充《论衡·乱龙篇》的一段文字为证："李子长为政，欲知囚情。以梧相为人，象囚之形，凿地为坎，以卢为椁，卧木囚其中。囚罪正，则木囚不动；囚冤侵夺，木囚动出。"③

因此，否定曾有神明裁判做法的存在，怕是不符历史事实的。但王充其文的精神首先在于否定"神明"可以"裁判"，对谶纬神学家们津津乐道的"天辨善恶"、"神鬼有知"的胡说加以驳斥。从这一个角度看，王充的唯物主义无神论使他对"神明裁判"的"虚妄"性做了正确的否定和批判。

其三，坚决主张依据事实赏善罚恶。同时辅以"原心省意"以区别故意与过失。王充说："虚言未必可信也……闻善必试之，闻恶必考之。试有功乃加赏，考有验乃加罚。虚闻空见，实试未立，赏罚未加。"④这里的"试"与"考"就是查验事实，只有查验属实时才行赏或加罚。他又说："聪明蔽塞，推行谬误，人之所歉也。故曰，刑过无小，宥过无大。圣君原心省意，故诛故贯误。故贼加增，过误减损。一狱吏所能定也，贤者见之不疑矣。"⑤这里的"原心省意"，就是为了使因为"聪明蔽塞，推行谬误"的过失犯罪能得到适当的宽宥。无论是依据事实赏善罚恶，还是"原心省意"区别故意与过失犯罪，都是从唯物主义出发而形成的法哲学观。其进步意义，恰与谶纬神学的迷信落后形成了天壤之别的鲜明对比。

王充是一个无神论者，其唯物主义法哲学观是在与谶纬神学的斗争中发展并显现的。但由于认识水平的限制，科技水平的低下，他的论述只能停留在直观性的逻辑推断上。因此，在涉及一些比较复杂的社会政治法律问题时，有时也会落入与唯心地主张某种法律理论的流派相呼应的境地。例如，对后期儒家法哲学的"德主刑辅、礼法兼用"，王充就亦

---

① 《论衡·是应篇》。
② 瞿同祖：《中国法律和中国社会》，中华书局出版1981年版。
③ 同上，第250—254页。
④ 《论衡·非韩篇》。
⑤ 《论衡·答佞篇》。

步亦趋、同声同气；其至他还对先期儒家的"刑不上大夫"论表示赞同，说什么"圣王刑贼不罚贵"① 等。但瑕不掩瑜。从总体上看，王充是东汉时期反谶纬神学的一颗唯物主义法哲学明星，以致章太炎先生竟推崇王充曰，汉代得此一人则"足以振耻，至于今亦未有能逮者也"②。

三、王符：批判谶纬神学的中坚

王符，字节信，安定临泾（今甘肃镇原）人。生卒年不详。据《后汉书·王符传》载，他"与马融、窦章、张衡、崔瑗等友善"，可推知约为东汉章帝至桓帝时人。其时东汉王朝急速衰败，社会极端黑暗，但在逆境之中，王符仍好学不倦，志操高远，又结交张衡等科学家，深受影响，形成了唯物主义的宇宙观。王符著有《潜夫论》三十六篇，论及政治、法律、哲学、历史、经济、军事、伦理道德、教育文化等方面，内容极为丰富。

在王充之后，批判谶纬神学最有力者就是王符。他在《潜夫论》的《本训》等篇中，阐明了宇宙生成的"元气"论。他认为，宇宙万物由客观存在的物质"元气"所生成、发展、变化而来；宇宙并无开端；宇宙的生成不是靠外力的推动而是"元气""翻然自化"的结果；人类是自然之子，"元气"自化，分为阴阳，阴阳交合，和气生人；人类产生以后，能统驭自然。但王符身处东汉神学泛滥之时，为求政治上的改良，有时他也向神学做一些妥协让步。例如有时他把天说成是有意志的，有喜怒，能赏罚；有时他还承认有鬼神，也不完全否定卜筮。这说明，王符的唯物主义宇宙观是不彻底的。不过在整体上看，王符对谶纬神学是做了深刻批判的。他认为谶纬迷信活动造成了豪富之家挥霍无度，"生不极养，死乃崇丧。或至刻金镂玉，檽梓梗枏，良田造茔，营壤致藏，多埋金宝，偈人车马"，不但造成了社会财富极大的浪费，而且"欺诬细民，荧惑百姓"③，必定导致政乱国亡。

从对谶纬神学表示否定的唯物主义态度出发，王符认为，治国理政立法制令应和客观实际相适应，必须顾及民众疾苦，只有这样，才能"举无遗失而政无废灭也"④。他说："凡治病者，必先知脉之虚实，气之所结，然后为之方，故疾可愈而寿可长也。为国者，必先知民之所苦，祸之所起，然后设之以禁，故奸可塞，国可安矣。"⑤ 在王符看来，谶纬神学的"虚妄"之言、"浮游之说"是不能听信的："明于祸福之实者，不可以虚论惑也；察于治乱之情者，不可以华饰移也。是故不疑之事，圣人不谋；浮游之说，圣人不听。何者？

---

① 《论衡·辩祟篇》。
② 《检论·学变》。
③ 《潜夫论·浮侈》。
④ 《潜夫论·潜叹》。
⑤ 《潜夫论·述赦》。

计不背见实而更争言也。"①

由于唯物主义地观察自然与社会，王符认为历史是变化发展的："物有盛衰，时有推移，事有激会，人有变化。"②他说，"太古"之时"简形薄威，不杀不诛，而民自化"③；"三皇"之时，"无宪制而成天下"；"尧舜"之时"和德气以化民心，正表仪以率群下"，这些都是无法律刑罚的社会。到"文、武"之时，虽有法律刑罚之设，但"躬道德敦慈爱，美教训而崇礼让"，所以还"能使民无争心而致刑措"。此后为"中兴"之时，"明好恶而显法禁，平赏罚而无阿私"，因此其时民众尚能"辟奸邪而趋公正"，国家也能"理弱乱以致治疆"。至于"幽厉"之时，则"重赋税以赏无功"，刑政十分混乱了。④诚然，这里似有"一代不如一代"的味道，但客观地描述了历史的发展、法刑的产生和变化，却是其最可取之处。基于对历史的发展观，王符认为，虽然汉安帝、顺帝年间政治黑暗、边防失利、社会混乱、矛盾激化，但只要采取正确的措施，还是可以逆转而中兴的。

在逆流而上的中兴对策中，王符特别强调以民为本而行"德化"与正"法令"。

王符认为"国以民为基"，政策法令都必须"爱民"而"利民"。他说："国以民为基，贵以贱为本。愿察开辟以来，民危而国安者谁也？下贫而上富者谁也？故曰：'夫君国将民之以民实瘠，而君安得肥？'"⑤又说："君臣法令善则民安乐，民安乐则天心慰，天心慰则阴阳和，阴阳和则五谷丰，五谷丰则民眉寿，民眉寿则兴于义，兴于义则无奸行，无奸行则世平而国家宁，社稷安而君尊荣矣。"⑥这里，不仅提出了"法令"之设应从"民本"、"爱民"、"利民"出发的思想，而且表达了只有"法令善"才能"兴于义"、"无奸行"的思想。但在"德化"与"法令"的关系方面，王符继承的却又是儒家的"德主刑辅"论。他认为治国的上策是"德化"、"礼治"。他说："人君之治，莫大于道，莫盛于德，莫美于教，莫神于化。""道之以德，齐之以礼，务厚其情而明则务义，民亲爱则无相害伤之意，动思义则无奸邪之心。夫若此者，非法律之所使也，非威刑之所强也，此乃教化之所致也。"由此，他推定"圣帝明王"都应"敦德化而薄刑罚"、"尊德礼而卑刑罚"⑦。与此同时，王符认为当世已是"百官乱而奸宄兴"、"奸臣肆心于上，乱化流行于下"⑧，"刺史守相率多怠慢，违背法律，废忽诏令，专情务利，不恤公事。细民冤结，无所控告。"⑨在这

---

① 《潜夫论·边议》。
② 同上。
③ 《潜夫论·劝将》。
④ 《潜夫论·德化》。
⑤ 《潜夫论·边议》。
⑥ 《潜夫论·本政》。
⑦ 《潜夫论·德化》。
⑧ 《潜夫论·爱日》。
⑨ 《潜夫论·三式》。

种情况下，已非德礼教化所能奏效，必须施以法令刑罚。他说："故凡欲变风改俗者，其行赏罚者也，必使足惊心破胆，民乃易视。""法令赏罚者，诚治乱之枢机也，不可不严行也。"① 这些看法，不无前后抵牾之处，但其"民本"思想是显而易见的，其以明刑正法辅德礼教化以治国理政的主张，也与谶纬神学不可同日而语。作为东汉后期反谶纬神学的唯物主义法哲学家，王符也以其熠熠星光令人瞩目。

四、仲长统：批判谶纬神学的后起之秀

仲长统（约179—220年），字公理，山阳高平（今山东邹平县）人。"少好学，博涉书记，赡于文辞。年二十余，游学青、徐、并、冀之间"，"敢直言，不矜小节"，"时人或谓之狂生"，"每论说古今世俗行事，发愤叹息，辄以为论，名曰《昌言》，凡二十四篇。"② 《昌言》又名《仲长子》，现已佚失，其《理乱》《损益》《法诫》三篇的部分内容在《后汉书·仲长统传》有所保存。此外，《群书治要》《意林》《齐民要术序》《抱朴子内篇·至理》等也保留了仲长统的言文。

仲长统像桓谭、王充、王符一样，站在唯物主义的立场上，对谶纬神学的唯心主义理论做了批判。他提出了"唯人事之尽耳，无天道之学也"，"人事为本，天道为末"的命题。他认为，只要"人事"能"布德生民"，自然能达到政理国治的目的。他说："王者官人无私，惟贤是亲，勤恤政事，屡省功臣，赏锡期于功劳，刑罚归乎罪恶，政平民安，各得其所，则天地将自从我而正矣，休祥将自应我而集矣，恶物将自舍我而亡矣，求其不然，乃不可得也。"③ 与谶纬神学观截然相反，是"天地"、"休祥"、"恶物"顺从人事，而不是"人事"服从"天地"神明。反之亦然，如果"人事"错讹，就会导致政败国亡。他说："王者所官者，非亲属则宠幸也，所爱者，非美色则巧僻也。以同异为善恶，以喜怒为赏罚。""取乎丽女，急乎万几。黎民冤枉类残贼。虽五方之兆不失四时之礼，断狱之政不违冬日之期，蓍龟积于庙门之中，牺牲群于丽碑之间，冯相坐台上而不下，祝史伏坛旁而不去，犹无益于败亡也。"④ 与谶纬神学观相悖，仲长统否定了形形色色迷信神鬼的措施可以兴国举政的观点。

仲长统根据他对社会历史的考察，认为社会原因造成的"治"、"乱"变化，将循着"乱世"→"治世"→"乱世"的规律发展而变得越来越糟，从而表现了悲观主义的消极思想。但在论述有关问题时，他同时又阐明了法律制度应适时而"损益"的辩证观点。例如

---

① 《潜夫论·三式》。
② 裴松之注：《三国志·魏书·刘劭传》，引缪袭：《昌言表》。参见〔清〕马国翰：《玉函山房辑佚书》第11函第54册，《子编·儒家仲长统》。
③ 《昌言》，见《群书治要》。
④ 同上。

他说:"作有利于时,制有便于物者,可为也;事有乖于数,法有玩于时者,可改也。故行于古有其迹,用于今无其功者,不可不变;变而不如前,易而多所败者,亦不可不复也。"① 针对当时的社会问题,根据政治法律制度可以"变"、"复"的理论,仲长统提出了包括法制建设在内的十六项治国对策:"明版籍以相数阅,审什伍以相连持,限夫田以断兼并,定五刑以救死亡,益君长以兴政理,急农桑以丰委积,去末作以一本业,敦教学以移情性,表德行以厉风俗,核才艺以叙官宜,简精悍以习师用,修武器以存守战,严禁令以防僭差,信赏罚以验惩劝,解游戏以杜奸邪,察苛刻以绝烦暴。"② 这十六项对策中,"明版籍"、"限夫田"、"定五刑"、"急农桑"、"核才艺"等是与立法直接相关的,而"严禁令"、"信赏罚"、"察苛刻"等,则是与司法直接相连的。

仲长统在其晚年,"隐世"、"入仙"思想逐渐严重,还逐步从早期的唯物主义立场转而变化为唯心主义思想。但他在前期阐述的唯物主义法哲学观,仍如暗夜的星宿,长久地闪闪发光,明亮耀眼。清代的严可均在评价仲长统时说:"……然其闿陈善道,指抅时弊,剀切之忱,踔厉震荡之气,有不容摩灭者。缪熙伯方之董(仲舒)、贾(谊)、刘(向)、扬(雄),非过誉也。"③

有汉两代,由董仲舒"天人感应"的唯心主义新儒家法哲学,蜕变为荒谬绝伦的谶纬神学,致使法哲学的发展出现了危机,在这一长久的危机时期里,桓谭、王充、王符、仲长统如独立支撑的大树,如漫长黑夜的寒星,维系了唯物主义法哲学发展链条的连贯而不至散断,功不可没,光芒永照。

---

① 《昌言·损益》,《后汉书·仲长统传》引。
② 《后汉书·仲长统传》。
③ 《全后汉文》卷88。

第四十九章　三国时期法家法哲学的东山再起

东汉末年，黄巾起义和董卓之乱如暴雨狂飙，把庞大的东汉帝国如摧枯拉朽般推倒在地。被统治集团奉为"独尊"的谶纬经学也随之塌台。思想界产生了怀疑精神和论辩风气，杂采儒、法、道、名各家思想的论著纷纷问世，标新立异的奇谈怪论也沸沸扬扬。但在魏、蜀、吴三国鼎立时期，由于三国统治集团的首领人物都一致力主法治，因此，法家法哲学得以东山再起而独占鳌头。

在儒法合流的总趋势中，三国时期法家法哲学得以东山再起而独占鳌头，取决于当时的社会状况。黄巾起义失败后，代之而起的军阀割据势力之间的连年混战，给整个中国带来了深重的灾难，生产力严重破坏，社会秩序空前混乱。几代国都的长安城内，"人相啖食，白骨盈积，残骸余肉，臭秽道路。"[1]繁荣昌盛的洛阳古城也只剩下了一片瓦砾。整个中原大地"白骨露于野，千里无鸡鸣，生民百遗一"[2]。曹操、刘备、孙权三方经过赤壁之战后三分天下而互相抗衡，随时准备出击或迎击敌对的他方。因此，无论从内政和外交两方面看，还是从发展生产和军事斗争等方面看，荒诞不经的谶纬神学都已毫无价值，连儒家法哲学也无济于世了。当时"儒林之群，幽隐而不显"[3]，"师商、韩而上法术"蔚成风气，"以儒家为迂阔，不周世用"而加鄙弃也就是势所必然。

显示法家法哲学东山再起的代表人物是赫赫有名的曹操和诸葛亮。

一、"揽申、商之法术"的曹操

曹操（155—220年），字孟德，沛国谯县（今安徽亳县）人。出身于庶族地主家庭。二十岁时任洛阳城北部尉，后任顿丘令、济南相。在镇压黄巾起义中扩充了军力而独霸一

---

[1]《晋书·食货志》。
[2]《曹操集·蒿里》。
[3]《三国志·魏书·高柔传》。

方。汉献帝时册封为大将军和丞相,"挟天子而令诸侯",消灭了军阀割据势力,统一了北方。死后,其子曹丕废献帝自立,是为魏文帝,并追尊曹操为太祖武皇帝。

陈寿撰《三国志》,评论曹操说:"汉末,天下大乱,群雄并起,而袁绍虎视四州,强盛莫敌。太祖运筹演谋,鞭挞宇内,揽申、商之法术,该韩、白之奇策,官方授材,各因其器,矫情任算,不念旧恶,终能总御皇机,克成洪业者,惟其明略最优也,抑可谓非常之人,超世之杰矣。"①"揽申、商之法术"之评,是曹操力主法治的确评。曹操雄才大略,文武兼备。其著作,有今之《曹操集》。

"揽申、商之法术"公开强调"礼不可以治兵"②、宣布"吾于军中持法是也"③、认为"拨乱之政"必须"以刑为先"④的曹操,具有朴素的唯物主义和辩证法的思想。

他的唯物主义思想表现在:第一,反对"天命"论。他自谓"性不信天命之事"⑤,袁绍企图以天命归属劝诱曹操归附,被他拒绝。他在《龟虽寿》里写下了"盈缩之期,不但在天,养怡之福,可得永年"的闪烁着唯物主义光辉的诗句。这与儒家"死生有命,富贵在天"的观点是截然对立的。第二,反对迷信鬼神。三十岁任济南相时,他曾以"毁坏神坛"、"禁断淫祀"而闻名。后来掌管朝政,曹操更努力打击"奸邪鬼神之事"。他曾把宣传神仙迷信的一批道士集中软禁起来,作为取笑的对象。⑥在他的一些脍炙人口的诗篇里,他指出,"神龟"、"腾蛇"等所谓"神物"也终不免成为"土灰"。第三,坚持"天人相分"的观点,在军中严"禁妖祥之事"⑦。

曹操的辩证法思想表现在:第一,认为事物是发展变化的。他说:"兵无常势,水无常形。"⑧又说:"势盛必衰,形露必败。"⑨因此,他主张"在利思害,在害思利"⑩,做到积极乐观、有备无患。第二,承认主观能动性。他提出了"天地间,人为贵"⑪的思想,主张"任天下之智力"而不迷信地理形势"以险固为资"⑫等。

上述哲学思想,是曹操奉行法家法哲学的理论指导。

正是在朴素唯物主义和朴素辩证法思想的指导下,他表达了"治定文化,以礼为首;

---

① 《魏书·武帝纪》。
② 《曹操集·〈孙子·谋攻〉注》。
③ 《曹操集·遗令》。
④ 《曹操集·让县自明本志令》。
⑤ 《三国志·魏书·高柔传》。
⑥ 曹植:《辩道论》;曹丕:《论却俭等事》。
⑦ 《曹操集·〈孙子·九地〉注》。
⑧ 《曹操集·〈孙子·计篇〉注》。
⑨ 《曹操集·〈孙子·虚实〉注》。
⑩ 《曹操集·〈孙子·九变〉注》。
⑪ 《曹操集·度关山》。
⑫ 《三国志·魏书·武帝纪》。

拨乱之政，以刑为先"①的观点，针对当时的实际情况，采取了"法治"措施。在"礼"、"刑"关系上，儒法两家曾是截然对立的。早期儒家几可说是"唯礼"主义者，早期法家则可以说是"唯法"主义者。儒法两家法哲学的合流，使两家各个吸收对方的合理之处。但任何情况下都取"合流"后的"德主刑辅"、"先礼后刑"是否一定合理呢？如果是的话，那么，客观情况的变化将对治国方略不产生任何影响了，而这是不科学的。曹操的"治定之化，以礼为首；拨乱之政，以刑为先"的主张，第一，将"礼"、"刑"关系的处理置于客观情势的基础上，根据"治定"与"拨乱"的不同需要，分别采取"首"之以"礼"和"先"之以"刑"的不同对策。这无疑是符合唯物主义精神的。第二，将"礼"、"刑"关系置于客观时势变化的基础上，随时而变换何者为侧重手段。这又无疑是辩证法思想的表现。

根据当时"拨乱"的需要，曹操曾厉行过以法治国、以法治军的一系列措施。例如，面对豪强横行、社会混乱，他力行"皆一之于法"②而努力使"上下知制"，对不法豪强一律"正之以法"③，使其不能继续胡作非为。早在任洛阳城北部尉时，他就曾特制"五色棒"，规定"有犯禁者，不避豪强，皆棒杀之"④。他为了抑制豪强兼并土地，特地制定了《重豪强兼并之法》，以法律保证税制的改革，限制豪强势力的恶性发展。在治军过程中，他亲自为军队制定了军令、战令，如《军令》《战令》规定行军时"不得斫伐田中五果、桑、柘、棘、枣"，作战时"皆不得取牛马衣物，犯令者斩"、"士卒无败麦，犯者死"等。

二、"标准的法家学说实行者"诸葛亮

诸葛亮（181—234 年），字孔明，徐州琅玡郡阳都（今山东省沂南县）人。生于一个小官僚家庭，父母早亡，随叔父迁居隆中（今湖北省襄阳市西）"躬耕陇亩"。公元207年刘备"三顾茅庐"后，出而辅佐刘备夺荆、益，建立蜀汉政权，为丞相。刘备死后，又辅佐后主刘禅转战南北，直至病死军中。其著作有今人辑集的《诸葛亮集》。

范文澜先生在《中国通史》中称赞诸葛亮是"标准的法家学说的实行者"⑤。陈寿的《三国志》评论他"立法施度，整理戎装，……科教严明，赏罚必信，无恶不惩，无善不显。至于吏不容奸，人怀自厉，道不拾遗，强不侵弱，风物肃然也。"可见诸葛亮实行"法家学说"是卓有成效的。

这位世代为中国人民高度赞颂的"法家学说的实行者"，之所以实行"法治"而能取得成效，原因之一就在于他能以唯物主义态度治国理政，注意从实际出发。早在刘备初遇

---

① 《三国志·魏书·高柔传》。
② 《三国志·魏书·武帝纪》。
③ 《三国志·魏书·郭嘉传》。
④ 《三国志·魏书·武帝纪》注。
⑤ 范文澜：《中国通史》第 2 册，人民出版社 1978 年版，第 269 页。

诸葛之时，他就在著名的《隆中对》中为刘备作了对时势的客观分析，提出了唯物主义的统一全国的战略："自董卓以来，豪杰并起，跨州连郡者不可胜数。曹操比于袁绍，由名微而众寡，然操遂能克绍，以弱为强者，非惟天时，抑亦人谋也。今操已拥百万之众，挟天子而令诸侯，此诚不可与争锋。孙权据有江东，已历三世，国险而民附、贤能为之用，此可以为援而不可图也。荆州北据汉、沔，利尽南海，东连吴会，西逼巴、蜀，此用武之国，而其主不能守，此殆天所以资将军，将军岂有意乎？益州险塞，沃野千里，天府之地，高祖因之以成帝业。刘璋暗弱，张鲁在北，民殷国富而不知有恒，智能之士思得明君。将军既帝室之胄，信义著于四海，总揽英雄，思贤如渴，若跨有荆、益，使其岩阻，西和诸戎，南抚夷越，外结好孙权，内修政理，天下有变，则命一上将将荆州之军以向宛、洛，将军身率益州之众出于秦川，百姓孰敢不箪食壶浆以迎将军者乎？诚如是，则霸业可成，汉室可兴矣！"①诸葛亮的全部分析都是以客观事实作为根据的。所谓"天所以资将军"也是指客观条件有利，而不是指有意志的"天命"。他还提出了"人谋"重于"天时"的注重主观能动性的观点。这些都说明，奉行法家法哲学的诸葛亮，有一个比较先进的世界观作为他的思想指导。如果联系诸葛亮的全部政绩来看，肯定这一点没有问题。尽管诸葛亮说了不少"顺天"、"奉顺符谶"、"应天"之类的话，甚至"立台榭以观天文，郊祀、逆气以配神灵"，说是"所以务天之本也"②。但这只是表面现象。要看到，诸葛亮辅佐刘备建立蜀国，打的仍是"汉"的旗号，以便与"挟（汉）天子以令诸侯"的曹操争雄，只有使用诸如此类的"应天"的语言、举行那种祭拜天地鬼神的仪式，才能内以笼络人心，外以网罗人才。这同谶纬神学不同，与笃信"天命"的儒家先师也不可相提并论。因此，论者有认为诸葛亮有"天命"论思想，实为徒见其表而不知其里。

用这种徒见其表不见其里的观点来观察诸葛亮的法律思想时，得出的结论便是：诸葛亮是一个儒家，推崇的是封建正统的礼法结合治国理论。其理由也似乎是十分确凿的，因为诸葛亮自己就说过诸如"明君理其纲纪，政治当有先后：先理纲，后理纪；先理令，后理罚……"③"三纲不正，六纪不理，则大乱生"④之类的话。但这种治国观，仍只是诸葛亮之表，而不是其里。这只要看一看他同法正的一次争论，就可以了然明白、洞若观火了。

诸葛亮辅佐刘备入主蜀汉，立法施令，科教严明，执法无私，严厉无情，引起了刘备的重要谋臣之一的法正的不满。法正对诸葛亮说："昔高祖入关，约法三章，秦民知德。今君假借威力，跨踞一州，初有其国，未垂惠抚；且客主之义，宜相降下。愿缓刑弛禁，以慰其望。"对此，诸葛亮答曰："君知其一，未知其二。秦以无道，政苛民怨，匹夫大呼，天

---

① 《诸葛亮集·草庐对》。
② 《诸葛亮集·便宜十六策·治国》。
③ 《诸葛亮集·便宜十六策·治乱》。
④ 《诸葛亮集·便宜十六策·教令》。

下土崩，高祖因之，可以弘济。刘璋暗弱，自焉已来，有累世之恩，文法羁縻，互相奉承，德政不举，威刑不肃。蜀土人士，专权自恣，君臣之道，渐以陵替；宠之以位，位极则贱；顺之以恩，恩竭则慢。所以致弊，实由于此！吾今威之以法，法行则知恩；限之以爵，爵加则知荣。恩荣并济，上下有节。为治之要，于斯而著。"① 我们如果使用"大批判"的语言去攻击诸葛亮的话，大概可以这样说："诸葛亮撕下了假面具，赤裸裸地暴露了他的真面目。"不是吗？诸葛亮说刘璋"威刑不肃"，还说自己现在要"威之以法"，其"真面目"可是有点儿"青面獠牙"啊！但这"青面獠牙"的"真面目"恰是当时之需，也正是当时诸葛亮治蜀的宗旨和必须，非此不足以制服"专权自恣"者，非此无法可治理"文法羁縻"之弊。特别应指出的是，有的论者以此段文字中诸葛亮所说"恩荣并济"而断言他乃儒家，实在是大错特错的。他们忘了诸葛亮的话是这样说的："……吾今威之以法，法行则知恩；限之以爵，爵加则知荣。"这里的"限爵"，意为加官晋爵的行政立法；是"法行"而后才致"知恩"，是"爵加"而后才达"知荣"。是"法行"在先，而"知恩"在后。

陈寿在《三国志》中还评论诸葛亮说："诸葛亮之为相国也，抚百姓，示仪轨，约官职，从权制，开诚心，布公道；尽忠益时者虽仇必赏，犯法怠慢者虽亲必罚；服罪输情者虽重必释，游辞巧饰者虽轻必戮；善无微而不赏，恶无纤而不贬……邦域之内，咸畏而爱之，刑政虽峻而无怨者，以其用心平而劝戒明也。"这里说得十分清楚，诸葛亮不但立法行罚公平无私，而且其"刑政"还是"峻"急的。诸葛亮之亲自主持立法、信赏必罚、法不阿贵、刑赏不别亲疏贵贱、反对赦刑，等等，无一不是"法家学说实行者"的表现。

三国时期，除曹魏、刘蜀之外，还有孙吴。在吴国掌权的孙权，比曹操、诸葛亮在厉行法治方面，只有过之而无不及。如果做一比较的话，那么，孙权的举措比之力主重刑主义的商鞅还要苛刻。他执掌兵权的亲家陆逊请求减轻刑罚，孙权辩解说是"不得已而为之"②。这"不得已而为之"的刑罚倒是"上下壹之"的。他对文官武将存有戒心，因而用刑严峻，越到晚年杀人越凶。对他的兵卒，也靠残酷的刑罚加以震慑。当时有一条刑罚是，士兵偷了一百个钱被拖到街市上砍头。陈寿著《三国志·吴书》"评曰"：孙权"性多嫌忌，果於杀戮，暨臻末年，弥以滋甚"③。在"果於杀戮"的孙权那里，真不知有多少人成了刀下冤鬼。孙权严刑酷罚史不绝书，但他本人的文字、言论流传甚少，较难详述。可以肯定的是，与刘蜀、曹魏一样，在孙吴的土地上，盛行的绝不是强调德治、礼治、人治的儒家法哲学，而是厉行力治、刑治、法治的法家法哲学。这样，就构成了一个此一时期法家法哲学东山再起并居垄断地位的局面。

---

① 《三国志·蜀书·诸葛亮传》注引。
② 《三国志·吴书·吴主传第二》。
③ 同上。

第五十章　魏晋玄学家的虚无主义法哲学

魏晋时期，一方面，谶纬神学已经破产；另一方面，东汉以来的长期社会动乱，使得政治生活格外险恶。对于手无缚鸡之力的知识分子来说，他们不可能像曹操、孙权、诸葛亮等政治家那样，凭借手中的实力，叱咤风云地厉行法家法哲学，因此，或出世隐居，或消极悲观，或玩世不恭，或皈依宗教，或津津乐"道"（从道家思想中寻求慰安）。其中一部分人，如何晏、王弼、嵇康、阮籍等，代表门阀士族地主阶级的利益，通过注释《老子》《庄子》《周易》《论语》等道家或儒家的经典，撰写有关著作，利用道家法哲学中的"道"和"自然"的观念，来论证儒家的"三纲五常"，把儒家法哲学的一系列基本观点玄虚化，从而创立了玄学家的虚无主义法哲学。其根本特点是法律虚无主义，其学派特征为"玄之又玄"地肯定名教，其目的则为调和儒、道两家的法哲学观。

生于曹魏正始年间的何晏、王弼，同为玄学之鼻祖。

一、何晏："玄之又玄"地肯定名教

何晏字平叔，南阳宛（今河南省南阳市）人。生年不详，死于魏正始十年（249年）。小时为曹操收养，长在宫中，"七岁明惠若神，魏武奇爱之"[①]。但与曹丕不合，后被遣还。成年后娶金乡公主为妻，授驸马都尉。因参与曹爽集团与司马氏的政争，死于司马氏刀斧之下。何晏一生著作甚多。据陈寿的《三国志》、魏征的《隋书·经籍志》、刘昫等的《旧唐书·经籍志》、欧阳修等的《新唐书·艺文志》、严可均编的《全上古三代秦汉三国六朝文》等所记，何晏著作三十余卷。但后来却大多散佚，除《论语集解》外，仅少量残篇流传迄今。

何晏宗师老子，借用其"道"即"无"的观点，认为"道"是宇宙万物的根本。他说："天地万物皆以无为本。无也者，开物成务，无往不存者也。阴阳恃以化生，万物恃以成

[①] 《晋书·王衍传》。

形，贤者恃以成德，不肖者恃以充身。故无之为用，无爵而贵矣。"① 他认为，"道"的作用是极其伟大的："有之为有，恃无以生，事而为事，由无以成。"② 但"道"即"无"，岂非过于虚无缥缈、不可捉摸？因此，何晏又步老子后尘，进而释"道"为"自然"："自然者，道也。"③ 这样，何晏就从"无"之"道"跃入"道"即"自然"的观点，并由此出发，主张"天地以自然运，圣人以自然用"④，即仿照"自然"的"虚无"来治理国家。他说，治国理政应当"远则袭阴阳之自然，近则本人物之至情"，使"家怀克让之风，人咏康哉之诗，莫不优游以自得，故淡泊而无所思"，"除无用之官，省生事之故，绝流遁之繁礼，反民情于太素"⑤。他认为，这样就可达到"至治"的境界了。当他执掌政柄时，曾删改法度、一切从简。这种观点与行为，除名之以虚无主义法哲学外，还能有什么更合适的名称呢？

说何晏法哲学的特征是"玄之又玄"地肯定名教，是因为他把法令制度、纲常名教"玄之又玄"地说成是出于"自然"即"道"即"无"的东西。"玄之又玄"一语出于《老子》："玄之又玄，众妙之门。"王弼注曰："玄者，冥也，默然无有也。"⑥ "玄"就是"玄妙"、"虚无"。后人把《老子》《庄子》《周易》称为"三玄"。比老、庄更加玄虚地谈"天道"、说"自然"、注"三玄"的"学问"，就被称为"玄学"，"玄学"之"玄之又玄"，就在于把老、庄的"道"，解释得更加虚无缥缈。何晏说"道"就是"无"，"无"就是"无语"、"无名"、"无声"、"无形"："夫道之而无语，名之而无名，视之而无形，听之而无声，则道之全焉。"⑦ 何晏甚至还认为"道"是根本不可有称谓的，把它叫作"道"，不过是"姑且名之"而已。他说："道本无名。故老氏曰：'强为之名。'仲尼称尧荡荡无能名焉，下云，巍巍成功，则强为之名，取世所知而称耳，岂有名而更当云无能名焉者耶？夫惟无名，故所得遍以天下之名名之，然岂其名也哉？"⑧ 因为无名，所以给名；又因为一切均可给此名，所以实则无名，而这就是所谓"道"。真是"玄之又玄"也。何晏就是这样"玄之又玄"地去肯定法令制度、纲常名教的。儒家法哲学认为法令制度、纲常名教是先天存在而永恒不变的。与儒家不同，何晏认为是"道"即"自然"为其渊源，即"名教出于自然"。

有人评论何晏时指出，儒学的影响是根深蒂固的，何晏的思想是不尚儒而又信儒，不

---

① 《晋书·王衍传》。
② 《列子·天瑞》，张湛注引。
③ 《列子·仲尼篇》，张湛注引。
④ 《无名论》。
⑤ 《昭明文选》卷11。
⑥ 〔魏〕王弼：《老子注》。
⑦ 《列子·天瑞》，张湛注引。
⑧ 《列子·仲尼》，张湛注引。

满足于儒而又不能丢掉儒；他把儒学玄化，以道解儒，反过来在许多社会伦理问题上又使道溶解于儒学之中。这样，在他的哲学中，就存在着道中有儒，道儒兼有。

二、王弼："以无为本"的法哲学观

王弼（226—249年），字辅嗣，山阳（今河南省焦作市）人。幼年聪慧过人，十余岁读《老子》而通辩善言。他与何晏相交甚笃，官至尚书郎。但他游手好闲，不喜事功，吃喝玩乐，无所事事。何晏被诛的同年，王弼病殁，仅二十四岁。流传的著作有《老子注》《周易注》《周易略例》及《老子指略》佚文，此外梁人皇侃的《论语义疏》，邢昺的《论语正义注疏》还保留了他的《论语释题》的断片。

王弼是中国哲学史上第一个把"本末"作为一对哲学范畴加以探讨的人。他认为《老子》可以概括为"崇本以息末，守母以存子"一句话。① 在他看来，"万物皆由道而生"②。"道者，无之称也，无不通也，无不由也，况之曰道，寂然无体，不可为象"③，那"听之不可得而闻，视之不可得而彰，体之不可得而知，味之不可得而尝"④ 的不可感觉、不可捉摸的"道"即"无"就是万物的本体。

从这种以"无"为本的观点出发，王弼主张无为而治、顺应自然。他说："万物以自然为性，故可因而不可为也，可通而不可执也。"⑤"善治政者，无形、无名、无事、无政可举，闷闷然，卒至于大治。"⑥ 他反对施法、用兵、行罚。他这样批驳先秦各家法哲学观曰："法者尚乎齐同，而刑以检之；名者尚乎定真，而言以正之；儒者尚乎全爱，而誉以进之；墨者尚乎俭啬，而矫以立之；杂者尚乎众美，而总以行之。夫刑以检物，巧伪必生；名以定物，理想必失；誉以进物，争尚必起；矫以立物，乖违必作；杂以行物，秽乱必兴。"⑦ 对儒法等各家都抱否定的态度。关于法家，他特别指出："若乃多其法网，烦其刑罚，塞其径路，攻其幽宅，则万物失其自然，百姓丧其手足，鸟乱于上，鱼乱于下。"即若按法家法哲学去做，必致天下大乱。他的结论是："以无为为居，以不言为教，以恬淡为味，治之极也。"显然，王弼也是一个法律虚无主义者。

何晏、王弼之后，玄学家中最出名的还有嵇康、阮籍等人。

---

① 《老子指略》。
② 《老子》第14章注。
③ 《论语释义》。
④ 《老子指略》。
⑤ 《老子注》。
⑥ 同上。
⑦ 《老子指略》。

三、嵇康、阮籍：以老、庄为师的法律虚无主义

嵇康（223—262年），字叔夜，谯县（今安徽省亳县）人。早年父母双亡。《晋书·嵇康传》载：康早孤，有奇才，远迈不群。……学不师受，博览无不该通，长好老、庄。与魏宗室婚，拜中散大夫。常修养性服食之事，弹琴咏诗，自足于怀。"他在政治上与司马氏集团对立，后被司马氏所杀。其著作，现存《嵇康集》十卷，有鲁迅校本。

阮籍（210—263年），字嗣宗，陈留尉氏（今河南省尉氏县）人。仕魏为从事中郎、步兵校尉。《晋书·阮籍传》载："(籍)博览群籍，尤好老、庄。嗜酒能啸，善弹琴。""籍本有济世志，属魏晋之际，天下多故，名士少有全者，籍由是不与世事，遂酣饮为常。"著作有现存之《阮籍集》十卷。

鲁迅先生在《魏晋风度及文章与药及酒之关系》①中说，嵇康和阮籍"都是反抗旧礼教的"，"二人的脾气都很大；阮籍老年时改得很好，嵇康就始终都是极坏的"，"后来阮籍竟做到'口不臧否人物'的地步，嵇康却全不改变"，"结果阮得终其天年，而嵇竟丧于司马氏之手"，"据我个人的意见，……（嵇、阮）表面上毁坏礼教者，实则倒是承认礼教，太相信礼教。"

嵇康在《养生论》中说："夫称君子者，心不措乎是非，而行不违乎道者也。何以言之？夫气静神虚者，心不存乎矜尚；体亮心达者，情不系于所欲。矜尚不存乎心，故能越名教而任自然；情不系于所欲，故能审贵贱而通物情。物情顺通，故大道无违；越名任心，故是非无措也。是故言君子则以无措为主，以通物为美；言小人则以匿情为非，以违道为阙。……傥然无措，而事与是俱也。"②这段话比较集中地反映了他的法哲学观：第一，君子不违"道"；第二，君子以"无措"为主；第三，君子"越名教而任自然"。

嵇康在《与山巨源绝交书》中声言"老子、庄周，吾之师也"，认为"循性而动，各附所安"、"处朝廷而不出，入山林而不反"是自己应守的处世哲学。③ 这就是他"君子不违'道'"的表现。

他认为远古之时"君无文于上，民无意于下"，不知"仁义之端、礼律之文"。④ 他说："古之王者，承天理物，必崇简易之数，御无为之治，君静于上，臣顺于下，……群主安逸，自求多福，默然从道，怀忠抱义，而不觉其所以然也。"⑤ 这些是"无措"的注释。

所谓"越名教而任自然"，论者有认为是对礼教法度的批判和对名教本身的否定。《中

---

① 《而已集》，《鲁迅全集》第3卷。
② 《晋书·嵇康传》。
③ 同上。
④ 《嵇康集·难自然好学论》。
⑤ 《嵇康集·声无哀乐论》。

国法律思想史纲》一书的作者认为,"嵇康的'越名教而任自然'与老聃、庄周的绝圣弃智、毁礼废法有本质的不同。他的'越名教'之论是针对司马氏集团的虚伪的'名教'而发的。也就是说,嵇康所否定的是当时门阀士族鼓吹的礼教法度的虚伪性,而不是否定封建纲常和封建法制本身。"① 这一看法与上引鲁迅的论断是一致的。虽然如此,从总体上看,嵇康仍是从"道"出发,主张无为("无措")而"任自然",是一个具有虚无主义法哲学观的玄学家。

阮籍的思想,在早期以儒学为主,如在《乐论》中阐发了儒家的礼乐观,极力美化礼乐的教化作用。中期受到玄学的影响,致力于儒、道的结合,认为君臣之制合乎自然之道,憧憬"君臣垂拱,完太素之朴"的无为之治。晚期见司马氏控制曹魏政权造成了政治高压的局面,转而鄙弃礼法,推崇庄子,著《大人先生传》与《达庄论》,阐述了他的玄学法哲学观。

《大人先生传》与《达庄论》都论述了无条件的精神自由论,主张崇尚自然而超"越名教"。阮籍提出了"万物一体"说作为他的全部理论的基石。他把"自然"、"道"、"无"看作同一个东西。他说:"自然一体,则万物经其常。……自其异者视之,则肝胆楚越也;自其同者视之,则万物一体也。"② "太初何为?无先无后,莫究其极。"③ "至道之极,混一不分,同为一体。"④ 基于这一理论,阮籍主张返本归璞。他说:"伏羲氏结绳,神农教耕,逆之者死;顺之者生,又安知贪污之为罚,而贞白之为名乎!使至德之要,无外而已。……善恶莫之分,是非无以争。故万物反其所,而得其情也。"⑤ "夫无贵则贱者不怨,无富则贫者不争,各足于身而无以求也。恩泽无所归,则死败无所仇。……此先世之所至止也。"⑥ 他对当时的"重赏"、"严刑"表示坚决反对,认为"财匮而赏不供,刑尽而罚不行,乃始有亡国戮君溃散之祸"⑦。这些,当然是他的虚无主义法哲学观的反映。

有不少论著不分阮籍早、中、晚期思想的变化,混成一体囫囵而论阮籍,以为他和嵇康完全一样,从他的《达庄论》《大人先生传》得出他"表面"上反对礼法名教,而从他的《通易论》和《通老论》又得出他"实际"上并不反对礼法名教的结论。这是不妥当的。由此可见,剖人论事不能管窥蠡测,析文评作不能断章取义。我们说阮籍为玄学家,是从他整个一生而言的;我们说他是法律虚无主义者,则是就他的晚期论著而言的。

从魏晋之际玄学家个体看,各有区别。而从其整体看,从其共同性来看,他们确都是

---

① 《中国法律思想史纲》,第 424—425 页。
② 《阮籍集·达庄论》。
③ 《阮籍集·大人先生传》。
④ 《阮籍集·达庄论》。
⑤ 同上。
⑥ 《阮籍集·大人先生传》。
⑦ 同上。

法律虚无主义者。其虚无主义法哲学是老、庄虚无主义法哲学在此一时期的玄学表现。

四、评王弼的虚无主义法哲学观

对于魏晋之际玄学家的法哲学观，甚至对他们的整个玄学，历来都有许多不同的看法，见仁见智，歧见迭出。何晏在魏晋时期有很大的影响，但后来的史书中，大多贬斥有加。这固然同他的著作大部分未能保存下来有关，但更与他是政治斗争的失败者，被杀了头、夷了三族有联系。一则政治上得胜的司马氏著作得以留存流布，对何晏辱骂、诽谤的资料产生了不小影响；再则，在以政争胜败为转移而评价人物的态度支配下，不少人自然不可能正确臧否何晏。陈寿修《三国志》，不给何晏立传：反在其他人的传记中攻击、诬蔑何晏。《世说新语》《晋书》等也继续攻击何晏。这样，后人就很难明辨真伪，确断是非了。直到清代，才有人开始为何晏辩诬，但仅辩诬而已，如何正确评价其学术思想，仍是极大问题，更不用说起步较晚的法哲学思想方面研究了。关于王弼、嵇康、阮籍也大抵如此。如嵇、阮究竟是否反对礼教，就有截然相反的不同看法，竟致鲁迅先生也参加了议论。我们难以全面评论所有这些理论分歧，这里仅就王弼法哲学观上的学者分歧意见作一简介，以使读者增进对玄学家们法哲学观研究的知识与兴趣。

1989年4月，高潮与缄杰斌先生在《政法丛刊》发表《略论王弼"自然法"思想》一文，就王弼法哲学观提出了见解，并对"传统观点"及最新著作中的一些观点，提出了商榷意见。该文认为王弼继承了老庄"道法自然"、"无为而治"的思想，形成了独具特色的以"贵无"为核心的"简捷而思辨"的哲学体系。该文指出，王弼的"自然法"思想具体表现在，第一，反对神权，反对儒家权威；第二，反对名教，但并不反对任何仁义礼教和任何社会规范；第三，反对严刑峻法。对名教与自然的关系，该文指出，传统观点认为：王弼的"贵无"哲学以及由此而引出的法权观念只不过是为儒家名教寻找新的理论根据，以维护魏门阀士族的统治，并把他的法律思想概括成为"名教出于自然"；最近出现的不同观点则认为王弼根本不主张"名教出于自然"，而是恰恰相反，是"崇自然以息名教"，并从而反对一切仁义道德、礼义规范、典章制度。高文认为，这两种观点"都不正确"，"都失之于偏颇"，"都没有把握住王弼哲学思想、法律思想内在的深层逻辑结构，即没有掌握王弼哲学思想和'自然法'思想的内部联系和根本属性"。高文认为，正确的看法应该是：王弼基于其"贵无"哲学，凡符合自然法则，他都赞同；反之，凡破坏自然法则，违反自然法，他都反对。亦即：儒家的繁文缛节、仁义礼节、法律规范，他都反对，因为它们违反自然法；但他对符合自然法的仁德礼义却不反对。该文还对段秋关同志在《中国法律思想史纲》中认为王弼主张"名教出于自然"的观点提出"相反"看法：不是"名教出于自然"，而是"崇自然以息名教"，后者才是王弼法哲学的根本特征。在笔者撰写此文时，还未见有与高文论争的。当然，这不就是高文意见即为定论。笔者以为，究竟什么是王弼心中的"自然法"？王弼论述过"自然法"吗？王弼崇老奉庄，推崇"自然"，并以"自然"为"道"亦即"无"。说到底，"自然"就是"无"。以虚无为"自然"，那么，他的"自然法"何在呢？高文所说王弼的法律思想，如上所引，也仅是五个"反对"。否定本身也是肯定，这诚然是不错的，但具体的肯定仍应由"肯定"做正面的表述。这一具体的肯定，即王弼的"自然法"究竟是什么，从高文中，从王弼著作中，都是难以找出的。因此，依笔者的意见，还是不套用西方法哲学语汇去论王弼的法哲学观为好。从总体上认定他有法律虚无主义的观点，这是各方无异议的。故笔者持此一说，并以况魏晋时期的整个玄学家法哲学观。

第五十一章　魏晋时期反玄学的法哲学观

魏晋时期道家思想比较流行，玄学家的法哲学观有很大的影响。但与此同时，反玄学的法哲学观也到处流布，虽未形成春秋战国时期那样的"百家争鸣"的轰轰烈烈场面，却也在思想理论园苑中给人留下了异彩纷呈的印象。

除曹操、诸葛亮外，这一时期最早起而反对自然无为、浮华虚玄的玄学而比较著名的，大概要算晋初的傅玄了。

一、傅玄：反法、反玄的民本主义法哲学观

傅玄（约210—271年）字休奕，北地泥阳县（今陕西耀州区）人。"少时避难于河内，专心诵学，后虽显贵，而著述不废。"历任县令、州官，晋爵为子，后迁司中、太仆，转司隶校尉、散骑常侍。晚年因忤权贵而免官家居，"撰论经国九流及三史故事，评断得失，各为区例，名为《傅子》，为内、外、中篇，凡有四部、六录，合百四十首，数十万言，并文集百余卷行于世"①。但其书多亡佚，今仅存《傅子》五卷三十多篇。

在哲学上，傅玄认为自然界是按照"气"的自然之理而运动的；人之性如水，置之圆则圆，置之方则方。他把自然和人类历史都看作一种纯粹的自然过程，批判了有神论的世界观。这是他与儒家信"天命"拜鬼神的唯心主义哲学不同的地方。但是，综观傅玄的全部遗著，其主张又带有浓厚的儒家色彩。因此，可以把他列为从儒家法哲学立场表达了与玄学家的法哲学分道扬镳的一派。

傅玄对玄学家们"玄之又玄"的空论十分反感，认为一切空论都无助于"匡世济时"，因此他特别注意务实，脚踏实地地研究当时的社会问题、政治法律问题和经济问题。他的同时代人王沈曾这样评论他的著作："省足下所著书，言富理济，经纶政体，存重儒教，

---

① 《晋书·傅玄传》。

足以塞杨、墨之流遁，齐孙、孟于往存，每开卷，未尝不叹息也。"①王沈是在读了傅玄的部分著作后这样评论的，因此，既有评得恰当的地方，也有不全面之弊。他正确地提出了傅玄"言富理济，经纶政体"注重务实的一面，又正确地肯定了傅玄"存重儒教"的特色。而他说傅玄"塞杨、墨之流遁"，又没有指出傅玄主要是"塞"法家与玄学家之"流弊"，则是失当的。

傅玄之反法、反玄，可见诸他任散骑常侍时的上疏，其中说："……亡秦荡灭先王之制，以法术相御，而义心亡矣。近者魏武好法术，而天下贵刑名；魏文慕通达，而天下贱守节。其后纲维不摄，而虚无放诞之论盈于朝野，使天下无复清议，而亡秦之病复于今。"②这是极为明显的反法、反玄论，可惜王沈未予评及，而今人的不少著作仅撷王沈一言以概傅玄之全貌，不亦谬乎！

与"塞（杨）墨之流遁"恰恰相反，如同墨家的"兼爱"思想一样，傅玄实际上也是一个"兼爱"论者，只不过他没有使用"兼爱"一语罢了。他的墨者"兼爱"思想，是以"利天下"的概念来表达的。他说："利天下者，天下亦利，害天下者，天下亦害之。……仁人在位，常为天下所归者，无他也，善为天下兴利而已。"徐永康同志所作《傅玄的法律思想》一文，据此而认为傅玄法律思想的基础是"民本主义"，③倒是比较恰当的。因此，傅玄之"重儒"，是"重"于孟子之"儒"学。

傅玄的民本主义儒家法哲学观，比较集中地反映在他的"先礼后刑"、"明赏慎罚"、"德威相济"和"欲吏之清"等改革政治弊病的主张上。

傅玄的"先礼后刑"论见诸他的《法刑篇》。他说："天地成岁也。先春而后秋。人君之治也，先礼而后刑。"他为"礼"、"法"、"刑"下了定义："立善防恶谓之礼，禁非立是谓之法。法者，所以正不法也。明书禁令曰法，诛杀威罚曰刑。"他认为，礼、法是有轻、重，先、后的；礼是立国之本。因此，他推崇"儒学"为"王教之首"。他说："夫儒学者，王教之首也，尊其道，贵其业，重其选，犹恐化之不崇；忽而不以为急，臣恐日有凌迟而不觉也。"④他之"尊"儒学之"道"，首在"尊"其"非礼勿动，非礼勿言……"之"以礼为首"之"道"。

在《法刑篇》中，他还阐述了"德威相济"、"礼法并用"的观点。他说："礼法殊途而同归，赏刑通用而相济。"他认为，"治世"之时，从善者多、作恶者少，应"礼法并用"而"先礼后刑"；而"乱世"之时，情形相反，但"礼"仍不应弃置不用，只是其时可先刑后礼罢了。他说，这是为了杀一儆百，这就应做到"心恶者，虽小必诛；意善过误，虽大必原"。

---

① 《晋书·傅玄传》。
② 同上。
③ 《法学》1984年第5期。
④ 《晋书·傅玄传》。

最集中地表明他的"礼法并用"、"德威相济"的观点的,是他的《治体篇》。其中,他写道:"治国有二柄,一曰赏,二曰罚。赏者,政之大德也;罚者,政之大威也。……为治审持二柄,能使生杀不妄,则其威德与天地并矣。……夫威德者,相须而济者也。故独任威刑而无德惠,则民不乐生。独任德惠而无威刑,则民不畏死。民不乐生,不可得而教也。民不畏死,不可得而制也。有国无政,能使其民可教可制者,其唯威德足以相济者乎。"

在《治体篇》中,傅玄还阐述了"明赏慎罚"的主张。他说:"信顺者,天地之正道也;诈逆者,天地之邪路也。民之所好莫甚于生,所恶莫甚于死。善治民者,开其正道,因其所好而赏之,则民乐其德也。塞其邪路,因所恶而罚之,则民畏其威矣。善赏者,赏一善而天下之善皆劝;善罚者,罚一恶而天下之恶皆惧矣。劝而惧者何?赏公而罚不式式也。有善虽疏贱必赏,有恶虽贵近必诛,可不谓公而不式乎?若赏一无功,则天下饰诈矣;罚一无罪,则天下怀疑矣。是以明德慎罚,而不肯轻之;明德慎罚,而不肯忽之。"

为了达到"明德慎罚",傅玄又主张"欲吏之清",力倡举人唯贤而不唯亲。这又是与孔子的儒学观不相一致的。他说:"贤者,圣人所与共治天下者也。故先王以举贤为急。"① 他打比方说:"治国家者,先择佐而后定民。大匠构屋,必大材为栋梁,小材为榱撩,苟有所中,尺寸之木无弃也。非独屋有栋梁,国家亦然。大德为宰相,此国家之栋梁也。审其栋梁,则经国之本立矣。"② 至于"贤"、"不肖"的标准,傅玄认为当首推为"公"抑或为"私"。他说:"政在去私,私不去则公道亡,公道亡则礼教无所立。礼教无所立,则刑赏不用情。刑赏不用情,而下从之者,未之有也。夫去私者,所以立公道也。唯公然后可以正天下。"③ "夫有公心,必有公道;有公道,必有公制。"④

由于傅玄遗著甚少流传,我们仅能从他反对"魏文慕通达"而至"虚无放诞之论盈于朝野"知道他是反玄学而与有力者,至于更具体的详情细节,就不得而知了。但从上述傅玄的比较务实的法律观点看,他确是一反玄学的空谈的。此外,还可证诸他在经济上的许多改革主张,因与法哲学无涉,就不一一尽述了。

二、葛洪:从崇儒抑道到本道末儒

傅玄死后十余年诞生的葛洪,活了八十岁,跨越两晋(从晋武帝太康四年即283年生,至东晋哀帝兴宁元年即363年死)。似乎与这"跨越两晋"相当,他的学术观点也从崇尚儒学转而本道末儒,起了个一百八十度的大变化。但无论是崇儒还是从道,他都与玄学家

---

① 《傅子·举贤》。
② 《傅子·授职》。
③ 《傅子·问政》。
④ 《傅子·通志》。

有本质的不同,显出了反玄学的不同种类的法哲学观。

葛洪,字稚川,丹阳郡句容县(今江苏省句容县)人。自号"抱朴子"。他在《自叙》篇里说自己"少有定志:决不出身","念精治五经,著一部子书,令后世知其为文儒而已"。他在前期确也是这样做的。努力于振兴儒教的言行思想,集中反映在《抱朴子外篇》中,但在后期,面对"世事日非"的险恶形势,他深为"入无绮纨之娱,出无游观之欢,甘旨不经乎口,玄黄不过乎目"而叹息,深感"万忧攻其心曲,众难萃其门庭,居世如此,可无恋也"①,于是舍儒从道,专心致志于炼丹修仙去了。其著作有《抱朴子》。

论者谓"葛洪的思想比较复杂,前期的绝非纯儒,后期的也并非纯道。在他前一阶段的儒家学说为主导的思想里,渗透着道家和法家的思想。在后一阶段的神仙道教思想里,却也没有容纳老庄所有的理论"②,这是比较符合实际的评论。但这仅是哲学家的评论,法学家的评论却是五花八门:"葛洪基本上是'外儒内法'的思想。"③"葛洪思想的特征是外神仙而内儒术,调和儒、道的学说,用道教的迷信为门阀士族统治服务,以神仙方术的玄虚论证封建礼法制度的权威。他的法律观点,基本上取旨于两汉儒家的正统法律思想,……"④"葛洪的思想是复杂的。他信奉道教,又推崇儒家的伦理道德,……企图把道儒结合起来。在法律上他又主张明法严刑,不为仁义所束缚,颇有法家的气派。总之,他……力求吸取儒、道、法各派的思想,为巩固大地主阶级的反动统治服务。"⑤

归纳起来,对葛洪的学术思想有四种不尽相同的评价,简而言之是:其一,前期以儒学为主导,后期以神仙道教为主导;其二,"外儒内法";其三,外道内儒"调和儒、道的学说";其四,"儒、道、法各派思想"的结合。

纵观葛洪一生,前后期生活、思想确乎起了极大的变化。仅此而言,浑浑然囫囵而论葛洪,不做前后期的区别,无疑是不妥的。仅此一点而言,就可见法学界企图"一口气"而论葛洪,是勉为其难而不免偏颇的。笔者主张分前后期的变化来考察他的法哲学观的变化。

葛洪的遗著《抱朴子》有《外篇》与《内篇》之分。《内篇·黄白》云:"余若欲以此辈事骋辞意于后世,则余所著《外篇》及杂文二百余卷,足以寄意于后代,不复须此。"这是《外篇》著于先而《内篇》撰于后的力证。再证诸葛洪前期从立志为"文儒",到应吴兴太守顾秘之邀,任将兵都尉,参与镇压张昌起义军的别帅石冰之师,立了"战功"而升迁为伏波将军,后又拟往广州任刺史嵇舍的参军等等,积极于世事论述的《外篇》反映其前期思想,是可信的;而其后期,携带子侄前往罗浮山炼丹,"在山积年,优游闲养,著述不辍"⑥,而

---

① 《抱朴子内篇·论仙》。
② 王明:《葛洪》,《中国古代著名哲学家评传》续编二,齐鲁书社1982年版。
③ 《中国法律思想史》,法律出版社,第220页。
④ 《中国法律思想史纲》(上册),第433页。
⑤ 《中国法律思想史》,黑龙江人民出版社1983年版,第206页。
⑥ 《晋书·葛洪传》。

《内篇》的内容大多为化学家式的炼丹术介绍，其为此时的著述，也是可信的。因此，我们分前期与后期的变化来探究他的法哲学，也就成了分《外篇》与《内篇》来论证了。

葛洪早期的法哲学观，主要有以下几点：

第一，天尊地卑、君贵臣贱的儒家"天命"论和君权神授、法执于君的观点。

《周易·系辞》有"天尊地卑，乾坤定矣；卑高以陈，贵贱位矣"之说，这是典型的儒家哲学观。葛洪承而继之发挥说："冲眛既辟，降浊升清，乾坤定位，上下以形。远取诸物，则天尊地卑，以著人伦之体；近取诸身，则元首股肱，以表君臣之序，降杀之轨，有自来矣。"① 他认为"圣人之作，受命自天"，"夫君，天也，父也"②。

从这种"天命"论出发，葛洪以君权为神授，法刑为"神器"，因此，主张君主应独擅其权，"不可假人"。他说："故仁者，为政之脂粉；刑者，御世之辔策。脂粉非体中之至急，而辔策须臾不可无也。肃恭少怠，则慢惰已至；威严暂弛，则群邪生心。当怒不怒，奸臣为虎；当杀不杀，大贼乃发。……然则刑之为物，国之神器，君所自执，不可假之。"③

第二，主张德主刑辅、"刑为仁佐"。

葛洪早期思想以儒学为主导，但这不是孔孟的儒学，而是董仲舒的新儒家法哲学。因此，在德刑关系上，他的论点大体是与董仲舒相类似的，用他自己的话说是"刑为仁佐"，也就是董仲舒主张的"德主刑辅"。葛洪说："夫德教者，黼黻之祭服也；刑罚者，捍刃之甲胄也。若德教治狡暴，犹以黼黻御剡锋也；以刑罚施平也，是以甲胄升庙堂也。故仁者养物之器，刑者惩非之具。我欲利之，而彼欲害之，加仁无俊，非刑不止。刑为仁佐，于是可知也。"④ 从"刑为仁佐"而以"仁"为主的儒家法哲学基本观点出发，葛洪主张立法"约俭"，反对"令烦而不行"。他说："余以为丧乱既平，朝野无为，王者所制，自君作古。可命精学治闻之士，才任损益免于拘愚者，使删定三礼，割弃不要，次其源流，总合其事，类集以相从，……务令约俭。夫约则易从，俭则用少。易从则不烦，用少则费薄。不烦则莅事者无过矣，费薄则调求者无苛矣。"又说："亡国非无令也，患于令烦而不行；败军非无禁也，患于禁设而不止。"⑤

第三，主张严刑峻法、恢复肉刑。

我们说葛洪的法哲学以儒学为主导，可见诸以上两点，还可见诸他的大量崇儒言论，如说"正经为道义之渊海"⑥、欲"兴儒教以救微言之绝"⑦ 等。我们还说在其早期的法哲学

---

① 《抱朴子·外篇·诘鲍》。
② 同上。
③ 《抱朴子·外篇·用刑》。
④ 同上。
⑤ 《抱朴子·外篇·用刑》。
⑥ 《抱朴子·外篇·百家》。
⑦ 《抱朴子·外篇·嘉遁》。

中，又渗透着法家的一些观点，这则见诸主张严刑峻法、恢复肉刑方面。这当然不是儒家思想，也绝非道家思想。所以，说他前期思想中也渗透着道家思想，却也是不对的。

葛洪认为治国必须用刑，因此"薄申、韩"、"嘉老、庄"是不对的。他说："世人薄申、韩之实事，嘉老、庄之诞谈；然而为政，莫能错刑。杀人者原其死，伤人者赦其罪，所谓土拌瓦甃，无救朝饥者也。道家之言，高则高矣；用之则弊，辽落迂阔。……若行其言，则当燔桎梏，毁府节，撤关梁……人民至死不往来。可得而论，难得而行也。"① 这一段话，清清楚楚地表达了褒奖申、韩等法家重视法治，鄙薄老、庄等道家为"诞谈"、为"迂阔"的态度。同时，这一段话又是针对"世人"之"嘉老、庄"而发的。这里的"世人"，就是指那些玄学家的玄虚之论。因此，它又是反玄学的宏论。

葛洪不但主张治国必须用刑，还进而认为应当施用重刑，恢复最先被汉文帝废弃的肉刑。在《外篇·用刑》中，他驳斥严刑峻法不是三皇五帝的治国之道时说，《易》称明罚敕法，《书》有哀矜折狱，爵人于朝，刑人于市，早就有了严刑峻法了。他还说："唐虞其仁如天，而不原四罪；姬公友于兄弟，而不赦二叔。仲尼之诛正卯，汉武之杀外甥，垂泪设法，盖不获已也。"他认为，"刑法凶丑而不可罢者，救时弊也"。在谈及肉刑问题时，他说："除肉刑则死罪之下无复中刑在其间，而次死罪不得不止于徒、谪、鞭、杖，是轻重不得不适也。"又说："终身残毁，百姓见之莫不寒心，亦足使未犯者肃栗，以彰示将来。……死刑知者见者不多，肉刑者见者多，为栗戒也多。"所以，他力主恢复肉刑以"惩示凶人"。

葛洪后期的法哲学观，见诸《抱朴子·内篇》。在《内篇》中，葛洪表达了他的神仙道教观点和鄙薄儒学的观点。其中反映的法哲学观为道家的"无为而治"的思想。那么，他是怎样阐述以道为本、以儒为末，鼓吹"无为"而治的呢？在《明本》中，葛洪说："道者，儒之本也；儒者，道之末也。"他推尊"内以治身，外以为国"的"道"说："道之兴也，则三五垂拱而有余焉；道之衰也，则叔代驰骛而不足焉。夫惟有余，故无为而化美；夫唯不足，故刑严而奸繁。"

在《外篇》中，葛洪把儒学看作救世的良方，而在《内篇》中，则把"儒"看作为"道"之"末"，"儒"是必须以"道"为根"本"的。因此，把葛洪思想不分先期与后期，笼而统之地说什么"道表儒里"、"外儒内道"，都是很不妥当的。

不仅如此，在《外篇》中，葛洪主张严刑峻法，在《内篇》中却转而取反对态度了。他说："……刑严而奸繁，黎庶怨于下，皇灵怒于上。"② 这同样说明，不能浑然不分地述评葛洪的一生。如果一定要从葛洪一生的角度看，那么，笔者以为，最好还是仅仅指出他前后一贯的不同于玄学以至反对玄学的荒诞虚无这一点。晚期的葛洪虽然扬道抑儒，却没有像玄学家那样走向"玄之又玄"的极端。他不过转而遁入深山炼丹修仙，结果成了世界

---

① 《抱朴子·外篇·用刑》。
② 《抱朴子·内篇·明本》。

上屈指可数的几个最早的化学家之一罢了。而这化学,对后世是很有实用价值的。

三、鲍敬言:独此一家的"无政府主义法哲学"

与葛洪大致同时代的,还有个鲍敬言,也是与玄学家大异其趣的人。他的生卒年代、生平事迹、言行著作,都已湮灭无闻了。唯有葛洪的《抱朴子·诘鲍篇》,在反诘鲍敬言的言论时引录了他的一些文论,这才使我们知道有其人、有其言、有其不同于玄学家的观点。

鲍敬言的法哲学观可以"无政府主义法哲学"名之,这在中国古代法哲学史上是"独此一家,别无分店"的。其主要观点是:第一,国家、法律是暴力和征服的产物。他认为儒者将君主说成是神授其权,说什么"天生丞民而树之君",是"将欲之者为辞"的谎言。他认为,人类之初,并无君臣之分和等级压迫:"古者无君,胜于今世。"那时势利不萌、祸乱不作,因此无"聚敛以夺民财"、"严刑以为坑阱"之事;后来,是由于"强者凌弱,则弱者服之矣;智者诈愚,则愚者事之矣。服之故君臣之道起焉,事之故力寡之民制焉"。

第二,国家、法律、礼义、刑罚的产生,带来了人类的灾难。他批判"礼",认为主张"尊卑有序"的"礼"产生后,反而造成社会的一极"繁玉如林,不足以极其变;积金如山,不足以赡其费"的"淫荒"现象;法制产生以后,反而到处是"民争名"、"盗贼起";刑罚之设,则"使夫桀纣之徒得燔人、辜谏者、脯诸侯、菹方伯、剖人心、破人胫……使彼肆酷恣欲屠割天下。"他指出:"君臣既立,众慝日滋,而欲攘臂乎桎梏之间,愁劳乎涂炭之中,人主忧栗于庙堂之上,百姓煎扰乎困苦之中,闲之以礼度,整之以刑罚,是犹辟滔天之源,激不测之流,塞之以撮壤,障之以指掌也。"总之,国家、礼义、法制、刑罚,是万恶之源。

第三,人类最高的理想是没有国家、没有法律的社会。他认为在"无君无臣,穿井而饮,耕田而食,日出而作,日入而息,风然不系,恢尔自得,不竞不营,无荣无辱"的理想社会,即没有君臣、法制的社会里,人们"身无在公之役,家无输调之费"、"干戈不用,城池不设"、"安土乐业,顺天分地;内足衣食之用,外无势利之争",乃是最为理想的世界。

鲍敬言的上述三方面观点是紧密相关的,有机地构成了他的"无政府主义法哲学观"。可惜的是关于他的资料实在太少了。

除傅玄、葛洪、鲍敬言外,魏晋时期还有裴頠对玄学家的"贵无"论做过有力的批判,何承天对儒家与释家的优劣做过详尽的评论,刘毅对九品中正制度做过抨击,都是反玄学的不同表现。如本文开头所说,这一时期反玄学的法哲学观确是异彩纷呈,颇为丰富的。

第五十二章　文中子和儒道佛三教合一法哲学观

魏晋南北朝时期的一个突出现象是佛教的发展和流行。南北朝时已出现了僧侣大地主，形成了独立的寺院经济，到处大建佛寺。仅建康一地，就有"佛寺五百余所，穷极宏丽。僧尼十余万，资产丰沃。所在郡县，不可胜言。"① 影响所及，重新统一中国的隋文帝及隋初名臣也多笃信佛教。因此，隋代的法哲学以佛学的羼入为其特色。

佛教与道教虽非同教，理论渊源与原则均有所不同，但在治国理政问题上，又与道教若有可沟通之处，这就是佛教的斋戒忏礼、空谈彼岸，等于道家"无为"的实际操作。《南史·郭祖深传》所说佛教出现后"家家斋戒，人人忏礼，不务农桑，空谈彼岸"、"游农转众，耕夫日少"的情况，到隋代发展得更厉害了。

佛教与儒学有极大的不同，但也有可沟通之处。这就是佛教的"善"与儒学的"仁"。南朝宋的大臣何尚之答宋文帝刘义隆问时说，传播佛教之"风训以遍宇内，编户千万，则仁人百万矣。……夫能行一善，则去一恶。一恶既去，则息一刑。一刑息于家，则万刑息于国。四百之狱，何足难错？雅颂之兴，理宜倍速，即陛下所谓坐致太平者也"②。

鉴于上述儒、道、佛之可沟通，又鉴于隋代接受了三国任法而祚短、魏晋谈玄而大乱不止的教训，加之诸家学说早已在交汇融合之中，隋代君臣以及知识分子于是纷纷走上了儒、道、佛三教合一的思想理论路线。其突出的代表者，便是文中子王通。

一、文中子其人其事及其哲学观

王通，字仲淹，号文中子，绛州龙门（今山西河津）人，生于隋开皇四年（584年），卒于大业十三年（617年）③。出身于儒学名门，其六代祖王玄则为南朝宋的太仆国子博士，

---

① 《南史·郭祖深传》。
② 《弘明集·何尚之答宋文帝赞扬佛教事》卷11。
③ 《中国思想发展史》述王通卒年为617年，不确。详参拙著《隋律研究》，法律出版社1987年版，第165页，注34。

"究道德，考经籍"、"贵礼乐"，人称"江左王先生"。父王隆，"传先生之业，教授门人千余"，开皇初为国子博士，曾向隋文帝奏献《兴衰要论》七篇。王通绍继家学，亲聆王隆教授十八年并四方求学，"受《书》于东海李育，学《诗》于会稽夏琠，问《礼》于河东关子明，正《乐》于北平霍汲，考《易》于族父仲华"，"不解衣者六岁"。仁寿三年（公元603年），王通二十岁，行"冠礼"，"慨然有济苍生之心"，西游长安见隋文帝，"奏太平策十有二策"。《太平十二策》已经佚失，据《中说·关朗篇》可知，其首策为《正始》，其余不详。在《太平十二策》中，王通"尊王道，推霸略，稽今验古，恢恢乎运天下于指掌"。但虽见悦于隋文帝，却为"公卿不悦"，未能见用。于是王通"作东征之歌而归"，哀叹"道之不行兮垂翅东归"的遭遇。以后，他"续诗书，正礼乐，修元经，赞易道，九年而六经大就"；同时聚徒讲学，"门人自远而至"，"往来受业者不可胜数，盖千余人"。其中最出名的有董常、姚义、薛收、贾琼、房玄龄、魏征、温大雅、陈叔达等人。此外，隋唐时期的著名人物如杨素、苏威、李德林、杨玄感、李密等，都曾向他求教过。王通早夭，弟子数百人会集私谥曰："文中子"。其著作有《王氏礼论》二十五篇,《乐论》十篇,《续书》一百五十篇,《续诗》三百六十篇,《元经》五十篇,《赞易》七十篇。隋末大乱，散佚殆尽。流传于世的，是其弟子薛收、姚义辑集的他与弟子的谈话录，即《中说》十卷。①

文中子王通的法哲学观，是以儒为主、儒道佛三教合一的法哲学。其哲学基础则为儒家的客观唯心主义。鲁迅先生说："孔墨都不满于现状，要加以改革。但那第一步，是在说动人主，而那用以压服人主的家伙，则都是'天'。"②王通的法哲学既以儒学为主，就同他们一样用"天"、"天命"、"天意"来构筑其法律观了。王通认为"先人之义"、"仲尼之心"、"帝王之道"，都是"昭昭然"的"天人之事"③；"周礼之道"是"神之所为"，因此"顺之则行，逆之则凶"④；认为周公的典礼是"与天命齐其长久"的永恒的东西。⑤王通承袭董仲舒的阴阳五行说，认为"春生之，夏长之，秋成之，冬敛之，父得其为父，子得其为子，君得其为君，臣得其为臣"⑥，春夏秋冬、阴阳五行，是君臣父子关系的本源。宇文化及向他请教天道人事，他说："顺阴阳仁义，如斯而已。"阮逸解释此话说："立天之道曰阴阳，立人之道曰仁义。天人相与则一。"⑦《中说·叙篇》叙述编撰《中说》篇次时说："文中子之教，继素王之道，故以《王道篇》为首；古先圣王，俯仰仁义，必合其德，故次之以《天地篇》；天尊地卑，君臣立矣，次之以《事君篇》；法天莫如周公，故次之以《周公

---

① 〔唐〕杜淹：《文中子世家》。
② 《流氓的变迁》，见《三闲集》，《鲁迅全集》第4卷。
③ 《中说·王道篇》。
④ 同上。
⑤ 《中说·魏相篇》。
⑥ 《中说·王道篇》。
⑦ 《中说·问易篇》，并阮逸注。

篇》……"这从一个侧面说明了王通法哲学的唯心主义天命论基础。

二、以儒为主的三教合一观

王通的法哲学企图把儒、道、佛三教合而为一，但"三教合一"并非他的首倡。有些同志认为王通"首倡"了三教合一论，① 这与历史事实不符。笔者在《隋律研究》一书中曾就此做过商榷并阐明儒、佛、道三教合一是由隋文帝一手实现的，但隋文帝以佛为主，王通则以儒为主，也正因此，王通的法哲学未见容于隋代统治阶级。在拙著中，笔者还指出了王通以儒为主的三教合一说的主要观点是：第一，"通其变"而取舍各教各派的长短优劣。他说："通其变，天下无弊法；执其方，天下无善教。"② 为什么呢？因为各教都有其长，又有其短。正因如此，就要变通运用，而其关键在于行道的人。他说："诗书盛而秦世灭，非仲尼之罪也；玄虚长而晋室乱，非老庄之罪也；斋戒修而梁国亡，非释迦之罪也。《易》不云乎，'苟非其人，道不虚行'。"③ 第二，反对三教分立，政出多门。他的弟子程元问："三教何为？"王通答曰："政恶多门久矣。"④ 这一问一答，似乎答非所问，其实正好揭出了三教分立与政出多门的关系。王通认为佛是"西方之教"，释迦牟尼是"圣人"⑤，因此，后魏太武、周武帝先后毁弃佛法，"适足推波助澜，纵风止燎"⑥，只能暂废而愈盛。他读《尚书·洪范》，答出了"三教于是可一矣"的结论。程元、魏征问"何谓也"，王答曰："使民不倦。"⑦ 这就将三教合一与易于制民的关系道明了。第三，以儒为主。王通把周公和孔子捧到了至高无上的地位。他说："如有用我者，吾其为周公所为乎？""千载而下，有申周公之事者，吾不得而见也；千载而下，有绍宣尼之业者，吾不得而让也。"⑧ 他把承袭宣扬周孔之道作为自己毕生的事业，即使到处碰壁，也"矢志不回"。他悲叹"仲尼之述，广大悉备，历千载而不用，悲夫"！弟子仇璋问道，既然如此"夫子何勤勤于述也"？王通说："先师之职也，不敢废，焉知后之不能用也？"⑨

王通的三教合一论，首在儒家的"王道"。他说："甚矣，王道难行也。吾家倾铜川六世矣，未尝不笃于斯，然亦未尝得宣其用。退而咸有述矣，则以志其道也。"⑩ "六世"

---

① 《中国古代政治思想史》谓："王通首倡以儒家为主干的儒道佛三家合一论……"
② 《中说·周公篇》。
③ 同上。
④ 《中说·问易篇》。
⑤ 《中说·周公篇》。
⑥ 《中说·问易篇》。
⑦ 同上。
⑧ 《中说·天地篇》。
⑨ 《中说·关朗篇》。
⑩ 《中说·王道篇》。

而"笃于王道",虽"未尝得宜其用",仍旧孜孜不倦地从事著作以求将来有朝一日付诸实施,可见醉心于王道之深。他竭力宣扬体现在周礼和孔学中的王道。他这样盛赞周孔之道:"卓哉,周孔之道!其神之所为乎,顺之则吉,逆之则凶。"① "吾视千载以上,圣上在上者,未有若周公焉,其道则一,而经制大备,后之为政者有所持循;吾视千载而下,未有若仲尼焉,其道则一,而述作大明,后之修文者有所折中矣。"② 他自称"通也,宗周之介子","居家不暂舍周礼",说"如有用我者,则执此(指周礼)以往。"③

王通竭力宣扬的"王道"的基本内容是:第一,提倡分封制,反对郡县制。房玄龄问他郡县之治,他说:"宗周列国八百余年,皇汉杂建四百余载,魏晋已降灭亡不暇,吾不知其用也。"④ 把周、汉绵延一千二百年、魏晋南北朝各国短命而亡,都归咎于是否实行分封制。第二,宣扬仁义礼智信的儒学观点。"李密见子而论兵,子曰:'礼信仁义,则吾论之;孤虚诈力,吾不与也。'"⑤ 他特别强调的是"礼"。他对门人杜淹说:"非礼勿动,非礼勿视,非礼勿听。"第三,兜售三纲五常。他游孔庙,出而歌曰:"大哉乎!君君臣臣,父父子子,兄兄弟弟,夫夫妇妇,夫子之力也。其与太极合德,神道并行乎!"⑥ 这里不但神化了三纲五常,而且与"神道并行"、"与太极合德",把儒、道、佛三教合一的观点表达得十分鲜明。

三、亦道亦儒、援佛入儒的法律观

在上述唯心主义天命论和儒学"王道"论的基础上,王通主要的法律观点是:

第一,亦道亦儒,主张"刑清"以求"无讼"。

王通赞美西汉从汉高祖至汉献帝四百年间的"役简"、"刑清"(其实,实际情况并非如此,汉武帝以后,很快就走上了刑繁法急的道路)。他说:"大哉七制之主,其以仁义公恕统天下乎!其役简,其刑清,君子乐其道,小人怀其生,四百年间,天下无二志。"⑦ 后来成了隋邳国公的苏威曾向他求教为政之道,他答以"清以平"。⑧

王通向往往古的"至治之代"能"法悬而不犯",说自己如能从政,就一定要达到孔子"必也无讼"的理想。他在回答魏征"议事之制,何如"之问时说:"苟正其本,刑将

---

① 《中说·王道篇》。
② 《中说·天地篇》。
③ 《中说·魏相篇》。
④ 《中说·事君篇》。
⑤ 《中说·天地篇》。
⑥ 《中说·事君篇》。
⑦ 《中说·天地篇》。
⑧ 《中说·周公篇》。

措焉；如失其道，议之何益？故至治之代，法悬而不犯；其次犯而不繁。故议事以制噩，中代之道也。如有用我，必也无讼乎！"①

第二，援佛入儒，主张先德后刑，刑罚适当。

王通评述古今之"为政者"说："古之为政者，先德而后刑，故其人悦以恕；今之为政者，任刑而弃德，故其人怨以诈。"②

陈叔达任绛郡守，下捕贼之令时说："无急也，请自新者原之，以观其后。"王通闻讯，高兴地说："陈守可与言政矣。上失其道，民散久矣，苟非君子，焉能固穷？导之以德，悬之以信，且观其后，不亦善乎？"③ 认为在社会混乱、民生艰难的情况下，老百姓因贫穷而行窃是情有可原的，因此，"导之以德"，示之以法，先德而后刑，是一"善"举，"可与言政"。"善"，正是佛学的核心思想。而先德后刑、以德化民、以刑辅德，又是董仲舒以来新儒家法哲学的基本主张。王通就是这样援佛入儒，使儒佛结合的。

杜如晦问政，王通答曰："推尔诚，举尔类，赏一而劝百，罚一而惩众，夫为政而何有？"④ "推"、"举"、"赏"、"罚"得当，"为政"之道不出此四者，可见他不否定法刑的惩戒作用，而且不主张扩大刑罚的范围。他说自己著《元经》以续孔子的《春秋》，旨在对孔子之后的历史事件和人物继续臧否，包括评价赏罚是否有当。薛收问他《元经》为什么从晋惠帝写起，他说："昔者明王在上，赏罚其有差乎！《元经》褒贬所以代赏罚者也，其以天下无主而赏罚不明乎！"⑤ 认为从前"明王在上"、赏罚得当，所以不必记述；而晋惠帝时贾后擅权，天下大乱。有惠帝而若"无主"，赏罚不当，所以《元经》从此时写起。

文中子三教合一的法哲学观，仅仅开三教合一之端，并未形成系统的法哲学体系。

陆九渊说："佛入中国，在扬子之后，其事与其书入中国始于汉，其道之行乎中国始乎梁，至唐而盛，韩愈辟之甚力，而不能胜。王通则又浑三家之学，而无所讥贬。浮屠、老氏之教，遂与儒学鼎列于天下，天下奔走而向之者，其在彼不在此也。"⑥ 此处说王通"浑三家之学"而开儒、道、佛鼎立天下之先，正是对王通开三教合一之端而未形成系统法哲学理论的另一种说法。

---

① 《中说·关朗篇》。
② 《中说·事君篇》。
③ 同上。
④ 《中说·立命篇》。
⑤ 《中说·王道篇》。
⑥ 《陆九渊集》卷24，《策问》。

第五十三章　韩愈的道统法哲学和柳宗元与道统法哲学的对立

唐王朝开国之初既重视法制建设,给中国和世界留下了一部光辉灿烂的《永徽律》即通常所说的《唐律》,并"以礼入律",在《唐律》中贯彻了儒家的法哲学,同时又大力提倡佛、道二教,努力用一切可用的办法来巩固李氏王朝的统治。历史事实已经无可争辩地说明,这种封建性的原始方式"综合治理"策略,是卓有成效的。由于注重实际操作,而无暇顾及理论建树,因此,初唐法哲学就其少特色,研究者也寥寥无几。已有的研究成果,虽然名为"法哲学",却多少有点勉强。但进一步做探索,仍是必要的。美国学者韦乐斯·约翰逊[①]先生,作为西方全译《唐律疏议》为英文的拓荒者,在1979年出版其译著第一卷《唐律名例律》时写的"介绍"中,以"介绍"的第一章述译了《唐律》中的法哲学。西方学者尚且孜孜以求、乐此不疲,何况我炎黄子孙?因此,我们期待《唐律》研究者也略问津《唐律》的法哲学内蕴并有所成,以飨吾侪。笔者为学力所限,也囿于时间的不足,只能翘首等待同行的佳作,而径自越过初唐,直接跃入中唐时期的法哲学述评了。

中唐时期的法哲学园苑,由于以韩愈和柳宗元为代表的两种法哲学观的对立,而显得生气勃勃。有意思的是,两位大师倒是以"世界级"的中国古代大文豪著称的,因此,研读其论述法哲学观的文章,实在也是一种极好的文学享受。

一、韩愈:"性三品"和道统法哲学

韩愈(768—824年)字退之,邓州南阳(今河南省邓州市)人。自称昌黎人,并自号韩昌黎。自幼丧父,二十四岁进士及第,历任监察御史、国子祭酒、兵部侍郎、吏部侍郎、京兆尹兼御史大夫等职。二十二年的仕途中,几起几落,为其文学创作和思想发展提

[①] 韦乐斯·约翰逊(Wallace Johnson),生于1932年,曾在美国宾夕法尼亚大学东亚法律研究班随德克·卜德(Derk Bodde)学习中国古代法律。

供了丰富的人生经验。其著作有他的门人李汉编纂的《昌黎先生集》，今有古典文学出版社于1957年出版的《韩昌黎文集校注》。

韩愈的法哲学可以客观唯心主义和人性三品说基础上的道统法哲学概言之。

在哲学上，韩愈是个客观唯心主义的"天命"论者。他说："夫为史者，不有人祸则有天刑，岂可不戒惧而轻为之哉！"①又说，"况天之与人，当必异其所好恶无疑也，合于天而乖于人，何害？况又时有得兼者邪？②"贵与贱、祸与福存乎天"③等，总之，是"天命"决定"人事"，在"天刑"之前，人是必须绝对顺从敬畏的。不过，韩愈作为唯心主义的"天命"论者。与殷周的"天命"论者及孔、孟等早期儒家学说创始人等的"天命"论又略有不同。后者不但相信"天命"，而且迷信鬼神。而韩愈却是反佛的勇士。唐宪宗远迎佛骨，韩愈却冒死上疏请毁佛骨：应将佛骨"付之有司，投诸水火，永绝根本，断天下之疑，绝后代之惑……"④，表示了与佛教势不两立的决绝态度。虽然为此他丢了官，还差点送了命，但终其一生，这种态度始终未改。

韩愈的法哲学观直接导源于他的人性三品说。董仲舒是"性三品"说的创始人，韩愈的"性三品"说是对董说的继承与发挥。他说："性也者，与生俱生也。情也者，接于物而生也。性之品有三，而其所以为性者有五；情之品有三，而其所以为情者有七。"⑤他认为孟轲之"性善"说、荀卿之"性恶"说以及扬雄的善恶混合说，都是讲的中等人的人性，而实际上，上、中、下三等人有三种不同的品性，上、下两等人的品性是不可移易的，只有中等人的品性才是可变可导的。他还认为性的内容有仁、义、礼、智、信五种，而情则有喜、怒、哀、惧、爱、恶、欲七类。这七情五性人皆有之而天生有差异。

在"天命论"的基础上，韩愈阐述了他的法律起源论。他认为，上古时代之人与禽兽无异，只是在"天生"的"圣人"出现之后，才为人类解决了衣、食、住、行的初步条件，并"为之君，为之师"、"为之礼以次其先后，为之乐以宣其壹郁，为之政以率其怠倦，为之刑以锄其彊梗。相欺也，为之符玺斗斛权衡以信之；相夺也，为之城廓甲兵以守之。"⑥国家、法律就是这样由"天命"所归的"圣人"创建的。

这一法律起源论，与儒家先师的观点几无丝毫的不同。但韩愈却另有创造，这就是他提出了"道统"说。

道统，指儒家传道的系统。《论语·尧曰》历叙尧舜传授之言，为道统说之所本；孟子也有五百年必有王者兴之说，并自命继承孔子之正统。韩愈作《原道》《原性》，力排

---

① 《韩昌黎文集·答刘秀才论史书》。
② 《韩昌黎文集·与崔群书》。
③ 《韩昌黎文集·与卫中行书》。
④ 《韩昌黎文集·论佛骨表》。
⑤ 《韩昌黎文集·原性》。
⑥ 《韩昌黎文集·原道》。

"外来"的佛学,力斥老庄的道学,但又仿照佛教诸宗的祖统,正式提出了所谓"尧、舜、禹、汤、文、武、周公、孔、孟"关于道的传授系统之说,隐然以继承孔、孟自居。这里的"道",不是老、庄的"道"即"无",而是儒家学说中"仁"与"义"的结合。韩愈说:"博爱之谓仁,行而宜之谓义,由是而之焉之谓道,足乎已无待于外之谓德。其文《诗》《书》《易》《春秋》,其法礼、乐、刑、政,其民士、农、工、贾,其位君臣、父子、师友、宾主、昆弟、夫妇,其服麻、丝,其居宫室,其食粟米、果蔬、鱼肉,其为道易明,而其为教易行也。"①他批判老、庄之道是"坐井观天"的"小人"之道,他说:"(老子)其所谓道,道其所道,非吾所谓道也;其所谓德,非吾所谓德也。凡吾所谓道、德云者,合仁与义言之也,天上之公言也;老子之所谓道、德立者,去仁与义言之也,一人之私言也。"②

既然法律刑罚是"天意"、"天命"而由"圣人"创设的,既然"圣人"也者即尧舜直至孔孟等"道统"的体现者,那么,由我韩愈继承"道统"而所主张的法律起源说,就是毋庸置疑的真理,而且也是应继续贯彻而永远"统"下去的创新的儒家正统学说了。

在人性三品说的基础上,韩愈阐述了他的刑罚目的论和德主刑辅论。

由于人性有三品,而且上、中、下三种人各有不同的品性,"上之性就学而愈明,下之性畏威而寡罪"③,因此,必须立法设刑以预防犯罪、惩罚罪犯。他认为,对于"下品"即劳动人民中的"盗"应不"惮于行刑"④。不但对"盗",而且对那些敢于在经济上与统治者周旋斗争、不"出粟米丝麻"的人,也要诉诸法、刑,直至诛杀。他说:"君者,出令者也;臣者,行君之令而致之民者也;民者,出粟米丝麻、作器皿、通货财以事其上者也。吾不出令,则失其所以为君;臣不行君之令而致之民,则失其所以为臣;民不出粟米丝麻、作器皿、通货财以事其上,则诛!"⑤

韩愈论"德主刑辅"说时,明确地表明了自己对孔子儒学的发展。他说:"孔子曰:'道之以政,齐之以刑,民免而无耻。'不如德礼为先,而辅以政刑也。"⑥但"德主刑辅"说早已为董仲舒所倡,不是韩愈的"发明"了。韩愈的贡献是在"德主刑辅"说的论证中,引入了"道统"论和"性三品"说。韩愈说:"道莫大乎仁义,教莫正乎礼、乐、刑、政。施之于天下,万物得其宜;措之于其躬,体安而气平。"⑦他特别强调对统治阶级营垒中的人进行"仁"与"义"的教育,同时又如上述特别强调对劳动人民设刑而"制",即分不同的"品"性以施"礼"行"罚",表明他的"德主刑辅"是出于"性三品"之分的理论的。

---

① 《韩昌黎文集·原道》。
② 《韩昌黎文集·与孟尚书书》。
③ 《韩昌黎文集·原性》。
④ 《韩昌黎文集·论淮西事宜状》。
⑤ 《韩昌黎文集·原道》。
⑥ 《韩昌黎文集·请置乡校牒》。
⑦ 《韩昌黎文集·送浮屠文畅师序》。

与韩愈在文学理论上同倡古文运动并以创作实践相证的柳宗元,表现了对韩愈道统法哲学的截然对立,而且在许多问题上,作了正面的斗争。

二、柳宗元：朴素唯物主义基础上的反道统法哲学

柳宗元(773—819年),字子厚,河东解(今山西省运城市解州镇)人,世称柳河东。贞元进士,授校书郎,调蓝田尉,升监察御史里行。与刘禹锡等参加主张革新的王叔文集团,任礼部员外郎。失败后贬为永州司马。与韩愈同被列为"唐宋八大家",并称"韩柳"。其著作今辑有《柳河东集》。

与韩愈的客观唯心主义"天命"论相反,在哲学世界观上,柳宗元继承了王充的元气自然论的朴素唯物主义传统,并利用当时的科学知识作了进一步的发展,也成了一位著名的战斗的无神论者。韩愈认为天有意志、能赏罚,有所谓"天命"与"天刑"。柳宗元与之针锋相对地指出:"彼上而玄者,世谓之天;下而黄者,世谓之地。浑然而中处者,世谓之元气。寒而暑者,世谓之阴阳,是虽大,无异果蓏痈痔草木也。"把天、地、元气、阴阳都看成与一般的物无异的客观存在,否定了它们的有意志性。有意思的是,柳宗元特地以"痈痔"况天地,颇有点玩世不恭的味道,有意冒犯"天命"论,突出了他对"天命"观的鄙视。他认为,社会治乱与自然灾异全然不同,前者是人事,"功者自功,祸者自祸",后者是自然的变化,"其事各行不相预"。[①] 柳宗元以著名的《天对》回答了屈原的《天问》,初步地论述了世界构成的物质性、宇宙的无限性、物质的运动性。贬官永州后,他写了《非国语》六十七篇,系统地阐述了他的无神论观点,深刻地指出"天命"论不过是愚弄民众的谎言。他说:"古之所以言天者,盖以愚蚩蚩者耳。"[②]

从上述朴素唯物主义世界观出发,与韩愈不同,柳宗元把国家和法律看作是起源于"势"即时势发展的必然产物。他说,原始社会的生活状况是"草木榛榛,鹿豕狉狉,人不能搏噬,而且无毛羽,莫克自奉自卫",因此,人们不得不"假物以为用";但"假物者必争",于是,出现了"争而不已,必就其能断曲直者而听命焉"、"其智而明者,所伏必众。告之以直而不改,必痛之而后畏"的情况。其结果,就是国家与法律的产生:"由是,君长刑政生焉。"[③] 此后,争斗仍然发生,而且争斗的规模、涉及的范围越来越大,势所必然地使国家机器随之扩展、官吏数量日益增多,形成了从里胥、县大夫、诸侯、方伯、连帅等直到天子的分工负责、职有专司的庞大统治系统。由这种"势"所必然所产生的国家法律制度,在漫长时期里采取了"封建"制,柳宗元认为,同样是"势"之使然:"彼封建

---

① 《柳河东集·答刘禹锡天论书》。
② 《柳河东集·断刑论下》。
③ 《柳河东集·封建论》。

者，更古圣王尧、舜、禹、汤、文、武而莫能去之。盖非不欲去之也，势不可也。"同样，"封建"制为"郡县"制代替，也是"势"之使然。他的结论是，顺"势"则兴，背"势"即亡。① 尽管他以"势"说明国家和法的起源与发展并不科学，但较之"天命"论，却是一种莫大的进步。

前面说过，韩愈主张"德礼为先，而辅之以刑政"。这也是韩愈之前的许多儒家学者的主张。柳宗元并不否定德礼、法刑的必要，但他认为两者各有所用，并无所用之"先后"问题。他说，礼刑两者"其本则合，其用则异，旌与诛莫得而并矣"②。韩、柳两人在礼、刑关系上的这种不同观点，直接影响到对具体问题的剖断上。最典型的例子是关于频繁发生的为报父仇而杀人之类案件的评判。宪宗时，有梁悦者为父报仇而杀人并投案自首，皇帝认为，为父报仇乃"发于天性"，投案自首说明他"志在殉节，本无求生"之心，"特从减死"处以"决杖一百，配流循州"。③ 韩愈作《复仇状》认为："……子复父仇，见于《礼记》，又见《周官》，又见诸子史，不可胜数，未有非而罪之者也。最宜详于律，而律无其条。非阙文也，盖以为不许复仇，则伤孝子之心，而乖先王之训；许复仇，则人将倚法专杀，无以禁止其端矣。"他承认，在这个问题上，礼和法发生了尖锐的矛盾。但他是个"德主刑辅"论者，无法明确表示自己的决断，只好以含糊其词的"杀之与赦，不可一例"、"凡有复父仇者，事发，具其事申尚书省，尚书省集议奏闻，酌其宜而处之"来搪塞。④ 柳宗元则不同，态度要明确得多了。他针对唐武则天时，陈子昂关于徐元庆为父杀仇一案，先按杀人罪处死以维护法律，再予表彰以明"礼教"的意见，指出这样做是十分错误的。他认为，徐元庆冒死而杀滥杀其父的县尉，本身就是守礼赴义的行为，即所谓"不忘仇，孝也；不惧死，义也"的行为，因此，不但不应处死，而且应予表彰。为此，柳宗元上书请求皇帝"下臣议附于令，有断狱者，不宜以前议从事"⑤。柳宗元为一百多年前的陈案翻案，依据的就是他关于礼刑两者"其本则合，其用则异"的明确观点。

韩愈从他的"天命"论出发，对赏以春夏、刑以秋冬的主张，自不可能有所异议。柳宗元则态度鲜明地撰写专文反对按时令行赏罚的主张。他在《断刑论》中指出，"圣人之为赏罚者，非他，所以惩劝者也"，因此及时赏罚才有效，"赏务速而后有劝，罚务速而后有惩"。他具体地主张行赏罚应"不越月逾时"。他指出，如果犯罪于春夏而行刑于秋冬，必"使犯死者自春而穷其时，欲死而不可得，贯三木、加连锁而致之狱，更大暑者数月，痒不得搔，痹不得摇，痛不得靡，饥不得时而食，渴不得时而饮，目不得冥，支不得舒，怨号之声闻于里人"，这倒是伤"大和"、逆"天时"的。这种及时赏罚的法律观，无疑是

---

① 《柳河东集·封建论》。
② 《柳河东集·驳复仇议》。
③ 《韩昌黎文集·复仇状》注。
④ 《韩昌黎文集·复仇状》。
⑤ 《柳河东集·驳复仇议》。

他的唯物主义哲学观的反映。

此外，柳宗元还阐述了法律的作用在于"彰善瘅恶"[①]、必须"申严百刑，斩杀必当"[②]、应"校其供人之实，原本定罪"[③]等观点，即法律有惩恶作用，必须严于立法，必须不轻信口供而应依据事实定罪，做到"斩杀必当"。这些观点无疑都是十分可贵的正确观点。

曾有论者谓韩、柳为中唐时期势不两立的儒法两家的代表者。又有论者谓这种观点是"荒诞不经的"。前者为"文化大革命"中的典型观点。后者为近年新发的议论。前一论点谓韩、柳"势不两立"显然失实，是为当时"四人帮"的政治服务的捏造。但后一论点评前一论点为"荒诞不经"，却也显然缺乏有力的论据，因为他们所能举出的论据只是韩、柳私交甚厚之类。笔者认为，韩、柳既非"势不两立"，亦非无对立以至斗争。韩愈是以"道统"为特点的儒家，这无论如何都无法否认。柳子的观点接近于法家却是事实。我们不能因为某论点是"文革"时期曾出现过的，即判定其为"荒诞"。因此，我以为，以指出韩愈的道统法哲学与柳子与道统法哲学的对立为限为妥。

三、刘禹锡：对犯罪原因的唯物主义解释

韩、柳之时，与柳宗元相交甚笃的刘禹锡[④]也是一个朴素的唯物主义者。他补充了柳宗元《天说》的唯物主义思想，对唯心主义和有神论做了有力的斗争。他专撰《天论》以阐述其唯物主义观点。从唯物主义哲学观出发，刘禹锡认为"民足则怀安，安则自重而畏法；乏则思滥，滥则迫利而轻禁"[⑤]，这不啻为一种犯罪原因的唯物主义解释。他还认为"人之道在法制"。他援引上自西周，下至汉唐的兴衰史实，说明以法治国的重要。他说："不以砥焉，化钝为利；法以砥焉，化愚为智。武王得之，商俗以厚。高帝得之，杰材以凑。""汉氏以还，三光景分，随道阔狭，用之得人。五百余年，唐风始振，悬此大砥，以砻兆民。"[⑥]而中唐时期，法制松弛，以至"赏恒在佞"、"罚恒在直"、"义不足以制其强，刑不足以胜其非"。因此，他主张立法设刑，"悬此大砥"，他说："安有执此厉世之具，而患乎无贤欤？"[⑦]刘禹锡之哲学观高于柳宗元处，即在于继承了荀子的"人定胜天"的思

---

① 《柳河东集·陈论事引状》。
② 《柳河东集·时令论》。
③ 《柳河东集·段太尉逸事状》。
④ 刘禹锡（722—842 年），字梦得，唐代中叶进步的政治家、著名诗人和朴素唯物主义哲学家。其著作甚为丰富，今有《刘禹锡集》刊布。
⑤ 《刘禹锡集·答饶州元使君书》。
⑥ 《刘禹锡集·砥不赋》。
⑦ 《刘禹锡集·砥不赋》。

想。这里用以说明法治的重要性和必要性,就是"人定胜天"思想的体现。

韩、柳之后,有韩愈的学生李翱①者,主张人性皆善,圣人与凡人都一样,并无纯粹与杂驳之分,而人之"情"则"有善有不善"。②他说:"圣人知人之性皆善,可以循之不息而至于圣也,故制以礼以节之,……视听言行,循礼而动,所以教人忘嗜欲而归性命之道也"③亦即要求人们言行思想都守礼法,放弃欲望而服从统治。

四、白居易:倾向于唯物主义的正统儒家法哲学观

中晚唐时期,在法律哲学方面比较著名的是白居易。④他也是"世界级"的著名文豪、诗圣,同时长期从政,官至刑部尚书,因此留有不少论及法制的文章。他是一个倾向于唯物主义而坚持儒家正统的法哲学的人,因此,在礼、刑关系上持重德礼教化而又从实际出发的观点。他说:"……观理乱之深浅,顺刑礼之先后:当其惩恶抑淫,至人于劝惧,莫先于刑;划邪窒欲,致人于耻格,莫尚于礼;反和复朴,致人于敦厚,莫大于道。是以衰乱之代,则弛礼而张刑;平定之时,则省刑而弘礼;清静之日,则杀礼而任道。"⑤在犯罪原因问题上,他也能做出唯物主义的解释:"天下之人,贫困思邪而多罪"、⑥"圣王不患刑之繁,而患罪之众;不患教之废,而患人之贫。"⑦因此,他认为:"食足财丰,而后礼教所由兴也;礼行教立,而后刑罚所由措也。"⑧也是从唯物主义的观点出发,他主张"议法者宜征其实,用情者宜酌其情"⑨等。

晚唐时期,有罗隐⑩者,持"明君"论,反对暴君以苛刑酷法镇压人民,认为国家败亡,人民遭殃,罪魁祸首是君主。⑪又有《无能子》一书,⑫从道家的自然无为、消极出世的立场出发,持"非君"论,认为设君立臣、制礼作法都是"圣人"的罪过,希冀回到

---

① 〔唐〕李翱(生年不详,卒于841—846年之间),主观唯心主义者,著有《李文公集》。
② 《李文公集·复性书》。
③ 同上。
④ 〔唐〕白居易(772—846年),字乐天,曾官至刑部尚书,著有《白居易集》。
⑤ 《白居易集·刑礼道》。
⑥ 《白居易集·止狱措刑》。
⑦ 同上。
⑧ 同上。
⑨ 《白居易集·议肉刑可废不可用》。
⑩ 〔唐〕罗隐(833—909年),字昭谏,自号江东生。著述丰富,流传者仅《两同书》《谗书》《甲乙集》等。
⑪ 《两同书·损益》。
⑫ 《无能子》作者无可考。据《无能子·序》说,黄巢起义时,作者"避地流转",后寓于民舍著此书,"其旨归于明自然之理,极性命之端,自然无作,性命无欲,是以略礼教而外世务焉"。现存《无能子》上、中、下3卷,31篇。

无君无法的原始状态去。这些作者和书籍都表达了深刻的社会批判思想，但很少涉足法哲学。

有唐一代法哲学思想的发展大体如上，所能言及者如此之少，令人百思不解。这是一个颇值得研究的问题，且录以备考。

第五十四章　宋代以王安石为代表的变法法哲学观

有宋一代法哲学论坛上的一个突出现象，就是力主变法的法哲学观受到众多思想家的重视，他们各个做了论述，提出了许多颇有教益的理论。

产生这一现象的社会原因是，进入宋代后，封建主义制度开始走向下坡路，封建的政治、法律制度已经捉襟见肘，无法调整急剧变化的社会关系，必须予以改革。因此，从宋仁宗时开始，就出现了一批又一批政治、法律的改革家。其中最著名的是范仲淹和王安石以及在理论上给予范仲淹以大力支持的李觏。

宋仁宗赵祯庆历年间（1041—1048年），发生了史称"庆历新政"的改革政治、法律、经济、军事的运动。主持这场改革的是范仲淹。

一、范仲淹：变法革新的法哲学观

范仲淹（989—1052年），字希文，苏州吴县（今江苏省苏州市吴中区与相城区）人。大中祥符举进士及第。少时贫困苦学，入仕后以敢于直言而知名。仁宗天圣中任西溪盐官，泰州知州张纶从其议，修建捍海堰，使大量土地不受海潮淹没。宝元三年（1040年）西夏攻延州，他与韩琦同任陕西经略副使，改革军制，巩固边防，卓有功劳。庆历三年（1043年），任参知政事。任上，针对时弊力行改革，主张建立严密的任官制度、注重农桑、整顿武备、改革法制、减轻徭役。其改革措施得到大臣富弼、欧阳修、韩琦等人的支持。但保守派的势力更强。改革失败后，他罢去执政，出任陕西四路宣抚使。后在赴颍州途中病死。他的"先天下之忧而忧，后天下之乐而乐"[1]的道德格言，世所传颂，影响深远。其著作有《范文正公集》。

范仲淹长期从政，发表了大量关于政治、法律的言论。其中最发人深省的是关于变法革新的法哲学观。《中国法律思想史纲》一书述评范仲淹的这一法哲观时写道："范仲淹认

---

[1] 《范文正公集·文集》卷7，《岳阳楼记》。

为，往古圣人治理国家，无不在于善'通其变'，即所谓'穷则变，变则通，通则久'。他认为，宋朝建立以来，历代政制相沿，行之已久。这些政制不但已不适应现实的需要，而且还出现了深重的弊病：'纲纪制度，日削月侵，官壅于下，民困于外，夷狄骄盛，寇盗横炽'，已到了'不可不更张以救之'的时候。"①

范仲淹把他的"通其变"的变法法哲学观具体化为一系列法制思想与措施，主要是：

第一，变革立法制度。

"欲正其末，必端其本；欲清其流，必澄其源"。范仲淹认为当时立法混乱是法令烦冗的根源："每降宣饬条贯，烦而无信，轻而勿禀，上失其威，下受其弊。"②"烦而无信"就是针对轻易厘改法令而言的。为此，他主张建立一定的立法制度以"端其本"、以"澄其源"。例如："他坚决主张：往后立法，必须由中书枢密院严格审查；凡属刑名方面的法律法令，一律要经由审刑大理寺仔细审议，删去繁冗，必属符合实际，可以经久适用者，方予颁行。"③

范仲淹关于变革立法制度的上述具体主张，矛头所向，直指儒、法两家始终未敢丝毫触及的君主独擅的立法大权，更是对"君权神授"的直接反动。尽管他在表面上还是说了类同儒家正统先师的许多话，诸如"天生兆人，得王乃定"④等，但他实际上所主张的却是改革君主独断、圣王偏听的弊病。所以，他说："圣人之至明也，临万机之事而不敢独断；圣人之至聪也，纳群臣之言而不敢偏听。独断则千虑或失，偏听则众心必离。人心离则社稷危而不扶；圣虑失则政教差而逾远。故先王务公共、设百官而不敢独断者，惧一虑之失也；开言路、采群议而不敢偏听者，惧众心之离也。"⑤这篇"说理"，无异是给他改革立法制度的主张的注释。如果真的实行他的改革立法制度的主张，立法得经中书枢密院、审刑大理寺审定，然后才得以颁行，君主"口含天宪"云云，也就不再存在，君主也就不再能独擅立法大权了。

第二，变革司法制度。

范仲淹变革司法制度的主张，大致可以分两个方面。一个方面是限制君主的司法独断，另一个方面是加强司法监督。

范仲淹认为，"赏罚者，天下之衡鉴也。衡鉴一私，则天下之轻重丑妍从而乱焉"⑥。因此，无论君主，还是臣下，都必须出以"公心"，按一定的司法程序行赏行罚。他建议，对臣下向皇帝上书"密陈得失"，皇帝"未可尽以为实"，也不要径行"内降处分"，凡须做

---

① 张国华、饶鑫贤：《中国法律思想史纲》（下），甘肃人民出版社1987版，第84页。
② 《范文正公集·政府奏议》上卷。
③ 《中国法律思想史纲》（下），第85页。
④ 《范文正公集·文集》卷5，《推委臣下论》。
⑤ 《范文正公集·文集》卷7，《奏上时务书》。
⑥ 《范文公正集·文集》卷8，《上执政书》。

处理的，交由司法机关处理。他又建议，改革君主擅行"除官"之制。他说："恩倖多以内降除官，非太平之政。"① 这些建议，是从限制君主的司法独断方面提出的。他还建议"每至岁终，具天下断过大辟、徒、流若干人，并特恩宽减及法寺辩雪人数，并刑部覆校过公案若干道，辩正冤讼若干件进呈，以凭审核"②。又建议"检寻自来断案及旧例，削其谬误；可存留者，著为例册"而严禁滥行"类推"。这些建议，则是从限制、监督官吏司法方面提出的。君主"内降处分"、"内降除官"是千百年来相沿成习的处分与任官办法；引例类推、刑部执掌司法大权，也是古来相沿成习的做法。范仲淹建言更革，在当时来看，确是大胆的变法主张。

第三，变革人才的选拔制度。

范仲淹认为人才的任用，是司法改革的关键。他说："盖圣人法度之言存乎《书》，安危之机存乎《易》，得失之鉴存乎《诗》，是非之辩存乎《春秋》，天下之制存乎《礼》，万物之情存乎《乐》。故俊哲之人入乎《六经》，则能服法度之言，陈得失之鉴，析是非之辩，明天下之制，尽万物之情。供斯人之徒辅成五道，复何求哉？"③ 这指出了司法官吏选拔必须以"入乎《六经》"为标准，而不是"任人唯亲"，也不凭君主个人的喜好。当时官吏的升迁实行的是"磨勘"之制，"文资三年一迁，武职五年一迁"，"不限内外，不问劳逸，贤不孝并进"。④ 范仲淹指出了"磨勘"制的种种弊端，力主予以改革，提出了突破"磨勘"制的一些具体办法。他还提出"派遣贤明，巡行诸道"以"黜陟幽明"。他建议"委天下按察史省视官吏：老耄者罢之；贪浊者劾之；昏庸者逐之，是能去谬吏而纠慢政也"⑤。这些具体建议即使采纳并实行了，也不见得有多大收效，何况后来并未得以实行，他自己也以改革失败者离开了京都。但是，他的改革精神和变法思想，及其中反映的动态的立法、司法观，却是很宝贵的。

对范仲淹的改革思想给予大力支持的有李觏。

二、李觏："通变"、"权时"的法哲学观

李觏（1009—1059 年），字泰伯，南城（今江西南城县）人。其父早逝，"家破贫甚"。"为佣保，为负贩"，只能靠自学而成材。⑥ 但屡试不中，直到四十二岁时，才经范仲淹举荐而入仕。其著作今有《李觏集》。

---

① 《宋史·范仲淹列传》。
② 《范文正公集·文集·政府奏议》卷上。
③ 《范文正公集·文集》第 7 卷，《上时相议制举书》。
④ 《范文正公集·文集·政府奏议》卷上。
⑤ 《范文正公集·文集·政府奏议》。
⑥ 《李觏集·先夫人墓志》。

在哲学上，李觏是个朴素唯物主义者。同时，他还注意到了事物的辩证运动。他认为，事物有其变动性，因此，不能死守常规。他说："常者，道之纪也。道不以权，弗能济矣。是故权者，反常者也。事变矣，势异矣，而一本于常，犹胶柱而鼓瑟也。""若排患解纷，量时制宜，事出一切，愈不可常也。"① 他特别强调"校弊之术，莫乎通变"②，反对袭故蹈常，尽循前代政治法律制度。在《周礼致太平论·刑禁》中，李觏劈头指出："宪令所加，宽猛或异，苟失权时之制，则致远恐泥矣。"③ 主张根据国情而分别用轻、中、重典：新国之民"居处未安，衣食未足，君臣之义未固，上下之情未接"，因而应施"轻典"；平国之世"人各有业，事各有制，缓之将恐纵，急之将恐扰"，因而应行"中典"；乱国之时"纪纲大坏，风俗大恶，强弱相胜，众寡相暴"，因而必须用"重典"。李觏从他的"通变"、"权时"的观点出发，在政治、法律、经济等方面提出了一系列变革建议，对范仲淹的"庆历新政"做了有力的支持。

有宋一代震动强烈而且在中国历史上留下深远影响的变法，是王安石主持的"熙宁新政"的变法革新运动。变法法哲学观，也由王安石做了最鲜明和全面的阐述。

三、王安石的生平、著作和哲学观

王安石（1021—1086年），字介甫，号半山，抚州临川（今江西省抚州市）人。庆历进士。宋仁宗嘉祐三年（1058年）上万言书，主张改革政治。神宗熙宁二年（1069年）被任为参知政事，次年拜相。积极推行青苗、均输、市易、免役、农田水利等新法，抑制大官僚地主和豪商的特权，以期富国强兵，缓和阶级矛盾。由于保守派的固执反对，其新政屡遭阻碍而不得顺利推行。熙宁七年（1074年）辞退，次年再相，九年再辞，退居江宁（今江苏南京），封荆公，世称王荆公。其文辞遒劲高峻，为著名文学家之一。王安石在仕长达四十四年，发表了大量政见，涉及法律哲学的言论也十分丰富。著作现存有《王临川集》即《王文公文集》《临川集拾遗》《周官新义》等。

王安石的变法法哲学建立在朴素的唯物主义辩证法的基础上。他以"道"为其哲学思想的最高范畴，"道"的本体是物质性的"元气"，天地间的万物即由"元气"所分化的金、木、水、火、土五种物质元素变化形成。由此出发，他批判了老庄消极无为的思想。他认为天道自然，所以无言无为；人道与天道有别，是有言有为的。在《老子注》中，他批判了老子从"无"出发"废礼乐刑政于天下，而坐求其无之为用"的错误观点。这一批判，实际上是针对保守派的首领司马光的。司马光说："老子曰：'我无为而民自化，我好静而

---

① 《李觏集·易论第八》。
② 《李觏集·易论第一》。
③ 《李觏集·周礼致太平论·刑禁第一》。

民自正，我无事而民自富，我无欲而民自朴。'……今介甫为政，尽变更祖宗旧法……矻矻焉穷日力继之以夜，而不得息。""纷纷扰扰，莫安其居，此岂老氏之志乎？"① 与司马光坚持唯心主义形而上学观相反，王安石十分注意事物运动变化的性质。他认为，一切事物都是发展变化的。他说："尚变者，天道也。"② "天文之变无穷，人事之变无已。"③ 他认为金、木、水、火、土五种元素都有"有耦"的属性，如"一柔一刚，一晦一明"，是这"有耦"属性的互动造成了"有正有邪，有美有恶，有丑有好，有凶有吉"。他说："耦之中又有耦矣，而万物之变遂至于无穷。"④ 联系他在《老子注》中所说的"有所谓动者，动于反也"的观点，他的这种事物"有耦"而相"反"并互动而造成了变化发展的论断，几乎十分接近对立统一的辩证法原理了。这在近千年之前来说，可以说是十分光辉的思想。列宁高度评价"王安石是中国十一世纪时的改革家"，⑤ 这个改革家较之他的前辈改革家的高明之处，即在有比较坚实的进步世界观、方法论为理论指导。

（一）口号："祖宗不足法"

作为改革家，王安石的战斗的口号是："天变不足畏，祖宗不足法，人言不足恤。"这个口号的核心是"祖宗不足法"，即力主变法而不法祖宗。"天变不足畏"是针对保守派攻击王安石变法引起"天谴"而提出的，"人言不足恤"也是针对保守派攻击他的变法引起大官僚大地主"哗然而议"⑥ 而提出的。

王安石的变法主要包括理财、整军、改革教育和科举制度三个方面。在理财方面，王安石设置了三司条例司，颁行了《青苗法》和《农田水利法》，制定了《募役法》和《方田均税法》，采取了《均输法》和《市易法》等。在整军方面，王安石制定了《将兵法》《保甲法》，改革了宋代将兵不识老弱滞胀的弊病。在教育和考试方面，王安石改组了中央的太学，积极设立、整顿各级地方学校，还举办了"武学"（军校）、"律科"（法律学校）和医科学校，调整了考试科目和录用标准，实行"久其任而待以考绩之法"⑦。

所有这些变法都引起了保守派的激烈反对。陕西转运使副使范纯仁上书宋神宗说"王安石变祖宗法度，掊克财利，民心不宁"⑧；御史中臣吕诲攻击"王安石执政，多变更祖宗法"，"外示朴野，中藏巧诈，骄蹇慢上，阴贼害物"，并罗列十大罪状，欲置王安石于死

---

① 《司马温公集》卷10，《与王介甫书》。
② 《王文公文集·河图洛书义》。
③ 《续资治通鉴长编》卷69引。
④ 《王文公文集·洪范传》。
⑤ 《列宁全集》第10卷，第152页。
⑥ 章衮：《王临川文集序》。
⑦ 《王文公文集》卷1，《上皇帝万字书》。
⑧ 《续资治通鉴》卷67。

地；太皇太后曹氏也告诫宋真宗："祖宗法度，不宜轻改，吾闻民甚苦青苗、助役，宜置之。"①

在一片反对声中，王安石却坚定不移地认为"人言不足恤"，坚持其"祖宗不足法"的改革。他从以下几个方面论证了他的"祖宗不足法"的变法法哲学观：

（二）纲领："权时之变"

第一，不知"权时之变""为害莫大"。王安石说："古之人以是为礼，而吾今必由之，是未必合于古之礼也；古之人以是为义，而吾今必由之，是未必合于古之义也。夫天下之事，其为变岂一乎哉？固有迹同而实异者矣。今之人谍谍然求合于其迹，而不知权时之变，是则所同者古人之迹，而所异者其实也。事同于古人之迹而异于其实，则其为天下之害莫大矣，此圣人所以贵乎权时之变者也。"② 这就是说，世界上的万事万物都是发展变化的，古人行之而合"礼"合"义"的东西，今天行之，只是形式的相合、实质大不一样，可能变得完全不正确了。总之，天下之事不是一成不变的，不根据时代的变化而变化，泥守古法，将会造成无穷的祸害。因此，王安石斥责一切泥守古法的人"非愚则诬"。他说："太古之道果可行之万世，圣人何用制作于其间？为太古之不可也，顾欲引而归之，是去禽兽而之禽兽也，奚补于化哉？吾以为识治乱者当言所化之之术。曰，归之太古，非愚则诬。"③

第二，"圣人之法"也是因"天下之变备"而"后备"的。王安石说："昔者，道发乎伏羲而成乎尧、舜，继而大之于禹、汤、文、武。此数人者，皆居天下之位，而使天下之道浸明浸备者也；而又有在下而继之者焉。伊尹、伯夷、柳下惠、孔子是也。夫伏羲既发之也，而其法未成，至于尧而后成焉。尧虽能成圣人之法，未若孔子之备也。夫以圣人之赞，用一人之知，足以备天下之法，而必待至于孔子者何哉？盖圣人之心不求有为于天下，得天下之变至焉，然后吾因其变而制之法耳。至孔子之时，天下之变备焉，故圣人之法亦自是而后备也。"④ 既然"圣人之法"是"天下之变"发生之后才变得齐备的，不就说明"天下之变"继续着，法律法令也应继续其变化吗？

第三，"权时之变"，历来如此。王安石说："夏之法至商而更之，商之法至周而更之，皆因世、就民而为之节。"⑤ 他列举汤放桀、武杀纣的历史事实，说明汤、武"权时之变"而成其为汤、武，否则，就不是今天人所共仰的汤、武了。他说："孟子曰：'非礼之礼，非义之义，大人不为。'盖所谓迹同而实异者也。夫君之可爱而臣不可以犯上，盖夫莫大

---

① 《续资治通鉴》卷7。
② 《王文公文集·非礼之礼》。
③ 《王文公文集·太古》。
④ 《王文公文集·夫子贤于尧舜》。
⑤ 《王文公文集·策问十道》。

之义而万世不可易本也。桀、纣不善而汤、武放弑之,而天下不以为不义也。盖知向所谓义者,义之常;而汤、武之事有所变,而吾欲守其政,其为蔽一,而其为天下害同矣。使汤、武暗于君臣之常义,而不达于时事之权变,则岂所谓汤、武哉?"①

第四,"权时之变",在宋代也是如此。王安石说:"祖宗之法不足守,则因是如此。且(宋)仁宗在位四十年,凡数次修敕。若法一定,子孙当世世守之,祖宗何故屡变也?"②

关于"权时"而"变法"和"祖宗之法不足守"的道理,王安石的助手吕惠卿也做过十分精彩的论述。宋真宗赵顼问司马光:"汉常守萧何之法不变,可乎?"司马光答曰:"何独汉也!使三代之君常守禹、汤、文、武之法,虽至今可也!"吕惠卿有力地驳斥说:"先王之法,有一岁一变者,《月令》'季冬饬国典以待来岁之宜'、《周礼》'始和,布法于象魏'是也。有数岁一变者,唐、虞'五载修五礼',《周礼》'十一岁修法则'是也。有一世一变者,'刑罚世轻世重'是也。有数十世而变者,夏贡、商助、周彻;夏校、商序、周庠之类是也。……臣按,何虽约法三章,其后乃为九章,则何已不能自守其法矣。惠帝除挟书律、三族令,文帝除诽谤妖言,除秘祝法,皆肖何法之所有,而惠与文除之,景帝从而因之,则非守萧何之法而治也。"③这是一个十分有根有据、有理有力的反驳。

宋代以王安石为代表的变法法哲学观,作为法哲学的一种观点,即动态的法哲学观,在后世产生了十分重大的影响。即使是后来以儒家正统自居的理学法哲学大师朱熹,也受到了深深的启迪。

---

① 《王文公文集·非礼之礼》。
② 《续资治通鉴》卷67。
③ 同上。

第五十五章　朱熹理学法哲学的崛起

有宋一代学术思想界的一个突出现象，就是形成了在我国封建社会后期长据统治地位的理学。理学之名来源于治经的方法：汉儒（主要是古文经学派）治经侧重名物训诂，宋儒则多以阐释义理，故以"理学"名之。北宋初，胡瑗、孙复、石介有"理学三先生"之称。但理学的实际创始人是周敦颐、邵雍、张载、程颢程颐兄弟。他们把"理"作为最高的哲学范畴，认为"理"先于天地而存在，把抽象的"理"提高到永恒的、至高无上的地位。初步建立理学体系的是两程，集理学之大成的则是朱熹。

一、朱熹的生平、著作和理学世界观

朱熹（1130—1200年），字元晦、仲晦，号晦庵。祖籍江西婺源，其父仕于福建。朱熹生于福建，长于福建，长期在福建讲学，所以他所创建的理学派又称"闽学"。曾任秘阁修撰等职，主张抗金，为强臣排挤，其学也被韩侂胄斥为"伪学"。一生广注典籍，对经学、史学、文学、乐律以至自然科学都有一定的贡献。其著作极为丰富，有《四书章句集注》《周易本义》《诗集传》《楚辞集注》，及后人编纂的《晦庵先生朱文公文集》和《朱子语类》等多种。

朱熹所集大成的理学，以两程的"理"为基本范畴，同时利用了张载关于"气"的学说。他说："天地之间，有理有气。理也者，形而上之道也，生物之本也；气也者，形而下之器也，生物之具也。"① 这就是说，"理"是本体，是第一性的，"气"是第二性的，先有"理"后才有"气"。他认为，"未有天地之先，毕竟也只是理"②，而即使天地毁灭了，"理"却仍然存在，因此是永恒的、最高的存在。他认为"此理自无止息时，昼夜寒暑无

---

① 《晦庵文集·答黄道夫书》。
② 《朱子语类·一》。

一时停。"① "此理之流行,无所适而不在"②,天地万物的生存变化,都是由于"理"的流行运动所发生的作用。朱熹不仅把自然界的本源看成是"理",而且推而广之及于人类和人类社会。他说:"有是理,方有这事物。如草木有个种子,方生出草木。如人有此心去做这事,方始成这事,若无此心,如何成这事。"③

这样地构建了他的客观唯心主义的理学哲学体系之后,朱熹便在它的指导下来论述法律问题。

二、"理"与封建纲常名教

首先,朱熹用"理"来论证封建的纲常名教。他认为纲常名教本身就是先验地存在的"天理",是绝对而永恒的。他说:"宇宙之间,一理而已。天得之而为天,地得之而为地。而凡生于天地之间者,又各得之而为性。其张之为三纲,其纪之为五常。盖皆此理之流行,无所适而不在。"④又说:"如舜之命契,不过是欲使父子有亲,君臣有义,夫妇有别,长幼有序,朋友有信,只是此五者。至于后来圣贤千言万语,只是欲明此而已。这个道理本是天已所以与我者,不为圣贤而有余,不为愚不肖而不足。"⑤ "未有这事,先有这理,如未有君臣,已先有君臣之理,未有父子,已先有父子之理。"⑥这样,朱熹就给封建的礼义纲常戴上了"理"这一似乎是放诸四海而皆准的面具。

既然如此,朱熹也就很"方便"地把礼义纲常放在治国理民的根本位置上去,他说:"盖三纲五常,天理民彝之大节而治道之本根也。"⑦

三、三纲五常与德、礼、政、刑的关系

其次,朱熹从三纲五常为治道之根本出发,论述了德、礼、政、刑的相互关系。朱熹深深地懂得,治国理民仅用三纲五常是根本不行的,因此,他在把三纲五常说成是为治之道的根本后,又以德、礼、政、刑四者作为本来相关的治国之术,并论述了四者的相互关系。他说:"愚谓政者,为治之具;刑者,辅治之法。德礼则所以出治之本,而德又礼之本也。此其相为终始,虽不可以偏废,然刑政能使民远罪而已。德礼之效,则有以使民日

---

① 《朱子语类·九十九》。
② 《晦庵文集·读大纪》卷70。
③ 《朱子语类·十三》。
④ 《晦庵文集·读大纪》卷70。
⑤ 《朱子语类·十四》。
⑥ 《朱子语类·九十五》。
⑦ 《晦庵文集·戊申延和奏札一》卷14。

迁善而不自知，故治民者不可徒恃其末，又当深操其本也。"① 德礼为本，而政刑为辅；德为礼本，而刑为政辅，这就是德、礼、政、刑四者的关系。

那么，何谓德、礼、政、刑呢？在具体的治国实践中，四者为何要有上述关系呢？

朱熹说："圣人行德于上而民自归之。""修德于己而人自感化。"② 显然，"德"是指统治者的道德，作为治术的"德"即以道德为感召人心向善的力量。

朱熹说："礼者，天理之节文，人事之仪则。"③ 所谓"节文"，是指天理的条文化。他又说："天理只是仁义礼智之总名，仁义礼智便是天理之件数。"④ 因此，"礼"是依据天理而规定的人事的规范，即前面所说的三纲五常之类。

朱熹说："政，谓法制禁令也。"⑤ 又说："先立法制如此，若不尽从，便以刑罚齐之。"⑥ 这是把"政"看作是立法，而"刑"则相当于司法与执法。

德、礼、政、刑的关系之所以如上所述，可用朱熹的这段话来说明："问'道之以德，齐之以理'。曰：'这德字只是来说底德：以身率人。'人之气质有深浅厚薄之不同，故不能齐一，必有礼以齐之。……齐之不从，则刑不可废。""先立个法制如此，若不尽从，便以刑罚齐之。"⑦ 这里，朱熹是把德、礼、政、刑关系的确定建立在"人之气质有深浅厚薄之不同"的理论之上的。

如前所说，朱熹认为，人是"理"与"气"结合而成的。由此，他又认为人有由"理"决定的"天命之性"⑧和由"气"决定的"气质之性"。⑨ 每个人虽然都有相同的"天命之性"，但各人"气质"有不同，有清、浊、厚、薄之分。他把人按"气质"的不同分成最厚、厚、薄、最薄四类。这样，就似乎十分合乎逻辑地得出了分别以德、礼、政、刑处置的最佳办法，如《中国法律思想史纲》一书的作者所写的那样：

"对气禀最厚者导之以德→自觉服从；

"对气禀厚者齐之以礼→服从；

"对气禀薄者制之以政→服从；

"对气禀最薄者惩之以刑→被迫服从。"⑩

---

① 《论语集注·为政》卷1。
② 《朱子语类·三十三》。
③ 《朱子大全·答曾择之》。
④ 《朱子大全·答何叔亲》。
⑤ 《论语集注·为政》卷1。
⑥ 《朱子语类·二十三》。
⑦ 同上。
⑧ 《朱子语类·四》。
⑨ 《朱子语类·九十四》。
⑩ 《中国法律思想史纲》第31页。

四、"存天理、灭人欲"论

其三，朱熹宣扬"存天理，灭人欲"的口号，为其德、礼、政、刑治国措施做补救。

虽然朱熹美化了"气质之性"厚者，但统治阶级营垒内部的那些"厚者"、"最厚者"却常以其"最薄"的"气禀"而闹得不可开交，令统治者极为头痛。同时，尽管朱熹设计了"政"、"刑"对付"气质之性"薄者和最薄者，但违法犯罪根本不是因"气质"而来。因此，尽管法繁刑重，违法犯罪者仍然此伏彼起、不绝如缕。朱熹设计的德、礼、政、刑整套措施，无论在哪一个社会阶级、阶层，实际上都起不了多大作用。

有鉴于此，朱熹又设计了"存天理，灭人欲"的口号，企图以此补救之。他说："天理存，则人欲亡，人欲胜则天理灭。"① 又说："圣人千言万语，只是教存天理，灭人欲。"②

所谓"灭人欲"，是指克制、绝灭"私欲"，如做到"坐如尸，立如齐，头容直，目容端，足容重，手容恭，口容止，气容肃"③ 等。为"灭人欲"，妇女必须"守节"。他把"守节"说成是比生命还重要的事，即所谓"饿死事小，失节事极大"。

朱熹以为只要人人"灭人欲"，就可"存天理"，也就可以高枕无忧、天下太平了。但"存天理，灭人欲"一说，非但没有能补救封建国家德、礼、政、刑之失，反而更加彻底地暴露了朱熹理学法哲学的违背人性和违反人道。

五、略评朱熹的法哲学观

朱熹生前并不得志，其"理学"也只是书斋上的东西。但他死后，却因统治者发现了他的"理学"的欺骗价值，"朱子学"即被推崇为官方学术，以至在由明至清的七百年间，始终居于儒学正宗的地位，其灵牌也"从祀孔子庙庭"而香烟缭绕。理学法哲学的崛起，为中国法哲学史上的一件大事。从客观唯心主义法哲学体系看，这是有史以来最完整的，不能说没有它的理论价值。但是，它在现实生活中所起的作用却是极为恶劣的。明清以来，就不断有学者做过尖锐的批判。笔者四十年前就读于浙江平阳第一中学时，适值土地改革，从某地主家中抄出的存书中，竟见到整整一箱线装书所载的，都是历朝历代平阳地区"节妇"、"烈女"的名字。呜呼！理学法哲学崛起带给中国妇女的是何等深重的祸害！带给整个中国的又是何其难计的灾难！

作为客观唯心主义者，朱熹一方面宣扬"理"的至高无上性与绝对性、永恒性，另一

---

① 《朱子语类·三》。
② 《朱子语类·十二》。
③ 《朱子语类·二》。

方面，又阐述了"理"的"流行"所引起的天地万物的生存变化。后者使他也能面对"法弊、时弊"的社会现实而主张变法，而不是墨守陈法。他看到南宋王朝已如"材木之心已皆蠹朽，腐烂而不可支持"①、"如人之病，外强中干"，因而"其势"所必然者为"通其变"②，"必须别有规模，不用前人硬本子"。③ 据此，他批判"祖宗之法不可变"论者时指出："祖宗之所以为法，盖因事制宜以趋一时之变。"④ 他认为，法律法令"行之既久而不能无弊，则变而通之，是乃后人之责"，而"世间"之"愚人"以为三代之法"为百王不可易之法"，不仅已"失古意"，⑤ 而且愚不可及。他还指责当时在军政上"依旧守此法"是"不知变"⑥ 的表现。由于他自己也抱有"因事制宜"而"通其变"的变法观，因此，对于范仲淹的"庆历新政"和王安石的"熙宁新政"表示理解和同情。他说："庆历之初，杜、范、韩、富诸公变之不遂，而论者至今以为恨。"又说："安石之变法，固不可谓非其时。而其设心，亦未为失其正也。"⑦

朱熹的变法观，如前所说，有"天理流行"的事物变化发展的观点为依据。无论从哪一方面说，即无论从哲学方法论的角度看，或从法哲学的角度看，都是值得肯定的，自不必因其"理学"的反动性而殃及其变法观。我国六七十年代出版的一些哲学书籍，有意抹杀其变化发展的哲学观，80年代出版的一些法学书籍又有意避而不谈他的变法观，笔者以为，都欠妥当。

---

① 《晦庵文集·井田类说》。
② 《朱子大全·治道二·论兵》。
③ 《朱子大全·历代一·秦》。
④ 《朱子大全·诸子二·王氏》。
⑤ 《朱子大全·历代二·宋》。
⑥ 《朱子大全·治道一·封建》。
⑦ 《朱子大全·诸子二·王氏》。

第五十六章　功利主义法哲学一枝独秀

在朱熹大谈其"天理"而主张灭绝"人欲",为封建礼教、三纲五常等儒学基本观点起劲辩护的时候,以陈亮、叶适为代表的功利主义法哲学,以其切近真理而一枝独秀于法哲学园苑,令人耳目一新。由于陈亮、叶适的功利主义法哲学观与朱熹的理学法哲学观直接对立,而且他们还与朱熹进行过面对面的交锋,更有振聋发聩、动人心弦之效。

一、陈亮的生平、著作与哲学观

陈亮(1143—1194年),字同甫,浙江永康人。一生怀才不遇,晚年策进士,为宋光宗擢为第一,授金书建康军判官厅公事,未等赴任就病死了。他是一个坚决主张抗击金兵南侵的主战派,曾多次上书抨击投降主义,指斥秦桧"忍耻事仇,饰太平于一隅以为期,其罪可胜诛哉!"同时,他又是一个坚决反对空谈义理性命的理学的功利主义者,如朱熹所说是"平时自处于法度之外,不乐闻儒生礼法之论"的人。因此,树敌很多,常遭暗算,三入监狱,几至横死。朱熹曾劝他"绌去义利双行、王霸并用之说,而从事于惩忿窒欲、迁善改过之事,粹然以醇儒之道自律。"① 但陈亮却毫无妥协之意,公然堂堂正正地表示了他与"诸儒"的对立态度:"研究义理之精微,辨析古今之同异,原心于秒忽,较礼于分寸,以积累为功,以涵养为正,睟面盎背,则亮与诸儒诚有愧焉。至于堂堂之阵,正正之旗,风雨云雷交发而并至,龙蛇虎豹变见而出没,推倒一世之智勇,开拓万古之心胸,如世俗所谓麓块大窌,饱有余而文不足者,自谓差有一日之长。"② 他坚持其功利观而不为所动,笔耕不辍,与以朱熹为代表的理学作了不懈的斗争。清人姬肇燕在序《龙川文集》时赞扬他是"铜肝铁胆"的"真英雄,真豪杰,真义士",其文"上关国计,下系民生",非朱熹等"长谈性命无补于时者所可同语"。陈亮的著作有《龙川文集》《龙川词》等。

---

① 《晦庵文集·与陈同甫书》。
② 《龙川文集·又甲辰秋书》。

在世界观上，陈亮持唯物主义观点，认为"盈宇宙者无非物，日用之间无非事"①，一切道理法则都存在于事物之中。他说："天道非出于形气之表，而常行于事物之间者也。"②因此，他进而认为一切道理法则都是与民生日用的实事实物紧密相关的，"道之在天下，平施于日用之间"，行"道"就要使"无一民不安，无一物不养"③。

从这种对宇宙、人生的唯物主义观点出发，陈亮提出了"务实"的口号，强调以"用"即实际应用作为衡量一切事物的标准，注重"事功"而反对空谈"义理"。他认为，"事功"、"求利"及一切物质欲望是人的天性，不可能抹杀，不可能否定，从上古"三代"直至当今无不如此，统治者只能"因其欲恶而为之节而已"④。他致书朱熹时指出："秘书（作者按：指朱熹）以为三代以前都无利欲，都无要富贵底人……亮以为才有人心，便有许多不净洁。"⑤

二、陈亮的功利主义法哲学观

正是在上述认识的基础上，陈亮阐明了他的功利主义的法哲学观。有关观点主要见诸：

第一，历史从来就是理欲并行、王霸杂用的历史。

朱熹的理学法哲学认为，"天理"与"人欲"两不相容，"王道"与"霸道"互相对立，因此，"三代专以天理行，汉、唐专以人欲行"⑥，"天理流行"的时代是王道伸张的时代，而"人欲横流"的时代是霸道横行的时代。

陈亮从他的功利主义法哲学观出发，做了以下几方面的驳斥：其一，他指出，朱熹的说法不符合历史事实，因为"三代"的圣人和一切人一样，"才有人心，便有许多不净洁"，也是追求富贵的，而"三代"以下如汉、唐却也有"公心"与"义理"，因此"能以其国与天地并立，而人物赖以生息"⑦，如其不然，汉、唐早就灭亡而不可能绵延数百年之久了。其二，他具体歌颂汉代"虽礼文多厥，而德在生民"，唐代"虽礼乐未讲，而天下之废略举"⑧，以此证明立有"禁网"的汉、唐，正是由于理欲并行、王霸杂用，才得以兴旺发达。其三，他尖刻地嘲讽说，如果朱熹等"诸儒"所说有理，那么"千五百年间，天地亦是架漏过时，而人心亦是牵补度日"亦即历史都中断了，天理也不得而传；并反问

---

① 《龙川文集·经书发题》。
② 《龙川文集·勉强行道大有功》。
③ 《龙川文集·经书发题》。
④ 《龙川文集·问答七》。
⑤ 《龙川文集·乙巳又书》。
⑥ 《龙川文集·又甲辰秋书》。
⑦ 同上。
⑧ 《龙川文集·肖曹丙魏房杜姚宋何以独名于汉唐》。

说，历史既是中断了，"万物何以阜藩，而道何以常存乎！"① 总之，"诸儒"所谓理欲不能兼容、王霸不可杂用，是站不住脚的。

历史既然是理欲并行、王霸杂用的历史，那么，以功利来解释法律的起源就有了基础。

第二，刑赏的制定亦即法律的起源就是从天下人的"利"出发的。

陈亮说："……故天下不得自徇其欲也，一切惟君长之为听。君长非能自制为柄也。因其欲恶而为之节而已。叙五典，秩五礼，以与天下共之。其能行之者，则富贵尊荣之所集也；其违之者，则危亡困辱之所并也。君制其权，谓之赏罚；人受其报，谓之劝惩。使为善者得其所同欲，岂以利而诱之哉！为恶者受其所同恶，岂以威而惧之哉！得其性而有以自勉，失其性而有以自戒。此典礼刑赏所以同出于天，而车服刀锯非人君之所自为也。天下以其欲恶而听之人君，人君乃以其喜怒之利而制天下，则是以刑赏为吾所自有，纵横颠倒而天下皆莫敢违。"② 这就是说，礼法赏罚是利与义的统一，"人君"正是以天下人"喜怒之利"行赏施罚而"制天下"，礼与法、刑与赏的起源和得以施行，是离不开天下人的利与欲的。

第三，从天下人之"利"出发，"简法重令以澄其源，崇礼立制以齐其习"③，以求"政化行"、"天时顺"之"功"。

陈亮在《上孝宗皇帝第一书》中首先指出，有宋一代立国以来二百年间"举天下皆由于规矩准绳之中"，这是一条很好的经验。当然，这不过是讲给宋孝宗听听而已的，目的是为下文指斥"庆历新政"时期任意"更法易令，于事固然有害"，而"熙宁新政"时期"不顾朝廷立国之势，正患为文之太密"做铺垫。接着，陈亮批评孝宗朝也存在着"以绳墨取人，以文法茌事"而且法令太繁密苛重的弊病。

在上孝宗皇帝书后，陈亮在许多文论中反复述说了法治是必要的，但切不可禁网过密，务须"简法令"而"去繁密"。例如他说："风林无宁翼，急湍无纵鳞。操权急者无重臣，持法深者无善治。奸宄之炽，皆由夫禁网之严；罅漏之多，亦由夫防闲之密。故圣人不忍尽其术，不忍斫其朴。"④ 这就是从老百姓安宁（"宁翼"）、自由（"纵鳞"）之"利"出发反对"持法深"、"禁网严"而求"善治"。正是在这种思想的指导下，陈亮主张对人民实行宽厚的政策，主张藏富于民、轻徭薄赋等。

第四，从国家的功利出发，主张限制君权，严惩奸吏。

陈亮是主张君主制度的，但他认为君主应如三代之王那样"其才能德义足以为一代之

---

① 《龙川文集·又甲辰秋书》。
② 《龙川文集·问答七》。
③ 《龙川文集·中兴论》。
④ 《龙川文集·补遗》。

君师"①。他指出,君主为求"喜怒哀乐爱恶得其正"②,不必事事过问,更不能威福由己、任意生杀。他建议宋孝宗将"天下奏谳之事""上诸刑寺"、"付之有司"。在《廷对》中,他写道:"臣愿陛下尽君道以宰天下,礼乐刑政并出而用之。凡天下奏谳之事,专案碎款,尽使上诸刑寺。其情之疑轻者,驳就宽典。至其无可出而后就极刑,皆据案以折之,不得自为轻重。……若使威福在己而欲一日尽去冤滥,人之私意固不可信,而吾能自保其私乎。不如付之有司之犹有准绳也。"

陈亮一方面认为应"任贤使能"、"多置台谏"、"精择监司";另一方面,他强调必须"严政条以核名实,惩吏奸以明赏罚"③。对于那些奸吏,应"诛之杀之"。他认为如能限制君权而严惩奸吏,"国富兵强"就是十分有望的了。

除上述四方面外,陈亮还主张明赏慎罚、反对恢复肉刑。在论述这些主张时,陈亮也处处以他的功利主义法哲学观做指导。

三、叶适和他的唯物主义观点

与陈亮同时代的叶适,同被作为"功利派"被以朱熹为代表的理学空谈家所攻击。

叶适(1150—1223年),字正则,浙江永嘉(今浙江温州)人。晚年定居永嘉城外水心村著书、讲学,人称水心先生。宋孝宗淳熙五年(1178年)举进士,后曾做过兵部侍郎,知建康府兼沿江制置使。著作有今本《叶适集》和《习学记言序目》。

叶适为南宋永嘉学派的著名代表。清代学者金祖望在《宋元学案·水心学案》按语中称叶适为"断断"于"朱(熹)、陆(九渊)二派"之间,与他们的理学与心学"鼎足"而立的功利学派。有人认为,同为功利主义者,叶适与陈亮的不同是:陈亮学无师承,在当时的思想界独树一帜,而叶适是师承于程(颢)氏的。但实际上并非如此。黄宗羲就曾认为"永嘉之学,……步步着实,言之必使可行,足以开物成务",是鉴于"道学者"空谈性命之学的失误有感而发的④,与"程氏"之学根本不同。当代学者楼宇烈指出,说以叶适为代表的永嘉学派"统于程氏",乃为"皮毛之见"。⑤

叶适很少就哲学问题发表专论,但从他的全部著作中可以看出,他是一个具有唯物主义思想的学者。例如他说,"道虽广大,理备事是,而终归之于物,不使散流……"⑥,"夫形于天地之间者,物也;皆一而有不同者,物之情也;因其不同而听之,不失其所以

---

① 《龙川文集·问答一》。
② 《龙川文集·勉强行道大有功》。
③ 《龙川文集·中兴论》。
④ 《宋元学案·艮斋学案》。
⑤ 《叶适》,《中国古代著名哲学家评传》续编3,齐鲁书社1982年版,第14页。
⑥ 《习学记言序目》卷47。

一者，物之理也"①，"自古圣人，中天地而立，因天地而教，道可言。未有于天地之先而言道者"②；"上古圣人之治天下，至矣。其道在于器数，其通变在于事物；……则无验于事者其言不合，无考于器者其道不化，论高而实违，是又不可也"③；等等。这就表明，叶适认为"道""终归之于物"，无"物"就无"道"，"物"是天地间最根本的存在。正由于是从唯物主义思想出发，所以叶适认为，"欲折中天下之义理，必尽考详天下之事物而后不谬"④。这一唯物主义的认识论，使他的功利主义法哲学观得以牢固地确立。像唯心主义者那样，无论从客观唯心主义的"天理"出发，还是从主观唯心主义的"心"出发，都不可能构想功利主义法哲学观。

四、叶适功利主义法哲学观的表现

叶适的功利主义法哲学观可以见诸：

第一，反对儒家空谈仁义道德。

叶适并不一般地反对实行"仁政"和"王道"，他甚至提倡"仁人视民如子"，主张"养民至厚，取之至薄。为下甚逸，为上甚劳"⑤。但他反对空谈仁义道德，反对不讲功利的"仁政"。他认为，"仁政"必须通过实际的功利体现出来，否则，就是"疏阔"无用的"虚语"。他针对朱熹一派的言论指出："'仁人正谊不谋利，明道不计功。'此语初看极好，细看全疏阔。古人以利与人，而不自居其功，故道义分明。后世儒者引仲舒之论，既无功利，则道义者乃无用之虚语耳。"⑥因此，叶适主张农工商学不可偏废，反对传统的重农抑商轻工的思想；反对土地兼并，要求改革封建土地占有制度。

第二，反对君主独擅立法、司法和行政大权，主张适当削弱君权。

叶适认为，法律法令都应"顺民之心"，反对君主"私其国以自与"，把一切法令制度都看作是"特为我而发"，他指出："命令之设，所以为民，非为君也。"⑦为了论证其观点与主张，叶适歌颂古代之君而贬斥桀纣以降的君主特权。他说："古者君人无威，桀纣始作威，威作而德灭矣。""古者君求臣，非臣求君也。"⑧"盖春秋以前，据君位利势者，与战国秦汉以后不同，君臣之间，差不甚远，无隆尊绝卑之异，其身之喜怒哀乐，尚可反

---

① 《水心别集》卷5，《诗》。
② 《习学记言序目》卷47。
③ 《水心别集》卷5，《总义》。
④ 《水心文集》卷29，《题姚令威西溪集》。
⑤ 《水心文集》，《平阳县代纳坊场钱记》。
⑥ 《习学记言序目·汉书三·董仲舒》。
⑦ 同上。
⑧ 《习学记言序目·尚书·商书》。

求。"① "……后世弃而不讲，乃以势力威令为君道，以刑政末作为治体……"② 他认为"汉之文宣，唐之太宗"虽然号称"贤君"，但与残暴的桀纣也相差不远。③

为了改变君主独裁的状况，叶适提出了分权于臣的主张。他认为，君主独擅立法、司法、行政各项大权，是祸乱的根源。他说："昔之立国者，知威柄之不能独专也，故必有所分；控持之不可尽用也，故必有所纵。"他直言不讳地批评"本朝""尽收威柄，一总事权，视天下之大，如一家之细"，指出这是"靖康之祸"发生的原因，不能怪"远夷作难而中国措手"、"小民伏死而州郡迎降"。④

第三，主张以亡秦为教训，删削繁法苛刑。

叶适对后世忘记亡秦的教训，感到十分惋惜。他说："秦之亡天下，后世虽知其祸源于鞅，至于强国之术，立见之效，则不能少贬而废之也。噫！由秦而至于今，天下之所以纷乱杂糅，上下相疑而不可治者，岂非失其常道而皆好异术以愚之哉！"⑤ 他重视法律法令的作用，认为"国家以法为本，以例为要，……非法无决也，非例无行也"⑥，但是，同时认为繁法苛刑酷罚严惩只会激发犯罪、导致强者为所欲为、弱者忍气吞声的不正常局面。他指出："夫以前世用刑之重，而民亦无畏刑之心，滋长其悍虐，视性命死生如旦暮。或白昼挺刃，杀人于市；或报仇行侠，而天下大姓奸豪皆持生杀人之柄。"⑦ 因此，叶适主张任用贤吏主持司法。他认为，在"法"与"人"两者之间，要重视"法"之"国家之本"的作用，又要重视执法官吏的作用，因为"朝廷之纲目，其在吏也"⑧。

叶适的上述观点与主张，和陈亮大体相似。在南宋时期，内忧外患十分严重，人民生活于水深火热之中，空谈天、理、性、命之虚言谬说却四处弥漫流布。在这种学术氛围中，陈亮、叶适大力宣传功利主义性质的理论，包括功利主义法哲学观，确为难能可贵。但是，虽然朱熹一派目之为"功利派"，陈亮、叶适自己也不否认，但他们未能把自己的学术思想系统化，不像西方功利主义法哲家们那样有其完整的功利主义法哲学体系，这是十分遗憾的。

---

① 《习学记言序目·左传》。
② 《习学记言序目·毛诗·国风麗》。
③ 同上。
④ 《水心别集·应诏条奏六事》。
⑤ 《水心别集·苏绰》。
⑥ 《水心别集·上殿札子》。
⑦ 《水心别集·国本下》。
⑧ 《水心别集·上殿札子》。

第五十七章　王阳明的心学法哲学倡言

朱熹的理学以客观唯心主义为其哲学指导，在宋明时期有相当大的影响，加上官方的捧场，居于官学的地位。但在风云变幻的社会矛盾面前，理学是苍白无力的。因此，统治阶级和进步的知识分子都各个寻找别的理论武器，以求应付或解决现实的社会问题。明宪宗成化初至世宗嘉靖初，由王守仁予以发展并总其成的心学，便是明代统治阶级所找到的一种新的理论武器，虽然它的实际作用仍然十分有限。

一、王阳明和他的"心学"哲学观

王守仁（1472—1528年），字伯安，浙江余姚人。出身于大官僚地主家庭。曾筑室故乡阳明洞中，故世称阳明先生。早年因反对宦官刘瑾，被贬为贵州龙场（今修文县内）的驿丞。后因镇压江西南部地区的农民起义和广西思恩等地的苗民及其他少数民族起义，封建新伯、官至南京兵部尚书。在镇压人民斗争的过程中，他深切体会到"破山中贼易，破心中贼难"[1]。这推动了他孜孜以求发展陆九渊的主观唯心主义学说，倡言以"心学"对抗程朱的"理学"。由于他的心学是以反传统的面目出现的，一时间曾产生广泛的影响，还流行到日本。其著作由门人辑成《王文成公全集》，亦名《王阳明全集》共三十八卷。

王阳明的心学的直接哲学渊源，是南宋陆九渊[2]的主观唯心主义的"吾心即是宇宙"论。陆九渊说："四方上下曰宇，往古来今曰宙。宇宙便是吾心，吾心便是宇宙。"他发挥孟子所说"万物皆备于我"的观点说："宇宙内事，是己份内事；己份内事，是宇宙内事。"[3] 这是相当彻底的主观唯心主义的唯我论，王阳明把陆九渊的观点发展得更加完备细

---

[1]《王文成公全集》卷4，《与杨仕德薛尚谦》。
[2]〔南宋〕陆九渊（1139—1192年），字子静，江西抚州人。1176年的鹅湖之会上曾与朱熹激烈辩论。他承袭和发挥了程颢的"天"即"理"即"心"的观点，构建了"心学"的主观唯心主义思想体系。著作有《象山先生全集》。
[3]《象山先生全集·杂说》。

密了。他在《传习录》中，把天地万物都看作是源于心的东西，连鬼神也不例外。他说："盖天地万物与人原是一体，其发窍之最精处，是人心一点灵明。"又说："身之主宰便是心，心之所发便是意，意之本体便是知，意之所在便是物。"还说："我的灵明便是天地鬼神的主宰，天地鬼神万物离却我的灵明便没有天地万物鬼神了。"那么，什么是王阳明所指的"心"或"灵明"呢？他所指的不是物质的心，而是"良知"。在《传习录》中，他反复强调："知是心之本体，心自然会知，见父自然知孝，见兄自然知弟，见孺子入井自然知恻隐。此便是良知，不假外求。"他不仅把天生的"良知"看成自然界存在的根据，而且也看成是社会存在的原则。他的心学法哲学的核心，就是这天生的、人人具备的作为心之本体的"良知"。

二、"良知"和心学法哲学观

王阳明认为，由于人人具备良知，因此，"天下无不可化之人"[①]，在德礼教化和法律刑罚的关系上应以推行德礼教化、改变社会风气为第一要务。

他把统治者"亲民"以"明明德"看成是"家齐国治而天下平"的治国理政第一要着。在《传习录》中，他这样写道："明明德者，立其天地万物一体之体也。亲民者，达其天地万物一体之用也。故明明德必在于亲民，而亲民乃所以明其明德也。是故亲吾之父以及人之父以及天下人之父，而后吾之仁，实与吾之父、人之父、与天下人之父而为一体矣。实与之为一体，而后者之明德始明矣。……君臣也，夫妇也，朋友也，以至于山川鬼神鸟兽草木也，莫不实有以亲之，以达吾一体之仁，然后吾之明德始天不明，而真能以天地万物为一体矣。夫是谓之明明德于天下，是之谓家齐国治而天下平……"

但仅仅统治者之"亲民"以"明明德"是不够的，因此，他又求助于整个社会风气的改变。他认为"风俗之美恶，天下之治忽关焉"[②]，又认为"天下之患，莫大于风俗之颓靡而不觉"，因此，"古之善治者，未尝不以风俗为首务"[③]。

把德礼教化放在"首务"的地位上，是儒家法哲学一贯的观点。从这个角度看，王阳明并无创新；而从以系统的"心学"主观唯心主义为指导予以阐述的角度看，王阳明则使礼刑关系进一步理论化了。

像董仲舒以来的儒家那样，王阳明也不排斥法律刑罚的作用，而把法律刑罚看作辅助德礼教化而行的重要治国手段。鉴于当时社会矛盾激化、农民起义此伏彼起，统治阶级已深感危机严重，德礼教化、移风易俗之类的说教不但不可能奏效，而且几乎是无法实施，

---

① 《王阳明全集》卷31，《山东乡试录·策五道》。
② 同上。
③ 同上。

所以，王阳明一面身体力行、颠簸奔忙于率兵镇压农民起义的实际事务，一面竭虑焦思采取详密的法律手段，防范民众的反抗斗争，并以苛刑酷罚惩戒敢于违法者。

他比他的儒学先师们更加强调法律刑赏的作用，把"赏罚"说成是"国之大典"①，认为只有"刑赏之用当，而后善有所劝，恶有所惩；劝惩之道明，而后政得其安"②。面对农民起义风起云涌的急迫形势，他甚至亲自制订赏格："首级每颗银一两，贼首银三两，生擒每名银二两。"③还建议颁布军令规定："所领兵众有退缩不用命者，许领兵官军前以军法从事；领兵官不用命者，许总统兵官军前以军法从事。"④据他给明武宗的奏章，他在带兵镇压江西南部漳南、横水、桶冈、大帽、浰头等地农民起义的一年多时间里，屠杀农民即达万人以上。在镇压广西少数民族暴动时，他甚至于实行极其残暴的杀光政策。

为了强化封建法制以防范人民群众的反抗斗争，他下令建立《十家牌法》。在《十家牌法告谕父老子弟》中，他写道："……自今各家务要父慈子孝兄爱弟敬夫和妻随长惠幼顺，小心以奉官法，勤谨以办国课，恭俭以守家业……务兴礼让之风，以成敦厚之俗……"按《十家牌法》的规定，十家为一甲，把各家户主姓名、住址、职业、全家男女人口都写在一个牌子上，"此牌十家轮流收掌，每旧酉时分挂牌到各家照粉牌审查"，事有可疑即行告发，如有隐蔽事发，则十家同罪。《十家牌法》还规定，容隐"盗贼"的，一寨之人通通坐以奸细重罪，或者本家并四邻一体坐罪。此外，王阳明还建立了保甲制、分约制等，从组织上、思想上严密控制与防范对封建秩序的毁损。

王阳明长期从政，在法律方面还有许多见解，而从法哲学方面看，所可言及的主要是以上他所倡言的"心学"法哲学观。

---

① 《王阳明全集》卷21，《答潘直卿》。
② 同上。
③ 《王阳明全集》卷30，《奖劳永保二司官舍土目牌》。
④ 《王阳明全集》卷9，《申明赏罚以厉人心疏》。

第五十八章　民本主义法哲学的激昂呼声

封建主义在宋代已显颓势，至明代更进一步衰落。朱熹力扬理学法哲学并为官方竭力推崇，但无法挽救既倒之狂澜；王守仁倡言心学法哲学，更是回天乏力；从司马光经邱濬到张居正，极言儒家法哲学之能，但儒学其时已是强弩之末，根本不可能拉回摇摇欲坠的西天落日；王安石力主变法法哲学，却又因"百足之虫，死而不僵"的封建势力的疯狂阻挡而终至惨败；陈亮、叶适一枝独秀的功利主义法哲学，也只是昙花一现。究其原因，是因为所有这些法哲学观，都旨在维护封建主义的根本制度，而其时资本主义的萌芽已渐渐生长，如非一种与之适应的法哲学，当然不可能产生真正强有力的深远的影响。

适应明代资本主义萌芽而产生的，是以其不同凡响的激昂呼声而崭露头角的民本主义法哲学。最先而且比较全面地阐述了民本主义法哲学观的是黄宗羲。

一、黄宗羲的生平、著作与哲学思想

黄宗羲（1610—1695年），字太冲，号南雷，亦号梨洲。出身于官僚地主家庭，其父因弹劾阉党魏忠贤等而被害致死。黄宗羲的一生，用他自己的话说是"初锢之为党人，继指之为游侠，终厕之于儒林。其为人也，盖三变而至今"①，即青年时期参加反对阉党的斗争，中年时期率伍抵抗清兵南侵，晚年隐居不仕而专事讲学与著述。其主要著作有《明夷待访录》《南雷文集》《宋元学案》《明儒学案》等。其中《明夷待访录》一书最为集中地反映了他的政治法律观。

黄宗羲曾师承于王阳明的心学。他在《明儒学案》的首篇《师说》中，就曾吹捧王阳明为救世主。但综观其全部著述言行，他显然已摆脱了心学的唯心主义哲学观，而步入了唯物主义的世界观。他提出了"无气则无理"，即没有物质性的"气"就没有精神性的"理"的正确命题。在批评程朱学派的明初人薛瑄的理气二元论时，黄宗羲指出，如同只

---

① 《黄梨洲先生年谱》卷首。

有播下种子才能长出庄稼一样，只有有了"气"，才会有"理"，"理"是不能独立存在的。他认为天地古今只有一"气"，而且，"气"是有它本身的"条理"即规律的。他从"气"有本身的"条理"，进而认为"物无穷尽"、世事"日新"，即认为无穷广大的世界是处在运动、变化、发展之中的。鉴于他的这些观点，他在政治法律上主张一代有一代之法，反对君主特权而力主民本和分权，就是自然而然之事了。

黄宗羲的民本主义法哲学观表现在以下几个主要方面：

二、对"一家之法"的批判

第一，抨击君主专制，批判"一家之法"。

黄宗羲民本主义法哲学观的最突出而光辉的一点，就是对君主专制和"一家之法"的猛烈抨击和有力批判。

在《原君》[①]中，黄宗羲把批判与抨击的矛头直指封建君主专制的最高政治代表皇帝。他指出，历来的皇帝都十分自私，他们"不惜荼毒天下之肝脑，离散天下之子女"，"敲剥天下之骨髓"以"奉我一人之淫乐"，因此，皇帝是"天下之大害"。他认为，做官乃"为天下，非为君也；为万民，非为一姓也"。他主张"以天下万民起见，非其道，即以君主之形声强我，未之敢许也，况于杀身乎"。黄宗羲不但抹去了皇帝头上的灵光圈，彻底揭露了皇帝的罪恶，而且从为"天下万民"出发，提出了不畏"杀身"以抗拒无"道"君主之"形声"威势，进行反抗斗争的主张。黄宗羲虽然说自己"终则厕身于儒林"，但他与千百年来奉皇帝为"天子"、君权为"神授"，在封建君主面前顶礼膜拜的儒家是何等的不同。即使是法家如商鞅、王安石等，也都是君权至上者，和民本主义者黄宗羲决不可同日而语。

从批判皇帝、抨击君主专制，黄宗羲进而揭露封建法律制度为皇帝的"一家之法"，对封建的"非法之法"痛加斥责。他指出，"后之人主既得天下，唯恐其祚命之不长也，子孙之不能保育也"，才"思患于未然以为之法"，例如，"秦变封建而为郡县，以郡县得私于我也；汉建诸孽，以其可以藩屏于我也；宋解方镇之兵，以方镇之不利于我也"。他说："此其法何曾有一毫为天下之心哉，而亦可谓之法乎？"他认为，如果这样的东西也叫作"法"的话，那么，它只能被称为"一家之法"。他认为，这种"一家之法"乃"非法之法"，只能引起"天下之乱"。他指出这种"非法之法"本身的性质决定它必然繁密严酷，"深刻网罗，反害天下"，"桎梏天下之手足"，而且为胥吏"创为文网以济其私"创造条件，从而使"天下有吏之法"而"无朝廷之法"。黄宗羲的结论是："天下之乱即先于法之中。"[②]

---

① 《明夷待访录》。
② 以上均见《明夷待访录·原法》。

黄宗羲如此尖锐地揭露、抨击君主专制和封建法制，但他绝不是不要国家和法律的无政府主义者或法律虚无主义者。

三、"以天下为主"的法治观

第二，力主"以天下为主"的法治观。

黄宗羲主张以法治国。他的法治观可以见诸法律起源论、立法论、司法论等各个方面。

对于长期存在的"法治"与"人治"之争，黄宗羲明确地站在"法治"论者一边。他说："论者谓有治人无治法，吾以谓有治法而后有治人。"他认为"天下之治乱"、"系于法之存亡"。但他所谓"法"，是指"以天下为主"的"法"。他认为"三代之法"是"藏天下于天下者"之法，而"后世之法"乃"藏天下于筐箧者"之法；前者是真正的"法"，因此"法愈疏而乱愈不"，后者为"非法之法"，因此"法愈密而天下之乱即生于法之中"①。

在法律起源论方面，黄宗羲指出："有生之初，人各自私也，人各自利也，天下有公利而莫或兴之，有公害而莫或除之。"当时并无君主与法令，为兴"天下"之"公利"、除"天下"之"公害"而产生的君长、法令，是以"不以一己之利为利，而使天下受其利；不以一己之害为害，而使天下释其害"为目的的。他赞颂这种法是真正"以天下为主"的法。②

在立法论方面，黄宗羲主张立法应如"三代"，去"私"立"公"，以"天下之大公"为立法之宗旨。从当时来说，他主张立法应解决民生的一系列具体问题，例如，"知天下之不可无养也，为之授田以耕之；知天下之不可无衣也，为之授地以桑麻之；知天下之无教也，为之学校以兴之；为之婚姻之礼以防其淫；为之卒乘之赋以防其乱"③；等等。

在立法和司法方面，黄宗羲都主张分权。一为中央由君主独擅立法、司法、行政大权，改为君主、宰相、大臣共掌大权，实行君臣分权而共治。黄宗羲认为君主集权一身是造成"一家之法"种种弊端的主要原因。他建议恢复宰相制，并使宰相有职有权："每日便殿议政"，凡君主难以完成的"批红"由宰相"批之，下六部施行"；宰相下率"政事堂"，"政事堂"分列"五房"，即"吏房"、"枢机房"、"兵房"、"户房"、"刑礼房"，由"五房"分曹以主众务"，使"四方上书言利弊者及待诏之人皆集焉，凡事无不得达"④。论者谓此种"宰相"制近似乎资产阶级的责任内阁，实不无道理。二为中央与地方分权。黄宗羲主张地方有独立的行政权、财政权、军事权，使地方得以"统帅专一，独任其咎"、"一方之财自供一方"，"一方之兵自供一方"⑤。由于中央与地方实行分权，而中国传统行政司法不

---

① 以上均见《明夷待访录·原法》。
② 同上。
③ 同上。
④ 《明夷待访录·置相》。
⑤ 《明夷待访录·方镇》。

分，行政长官即为司法长官，因此，也就达到了改变君主独享司法大权的目的。

上述出于民本主义的法哲学观，是黄宗羲的一大贡献。在近代之前，是黄宗羲第一个淋漓尽致地揭露皇权之罪恶并做了猛烈的抨击；他的民本主义的法律起源论、立法论、司法论以至整个"法治"观，确如雄鸡报晓于黎明，预告着传统的种种法哲学观行将随黑夜而永远逝去。其民本主义法哲学的激昂呼声，久久回荡于晚清学术界，如梁启超所评价的那样，"于晚清思想之骤变，极有力焉"[①]。

---

① 《清代学术概论》。

第五十九章　王夫之别开生面的"趋时更新"法哲学观

一、王夫之和他进步的哲学观

王夫之（1619—1692年），字而农，号姜斋，又号船山，湖南衡阳人。出身于小官僚地主家庭。明亡后，曾于1648年在衡山举兵抗清。失败后，定居衡阳石船山闭门著书，人称船山先生。在其堂联中，他自题了"六经责我开生面，七尺从天乞活埋"两句。通过苦心孤诣的探索，王夫之成了中国古代唯物主义哲学的集大成者，其唯物主义哲学体系中，还闪耀着辩证法思想的熠熠光辉。在哲学、政治、法律的探索中，他都有不少别开生面的独到见解，对近代学术的发展产生了深刻的影响。其遗著多达一百多种，四百多卷。其中，《读通鉴论》《读四书大全说》《宋论》《黄书》和《噩梦》等，比较集中地反映了他的法哲学观。

在世界观方面，王夫之认为，唯心主义的陆（九渊）、王（阳明）心学和程（颢）、朱（熹）理学都是带来"狂妄流害"的虚玄荒诞的谎言，他认为，可信的是以"元气"为万物之本的观点。王夫之说："阴阳二气充满太虚，此外更无他物，亦无间隙，天之象，地之形，皆其所范围也。"由此出发，他认为世界是阴阳二气的对立统一。他说："阴阳异撰，而其絪缊于太虚之中。"① 意即阴阳对立互相摩荡而引起了元气的运动变化，"太虚"中充斥的就是这种不断运动变化的元气。他还认为，不仅"太虚"本体如此，自然界的一切事物也莫不如此。

由物质运动的唯物主义思想，王夫之提出了世界变化日新的发展观。他说："江河之水，今犹古也，而非今水之即古水。灯烛之光，昨犹今也，而非昨火之即今火。水火近而易知，日月远而不察耳。"② 同是水而今水非古水，同是火而昨火非今火。由此，他推知"远而不察"的日月也是古今不同、发展变化的。王夫之进而认为，变化发展是"推故而

---

① 《张子正蒙注·太和》。
② 《思问录外篇》。

别致其新"①的推陈出新过程,而不是旧事物的重复循环。

王夫之的坚持变革的社会发展观和坚持"趋时更新"②的法哲学观,就是从上述事物的变化发展乃"推故而别致其新"的观点生发出来的。

二、别开生面:反传统的历史观

迄王夫之为止的各种法哲学观,不管是对当时的社会制度和法律制度肯定还是否定,也不管主张德治、礼治、人治还是主张刑治、力治、法治,也不管是持唯物主义法哲学观还是持唯心主义法哲学观,也不管是发自内心地肯定还是仅仅表面上的肯定,对于上古"三代"的社会制度和政治法律制度,都是予以赞颂褒扬的。别开生面的王夫之,却一反传统之见,指出:"太昊以前,其犹禽兽乎!所谓饥则呴呴,饱则弃余者,亦植立之兽而已矣!""轩辕以前,其犹夷狄乎!"③曾被长期地美化、神化得无以复加的三皇、五帝竟被指为"植立之兽"或"夷狄"。至于神乎其神被授予"天命"的"三代",在王夫之眼里不过是"国小而君多,而暴王横取,无异于今川广之土司,吸龁其部民,使鹄面而鸠形,衣百结而食草木"④。与对上古原始而落后的社会状况贬而鄙之的态度相反,对被孔孟斥为"礼崩乐坏"的春秋时代,王夫之却认为其时"民固不乏败类,而视唐虞三代帝王初兴,政教未孚之日,其愈也多矣"⑤,做了应有的肯定。唯物主义思想和辩证法的战斗精神,使王夫之作出了近乎十分科学的结论。这种大胆创新的议论,是开天辟地以来所无的。在这种思想指导下,王夫之提出"趋时更新"的法哲学观,就是理所当然、势所必然的了。

三、"趋时更新"的法哲学观

董仲舒曾倡言"天不变,道亦不变"的形而上学观点。王夫之反其"道"而行,认为所谓"天"就是"顺之必然"的"势"。他说:"顺之必然之势者,理也。理之自然者,天也。……天者,理而已矣。理者,势之顺者而已矣。"⑥因此,"法天"就是"顺势",而"顺势"也就是合"理"。由此观察社会的发展和历史的行程,他答出了"三代"之时"顺势"而行分封、井田、肉刑之制,其后郡县制应"势"而生,都是合"理"的结论。他指

---

① 《周易外传·无妄》。
② 《思问录外篇》。
③ 同上。
④ 《读通鉴论》卷 20。
⑤ 同上。
⑥ 《宋论》卷 7。

出，"三代"之时"民淳而听于世族"①，所以实行了分封诸侯的制度："诸侯自擅其土，以取其民，轻重悬殊，民不堪命"，因此不得不"画井分疆，定取民之则"②，实行井田制；又以"肉刑"及其他法律制度保障分封制与井田制，总之，"封建、井田、肉刑，三代久安长治，用此三者"③。三者之用，是当时"势"所必然的事。但以后，却发生了诸侯"强弱相噬而尽失其故"、"诸侯世国，而后大夫缘之以世官，势所必滥也。士之子恒为士，农之子恒为农，而天之生才也无择，……又势所必激也"④。"势"之所"激"，郡县制取分封制而代之："郡县之行，垂二千年而弗能改，令古今上下皆安之，势之所趋，岂非理而能然哉！"⑤从"三王"时代的一系列政治法律制度的形成，到这些制度的废弃和新的政治法律制度的产生及其发展，都是"势之所趋"的结果。由于是"势之所趋"，其造成的变化是不可逆转的。他说："若以古今之通势而言之，则三代以后，文与武固不可合矣，犹田之不可复井，刑之不可复肉矣"⑥，"汉以后之天下，以汉以后之法治之"⑦。总之，"事随势迁，而法必变"⑧，法制因时随势而变，"圣人莫能违也"⑨。

泛论政治法律制度"顺势""因时"而变，不是王夫之的根本目的，其根本目的在于具体地论述当代政治法律制度的改变。为此，他进而论述了"一代之治，各因其时"而与前此各代必有不同的观点。他说："一代之治，各因其时，建一代之规模以相扶而成治。"⑩他指出，时代变化会引起利害关系的变化和观念的变化，不能"执一"而"贼道"。他说："三代之所仁，今日之所暴；三代之所利，今日之所害"，因此，必须"就事论法，因其时而取其宜，……宁为无定之言，不敢执一以贼道"⑪。

四、论法制改革

对于本朝法律制度的改革，王夫之提出了以下主张：

其一，本末统筹，质文兼顾。王夫之认为，本朝欲"饬大法，正大经，安上治民，移风易俗"，须注意"有本焉，有末焉，有质焉，有文焉"之区别，他说："立纲修纪，拨乱

---

① 《读通鉴论》卷21，第726页。
② 《宋论》卷2。
③ 《读通鉴论》卷5，第122页。
④ 《读通鉴论》卷1，第1、2页。
⑤ 同上。
⑥ 《读通鉴论》卷5，第122页。
⑦ 同上，第123页。
⑧ 同上，第122页。
⑨ 《读通鉴论》叙论2。
⑩ 《读通鉴论》卷21，第726页。
⑪ 《读通鉴论》叙论4。

反正,使人知有上下之解,吉凶之则者,其本也;缘饰以备其文章,归于久协者,其末也。"① 本末不可倒置,也不能以文害质。同时,他认为,还必须使法律"同条共贯",注意其内部的统一协调。他说:"经天下而归于一正,必同条而共贯,杂则虽矩范先王之步,趋而迷其真,唯同条而共贯,统天下而经之,则必乘时以精义,而大业已成。"②

其二,听之天下,制之天子。王夫之反对君主独裁专制,因为"万方统于一人,利病定于一言,臣民之上达难矣"③,必使立法不善。他主张立法创制既要借鉴"前王"的经验,更要听之当今"天下"的臣民,然后由"天子制之"。他说:"创制听之前王,修举听之为执,斟酌听之长吏,从违听之编泯,而天下各就其纪。"④ 又说:"立法应因其故俗之便,使民自景之,邑之贤士大夫酌之,良有司裁之,公卿决之,天子制之。"⑤ 他认为,这样听之天下臣民而制之天子的法,"可以行之数百年而不弊"⑥。在三个多世纪前的明末清初,当资本主义生产关系在中国仅有微弱的萌芽之时,王夫之即比黄宗羲更进一步提出了民众参与立法的主张,不可谓不是别开生面的进步而大胆主张。

其三,循公立法,以定民意。王夫之极力反对循私立法,他指出:"天子而斤斤然以积聚贻子孙,则贫必在国;士大夫斤斤然以积聚贻子孙,则败必在家;庶人斤斤然以积聚贻子孙,则后世必饥寒以死。"⑦ 私心不已,害国、害家、害后世,而"秦之所以获罪于万世者,私己而已矣。"⑧ 他还努力区分真正的"私"与真正的"公",强调"公私之辨"必须明察,他认为,只有"天下之大公"才是真正的公。他说:"有一人之正义,有一时之大义,有古今之通义;轻重之衡,公私之辨,三者不可不察。以一人之义,视一时之大义,而一人之义私矣;以一时之义,视古今之通义,而一时义私矣。公者重,私者轻矣,权衡之所自定也。"总之,"不可以一时废千古,不可以一人废天下"⑨。立法循公,以定民意,以兴民行,是立法之"精意"所在。这就是王夫之从"公"、"私"之辨中答出的关于立法宗旨的结论。他说:"帝王立法之精意寓于名实者,皆原本仁义,以定民意,兴民行,进天下以协于极……"⑩

其四,"任法"兼"任道","任法"亦"任人"。王夫之认为"任法"而不"任道",会

---

① 《读通鉴论》卷2,第25页。
② 《读通鉴论》卷3,第58页。
③ 《尚书引义》,第166页。
④ 《宋论》,第59页。
⑤ 《读通鉴论》卷16,第537页。
⑥ 同上。
⑦ 《读通鉴论》卷2,第10页。
⑧ 《读通鉴论》卷1,第2页。
⑨ 《读通鉴论》卷14,第464页。
⑩ 《读通鉴论》卷22,第773页。

造成"察之愈密，诛之愈极"、"天下皆重足而立"①的恶果，其至还会出现"论大辟于此，论薄利于彼，细极于牛毛，而东西可以相窜。见知故纵，蔓延相逮，而上下相倚以匿奸"②。因此，他主张既要"任法"，也要"任道"。张晋藩教授总结王夫之"任法"兼"任道"的具体主张是：一要"先以刑禁，继于其治，终以德化"；二要"立法之始，无取太宽。幸留有余之德于法外，以使有可宽……"；三要注意法、情、道、势四者的相互关联与配合："法之所垂，情之所锾，道之所定，抑即势之所审，而四海之观瞻，将来之事变，皆于此焉决也。"③

同时，王夫之认为既要"任法"，也要"任人"，把两者结合起来。他指出："任人而废法，……是治道之蠹也。"④因为造成"下以合离为毁誉，上以好恶为取舍，废积业，徇虚名，逞私意"⑤等弊端横生。另一方面，也不可"任法而不任人"，因为"法之立也有限，而人之犯也无方。以有限之法，尽无方之慝，是诚有所不能矣。于是而律外有例，例外有奏准之令，皆求以尽无方之慝，而胜天下之残"⑥。他主张"择人而授以法"，即将"任法"与"任人"结合起来。他认为，只有这样，才能达到"法治"的目的。

王夫之"任法"兼"任道"、"任法"亦"任人"的主张，是从为"天下之大公"出发的。他讲"任法"的"法"，是要为君者有所司、为民者有所循。他说："有国也，始有制法之令焉。然后为君者所曰，吾以治民为司者也；为民者亦曰，上有以治我，非徒竭我之财，轻我之生，以为之争天下者也。"⑦他讲"任道"，是要"好民之所好"、"均平专一不偏不吝"⑧。他讲"任人"，是要"选贤任能以匡扶社稷"而为"天下之公"⑨。

上述改革本朝法制的主张，也同样体现了王夫之"顺势"、"因时"而变的辩证法哲学观，使他"推故而别致其新"的"别开生面"的法哲学更加光灿夺目。

---

① 《读通鉴论》卷26，第941页。
② 《读通鉴论》卷1，第98页。
③ 张晋藩：《浅论王夫之的法律思想》，《现代法学》1981年第2期。
④ 《读通鉴论》卷10，第326页。
⑤ 《读通鉴论》卷6，第178页。
⑥ 《读通鉴论》卷4，第92页。
⑦ 《读通鉴论》卷30，第1084页。
⑧ 《读通鉴论》卷5，第125页。
⑨ 同上，第119页。

第六十章 顾炎武以"名"为治的法哲学稚语

明末清初,一方面,中国资本主义萌芽正在发展,使许多学者得到启发,努力寻求新的思想武器,包括努力建立唯物主义的世界观;另一方面,中国封建主义正步入总崩溃阶段,社会混乱,政治腐败,与封建主义多有瓜葛的知识分子为其立场所囿,又不可能科学地以唯物史观观察社会,得出革命性的结论。因此,其时的学术界多有深陷矛盾与苦闷之中者。他们表现出的共同特点是对空谈"道"、"无"、"心"、"理"、"性"的唯心主义法哲学的鄙弃;而在面对现实矛盾设计解决方略时,又各个表现出极大的分歧,或如黄宗羲发出了民本主义法哲学的激昂呼声,或如王夫之别开生面地击古抨今,力主"趋时更新"变法求治,从而显得与时代的要求相当合拍,但也有如顾炎武那样,在矛盾惶遽之中遁入歧途,设计出极不实际的方案来的。

顾炎武设计的是以"名"为治的法哲学方案。在社会矛盾极为复杂的封建末世,竟主张以"名"为治,显然是极为幼稚的。

一、顾炎武的生平、著作与学术思想

顾炎武(1613—1682年),初名绛,字宁人,江苏昆山人。因其出生地是昆山亭林镇,学界多称他为亭林先生。出身于江东"望族"的书香门第。明末曾任兵部职方郎中。清兵入关后,曾举兵抗清。失败后化名蒋山佣北上经商、游历,秘密进行反清活动。晚年定居陕西,致力著作。纂有自然地理著作《肇域志》、经济史稿《天下郡国利病书》和"明学术,正人心,拨乱政,以兴太平之事"的名著《日知录》等。其《日知录》和《郡县论》等,比较集中地反映了他的法哲学观。

和黄宗羲、王夫之一样,顾炎武也反对道学和理学空谈。他认为当时清谈之风比魏晋更甚,其结果是导致"神州荡覆,宗社丘墟"。他痛心疾首地写道:"刘石乱华,本于清谈之流祸,人人知之。孰知今日之清谈,有甚于前代者。昔之清谈谈老庄,今之清谈谈孔孟,未得其精而已遗其粗,未究其本而先辞其末,不习六艺之文,不考百王之典,不综当世之务,举天子论学论政之大端,一切不问而曰一贯、曰无言,以明心见性之空言,代修己治人之实学,股肱惰而万事荒,爪牙亡而四国乱,神州荡覆,社稷丘墟。"①

按理,如此痛绝于"清谈孔孟"和"明心见性之空言",该不会设计出很不切实际的以"名"为治的法哲学方案来,但他却设计了出来。且让我们先看看他是怎样论述的。

二、论"以名为治"

在《日知录》中有专门一节谈以"名"为治,这就是《名教》。其"名治"论集中地表现在这样一段话中:"后之为治者,宜何术之操?曰:惟名可以胜之。名之所在,上之所庸,而忠行廉洁者,显荣于世;名之所去,上之所摈,而怙侈贪得者,废锢于家。故昔人之言曰名教,曰名节,曰功名。不能使天下之人以义为利,而犹使之以名为利,虽非纯王之风,亦可以救积污之俗矣。"

顾炎武显然看到已无法回避、无视陈亮、叶适的功利主义法哲学。但其时他无计可施于切合实际的"功利"。他显然也看到了不可能"供天下人以义为利",因此开出了"以名为利"的药方。

不少著作论及顾炎武法律思想时,认为他并不一般地反对以法治国,而仅反对法密刑繁而已。这是值得商榷的。

虽然顾炎武也谈过"公天下之法",但这是他猛烈攻击法密刑繁的一个借口。综观他的全部思想,我们认为,顾炎武总体是反对法治而对"名"治情有独钟的。

在顾炎武看来,立法之初就包含了不可克服的弊病。他说:"前人立法之初,不能详究事势,豫为变迁之地,后人承袭已弊,拘于旧章,不能变革,而复立一法以救之。"②这里,"后人"固有承袭故弊、拘守旧章之误,但顾炎武认为"后人"之误是从"前人"之弊而来的。事实上,"立法之初"要"详究事势"而"豫为变迁之地",无疑是做不到的。把"法令日繁,治具日密"③归咎于立法本身,尤其是归咎于"立法之初"当然不尽恰当。但顾炎武确是这样责咎于"立法之初",由此可见他对法治态度之一斑。

与上述思想相关,顾炎武认为"一兵之罪,一财之源,一地之守,皆人主自为之,欲专其大利,而无受其大害,遂废人而用法"④,也是"法令日繁,治具日密"的原因。君主独裁,以言代法,这确是"法令日繁"的原因之一。但问题在于,有鉴于此而反对君主以言代法即可,再跨出一步而反对一切法律法令,却失之偏颇了。而顾炎武却跨出了这一

---

① 《日知录》卷7,《夫子之言性与天道》。
② 《日知录》卷8,《法制》。
③ 《日知录》卷9,《人材》。
④ 《日知录》卷8,《法制》。

步。在他看来,"法令者,败坏人材之具"也①,因此法治要不得。

论者以顾炎武"独治则刑繁,众治则刑措"②的观点为据,得出顾炎武似乎也是要法治的,只不过是主张法简刑轻罢了。但这里顾炎武"刑繁"、"刑措"之论,是对"独治"与"众治"而发的,是在谈论"独治"与"众治"。此语源出《日知录》之《爱百姓故刑罚中》,重点是要君主百官从"爱百姓"出发治国理政,目的在于削弱和限制君权。他在论述"众治"时提出了"天子之所以恃平治天下者,为官也"③的观点。他认为,"自古及今,小官多者其世盛,大官多者其世衰"④。在《郡县论》《乡亭之职》中,他提出了许多关于分权于百官以实行"众治"的具体建议。总之,顾炎武瞩目之焦点不是法治,而是人治。而这人治,又不是与法相联系的,这人治依靠的是"名治"。

三、以"名"为治的原因与具体办法

顾炎武力主以"名"为治的原因主要是:第一,法密刑繁的当世,社会混乱、政治腐败、风俗浇薄,他感到只有求救于"名"教、"名利"、"功名"的激励。他在指斥当时的社会腐败现象时写道:"乃以今观之,则无官不赂遗,而人人皆吏士之为矣;无守不盗窃,而人人皆僮竖之为矣。"⑤他认为,改变此种现象的办法只有以"名"为治。他说:"目击世趋,方知治乱之关,必在人心风俗,而所以转移人心,整顿风俗,则教化纪纲为不可缺矣。"⑥第二,法密刑繁是人材压制的原因。他说:"宋叶适言,法令日繁,治具日密,禁防束缚,至不可动,而人之智虑,自不能出于强约之内,故人材亦以不振。今与人稍谈及度外之事,辄摇手而不敢为。夫以汉之能尽人材,陈汤犹扼腕于墨吏,而况于今日乎?宜乎豪杰之士,无以自备,而同归于庸懦也。"⑦

有鉴于上述原因,顾炎武在提出以"名"为治的同时,还设计了一些具体推行的办法。其中之一便是对名节突出者予以奖励。他建议:"今日所以变化人心,荡涤污俗者,莫急于劝学奖廉二事。天下之士,有能笃信好学,至老不倦,卓然可当方正有道之举者,官之以翰林国子之秩,而听其出处,则人皆知向学而不竞于科目矣。庶司之官,有能洁己爱民,以礼告老,而家无担石之储者,赐之以五顷十顷之地,以为子孙世业,而除其租赋,复其丁徭,则人皆知自守,而不贪于货赂矣。当时怀稽古之荣,没世仰遗清之泽,不

---

① 《日知录》卷9,《人材》。
② 《日知录》卷6,《爱百姓故刑罚中》。
③ 《日知录》卷8,《胥吏》。
④ 《日知录》卷8,《乡亭之职》。
⑤ 《日知录》卷13,《名教》。
⑥ 《亭林文集》卷4,《与人书九》。
⑦ 《日知录》卷9,《人材》。

愈于科名爵禄劝人，使之干进而饕利者哉。以名为治，必自此涂始矣。"①

在封建主义行将崩溃，社会激剧动荡之际，竟然提倡以"名"为治，实在是一种十分幼稚可笑的法哲学主张。因此，顾炎武的"名"治论在后世几无任何重大的反响。

---

① 《日知录》卷13，《名教》。

第六十一章　近代变法前驱者的法哲学观

1840年鸦片战争的炮火,炸毁了闭关锁国的清朝封建壁障,中国从此急剧地演变成为半殖民地半封建社会。伴随着鸦片涌入中国的,不仅有近代的工业、技术,而且有资产阶级的观念和文化,其中包括资产阶级的法律思想与法哲学观。封建法律思想的一统天下,面临西方资产阶级法律思想的挑战,也遭到地主阶级改革派的抨击。中国封建法律思想的顽固营垒于是开始分化;龚自珍、魏源等脱颖而出,成为近代中国进步法律思想家的前驱先路,对尔后中国法律思想的发展产生了巨大的影响。

龚、魏及其后来者的法哲学观,大多围绕"变法"申述、论证。从其论述中可以看出他们对当代法律的价值的态度,对心仪神往的未来法律的追求。这些论述用典型的中国思想家的语言加以表达,不仅大大地不同于西方法哲学家,而且也不同于此前的中国古代法哲学家,因而表现为缺乏法哲学术语的概括性论述,似乎不过是就事论事而已。但是,从中还是可以悟出他们的基本法哲学观点的。

一、龚自珍的生平、著作和哲学观

龚自珍(1792—1841年),一名巩祚,号定庵。浙江仁和(今杭州市)人。二十七岁前曾随其父奔走南北,对官场内幕和下层社会有所了解,写了不少惊世骇俗批判封建现实的政论。二十七岁中举人,三十岁中进士,长期在京任内阁中书、礼部主事等闲职,与林则徐、魏源过从甚密。后因得罪权臣穆章阿贬官南下,五十岁病逝。著作有《龚目珍全集》。其中《乙丙之际著议》《壬癸之际胎观》《明良论》《农宗》《春秋决事比》《送钦差大臣林公序》等较多地涉及他的法哲学观。

龚自珍生当没落的清皇朝危机深重的年代。"大川归道"、"王邑文明"已成明日黄花,现实社会如同"日之将夕,悲风骤至",而"山中之民有大音声起,天地为之钟鼓,神人为之波涛"①，革命的风暴行将席卷大地。处在这样一个动荡、变乱、转折的时期，龚自珍抛弃了辞章考据学的老路，"究心经世之务"②，批评时政，抨击朽腐，借古讽今，力主改革。他的一生是在鞭挞封建末世的黑暗现实和孜孜探求改革之道中度过的。

社会的急剧变化和个人的不幸遭遇，反映在龚自珍的世界观上，一方面是前期微弱的唯物主义思想因素和晚年的皈依佛教；另一方面是生气勃勃的"变"的朴素辩证法思想。这就使他成了变法法哲学观的积极宣传者。

龚自珍认为，古往今来，一切客观事物、典章制度、风俗习惯都是不断变化的。他在《上大学士书》中写道："自古及今，法无不改，势无不积，事例无不变迁，风气无不移易。"③同时，他又认为社会历史也是不断变化、更迭的。他把社会历史的发展分为"治世"、"乱世"、"衰世"三个阶段。在《五经大义终始论》中，把上古作为"据乱世"，商朝为"升平世"，周朝为"太平世"。从这种"三世说"出发，他认为当时已发展到了"衰世"。因此，他寄意苍天喊出了久抑胸中的心声："九州风气恃风雷，万马齐喑究可哀。"

龚自珍在人性问题上，表现出了很明显的矛盾态度，他既持"无善无不善"的观点，同时又持人性"有私"的观点。他说："龚氏之言性也，则宗无善无不善而已矣，善恶皆后起者。"④又说："善非固有，恶非固有，仁义、廉耻、诈贼、狠忌非固有。"⑤这些言论，表明他主张人性"无善无不善"。但他同时又说："天有闰月，以处赢缩之度，气盈朔虚，夏有凉风，冬有燠日，天有私也；地有畸零华离，为附庸闲田，地有私也！日月不照人床闼之内，日月有私也。圣帝哲后……究其所为之实，亦不过曰：庇我子孙，保我国家而已。"⑥在他看来，天、地、日、月、人，都是自私的。人性问题上的这两种互相矛盾的观点，曲折地反映了他所处时代无法解决的矛盾，也反映了他站在地主阶级的立场上而又面对资本主义风潮扑面袭来时的矛盾的心境。

（一）对清末法制的价值评价

鉴于对当代为"衰世"的观点，及对统治者亦为"有私"的认识，龚自珍致力于鞭挞封建末世的黑暗的专制主义法制。这种深刻的鞭挞，便是他对当代法律的价值的评判。

清代法制集历代封建法制专横暴戾之大成。处于封建末世的清朝统治者，骇于尖锐复杂的阶级矛盾和民族矛盾，加强了专制主义法制的镇压作用。如中国封建社会最后一部封建制法典《大清律例》在沿用"十恶"罪的同时，加重了刑罚，凡谋反、谋大逆，只要是

---

① 〔清〕龚自珍：《尊隐》，《龚自珍全集》，上海人民出版社1975年版，第87—88页。
② 《定庵先生年谱》，《龚自珍全集》第99页。
③ 《龚自珍全集》第319页。
④ 《阐告子》，《龚自珍全集》第129页。
⑤ 《壬癸之际胎观第七》，《龚自珍全集》第18页。
⑥ 《论私》，《龚自珍全集》第92页。

共谋者，不分首从，一律凌迟处死；并株连其父子、祖孙、兄弟及同居之人，不分异姓及伯叔父、兄弟之子，也不限籍之同异，年十六以上，不论笃疾废疾皆斩。清代"文字狱"的恐怖，更使知识分子胆战心惊、动辄得咎，横祸难防。"文字狱"在清律中并无明文规定，而是援引"大逆"的条例比附定罪，因此，一陷文网，即全家罹祸、满门抄斩。龚自珍在1826年写的《咏史》诗中，以犀利的笔触借古讽今地揭露道："金粉东南十五州，万重恩怨属名流。牢盆狎客操全算，团扇才人踞上游。避席畏闻文字狱，著书都为稻粱谋。"但是尽管专制主义法制十分苛惨酷烈，龚自珍还是挥毫泼墨，无畏地批判、鞭挞了封建末世的黑暗法制。"经济文章磨白昼，幽光狂慧复中宵。来何汹涌须挥剑，去尚缠绵可付箫。"他在这一首题为《忏心一首》的诗中，表达他剑志箫心地指斥时政的决心。

封建法制最重要的共同点之一，是维护封建君主的独裁地位。立法废法，出入人罪，成了独裁君主的特权。这在清代也无例外，而且随着社会矛盾的加剧，嘉庆道光皇帝在立法、司法上的擅权行为更加突出了。龚自珍针对这一现象，指斥"霸天下之民"、"……仇天下之士，去人之廉，以快号令，去人之耻，以嵩高其身；一人为刚，万夫为柔，以大便其有力疆武"①《大清律例》在维护皇权方面做了严密苛细的规定，造成了"万马齐喑"②的沉闷局面，皇威无极，群臣缩首，使社会积弊与日俱增，以至无法医治。龚自珍指斥当时事无巨细，完全凭陈旧的律例办理，即使位臻总督，也有职无权，不能放胆"行一谋"，放手"专一事"③，群臣动弹不得，毫无自主的权利，尤如把他们的四肢用长绳捆绑在木头上。这里的"长绳"，指的就是封建法制。

龚自珍借颂扬上古唐、虞三代天下大治来指斥清代当时律网繁密、吏治腐败、司法黑暗。他揭露道，朝廷一二品之大臣，朝不保夕，随时都可能被免官革职，邸抄上议处、察议的上谕比比皆是；府州县官，这样做要罚俸，那样办又要降级，左右为难，无端被革职，"官司之命，且倒悬于吏胥之手"④，活画出了专制法制淫威之下大小官吏惶惶不可终日的情景。群臣如此，百姓当然更加凄惨。他说，从乾隆末年以来，"官吏士民，狼艰狈蹷"，士、农、工、商无法生存，而不士、不农，不工、不商之人越来越多，几乎占人口中的大半；从京师到全国各地到处是"富户变贫户，贫户变饿者"⑤，这一方面使各省大局岌岌可危，另一方面更加重了封建司法镇压给百姓带来的苦难。

龚自珍对清朝法制维护封建君主独裁地位的鞭挞，实际上就是他对皇权法的声罪致讨。这里，虽然没有出现反皇权法的字句，也没有提及尊民权法的观点，但显然表达了他的民权法哲学观。

---

① 《古史钩沉论一》，《龚自珍全集》第20页。
② 《己亥杂诗》，《龚自珍全集》第524页。
③ 《明良论四》，《龚自珍全集》第35页。
④ 同上，第34—35页。
⑤ 《西域置行署议》，《龚自珍全集》第106页。

封建末世专制主义法制的黑暗，还反映在刑狱的腐败上。清皇朝在急剧走向衰落的同时，也失去了对属吏的统制驾驭能力。虽然立法上规定书吏舞文作弊、借案生事骚扰平民者，为知法犯法，"照平人加一等治罪"①，等等，但实际上，司法官吏"舞文弄法，招摇撞骗，说事过钱，包揽词讼，侵欺钱粮，卖放强盗，飞诡税粮，诬执平民"②的情况十分严重。龚自珍在《明良论》中抨击了"官司之命，且倒悬于吏胥之手"的情况，指出吏胥"上下其手"，为非作歹而又肆无忌惮，已经到了忍无可忍的地步。龚自珍还专门写了一篇揭露刑狱黑暗的文章，题为《治狱》③，把自己所了解到的当时刑狱黑暗的情况概括为"今之书狱也不以狱"，主要表现有：第一，各级司法官吏判案主观武断，下级司法官吏根据案情亲自审结的案件，上级会胡乱驳回；而下级胡乱审结的案件，上级却又会层层核准，黑白颠倒，是非混淆，根本没有什么真正的司法准绳可言。第二，同一案情，判决相异，生死轻重，大相径庭。第三，以权势、行贿、门荫、学术地位干预司法的情况极为严重，司法官吏普遍地唯利是图、唯"尊"是从，唯唯诺诺，听凭干预。第四，下级司法官吏层层攀交上级司法官吏，唯权是认，上下勾结、沆瀣一气，织成了一张严严实实的关系网，使得黑暗司法不可能被击破。第五，同乡、同学等互相勾结，"豺踞而鹄视，蔓引而蝇孳……相朋相攻……"，更加深了司法的黑暗。市狱枉法，为非作歹，使得整个司法界腐败不堪。对上述种种黑暗现象，龚自珍痛心疾首地感叹道："……析四民而五，附九流而十，挟百执事而颠倒下上，哀哉，谁为之而壹至此极哉！"留待读者回答的"谁为之"，是不难想见的，当然只能是当时黑暗的法律制度。

彼得·斯坦、约翰·香德所著《西方社会的法律价值》一书指出："秩序、公平、个人自由"三者，"是法律制度的基本价值"④。西方学者的这种观念虽然并未在龚自珍那里明确形成，但是，我们从他对封建末世的清代法制的鞭挞中可以看到，他对清末法制之破坏秩序（封建秩序）、亵渎公平、严重损害个人自由，等等，实际上已做了入木三分的深刻揭露，这也就是他对清末法律价值的实际评价。

龚自珍对黑暗的封建专制主义法律制度的这种揭露和批判显示了地主阶级改革派的隐隐约约的叛逆之音。尽管在当时的社会中，这种叛逆之音是那么微弱，但对于沉睡了数千年的封建中国来说，却是颇为发人警醒的。尤其是当时正处在高度恐怖的思想、文化统治之下，龚自珍的揭露和批判更显得惊世骇俗了。

---

① 《钦定吏部则例》。
② 《吏部处分则例》。
③ 《乙丙之际塾议三》，《龚自珍全集》第2页。
④ [英]彼得·斯坦、约翰·香德：《西方社会的法律价值》，中国人民公安大学出版社1990年版，第1页。

(二)对变法之道的探求

鉴于天地万物、社会历史不断变化的辩证观念,龚自珍兢兢努力于探求拯救没落封建王朝的变法之道。

为了探求变法之道,龚自珍研讨过国家和法律的起源、礼和律在治理国家中的作用,为"更法"阐明了法理上的根据;研讨过法制变迁的历史,为"更法"提供了哲理上的武器;还具体研讨了"更法"的若干具体措施,为"更法"指明了方向。

关于国家和法律的起源。龚自珍认为远古并无王公大臣之分,没有礼乐刑法之差别,[①] 国家、王公大臣、礼乐刑法既然不是与生俱来的,也就不存在永恒不变的理由。那么这一切是怎样发生的呢?他说,天地是人所造,众人自己所造,不是圣人所造的。社会政治活动,从简单到复杂,从参与的人数甚少到逐渐增多,政事复杂了。管理的人多了,就得有人发号施令,号令还要有人传达,"传语之人,后名为官"[②]。国家、社会政治活动就这样逐渐地产生了。国家一旦形成,就要有统治的方法,统治方法又是各国不同的,"有帝统,有王统,有霸统",帝有帝法,王有王法,霸有霸法,王统以儒家和墨家学说为理论根据;霸统以法家学说为理论根据;"以霸法劝帝王家,则诛。以帝王法劝霸家,则诛"[③]。法就这样产生并分化了。关于刑罚,龚自珍认为起源于饮食、祭品多寡之争。按原先的习俗,饮食与祭品的数量分配,少长有别,宗支差等,如果故意破坏这种习俗,就要被鞭挞,这是"司寇"之始。他还以"书经"上的"皋陶为士"为据,说明"士"就是刑官,"刑"起源于"兵","兵也者,刑之细也"[④]。

关于法律和礼教的作用。龚自珍认为法律是王者之喻,有文字形式,是维护统治的工具。他说,王者治理天下,就要用法,"法制者,教之具也";公布法律,晓喻众人,众人中"秀而文者,刊于国学乡学,而朴而鲁者,亦约束于律令"[⑤],人人都有所遵循。龚自珍认为"礼"也是一种起律令作用的行为规范:"礼也者,一代之律令,史职藏之故府,而时以诏王者也。"[⑥] 那么,礼与律在治理国家中的关系如何呢?礼与刑,何者为先呢?龚自珍认为,颁布刑书等是为了保证人们恪守礼义:"出乎礼,入乎刑,不可以中立。"[⑦] 礼、律两者不可缺一,此其一。其二:"全德不恃力,莫肯不服,其次用力。"[⑧] 也就是说,德、礼

[①]《农宗》,《龚自珍全集》第49页。
[②]《壬癸之际胎观第一》,《龚自珍全集》第12—13页。
[③]《壬癸之际胎观第三》,《龚自珍全集》第15页。
[④]《五经大义终始论》,《龚自珍全集》第43页。
[⑤]《定庵先生年谱》,《龚自珍全集》第601页。
[⑥]《古史钩沉论二》,《龚自珍全集》第21页。
[⑦]《春秋决事比自序》,《龚自珍全集》第233页。
[⑧]《农宗答问第五》,《龚自珍全集》第55页。

是第一位的，法、刑不可或缺，但是第二位的。

他认为，国家与法不是从来就有的，为了治理国家，礼、律的作用不能偏废。既然如此，现实社会的种种危急状况的改变，就只有从礼、律作用的发挥上去寻找办法。这样，"更法"改制主张的提出，就成为顺理成章的事了。

龚自珍认为"更法"是历史的必然。他说，古人之世倏尔为今人之世，今人之世倏尔为后人之世，"旋转簸荡而不已"①，历史本身变动不居，因此法也应随着历史的变迁而变迁。龚自珍指出："自古及今，无法不改，势无不积，事例无不变迁，风气无不移易……"②历史在变，社会在变，法也在变，如果不顾社会现实的变化而拘守祖宗成法，就可能将清朝的江山"赠来者"，与其如此，不如自我改革，以"更法"求自救。他说，拘守"一祖之法"，畏惧"千夫之议"，国家必定很快衰败，这是因为"一祖之法无不敝，千夫之议无不靡"；因此"与其赠来者以劲改革，孰若自改革？"他大声疾呼改革，而且把改革的重要性提得十分尖锐。他引证清朝代明而兴的历史，急切地要求当道者"奋起"，"抑思我祖所以兴，岂非革前代之败耶？前代所以兴，又非革前代之败耶？何莽然其不一姓也？天何必不乐一姓耶？鬼何必不享一姓耶？奋之！奋之！"③

（三）关于"更法"的设想

关于"更法"、改革，龚自珍做了一些具体的设想，归纳起来有以下数端：其一，皇帝带头"更法"。他建议"圣天子删弃文法，捐除科条，裁损吏议，亲总其大纲大纪，以进退一世"，对"内外臣工"的"大罪"，坚决严惩，而他们的"小故"则予以宽宥，"勿苛细以绳其身"。④这是为了给大小官吏以一定的自由，从皇帝的独裁下摆脱出来。

其二，扩大内外大臣的权力，以此来减轻皇帝独揽一切的专制司法的流弊。他认为"内外大臣之权""不可以不重"。因为"权不重则民不畏"，破坏法制的情况将变得严重起来。⑤显然，他主张扩大官吏的权力，是为了维持摇摇欲坠的封建统治。他认为"仿古法以行之，正以救今日束缚之病"⑥，而"古法"是赋予官吏必要的司法权力的。

其三，"不拘一格降人材。"他抨击当时的科举制度扼杀人才，"今世科场之文，万喙相因，词可猎而取，貌可拟而肖"⑦，你抄我袭，千篇一律，与实际脱离，无实用价值，造成"左无才相，右无才史，阃无才将，庠序无才士"的局面。"问以经济策，茫如堕烟海"，

---

① 《释风》，《龚自珍全集》第128页。
② 《上大学士书》，《龚自珍全集》第319页。
③ 《乙丙之际著仪第七》，《龚自珍全集》第5—6页。
④ 《明良论四》，《龚自珍全集》第35—36页。
⑤ 同上，第35页。
⑥ 同上。
⑦ 《与人笺》，《龚自珍全集》第344页。

通过科举选拔出来的官僚，根本不懂如何"经邦济国"。他大声疾呼："我劝天公重抖擞，不拘一格降人材。"①

其四，广开言路。"法改胡所弊？势积胡所重？风气移易胡所惩？事例变迁何所惧？"②只要言路广开，上下沟通，是非就分明，"法改"而不会产生弊端，"事例变迁"也用不着担心。

龚自珍对清末社会黑暗法制的鞭挞令人感奋，"更法"思想催人深思。龚子殁后，继之而起的先进知识分子通过进一步的探索，才能得出比较接近于真理的答案。正因如此，近世学者无不高度赞扬龚自珍对社会进步和学术发展的卓越贡献，而龚自珍也是当之无愧的。

二、魏源的生平、著作与哲学思想

魏源（1794—1857年），原名远达，字默深。湖南邵阳人。十五岁时，究心阳明之学，好读史。二十岁时至京师，问学汉儒家法、宋明理学、春秋公羊，与龚自珍、林则徐、陶澍、包世臣等交往。1822年中举人，1844年中进士，历任江苏东台、兴化知县，高邮知州。太平天国革命兴起后，曾于1853年组织地主武装抵抗，后避居兴化，迁杭州佛寺，直至病逝。著有《古微堂集》《老子本义》《元史新编》《圣武记》《海国图志》等。其短篇论著和诗作，今人辑有《魏源集》。

魏源是中国近代史上著名的爱国者，维新思想的先驱之一，与龚自珍齐名，人称"龚魏"。

魏源的进步法哲学观，有其进步的哲学观作为指导。他早年曾受程、朱理学和王阳明心学的影响，中年以后治经，崇尚今文经学，晚年与龚自珍相似，也皈依佛教。社会急遽复杂的变化，对他的哲学思想影响甚深。但从整体上看，朴素唯物主义的认识论和历史进化论是他奉佛之前的思想主流。

他认为宇宙间充满精气，万事万物都是精气流行而生的。他指出人的认识是通过接触实际获得而不是天生的。在《默觚上·学篇》中，他论述了亲身经历以获取知识以及众人智慧高于个人的观点。他强调历史是发展并不断进化的，一切制度措施都要适应客观需要而变化。因此，他坚决反对复古倒退。魏源的哲学思想里还有丰富的辩证法观点。他认为社会充满了矛盾。他把矛盾的普遍性表述为"天下无独必有对"，把矛盾的主要方面和次要方面表述为"有对之中必一主一辅"③。这是令人惊诧而可贵的辩证法思想的萌芽。正是这些进步的哲学观，使他有可能具备比较进步的法哲学观。

---

① 《己亥杂诗》，《龚自珍全集》第521页。
② 《上大学士书》，《龚自珍全集》第319页。
③ 《默觚上·学第十一》。

(一)驳"理学"、斥"庸儒"、主变法

魏源生当鸦片战争前后两个时期,对急剧没落的清皇朝和外国侵略造成的社会状况有比较清醒的认识,在他的一生活动中,反对外国侵略与倡导学习西方,占有突出的地位。他对法律的作用、对当代法律的评价以及对法律思想与指导原则的关系等的认识,也在反侵略和学西方上表现出来。为了富国强民以抵御外侮,他又积极寻找改革、维新之道,因而要求因势变法、革除弊政。

同龚自珍一样,在民族危机与社会危机日益加深的情况下,魏源明确认识到宋明理学与汉学(考据学)的不孚实用,因而积极提倡"经世致用"之学。他的法哲学观是在批判封建正统法律思想的过程中确立的。当时思想界包括法律思想界中占统治地位的是宋学(理学)和汉学(考据学)。反对禁烟的投降派,在反禁烟时就是依据迂腐不堪的宋明理学所强调的"宽恕"之道,反对严厉制裁贩烟和吸食者;而在与外国侵略者谈判时,则妄图以所谓"礼"、"信"、"义"乞求敌人退兵。其结果当然是引狼入室,使外国侵略者遍尝甜头、得寸进尺。魏源懂得,正是灵魂上的迂腐,使得统治阶级拱手于侵略者之前,不知可以干什么、怎么干。因此,他对宋学和汉学作了坚决的批判和揭露。

魏源斥责理学家为"庸儒"、理学为"俗学",指出理学家奉为经典的《六经》不过是"一代诗文之汇选,本朝前朝之文献而已"①。他怒斥"庸儒""读周、孔之书,用以误天下"②。他抨击本朝的理学家所极力推崇的"宋儒",不过是"专言三代"的"庸儒",指出"三代井田、封建、选举必不可复",如果"泥法"于"三代"而"不知三代以下之情势"则"必迂"。③他揭露理学家们的"学问"是"上不足致国用,外不足靖疆圉,下不足苏民困"的"空谈"。④对用烦琐考证方法研究儒家经典的汉学,魏源揭露其"锢天下聪明智慧,使尽出于无用之一途"⑤;批判汉学家们争治训诂、追求"书艺之工敏"、"声律骈偶之巧丽",却"罔知朝章、典故为何物"、"罔知漕、盐、河、兵得失何在",斥责他们"立乎今日以指往昔",是"异同黑白"、颠倒是非⑥。正是在揭露与批判宋学、汉学的基础上,魏源提出了自己改革法制的观点。

(二)法制进步论

魏源指出后代法制比前代进步,以此说明法制的改革是古有先例,法制因革不足为

---

① 〔清〕魏源:《国朝古文类钞叙》,《魏源集》上册,第228页。
② 《默觚下·治篇五》,《魏源集》上册,第48页。
③ 同上,第49页。
④ 《默觚下·治篇一》,《魏源集》上册,第36页。
⑤ 《武进李申耆先生传》,《魏源集》上册,第359页。
⑥ 《明代食兵二政录叙》,《魏源集》上册,第165页。

奇。他指出后世之事胜于远古的主要有三个方面：其一为汉文帝废除肉刑。他认为这说明"三代酷而后世仁"。其二为柳宗元非难封建制，颂扬郡县制。他认为，三代采取封邦建国是为"私"的表现，后世采取郡县制是为"公"的表现。其三为"世族变为贡举"。他认为这同封建变为郡县制一样，都说明"三代私而后代公"①。

魏源还指出，即使拿三代本身来说，也是一代比一代进步的："以三代之盛，而殷因于夏礼，周因于殷礼，是以《论语》'监二代'，荀卿'法后王'"，这说明"法制因革损益，因前事之师"②。法制的因袭改革删除增设，本来就是历史的经验，从而为现在的法律改革找到了理论的根据。

魏源还以本朝的历史事实说明"法制因革损益"是天经地义的事，他说：清朝取胜于明朝，举凡中外官制、律例、赋额、兵额，大多依据时代的法律制度增删修改而成③；清代立国之初，怜悯人民生活之艰难，借鉴历代失败的教训，严禁宦官专权、重赋扰民。因此清初的老百姓耳不闻苛政虐刑，目不见兵戎攻战。朝廷上对言官的劝谏，不但不加责备，而且优礼厚待，使得满朝官员不会畏惧明代那可怕的廷杖、诏狱④……这一切，当然是"庸儒"们所无法反驳的。魏源之法制进步论，把法制看成是一种动态地发展的事物而非一成不变，因此必须永远恪守的僵死事物，这同他把历史看成是不断进化的基本观点是相一致的，表明了他所坚持的是一种求变化、求发展的进步的法哲学观。

（三）时势大变易与法制大更革

魏源还从时势变异的法则上为变法的势在必行寻找理论根据。他指出：三代与今日相比天不同、地不同、人不同、物也不同；自然界和社会每时每刻都在变化，不变的只是客观规律的"道"而已，时势则日日在变，不可能重复，不可能逆转。他认为"古乃有古，执古以绳今，是谓诬今"，而"诬今不可以为治"⑤。他还把"古今宇宙"比喻为一大棋局，世事之变迁如同棋局之千变万化，"纵横反复至百千万局"⑥。总之，变是事物发展的规律性。因此，"天下无数百年不弊之法，无穷极不变之法，无不除弊而能兴利之法，无不易简而能变通之法。"⑦"法无久不变，运无往不复"。⑧既然如此，变法就是天经地义的事了。至于变法的目的，魏源认为应以"利民"为归宿，"履不必同，期于适足；治不必同，期

---

① 《默觚下·治篇九》，《魏源集》上册，第60页。
② 《明代食兵二政录叙》，《魏源集》上册，第161页。
③ 同上。
④ 同上，第162页。
⑤ 《默觚下·治篇五》，《魏源集》上册，第47—48页。
⑥ 《默觚下·治篇十六》，《魏源集》上册，第78—79页。
⑦ 《筹鹾篇》，《魏源集》下册，第432页。
⑧ 《军储篇》，《魏源集》下册，第468页。

于利民"①,"善治民者不泥法"②。以救时、利民为目的的更法改制,"小更革则小效,大更革则大效"③。显然,他是主张法制的"大更革"以求获得最大的社会效果的。

关于法制的变化发展,历来有不少法律思想家都作过思考,发表过意见。其中有的只是指出法制发展的事实,以此表明他们的观点;另一些则与事物发展的普遍性与规律性联系在一起加以探讨,从而显示出一定的理论高度。魏源就属于后面一类人,因而以比较鲜明的法哲学观而升至一定的理论高度。

(四)变法的具体设计

关于变法的具体内容,魏源主要提出了以下三个方面:

第一,改革严刑峻法。作为社会调节器的法,在定罪量刑上有宽有严,宽严取舍的依据是社会生活的实际需求。在一定的社会秩序环境条件下,必须有适度的宽严标准,过与不及,都会影响司法效果。法哲学所概括的"度",是一个重要的概念。魏源主张改革严刑峻法,即是从"适度"的法哲学要求出发的。魏源认为因势立法、宽严适度才能达到立法设刑的目的,这与清政府一味实施苛刑酷法是相对立的。魏源在《默觚下·治第三》中提出了"兼黄老申韩之所长而去其所短"的要求。其理由是:一方面,立法要从实际出发,否则即使制定了法律也不能实行,"强人之所不能,法必不立;禁人之所必犯,法必不行"。但另一方面,法制的实施也有一个过程,不能操之过急,以严刑峻讨推行,则会适得其反。他说:"求治太速,疾恶太严,革弊太尽,亦有激而反之者矣。"他在《治篇十六》中又指出,刑赏的作用在于劝善惩恶,显恶扬善,离开这个目的,刑赏就会失去作用,甚至适得其反地造成截然不同于初衷的不良后果。他以春秋时郑国的邓析、子产同样制定了"竹刑",先秦的商鞅和三国的诸葛亮都采用了严厉的法制却收到了不同的效果为例加以说明:"邓析、子产,同一竹刑也,邓析受诛而郑人不怜,子产则遗爱众母、兴歌谁嗣;商君、诸葛,同一严法也,商君车裂而秦人不怜,武侯则巷祭路哭、白帽成俗。"④这就是刑赏的不同造成的不同后果。

第二,改良司法。立法与司法应是辩证统一的法治过程,法治又与依法而治的人紧密相关。魏源认识到了这些方面的关系,故主张改良当时的司法。他指出,法律如同医家的单方,可以救人之命,也可以置人死地,就看医家如何运用这单方;而法可以用来治天下、也可以用来害天下,关键在于行法之人。他指出,"不难于得方而难得用方之医,不难于立法而难得行法之人"。因此,魏源主张:"君子不轻为变法之议,而惟去法外

---

① 《默觚下·治篇五》,《魏源集》上册,第48页。
② 同上,第49页。
③ 《御书印心不屋诗文录叙》,《魏源集》上册,第243页。
④ 《默觚下·治篇二》,《魏源集》上册,第40页。

之弊……不求汲汲立法，而惟求用法之人……"① 总之是必须讲求"行法之人"，努力除去"法外之弊"。为了求得能够除去"法外之弊"的"行法之人"，魏源提出了广开才路、选用贤能的主张。

第三，改革选举制度，广开才路。魏源《默觚下》谈治国之道，共十六篇，其中从首篇开始即谈人才问题，其余各篇大部分也谈人才问题。在《治篇十一》中，他揭露科举制度说，人才"尽销铄泯泯之中"，"以持禄养骄为镇静，以深虑远计为狂愚，以繁文缛节为足辅太平，以科条律例为足剔奸蠹，甚至圆熟为才，模棱为德，画饼为文，养痈为武……"② 他主张，必须"广收天下之才"、"广收天下之人"。在《海国图志叙》中，他提出，祛除"人材之虚患"，要"去伪，去饰，去畏难，去养痈，去营窟"，一要"以实事计实功，以实功程实事"。这些关于广罗人才的主张和意见，与当时的科举制度、官僚体制是直接对立的，目的在于将大批有真才实学而又锐意改革、维新的优秀人才荐举出来。这就是魏源设想的因势变法、强国御侮的重要手段。但仅此而已还不够，所以他又十分注意向西方学习。

（五）论"师夷长技以制夷"

魏源提出了学习西方、"师夷长技以制夷"的口号。这一口号当然不是直接与法哲学观相关的，但从他"师夷"之内容看，已经明显地带有引进西方法律观、法律价值观的因素，从而体现了他对西方法哲学的共鸣。

魏源对鸦片战争失败的教训有深切的理解，他继续林则徐编写《海国图志》的事业，做了大量的采访编纂工作，完成了数达一百卷的《海国图志》。他在《海国图志叙》中阐述了撰著的目的是："为以夷攻夷而作，为以夷款夷而作，为师夷长技以制夷而作。"他指出，为了强国御敌，就必须"知其形"、"知其情"。

诚然，囿于历史的局限，魏源的"师夷长技"基本上停留在学习西方的军事技术、养兵练兵之法上，但也不是对西方的政治法律制度毫不关心，毫无注意。他已经朦胧地意识到，单纯讲求"船坚炮利"不过是"兵机"，而非"兵本"，"欲平海上之倭患，先平人心之积患"③。

为"平人心之积患"，魏源主张民主议政，广开言路。他把国家比作人体，"后元首，相股肱，诤臣喉舌"，而"庶人"是其"鼻息"，只有"鼻息"畅通，"九窍、百骸、四支（肢）"才能"存"而不"亡"。他称颂"古圣帝明王，惟恐庶民之不息息相通"，因而"取于臣也略而取于民也详"；他指出"受光于隙见一床，受光于牖见室央，受光于庭户见一

---

① 《默觚下·治篇五》，《魏源集》上册，第45—46页。
② 《默觚下·治篇五》，《魏源集》上册，第57页。
③ 《海国图志叙》，《魏源集》上册，第207页。

堂，受光于天下照四方"①，总之是要广开言路，民主议政。魏源的这些意见上承历代法家的"民本"法律观，但又不是简单的重复，而是带有新时代的特征，具有新的内容。这就是注入了西方资产阶级的民主主义法哲学观的因素。因此，他在《海国图志》中说，"墨利加北洲（按指美国）之以部落代君长，其章程可垂奕世而无弊"，在那里"议事听讼，选官举贤，皆自下始，众可可之，众否否之，众好好之，众恶恶之，三占从二，舍独徇同"。他极为赞赏"即在下预议之人，亦先由公举"，认为这是极其周密的选贤举能方法。魏源还指出，在那里，设置"刑官"、"主谳狱"，"亦以推选充补，有偏私不公者，群众废之"。魏源还把"不设君位，惟立官长贵族等办理国务"的瑞士，比作"西土桃花源"。这些议论虽然是站在封建士大夫立场上，从改革"君民关系"的目的出发来议论资产阶级的民主制度，但在当时来说无异于为迷雾沉沉的中国拨云见日，使埋首故纸的士大夫知识分子大开眼界，是极端严厉的封建君主专制统治下的大胆的进步议论，因此，也就对后世先进知识分子发生非同寻常的思想激励作用，使他们更加迫切、热情地去深入了解西方、学习西方。

魏源所倡导的"师夷长技以制夷"，既然作为一个响亮的动人心魄的口号和纲领提出，就必然使后起诸君在了解"夷情"的过程中接触西方的政治法律制度，从而为西方资产阶级法哲学的引进打通了道路。魏源的这一功勋，是彪炳史册，永远值得纪念的。

三、简评龚自珍、魏源的法哲学观

梁启超在《清代学术概论》中高度评价了龚自珍对晚清思想解放的巨大功绩，认为光绪时期的维新派人物大多经过崇拜龚氏的时期，未有不受龚氏思想的"刺激"。这一评价，无疑也适用于魏源。

尽管"祖宗不足法"的古训在宋代就被王安石批判过、摒弃过，但王安石的改革失败了，封建堡垒依然如故。朱熹的理学占据了意识形态领域的统治地位，徒子徒孙绳绳继继不绝为缕。即使到了封建末世的龚自珍时代，由于清朝建立已久，严密的封建罗网早已编就，整个社会被禁锢得铁桶一般，愤悒的学术界中人纷纷遁入烦琐的考据中以自娱、自遣。此时龚自珍公然大无畏地出而高声疾呼"山中之民有大音声起……"，批评时政，攻击腐朽政制，当然会产生极大的反响。他对清末腐朽法制的揭露、抨击与批判，是对整个封建主义没落时期法制价值的彻底否定。虽然这一否定并不是完全依据科学的世界观、革命的方法论，也不可能是站在劳动人民的立场上进行的，但是，客观地揭示事物的本来面目——在他来说就是揭露清末法制的黑暗腐朽的本来面目而不是加以美化、盲目讴歌，这本身就是唯物主义性质的行为；客观地指出腐朽事物的衰亡命运——在他来说就是指

---

① 《默觚下·治篇十二》，《魏源集》上册，第67—69页。

出清末法制的必然失败,这本身就是辩证认识的反映。虽然龚自珍对清末法制价值的否定并未以必要的理论形态出现,也未赋予适当的理论概括、使用一定的理论术语,但是,从立法到司法,从法律到刑狱,从皇权到狱卒的任性生杀之权,从严苛繁密的法律规定到法外擅刑等,龚自珍都做了比较详尽的描述性揭露与评价性鞭挞。"今之书狱也不以狱"之类的评价如果生发开来,是不难成为正面的对"狱"的价值判断的。由此可见,龚自珍的法哲学具有客观的唯物性、辩证性,其理论形态具有明显的直观性、描述性。这并不是说龚氏的法哲学是纯然的直观描述,他之把社会发展分为"治世"、"乱世"、"衰世",等等,虽不科学,却也是自成一体、自圆其说的高度概括性的理论陈述;他之持人性"无善无不善"说,当然也是理论性的评价性的而非描述性的。值得指出的倒是,"言而无文,行之不远",龚自珍思想之"行之"甚远,给整个晚清学术思想以很大影响,除他的思想本身的深刻性、锐利性外,他的文采优美起了相当大作用。

魏源经历了鸦片战争,尝到了鸦片战争的苦果,同时也比龚自珍更多地接触了"夷情",对西方有了更多的了解,不仅看到了西方国家的"船坚炮利",而且也初步了解到了西方国家之所以能"船坚炮利"的原因。表现在法哲学方面,主要的是他的法制进步论。在这一点上,他与龚自珍不无分歧。龚自珍的"三世"说中,商、周为"升平世"、"太平世",即所谓"治世"。但魏源却说"三代酷而后世仁"并以汉文帝废除肉刑为例做了说明。这种法制进步论推而广之,就比较容易产生"西土桃花源"的政治法律制度比中国进步的观念,从而为"师夷长技"奠定思想基础。尽管魏源之学习西方的政治法律制度的观念还是含糊不清的,但却成了尔后几代人寻求真理的指导方向。所以19世纪70年代的改良派著名思想家王韬在《扶桑游记》中指出:"当默深先生时,与洋人交际未深,未能洞见其肺腑,然'师长'一说,实倡先声。"而他的《海国图志》,作为中国近代第一部比较详细地介绍西方资本主义的著作,刊行之后即"风行海内",对后世发生了重大而深远的积极影响。

龚自珍、魏源师承明清以来的进步法哲学观,充满了爱国主义的激情,又反映了外力侵入之后发生的变化。列宁曾经指出:"判断历史的功绩,不是根据历史活动家没有提供现代所要求的东西,而是根据他们比他们的前辈提供了新的东西。"① 鸦片战争前后的进步思想家的法哲学观,虽然不成体系,但还是应当予以肯定。由此而开始的整个近代史上顽固守旧和改革维新两条法哲学路线的斗争,对导致社会向进步方面的转化将起重要的作用,其结果终于为引进大陆法系的法律体系代替中国的封建法律制度廓清道路。但是,在没有受到农民起义的沉重打击之前,顽固守旧的封建统治集团还可能以"羁縻"政策苟延残喘于外国侵略者的卵翼之下,并利用其手中的政治权力,维持封建正统法制、封建正统法律思想的地盘。只有在太平天国农民起义摧枯拉朽般的扫荡下,统治阶级内部才会分化出更多的人来,力求改革、维新以自救,从而使得统治集团法律思想的分化更明显地表现出来。

---

① 《评经济浪漫主义》,《列宁全集》第2卷,第150页。

第六十二章　太平天国运动的冲击波和
　　　　　　农民革命家的法哲学观

一、中国法律文化史的重要转折

中国法律文化史上，虽然先进法律思想家如璀璨的群星，令人叹为观止，但是，在古代漫长的四千年里，却只有奴隶主阶级和封建地主阶级法律观的代言人，而未见或很少见到奴隶阶级和农民阶级的法律思想家。造成这种情况的原因是：第一，奴隶阶级和农民阶级由于被剥夺了政治和经济的权利，没有自己的文化。虽然奴隶阶级和农民阶级也有本阶级的法律意识，但是他们没有得到在文字上系统表达其法律意识的条件。第二，历代的奴隶起义和农民起义，或者没有走完其全过程而宣告失败，革命家们戎马倥偬，得不到充分表达其思想观念，包括法哲学观的基本条件和良好机会；或者虽然走完了全过程（如朱元璋起义），却在夺取政权之后完全演变成了地主阶级的新贵，几乎是全盘地承袭了地主阶级的法制，为地主阶级法律思想所主宰，因而都没有形成奴隶阶级或农民阶级自己的足可称颂的法律思想家。第三，更重要的是，垄断了文化的奴隶主阶级和封建地主阶级，根本无意于将奴隶阶级、农民阶级代表人物的法律思想完整地加以记载。从史籍的零星材料推断，如黄巢、李自成等农民起义首领的法律思想该是比较丰富的，但也未被历史家充分反映在他们的著作中，因而得不到流传，今天也就难以述评了。

这种状况直到近代史上的太平天国时期，才得到了改变。太平天国运动以摧枯拉朽之势席卷大半个中国，所到之处，封建法制弃如敝屣；农民阶级的革命法制风行各地。在农民阶级革命法制建立的过程中，农民阶级的法律思想得到了充分表达的机会，从而造成了对封建地主阶级传统法哲学观的强大冲击波。尤为令人欣喜的是，由于历史发展的行程步入了近代，农民阶级已不再是一个闭塞的囿于"穷乡僻壤"的"落后、愚昧"的阶级，它的一些先进代表人物已经开始接触资产阶级文化，受到了一定程度的熏陶，因而能够站在农民阶级的立场上搬运一些具有资本主义意味的法制和法哲学观。这不啻是在极其愚昧、保守、落后的封建社会底层吹进一股强烈的新风，使互相对垒的农民阶级法律意识与地主阶级法律意识之间的鸿沟更加扩大与加深。因此，太平天国运动对中国法律文化的演进，无疑具有十分重要的意义。

二、太平天国革命运动的冲击波

鸦片战争以后，一方面，由于西方资本主义国家加剧对中国的商品倾销和鸦片贩卖，严重地破坏了沿海通商口岸及其附近地区的传统手工业，失业队伍空前扩大，白银大量外流，造成了国库空虚，于是清政府更加残酷地进行搜括压榨；另一方面，地主、官僚、贵族加紧土地兼并，加重地租剥削，加上连年灾荒，广大的手工业工人和农民被驱赶到死亡的边缘。这激起人民群众走上了反抗斗争的道路。鸦片战争开始后的十年间，汉、壮、苗、瑶、彝、回、藏等各族人民的起义斗争，数达一百多次，范围遍及全国各地。封建法制是镇压人民反抗、维护封建统治的罪恶工具。上自道光皇帝，下至大小官吏，无所不用其极地凭借法律迫害、摧残革命农民和无辜百姓。与此同时，道光朝野的地主阶级思想家对以封建司法镇压农民反抗，也不遗余力地进行鼓吹。

在生死存亡的搏斗中，农民阶级凭借其阶级直觉，自发地认识到，只有推翻封建地主阶级的政权，摧毁维护地主阶级专政的封建法制，才有重见天日的可能。因此，一场全国规模的农民大起义，如山雨欲来，一触即发。

在鸦片战争及其以后的时期，广州成了中国的对外关系和内部社会关系剧烈震荡的中心。它的强烈辐射范围，达到整个两广地区。同时，两广地区又远离清朝地主阶级的统治中心北京，这里的地主阶级实力相对来说比较薄弱。在这样的情况下，太平天国运动首先在广西爆发，继而得到全国的响应，太平天国革命军迅速挥戈北上，横扫清军，建都天京（今南京），就成了势所必然。

太平天国运动过程中，对清朝封建法制以及地主阶级的法律意识所由产生的根基——封建经济基础的冲击，是空前猛烈的。

在太平天国颁行的《天朝田亩制度》中，丝毫都没有地主阶级的地位，地主阶级的土地私有权被彻底否定，保护地主阶级土地私有权的封建法律制度被彻底否定。甚至连"祖宗不足法"之类相当激进的变法法哲学观，与之也无可比拟，不可企及。这自然是与维护封建财产私有、封建等级制度、封建宗法制度等等的封建法律意识完全对立的革命农民法律意识的表现。

太平天国运动的冲击波摧毁了清朝的封建政治法律制度。和历代一样，清代封建政治法律制度所保护的核心是封建皇权，太平天国对此予以彻底否定。皇帝及其走卒被视为"阎罗妖"，列在扫荡范围之内。有人记载太平军"以官为妖，见朝衣、朝冠、袖褂、翎领之类以为妖服，人家有此服物，则蹂躏益甚。又称士曰妖士、兵曰妖兵，吏曰妖吏"①。清朝皇帝以及各级地主阶级政权机构和大小官吏，通通被视为"妖"而进行无情的打击。在这个前提下，太平天国建立起自己的政权机构。

在摧毁旧政权、建立新政权的同时，太平天国革命政权也将清朝法制弃置不顾，而建立起自己的法律制度来。举凡刑事、民事、婚姻以及经济事务等方面，都采取了不同往昔的革命法制。

太平天国运动在其发展的道路上，还对腐朽的封建意识形态发起了猛烈的冲击，其中包括对封建法哲学观予以批判。中国古代封建意识的集大成是孔子和孟子的学说与著作。太平天国起义军"凡一切孔孟诸子百家妖书邪说者尽行焚除，皆不准买卖、藏、读也，否则问罪也"②，"见书籍，恨如仇仇，目为妖书，必残杀而后快"③。据《贼情汇纂》记载，太平军所到之处，凡学宫、殿宇所供奉的孔孟牌位，都尽行毁弃，"任意作践"，其地"或堆军火，或为马厩"，南京的学宫被设为宰夫衙，昔日习读孔孟"圣书"的地方被作为屠牛杀狗的场所。"孔圣人"威风扫地，旧意识落花流水。

三、太平天国运动对中国法律文化史演进的意义

太平天国运动打破了封建地主阶级法哲学观的"一统天下"。虽然封建地主阶级法哲学有不同的派别，历史上尤以儒家法哲学与法家法哲学的分流为著称，但就法哲学的本质、体系来看，都没有超脱封建地主阶级法律意识的樊笼。鸦片战争以来，地主阶级中的先进思想家如龚自珍、魏源等虽然脱颖而出，其法哲学观不同凡响，但是仍然囿于地主阶级法哲学的框架之内。突破的呼声已经喜然可闻，但真正的突破只能由别的阶级的思想家来完成。他们虽然动摇以至开始冲击封建法哲学，但放手打破封建地主阶级法哲学体系的，首先是太平天国和它的领袖。

太平天国运动突现了革命农民阶级的法哲学。如前所说，此前的农民起义，由于种种原因，未能比较明显或比较系统地表现、反映农民阶级的法律意识。太平天国运动因其历时之久、经地之广，尤其是因为建立了农民阶级的政权和施行了农民阶级的革命法制，再加上它的领袖人物得有条件充分地发表自己的法律思想，因而突出地在法律文化史上表达了农民阶级的法律观点。这不仅在中国法律文化史上，而且在世界法律文化史上，都是弥足珍贵的。

太平天国运动还为资产阶级法哲学观的输入奠定了初步的基础。资产阶级法哲学观与

---

① 〔清〕潘钟瑞：《苏台麋鹿记》。
② 黄再兴：《诏书盖玺颁行论》。
③ 《平定粤匪纪略附记》。

封建法哲学观属于两种根本不同的法哲学体系。资产阶级法哲学观之输入中国，是历史的必然。但中国数千年的封建传统顽固地抵御资产阶级法哲学观的输入，造成了重重障碍。这种障碍不仅仅存在于封建地主阶级营垒方面，而且存在于深受封建思想影响的农民阶级营垒方面。打破这种障碍，资本主义国家是在农民阶级的两极分化、大部分农民破产而流为雇佣工人的过程中实现的，中国则是在中国社会的半殖民地半封建化的过程中实现的。半殖民地半封建的中国丝毫没有改变农民附属并受地主剥削的悲惨境地，同样没有改变农民深受封建地主阶级文化统治的境地。但是，太平天国运动猛烈冲击了地主阶级的法制与法律观，使农民法律意识受到震动；同时又在其个别领导人（如洪仁玕）的著作中出现了粗糙的、初步的资产阶级的法律观点，从而使农民阶级第一次接触到了先进的资产阶级法哲学。这就为资产阶级法哲学观之输入中国减少了阻力。这是中国法哲学发展史上与外国很不相同的一个地方，值得重视。

为了深入了解太平天国运动对中国法律文化和法哲学的冲击，我们比较详尽地来探讨一下太平天国领袖人物洪秀全、洪仁玕的法哲学观。

四、洪秀全的生平、著作和思想外衣

洪秀全（1814—1864年），原名仁坤，广东花县（今广州市花都区）人。农民家庭出身的知识分子。年轻时，多次应科举，屡试屡败。在鸦片战争后中国社会矛盾更加激化的情况下，他从农民革命的要求出发，吸取西方基督教义中的平等思想，于道光二十三年（1843年）创立拜上帝会。1844年4月，和冯云山在广西宣传革命，组织群众。同年冬，返回花县。此后写了《原道救世歌》《原道醒世训》《原道觉世训》等革命文献，号召人民信仰皇上帝，击灭被称为"阎罗妖"的清朝统治者，为实现"天下一家，共享太平"的理想而奋斗，为太平天国运动做了理论准备。1851年1月11日在广西桂平金田村举行起义，建号太平天国，旋称天王。1856年定都南京，称天京，颁布《天朝田亩制度》。1856年发生杨韦事件，次年石达开出走。第二次鸦片战争后，清政府勾结外国侵略者，加紧镇压太平天国运动，天京被围。1864年6月逝世。他的重要著作除上述三《原》外，有《太平天日》《十款天条》及其他有关太平天国政治、法制的诏书。《天朝田亩制度》的作者不明，经洪秀全之手颁行，也反映了洪秀全的思想。干王洪仁玕的《资政新篇》曾经他批阅，在其上留下了许多处批语，也可从中了解他的法哲学观的发展情况。

洪秀全思想的主要特点是：第一，反映了农民阶级在政治、经济、文化等方面对地主阶级进行空前的思想反抗；第二，受到近代资产阶级意识形态的初步影响，在频遭失败的情况下，开始对资产阶级的政治、经济、文化和法律制度有了一些朦胧的认识；第三，由于还未挣脱封建生产方式所带来的思想局限性，平均主义、禁欲主义、重刑主义与人治主义思想明显地支配着、指导着他的行动；第四，以农民运动所习见的形式，在其行动、思

想、理论中都披上了宗教的五彩外衣，以特定的宗教为标榜。

农民阶级的先进分子，尤多以反抗性、斗争性、革命性见长。但他们囿于文化水平低下，科学知识缺乏、社会阅历不广，一般不可能自行建立革命的理论体系、自行探讨革命的学术问题。因此，农民革命的理论指导，往往依靠向别的阶级的思想家寻求，更多的则是直接利用或改造利用这种或那种宗教，作为自己宣传群众、联络同志、组织队伍、发动斗争、实行革命、推广政策的武器。洪秀全也是如此。1843年洪秀全最后一次应试落第后，阅读了传教士梁发的基督教布道小册子《劝世良言》。该书宣传礼拜上帝、崇敬耶稣，反对崇拜偶像邪神、鼓吹天堂永乐、地狱恒苦等教义。洪秀全于是利用这些教义，创立"拜上帝会"，宣传"天父上帝"为中外古今共同的"独一真神"，宣称自己是上帝的次子，耶稣的弟弟。此后，他便以"真命天子"的身份活动，也以此身份立法设制、颁布诏令、施刑作罚。因此，洪秀全的法哲学观的种种表现，是与基督教神权的外衣紧密联系的。但这仅仅是"外衣"而已，其实质性的内容，已与基督教教义以及基督教法哲学相去十万八千里了。

洪秀全的以基督教神权为外衣的农民革命家的法哲学观，主要表现在以下几点上：

（一）批判封建法制

第一，猛烈挞伐封建法制对农民的镇压、迫害。历来不乏批评以至抨击封建法制弊端的人与文章，但像太平天国运动领袖们那样决绝地鄙弃之者，却无所见。洪秀全之挞伐清朝法制，反映了他对以清朝法制为表现形式及以孔孟思想为代表的法哲学观的彻底决裂，从一个侧面表现了他对清朝法制本质的截然否定性的评价。

洪秀全在1837年赴广州应试落榜回乡，在病中赋诗曰："手握乾坤杀伐权，斩邪留正解民悬。"[①]"斩邪"，是青年洪秀全下决心投身革命、力图夺取"乾坤"并掌握"杀伐权"时第一件要办的大事。有的著作把"斩邪"与"留正"连在一起，将"邪"理解成主要是"淫"、"忤父母"、"行杀害"、"为盗贼"、"为巫觋"、"为赌博"等"六不正"。对此，我们不敢苟同。我们认为，既要将"斩邪"与"留正"联系起来看，更要将"斩邪留正"与"解民悬"联系起来看。而要"解民悬"，就必须"手握乾坤杀伐权"，把封建地主阶级的政治统治加以摧毁。因此，洪秀全欲"斩"之"邪"，首先是而且主要是封建地主阶级的总头子及其大大小小的爪牙，是封建地主阶级的政治和法律制度。在《原道救世歌》《原道醒世训》《原道觉世训》中，洪秀全将封建势力视为"阎罗妖"。他声讨这些"蛇魔、阎罗妖邪鬼"无恶不作，罪行滔天，"罄南山之竹简，写不尽满地淫污；决东海之波涛，洗不尽弥天罪孽"。其罪恶之大者，有"造为妖魔条例"等使人民群众"无能脱其网罗，无所措

---

① 韩山文：《太平天国起义记》，中国史学会主编《中国近代史资料丛刊》之《太平天国》（六），神州国光社1953年版，第843页。

其手足"的"倒行逆施"。① 这里的"妖魔条例",无疑是指清朝统治者用以束缚、镇压人民的法律。洪秀全和他的将领们还怒斥清朝"又纵贪官污吏,布满天下,使剥民脂膏,士女皆哭泣道路",揭露当时的社会状况极为黑暗,怒斥正是封建的清代刑律维护这种黑暗社会秩序:"官以贿得,刑以钱免,富儿当权,豪杰绝望。凡有起义兴复中国者,动辄以谋反大逆,夷其九族,……无所不用其极……"② "官以贿得",所指斥的是清代法定的选举制度。以科举取士的选官方法这时已变得腐败不堪。官衔、爵位都可以用明明暗暗的贿赂取得,清律实际上保护了富人以贿取官的特权。"刑以钱免",更直接指斥了清代法制的腐败。对劳动人民的反抗斗争"动辄以谋反大逆,夷其九族",本就是隋唐以来刑律所定"十恶"大罪的首条,到清代更以严刑酷罚滥施惩处。洪秀全将"皇上帝"与"大清皇帝"对立起来,并贬斥"大清皇帝"为"阎罗妖";把"大清法律"等痛斥为"妖魔条例",决心"扫清妖孽,廓清中夏"。这才是他首先要"斩"之"邪",也正是他发动农民起来革命时必然要痛加挞伐的对象。

(二)基督教神权旗号下的重刑观

第二,打着基督教神权的旗号,以严刑峻法来保证军事斗争的胜利和保护新生的农民政权。洪秀全并不熟谙基督教神权法哲学,如果从理论角度看,则更是几近一无所知。因此,他的法哲学实践,只不过是打着基督教神权的旗帜而已。

洪秀全在太平天国运动刚刚兴起时,曾把摩西"十诫"改为"十款天条"。"太平军初期奉此为军律"③。这"十款天条"后来又不断扩充成更加完备的实际上的军律,如《行营规矩》《定营规条十要》《行军总要》等。按《行军总要》规定,不准吸洋烟、抽黄烟、饮酒、掳掠、奸淫,"犯者斩首不留";"路旁金银衣物,概不准低头捡拾,以及私取私藏,违者斩首不留";并特别规定"凡无故杀害外人者斩";"凡焚烧外人房屋者斩","凡虏掠外人财物者斩"。

洪秀全在定都天京前后,曾接连下诏:"为公莫为私";凡有缴获"尽缴天朝圣库",违者"一经查出,斩首示众"。④ 定都天京后颁行的《天朝田亩制度》,重申了将一切财物收归圣库的规定。这些规定,以《太平刑律》规定的重刑予以保证执行;"凡私藏金银……定斩不留","凡典圣库、圣粮及各典官,如有藏匿盗卖等敝","即治以点天灯之罪"。刑罚除"点天灯"外,还有"五马分尸"、"斩首示众"、"桩沙剥皮"。

对洪秀全在夺取政权的革命道路中和夺取政权后厉行严刑峻法,应当做出辩证的分析。

---

① 《奉天讨胡檄布四方谕》,《太平天国文选》第78页。
② 同上。
③ 罗孝全:《小刀会首领刘丽川访问记》。
④ 《颁行诏书》。

有些著作对洪秀全实施严刑峻法,指出这是农民阶级受封建惩罚主义毒素影响所致,这无疑是正确的。洪秀全出身于农民家庭,他所接触的也尽是贫苦农民和与农民联系极为密切的手工业工人等,他所受的教育也基本上是封建教育;他在社会上耳闻目睹的,大量的也是封建的法律制度。因此,他所能够效法的只有封建制的严刑酷罚。但是仅仅看到这些方面,显然是不够的。

我们认为,首先必须承认其必要性。这种必要性主要取决于两种情况,一是"太平天国一直处于激烈的战争时期,阶级斗争非常尖锐复杂"[1];二是太平天国起义军队伍中,有大量的游民。我们试对后者略做分析。

急剧没落的清王朝及大大小小的地主、官僚、贵族对下层广大人民的残酷的剥削,使得他们过着十分不安定的生活。得不到比较固定的、正常的职业,为了生存,他们不得不到处流浪。"他们是人类生活中最不安定者。……处置这一批人,是中国的困难问题之一。"[2]"他们缺乏建设性,破坏有余而建设不足,在参加革命以后,就又成为革命队伍中流寇主义和无政府思想的来源。"[3]而太平天国起义军队伍里,恰好有大批的游民。太平天国运动前期,曾大批地吸收过农村及乡镇的游民。其中包括各种会党的成员;后来,在夺取了许多大中城市以后,城市中的浪荡游民又大批进入了起义军队伍,其中还有一些人由于其信息灵通、思想活跃、有一定的才干而成为下级首领人物。为了防止游民成分对太平天国军事斗争和天朝政权带来危害,洪秀全所制颁的太平军律、刑律的严酷,是不难理解的。但是必须看到洪秀全的严刑峻法是深受封建重刑主义影响的,对此也应从农民阶级的阶级局限性上寻找答案。

重刑主义为封建时代的法家所崇尚。法家在宣扬其重刑主义法律思想的过程中,表现出了与儒家的"德、礼、仁、义"及"王道"、"教化"等的极端对立性。作为农民阶级的革命代表,洪秀全囿于其阶级局限性,不可能从阶级本质上批判法家的法律思想,也不可能创制新的法律观念体系。这样,从表面对立的儒法两家中择"善"而从,就选中了法家,以及法家的重刑主义。在太平天国的刑罚里出现了"点天灯"之类的酷烈刑罚,这显然是应予否定的封建重刑主义的遗毒。

(三)平均主义的经济法制观

第三,以绝对平均主义的经济法律制度来建立农民革命政权的基础。这一方面表明了洪秀全对法制与政权的关系认识,懂得法制在政权建设中的作用,经济法制对革命成败的

---

[1] 法学教材编辑部《中国法律思想史》编写组:《中国法律思想史》,法律出版社1982年版,第423—424页。
[2] 毛泽东:《湖南农民运动考察报告》,《毛泽东选集》第1卷,第8页。
[3] 毛泽东:《中国革命和中国共产党》,《毛泽东选集》第2卷,第641页。

影响；另一方面又反映了他作为农民阶级代表人物的局限性，因为平均主义当时只能导致失败。

早在太平天国起义之初，洪秀全就在起义军内建立了"圣库制度"，他通告各县的拜上帝会教徒，一律将自己的田产房屋变卖，换成现金，缴入"圣库"。起义军全体人员的衣食，全部由"圣库"的公款开支，一律平均。"因有此均产制度、人数愈为加增、人人也准备随时可弃家集合。"①为了维护这一制度，洪秀全规定，若违反即斩头示众。天地会团体领袖张钊、罗大纲等请求参加太平天国起义，洪秀全因教义不同，便派教徒十六人赴张钊各部宣讲教理。张钊等私赠这十六人以巨金，十六人中有一人私藏不报，洪秀全便将此人斩首。②可见令行禁止，以严格的法律来保证经济制度贯彻的坚决性。

建立革命政权后，《天朝田亩制度》重申了将天下一切财物收归"圣军"的制度，在分配和消费方面实行绝对平均主义的经济法制，并以《太平刑律》规定的"凡私藏金银，……定斩不留"来加以保证。《天朝田亩制度》除规定了前述分田办法外，还规定："所有婚娶弥月喜事俱用国库，但有限式，不得多用一钱。如家有婚娶弥月事，给钱一千，谷一百斤，通天下皆一式。""凡天下，树墙下以桑。凡妇蚕织缝衣裳。凡天下，每家五母鸡，二母猪。"当收成之时，除留足新谷以接济短缺的食物外，"余则归国库。凡麦、豆、麻、棉帛、鸡、犬各物及银钱亦然"。这样做的目的，是为了"用之有节，以备兵荒"，也就是为了巩固新生的农民革命政权的物质基础。

洪秀全的上述绝对平均主义经济法律措施，源自他对"世道乖离，人心浇薄，所爱所憎，一出于私"因而"相陵相夺相斗相杀"的痛恨。他渴望将"乖离浇薄之世"改变成为"公平正直之世"，消灭"尔吞我并之念"。他的理想是建立一个"天下为公"的"大同"世界。正是在这种理想的基础上，发展和建立了他的法律观，并在法律观指导下建立一整套的包括生产资料（主要是土地）、消费资料的分配制度和其他经济法律制度。

洪秀全的这一法律观，有其反封建的革命意义。但是，它局限于破坏封建地主阶级的所有制和分配制度，没有超出农民阶级天然具有的保守性。它不符合社会发展的规律。与"圣库"相连的供给制度，只能行之于作战时期的军队之中。建立政权后，继续奉行这种制度并推广到地方上，迅速失效，屡禁不止。它首先遭到军队将领的破坏，拥有私财的将领以自己的权力不断地继续聚敛钱财。同时它遭到民众的暗中抵制，使得财富的集中遇到极大困难，以至"圣库"日益空虚起来。而这，自然与巩固新生政权的物质基础的要求是背道而驰的。这样，不仅地方上的，而且军队中的"圣库"制度，也逐渐地名存实亡了；有关的法制，也日渐废弛不行了。据敌方记载，"圣库"制度"……究不能行，遂下科派

---

① 韩山文：《太平天国起义记》。
② 同上。

之令"①。这就是指《天朝田亩制度》颁行后不久,杨秀清、韦昌辉、石达开等根据天京粮食供应紧张的情况,上奏洪秀全,建议安徽、江西"照旧交粮纳税"②。这一建议得到了洪秀全的批准,并付诸实施。这些事实说明,农民阶级的法律观,虽然有反封建的革命意义,但它同时又囿于农民阶级的保守性,是落后的法律观,不能指导进步的符合社会发展规律的法制建设。

(四)男女平等的民事法律观

第四,以男女平等为核心的民事法律观。

平等观在中国古代法哲学史上鲜有所见,男女平等更几无所见,因此,洪秀全主张男女平等,妇女解放,其思想意义与应有的法哲学实践评价,应该是在中国法哲学史上居于最高地位的。早在《原道醒世训》中,他就提出了天下男女尽是兄弟姐妹的男女平等思想,指出相互之间不应"存此疆彼界之私"、"起尔吞我并之念"。后来在《十款天条》中,重申"天下多男人,尽是兄弟之辈;天下多女子,尽是姊妹之群"的观点,规定了保护妇女的戒条。随着革命形势的发展,有关保护妇女权益,尤其是保证妇女有与男子平等的参加革命、担任首领的权利的政策、法令被制定出来,认真地加以施行,从而大大地激发了妇女的革命积极性。这一点,是历代农民起义中比较突出的。

在拜上帝会的教规中,有关于严禁娼妓、纳妾、买卖奴婢、缠足、溺婴的规定,凡侵犯妇女人身权益者,都要严加处罚,直至判处死刑。在《天朝田亩制度》中规定,"凡天下婚姻不论财","一切旧时歪例尽除"。根据太平天国的婚姻法律制度,男女可以自由结合,以乡官发给"龙凤合挥"的结婚证书为凭证。浙江绍兴于1954年发现太平天国发给李大明、柴大妹的"合挥"证书上,记载有双方的姓名、年龄、籍贯、工作单位及参加起义的年、月、日。男尊女卑,买卖婚姻的恶俗旧例,在"合挥"上荡然无存。洪秀全以男女平等为核心的民事法律观,得到了明确、具体的体现。

(五)宗教神权法哲学观的残迹与民主主义法哲学的新风

第五,奉行天罚和诉讼平等。

洪秀全从基督教中"借"来一个上帝,披着宗教的外衣宣传和鼓吹起义,并在起义过程中,始终以"皇上帝"相号召、相约束。因此,在他的法律实践中,奉行天罚是一个突出的特点。这是宗教神权法哲学的表现。

洪秀全的奉行天罚的法哲学观,在《原道救世歌》中表现得十分集中。他在文中指出,"不正"乃天之"所恶"。他所列举的六大"不正",条条都为上天所恶,并为上天

---

① 《贼情汇纂》。

② 同上。

所惩罚。例如,"第一不正淫为首,人变为妖天敬嗔。淫人自淫均斩首,不犯天法得超升。""第二不正忤父母,大犯天条急自更。""第五不正为巫觋,邪术惑众犯天诛。"

他反复述说"人生在世"必须"尊天法","顺天者存逆天亡"。后来在起义时颁行的《十款天条》,更是条条以"犯天条"之名加以重惩。

洪秀全的奉行天罚的法律思想,由两个原因造成。首先是由他自己的宗教迷信观念造成的。他在考试落第后所做的梦,被他看成是上天的启示。他对此深信不疑,自认是上天的使者与化身,以至天京被清军重重包围、毁亡在即的极端危急情况下,他还笃信上天会来拯救他,而不接受突围离城的建议。其次,他找不到任何其他动人的理论用以发动、鼓舞和制约农民起义军。恩格斯在《费尔巴哈和德国古典哲学的终结》中曾指出,在神学支配下的封建社会里,"对于完全受宗教影响的群众的感情说来,要掀起巨大的风暴,就必须让群众的利益披上宗教的外衣出现"。洪秀全正是这样做了。他取得了巨大的成功,但不可能彻底成功,而且必定走向失败。因为宗教神权法哲学毕竟是落后的愚昧的法哲学。

但与历代农民起义领袖相比,洪秀全处于一种很不相同的社会历史环境中,资产阶级民主主义的新风已经微微吹入闭关自守的泱泱封建大国,甚至于在洪秀全最亲近的部下中还出现了洪仁玕这样一位民主主义思想颇为浓厚的人。因此,在奉行天罚的法律思想存在的同时,洪秀全又在实际上执行了诉讼民主的制度。

太平天国的诉讼制度规定,各级行政长官和乡官兼理司法事务。凡有争讼,"两造赴两司马,两司马听其曲直";"不息,则两司马挈两造赴卒长,卒长听其曲直";"不息,则卒长尚其事于旅帅、师帅、典执法及军帅。军帅会同典执法判断之"。"既成狱辞,军帅又必尚其事于监军,监军次详总制、将军、侍卫、指挥、检点及丞相,丞相禀军师,军师奏天王。""天王降旨、命军师、丞相、检点及典执法等详核其事。""无出入,然后军师、丞相、检点及典执法等直启天王主断。""天王乃降旨主断,或生、或死,或予、或夺,军师遵旨处决。"① 显然这样繁复的审判程序在实际上是不可能桩桩件件都能如实依循的。但是,诉讼制度的这一规定,又无疑对初级审判有极大的制约性,因为这一规定毕竟使初级审判官看到诸多上级司法官员随时都有可能、有权力对案件进行干预,因而不得不认真从事。所以,这样的规定应当说体现了一定的民主精神。

诉讼中的民主精神,还可见诸登闻鼓制度的设立。天京朝门、东王府、各地首长公署普遍设立了登闻鼓,有冤屈不能伸者,可挝击登闻鼓以上诉。沈梓在《避寇日记》中记述镇守浙江省桐乡县(今桐乡市)的符天福、钱良相治理桐乡县事说:"出告示,听治狱讼,及民间有冤抑不伸者,于三、八日期至辕门击鼓,审判曲直,平反冤狱。"吟唎所著《太平天国革命亲历记》记述道:"太平天国的法厅里有一种特殊的习惯,大门走廊内置大鼓两面,要求首长主持公道",在太平天国的法庭,"有钱有势的人决不能用不正当的手段胜

---

① 《太平天国》(一),第 322—323 页。

过穷人"。

洪秀全法律思想是发展变化的,在后期,当洪仁玕转道香港来到他身边,呈上《资政新篇》时,对《资政新篇》提出的若干资产阶级民主政治和法律制度,洪秀全是表示赞赏的。如果没有中外反动派血腥的联合镇压,完全有可能看到洪秀全法哲学观的某些重要转变。正是从这样一种情况出发,我们在前面曾断言,洪秀全受到了资产阶级意识形态的初步影响,开始对资产阶级的政治、经济、文化和法律制度有了一些朦胧的认识。

五、洪仁玕的生平、著作与思想

洪仁玕(1822—1864年),号益谦,字吉甫,广东花县人。洪秀全族弟。道光二十三年(1843年)参与创立拜上帝会,深受洪秀全平等、平均思想的影响。1851年金田起义时,到广西桂平,未赶上太平军,中途折回。1852年太平军攻占永安州时,洪仁玕于花县发动武装起义。失败后前往香港、上海等地逗留。1854年,在香港一外国传教士家教授汉文。他在香港、上海期间,更加直接而痛切地体验到沦为殖民地的人民所遭受的深重苦难,同时更加认真地考察西方资本主义的政治、经济、文化和法律制度,期望日后以所学的知识"辅佐天王",为中国革命服务。1858年6月,他再度离港北上,经江西、湖北,于次年4月到达天京,为洪秀全所格外见重,受封"天国开朝精忠军师顶天扶朝纲干王",总理太平天国政事,成为洪秀全最重要的助手之一。为了挽回天京危局,"善辅国政,以新民德",他撰著进呈了《资政新篇》,不久即经天王洪秀全批阅后作为太平天国的官书颁行。《资政新篇》成了太平天国后期的政治经济纲领。1864年7月天京陷落,他保护幼天王洪天贵、洪天福出走,10月于江西石城被俘,11月就义于南昌。其主要著作有《资政新篇》《立法制喧谕》《英杰归真》《钦定士阶条例》《钦定军次实录》及《洪仁玕自述》等。其中《资政新篇》《立法制喧谕》比较集中地反映了他的法律观。

洪仁玕之不同于洪秀全的法哲学观,在相当大的程度上,得助于他的比较进步的哲学指导思想。洪仁玕持"天道自然"说。认为自然宇宙在时间上无始无终,在空间上无穷无尽,有自身的规律,不以人们的意志为转移。他还认为,事物是不断发展变化的。他说:"夫事有常变,理有穷通,故事有今不可行而可豫定者,为后之福;有今可行也不可永定者,为后之祸,其理在于审时度势与本末强弱耳。"[①] 又说:"夫云净而月明,春来而山丽,衣必洗而垢去,物必改而常新,理之自然者也。"[②]

洪仁玕作为太平天国后期的杰出政治家,由于从青年时期起即受到革命思想的强烈感染,并直接参加了拜上帝会革命组织的创建工作,所以,在他的身上表现出了坚韧的革命

---

① 《资政新篇》。
② 《英杰归真》。

性。特别是由于他在太平天国起义后长期活动于香港、上海，得以接触资本主义的思想、文化，所以在他的身上又表现出与洪秀全大不相同的意识形态特点。尽管他出身于农民家庭，有明显的农民阶级意识形态的烙印，但在中国近代历史上，他第一个公然提出了而且初步地（虽然是极其短暂地）实践了一系列资产阶级性质的法律观。这是他的法律观大大先进于洪秀全的地方。

洪仁玕的法哲学观，主要可以概括为如下几点：

（一）摆脱封建羁绊，学习先进法制

第一，他对法制的评价见诸"国家以法制为先"；他在比较中西法制后强调立法要学习英、美等资本主义国家。

洪仁玕受命于危难之际，当时天京内讧后革命力量严重削弱，人心涣散，法制松弛，清朝反动军队步步进逼，外国侵略势力更形嚣张。洪仁玕担任总理朝政的重任之后，迫切地感到必须采取断然措施以挽救时局，扭转形势。他在《立法制喧谕》中喧谕"京都各省众官员人等一体知悉"；"……国家以法制为先，法制以遵行为要，能遵行而后有法制，有法制而后有国家，此千秋不易之大经，而尤为今兹万不容已之急务也"。他在《资政新篇》中指出，"设法"和"用人"是理政的关键。在"设法方面，他认为必须学习英、美等资本主义国家的法制。这是他的法律思想的精髓。

在《资政新篇》中，他盛赞英吉利"法善"。他说："英吉利，即俗称红毛邦，开邦一千年来未易他姓，于今称为最强之邦，由法善也。"

他在《资政新篇》中，盛赞美国以法律规定的议会制度，他介绍道："……没事各省总目公议，呈明决断。取士、立官、补缺及议大事，则限月日，置一大柜在中廷，令凡官民有仁智者，写票公举，置于柜内，以多人举者为贤能也，以多议是者为公也。"

此外，他在《资政新篇》中还介绍了德国、瑞典、丹麦、挪威、法国、俄国、埃及、日本等国的情况，归纳指出：这些国家之走向富强，就是得力于"得贤人"、"立大体"、"因时制宜、度势行法"。

特别值得我们注意的是，《资政新篇》谈到土耳其时，指出土耳其由于"不信耶稣基督为救世主，仍执摩西律法，不知变通，故邦势不振……"这一段话，既有与洪秀全相一致的地方，又有不一致的地方。批评"不信耶稣基督为救世主"云云，与洪秀全的教义一致。但我们认为，这不过是次要的，而且可以理解为客观条件的需要，他必须与洪秀全在太平天国起义发动时所宣传的基督教义相一致；主要的是他反对"执摩西律法，不知变通"。我们知道，洪秀全制颁的《十款天条》，几乎是摩西"十诫"的翻版。洪仁玕批评土耳其"执摩西律法，不知变通"，是看到了太平天国此时的情势有了极大的变化，非更法改制以应时变不可了。

关于《资政新篇》，有些学者认为丝毫不谈及土地制度问题，是一大缺憾。甚至还有些学者认为它削弱了农民的革命性（罗尔纲），脱离群众，脱离实际，是知识分子的要求（侯外庐），甚至是反映西方殖民主义的利益（沈元）等。李泽厚在《洪秀全和太平天国思想散论》中不同意上述看法，认为《资政新篇》的价值在于，它在近代条件下，给农民革命提示了一条摆脱封建羁绊，甩开落后空想，继续前进的方向和道路；可说是《天朝田亩制度》的珍贵的续篇。我认为李泽厚的看法是正确的，并还认为，《资政新编》所设想的学习英、美法制，是摆脱封建羁绊的具体化。不提已经确立的土地制度等，其高明之处不在于承认、赞同《天朝田亩制度》，而在于减少不必要的矛盾、争执，更便于以资产阶级的法制替代已经不切实际的封建性的或小资产阶级绝对平均主义的法制。

关于《资政新篇》反映西方殖民主义者的利益的说法，是完全站不住脚的。洪仁玕在《资政新编》中，慨叹"中国从前不能为东洋之冠冕"，担忧"兄弟不和外人欺，国人不和外邦欺"，疾呼趁此有为之日，发奋图强，重建"纲常"，以严明先进的法制来保证"太平一统江山万万年"。正是从这个目的出发，他力赞外邦之"法善"，要求像外邦那样，寻觅贤良、久经"磨炼"的人来立法，因为只有他们"洞悉天人性情，熟谙各国凡教，源委重轻，无不了然于胸中"。

（二）力主变革的辩证法哲学观

第二，"革故鼎新"、"度势行法"的辩证法哲学观。

洪仁玕来到天京时，目睹了天朝法纪废弛的混乱状况。但是，他又不能贸然改行另一套更切实际的法律制度，因为在他的上面毕竟还有天王洪秀全以及洪手订的一系列法律制度。因此，他必须从理论上说明以至说服洪秀全改弦更张。为此，他在《资政新篇》和《立法制喧谕》中花了不少笔墨述说自己的观点。后来在他的其他文章中也涉及这些观点。虽然不成系统，比较简朴，但在一定程度上表现了他的法律观具有辩证的性质。

在《英杰归真》中，他指出："凡一切制度考文，无不革故鼎新。"这种"革故鼎新"的思想，是很切合于他到达天京后企图改革朝政，包括改革法制的谋划的。早在抵达天京后不久即呈进天王的《资政新篇》中，开头就提出，"事有常变，理有穷通"，有些事可以预见并预谋；有些事现在可行，而不能一成不变，否则将产生祸祟。为什么呢？因为时势在变化，本末有强弱，如果"本末之强弱适均"，又能依据"时势之变通"行事，那么，"自今而至后，自小而至大，自省而至国，自国而至万邦"，将都"无不可行"。总而言之，必须"因时制宜，审势而行"。根据上述观察事物的根本观点，他指出法律具有"无定而有定，有定而无定"的辩证性质。"立法善而施法广，积时久而持法严，以有贤智以相维持，民自团结而不可解，天下永垂不朽矣"。这是法之"有定"的表现；"小人怀法，常窥小者无备而掠为己有，常借大者之公以护掩己私"，这是法之"无定"的原因。为此，必须看到"法之则，在乎大纲一定不易；法之文，在乎小纪，每多变迁"的道理。

正是根据上述分析，洪仁玕在《资政新篇》中先之以介绍英、美等国的法制，以作

"凤凤"的范例,继之以阐述自己的各种政见包括法制建设的建议,才比较容易地得到洪秀全的赞同。

必须指出,洪仁玕所主张的"革故鼎新"的"故",绝不是指清王朝法制之"故"。清王朝的法制已在太平天国运动中被摧毁了。洪仁玕要"革"的"故",只能是指他到天京前"天朝"所颁行的不适合情势和社会需要的"故"法"故"制。他所要行的"新"法"新"制,当然与之不同,是他所想推行资本主义的法制。在"天父"、"天兄"们有极大威权的当时,这种主张确是有胆识、有眼光的。这表明洪仁玕法哲学观与洪秀全有很大的不同,属于不同的法律思想体系。实际上,洪仁玕与洪秀全不过是在反对封建王朝的共同点上,以个人关系结合在一起的,两者在社会发展方向、法律制度发展的根本趋势的看法上,是完全不同的。

洪仁玕关于法制建设的指导原则,既如上述,那么,他关于立法与行法有些什么具体意见呢?

关于立法,他指出,"大纲"既是"有定"的,就必须稳定不变;而"小纪"既是"无定"的,就应当适时修改,"随时损益小纪"以"彰明大纲"。关于行法,他主张"度势行法",要求奉法、行法之人以"度势行法"为指导思想,抱"认真"态度。

洪仁玕在《资政新篇》篇末强调指出,他在文中"凡涉时势两字,极深思索",努力做到"古所无者兴之,恶者禁之,是者损益之"。他还指出,他的所有关于法制的观点,目的在于"法外辅之以法而入于德,刑外化之以德而省于刑",这对太平天国当时不顾实际地滥行酷法苛刑,是有的放矢的。洪仁玕还特地恳切地提出"自今而后,可断则断,不宜断者付小弟掌率六部等议定再谳,不致自负其咎"的请求,可见,为了贯彻自己的法律思想,洪仁玕设想得十分认真。

(三)综合治理论

第三,"教法兼行"、"恩威并济"的综合治理观点。

伦理道德教育、法制教育以及解决社会生活中必须解决的一些问题,是减少社会矛盾、减少犯罪的重要措施。在此基础上厉行法治,则可收较好的治理成效。洪仁玕在《资政新篇》中主张"教法兼行",认为"教行则法著,法著则知恩,于以民相劝戒,才德日生,风格日厚矣"。在《资政新篇》的"刑刑类"中还提出行法要"恩威并济",不能一味苛严。这些观点,在今天看来,还是值得借鉴的。

按洪仁玕的设想,"教法兼行"、"恩威并济"的措施主要有:

其一,设新闻馆,在各省置新闻官,发挥报纸的宣传、监督作用,通过报纸达到"昭法律,别善恶,励廉耻,表忠孝"的作用。总之是"借"报纸"以行其教"。洪仁玕设想像外国那样,立"有职无权,……不受众官节制,亦不节制众官,即赏罚亦不准众官褒贬"的新闻官与新闻记者,通过他们的活动使"奸者股慄存诚,忠者清心可表"。这些设想未免过于简单幼稚，实际情形绝非如此容易进行。但是他设想的这些做法，说明他确乎希望在严厉施用法律惩罚手段之外，采取多种其他方法，尤其是发挥舆论的监督作用，以配合法制的施行，求得治理社会的实效的良好愿望与良苦用心。

其二，"刊刻颁行"法律文件，公之于众，"咸使闻知"。太平天国革命在急风暴雨般的战争中发展，法律的颁行与实施之间的宣传教育工作，是容易脱节的。洪仁玕认为"必先教以天条，而后齐以国法"，"十款天条，治人心恶之未形者，制于萌念之始；诸凡国法，治人身恶之既形者，制其滋蔓之多"①。"刊刻颁行"法律文件的指导思想就在于此。

其三，以道德伦理教育辅法制而行。洪仁玕与洪秀全一样借用宗教教义，规劝人们"敬天、扶主、忠孝、廉洁"，努力改变旧思想、旧道德、旧风尚，不取贿赂，不搞"私门请谒"，不"卖官鬻爵"，不食烟酒鸦片，等等，"格其邪心，宝其灵魂，化其愚蒙，宝其才德"。他认为这样可以"拯民出于迷昧之途，入于光明之国"。虽然单纯的道德说教并不能真正起到很大的作用，但洪仁玕以道德伦理教育辅法制而行的观点，仍然是难能可贵的。

其四，公开审判，扩大法制影响。洪仁玕建议开群众大会当众处决死刑罪犯，"先彰其罪状并日期"，以使"观者可以股栗自敬"。

其五，"善待轻犯"，让轻犯在"修街渠道路"等社会公益服务性劳动中得到改造，使他们懂得珍重廉耻、不生他患，"改过自新"，重新做人。

其六，"持法严"。在施教、施恩的基础上，如有敢于违犯"天条"者，洪仁玕坚持严于执法。他认为"下有不法，上不可无刑"；对于"为官者"犯罪，更要严责严惩。曾国藩的幕僚赵烈文在《能静居士日记》中，不得不承认，洪仁玕执政时，"政令为之一变，一切参用文法"。可见，洪仁玕"教法兼行"、"恩威并济"的综合治理观点，是在实践中取得了一定成效的。

（四）经济法律观与具体设计

第四，粗浅的资产阶级经济法律观。

当洪仁玕到达天京时，所见所闻告诉他，洪秀全的一套空想的小农绝对平均主义经济措施，已经在实际上遭到了失败。再加上他在香港、上海学到的一些粗浅的发展近代资本主义经济的知识，他就想借助太平天国的政治统治力量，来推行与洪秀全在《天朝田亩制度》中规定的一套大相径庭的措施，来发展资本主义的经济。他所提出的措施，大都带有法律性质。因此，他可说是中国最早具有资产阶级经济法观点的思想家之一。他在《资政新篇》中提出了如下经济法制建设的设想：

其一，主张颁行私人投资法。洪仁玕主张发展近代交通、工矿事业，"鼓励富民"投

---

① 《资政新编》，下同。

资开发、兴办实业。"凡金、银、铜、铁、锡、煤、盐……有民采出者,准其禀报,爵为总领,准其招民采取。""或用火用气用力用风,任乎智者自创"交通运输事业。"兴器皿技艺,有能造精奇利便者,准其自售"以开发"天财地宝"。若"有争斗抢夺他人之所先者,准总领及地方官严办"。

其二,提倡颁行劳资法。洪仁玕主张废除封建的人身依附关系,"禁卖子为奴",但同时则"准富者请人、雇工"、"招民采取";主张对不务正业的"惰民"采取教育与强制相结合的方法,使他成为自食其力的劳动者。他还设想商业金融利率不超过千分之三,工矿实业利率不超过百分之二十,等等。

其三,鼓励发明创造、保障创造人的专利权。洪仁玕提出,凡发展交通"利便轻捷"者、"首创至新者",应"准自专其利,限满准他人仿做";非法的"他人仿造",则"罪而罚之"。他甚至具体建议,专利期限"器小者赏五年,大者赏十年,益民多者年数加多,无益之物有责无赏,限满他人仿做"。他是中国历史上第一个提出专利权的人。

其四,推行保险法。洪仁玕建议,凡房屋、人命、货物、近代交通工具,皆应效法外国,以保其值,"不至尽亏"于水火等意外损失。

上述属于经济法制方面的设想,如果得以认真实施,对中国近代资本主义经济的发展,必能起重大的推动作用。由此可以断言,洪仁玕的经济法律思想,在中国近代史上具有重要的意义。

杨鸿烈所著《中国法律思想史》,认为是沈家本揭开了中国近代法制思想史的首页。但是,沈家本比洪仁玕晚了近半个世纪;洪仁玕提出的一些有利于资本主义经济发展的法制措施,后来沈家本并未一一深刻论述,甚至有的没有提及。因此,应该说是洪仁玕揭开了中国近代法律思想史的序幕。洪仁玕发展资本主义的经济法律思想,是符合当时社会发展的客观要求的,洪仁玕的法哲学观应予充分肯定并加高度评价。

第六十三章　资产阶级改良派朦胧的法哲学幻想

一、资产阶级改良派法哲学观的产生与性质

鸦片战争打开了西方侵略者早就梦想冲破的神秘古老的中国大门。自此之后，大批商人以及传教士涌入了中国，他们带来苦难的同时，也带来了先进的西方文化和资产阶级思想，促进了中国资产阶级的诞生。19世纪70年代前后，中国的一部分地主、官僚、富商、洋行买办和旧式矿业主开始向近代资本家转化。他们发展资本主义的要求，与封建顽固派的传统观念以及封建顽固派所坚持的封建政治法律制度，是有抵牾的；他们与洋务派采取"官督商办"的统制经济政策也有尖锐的利害冲突。在这种情势下，他们寻得了资产阶级改良派作为他们在政治法律思想上的代言人。这些代言人中，最为著名有冯桂芬、王韬、薛福成、郑观应、陈炽等人。

资产阶级改良派的思想，是从洋务思想中分化出来的。它的代表人物，曾与洋务活动紧密联系。有些人还曾经长期担当洋务派代表人物的幕僚。但是，当他们中的一些人亲身考察了西方资本主义国家的社会、经济、政治与法律实际状况以后，当他们在社会事务中屡屡痛切地看到洋务思想的腐朽时，便开始不满以至否定洋务思想了。他们寻找不同于洋务思想的能够使中国富强起来的办法。

王韬、马建忠、薛福成这些资产阶级改良派的代表人物，都曾力主实施"船坚炮利"的方案。19世纪60年代，王韬所写的《操胜要览》及薛福成所写的《乙丑上曾侯相书》，都与洋务派主张完全一致。但到70年代，他们却开始指责洋务运动"徒袭"西方资本主义国家的皮毛了。光绪三年（1877年），马建忠在《上李相伯言出洋工课书》中指出："……忠此次来欧，一载有余。初到之时，以为欧洲各国富强，专在制造之精、兵纪之严，及披其律例、考其文事，而知其讲富者以护商会为本，求强者以得民心为要……"这无异是对"专在制造之精、兵纪之严"的否定，表面说的是游历欧洲观感，实际是对洋务观点的批评。

人们的哲学观、法哲学观受制于多种因素。一般来说，进步的阶级立场、人生观，往

往易于接受或树立进步的哲学观与法哲学观。资产阶级改良派法哲学观的出发点是爱国主义。其代表人物深感中国大大地落后于西方资本主义国家，而洋务派以原来的封建官僚体制办近代企业，不讲经济规律，不讲经济效益，借机大发横财，适足以使贫弱的中国走向更加可怕的深渊。他们因爱国而反对守旧，因反对守旧而力图改弦更张，因欲改弦更张就要寻求变法法哲学。宋育仁于光绪十二年（1886 年）在《时务论》中抨击洋务运动对西方国家"不师其法，惟仿其器，竭天下之心思财力以从事海防洋务，未收富强之效，徒使国家聚敛，而官私中饱……"，表示了对洋务派贪官污吏的极端不满。资产阶级改良派的其他代表人物，也曾大声疾呼要为中国的富强，为摆脱西方资本主义的掠夺、奴役而改良政治法律制度。这不仅与极端守旧派的因循苟且、卖国求荣截然相反，而且与洋务派为维护封建主义统治、镇压人民群众的革命斗争的目的完全不同。而这，正是资产阶级改良派的法哲学观对以后的资产阶级维新派以至资产阶级革命派都产生影响的原因所在。

洋务派搞"官督商办"，惟"船坚炮利"是求，既看不到"官"场腐败已使"官督"不过成为"商办"的枷锁，根本"办"不成什么洋务，而且无视帝国主义列强根本不允许中国真正实现"船坚炮利"，因而终将成为一场悲剧。

资产阶级改良派则力求在发展商业和工业的基础上，为学习西方的政治法律创造条件。他们提出的一些保护和促进商业及工业发展的具体政治法律制度方面的建议，也都是比较可行的。例如，他们提出了裁厘（厘金）加税的建议；提出建立专利制度以振兴工矿企业的建议等，虽然未触及社会经济制度的根本问题，但毕竟有可能促进商业和工业的发展。其他方面的许多建议，如主张君主立宪、学习西方议院制度等，也不失为当时历史条件下的进步主张。这些主张虽然零散而不成系统，但是它为资产阶级维新派的系统的变法方案创造了条件。

综观资产阶级改良派的法哲学观，它代表了新兴的资产阶级的利益和要求，具有明显的进步倾向。但是，中国软弱的资产阶级当时还只处于萌芽阶段，力量极其微弱。因此，其政治法律思想代表人物的改良要求，也带有对帝国主义、封建主义依赖、妥协的倾向。这些特点和倾向，可以见诸资产阶级改良派冯桂芬、王韬、薛福成、郑观应等代表人物的言行和著述之中。

二、冯桂芬非今、颂古、求变的法哲学观

冯桂芬（1809—1874 年），字林一，号景亮。江苏吴县人。其父以经商致富，他承先人遗业，成了有田千亩的大地主。1832 年林则徐就任江苏巡抚，冯大受青睐。以后林"驰驱绝域"犹书信往来不绝。1840 年中进士，授翰林院编修，后曾任广西乡试主考，晋升为五品中允。1853 年在江苏主办团练，1860 年太平军攻克苏州时，逃到上海，参加组织由江苏官绅与英、法、美等国领事组成的会防局，又上书曾国藩乞师对抗太平军。曾国藩

派李鸿章至上海，冯参加李的幕府，为其出谋划策。但冯桂芬对清王朝的腐朽统治也有所不满，曾提出过许多改良建议，主张裁减苏州、松江、太仓赋额，得到李鸿章的支持而实现。其思想对洋务派有不少影响，同时又被资产阶级改良派奉为先导。著作有《校邠庐抗议》《显志堂集》《说文解字段注考证》等。其中《〈校邠庐抗议〉自序》、《收贫民议》、《复宗法议》、《重儒官议》、《改科举议》、《制洋器议》(以上见《校邠庐抗议》)、《送张中员大令之官武昌序》、《与许抚部书》、《变指例议》、《均赋税议》(以上见《显志堂集》)等略涉法律思想。

冯桂芬一生，亲自经历了两次鸦片战争的祸乱，又值太平天国革命风暴席卷全国之时，他居官不高，对清朝的腐败政治有所了解；他接触了外国侵略的事实，对"夷害不已"感同身受；在同外国事物的接触中，也初步地看到了外国之所以强的原因；同时，由于大地主的阶级本性，他又与太平天国革命农民处处为敌。所以，冯桂芬的法哲学观，既与曾国藩的反动、虚伪、顽固守旧不同，也与洪秀全、洪仁玕的革命精神大相径庭。冯桂芬法哲学观的主要特点是"变革"，表现在对清朝腐败的政治法律制度持否定态度，力图加以改革；改革的方向是两条，一为复"三代"之古，一为学西方之长。

法制与社会的关系从来是法哲学家们关注的重点，自然也会引起冯桂芬的注意。他认为许多社会弊病都与法制腐败分不开。他在《〈校邠庐抗议〉自序》中明确地抨击"今日""则例猥琐，案牍繁多"。在《送张员大令之官武昌序》中，他把"楚地""上十年来多水患"，归咎于"为之上者，不务所以辑流亡、除稂莠、本狱讼、兴教化，而一切以催科约束为事"；把人民群起而抗争的行动，归因于官吏逼迫，使民"万不能堪"，其结果是"弱者忍之以就沟壑"，强者"则霍然起，不惜弃身家犯法律以救须臾之死"；认为民众被"激之而生变"，"虽齐鲁亦然，则楚民何咎哉"，起而变乱的"楚民"是无罪的。在《收贫民议》中，冯桂芬指出，"民穷为匪"，是"不教不养使然"；其"陷于刑辟"者，上官不再过问，这是"为匪如故"的原因之一；"处窃贼以流徙，即为远地之窃贼"，"逐娼妓使出境，即为邻县之娼妓"，使得"堂堂礼义文物之邦"，连"夷法"也不如。

冯桂芬身为清朝官吏，而且还留恋仕进，孜孜以求。在这种情况下，他对腐败法制的抨击采取了上述比较不那么尖锐的措辞。但仅此已足可说明，他对清朝法制是基本上持否定态度的。有所否定，必有所肯定，他所肯定的是上古"三代之法"与外洋"夷人"之法。

冯桂芬说自己读书求学十余年，在外"涉猎于艰难情伪者三十年"，根据求学所得与仕途经验，曾屡屡议及社会问题；当议及时，往往"参以杂家"、"佐以私臆"甚至"羼以夷说"，也就是博采众长，取法"夷说"，加上自己的精心思考，从总体上看，"以不畔于三代圣人之法为宗旨"①。对于"三代圣人之法"，后人虽然常常"疑为疏阔，疑为繁重"，因而"相率芟夷屏弃如弁髦敝屣"，以至于"积今二千余年而荡焉泯焉"。但是，经历时世

---

① 《〈校邠庐抗议〉自序》。

的变化，才知"三代圣人之法，未尝有此弊"，是应该继承、发扬的。

冯桂芬参以"三代""乡举里选之法之善"、"不铸刑书之法之善"为例，说明"三代之法"应该兴复。

但冯桂芬并不是要全面的复古。他对"三代之法"是有所选择的。他所选择的主要几点是：第一，省事轻刑、约民以礼。他引述古人"约之以礼，驱之以法，惟蜀人为易"之说，引《诗》外传"省事轻刑则瘵不作，无使小民饥寒则蹶不作，无使财货上流则逆不作，无使下情不通则隔不作"之说，来说明省事轻刑的重要性。第二，复宗法。冯桂芬认为这是弥牧令之隙，使盗贼不作、争讼不作、械斗不作的最佳方法。他说："窃以为复井田、封建，不如复宗法。"① 为什么呢？因为"宗法既行"，即可"民无饥寒，自重犯法"。而且，"宗法既行"，乡里之贤者有权有责，就可以家法治"一二不肖者"。第三，行保甲之制。他认为商鞅连坐法也不离宗法之制，而"宗法为纬"、"保甲为经"，"一经一纬，参稽互考"，天下大治就有了可靠的保证。第四，宽于立法，严于用刑②。第五，"绅民均赋"以"补偏救弊"③。他认为"以有限之脂膏，资无涯之耗蠹"（指那些"丁胥以下千百无赖之徒"），是"偏"、"弊"横生的原因。既不能"损上以益下"，又不能"损下以益上"，因此，只有"损中饱以益上下"。所以，应当使"绅民均赋"，舍此而外，别无良法。

除上述以外，冯桂芬认为，由于"古今异时，亦异势"，因此，"古法不当尽复"。那么，古法之不完善、不能行之于今天的，怎么办呢？

冯桂芬认为，夷人有所长，就应学习，这可以补古法之不足。他说："法苟善，虽蛮豸，吾师之。"④ 在《收贫民议》中，他举了一个例子。他指出，瑞典设小书院无数，不入院者，官府将强制其入院，"有不入书院之刑，有父兄纵子弟不入书院之刑"。他认为这是瑞典之"无不识字之民"、知书识礼、社会安宁的重要原因。

冯桂芬的"师夷之善"，是通过比较中外内政、军事、外交、文化等各个方面后得出的结论。通过比较，冯桂芬认为当时的中国有"四不如夷"："人无弃才不如夷，地无遗利不如夷，君民不隔不如夷，名实必符不如夷"⑤。他认为要"人无弃才"，就须改革科举考试的内容，废除八股时文；要"君民不隔"、"名实相符"，就须"复乡职"、"复呈诗"、"改赋税"、"汰冗负"。这些要求，带有一定的资产阶级民主主义的意味。

如上所述，冯桂芬对腐败的清朝政治制度有所否定，提出了学习西方的"善法"的要求，使龚自珍、魏源以来地主阶级改革派的改革要求更加具体。因此，他的思想，包括法哲学观在内，超出了当时思想界和以后洋务思想的水平，成为80年代至90年代改良派变

---

① 《复宗法议》。
② 《与许抚部书》。
③ 同上。
④ 《制洋器议》。
⑤ 同上。

法思想的先导。

三、王韬以变为特点的法哲学观

王韬（1828—1897年），原名利宾，江苏长洲（今苏州市吴中区）人。十八岁考取秀才，以后屡试不第。二十二岁到上海，受雇于英国传教士所办的墨海书馆。曾上书献策进攻太平军；太平军进攻上海时，又上书太平军力争长江上游，为清政府通缉，逃往香港。后赴英译书，游历法、俄。于1874年在香港办《循环日报》，宣传变法自强。晚年回上海，任格致书院掌院。1897年病死。著有《韬园文录内编》《韬园文录外编》《韬园尺牍》等。其中《变法》《重民》《治中》《纪英国政治》等较多地涉及他的以求变为特点的法哲学观。

王韬长期与传教士接触，为其教书、译书，又游历英、法、俄，大量接触了"西学"，对资本主义的政治法律制度有较为丰富、具体的知识。因此，他在自己的著作中阐述对中国富强之道的观点时，自然地充满了对西方法律制度的向往与颂扬。

王韬法哲学观中的求"变"特点是比较明显的。他从哲学和历史以及现实的形势要求三个方面论述了变法的必然性和必要性。他引《易》所云"穷则变，变则通"，从哲学世界观的高度，阐明了自己关于"天下事未有久而不变者"的观点[①]。他驳斥西方学者认为中国五千年来未曾变化的谬论，历述中国历史的重大变迁，指出"巢、燧、羲、轩，开辟草莱"，首先为中国创立了最早的制度；而后"唐、虞继统"，成为"文明之天下"；"三代"以后，"至秦而一变"，汉、唐以来，"至今日而又一变"。总之，历史在不断演变，而演变的结果是"三代之法不能行于今日"。由此，他认为"泥古以为治"，是违反历史规律的，与孔子所说的"生今之世而反古之道者"如出一辙，因而是错误的。

王韬由中国历史推论外国历史也是一种不断变化的过程，指出："即欧洲诸国之为治，亦由渐而变，初何尝一蹴而几，自矜速化欤？"[②] 既然"变"是世界的发展规律，中国历史和外国历史又昭示了变法的规律，那么，中国实行变法无疑是必然的了。

王韬还进一步分析了中国当时面临的困境，强调了变法的必要性。他指出，西方资本主义国家依恃其强，"自远而至，挟其所有而傲我之所无……肆其欺凌，相轧以相倾"，使我不能不思变计，"是则导我以不容不变者，天心也；迫我以不得不变者，人事也"。他痛切地指出，"设我中国至此时而不一变"，就再也不能与欧洲各大国"比权量力"相抗衡了。总之，他认为变法是必然的、必要的，是"势"之使然，非"变古以通今"不可。而且，他认为"变法自强"已经成了"我国今日之急务"，时机已经不容再拖延观望了。他

---

① 〔清〕王韬：《韬园文录外编》第1卷，第13页。
② 同上，第10—11页、12—14页。

说:"……幡然一变,宜在今日。"①

关于变法的原则,他提出了三条:

其一是不能"尽废古制"。他说:"今如有人必欲尽废古来之制作以遂一时之纷更,言之大于大庭广众之中,当必以其人非丧心病狂,决不至是。"②

其二是应以泰西为纲。他认为变法必须"以欧洲诸大国为富强之纲领,制作之枢机",舍此而外、则不可能"成一变之道"③。

其三是变法的根本在于学习西方的政治法律制度。他认为以往"所谓变法者",仅仅抓设立制造局、铸枪炮、造舟舰以及派人出洋学习语言文字等等,不过是"徒袭其皮毛"而已。④而这些"器艺技巧,繁术小慧"⑤,是完全不足以奏变法之效而致中国于富强的。他指出,英国"上下之情通,君民之分亲,本固邦宁,虽久不变",是由于"国中平日间政治,实有三代以上之遗意"。具体来说,是由于"官吏则行荐举之法……故官之待民,从不敢严刑苛罚";"狱制之善,三代以来未之有也……"。⑥他赞颂在英国的狱制下"其犯法者,但赴案录供,如得其情,则定罪系狱,从无鞭扑笞杖,血肉狼藉之惨";"其在狱也,供以衣食,无使饥寒,教以工作,无使嬉惰,七日间有教师为辅导,使之悟悔自新,狱吏亦从无苛待之者。"⑦他赞扬英国刑罚制度"刑止于绞,而从无枭示";"叛逆重罪,止及一身,父子兄弟妻孥皆不相累"⑧。他赞讼英国诉讼制度良好,"民间因事涉讼,不费一钱,从未有因讼事牵连而倾家失业,旷日费时者……"⑨。王韬认为这是英国"政治之美"的具体反映,"骎骎乎可与中国上古比隆",是其"雄视诸国"的根本原因;中国所要学的,变法所要做的,就是学习英国的这些"良法美意"⑩。

关于具体的变法建议,在法律制度方面,王韬提出了以下两点:一为变"取士之法";一为变"律例之繁文"。他赞扬汉高祖入关时宣布的"约法三章"的简约;抨击"近世之吏,上下其手,律例愈密而愈紊,不过供其舞文弄法……";指斥朝廷"动曰成例难违,旧法当守",造成"一切之事都为其束缚驰骤"的结果;指出"朝廷有行法之名,而无奉法之实"。王韬在对清代的法制做了上述剖析与批判之后,提出了"减条教,省号令,

---

① 〔清〕王韬:《弢园文录外编》第1卷,第10页。
② 同上,第12页。
③ 同上,第13页。
④ 同上,第24—25页。
⑤ 同上,第18页。
⑥ 同上,第108页。
⑦ 同上。
⑧ 同上。
⑨ 同上。
⑩ 〔清〕王韬:《弢园尺牍》,第107页。

开诚布公，而与民相见以天"的变法要求；并主张"参用"西法，以求进步①。

四、薛福成因"天道"、"时势"而变的法哲学观

薛福成（1838—1894年），字叔耘，号庸庵，江苏无锡人。少年时期致力于"经世实学"。青年时期（1861—1872年）曾充任曾国藩幕僚，后随李鸿章办外交。1879年他写成了《筹洋刍议》，提出变法主张。1881年任浙江宁、绍、台道，在镇海参与击退法舰之战。1888年任湖南按察使。次年任出使英、法、比、意四国大臣，1894年卸任回国途中病逝。著作有《庸庵全集》《庸庵笔记》《庸庵别集》等。其中《筹洋刍议》中之《养人材》《澄吏治》《变法》等篇较多地涉及反映他的法哲学观的法律思索。

薛福成少年时期，正值太平天国革命运动发生，清王朝处于风雨飘摇之中。八股文、试帖诗之类，对薛福成的吸引力已大大下降了。他说自己"十二三岁时，强寇窃发岭外，慨然欲为经世实学，以备国家一日之用，乃摒弃一切而专力于是……穷其说者数年，而觉要领所在"②。这使他一度幼稚地崇奉洋务派的主张，认为讲求新式武器、工艺技术，就可以使中国富强起来，并可有效地镇压农民起义。但到70年代，薛福成的观点已明显改变，认为中国要富强，要像西方各国那样发展工商业。他说："昔商君之论富强也，以耕战为务，而西人之谋富强也，以工商为先。……为中国计者，既不能禁各国之通商，惟有自理其商务而已。"③商务之兴，主要有"贩运之利"、"艺植之利"与"制造之利"④，这可带动各业的发展。这虽然是"富国"之策的不同，但已可看出他走上了一条与洋务派不同的道路。正是循着这条道路，薛福成陆续提出了一些改良政治法律制度的观点和具体建议，使自己成为资产阶级改良派的一名代表人物。他力主因"天道"、"时势"而"变"的法哲学观也是相当突出的。

在阐述变法主张时，薛福成认为"变"是"天道"即客观的规律。他指出，"……大抵天道数百年小变，数千年大变，自尧舜至今世益远，变益甚"。认为读书不能"为成说所拘"，要穷究其精神，领会变通之道。由于"天道数百年小变，数千年大变，……世变小，则治世法因之小变；世变大，则治世法因之大变"，所以，变是绝对的，"治法不能无异同"⑤。

薛福成还从"时势"要求救弊的角度阐明他的变法主张。他说，有以圣人继圣人而变者，也有以一圣人临天下而先后不能不变者，之所以连圣人也要"变"，"非好变也，时势

---

① 〔清〕王韬：《韬园文录外编》第1卷，第16页。
② 〔清〕薛福成：《庸庵文外编·上曾侯相书（乙丑）》。
③ 〔清〕薛福成：《筹洋刍议·商政》。
④ 〔清〕薛福成：《庸庵文外编·答友人书（乙亥）》。
⑤ 〔清〕薛福成：《筹洋刍议·变法》。

为之也";"不审于古今之势、斟酌之宜"而变治国之法，就不能"救其弊"①。他指出，当时"官俸之俭"、"部例之繁"、"绿营之窳"、"取士未尽得实学"之弊，已十分严重，"此皆积数百年末流之弊，而久失立法之初意"，都是不能不变的对象；"稍变则弊去而法存，不变则弊存而法亡"②。

薛福成针对当时顽固守旧派对变法的非难作了雄辩的反驳。变法论者主张理财而自强，非议者"辄指为言利"；变法论者主张振作以自强，非议者"必斥为喜事"；甚至稍涉洋务，非议者也鄙夷之，攻击。薛福成惊叹"外患如此其多"、"时艰如此其棘"，指出："若事必拘守成法，恐日即于危弱，而终无以自强。"③

薛福成和王韬一样，认为变法要以西方政治法律制度为学习的榜样。

薛福成对比了中外政治法律制度，指出"外国日强，中国日弱"的原因绝非偶然。外国"法简令严，其决机趋事，如鸷鸟之发"；而"中国之政事，非成例不能行也，人才非资格不能进也"，"士大夫方敝敝焉为无益之学，以耗其日力，所习非所用，所用非所习，一闻非常之议，则群訾以为狂，拘挛粉饰，靡有所屈"④。这样，中外之间就形成了明显的对比。显然，他的用意在于必须向西方学习"法简令严"等。

对于学习西方，顽固保守派是竭力反对的。反对的理由有时极为荒唐，如薛福成指出的，有人借口"变法务其相胜，不务其相追"，提出了"今西法胜而吾学之，敝敝焉以随人后，如制胜无术何"的问题。顽固保守派在这里装得比洋务派还激进，似乎一心一意在追求制胜西方各国之道。但其实，如果他们竟然取得了压倒洋务派的成功，就决不会去求什么"制胜"之道。对此，薛福成指出"欲胜人，必尽知其法而后能变，变而后能胜"的道理；揭露了顽固保守派"兀然端坐"而空谈"胜人"的嘴脸；并指明："今见他人之我先，狠曰不屑随人后，将跬步不能够矣。"⑤薛福成嘲笑顽固保守派有如"居神农之世而茹毛饮血；居黄帝之世，御蚩尤之暴而徒手缚之"⑥，揭示这种保守做法必然失败。薛福成的这些议论，表明了他学习西方政治法律制度的决心比较坚决。

薛福成认为中国"人民、物产、风俗甲于地球诸国，若能发愤图强，原可操鞭笞八方之具"，但由于"不能删成例以修改"之弊政，所以日趋落后⑦。他在上疏及致友人的书

---

① 〔清〕薛福成：《筹洋刍议·变法》。
② 同上。
③ 〔清〕薛福成：《庸庵文外编·代李相伯议请试办铁路疏》。
④ 〔清〕薛福成：《庸庵文外编·答友人书（乙亥）》。
⑤ 〔清〕薛福成：《筹洋刍议·变法》。
⑥ 同上。
⑦ 〔清〕薛福成：《庸庵文外编·答友人书（乙亥）》。

信中，一再强调了必须"有修明之术"①，必须"修明前圣制变"②。他在上书曾国藩时指出，要取得与西方列强的和平相处，非"一日勿弛其防"不可。而"防之之策，有体有用"，"言其体，则必修政刑，厚风俗，植贤才，变旧法，祛积弊，养民练兵，通商惠工"，从而使得国家中兴，治业"蒸蒸日上"③。

薛福成修明政治法律制度的变法设想主要有以下几点：

一为实行君民共主制。

薛福成条分缕析了君主制与民主制的利弊得失，他把地球五大洲各国归纳为两大类。一类为民主制国家，"其用人行政，可以集思广益，曲顺舆情"，"为君者不能以一人肆于民上，而纵其无等之欲。即其将相诸大臣，亦皆今日为官，明日即可为民，不敢有恃势凌人之意"。这是民主制国家的优点。但也有缺点："其弊在朋党角立，互相争胜，甚且各挟私见而不问国事之损益。其君若相，或存五日京兆之心，不肯担荷重责，则权不壹而志不齐矣"。另一类为君主制国家，"主权甚重"，若得"贤圣之主"，则功德无涯；其弊端在于"上重下轻，或役民如牛马……而况舆情不通，公论不伸，一人之精神，不能贯注于通国"，这就会使得"诸务有堕于冥冥之中"的危险。总之，"民主、君主，皆有利亦皆有弊"。因此，薛福成主张"君民共主，无君主、民主偏重之弊，最为斟酌得中"④。

二为澄清吏治。

薛福成认为澄清吏治必须"慎其选，养其廉，尽其才"。他建议模仿古代三老孝悌之制，"乡举其贤能，以宾礼礼之，使为教化之倡，而任以保甲之事"；提出"宜严禁两司以下，毋得以门丁为荐，州县毋得辄用。用后被控者，该丁以法论，官罢黜"，并建议"著为令"，以法令明确规定之。薛福成指出当前"郡守权不敌汉县令，县令权不敌汉户曹，县令有笞杖以上不能专决，动须关白上官"的事实，造成了"上下以空文相束，虽贤者亦奉法救过之不赡，而不肖者反得以容其弊"的后果。他建议"尽州县之才"，"重其职任，涤去烦文，务持大体"⑤。

三为改行科举制度与征辟制度并用。

薛福成认为科举制度行之既久，"其法不能无敝"，而要救科举之敝，必须"征辟与科举并用"。之所以如此，是由于"科举虽敝，其法固难变革也"⑥。而要两者并用，是由于征辟取士之法虽然也有弊端，但征辟十人可得真有才干者四五，因而可以弥补科举百中得一的弊端。薛福成还建议"以策论、掌故、律令，代制艺、律赋、试帖，以糊名易书代小

---

① 〔清〕薛福成：《庸庵文编·应诏陈言疏》。
② 〔清〕薛福成：《庸庵文编·代李伯相答彭孝廉书》。
③ 〔清〕薛福成：《庸庵文外编·上曾侯相书》。
④ 〔清〕薛福成：《出使四国日记续刻》卷4。
⑤ 〔清〕薛福成：《庸庵文外编·澄吏治》。
⑥ 〔清〕薛福成：《庸庵文外编·选举论中》。

楷,以责公卿保荐贤才、重其赏罚,代大臣之阅卷",等等①。

综上所述,薛福成的这些修明政治法律制度的变法建议,都明显地带有在现行制度基础上进行改良、加以修补的意味,反映了资产阶级改良派"变法"的妥协性与不彻底性。但是,这与洋务派相比,却又是大大前进了一步,从政治思想分野上看,属于大不相同的两种思潮,两种观念。

四为改革司法以求华洋权利平等。

由于不平等条约的签订,中国司法主权渐次丧失。洋人住在中国,都不受中国法律的管辖。华人犯法以华法治之,洋人犯法以洋法治之,且不容华官过问,往往避重责轻,甚至杀人而无罪开释。薛福成认为这是由两方面的原因造成的:一为"有司无权之故",一为"中西律法迥殊"之故。他建议改革司法,请求外国仿行在日本的办法,"议定条约,凡通商口岸,设立观察衙门,由各省大吏遴选干员,及聘外国律师各一人主其事。凡有华洋讼件,均归此衙门审办"。审案的法律,则"宜参用中西律例,详细酌定",另订"通行之法";或者在华洋讼案中径用洋法,因为这样一来,"以洋法治华人,所以使华人避重就轻。以洋法治洋人,所以使洋人难逃法外也"②。

薛福成的上述设想,反映了资产阶级改良派软弱到乞求帝国主义恩赐一种"平等"的法制的地步,而且不懂得在中国土地上用洋法治华人是彻头彻尾的丧失主权,可见改良派政治法律思想幼稚之一斑。对此,我们只能以历史发展过程中必然具有的现象来看待,从中肯定资产阶级改良派不同于洋务派,多少还有点维护中国人民的利益,而不是如洋务派那样纯然地镇压人民的一面。

五、郑观应杂糅儒、道、"西学"的变法法哲学观

郑观应(1842—1923年),字正翔,号陶斋,广东香山(今中山)人。从1860年到1861年,在上海经商,两度充任洋行买办。捐资得道员衔。历任上海机器织布局总办、轮船招商局会办、汉阳铁厂与粤汉铁路会办等。与王韬为文字密友,受其影响颇深。甲午战争前后刊行《盛世危言》。19世纪90年代后,与盛宣怀大资产阶级集团关系密切,但在洋务与维新问题上有矛盾。辛亥革命前夕,和盛宣怀等一起表示拥护清政府的假立宪。对袁世凯窃国、张勋复辟、军阀混战等,都表示厌恶与反对。著作有《救时揭要》《易言》《盛世危言》等,今人辑有《郑观应集》。其中《论公法》《论议政》《论犯人》《议院》《刑法》《狱囚》《罚赎》《盗工》等篇,比较集中地反映了他的改良主义变法哲学观。

郑观应出身于商人,其切身利害使他对改革政治法律制度有更加强烈的迫切要求。同

---

① 〔清〕薛福成:《庸庵文外编·选举论下》。
② 〔清〕薛福成:《筹洋刍议·变法》。

时，他比王韬、薛福成死得晚，对资产阶级维新派的活动有具体的了解。他是19世纪70年代至80年代影响最大的改良派的思想代表。他全面表达了当时民间工商业者各种具体、实际的利益和要求。

郑观应的哲学思想比较复杂。他自幼好博览丹经[1]，"粗懂《易》"后又"涉足孔、孟之庭，究心欧、美之学"[2]。在他的思想中，确可见儒家、道学和"西学"的混杂因素。他曾从《易传》和《道德经》中吸取营养，把虚无的"道"作为最高哲学范畴加以看待，在《盛世危言》一书之首写有《道器》一篇做了阐述。

但是，时处急风暴雨般骤变的时代，郑观应又致力于社会的改革，因此，从整体上看，对他产生真正影响的是"西学"。他在《道器》中就表达了光讲中国的"道"是不够的，还必须讲"器"的思想。他认为，把中国的"道"与西方的"形器之学"两者结合起来，才是"本末具、虚实备"，从而表明了向唯物主义的靠拢。没有这样的哲学倾向作为指导，是无法解释他非常务实地提出的变法、改良的主张的。

郑观应哲学思想的另一个重要方面，是关于事物进化的"变易"观。他说："夫天道数百年小变，数千年大变。是知物极则变，变久则通，虽以圣继圣而兴，亦有不能不变，不得不变者，实天道世运人事有以限之也。……世变无常，富强有道，惟准今酌古，勿狃于陈言，因事制宜，勿拘于成例，力行既久，成效自徵。"[3] 在这种"变易"观的指导下，郑观应认为"中国当此危及之时，而求安图治，上下皆知非自强不可，而自强非变法不可"[4]。他从历史与时势两方面阐述他的变法观点。他指出，秦并六国，变井田为郡县，尽改"先王之法"，这说明变法之举，古已有之。而秦以后，"盛衰屡变，分合不常"，到了今天，欧洲各国"兵日强，技日巧，鲸吞蚕食，虎踞狼贪"，而中国也"广开海禁"，与西方立约通商，这乃是时势的更大变化。这样，变法就是时势所然，因而"不能不变，不得不变"的事了[5]。

郑观应求"变"的法哲学观主要表现在以下主张上：

第一，效法日本，行君主立宪。

第二，效法泰西，开设议院。

为了加强设议院之议的说服力，郑观应特意把议院与"三代遗风"联系起来，强调三代"列国如有政事，则君卿大夫相议于殿廷，士民卿绅相议于学校"[6]，似乎西方之议院与"三代遗风"同一渊源。既然如此，议院之设，就是非常合理的了。他说："中国上效三代

---

[1] 《郑观应集·焚香祷告老祖师火龙真人疏文》。
[2] 《郑观应集·禀谢邓筱帅保荐人才》。
[3] 《郑观应集·论公法》。
[4] 《自强论》，《郑观应集》，下同，第338页。
[5] 《论公法》，第65页。
[6] 《论议政》，第103页。

之遗风,下仿泰西之良法",开设议院,"使上下无扞格之虞,臣民泯异同之见",那么,"长治久安之道",就可以预期而至了。①

第三,学习西方,实行公开的民主选举。

第四,学习西方的律师制度,改革中国的书吏制度。

郑观应盛赞"泰西有大、小律师,无书吏之弊",中国应当学习西方的律师制度,以革除书吏制度的弊端。作为变通的办法,他建议开设律例专科,每年考选一次,录取名列前茅者供品行考察;成绩优秀、品行良好者可充书吏,赐以虚衔,厚其薪资,"各予以出身之路,庶咸知自爱,不敢弄弊舞文"。他认为这是"正本清源"的一种好办法②。当然,他认为如能像西方国家那样实行律师制度则更好。他主张"宜以状师定案,代为剖析,使狱囚之冤情得以上达"③。这里的"状师"实际上起的是律师的作用。他还主张审案时应有"律师之辩驳"④。在中国近代法律思想史上,郑观应是最早提出实行律师制度的人之一,这是难能可贵的。

第五,学习西方,改革刑事诉讼和刑罚制度。

第六,自强自主,与各国平等行使万国公法。

郑观应这些建议和设想带有很大的幻想性质,因为在半殖民地半封建的残垣断壁上,显然不可能通过修修补补的办法解决问题,非把基地清除干净才能建设新的法制。而这,是当时资产阶级改良派所不敢想、不能想,即使想到了也不敢言之于书、形之于色的。

六、陈炽"综核名实"的变法法哲学观

陈炽(?—1899年),字次亮,号瑶林馆主,江西瑞金人。光绪举人。历任户部郎中、刑部郎中、军机处章京。甲午战争前著《庸书》。1895年参加组织强学会。1896年刊行《续富国策》。

陈炽生平的后期,资产阶级维新思潮日益高涨。但他没有能够跟上社会思潮的发展。像郑观应一样,他主张改良,但不主张再前进一步。他明确表示反对"主于维新者""不深察中国之人情与国家创制显庸之本意",指责维新派"张皇震讶,欲一切舍己而从之",认为"其意似皆是也,而皆非也"⑤。

作为资产阶级改良派,对当时法律和政治制度的弊端,陈炽是有较为明确的认识因而主张予以改良的。因此,尽管反对维新派的比较全面而激进的维新意见,他还是像王韬等

---

① 《论议政》,第103页。
② 《书吏》,第434—444页。
③ 《刑法》,第499—502页。
④ 同上。
⑤ 〔清〕陈炽:《庸书·名实》。

人那样，表达了他的以"变"为特点的法哲学观。

陈炽看到西方资本主义国家咄咄逼人的侵略势焰，但不能做出科学的解释，于是求之于虚无缥缈的"天"。他说："物各有主，天实为之。"西方各国贪得无厌的侵略是不可能步步得逞的；但另一方面，西方各国之所以能够侵入中国，也有其合乎"天意"的原因。因此，"我而终拒之，是逆天也"。为了自圆其说，陈炽把西方之强大解释成其源盖出于"我"，"彼物之本属于我……西法本出乎中"。既然如此，"则无俟概行拒绝。"他的结论是：对于这种"本出乎中"的"西法"，"受之则富否则贫，得之则强否则弱"，"何也？曰：天也。"①

除"天"道之外，还有形势的变化。陈炽要人们看一看亚洲近邻国家和地区在新的形势下的不同变化和命运，从而决定本国的去从依违。他指出了缅甸、越南由于不依形势而变，结果"亡不旋踵"；"日本变法者也，至今存焉，强且富焉"；暹罗（今泰国）、朝鲜为"欲变而未变者"，"其势如炱炱然不终日"。这三种情况对中国是一种深刻教训，"其言虽小，可以喻大"，由此可以悟出中国的对策。无疑，陈炽是希望走日本的变法道路的。他由此而谴责顽固守旧派作"迂远空疏之论"，"不知彼不知己，不知今不知古，不知人不知天"，认为他们"嚣嚣然"所云之"我大国也，彼小国也"、"我中国也，彼外国也"的拒绝改良的理论，不过是"牖下书生之议论"，"皆可息矣"②。

在"天道"、形势变易之时，中国却处于"法日改而日精，网日张而日密，文日积而日繁，内外官吏营私舞弊之方亦日趋而日巧"的情况下，与"海禁大开，时移势易"格格不入，背道而驰。于是，陈炽开出了"综核名实"的变法方子："法之宜守者慎守之，实课以守法之效，毋庸见异而思迁也；法之当变者力变之，实责以变法之功，毋俟后时而悔也。"③

陈炽认为："虽有良法，不能自行。""得人则治，失人则乱"，这是亘古不变的规律。④但是，仅得其人不够，还必须力求"尽其才"："得人则治，得人而不能尽其才则仍不能治。"为了"尽其才"，陈炽建议："任贤勿式，去邪勿疑，重赏以劝功，明罚以稽罪"，使"天下晓然于意向之所在"。他认为这样才能开"风化"，致"治平"，不畏"内忧外患"⑤。

陈炽提出的关于变法的具体建议是：

一为兴保甲；

二为置乡官；

三为开议院；

---

① 〔清〕陈炽：《庸书·自强》。
② 同上。
③ 〔清〕陈炽：《庸书·名实》。
④ 〔清〕陈炽：《庸书内外篇自叙》。
⑤ 〔清〕陈炽：《庸书·名实》。

四为修改刑法。

陈炽之"综核名实"应当说是对前此变法法哲学及其指导下的变法实践的一个小小总结。如果"法日改而日精,网日张而日密",那就只有变法之名而无变法之实了。当改良、维新呼声四起,西方法律思想冲击频频而来时,当权的地主阶级及其思想代表不可能完全无视急剧变动的社会现实而不作出任何改变。但是,出于其阶级利益,他们所愿、所能做的改变,都是徒有其名、并无其实甚至以名伪饰、实则反之的骗人东西。这样,求名求实、循名责实、综核名实的要求就会应运而生。陈炽主张"综核名实"就是对名不符实的骗人伎俩的一种反拨。另一方面,主张改良的一些人为西方资产阶级法律思潮新风所感染所激励,心向往之,神驰驱之,也会提出一大堆改良要求与建议来,其中不乏真知灼见,却也难免浮想联翩,不切实际的幻梦。陈炽主张"综核名实"也是与此相关、有感而发的;一切务求实效而决不为改良而改良、为"名"而虚与周旋。这些,窃以为都是应予肯定的。但他后期仍以"综核名实"为借口,指责维新派"张皇震讶",抵制、拒绝、指斥维新思潮,就是落伍了。

七、简评资产阶级改良派的法哲学观

列宁在谈到哲学的党性时写道:"现代哲学是有党派性的,正如两千年前的哲学一样是有党派性的。"[①] 这一深刻的真理,移用于法哲学上也适合。当然,阶级的党派性与个人的党派性受诸多因素的制约,不能简单化地在"阶级出身"与"阶级性"、"阶级立场"、"党派性"之间画等号。出身于地主阶级家庭的一个具体的人,可能站在地主阶级立场上言行思考,也可能站在农民阶级立场上思考言行;即使两个人是同样站在地主阶级立场上思考言行,只要所处时代不同,就可能抱有完全不同的哲学观、人生观、法哲学观,等等。例如,新兴地主阶级的成员就很可能持有比较进步的哲学观、法哲学观,而资产阶级革命前夕没落地主阶级的成员,就很可能固守落后保守的哲学观、法哲学观。

时至19世纪60年代至80年代,中国的地主阶级已经日暮途穷,其中分化出了一批资产阶级分子或向往资产阶级或接近资产阶级的人物。他们基于新兴资产阶级的利益、要求,基于由此而形成的爱国精神,自觉地寻求图强救亡之真理,于是朦胧地、幼稚地抓住了事物辩证发展的必然性规律,提出了比较强烈的"变法"要求。为申述、弘扬其"变法"主张,他们要为"变法"寻找理论根据、自然的和历史的经验证据。

但是,又囿于中国新生的资产阶级代表人物的妥协性与软弱性,他们一方面把眼光投向外国,主要是投向西方和近邻日本;另一方面,却又把视线反投到遥远的中国上古,企图把"泰西"的与"唐虞"的政治法律制度结合起来。这样,他们的"变法"主张的辩证

---

① [苏]列宁:《唯物论与经验批判论》,人民出版社1953年第2版,第349页。

性就与幼稚性、不彻底性杂糅在一起。但尽管如此，在当时的中国，还是一阵新风，不失为一种可以鼓舞后人的新思潮；尽管他们的"变法"要求仍属幻想，但一浪高过一浪的实践斗争，会把软弱磨炼得刚强，把幼稚锻冶为成熟，把幻想放在血与火的炙烤中变为有扎实根据的理想并转化为巨大的精神力量，从而最终找到拯救中国的道路。冯桂芬、王韬等资产阶级改良派前驱的活动与著述，在中国近代历史、思想史、法哲学史上，虽然并没有起到如同龚自珍、魏源、康有为、梁启超等人那么大的作用，但作为思想史、法哲学史发展长链的一环，是起了承先启后的积极作用的。他们的法哲学观的主要内容，大致不出如下范围：一为非今，二为颂古，三为学洋。三者都围绕着"变"字，即围绕着变法的法哲学核心思想。非今，是为了说明变法的动因；颂古，是为了说明变法的渊源；学洋，是为了说明变法的方向。为着阐明变法法哲学观，他们或以"天道"作武器，或以"时势"为依据，或杂糅儒、道、法等，或创言"综核名实"，从而表现出了各自的理论特色。可惜的是，虽然在大谈"变"字时已接近了事物辩证运动的原理，大谈"变法"时已接近法制、政治的辩证运动规律，却徘徊门外，犹如隔山般地搬出"洋"、"古"、"儒"、"道"等作为自己的理论依据，当然也就不可能在法哲学、政治哲学上做出太大的贡献了。

第六十四章　戊戌政变前变法维新派反皇权的法哲学锋芒

一、戊戌变法及其对中国法律思想的影响

19世纪80年代和90年代，清朝政府在中法战争和中日战争中接连败北。在1894年的中日甲午战争中，北洋舰队全军覆没，辽东半岛全被占据。次年4月，清朝政府被迫与日本签订了《南京条约》以来最严重的丧权辱国的《马关条约》。此后，中国面临被世界列强肢解和瓜分的严重危机，迅速地往半殖民地、殖民地的屈辱道路滑落。

与此同时，中国民族资本主义已有初步的发展。恩格斯在中日甲午战争期间曾预言"中日战争意味着古老中国的终结，意味着它的整个经济基础全盘的但却是逐渐的革命化，意味着大工业和铁路等等的发展使农业和农村工业之间的旧有联系瓦解"，"旧有的小农经济的经济制度（在这种制度下，农户自己也制造自己使用的工业品）以及可以容纳比较稠密的人口的整个陈旧的社会制度也都在逐渐瓦解"。[①] 恩格斯的天才预言为事实所证明了。崩溃瓦解的自然经济为资本主义的发展提供了市场和劳动力，中国的民族资本主义在帝国主义列强的野蛮侵略的特殊条件下，从夹缝中艰难地得到发展。微弱的民族资本代表了一种新型的生产方式。民族资本家及其在政治上的代表人物再也不能容忍官办工商业的垄断，急迫呼吁自由发展民族工商业，迫使清朝政府在光绪二十四年（1898年）由总理衙门颁布《振兴工业给奖章规》。

正是在中国面临被帝国主义列强瓜分和民族资本主义得到发展的情况下，发生了中国近代史上著名的戊戌变法运动。

康有为、梁启超等著名的资产阶级维新派代表人物在戊戌变法时期，提出和论证了一系列变法建议。这些变法建议在"百日维新"中由光绪皇帝以诏令的法律形式一一颁行。所谓"百日维新"，是指光绪二十四年（1898年）6月11日光绪皇帝下诏定国是，接连发出

---

① 《马克思恩格斯全集》第39卷，第288、297页。

数十道改革命令，至9月21日慈禧太后发动政变，历时一百零三天，史称"百日维新"。

以慈禧太后为首的顽固派，在八月初六（9月21日）发动了政变，废黜了光绪皇帝，捕杀了杨深秀、杨锐、林旭、刘光第、谭嗣同和康广仁。康有为、梁启超脱逃到了香港、日本。戊戌维新就此流于失败。

戊戌变法虽然失败了，但是，这场运动带给中国社会、带给近代中国法律观念的影响是巨大而不可磨灭的。其主要三点是：

第一，大大推进了广大人民群众对民主与法制的强烈要求。戊戌变法运动中，资产阶级改良派为变法救亡奔走呼号，要求维护民族独立、发展资本主义；提倡资产阶级新学，学习西方的政治法律制度，冲击封建主义旧学；提倡民本主义思想，吁请实行民主制度，推行资产阶级法制。这些符合历史发展反对封建皇权趋势的要求，同时也符合人民群众的愿望。因此，戊戌政变后，人民群众中怀疑旧学、欢迎新学的有增无已，争取民主与法制的斗争继续发展，从而孕育了义和团运动和辛亥革命。

第二，资产阶级改良派代表人物在这一时期所发表的大量著作，包含十分丰富的政治法律思想，是对此前中国近代法律思想的重大发展，也深深影响了尔后的法律思想界。

第三，戊戌维新运动由于幻想用"和平"、"合法"的手段进行自上而下的改革，既不想推翻反动腐朽的封建政权，又不敢触动帝国主义，寄希望于并无实权的傀儡皇帝，远远脱离了广大人民群众，因此被顽固派轻而易举地击败。这对争取中国政治法律制度民主化的革命志士提供了血的历史教训。正是在总结了这些教训的基础上，才会产生改弦更张的资产阶级革命派的革命壮举，从而最终摧垮了长达数千年之久的中国封建政治法律制度。

因此，戊戌变法各位领袖人物，如康有为、梁启超、谭嗣同、严复等，作为资产阶级维新派，其法哲学观是值得我们研讨述评的。

二、康有为的生平、著作与哲学观

康有为（1858—1927年），又名祖诒，字广厦，号长素。广东南海人，人称"南海先生"、"康南海"。他出身于官僚地主家庭，生长在接触西方资本主义文化最早的地区。幼年受严格的封建正统教育。1879年游学香港，目睹了比封建制度优越的资本主义制度。1888年至1898年间，七次上书光绪皇帝，请求变法维新。1895年第二次上书时，有赴京会试的举人一千三百余人署名，要求拒签对日和约，即有名的"公车上书"。此后在京、沪分别组织强学会，创刊《万国公报》《中外纪闻》和《强学报》，进行变法维新的宣传鼓动。"百日维新"开始后，迭上奏折，提出了大量关于变法的具体建议。戊戌政变后逃亡国外，在国外华侨中组织保皇会，后改为国民宪政会，鼓吹"立宪"，反对民主革命。1911年辛亥革命后，发起组织孔教会，发起"定孔教为国教"的活动，提出"虚君共和"的口号，力图恢复清朝的统治。1917年，与军阀张勋拥戴溥仪复辟，旋即失败。1919年

"五四运动"时，他持同情学生运动的态度。他的主要著作有《新学伪经考》《孔子改制考》《戊戌奏稿》《大同书》等。其中《上清帝书》《殿试策》《变则通通则久论》《请讲明国是正定方针折》《请改八股为策论折》等戊戌政变前的文论，较多地涉及他的法哲学观。

康有为的哲学思想以唯心主义体系与若干唯物主义观点、泛神论思想倾向的混合为特征。在人性问题上，他即主张自然人性论，又大讲先验的"仁"的人性，反映了哲学思想上的矛盾。他主张实行人道主义，并以"人"与程、朱的"理"相对立，认为"人"是"天地之英"。由于受近代自然科学进化思想的影响，又感受到世界的迅捷变化，因此，在社会历史观上他具有进化变易的进步观点。这种进化变易的观点是他变法法哲学的强大理论支柱。

（一）康有为的变法论

康有为1879年游学香港时，体察到资本主义制度确实优于封建专制制度，感到中国要富强起来，不受帝国主义的欺侮凌辱，就必须改变中国固有的政治法律制度。所以，他能比较清醒、客观地看到清朝陈腐政治法律制度的弊病，并予以鞭挞。而这，正是他力主变法的思想动因。在1888年12月10日的《上清帝第一书》中，康有为痛切地指出"今天下法弊极矣"。他说："六官万务所集也，卿贰多无所责成，司员繁而不分委任。每日到堂，拱立画诺。文书数尺，高可隐身。有薪炭数斤之微，银钱分厘之琐，遍行数部者。卿贰既非专官，又多兼差，未能视其事由。劳苦已甚，况欲整顿乎？故虽贤智，亦皆束手，以周公为今冢宰，孔子为今司寇，亦无能为。法弊至此，求治得乎？"在1889年1月17日以后所作的《门灾告警请行实政而答天灾折》中，他指出，"祖宗法制"虽"美"，但"法立久则弊生，令行久而奸起"，至于今日，因为"奸吏弊窦之丛"，"良法"皆成"苟且"，"美意"亦为"具文"，"积弊"之重，已"非雷霆震厉，无以去淤"，"非月日清明，无以成理"了。

当时清廷绝大多数的守旧官僚，丝毫不愿稍稍更改"祖宗之法"。因此，康有为在指出"法弊已极"之外，曾反复指陈不变法之害。1895年5月29日，他在《上清帝第三书》中指出："今之为治，当以开创之势治天下，不当以守成之势治天下；当以列国并立之势治天下，不当以一统垂裳之势治天下。……若非大变讲求，是坐待自毙也。"他对比了外国变法与不变法的不同后果，指出，土耳其为回教大国，陆军曾称雄天下，但不变旧法，结果被六大强国"割地废君而柄其政"，土耳其的属地保加利亚、罗马尼亚、塞尔维亚都"裂土自王"，而"俄日能变法，遂威行域外"。他在1898年1月29日的《上清帝第六书》中指出，当今之法，"皆汉、唐、元、明之弊政……又为胥吏舞文作弊之巢穴"，死守这种陈腐的"祖宗之法"，已导致"不能守祖宗之地"的恶果，因此，"稍变祖宗之法"，已是"不待办"的事情。在1895年的《殿试策》中，康有为还指出，当时已到了"环数十国"正虎视眈眈地"觊觎"中国，这既是"古史所未闻"，亦"非旧法所能治"的时代，如果"因循守旧,坐失时会",那么"后欲改作,恐悔无及"了。正因如此,在《上清帝第六书》中,他发出了"能变则全,不变则亡;全变则强,小变仍亡"的警告。

康有为力主变法不仅仅是上述虚论,而且有所实指。这特别明显地表现在他对长期以来固守旧法不能变更的原因的认识上。他指出,明知法弊不能不变,而卒不能变者,原因之一在于为体制所拘。虽然康有为并不明确旧体制如何拘束了法制的更新,但能够认识到"体制"的弊病,却是难能可贵的。此外,固守旧法不能变更的原因还有:"国是未变,议论未变、人才未变。三者不变,而能变法者,无之。"①"大抵法之所以不能变,弊之所以不能除",是"由于恃旧法为生涯,倚弊政求衣食之人充塞于天下,故有一兴章,群起而谣诼之,此新政所以难成也"。② 总之,旧体制与旧官僚是变法维新的阻力,而"人才未变"也是不能变法的原因。由此可以看到,康有为的变法思想的锋芒,初步地触及了旧制度及其维护者。如果循此继进,是可以在变法理论与实践上作出不同凡响的贡献的。可惜的是,由于中国民族资产阶级的软弱性,作为它的代表人物的康有为不但没有能够克服旧势力,而且处处与旧制度及其维护者妥协,所以,在变法维新时期他没有前进多远,戊戌政变后,则急转直下,成了资产阶级革命派的对立面了。

早在1888年所写的《上清帝第一书》中,康有为就提出了学习日本变法兴治的主张。他指出:"日本崎岖小岛,近者君臣变法兴治,十余年间,百废俱举,南灭琉球,北辟虾夷,欧洲大国,睨而莫敢伺。"他对比了中国,具有"地方之大,物产之盛,人民之众……礼治之美……人心之固……"等有利条件,认为如学习日本,那么,"变法则可立待",一定会取得莫大成效的。直至1898年初的《上清帝第六书》中,他还始终不渝地倡言学习日本实行变法,认为日本变法的难度比中国更大,但日本变法方针明确,措置得当,因此收益巨大。根据日本的经验,康有为认为日本变法可资中国学习者,"要义有三":"一曰大誓群臣以定国是,二曰立对策所以征贤才,三曰开制度局而定宪法。"

(二)康有为论三权分立与开设议院

关于学习外国政治法律制度的具体内容,康有为谈得较多的是学习西方资本主义国家搞三权分立和开设议院。

在《上清帝第六书》中,他介绍了"泰西政论"界关于三权分立的言论,说:"近泰西政论,皆言三权:有议权之官,有行政之官,有司法之官。三权立,然后政体备。"在《讲明国是正定方针折》中介绍西方国家实行三权分立后,他叙述了自己对三权分立的长处的认识。他说:"夫国之政体,犹人之身体也。议政者譬若心思,行政者譬如手足,司法者譬如耳目,各守其官,而后体成事立。"在《请定立宪开国会折》里,康有为再次强

---

① 〔清〕康有为:《请讲明国是正定方针折》,1898年6月17日。
② 〔清〕康有为:《请废八股勿为所摇折》,1898年6月30日。

调了"三权鼎立之说"的重要与可行："以国会立法，以法官司法，以政府行政，而人主总之，立定宪法，同受治焉。"《请定立宪开国会折》写于1898年8月，这时与顽固保守派的斗争已经十分紧张。在这样的情况下，康有为仍然强调要搞三权分立，说明他对三权分立的笃信。

关于西方国家议会制度，在1888年写的《与洪给事右臣论中西异学书》中，康有为就赞扬不已了。他认为西方各国政事皆出于议院，议政大事由人民选举的优秀分子进行，议员认为不合适的则加以改变，不称职的则罢免之，因此"粉饰者少，无宗族之累，无妾姬之靡，无仪节之文，精考而厚禄之，故中饱者少……"1895年6月30日在《上清帝第四书中》，康有为再次论述了"泰西所以强之由""一在设议院以通下情也"。议院的好处是什么呢？康有为说，其一，"人皆来自四方，故疾苦无不上闻"；其二，"政皆出于一堂，故德意无不下达"；其三，"事皆本于众议，故权奸无所容其私"；其四，"动皆溢于众听，故中饱无所容其弊"。

康有为还提出了一系列具体的变法建议。举其大者。计有以下数端：

其一，废八股，试策论；

其二，办报纸；

其三，立制度局、法律局；

其四，制定宪法；

其五，明行赏罚，以刑助变法。

康有为始终认为"天下之命，悬于人君"①，"以天子之尊，独任之权，一颦笑若月日之照临焉，一喜怒若雷霆之震动焉"，因此"今日地球各国之中"，中国变法维新最有条件，"一二人谋之，天下率从之，以中国治强，犹反掌也"②。康有为把变法维新的命运完全寄托在一个并无实权的光绪皇帝身上，其历史观是唯心主义的。

（三）康有为法哲学观的特点

戊戌政变前康有为的法律思想包括其法哲学观，带有以下三个特点：

第一个特点，西学与儒学杂交的产物。其理论形态是混乱的。

康有为力主变法以及关于变法的一系列具体建议，大多见诸《上清帝书》及其他奏折，但关于变法维新的哲理表现，却主要集中在《新学伪经考》与《孔子改制考》里。这两部著作，都利用了儒学的旧形态，来宣传变法维新的新思想。在《新学伪经考》里，康有为尖锐地指出，历代统治者尊崇"礼乐制度"，不过是"咸奉伪经为圣法"而已，因此，"祖宗之法不可变"的守旧理论是站不住的，变法维新自然也就是理所当然的了。在《孔

---

① 〔清〕康有为：《门灾告警请行实政而答天灾折》，1889年1月17日后。
② 〔清〕康有为：《阖辟篇》，作于1877年前。

子改制考》里,康有为认为孔子的"微言大义"要旨在于"改制";孔子赞颂尧、舜、文王,是"孔子民本君主之所寄托";孔子的民本思想是对"君权神授"的批判。从这些观点出发,康有为宣传了资产阶级维新派设想的贤明君主治下的君主立宪,人权思想和变法维新的理论是其根据。

革命的新型的法哲学内容,无疑应当也必定会找到新型的进步的理论表现形态。正是由于康有为的变法维新思想是资产阶级维新派的软弱性与妥协性的表现,所以,它不可能用新型的进步的理论表现形态予以表达。他把变法维新的观点及其理论依据用儒学的翻新形式加以表现,就是基于这个原因。这样,他把西学与儒学混合在一起,以混乱的理论形态宣传他的法律思想,也就显得比较苍白无力了。这从《新学伪经考》《孔子改制考》等在中国近代思想史上并未发生较大的影响,即可见一斑。

第二个特点是"防民"与"尊皇"的结合。康有为所代表的是民族资产阶级上层的利益。他对于帝国主义对中国的政治、经济侵略、对于治外法权的丧失,是愤慨而又痛心的,他是一个爱国主义者。但是,他的阶级利益使他的眼光局限于民族资产阶级的上层,甚至局限于光绪皇帝一身。他希望中国"自强",但他不可能投身于、也不可能提出反帝的口号;他希望中国富强,要求变法维新,但他找不到改革中国社会的依靠力量;他不但只推尊皇上,而且与劳动人民相对立。因此,康有为的法哲学观,从变法维新的方法这一面看,是纯然仰仗光绪皇帝的"圣鉴"、"圣明";从变法维新的内容来看,则有许多与劳动人民的利益格格不入,甚至直接相背。

第三个特点是激进的变法主张中预伏着倒退的危机。

康有为的变法思想比之于王韬、郑观应、薛福成他们,无疑是大大地前进了一步,也丰富得多了。从七《上清帝书》看,他的一系列变法主张也是相当激进的,这从守旧官僚的无限惊骇惶恐上得到了明显的印证。这种激进的变法主张,在社会上也产生了相当大的影响。但是,由于它缺乏坚实的理论基础,代表的是民族资产阶级上层的利益,它的实行仅仅依靠光绪皇帝一人,因此,当变法失败后,康有为"急流勇退",组织保皇会,大搞尊孔复古活动,被"永定为复辟的祖师"[①],就不是很奇怪的事情了。毫无疑问,康有为后来的尊孔复古与《新学伪经考》《孔子改制考》中推尊孔学儒教,是分不开的。他走上保皇道路,反对革命,与变法维新中纯然依靠光绪皇帝而又害怕人民革命有必然性的联系。但是所有这一切,并不影响他作为近代中国向西方寻求救国真理的先进代表人物所发生的巨大作用。他的法哲学观的局限性,也只能从历史的局限性中寻求答案。从变法维新时期他的所作所为以及思想理论著作看,康有为是值得纪念、值得研究的。

---

① 鲁迅:《趋时与复古》,《鲁迅全集》第5卷,第434页。

三、梁启超的生平、著作与哲学观

梁启超（1873—1929年），字卓如，号任公，又号饮冰室主人。广东新会人。1880年中举人，1890年就学于康有为。1895年任强学会书记，次年任《时务报》撰述，1897年创办不缠足会、大同译书局。1895年赴北京会试时，曾随康有为发动"公车上书"。1898年入京，参与百日维新，以六品衔办京都大学堂、译书局。戊戌政变后逃亡日本，初编《清议报》，继编《新民丛报》。1903年赴美国游历，次年回国。1907年创办政闻社。辛亥革命后，以立宪党的基础组成进步党，拥护袁世凯，任袁政府司法总长。1916年策动蔡锷组织护国军反袁。后又组织研究系，与段祺瑞合作，出任财政总长。"五四"时期，反对"打倒孔家店"口号。1929年病逝。著作有《饮冰室全集》。其中《中国宜讲求法律之学》《各国宪法异同论》《立宪法议》《论立法权》《中国法理学发达史论》《论中国成文法编制之沿革得失》《箴立法家》《宪法之三大精神》《宪法起草问题答客问》《主张国民动议制宪之理由》《管子传》《欧洲心影录节录》等大批文论，比较集中地谈到了法律问题，反映了他的法哲学观。

在哲学观上，晚期的梁启超曾在《非"唯"》一文中宣布，他既反对唯物主义，也反对唯心主义，凡主义前加"唯"字的一概反对。但究其实，他是一个主张"境由心造"的主观唯心论者。他在《自由书·唯心》一文中说："境者心造也，一切物境皆虚幻，惟心所造之境为真实。"又说："心力是宇宙间最伟大的东西，而且含有不可思议的神秘性，人类所以在生物界占特别位置者就在此。"对梁启超一生影响最大的哲学观，要算是"英雄造时势"的唯心主义历史观。在《中国历史研究法》等论著中，他十分具体地阐发了这一观点。正是这一观点，指导他把变法维新的希望寄托于光绪皇帝等人身上。

梁启超是戊戌变法中仅次于康有为的著名人物，他的一生走过了曲折的道路，思想有过较大的变化，不少方面往往自相矛盾，反映了封建制度彻底瓦解时期资产阶级维新派的分化和心理矛盾邅遽状态。但在戊戌政变前，他的法哲学观围绕着变法维新这根主轴，表现得相当突出，相当一致。

梁启超的进化论变法观

梁启超以大量的笔墨论证过变法的必要性。他认为变法的必要性，首先是从客观现实而来的。他指出对于当时的面临被"瓜分豆剖"的形势，不但有识之士已经痛切察觉，而且顽固守旧的官僚也显然不能否认。梁启超在《变法通议·论不变法之害》中描画当时的守旧官僚是："听其言论，则日日痛哭；读其词章，则字字孤愤……"但这些守旧官僚只知苟且偷安，得过且过，如要问"图存之道"，则"对曰天心而已，国运而已，无可为而已"，总之是"委心袖手，以待覆亡"。对此，梁启超是极其不满的，他用"吾不解其用心何在"的反语,揭露了他们的肮脏灵魂。和守旧官僚相反,梁启超认为只有实行变法,才是"图存之道"。

那么,为什么必须变法呢?他认为这是因为"大地既通,万国蒸蒸,日趋于上",在这种"大势相迫"之下,"变亦变,不变亦变"。如果主动变法,那么"变之权操诸己,可以保国,可以保种,可以保教"。不变呢?自己不变而最终被迫变,那么,"变之权让诸人,束缚之,驰骤之",后果的严重性"则非吾之所敢言"了。这是从客观形势方面来认识变法的必要性的。

梁启超还用进化论的观点来说明"法何以必变"。他说:"凡在天地之间者,莫不变。……上下千岁,无时不变,无事不变",这是"固然"的"公理",并非"人之(所)为"①。他认为那些"一劳永逸"、苟且不变的主张,是"误人家国之言",指斥他们"但求免过,不求有功",充满"奴隶根性"②。因此,梁启超"大声疾呼"变法,声明"知我罪我,其无辞焉",表达了投身变法的坚强决心。

梁启超还认真论述过资产阶级改良派讲变法,洋务派也在口头上讲变法,这就要划清二者的界限。梁启超通过甲午战争的失败,洋务运动的破产,看到了洋务运动对救亡的无所作为,从而有力地开展了对洋务派所谓变法的批判。梁启超指出,洋务新政搞了几十年毫无结果:"练兵如不练","开矿如不开","通商如不通","兴学如不兴","自余庶政,若铁路,若轮船,若银行,若邮政,若农务,若制造,莫不类是"。总之,"前此之言变者,非真能变也"。梁启超把洋务派的"变法"看作是"补苴罅漏,弥缝蚁穴"的枝节小技,与"去陈用新,改弦更张"的真正的变法之"道"完全不符,只要一碰到大风大浪,就将"同归死亡"③。

与洋务派的枝节小技、舍本逐末的"变法"相反,梁启超认为"变法必须从本原变起"④。他说,变法之本可"为一言以蔽之",即:"变法之本,在育人才;人才之兴,在开学校;学校之立,在变科举;而一切要其大成,在变官制。"⑤

关于变官制的详尽办法,梁启超在戊戌政变前未详加论列,仅在《戊戌政变记》中提到,"本原中之本原",在于"斟酌中外,草定法令,勒定各衙门治事详细规则"。但从这一点我们可以看出,他已十分注意用法律手段来保证官制的改变,并据此而"育人才"、"开学校"、"变科举"。与洋务派的仅仅讲求"船坚炮利"是不能同日而语的。

像康有为那样,梁启超也强调变法要学习外国。梁启超根据当时所得到的零星的外国知识,以法国、日本为例,说明必须学习外国进行变法。他说,法国变法维新以前,比中

---

① 〔清〕梁启超:《变法通议自序》,《饮冰室文集(一)》第1—2页。
② 〔清〕梁启超:《国民十大元气论》,《饮冰室文集(三)》第61页。
③ 〔清〕梁启超:《变法通议·论不变法之害》,《饮冰室文集(一)》第5页。
④ 〔清〕梁启超:《戊戌政变记》,《饮冰室专集(一)》第36页。
⑤ 〔清〕梁启超:《变法通议·论变法不知本原之害》,《饮冰室文集(一)》第10页。

国还要落后，但法国"幡然而变"，因此，"不百年间，骤然而兴"。他又指出，"蒸蒸然起于东土"的日本，也是"因变致强"的榜样。但法国、日本和其他国家的"新法"，"皆非西人所固有，而实为西人所改造"。梁启超充满信心地认为，"改而施之西方，与改而施之东方，其情形不殊，盖无疑矣"①，只要实行变法，东方的中国也可以与西方的法国一样变得强大起来的。从这一点出发，梁启超建议"遣学生游学外国"。他主张让时务学堂的学生先在国内"授之以经史大义"，增强其"中学"的根底，培养其爱国的热心，然后就应"遣往外国学政治、法律、财政、行政、学兵法诸门"②。值得注意的是梁启超将学习外国的政治法律放在前面。他据此建议大事翻译介绍西方和日本的法律制度。

梁启超认为"政法者，立国之本也"。鉴于当时的情势，他指出："今日之计，莫急于改宪法"，此外要"尽取"西方的"国律、民律、商律、刑律等书而广译之"。他对比了中外律法的不同。"中国之则例律案，可谓繁矣"，但"西人……之繁，十倍于我而未已也"，所以，有人把中国律法的弊病主要归咎于"繁冗"，并没有找到真正的要害。要害在于：第一，"中国之律例，一成而不易，镂之金石，悬之国门，如斯而已"；西方的法律却"无时而不变"，凡不可行者，"逐日付议更张之"。第二，中国之律例，"可行与否，非所问也；有司奉与否，非所禁也"；"西国则不然，议法与行法，分任其人，法之既定，付所司行之，毫厘之差，不容假借"。梁启超对西方的法律褒奖礼赞，指出"西国各种之章程，类皆经数百年数百人数百事之阅历而讲求损益，以渐进于美备者也；""日本法规之书，至纤至悉"，是学习了西方的成法而加损益，因而也是值得效法的。根据上述认识，梁启超把"举百废"、"新庶政"的"第一义"，看作是"尽译西国章程之书。"③

变法是要靠人来进行的。梁启超既深感"今日非变法万无可以图存之理"，就要寻求变法的人才。他认为，要依靠守旧官僚来变法是绝对办不到的。他决绝地说："欲以变法之事望政府诸贤，南山可移，东海可涸，而法终不得变"④。为了求得变法的人才，他力主开设新型学校，改变科举制度。他说，中国不想自强也就算了，如要自强，"必自兴新学始"。他针对有些人认为应以开议院为首要之务的观点，辩说道：一个国家，只有"风气已开，文学已盛，民智已成"，才能开设议院；而今天要开议院，非但不能达到自强的目的，而且是"取乱之道"；强国虽然是以议院为其根本的，但"议院以学校为本"⑤，所以，他力主首先要开办新型的学校。他建议在这种新型学校里"以六经诸文为经，而以西人公理公法之书辅之，以求治天下之道"；"以历朝掌故为纬，而以希腊罗马古史辅之，以求古人治天下之法"；"以按切当今时势为用，而以各国近政近事辅之，以求治今日天下所当有

---

① 〔清〕梁启超：《变法通议·论不变法之害》，《饮冰室文集（一）》第6页。
② 〔清〕梁启超：《戊戌政变记·附录二——湖南广东情形》，《饮冰室专集（一）》第132页。
③ 〔清〕梁启超：《变法通议·学校余论》，《饮冰室文集（一）》第68、69页。
④ 《梁启超年谱长编》，第533页。
⑤ 〔清〕梁启超：《古议院考》，《饮冰室文集（一）》第94页。

事。"① 毫无疑义,这种新型学校的根本目的,在于学"西人公理公法"、"各国近政近事",亦即学习西方的政治法律制度与政治法律学说,用以治理"今日天下"之事。

与开学校紧密相关的是变科举。梁启超认为,要兴学校,养人才,"惟变科举为第一义"②,因为"今日之科举,其势必不能久","籍科举之所存者,其与亡也相去几何矣"③,科举制度不改变,国家的灭亡就不远了。他强调科举制度"大变则大效,小变则小效"④,因此急迫地建议光绪皇帝"特下明诏"立即变科举,废八股,"尽废其咿唔割裂烂腐之文",用三年的时间,造成变法人才,使"皇上挟以复仇雪耻",必定无往不胜⑤。

四、谭嗣同的生平、著作与辩证法思想

谭嗣同(1865—1898年),字复生,号壮飞,湖南浏阳人。出身于封建官僚家庭,小时从学欧阳中鹄,受正统的封建教育。但他鄙视科举,贬今文经学,赞赏龚自珍、魏源;又喜读王夫之《船山遗书》,尤爱探讨自然科学。甲午战争后,在浏阳创立学社,1896年著《仁学》。1897年协助陈宝箴等设立时务学堂,筹备内河轮船、开矿、修铁路等新政。次年又倡设南学会、开办《湘报》,宣传变法。1898年3月被征入京,任四品衔军机章京,参与戊戌变法。9月,政变发生,与林旭、杨锐等同时遇害,史称"戊戌六君子"。其著作,今人辑有《谭嗣同全集》上、下册。其中《兴算学议》《报贝元徵书》《仁学》《壮飞楼治事》十篇及一些书信中,有变法维新的丰富法哲学观资料。

谭嗣同哲学思想中最可宝贵的是万事"日新"的辩证法思想。他说:"反乎'逝'而观,则名之曰'日新'。孔曰:'革去故,鼎取新。'又曰:'日新之谓盛德。'夫善至于日新而止矣;夫恶亦至于不日新而止矣。天不新,何以生?地不新,何以运行?日月不新,何以光明?……新也者,夫亦群教之公理已。"⑥ 他主张物质性的"以太"为宇宙的本体和本源。因此,他也用"以太"来论证"日新"的动力:"日新乌乎本?曰:以太之动机而已矣。"⑦ "以太之动机,以成乎日新之变化,夫固未有能遏之者。"⑧ 这种"日新"的辩证法哲学指导谭嗣同投身戊戌变法运动,指导他构建了进步的法哲学观。

---

① 〔清〕梁启超:《变法通议学校余论》,《饮冰室文集(一)》第60页。
② 同上,第27页。
③ 同上,第18页。
④ 同上,第27页。
⑤ 〔清〕梁启超:《公车上书请变通科举报》,《饮冰室文集(三)》第24页。
⑥ 〔清〕谭嗣同:《谭嗣同全集》第318页。
⑦ 同上,第319页。
⑧ 同上,第321页。

谭嗣同激进的变法论

谭嗣同是戊戌变法中最激进的变法宣传家,他痛斥"守旧之鄙生"惊慌失措地疯狂反对变法①;揭露他们反对变法的原因在于一个"私"字,企图将"智"、"富"、"强"、"生"集于"一己","而以愚、贫、弱、死归诸民",变法将"与己争智、争富、争强、争生,故坚持不变"②,谭嗣同指出坚持不变法者,为"亡国之士"。他说,古有亡国之君、亡国之士,今则有亡国之士、亡国之民;那些空谈经济,气节虚骄,责以重任即"循循然去之"的守旧人物,都是这种"亡国之士"③。但守旧是不能持久的,谭嗣同充满信心地预言守旧派终将成为"极旧极敝一残朽不灵之废物",因为他们"窃天之生"、"泥地之运行"、"蔽日月之光明"、"乱四时之更始"、"不恤亡学、亡政、亡教"。④总之,由于违背天地自然和人类社会的发展规律与发展要求,他们的力量是不足称道的。

根据上述对守旧派的批判性的认识,谭嗣同深刻地揭示了不变法之害。他指出,从前岁月宽闲,不思变法,待见到日本变法而盛,却仍不思效法,反而"贬之"、"议之"、"笑之"、"咒之",以至于良机尽失,造成老大中国"奄奄一息"的可悲局面⑤。谭嗣同从爱国主义精神出发,强调如果不变法,即偏安割据也"万万无望";即令不乏揭竿斩木之辈,终必被洋人之枪炮一击而空"⑥。值得注意的是,他把"揭竿斩木"的人民起义看作是救亡中国的一种方式、一支重要力量,这同康有为、梁启超的认识是颇为不同的。他慨叹、担忧的是不变法仍不能免于帝国主义的镇压而亡国。从这两方面看,谭嗣同的变法思想的基础、出发点与归宿——爱国主义,有不同于康、梁的新内容,这就是对人民革命的颂扬态度与对帝国主义侵略的仇视态度。

在揭示不变法之害时,谭嗣同对比了国外变法与不变法所造成的后果。他说,欧美二洲因好新、实行变法而兴盛,日本仿效之,也取得了很好的效果;"亚、非、澳三洲,以好古而亡"。这是一个深刻的历史教训,中国如果仍然"动辄援古制","栖心于榛莽未化之世,"那就"死亡迫在眉睫"⑦了。

尽管他对守旧派必然失败是充满信心的,但又不同于康有为、梁启超那样认为只要变法就可以一蹴而就地使中国臻于富强。他比较客观地看到了变法道路的艰巨性。他说,中国社会发展到今天,不但儒术没有认真施用,而且"直积乱二千余年暴秦之弊法,且几于

---

① 〔清〕谭嗣同:《仁学》,《谭嗣同全集》第318页。
② 同上。
③ 同上,第343页。
④ 同上,第318页。
⑤ 《兴算学议、上欧阳中鹄书》第157页。
⑥ 同上,第156页。
⑦ 《仁学》,第319页。

无法"。① 积弊如此之深,"变法固可以复兴乎?曰,难能也,大势之已散矣"②。当然,谭嗣同并不因此苟安于守旧,只要有一线希望,他还要努力奋斗。所以他又说:"然苟变法,犹可以开风气,育人才,备他日偏安割据之用,留黄种之民于一线耳。"③ 他认为变法可以救人心。他说:中国之弱,在于"在上位之人"之心不正。他反对"归罪天下之人心",认为"必谓中国人之心皆不正"是"过尊西人而自诬之甚"之辞。变法正可以"正在上位之人心",达到这一目的就可以了。④

变法与"救人心"的关系是:"法良则中人以下犹可自勉,无法即中人以上难以孤存。法良则操、莽无从觊觎,无法即尧、舜终于忧病","欲正天下之人心"不能徒托空言,只能"寓于变法之中"⑤。为此,他主张法律应适时而更改。他说:"头等教化之国",法律"时时更改",这样,人可用法,而不为法之所用;次等"教化之国",也有"一定之律","教化之深浅"就是由法律是否能适时改定而来的。⑥ 谭嗣同认为,虽然变法自强十分艰难,但只要"朝廷毅然变法",国事还是"大有可为"的。正因如此,他说自己"益加奋勉","不欲自暇自逸","见诸公变法之奏,不禁跃如"⑦。爱国主义的真挚热情,跃然纸上。由于有这样的思想基础,所以,当戊戌变法失败,政变风声紧急时,他毅然决定以身殉国,拒绝出逃,准备以头颅和热血来唤起后继者。在被捕前一天,日本友人一再劝他东渡扶桑,但他说:"各国变法,无不从流血而败,今日中国未闻因变法而流血者,此国所以不易也。有之,请自嗣同始!"在狱中,他题诗于壁曰:"望门投止思张俭,忍死须臾待杜根。我自横刀向天笑,去留肝胆两昆仑。"表现了激进的资产阶级改良派英勇无畏的爱国精神⑧。

作为激进的资产阶级改良派,他对西方和日本的政治法律制度做了充分的肯定。他认为外国之强,在于立法有效。他说:"夷狄之富,不足以我虚;夷狄之强,不足以我孤;夷狄之愤盈而暴兴,不足以我徂;夷狄之阴狡而亟肆,不足以我图。"那么,是什么使"夷狄"得以嚣然侵我中华呢?是什么使"夷狄"国力日富日强呢?谭嗣同认为原因在于"其出一令而举国奉之若神明,立一法而举国循之若准绳"⑨,即立法与司法相统一,有法可依,有法必依。谭嗣同特别指出中国应当效法日本:"与中国至近而亟当效法者,莫

---

① 《报贝元徵书》,第38页。
② 《上欧阳中鹄书》,第157页。
③ 同上,第161页。
④ 同上。
⑤ 《报贝元徵书》,第208页。
⑥ 《仁学》,第362页。
⑦ 《报贝元徵书》,第230页。
⑧ 〔清〕梁启超:《谭嗣同传》,《谭嗣同全集附录》第554页。
⑨ 《治言》,第233页。

如日本。其变法自强之效……言治者不可不察也。"① 他还指出,"西法""博大精深,周密微至"②,只有认真学习,才能救中国于败亡。

在学习西方国家的法律制度方面,谭嗣同特别提到了税法问题。他主张取消厘金制度,而代之以印花税。他详尽地论述了印花税"无抑勒冤辱"、"局员、司巡无中饱"、"货无隐匿"、"沿途省去立局卡之劳费"等八大好处,认为西方税法"最合中国之古法"。他在赞颂西方税法时,特别突出了"西国税法,皆取于坐贾,不取于行商"的优点③。这同当时民族资本主义工商业发展的要求是相吻合的。

谭嗣同根据其对西方和日本法律制度的理解和对中国国情的认识,还提出了一些具体的变法建议,主要有:改订刑律;变科举以求变法之才;变五伦。谭嗣同一再提出"改订刑律"目的有二:一为"使简而易晓,因以扫除繁冗之簿书"④,二为"使中西合一"⑤。他认为今之律法是"以非乱是、以伪乱真之法"⑥,不予扫除不利于"清理庶狱"⑦。谭嗣同认为,变科举是"变法之本",只有变科举,才能"切实举行""一切当变之法"。⑧ 谭嗣同在《仁学》中指出:"中外皆侈谈变法,而五伦不变,则举凡至理要道,悉无从起点,又况于三纲哉!"这是对张之洞"中学为体"论的直接批判。张之洞为代表的洋务派所维护的"中学为体"的"体",核心是所谓"三纲"、"四维"。谭嗣同认为他们不过"侈谈变法"而已,按他们的观点去做,一切变法的"至理要道"都将无从着手、无从实行。

谭嗣同以其锐利的眼光和睿智的直觉,在高度的爱国主义热忱的鼓舞下,对清末黑暗的社会现实和法制状况作了无情的批判,也提出了一系列颇有见地的设想。但从总体上说,他的法哲学观未形成系统的理论。在这一方面,远胜一筹的是严复。

五、严复的生平、著作和哲学观

严复(1853—1921年),字又陵,又字几道。福建侯官(今闽侯)人。十四岁时入福州船厂附设的海政学堂。1877年赴英国学习海军,读了许多资产阶级思想家的著作,参观过英国法院,常与驻英公使郭嵩焘"论析中西学术政制之异同,往往日夜不休"。1879年毕业归国,先任福州船政学堂教习,次年赴天津任北洋水师学堂总教习,直至1900年离开。

---

① 《仁学》,第344页。
② 《报贝元徵书》,第201页。
③ 《试行印花税条说》,第413页。
④ 《上欧阳中鹄书》,第162页。
⑤ 《报贝元徵书》,第213页。
⑥ 同上,第200页。
⑦ 同上,第213页。
⑧ 《乙末代龙芝生侍郎请变通科举先从岁科试起折》,第237页。

在此二十年间，他与李鸿章长期处于部属关系。1894年中日甲午战争后，严复发表《论世变之亟》《原强》《辟韩》《救亡决论》等文，反对顽固保守，主张"维新变法"。他先后翻译了西方资产阶级思想家的名著如《天演论》《原富》《群学肄言》《社会通诠》《法意》等，将"物竞天择，适者生存"的进化论思想和资产阶级的经济学、社会学、法学观点介绍给国内读者，号召人们救亡图存，对当时的中国思想界发生了很大的影响。曾主办《国闻报》，协办通艺学堂。辛亥革命后，思想日趋保守。1915年列名"筹安会"，反对"五四"时期的新文化运动。著译编为《侯官严氏丛刊》《严译名著丛刊》。前面提到的论文和译著的按语等，较多地涉及他的法哲学观。

严复是"在中国共产党出世以前向西方寻找真理的一派人物"[①]的杰出代表之一。他虽然没有直接卷入戊戌变法的政治漩涡之中，但他在1898年前发表的一系列重要文章，对变法维新有重要的影响。在论及戊戌时期的法哲学观时，无疑应当研讨严复的著作。同时，严复在戊戌政变后发表的一系列译著及其按语，也是他的变法维新思想的延续，所以，我们将严复在戊戌以后的译著按语中表现的法哲学观，也一并放在这里加以论述。

前期的严复在哲学上肯定世界的物质性，认为物质运动的形式是多种多样的，物质运动沿着由简单到复杂、由低级到高级的方向发展。他介绍斯宾塞和达尔文的进化论，用以为提倡变法服务，并用以反对"好古而忽今"及"天不变，道亦不变"的形而上学思想。这些哲学观点，与严复的变法维新思想显然有直接的联系。

（一）严复论法的概念、法的作用和法定自由权利

康有为、梁启超（戊戌时期）和谭嗣同很少论及法的基本概念和基本理论，严复则不同，在他的不少著作和译作按语中谈到了对一些法的基本理论的认识，主要有：

其一，关于法的概念。在《法意》的按语中，严复对孟德斯鸠的自然法观点表示了不同的意见。孟德斯鸠认为"一切法皆成于自然，独人道有自为之法"。而严复认为，"法之立也，必以理为之原。先有是非而后有法；非法立而后以离合见是非也。"严复分析说，在中国语文里，"物有是非谓之理，国有禁令谓之法"；而在西方语文中，两者都称之为"法"。他认为中国语文对法的表达比西方准确；西方语文中的"法"字，在中国语文中有"理"、"礼"、"法"、"制"的区别，"学者审之"，必须对此注意。尽管对什么是法严复还不可能作出科学的概括，但他注意到了中外思想家对法的不同理解，却是有益于进一步搞清法的定义的。

其二，关于法的作用。严复总结了法在中国古代和在西方社会所起的作用。他说，汉代法律最值得称赞，"吾国之有汉律，犹欧洲之有罗马律也"[②]。他认为汉高祖入关而

[①] 毛泽东：《论人民民主专政》。
[②] ［法］孟德斯鸠：《法意》，严复按语，第132页。

使"秦民大悦"的原因就在于汉高祖以简明的"三章之法"来保全秦民的性命财产①；汉代"明法吏之所以众"，原因在于汉律在治理社会中起了重要作用，"太守不知经术，知有汉家三尺法而已"②。他还赞扬王安石变法，要士大夫读律，这是懂得"治之要"；他指出，攻击王安石的保守派轻视法的作用，都是"似是实非之谈"，贻害千年，应加彻底否定。严复认为西方国家繁荣昌盛的主要原因之一是"由于法制"；如果"见彼之富以商，而言立商部，见彼之强以兵而言立兵部"，不知道其富强与法制的关系，那么就会使"富强之效日远"，造成可悲的结局③。从上述认识出发，严复得出结论："生财之术多门，而民富必基于政美"④，"刑罚中"，法令行，其余国事必"日起而有功"⑤。

其三，无思想、言论犯罪。严复认为，法律所惩罚的是行为，这是法律家"至精扼要"的观点，思想、言论都不应是刑律惩治的领域。如果惩治思想、言论，就陷于专制了⑥。

（二）严复论变法

严复虽然未直接卷入戊戌变法，但他力主"变"的法哲学观，和康梁等领袖人物可谓不谋而合，反映了资产阶级维新派作为一个重要政治派别崛起时的法哲学思潮。

对于变法的必要性的认识，严复有与康、梁等相同的地方，也有不同的地方。严复认为，中国如不变法则必定灭亡，这是"天下理之最明，而势所必至者"，因此，"救亡之道"在变法，"自强之谋"也在变法。他以日本虽然也"深恶西洋"，却对"西学抱痛心疾首"、"卧薪尝胆"的态度孜孜追求的事例，说明中国因"恶"西洋人而"并废其学"，无异于"见仇人操刀，遂戒家人勿持寸铁，见仇人积粟，遂禁子弟不复力田"，是极其错误可笑的⑦。严复认为，"百年不变之法"，天下是不存在的。因为，法是"古之圣贤人"因当时之宜而制定的，但"质文代变"、"情异事迁"，现在则是处于"世变万亟"的时期，古人"所立之法"，"揆诸事理不可复通"。所以，如果"犹责子孙令其谨守其法"，那就必定"危亡"了⑧。他完全同意梁启超所说"万国蒸蒸，大势相逼，变亦变也，不变亦变也。变而变者，变之权操诸己；不变而变者，变之权操诸人"的意见，并"愿天下有心人三复斯言，而早为之所"⑨。这些，是严复与康、梁辈"英雄所见略同"之处。

---

① 严复：《辟韩》。
② 《法意》，严复按语，第132页。
③ 《法意》，第133页。
④ [英]亚当·斯密：《原富》，严复按语，第223页。
⑤ 同上，严复按语，第677页。
⑥ 《法意》按语。
⑦ 《救亡决论》。
⑧ 《拟上皇帝万言书》。
⑨ 《原强》。

不同的是，严复对"中土今日变局"之"大因"的认识。严复认为，"铁轨通达"导致"农工商业循轨绕驿而兴"、"不及十稔而天下都会形势重轻，遍地异矣"，并由此而造成"道通而民之动者日众"①。严复的这些看法，一则高出于康、梁的泛泛而论时世的变易，能从列强的入侵和民族工商业的发展方面寻找"世变"的根本原因，从经济变化导致人的思想观念的变化看出非变法不可；一则也反映他的变法主张的出发点在于维护清皇朝的固有统治地位和权力。

关于变法的宗旨，严复在《法意》按语中认为应该是"便国利民"四个字。他说，专制国家的立法，往往是"塞奸之事九，而善国利民之事一"，中国专制制度的法度也是如此。这就造成国家必然落后的局面，而以落后国家与进步国家同处世上，非败不可。根据这个道理，严复强调，变法之首要者在于变立法的宗旨，"使便国者居其七，而塞奸者居其三"②。他还认为，"治国之法为民而立者也，故其行也求便于民；乱国之法为上而立者也，故其行也求利于上"。他说："法不便民，国必不安；国不安，则上不利。"③由此可见，虽然严复说了变法宗旨在求"便国利民"的话，但归根结底，是为了"上"，即清皇朝。

（三）严复论变法之"急务"

在明确了变法宗旨的前提下，严复认为变法之"急务"在于"废八股"。他说："变将何先？曰，莫亟于废八股。"因为八股虽然不能自害国家，却可以"使天下无人才"④。

除废八股外，严复提出的具体变法建议主要有：

设乡局以造成地方自治的基础。严复并不像康梁那样急于提出"开议院"的主张，他认为在"一乡一邑之间，设为乡局，使及格之民，推举代表，以与国之守宰相助为理"，造成"地方自治之基础"，就可以使人人懂得"尊主隆民"的义务，自愿"加赋保邦"⑤。他还强调说，"设地方自治之规"，可以"合亿兆之私以为公，安朝廷而奠磐石"，是"不容一日缓者"的大事⑥。

制定治理外人的统一法律。严复认为"地律相尽"是一条国际通行的司法原则。所谓"地律相尽"，就是指"地之所在，法之所行"的意思，外国人进入别国，必须守该国的法律。但外国人进入中国却偏偏"悍然不服吾法"，"其人有罪，非吾吏之所能制"，于是"有领事之设"，"有租界之立"，"有数十国之律令涓行其中"。严复为此建议"集各国法律之学者，杂议公允，造为一律，以专治来寓中土之外国人，勒为成宪"。他以为这样就可

---

① 《原富》，第 311 页。
② 《法意》，第 225 页。
③ 《法意》，第 627 页。
④ 《救亡决论》。
⑤ 《法意》，第 361 页。
⑥ 《法意》，第 374 页。

以将"前之领事官理刑之权悉去之"①。这当然是比较幼稚的想法，而且把各帝国主义国家夺取我国司法权归咎于法令不一，也是颠倒了因果关系。

严复认识到，变法并不是一种轻而易举的事，有极大的难度。所以，他提出了一些推行变法措施的对策。这些对策主要有：其一，"朝廷除旧布新，有一二非常之举措"，内以"慰薄海臣民之深望"，外以"破敌国侮夺之阴谋"②。其二，"联各国之欢"。他建议筹款数千万，备战舰十余艘，请皇帝率"数百亲贤贵近之臣"，"航海以游西国"，与各国交好联欢，求得他们对中国变法的赞助。③ 其三，"结百姓之欢心"。他建议皇帝出洋回国以后，"亲至沿海各省，巡守省方，纵民聚观嵩呼，瞻识共主"，"使四百兆之人皆爱陛下"④。其四，"破把持之局"。严复认为变法必须不为牟私利者所把持，必须打破这种把持，否则，变法必成"虚言"，"欲变法而不能"⑤。总之，严复认为变法之成败，"一其事在各国，二其事在万民，而三则在陛下之心"⑥。这与康、梁之全然冀望于"圣主"是颇不相同的。但这些所谓推行变法的对策，大多同样建筑在虚幻的空想之上，不啻为"空中楼阁"，即使得以构筑成功，也经不起任何风吹雨打。资产阶级维新派纵然有种种美好善良的救亡自强的愿望，也是不可能实现的。寻求救亡富国的道路，还有待资产阶级革命派在总结改良派变法教训的基础上，做进一步的探索。但当资产阶级革命派做出有益的结论并付诸实践时，资产阶级改良派却裹足不前，甚至起而与之对抗，终成为历史的绊脚石。

（四）严复对中外法制的比较论述

由于严复对外国法律制度有比较丰富的知识，所以，在他的著作里，出现了较多的中外法制的比较研究，这是康有为与梁启超、谭嗣同等人在戊戌时期所不能企及的。

通过比较，严复曾严厉地批判过中国的专制主义封建法制。首先他指斥"中国自秦以来，无所谓'天下'也，无所谓'国'也，皆'家'而已。一姓之兴，则亿兆为之臣妾"，"天子之一身，兼宪法、国家、王者三大物"，不可能为天下计较利害。由此他得出结论："专制之制所以百无一可者也。"⑦ 这样，虽然他还没有揭示出专制主义封建法制的阶级本质，但是已经接近于真理了，因为皇帝毕竟就是地主阶级的总代表。其次，严复抨击了封建法制的苛严无理。他说：中国"立法用刑之无人理而得罪于天久矣"，以这种苛酷无人

---

① 《原富》，第586页。
② 严复：《原强》。
③ 《拟上皇帝万言书》。
④ 同上。
⑤ 同上。
⑥ 同上。
⑦ 《法意》，第362页。

性的刑法治国，"此种固不宜兴"①，中华民族的兴盛是不可能的。再次，严复指出中国历代治狱用惨无人性的刑讯制度，乃"法实为之，吏特加厉之"②。这样，严复进一步具体地为变法找到了根据。

在批判中国封建法制的同时，严复啧啧赞美了当时西方国家的资产阶级法制。首先，严复认为西方国家由议院立法、自治地方实施法律，是一种得到民众拥护而达到"无乱"的好办法。其次，严复指出，刑狱公平与西方国家既富且强有重要联系。再次，严复赞扬西方有律师辩护制度，有陪审制度，而这些正是减少冤狱的重要手段。最后，他认为"西国轻罪，多用锾罚，故法行而民重廉耻，可谓至便"③，赞扬了西方多用经济制裁的好处。

六、评变法维新派的法哲学观

变法维新派几位代表人物的法哲学观已如上述。论者或谓他们的法哲学观以至全部政治、社会思想都不过是"欧风美雨"袭击下西方思想的传递、流播。我们认为，这样的分析，是太过简单，且偏离实际也太过遥远了。

从其渊源流变看，变法维新派首先是中国国土上的产物，然后才是西方法律思潮冲击、影响、催生下的产物。因此，评论变法维新派的法哲学观，自然会涉及出产自中国国土上的变法维新派的阶级属性。论者谓变法维新派是中国早期资产阶级的代表，他们与龚自珍、魏源等地主阶级改良派是截然不同因而绝对不可相提并论的。诚然，两者不可等量齐观，但这不能成为他们之间不存在任何联系，也不存在若干共同点的理由。确实，地主阶级和资产阶级分别代表不同的生产关系，是两个本质不同的阶级。但这绝不意味着这两个阶级的本性的完全相反。恰恰是由于这两个阶级同属于剥削阶级，都代表着剥削制度下的劳动人民的对立面，因此，它们之间并不存在着不可逾越的鸿沟。同时，还因为中国在鸦片战争以后从封建社会急剧衰落、崩溃，步入了半殖民地半封建社会的悲惨境地，地主阶级营垒起了严重的分化。其中一部分逐渐走上了发展民族资本主义工商业的道路。这样，就在地主阶级革新派的革新思潮与资产阶级改良派的变法思潮之间架起了一道相因相继的桥梁。从龚自珍、魏源、经冯桂芬、王韬、陈炽、薛福成、郑观应，到康有为、梁启超、谭嗣同、严复，虽然历经半个多世纪，但从他们的法哲学观发展中，仍可找出许多共同点来。

这些共同点主要是：(1)都从自然界与社会的进化寻找变法的哲学依据；都从朝代的变迁与法制的因革寻找变法的事实根据。(2)都力主因时因势变革法制，指出唯有变革法制才可能保国保种、救亡图存、富国强民。(3)都主张向西方学习，接受西方的法律思想。

---

① 《法意》，第363页。
② 同上，第133页。
③ 同上，第134页。

在这些共同认识的前提下，从龚、魏到康、梁，他们的法哲学观又有着很大的差异。

龚、魏的"更法"论的理论依据，带有很大的直观性、零散性，到康、梁之时，其理论依据已得到了理性的升华，形成了一定的系统。且不谈康、梁都各有其哲学范畴的专门著作，就是谭嗣同，也以其《仁学》等著作对重大的哲学问题做了比较系统的考察、分析。与此相应，他们的变法主张也有所区别。龚、魏的"更法"主张显然比较空泛。魏源提出的"师夷长技以制夷"口号，曾经产生过重大影响，虽然他也略略涉及"师夷"之政治法律制度，但更主要的是"师"其"船坚炮利"。到19世纪60年代至90年代，王韬与郑观应等已经比较明确地认识到应当学习西方的政治法律制度，但究竟学习西方政治法律制度的哪些具体方面，仍旧朦胧模糊、不甚了然。直至康、梁时期，才对此有了进一步的认识，并提出了诸如制定宪法、开设议院、司法独立等具体的变法建议。由此可见，从变法与向西方学习这些方面看，戊戌变法运动的领袖人物显然既继承、又发展了他们的先行者的变法思想。

如果说龚、魏还仅仅局限于对封建法制的强烈不满与尖锐批判，并没有根本改变这种法制的要求的话，那么，康、梁无疑已经具有根本改变封建法制、创建一种适应新生的资本主义发展要求的法制的明显倾向。所以，如果龚、魏的要求得以实现，仍旧不会脱出封建法制的窠臼；而如果康、梁的主张诉诸实践，是有可能导致一种君主立宪制度的出现的。这就会从封建法制跃入资本主义法制。这是两个不同的领域。因此，无疑应当肯定，戊戌变法运动领袖人物的法哲学观，将中国近代法哲学向前推进了一大步。

戊戌变法运动的"百日维新"阶段，集中展现了资产阶级维新派的变法思想。在中国法律思潮的漫长发展史上，由于社会环境的变化，曾在若干时期内比较集中地出现了一批批法哲学家。这些法哲学家的法律观点及其作为理论存在形态的著作，构成了各该时期的法哲学思潮。但纵观整个中国法哲学思潮发展史，在戊戌变法以前的任何一个时期，从来没有像戊戌时期那样集中地出现这么多的法律思想家和法律著作。戊戌变法运动的"百日维新"阶段，更是非常集中地展现了资产阶级维新派的变法思潮。

这不是一个偶然的现象。在西方资产阶级革命发生的前夕，也总是一下子集中地涌现出一批法哲学家来的。这说明，在从封建社会跃入资本主义社会的关节点上出现一种新的法哲学思潮、一批新的法哲学家，是具有必然性的现象。当然，中国戊戌变法时所出现的这种现象有自己的特点。它与半殖民地半封建社会软弱的民族资产阶级的特性相联系，没有发育成为自成体系的、理论成熟的、先进的资产阶级法哲学，而是在很多方面、很深的程度上幼稚地学习以至拾取了西方资产阶级法哲学成果之牙慧，表现为天真的幻想和不切实际的浮躁举动。但是，它同样是从封建主义走向资本主义的关节点上出现的现象。因此，"百日维新"阶段集中展现的资产阶级维新派的变法思想，从批判封建主义法制观念和传播资产阶级法哲学观方面所做的工作，将对后来者提供许多有益的启示。

在中国近代以前，也不乏先进思想家对封建法制进行抨击的实例。但是，那些批判并不带有资产阶级的性质。即使像王夫之、黄宗羲那样带有明显的民主意识，但他们所要求的仍属封建法制（虽然是改良了的封建法制）的范畴。至于王夫之、黄宗羲以前，则更是以封建主义批判封建主义罢了。

自从龚自珍、魏源举起鞭挞封建专制的武器以来。情况发生了很大的变化。但他们对封建法制的批判，仍然是带封建性质的，不属于资产阶级的范围。只是在康有为、梁启超、谭嗣同和严复等的前期著作中，才表现出代表新生的资产阶级所作的对封建主义法制的批判，尽管它仍然只是改良性质的。这种批判的矛头，已经触及了封建法制的根本点——皇权，要求立宪、开议院就是最明显的表现。皇权作为封建专制主义法制的命根，是任何封建主义法律思想家法哲学家所不敢、也不可能触犯的。康、梁他们虽然幻想靠一个光绪皇帝号令全国厉行变法，虽然他们后来还成了保皇派的头目，但是，在他们前期的著作中，还是提出了立宪法、开议院等实际上否定皇权的主张来，这无疑是一个很大的进步。

此外，还应该指出，戊戌变法中资产阶级维新派对封建法制的批判虽然是很不彻底的，但却是有史以来最为全面的。从立法、司法以及立法司法与行政的关系，到土地制度、税收制度、选举制度以及与发展国民经济的各个部门（工业、农业、商业、交通运输业）、与保卫国家独立有关的法律制度的各个方面，凡属封建性的，都遭到了他们不同程度的否定或批判。这是"自从盘古开天地、三皇五帝到于今"所不曾有过的。其中，尤其是比较激进的谭嗣同的批判锋芒，是相当尖锐的。这也对后来资产阶级革命派的法律思潮产生了直接的影响。从资产阶级改良派到资产阶级革命派，其法律思想在许多方面有着继承的关系和共通的地方。那种只见到康有为等后来成了保皇派，而抹杀两者的继承性、共通性，是值得商榷的。

龚、魏时期提出了"师夷长技"的口号，但客观条件还未成熟，"师夷"的何种"长技"，具体内容是什么，还很不具体。王韬至郑观应时代，已经陆续开始传入较多的资产阶级文化了。但掌握这些知识的，是极少数出洋考察的人和接近西方来华传教的人。比较系统地、公开地、大量地介绍、传播西方资产阶级法律思想的，是戊戌变法时期。康有为、梁启超、谭嗣同三人当时主要是号召与宣传向西方学习，同时在他们的著作中具体指明了学习西方法律制度的哪些方面。严复由于到英国做了长期的学习，比较系统地介绍了西方资产阶级的法学、社会学、政治学、哲学著作，从而大大扩展了戊戌变法运动在传播西方资产阶级法律思想方面所起的作用。戊戌变法失败后，康、梁流亡国外，更多地接触到了西方资产阶级的政治法律思想，梁启超后来也为它的传播起了更大的作用。尽管戊戌变法运动的一些领袖人物（尤其是康有为）后来成了保皇派，但他们在戊戌时期所起的传播西方资产阶级法哲学的进步作用，是不可抹杀的。

第六十五章　辛亥革命前后的法哲学交锋

戊戌变法、戊戌政变、义和团运动、八国联军入侵、为争夺中国东北而爆发的日俄战争……世纪之交的中国政坛，风云变幻，天翻地覆。影响所及，引起了人们对政治法律制度的莫大关切。以慈禧太后为首的清王朝最高统治集团，为挽救其危如垒卵、毁亡在即的统治，企图以实行伪"新政"、推行假"宪政"来欺骗舆论，平息民愤。但以孙中山为首的资产阶级革命派，已从维新志士的流血牺牲中获得了血的教训，决心走以暴力革命夺取政权的道路，决心推倒封建的政治法律制度，建立资产阶级的民主共和国。这样，就反映到法律思想界中来，引起了法律意识、法制观念的激烈震荡，当然也引起了法哲学的分歧与交锋。这种分歧与交锋，十分明显地表现在沈家本、杨度、劳乃宣、孙中山、章太炎等人的法哲学观点上。

一、沈家本"会通"中外的"补世"法哲学观

沈家本（1840—1913年），字子惇、子敦，号寄簃，浙江归安（今浙江吴兴）人。光绪年间登进士，历任刑部侍郎、修订法律大臣、资政院副总裁等职，修改《大清律例》为《大清现行刑律》，后并参考资本主义国家刑法，制定了《大清新刑律》。辛亥革命爆发后，沈家本曾任袁世凯受命所组织的内阁法部大臣。民国成立后，章太炎等推举他任司法总长，他坚辞未就。著作有《沈寄簃先生遗书》甲编二十二种，乙编十三种，又编有《枕碧楼丛书》十二种。

沈家本的法哲学观，以"补世"为目的，以"会通"中外为特点，他说："方今中国屡经变故，百事艰难。有志之士，当讨究治道之原，爰考各国制度，观其会通，庶几采撷精华，稍有补于当世。"[①]

所谓"补世"，如女娲炼七彩石以补天一般，不过是在承认原有的"天"并以这原来

---

① 《寄簃文存六·薛大司寇遗稿序》。

存在的"天"为基础，补贴上几块七彩石而已。所以，沈家本"会通"中外的法哲学观，实际上是承继了儒家的封建系统的法哲学，以其为基础，将从外国"采撷"而得的"精华"，注入这一旧基础之中，或将"精华"如七彩石一般补贴到旧法制上去。因此，尽管沈家本著作极多，死后还被当时的法学界奉为"法家泰斗"、"集中国法系大成的一人"、"清代最大的法律专家"[1]、"近代法律史上最有影响的法律学家"[2]，但是，要从中找出富有特色的新鲜见解来，却并不太多。尤其是，沈家本并没有形成超越前人的法哲学体系。因此，自无必要对他评价过高。但是，他毕竟是近代中国终生刻苦地"逐字逐句，反复研究"[3]外国法律而又治学谨严的大学者，不仅对中国历代法制作过精心研究，开创了中国法律史学，而且对我国法制了解极详，还主持翻译了大量西方法律和法学著作，因此，他在沟通中西法制、交流中外法学方面是功不可没的。杨鸿烈在《中国法律发达史》中赞扬他为"媒介东西方几大法系成为眷属的一个冰人"，倒是切合实际的评价。

沈家本的法哲学既以"补世"为目的，自然会像儒家那样，主张"先德后刑"与"德主刑辅"。沈家本说："先王之世，以教为先，而刑其后焉者也。"又说："不教而诛，先王所不忍。"[4]他以神农之世、唐尧之时为例证，说明"刑罚不施于人而俗善"、"治苗亦以德不以刑"[5]是治国理政的最佳策略。退而求其次，才是德刑并施而以德为主、以刑辅德。从"刑罚不施"、"治苗以德"转而变为德主刑辅，是由于"人不能无群，有群斯有争，有争斯有讼。争讼不已，人民将求其治安"，于是出现了"平争讼而保治安"的"裁判者"[6]，也就是出现了法与刑，并以法与刑来辅佐道德教化。沈家本的这些观点，丝毫没有超出儒家先辈的论域，不过是重复前人的陈说而已。但既是"补世"，总有所"补"之处。综其"补世"之作，主要是在以下三方面：

其一，以新的观念来论证儒家的旧理论。例如，他以"标"、"本"之辨来论述"德主刑辅"论。他说："凡人之情多积于习，……习者既深，即摄之以威，而狃焉者如故。何故？习之成也，非一朝一夕之故。由积习而然，不究其习之所由成，而徒用其威，必终于威竭而不振也……司马迁曰：'法令者治之具，而非致治清浊之源也。'善哉言乎！"又说，道德教化才是"非靖治其标，必当深究其本"[7]的最重要的手段。

其二，以"泰西"之治术来论证"德主刑辅"之正确性。在《奏请编定现行刑律以立推行新律基础折》中，沈家本说："近来泰西之法，颇与此旨暗合。"这里，"此旨"是指

---

[1] 《中国法律思想史纲》（下），第421页。
[2] 同上。
[3] 《请求筹备立宪档案史料》（下），第838页。
[4] 《历代刑官考·卷上》。
[5] 《刑制总考》卷1。
[6] 《裁判访问录序》。
[7] 《书明大诰后》。

"明刑弼教",意即西方也是如我清朝的"德主刑辅"之"法"那样治国理政的。他指出,"模范列强"也"惟是刑罚与教育互为盈朒"的。在《历代刑法考》中,他还借"近日各国学说……刑者乃出于不得已而为最后之制裁也,幼者可教而不可罚,以教育涵养其德性,而化其恶习,使为善良之民",来进一步论证"明刑弼教"。

其三,以欧美各国的经验教训来论证"德主刑辅"之正确性。例如,他曾以死刑存废问题论证说:"废止死刑之说,今喧腾于欧美各洲矣,而终未能实行者,政教之关系也。""欲废死刑,先谋教养,教养普而人民之道德日进,则犯法者日见其少,而死刑可以不用。"①

沈家本法哲学"会通"中外的特点,突出地表现在他力主引进西方的法律制度上。具体而言是:首先,他主张"博稽中外"、各取其长。他说:"参考古今,博稽中外,既广译东西各国法律之书,复甄录我国旧文,若唐律疏议……"② 在"广译"方面,他在1902年修订法律馆成立后的短短几年内,即主持外国法律和法学著作的翻译工作,译出了德国、日本、美国、法国、俄国、荷兰、比利时、瑞士、芬兰等国的许多法律和部分外国法学名著。在"甄录"方面,他自己毕生精研中国法制史,详核古代法制成败得失与经验教训,所做的工作可谓"前无古人"而"后乏来者"或后人所难以企及的。

其次,强调应当"趋时"而"变"法图新。他盛赞"日本明治维新"因"以论律为基础",使"民风丕变,国势骎骎日盛"而成为"今日""亚东之强国"③。他指出,其时之世界处于"智力日出,方有进无已",认为处此"天演物竞"之际,已是"强胜乎?弱胜乎?不待明者而决之",因此,"处今日之变,通列国之邮",务必"规时势,度本末,幡然改计,发愤为雄"才能"取人之长,以补吾之短"④。

再次,他具体地提出了一些引进外国法律制度的建议。例如,关于实行轻刑的主张就是借鉴外国法制而提出的。他说:"方今环球各国,刑法日趋于轻。废除死刑者已若干国,其死刑未除之国,科目亦无多。"而"今刑之重者独中国耳。以一中国而与环球之国抗,其优绌之数,不待智者而知之矣。"据此,他提出了中国亦应"寻绎《易传》趋时之义"⑤而改重刑为轻刑,与世界各国保持一致。沈家本在主持修订清律时,取消了干名犯义、犯罪存留养亲、亲属相奸、无大奸、亲属相资、亲属相殴、故杀子孙、杀有服卑幼、妻殴夫、夫殴妻、子孙违教令等封建法律中特有的罪名,还取消了凌迟、缘坐等酷刑,把中国封建社会实行了近二千年的笞、杖、徒、流、死五刑改为罚金、拘留、徒刑、死刑四种。

沈家本一生留下了大量的法律学著作,成了中国法文化史上的一笔极可宝贵的遗产,

---

① 《历代刑法考·死刑之数考》。
② 《重刻明律序》。
③ 《删除律例内重法折》。
④ 《政法类典序》。
⑤ 《重刻明律序》。

对于研究中国法制史、沟通中西法文化的交流，是极有价值的。应当说，对沈家本的研究，至今刚刚起步。而在起步之际，这一研究工作的带头人李光灿先生又不幸仙逝，所以，要做的工作极多。但从法哲学方面看沈家本，所能言及的，从目前来看，还是不多的。这就犹如不能要求贝聿铭先生讲出多少音乐理论来一样，尽管他是当今世界建筑设计权威中的权威，而建筑又是"凝固的音乐"。

值得一提的是沈家本关于法学研究的一些主张和所做的工作。

沈家本是中国历史上第一个比较全面地论述和提倡把法律研究作为专门学问的人。在他看来，法学的盛衰与政治的兴废有极其密切的关系，他说："古治之盛也，政治学为一途"①，而"律学明而刑罚中，于政治关系甚大"②。他认为，要使法制健全，必须讲求法学。他主张打破古今、新旧、中西的界限和门户之见，取长补短，融会贯通，使法学研究重新复兴。辛亥革命后法学研究的兴盛，当然主要是由于时势的需要，但也与沈家本的大力提倡以及他所创办的京师法律学堂培养了千百个法律专门人才关系密切。

二、劳乃宣的家族本位法哲学观

劳乃宣（1843—1920 年），字季瑄，号玉初，又号矩斋、韧叟。浙江桐乡人。同治时举进士。历任直隶知县、宪政编查馆参议、政务处提调、江宁提学使、京师大学堂总监、袁世凯内阁学部副大臣等职。著作有辑集《桐乡劳先生遗稿》。

身处风云变幻之世，劳乃宣安身立命的靠山清王朝已摇摇欲坠，朝不保夕。因此，他能看到危机所在并描述道，"今天下事变极矣。国家多故，风俗陵夷，官无善政，士无实学，刑不足以止奸，兵不足以御侮"而帝国主义列强又"环逼而虎视"③。这样，他就不得不无可奈何地指望"变法"以挽狂澜于既倒。但是，鉴于他的阶级立场，劳乃宣极力强调的"变法"，只是细枝末节的"变"，为清除"一切烦琐苛绕之文法"、用人"必深察其人人品学术之长短"，等等。在根本点上，劳乃宣是一个封建法制的卫道士。他反复述说清王朝列祖列宗所创的"大经大法"，是"卓然而不可易"的；"王者有改制之名，无变道之实"；等等。④ 因此，从总体上看，劳乃宣虽然也高唱"变法"，但实质上却是一个顽固的反对真正变法的人。不过，劳乃宣之捍卫封建法制之"道"，是颇有特色的。这就是他系统地阐述了贯串于中国封建法制史的家族本位法哲学。

作为统治者控制社会的工具，法制的精神必定与社会组织形态紧密联系。中国素以农

---

① 《政法类典序》。
② 《法学名著序》。
③ 《变法论》。
④ 同上。

业立国，家族制度作为农业社会的基础，似乎决定了社会结构的一些带根本性的特点。殷商的氏族，周的宗法，秦汉以来的家庭，成了长期支持社会组织的基石，似乎是这种情况决定了历代封建统治者以家族为本位实施其政治与法律的对策。历代法制带有家族主义而非如西方国家的个人主义、自由主义、民主主义，似乎就是势所必然的了。

中国历代法制以家族为本位，可以见诸法律规定：一、"族诛"、"连坐"使无辜者因家族关系而受惩；二、"门荫"、"议""减"使有罪者因家族关系而逍遥法外；三、"亲属容隐"使犯罪事实无法清查；四、家族内相扰因"乱伦"而加重惩罚；等等。这种以法律维护家族制度，又因家族利益而严重影响法律的制定与实施，在外国是十分罕见的。但在中国法文化史上，它却是一个多见而几乎是"恒常"的现象。这些，确是事实。但事实不等于真理，关于这一点，我们在下文再来说明，这里，先来看劳乃宣的法哲学观。

劳乃宣对上述情况深有研究，他认为，坚持家族主义的法制，在此基础上实施"变法"，可以使"大清"皇朝的江山"永世不易"。因此我们可以说，劳乃宣的法哲学，是以家族为本位的法哲学。他的家族本位法哲学观主要表现在：

第一，论述了中国家族主义法律起源于以农业为生计的家族组织。他说："法律何自生乎？生于政体。政体何自生乎？生于礼教。礼教何自生乎？生于风俗。风俗何自生乎？生于生计。"而中国是一个"农桑之国"，其国民有固定的土地与住宿，男耕女织，日作夜息，全家"听命于父兄"，于是，"父兄为家督而家法以立"；在此基础上，国家的"一切法律皆以维家法为重，家家之家治，而一国之国治矣"①。

有人认为，中国家族主义太盛，因此，人人只知爱家而不知爱国，要使人人爱国，就必须破坏"家法"之说。对此，劳乃宣驳斥说："春秋之世，正家法政治极盛之时也，而列国之民无不知其爱国者。"他列举弦高犒秦卫郑、越人卧薪尝胆为例说明"国人莫不毁家以卫其国，家法政治下，民何尝不爱其国"，做了正面的论证。又以秦代厉行专制使"一国政权悉操诸官吏之手而人民不得与闻"终至二世而亡做了反面论证，说明唯家族本位的"家法"、"国法"，可以奏治国平天下之大效。

第二，劳乃宣从理论上论证家族本位为最佳的法律本位。他从"家族为国本"和"家族之道"最为"人道"两个方面来论述。他认为，人类生存必须依赖家庭这一"天然之群"；家族则为"天然之群之大焉者"；国家是由家族集合而成的；天下则是比国家更大的"群"。因此，天下国家就是家族这一"天然之群"的集合体。其结论是："家族者，肇造邦国之大本也"②。他又认为，"人道"的要义为"亲亲之道"，"亲亲之道"是"人道"的出发点与归宿。他由此推论说："亲亲故尊祖，尊祖故敬宗，敬宗故收族，收族故宗庙严，宗庙严故重社稷，重社稷故爱百姓，爱百姓故刑罚中，刑罚中故庶民安，庶民安则财用

---

① 《新刑律修正案汇录序》。
② 《涞水赵氏家谱序》。

足，财用足则百志成。"既然"家族为国本"而"家族之道"最为"人道"，且讲求"家族之道"可径达"刑罚中"而"百志成"，以"家族"为法律本位，就是如同"日月经天，江河行地"般科学而合理的了。所以，在劳乃宣看来，中国传"数千年"而历久不衰的"国粹"就是"家族之道"①，弃家族而治就是"忘"治国平天下之"本"，就会导致"日言治天下而天下卒莫能治"②的恶果。总之，"家族"乃是法律之本位，"家族之道"乃是法律的精神与本质。

第三，劳乃宣以实际行动强求进行家族本位的立法。在《大清新刑律》草案由沈家本提出后，劳乃宣为把维护家族本位的礼教条文修入新刑律正文，曾在资政院邀集亲贵议员一百零五人，企图强求直接将"旧律义关伦常诸条，逐一修入新刑律正文"③。他们指斥新刑律删除了下列条文："干名犯义"，"犯罪存留养亲"，"亲属相奸"，"亲属相盗"，"亲属相殴"，"故杀子孙"，"杀有服卑幼"，"妻殴夫、夫殴妻"，"发塚"，"犯奸"，"子孙违犯教令"。他们认为，《大清律例》中原有的这些条目是维护宗法制度家族本位所不可或缺的，删而除之就违反"维伦纪而防渎乱"的"祖宗成法"之"精意"、"美意"，是"大犯礼教"的躁动盲行。沈家本逐条驳斥了他的意见后，迫于理屈词穷，劳乃宣放弃了前九条，但仍顽固坚持"犯奸"与"子孙违犯教令"等两条。他强调，如无此类条文，必致"万众哗然"，"激为暴动"④，是"万不可删"⑤的。

劳乃宣的家族本位法哲学观，其实是已极不合时宜的陈腔滥调了。他把单个事例、局部情况当作一般事实和整体情形，以弦高犒秦卫郑等个别事例来说明真理，是违反常识和逻辑的。单个事例与一般事实绝不能相提并论。事实上，可以举出更多千万倍的单个事例来说明"爱家"而妨碍"爱国"，此其一。其二，即使是一般性的事实，也不一定能从中推导出真理来。"族诛"、"连坐"、"门荫"、"议"与"减""免"、"亲属容隐"等，确曾为封建法律所肯定且反复载入律文。但从这一事实并不能导出它们都是真理，都必须"万世不易"地永远载入法律。

中国为"农桑之国"，诚然也是事实。但从"农桑之国"推导不出必定要实行家族本位的法律。首先，家族制度虽是农业社会的基础，家庭是其"细胞"，但它决定不了社会之专制制度抑或民主制度。其次，家族制度本身是由封建制的生产关系所决定的。中国历代封建统治厉行以家族为本位的法律制度，是由具有中国特色的封建生产关系与中央集权的专制独裁政治制度所决定的。并不是家族制度直接决定了封建法律中的家族本位条文。再次，中国历代法制也并非都是以家族为本位的法制，因此，即从中国法律事实本身来

---

① 《江宁陶氏族谱序》。
② 《涞水赵氏家谱序》。
③ 《修正刑律草案说帖》。
④ 同上。
⑤ 《管见声明说帖》。

看,也不能说明实行家族本位的法律是势所必然。

总之,劳乃宣之家族本位法哲学观在当时是极不合时宜的一种法律意识。正因如此,它受到了沈家本的有力批驳,但沈家本的批驳,从"会通"中西的法律观出发,并未奏其"大效";而且,其与劳乃宣的相互对立,也并不十分尖锐。和劳乃宣的家族本位法哲学尖锐对立的,是杨度的国家本位法哲学观。

三、杨度的国家本位法哲学观

杨度(1875—1932年),字皙子,号虎公,湖南省湘潭县人。曾就学于著名学者王闿运,并两次赴日留学于东京弘文书院和法政大学,接受了君主立宪的政治思想。1907年东渡归来后,任宪政编查馆提调、颐和园皇族宪法讲师。曾因助袁复辟,成为"筹安会六君子"的首领而声名狼藉。1929年转变了政治立场,一举毁家参加革命,加入了中国共产党,在周恩来领导下从事秘密工作直至病逝。留学日本时,杨度撰有《金铁主义说》一文。他的法律观还可见诸《资政院议场速记录》等。

在资政院解释《大清新刑律》时,引起满场哗然并成为众矢之的的杨度所依据的就是国家本位法哲学。他的这一法哲学理论,表现在以下几方面的言论或文字上:

第一,国家本位法律观之取代家族本位法律观,是社会发展的必然趋势。

杨度认为,每一个国家都应实行法治,而要成为一个完全的法治国家,就必须从家族本位法律制度过渡到国家本位的法律制度。他把家族本位法制作为法制发展的一个必然阶段,其时"如无家族制度,社会不能维持,即国家亦不能维持",但家族制度的作用自有尽时,家族制度完结之日,便是国家主义法制兴起之时。他说,秦代以来,国家制度不完全,教育制度也未及发达,社会"全仗"以"家族"为"本位"的法律"范围之"。他说,当时"以家族为本位,对于家族的犯罪,就是对于国家的犯罪。国家需维持家族的制度,方能有所凭借,以维持社会";"国家与家长以立法之权。家长可以擅杀人,即国家与家长以司法之权"[①]。但是在 20 世纪以后,因列强的侵入,中国"立乎东亚大陆之上,漫天之恶云压地而至,巨海之怒涛拍岸而来",中国已成为"世界各国之中国,而非复中国人之中国"[②]。际此之时,家族本位的法制已失去效用,因为在这种制度下"皆以大物专降于个人之前,而不以个人为单位",必定使"国家社会不能发达"。他指出,其时"阻碍国家进步者莫如封建制度,阻碍社会进步者莫如家族制度"。因此,他竭力主张废除家族本位的法制,代之以国家本位的法制。他指出,"现在系预备立宪时代,即是预备国家法制完全的时代。"他认为,在这样的时代,不可能"一方面增长国家制度之进行,一方面保持家

---

① 《资政院议场速记录》第 23 号,第 1640 页。
② 《金铁主义说·今中国所处之世界》。

族制度之存在"①，以国家本位取代家族本位已是大势所趋的必然事态了。

第二，家族本位法制对中国危害极大，时势已到了非以国家本位取而代之不可了。

杨度分析中国的四万万人为两类，一类是"家长"，一类是"家人"，"家人"占了中国四万万人的绝大部分，可能对国家负责的只是为数甚少的"家长"，"家人"则只对"家长"负责而与国家概无关系。他进而分析，"家长"之中的"为工"、"为农"、"为商"者，都有"妻、子之累负"，为生计所迫，他们尽家庭义务比尽国家义务要多得多。他还进而分析，家长中当官做吏的更是少数，而这少数，按理应对国家负其全责而尽其义务，但是，他们与其说对国家负责任，毋宁说对家族负责任，他们因有"妻、子之累，内顾之忧"而成为"贪官"、流为"污吏"，"只要得几文钱以之养家足矣，与国家本无关系"，因此也不对国家负责。如此说来，以家族为本位的法律制度下，四万万人的中国，自然只能立足于只知有中国，不知有世界的"中国即世界，世界即中国，一而二，二而一"的时代，而不能立足于"漫天之恶云压地而至"的国际化时代了。因此，他主张，必须彻底改变"慈父孝子贤兄悌弟之太多，而忠臣之太少"的"中国之坏"的状态，厉行国家本位法制，"使全国的孝子慈父贤兄悌弟都变为忠臣"，给他们"营业、居住、言论等等之自由，使其对于国家担负责任"②。总之，是变四万万中国"人"为四万万中国"国民"，以便求富致强，抗衡列国。

论者有认为杨度的法哲学是以个人为本位的法哲学的。这不能说没有道理，因为杨度本就是杂取了资产阶级的法律学说，并无精深的研究。他的许多言论，确也是个人本位法哲学观的反映。例如，他主张"天生人而皆平等，人人可为权利义务之主体"③等。但是综观杨度法律观之总体，我们认为，他是站在国家本位法哲学立场上的。首先，他曾是一个君主立宪主义者，而不是一个民主宪政主义者。这决定了他只能是一个国家本位的拥护者，而不是个人本位的支持者。因此，他讲宪政、议法律，首先不是要求赋予人民以自由，而是防范人民的自由。他说："现在我国宪政日日进行，立宪国体既许人民之自由，即不可不有一种正当的法律以防范之。其所以防范者，使其自由于法律之中，不得自由于法律之外。""一切法律"都必须"与宪政相符合"④。为什么必须以法律防范人民之自由呢？他说："言政治则必有人民共同组织之国家。既有人民共同组织之国家，则必有人民共同建设之政府；既有人民共同建设之政府，则人民共同之生命财产，政府即有保护之义务。既有保护之义务，则当干涉。既以干涉为保护，则人民自只能于公共所立法律之中自由行动，而以其余授之政府。既以其余授之政府，则自由之范围自狭矣。"⑤总之，他讲

---

① 《金铁主义说·中国国民之责任心与能力》。
② 同上。
③ 同上。
④ 《金铁主义说·世界的国家主义》。
⑤ 同上。

"宪政"是君主立宪的"宪政",是限制人民自由的"宪政",是赋予国家极大权限而又赋予国家以"范围"人民行动的"义务"。这样一来,根本就没有了"个人本位"的影子。仅留下赤裸裸的国家本位实体了。其次,杨度在论及西方各国法制并要中国学习之时,他所强调的不是国家对个人负什么责任,而是反复强调"人民对于国家亦不能不负责任",只有在"人民对国家负担责任"的前提下,国家才"予之以自由之权利",而人民在其未成年时,须由家长代行对国家履行义务,一俟成年,便须"直接对国家负责"[①]再次,杨度认为,"法律之精神,全不在家族,而在国家"[②]。由上述可见,杨度并非以个人为本位,而是力主以国家为本位的。杨度以其国家本位的法律观与劳乃宣的家族本位法律观做过交锋,虽然最后新刑律确以国家主义来制定,但它并不能改变国家的运命,更不能救人民出水火。唯有以革命手段推翻清王朝,摧垮封建专制的政治与法律制度,才有可能使社会前进一步。对此,孙中山、章太炎等当时即有了比较明确的认识,因此,他们又各个提出了与劳乃宣、杨度及沈家本等截然不同的法哲学理论来。

四、章太炎的无政府主义法哲学理想

章炳麟(1869—1936年),字放叔,自号太炎,浙江省余姚市人。出身于小官僚家庭。青少年时期,曾师事著名的古文经学家俞樾。中日甲午战争后投入康、梁的维新变法运动,1897年任《时务报》撰述。戊戌政变后逃亡日本。1900年剪发立志革命。1903年因发表《驳康有为论革命书》和为邹容《革命军》作序,触怒清廷而被捕入狱。1904年,蔡元培等和他联系,发起成立光复会。1906年出狱后被孙中山迎至日本,参加同盟会,主编同盟会机关报《民报》,与康、梁改良派展开论战。1911年上海光复后回国,任孙中山总统府枢密顾问,并主编《大共和日报》。后曾参加讨伐袁世凯,任护法军政府秘书长。1924年脱离孙中山改组的国民党,在苏州设章氏国学讲习会,以讲学为业。著述有《章氏丛书》《章氏丛书续编》和以遗稿编成的《章氏丛书三编》。

章太炎著有《訄书》一书,曾于1899年以木刻版刊行,1902年经增订而重新刊印,其中反映了他早期的机械唯物主义思想。在该书的《天论》篇中,他曾试图探讨宇宙的起源与万物的形成。他写道:"惟天未尝有,故无之为字,从天诎之以指事。天萃于气,气生于地,地生于日。"这是对"天生万物"论的否定。他认为,天地万物是自然而生的,根本与"上帝"等无关,也与虚无缥缈的"天"无关。在《原人》中,章太炎还吸取并改造了当时西方进化论学说,以物竞天择、适者生存的思想作为革命的理论武器。他还认为人的认识以客观世界为源泉,只有与外界事物接触,才能对事物有所认识。但他在1906年

---

① 《资政院议场速记录》第23页。
② 同上。

出狱后，任《民报》主编而身处资产阶级民主革命迅速发展的时期，却在《民报》上发表了《俱分进化论》《无神论》《建立宗教论》《人无我论》《五无论》《国家论》和《四惑论》等一系列哲学论文，以佛教法相唯识宗的思想为主，吸取了西方资产阶级主观唯心主义，如叔本华的"实体即意识"、尼采的"超人哲学"、贝克莱的"存在就是被感知"以及康德和休谟的不可知论，构筑了一套主观唯心主义的哲学体系。他以唯识宗的"识"为宇宙本体，即把意识作为本体，把客观世界作为幻象，认为客观世界不过是"见病"而已。他说："是故众生既尽，世界必无豪毛圭撮之存，譬若眼病者死，而眼中所见之空华与之俱死。"① 他企图以他的主观唯心主义哲学证明一切存在都是虚无的，宇宙是假的，人对客观事物及其规律的认识也是假的，历史的进化、社会的兴衰、人间的善恶都是无所谓的。

从这种万物虚无的主观唯心主义"虚无"哲学观出发，他提出了所谓"五无"的社会理想论。"五无"即"无政府"、"无聚落"、"无人类"、"无众生"、"无世界"。不过，生于地球之上而要拉着头发离开地球飞升到"虚无"中去是不可能的，所以，章太炎不得不面对现实而"自圆其说"：当今世界，"五无"不可能骤然实现，因此，采用祸害最轻的共和政体仍然必要，代议制仍应实行。他设想以"均配田地"、"官立工场"、"限制相续（作者按：即限制财产继承）"、"公散议员（作者按：即老百姓有权解散议院）"等"四法"予以补救，使社会的贫富分化尽可能地减弱。尽管如此，当他论述政治法律问题时，以"无政府"为宗旨的法哲学观，仍十分明显地表现出来。因此，他的理想是无政府主义法哲学。其主要表现可以见诸：

第一，既反专制，也反立宪；既反君主立宪，也反民主立宪。

章太炎之反对专制主义与他的反满思想紧紧结合在一起。他视"排满族即排强种"、"排清主即排王权"②，必欲排击专制独裁使无后患而快意。他呼吁"排其皇室"、"排其官吏"、"排其士卒"③，总之是推倒封建专制的一切代表和后盾。他把封建独裁统治者称为"群盗之尤无赖者"④。在反对专制制度时，他曾主张过采纳共和制，认为共和政体是所有政体中祸害最轻的政体。

但是，他既反对君主立宪，也反对民主立宪，因为两种立宪都采取代议制度，而他对代议制度是深恶痛绝的。他说："代议政体者，封建之变相。""代议政体必不如专制为善。满洲行之非，汉人行之亦非；君主行之非，民主行之亦非。"⑤

第二，复仇至上。

章太炎是主张法治而且主张专以法律为治的。因此，他不但反对人治，而且反对法

---

① 《五无论》。
② 《定复仇之是非》。
③ 《排满平议》。
④ 《驳革命驳议》。
⑤ 《代议然否论》。

治兼人治。他总结中国历代治乱的经验说:"铺观载籍,以法律为诗书者,其治必盛;而反是者,其治必衰。"① 针对当时的社会需要,他强调指出:"今日言治,以循章守法为先,……诚能守法不回,虽未臻上治,而倒行逆施之事鲜矣。"②

但在章太炎看来,法律是用于复仇的。所谓复仇,他认为是"平不平以使平"③,他说:"复仇者,以正义反抗之名,非展转相杀谓之复仇。"④ 总之,复仇的要义在于"平"与"正义"。那么,法律是什么呢?章太炎说:"法律者,则以公群代私人复仇尔。"他认为,一般的情况下,法律是可以代私人复仇以求"平不平"与达到"正义"的。但是,"法律本宽平,亦常有滥及不辜之惧,故证据不足,则勿能以罪论",那些"巧于为害者"就会钻法律的上述空子。有鉴于此,章太炎主张,在"法律所穷"之处,"复仇即无得而非议",即在这种情况下复仇就是天经地义之事了。他说:"自周汉以来,常宽复仇之律,……虽儒家亦以复仇为是。"⑤

这就等于说,法律管得了的事,法律本身即在代人复仇;法律管不了的,则可自行复仇。总之,复仇至上,法律则是次之的。

第三,以道德救法律之穷,以宗教增进道德。

章太炎认为,中国历来都有法律,其典章制度是十分缜密、非常博大的,但却常沦于异族而亡,其原因就在于道德的衰亡,他痛心疾首地说:"道德衰亡诚亡国灭种之根极也。"他把人分为十六种,其中,道德最高的是农人,其次是工人,以下依次是裨贩、坐贾、学究、艺士、通人、行伍、胥徒、幕客、职商、京朝官、方面军、军官、差除官,最差的是雇译人。他认为,"自艺士下率在道德之域,而通人以上则多不道德者",革命派大多是介于道德与不道德之间的"通人",而"通人率多无行"⑥。但革命派又是中国未来的希望,因此,他主张革命派用道德来救济法律之穷,用革命道德约束自己。为了达到这一目的,他又主张以宗教来救道德。他认为,中国的礼教"使人不脱富贵利禄的思想",基督教使人崇拜西方皇帝,只有佛教,尤其是佛教的法相宗、华严宗,最能赋予人们以崇高的道德。总之,"佛教敬重平等","佛教最恨君权",所以,"为社会上道德起见",更"为我们革命军的道德上起见",极为"重要"的就是"提倡佛教"⑦。

以道德济法律,又以宗教救道德,这就无异于把人类与社会都引入"四大皆空"的"五无"境界中去。

---

① 《官制索隐》。
② 《蓟汉微言》。
③ 《定复仇之是非》。
④ 《排满平议》。
⑤ 《定复仇之是非》。
⑥ 《革命之道德》。
⑦ 《演说录》。

综上所述，章太炎的法哲学理想就是无政府主义的法哲学。

但是，如前所说，章太炎不可能抓着自己的头发而飞离地球，身处革命行列，面对现实问题，他不得不在梦幻般地向往"无政府"等"五无"的同时，以大量的文字来论述现实的政治与法律问题。当他论述这些问题时，他表达了"抑官吏，伸齐民"、"抑富强，振贫弱"的思想。在表达对代议制的否定性意见时，他是从代议制与"民族"、"民主"、"民生"水火不相容方面展开论述的。他所设想的"均配土田"等"四法"以及分"行政"、"立法"、"司法"、"教育"、"四权"（后来他又加进了"纠察权"），目的在于反对专制，防止独裁，而赋予人民以更多的实际权力。因此，作为理想，章太炎追求的是无政府主义法哲学；反观现实，其法哲学观又是民权主义的。但他的民权主义法哲学观和孙中山先生相比，却又远逊几筹了。

五、孙中山的民权主义法哲学观

孙中山（1866—1925 年），名文，字逸仙，广东香山（今中山市）人。1892 年从香港西医书院毕业后，行医于澳门、广州。早年即有志于反清。1894 年曾上书李鸿章，提出革新政治的主张。被拒绝后，赴檀香山组织兴中会。次年在香港设机关，准备在广州起义未成。1905 年在日本组织同盟会，被推为总理，提出了"驱除鞑虏，恢复中华，建立民国，平均地权"的口号作为资产阶级革命的政治纲领。发表了"三民主义"学说，创办《民报》，宣传革命，同当时的中国改良派激烈论战。1911 年武昌起义，各省纷纷响应，是为辛亥革命。革命成功后，推举孙中山为中华民国临时大总统，1912 年 1 月 1 日在南京宣誓就职。2 月 13 日因革命党人与袁世凯妥协，被迫辞去大总统职。8 月，同盟会改组为国民党，被选为理事长。1917 年，在广州组织护法军政府，当选为大元帅，誓师北伐。1918 年因受桂系军阀与政学系挟制而被迫去职，抵上海创办《建设》杂志。1920 年回广东，任非常大总统。1922 年陈炯明叛变，孙中山退居上海。1924 年 1 月重回广州召开中国国民党第一次全国代表大会，宣布实行联俄、联共、扶助农工三大政策，把旧三民主义解释成新三民主义。1925 年 3 月 12 日于北京逝世时，遗嘱"必须唤起民众及联合世界上平等待我之民族共同奋斗"。其著作今有 1956 年出版的《孙中山选集》和近年陆续出版的《孙中山全集》。

对孙中山的法哲学观，乔丛启君研究有素。他在《社会义务本位法律观》一文[①]中指出："长期以来，阐述和评价其思想学说的论著和文章数不胜数。然而，人们在探讨孙中山宪政方案、法治观以及刑法和司法改革主张时，往往忽视了一个极为严肃和重要的课题——孙中山的法哲学。"他正确地断言："孙中山的法律思想是一个有机的整体，他的宪

---

① 《中外法学》1989 年第 2 期。

政、民生立法、刑法和司法以及以法治国等思想都建立在他的法哲学基础之上。只有把握住这一基础，我们的研究才能真正步入孙中山法律思想体系的大厦，才能排除以往各派学者所做的片面的或实用主义的解释，进而还其思想的本来面目。"

为了探明孙中山的法哲学，我们先来看一看他的一般哲学思想。在哲学上，孙中山具有唯物主义倾向的自然观。他把"太极"（又译为"以太"）作为物质世界的根源，而"太极"是物质性的，不具有精神性质。他还认为物种、人类都是进化的，沿着由简单到复杂、由低级向高级的路线发展。但他没有把唯物主义贯彻到底，反而提出了具有知觉、意志和思想的"生元"概念，认为"生元之构造人类及万物也，亦犹人类之构造屋宇、舟车、城市、桥梁等物也"①，从而把物质和精神都看成为世界的本原，陷入了二元论。以此观察人生、社会，就形成了他的唯心主义的民生史观。毛泽东说："三民主义的宇宙观则是所谓民生史观，实质上是二元论或唯心论。"②二元论哲学和民生史观，就是孙中山法哲学观的指导性理论。

孙中山在解释其民生主义时说："民生就是人民的生活，社会的生存，国民的生计，群众的生命。"③他认为，人民求生存是社会发展的动力，他说："归结到历史的重心是民生，不是物质。"④从这样的认识出发，他把人类历史分为依次进化的四个时期："第一个时期，是人同兽争，不是用权，是用气力。第二个时期，是人同天争，是用神权。第三个时期，是人同人争，国同国争，这个民族同那个民族争，是用君权。到了现在的第四个时期，国内相争，人民同君主相争。在这个时代之中，可以说是善人同恶人争，公理同强权争。"⑤他认为这是一个争民权的时代。

为中华民族的民生而争民权，以争民权而达民主，这是探索孙中山法哲学观的一条基本线索。其中心和关键是民权。孙中山的法哲学，就是民权主义法哲学。

孙中山在阐释他的民权主义思想时指出，推翻腐朽的封建专制制度、建立民主立宪政体的中华民国、实行人人平等的民权是民权主义的基本内容。因此，他的民权主义法哲学观首先表现在对封建专制法律制度的批判、建立民主宪政和实现法律面前人人平等等三个方面。

第一，揭露清政府专制法律的黑暗腐朽，予以猛烈的抨击，号召以暴力手段推翻清政府，废除专制主义法律。

孙中山旅美、访英时，发表过一些精彩的演说。在这些演说中，他揭露了清代法律的真相。他《在旧金山的演说》中向华侨指出："在中国，不存在你们所了解的法律。人民没

---

① 《孙文学说》，《孙中山全集》第110页。
② 《新民主主义论》，《毛泽东选集》第649页。
③ 《民生主义》，《孙中山选集》第765页。
④ 同上，第775页。
⑤ 同上，第668页。

有发言权。不论如何不公，如何残暴，在这里是无从申诉的。"①在英国的一次演说中，他又揭露清政府"不依照适当的法律程序而剥夺我们的各种权利"、"压制言论自由"、"禁止结社自由"②。在《伦敦被难记》一文中，孙中山斥责清政府的官吏"操有审判之全权，人民身受冤抑，无所吁诉。且官场一语等于法律，上下相蒙相结，有利则各饱其私囊，有害则各委其责任。婪索之风，已成习惯，官以财得，政以贿成"，"国家之法律，非平民所能与闻"，"人民被束缚在专制淫威下，自由无以为言，生命财产毫无保障"③。

迫于形势，清政府于1908年企图以假行"新政"与所谓"法律改革"来欺骗舆论、蒙混苟延。对此，孙中山先生揭露说："那些诏旨只不过是专门用以缓和民众骚动情绪的具文而已。"④他号召人民不要对清政府抱有任何幻想，而要起而运用暴力把"所有压制人民之手段，专制不平之政治，暴虐残忍之刑罚，勒派加抽之苛捐"统统"扫除"尽净⑤。他认为，只有推倒清政府，废除旧法制，才有可能"更张法律，改订民、刑、商法……"使"人民有集会、结社、言论、出版、居住、信仰之完全自由权"⑥。孙中山对清代黑暗法制的揭露、批判以及废除旧法、制颁新法的论述，是与民权的废立紧紧相连的。

第二，倡言民主立宪、建立民主宪政的共和国，以民主宪政保护人民的直接民权。

在《三民主义与中国前途》一文中，孙中山在阐明民权主义的内容时指出，按照民权主义，将"由平民革命以建国民政府，凡为国民皆平等以有参政权。大总统由国民共举。议会以国民公举之议员构成之。制定中华民国宪法，人人共守。敢有帝制自为者，天下共击之"⑦。这里提出的建立议会、制定宪法，就是他的民主立宪主张的概括。

孙中山把宪法看成是保障民权的最有力工具。他说："我们要有良好的宪法，才能够建立一个真正的共和国。"⑧又说："宪法者，国家之构成法，亦即人民权力之保障书。"⑨因此，他身体力行，"在全球奔走之余，便把各国政治的得失源流，拿来详细考究"、"注意研究各国的宪法"⑩。

经过精心研究，孙中山先生认为，成文宪法以美国为最好，不成文宪法以英国为最好，但中国不必步人后尘，因为这些宪法不适合于中国的需要。他认为，中国应实行他独创的五权宪法，而五权宪法的中心，即为人民有权。在论及民权主义时，孙中山说："政

---

① 《孙中山全集》第1卷，第240页。
② 同上，第252页。
③ 同上，第51—52页。
④ 《中国问题的真解决》，《孙中山选集》上卷，第59页。
⑤ 《中国同盟会革命方略》，《孙中山全集》第1卷，第310页。
⑥ 《中国国民党第一次全国代表大会宣言》，《孙中山选集》下卷，第530页。
⑦ 《同盟会宣言》，《孙中山选集》上卷，第69页。
⑧ 《五权宪法》，《孙中山选集》下卷，第575页。
⑨ 《中华民国宪法史前编序》，胡汉民编：《总理全集》第1集，第1053页。
⑩ 《五权宪法》，《孙中山选集》下卷，第572—573页。

是众人之事,集合众人之事的大力量,便叫作政权;政权就可以说是民权。治是管理众人之事,集合管理众人之事的大力量,便叫作治权,治权就可以说是政府权。"① 他认为,政权应"完全交到人民手内,要人民有充分的政权,可以直接去管理国事"②,只要"人民有了充分的政权,管理政府的方法很完全,便不怕政府的力量太大,不能够管理。"③ 孙中山先生强调:"宪法之所以能有效力,全恃民众之拥护。"④ 为使人民真正有权,他通过考察各国政治、研究各国宪法,从瑞士宪法的规定中撷取"选举权"、"创制权"和"复决权",从美国西北地区的宪法中学得"罢免权",认为应将这四权写入宪法。他强调指出:"人民有了这四个权,才算是充分的民权,能够实行这四个权,才算是彻底的直接民权。从前没有充分民权的时候,人民选举了官吏议员之后,便不能够再问。这种民权,是间接民权。……要人民能够直接管理政府,便要人民能够实行这四个民权。人民能够实行四个民权,才叫作全民政治。"⑤

孙中山的宪政思想的核心,显然在于人民的直接权力,即"直接民权"。

第三,主张法律面前人人有平等的权利。

在解释民权主义时,孙中山还指出:"民权主义,即人人平等,同为一族,绝不能以少数人压迫多数人。人人有天赋之权,不能以君主而奴隶臣民也。"⑥ 他是把法律面前人人平等这一法律原则当作民权主义法哲学的根本原则之一的。

在论及人民在法律面前的平等权利时,孙中山特别指出"凡为国民皆平等以有参政权"⑦。他指出,在中华民国境内的一切人民,不论何种民族、何种阶层、何种职业、何种信仰,"对于国家社会之一切权利,公权若选举参政等,私权若居住、言论、出版、集会、信教之自由等等,均许一体享有,毋稍歧异,以重人权。而彰公理"⑧。他还强调了妇女与男子有平等的权利,必须"于法律上、经济上、教育上、社会上确立男女平等之原则,助进女权之发展"⑨。

孙中山的"三民主义"除"民权主义"外,还有"民族主义"与"民生主义"。而"民族主义"与"民生主义"的法律实质仍然是民权的平等。因此,孙中山的民权主义法哲学观还表现在:

---

① 《三民主义、民权主义》,《孙中山选集》下卷,第 754 页。
② 同上,第 756 页。
③ 同上,第 721 页。
④ 《中国国民党第一次全国代表大会宣言》,《孙中山选集》下卷,第 522 页。
⑤ 《三民主义、民权主义》,《孙中山选集》下卷,第 759 页。
⑥ 《欲改造新国家当实行三民主义》,胡汉民编:《总理全集》第 2 集,第 241 页。
⑦ 《同盟会宣言》,《孙中山选集》上卷,第 69 页。
⑧ 《大总统通令开放蛋户惰民等许其一体享有公权私权文》,《中国近代史资料丛刊·辛亥革命(八)》。
⑨ 《中国国民党第一次全国代表大会宣言》,《孙中山选集》下卷,第 531 页。

第四，主张各民族一律平等。

孙中山的"驱除鞑虏"的确切含义，是推翻清政府残酷的种族统治，而不是"遇着不同种族的人，便要排斥它"，更不是"要灭尽满洲民族"，他说："我们并不是恨满洲人，是恨害汉人的满洲人。"①1924年，他在《中国国民党第一次全国代表大会宣言》中重新解释三民主义时说："国民党之民族主义，有两方面之意义：一则中国民族自求解放；二则中国境内各民族一律平等。"关于后者，他说，是指承认各民族有充分的自决权。

第五，平均地权、节制资本以维护民生。

孙中山在1924年重新解释其"三民主义"时指出，民生主义最重要的原则有两项，一为平均地权，二为节制资本。即"由国家规定土地法、土地使用法、土地征收法及地价税法"，"农民之缺乏田地沦为佃户者，国家当给予土地，资其耕作，并为之整顿水利，移植荒徼，以均地力。农民之缺乏资本至于高利借贷以负债终身者，国家为之筹设调剂机关，如农业银行等，供其匮乏，然后农民得享人生应有之乐"。在节制资本方面，是采取国家经营大企业的措施，以使私有资本不能操纵国民生计，"工人之失业者，国家当为之谋救济之道，尤当为之制定劳工法，以改良工人的生活"②。

上述民族主义、民生主义的内容，实质在于以法律保护民族与人民的各种权利，是十分显然的。

因此，我们认为，孙中山的法哲学是民权主义性质的，是民权主义的或谓民权本位的法哲学。

论者有谓孙中山的法哲学是社会义务本位的法哲学，所谓社会义务本位则包含两层意思：一为在社会团体和个人权利关系上，法律要维护社会团体的共同权利为基点和目标；二为就个人的权利和义务关系而言，首先重视的是个人的义务。

笔者以为，在维护团体权利和个人权利关系上法律以维护社会团体的共同权利为基点和目标，这仅是与西方个人权利本位的不同，而不能由此导出社会义务本位的原则。何况，维护社会权利的"目标"归根结底是为了实现每一个国民的权利，因此，还是民权本位，是在权利本位范围内，而不在义务本位范畴内。

诚然，孙中山讲过有关权利义务相当、尽义务而享权利的话，但他的真意是为权利的享有而要求履行义务。而不是要求享有权利而为履行义务服务。把孙中山置于当时的社会现实与时代背景中去看，为求发动革命，为实现革命，为革命胜利之后能够巩固政权，以民权的实现为鼓舞的力量，是最为明智的。事实上，从本文前述五点的分析来看，孙中山先生最为关切，讲得最多、论析最透、阐述最完整的，是以法律赋予中华民族、中国人民的各种权力、权利和自由。

---

① 《三民主义与中国前途》，《孙中山选集》上卷，第73—74页。
② 《中国国民党第一次全国代表大会宣言》，《孙中山选集》下卷，第527页。

因此，我们以为，孙中山的法哲学是民权主义（或曰民权本位）法哲学，而不是社会义务本位法哲学。

辛亥革命前后的法哲学交锋，最终不是以学理的辩论分高下，而是以急风暴雨般的辛亥革命推翻清王朝的统治分胜负的。孙中山的民权本位法哲学观因为得到了革命伟力的帮助，得到了中华民国政权的支持，成了风靡中国法苑的法哲学"阳光"。追随孙中山先生的资产阶级民主革命战士自不待言，即便是革命的反对者也难以施展其伎了。但是，理论的伟力并非物质力量的对手，太阳的光辉虽然不会被铺天盖地的纸片所遮没，却往往难以穿过云层而照耀四方。所以，辛亥革命后的反革命势力复辟的物质力量，又常把孙中山的民权主义法哲学束诸高阁；而在国民党反动统治的年代里，民权主义法哲学虽然被奉为"国父"的"遗训"，但鲜艳大纛下却偷运进了法西斯主义的皇权法哲学。批判的武器不能代替武器的批判，物质的力量还靠物质的力量去击毁。只有当人民找到了真理，以马克思主义武装起来，重新掀起革命，彻底推倒"三座大山"之后，人民自己的法哲学才能经由否定之否定而登上法苑的高峰。当然，法哲学的发展并不会因此而停止，法哲学交锋仍然还会发生，但道路毕竟要略为平坦了。法哲学的发展虽属理论问题，但归根到底还是个实践问题。理论是灰色的，生活之树却葱绿常青。法哲学在中国，在全世界，都将在法制实践的肥沃土壤上继续发展。

倪正茂全集

法哲学卷（下）

2

倪正茂 著

学苑出版社

纬 篇

第六十六章　法哲学、法理学：合流与分流

一、问题的提起

清代著名史学家、文学家赵翼（1727—1814年）闲居读书，偶有所得，便挥毫赋诗。这是其中的一首：

> 人面仅一尺，竟无一相肖；
> 人心亦如面，意匠独戛造。
> 同阅一卷书，各自领其奥；
> 同作一题文，各自擅其妙。[①]

"戛造"，意为独创。这首诗虽然说的是读书作文，却深含哲理。世界上本无绝对相同的事物，一切都有其各自的特点，正是这些各具特殊性的无数事物，在其运动中构成了千变万化、丰富多彩的大千世界。

读书作文如此，法学研究亦复如此。法律、法、法文化，古今不同，中外相异。当人们从不同的侧面、不同的角度，以不同的观点、不同的方法加以审视时，就会形成不同的关于法律、法、法文化现象的理论。它们犹如苏东坡《题西林壁》一诗所写的那样，"横看成岭侧成峰，远近高低各不同"，是极值得细加揣摩，深入探讨的。

万千法学问题中，法哲学与法理学的合流与分流，便是其一。近十年来，在我国法学界中，对这个问题议论颇多。著名法学家、哲学家、中国辩证逻辑研究会主席傅季重教授率先倡言研究和创立中国的法哲学。莘莘学子一大批紧紧跟上，以长文短论亟请法学界重视中国法哲学的研究。到1985年前后，在中国法学园苑上，一门名为"法哲学"的学科几近"呼之欲出"了。然而"十月怀胎"而"一朝'难产'"：不仅从那时直至今日，仍未见

[①]〔清〕赵翼：《瓯北诗钞·闲居读书作》。

有中国人以《法哲学》为书名的著作问世,而且,沈宗灵教授最近站出来说,他对在中国创立该学科的必要与可能表示"怀疑"。沈教授说:"在我国,特别是目前,在法理学之外另行创立一门称为法律哲学的学科是否必要和可能,是值得怀疑的。"除沈教授对西方法哲学的深入研究和渊博学问外,他的这番话发表在受国家社会科学基金资助的全国哲学社会科学"七五"规划重点项目《法理学研究》上①,更使其分量大大加重。因而,也就有给人当头浇了一盆冷水的感觉,虽非"不寒而栗",却也颇感挠头。

好在沈教授绝无"贵人一夕下飞语,绝似风伯骄无垠"②的意思,不但其"怀疑"仍可"怀疑",而且竟不管他的"怀疑"而径往直前,倒是他所盼望的吧。但他的怀疑毕竟是有道理的。"看似寻常最奇崛,成如容易却艰辛。"③"看似寻常"之事尚且如此,何况本就"奇崛"而做起来"艰辛"的法哲学?因此,应有的态度是,既要知难而进,"明知江上有艰险,偏向风波浪里行",又要审慎谦虚,迢迢修远漫漫路,上下求索莫等闲。

为此,在闯入法哲学殿堂之前,有必要先在此殿堂的四周打探一下。打探的结果,笔者以为,第一个要研究的问题就是法哲学与法理学的合流与分流问题。

关于法哲学与法理学的合流与分流问题,见仁见智,颇多歧见。归纳起来,主要有这样几种看法:

(一)"法哲学即法理学"论

第一种看法是,法理学即法哲学,法哲学即法理学。

最典型的一例,怕要算美国法哲学家埃德加·博登海默的《法理学——法哲学及其方法》(JURISPRUDENCE THE PHILOSOPHY AND METHOD OF THE LAW)一书了。此书由邓正来和姬敬武译出,于1987年12月由华夏出版社出版,台湾的译本由结构群编译,于1990年10月由结构群文化事业有限公司出版,两书中文书名都译为《法理学——法哲学及其方法》。博登海默在该书1962年版《序言》中说,该书的核心部分是他的早期著作1940年出版的《法理学》;由于他认为19世纪和20世纪多少忽视了法理学的一个重要方面,即对法律的基本性质及法律制度所追求的基本目标和价值进行哲学分析,所以新版该书的主要内容即在对这个重要方面进行评论。全书分三部分,第一部分为《法哲学的历史沿革》;第二部分为《法律的性质与作用》;第三部分为《法律渊源和技术》。从该书的书名我们就可以知道,博登海默是将法哲学与法理学等同看待因而相提并论的。在该书第一部分的《最后的意见》一节中,他时而说"关于法律控制所要达到的目的以及行使这种控制所应采取的方法的问题,法律哲学家们似乎还未取得实质性的一致意见";时而又说,

---

① 沈宗灵:《法理学研究》,上海人民出版社1990年版,第16页。
② [清]龚自珍:《十月廿夜大风不寐起而书怀》,《龚自珍全集》第463页。
③ [宋]王安石:《题张司业诗》,《宋诗选注》第91页。

对这类问题的探讨，"法理学学者们是否能……"，"我们是否能够……"①总之，从书名，到章节标题，到全书的内容，都表明博登海默是把法哲学与法理学两者等量齐观的。

也许，博登海默的这种观点在美国法学界是十分流行的。据沈宗灵教授说，美国法学家帕特森（E.Patterson）也认为，法理学即法哲学，"是由法律的一般理论和关于法律的一般理论组成的"。美国前总统尼克松在其《六次危机》一书中说："回顾我自己在法律学院（在北卡罗来纳州达勒姆的杜克大学）的岁月，从准备参加政治生活的观点来看，我所选修的最有价值的一门课程就是郎·富勒博士讲授的法理学即法律哲学……"②美国杜克大学哲学和法学教授马丁·P.戈尔丁在美国《法律教育杂志》1986年第四期所发表的文章《20世纪美国的法理学和法哲学》，也持同样的观点。他写道："20世纪美国的法理学和法哲学可以说是从1880年前后O.W.霍姆斯的《普通法》一书的发表而起始的。"该文除评述了霍姆斯外，还述评了布莱克斯通、C.C.兰德尔、约翰·C.格雷、罗科斯·庞德等人，他把所有这些人都既看作法理学家，又看作法哲学家。

美国如此，其他西方国家也大致如此。英国《不列颠百科全书》1973年第14版"法理学（jurisprudence）"条谓："此词在英语中较通常的意义以及本文所指的意义，大体相当于法律哲学。法理学是关于法律的性质、目的、为实现那些目的所必要的（组织上的和概念上的）手段、法律实效的限度、法律对正义和道德的关系，以及法律在历史上改变和成长的方式。"③该百科全书的1977年第15版又曰："在英语国家里，法理学（jurisprudence）一词常被用作法律哲学的同义词，并且总是用以概括法学领域的分支学科的。"④据此，沈宗灵教授持西方法理学即法哲学、法哲学即法理学的观点。他说："西方法律哲学仅是西方法学中的一个分科或课程，其内容相当于法学的基础理论。"⑤"在西方国家，由于历史传统，法理学又往往称为法律哲学，两者实际上指同一学科，但也有少数法学家认为两者有所不同。"⑥

除西方国家外，就笔者所见，苏联法学家也多有持相同观点的。苏联法学家Л.С.雅维茨所著《法的一般理论》就这样写道："……社会主义法的一般理论同时也是法哲学和法社会学。"⑦他同时认为："'纯粹'的法哲学有使我们回到抽象的哲学体系和割断与现实联系的概念的自我发展的危险中去。"⑧

---

① 《法理学——法哲学及其方法》，华夏出版社1987年版，第198页。
② 《现代西方法律哲学》，第2—3页，第12—13页。
③ 《不列颠百科全书》第13卷，第150页。
④ 同上，第10卷，第714页。
⑤ 《现代西方法律哲学》，第2页。
⑥ 《法理学研究》，第16页。
⑦ [苏]Л.С.雅维茨：《法的一般理论》，辽宁人民出版社1986年版，第7页。
⑧ [苏]雅维茨：《法的一般理论》，第6页。

在我国，持法哲学即法理学观点的，除沈教授外，也大有人在。吉林大学张文显即是其一。他在《战后西方法哲学的发展和一般特征》一文[①]中指出："在西方资产阶级国家，法哲学（法理学）是理论法学的主干。"林志敏在评介雅维茨《法的一般理论》时，也表达了同样的观点。尽管雅维茨把自己的著作定名为《法的一般理论》，林君还是称该书为"人的法哲学"，认为该书"代表了苏联法哲学的发展水平"，并称雅维茨为"苏联法哲学家"。[②]

对法哲学即法理学，又认为以称法理学为好，并做了详细论述的，是我国台湾的法学家洪逊欣等。洪君在《法理学》一书中指出："……现在法理学系由'法之哲学'与'法学之哲学'（法学方法论）两部门所组成，毫无疑问；而为明示现代法哲学之应兼行研究关于法本身之根本问题（尤其法之全体的存在原理）与法学研究方法之基础原理，且为协助学者理解现代法哲学采用客观归纳性的研究方法，故与其仅称为'法之哲学'，毋宁以'法理之学'命名于关于法及与法有关事项根本原理之研究，较为允当。"[③]又说："……'法理学'之名辞所指学问，实质上系外国学者所谓法哲学。"[④]

（二）"法理学与法哲学相异"论

第二种看法是，法理学与法哲学不是相同的学科。所有强调仅在西方认为法理学即法哲学的人，可以归入这一类。正因如此，他们在把法理学称为"法的基础理论"、"马克思主义法理学"、"法的一般理论"或径称为"法理学"的同时，反对或"怀疑"在中国创立法哲学的必要性。上海社会科学院情报研究所储有德在《学术界动态》第16期（总第96期）著文介绍法哲学研究情况时指出，"……有些国家的学者……也有认为"法理学与法哲学"研究的领域不一样，应该做不同的解释"，其不同之点在于"（1）法理学是以探求两个法律现象之间的相互关系为目的的，而法哲学是以探求法律现象与法律以外的其他现象相互间的关系为目的；（2）法理学研究的态度为叙述性的，着重研究法律现象和目的，而法哲学研究的态度为批评性的，着重研究法律的实体和渊源；（3）法理学是对同类法律做理论上的探讨，而法哲学则是对特殊不同类型的法律做理论上的研究。"

与此近似的看法是把法哲学看作"相对独立"于法理学之外的法学学科。如苏联法学家C.C.阿列克谢耶夫在《法的一般理论》中指出，"……有几类相对独立、相当复杂的问题，这可以称为'法哲学'问题、'法社会学'问题、'专门法律理论（现实的法的一般理论）'问题"。他把"法哲学问题"限定在"法学中的方法论问题"的范围内。他同时认为，

---

① 《法学研究》1987年第3期。
② 林志敏：《人的法哲学》，《比较法研究》1989年第1期。
③ 《法理学》，三民书局（中国台湾）1980年版，第11页。
④ 同上，第13页。

"'法哲学'、'法社会学'、'专门法律理论',并不是一般理论知识中带有绝对界限的独立部分,不是一般理论知识的子部门,而是在同一科学范围内也包括'纯属'上述有关专业知识的某个问题的一般研究方向"。他用如下图形形象地表达了他的观点:

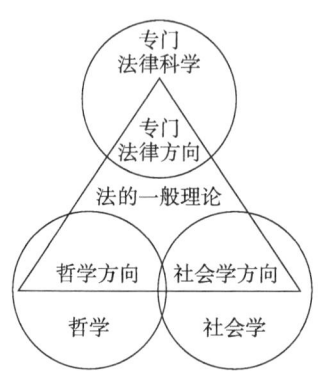

图中"哲学方向"部分即"法哲学",它"相对独立"于"法的一般理论"。①

也有干脆把"法哲学"称为法学中的"哲学派"的。如台湾法学家杨幼炯先生在《当代政法思潮与理论》中,就称之为"哲学派"(Philosophical School),他指出:"讲到这一派是极困难的,因为这一派的支派很多问题也非常复杂。但是我们总括地说起来,这一派主要任务,就是用哲学的眼光来解释法律的历史。"② 这自然是把法哲学与法理学相异而视的观点。

将法哲学作为法学理论科学中的独立一派,现在已成了相当普遍的观点了。国外如西南德意志学派(Südwestdeutsche Schule)的代表拉德普鲁,将人类对价值现象的态度分为四类,一为价值盲目的态度,二为价值关系的态度,三为评价的态度,四为价值超越的态度;对法采取"评价的态度"的,即成为法哲学。他认为,法哲学就是估定法的价值,即直接规定法的文化价值本身。③ 在荷兰,据荷兰法学家 G.E. 兰格迈说,目前正处在法哲学研究的全盛阶段,一个拥有会员两万余人的法哲学协会每逢召开年会都济济一堂,或宣读论文,或毫无拘束地自由辩论,该国的阿姆斯特丹自由大学教授杜依维尔特,其学生霍姆斯、莱顿和鹿特丹大学法哲学教授凡赫少德和贝林等,都以其出色的论著阐述了一系列法哲学问题。④

最为突出的是日本。日本的法学理论研究,在文久年间先后有"性法"、"自然法"的

---

① [苏] C.C. 阿列克谢耶夫:《法的一般理论》,黄良平、丁文琪译,法律出版社 1988 年版。
② 中华书局(中国台湾)1965 年版,第 65 页。
③ G.Radbruch, *Rechtsphilosophie*, 1956, SS-91-96。
④ 荷兰比较法学会丛书《荷兰法导论》,第九章《法哲学》。

概念；明治三年（1870年），大学南校率先开设了"法科理论"课程；明治八年（1875年），在开成学校调整课程时使用了"法论"名称；明治十四年（1881年）东京帝国大学教授、著名法学家穗积陈重创用"法理学"概念，开设了法理学课程。但是，现在日本法学界已基本上采用"法哲学"概念用来表示对法的根本问题进行研究的学问了。据笔者的粗略统计，1900年以来，以"法哲学"为名出版的书籍，共有加藤新平、碧海纯一、阿南成一、井上茂、尾高朝雄、平野秩夫、峰村光郎、矢崎光圀、和田小次郎等法学家的著作十九本，而以"法理学"为名出版的只有三本，由此可见日本法学界倾心于"法哲学"之一斑。

80年代以来，我国法学界持法哲学独立于法理之外的观点者，有增无已。本文开头提到的傅季重先生，早在1982年就先后写了《哲学与法学》[①]和《法律哲学研究的对象和任务》[②]等文，认为"在介于哲学与法学之间有一门边缘的学科，这就是法律哲学"，"法律哲学是把哲学的根本原理应用于法学，研究法律的一般原理和方法"。他特别指出："把法学中的哲学问题，作为一门科学来研究，不但可以丰富和发展马克思主义哲学，而且可以促进法学的发展。法律哲学作为一门研究法律的普遍规律的科学，不能让资产阶级独自研究去为巩固它的统治服务，无产阶级也必须加强研究，为巩固无产阶级的统治服务。"此后，文正邦、芮沐、费开文、鲁平珍等纷纷发表文章，从法哲学的研究对象、研究法哲学的意义等方面，论述了法哲学作为一门独立学科的可行性和必要性。

（三）"法理学包含法哲学"论

第三种看法是认为法理学包含法哲学，前者为上位概念，后者为下位概念。苏联法学家中多有持此观点的。前引两本《法的一般理论》的作者，有时也表述了这种观点，例如雅维茨说："马克思主义法的理论是法哲学、法社会学和实在法的法律观点的有机的综合。"[③] 阿列克谢耶夫则说："哲学（一般社会学）方面的专门法律问题，是从较高水平的理论上掌握法律材料，完全包括在法的一般理论的统一内容之中，正是这一方面能揭示法的基本规律性。"[④] "同样一些问题，从哲学（一般社会学）水平的原理，如法的结构、法的职能等原理的角度来考察，似乎便具有了新的、哲学的含义，而同这些一般理论原理一起，纳入法的一般理论的统一内容之中。"[⑤]

博登海默在《法理学——法哲学及其方法》一书中说："杰罗姆·霍尔……发出强烈的呼吁，要求当今的学者努力创建一个'统一法理学'。""德国法律哲学家埃里奇·费克纳也

---

① 《学术月刊》1982年第1期。
② 《法学》1982年第3期。
③ [苏] 雅维茨：《法的一般理论》第6页。
④ [苏] 阿列克谢耶夫：《法的一般理论》，第14页。
⑤ 同上，第15页。

追求类似的目标,……"① 杰罗姆·霍尔还撰有《统一法理学》一文②,专论"统一"法哲学于"法理学"中的有关问题。其实,博登海默本人,一方面将法哲学与法理学等同看待,一方面又与霍尔、费克纳持相同的观点。他说:"我们不用像逻辑实证主义者所主张的那样:从科学的观点看,历史上的大多数法律哲学都应当被打上'胡说'的印记,相反,似乎可以更为恰当地说,这些学说最为重要的是它们组成了整个法理学大厦的可贵的建筑之石,……随着我们知识范围的扩大,我们必须进行这样一种事业,即在人们过去所做的一切贡献的基础上,建立一门综合法理学,尽管我们最终可能发现,我们所描述的法律制度的整体蓝图,仍然是不全面的。"③

(四)"法哲学包含法理学"论

第四种看法,是认为法哲学包含法理学,前者是上位概念,后者为下位概念。例如鲁平珍、文正邦在《马克思主义法哲学研究对象不应否定》一文④中就认为,"法哲学是对一切法的现象和各种法学问题的哲学概括,是对法学理论的再抽象、再概括","法学基础理论对于法哲学是特殊,相对于其他部门法学又是一般,但这种'一般'乃是从各部门法学中抽取出来的'一般',它无论再抽象、再概括,也未达到法哲学的'一般'的高度。"

关于法理学与法哲学的关系的看法大致如上所述。之所以用了相当的篇幅来介绍这些看法,一则是由于既要"经纬"法哲学,且不管本人水平多低,也总应尽力把各家对法哲学的看法摆一摆,以让读者对此有所了解,再则是想在此基础上谈一点自己的看法。

二、对上述四种观点的评论

从总体看,我以为上述四种看法都各有一定的道理,但又不无弊病。

第一种看法,即法哲学与法理学为二而一、一而二,可以等同而视的观点,其合理性在于:其一,符合法学发展的历史实际。西方关于法的理论,从古希腊罗马开始直到当代,使用的是拉丁文词汇"Jurisprudentia"或由这一词汇演变而来的英语词汇"Jurisprudence",这些词分别有"法律知识"、"法律技术"或"法律哲学"、"法律理论"等含义。实际上,从柏拉图、亚里士多德到庞德、哈特,等等,我们也并非在严格意义上指称他们的法律理论为法哲学,许多著作则以"法律思想"指称。当然,在法律思想史著作中谈及他们的法律思想时,所涉范围是相当广泛的,举凡涉及对法律、法文化的一切看

---

① 《法理学——法哲学及其方法》,第 199 页。
② 《法理学和刑罚理论研究》,纽约,1958 年。
③ 《法理学——法哲学及其方法》,第 199 页。
④ 《法学季刊》1987 年第 3 期。

法，几乎都网罗在内了；而在本书中，以"法哲学"指称的他们的法律思想，范围是狭窄得多了，大多只涉及他们的法律观中的带哲理根本性的方面。但由于语词的译法问题，无论指称之为"法理学"或"法哲学"都是说得通的，因此，说"法理学"即"法哲学"，确是符合法学发展的历史实际的。其二，直到目前为止，确实仍有相当大一批法律学家把法哲学和法理学两者同等看待，而且是以他们的著作为基础论述有关问题的。这就是现实。诚然，现实的东西并不就是合理的东西，但它的长期延续与迄今犹存，表明它有一定的合理性，因为，毕竟还没有为法理学与法哲学觅得一个公认的、经得起实践检验的界定办法。至于其不合理性，则已包含在合理性中：网罗了一切对法律、法、法文化的重大问题的看法并以此为内容的法理学，已庞大得十分臃肿了，变得过于杂乱了。尽管如此，它还不可能包罗无遗。其结果是有的明显属于狭义的法理学的内容，反而被遗忘了，或者被淹没在大量的其他内容之中因而未能得到比较充分的研究。例如，孙启福、陈卯轩在一篇文章中就讨论过这类问题。他们认为，"法律局限"问题就是被"法理学遗忘的一章"，"这一课题在我国法学界长期以来都受尽冷落"。[①] 此外，无视客观上已出现大批法哲学著作，这些著作中又有不少专事从哲理的角度探讨法的重要问题，而硬要把法哲学拉回到法理学的怀抱中去，未免失之强求一律，只怕到头来终将落得"春梦随云散，飞花逐水流"[②]，成为不可能实现的一种愿望。再者，西方法学界长期通行的以法理学为法哲学、以法哲学为法理学的观点，现在实际上也已起了变化。"西方"的东方国家日本法学界的情况，如上所述，已是最明显的例证。该国之从"性法"经"法论"、"法理"到"法哲学"的发展历程，已经明明白白地显示了法哲学独立发展的趋势。

关于第二种看法，即法哲学与法理学不是相同的学科的观点，看到了两者的区别，指出了区别所在，从而表明了这一观点的合理性。但是，同属这一观点，具体意见却仍有不同，有认为法哲学的独立仅仅是相对的，有干脆称之为"哲学派"的，还有把法哲学范围限于对法做评价或限于研究方法论的。因此，这一派的"阵营"本身就成问题，因为没有统一的意见，也就显得无力。

关于第三种意见，即法理学包括了法哲学的观点。无论是要建立"统一法理学"的，还是要建立"综合法理学"的，迄今为止，都未能找到一个可以"统一"或"综合"一切法学理论的标准、依据、规则。在我国，有主张"大法理"的，他们拟扩大法理学的研究范围。但这不是从法理学的内涵意义上做设想的观点，他们仅仅是想指出，一切法律问题，一切法律部门，整个法制工作的每一个方面，都有法学理论问题，都应受法学理论的指导。这无疑是正确的。但是，如果把这"一切"都纳入一门称之为"法理学"的学科中，且不说内容过于庞杂，仅其中可能出现的抵牾之处，就令人驾驭不了。可以从法学原理的

---

① 《法论》1989年第3期，第37—40页。
② 〔清〕曹雪芹：《春梦歌》，《红楼梦诗词曲赋评注》第31页。

角度研究法文化的一切现象,但是以"大法理"为名搞一个学科,倒真是值得"怀疑"的。当然,"大法理"论者与"统一法理学"、"综合法理学"论者还不是一个意见,后者企图寻求各种"法理"之间的"有机"的联系。但一涉"有机"的联系,就不是一般的"法理"问题,而是"法理"中的"哲理"问题了。因此,以"法理"去"统一"、"综合"一切法学方面的理论问题,必定陷入同义反复、原地踏步的陷阱,难以前进半步。

关于第四种看法,即以法哲学去涵盖法理学的观点。由于哲学是世界观、方法论的总称,任何法理问题都受世界观的支配,任何法学问题的研究都有方法论的因素,所以在所有的场合下,法哲学都可能比法理学"站得更高,看得更远",更带根本性,更有指导性。从这一角度看,这一观点是有其合理性的。但"指导"不是"替代","支配"不是"涵盖",也不是"包容",以法哲学"越俎代庖"一切法理问题,实际上根本不可能。

唐人张旭《桃花溪》诗云:"桃花尽日随流水,洞在青溪何处边?"[①] 又,唐人王维《桃源行》诗曰:"春来遍是桃花水,不辨仙源何处寻。"[②] 这"尽日随流水"、"遍是桃花水"般的法哲学,在法学园苑上出现得那么频繁,可又那么朦胧、含混,实在是一种值得深思的现象。我们不能满足于"尽日随流水"而欣然赏"桃花",还应一问:"仙源在何处"、"青溪"可有"洞"。同样,我们不能满足于说这是法哲学、那是法哲学家,这个法哲学观点、那个法哲学概念,而对什么是法哲学、它的研究对象、研究方法等等仍懵然无知、茫然不解。"怀疑"在中国建立法哲学的必要性和可能性,是一种郑重的、科学的态度,但绝无"不许"的意见,更非"否决票"。对于早已经出现而且正在迅速发展的法哲学,自也无"破字当头"地"破"掉它的必要性与可能性。

鉴于以上看法,笔者认为,如从法理学与法哲学的合流与分流的角度探讨,也许比较容易理出一个头绪来。

三、"法理学"的含义

首先应该指出,我们使用"法理学"一词时,本就包含了多种含义的。举其要者有:其一,法的剖析。"理"这个词,本就有"剖析"之义。汉代许慎《说文解字》云:"理,治玉也,从玉,里声。"清段玉裁《〈说文解字〉注》云:"理,剖析也。玉虽至坚,而治之得其腠理,以成器不难,谓之理。"因此,"法理学"就有了对法进行解剖分析的学问的含义。现行法理学著作中对法的性质、作用、类别、特点的分析,就属于这一类含义。其二,法的道理。"理"这个词,还有"道理"的含义。《礼记·仲尼燕居》曰:"礼也者,理也。"《疏》云:"理,谓道理,言礼者使万物合于道理也。""法的道理"是指法的一定规律

[①] 《唐诗选》(上),第66页。
[②] 《唐宋诗举要》(上),第148页。

与规则,这种规律与规则是一切法("万物")都必须依据的。在现行法理学中,论述法为"行为规范",它与道德规范之不同在于有"强制性"或曰"拘束力",它与宗教规范之不同还在于它是由国家机关制定或认可的,论述法律权利与法律义务有一定的关系等,就属于这一类含义。其三,法的发展规律。《诗经·大雅·江汉》曰:"于理于理,至于南海。"法的发展规律如江河奔流而至大海。现行法理学著作大多也述及法的发展规律。其四,法与法律思想观点的评判。"理"还有"申辩"的含义。如《世说新语·言语》中"顾悦与简文同年"注引《中兴书》曰:"初为殷浩扬州别驾,浩卒,悦上书理浩。"现行法理学著作对法制的评断,尤其是对法律观点的评断(以前最常见的是对西方法律思想的批判),是其重要内容之一。此外,在国外,法律思想史是被当作"法理学"的一个组成部分,而不像在我国被视作"外于"、"异于""法理学"的一门独立学科。其五,法学方法论。法律概念的定义方法,法律关系的界定与分类方法、法律推理的进行方法以及法学研究中的比较方法、社会学方法、系统论方法、统计学方法等等,现在也已列入或逐渐被列入法理学著作中,成为它的重要内容了。如沈宗灵先生主编的《法理学研究》一书,就有《法律社会学的几个基本理论问题》一节。

"法理学"之包含多种意义,在《法理学研究》一书中表现得十分明显。该书一面指出:"法学理论,作为法学的一个基础学科,要研究法律的产生、本质、作用(功能)、形式、发展,法律和其他社会现象的关系,法律的制定和实行等一系列基本问题。"[①] 同时,该书二十四章的内容,除总论外,可分为"法的一般理论"、"中国社会主义法的一般理论"、"中国立法方面的问题"、"中国执法方面的问题",而"法的一般理论"又包括了法的概念、维辛斯基的法定义、法律和利益、法律和正义、法律关系等不同内容,从而表现了"法理学研究"内容的丰富多彩,反映了"法理学"含义的复杂多样性。由于该书是以"法理学研究"为名,而且旨在阐发新鲜的观点而多有创新的深刻见解,并非人云亦云或老调重弹,因此,它可以随意撷取"法理学"中的部分问题作出论述。但也由此可见,一本《法理学研究》虽仅掇拾部分"法理学"问题进行研讨,已经如此丰富,而如果以《法理学》为名,作系统性、全面性的论述,林林总总,源源本本,细密详尽,该是何等"宏伟",但同时也何等硕大无朋因而可能显得庞杂累赘啊!

四、"法哲学"的含义

其次我们还应该指出,现在所使用的"法哲学"一词,如果结合它的发展历史来看,也是包含有许多不尽相同的意义的。前面说到,英语中的"Jurisprudence"一词可被译作"法理学",也可被译作"法哲学"。但从语源学上看,该词译为"法学"是最恰当

---

① 《法理学研究》,第275页。

的,因为它的拉丁语源为:"Jurisprudeutia",其意为"法律的知识"或"法律的技术"。后来,奥斯丁以分析方法将法狭义地限定于实证法,认为实证法即主权者的命令的总体,并将"一般法学"断定为"实证法之哲学",还由此而将"Jurisprudence"看作是与政治学或政治哲学毫不相干的"法学"。从此以后,英、美等国的许多学者就将该英语词汇专用以指称对实证法作一般分析的理论,即所谓"分析法哲学"了。而这与同样源于拉丁文"Jurisprudentia"的德文词汇"Jurisprudenz"所指的意义是不同的,后者是指"法解释学"。此外,法国学者和一些美国学者还将"Jurisprudence"特指为"法院判例学"(The course of decision in the courts)。德国的西南德意志学派还以"法哲学"为"法之哲学"、"法学之哲学"或"法学方法论"。如上所述,"法哲学"即有:(1)法学;(2)法理学;(3)法之哲学;(4)法解释学;(5)法学之哲学;(6)分析法学;(7)法学方法论;(8)法院判例学;等等含义。此外还可列出其他许多含义。

由此可见,泛泛而谈法理学与法哲学的关系,实在是一件吃力不讨好的事。

在历览对法理学与法哲学关系的各家观点,并略事审视法理学与法哲学各自所拥有的含义之后,现在可以来谈谈我们对两者的合流与分流的看法了。

(一)合流是暂时的历史现象

第一,法理学与法哲学的合流是暂时的历史现象。尽管这一"暂时"的"历史",从柏拉图至当代已够漫长的了;尽管这种合流还将继续一段时间,但是,分流业已开始。近百年来的法学史,已是法理学与法哲学交叉重叠地发展的历史了。可以预见,在不太长的时期内,法哲学终将分流而出。

实际上,法理学本身也经历了这种合流与分流的过程。整个法学最初是与哲学,以至与一切科学混合在一起的。远古时代根本就不分什么这个学那个学。科学的分化是后来的事。当法学者阶层从知识分子队伍里分化出来,当法学从一般科学中独立出来时,今天的宪法学、刑法学、民法学、法理学、法哲学、犯罪学等等的内容,都混合在统一的法学之中。也就是说,法理学本身就曾与其他法律科学是合流的。当其他法学部门陆续从法学中独立出去以后,剩下的部分,既非专论宪法,亦非专论民法、刑法等,既非专论实体法,亦非专论程序法,而是论述一般性的法律问题,就被另行称为法理学了。这时的法理学中,既有对法的哲理分析,也有对法的社会学分析,还有对法的方法论分析、历史学分析、心理学分析、人类学分析、经济学分析、政治学分析和伦理学分析等等。在苏联,国家学即政治学与法学的分化不过是最近几十年的事。在我国,法学从"国家与法的理论"中分化出来也不过是80年代的事,因此,从法理学本身的发展史来看,就可以推断它的分化仍在继续,必然继续;法理学与法哲学及其他法学的合流,不过是一种暂时的历史现象。不管这一历史会有多长,但它总要结束。

（二）合流是局部的现象

第二，法理学与法哲学的合流又是局部的现象。当法哲学几乎完全被包容在法理学中时，合流的局部现象是极不明显的。那时的"合流的局部现象"不是从正面表现的，因为法哲学也被包容在法理学中，所以无法从正面表现。那就只有从反面表现，也就是今日法哲学所研究的某些问题，当时法理学还未涉足，还未问津。例如，法的动态发展与静态发展的问题，法理学长期以来根本未触及，或者说，未作为一个专门问题来加以研究。如果说过去是不明显的话，那么，近百年来就逐渐明显，而且随着时光的流逝，已经而且将越来越明显。诸如法与世界观的关系，法与方法论的关系，神权法学、皇权法学、民权法学的分野及其相互关系，法与经济、政治、道德、宗教的辩证关系，法的发展规律，科技进步与法的发展的关系等等问题被列在一门名叫"法哲学"的学科名下时，就更显出在另一些问题上法理学与法哲学的合流不过是局部的现象了。这"另一些问题"，如法的强制性与非强制性，法的特殊性与普遍性，法的稳定性与普遍性，法的现象与本质等等，现在名为"法理学"的法律科学在研究它，而名为"法哲学"的法律科学也在研究它，因而显出了"合流"的现象，但这"另一些问题"只是所有问题的一部分，因此，"合流"只是局部的现象。

（三）分流符合科学发展的规律

第三，法理学与法哲学的合流作为历史现象，固然有其合理性，但若坚持这一"合流"而裹足不前，就将越来越显出它的不合理性了。某些西方国家现在那种法理学与法哲学完全不分或基本不分的状况，把什么都往法理学的"菜篮子"里装的现象，不能说是十分科学的。正因如此，在许多国家里，都已出现了法理学与法哲学的分流现象。美国M.P.戈尔丁在其所著《法律哲学》(*PHILOSOPHY OF LAW*) 一书①的《前言》中写道："近二十年来，法律哲学在英语世界里经历了一次可观的勃兴。"他指出，法哲学是作为法律技术、伦理哲学或政治哲学的辅助学科而"得到开垦的"；本科生与研究生增设法哲学课程，使"法理学"大大地"丰富"与"充实"。戈尔丁所说的"勃兴"现象，表明了美国法理学与法哲学的分流趋势。

建立"统一法理学"、"综合法理学"的倡议，虽然不失为一家之言而诚心可感，但实际上它建立不起来；即使建立起来，也不可能有太强太久的生命力。不仅如此，法理学本身除将分离出法哲学外，已经并还将进一步析离出法律社会学。即使是同为法理学，还可能离析出静态法理学与动态法理学，权利法理学与义务法理学，神权法理学、皇权法理学与民权法理学，价值法理学与目的法理学，结构法理学与功能法理学，等等。固执地将

---

① [美] 马丁·P.戈尔丁：《法律哲学》，齐海滨译，生活·读书·新知三联书店 1987 年版。

一切包容在"统一"的"综合"的包罗万象的法理学中,完全有可能使得"法理学"的"法理"停留在浅尝辄止的低水平上。科学发展的规律就是不断地分化,学科经分化而使分工越来越严密、越来越科学。法理学的发展当然不能违背这一规律。违背这一规律,就是不合理的。

(四)分流的相对性

第四,法哲学之与法理学分流不可能是绝对的。这是因为两者的研究对象有共同的因素,它们都研究法律、法、法文化现象。因此,它们只是如同"人面仅一尺"而"竟无一相肖";只是"人心亦如面"而"意匠独戛造";只是"同阅一卷书"而"各自领其奥";只是"同作一题文"而"各自擅其妙";只是同为一庐山而岭、峰各不同,远近甚相异,高低极相殊。因为是"同面"、"同心"、"同书"、"同文"、"同山"而"造"、而"阅"、而"作",所以有所交叉,有所重叠,是在所难免的。因此,要法哲学与法理学绝对地分流,是不科学的。尤其是在目前,当我们刚刚把分流问题提出来时,就要求"坚壁清野",使法哲学与法理学壁垒森严地了然划界,就未免显得苛求太甚了。这当然不利于法哲学的独立发展。沈宗灵教授说得好,那种在法理学创新中力主"破字当头"的观点是不妥当的,正确的观点与做法应是"立字当头"。[①] 既然如此,就不必把襁褓中的法哲学婴儿置于死地,就应该使蹒跚前行的法哲学站立起来。起码,应当看一看它到底能前行多远,走得像不像样,而不必指手画脚、品足评头。

(五)分流过程的漫长性

第五,法哲学之与法理学的分流,将是一个漫长的过程。有的问题,也许被从法理学中离析出来,以后又由于种种原因而发现"打回老家去",重归于法理学"故里"更妥当。有的问题,也许重叠地被法理学与法哲学交相论述,而在若干岁月后终于被判归法理学或法哲学。这种情况,在经济法学从民法学中离析出来时发生过,现在也在继续着;在近几年,科技法学从经济法学与民法学中独立出来时,又发生过,并在继续着。法哲学之从传统法理学中分立而出,一定也将要经过这种合合分分、进进出出的"二万五千里长征"。

(六)分流的原因

第六,法哲学与法理学合流的基础是共同的研究对象,如法律、法、法文化现象;而其分流的原因则在于以下几个方面:

其一,研究对象除共同的几项外,还有法哲学特有的方面,这一点我们将在"法哲学的研究对象"一节详加论述。

[①]《法理学研究》,第16页。

其二，研究的角度不同。同为庐山，之所以"成岭"，是因为"横看"；之所以"成峰"，是因为"侧"观。不过，"横看"、"侧观"的结果，是把同一座庐山看成了不同的"岭"与"峰"，因此难免"不识庐山真面目"之讥评。我们要从不同的角度去研究法律、法、法文化现象以及其他法理学、法哲学的研究对象，却是要对这些对象作出更全面、更深刻的认识。尤其是要"更深刻"地去认识法律、法和法文化学。这是由于，尽管历来的法律思想家无不在一定的哲学思想指导下研究法，但绝大多数都不是自觉的。其中少数的佼佼者虽然自觉地建构其哲学体系，并以之指导法的研究，却如黑格尔那样，并不把他的研究作为法学研究，而当成并纳入了哲学的范畴。这更由于，在马克思主义诞生之前，人类还未能创建成科学的唯物主义辩证法作为自己认识世界的工具。没有辩证唯物主义的"望远镜"与"显微镜"，无疑不能"洞察秋毫"于法文化现象。今天已经有了这一科学工具，从运用这一工具于法律、法、法文化现象的研究的角度出发，必能使法理学研究的若干方面起重大的变化。变化之一便是，法理学将运用这一工具作为研究的指导思想，而法哲学将直接导入马克思主义辩证唯物主义，使法文化现象的分析与哲学分析融为一体。这样，分流就自然地显现出来了。

（七）法哲学初创阶段的多样性

第七，分流而出的各国、各个法哲学家之"法哲学"，将是极不相同的。例如，日本法学家井上茂先生的《法哲学》一书，分《法的存在原理》《法所遵循的逻辑》《法的考察和法的实际》《法秩序的考察》《法体系的动态》《法过程的构造》《正当性的考察》等章；加藤新平先生的《法哲学概论》一书，除单列《"法哲学"的名称和成立》《法哲学的基本任务和研究课题》两章外，另有《自然法与实定法》《法的概念》《法的目的》三章之分；平野秩夫先生的《法哲学原理》一书，则分《逻辑》《事理、心理、伦理》《社会》《家族》《公共体》《具体的法哲学》（包括《世界史的世界》与《法哲学史》二节）等章。如果因此而止步不前、彷徨徘徊，当然不必要；又如果因此而择其一者以为模范，也大可不必。笔者以为，完全可以根据我国的法哲学思想的传统，参照国外法哲学发展的轨迹，在马克思主义的指导下，进行中国法哲学的开创工作。

但是，这是一件宏伟浩大的工程，非笔者浅薄学识力所能及。因此，本书绝无构建中国法哲学的奢望，仅想就接触到的一些问题，生发开来，尽力一吐"胸中块垒"而已。也许，全部努力的期望目标不过是海市蜃楼，可望而不可即，如杜甫所说的"翠华想像空山里，玉殿虚无野寺中"[①]那样，终成一场空欢喜。但是，前人有"伏波惟愿裹尸还，定远何须生入关"[②]之志，我们学其一二，也就不该踌躇不前了。

---

① 〔唐〕杜甫：《咏怀古迹五首》，《唐诗别裁集》第 193 页。
② 〔唐〕李益：《塞下曲》，《唐诗选注》第 362 页。

第六十七章　法学、哲学与法哲学

一、法学与哲学的密切关系

汉乐府《焦仲卿妻》即流行的名诗《孔雀东南飞》中，不幸的焦仲卿妻兰芝无故被她的婆婆赶出家门后，又被家兄逼嫁他人，于是"揽裙脱丝履，举身赴清池"。焦仲卿闻讯之后，也"自挂东南枝"而舍命自尽。他们死后，"两家求合葬，合葬华山傍"；坟墓"东西植松柏，左右种梧桐"；松柏、梧桐"枝枝相覆盖，叶叶相交通"。本为一家的仲卿与兰芝，情投意合，爱之弥深；即使遭遇不幸，他们还是黄泉再相见，并昭示于"枝枝相覆盖，叶叶相交通"。他们这种传诵千古的无比密切的爱情关系，我们且借以形容法学与哲学的关系。

法学与哲学是一对"棒打不散的鸳鸯"。傅季重先生在《哲学与法学》一文中，精辟地概括过两者"何等的密切"的关系，他写道："法学之花要开得万紫千红，必然要受到其他学科的制约，首先它要受到哲学的制约和影响。不少的哲学家都十分重视法学的研究，而不少的法学家又十分重视哲学的研究。哲学是法学的理论基础，法学又是哲学的体现。"具体地说，法学与哲学的关系是："正像哲学与任何一门具体科学的关系一样，哲学与法学是一般与特殊的关系。一方面，哲学以对思维与存在关系根本原理的研究，为法学提供理论的前提；另一方面，法学以法律现象自身的知识，作为哲学概括的前提。由于哲学为法学提供理论的前提，因而哲学对法学起着指导的作用。在不同的哲学指导下，有着不同的法学。同样，由于法学作为哲学概括的前提，因而法学对哲学起着提供素材的作用。不同性质的法学，有着不同的哲学。这种一般与特殊的关系是互相补充的关系。"

哲学与法学的这种有点像"枝枝相覆盖，叶叶相交通"的密切关系，并不是所有的法哲学家都认识到了的。更为常见的现象是，不愿看到或不承认或忽视科学哲学观对法学的指导意义；反之，则是很少有人重视对法学中的哲学问题加以认真的研究。忽视或无视这两种科学之间的密切关系的研究，也许是它们的发展不如其他学科快或未达到应有的更快的速度的重要原因。

唐人韦应物有一首颇富哲理的诗，题为《听嘉陵江水声寄深上人》[①]，诗云：

水性自云静，石中本无声。
如何两相激，雷转空山惊？

水有静性，石不发声，两者相撞，如雷轰鸣。这首诗批判了孤立看待事物的绝对化观点，形象地说明了事物相关相激引出的惊人结果。相对地孤立如水、石尚如此，本就"你中有我，我中有你"的两件事物，如法学与哲学间的关系，就更值得研究了。我深信，如果专事研究哲学对法学的指导关系或专事研究法学中的哲学问题，是都可以写成厚厚的一本书的。例如，机械地看待两者的关系，不可能答出科学的结论。实际上，并不是有什么样的哲学观就一定产生什么样的法律观点；有不少法学家的哲学观有很大差别，甚至截然对立，但他们的法律观点却是相当接近，甚至几乎雷同的；反之，一些法律观点颇有歧义的法学家，却又具有相同的哲学观。仅此一点，就可以写很多文章了。

二、哲学指导法学研究的产物并非法哲学

但是，以哲学指导法学的研究，仍是法学，既不是哲学，也不就是法哲学；从法学中归纳概括出哲学原理，也仍是哲学，既不是法学，也不就是法哲学。

为什么说以哲学指导法学的研究，仍是法学呢？这是因为，任何法学都是受哲学指导的，如果凡受哲学指导的法学都是法哲学，那么，等于说任何法学都是法哲学，法学与法哲学等值等价等义，二而一，一而二，可以不分彼此了。

换一种说法，把哲学原理用于法律的一般原理和方法的研究，是否就是法哲学呢？这种说法里，把法律问题分成了两类，其一为"法律的一般原理和方法"，其二为"法律的非一般原理和方法"。用哲学原理指导研究法律问题的研究的范围，在这种说法里缩小到仅针对"法律的一般原理和方法"了。但我们要说，尽管如此，研究的结果，仍是法学，而不是法哲学。道理很简单，任何"法律的一般原理和方法"的研究，也都是以哲学为指导的。

洪逊欣先生在《法理学》一书中写道："理论法理学，除就法科学所提出之各种问题、所确定之各种概念、所定立之各种命题，加以论理分析，并检讨法科学所预定之认识方法外，亦须就自己所用之概念、命题及认识方法，作精确之论理分析。于此意义，理论法理学不妨分为'法科学之哲学'，与'法理学之哲学'，惟通常仅统称为'法学之哲学'而

[①] 〔清〕沈德潜编：《唐诗别裁集》，第46页。

已。"① 这里表达的观点，庶几近乎把以哲学指导法学的研究认作法哲学。"论理"即逻辑，是逻辑的旧称。洪文中的"论理"既指逻辑，也含有哲学的意思。因此，认此段话为以逻辑、哲学指导法律研究，当大致不差。若果如此，那么，这样的研究，仍是法学研究，而非法哲学研究，难道有什么法律问题的研究可以不讲"论理"的吗？当然没有。如果一切法律问题的研究都必须讲"论理"，那么，把所有的这种研究一概当作法哲学，无疑是把法哲学的范围拓展得太宽泛了。

三、从法学中概括出哲理来，也不是法哲学

那么，为什么说从法学中概括出哲学原理，仍是哲学，而不是法学，也不是法哲学呢？这是因为，既然"概括出"的是"哲学原理"，而不是法学原理，也不是法哲学原理，那就只能是哲学。问题的答案，实际上已包含在问题本身之中。

《马克思主义法哲学研究对象不应否定》一文②认为："……马克思主义法哲学的研究对象则是很明确的，即它是研究法学理论和法律实践中的哲学问题，它和法学基础理论是一般和特殊的关系。也就是说，法哲学是对一切法的现象和各种法学问题的哲学概括，是对法学理论的再抽象、再概括，它离不开法学但又超出了各门法学，它以法学研究和政法实践中所涉及的特有的世界观和方法论问题为研究对象，即专门研究法律中的哲学问题。"这样，该文实际上提出了"哲学——法哲学——法学基础理论"的从一般到特殊的公式。这个公式我们暂且不予评论，先看这段话中所表达的基本思想。任何复杂的语句，一予简化，就比较容易弄清它的真意。上列语句经简化后实为："……法哲学研究对象是……哲学问题，……法哲学是……哲学概括，……专门研究法律中的哲学问题。"这样一简化，我们看到的是：法哲学是哲学。这样的"法哲学"，也只能是哲学，而不是法学，但该文却是把法哲学列为法学，这样一来，连上述"公式"也成不"公"之式了。

四、黑格尔的"法哲学"是哲学

作为哲学的这种"法哲学"，最典型的便是黑格尔的法哲学。黑格尔晚年在柏林任教期间正式出版的唯一著作是《法哲学原理》。在这本著作里，黑格尔集中地论述了他的政治法律思想。从这一著作中，我们可以在不严密的意义上采撷他的法哲学观点而予批判、借鉴。但该书不是法学著作。恩格斯指出："黑格尔的伦理学或关于伦理的学说就是法哲学，其中包括：(1)抽象的法；(2)道德；(3)伦理，其中又包括家庭、市民社会、国

---

① 《法理学》，中国台湾三民书局1980版，第47页，注2。
② 鲁平珍、文正邦：《马克思主义法哲学研究对象不应否定》，《法学季刊》1987年第3期。

家。在这里，形式是唯心的，内容是现实的。法律、经济、政治的全部领域连同道德都包括在这里。"① 在恩格斯看来，黑格尔的"法哲学"就是"伦理学"。至于黑格尔本人，他从来没有把他的"法哲学"当作法学看待，而是当作哲学看待。黑格尔的这一观点，我们还可从恩格斯的如下言论中得到印证："当黑格尔在他的'法哲学'一书中宣称君主立宪是最高的、最完善的政体时，德国哲学这个表明德国思想发展的最复杂但也最准确的指标，也站到资产阶级方面去了。"② 黑格尔的"法哲学"被恩格斯打上了引号，而且径直指明它是"德国哲学"，而不是说它是"德国法学"。至于马克思，则把黑格尔的"法哲学"判定为逻辑学。他在《黑格尔法哲学批判》中批判了黑格尔唯心主义的国家观后指出："在这里，注意的中心不是法哲学，而是逻辑学。在这里，哲学的工作不是使思维体现在政治规定中，而是使现存的政治规定化为乌有，变成抽象的思想。在这里具有哲学意义的不是事物本身的逻辑，而是逻辑本身的事物。不是用逻辑来论证国家，而是用国家来论证逻辑。"因此，黑格尔虽然研究的是国家与法，但在他那里，整个"法哲学"只不过是对逻辑学——哲学的补充。

我们在开头以仲卿、兰芝作譬，又以枝叶交盖为喻，来说明法学与哲学的密切关系。从哲学对法学的指导意义来看，这些譬喻无疑是不很妥当的；但仅从关系之"密切"性上看，大概还无可厚非。不过，无论关系如何密切，兰芝仍是兰芝，仲卿仍是仲卿；松枝仍是松枝，桐叶仍是桐叶，相互之间未有由此达彼的变化。也就是说，法学与哲学尽管关系极为密切，但两者为不同的学科，仍是界限分明的。所以，想从法学与哲学的密切关系中"论"出法哲学来，怕是比较困难的。关于什么是我们指称的法哲学，暂且不做论述。在这里，我们先来分析法哲学与法学及与哲学的关系。

五、法哲学与法学的关系

首先应当看到，法哲学并非一门学科内涵与外延都已经揭示、已经界定的科学。在《经篇》中，我们论述各家的"法哲学"时，都不是在严格、严密意义上使用的"法哲学"。至于什么是法哲学，鉴于所有自命为"法哲学"的著作各个有其了不相同的内容，还有待进一步研究。也就是说，达成共识的所谓"法哲学"，还有待建设。但要在整体上达成共识，又不是一时能办到的，所以我们说法哲学与法理学的分流将是一个漫长的过程。然而，在整体上暂时难以达成共识，不等于在有关法哲学的所有问题上都存歧见。这里，完全用得上"求同存异"的好办法。如果我们能逐一地"求"得对许多问题认识之"同"，最

---

① 《马克思恩格斯选集》第 4 卷，第 232 页
② 《马克思恩格斯全集》第 8 卷，第 16 页。

后不就能达成对问题整体的共识了吗？无名氏《吟雪》①诗写得好：

一片一片又一片，飞入泥潭皆不见。
前消后见不断飞，终叫河山颜色变。

我们的任务是不让这"一片"、"一片""皆不见"，而是把每"一片"都显示出来。

（一）共识之一：法哲学是法学的子学科

笔者以为，该最先显示而亦能得到赞同、达成共识的"一片"是：法哲学是法学的子学科。

法哲学的内容，早在西方的古希腊、罗马时代、中国的夏商西周时代即已存在。但它的名称，直到 17 世纪德国哲学家莱布尼兹（1646—1716 年）才开始使用。他在《法学教学的新方法》（1667 年发表）中，首次提到了"法哲学"。后来，康德在 1797 年写了《法学的形而上学》一书，大致等于涉及"法哲学"。次年，德国历史法学派的创始人胡果出版了名为《作为实在法，特别是私法哲学的自然法教科书》的著作，也直接提到了"（私）法哲学"。1832 年，英国的奥斯丁在《法理学和实在法哲学讲义》中，又出现了"法哲学"的概念。这些，都是把法哲学当作法学、当作法学的一个子学科看待的。有所例外的是黑格尔，他把"法哲学"当成了哲学，或如马克思、恩格斯所说，当成了伦理学、逻辑学。像这样的例外，后来就极少见到了。这是法哲学的历史。法哲学的历史表明，或是作为"法学教学的新方法"，或是作为"法学的形而上学"，或是作为"自然法教科书"，或是作为"实在法"的"法理学"，法哲学都是法学。这是莱布尼兹、康德、胡果、奥斯丁的"共识"。

现实又如何呢？据我们所知，凡有法哲学课程的，中外各国都是作为法学的课程而开设的。现在，在中国的各个高等院校或研究院所中，法哲学也只是被列为法学的子学科来进行教学或研究。在这些高等院校和研究院所中，没有一家把法哲学列为哲学的子学科的。历史与现实都告诉我们：法哲学是法学的子学科。

芮沐在《法哲学——一门重要的学科》一文②中，考察了我国理论界对法哲学属性的几种观点后指出："把法学纳入哲学领地而作为其中的一部分，这种观点恐怕欠妥。因为哲学与法哲学已同生并长乃是人类实践活动和科学不发达所致。而随着人类实践活动之拓展和科学之发达，法哲学便日益与其母体分化，最后终于从其母体中游离出来而独立成为一门学科了。对此，西方法哲学发展史便是最好的佐证。因而，在科学高度分化和社会实

---

① 许涤新：《百年心声》，第 270 页。
② 《法律学习与研究》1986 年第 1 期。

践如此复杂的今天，如果继续把法哲学归拢到哲学当中，恐怕就有点不应该也不再可能了。"这一分析基本上正确，唯一欠妥而应更正说明的是：法哲学不是直接从哲学中分离出来的，从哲学中分化出来的首先是法学，法哲学则是从法学中分化出来的。指出这一点十分重要，因为它恰好说明法哲学是法学的子学科而不是哲学的子学科。按芮沐的说法，诚然可以说明不能把法哲学纳入哲学的领地，但要进而说明法哲学不是哲学的子学科就比较困难了，因为从哲学中分化出来的法哲学，完全可以仍是哲学的子学科。而这样一来，连哲学已不能包容法哲学也成问题了。所以，一定要如实地描画出科学分化的真面目，即从哲学中分化出法学，又从法学中分化出法哲学。历史和现实说明的，都是这一点。

（二）共识之二：法哲学与法学有共同的研究对象

其次的一个共识可能是，法哲学与法学有共同的研究对象，即法律、法、法文化现象。在国外，无论是唯物主义法哲学还是唯心主义法哲学，无论是客观唯心主义法哲学还是主观唯心主义法哲学，无论是功利主义法哲学还是分析法哲学、历史法哲学、纯粹法哲学、社会连带主义法哲学、自然法哲学……；在中国，无论是神权法哲学还是皇权法哲学、民权法哲学，无论是儒家法哲学还是法家法哲学、墨家法哲学、道家法哲学、阴阳五行法哲学，无论是理学法哲学还是心学法哲学、玄学法哲学，无论是家族本位法哲学还是国家本位法哲学、民权本位法哲学，其论述的对象、素材都是法律、法、法文化现象。有意思的是，连把"法哲学"当作哲学加以论述的黑格尔，也是以法律、法、法文化学作为对象、素材的。也许正因如此，他才得以"法哲学"之名而名之。因此，达成这一共识的"统一战线"，要比达成前一共识的队伍要广大一些。

当然，对此也会有不同的看法。前述《马克思主义法哲学研究对象不应否定》一文就认为，"……马克思主义法哲学的研究对象则是……法学理论和法律实践中的哲学问题，……它以法学研究和政法实践中所涉及的特有的世界观和方法论为研究对象，即专门研究法律中的哲学问题。"尽管这里的"哲学问题"是"法学理论和法律实践中的哲学问题"，但它毕竟是"哲学问题"，而不是法学问题。这一提法，从法哲学与法学的实际关系来看，也是不妥当的。"法学研究和政法实践"中的"特有的世界观和方法论"是什么意思呢？是指唯物主义之外的唯心主义么？是指辩证法之外的形而上学么？是指辩证唯物主义之外的机械唯物主义么？是指历史唯物主义之外的历史唯心主义么？我想都不是，因为它们都不是"法学研究和政法实践"中"特有的世界观和方法论"。我想，在"法学研究和政法实践"中，如果不说"没有"的话，那么，起码是"现在还没有"什么"特有的世界观和方法论"。由于哲学按其对物质与精神的关系的认识而分裂为并且仅仅分裂为唯物主义与唯心主义两大阵营，所以，实际上永远不会有越出这两大阵营的任何"特有的世界观"。如果详加论列，"方法论"问题也一样，除辩证法与形而上学外不会有如鲁迅所说的"第三种水"那样的"特有的方法论"。总而言之，正确的提法应当是，法哲学是以法律、法、法文化现象为主要的研究素材。既然如此,而法学又绝对地必须以法律、法、法文化为研究对象,那么,法哲学与法学有共同的研究对象与素材,应当是不成问题的共识。

(三)共识之三:法哲学是法的理论科学

这里我们再看一看关于法哲学的第三种可能达成的共识吧。

这就是:法哲学是法的理论科学。这也该是不成问题的观点。难道有谁能说法哲学是法学的应用科学的吗?

费开文君在《法哲学新论》一文[①]中指出:"从哲学的角度来看,法哲学就是在这一特定领域的应用哲学。"又说:"理论法学相对抽象,是从应用法学中概括出来又用以指导应用法学的;……本文把理论法学称为'法哲学'。"这些议论中,关于法哲学是应用"哲学"不必再论,而"理论法学"即"法哲学"的说法,虽然不妥当,但它没有否定法哲学的法学理论性。因此,可以有条件地与之达成共识,即法哲学是法的理论科学。

台湾杨仁寿先生在《法学方法论》一书中提到过"法学乃为一门应用科学,而非理论科学"。这就把我们的法哲学一起连窝端到应用科学的领地里去了。杨仁寿先生和洪逊欣先生等,都把法学方法论看成法哲学,而这法学方法论又确有很强的应用性,因为它研究的主要内容是"狭义的法律解释"、"社会学的解释"、"价值补充"、"漏洞补充"、"类推适用与其他法律之阐释方法"、"利益衡量"及"法律行为之解释方法"等应用性极强的问题,与大陆学者通常所讲的"方法论"带有极强的思辨性质和理论意义大不相同。从这个意义上看,杨先生的看法是颇有道理的。但有意思的是,杨先生的下列议论,不但本身包含着明显的矛盾,而且直接否定了法学为应用科学的判断。他写道:"要之,法学非纯粹理论认识的学问,乃系混合理论与实践之一门科学,法学之所以为法学,必须透过法律之应用,始能实现吾人之社会目的,以满足人类在社会上各种需求,其具有实践性格,灼然至明。故法学乃为一门应用科学,而非理论科学。"[②]又写道:"法学上的学说,可分为理论性学说(科学性学说)及解释性学说(实践性学说)二种……"[③]据说,后者也是日本法学家宫泽俊义《关于法律学的"学说"》一文中所表达的观点。这些议论中,"法学系混合理论与实践之一门科学"与"法学乃为一门应用科学"已不无抵牾,起码,在表达上是容易引起抵牾感的;而"法学学说可分为理论性学说……"云云,则直接与"法学为应用科学"冲突了。看来,即使抱"法学为应用科学"的观点的,也很难否定法学之理论性。这样,法哲学就有可能不被"一窝端"为应用科学了。由于杨先生的议论本身不能自圆其说,因此,他的观点可以存而不论。

---

① 《法学与实践》1986年第6期。
② 《法学方法论》,第56—57页。
③ 同上,第263页。

除这一可以存而不论之论外，我们还没有见到有认为法哲学属于应用科学的。因此，可以认为，法哲学是法的理论科学，已成法学界以至整个中外理论界的共识。

迄此为止，我们已大体达成了三种共识，即（1）法哲学为法学的子学科；（2）法哲学与法学有共同的研究对象和素材；（3）法哲学为法的理论科学。

根据这三种共识，又根据法理学（或称"法的基础理论"）也是法的理论科学，就可达成第四种共识：法哲学与法理学（或称"法的基础理论"）同为法的理论科学。

中国法学界目前的分歧是，究竟是法理学包括了法哲学，还是法哲学包括了法理学。我已在上文专门详论过法哲学与法理学的合流与分流问题，逻辑的结论是，分流是必然的趋势、必然的结局。这样，法哲学与法理学作为法学的子学科，就是并列的法的理论科学了。因此，可以把法哲学与法理学各自研究领域的界限划分问题搁置起来，即"存异"，先径自直接进入本学科的研究。通过研究，将会发现何处重复、交叉了，这就比较容易确定如何处理更为妥当，因为那时问题比较具体化了。

以上是我们对法哲学与法学的关系的看法。下面我们来看法哲学与哲学的关系。

六、法哲学与哲学的关系

这个问题比较简单。前面我们已详论过法哲学不是哲学而是法学。至于哲学对法哲学的理论指导关系，或曰哲学为法哲学的理论基础，这与其他科学和哲学的关系并无二致，不必展开论述。

这里需做说明的是，法哲学与哲学的关系不能简单化地看待，似乎一个法律思想家有什么样的哲学观，就一定会有什么样的法哲学观；或一个法哲学家有什么样的法哲学观就一定是什么样的哲学观。

首先，法律思想家的哲学观的形成和发展，由于各种因素的制约，其道路是曲折多样的，其哲学观本身就可能包含着矛盾。有的人可能原先具有唯物主义观点，后来却转到唯心主义的歧途上去了。龚自珍、魏源原先都有唯物主义的思想因素和倾向，但后来却相信了"天命"、求助于"心"，而且变成了虔诚的佛教徒。郑观应"自幼好道"，后来"涉足孔、孟之庭"又"究心欧、美之学"，认为抽象的"道"必须通过具体的"形器"去发现和穷尽；他主张事物有变易性，又认为事物的变易是循环的。有的人常在唯物、唯心之间摇摆，亚里士多德就是如此。当然，也会有具有"纯然"的其观点本身互不矛盾的体系性哲学思想的人，黑格尔就是一个典型。

其次，法律思想家的法哲学观的形成和发展，也受多种因素的制约。这样，即使有"纯然"的哲学观，其法哲学观也未必与哲学观一致。例如霍布斯，在哲学上他是一个著名的机械唯物主义者，但在法哲学观上，他不断地随着他所追求的政治功利的变化而变化，表现出了一种飘忽不定的状态。

这样，就法律思想家的法哲学观与哲学观之间的关系来看，可能形成这样几种情况：

其一，严格地相互对应；

其二，基本上相互对应；

其三，基本上不相对应；

其四，严重地不相对应；

其五，前后期不相一致。

此外，一些从政的法律思想家，从其法哲学理论看如此，从其政治法律实践看又如彼，因而表现出他的法哲学观与哲学观的关系的"南辕北辙"，也是常见的现象。总之，哲学观与法哲学观的不一致、不相对应的情况，是大量存在的。因此，我们不能简单地认定具体的法律思想家的哲学观与法哲学观是绝对地对应的。在这里，也有一个"实有"与"应有"的区别，即"实际是怎样"与"应当是怎样"的区别。我们不能用"应有"去套"实有"，用"应当是怎样"去套"实际是怎样"。但承认现实不等于承认现实的合理性，承认"实有"不等于承认一切"实有"的合理性。因此，我们的基点应当放在追求"应有"上，即放在以科学的哲学指导法哲学的研究上。这样的哲学，就是马克思主义哲学，就是马克思主义的辩证唯物主义和历史唯物主义。正是在马克思主义的辩证唯物主义的指导下，实现了法哲学的革命；又是在马克思主义历史唯物主义的指导下，我们才能对传统的法哲学做出正确的重新评价。

第六十八章　法哲学的研究对象、范围和法哲学体系

一、研究的对象和研究的范围是不同的概念

"南枝向暖北枝寒，一种春风有两般。"[①] 刘元载妻的这两句颇富哲理的诗，启人无限遐想。三思所得之一是，如果从字面上认真追究起来，忿然埋怨"春风"的不公，是不无偏颇的。在"羌笛何须怨杨柳，春风不度玉门关"[②]中，倒可对"不度玉门关"的"春风"小加责备；而在同一棵树上的南北两枝，春风是绝不至于厚此薄彼的。同在一棵树上，而又同沐春风，之所以有南暖北寒之区别，显然是由于它们与太阳光的照射有不同的关系。推而广之，同一事物，由于与其他事物处于不同的关系，因而形成了不同的结构、功能、性质、特点、价值……

每一事物作为研究对象，由于从不同的侧面、从这一事物与其他事物的不同关系、以不同的手法进行研究，就可能形成不同的研究范围。因此，"研究对象"与"研究范围"是两个不同的概念，而不是一个概念。两者有联系，因为研究的"范围"是不能离开"对象"而随便确定的；但两者又有区别，因为同一个研究对象，可以从无数不同的侧面进行研究，"研究范围"只是这无数个侧面中的一小部分。许多教科书和学术著作对"研究范围"与"研究对象"不加区分，将两者含混地放在一起阐述，这是不妥当的。明确区分研究对象与研究范围，对法哲学研究十分重要。

二、关于法哲学研究的对象

有人在"法哲学研究对象"的总题下，毫不提"对象"，而确定"它研究的范围和内容"为"(1)关于法的定义和概念问题；(2)关于法的性质，……"，不但把"对象"与"范

[①] 《早梅》，《诗人玉屑》第460页。
[②] 〔唐〕王之涣：《凉州词二首》之一，《全唐诗》第2849页。

围"混淆了起来,而且还把"范围"和"内容"放到一个锅子里煮。这是很不严密的。

又有不少人认为,"马克思主义法哲学以法学中最普遍最一般的问题为研究对象……"。这一类提法,实际上也混淆了法哲学的研究对象和研究范围。这个命题里,有"法学"与"法学中……的问题"两个概念。法哲学是对法学进行研究,还是对"法学中……的问题"进行研究呢?如果是后者,那么,它已是"范围",而不是"对象"了。同时,这一命题本身也是不科学的,因为它逻辑地可以推定:"法学"研究某些问题,而"法哲学"则研究"法学中……的问题"。这是难明真意所在的命题。

法哲学的研究必定涉及哲学,但哲学不是法哲学的研究对象。法哲学的研究也必定涉及人、人类社会、经济、政治、思想、伦理、道德、文化等等,但这些也不是法哲学的研究对象。如果以哲学、人、社会、经济、政治、思想、伦理、道德、文化为研究对象,那么,形成的不是法哲学,而应该是哲学、人学、社会学、经济学、政治学、意识形态学、伦理学、道德学、文化学等。有鉴于此,把法哲学的研究对象确定为"法学理论和法律实践中的哲学问题",得到的只能是哲学,而不是法哲学。同样,把法哲学的研究对象确定为人,得到的也只能是人学,而不是法哲学。把苏联法学和雅维茨的《法的一般理论》作为法哲学著作来看,固为见解独特的一家之言,且从法与人的关系方面进行剖析评断也大有可为、甚多教益。但是,《法的一般理论》不是以人为对象的关于人的法哲学。

我们认为,法哲学的研究对象是法律、法和法文化现象及其发展规律。

这里的法律,通常是指体现统治阶级意志,由国家行使立法权的机关依照立法程序制定,由国家强制力保证执行的行为规则。

这里的法,通常是指体现统治阶级意志,由国家制定或认可,由国家强制力保证执行的行为规则的总称。凡法律、法令、条例、规则、决定、命令、判例以及惯例等,都属于法的范围。①

这里的法文化现象,是指法,法律意识,法制,法律秩序,立法、司法、守法、法制宣传、法律教学、法学研究等一切属于法本身所拥有和应有的文化现象。

法律、法和法文化现象作为客观存在的事物,与运动是不可分的。没有不运动的事物,也没有无事物的运动。任何现象都有其来龙去脉、因果变化、运动轨迹。同时,运动必有其规律。事物的因果变化、运动轨迹、发展规律本身也是一种客观存在。法律、法、法文化现象同任何事物一样,有其因果变化、运动轨迹、发展规律。因此,当法哲学以法律、法、法文化现象为研究对象时,理所当然地同时也以法律、法和法文化现象的发展规律为研究对象。

在研究对象方面,法哲学与其他理论法学是同一的。后者也以法律、法、法文化现象

---

① 以上两处"通常是指"表明,有关定义是长期习见的。至于究竟何为"法律"、何为"法",当随法哲学探索的深入而论定。详见下文《法的概念的哲理探讨》一节。

及其发展规律为研究对象,否则,它就"无米为炊"了。例如,在国外把法律思想史的研究也列为法理学的内容,而且是其主要内容,而法律思想史即研究法律家的法律观及其发展规律等法文化现象。

三、法哲学研究范围的确定

与此研究对象方面实行共同占有的同时,法哲学与其他理论法学在研究范围方面,却是分道扬镳、"各取所需"的。

关于"其他理论法学"的研究范围,一者不属本文的论域,二者目前明确界定还较困难。因此,"三十六计,走为上计",法哲学最好是"割"走应属于自己的一块,"据"以为营,扎寨为战。

法哲学的研究范围的确定,取决于三个因素:一为法哲学研究对象本身,即法律、法、法文化现象及其发展规律;二为这一对象与其他事物的主要联系与关系;三为对上述两者的研究角度、研究手段。

法律、法、法文化现象及其发展规律与其他事物的联系与关系,主要是与人、政治、经济、意识形态、道德、宗教、科学技术发展等的联系与关系。

法哲学的研究角度,是对法律、法、法文化现象及其发展规律进行哲理探讨。这种哲理探讨属于广义的法理探讨的范畴,但与狭义的法理探讨有重大的区别。诸如在法律体系中宪法为母法,法律为子法,子法不能与母法抵触,否则子法自动失效;法律与法律之间不能有矛盾冲突;在单一制国家内,地方性立法必须服从全国性立法,否则地方立法自动失效等等问题的探讨,都属于狭义的法理探讨。对这类问题,法哲学不做研究。哲理探讨是指对法律、法、法文化现象及其发展规律进行哲学分析。论者谓这样的哲学分析应针对有关事物的主要问题或根本问题。这诚然有其正确的一面,因为"西瓜"与"芝麻"相比,总是"西瓜"重要,要是先捡"芝麻","力气"就不是用在"刀口"上了。但如由此而认为可以不捡"芝麻",把对非主要、非根本问题的哲理探讨排斥在法哲学研究范围之外,就值得商榷了。我们认为,只要是对法律、法、法文化现象及其发展规律,它们与其他事物的联系与关系做哲理探讨的,不管是"西瓜"还是"芝麻",都是法哲学研究。

根据上述认识,我们认为,法哲学的研究范围为以下四类、若干个方面:

四、法哲学研究范围

第一类,法哲学学科:
(1)法哲学定义;
(2)法哲学的地位;

（3）法哲学的研究对象和研究范围；

（4）法哲学的特点；

（5）法哲学的基本概念；

（6）法哲学的基本原理；

（7）法哲学史；

（8）法哲学的发展规律；等等。

第二类，法的哲理探讨：
（1）法律概念的哲理探讨；
（2）法律判断的哲理探讨；
（3）法律推理的哲理探讨；
（4）法的原理的哲理探讨；
（5）法的法理规定性的哲理探讨；
（6）法的哲理规定性；
（7）法的内部关系的哲理探讨；
（8）法律制度内部关系的哲理探讨；
（9）法律意识的哲学本质；
（10）法文化的哲学本质；
（11）法与法律秩序的关系的哲理探讨；
（12）法律的起源的哲理探讨；
（13）法的发展规律的哲理探讨；
（14）法的方法的哲理探讨；等等。

第三类，法与其他事物关系的哲理探讨：
（1）法与人的关系的哲理探讨；
（2）法与经济制度的关系的哲理探讨；
　　法与经济状况的关系的哲理探讨；
（3）法与政治制度的关系的哲理探讨；
　　法与政治状况的关系的哲理探讨；
（4）法与社会制度的关系的哲理探讨；
　　法与社会状况的关系的哲理探讨；
（5）法与科技进步的关系的哲理探讨；
（6）法与道德的关系的哲理探讨；
（7）法与宗教的关系的哲理探讨；

（8）法与风俗习惯的关系的哲理探讨；

（9）法与婚姻家庭制度的关系的哲理探讨；

（10）法与心理的关系的哲理探讨；

（11）法与意识形态的关系的哲理探讨；

（12）法与社会思潮的关系的哲理探讨；

（13）法与哲学的关系的哲理探讨；

（14）法与逻辑的关系的哲理探讨；

（15）法与语言的关系的哲理探讨；等等。

第四类，法哲学方法论：

（1）社会学方法的哲理探讨；

（2）比较方法与法的比较；

（3）评价法与法的评价；

（4）统计方法与法的定量分析；

（5）定性分析法与法的定性分析；

（6）系统分析法与法的系统分析；

（7）规划法与法的规划；

（8）统筹法与综合治理；

（9）优选法与法的优选；

（10）最优控制法与社会的最优控制；

（11）预测法与法的预测；

（12）法律解释的哲理探讨；等等。

为行文简洁起见，上述法哲学研究具体范围的论述中的"法"，泛指法律、法和法文化现象三者。

五、法哲学研究范围的确定，体现了法哲学、法理学的分流

在《法哲学、法理学：合流与分流》中，我们曾指出，法哲学与法理学的分流不可能是绝对的。这个意思，用 M.P. 戈尔丁在《法律哲学》一书中所说的话是："法律哲学并无分明的界限。某些问题对这些学科来讲都是共同的，尽管它们常常由法律哲学从一个较窄的视角中加以探讨。许多用来解释某个既定法律制度的基本理论和原则的有关'法理学'的著作，也是从这一视角、甚或更窄的视角出发的。"[①] 但 M.P. 戈尔丁的话说得过头了一

---

① 《法律哲学》，生活·读书·新知三联书店 1987 年版，第 1—2 页。

点：第一，只能说法律哲学的界限，从目前来看，还比较模糊或曰不甚分明，而不是像他说的那样"并无分明的界限"。第二，法理学与法哲学同样"解释某个既定法律制度"时，并不完全是"从这一视角"即从同一视角出发的。如果是从同一视角出发，解释的又是同一事物，那就没有法哲学与法理学的分流了。

上文论述法哲学研究对象时，体现和反映了法哲学与法理学可能合流的"对象性"因素，而论述法哲学的研究范围时，则体现和反映了两者分流的"范围性"因素。

十分明显，法哲学研究的第一类范围，纯然是法哲学的"私有财产"，绝非现行法理学研究范围所涉。鉴于法学方法论目前尚未（或很少）被列为法理学的研究范围，因此，许多著作是把法学方法论作为法哲学看待的。同时，上述法哲学研究范围之四，开列的并非一般法学方法，而是法哲学方法。例如，法律解释可看作是法理学方法，但法律解释的哲理探讨，就是法哲学方法。因此，第四类法哲学研究范围，也理所当然地属于法哲学，是它的"私有财产"。

法哲学研究的上述第二类范围，相当于西方法哲学或法理学的"法的理论"，第三类范围则相当于西方法哲学或法理学的"关于法的理论"。笔者认为，用"关于法的理论"和"法的理论"两个概念，显得含混不清，因为在汉语中"法的理论"也就是"关于法的理论"的意思，两者是同义的。因此，最好是用"法的理论"和"（关于）法和其他事物的关系的理论"这两个概念取而代之。我们在述及法哲学研究范围之二、之三时，就特地标明"法的……"、"法与其他事物的关系的……"。

法哲学研究范围之二的"法的哲理探讨"，是否与"法的理论""无分明的界限"呢？不然。"法的理论"探讨"法律概念"、"法的原理"、"法的内部关系"、"法律的起源"、"法的发展规律"，等等，这些内容几乎已是法理学的"世袭领地"，是"神圣不可侵犯"的。但是法哲学是从哲理角度探讨"法律概念"、"法的原理"、"法的内部关系"，等等，这就与"法的理论"不可同日而语了。

法哲学研究范围之三的"法与其他事物的关系的哲理探讨"，也可作如是观。总之，从法哲学研究的范围看，它与法理学的分流，还是比较明显的。

也许是由于"法哲学研究范围"一题有其学术上的较大困难，也许是法哲学研究本身还不甚深入，因此，许多法哲学著作对此避而不谈，径自对若干法哲学问题展开论述。例如日本井上茂先生的《法哲学》一书，从第一章至第七章，依次考察"法的存在原理"、"法所遵循的逻辑"、"法的考察和法的实际"、"法秩序"、"法体系的动态"、"法过程的构造"、"正当性"等问题；平野秩夫先生的《法哲学原理》一书的各章，依次讨论法与逻辑，法与事理、心理、伦理，法与社会，法与家族，法与公共体（国家、世界、世界共同体）的关系。这种论述方法当然无所不可。但作为比较完整的、具有一定体系性的法哲学著作，尤其是以《法哲学》《法哲学原理》为题的书，就显得不足而令人感到不无遗憾了。

M.P. 戈尔丁的《法律哲学》、加藤新平的《法哲学概论》和洪逊欣的《法理学》略事论及研究范围问题，下面我们略做介绍与评析。

六、评戈尔丁关于法哲学范围的论述

M.P. 戈尔丁的《法律哲学》小册子，以《导言：法律哲学的范围》开篇。这是少见的论述法哲学研究范围的专论。该书指出："法律哲学……研究两类问题：规范性（或论证性）问题与分析性（或概念性）问题。……法律哲学家们既回答关于某些事情好不好、对不对、是否正义的问题，也试图对各种术语的定义和概念予以分析。"①

关于第一类问题，即关于规范性（或论证性）问题，戈尔丁举了一个例子加以说明。他说，在柏拉图的对话录《克里托》中有如下场景：苏格拉底由于传授对诸神不敬的学问，被控有腐蚀雅典青年之罪。他因此被判以饮鸩而死，在狱中坐待必须喝那致命一杯的时刻到来。这时他的朋友和学生克里托来看他，告诉他"越狱"的事情已经全部安排妥当。克里托提出各种理由来试图说明苏格拉底应当出逃。但是苏格拉底却反问道，这样做正当吗？对一个被控有罪的人来说——即使他确信对他的指控是不公正的——逃避刑罚制裁是否正当？更一般地说，有没有一种服从法律的义务？这种义务的基础又是什么？戈尔丁说，柏拉图的《克里托》所提出的，即是法律哲学所研究的规范性（或论证性）问题。②

关于第二类问题，即关于分析性（或概念性）问题，戈尔丁以柏拉图的另一篇对话录《伊塞弗洛》加以说明。在《伊塞弗洛》中，苏格拉底与伊塞弗洛讨论了"虔敬"的定义。尽管对话中也提到某些被称作虔敬行为的例子，然而对话者并不在意他们是否真那么虔敬。相反，他们关心"虔敬"是什么，阐明这个词有何意义。③

戈尔丁的法哲学是典型的西方法哲学。它与西方法理学（与法哲学合流、等义的法理学）专论"法的理论"和"关于法的理论"，已有所不同。

但是，实际上西方法理学也论述"规范性问题"与"概念性问题"。例如，对法律概念的分析，对法的本质的论证，都是法理学的"常规"问题。又如，法律与道德之间是否有必然联系，我们是否能就法律的良善性和公正性做判断，法律和法律制度的批评标准等问题，也是法理学的"必论"问题。这样，法哲学与法理学之间，可真如戈尔丁说的那样"并无分明的界限"了。但如"并无分明的界限"，又要以"法哲学"相标榜，那就不免令人"丈二和尚摸不着头脑"了。

此外，戈尔丁关于规范性问题与分析性问题的分类，界限也不是十分清楚的。例如，

---

① 《法律哲学》，第 2 页。
② 同上，第 1—2 页。
③ 同上，第 2 页。

他把"什么是法律"与"一个社会里存在着一种法律体系有什么意义",都看作"是对法律概念的分析"[①],而实际上,后面一个问题明显的是属于规范性(或论证性)问题的范围。

综上所述,M.P.戈尔丁提出了法哲学研究的范围问题,这是可取的,但他的分析论述,却不能算是成功的。

七、评加藤新平关于法哲学范围的论述

日本著名法学家加藤新平先生的《法哲学概论》比较详细、具体地论及法哲学的研究范围问题。在《法哲学的学问的性格》一章中,加藤新平先生专门写了《法哲学的基本任务与研究课题》一节。他在分析了"基本任务"后,列出了法哲学研究的如下课题,亦即我们所称的研究范围:

(1)法的概念规定;

(2)法的思维的各个范畴,如法的人格、法律关系、权利、义务、违法行为、责任、法的强制等;

(3)法的目的或价值观念;

(4)法的妥当根据;

(5)法和其他社会规范的区别和关系;

(6)法的机能,如形式上的法规范的评价机能以及命令的或指令的机能、制度构成的机能,实质上的法与自由的关系、法的阶级性等;

(7)法源;

(8)法学各子学科、特别是法解释学的逻辑,如对法史学、法社会学与各种史学、社会学的关系的逻辑与方法论的考察学;

(9)法的历史哲学的考察;

(10)法哲学史。[②]

加藤新平先生是主张法哲学与法理学分流的。他在《法哲学概论》一书中,以一章之多,专论了"'法哲学'的名称和成立"的问题,考察了"法哲学"这一学科名称在日本的演变过程。[③] 他把我们通常所说的法理学(法的基础理论)称为"一般法学",从而与法哲学相区分。但是,从上述法哲学"研究课题"看,我们认为,其中大部分还是"一般法学"的内容。例如,法的概念的规定,法的范畴如权利、义务、违法、责任等,法和其他社会规范的区别和关系,法的起源和渊源等,在我国今天的法理学著作中,也都无不论及。其

---

① 《法律哲学》,生活·读书·新知三联书店1987年版,第3页。
② [日]加藤新平:《法哲学概论》,第147—157页。
③ 同上,第6—35页。

实,在日本的"一般法学"中,这些问题也是论及的。由于日本法哲学的来龙去脉有其自身的特定过程,我们自无横生非议的必要,这里仅指出它与"一般法学"仍有界限不清之处即可以了。但该书所说的对法学各子学科、法解释学的逻辑学与方法论的考察,法的历史哲学的考察,法哲学史学,显然在"一般法学"视野之外,属于"纯然"的"正宗"的法哲学研究范围,这是对我们的很好启发。

八、评洪逊欣关于法哲学研究范围的论述

台湾洪逊欣先生遗著《法理学》一书,由于把法理学与法哲学等同而视,因此,他关于"法理学之三大课题"的论述,亦可视为对法哲学研究范围问题的观点,他所确定的三大课题如下:

(1)法价值理念之探究;
(2)法概念之确定及法源之研究;
(3)法学尤其法科学研究方法之检讨。

关于"法价值理念之探究",洪先生指出,"像斟酌法之存在目的(存在理由),而就法之本体(形相),加以基础观察者。法理学之此项研究,大致可称为'法理念论',而组成'法存在论'之重要部分。"关于"法概念之确定",洪先生认为,是"从法学认识活动",尤其是从"将法的理论知识应用于法生活之实践"的角度,来确定法的概念即"约定法之允当使用法"的。[①]

洪先生的上述观点,甚有可取之处。"法之存在目的"与"法之本体"的"基础观察",已涉及有关问题的哲理探讨;"从法学认识活动"的角度研究"法概念之确定",也属法的哲理探讨的范围;法学方法论就更不用说了。唯一的不足之处是,如果作为法哲学的研究范围,似较狭窄,因为可研究、应研究的远比这"三大课题"要宽泛得多。当然,这不能苛求于洪先生。洪先生在1958年撰成《中国民法总则》一书后,即开始撰写《法理学》,"因追求完美,一再删改文字,补充加写,以致拖延二十余载而未成书"。至1981年底逝世仍未结束撰写的《法理学》,是他逝世后由他的法学界朋友与学生帮助收集整理原稿后,才出版的。[②] 也许,假以天年,当会有更多的更精彩的高论。

经过以上爬梳剔抉分析整理的工作,应当说,对于什么是法哲学、法哲学研究的对象与范围、法哲学与法理学的分流,该比较清楚了。这样,我们就可以大致确定法哲学的体系了。

---

① 洪逊欣:《法理学》,第60—62页。
② 洪逊欣:《法理学·致谢》,第5页。

九、法哲学的体系

法哲学的体系,如下所示:

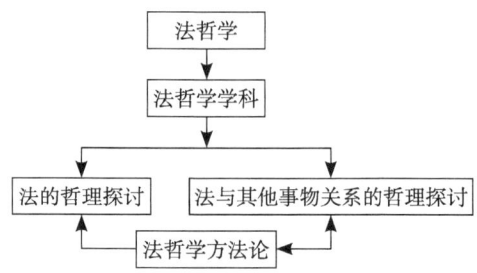

这个图所包含的内容,没有超出"法哲学研究范围"的内容,但它作为"法哲学的体系"的示意图,含义与"法哲学研究范围"是不同的。图示所表明的"体系"含义是:其一,"法哲学学科"所涉问题,体现在"法的哲理探讨"与"法与其他事物关系的哲理探讨"上;其二,法哲学方法论并不是外加的,而是从"法的哲理探讨"与"法与其他事物关系的哲理探讨"中概括、抽象得到的;其三,法哲学方法论又对"法的哲理探讨"与"法与其他事物关系的哲理探讨"起"反作用",即前者将用于后者的研讨。

显然,这是一个庞大的体系,而且是一个甚为复杂的体系。要在一本法哲学著作中详尽、严密地显示整个体系及其内部的复杂关系,是相当困难的。例如,仅法哲学史就应有一本专著予以阐述。几乎每一"研究范围"都可以用一本专著来撰写。有的"研究范围",也许用一本专著还难以包容。例如"法律解释的哲理探讨"这一项,即有"狭义的法律解释"、"社会学的解释"、"价值补充"、"漏洞补充"、"类推适用"、"利益衡量"、"法律行为解释"等方面的哲理探讨;而"狭义的法律解释"的哲理探讨又可细分为"文义解释"、"体系解释"、"法意解释"、"比较解释"、"目的解释"与"合宪解释"等方面的哲理探讨;进一步,"体系解释"的哲理探讨还可细分为"扩张解释"、"限缩解释"、"反对解释"、"当然解释"等的哲理探讨。

当我们进入法哲学体系的深山里探宝之时,无论走到哪一步,恐怕都不能掉以轻心地以为似乎"已解决了一个问题",可以略略"松一口气"了。实际上,越是深入,恐怕越会感到法哲学体系的复杂、法哲学殿堂的无限宏伟壮丽。宋代著名诗人杨万里在《过松源晨炊漆公店》一诗中写道:

> 莫言下岭便无难,赚得行人错喜欢。

正入万山圈子里，一山放过一山拦。①

　　正是如此。因此，我们务必谨慎小心，斗志不懈地继续探索前进。但也不必为此而稍有畏惧。诚如莎士比亚所说："世间的任何事物，追求时的兴致总要比享用时候的兴致浓烈。"② "无论什么事情，也只有正在进行的时候兴趣最为浓厚。"③ 让我带着深山探宝的浓烈兴趣，无所畏惧地继续前进吧。

---

① 《宋诗选注》，第 189 页。
② 《莎士比亚全集·威尼斯商人》。
③ 《莎士比亚全集·特洛伊罗斯与克瑞西达》。

第六十九章　法哲学的定义与特点

一、法哲学的定义

我们的研究进程带有回溯的性质，不像许多科学专著那样，先下定义，然后展开，而是先在外围打探，再来考虑定义问题。对此，我想，我们的读者会惠予原宥的。像写出了《法律哲学》专著的 M.P. 戈尔丁，竟还认为法哲学研究范围"并无分明的界限"，却要在一开始就为法哲学下定义，是何等荒唐又谈何容易呢？好在我们的《法哲学经纬》并非教科书，没有必要非在篇首即阐明该学科的定义不可。而现在，经过关于法哲学与法理学合流与分流、法哲学与法学及哲学的关系、法哲学研究的对象与范围、法哲学体系等问题的探讨，我们已可比较自由自在地论定法哲学的定义，并进而阐明它的特点了。

宋代著名思想家朱熹《泛舟》诗云：

昨夜江边春水生，艨艟巨舰一毛轻。
向来枉费推移力，此日中流自在行。①

外围的打探，犹如春水的泛流，"向来"所使之"推移力"倒不是"枉费"的，好处就在"此日"可以比较"自在"地为法哲学下定义。

根据前文的分析，我们认为，法哲学是对法律、法和法文化及其发展规律进行哲理探讨和研究法哲学方法论的理论法学。

这一定义有这样几层意思。

---

① 《千家诗注析》，第 122 页。

二、法哲学定义的含义之一

第一,法哲学是法学。

这一层意思我们已在前文述及。这里,仅对未述及的一些不同观点略事评论。

有些论者认为,法哲学是"研究法的最普遍、最一般问题的一门科学"。这一定义有两个问题值得商榷。其一,什么是"法的最普遍最一般的问题"?许多书和文章都这样写,但谁也没有界定、指明过。所谓"最普遍最一般的问题",是个相当模糊的概念。下定义是为了明确揭示概念的内涵,使人们易于把握有关概念。因此,定义中不应出现模糊概念。顺便提及,有的文论以"最根本的问题"代替"最普遍最一般的问题",这没有实质的不同,因为所谓"最根本的问题"同样是一个模糊概念。因此,这类定义违背了形式逻辑关于"概念的明确性"的要求,不能算是科学的合乎逻辑的定义。其二,这一定义用的是"种加属差"的定义方法,即以种概念加上被定义的属概念与其他属概念的属性差别,来为该属概念下定义的方法。如在这个定义中,按其形式来说,"法哲学"是被定义的属概念,"科学"是种概念,"研究法的最普遍最一般的问题"是被定义的属概念"法哲学"与同一序列的其他属概念的"属差"。但是,实际上,"科学"并非"法哲学"的种概念。"法哲学"的种概念是"理论法学","理论法学"的种概念是"法学","法学"的种概念是"社会科学","社会科学"的种概念才是"科学"。其间相距"十万八千里",属种关系难于提起。因此,该定义不合逻辑。在形式逻辑上,这样的定义的错误叫作"定义范围过宽"。柏拉图给学生讲课时,曾振振有词地说:"人是没有羽毛的两脚直立的动物。"他的一个学生就对他开了个玩笑:把一只鸡拔光了毛,扔在柏拉图的脚下说,这就是你的"人"。① 上述法哲学的定义和柏拉图关于人的定义,犯的是同一类型的逻辑错误。宋代著名文豪苏东坡读难以辨认笔迹的石鼓文后作《石鼓歌》:

> 细观初以指画肚,欲读嗟如钳在口。……
> 强寻偏旁推点画,时得一二遗八九。②

我们的定义可不应写得像石鼓文那样难于辨认。

又有论者谓法哲学是法学与哲学的边缘学科。这并非定义,但它试图以此揭示法哲学的内涵。我们认为,"边缘学科"提法本身是不严密、不科学的。但"约定俗成",用得多了,大家都意会它指的是"处于两个学科之间的新学科",就可以了。然而,一寻根究

---

① 倪正茂:《逻辑与智慧》,湖南人民出版社1983年版。
② 《宋诗别裁集》,第32页。

底，还是疑窦丛生。"边缘学科"云者，如果为内涵明确的"新学科"，倒也罢了。而所谓"法哲学是法学与哲学的边缘学科"者，却是另有注脚的。这个注脚就是：法哲学相对于宪法学、刑法学、民法学而言，是哲学的一部分；然而法哲学毕竟研究的是有关法律的普遍性质的问题，所以它又是法学的一部分。① 如果以这个注脚为准，那么，法哲学或是哲学（应用哲学），或是法学（理论法学），而不是"边缘学科"性的新学科；如果是"边缘学科"性的新学科，那么，它就不是"两栖性"地既是哲学、又是法学。当然，放弃这一注脚也不济事，因为"边缘学科"云云并未揭明法哲学的实质性内涵。每一事物都有多方面的内涵，内涵揭示得越详尽，定义就越明确。但实际上在一个定义中不可能面面俱到地揭"尽"该概念所有的内涵，因此通常是揭示出实质性的内涵即可。如果这一点也未做到，如仅说明"法哲学是……边缘学科"，就不能算是科学的定义。

三、法哲学定义的含义之二

第二，法哲学是理论法学。

无论是对法律、法、法文化现象及其发展规律的哲理探讨，还是对法哲学方法论的研究，都是理论性的。这种理论性的研究当然有其实践意义、实际作用。但它毕竟是理论性的研究，它在实践中发挥实际的作用，是通过对应用法学的指导而实现的，是间接的；就它对应用法学研究的指导而言，固然本身就具备了实践性的直接的实际意义，但由于是"指导"而非"替代"，因此，它仍属于理论法学的范畴，不是应用法学。我赞同费开文在《法哲学新论》中的下述观点："理论法学相对抽象，是从应用法学中概括出来又用以指导应用法学的；应用法学相对具体，与社会实践直接联系。"② 法哲学就是这种"相对抽象"、"从应用法学中概括出来又用以指导应用法学"的理论法学。但费君把法哲学同时看成是应用法学，并以下图表示法哲学的"桥梁功能"，却是难以苟同的。如下所示：

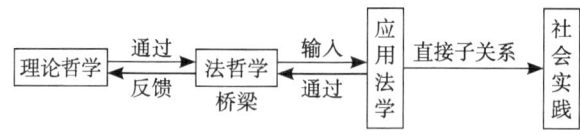

我们认为，法哲学是作为理论法学而指导应用法学与社会实践间接地发生关系的。那么，应用法学是否接受哲学的指导呢？当然而且必须接受。哲学对应用法学的指导可以不通过法哲学而直接进行。传说古时"天有十日"。如果真是如此，十个太阳完全可以同时

---

① 芮沐：《法哲学——一门重要的学科》；傅季重：《哲学与法学》《法律哲学研究的对象及其任务》；费开文：《法哲学新论》；鲁平珍、文正邦：《马克思主义法哲学研究对象不应否定》。
② 《法学与实践》1986年第6期。

直接地照耀大地，而不必让甲太阳通过乙太阳再通过丙太阳……间接地来照耀大地。哲学与法哲学及其他理论法学的"太阳"，也是可以同时直接"照耀"应用法学"大地"的。那样的话，应用法学的"大地"该是何等灿烂辉煌啊！又传说，后来一个叫羿的人拉弓射箭，竟把九个太阳射落了。这害得笔者在这暮春时节还裹着厚厚的羽绒服抖抖索索地握笔耕耘。我们可不要把本当"照耀"应用法学的一个个"太阳"射落啊！

洪逊欣先生在《法理学》中对法哲学的法学性质问题，做过详尽的论述。其中写道，法哲学"系社会哲学之一特殊部门，乃综合研究关于法本身及法学认识活动之根本原理者也。关于法本身之概念原理，尤其关于法价值观念之研究，当与人类法生活之实践问题，关系密切。而法理学，在其研究此等根本问题之范围内，可谓为实践法理学。又研究法学认识活动之根本原理，尤其确定法之概念、检讨法学认识活动之性质及方法等，均系法学本身，对其前提见解之理论的自己检讨，并与法学是否能求正确知识，当有密切关系。而法理学，在其为此等研究工作之范围内，可谓为理论法理学。"[①] 简而言之，法哲学既是"理论法理学"，又是"应用法理学"。这段议论中，有十分关键的一句话，就是"……与人类法生活之实践问题，关系密切"。洪先生正是依据"与人类法生活之实践"的"关系"是否"密切"，来确定何者为"理论法理学"，何者为"应用法理学"的。但问题偏偏出在这关键的话上。试问，何为"关系密切"？这也是一个模糊概念。很难说"研究法学认识活动之根本原理""与人类法生活之实践问题"的"关系"不"密切"；而对"法本身之根本原理"的研究，也很难说"与法学是否能求正确知识"无"密切关系"。因此，这样地把法哲学"一仆二主"地分别称"理论法理学"与"应用法理学"两者，是不妥当的。总之，我们认为，法哲学是理论法学的一个子学科，而不是别的。

四、法哲学定义的含义之三

第三，法哲学是对法律、法、法文化及其发展规律进行哲理探讨的理论法学，是研究法哲学方法论的理论法学。

这一层意思揭示的是法哲学与其他理论法学之间的属性差别。我们认为，是法哲学而且只有法哲学才可承担对法律、法、法文化及其发展规律进行哲理探讨和研究法哲学方法论的任务。正因如此，以这一层意思，可与其他理论法学相区别。

在关于法哲学的定义中，我们没有写上"以马克思主义哲学为指导"之类的字样。我们认为，以马克思主义哲学指导法哲学研究，是"题中应有之义"。

对"以马克思主义哲学指导法哲学研究"，应当注意这样几点：其一，要将马克思主义哲学的基本原理的精神贯穿在法哲学研究的全过程中，而不是贴马克思主义经典作家个

---

① 《法理学》，第39—47页。

别词句的标签,也不是套马克思主义哲学原理的框框。其二,不能断章取义地割引马克思主义经典作家的语句而曲解其真意所在。例如,马克思、恩格斯在《德意志意识形态》一书中,从法的产生、发展对社会经济关系的密切依赖关系的角度,讲到过"法没有自己的历史"。如果机械地割裂地理解这句话,那么,连法律史都不存在了。实际上,马克思、恩格斯对法的历史运动却做过认真的考察,并使之成为科学法哲学研究的重要基础。其三,马克思主义是发展的,它将吸取社会科学各个部门的最新理论成果丰富与完善自己的体系。这个"吸取、丰富与完善"的工作,要由全体理论工作者共同承担。因此,"以马克思主义哲学指导……"逻辑地包括吸取科学哲学发展的最新成果并加以运用。运用这些成果,例如运用系统论、控制论等研究成果,可能失当;甚至有关成果可能最终被证明为伪科学。但这不能成为反对运用科学新成果的借口而拒绝一切新成果的运用。总之,我们的态度应当既是积极的,又是审慎的。

在明确论定法哲学的定义之后,现在我们可以进而探讨它的特征了。

五、法哲学的特征

大致地完成形态的,即成熟的为公众共同接受,为法学界较为一致地认可的法哲学有何特征,现在还很难论定。因此,现在我们探讨法哲学的特征时,把这一任务局限于探索创建过程中的法哲学的特征的范围内。从这个角度看,法哲学的特征主要是:

第一,在批判中为自身的发展开辟道路。

前面我们曾说到过,《经篇》述评中外法哲学家的法哲学观时,虽然已经有所取舍,但还不是在严格、严密的意义上论述每一个法哲学家的法哲学观的。我们进行取舍的标准,首先是依据中外各种法哲学著作的共同认识确定的。但这些"共同认识"本身就不见得没有问题。只是为了《经篇》的撰述的便利,同时也为了将中外法哲学著作多已认可的"法哲学观"介绍给读者,所以我们就那样大胆地"取"而用之了。因此,法哲学在自身的发展过程中,必定要进一步或取或舍,在批判中继续开拓前进。也许,将来的别的法哲学著作述及中外思想家的法哲学观时,仍然保留我们和其他人已提及的那些内容,但却只是作为法哲学行前行时摇摇摆摆的陈迹而"录以备查"的。

这一"批判"可能主要循着以下几个方向开展:

其一,学科性质的方向。鉴于不少法哲学著作将法哲学当作哲学的子学科(应用哲学),而实际上法哲学并非哲学的子学科。因此,当认清法哲学是法学而非哲学时,自然要将把法哲学当作哲学而进行论述的内容剔去。又鉴于不少法学家将法哲学等同看作法理学,因此,当法哲学与法理学的分流进一步强化、明朗化后,许多并非法哲学范畴的法理学内容,也将被一一剔除。

其二,研究范围的方向。鉴于不少法哲学著作根本未论及法哲学的研究范围,而论及者又颇多歧见，如本书所述研究范围，与井上茂先生、洪逊欣先生及加藤新平先生等就甚多不同，因此，在法哲学的发展过程中，在逐步明确地确定它的研究领域时，必然要经过批判而舍去某些内容，留下另一些内容，从而使"法哲学"真正成为法哲学。

其三，研究方法的方向。研究方法直接决定研究成效的当否与大小。那么，在法哲学研究方法尚处探索过程中时，必定有用得正确的和用得不正确的之分。凡用得不正确的，当因研究的深入而被舍弃。那么，连类而及，在这一研究方法指导下取得的"法哲学"成果，也就难以再认其为法哲学成果了。此外，研究方法本身也将经受"炼狱"般的考验而或取或舍。这当然也是法哲学发展的一条途径，从而反映法哲学在批判中为自身发展开辟道路的特点。

第二，以强烈的哲理性与其他理论法学相区别。

加藤新平先生在《法哲学概论》中指出，法哲学的"考察态度"是"哲学的态度"。他认为法哲学的"考察态度"，与法史学、比较法学、法社会学、法心理学、法人类学、法解释学等的考察方法是不尽相同的。综观《法哲学概论》全书，加藤先生是把法哲学、法史学、比较法学、法社会学、法心理学、法人类学、法解释学等都看成为理论法学的。但他仅指出法哲学的"考察态度"为"哲学的考察"，可见他是把这一点看成法哲学独具的特征的。

加藤先生认为，"哲学的考察"具有"究极性"、"全体性"和"关切非世界观的人生观"等三个特点。根据我的理解，所谓"究极性"是指彻底性；所谓"全体性"是指普遍性；所谓"关切非世界观的人生观"，加藤先生似是指"人间理性的本质"，是一种人文主义的哲学观。他的这些看法，尤其是"究极性"与"全体性"的"哲学的考察"，无疑肯定是法哲学的特点。这与我们所说的"强烈的哲理性"大致相容。

洪逊欣先生在其《法理学》一书中，分析了"人类之处事态度"。指出有"常识的态度"、"科学的态度"与"哲学的态度"。他认为，法理学即法哲学的特点之一，便是以"哲学的态度"进行研究。

这些意见，和我们论定的法哲学"以强烈的哲理性与其他理论法学相区别"的观点，是一致的。

这一特点，在具体论述法哲学问题时将看得十分清楚，在《经篇》述及的法哲学观中也已有所见，在前文所论法哲学研究范围之二、之三，也已略见一斑。

第三，无可回避的时代性。

所有的理论都会有它的历史局限性，这是理论的时代性的消极面。法哲学自然不可避免。

我们这里想强调的不是理论的时代性的消极面，而是它的积极面。这就是法哲学所特具的强烈的时代责任感。如同我们在《经篇》里所看到的那样，除去像霍布斯那样的，时时随着政治风向的改变而改变自己的法哲学观点的少数人以外，绝大多数法哲学家都以特别强烈的时代责任感力求实现其法哲学主张，以求改变社会的状况。即使像亚里士多德这样的人，虽然时时处在摇摆于唯物主义与唯心主义世界观之间的状况中，但他们的态度还是十分认真、高度诚挚的。他们都想，甚至都急于要用自己的法哲学去经时济世拯救同类。

博登海默指出："为我们所知晓的许多绝对的法律哲学都表明，法律思想家试图唤起共同时代的人们注意他们各自时代所存在的某些严重的、迫切需要解决的问题，这种企图可能是以一种过分戏剧化的方式实现的。"[①] 他认为这就造成了法哲学理论的局限性，而"要完全克服上述各种理论的局限性是不可能的。"[②] 我们认为，这种"局限性"是理论的"时代积极性"的表现，不但不应"克服"，而且应当重视它的发展与增强。法哲学应为自己的时代性特征而骄傲。

我国正处在从计划经济体制向市场经济体制转轨的关键时期。随着经济体制的转轨，必定会而且必须有政治体制、科技体制、教育体制的重大改革相伴随。其中，建立适应市场经济发展要求的法制体系，已经成为国人的共识与强烈要求。这一法制体系的建立，将引起对法律价值、法律目标、法律模式以及一系列法律规范、法律原则的认识的改变，人们的法律意识、法制观念也将随之相应变化。此外，立法、司法、执法、法律教学与研究等等，也将相应变化。所有这些变化都与人们的世界观、方法论相关，从而必将在法哲学观方面引出一系列问题，引起重大的变化。法哲学工作者的任务是，根据法哲学具有强烈的时代性的特点，积极地主动地在法哲学的高度为法学、为市场经济法制的建设做出贡献。

"一朵忽先变，百花皆后香。欲传春信息，不怕雪埋藏。"[③] 但愿每一时代的法哲学都能为各该时代的社会进步做出应有的贡献。

---

① 《法理学——法哲学及其方法》，第 205 页。
② 同上。
③ 〔宋〕陈亮：《梅花》，《陈亮集》第 204 页。

第七十章　法哲学的地位和作用

天地间的万事万物，总会努力寻找到自己安身立命的地位，并尽情发挥自己的作用。宋人有诗云：

> 大树大皮裹，小树小皮缠。
> 庭前紫荆树，无皮也过年。①

在长期的进化过程中，无皮之树学会了由树心供应养分的本领，从而得以"林立"于天地之间，享受生的欢乐。

法哲学在法学中的地位，也是长期"进化"的结果。始而"浑沌"于哲学的无所不包的母腹之中；继而嗷嗷然脱颖而出，但仍与法理学诸家兄弟难舍难分以至彼此不分。加之自身存在的严重弊病，诸如时代的局限、阶级的局限和认识水平的局限，差点儿被"判处死刑"，失去生存的位置。法哲学在中国的遭遇就是如此。现在是恢复法哲学的应有地位的时候了。

一、评《辞海》"法律哲学"条的释辞

《辞海》"法律哲学"条称："法律哲学亦称法哲学……从哲学原理出发论述法的概念和作用的学科。资产阶级法学中的法律哲学，是唯心主义哲学的一部分……它掩盖法的阶级本质，宣扬资产阶级法的'普遍性'、'永恒性'和'正义性'，为资产阶级的统治服务。"

这一条目的释辞本身就颇多问题：其一，把"法哲学"定义为"从哲学原理出发论述法的概念和作用的学科"，首先是犯了"定义过窄"的逻辑错误，因为法哲学远远不止于仅仅研究法的概念和作用；其次是没有指明法哲学的"学科"性质，"研究……的学科"，

---
① 行持：《失题》，〔宋〕陆游：《老学庵笔记》第34页。

哲学还是法学学科？"雄"的还是"雌"的？再次是并非"从哲学原理出发……"，如果要说"从何处出发"的话，那就只能是从法律、法和法文化的现象出发。作为理论法学，法哲学固然一刻也不能离开演绎法，但它的生命在于归纳法，从万千法的概念归纳（抽象）出法概念的本质；从法的历史归纳（概括）出法的发展规律；等等。

其二，把"资产阶级法学"中的"法律哲学"断定为"唯心主义哲学的一部分"，也是不尽妥当的。首先，法学中的法哲学怎么是哲学的一部分呢？诚然，黑格尔的"法哲学"是唯心主义哲学，但那是黑格尔意义上的"法哲学"，而不是通常意义上的法哲学，后者是法学的一部分。其次，退一步说，先不管是否"哲学"，且看它的哲学性质是否"唯心主义"。难道"资产阶级法哲学"都是"唯心主义"性质的吗？事实上并非如此，马克思主义经典作家就高度评价过不少"资产阶级法哲学"家的唯物主义立场。

其三，"资产阶级法哲学""掩盖法的阶级本质……为资产阶级服务"的说法，也有以偏概全之嫌。首先，这里所谓"资产阶级法哲学"，是"剥削阶级法哲学"的代称，是把马克思主义法哲学诞生之前的一切法哲学全部囊括在内的。而事实上，如我们在《经篇》中所见到的，不仅早期、中期、晚期的空想社会主义法哲学家，而且还有其他不少中外法哲学家，都曾声色俱厉地无情揭露、猛烈抨击过剥削阶级的法的阶级本质。其次，这种揭露与抨击、批判，往往是为了推翻某一剥削阶级的统治，起码是不利于这一剥削阶级的统治的。再次，"宣扬……法的'普遍性'"是什么意思？法的普遍性，本来就是法的特性，否则就不成其为法，如党派的章程、行会的规定、乡间的协约，就因其不具有"普遍性"而不能作为法来看待。因此，"宣扬"法的"普遍性"实在不是什么滔天大罪。

在这里评论的《辞海》的"法律哲学"条，目的已非论述法哲学的定义。扯到这里来详评该条释词是为了说明：曾有三十多年的时间，在我国，是把法哲学和资产阶级法哲学画上等号，因而长期打入冷宫（死牢？）的；而撰于70年代末、出版于80年代初的这本《辞海》的"法律哲学"条，还深受前此错误观点的影响，虽然列出了这样一个条目，却做了实际上的否定。它压根儿不谈法哲学在今天的中国法学中的应有地位，当然，更未去肯定这一地位。毫无疑问，这样的释辞应做改写。但我们不能学《辞海》的判决，应当学学"无皮之树"，自行求取生存空间，自行发挥应有作用。

那么，法哲学所应有的地位，具体来说是怎样的呢？

二、法哲学地位的独立性

第一，法哲学的独立地位。

首先必须说明，世界上任何事物的独立性都是相对的，因为一切事物都处于与其他事物的联系之中，受其他事物的影响与制约。独立性绝非形而上学的孤立性。因此，我们这里说的法哲学的独立地位也是相对的。也就是说，相对于从前包容于哲学之中、与其他法学混合一起的状况,现在应是独立的,它有自己独立的特殊的性质、特征与作用;相对于法社会学、法心理学、法人类学、法解释学、法史学等理论法学,它有自己独立的研究范围、研究方法;从中国来说,相对于西方那种法哲学与法理学不分的状况,我国的法哲学应当是独立的;等等。

关于最后一点,前文已略做说明,这里还有必要再做些补充。有人认为,"要发展我国的法律哲学学科,首先必须转变那种认为法律哲学是资产阶级法学的'独占品'的观念,确立法律哲学也可以是马克思主义法学的重要组成部分的思想,理直气壮地为创建我国社会主义的法律哲学体系而努力。"[①]我们基本赞同这一意见,它实际上提出了在中国法学中应有法哲学的独立地位的问题。说"基本赞同",是因为还有一个小小的补充,即在"法学"前添补"理论"两字,即"确立法律哲学"也是"马克思主义理论法学的重要组成部分的思想,……",这一小小的补充,有大大的意义:其一,在不影响法哲学独立地位的前提下,认定其理论法学的学科性质;其二,避免把法哲学与其他理论法学学科相混淆;其三,更重要的是,避免将法哲学与法理学等同而视。

实际上,就是持上述观点的同志,同时也将法哲学与法理学混同而视了。他们主张,将现在的法学基础理论改为法律哲学。其理由有四:(1)在创建法哲学时,如仍保留法学基础理论,就会互相重复、交叉。(2)学科名称涉及的是科学范畴问题,用词越简练、越确切越好。如果用法学基础理论来表明该学科讲的是法学的基本问题,那么,宪法学、民法学等是否也是法学中的基本问题?即使不算,那么,各个部门法中又都有一些基础理论问题,如果都用"基础理论"冠之,则会造成很多混乱。而用"法哲学",则避免了这些矛盾。(3)近年来,我国法学基础理论发展缓慢,其原因之一是在方法论上我们较多地采用对具体法律规范进行分析、阐述的注释法,忽视从哲学高度分析法的基本理论及其发展规律。而改用"法哲学"则有利于克服这一缺陷。(4)我国三十多年来沿用法学基础理论之名称,是受了苏联的影响,现在,我们既然承认法律哲学可以成为马克思主义法学的组成部分,为什么就不可以将"法学基础理论"改称为"法哲学"呢?[②]四条理由,不可谓不多,然而基本上都站不住,更不用说是"充足理由"。

关于(1),既有"重复、交叉",就蕴含着没有重复、交叉的部分。起码,这不重复、交叉的部分可以独立出来成为法哲学的内容。关于(2),宪法学、民法学研究的是部门法学的基本问题,与法学整体的基本问题本不重复。而且,实际上,从未见有因此而混淆了宪法学与法学基础理论的。如果仅仅是改名而已,也不可能就此而消除"混乱"。关于(3),如果我国法学基础理论发展缓慢的原因是方法论问题,那么,在方法论上加以改进就可以了,自无改变学科名称的必要。关于(4),我国用"法学基础理论"的名称,实际

---

① 何勤华等:《法学新学科手册》,浙江人民出版社 1988 年版,第 10 页。

② 同上,第 10 页。

上不能归咎于"苏联的影响"。"苏联的影响"在于：其一，将法学与政治学混在一起。受此"影响"的结果是，三十多年来，我们没有独立的"法学基础理论"，有的只是"国家与法的理论"。其二，否定法哲学。在苏联的法学辞典与百科全书中，把法哲学称为资产阶级法学或资产阶级哲学而予根本摒弃。受此"影响"的结果是，我国三十多年来也无法哲学学科之设。我国之用"法学基础理论"，倒是 70 年代后期，我们法学界自己的创造，纯粹的"国货"也。总之，四条理由都站不住脚，之所以站不住脚，根本原因是：把法哲学与法理学混同为一，否定法哲学的独立地位。因此，要使法哲学恢复其独立地位，就必须划清与其他理论法学的界限，就必须不再等同相视法哲学与法理学。

三、法哲学地位的指导性

第二，法哲学的指导地位。

在法学的所有子学科中，理论法学以其理论性而处于对应用法学、发展法学[①]的指导地位；在理论法学的所有子学科中，法哲学又以其哲理性而处于对其他理论法学的指导地位，并通过整个理论法学对法学的所有子学科作哲理指导。

我们不赞同《马克思主义法哲学研究对象不应否定》一文把法哲学看成哲学、"专门研究法律中的哲学问题"，但我们赞同该文的如下观点："法哲学……是对法学理论的再抽象、再概括，它离不开法学但又超出了各门法学"；"法哲学所研究的是特有的法学世界观和方法论"。在这个意义上，法哲学与理论法学的其他学科，与整个法学的其他学科，有着一般与特殊、共性与个性的关系。《马克思主义法哲学研究对象不应否定》一文正确地指出："正确理解一般和特殊、共性和个性、绝对和相对这种既相区别和对立，又相联结和转化的关系，是正确理解马克思主义法哲学的研究对象以及它同法学基础理论关系的关键。""正确理解"的必然导向是：法哲学具有指导性的地位。

例如，正在孕育中的"动态法哲学"与"静态法哲学"及其相互关系的有关理论，是先前的"法学基础理论"所不曾涉足的。它将对所有其他的理论法学子学科和整个法学子学科，如宪法学、民法学、诉讼法学等，都有指导作用，所有这些法学子学科都将因"动态法哲学"与"静态法哲学"的划分而有所变动与发展。

《应当开展马克思主义法哲学的研究》一文认为："法哲学的地位和作用是不可忽视的。正因为法哲学相当重要，所以历史上许多外国学者对于法哲学研究的兴趣均未曾衰落，现在西方各国对法哲学的研究更是十分盛行。不能不承认，它对促进资产阶级的法学发展起了相当重要的作用。……在全国法学规划会议上，有关负责同志提出了开展法哲学研究的任务，这对我国法学研究无疑具有重要意义……"法哲学研究的"重要意义"，正

---

① 倪正茂：《现代化和法学的现代化》，《社会科学季刊》1986 年第 2 期。

是由于它在与法学子学科的关系上处于指导性的地位。

四、法哲学地位的前沿性

第三，法哲学的前沿地位。"前沿"是军事术语，意谓接近敌军的阵地。这里借用来说明法哲学处于最接近哲学社会科学新成就，因而在法学各学科、包括理论法学各学科中最容易接受这些新成就以发展自身的地位上。在法学的子学科中，宪法学、民法学、刑法学等，由于研究对象的限制，有一定的封闭性特点；在理论法学的子学科中，法社会学、法人类学、法心理学等，同样受研究对象的限制，并受研究方法的限制，也有一定的封闭性。与这些学科相比，法哲学是最开放的，它紧接哲学社会科学新成就，随时都可吸收、消化，为己所用。因此，这一地位将决定法哲学显得十分活跃，十分丰富多彩。这一点，我们只要看一看第二次世界大战以来荷兰法哲学的发展概况，就可十分明白。

荷兰法学家杜依维尔特倡"宇宙秩序论哲学"，其学生霍姆斯就按此倡言撰写了《法概念之方法意义》（1965年）、《法的总则对执行律务之意义》（1967年）、《法学要则》（1972年）和《法哲学史纲》（1972年）等法哲学著作，试图建立一整套的法哲学理论。G.E.兰格迈在《荷兰法导论》中评价杜依维尔特的法哲学著作时指出，霍姆斯的法哲学体系"与其说是在为各种各样的法的原则提供有利的证据，不如说是在阐明某些比较公认的法原则是如何被认为是符合创世秩序的"。

另一位荷兰法哲学家凡赫少德则追随黑格尔的理论思路，撰写了《国家——纯式的人》（1946年），其中的核心理论是费罗·尤达乌斯的如下命题："国家是活着的法，而法则是一位公正的统治者。"凡赫少德的另一本法哲学著作《社会各项制度之人格化》（1977年），则吸取了存在主义的思想观点，融会贯通于该书之中。同样吸取了存在主义而游泳于法哲学之海的是万德汶，他写了《存在与法》（1956年）一书。

美国现象学家黑尔莫特·普赖斯纳曾在荷兰执教有年，在他的现象学影响下，荷兰法学家万隆写出了《准则与行为》（1956年）等法哲学著作。帕森斯的"角色"论和斯格玛的"游戏规则"论，直接影响了荷兰法学家岱海德，他撰写了法哲学著作《独立的法官》（1970年）。荷兰阿姆斯特丹大学的法哲学教授季希则吸取"怀疑论"撰写法哲学著作，以怀疑主义"去反对一切在他看来为了实证法的规则和自然法的准则而牺牲人类幸福的信条"[1]……

荷兰不过是一个仅有一千五百万人口的小国，其法哲学研究竟如此活跃。而且，其接受其他学术思想用于法哲学研究，竟如此敏捷。这是与法哲学处于与其他哲学社会科学交接的前沿地位，因而得以最先作出反应分不开的。当然，上述荷兰学术思想及其对法哲学的影响，未必科学，未必新颖而正确。我们只是以此来说明法哲学的前沿地位罢了。我们

---

[1]《法哲学》，转自荷兰比较法学会丛书《荷兰法导论》第5章。

相信，只要哲学社会科学获取了新的学术成果，是必定会迅捷地被位处前沿的法哲学所吸取、消化的。它又将因法哲学的指导地位而对其他理论法学以及整个法学发生不可估量的影响。

"近水楼台先得月，向阳花木易为春。"① "春深水涨嘉鱼味，秋近风多健鹤翎。"② 应当充分利用法哲学"近水楼台"等的有利的前沿地位，使法哲学的发展迈开大步。

五、法哲学的作用

法哲学既处于指导地位上，自有其指导法学，首先是指导理论法学发展的作用。就此而言，法哲学的作用主要表现在：

第一，法学理论方面的指导作用。

例如，法的发展规律，是法哲学的一个重要研究课题。现行法学基础理论仅仅涉足法的社会类型，把法的社会类型的先后更迭当成了法的发展规律的全部内容。其实不然。法哲学的研究将告诉我们，法的动态发展将呈链与环的形式，波浪式地发展，并遵循对立统一、量变质变、否定之否定等辩证法规律；还将告诉我们，突变式的发展，是法的发展规律中的突出特点；等等。这些，是现行法学基础理论所未涉及的，它将在理论上对其他法学学科尤其是对理论法学的其他学科，起指导作用。

又如，"法治"和"人治"、批判与继承、阶级性与社会性等问题，曾久久困扰法学基础理论工作者，论战迭起，不绝如缕。究竟如何论定，迄今未见分晓。按科学法哲学的辩证分析，这些都是不难解决的理论问题。

第二，法学方法论方面的指导作用。

由于法哲学的一个重要组成部分为法哲学方法论。因此，它的研究成果当对法学各个子学科的研究起指导作用。

马克思、恩格斯在《德意志意识形态》中就表现了对科学法哲学方法论的高度重视，他们精辟地阐发了社会存在与社会意识的关系，划清了两种根本对立的历史认识论的界限，从而为划清两种根本对立的法学认识论和方法论的界限奠定了哲学基础。他们认为，有两种研究方法，一种方法是从意识出发，"把意识看作是有生命的个人"；另一种方法是从现实出发，从"有生命的个人出发，把意识仅仅看成是他们的意识"。后者才是真正实证的科学，它是"从对人类历史发展的观察中抽象出来的最一般的结果和综合"。马克思、恩格斯正是运用这种方法，对法的本质作出了科学的逻辑规定，揭示了法的辩证运动的规律。这对我们运用法哲学方法论指导法学研究，是一极好的范例。

---

① 〔宋〕苏麟：《断句》，《宋诗纪事》卷17，第446页。
② 〔明〕吴承恩：《杨柳青》，载《射阳文稿》。

需加说明的是，运用哲学方法于法学研究、指导法学研究，这已是法学基础理论所阐明了的。我们所说法学方法论方面的指导作用，是指法哲学方法的指导作用。这是与哲学方法有联系，又有区别的。

法哲学的作用，除上述"指导作用"外，还在于：

第三，对人类法制生活实践发生影响。

法哲学理论中，对法律、法与法文化现象的哲理探讨，对法与其他事物的关系的哲理探讨，都可能以其科学的结论，对人类的法制生活的实践发生影响。这种影响有间接性的特点。但间接影响并非一定弱而小，直接影响未必强而大。

洪逊欣先生的《法理学》指出，法哲学在法的根本原理的研究中的成果，"当与人类法生活之实践问题，关系密切"。他并因此认为法哲学"可谓实践"法哲学。[①] 他关于法哲学作用的观点，显然是正确的。至于是否因此而为实践法哲学，我们在前面已做了分析。

当然，运用法哲学指导法学研究，影响法制实践，并不是一件轻而易举的事。"纵横纸上谈兵易，镇定临危授命难。"[②] 如何化法哲学原理为具体指导法学研究及法制实践的最佳对策，当成为一个重要的法学课题。但这与论定法哲学的作用，已是两回事了。

---

① 洪逊欣：《法理学》，第45页。
② 杨蕴辉：《甲申仲秋感事》，《百年心声》第17页。

第七十一章　法的概念的哲理探讨

"海阔诚难度，天高不易冲。"① 法哲学研究正如唐人元稹的这两句诗一样，确有其难，如果不抓住整个研究的根本所在，就可能如同"浮云柳絮无根蒂，天地阔远随风扬"②，放之任之，飘飘荡荡，结果不能取得，正确无从谈起。

这个"根本所在"，论者谓为法的概念。傅季重教授即说："法的概念是法律哲学的中心问题。"③ 但是，众所周知，法理学也研究法的概念，而且它是整个法理学研究的逻辑起点。这样一来，法哲学与法理学岂非二而一、一而二地无所区别？因此，窃以为，法哲学研究的中心问题，是法的概念的哲理探讨。它也研究法的概念，但侧重点是对法的概念做哲理探讨，而不在于探讨法的概念本身。

"采玉上山巅，探珠入水府。"④ 现在让我们抓住这个"珠"、"玉"般的根本问题，登山入海，向法哲学大本营前进吧。

一、中外法哲学家论法的概念

法是什么？柏拉图认为，法是用来维护正义的手段。亚里士多德认为，法是正义的具体化。西塞罗认为，法是最高的理性，从自然产生出来，指导应做的事，禁止不应做的事的理性。古罗马法学家塞尔苏斯认为，法是善良公正之术。奥古斯丁认为，法是维护和平与秩序的手段。托马斯·阿奎那认为，法是人们赖以导致某些行动和不做其他一些行动的行动准则或尺度。早期自然法哲学派的代表人物格劳秀斯认为，自然法是真正理性的命令，是一切行为的善恶的标准。斯宾诺莎认为，法律是人给自己或别人为某一目的立下的

---

① 〔唐〕元稹：《会真诗三十韵》，《元白诗选注》第86页。
② 〔唐〕韩愈：《听颖师弹琴》，《唐诗选注》第348页。
③ 傅季重：《哲学与法学》，《学术月刊》1982年第1期。
④ 〔唐〕姚合：《庄居野行》，《唐诗选注》第491页。

一个方案；是生活上的一种方策，使生命和国家皆得安全。霍布斯认为，法律是必须被普遍遵守的命令，是发布命令的机关用口头、文字或其他明显方法宣布的统治者的意志。洛克、孟德斯鸠与格劳秀斯一样，都是自然法哲学派的著名代表，同样认为自然法即是理性。卢梭也是自然法哲学派的杰出代表，但他的理论和格劳秀斯等有所不同，他认为，法律是公意的宣告，是主权者为全体人民做出规定的行为。康德承袭了古罗马法学家的观点，认为法律就是一个人的自由与他人的自由依一般规则而不相侵害。黑格尔认为，法就是自由意志的定在，就是作为理念的自由。功利法哲学的代表人物边沁认为，法律是主权者自己的命令或为主权者采纳的命令总和，是强加于公民身上、不履行就将惩罚的义务。分析法哲学的创始人奥斯丁认为，法律是政治上作为最高统治者的一种主权命令，是命令的形式。历史法哲学的著名代表萨维尼认为，法是"民族精神"的体现，是全体人民共同的行动准则。社会学法哲学的代表庞德认为，法律就是一种制度，它是依照一批在司法和行政过程中运用权威性律令（precept）来实施的、高度专门形式的社会控制手段。现实主义法哲学家弗兰克认为，就任何具体情况而论，法律或者是实际的法律，即关于某一情况的已作出的一个判决，或者是大概的法律，即关于一个未来判决的预测。"纯粹"法哲学代表凯尔森认为，法律是"人类行为的一种秩序"和"社会组织的特殊技术"。新分析法哲学派的代表哈特，提出了广义法律概念和狭义法律概念之分的观点，认为只有良法才是法律。美国新自然法哲学家富勒批判了一系列流行的关于法律的概念，他认为，法律是使人的行为服从规则治理的事业。

中国历代思想家也对法是什么的问题提出了自己的看法。管仲认为，法是"劝之以赏赐，纠之以刑罚"的规定。子产认为，法是使"都鄙有章，上下有服"的行为规范。老子认为，法是自然的"天之道"。孔子认为，法是用来"导之以政，齐之以刑"的统治者与被统治者的行为准则。墨子认为，法是"一同天下之义"的统一规范。商鞅认为，法是定"分"止"乱"的手段。慎到认为，法是"齐天下之动、至公大定之制"。申不害认为，法是"君人南面之术"。荀卿认为，法是"明分使群"、"化性起伪"的手段。韩非认为，法是"禁暴""止乱"的治国工具。贾谊认为，法是"禁于已然之后"的惩戒手段。董仲舒认为，法是辅德而行而有强制性的行为规则。柳宗元认为，法是"彰善瘅恶"之具。朱熹认为，法是"天地之节文"，"人事之仪则"。金世宗元颜雍认为，法是"公天下持平之器"。王守仁认为，法是明赏罚、正风俗的治国手段。黄宗羲认为，法应当是"天下之公器"；梁启超也持此说。孙中山先生则把法律看成为"人事里头的一种机器"，调和自由与专制的机器。

二、对中外法哲学家法的概念观点的评论

上述中外法哲学家关于法的概念的观点和认识，语言表达各不相同，内容丰富有所不

一，观察深浅略有所异。但从总体来说相去不远，大多停留在法的现象上（有的甚至是在假象上）、静态上、表面上、特殊性上和抽象性上，未能深入考察法的本质、动态、普遍性和具体性，从而得出关于法的概念的正确认识。

出现这种状况，是符合人类认识发展的规律的。如果从柏拉图、管仲等开始，就能科学、正确地论定法的概念，反而是一件不符合认识的辩证法的奇怪事情。当法文化现象本身还处在刚刚开始发展的阶段上时，要得出关于法的成熟形态的概念，无疑是不可能的。认识水平也有一个不断修正错误、提高完善的过程。黑格尔曾针对科学家们谈到他们所观察、所议论的只是"看到的东西"而指出："这不是真的，他们是在不自觉地通过概念改变着直接看到的东西。"列宁指出黑格尔的话"非常正确而且重要——恩格斯用比较通俗的形式重复的正是这一点，他这样写道：自然科学家应当知道，自然科学的成果是概念，但巧妙地运用概念却不是天生就会的，而是自然科学和哲学两千年发展的结果。"① 爱因斯坦创立相对论后写道："牛顿，请原谅我，你所发现的道路，在你的时代，已经是一个在思想上和创造上具有高能力的人唯一所发现的了。你创造的概念，直到今天，在我们的物理思想中仍然起着指导作用，虽然我们现在知道，必须用另外一些离开直接经验领域较远的概念来代替它们，才能更深入地理解事物的各种联系。"② 恩格斯在一百多年前为"生命"所下的定义以及这个定义在今天的发展，也生动地说明了认识包括概念的发展"是一个本质上无止境的过程"，他说："自从我们接受了进化论的那个时刻起，我们关于有机体的生命的一切概念都只是近似地和现实相适应。"③ 现代自然科学指出了核酸对生命的作用，而恩格斯仅仅指明蛋白体与生命的关系，生命概念的更新，就是理所当然的了。自然科学方面的概念如此，社会科学方面的概念也是如此，无不同样地历经由错误到正确、由近似到基本相符的辩证的认识发展过程。

古代以来直到近代，中外法律思想家对法的概念的认识长期停留在比较浅薄的程度上，除法文化现象即法的概念所反映的对象本身处在发展过程中，认识水平有一个提高的过程等原因外，还有一个重要原因，还未引起法哲学界的足够重视。这个原因就是，绝大多数的思想家虽曾关注法的概念的法理学探讨，而未曾关注它的法哲学探讨。我们认为，对法的概念作哲理探讨，是科学论定法的概念的根本途径。

对此有所省察的，是美国法哲学家博登海默。他在《法理学——法哲学及其方法》一书的《法律与科学方法》一章中，专门写了《概念之形成》一节。这种从"科学方法"着手研究法的概念及法的一切问题，正是法哲学与法理学的一个重要区别，也提供了我们解开法的概念的疑团的一条正确思路。因此，介绍一下博登海默对"法律概念"的形成的基

---

① 《哲学笔记》，人民出版社 1974 年版，第 290—291 页。
② 《爱因斯坦著作选编》，第 469 页。
③ 《马克思恩格斯全集》第 39 卷，第 410—411 页。

本观点,是必要的。尽管他考察的是法律中出现的概念,而不是我们讲的总体上的"法"的概念,因为考察的思路是可借鉴的。

三、博登海默论法律概念的形成

博登海默认为,"法律概念可以被视为是用来以一种简略表述方式识别那些具有相同或共同要素的典型情形的操作工具。"他从中世纪唯名论者与唯实论者有关法律概念的论战为例说明,"由于法律概念是人类语言的产物而非自然客体的产物,所以这些概念与它们所旨在表示的对象间的关系便一直为著作者们所关注"①。

按照唯实论者的观点,概念与有关的外部世界的客体种类之间存在对应关系:在人类头脑中形成的每个一般概念或观念,都有一种客观现实中的东西与之对应。唯名论者则认为,自然界只有个别事物,描述周围世界的概括与分类的,只是一些语言符号,这些符号不能认为是存在于现实中的事物的忠实复制品。

博登海默指出,这场论战实质上是认识论的分歧,因此难以达成共识。他认为,唯实论者观点的价值在于哲学上对事物共性的把握,但他们的认识又过于简单化了,因为他们没有注意到,语言的丰富与精妙程度还不足以反映自然现象在种类上的无限性、自然力的结合与变化、事物的转化的客观存在。

由此,博登海默得出这样的结论:"上述的一般性考虑对于概念在法律科学中的效用具有重大关系。这种关系是一种双重关系:它与人类对法律概念的需要有关,同时也与使用这些概念时所受的限制有关。"②他指出,一个概念的中心含义也许是清楚的、明确的,但当我们离开该中心时它就趋于变得模糊不清了,而这正是一个概念的性质所在。他认为,美国法官卡窦佐(Cardozo)关于"概念专横"乃是"产生大量非正义现象的根源"的观点,是应予赞同的。卡窦佐指出:"当概念被视为真实存在并以全然无视后果的方式被发展到其逻辑的极限时,概念就不再是仆人,而是暴君了。"③

博登海默先生关于"人类对法律概念的需要"与"使用这些概念时所受的限制"的观点及他对唯名论、唯实论的概念之争的考察,已接近了唯物主义辩证法关于概念的主观性与客观性关系的理论。认识概念本身固有的客观性与主观性的对立统一关系,是对法的概念进行哲理探讨的关键之一。

---

① 《法理学——法哲学及其方法》,第462页。
② 同上,第465页。
③ 同上,第469页。

四、法的概念：主观性与客观性

法的概念与任何概念一样，是人们在思维认识活动中产生的。在其产生的过程中，思维要暂时割断事物本身的某些联系，撇开事物的一些属性。人脑对客观世界的这种加工是抽象的，因此与客体产生了某种"隔离"。抽象所得的概念，属于意识，是主观的东西。

同时，概念的内容是客观的。概念所反映的是客观物质对象，因而从其来源、源泉看，具有客观性。概念的发展过程，是日益深刻地揭示事物本质、不断接近客观现实的过程。

但概念同客观世界的符合是一个逐步接近、逐步实现的过程。人的概念对客观事物的反映，不像镜子那样直接而简单，也不是停留在表面上，而是曲折、复杂的，要深入事物的本质。这样，概念能否反映客观世界，反映的正确性如何、深度如何，亦即主观性与客观性的统一程度如何，就取决于人们的反复实践，取决于人们的认识能力和概括能力的提高。

只有经过正确的抽象和概括，才可能形成科学的概念。否则，就可能：(1) 作出虚假的、错误的、幻想式的反映；(2) 停留在对事物的表面现象的反映上；(3) 仅仅片面地反映事物的部分属性而忽视了其他重要属性；(4) 没有反映出事物重要属性之间的内在联系。

中外思想家千百年来探索法的概念的过程，也是一种人脑对法律、法和法文化现象的抽象概括的过程。

如同自然界不可思议的威力曾使人类的祖先产生了神仙鬼怪的概念一样，由于对法律、法的巨大威力的虚假、错误的反映，形成了法为"天讨、天罚"的工具的神权法的概念；如同对掌握了政权的君主的淫威震颤慑服，因而以为君主的意志可以决定一切的认识一样，由于对君主凭借政权而统揽立法、司法大权作出错误、虚假的反映，形成了法为君主意志、统治者（主权者）命令之类的皇权法的概念；法由国家制定、认可并普遍施行于一国之中，人人都得服从，因而似乎是对每一个人都是公平的，于是错误地形成了法为善良公正之术、法为"天下之公器"的概念；等等。这些都是作出虚假、错误、幻想式反映的不正确的法的概念的例子。

至于法是人们的行为准则（尺度、规范、标准……），是人们必须普遍遵守的命令，是社会控制手段，法是强制性的社会组织的特殊技术，法是赏善罚恶的工具，等等，这些关于法的概念的观点，则为主观对客观的"停留在表面现象上"的对事物部分属性的片面反映。法的规范性、普遍性、强制性、赏罚功能，都是客观存在的表面现象或部分属性。

霍布斯明确指出法是统治者的意志表达，边沁认为法是"主权者自己的命令或为主权者采纳的命令总和"，申不害认为法是"君人南面之术"，孙中山认为法是"调和自由与专制的机器"等，已触及法律、法的一些带有根本性意义的属性，是主观认识逼近客观真理的反映。但这些法的概念仍仅涉及法的部分属性，尚未反映法的重要属性之间的内在联系。因此，还有反复实践、继续深入考察法律、法、法文化现象并作科学抽象的必要。

时迄近代，马克思主义经典作家运用他们的科学世界观和方法论，对法律、法和法文化现象作了精心的研究。他们精辟地指出了资产阶级法的本质："你们的法不过是被奉为法律的你们这个阶级的意志一样，而这个意志的内容是由你们这个阶级的物质生活条件来决定的。"①在《德意志意识形态》中，马克思、恩格斯分析了私有制社会中的生产关系后指出："在这种关系中占统治地位的个人除了必须以国家的形式组织自己的力量外，他们还必须给予他们自己的由这些特定关系所决定的意志以国家意志即法律的一般表现形式。"②这些论断，使我们进一步明确了"什么是资产阶级的法"和"什么是私有制社会的法"的问题，从而对法的概念的认识大大地前进了一步。因为这些论断揭示了有关"法"的概念的本质属性以及这些属性与社会经济制度的内在联系，从而成了历史上迄此为止对"法"的"客观"作最科学的"主观"反映的结论。

但是，"法的概念"的"法"，不仅仅指资产阶级的法，也不仅仅指私有制社会的法，它也包括社会主义社会的法。而马克思、恩格斯当时还没有社会主义法的实践，不可能以其"主观"对不存在的"客观"做出科学的"抽象"。因此，俄国十月社会主义革命后，对法的概念，又开始了新的探索。其成果，影响最大的要算苏联总检察长、法学家维辛斯基的关于法的概念的观点。

五、维辛斯基的法的概念述评

1936年12月5日，苏联通过了新宪法。"社会主义在我们国家里的决定性胜利，苏联生活上的伟大改变和苏维埃民主的优越性，在1936年12月5日全体人民一致通过的苏联新宪法里得到了明显的表现。这一部宪法很公正地被人民以其创造者的名字称为斯大林宪法。"③从此，"神圣地遵守苏联宪法"被"作为苏维埃公民的第一信条"；"切实地、无条件地执行法律"，被作为"苏维埃公民的第二个信条"；"谁要是对于苏维埃政权底法律、决议、指令的执行稍有规避"，谁就被认为是"有意或无意地帮助了苏维埃政权的敌人"。④也是从此，斯大林开始了大规模的"肃反"运动，血洗了大批党政干部和无辜公民，给苏联人民带来了巨大而深重的灾难。正是其时，作为苏联总检察长的维辛斯基提出了关于"一般的法"的定义，即他关于法的概念的观点。

---

① 《共产党宣言》，《马克思恩格斯选集》第1卷，第268页。
② 《马克思恩格斯全集》第3卷，人民出版社1960年版，第378页。
③ 《我们伟大的祖国》，莫斯科，1949年俄文版，第393页。
④ 同上，第484页。

维辛斯基说:"法权是经国家政权制定或认可的,反映统治阶级意志的、而由国家的强制力来保证其适用的行为规则(规范)的总和,其目的在于保护、巩固并发展有利于、适合于统治阶级的社会关系和社会秩序。"①

这一定义从其提出直到 50 年代后期之前,一直被苏联法学界奉为"唯一正确的"定义。我国则仿而行之,直到 80 年代仍基本上以此定义为准来说明法的概念。天津人民出版社 1988 年出版的《法学基础理论》所下的定义是:"法是经国家制定或认可的,反映着被一定物质生活条件决定的统治阶级(在社会主义社会是工人阶级为首的广大人民)的意志,并且由国家强制力保证实施的规范体系;它通过确定人们在一定社会关系中的权利和义务,确认、保护和发展着对统治阶级有利的社会关系和社会秩序。"② 这一定义除补充说明了"统治阶级的意志"是由"一定物质生活条件决定的"之外,几乎逐字逐句重复了维辛斯基的定义。我国其他的法学著作,大体也是这样论述法的概念的。当然,这一补充是重要的。

在我国法学家重复着维辛斯基定义的时候,苏联早在 50 年代后期即开始了对这一定义的怀疑与批判。"维辛斯基关于法的定义已被认为与社会主义发展新时期不相适合。人们为适合当代的法和法制的新定义而展开辩论,直到现在还在继续辩论。"③

首先发难批判维辛斯基定义的是苏联法学家杰尼索夫、罗马什金等人。他们根据马克思、恩格斯在《共产党宣言》和《德意志意识形态》中阐述的观点,一再强调法的基础不是意志而是社会的物质生活条件,被奉为法律的统治阶级意志归根结底是由社会的物质生活条件决定的。他们的批判,在一定程度上击中了维辛斯基定义的要害。后者强调了法的"统治阶级意志"的性质,从而为法的"任意性"留下了一个巨大的可能性空间。而这,正是封建制下君主独擅立法大权的法的概念反映;同时,它也为斯大林的法制专横作了法哲学的理论辩护。卡窦佐所说法的概念的"专横"将使法的概念"不再是仆人,而是暴君",成了"产生大量非正义现象的根源",正是封建独裁和封建社会主义暴君专制的法学注脚。从这些意义上看,孙国华教授《法学基础理论》所下的定义,无疑比维辛斯基定义大大前进了一步,因为它吸取了查尼索夫、罗马什金等的新观点。

但是,杰尼索夫未触及维辛斯基定义无法涵盖社会主义法这另一严重弊病。苏联法学家彼昂特考夫斯基注意到了这一点。因此,他试图从人的主体性和能动性的角度去论证法是法律规范和法律关系的统一,力求以法律肯定主体权利。彼昂特考夫斯基的观点得到了雅维茨的赞同,后者这样描述他对法的概念的观点:"法是物质地被决定的上升为法律的

---

① 《马克思主义关于国家与法的理论教程》,苏联科学院国家与法研究所编,中国人民大学出版社 1955 年中译文版,第 62 页。
② 孙国华:《法学基础理论》,第 71—72 页。
③ 巴特勒(英国伦敦大学教授):《苏维埃法律》,伦敦,巴特沃思出版社 1983 年版,第 35 页。

阶级的共同意志(在社会主义条件下是全民意志),不仅直接表现在具有国家约束力的一般规定中,而且表现在由这些规定所确认的社会关系主体的实际权利中。"[1]但是,把主体权利归结为法的观点,并未得到法学界一致的首肯,法尔别尔曾针对彼昂特考夫斯基的法的概念提出不同的看法:"无论如何不能把主体权利归结为法,因为只有反映实现专政和其权力的阶级的国家意志的法律规范才是法。"[2]

孙国华教授的定义显然也注意到了维辛斯基定义不能涵盖社会主义法的弊病,因此,他在定义中用括号加注,说明所谓"统治阶级""在社会主义社会是工人阶级为首的广大人民"。尽管如此,维辛斯基定义中的"法是统治阶级意志"这个带根本性的命题,仍被保留了下来。由于这种"阶级意志论"几乎是所有法学专著、教科书、辞典中的通行观点,因此,也引起了我国法学界的注意。党的十一届三中全会后,《法学研究》首先载文批评"社会主义法是工人阶级意志的体现"的命题。中国法学基础理论学会把这个问题列为一、二两届年会的中心议题之一。葛洪义同志指出,从此,我国"法律工作者们从各个侧面,如原始社会有法,共产主义社会也有法;法不仅执行阶级统治的政治职能,也执行社会公共事务管理的社会职能,因此,法也具有社会性;社会主义社会不存在被统治阶级,因此,阶级性不再是社会主义法的根本属性等,对传统的现行法定义发表否证见解。"[3]他认为,这些问题的研究对法的概念的重新构架起了非常积极的作用。《社会科学报》《光明日报》《法学》等报刊还先后发表文章,直接批判维辛斯基的法的定义,实际上,也批评了我国法学界流行的法的定义。[4]

对维辛斯基定义的研究,基本上还属于法理学的范畴。葛洪义同志指出:"我们也同时注意到,现行法定义的根基并没有因此而动摇:反对者虽然否定'法是统治阶级意志的体现'这一命题,但仍有人坚持法是由国家制定或认可的规范体系,他们反对用经典著作代替现实生活的教条主义倾向,却又不得不从经典中寻找反经典的根据;他们反对旧的概念体系,却又筑起了一个新的概念体系。作为这场争论的实践结果,现实法律生活仍旧是传统的,摆脱不了'文字游戏'的命运,难以适应变革中的社会要求。"[5]他认为,维辛斯基的定义和孙国华教授的定义,都囿于"规范主义、概念主义和国家主义这一理论构架";"这种理论框架本身就是一种对实践有害的法学方法论"。他主张,要"使人们的视野""转向以国家命令形式出现的规范体系,转向与个体主体相对的国家主义,转向与生

---

[1] [苏]雅维茨:《法的一般理论》,朱景文译,孙国华校,辽宁人民出版社1986年版,第93页。
[2] 王勇飞编:《法学基础理论参考资料》(一),第138—139页。
[3] 葛洪义:《规范主义·概念主义·国家主义——评我国法概念研究理论框架的逻辑实证倾向》,《政治与法律》1989年第3、4期。
[4] 《维辛斯基法学理论的三大弊端》,《社会科学报》1988年8月4日;《中国法学的新走向》等文,《光明日报》1988年10月4日。
[5] 同[3]。

命的生动形式——现实相对的概念主义","理顺规范与权利、国家与个人、概念与现实的关系"。

但是，理顺这几对关系就能对法的概念作出正确的理解吗？例如，彼昂特考夫斯基不是已经注意到了维辛斯基定义不能涵盖社会主义法的问题，从而在"概念与现实的关系"即概念中的主观性与客观性的关系方面作出了应有的反应，却未能得出令人满意的结论吗？

但我们相信，循着葛洪义同志提出的思路，即理顺"概念与现实的关系"等，是会有助益的。窃以为，当我们进而探索法的概念的辩证性时，可以比较科学地解决有关问题。

六、法的概念：普遍性和特殊性

概念在形成过程中以反映对象的共性为首要职责。这种共性即是普遍性。但普遍性是建立在对象的特殊性的基础上的，因此，在普遍性中不能不包含着同类对象的各种特殊性。列宁曾指出，反映客观事物的本质的"普遍"是重要的，但又不是没有缺陷的，因为它的"含义是矛盾的：它是僵死的，它是不纯粹的、不完全的"，"而且它也只是认识具体事物的一个阶段，因为我们永远不会完全认识具体事物。一般概念、规律等等的无限总和才提供完全的具体事物"①。由此可知，法的概念不但必须概括出法的普遍性，而且必须反映法的"特殊"与"个别"。两者是同样重要，不可或缺的。

鉴于"要适用哲学中关于一般和个别、普遍和特殊、共性和个性之间的关系的原理"，沈宗灵教授提出了"不同层次的法的概念"的理论。他说："所谓不同层次的法的概念是指：对于一切有阶级社会都共同适用的法的概念（通常就称为法的一般概念）；对一切阶级对立社会（通常指三个以私有制为基础的社会）共同适用的法的概念；对特定社会形态共同适用的法的概念（例如资本主义法律、社会主义法律）；对特定国家共同适用的法的概念（例如中国社会主义法律，日本资本主义法律）。"② 这些分析，无疑是对法的概念的哲理探讨的最新成果。其正确性、客观性、条理性是十分值得赞叹的。

如果要进一步深入加以研究的话，那么，似还应提出以下问题：

第一，"不同层次的法的概念"的观点，是从"法学研究对象是阶级意义上的法"③ 为出发点的。

问题在于，像"我国现在那样已消灭了剥削阶级"④ 的社会继续向前发展，大致泯灭

---

① [苏]列宁：《哲学笔记》，人民出版社1958年版，第284—285页。
② 《法理学研究》，第21—22页。
③ 同上，第21页。
④ 同上，第20页。

了工人阶级与农民阶级的界限以后，可以预见的，必然是法还存在；不但存在，而且还将更加细密、系统、详尽。这个时候，"阶级意义上的法"是否还存在？如不存在，那么，第一层次的法的概念，怕也概括不了作为对象的法了。

提出这个问题，当然并非无中生有。首先，理论界不应脱离客观实际而步主观武断的后尘。曾几何时，甚嚣尘上的"阶级斗争要年年讲、月月讲、天天讲"的理论教条，忽而一下子变成了"剥削阶级已经消灭"的统一的理论认识。诚然，后者是对客观实际的正确反映，统一到此一认识上来比较容易。但也不应否认，不必讳言，理论界中独立思考的精神是发扬得不够的。发扬独立思考的精神，我们至少应提出如下问题：其一，在剥削阶级消灭后，强调"工人阶级"、"农民阶级"的阶级性，从而强调法的阶级性，究竟有多大意义？其二，这样的阶级分立（不是阶级对立），在原始社会不是也曾以原始的状态存在过吗？其三，这样的阶级分立是否称之为社会分工为更妥？其四，如果称之为社会分工，那么，法的阶级性又从何谈起？其五，在强调"工农联盟"时，我们不总是强调"一根藤上的瓜"，都是劳动阶级，只有"分工的不同"、"岗位的不同"吗？怎么与法一联系就非强调其阶级差别不可呢？其六，在"农业现代化"实现之后，甚至，只要在农业机械化实现之后，在全国农村人口大部分变成第二、三产业的人口之后，是否还有必要强调工人与农民的"阶级性"呢？我国曾一度以1980年为目标要"实现全国农业机械化"，这已被实践证明不过是根本不切实际的空想而造成了不良的政治影响的画饼而已。但是，全国农业机械化难道会推迟到遥远莫测的未来？该也不至于。因此，届时又如何看待那阶级差别业已大致泯灭而法却越益繁复详密的现象，以及如何概括"法"呢？难道现在不能谈论"阶级意义上的法"，届时也还不能谈论，而且只要谈论就不利于法制建设和法学学科本身的发展么？

笔者于1981年发表的《论法律的起源》[①]一文，曾引起法学界的深深震动。但是，许多人并未认真一读全文，从而产生了许多误解。对此，下文将从法哲学的角度详加探讨。这里想先指出一点，从原始社会向奴隶社会过渡时期正在萌生中的带有强制性的行为规范，究竟是什么？又，从有阶级的社会主义社会向无阶级的社会主义（共产主义？）社会过渡时期，是否还有带强制性的行为规范？如有，它是什么？对此，法理学应予回答，法哲学应予探讨。

总之，看来，法的概念的四个层次的划分还是不够的。

第二，在"对特定国家共同适用的法的概念"之下，是否还有层次更低、范围更窄的法的概念？应该说特定国家在其社会形态并未改变的情况下，还有不同历史时期的划分。这一划分，就注定了法的概念的进一步的层次划分。就我国社会主义社会来说，现在是处在"社会主义初级阶段"。且不说今后的"中级阶段"还是"高级阶段"，就是在"初级

---

① 《社会科学》1981年第1期。

阶段"，即已有"剥削阶级未经推翻"、"剥削阶级已经推翻而未经消灭"、"剥削阶级已经消灭"等不同时期；而在"剥削阶级已经消灭"的时期内，我们却又经历着从"计划经济"到"社会主义市场经济"的重大而带相当程度的根本性质的社会变动，并随之引起了法的变动，因为法归根到底是由经济制度（在社会主义时期应称之为"经济体制"？）决定的。如果再顾及"中级阶段"与"高级阶段"，事情就可能更为复杂。拿我国社会主义社会看是如此，拿别的"特定国家"来看也是如此。因此，四个层次的划分，似还可进一步研究。

第三，四个层次的划分，总体来看是清晰正确的，但是，从某些特殊情形看，也不无问题。例如，罗马法的沿用是跨社会形态的；俄国民法典沿用到苏联十月革命胜利后若干年；东欧一些国家到60年代还在沿用旧时代的部分法典。这样一来，层次边界又被打乱了。

第四，当提出"法的概念"的问题时，其要求，不是就不同层次的法下定义，而是就一切法下定义；不是对不同层次的"法的概念"进行探讨，而是对一切法的"法的概念"进行探讨。因此，以法的层次划分和不同层次的法的概念的探讨取代不分层次的一切法的"法的概念"探讨，是转移了论题。

于是，我们不得不重新回到最初的问题，即回到"法的概念"的哲理探讨的问题上来。而当我们回到这一问题上来时，特别应注意的是，要汲取"四个层次"论的哲理性，坚持其运用关于一般和个别、普遍和特殊、共性和个性的关系的原则，也就是本节标题的"法的概念：普遍性和特殊性"的精神和意向。

本节开头即提出，概念在形成过程中以反映对象的共性为首要职责，这种共性即是普遍性。因此，当我们对法的概念进行哲理探讨时，不是不反映法的特殊性，但也不是不反映法的普遍性。法的概念是法的普遍性与特殊性的对立统一。如果仅反映法的特殊性，以低层次即特殊层次法的概念为高层次即普遍层次法的概念，那就是偷换概念了，这即使在形式逻辑上也是不允许的，更不用说辩证逻辑，也不用说对法的概念的哲理探讨。

在进入对法的概念的普遍性和特殊性的对立统一关系的探讨前，还有两个问题必须引起注意，即国际法问题和教会法问题。

七、关于国际法概念的法哲学问题

如何给国际法下定义，国际法概念的含义是什么，这类问题可由国际法学来解决。法哲学关注的是：第一，它是法；第二，法的概念必须涵盖国际法；第三，兼及涵盖国际法的法的概念的普遍性与特殊性关系如何。

对国际法问题，法理学界、法哲学界曾予一定的关注。苏联法学家C.C.阿列克谢耶夫在《法的一般理论》（上册）中就曾议及。他认为，法包含有内在的矛盾性，这个原理使法的理论结构不仅能反映存在对抗阶级的社会的法和全民法的特点，而且也能反映全人类范围的特殊调整机制的特点，如国际公法。他指出，法学在表述一般理论原理时，照例总是着眼于国内法，首先是存在对抗阶级的社会中形成的国内法；而对于存在国际公法这一事实及其特点，则不加考虑；有时，人们甚至把国际公法解释为几乎和民族法律体系各部门并列的一个"部门"。他认为，国际公法实际上有许多独特的、不能完全包括在公认的一般理论结构中的特征；它不是一个"部门"，而是一个完整的、和国内法并列的法律体系，是法的变体，其本质是表现为"一般社会调整器"。① Г.В.伊格纳金柯的《国际法和社会进步》一书②，Г.И.童京的《国际法理论》③、Д.Б.列文的《国际法理论的迫切问题》④、И.И.卢卡舒克的《国际关系的国际法调整》⑤等书，还分别指出国际法具有一些重要特点，如吸收可反映国际关系的许多社会规范，如道德规范、社团规范、习惯规范，但并不影响其为法。Г.И.童京就写道："有人企图用国家法的尺度去对待国际法，这在学术上是站不住的，因为他们在这里没有估计到所研究对象的特点。国际法是一种特殊的法。"⑥

日本法哲学家加藤新平先生也注意到了国际法的"法的概念"问题。他指出，虽有否认国际法具有作为法的特征的议论，但一般都认国际法为法；其存在的基础是国际社会，即"全体社会"。⑦ 另一位日本法哲学家平野秩夫先生在《法哲学原理》一书中则以《公共体》的专章考察了以"国际社会"为基础的国际法作为法的特点。⑧

国际法之为"法"，应当说是不成为问题的。

既然如此，法的概念就必须在其普遍性中反映出国际法，涵盖着国际法。

八、关于教会法概念的法哲学问题

加藤新平先生在议及国际法后，顺便指出，一当采纳"全体社会"为法的存在基础的见解，那么，教会法问题也会随之产生。但他谦虚地说自己对教会法知识贫乏，只好遗憾地缄口不言，然而这是一个应予考虑的问题。⑨

好在教会法的法的概念问题，仅仅涉及教会法最一般的知识，我们也不妨略事涉足。

---

① [苏] C.C.阿列克谢耶夫：《法的一般理论》，第73—74页。
② 《国际法和社会进步》，莫斯科1972年版。
③ 《国际法理论》，莫斯科1970年版。
④ 《国际化理论的迫切问题》，莫斯科1974年版，第9—29页。
⑤ 《国际关系的国际法调整》，莫斯科1975年版，第8—19页。
⑥ [苏] Г.И.童京：《国际法理论》，第273页。
⑦ [日] 加藤新平：《法哲学概论》，第361—363页。
⑧ 同上，第160—189页。
⑨ 同上，第363页。

教会法（canon law）泛指罗马天主教、东正教以及基督教的其他一些教派（如加尔文教等）的各种法规、又称"寺院法"、"宗规法"。源于希腊文"Konún"，原意为"尺度"。第一部正式的教会法诞生于公元325年。约在公元四五世纪时，佚名编者纂有《使徒法规》，其最古老的传本共八十五条，内容包括教阶体制、宗教节令、圣事、圣餐等规定和教会处罚条例。5世纪法兰克帝国瓦解后，教会权力不断提高，宗教法院的管辖范围相应扩大。11世纪时，教皇格列高利七世（1073—1085年在位）对教会进行了改革，宣布任免主教、修道院院长的权力属于教皇；教会法规必须由教皇批准和颁布；地方教士应服从教皇特使；等等。教会权力的扩张，引起教皇诏令、宗教法院判决、宗教大会决议不断增多。1140年，波伦亚的僧侣格拉提安努斯（约1090—1159年）编纂了教会法，即权威性很高的《格拉提安努斯教令》。教皇格列高利十三世（1572—1582年在位）时，又将该《教令》与其后的几部教令集合编成《教会法大全》。它一直沿用到1917年，才为《天主教会法典》所取代。教会法不仅规定教会本身的组织、制度、教徒生活守则，而且规定了教会与世俗政权的关系和土地、婚姻、家庭、继承、犯罪、诉讼等等具体的条文。

与教会法的存在相适应，有教会法院之设，由宗教当局设立，用以处理教士间的纠纷。目前在犹太人、穆斯林和许多基督教派之间仍然存在这种法院。历史上早期的教会法院还有一定程度的世俗管辖权。英国的教会法院在继承人的财产事务方面有全面的管辖权，直到16世纪时止。当前，英国的教会法院对涉及教会建筑物的民事案件，以及对教士被控犯有宗教罪的刑事案件仍旧行使管辖权。

教会法、教会法院以及教会法院的司法活动等，促成了"教法学"的产生。"教法学"为阿拉伯文"Ilm alfikh"的意译，又译"教律学"，是研究伊斯兰教教法的学科。各教法学派有丰富的著作，如哈乃斐教法学派有《希大亚教法》《杜鲁·穆赫塔尔教法》《拉杜·穆赫塔尔教法》等主要著作；什叶派的教法学主要著作则为《沙亚里·伊斯兰》《马法提赫》《加米乌·沙达特》等。

根据以上对教会法有关问题的最简略的介绍，我们不得不面对这样一些问题：其一，教会法是否是法？其二，教会法应否在"法的概念"的视野之内、论域之内？其三，教会不是国家，教会法亦非国家法，以国家法的法的概念能概括、涵盖教会法吗？其四，教会法的特殊性是什么？其五，法的概念的普遍性如何寓于教会法的特殊性之中？

九、法的概念之我见

也许有人会提出这样的看法：教会法是趋于消亡的法，法的概念可以不予考虑。但问题在于，当我们谈法的概念时，并未冠以时间的限制，古今数千年的一切法均在论域之中，因此，这一观点是站不住脚的。只要承认教会法是法，法的概念就必须论及，必须涵盖，其特殊性就必须得到反映。而这样一来，法的"国家意志性"也就失去了基础。如果与国际法一起计及，就更是如此。

窃以为，既是法的概念，而非某一层次的法的概念，就应涵盖一切法，其中包括国际法与教会法。然后依次才是：(1)次于一切法的国际法、教会法、国内法概念，由于三者内容、性质、形式各不相同，它们是互相独立、并立、处于同一层次的法的概念；(2)由无阶级社会向阶级社会过渡时期和阶级社会向无阶级社会过渡时期的法的概念；(3)阶级社会的法的概念；(4)阶级对立社会的法的概念；(5)特定社会形态下的法的概念；(6)特定国家的法的概念；(7)特定国家特定时期的法的概念。其中，特定社会形态下的法的概念又应做具体分析。这样，我们可以列出如下法的概念的分层图表：

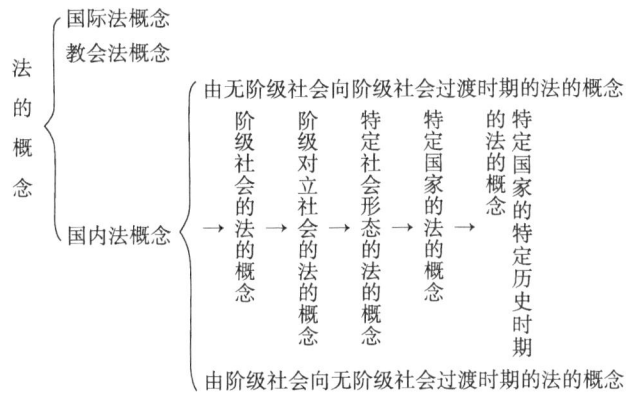

现在，我们试以法的客观性与主观性、普遍性与特殊性的对立统一观点的原理，为法定义如下：

法是由一定物质生活条件决定的，由在一定地域内的公共权力机关以强制力保证其施行，以求确定主体的权利和义务、保护和发展特定社会关系和社会秩序的行为规范的总和。

这一法的概念含义如下：

第一，法是行为规范的总和。由于法总是表现为多种多样的行为规范，所以，我们以"行为规范的总和"加以定义。为什么不以"行为规范的体系"下定义呢？因为在许多情况下，某些层次作为法的行为规范未能形成"体系"。例如，"摩西十诫"作为教会法的行为规范，由无阶级社会向阶级社会过渡时期的作为法的行为规范，特定国家的特定历史时期作为法的行为规范，虽然可能多种多样、丰富多彩，但未必形成行为规范的体系。

第二，法是由一定物质生活条件决定的行为规范的总和。这一含义使法与技术规范、宗教规范等并非纯由物质生活条件决定的行为规范区别了开来；它包含了所有层次的法均由物质生活条件决定的含义，反映了一切层次的法的特殊性，同时又不囿于某些层次的法的特殊性。这一含义是与法的"国家意志性"相区别的，后者与"教会法概念"等并不相容。

第三，法是由一定物质生活条件决定的，由在一定地域内的公共权力机关以强制力保证其施行的行为规范的总和。

恩格斯在谈到"不知不觉地发展起来"的"国家"时指出："第一，它造成了一种已不再直截了当同武装起来的全体人民相符合的公共权力；第二，它第一次不依亲属集团而依共同居住地区为了公共目的来划分人民。"①通常，把"公共权力"的形成和"共同居住地区"的出现作为国家形成的标志。这时我们确定法的概念，是很好的启示。在法的概念中揭示出"一定地域内的公共权力机关的强制力保证"法的施行的内涵时，既反映了国家法层次一切法的特殊性，又涵盖了包括国际法、教会法在内的一切法的普遍性。教会实际上也以其地域管辖与公共权力为存在条件的。双边或多边的国际法，以双边或多边的地域与公共权力为基础，这时的"公共权力"不一定以国家组织的形式出现，它可以由双边或多边协商成立并予授权的机构承担，也可以分由双边或多边的国内机关承担。教会有其强制力，教会法院的存在就是铁证。国际法的强制力隐含在国际实力较量的相互制约之中。

第四，法是确定主体的权利和义务的行为规范的总和。这里的"主体"是指进入法律关系的关系人。任何法都必须确定法律关系的关系人的权利与义务，否则就不成其为法。至于有的层次的法，如奴隶社会的法，像流行的说法那样，把权利统统交由奴隶主阶级享用，而奴隶只承担义务。但即使如此，这同"确定主体的权利和义务"并无矛盾，因为这里并没有明定"确定"了多少权利、什么权利。因此，这一含义也可涵盖一切法。

第五，法是保护和发展特定社会关系和社会秩序的行为规范的总和。这一含义表明了法的目的和作用。

上述定义可能有各种各样的问题，那可留给法理学去研究。至于法的概念以下各个层次的特殊的法的概念，更应留交法理学去论定。作为法哲学，仅想以此为例，阐明法的概念的哲理探讨必须兼顾法的概念的客观性与主观性的对立统一、普遍性与特殊性的对立统一。

十、法的概念内容的其他矛盾性

法的概念应是法的客观性与主观性、普遍性与特殊性的对立统一。除此以外，法的概念还应是抽象性与具体性的对立统一、内容与形式的对立统一、确定性与灵活性的对立统一。

法的概念的抽象性是指，它是从具体的法中分析出、抽象出诸如"反映物质生活条件"、"在一定地域内施行"、"由公共权力机关施行"、"有强制性"、"用以确定主体的权利和义务"、"用以保护和发展特定的社会关系和社会秩序"等属性，经过归纳与综合后才形

---

① 《家庭、私有制和国家的起源》，《马克思恩格斯选集》第4卷，第110页。

成的。法的概念之所以成为法的概念，升华为一种思维形式，就在于它是对法这一具体对象进行科学抽象的产物。列宁曾经指出过这种抽象工作的极端重要性，他说："物质的抽象，自然规律的抽象，价值的抽象，一句话，那一切科学的抽象（正确的、郑重的、不是荒唐的抽象），都更深刻、更正确、更完全地反映着自然。"①

法的概念的具体性是指，法的概念的抽象来源于具体的法，依赖于生动的直观的法，为了认识真理，法的概念必须回到法制实践中去，充实和检验自己，使其真理性进一步提高。法的概念的具体性，是人们对法的认识从抽象到具体的辩证运动的必然要求和必然结果。

法的概念的确定性是指，法的概念一经成立，它作为法的客观性与主观性、普遍性和特殊性、抽象性和具体性、形式和内容的对立统一体，就是相对稳定的，法的概念的确定性来源于它的内在矛盾的统一性。没有法的概念内在矛盾的统一性，就没有法的概念的确定性。正因如此，法的概念一旦形成，在没有出现新的、该概念涵盖不了的法的类型时，这一概念就不会、也不必重新概括、重新确立。当然，这要取决于有关的法的概念是否客观地反映了作为它的对象的具体的法。

法的概念的灵活性是指，法的概念由于自身包含着与自身差别（否定自身）的因素，因而它必然要向另一概念转化的能动性。概念的灵活性源于概念的能动转化律。稍涉科学史和思维发展史，我们看到，概念转化、概念修正的例子比比皆是。朴素唯物主义之转化为机械唯物主义，又转化为辩证唯物主义；牛顿的经典物理学转化为以相对论和量子力学为主要内容的现代物理学；空想社会主义之转化为科学社会主义；等等，都是极明显的例证。曾有不少人企图宣布某种思想为"顶峰"，为"终极真理"。但历史都无情地把这种企图变为笑柄。在法哲学史上，几乎绝大部分法哲学家都以为自己发现了"终极真理"，柏拉图如此，托马斯如此，黑格尔更是如此；董仲舒如此，朱熹如此，王守仁更是如此。我们不能重蹈前人的覆辙。"不愆不忘，率由旧章"②，"团团如磨驴，步步踏陈迹"③，"却爱曹瞒台上瓦，至今犹属建安年"④之类的守旧心理，是同法的概念的内在哲理格格不入的。

十一、法的概念的动态性质

黑格尔说过："矛盾的思维乃是概念的本质因素。"⑤ 列宁写道："康德有四种'二律背

---

① [苏]列宁:《哲学笔记》，人民出版社1974年版，第181页。
② 《诗经·大雅·假乐》，《诗经今译》第412页。
③ 《伯父〈送先人下第归蜀〉诗云……》，《苏轼诗集》第1102页。
④ 〔宋〕无名氏:《诗薮》，第237页。
⑤ [苏]列宁:《哲学笔记》，第246页。

反'。事实上每个概念、每个范畴也都是二律背反的。"① 毛泽东也曾指出："人的概念的每一差异，都应把它看作是客观矛盾的反映。客观矛盾反映了主观的思想，组成了概念的矛盾运动，推动了思想的发展，不断地解决了人们的思想问题。"② 因此，我们在研究法的概念时，应当研究法的概念的运动、发展与转化。我把法的概念的这种运动、发展与转化的固有性质称为法的概念的动态性质。

法哲学史上，对法的概念的动态性质，曾有许多保守的人们千方百计地予以否定，有其事而态度最为决绝的，要算和王安石死死作对的司马光。但历史越是往前发展，承认"法与时转"的变法观念的拥护者就越来越多。但这不等于对法的概念的动态性质的科学认识。正因为对法的概念的动态性质探究不够，所以，理论上虽然甚少有人反对或不赞同概念的辩证法，但一接触到法的概念的具体界定问题，立刻又会踯躅不前。

列宁曾把概念的运动生动地比喻为运动着的"长流"，他说："概念是运动的各个方面、各个水滴（＝"事物"）、各个'细流'等的总计。"③ 它是流动的，有向上的奔涌，有向下的跌宕，也有回流的旋涡，但从总体上，它又如滚滚江河奔腾向前。

法的概念的动态性质表现在它的广泛联系、不断发展、适时转化上。

十二、法的概念的联系

恩格斯曾这样描述客观世界和主观世界的普遍联系的性质："当我们深思熟虑地考察自然界或人类历史或我们自己的精神活动的时候，首先呈现在我们眼前的，是一幅由种种联系和相互作用无穷无尽地交织起来的画面。"④ 法的概念正是如此。

哈特曾有"广义的法律概念"和"狭义的法律概念"之分的观点，认为广义的法律概念既包括"良法"，也包括"恶法"，他主张只采用狭义的法律概念，"把这些违反道德的规则排除在'法律'之外⑤。但"良法"与"恶法"是相较而言、相对而立的，排除"恶法"可以是良好的愿望，但"恶法"的客观存在却永远不可否认，即使将来不再会有，已经存在过的却是抹杀不了的历史事实。美国法学家韦斯利·N.霍尔菲尔德（Wesley N.Hihfeld）⑥有"法律最小公分母"之说，他把诸如法律关系、权利、义务、权力、特权、责任和豁免等法律概念都称为"法律最小公分母"，他把这些概念作了系统分析和逻辑分类。德国学

---

① 《哲学笔记》，第119页。
② 《毛泽东选集》第1卷，人民出版社1966年版，第281页。
③ 《哲学笔记》，第154页。
④ ［德］恩格斯：《反杜林论》，人民出版社1970年版，第18页。
⑤ ［英］哈特：《法律的概念》，第205页。
⑥ 耶鲁大学法律教授，1879年生，1917年逝世。著有《基本法律概念》等书。

者耶林格（Rudols Von Jhering）[1]倡用"概念法学"的名称，致力于国家成文法规概念构成的逻辑系统，将有关概念提炼成各个独立的实体。我们这里不是要去评论上述法律概念方面的观点或学说，更不是赞同他们的观点与学说。何况，法律概念与法的概念还不是一回事。列而举之，仅仅是想说明法律概念的丰富多样性，其相互联系又是引起了人们的多大关注。

法的概念，国家法，教会法、国际法的概念，国家法以下各个层次的法的概念，每一种法所包含的各种概念，所有这些概念的历史演变，所有这些概念间的互相联系，是一幅多么令人眼花缭乱的"无穷无尽地交织起来的画面"。正是法的概念、法律概念各自内部各个概念间的细微差别及其联系，才显示出它们的具体性与多样性。

法的概念与法的概念之间的联系，表现为一定的概念体系。前述法的概念的分层图表，就是法的概念体系的框架。按照这一框架，可以建构出一幅网络状的无限复杂的法的概念立体图来。但这又已越出法哲学的范围了。我们述及法的概念间的联系，仅仅是说明法的概念的动态性质的前提条件，孤立的法的概念，无所谓法的概念的运动，当然也谈不上它的动态性质。正是由于具备了法的概念间的联系条件，法的概念的运动才有了可能。

十三、法的概念的发展和转化

法的概念的运动表现为它的发展。

法的概念的发展，是由法的具体发展所决定的。但由于法的发展有一个过程，而反映客观的人的主观认识，又有滞后于客观发展的"惰性"，还往往由于主观认识的错误，所以，法的概念的发展是曲折的、通常是渐进的、有阶段性的。同一切概念一样，法的概念的发展，可以分为抽象概念和具体概念两个阶段。人们通过法制实践，对客观存在的法进行初步概括，首先形成初步的法的概念，使法与道德等等区别开来。外国从柏拉图开始到托马斯·阿奎那，中国从周公、孔子开始到朱熹，各自在一千多年的时间里，实际上都在做这种初步概括的工作。由于认识水平的局限，实际上并未完成这一工作。当然，这里有些交叉，在托马斯、朱熹之前，还是有一些思想家比较明确法的独立性、法与道德的区别性的。但即使如此，也还是停留在法的抽象概念的阶段。在法的抽象概念的基础上，人类继续通过法制实践和长期的法哲学、法理学探索，才进一步认识到法的具体同一性，认识到法的发展规律和法的本质，从而得到法的具体概念。我以为，现在我们还很难说已经最终完成了法的具体概念的概括，中外学者还在热烈争论"什么是法"这样一个"初步而又初步"、"简单而又简单"的问题，就是明证。

---

[1] 耶林格（1818—1892年），格丁根大学罗马法教授。著有《罗马法在其各个发展阶段中的精神》《法理学的诙谐和严肃》等书。

同时，法的具体概念本身也是发展的，因为法制实践本身即法的概念所反映的客观对象还在不断发展。因此，法的具体概念还可分为"初步的具体概念"、"丰满的具体概念"以及更高级的具体概念等不同的发展阶段。这种法的具体概念的发展，永远不会停止，除非人类的法制实践本身走到了尽头。也正由于法的具体概念还将不断发展，所以，我们对法的概念的探索研究，永远不应停止在一个水平上。"惰性"必须驱除，坚冰应当打破，航道理该开通，法理学一定要在法哲学的鼓舞与指导下，为法的具体概念的进一步科学化而做出贡献。

法的概念的发展表现为：其一，正确的法的概念取代错误的法的概念，或者根据新的理论建立新的法的概念，从而实现法的概念的转化；其二，对原有概念做内容上的个别的补充或修正。马克思主义法哲学和法理学的诞生，实现了正确的法的概念取代错误或基本错误的法的概念的转化。现在我们所做的工作，大致相当于对原有的法的概念作补充与修正的工作。人类的法制实践活动极为丰富多彩，所涉及的法律、法、法文化现象之间，确有全面的、活生生的、不断发展变化的、无限复杂的联系，为反映这些联系，法的概念"必须是经过琢磨的、整理过的、灵活的、能动的、相对的、相互联系的、在对立中是统一的"，只有这样，"才能把握"法的"世界"。[①] 法哲学工作者应与法理学工作者携手合作，为认识科学的法的概念而不懈努力。"须从旧锦翻新样，勿以今魂托古胎。"[②] 法的概念的哲理探索中，我们当以此自勉。

法的概念的哲理探讨是一个内容非常丰富、涉及面极广的课题，举凡明确法的概念的必要性、法的属性、法的本质、法的概念的静态分析与动态分析、法的概念的形式和内容、法的分类等等，大多极有必要从哲理方面进行探讨。囿于篇幅，除个别问题在下面另行详析外，其余都从略了。

[①]《哲学笔记》，第154页。
[②] 马君武：《寄南社同人》，《近代诗选》第476页。

第七十二章　法的法理规定性的哲理探讨

一、五彩缤纷的法的法理规定性

"胜日寻芳泗水滨，无边光景一时新。"① 浏览法理学著作，我们会为法理学家所揭示的一系列法的法理规定性而击节赞叹。阶级性、正义性、强制性、稳定性、规范性、适用的普遍性……法的"泗水"之滨，那"芳香"扑鼻的花果，构成了法理学"无边"的美丽"光景"，令不阁法学而又垂青法学的人耳目一新。

然而如同客观事物的发展永无止境、永无尽头一样，人类的思维也如滚滚长河，永不止息地奔腾向前。"路漫漫其修远兮，吾将上下而求索。"② 法理学家们在揭示出上述法的法理规定性的同时，继续其"上下求索"。其结果是：你说是阶级性，我说是社会性；你说法的正义性，以"法自然"的"良法"为法，我说"法者，君人南面之术"，因而认为"良法"亦法，"恶法"亦为法；你说法有强制性，我却强调守法的自觉性，而且立法之时即已预见、预期自觉遵守的可能性和必然性，因而认为应突出法的非强制性；你说法有规范性，我说法还有非规范性；你说法的稳定性必须放在首位，我说法的变动性才是其本质的规定性，因此随时都要重视其变动性；你说法的适用有普遍性，我说法的适用的普遍性永远不可能实现；如此等等，不一而足。真如"千岩万转路不定，迷花倚石忽已暝"③，纷纭众说，弄得人如堕五里雾中。最近几年我国法理学界关于法的阶级性与社会性的沸沸扬扬之争，就大有此种景况。

究竟如何看待法的一系列法理规定性？我认为，停留在法理学探讨的范围内，只怕永远难得其解，唯有求助于法哲学探讨，庶几有作出合理解释的可能。

从所有这些争论的整体来看，根本问题在于偏执一见；如果将两两相对的观点综合观

---

① 〔宋〕朱熹：《春日》，《千家诗注析》第5页。
② 〔战国〕屈原：《离骚》，《楚辞选》第36页。
③ 〔唐〕李白：《梦游天姥吟留别》，《唐宋诗举要》(上)，第189页。

察，探讨双方的对立统一性，就可使许多难题迎刃而解。下面我们试从法哲学的角度来探讨一下法的若干法理规定性。

二、关于法的正义性与非正义性的种种观点

最早提出法的正义性的，是古希腊的智者代表普罗塔哥拉①，他认为法律只是一种互相保证正义的约定俗成。其后，柏拉图进一步论证了法律以正义为出发点并以正义为归宿的观点，认为法律是维护正义的手段。在中国，周公、孔子强调"仁"、"礼"、"德"等，实际也是一种"正义"论。千百年来，无数思想家论述了正义问题，其中，也有相当多的一批人认为，法的本质就是正义，起码，正义是法的头等重要的属性。正因如此，哈特认为只有"良法"才是法，"恶法"因为不具备正义法，是不足以为法的。所有的自然法哲学家都是法的正义论者。主张社会契约论的中外法学家，大多也是正义论者。

但是，在空想社会主义者看来，他们时代的法律，所具有的只是非正义性、残暴性。托马斯·莫尔认为，法律就是富人的阴谋，他们把自己的阴谋规定成大家必须遵守的东西，表面名义是代表国家，实则为私人打算。②摩莱里认为，立法者总是惩罚不幸的人，宽恕真正犯罪的人，他们的严厉法律只是用来掩盖罪恶的。③圣西门认为，现代的社会是黑白颠倒的社会，其法律则是保护"大罪犯"去"惩罚犯了小过错的人"④。傅立叶抨击资本主义文明制度是"颠倒世界，是社会地狱"⑤，其法律对人民大众不过是欺骗和陷阱。主张法治的一些思想家，并不侈谈法的正义性。子产公然主张"以猛服民"⑥。商鞅承认法的暴力性质，主张"禁奸止过，莫若重刑"，以"重刑主义"⑦出名。曹操主张"拨乱之政，以刑为先"⑧。不少人还强调"恶法亦法"。马基雅维利⑨把法律比作狐狸，看成是国家的基础之一，认为为了达到统治目的，可以不择手段，玩弄权术，背信弃义，残酷无情。

显然，上述两类对法的正义性的看法，几乎是截然对立的。但是，当把许多问题搅在一起时，泛泛而论法的正义性问题，不但是头绪紊乱，难以理清，而且各执一词，很难统一。因此，首先得把涉及法的正义性的各种议论加以分析，概括成不同的类别，然后逐一

---

① [古希腊]普罗塔哥拉（Protagoras，前481—约前411年）。著有《论神》和《论真理》等，今仅存残片。
② [英]托以斯·莫尔：《乌托邦》，第125页。
③ [法]摩莱里：《自然法典》，商务印书馆1959年版，第154页。
④ [法]圣西门：《圣西门选集》上卷，第275页。
⑤ [法]傅立叶：《傅立叶选集》第3卷，商务印书馆1962年版，第321页。
⑥ 《左传·昭公二十年》。
⑦ 《商君书·刑赏》。
⑧ 《魏志·高柔传》。
⑨ [意]马基雅维利（1469—1527年），思想家。下引参《君主论》，中国文化学会1934年版，第12章、第17章。

地加以探讨。

三、法哲学与法的正义性观点的关系

我们认为，有关法的正义性问题的各种议论，实际上涉及以下几个方面：

其一，什么是正义？

其二，法是否是正义的体现？

其三，如果法体现了正义，或成了正义的对立面、对立物，是为什么？

其四，怎样认识法的正义性问题。

关于什么是正义的问题，这不仅不属法哲学的论域，实际上也不属法理学以至整个法学的论域。正义是伦理学研究的课题。著有《正义论》《作为公平的正义》《正义感》等书的约翰·罗尔斯，就是哲学家、伦理学家，而不是法学家。当然，他也为法哲学界所注目，因为他还写了《宪法的自由和正义的观念》等书。但当法哲学界论及罗尔斯时，是从他对法与正义的关系这一角度阐述的。这是首先必须明确的。

关于法是否是正义的体现的问题，这属于法理学与法史学的论域。因此，《法理学研究》一书专列一章《法律和正义》，是颇有见地的。法之体现或不体现正义性的原因，同样属于法理学、法史学的论域。

我们认为，只有怎样认识法的正义性问题，才属于法哲学的论域。

在肯定上述各点的前提下，我们才可能比较简略地来论述法的正义性与非正义性问题。在这个问题上，我们的主要观点是：

四、法是内涵不断变化的正义与非正义的对立统一体

第一，法是正义与非正义的对立统一体。

为了理解这一观点，必须掌握价值判断的基本理论，因为正义与非正义本身就涉及价值判断。如果说"正义"一词的汉语含义原为"公平"、"公正"、"公道"、"正当"等，其他语言如拉丁语中的 justitia、英语与法语中的 justice、德语中的 gerechtigkeit 也大体是此类意思的话，那么，何为"公平"、"公正"、"公道"、"正当"，又仁智多见，众说蜂起，还不能论定"正义"。如果像博登海默所概括的，历史上各种思想家所谓"正义"即"理性"的体现，或"正义"即"善"，或"正义"即"自由"，或"正义"即"平等"，或"正义"即"安全"，或"正义"即"共同福利"……[①]，那么，"理性"、"善"、"平等"、"自由"、"安全"、"共同福利"等，本身也公婆各说，别如天壤的，同样不能论定"正义"。它涉

[①] 《法理学——法哲学及其方法》，第237—301页。

及"正义论"者主体自身,涉及主体的价值哲学观,"'价值'这个概念所肯定的内容,是指客体的存在、作用以及它们的变化对于一定主体需要及其发展的某种适合、接近或一致[①]"。所以,主体的评价,实际上左右着"正义性"的内涵,即何为"正义",何为"非正义"。当然,主体的评价本身,又取决于客观实际存在的事物,如法律的某种规定等。没有后者,主体的评价就成了"无源之水"、"无本之木"。

同样一部法律,一些人褒奖有加、推崇备至、奉若宝物,一些人贬斥不已、弃如敝屣、恨之入骨,这就是主体对客体评价不同的典型表现。但是,"法是正义性与非正义性的对立统一体"所指的不是这种判若泾渭的不同看法。

其实,任何一部法,都并不值得部分人捧之上天,也并不应被另一部分人踏之入地。对这两种人来说,在不同的意义上,他们都应如实地把法看成是正义与不正义的对立统一体。

例如,以奴隶制法来说。首先,由于奴隶主阶级把奴隶当作"会说话的工具",从其内心来说,是要完全剥夺了奴隶的人格与法律地位的,非如此而不快。但是,奴隶主阶级之存在,是离不开奴隶阶级的,奴隶的存在是奴隶主苟活的前提。因此,奴隶制法不得不做出若干关于保护奴隶生命不被任意剥夺的规定,而对奴隶主阶级的权利做出这样那样的限制。这样一来,奴隶主阶级本性所要求的"正义"("善"等)即任意处置奴隶的权利等就受到了限制。这也就成了奴隶主阶级个别成员违法犯罪的判别标准,当他们不愿受法律规定的这种限制的约束时,他们就会有被"绳之以法"的危险。也就是说,奴隶制法律的某些规定对奴隶主阶级整体来说是"正义"的,对奴隶主阶级的个别成员来说就可能是非"正义"的;总体上对奴隶主阶级来说是"正义"的法律,局部地看,对奴隶主阶级来说也可能是非"正义"的。由于法律对阶级与成员的价值不一,由于法律整体与个别条文对奴隶主阶级的价值不一,这就构成了该法成了从奴隶主阶级方面看是"正义"与"非正义"的对立统一体的原因。其次,由于整个奴隶制法死死地维护奴隶主阶级的利益,几乎把所有的法律义务强制性地交由奴隶承担,所以,奴隶制法总体来说对奴隶是极不"正义"的。但是,奴隶制法在一定程度上保护了奴隶的生命,使之不像前此那样可以被任意地杀掉甚至吃掉,对奴隶来说却又是有利的。如果说任意杀、吃是"非正义"的话,那么,不能任意杀、吃就是对"非正义"的否定,亦即"正义"。这样,奴隶制法在奴隶阶级方面看,其实也是"正义"与"非正义"的对立统一体,奴隶制法之成为从各方面来看都是"正义"与"非正义"的对立统一体,是由于奴隶阶级的反抗斗争的结果,也是奴隶阶级作为当时社会生产力的承担者,作为社会之存在的承担者的结果。

正由于奴隶制法是"正义"与"非正义"的对立统一体,因此,对它只能联系社会实际状况、联系具体问题,来作具体论定,而不能片面地说只有"正义"或唯独"非正义"。

[①] 李德顺:《价值论》,中国人民大学出版社 1987 年版,第 13 页。

第二，法作为正义与非正义的对立统一体，其内涵是不断变化的。

法的正义性的评价主体的"正义"观，往往在相当长的年月中不起变化。但法作为正义与非正义的对立统一体的内涵，由于与其他事物的联系的变化，由于时代的发展，却会起相当大的变化，从而引起主体对法的正义性的评价的变化。

仍以奴隶制法为例。当生产力不断往前发展、封建制生产关系逐渐产生、发展、壮大，当保护奴隶生命不被任意剥夺已经成了社会共识、成了"天经地义"之事的时候，奴隶制法把奴隶束缚在奴隶主的田地上和作坊里，就成了对奴隶与封建主都不堪忍受的"非正义"的绳索了。这时，起变化的不是"正义"观，而是实际利益所引起的对法律"正义"性评价的变化，是法作为正义与非正义的对立统一体的内涵变化引起了评价主体的评价变化。因此，讨论法与正义的关系、讨论法的正义性的时候，讨论法之作为正义与非正义的对立统一体的时候，必须顾及法与其他事物的关系，必须将法置于变动的时代之中来观察。

第三，对于整个社会来说，法总是正义与非正义的对立统一体。

这很简单，因为社会总是或由不同阶级构成的，或由利益有别的人类集团构成的。由于阶级不同、利益不同，还由于需求不同，法之对人们（阶级、集团、个人）是否"正义"，答案永远不会是绝对的"是"或截然的"否"，而总是"有是有否"、"是是否否"，即法既是正义的又是不正义的，是正义与非正义的对立统一体。

而且，只有当法是正义与非正义的对立统一体时，它才得以存在。如果法是纯然正义的，那么，这时法一定消亡了，它只是真、善、美的"正义"而已，只是某种理想的道德规范而已。而如果法是纯然不正义的，那么，它早已因"法逼民反"而自动毁灭了，社会绝不会允许绝对不正义的法普遍施行、持续施行。一旦法的不正义导致普遍的不满，社会革命的爆发，就将使之"死无葬身之地"了。其时，革命将推出崭新的法制，形成新的正义与非正义的法律对立统一体。

五、关于法的本质的"层次"论

80年代，我国法理学工作者在讨论法的本质的问题时，出现了主张法的本质是其阶级性和认为法的本质是其社会性两大派。

也许是作为旷日持久而又难分难解的两派对立观点的折中。论者有主张以"不同层次"分析法的本质的。持此观点者谓："法是一定阶级意志的体现"，这是法的第一层次本质；不依人们意志为转移的一定的社会经济条件，是法的第二层次的本质；政治、思想、道德、文化包括法律文化、历史传统、民族、宗教、习惯、人口、地理环境等"经济以外的因素"，构成了法的第三层次的本质。

对上述论点不能不提出以下质疑：

第一，把法的本质分成不同层次的依据是什么？

如果从法的属性对决定某一事物之成为该事物的意义的角度看，那么，事物的众多属性只能分成本质属性与非本质属性，后者还可分为重要属性与次要属性等。但这不是不同层次的本质，仅是不同层次的属性。

如果从法是一个极为复杂的事物，因而可以用系统论来分析的话，那么，分析所得只能是不同层次的法有不同的本质。如"古今中外一切法"是大系统，国家法、教会法、国际法是其子系统，阶级社会的法又是国家法的子系统，等等。依此法的层次的不同，分析所得的只能是不同层次的法的不同本质，而不是同一层次的法的不同层次的本质。论者将法这一整体作为系统看待，如实地承认，在法之上还有更大的系统，即社会，但这同法的不同层次的本质无关，因为从社会→法，只能析出"社会的本质"与"法的本质"，这显然不属法的不同层次的本质。

第二，"经济条件"能构成"法的第二层次的本质"吗？

诚然，强调经济条件对意志的决定性关系，可以避免把法的本质解释为单纯的"意志"，而无坠入唯心主义陷阱之虞。但经济条件、经济关系本身并不是法的本质。

在哲学上，本质是指事物的根本属性，是组成事物各基本要素的内在联系，它是事物内在的根本矛盾决定的。因此，事物的本质是隐蔽的，是不能靠简单的直观去认识的。

"一定社会的经济条件"的含义本身也不很明晰。它是指生产力，还是指生产关系，抑或指经济地位、生活条件呢？这且不说。我们以为，无论是生产力、经济地位还是生活条件，都是可以比较直观地加以认识、感知的；即使是生产关系，就其浅层现象来看，也是相当外露地表现出来，因而便于直观。至于揭示生产关系的本质，那又另当别论。总之，"经济条件"作为可以直观感知的东西，其本身构不成法的本质。

同时，法的本质（且不管它属第几层次）是"经济条件"，实在也难说是合乎逻辑的命题。因为"经济条件"并不是什么"性质"、"属性"、"特征"，它不属于抽象的范畴，而是具体的范畴。

第三，如果前一点质疑成立，那么，政治、思想、道德、文化……就更不能视为"法的第三层次的本质"了。我们能说"人口是法的……本质"吗？能说"地理环境是法的……本质"吗？能说"道德是法的……本质"吗？显然都不能。

六、决定法的本质的因素

诚然，恩格斯晚年在阐述唯物史观的基本原理时曾指出："政治、法律、哲学、宗教、文学、艺术等的发展是以经济发展为基础的。但是，它们又都互相影响并对经济基础发生影响。并不是只有经济状况才是原因，才是积极的，而其余一切都不过是消极的结果。这是在归根到底不断为自己开辟道路的经济的必然性的基础上的相互作用。"[1] 诚然，恩格斯还曾特别强调指出："被忽略的还有一点，这一点在马克思和我的著作中通常也强调得不够，在这方面我们两人都有同样的过错。这就是说，我们最初把重点放在从作为基础的经济事实中探索出政治观念、法权观念和其他思想观念以及由这些观念所制约的行动，而当时是应当这样做的。但是我们这样做的时候为了内容而忽略了形式方面，即这些观念是由什么样的方式和方法产生的。"[2]

恩格斯晚年的这些新认识，毋庸说是极端重要的，因为这样就避免了一切都由经济条件机械地决定的机械唯物主义的错误和简单化的弊病。但他所说的这一切，告诉我们的只是，经济状况、政治、宗教、文学、艺术……都可能成为法律、法权观念产生与发展的原因。难道我们可以把"原因"当作事物的"本质"吗？"原因"当然与"本质"有关，但不是"本质"，与"本质"是不同的范畴。同理，经济条件，尤其是民族、宗教、习惯、人口、地理环境等等，也只能是某种法律、法律观念形成与发展的"原因"，而不是它们的"本质"。我们完全同意《法理学研究》一书的下列观点："显然我们不应该忽略经典作家在他们当时条件下所难以避免的'忽略'。如果将经济条件理解为法的唯一决定因素，实际生活中的无数现象就无法理解了。一个简单的事实：几个国家或者一个国家的不同地区、不同时期、虽然经济制度是一样的，但它们的法律却可能存在千差万别的情况。如果不认真分析经济以外的因素对法的不同程度的影响，又怎能解释这些法律呢。"[3]

我们认为，正是多种多样的因素影响、制约着法的产生、发展，决定着法的本质。也正是由于这多种多样的因素，决定着法（这里特指从无阶级社会向阶级社会过渡时期、阶级社会时期和从阶级社会向无阶级社会过渡时期三个时期的法）既有阶级性，也有社会性。如果仅仅是统治阶级的"阶级意志"决定法的制订、修改与废除，那么，强调、突出甚至独断法的阶级性本质，当毫无疑问。但统治阶级的阶级意志本身也是由其"物质生活条件"及被统治阶级的存在（合作、反抗、斗争）、政治、思想、道德、文化包括法律文化、历史传统、民族、宗教、习惯、人口、地理环境等等决定的。同时，决定着统治阶级意志的一切因素，同样决定着（至少是影响着）法的产生、法的发展，也就决定着法的本质。其结果，是使法不能径情遂直地成为某一阶级的"私有财产"，而以社会秩序、社会关系的调谐物、调整器的面目出现。

---

[1]《马克思恩格斯选集》第4卷，人民出版社1972年版，第506页。
[2] 同上，第500页。
[3]《法理学研究》，第29页。

七、法是阶级性与社会性的对立统一体

法既有阶级性，又有社会性，这是什么意思呢？阶级性与社会性的关系如何呢？这种关系是怎样表现的呢？

法既有阶级性，又有社会性，意指法是阶级性与社会性的对立统一体。在这对立统一体的法中，时或社会性占据支配地位，时或阶级性占据支配地位，时或处于平衡状态，时或平衡被破坏而导致法的更新。

法的阶级性与社会性的对立统一运动，恰恰决定了法的发展史。原始社会里，一切社会关系都由习惯调整。这时，作为人们的行为规范的习惯是没有阶级性可言的。但是，随着分工的出现与私有财产的形成，阶级分化开始了。影响所及，习惯就带上了阶级性。当这种具有最初的阶级性的习惯，被某些社会势力、社会集团或公共权力以强制手段推行时，它就不再是习惯，而是习惯法了。但从习惯到习惯法的演变，是一个漫长的过程。其间，习惯所具的社会性，逐渐地从占支配一切的地位，逐渐地因习惯法的阶级性的渗入，而丧失其支配性的作用和地位。但习惯所具的社会性并不会因变为习惯法而一下子（！）丧失殆尽，社会性与阶级性并存着，相互联系、相互制约，使习惯法成为阶级性与社会性的对立统一体。当阶级分化达到这样一个程度，即成了社会的普遍状况而非个别事实，而且，当出现了不仅有一定的地域，还有公共权力的国家机关时，零散的习惯法已不足以全面地调整这一定地域之内的国家的全部社会关系，于是习惯法被系统化并赋予文字形式固定下来、予以公布。这就是阶级社会法的出现。

最初出现的无疑是奴隶社会的法。此时的法，往往被斥为"十足野蛮"、"极端反动"，也就是有的人认为的"百分之一百的阶级性"。殊不知，最初的奴隶制的法，应当说是人类从蒙昧迈进文明的门槛的标志，不是"十足野蛮"，而是"文明的曙光"；不是"极端反动"，而是"非常革命"、"先进"；不是"百分之一百的阶级性"，而是以社会性占主导地位的社会性与阶级性的对立统一体。当习惯演变为习惯法时，为什么需要以强制力推行呢？因为奴隶主要剥削、压迫奴隶，其中包括杀、吃奴隶，舍强制力外，不能迫使奴隶就范。当奴隶制法正式产生时，倒是规定了奴隶不能被随意杀、吃的权利（虽然这在今天看来是极为可怜的、不成其为权利的规定，但在当时来说，对奴隶是极为重要的权利、第一位的权利）。这一规定的意义，保证了奴隶主阶级苟活的前提条件即奴隶阶级的存在与繁衍、劳动力的生产与再生产，保证了奴隶的生命安全。更重要的是（最最重要的是），敌对部落战俘生命的保存，对改良人类品格、改良人种的意义，是无比巨大的。如果不是因为发展生产的需要而以法律保证战俘奴隶的不被杀死，也许，现在早已没有什么人类存在了。因为同一部落、邻近部落小范围的封闭式的婚姻关系，势必使人类始祖迅速由于近亲结婚而大批沦为智力障碍者、低能儿，哪里还有什么"万物之王"的人类存在。

所以，我们应当讴歌新生的奴隶制法，赞美新生的奴隶制法。同样的理由，新生的封建制法、新生的资本主义法，都是"先进的"、"革命的"事物，其中，占支配地位的，不是阶级性，而是社会性。当然，不能否定其中也有阶级性，因此，是社会性占主导地位的阶级性与社会性的对立统一体。只是随着社会生产力的发展，旧的生产关系和社会秩序越来越变成生产发展的阻力时，维护旧生产关系和旧社会秩序的法（奴隶制法、封建制法、资本主义法），才会因统治阶级仍以暴力顽固地予以坚持，而演变、异化为阶级性占主导地位。越是到一种社会形态的衰朽时期，其维护统治阶级利益、剥夺被统治阶级利益的阶级性当暴露得越明显，变得越严重，甚至显得似乎毫无社会性可言了。但是，从社会性占主导地位，演变为阶级性占主导地位的漫长过程，总是两者的彼消此长、共存同在、你争我斗的过程，也就是说，始终是社会性与阶级性的对立统一体。只要法律还能维系某一社会形式的存在，那么，它总还有其社会性的存在。这种社会性，是由与统治阶级对立的非统治阶级的存在、斗争所获取的，是由种种非统治阶级意志的因素决定的。一旦统治阶级不顾一切地恣意妄为，彻底毁弃作为阶级性与社会性的对立统一体的法而纯然"暴力从事"时，它的末日也就到来了。新生的社会以新生的法律，或使社会性重占支配地位（当社会形态更迭时），或使社会性所占的"份额"增加（在社会形态不变而发生"改朝换代"的情况时）。

当社会从阶级社会向无阶级社会过渡时，例如，在社会主义时代，法的阶级性也并不是完全消失了的，更不是一下子消失了的。它与社会性同在，但此时已是社会性占决定性的、主导的、支配的地位了。社会主义法作为社会性与阶级性的对立统一体，是阶级性日益减弱的法。待到完全不具备阶级性时，那就不是需要靠"公共权力"的强制力去推行的一般意义上的法了，它成了与原始社会的习惯相类似的行为规范。而从习惯→习惯法→法→习惯的整个演变过程中，"社会性"与"阶级性"就是这样从"社会性"→"社会性"与"阶级性"两者的对立统一→"社会性"地发展的。

总之，法是阶级性与社会性的对立统一体；不应认为法只有阶级性而无社会性，也不应认为法的本质是社会性而非阶级性。

鉴于上述看法，我们不同意将法分成整体和部分，同时以其"部分"有"调整社会公共事务"的作用，而认为法的整体以阶级性为本质，部分则以社会性为本质的"本质分层"论。我们认为，无论从法的整体，或法的部分，都是阶级性与社会性的对立统一体；仅仅是，从整体看，也许有时是阶级性占据了支配地位，而其"调整社会公共事务"的部分始终是社会性占支配地位罢了。

八、法的强制性与非强制性

法是以强制性为其特征之一而与道德规范等社会规范相区别的。但因此而认为法只有强制性的一面，忽视或否认法的非强制性的一面，就会产生下列问题：

第一，从法的阶级性的一面看。既然法反映某一阶级的特殊利益、维护其政治统治、经济剥削，这时，法的强制性对该阶级的意义何在？

如果我们把"该阶级"分成整体与阶级个别成员两个方面来看，事情也一样。因为，凡维护其利益的法律，有关阶级的整体和个别成员，都是乐于遵行，而不必强调、突出法律的强制性的。

如果我们把"法律"分成整体与部分两个部分，那么，的确可能产生如下情况：统治阶级的个别成员由于其特殊利益或特殊原因，而不愿遵行法律的某些部分、某些条文。这时，法律作为维护统治阶级整体利益的工具，就要强制这个别成员就范。而这，能看成强调法的强制性的主要原因吗？显然不能。因此，从法的阶级性之对于统治阶级一面来看，强调强制性，从总体上看并无必要。这里可以突出的，倒是法律的非强制性，亦即法律之被自觉遵守的性质。

但法的阶级性，对被统治阶级来说，含义就与统治阶级的观点完全不同了。这时，法的阶级性的一面，往往是作为被统治阶级的对立物出现的（说"往往是"，是因为这里还得"扣除"并非"是"的另一些情况，如当统治阶级利益与被统治阶级的部分的利益相一致的时候）。这时，通常被统治阶级是不情愿遵行有关法律的。法的强制性，此时有了加以强调与突出的实际意义。

尽管如此，从法的阶级性的一面看，法仅仅是以其强制性为特征而无非强制性吗？当我们把社会上的人一析为二或一析为几的时候，显然就会产生怀疑。

第二，从法的社会性的一面来看。

既然法的社会性的一面，表明的是法为全社会的利益服务，或为社会整体的利益服务，那么，它为社会的绝大多数人自觉遵守而无须强制，也就是理所当然的事。

当然也有少数的与社会整体格格不入的人，或在个别问题上与社会整体格格不入的人，对他们仍须强制施行法律。但这能作为必须强调、突出法的强制性的原因吗？

第三，从法的作用一面看。法除对破坏基本社会秩序、损害社会利益、危及社会安宁及个人的生命安全等"违法"、"犯罪"行为加以惩戒，对当事者予以惩处的作用一面外，还有保护基本社会秩序、维护社会利益、保障社会安宁及个人的生命安全、财产占有等的作用，对后者也须强调、突出法的强制性吗？法律规范除惩戒作用外，还有激励作用，如科学技术法在很大程度上就是以激励为其主要作用的。法的激励作用也是靠强制力去发挥的吗？显然不是、不该、不必、不会。

第四，从法的发展趋势来看。一个明显的迹象是，越是文明的社会，越是民主的社会，越是法制健全的社会，法就越是被自觉地遵守，起码对大多数人来说是如此。当社会发展到社会主义阶段时，我们是以强调法的强制性为主，还是强调法的自觉遵守为主呢？强调自觉守法的基础是什么呢？仅仅是公民守法的自觉性，而无法律本身之被自觉遵守的基础，自觉遵守可能实现吗？如果是因为法有惩戒性、强制性，所以才遵守，那么这种遵守能算是真正"自觉"的吗？如果是真正"自觉"的遵守，不是因为社会主义法本身就具有不必强制的一面吗？

上述几点，无非都是说明法也有非强制性的一面的可能。但是，仅仅提出问题，不等于说明了问题，找到了答案。

在提出上述问题的基础上，我们认为，首先必须承认法有强制性，其次也承认法有非强制性的一面，总之则是，法为强制性与非强制性的对立统一体。

法之所以是强制性与非强制性的对立统一体，主要原因在于：法总是同时规定人们享有的权利与承担的义务。不履行义务，法将以强制手段迫使其履行。至于权利，首先是人们乐于享受；其次是，如果人们放弃权利，法律并不施用强制手段非要你享用不可。也就是说，法的权利义务规定，决定了法的强制性与非强制性同时存在的特点，决定法是强制性与非强制性的对立统一体。

因此，揭示法的强制性是必要的，而否定其非强制性的另一面却是错误的。极端地强调法的强制性，造成强制性崇拜心理，就会导致威吓主义、惩罚主义以至重刑主义。

揭示法为强制性与非强制性的对立统一体，有重大的实际意义：

第一，可用来正确观察、分析已成陈迹的法制事实、法文化现象；

第二，可用来帮助指导社会主义立法，适当处理社会主义法的强制手段与非强制手段；

第三，可用来指导社会主义司法，在综合治理中，既有力地发挥法的强制作用，又不搞威吓主义、惩罚主义；

第四，可用来指导法制建设，使社会主义法在随着社会生产力的发展和社会成员觉悟的提高而加强其作用的同时，不断发展其非强制性的一面，为法的消亡创造条件。

我国正处于从计划经济体制向市场经济体制转轨的关键时期。建立适应市场经济发展的法律体系已成社会的普遍要求。与此同时，由于市场经济的高速发展，许多不良行为相伴而来，引起了多方责难，于是出现了一种以严惩、重刑为治的要求，把法的强制性强调到不恰当的高度。我们认为，必须从法是强制性与非强制性的对立统一体，社会主义法制应更多地依靠人民的自觉遵守这些方面出发，来恰当地制定保证市场经济健康发展的法制体系。

九、法的稳定性和变动性

法的稳定性，是法理学界一致肯定的法的属性之一。法一经制定之后，它所肯定的经济制度、政治制度、社会制度、社会秩序要求、传统的道德、风俗、习惯要求、当时的社会公德要求，等等，它所维护的阶级、阶层、集团、社区的利益关系、它所确立的实施法律的程序、方式、手段，等等，都必须予以相对的稳定。这既是客观情势的要求和反映，也是人们的主观要求。因此，法的稳定性，是无可置疑的。今天，我国人民群众特别希望加快社会主义法制建设的步伐，也正是力图以具有稳定性的法律制度代替变动性较大的政策指导，使社会的安定团结，使我国的社会主义现代化建设，建立在可靠的社会主义法制保障的基础上。

当人们强调法的稳定性的时候，往往会忘记法的变动性。于是，在法理学探讨中，有些人特别强调地提出了法的变动性问题。当我国改革开放大大向前推进，旧体制急剧地为新体制所取代，或在新旧体制激烈冲撞时，强调法的变动性，往往会走到极端，似乎法只有它的变动性，而稳定性问题可以不予考虑了。这当然是一种错误的观点。

当然，更多的人（更多没有脱离"常规思维"的人），是既承认法的稳定性，又承认法的变动性的。应当说，法的稳定性是一般法理学者所一致公认的；同时，他们也不否认，或者说，也很明确肯定着法的变动性。周旺生的《立法学》一书，就正确地指出了法律变动（修改、补充等）的一系列必然因素。其中包括：现行法律所调整的社会关系已发生重要变化，产生了适应调整新的社会关系的需要；立法时考虑不周，现行法律中有不明确、不确切、有遗漏、不协调、不切合实际的弊病；现行法律本身是暂行法律或试行法律；重要的新法律的出现引起其他相关法律、法规的变动等。[①]

关于法的稳定性和变动性问题，罗斯科·庞德在《法律史解释》一书的开首，就做了精辟的论述。他写道："法律必须稳定，但又不能静止不变。因此，所有法律思想都力图使有关对稳定性的需要和对变化的需要方面这种相互冲突的要求协调起来。一般安全中的社会利益促使人们为人类行为的绝对秩序寻求某种确定的基础，从而使某种坚实而稳定的社会秩序得到保障。但是，社会生活环境的不断变化，则要求法律根据其他社会利益的压力和危及安全的新形式不断做出新的调整。这样，法律秩序必须稳定而同时又必须灵活。……如果我们探索原理，那么我们既要探索稳定性原理，又必须探索变化原理。"[②] 庞德接着指出，为了使法律的稳定性与变化相协调或相和谐，为了使法律秩序显得固定不变而又无可置疑，同时又能与永无止境而又变化无穷的人类欲望的强烈要求相适应，人类主要依循权威、哲学和历史三条路线进行尝试。[③]

关于法律的稳定性和变动性的关系的"适时"协调问题，成了法理学研究的课题；"历时"协调问题，成了法律史研究的课题；法哲学则从哲理的角度探讨法的稳定性与变动性的关系。这一方面的系统研究几无所见。现在我们所能指出的，则仅为以下几个基本点。

---

① 周旺生：《立法学》，北京大学出版社1988年版，第524页。
② [美]罗斯科·庞德：《法律史解释》，第1页。
③ 同上，第2页。

十、相对的稳定性与绝对的变动性

第一,稳定性的相对性和变动性的绝对性。

唯物主义辩证法告诉我们,一切事物的运动,无不采取相对地静止和显著地变动两种状态;两种状态的运动都是由事物内部包含的两个矛盾着的因素互相斗争所引起的;对立的统一是有条件的、暂时的、相对的,而对立的互相排除的斗争则是绝对的;也就是说,静止状态是相对的,静止状态的破坏即事物的变化(对立的转化)则是绝对的。从法的运动来看也是如此。法的运动处于相对静止的状态下,显示出它的稳定性;这种稳定性是法对客观矛盾的相对静止状态的反映,因而,客观地决定了法的稳定性的相对性。法的运动处于转化状态时,显出了它的变动性;这种变动性同样是法对客观矛盾之对立面转化的反映;因而,也客观地决定了法的变动性的绝对性。

十一、"合理"与"合法"的辩证处断

第二,法的稳定性状态下的"合理"与"合法"的辩证处断。

现实生活中常常会出现合法而不合理、合理而不合法的情况。出现这种矛盾的法理背景就是法的稳定状态,因为如以法的变动来解决上述矛盾,就不存在合法不合理、合理不合法问题了。

英国法学家梅因曾针对现实生活中的"理"、"法"矛盾造成的"缺口",拟设了"法律拟制"、"衡平"与"立法"三种"缺口缩小"的方案。他说:"社会的需要和社会的意见常常是或多或少走在'法律'的前面的。我们可能非常接近地达到它们之间缺口的接合处,但永远存在的趋向是要把这缺口重新打开来。因为法律是稳定的;而我们所谈到的社会是进步的,人民幸福的或大或小,完全决定于缺口缩小的快慢程度。①"梅因所说"永远存在的趋向是要把这缺口重新打开来",具有十分积极的意义。它首先表达了现实生活的发展总是不断地"把这缺口重新打开来"的唯物主义的观点;其次,它启示我们要推动社会变革以使法的稳定性加速地暴露其弱点与不足;再次,它启迪我们的理论研究要去发现稳定性的法律不符合社会发展要求之处,揭示法的变动的必要性,而不是人为地保守法的稳定性,阻止法的发展与变动,力求尽"快"地使"缺口缩小"。

但梅因所说"立法"的解决方案,已非我们所说的在"法的稳定性状态下"即不改变法律的情况下解决"理"、"法"矛盾的办法了。在不改变法律的前提下处理"理"、"法"矛盾,从各国的实践和法理学界的研究成果看,主要有"衡平法方法"、"法律解释方法"、

---

① [英]梅因:《古代法》,商务印书馆1984年版,第15页。

"法官自由裁量方法"和所谓"一般原则方法"等。其中,"衡平法方法"是通过设立新法院与制定新法律,以避开旧法院与旧法律。但这样一来,如果适用新法律的情况比较普遍,旧法律的存在就失去了意义。这是一种相当机械的、人为地使法制繁杂化的非经济的办法。其弊端早已为实行衡平法的英国所了解,并采取了种种措施来加以改变。因此,此法不适用于我国;一般来说,也不适合于任何一个国家。"法律解释方法"不失为一种辩证执法的解决"理"、"法"矛盾的良策。它兼具立法方法和法官辩证裁量的优点。

"法官自由裁量方法"是指法官根据自己的判断,确认机械地执行法律将造成"显失公正"的后果,而故意规避法律、变通执法。即汉斯·凯尔森在《国家与法律》一书中指出的,宪法规定特许适用法律的机构,不必适用其所创立的一般规范,而得创立一个新规范,以免既存一般规范的适用,会引起不满意的结果。但是,"法官自由裁量方法"实际上是实行判例法制度的国家"法官立法"的伴生物,虽然并不改变法律,并不触及法的稳定性,却已属实质上"立法";同时,如果失去控制,或者在政权法西斯化情况下,将"法官自由裁量"有意引导到法律的法西斯式"自由裁量",就会给公众造成灾难性的后果。因此,我们并不完全肯定这种处理"理"、"法"矛盾的方法。

我认为,吸取"法官自由裁量方法"的积极因素,实行法官辩证裁量,是必要的、合理的、可行的,而且也一定是发展的必然趋势。

所谓"法官辩证裁量",我的设想是包括以下几项明确规定的审判制度:其一,在法定处罚、量刑的范围内,综合核定违法犯罪的事实与后果、动机与情节、认罪服法的态度等因素,法官个人辩证裁定刑、罚的范围。其二,在法定处罚、量刑范围之外的法官集体辩证裁量制,即裁量的过程与结论,需由集体作出,而非单个法官个人的裁量。其三,对法官集体辩证裁量的结论,上级拥有否定权。其四,社会舆论制约权。即对法官个人法定范围内的辩证裁量结论,及对法官集体法定范围外的辩证裁量结论,当遭到社会舆论的普遍反对时,应重新裁量并以理服人地说服公众承认裁量结论。

"一般原则方法"实际只是"法官自由裁量方法"的基础和法律解释中的司法解释的原则性前提,可以存而不论。

十二、革命时期法的稳定性问题

第三,革命时期法的稳定性与变动性问题。

当社会发生革命时,伴随而来的是法制的大变革。这时,法的变动性成了矛盾的主导方,法的稳定性完全受法的变动性的支配。但这仅仅是问题的一个方面,如果只看到法的变动性而否定法的稳定性,无视法的稳定性的实际意义,也还是不懂得法的稳定性与变动性的对立统一性的辩证法。

我以为,在社会革命急速发展的时期,变革法制是必然的,自然地很容易得到人们的重视。值此之时，倒是更加要注意法的稳定性这一面。我们说的此时的法的稳定性，不是指保守、坚持旧法，而是：

其一，对于任何新建立的法律制度，必须全力维护它的"绝对"稳定，哪怕它有比较明显的缺陷。除非危及革命本身，决不轻易变动新生的法律。这是因为，革命时期，社会发生激烈动荡，泥沙俱下，鱼龙混杂，洪波涌动，沉渣泛起，正所谓"一从大地起风雷，便有精生白骨堆"，如不以"绝对"稳定的法律对付泛起的"沉渣"与飘忽的"白骨精"，对革命的胜利和革命成果的巩固，是极为不利的。隋代初年，就"置五百家乡正"问题，曾发生过一次颇有教益的争议。开皇初，大臣苏威奏置五百家乡正，令理民间辞讼，得到了"立法大臣"高颎和隋文帝杨坚的支持。开皇十年，虞庆则等巡省关东诸道后，报告说："五百家乡正专理辞讼，不便于民。党与爱憎，公行货赂"，总之是弊病不少，于是隋文帝下令废止。大臣李德林在置五百家乡正时，曾表示反对。但此时，他却认为，"置来始尔，复即停废，政令不一，朝成暮毁，深非帝王设法之义"，主张"格式已颁，义须画一，纵令小有蹉驳，非过蠹政害民者，不可数有改张"，建议"若于律令辄欲改张，即以军法从事"。① 隋之代周而兴，虽非"革命"，却也是一件"改朝换代"的大事，对于这一大变动时期刚刚建立的法制，特别注意不"朝成暮毁"，是很有见地的。尤其是出于一个原先并不主张法定"置五百家乡正"的李德林之口，这一意见的可贵性，就更不可轻视了。

其二，对于新社会仍可沿用的旧法，宁可从法的稳定性出发暂时沿用之。旧法之对于新社会，总有它不适应的地方。但只要是大体适应，以暂时沿用为好。其哲理根据在于，社会即使处于大变动的革命时期，仍是"动"与"静"的对立统一体，不能只看到"动"的一面而无视"静"的一面，因此，须以"静"制"静"地以法的稳定性，即沿用可以沿用的旧法来处理新的社会的各方面问题。此外，旧法并不总是绝对地与新社会所需调整的社会关系格格不入的。例如，民法的绝大部分规定，商法以及交通运输法、科学技术法等，沿而用之，一般来说是"无伤大雅"的好事，自不必统统废而除之。貌似决绝的革命态度，实际对革命并不有利。最后，新法的制定，往往需要一定的时间，如果留下了法律的"真空"，对革命无疑也是极其不利的。总之，对"法的稳定性"的原理，变动时期、革命时期也应注意。

当然，既是革命时期，第一位的还是法的变动性。因此，积极立法，积极改革法制，应当放在法的最重要课题上。这个不言自明的道理，就无须展开论述了。

法的法理规定性，无论是并不成双的"奇"性规定性，还是成对的"偶"性规定性，都有其哲理问题。以上我们大略地探讨了正义性与非正义性、阶级性和社会性、强制性和非强制性、稳定性和变动性的对立统一问题。唯物主义辩证法的研究方法，是社会科学研究中的一种极为重要、极为有用的研究方法，是"显微镜"、"放大镜"和"望远镜"。犹

---

① 倪正茂：《隋律研究》，法律出版社1987年版，第145页。

如春天里暖人的东风，化雨的东风，使万物复苏、茁壮成长的东风。朱熹在写下"胜日寻芳泗水滨，无边光景一时新"两句后，接着写道："等闲识得东风面，万紫千红总是春。"① 我们要努力在理论法学园苑中吹进辩证法的煦煦东风，使法哲学如"万紫千红"的花圃，显得更加诱人。

---

① 〔宋〕朱熹：《春日》，《千家诗注释》第5页。

第七十三章　法的哲理规定性略论

清代张问陶诗曰：

凭空何处造情文，还使灵光助几分。
奇句忽来魂魄动，真如天上落将军。①

笔者读法理学著作，常有"忽魂悸以魄动"②之感，虽然所得并非"奇句"，却也因此而"恍惊起以长嗟"，总觉得法除了一系列法理规定性外，还有一些哲理规定性应研究而未研究。这一节就试着略论以下几个法的哲理规定性问题：一为法的现象与本质的辩证关系；二为法的内容与形式的辩证关系；三为法的必然性与偶然性；四为法的量、质与度；五为法的系统性。

一、法的现象与本质的辩证关系

法制史著作大多叙述了法制发展的种种现象，虽然有的著作也略事论及法制的本质，但对有关的法制现象与本质的关系，却几乎缄口不提。法律思想史著作记述了历代中外法律思想家对法律的种种观点，除非这些思想家本人论及法的现象与本质的关系，自无必要自行论述这一问题。法理学著作几乎无一例外地要阐明作者对法的本质的看法，但也极少有人论及法的本质与法的现象的关系。因此，法哲学责无旁贷地应当在辩证法的指导下，探讨法的现象与法的本质的辩证关系。

法的现象，是法的表面特征及这些特征的外部联系。它有真相与假象之分。法的真实现象和法的本质比较一致，它从正面表现法的本质。法的虚假现象则是和法的本质不一致

---

① 〔清〕张问陶：《船山诗草·论诗十二绝句》。
② 〔唐〕李白：《梦游天姥吟留别》，下句同。

的、从反面歪曲地表现法的本质的现象。

1923年10月10日公布的《中华民国宪法》,就是一个典型的法的假象。1923年6月,曹锟嗾使其党徒,纠集军警制造了政变,赶走黎元洪,企图爬上总统宝座。10月5日,曹锟用贿赂议员的办法当选为总统,从而激起了全国人民的激烈反对,骂选他的议员为"猪仔议员"。这些"猪仔议员"为掩盖其贿选劣迹,并适应曹锟军事独裁的需要,在不到7天的时间里赶制出了一部《中华民国宪法》。这部北洋政府在十多年玩弄"制宪"骗局中正式公布的第一个"宪法",被人们称为"贿选宪法",共十三章,一百四十一条。它的特点之一,就是规定了许多虚伪的条款。例如规定什么"中华民国永远为统一民主共和国";"中华民国主权,属于国民全体";"中华民国人民于法律上无种族、阶级、宗教之别,均为平等";中华民国人民非以法律限制,享有居住、通信、集会结社、选择职业等等自由民主权利;并特别规定"国体不得为修正之议题",意对袁世凯、张勋复辟帝制表示非难,企图以此骗取人民之同情。所有上述规定,都十分虚伪,是"民主"宪政的假象。所以,不受欺骗的人民反而更被激怒,各地反对"贿选宪法"的电文,像雪片一样飞涌而出,使曹锟的反动统治更摇摇欲坠。人民之所以不受欺骗,是因为透过假象也看清了曹锟政权立法的本质。假象之歪曲地表现本质,由此可见一斑。如果假象不表现本质,那么,假象就是假象,人们也就难以认识本质了。

法的现象与法的本质,具有内在的不可分割的联系。列宁在谈到现象和本质时,曾深刻地指出:"在这里我们也看到相互转化、往返流动:本质在表现出来;现象是本质的。"①

"本质在表现出来",这就是说,不存在不表现为任何现象的"纯粹"的本质;一切本质都要通过具体的对象、过程、事件、关系等表现出来。同理,法的本质也"在表现出来",不存在不表现为任何法的现象的"纯粹"的法的本质。因此,以为"绝对理念"、"绝对精神",与"上帝"同在的"正义"、"善"、"理性"是什么独立存在的"法的精神"、"法的本质",显然是错误的法律唯心主义。法的本质总是通过法的创造,法的实施,法与政治、经济、道德、宗教等的关系表现出来的。

法的创造、法的实施以及法与其他事物的关系,可以真实现象,也可能以虚假现象来表现法的本质,更可能以部分的真实现象和部分的虚假现象来表现法的本质。因此,当考察法的本质时,必须综合全部法的现象加以分析研究,而不能抽取部分现象贸然作出判断,如同一群瞎子摸象,各从所摸之局部而作出截然不同的判断那样。

本质诚然比现象更深刻地反映事物,但现象却比本质丰富、生动。从单个现象来说,现象是事物的个别的、片面的东西,但从现象的总体来看,却表现着事物的整体与全貌。因此,探求法的本质时,不仅要兼及法的真实现象与法的虚假现象两个方面,而且要顾及

---

① [苏]列宁:《哲学笔记》,人民出版社1958年版,第256页。

法的现象的全部。历史上，千百个法律思想家之所以不能就法的本质作出正确的结论，原因之一就在于往往"只见树木，不见森林"似地，仅仅抓住个别的现象就匆忙地下结论。

"现象是本质的"，这就是说，任何现象都表现出本质。任何现象都以这种或那种方式，以这一或那一程度同本质相联系并表现本质。同理，任何法的现象都表现法的本质。表现的方式、程度会有不同，但与法的本质相联系并表现法的本质，却是毫无二致的。不存在不表现法的本质的法的现象。"这是法的现象而非它的本质"这个判断，如果指的是法的现象与本质的区别，当然是正确的；但若包含"这"一法的现象与法的本质无关、不反映法的本质，就错误了。

但法的现象之表现法的本质，并不是全然直接的。假象之歪曲表现本质是一种突出的鲜明的例子。即使是真实现象，也并不直接表现本质。奴隶制法、封建制法、资本主义法在其初创阶段，在各该社会形态处于上升的、发展的时期，它们的社会性本质，往往被有关法的强制性、暴力性、一定程度的残酷性所掩盖。为教条主义所束缚的人们，往往从成见出发随便给这些法贴上"反动"的政治标签，否定其社会性本质。同样，社会主义法直截了当地宣称要对被推翻的剥削阶级实行专政，这是真实现象而非假象。其本质不但在于维护广大人民群众利益、反映他们的意志，而且实际上也有利于被推翻的阶级的成员的弃旧图新，走上自力更生、自食其力的真正的"人"的道路，开始新的人生。社会主义法的现象，也是并不直接表现这种兼利"天下"的社会性本质的。

由于现象和本质既有统一的一面，又有对立的一面，因此，现象与本质永远都不会完全一致。现象与本质的对立，是现实事物内部矛盾的表现：现实事物以相互间的各种不同关系表现本质，而现象仅仅是个别关系的表现，因此，现象对本质的表现总是不完全的。法的现象与法的本质也处于既统一又对立的状态中，并不完全地表现法的本质。因此，在通过现象来探究法的本质时，特别应注意了解、掌握与分析现象与本质之不一致状况。但这绝对不是说法的本质是不可认识的。正如列宁所说那样："在现象和自在之物之间绝没有也不可能有任何原则的差别。差别只存在于已经认识的东西和尚未认识的东西之间。所谓二者之间有着特殊界限，所谓自在之物在现象的'彼岸'（康德），或者说可以而且应该用一种哲学壁障把我们同关于某些部分未被认识的但存在于我们之外的世界的问题隔离开来（休谟），——所有这些哲学的臆说都是废话……狡辩、捏造。"[1] 康德与休谟在法的本质论上也是不可知论者，他们失足于否认现象与本质的内在联系。因此，我们在谈论法的现象与法的本质时，一定要既承认两者的统一性，又承认两者的对立性。马克思指出："……科学的任务在于把可见的、流露在现象表面上的运动还原为现实的内部的运动。"[2] 法哲学的任务之一，就在于揭示法的现象与法的本质的辩证关系，把"可见的、流露在"

---

[1] 《列宁全集》第14卷，人民出版社1957年版，第98页。
[2] [德]马克思：《资本论》第3卷，人民出版社1958年版，第384页。

法的"现象表面上的运动还原为现实的"法的"内部的运动"。例如,法律制度史、法律思想史各个描述了法的现象的表面上的运动,法哲学就应分别探究法律制度、法律思想发展的"内部的运动"即其规律。这一任务,我们将在下面尝试解决。

二、法的内容和形式的辩证关系

内容和形式是揭示事物的内在要素和它的结构以及表现方式的一对哲学范畴。现实中的一切事物都有其内容与形式。法也如此。因此,要深入了解法,即了解法的现状及可能的发展趋势,借以确定法制建设的方针和具体计划,就必须考察法的内容、法的形式以及两者的关系。

法的内容是构成法的一切要素的总和。它包括法的内在矛盾以及由这些矛盾所规定的法的运动过程及发展趋势等。但法的内在矛盾以及法的运动过程及发展趋势,并不是直接显现出来的,它体现在可以直接感知的法律的规范性内容和非规范性内容上。言及法的内容时,必须同时说明它可以直接感知与不能直接感知的两个层次的内容。

法律的规范性内容规定人们的行为模式及其法律后果。这是法的内在矛盾及法的运动过程与发展趋势所由观察的最主要方面。法的非规范性内容包括关于立法依据、立法宗旨和法律原则的说明;关于专门法律概念和术语的解释;关于通过机关和通过时间、批准机关和批准时间、公布机关和公布时间的记述;关于法律适用范围、生效或施行时间、关于授权有关机关制定变通、补充规定或制定实施细则的规定;关于废止有关法律的规定;等等。这也是法的内在矛盾及法的运动过程与发展趋势所由观察的重要方面。离开规范性内容与非规范性内容,法的内在矛盾及法的运动过程与发展趋势便无所附丽,当然也无从观察。

论及法的本质而考察法的内在矛盾时,有人认为,它主要体现为三个方面:第一,一部分人根据自身整体的意志和需要,以国家名义制定或认可法律,并通过国家力量强加于全社会,要求一体遵行;而社会全体成员的主观需要与法并不一致,他们参差不齐,不同程度地接受、排斥、甚至反抗法律的要求。第二,客观条件所呈现的在一定物质生活条件基础上的各种社会关系,不可能为法律所调整,也不可能平等地受到法律保护,而是为符合一部分人的主观需要有选择地采用法律手段加以调整的,但又要以公正、平等、自由等来掩饰。即以表面上对全社会的公平来掩盖法实际上是调整有利于一部分人的社会关系。第三,主观需要和客观条件的自身矛盾和相互矛盾,直接决定了法以内在多重矛盾的交叉、对立和冲突构成自身的矛盾运动,并且使内在矛盾运动比其他意识形态社会现象来得更复杂、更激烈、更明显,从而也更富有发展性。[①] 这些细致入微的基本上科学的分析,

---

① 胡春明:《关于法本质的哲学思考》,《当代法学》季刊1989年第1期。

对考察"实有"的法与"应有"的法的矛盾运动，无疑是极有启迪的，对我们分析作为法的内容的法的内在矛盾，也是有帮助的。但由于它所述及的实际上是"实有"的法与"应有"的法的对立统一，因此，还应结合法的规范性内容与非规范性内容来加以说明。这一任务，可以留交法理学者去加以解决。从法哲学的角度看，我们只要指明法的规范性内容与非规范性内容是法的可以直接感知的内容，而法的内在矛盾等并非可以直接感知的内容就可以了。

法的形式是把法的内容诸要素统一起来的结构和表现法的内容的方式。法的形式不仅仅是法的外部表现形态，更重要的是它还包括把法的内容的一切要素联结起来的内部组织结构形式。因此，法的形式有内在形式与外在形式之分。法的内在形式与法的内容紧密相关，不可分割，同法的内容融为一体。法的外在形式与法的内容不直接相关，可以"剥离"、置换；也可以将不同的法的内容同置于相同的法的这种外在形式之中。就法律来看，法律用语、法律结构就是它的内在的形式，而法律的成文或不成文形式、法律文本的语种、法律的条、款、项数目等等，就是它的外在形式。

法的内在形式与法的内容既是融为一体的，因此，它会直接影响法的内容。法的外在形式虽与法的内容并不直接相关，但却并非毫无意义。例如，法律文本的语种虽然并不影响法律的内容，但为使法律的内容为一个多民族国家的所有公民了解，就必须译成各民族的语言，使同一法律有多种语言的文本；国际协定的内容虽然完全一样，但"签约"、"换文"之时，就必须有各签约国代表所能作相同理解的不同语言的文本供使用。笔者在主持研究"上海近代法制史"的过程中，曾发现一些中国清朝政府、上海地方当局与外国签订的法律文本，只有外国文本而无汉语文本。其原因之一，就在于有些帝国主义者企图用这种方式搅乱法律文件的真实内容，以欺骗中国当局与人民，从中浑水摸鱼、谋取非法的利益。

法的内容与法的形式之间，存在着辩证的关系，这主要见诸：

第一，互相对立的法的内容与法的形式，处于法的统一体中。这就是说，一方面，法的内容与法的形式是互相区别、互不相同的，在法的发展过程中，法的内容由于其内在的矛盾性而不断发展变化，使得旧的法的形式不能容纳，于是发生必须改造法的形式的情况。列宁曾这样写道："内容和形式以及形式和内容的斗争。抛弃形式、改造内容。"[①]据《晋书·刑法志》所保留的《魏法序略》记载，制定魏律时就曾做过因内容的"改造"而"抛弃形式"的工作："今制新律，宜都总事类，多其篇条。旧律因秦法经，就增三篇，而具律不移，因在第六。罪条例既不在始，又不在终，非篇章之义。故集罪条例以为刑名，冠于律学。""篇条"之增多，即魏律内容的变化。"具律"带"刑法总则"的性质，旧律中，这"总则""既不在始，又不在终"的形式，在"篇条"甚少的情况下还可相容，一旦

[①] 《哲学笔记》，人民出版社1958年版，第210页。

"多其篇条"，其"非篇章之义"的弊病就显得突出了，因此，发生了"抛弃形式"之举，即"集罪条例以为刑名，冠于律学"。这在中国刑法立法史上，是一次技术性的重大创新，开创了"刑名""冠于律学"的新形式，一直为今天所沿袭。

但另一方面，法的内容与法的形式又总是"厮守"于一个法的"共同体"中的，即它们总是以统一的式样呈现的。任何法的内容，都离不开法的形式；一定的法的内容，总有一定的法的形式予以容纳、予以表现。当旧的形式被抛弃的时候，又必有新的法的形式取而代之。总之，法的内容与法的形式，是不可分割地相统一的，既没有无内容的形式，也没有无形式的内容。

第二，法的内容与法的形式发生相互作用。一般来说，总是法的内容决定法的形式；同时，法的形式也会积极地反作用于法的内容。

法之从不成文法发展为成文法，原因之一就在于越来越丰富、越来越复杂的法的内容，如无成文法的形式予以固定，就不可能妥善地掌握、传播和世代流传了。中国古代法律之"刑、民不分"、"诸法合体"的形式，同样也是由于实体法的刑法与民法和程序法等的内容越来越繁复，"合体"的形式已不再能够予以包容了。智力成果权的法律保护以及全部科技社会关系的法律调整，变得越来越复杂、越来越重要时，仅以民法形式或加上经济法形式也容纳不了，于是科技法形式就颖脱而出了。这些都是法的内容的发展变化决定并引起法的形式变化的适例。

法的形式对法的内容的反作用，有两种基本情况：适合于法的内容的形式，对内容起积极的促进作用；不适合于法的内容的形式，对内容的发展起阻碍作用。

1954年的美国《原子能法》在立法技术上颇有特色。该法采取的法条形式是：共十九章一百二十五条，第一章到第十九章依次排列，每章不到十条，第一章从第一条开始，第二章从第十一条开始，其余类推。立法技术上这样处理法条形式，目的在于有利条目的增加，新增的条目可利用有关章节的空条。

子产铸刑书公布成文法，叔向表示反对；晋国铸刑鼎，孔子表示反对。法以成文形式公之于众，无疑有利于法的内容的发展；而如果按叔向和孔子的主张，永远不采取公布成文法的形式，无疑会阻碍法的内容的发展。

法的内容与法的形式的相互作用，构成了它们的矛盾运动。在法的内容和法的形式的辩证运动的过程中，法的内容是比较活跃、比较易变的，法的形式则显得比较保守，具有相对的稳定性。在适合于法的内容的形式产生后，形式对内容的发展起促进作用；但随着法的内容的发展，法的形式会越来越落后于法的内容发展的要求，这时就要求改变法的形式以适应法的内容的发展。新的法的内容与法的形式的彼此适应，也将循着"适应——不适应——改变法的形式以求与法的内容的新的适应"的路线继续发展。

俄国伟大的革命民主主义者车尔尼雪夫斯基曾这样写道："形式永恒不断地更替，一定内容或趋向所产生的形式永恒不断地被否定，这是由于这种趋向的加强，由于这种内容向更高级发展，——谁要是懂得了这个伟大的、永恒的、无所不在的规律，谁要是学会把这个规律运用于一切现象，——哦！他将会怎样安然地期待那些使旁人惊惶失措的时机……他不怜惜一切过时的东西，他会说：'一切要来临的总会来临，欢乐的日子终归要降临到我们的街头！'"① 车尔尼雪夫斯基虽然别有所指，但扩而言之，法的内容与法的形式的辩证运动，确也可以使法的"欢乐的日子""降临到我们的街头"的。由此观诸法的形式，几十年、几百年以至上千年的旧形式迄今仍然居于统治法坛的地位，而法理学、法哲学对此研究得实在太少太少了。

三、法的必然性与偶然性

法的必然性是法的发展中一定要发生的、确定不移的趋势。习惯之为习惯法所取代，习惯法为主之为制定法、判例法取代，不成文法之为成文法取代；奴隶制法之为封建制法取代，封建制法之为资本主义法取代，资本主义法之为社会主义法取代；法文化之从简单到复杂，从低级到高级；……这些都是法的发展中一定要发生的、确定不移的趋势，是法的必然性的表现。其中，有的已为法的发展的历史事实所证实，历史将继续证明法的这种必然性。

法的偶然性是法的发展中并非必定发生的、可以这样出现也可以那样出现的不确定的趋势。中国历史上的春秋战国之际，随着封建经济的发展，地主阶级的阶级力量逐渐强大起来，在同奴隶主阶级的激烈斗争中，先后取得了政权。为了维护和巩固政权，地主阶级在各国都进行了变法。但各国的变法进程、变法内容、封建法制的方方面面都不尽相同。秦国商鞅变法的主要内容为"废井田，开阡陌"；废除世卿世禄制度，分军功为二十级，以军功行赏；按什伍组织编定居民户籍，告奸与杀敌同赏，匿奸与降敌同罪，依法逐级建立严密的政治组织，确保以国王为中心的中央集权的政治制度。魏国李悝变法的主要内容是以法律保护"尽地力之教"和"善平籴"的经济政策和经济秩序；实行"食有劳而禄有功，使有能而赏必行、罚必当"的法治措施；制订《法经》六篇，以"王者之政莫急于盗贼"为指导思想与根本原则。商鞅和李悝各为秦、魏法制的统一做了极大的努力。申不害与商鞅、李悝大致同时地在韩国主持变法，推行"法治"。但他主张"术"治，对"法治"的推行不力，没有统一韩国的法令。韩非曾批评申不害说："申不害，韩昭侯之佐也。韩者，晋之别国也。晋之故法未息，而韩之新法又生；先君之令未收，而后君之令又下。申不害不擅其法、不一其宪令则奸多。"② 秦、魏、韩三国都在变法，但变法的内容、具体情

---

① 《车尔尼雪夫斯基哲学著作选集》第2卷，1950年俄文版，第492页。转引自《马克思主义哲学原理》上册，人民出版社1959年版，第309页。
② 《韩非子·定法》。

况又各个不同。前者是法的必然性的体现，后者则为法的偶然性的体现。假设在韩主持变法的不是申不害，而是商鞅或李悝、韩非，情况就可能大不一样。

法的必然性和偶然性是社会控制手段固有的两种发展趋势。社会控制手段取决于社会经济、政治、文化发展的客观需求、客观条件；也与当局所代表的阶级、阶层、集团的意志、利益、认识水平有极为密切的关系。这两方面都同时影响着法的发展呈现出必然性的趋势与偶然性现象。在这里，客观的物质条件与阶级、阶层、集团的意志、利益、认识水平，都是作为实际存在物起作用的。后者如申不害的"认识水平"，就是作为实际存在物起作用的。这同唯心主义者认为必然性与偶然性是人们先天固有的思维形式，可以不管任何其他因素而"自动实现"，是两回事。唯心主义者的看法，颠倒了反映与被反映的关系，只能指导人们对法的发展产生错误的看法。

法的必然性和法的偶然性所反映的法的两种不同发展趋势，在法的发展过程中的地位与作用是根本不同的。法的必然性在法的发展中处于支配地位，决定着法的发展方向和前途。不管社会生活中出现怎样的曲折变化，法的必然性最终总要得到体现，它会冲破一切阻力与障碍而实现。法的民主化就是这样一种法的必然性趋势。纵观各国的法律制度史，无一例外地，法的民主化虽然不是呈直线上升的状态，但曲曲折折地总是表现出民主化程度的提高。即使像德、意、日这样的国家，虽然一度为法西斯主义所把持，法的民主化进程遭到极为严重的挫折，但最终还是法的民主化战胜了法的法西斯化。当然，由于种种原因，法的民主化程度总是有限的，但这是另一个问题。

法的偶然性相对于法的必然性来说，居于从属的地位。从总体来说，法的偶然性会对法的发展速度的加快或延缓发生影响，使法的发展发生摇摆和偏离总的趋势，但它不可能改变法的总的发展趋向与趋势。例如，美国关于生物技术发展立法的实践就说明了这一点。1970年，美国科学家斯密特在实验室里首先人工合成了DNA，揭开了生物技术开发与利用的新的一页。然而，由于对DNA重组技术可能带来的风险估计过高，几乎达到了恐怖的地步，生怕有朝一日人类不得不为自己的发明付出毁灭自身的代价，反而在其起步之初，就立法予以限制，这就是美国国会于1975年通过的一项不向某些生物技术开发项目投资的法律。纽约州、马里兰州以及剑桥、波士顿、伯克利、艾基维里、阿姆伯斯特、沃尔他姆、纽屯及贝尔蒙特等市，也纷纷制定了控制生物技术发展的法规。这就造成了一个全国与地方立法相互结合阻碍生物技术发展的局面。其高潮即是美国国立卫生院于1976年受权制定《DNA分子重组实验准则》，全面地实行对DNA分子重组实验的法律限制。这是一项十分不利于生物技术发展的消极立法，与科学技术法总体地对科学技术发展起积极促进作用的必然性功能相背而行。后来，人们重新估价了DNA分子重组的风险性，认识到先前的恐惧十分不必要时，于是一而再、再而三地修改《准则》，放宽限制标准，从而使之重新对生物技术的发展起促进作用。由此可见，《DNA分子重组实验准则》只能使生物科学技术法的发展偏离总的趋势，却不能改变这一趋势；不但不能改变，而且它自己反而会被这一总的趋势所改变。

法的必然性与法的偶然性之间的上述区别，源于法的内部矛盾，是法的内部矛盾所决定的。例如，反映法的内部矛盾的社会经济生活条件与人的主观需求、主观愿望的矛盾的对立斗争，就必定为社会经济生活条件的发展开辟道路，不会永远为人的主观需求、主观愿望所囿。同样，科学技术发展的客观规律与人的主观认识的矛盾及这一矛盾在科技法上的反映，必然地要求贯彻科学技术发展的客观规律。这样，法的必然性由于取决于法的内部矛盾，就取得了支配的地位；而法的偶然性由于是法的非根本矛盾和外部条件造成的，所以就只能处于被支配的地位。

法的必然性与法的偶然性之间存在着对立统一的辩证关系。法的必然性与法的偶然性在法的发展中呈现出互相对立的趋势，但两者又是统一的，即两者是相互联系、相互依存、互为前提，并在一定条件下可以互相转化的。法的必然性与法的偶然性的辩证关系，可以见诸以下几个方面：

第一，法的必然性存在于法的偶然性之中，没有脱离偶然性的纯粹的赤裸裸地存在的法的必然性。也就是说，法的一切形态，一切法的现象，都带有偶然性，都是"偶然性的法"。法的必然性是寄寓于法的偶然性之中，通过法的偶然性表现出来的。约公元前20世纪时的《苏美尔亲属法》规定，"倘妻恨其夫而告之云：'尔非吾夫'，则应投之于河。"（第五条）这里规定的"投之于河"而不是驱之于野外或投之于山崖深渊，就与外部的地理环境有关系，表现出了一定的偶然性。《汉穆拉比法典》第一百九十六条规定"倘自由民损毁任何自由民之子之眼，则应毁其眼"，第一百九十九条规定"倘彼损毁自由民之奴隶之眼，或折断自由民之奴隶之骨，则应赔偿其买价之一半"。这里规定的"以眼还眼"的"毁眼"相报，而不是"以牙还牙"的"毁牙"相报或其他报复性的惩罚，有其偶然性；规定"赔偿其买价之一半"，而不是"五分之二"或"五分之三"，等等，也有其偶然性。但所有这些偶然性，都是奴隶制法偏于保护夫权而蔑视妇权，保护自由民的权利而蔑视奴隶权益的必然性的表现。奴隶制法之偏于保护夫权、偏于保护奴隶主和自由民的权利的必然性，不可能赤裸裸地存在，而是通过上述种种偶然性而表现的。一切"天命"论，"天讨"、"天罚"论的唯心主义法律观，以为一切法律规定都是"天"、"神"的意志而必定如此，必非如彼，都是对法的必然性与法的偶然性的辩证法的无知的表现。

第二，法的偶然性是法的必然性的表现与补充，以法的必然性为其实质，没有脱离法的必然性而兀自存在的法的偶然性。同不存在"纯粹"的赤裸裸的法的必然性一样，也不存在"纯粹"的绝对的法的偶然性。一切法的偶然性都是法的必然性的表现，包括一切相当极端的似乎同法的必然性毫不相干的法的偶然性，同样都是法的必然性的表现，其背后必定隐藏着法的必然性。公元1597年英国的《惩治流浪者和长期乞丐的法令》规定，依据该法令被捕的流浪者或乞丐，将被"把上衣剥光，当众鞭打，直到他或她脊背流血为止，然后必须递区押解"。许多欧洲国家法律规定的"拷讯"办法都是鞭打脊背；而中国古代法律的"拷讯"规定中,从未见鞭打脊背,一律都是鞭笞或棒打臀部。这些无疑都是相当偶然的,是法的偶然性的体现。但这种法的偶然性,丝毫没有脱离封建制法律的残暴、苛严的必然性。黑格尔写道:"科学的任务,特别是哲学的任务,一般地说就在于认识为偶然性的外表所掩盖的必然性;……"①恩格斯也指出:"被断定为必然的东西,是由种种纯粹的偶然所构成的,而被认为偶然的东西,则是一种有必然性隐藏在里面的形式。"②这些论断对我们认识法的偶然性总是法的必然性的体现,总不能脱离法的必然性,是极好的教诲。不过顺便应当指出,恩格斯上述论断中使用了"纯粹的偶然"一语,是不无瑕疵的。应当坚信,没有任何"纯粹"的偶然。这有利于我们从一切法的偶然性表现中去发掘法的必然性。

第三,法的必然性和法的偶然性在一定的条件下可以互相转化。这是由法的范围极其广大,法的发展具有漫长的历程决定的,也是由法的必然性与法的偶然性的区分具有相对性决定的。

同一法的现象,对于某一法的历史时期来说,是法的必然性的表现,但对更长的历史时代来说,就有可能只是一种法的偶然性;反之亦然。上述"文革"时期我国法制的曲折变化,对于社会主义时期法制发展的必然性的总趋势来说,是一种倒退,是一种偶然;但就当时来说,某一"指示"、"通令"之被奉为"圣旨"般的"比法还要法"的法律,又是必然的。

法的必然性和偶然性在一定条件下的相互转化,古今中外法制史上都发生过。在法的发展过程中,判例之被作为判案的准则,起初仅是"不得已而为之"的临时应急措施,以解决法律覆盖不全的弊病,这是一种偶然现象。但随着这种情况的增多,判例在许多国家里变成了常用的判案标准。于是出现了"法官制法"的实际,法学家对此做了论证,社会控制又有此需求。于是判例作为法律被适用,就成了必然性的现象,以至于许多国家成了实行判例法制度的国家,而与实行制定法制度的国家相区别。反过来,在英国等实行判例法制度的国家,有时为了解决特定的问题进行国会立法,它倒反而成为"偶一为之"的偶然性了。又如,所有的国家都曾实行过死刑制度,从社会控制的要求来看,这是法的必然性的表现。但就在其时,也会有赦免受死刑判决的罪犯的决定。后来,当人们在逐渐认识到犯罪的极其多样、极其复杂的原因中,社会负有十分重大的责任时,偶或就自动地放弃了对这一罪犯、那一罪犯的死刑判决。甚至在世界上出现了个别国家决定完全放弃死刑这一刑种。在这种情况下,即无论是个别国家放弃死刑刑种,还是许多国家在个别情况下对特定罪犯放弃死刑判决,都是法的偶然性表现。但是这种法的偶然性后来出现得越来越频繁了,放弃死刑刑种的国家也越来越多了。据美国 1980 年统计,联合国一百五十二个成

---

① 《黑格尔全集》第 1 卷,俄文 1929 年版,第 245 页,转引自《马克思主义哲学原理》第 237 页。
② [德]恩格斯:《费尔巴哈与德国古典哲学的终结》,人民出版社 1959 年版,第 34 页。

员国中，三十七个国家已废除了死刑。这样，废除死刑几乎显示出了一种必然性的趋势。一些刑法学家和社会学家预测，人类必定会彻底废除死刑。如果是这样，那么，法的偶然性之转化为法的必然性也从中得到了体现。

在法的必然性和法的偶然性的相互转化中，必须具有"一定条件"。是在"一定条件下"的转化，而不是任意的、任何条件下都会发生的转化。例如，偶或放弃死刑、免除死刑之转化为废除死刑，必须具备"社会秩序高度稳定"、"社会经济高度繁荣"、"人们的觉悟水平大大提高"、"人们的道德水准大大提高"、"人们的法制观念大大增强"等条件。否则，主观地随意决定废除死刑，可能遭到客观规律的"报复"即招致社会秩序混乱、恶性严重犯罪骤增，不得不恢复死刑，且导致判处更多的死刑犯罪。

对法的偶然性和法的必然性的辩证关系的认识，具有十分重要的意义。法学的任务就在于揭示法的发展的必然性，尽量避免为法的偶然性所迷惑、所干扰；同时，又要努力从法的偶然性中发现法的必然性和规律性，使我们的认识建立在科学的基础上，为社会主义法制的健全做积极、有益的贡献。

四、法的量、质与度

法的量、质、度，都是法的哲理规定性。

法的质是使法成为法并使它区别于传统的习惯、风俗、道德、政策等等的内在规定性。法、习惯、风俗、道德、政策之所以不同，不能互相混淆，不能"以政策代替法律"、"以道德取代法律"，就在于它们各有不同的质的规定性。重视法的质的规定性，决不使"以言代法"、"以权废法"、"以政策代替法律"、"以党的文件代替国家的法律"，正是今天我国社会主义法制建设中的一项繁重任务。我国已经进行了一次为期五年的"普法教育"，现在又开始了第二次为期五年的"普法教育"。党和国家之所以如此重视法制的普及教育，首先就是为了使广大干部明确区分法律与政策的不同的质，使广大群众明确认识法律与道德的不同的质，从而增强法制观念，为从以政策治国为主过渡到以法治国为主的社会主义法治时代去。

法的质是与法的存在直接同一的。法有其特定的质，一旦丧失自己的质，法就不再存在，而变成别的东西了。当然，整个的法或整部法律丧失其特定的质的情况，是很少出现的，但部分地丧失其质的情况，却很可能大量存在。例如，法律规定的具体性与明确性是法之成为法的法之质的体现，如果一部法律大多是含糊其词的规定，就丧失了法的具体性与明确性的质，就可能沦为与国家政策无所区别。这在我国立法中不能说没有出现过，因此，是应当特别注意防止的。

由于法的质与法的存在是直接同一的，因此，即使某些事物不以法的名义出现，仍得视其为法。在奴隶社会和封建社会里，帝王的话就是法律。为什么？这是因为，虽然它并非"国家立法机关制定",却具有法的特质,被作为法而适用并通行无阻。同样,"文革"期间的"最高指示"、"文革小组"的"通令",虽然并不是以制定法的形式出现,却是实实在在的法,因为它已具有法的特质,与法"直接同一"了。

法的量是法的规模、发展程度与速度、法的各种构成成分在量度上可用数量表示的规定性。李悝相魏,制《法经》六篇,刘邦攻进咸阳,宣布"约法三章";桓宽《盐铁论》谓"秦法繁于秋荼,而网密于凝脂";汉法发展到后来,一如秦法之繁,"凡断罪所当用者,合二万六千二百七十二条,七百七十三万二千二百余言,言数益繁,览者益难……"①;等等,都是总体上对法的量的记录。1981年12月4日,在美国亚拉巴马州的吐斯加洛萨法院,判处四十岁的德埃耳·W.戴维斯长达一万年的徒刑,因为他在1976年犯有三次谋杀罪;1972年3月11日,西班牙的伯尔姆特梅洛加法院,判处二十二岁的G.M.格兰杜斯三十八万四千九百一十二年徒刑,因为他有四万二千七百六十八封信未投递分发,平均每封信要判处九年徒刑;1973年2月5日,美国加利福尼亚州的费尔菲尔德法院判处J.库罗那二十五次连续的无期徒刑,因为他杀害了二十五名被他雇佣的短工。这也是法的量的一种类型的记述。

法的量与法的存在不是直接同一的。不同的法的质,决定了不同的法。但不同的法的量,却可能与法之是否同类无关。汉法之"约法三章"与后来的"二万六千二百七十二条",都是汉法,既非秦法,亦非魏法。法条的多寡是否能被作为法的苛严性的衡量标准?不能。在法制史与法律思想史著作中,处处表达了这样一种法律观:法条简约或主张法条简约,就是进步的,值得赞扬的。这种看法有其显然的片面性。法必有其量,但法的量与法的性质并无直接联系。上述观点可能给人以误解:社会主义法制建设中,立法也越"简约"越好、法律也越少越好。个别领导人就曾认为"法多要亡国",造成了很坏的影响。恰恰相反,在我国今天的社会主义法制建设方面,就是要"追求"法律的完备、详尽与细密。

法的量的规定性是多方面的,不仅表现在立法的数量上,也不仅表现在法条的多寡上。许多法条所规定的时间界限、定罪界限、量刑界限、处罚界限;许多法律概念固定的种种数量含义等,也是法的量的体现。立法上如此,司法上也是如此。司法统计学、犯罪统计学的法哲学基础,就在于法的量的法哲学规定性。法的定量分析离开法的量的规定性,就无从谈起,因此,研究法的量,同样具有十分重要的意义。

法的度是法的质和法的量的统一。同任何事物一样,法都具有质和量两种规定性,是质和量的统一体。没有仅有质的法,或仅有量的法。法的质和法的量的辩证统一的法哲学范畴就是法的度。

法的度就是法保持其质的数量界限。法的量的变化,在一定范围内并不引起法的质

---

① 《晋书·刑法志》。

的变化；但当超出一定界限时，就会引起法的质的变化。也就是说，法必须保持其度，否则就会引起法的质变。"约法三章"恐怕已是法的量的最低限度。"约法三章"的内容是"杀人者死，伤人及盗抵罪"，规定了维护社会秩序的最起码要求，试从"三章"中减去其一，社会生活控制的要求就难以达到了。而且，"约法三章"也只能行之于刘、项争斗，汉、楚争雄的战争时期，一俟汉朝建立，这"约法三章"就因"量"的不足而不成其为"汉法"了。正因如此，汉高祖五年（前202年），便下令笞杀楚降将丁固，并且提出："四夷未附，兵革未息，三章之法，不足以御奸。"命令丞相萧何"攈摭秦法，取其宜于时者，作律九章"[①]。到东汉时，除律、令、条、法外，法学家的解释也被国家确认为具有法律效力的审判根据。据《晋书·刑法志》说，其时除著名的经学大师马融、郑玄外，叔孙宣、郭令卿等儒学"十有余家"的"章句"即法律解释，也有法律效力，"家数十万言，合二万六千七百七十二条，七百七十三万二千二百余言，言数益繁，览者益难"，逐渐地要演变为不能起法律作用的"具文"了。因此，"天子"不得不"下诏，但用郑氏章句，不得杂用诸家"。这就等于宣布叔孙宣、马融、郭令卿的法律解释不再是法。由于法的量越出了法制实践所允许的最大限度，法就成了非法。从法到非法，不用说是质的变化了。在罗马皇帝塞维鲁与亚历山大时期，涌现了盖尤斯、保罗、乌尔班、伯比尼安、毛特思丁五大法学家。到公元426年，罗马皇帝戴鹤图二世和瓦伦丁尼安三世颁布《引证法》，规定上述五大法学家的著作都具有法律效力。但到东罗马皇帝查士丁尼时，进行了法典编纂，其成果即《国法大全》。从五大法学家的学说到《国法大全》，实际上有如东汉仅取"郑氏章句"一样，是法的量越出了一定限度而不得不改变法的实例。近代、现代许多判例法制度国家，由于判例之量多到难以胜计，导致判例难成其为法的程度，于是根据判例制定比较简明的制定法。这也是法的量的变化引起法的质的变化的例子。

法的度是体现法的质和法的量辩证统一的范畴。从法的度的含义可以看出，法的质和法的量是互相结合、互相规定的。一方面，法的度意味着法的质和法的量的相互结合：法的量，是一定质的量，脱离法的质的纯粹的法的量是不存在的；法的质，是一定量的质，脱离法的量的纯粹的质也是不存在的。另一方面，法的度意味着法的质和法的量的互相规定，即法的质规定着法的量，法的量也规定着法的质。汉初的法的质与秦法的苛严繁密全然相反，规定了汉法为"约法三章"之量（"三章"是偶然性，"三章"、"四章"或"五章"等比较轻简宽约则是必然性）；整个集权主义法制日益繁苛以镇压劳动人民的反抗，调整统治阶级内部矛盾的质，又规定了"三章"之法的量必然要为比较繁多的法的量所取代。

法的质、量、度的含义既如上述，社会主义法制建设中就要认真处理法的质、量、度的关系。这里，最为重要的就是法的度，因为法的度是把握法的质与法的量的辩证关系的关节点。至于法的量变与质变及质量互变问题，我们将放在其他章节中去阐述，因为那已

---

① 《汉书·刑法志》。

是法的哲理规定性的论域外的问题了。

五、法的系统性

法的系统性也是法的重要哲理规定性之一。对法的系统性这一哲理规定性的认识，有极为重要的意义。在马克思和恩格斯的著作中，经常用到"系统"这一概念。虽然他们没有以专文论述客观世界的系统性，把它看成重要的哲学规定性，但他们已经初步阐明了"系统研究"的重要性。恩格斯在《路德维希·费尔巴哈和德国古典哲学的终结》中指出，当着从旧的形而上学的研究方法"进展到可以向前迈出决定性的一步，即可以过渡到系统地研究这些事物在自然界本身中所发生的变化的时候，在哲学领域内也就响起了形而上学的丧钟"，恩格斯称系统思想为"一个伟大的基本思想，即认为世界不是一成不变的事物的集合体，而是过程的集合体"①。揭示法的系统性并按系统思想指导法制建设，是法哲学的重要任务。本文以揭示作为法的哲理规定性的法的系统性为限，至于法的系统分析方法等，留待后文详论。

法的系统性是指：法是由相互区别的若干法的要素构成的集合体；各个法的要素之间存着一定的联系和相互作用，形成特定的整体结构和适应社会环境的特定功能；它有自己的子系统，并从属于上层建筑大系统。系统论的创始人贝塔郎菲指出系统是"处于一定的相互关系中并与环境发生关系的各组成部分（要素）的总体（集）"②。钱学森同志则主张"把极其复杂的研究对象称为'系统'，即相互作用和相互依赖的若干组成部分合成的具有特定功能的有机整体，而且这个系统本身又是它所从属的一个更大系统的组成部分"。综合系统论专家们的意见，我们把法的系统性确定如上，也许大致不差。上述法的系统性的定义，包含以下几层意思：

第一，法的系统是由法的要素组成的。法的要素是法的系统的最基本的成分，因此也就是法的系统存在的基础。

法的系统的要素，有的同志认为包括法律体系与法制体系两个方面。前者包括国家法、经济法、科技法、民法、行政法、财政法、劳动法、环境保护法、刑法、军事法、诉讼法、国际法、太空法等十三个分支系统；后者包括立法制度及其系统、法律制度及其系统、执法制度及其系统、守法制度及其系统。③ 也有的同志把我国社会主义法制系统分为立法系统、守法系统和执法系统。④ 显然，后者把"法律制度及其系统"排除在法制系统

---

① 《马克思恩格斯选集》第4卷，第239—241页。
② 《普通系统论的历史和现状》，转引自《科学学译文集》，科学出版社1981年版，第315页。
③ 钱学森、吴世宦：《社会主义法制和法治与现代科学技术》，转引自《系统科学论著选》第1册，中国政法大学出版社1987年版，第372—374页。
④ 李公麟、周亚伯：《怎样运用系统论研究法学问题》，出处同上，第417—418页。

之外，是一大缺憾，因为缺少了法律制度，那么立法、执法与守法也就完全失去了存在的基础了。但即使前者也还没有把法的全部要素罗列出来，起码它遗漏了社会法律意识、法律学说这两大方面。作为法文化的法，如无社会法律意识，则立法、习法、守法都不可能进行，法律制度也会变得莫名其妙。同时，在作为法文化的法中，法律学说也有极其重要的意义。任何立法都是在一定的法律学说指导下进行的，法律虚无主义学说居于支配地位时，就会导致立法的落空与乌有；执法也离不开法律学说的指导或影响，董仲舒的"经义折狱"的理论就曾长期影响过（有时甚至决定着）整个司法过程。

法的系统的性质，是由法的要素决定的，有什么样的法的要素，就有什么样的法的系统的性质。反之，法的系统的整体的性质，也决定着"增生"的法的要素的性质。这样，在社会主义法制建设的系统工程中就必须注意：其一，必须保持法的要素的每一部分都是社会主义性质的，否则就会改变整个法的社会主义性质。例如，如果"有法不依"泛滥到普遍而严重的程度，与封建司法的状况并无二致，社会主义立法也就失去了意义，整个社会主义法制就只能说是失败的了。其二，社会主义法制动态地由适应于计划经济过渡到与社会主义市场经济相适应的过程中，必须使法的各个要素的性质改变得与整个法的系统的性质相一致。

第二，法的要素构成法的系统时，法的系统性表现在法的各个要素的有序结构上。法的要素的无序堆积，决非法的系统，形成不了法的系统，也反映不了法的系统性。因此，在法制建设中，立法建设必须与司法建设、守法建设同步进行、互相配合。我国《森林法》《食品卫生法》立法之始，对这些法律制度的实施考虑较少，形成了立法与司法脱节的状况，致使这些法律实施状况一度不佳。但在社会主义制度下，这种状况可以得到改善。而在某些社会制度的特定时期，就可能无法改变法的要素的无序堆积状态。例如，隋炀帝时，其《大业律》《大业令》不可谓不轻简宽约，绝非严刑峻法可议，但由于其时三征辽东、高丽，外患频仍，内变蜂起，司法、执法系统几近瓦解土崩，整个法制也就失去了应有的系统性。

第三，法的要素由于组成了有序的结构，因而产生了得以发挥实施社会控制作用的功能。法的系统性不但表现在各要素的有序的结构性上，也表现在系统的整体功能上。任何法的系统都有其功能，法的功能是法的系统的属性之一。但不同的法的系统的功能性质、大小、程度、作用范围，等等，都是不一样的。因此，当我们分析法的系统时，就应分析不同的法的系统的不同功能。例如奴隶社会时期法的系统的功能与社会主义时期法的系统的功能，是截然有别的；同为社会主义时期，"文革"时期与此前、此后各个时期的法的系统的功能也是截然不同的。

第四，法的系统有自己的子系统，子系统又有其子系统（有些同志称其为系统的孙子系统或分系统）；同时，法的系统又从属于更大的社会系统之一即上层建筑系统。有的同志认为法的系统直属于社会系统，这是欠妥的。如果这样的话，那么，法的系统就与上层建筑的其他子系统处于不同的层次上，而与整个社会上层建筑并列了。这一理论错误，可能导致"法律万能论"或"法律至上论"。是整个社会上层建筑，包括法律、政治、道德、宗教、意识形态……组成的合力，对社会发生影响，而不仅仅是法律在发挥作用，或法律在发挥超乎其他一切手段之上的作用。

关于法的系统性的定义的含义，就是如上所说。此外，在言及法的系统性时，还必须顾及法的系统与环境的关系。法的系统不是封闭的系统，而是开放的系统。法的实际环境，包括上层建筑环境、经济基础环境、社会状况环境与国际形势环境、自然地理环境。这五种外部环境本身，包含极为复杂和丰富多样的内容，同时对整个法制系统及该系统的一切要素发生影响。因此，研究法的系统性，必须顾及法的系统与系统的环境之间的交互作用。

法的系统性作为它的哲理规定性，过去仅仅在个别问题上得到研究，如法律规范体系就是法的系统性研究的重要成果。但除此以外，这一方面的研究，就展开得很少了。这是必须加强研究的一个重要的法哲学领域。

法的哲理规定性，借马克思主义哲学和现代科学方法论的"灵光"，略论如上，也许是极不恰当的。但"立朝何必无纤过，要在闻而遽改之"①，不恰当是可以转化为恰当的，"要在"法哲学工作者共同携手，琢磨切磋。

---

① 〔清〕郑燮《立朝》，《郑板桥集》第 84 页。

第七十四章　关于法律起源的哲理探讨

长期以来，在法学理论一系列问题的探讨中，形而上学地孤立事物、割裂地看待事物的观点，总如阴影笼罩，致使不少问题的解决，争鸣日久而一无所得。这使我想起唐人韦应物《难言》诗中的两句颇富哲理的话：

持索捕风几时得？
将刀斫水几时断？①

虽是问题，我却说是"话"。这是因为，问题本身蕴含着判断：持索捕风不可得；将刀斫水永不断。自然界、人类社会的万事万物，都如"风"似"水"，永远飘动着、奔流着，不断变化、发展，不能孤立地、割裂地看待。法律问题包括法律的起源问题，自亦如此。

一、问题的提出

"法律起源于奴隶社会"，这是长期以来的"定论"。然而，当我们看一看流行的关于法律的定义和有关的说法时，就会产生一些疑问。

有人说："法律是由国家立法机关照一定程序制定的，具有一定文字形式，并由国家强制力保证执行的行为规则。""习惯法不是成文的东西，没有固定的形式……法律在它发展的初期，主要的就是这种习惯法。……奴隶社会的法律，是人类历史上最早出现的法律。无论成文法还是习惯法，都是奴隶主对奴隶实行专政的工具。"② 这里有不能自圆其说的矛盾：其一，既说"习惯法不是成文的东西"，"又说法律具有一定的文字形式"，岂非矛

---

① 《全唐诗》，第 2009 页。
② 《法律知识问答》。

盾？其二，法律总是"国家立法机关依照一定程序制定"的吗？如果是，那么，"最初是通过国家认可……习惯"云云，做何解释？"认可"与"国家立法机关依照一定程序制定"总不是一回事吧？至于奴隶社会、封建社会里，帝王们远远高于法律条文效力的"诏"、"敕"，则更非什么"依照一定程序制定"的了。

这些矛盾启示我们：如何看待"习惯"、"习惯法"的问题，从习惯到习惯法、到成文法的过渡，正是法律起源问题的关键所在。

恩格斯在《家庭、私有制和国家的起源》一书中的一句话，一向被人们用作"原始社会无法律"的论据。这句话是：原始社会"……这种十分单纯质朴的氏族制度是一种多么美妙的制度啊！没有军队、宪兵和警察，没有贵族、国王、总督、地方官和法官，没有监狱，没有诉讼，而一切都是有条有理的。"①

但是，值得注意的是，在另一些地方，恩格斯还这样写过：氏族"没有超出部落的范围；……凡是部落以外的，便是不受法律保护的。在没有明确的和平条约的地方，部落与部落之间便存在着战争……"②"胞族有一个胞族长（phratirarchos），据德·库朗歇说，它还有全体大会，通过必须执行的决定，拥有审判和行政的权力。"③"巴勒赛斯除军事的权限以外，还有祭祀的和审判的权限。""亚里士多德也说，英雄时代的 basileia 是对自由人的统率，巴赛勒斯是军事首长、法官和最高祭司。"④ 在罗马的氏族里看到，"由财富的增加和一夫一妻制所产生的新的法律规范已经逐渐渗入氏族的习俗……"⑤ 罗马氏族社会的"元老院……有权预先讨论其中比较重要的事情，尤其是新法律。库里亚大会通过或否决一切法律，……并以最高法院资格，在一切事关判处罗马公民死刑的场合，根据各方的上诉做最后的决定。……还有勒克斯……同样也是军事首长、最高祭司和某些法庭的审判长。"⑥"真正的权力集中在人民大会上。……人民大会同时也是审判法庭；各种诉讼都向它提出，并由它作出判决，死刑也在这里宣判……"⑦ 上引恩格斯的话，都是谈及"原始社会"时说的。

除《家庭、私有制和国家的起源》外，摩尔根的《古代社会》也谈到存在着法律、法官和诉讼活动的"原始社会"，涉及地域十分广阔，包括易洛魁人、希腊人、罗马人、德意志人所生活的美洲、欧洲的广大地区。就是说，这不是个别的现象，而是普遍的现象。

究竟如何看待《家庭、私有制和国家的起源》中的两类截然不同的论述呢？如何看待

---

① 《马克思恩格斯选集》第 4 卷，第 92—93 页。
② 同上，第 94 页。
③ 同上，第 100 页。
④ 同上，第 103—104 页。
⑤ 同上，第 117 页。
⑥ 同上，第 123 页。
⑦ 同上，第 140 页。

法律的起源呢？

二、关于法律的起源的条件

马克思说："每种生产形式都产生出它所特有的法权关系、统治形式等等。"① 这就是说，法律是与它所由产生的那种生产关系相联系、相依存的。因此，考察法律的起源，不能脱离生产方式，当然也就不能脱离生产力水平。

法律又是以强制力为后盾的。不然的话，它如果是成文的，便只不过是一纸空文；而如果是不成文的，就不过是一团颤动的空气。但强制力只存在于需要强制力的地方，正像需要坚硬的弹壳来束缚火药使之不会轻易燃烧爆炸一样；在不需要强制力的地方，它便失去了存在的价值。这样，原始社会是否存在法律的问题，就取决于那时为了调整人和人之间的关系，是否需要同生产发展水平、生产力、生产方式紧密联系的强制力，是否存在强制力。

有许多关于原始社会的描述，是说明那时根本无须强制力的。例如韩非说："上古之世……丈夫不耕，草木之实足食也；妇人不织，禽兽之皮足衣也。不事力而养足，人民少而财有余，故民不争。是以厚赏不行，重罚不用，而民自治。"② 庄周说："神农之世，卧则居居，起则于于；民知其母，不知其父，与麋鹿共处，耕而食，织而衣，无有相害之心。此至德之隆也。"③ 孔丘说："大道之行也，天下为公，选贤与能，讲信修睦。……是故谋闭而不兴，盗窃乱贼而不作，故外户而不闭，是谓大同。"④

但同时又有许多关于原始社会的记录，与上述情形相反。这些记录约略可分这样几类：一、是关于部落之间经常打仗，而且打得规模很大、十分残酷的。例如：同出于高辛氏的两个部落，分别以阏伯与实沈为首，"居于旷林，不相能也，日寻干戈，以相征讨"。⑤ 又如传说中黄帝族联合熊、罴、貔、貅、䝙、虎族大战炎帝族，取得胜利之后又大败并擒杀蚩尤族的故事，几次大战都打得天昏地暗、血流漂杵⑥。二、是关于部落或氏族内部经常有人吃人的野蛮行径的。例如："在美洲大陆，北美的东达科他人和巴西的波多库多人处在相当远古的状态下。在狩猎水牛的时候，达科他人（Dakotas）不断转移地方。如果这种动物的肉不够整个部落的需要，则采取食人肉的手段（最老的成员被杀

---

① 《马克思恩格斯全集》第 12 卷，第 738 页。
② 《韩非子·五蠹》。
③ 《庄子·盗跖》。
④ 《礼记·礼运》。
⑤ 《左传·昭公元年》。
⑥ 《史记·五帝本纪》。

死)。"① 三、是关于以活人作殉葬品的。例如:"随着时间的推移,在埋葬时开始烧毁或销毁成为私有财产的一切东西,例如家畜、妻子、武器、衣服、装饰品,等等。"② "……在某些蒙昧人中只销毁武器和衣服;在其他一些蒙昧人中还要加上男女奴隶,死者的众妻或妻子"。③ 要注意的是,这里所说的,仍然是原始社会,而不是奴隶社会。

上述两类关于原始社会的叙述都有根有据,这怎么理解呢?

必须首先指出:不加分析地说在整个原始社会中"由于劳动产品只能勉强满足生存最起码的需要,没有任何剩余,也就没有任何人剥削人的可能",④ 是值得商榷的。可以想见,当时由于极其稀少的人口生活在极其辽阔的土地上,要获得大自然丰盛的赐予物,不可能总是极端困难的。因此,必定有的时候食不果腹,而另一些时候则食用有余,只是这些剩余物不便保存,或不懂得如何保存罢了。关于这点,古籍除《韩非子·五蠹》所记"草木之实足食……禽兽之皮足衣……人民少而财有余"外,还有如"饥即求食,饱即弃余"⑤,"缘水而居,不耕不稼;土气温适,不织不衣"⑥ 等等。因此,如果从既成的关于原始社会生产力水平极其低下的判断出发,简单地推论出关于原始社会人与人之间关系的简单化图式,是很可能错误的。

三、关于法律起源的推测

我的看法是:一、原始社会的前期,由于生产力水平极其低下,一方面,不可能有可以长期保存的剩余产品,因而不可能有私有财产,不可能有私有观念;同时,又因为互相合作以抵御野兽的侵害,共同劳动以获取必需的食品,是绝对必要的,舍此则无苟活的可能;因而,人们之间的和睦相处是完全可能的。但是,另一方面,正是由于生产力水平的极其低下,食品极其缺乏,又由于是刚刚从动物界脱胎而来,因而人们之间在食品缺乏以至危及生命的时候,血腥侵夺也是完全可能的。这就决定了上述两类截然相反的叙述,都是真实可信的。总之,原始社会既非人们所想象的共产主义遥远未来的那种美妙境地,亦非人们所憎恨日久的剥削制度下那种野蛮残酷的黑暗世界。原始社会乃是兼上列两类情形而有之的对立统一体。至于上列两类情形中以何者为主,这当然只能根据时地的不同而言,但这一方面目前尚无任何材料可资依据,因此不能妄加揣度,但不妨这样推论。二、

---

① [德] 马克思:《科瓦列夫斯基〈公社土地占有制,其解体的原因、进程和结果〉一书摘要》,人民出版社 1965 年版,第 1—2 页。
② 同上,第 2 页。
③ 同上,第 3 页。
④ 《法学基本知识讲话》,青年出版社 1980 年版,第 2 页。
⑤ 《白虎通》卷 1。
⑥ 《列子·汤问》。

原始社会的后期，由于生产力水平的提高，可以长期保存的剩余产品逐渐增多，于是私有财产开始出现并逐渐增加，人们的私有观念也应运而生。这就使得占据更多的财产、侵夺他人劳动果实的现象愈益频繁地出现，如果先前"和睦相处"曾经处于主导地位，那么这时也一定让位给"互相侵夺"，以便为有朝一日形成奴隶制社会开辟蹊径了。三、原始社会始终存在的解决人们之间互相侵夺问题的某种方式，随着时间的推移，不得不带上一定的强制性，习惯法之类便呱呱坠地。而当原始社会发展到解体时期（尽管是解体时期，但仍属原始社会），这种习惯法便发展得愈来愈系统，愈来愈周密，达到只要形成文字便是相当道地的成文法的地步了。

这里所谓原始人类解决互相侵夺问题的"某种方式"，指的是"习惯"。原始社会之以习惯调整人们之间的关系的过程，历来总被看作是心平气静、十分和谐、美妙得无与伦比的，其实哪里有那么简单呢？一俟人类掐断动物的脐带，动物界弱肉强食的习惯便消失殆尽，这怎么可能呢？应该说，原始人类用以解决互相侵夺问题的习惯绝不可能是那么美妙的。在获得的物品尚可维持集体每个成员的温饱时，按照习惯平均地分配，是可行的；在获得的物品太少，以至平均分配势必同归于尽时，便只得你抢我夺，以至人相食人，这也是按照习惯进行的。当然，这时原始人类的上述习惯，虽不同于动物界弱肉强食的习性，但也还没有带上人类社会所特有的集团性，更没有带上阶级性。它同我们现在所说的"强制力"还有很大区别。直到人类发生了阶级分化，类似于现代意义的强制力才得以出现。

四、社会大分工、阶级分化与法律起源

人类的阶级分化并非直到奴隶社会才出现。奴隶社会产生时，阶级分化已经彻底地、最终地完成了。人类的阶级分化远在奴隶社会诞生之前就已开始，约略可分为三个阶段。这三个阶段是与人类最初的三次社会大分工相应的。每一阶段，在法律的起源与发展上也呈现出阶段性来。

游牧部落从其余的野蛮人群中分离出来，这是人类第一次社会大分工。大分工促进了生产的发展，吸收新的劳动力成为人们向往的事情了。战俘原先多被杀死，这时则用来充作奴隶。恩格斯说："第一次社会大分工，在使劳动生产率提高，从而使财富增加并且使生产场所扩大的同时，在既定的总的历史条件下，必然地带来了奴隶制。从第一次社会大分工中，也就产生了第一次社会大分裂，即分裂为两个阶级：主人和奴隶、剥削者和被剥削者。"[①] 这时，人们之间的你抢我夺便不再是自然发生的了，不再是由于产品不足而引起的了；原先的习惯无法用以调整人与人之间的这种新的关系；人类的"强者"形成了集团性、阶级性；"强者"对"弱者"的强制已经是集团、阶级性的了。因此，原先的弱肉强

[①]《马克思恩格斯选集》第4卷，第157页。

食的习惯，系统地、一贯地带上了集团性、阶级性的强制力，习惯也就演变成了习惯法。这是习惯法的萌芽阶段。

手工业从农业分离出来，这是人类第二次社会大分工。大分工进一步促进了生产的发展，劳动生产率不断增长，人的劳动力的价值不断提高。由第一次社会大分工所产生并且多半属于零散现象的奴隶制，这时已成为社会制度的一个本质的组成部分；奴隶们不再是简单的助手了，他们被成批地赶到田野和工场去劳动；终于发生了阶级分化的全新的情况；"除了自由人和奴隶之间的差别以外，又出现了富人和穷人之间的差别，——随着新的分工，社会又有了新的阶级划分。"[1] 由第一次社会大分工引起的阶级分裂所造成的习惯法，还是依靠战胜的强者对战败的弱者的强制力的；由第二次社会大分工引起的阶级分化，则使原先的强者变成了实质上的弱者，因为剥削者——奴隶主已经成了人口中的少数。这样一来，习惯法所依靠的强制力，也就与此前的强制力本质上大不相同了。它不再是强者的强制力，而是弱者的强制力了。这是习惯法的发展阶段，依靠弱者的暴力作后盾的阶段。

不从事生产而只从事产品交换的商人从其余人中分化出来，这是人类第三次社会大分工。商人是"一个寄生阶级，真正的社会寄生虫阶级"[2]。商人成了新的财富贵族，它一开始就已经同旧的部落贵族不相符合，随着时间的推移，它迅速地把部落贵族完全排挤到后面去。于是"随着这种按照财富把自由人分成各个阶级的划分，奴隶的人数特别是在希腊便大大增加起来，奴隶的强制性劳动成了整个社会的上层建筑所赖以建筑的基础。"[3] 这是阶级分化的第三个阶段，也是习惯法发展的第三个阶段。在这个阶段里，习惯法越来越必须依靠系统的、严密的、残酷的暴力镇压作为后盾。这个后盾，最后终于形成国家机器。

这样，我们看到，原始社会低下的生产力所决定的生产关系，始终在变化着，阶级的分化与它相应。法律则起源于阶级的分化，而这是在原始社会后期，不是在奴隶社会。也就是说，法律不是起源于奴隶社会，而是起源于从原始社会向奴隶社会的过渡时期。因此，关于法律只存在于阶级社会的观点是不无偏颇的。

五、易洛魁人法律的起源

在《古代社会》一书中，摩尔根对美洲易洛魁人等的原始社会制度，做过详尽的述评，提供了极可宝贵的资料，其中不少地方谈及原始社会存在法律、法庭、法官、诉讼活

---

[1] 《马克思恩格斯选集》第 4 卷，第 160 页。
[2] 同上，第 162 页。
[3] 同上，第 164 页。

动等,可以作为我们研究法律起源问题的参考。

美洲印第安人种的易洛魁人,其氏族的特色,体现在它授予其成员的权利和特权以及它给其成员规定的义务上面,"这些权利、特权和义务具体如下述,这也就构成了氏族法(jusgentilieium)"①。"氏族法"的内容包括:

(1) 选举氏族首领和酋帅的权利;
(2) 罢免氏族首领和酋帅的权利;
(3) 在本氏族内互不通婚的义务;
(4) 相互继承已故成员的遗产的权利;
(5) 互相支援、保卫和代偿损害的义务等。

易洛魁人的相互继承已故成员的遗产的权利,具体说来是这样的:在蒙昧社会和低级野蛮社会,财产数量很少。在蒙昧社会,财产包括个人私有物品;在低级野蛮社会,则在个人私有物品之外再加上对群居宅院和园圃的占有权。最贵重的个人物品,物主死时用来殉葬。随着财产品种和数量的增加,继承已故成员遗产问题,也就显得越来越重要,结果就制定了某种遗产继承的规则,规定遗产必须保存在本氏族之内,并由本氏族的成员分得。在易洛魁人中,实际上,一个死者的遗产是由他最近的亲属占有的。例如,死者为一个男子,则由他的兄弟、姐妹和母舅来瓜分遗产。摩尔根指出:"处在高级野蛮社会的希腊氏族和拉丁氏族,把死者遗产必须保存在本氏族之内这一条当作习惯法,当他们进入文明社会很久以后还把这一条列入成文法。"这种习惯法就是后来的同宗亲属继承法。

摩尔根在谈到易洛魁人的互相支援、保卫和代偿损害的义务时,转引了艾瑞腊在谈到尤卡坦的马雅人时所说的话:"每逢对于损害行为付出赔偿之时,如被判偿付的人将因受罚而陷于贫困,则亲属为他分担。"②从这里可以推论存在着处理赔偿问题的诉讼活动、机构和规则。

易洛魁人的氏族成员间时有殴斗发生,杀伤或杀死别的氏族成员的事屡见不鲜。因此,为血亲复仇就成了氏族成员的义务。摩尔根指出:"审问罪犯的法庭和规定刑罚的法律,在氏族社会中出现得很晚;但是在政治社会建立以前便已出现。"顺带地,摩尔根还谈道:"希腊的胞族有……在法庭上检举杀害本胞族成员的凶手……的职责。"

易洛魁人的部落联盟,还建立了自己的联盟会议,"该会议有立法、行政及司法之权","每一项公共法令必须得到联盟会议的一致通过始为有效"。

摩尔根在《古代社会》中,还记述了希腊人、罗马人的法律起源的资料。

他指出,希腊人各氏族都有其执政官,每个胞族都有其胞族长。他转引德·古朗士的

---

① 《古代社会》,以下未注出处者,均引自该书新版。
② 《古代社会》原注:"安东尼约·德·艾瑞腊,《美洲大陆及群岛通史》(伦敦,1725—1726年),共6卷,约翰·斯蒂文斯英译本,第4卷,第171页。"

话说:"胞族有它自己的会议和法庭,并能通过法令。在胞族中,和在家族中一样,有一位神,有一个祭司团体,有一个法庭和政府。"①

他指出,在古希腊人中巴赛勒斯就是部落的最高酋长,"在发生谋杀案件时,他也有司法之权"。

他还指出古罗马"每一个人都同本氏族以外的人结婚。这无疑是遵守习惯法的通例"。他列举了表现罗马氏族特征的九项"权利、特权和义务"。这些权利、特权与义务,和易洛魁人大致相同。他推论古罗马氏族的法律,规定了遗产继承的具体办法,等等。

六、中国古代法律起源的推测

关于中国古代法律的起源问题,能直接加以说明的资料比较缺乏,但从古籍所记载的传说中,尚可推测一二。

根据传说的记载,夏禹之前为舜,舜之前为尧,尧之前的某个时期有中华民族的始祖黄帝等。这就是说,尧、舜、禹是代表前后相随的几个社会发展时期的。据吕振羽先生的研究,这时的社会,还处在母系氏族社会。

在那个时代,生产力水平仍然十分低下。《韩非子》的《十过》《五蠹》等篇说,尧的生活是茅草屋、糙米饭,野菜根不加调味,饮食器是土缶,粗布仅掩身体,冬天披鹿皮,衣履不到破烂不换。舜比尧有一些提高,木制饮食器上涂漆。禹更进一步,祭器外面涂漆,里面涂红,但生活还是十分艰苦的。庄周说:禹"腓无胈,胫无毛,沐甚雨,栉疾风"②。韩非说:"禹之王天下也,身执耒臿以为民先,股无胈,胫不生毛。虽臣虏之劳,不苦于此矣。"③孔丘说:"禹……菲饮食……恶衣服……卑宫室,而尽力乎沟洫。"④

因为生产力水平十分低下,氏族或部落的对外掠夺战争就势在必行,氏族内部的互相侵夺也在所难免。这样,在当时就产生了解决或抑制人们之间时而产生的摩擦、冲突的习惯法,当然也就有了法官、法庭、监狱和诉讼活动等。传说中也有一些这一方面的记载,例如:

"唐虞有制令而无刑罚,夏君氏不负言。"⑤

"伏羲神农教而不诛;黄帝尧舜诛而不怒。"⑥

这儿的"制令"与"言"是用以约束人们行为的习惯法。"不负言"反映的是人们有时

---

① 《古代社会》原注:"菲斯泰尔·德·古朗士,《古代城市》(波士顿,1874年),第171页。"
② 《庄子·天下》。
③ 《韩非子·五蠹》。
④ 《论语·泰伯》。
⑤ 《淮南子·氾论训》。
⑥ 《商君书·更法》。

遵守这些习惯法，而且这种时候居多，因此可以"无刑罚"或用轻刑而"不诛"。但也有时不遵守这些习惯法，因而不得不施以"诛"的极刑。除了处死的，另一些罪犯则加监禁，于是有监狱。那时的监狱有叫"圜土"、有叫"台"的。"芬作圜土"①、"夏曰夏台"②，说的就是监狱。《竹书纪年》郑注云："圜土者，狱城也。聚罢民其中，困苦以教之为善也。"不但普通人可能因犯罪被囚禁，而且"圣人"往往也不能幸免。传说"昔尧德衰为舜所囚也"，"舜囚尧，复偃塞丹朱，使不与父相见也"③。据传后来禹又用同样的办法对付舜，先把他关起来，后来又杀掉："舜逼尧，禹逼舜，汤放桀，武王伐纣，此四王者，人臣之弑其君者。"④ 为此，唐代的李白还愤愤不平，在古乐府《远别离》中写道："尧幽囚，舜野死。……苍梧山崩湘水绝，竹上之泪乃可灭。……雪凭凭兮欲吼怒，尧舜当之亦禅禹。"

我国古代史书还记载了一些当时国境内外落后诸族的史料，其中也有一些可以作为旁证，说明早在原始社会就已有了习惯法。例如《三国志·魏志·乌桓传》注引《魏书》叙述乌桓族的习俗说：乌桓人选举勇健能战、公平解决争讼的人做"大人"；各部落有小帅；大人和小帅都由选举产生，不世袭。数百千人自为一部。大人有呼召，各部落不敢违犯，大人以下，各自畜牧治产，不相徭役。没有正式的法律，他们相约：违大人的命令则死，抢掠不止也死。部落间有仇怨，得自相报复，报复不止，请大人评判，理屈的部落出牛羊赎罪。

与我国接邻的印度，其原始社会的情况也说明那时已有习惯法。印度雅利安人部落"走向解体时期，进入军事民主制阶段。每个部落包括几个村落……部落的民主机构有两种，即萨布霍与萨米提。萨布霍是部落的议事会，由部落中的少数上层分子即长老们组成。萨米提是部落的人民大会，由全体成年男子组成。……部落的重大问题，如立法和各种决策都在这里讨论。司法事务侧重由萨布霍来处理"⑤。

从以上这些情况，大致可以断定早在我国奴隶制社会诞生之前，在原始社会的末期，即已有了凭借强制力而施行的习惯法。

七、几点结论

关于法律起源问题的上述考察说明：

第一，早在从原始社会向奴隶社会的过渡时期，就开始形成调整人们之间的关系的习惯法。

---

① 《竹书纪年》。
② 《太平御览》，引《风俗通》。
③ 《史记·五帝本纪》，引《竹书纪年》。
④ 《韩非子·说疑》。
⑤ 《世界上古史纲》，第357—359页。

第二，这些习惯法大致涉及处理如下事项：财产及财产继承；婚姻；选举；氏族及部落内的人身侵害及复仇；部落间的关系；等等。

第三，越接近原始社会的彻底崩溃（即奴隶制国家的建立），这些习惯法便越来越多、越来越深刻地带上阶级剥削与阶级压迫的内容。

第四，奴隶制社会初期，奴隶主阶级的国家认可上述习惯法，并加进新的内容，以便对奴隶实行的压迫与剥削更周密地得到法律的保护。

八、概念边界的模糊性与邻近概念的接续性和法律的起源

根据上述考察及其结论，我们认为，对法律起源问题进行哲理探讨时，始终必须抓住这样一个极其重要的基本观点。即：概念边界的模糊性，以及由概念边界的模糊性而来的邻近概念的接续性。

骤然看来，"人"与"猿"是决然不同的两个概念。即使是"人"与"类人猿"，也可以说是截然相异的不同概念。但是，在从猿到人的进化长链上，同样，在从类人猿到人的进化链条上，我们不可能截取其中的一环，说就是从这里开始，人、猿分手，人、类人猿"拜拜"了。人与类人猿的边界是十分模糊的。

"习惯"与"习惯法"当然也是两个不同的概念。但是，在现实生活中，从习惯到习惯法的演变，很难找出一个划界的时间与空间的"点"。

"原始社会"与"奴隶社会"的边界线，也同样是模糊的。在典型的原始社会与典型的奴隶社会之间，横亘着一个漫长的过渡时期。正是在这一过渡时期里，习惯演变成了习惯法，并由习惯法向制定法演变，而在文字产生的情形下，就有可能从不成文的习惯法向成文法过渡。

当法哲学考察法律起源的问题时，决不轻易苟同传统法理学那样，把"习惯"、"习惯法"、"成文法"，把"原始社会"、"奴隶社会"，看成疆域分明、壁垒森严、"以邻为壑"的不同概念，而是看成边界模糊、连成一气、"一衣带水"的邻近概念。这样，就既能如实反映社会、法律和国家的起源、发展的实际状况，也能解开长期以来在法律起源问题上争论不休的疑团。

这里，掌握由概念边界的模糊性而来的邻近概念的接续性观点，是十分重要的。

这种邻近概念的接续性，是概念所反映的客观对象的实际属性。"杯子"和"碗"的边界是模糊的，两者有接续性；"棍"和"棒"的边界是模糊的，两者有接续性；"刀"和"剑"的边界是模糊的，两者有接续性；"道德"和"法律"的边界是模糊的，两者有接续性；"法理学"与"法哲学"的边界是模糊的，两者有接续性；如此等等。所有这些"接续性"，都是上述一对对客观事物本身的实际属性。当我们探讨法律起源的问题时，理解、把握和运用这种邻近概念的接续性的原理，就成了理解和解决有关问题的关键所在。如果

我们仍像过去那样，孤立地、割裂地看"习惯"、"习惯法"、"制定法"、"成文法"、"原始社会"、"奴隶社会"，便永远只会固执某些成见。而如果我们承认概念边界的模糊性和由此而来的邻近概念的接续性的客观性，并以此观察法律起源问题，恩格斯《家庭、私有制和国家的起源》及摩尔根《古代社会》对法律起源的论述中的矛盾，也很好理解了。他们所说的"原始社会"及所描述的有法律、法官、法庭的奴隶制社会以前的社会，我以为既不是典型的原始社会，也不是成熟的奴隶社会，而是从原始社会向奴隶社会的过渡时期，是原始社会和奴隶社会之间的"模糊的边界"和"邻接"带。这种"模糊边界"和"邻接"带，是很容易给描述和论述者带来麻烦、困难以致矛盾与错误的"陷阱"的。

九、大千世界的纷繁复杂性和法律起源的多样性

以上对典型的法律起源问题所作的哲理考察，仅仅涉及法律起源问题的局部。大千世界极为纷繁复杂，影响法律起源的因素极为丰富多样。据史学界研究，尽管从理论上分析人类社会的形态计有依次递进的五类，即原始社会，奴隶社会，封建社会，资本主义社会，社会主义、共产主义社会，而且，这一分析也被公认为是科学的、正确的，但是，却没有一个国家是典型地按照这五种形态逐渐地、有序地发展的。又据研究，在不少国家里，不同民族、不同地区之间发展极不平衡，其社会政治、法律制度也就表现出极不一样的状态；而政治、法律制度的发展状况，也会因各民族、各地区间关系的变化而呈现出极为丰富的多样性来。

例如，在美洲，据《外国法制史》[①]说，原来的主人是土著的印第安人。1492年，哥伦布航行到此，尔后，大批西班牙人、荷兰人、法国人、英国人蜂拥而至，展开了夺取殖民地的激烈竞争，到18世纪40年代，美国逐渐战胜了它在北美的竞争者，建立了大西洋沿岸的十三个殖民地，这就是美国的前身。在殖民地时期，北美各地被英、法、荷、西分割，法律很不统一。英国战胜后，各地相继适用英国的普通法。独立战争胜利后，美国举国上下敌视英国，一度反对普通法，但最后还是以英国法律为基础创制了新的法律。美国的宪法沿用了传统的英国法律术语；成文法的实施仍然按照英国的标准解释；英国法学家布拉克斯顿的《英国法释义》，在美国被广泛应用；英国的衡平法被作为正规法律，适用于美国的一般法院。[②]

又如日本，迟至公元3世纪前期，才在日本西部地区出现了一个带部落联盟性质的早期奴隶制国家，即邪马台国。中期以后，在本州中部大和地方又兴起了一个更发达的奴隶制国家，即大和国。它经过了不断扩张，先后征服了其他部落，到公元5世纪统一了日本

[①] 法学教材编辑部《外国法制史》编写组：《外国法制史》，北京大学出版社1982年版。
[②] 同上，第197—198页。

的大部分地区，使日本奴隶社会进入繁盛阶段。大和国在公元701年以后，积极推行律令制，依照唐朝的封建法律制度先后制定和颁布了《大宝律令》和《养老律令》。①

再如中国，1949年中华人民共和国成立以后，不少少数民族地区仍处在奴隶社会阶段，鄂伦春族等更是处在原始社会阶段上。当然不可能在这些地区的民族中实施奴隶制法或封建制法。因此，在那儿，社会主义法制便直接生效了。

还如，实施教会法的地区，也是很有特色的。在基督教会的形成和演变过程中，最初是出现了规定神职人员宗教纪律、约束神职人员行为的教会法；后来教会地位不断提高，教会司法权也不断扩大，教会法院有时独立形成庞大的司法体系，教会法的内容也变得空前完备，由零散的教令、决议发展为系统的教会法汇编，成为中世纪欧洲各国通用的法典。② 伊斯兰法在巴勒斯坦、叙利亚、美索不达米亚、波斯、外高加索、中亚细亚、北非、埃及、比利牛斯半岛和印度半岛，是由阿拉伯人在"圣战"的旗帜下，用火与剑进行推广的。③

此外，还有国际法的起源问题，它绝不是如典型的"奴隶制法"那样"起源"的。

所有这一切，都说明了法律的起源是极为复杂的，企图以一种模式来框定之，绝不是唯物主义的客观态度。因此，我们不但要从概念边界的模糊性和邻近概念的接续性的法哲学角度考察法律的起源，还要从客观世界的多样性的角度对法律的起源作法哲学考察。显然，影响法律起源呈现出多姿多态、五彩缤纷状态的，不仅有带根本性、决定性的"经济生活条件"——生产力与生产关系，而且有国际社会、文化背景、历史传统、宗教传播、地理环境、人口多寡等因素。是一切因素的"合力"决定了一国或一民族地区法律起源的方式，而不仅仅是某一因素的独力作用。

刘禹锡《题寿安甘棠馆》诗云：

> 门前洛阳道，门里桃源路。
> 尘土与烟霞，其间十余步。④

我们不仅要重视研究这"十余步"中的复杂问题，就概念边界的模糊性与概念间的"邻接"带做出分析；而且要重视研究"洛阳道"上、"桃源路"中的复杂情况，对影响法律起源的多种因素及在各种因素"合力"作用下造成的状况，作出科学的分析，庶几才可避免法律起源论的简单化弊病。

---

① 《外国法制史》，第267页。
② 同上，第137—138页。
③ 同上，第150—152页。
④ 《刘禹锡集》第232页。其中"尘土与烟霞"句，原为"尘土无烟霞"，"无"显误，应作"与"。

第七十五章　法的发展的动态规律

一、法的发展规律的静态分析与动态分析

赵翼论诗有云：

> 满眼生机转化钧，
> 天工人巧日争新。①

"钧"，是陶工制作器皿时所用的转轮，即《淮南子·原道》所说的"钧旋毂转"。这里指不断旋转变化。法律的发展，也如钧毂旋转，满眼生机，"天工人巧"，日新月异。"天工"者，制约法律发展的一切客观因素也；"人巧"者，制作法律的主观因素也。对此"满眼生机转化钧，天工人巧日争新"的法律，长期以来人们把它肢解成并无内在的有机联系的事物，割裂地论断它的"发展规律"：法的发展规律是，原始社会是没有法律的社会；奴隶社会里产生了奴隶制法；封建社会实行的是封建制法；资本主义社会里，资本主义法取封建制法而代之；社会主义革命铲除了资本主义法，代之而起的是社会主义法；当发展到共产主义社会时，法便消亡了。几十年来，在法理学专著和教科书里，就是这样以法的发展的类型代替法的发展规律的。

诚然，法的类型的依次更迭，也可看作法的发展的一种规律。但这充其量只能说是法的发展规律的静态分析，因为在这种"规律"中很难看出法的发展的内在的有机联系，而各种类型的法律之间的联系是被割裂了的，各种类型的法是被孤立地看待的。

法的发展的法哲学探讨，应从法的发展的动态规律着手。这种动态的法的发展规律，是与法的过程转化观点紧紧相连的。

恩格斯于1886年12月28日在《致弗·凯利－威士涅茨基夫人》的信中曾指出："我们

---

① 《历代论诗绝句选》，第279页。

的理论不是教条,而是对包含着一连串互相衔接的阶段的那种发展过程的阐明。"[①] 关于法的发展规律的动态分析,正是"对包含着"法的"一连串互相衔接的阶段的那种发展过程的阐明"。因此,法的发展规律的静态分析注重的是法的类型的依次更迭;而法的发展规律的动态分析,注重的则是对这依次更迭的法的类型的"互相衔接的阶段"的"发展过程的阐明",注重的是阐明"发展过程"的"互相衔接",而不是它的类型差异与类际界限。

前文已述及从习惯到习惯法、到制定法与成文法的演变,这里不再重复。我们来看奴隶制法产生以后的变化。

二、奴隶制法的演变

奴隶制法是作为维护先进的奴隶制生产关系与奴隶制社会秩序的暴力工具而产生的。奴隶制生产关系的要点是:奴隶主阶级占有一切生产资料并占有直接生产者奴隶本身;奴隶主不参加生产劳动并指挥与迫使奴隶劳动;奴隶主攫取奴隶的全部劳动产品,在尽情挥霍之余,以这些产品的一部分养活奴隶及其后代,以求对奴隶劳动的持续剥夺。奴隶制社会秩序的要点是:奴隶主阶级掌握全部国家政权,负责维持社会秩序;这一社会秩序要求奴隶对奴隶主俯首帖耳、唯命是从,但奴隶主不得任意残杀奴隶。用现代人的"人道主义"观念来看待奴隶制法所维护的奴隶制生产关系与社会秩序,当然只能是"义愤填膺"。但从历史发展的眼光来看,这奴隶制法所起的却是促进生产力(包括生产力的"第一"体现者奴隶的生产)发展的伟大的进步作用。

生产力永远是社会进步的火车头。奴隶制生产关系促使生产力发展,但后者却以它的不断发展,成了埋葬前者的动力。奴隶社会后期发生了如《诗经·硕鼠》描述的那种情况:

> 硕鼠,硕鼠,无食我黍!三岁贯女,莫我肯顾。逝将去女,适彼乐土;乐土,乐土,爰得我所。

"硕鼠",当是奴隶对奴隶主的诅咒。这"乐土"可以有两种解释:其一为原先在原始公社制度下的"共同劳动、平均分配"的生活;其二为部分开明奴隶主主动改革生产关系,给予奴隶以农奴或佃农身份,以收取佃租代替对奴隶劳动的无偿的直接的全部的攫夺,这是比奴隶好得多的农奴生活。如果《硕鼠》所诅咒的是前期的奴隶主,歌者企图"复辟"原始公社制度,毋宁说是反动的;如果所诅咒的是后期的奴隶主,歌者向往的是农奴或农民的生活"乐土",这才是进步的。前者值得同情,但不应肯定。一切中国文学评论家都认为《硕鼠》诅咒的是奴隶主的残酷剥削,奴隶向往的是从前的自由、平等的生

[①] 《马克思恩格斯选集》第4卷,第459页。

活,并因此肯定《硕鼠》的进步意义。这其实是反历史主义的"人道主义"的流露,全然是错误的。从《诗经》产生的时代看,笔者以为《硕鼠》所攻击的,更可能是奴隶社会后期的奴隶主,歌者向往的"乐土",更可能是农奴、农民的生活"乐土"。只有在这个意义上,《硕鼠》才有它的进步性,《硕鼠》的"歌者"才值得歌颂。笔者不谙文学史和中国历史,也许上述分析是欠妥的。但可以肯定的是:奴隶社会后期,部分从奴隶主脱胎而来的封建地主和几乎所有的仍然被奴隶主束缚在奴隶劳动场所的奴隶,都已难以容忍奴隶制法的继续存在了。在这种情况下,先前的奴隶制法,可能条条毫无所变、一仍旧贯,但是它的性质、功能、历史地位都起了一百八十度的根本变化。它的适应与促进生产力发展、保护社会生产力的承担者——奴隶的生命及其延续的先进性,已变成悖逆与束缚生产力发展的落后性,变成了严重挫折劳动者生产积极性的桎梏;它的功能也随性质的变化而由正入负;它的历史地位同样从值得肯定转而变为必须唾弃、推倒。

三、从奴隶制法到封建制法

历史发展到了从奴隶社会向封建社会转化的过渡时期。这是一个"互相衔接"的时期或曰"阶段"。

这一联系奴隶制社会与封建制社会的过渡"阶段",在中国历史上的变化过程大致如下:

从公元前 770 年周王朝东迁洛邑,迄至公元前 476 年战国开始,即史称的"春秋"时期。其时奴隶制的周王朝逐渐失去了控制全国的能力,经济、政治、法律和思想文化都发生了剧烈的变动。

从经济方面看,铁制生产工具的广泛应用,迅速提高了社会生产力,一家一户的小生产已有可能并产生了重要的实际意义。西周时"千耦其耘"的奴隶集体耕作方式,已越来越失去了经济意义而逐渐废弛。在这种情况下,部分奴隶主改变了剥削方式,他们释放了一部分奴隶并将土地租给他们以收取地租。与此相应,奴隶制的诸侯国家中,也有开始了适应经济状况变化的"经济体制改革"的。例如公元前 645 年晋国"作爰田",把田地赏给国人,包括有军功的奴隶,使之一方面积极从军效力于国君,另一方面努力生产以改善生活并多交地租;公元前 594 年,鲁宣公实行"初税亩",废除井田制,承认私田的合法性;齐国管仲大致同时也实行"相地而衰征"[①]的政策和"案田而税"的制度;郑国子产则创行"田有封洫,庐井有伍"[②]之法,承认个体农户的合法性;晋国也实行了"被庐之法",大致与齐、郑同样赋予个体农户以合法的经济权利。

从政治方面看,西周初期按宗法制度分封亲属而形成的"王臣公,公臣大夫,大夫臣

[①] 《国语·齐语》。
[②] 《左传·襄公三十年》。

士"的政治等级已被逐渐打破。如晋侯称公,郑男称伯,楚君称王。原先金字塔式的国家结构,呈现出土崩瓦解之状态。国君的命令不再具有无上的权威。"犯上作乱"的事件层出不穷,"礼乐刑政"的破坏到处出现。与此同时,官僚制度逐渐萌芽,各国逐渐实行任免官吏的制度,因军功而得官的情况遍及春秋各国,"世卿世禄"制无形中化为乌有。随着官僚制度的发展,国家机关组织也发生了很大的变化:诸侯国卿级官员名额由"定编"变成了任意增减;主管行政、财政、军事、司法的官员地位上升,而管理祭祀等的宗教官员地位下降;军队扩充,产生了专事率军的武官——将军,出现了新的军事组织。郡县制度陆续出现,取代了采邑制,更进一步促成了奴隶制国家的衰亡。

从法律制度方面看,春秋初期,各国基本上沿袭西周的法律。但中叶以后,上述政治、经济的变化以及社会生活方面的其他变化,陆续促使法律所维护的经济、政治制度内容随之而变化。

法律制度变化的最明显标志是以保护封建私有制为中心的成文法在各国陆续出现并予公布。如公元前536年郑国子产作刑书,并"铸刑书于鼎,以为国之常法"[①]。此后三十余年,郑国邓析根据当时社会的迅速变化,自行修订郑国原有的法律,刻诸竹简,史称《竹刑》。邓析死后,《竹刑》为郑国采用。公元前513年,晋国继郑国之后,也铸了登载范宣子所作刑书的刑鼎。其后,各国纷纷制定成文法,至战国李悝集其大成,撰成了《法经》六篇。

所有的法制史著作述及上述变化时,都断言"封建制法于是取代了奴隶制法","从此,进入了封建制法的发展时期"。这些诚然是不错的,法制史著作这样写也大致可以了。但是,封建制法如何"取代"了奴隶制法?"取代"的过程又是如何?这却是法哲学与法理学所更加关心的。可惜的是,一方面,习惯法未以文字或其他形式做过记述;另一方面,连秘而不宣的习惯法的施行情况,也未有史籍做过记述。但是,也不是毫无蛛丝马迹可寻。春秋中叶以后,由于土地私有制的发展,侵犯私有权的行为与诉讼也随之增多,这在一些铜器铭文中得到了反映。据流行的中国法制史著作介绍,虽然春秋各国的立法记录都已散佚,但它的基本内容,大多为保护私有权。因此,社会舆论就作出了明显的反应。例如郑国,子产开始推行新政策,对私有财产作初步调整时,曾遭到激烈的反对。《左传·襄公三十年》载:"舆人诵之曰:'取我衣冠而褚之,取我田畴而伍之,孰杀子产,吾其与之。'"其时,子产因以法律的强制力推行新兴的封建土地私有制而为保守的奴隶主贵族恨之入骨。但三年之后,舆论却曰:"我有子弟,子产诲之;我有田畴,子产殖之;子产而死,谁其嗣之。"事实让奴隶主贵族看到了封建制的优点,他们开始拥戴子产的新政了。正是在这样的基础上,子产把前此所作的种种政治、法律改革,点点滴滴地收集整理,然后以集中制定新的法律做最终的肯定,这就是"子产铸刑鼎"。

[①] 《左传·昭公六年》。

封建制法之"取代"奴隶制法，在中国所表现的过程，是大体上和平的变化过程。虽然有叔向对子产铸刑鼎的非议，但只是"致书"而已；虽然有孔子对范宣子著刑书的不满，却只有"晋其亡乎，失其度矣"的"叹息"，连"致书"之举也没有了。斗争不会没有，但社会震动不甚激烈。因此，可以推测，封建制法之"取代"奴隶制法有一个逐步推进的过程。先是在个别的事件上发生诉讼；个案的积累，导致维护封建新制度的单项法律规定的出现；单项法律规定的增多，导致非著刑书、铸刑鼎不可的趋势出现；最终是铸刑鼎等普及于各诸侯国。

封建制法之逐步取代奴隶制法，在其他国家也同样发生着。例如法兰克王国的法律和日耳曼法的形成与发展过程就是如此。最初的日耳曼法是不成文的习惯法，口耳相传，和道德规范没有明显的区别。公元5世纪后期开始，一些日耳曼王国在罗马法学家的帮助下，编纂了成文法典，主要记载各部落联盟的习惯，也吸收了某些罗马法的原则，使用了一些罗马法的术语。后来，各王国还编纂了少数罗马法典，比较著名的如6世纪西哥特国王阿拉利克二世（484—507年）下令编纂的《阿拉利克罗马法辑要》，对后世西欧各国立法还产生了不小的影响。随着各日耳曼王国社会经济的发展和封建化的发生，《阿拉利克罗马法辑要》以及《伦巴德法典》《撒利法典》《普利安法典》等，都不断地被修订和增补，主要是掺入了国王的敕令。《撒利法典》从开始编纂到最后增补订定，经过了三百余年，由部落联盟习惯法的记载发展为保护封建主利益并促使自由民农奴化的封建法律。

从奴隶社会向封建社会转化的过渡时期，就是这样一个"互相衔接"的奴隶制法向封建制法转化的"阶段"。

四、封建制法的演变

封建制法成熟、定型后，在相当长的一段时间内，是适应生产力发展的要求，对新型的封建生产关系和社会秩序起保护作用的。其社会性、进步性，是无可非议的。

中国古代，从战国时期确立封建制法的地位，到秦、汉时期得到了巩固，发展到隋、唐时期，封建制法带给社会的利益显然可见于经济、文化的高度发达。这一历史时期里，封建制法的进步作用是有目共睹、有口皆碑的。

欧、美各国古代，其封建制法的确立，同样为社会的进步、生产力的发展带来莫大的利益。

但是，封建制法确立之后，生产力继续向前发展，导致旧的封建生产关系变得日益不相适应。这时，如果封建制法一无所变，仍然维持旧的封建制生产关系，维护旧的封建制社会秩序，那么，尽管文字仍旧，其社会作用却同后期奴隶制法一样，变成社会发展的阻力了。

中国古代从宋、明时期开始，就产生了资本主义的萌芽。其时，生产力的发展已开始要求打破封建壁垒，给予商业、手工业的发展以一定的自由。但是，中国的封建统治者凭借强大的国家机器和丰富的统治经验，顽固地坚持陈旧的封建的政治、法律制度，阻碍社会的发展。范仲淹的改革失败了，王安石的变法失败了。南宋时期社会的混乱、国势的衰颓、经济的凋敝、动乱的纷繁，等等，都表明封建制法正演变得越来越成为社会发展的羁绊。

欧洲中世纪的黑暗和腐朽，更是封建制法由盛入衰，由革命、进步转化为反动、落后的证明。例如中世纪的法国，地主、教会、国家以及高利贷者，在法律的保障下，残酷地剥削农民，使之过着极度贫困的生活。"据一位军事工程师的统计，十分之六的法国居民都过着乞丐的生活或接近乞丐的生活。在其余的十分之四的居民中又有三分之一的人'生活得十分恶劣'。一到荒年，农民就逃脱不了挨饿或饿死的命运。"[①] 1662年发生灾荒，许多法国村庄的人都死光了，有的人则被迫以食尸度日。与此形成鲜明对比的是，"在凡尔赛宫的大走廊里燃点着几千支蜡烛，……反照在满布壁上的镜中，反照在贵妇和骑士的钻石上。照得比白天还亮。简直像是在梦里，简直像是在魔法的王国里。……连眼睛都不敢相信这前所未见的、鲜艳的、珍贵和美丽的装束，戴着翎毛的男子、发饰华贵的妇女。"[②] 被迫起义的农民则遭到疯狂的镇压。为防止人民的反抗，封建统治者依据法律加紧严密的控制。哲学家伏尔泰曾因与一个贵族口角而被投入监狱。书刊及其他印刷品被严密检查或禁止发行。监狱里实行各种非人道的刑讯，死刑采取了车裂、分尸等野蛮手段。农奴制下的普鲁士、奥地利和俄国的情况也是如此。16世纪后期的俄国法律规定农奴和农民不得出走。1597年颁行的诏令，责成一切地主把过去五年内从外地迁到他们土地上的农民一律送归原主；1607年的法规把五年的时限扩展为十五年；1649年的法典进而规定农民无条件固定在土地上，逃亡农奴不管逃亡时期过了多久，都应送归原主。农奴对地主的控告被法律严厉禁止。地主依恃法律残酷虐待农奴。俄国女农奴主萨尔蒂科娃亲手折磨死的农奴竟达一百四十余人。

同是把农民、农奴固定在封建地主的土地上的封建法律，在封建社会初期与后期，所起的社会作用已起了截然不同的变化。

五、从封建制法向资本主义法的过渡

资本主义社会制度的最终确立，大多经过了流血的资产阶级革命，建立了资产阶级政权，并以法律予以肯定和保障。但这是成熟与定型的资本主义法。实际上，资本主义法之取代封建制法，也有一个变化、发展的过程。从资产阶级革命的爆发与成功和革命成功后

---

① 刘祚昌等主编：《世界史·近代史》上册，人民出版社1984年版，第100页。
② 同上，第100—101页。

全面颁行、实施资本主义法来看，资本主义法的产生似乎是"一夜之间"的事。但早在这成熟、定型的资本主义法产生之前，在封建制社会逐步瓦解的过程中，资本主义性质的一些法律规范，已曲折艰难地陆续出现了。

以英国为例。英国法律制度的特点之一，即从中世纪起，以国王不断颁布的法律和宣布确认的某些法律原则来调整封建制的社会关系，其中包括调整国家机关之间的职权和相互关系，规定臣民对国王的应尽义务。这些法律是英国法律发展中的重要方面，其中最有影响的是 1215 年颁布的大宪章。从总体上看，"大宪章是一个封建的法律文件，它的颁布保障了贵族的利益，限制了王权，并没有触动日益发展起来的封建国家机构，只是重新调整一下统治阶级内部的关系，使国王在进行国家管理时受封建法律的约束，更好地维护封建统治。但是这一文件中有关未经'全国公意'不得征税，非经法律判决不得逮捕、拘禁、放逐、没收财产等条款以及大宪章明白表示英王权力受法律限制的原则……以后曾被资产阶级利用来作为反封建斗争的武器。资产阶级革命取得胜利后，大宪章被确定为英国重要宪法性文件之一"[①]。这里所说的"限制王权"，在奴隶制法中是不可想象的；在典型的封建制法，如中国封建制法里，也是不可想象的。而在英国大宪章中之所以出现了这种法律对王权的限制，除当时英国教权与政权的矛盾外，还体现了日益资产阶级化的大贵族的利益。大宪章之所以在资产阶级革命胜利后被确定为英国的重要宪法性文件之一，就在于它带有从封建制法向资本主义法过渡的性质。英国大宪章第十三条规定："伦敦市应保有其原有之一切自由权及自由风俗习惯，水陆皆然。朕并承认其他各城邑、市镇、口岸保有其自由权及自由风俗习惯。"这样规定的因素之一，便是伦敦及其他城镇、口岸的资本主义化已使其自由权不可能受封建制的恣意侵犯了。这并非封建统治者所乐于规定的，但它不得不这样规定。这当然表明封建制法的局部变化，即向资本主义法过渡。大宪章第三十二条还规定："……泰晤士河与美得威河及英国全境之堰坝或鱼梁，除海岸上者外，概应撤除之。"第四十一条规定："一切商人，除在战时并为敌国之人外，均得遵陆道或水道安全出入，逗留或经过英国以经营商业，并得免缴一切苛捐杂税，……"这些规定都是有利于资本主义工商业发展的，是对封建割据的否定。所有这一切都表明，后期的封建制法，只有当它如同前期一样毫无更改，才是典型的阻碍生产力发展、阻碍社会发展的，而当它掺入某些有利于资本主义生产力发展的条文时，则是开始向资本主义法过渡了。

又如德国。德国在 1848 年 3 月曾爆发过资产阶级革命，打击了封建贵族，破坏了农奴制，形成了有利于资本主义发展的局面。但革命以失败告终，德意志各邦的封建专制制度并未摧毁，国家统一并未完成。1850 年，普鲁士颁布的钦定宪法规定国王享有全部行政权，并拥有立法权。直至 1871 年 4 月 16 日颁行的《德意志帝国宪法》仍赋予国王以极其广泛的权限。上述情况说明，直至 19 世纪 70 年代，德国的资本主义法还未以成熟的典

[①] 《外国法制史》，第 108 页。

型的形态出现。但在此之前近一百年，德国务邦的一些法律中，已出现了有利于资本主义关系建立的条款。这在德国统一前，各邦的民商法中得到明显的反应。例如1794年6月1日颁布的《普鲁士民法典》，"主要任务在于调整封建的民事法律关系，确认和巩固专制主义的统治，但法典也宣布所有权是全部民法的基础、所有权是人的最重要的与绝对的财产权之类的观念。这种观念的出现说明资本主义关系已有所发展"。1811年颁行的《奥地利民法典》，"保护了封建的土地制度，确认了教会的婚姻制度，基本上是封建的法典，但法典也包含着诸如'契约自由'之类的资本主义民法原则，反映了正在成长中的资产阶级的利益"①。封建法典中出现了资本主义法的因素，这就是封建社会向资本主义社会过渡时期，封建制法与资本主义法"互相衔接"的表现。

封建制法之被废止而代之以资本主义法，这是法的发展过程中的一次质变。这一质变带有根本性、全盘性与彻底性。但在此之前，在封建制法之总体并未发生质变的情况下，出现了一些有利于资本主义发展的法律条文，这就是所谓"部分质变"了。承认不承认这种部分质变的存在，是辩证唯物主义法哲学观与机械唯物主义法哲学观的区别之一。法的动态发展规律，是建立在辩证唯物论基础上的。

六、资本主义法的演变

资本主义法建立、成熟及其产生以后的一段时期内，无疑是适应生产力发展并推动了社会大大前进一步的。

法国在1789年资产阶级革命中废除了封建制度与封建特权。1789年8月4日通过的决议宣布"永远废除封建制度"，铲除教俗封建主在法律上的一切特权。8月26日通过的《人权宣言》在提出反封建纲领的同时，确定了一系列资产阶级法制的重要原则。1791年法国资产阶级制定了第一部宪法，建立了君主立宪制的政权。1793—1794年的雅各宾专政是法国资产阶级革命的顶峰。在一年时间内，颁布了一系列激进的法律和法令；将公有土地分配给农民；全部无偿地废除封建义务。这一切，保证了法国资本主义经济在法律的支持下得以顺利发展。英国、德国、俄国、美国、日本等，都是在资本主义法律的保障下，迅速发展了各该国家的生产力的。"资产阶级在它的不到一百年的阶级统治中所创造的生产力，比过去一切世代创造的全部生产力还要多，还要大。自然力的征服，机器的采用，化学在农业和工业中的应用，轮船的行驶，铁路的通行，电报的使用，整个大陆的开垦，河川的通航，仿佛用法术从地下呼唤出来的大量人口，——过去哪一个世纪能够料想到有这样的生产力潜伏在社会劳动里呢？"② 这"呼唤出"大量人口和繁荣的经

---

① 《外国法制史》，第254—256页。
② 《共产党宣言》，《马克思恩格斯选集》第1卷，第256页。

济的"法术",不是别的,就是资本主义法,它维护、巩固了适应生产力发展的资本主义生产关系。

和奴隶制法与封建制法一样,资本主义法也是处在不断的演变中的。但资本主义法的演变有自身的特点。一方面,它和以往的剥削制法一样,以其顽固维护日益陈旧的生产关系而阻碍生产力的发展。这有两种表现形式:其一,当资本主义社会生产力大大发展,旧的生产关系处处与之不相适应时,法律仍然维护此种生产关系。其二,当自由资本主义发展到垄断资本主义阶段时,部分国家里出现了政治与法律制度的法西斯化,以极端的形式阻碍本国生产力的发展并破坏其他国家的生产力的发展,造成了世界性的社会毁坏。另一方面,科学技术的迅猛发展,生产力的飞速增长,无产阶级和广大人民群众,尤其是知识分子的民主意识、斗争实力的不断增强,迫使资产阶级统治者不断改革其政治、法律制度,使之表现出前所未有的对社会变化的动态适应性。这一点有必要用较多的笔墨加以说明。

《共产党宣言》中,马克思、恩格斯所写的这一段话,是值得我们特别加以深思的:"资产阶级除非使生产工具,从而使生产关系,从而使全部社会关系不断地革命化,否则就不能生存下去。反之,原封不动地保持旧的生产方式,却是过去的一切工业阶级生存的首要条件。生产的不断变革,一切社会关系不停的动荡,永远的不安定和变动,这就是资产阶级时代不同于过去一切时代的地方。一切固定的古老的关系以及与之相适应的被尊崇的观念和见解都被消除了,一切新形成的关系等不到固定下来就陈旧了。一切固定的东西都烟消云散了,一切神圣的东西都被亵渎了。……"①

我们所看到的当代各资本主义国家的情况就是如此。在那里,资产阶级为了"生存下去"而"使生产工具"、"生产关系"和"全部社会关系"都"不断地革命化"。在那里,"生产"在"不断变革","一切社会关系"在"不停的动荡",处于"永远的不安定和变动"之中。有谁能否定马、恩的这些论断,否定"资产阶级时代不同于过去一切时代"的这些客观事实吗?

那么,是什么保证了这种"不断变革"呢?诸多因素中,必有法律制度。事实上,资本主义国家的法律制度确也在不断地调整其对社会变化的调节方式与方法。也就是说,资本主义法在向适应并自动调节社会关系方面发展。在许多实行社会民主主义的资本主义国家里,法律制度对政治民主、公民权利平等、保护基本人权、保障公民经济权益等方面,做了积极的规定。这些规定,与空想社会主义者向往的社会主义法制原则,与科学社会主义者设计的社会主义法制蓝图,绝不是截然相反的;而且,应当说,有许多耦合之处。我们不做"资本主义长入社会主义"的论断;但我们必须承认,当代资本主义国家的某些法律规定表明,全世界正处于资本主义法向社会主义法转化的过渡时期。社会主义国家的法

---

① 《马克思恩格斯选集》第1卷,第254页。

律制度可以说是成熟的、定型的社会主义法制，但这不应成为否定总体上仍然处于资本主义制度下的国家的法制，出现了向社会主义法过渡的因素的理由。不管这些因素是否违背资产阶级的意愿，可以肯定的是，它是无产阶级、先进知识分子的斗争的成果。从这一点看，它有点儿类似于总体上为封建法制而发生了部分质变，出现了一些有利于资本主义发展的法律条文的情况。

社会主义法诞生之后，当然也会动态地继续发展。由于这是人类历史上前所未有的维护全社会整体利益并保证消灭剥削与压迫制度的法律，因此，它的发展又当与此前各种类型的法制大不相同。而这是有待实践去创造的，这里难以预述。

七、法的发展的动态规律

通过以上考察，现在我们可以就法的发展的动态规律试做概述了。

第一，奴隶制法、封建制法、资本主义法、社会主义法因生产力的发展都前后相继地依次更迭；

第二，每一类型的法制本身都经历适应社会发展或不适应社会发展的动态变化。这种变化或表现为由盛入衰，或表现为弃旧扬新，没有永恒不变的法；

第三，在一种类型的法与取而代之的另一种类型的法之间，存在着一个为时漫长的过渡阶段。这一阶段的法制在总体上保持旧法体系的同时，不断地增生着新法的因素。新的类型的法的因素不断增多，其结果，或者导致新法和平地取代旧法，或者因衰朽的统治阶级的阻挠而通过革命夺取政权，建立新型法制取代旧法。

本文开头所引赵翼论诗的精警诗句之后，还有"预支五百年新意，到了千年又觉陈"两句。法的发展的动态规律，在资本主义法方面的表现与奴隶制法、封建制法方面的表现，是大不相同的。社会主义法的发展也许也是如此，"预支五百年新意"，表现得与资本主义法的发展大不相同，但社会的发展又必使之显出"到了千年又觉陈"的态势来。"千年"之后如何，自难预料，不能说什么。但当今社会主义世界的风云变幻，却已向法哲学工作者提出许多新的值得深思的问题，又有必要"预支五百年新意"以求深入探讨了。

法的发展的动态规律，是一个很大的题目。本节仅从法的类型的变化这一角度，做了宏观考察。还可以从法的发展的动态规律的哲学机制方面作考察，揭示这一动态规律的对立统一的内在原因，以及量变质变、否定之否定的形态。下面将以马克思主义辩证唯物论为指导，从法的过程转化的角度，做进一步的研究。虽然它算不上"预支五百年"的"新意"，但在法哲学史上，也还属首次。

第七十六章　法律过程转化规律的探讨

"芳林新叶催陈叶，流水前波让后波。"天地万物的新陈代谢，包括法律的新陈代谢，就是这样不断地发生着、发展着。追踪法律的发展，可以发现其中存在着一定的规律性，我们称之为法律过程转化规律。

一、法律过程转化规律概述

过程转化规律，是马克思列宁主义经典作家对人类辩证认识观的一个科学总结的产物。

早在公元前5世纪，古希腊的赫拉克利特就指出："一切皆流，无物常住。"①"我们走下又不走下同一条河，我们存在而又不存在。"②这一辩证法思想得到了恩格斯的高度赞扬："这个原始的、朴素的、但实质上正确的世界观，是古希腊哲学所固有的。它第一次由赫拉克利特明白地表述出来……万物都在流动，万物都在经常变化，万物都处在不断产生和不断消灭的过程中。"③而后许多中外思想家也同样论述过事物的发展过程，并有所新见。直至近代，黑格尔对过程转化做了比较系统、更加深刻的论述。恩格斯评述黑格尔时指出："黑格尔第一次——这是他的巨大功绩——把整个自然的、历史的和精神的世界描写为一个过程，即把它描写为处在不断的运动、变化、转变和发展中，并企图揭示这种运动和发展的内在联系。从这个观点看来，人类的历史已经不再是乱七八糟的一堆统统应当被这时已经成熟了的哲学理性的法庭所唾弃并最好尽快被人遗忘的毫无意义的暴力行为，而是人类本身的发展过程，而思维的任务现在就在于通过一切迂回曲折的道路去探索这一过程的依次发展的阶段，并且透过一切表面的偶然性揭示这一过程的内在规律性。"④

---

① 北京大学哲学系外国哲学史教研室编译：《古希腊罗马哲学》，生活·读书·新知三联书店1957年版，第17页。
② 同上，第23页。
③ 《马克思恩格斯全集》第12卷，第23页。
④ 《马克思恩格斯选集》第3卷，第63页。

但"黑格尔没有解决"他所提出的"这个任务"。①

在解决这一任务的征途中,马克思、恩格斯、列宁对过程转化规律做了更加深刻的论述。恩格斯指出:"自然界中的一切运动都可以归结为一种形式向另一种形式不断转化的过程。"② 他还指出:"机械唯物主义就是把世界看成是'一成不变的事物的集合体',它的局限性就在于'它不能把世界理解为一种过程'……"③ 马克思的《资本论》是以过程转化规律研究"资本"的光辉范例。他把货币的产生描写为"简单偶然的价值形态—扩大的价值形态——一般的价值形态—货币形态"这样一个发展转化过程;把简单商品流通描写为"商品—货币—商品"的转化过程;把资本主义的商品流通描写为"货币—商品—货币"的转化过程;把资本主义流通表述为"G—W—G′"的运动过程;把资本增值表述成"G—W〈^P_M—G′……G—W〈^P_M—G′"即生产过程、流通过程和资本增值过程的统一;把资本主义经济危机概括成"危机—萧条—复苏—高涨—危机"的循环过程;……总之,马克思典范地把资本主义社会里的一切都作为过程加以剖析,把资本主义社会看成一系列过程的系统与集合,同时把过程描述成不断转化与发展的事物的客观运动。列宁也曾十分明确地指出:"以科学的态度研究历史的途径,即把历史当作一个十分复杂并充满矛盾但毕竟是有规律的统一过程来研究的途径。"④ 列宁不仅把"过程"作为研究社会的根本方法,而且把"过程"作为辩证法的重要范畴加以强调,他在《辩证法的要素》中所列举的十六条"辩证法要素"里,有三条涉及"过程"。⑤ 毛泽东在《加强互相学习,克服故步自封、骄傲自满》一文的批语中也指出:"事物总是作为过程而向前发展的。而任何一个过程,都是由矛盾着的两个侧面互相联系又互相斗争而得到发展的。这应当是马克思主义者的常识。"

从上述马克思主义经典作家的论述中,我们可以得到启示,对"过程转化规律"这样论定:

所谓"过程",就是事物的有限存在和无限发展在时间、空间和条件上的辩证统一,是事物存在的基本形态和发展的必然联系的体现。事物发生、发展、完结的历史,就是该事物相对完整的过程。整个世界是总的系统过程,是无数过程的集合体;各个具体事物的过程又都是世界系统过程的一个部分或一个阶段。

所谓"过程转化",就是一个具体过程完结之后,向与它有必然联系的过程逐渐过渡或者飞跃。在过程转化中,有前进,也有局部的、暂时的倒退,但总的趋势却是上升的、前进的、发展的。过程转化呈波浪式、螺旋式,由低级向高级、由简单向复杂不断发展。

所谓"过程转化规律"是指:一切事物都是作为过程而存在的,任何过程都是相互联

---

① 《马克思恩格斯选集》第 3 卷,第 63 页。
② 同上,第 4 卷,第 241 页。
③ 同上,第 224 页。
④ 《列宁选集》第 2 卷,第 586 页。
⑤ 同上,第 607—608 页。

系、有层次、分阶段、有机结合的运动，一切事物的具体过程都因内部矛盾与外部环境影响而处于转化状态，事物的变化、发展都依靠过程的转化来实现，由于过程转化而使事物得以波浪式、螺旋式地上升、前进。

那么，什么是法律过程转化规律呢？

"法律过程"就是法律的存在和发展在具体历史时期、具体国家和具体条件上的辩证统一，是法律存在的基本形态和发展的必然联系的体现。法律发生、发展、完结的历史，就是法律相对完整的过程。整个法如此，具体的法律也是如此。

"法律过程转化"就是一个具体法律过程完结之后，向与它有必然联系的另一具体法律过程逐渐过渡或飞跃。在法律过程转化中，有前进，也有局部的、暂时的倒退，但总的趋势却是上升的、前进的、发展的。法律过程转化呈波浪式、螺旋式，由简单向复杂、由低级向高级不断发展。

"法律过程转化规律"是指：一切法律都是作为法律过程而存在的，任何法律过程都是相互联系、有层次、分阶段、有机结合的运动，一切法律的具体过程都因法的内部矛盾与外部环境影响而处于转化状态，法律的变化、发展都依靠法律过程的转化来实现，由于法律过程转化使法律得以波浪式、螺旋式地上升、前进。

二、法律过程转化规律的若干特点

法律过程转化规律贯穿于法的发展的全部历史中，在具体的法律过程及其转化中，显现出这一规律的下列特点：

第一，系统性与层次性的辩证统一。

法律过程的系统性，是指法作为有机的整体，是由一系列相互联系、相互作用的子系统组成的。法律过程的层次性，是指法律系统与它的子系统之间存在着整体与局部的差别。不同层次的系统之间有机结合着，彼此不能割裂、隔离而独立存在。

法律过程是其系统性与层次性的对立统一。首先，系统性与层次性相联系而存在。任何社会的法律系统都有一定的层次，没有不分层次的法律系统；任何层次的法律又都处于法律系统之中。其次，系统性与层次性相互制约而发展。法律系统影响、制约着法律层次的构成、分层、功能；各个层次的法律有机结合，从而决定着整个法律系统的功能。因此，某一层次的法律产生紊乱，势必影响整个法律系统。再次，在一定的范围内，法律系统及其子系统具有相对性，并因此而转换其作为系统的地位。例如，对于阶级社会的法律来说，社会主义法是其子系统；但它对于某一社会主义国家的法，或某一历史时期的社会主义法来说，又是母系统。这种既是子系统又是母系统的相对性，决定了具体法律的不同地位，从而决定了它在历史发展中的不同作用。最后，法律过程正是法的系统性与层次性的对立统一的运动。法律系统及其各个层次都不是静止不变的。整个法律系统，系统的各个层次，都在不断变化。这种变化既有因母系统对子系统的影响，也有因子系统对母系统的影响，正是这种相互影响构成了具体地运动着的法律过程。

第二，阶段性和连续性的辩证统一。

法律过程的阶段性是指法律过程可以划分为若干个段落；每一段落之间既有联系，又有区别。法律过程的阶段性，是由法律过程各个段落的矛盾特殊性决定的。法律过程的连续性是指，法律过程之间或法律过程中的段落之间，有前后相继、互相关联、互相贯通的不间断的关系。这就是说，在法律过程中，一个阶段的完结意味着向另一阶段的转化，而不是中断；对法律过程本身来说，一个过程的完结也意味着向另一与之有必然联系的过程过渡，而不是中断。

法律过程的阶段性告诉我们，必须注意区分法律过程中的质的部分变化（即部分质变），从而对不同阶段作出划分，找出对策；必须注意主动创造条件，促成法律过程的部分质变，推动法律过程的加速完成，或主动创造条件，保持法律过程的质的稳定，使法律过程延缓转化，以适应社会的需求。因此，无视法律过程的阶段性，脱离社会需求而"超前立法"或延缓立法（如所谓"一年准备，二年起草，三年调查，四年通过"的"马拉松立法"），都是要不得的。

法律过程的连续性告诉我们，不会有"法律真空"，但也要防止法律虚无主义的影响。有人曾认为，周公、孔子力主"仁"、"义"，实行的是"德治"、"礼治"、"人治"，其时似乎是无"法治"可言的。其实，这绝不符合事实。周公与孔子的时代，法律是相当完备的，不存在"法律真空"。又有人曾认为，我国的"文革"时期是"无法"的时代。但如前文所说，略事审察，其时虽无（或乏）切合社会发展需求的社会主义法，却并不是"无法"。恰恰相反，其时之法多如牛毛。三天一条、五天一款的"指示"与"通令"就是这样的法。不然的话，中国的法律过程就是不可思议地"中断"了，而"中断"是不可能的。但是，在法律虚无主义的影响下，尤其是当国家权力掌握在法律虚无主义者的手中时，法律过程虽然不可能"中断"，却可能"虚脱"，即符合社会发展需求的法律被大大削弱。

法律过程的阶段性与连续性之间有着辩证的关系。其具体含义是：法律过程的阶段构成了连续的过程，连续性寓于阶段性之中；法律过程的连续可以分解为不同的阶段，阶段性离不开连续性而独立存在；因此，法律过程的居前阶段为居后阶段的必要准备，而居后阶段为居前阶段的必然结果。但这都是指"应有"的法律过程，"实有"的法律过程却并非到处如此、永远如此。由于法律与统治阶级的意志有极为密切的关系，而统治阶级又是由其性格各异、能力悬殊、品德不一的各种人充当代表的，因此，在统治阶级及其代表人物的干扰下，法律过程不可能总是按照"应有"状态发展，而总是因为受到各种影响而偏离正常的发展路线。为此，在社会主义法制建设中，必须努力把握社会主义法律过程的阶段性与连续性的辩证关系，排除各种非社会主义法律观念的影响（尤其是要排除法律虚无主义的影响），使法律过程正常运作。

在当前的计划经济体制向市场经济体制转轨的时期，适应计划经济体制的法制与适应市场经济体制的法制可以看成是我国社会主义法制发展的两个不同阶段。这两个阶段的区别性是明显的，但不能因此而割裂这两个阶段。因此，要特别注意这两个阶段的衔接，即注意我国社会主义法制发展过程的连续性。绝不允许此时出现法制的"真空"。

第三，有序性和偏离性的辩证统一。

法律过程的有序性，是指它按照客观规律而转化的方向性和顺序性。法律过程的偏离性，是指它在各种外部因素的影响下，总是这样那样地偏离方向或顺序的特点。

法律过程的有序性指示我们，在观察人类社会法律过程的总体状况时，必须如实把握它的发展方向与发展顺序；而在从事社会主义法制建设时，更应确认它的发展方向与顺序，力争不偏离或少偏离。许多国家，历史上曾发生过落后的异族入侵并长期居于统治地位的状况。其时这些国家的法律过程可能发生暂时的、局部的逆转。法西斯在德国、意大利、日本得逞时，也曾使德、意、日的法律过程发生逆转。但从总体看整个人类社会的法律过程，它的有序性，即方向性与顺序性，却如铁一般的规律为自己开辟道路。异族的落后法制，德、意、日的法西斯法制，都被无情的历史席卷而去，扫进了历史的垃圾堆。我国社会主义法制建设的方向与顺序，应预做精深的研究，不然，就可能有悖总体的有序性。我国曾实行严格的计划经济制度，现在正向社会主义市场经济体制过渡。当开始这一过渡时，应当承认，不仅在经济体制改革的理论准备上，而且在法律过程转化的理论准备上，都是不充分的。因此，不可避免地出现了某些"失序"状况。某些"合理不合法"、"合法不合理"事件或案例，就是法律过程"失序"的表现。

法律过程的偏离性指示我们，既要避免不利因素的影响，使法律过程尽可能有序发展，又要充分利用有利因素的影响，抑制偏离性的盲目作用。由于偏离性是外部因素造成的，因此，它就同时具有可调控的特点。我们要尽量发挥社会主义制度的优越性，充分利用人的主观能动性，减低偏离的程度。

法律过程的有序性与偏离性的辩证统一是指：有序性与偏离性紧密相连，偏离性离不开有序性，是有序前提下的偏离；有序性也离不开偏离性，是偏离过程中的有序；法律过程总是在有序与偏离的对立斗争中实现转化。法西斯法制可谓大大地偏离了人类社会法制发展之"序"，即大大背离了现代法律过程的方向与顺序。但它不可能出现在封建主义时代，更不可能出现在奴隶主义时代。因此，仍是总体有序前提下的偏离。如果存在完全脱离总体有序的偏离，那么，历史就是一堆乱七八糟的杂货了。同时，以为法律过程的有序性是必须贯彻的，就不允许任何偏离，一旦出现偏离，就大惊小怪，也是不科学的。在社会主义法制建设过程中出现"失误"，有某些与人民意志、利益，与社会发展的需求不相适应的法律过程的偏离，应当说是正常的。但是，像林彪、"江青反革命集团"那样造成的严重偏离，却是应当尽力避免的。在法律过程中，有序性起着对偏离性的决定与支配作用。我们要充分利用这种决定性的支配作用，认清方向与顺序，在有序性与偏离性的对立斗争中，作出有利于社会发展的决策。

第四，同一性与多样性的辩证统一。

法律过程的同一性是指，在相同的社会条件下，法律过程及其转化是相同的。一切具备奴隶制社会条件的国家，同样地产生、发展了奴隶制法；一切具备封建制社会条件的国家，同样地产生、发展了封建制法；欧美各国同具资本主义社会条件，因此同样地产生、发展了资本主义法。与别国社会条件相同的国家，有时借鉴（有的国家甚至照抄照搬）别国的法律，就是遵循法律过程同一性要求的表现。科学技术法的产生与发展，有其特定的对社会条件的要求。这些要求，有时与社会制度的关系比较疏远。因此，不同社会制度的国家，在科学技术法的制定方面，就有了较大的借鉴甚至移植的可能性。例如，原子能事业的发展要求制定原子能法，环境保护的要求提出了制定环境保护法的任务。在原子能法与环境保护法的制定上，发达的资本主义国家是走在前面的。社会主义国家有没有必要因为社会制度的不同，而"另起炉灶"制定与资本主义国家不同的原子能法及环境保护法呢？根据法律过程同一性的原理，自无必要。而且，实际上也不可能，因为故意无视同一性而"另起炉灶"，其结果只能使所制定的法不能起有效的作用，事后仍然要回到同一的道路上来。

法律过程的多样性是指，由于法律过程的外部条件总是不尽相同的，因此，法律过程及其转化的形式是多姿多彩、五彩缤纷的。掌握这一点，对于中外法律史上的各种极不一致的现象，就可以较好地理解了。同样，掌握这一点，也可帮助我们根据中国的国情来设计具有我国特色的社会主义法制。由于不了解法律过程的多样性，我们曾一度大量照搬照抄了苏联的法制，其结果当然是阻碍了我国社会主义建设的发展。至于清末以及北洋军阀时期的照抄照搬外国法制，则是出于欺骗国人、瞒哄舆论的目的，更是一种彻底背离多样性的人为伎俩。

法律过程的同一性与多样性的辩证统一是指：法律过程的同一性寓于多样性之中；法律过程的多样性受制于同一性，是同一性的表现，必须贯彻总体的同一性；法律过程是其同一性与多样性的对立统一的体现。据此，当我们观察古往今来纷繁复杂的法律现象时，可以不为多样性所迷惑，而从多样性中发现同一性，概括出同一性，找出法律的发展规律；同时，可以不为同一性所囿，如实地承认法律过程多样性的必然性。据此，我们还可以掌握好社会主义法制建设的根本规律，既坚持其社会主义原则，又赋予其"中国特色"、"时代特色"或其他与客观条件、客观需求相符的特色。

为进一步把握法律过程转化规律，下面我们来试析一下具体的法律过程及其转化。

三、宪法过程及其转化试析

在法律系统中，宪法是其重要的子系统。宪法作为一个相对独立的系统，有其产生、发展的过程。因此，可以就宪法过程及其转化作一剖析。

龚祥瑞先生的《比较宪法与行政法》一书①具体考察了宪法的起源，指出：古希腊和古罗马都各有过自己的"宪法"，亚里士多德就曾编辑过《一百五十八国宪法》一书。但这些"宪法"还不是现代意义上的作为国家根本法的宪法，而只是相当于我国古代《会典》的国家机关组织法。"现代意义的宪法——国家根本法首先是在英国播下的种子，在美国开的花，在法国结的果，而后散布于欧美各国以至世界各地。"②

1215 年英国颁行了大宪章，这是英王与大小贵族所缔结的约法，其作用在于限制王权。当时认为，制定这样一个成文宪法，就可使国王就范而不至为所欲为了。但是，英王后来并未守约践法，时过境迁，大宪章被置诸脑后。从此，英国就不再起草不能兑现的所谓宪法了。迄今为止，英国仍未有完整的成文的宪法典。但是，在英国仍有起根本法作用的法律，这就是可以解决宪法事项的普通法律。1918 年 2 月 6 日，英国颁布了《国民参政法》，规定了城乡统一的选举权；降低了男子选举资格；规定了妇女的选举资格；对选举登记、方法、费用重新做了规定；等等。1928 年 7 月 2 日又颁布了一个《国民参政法》，进一步扩大了妇女选举权。此外，在第一次世界大战后，英国明显增加了"委托"立法，内阁被授权直接参与立法活动，直接颁布违背或取代宪法的行政命令。1919 年英国国会通过的一百零二条法律中，有六十条授权行政机关立法。内阁授权的"委托"立法中，不少是直接解决宪法事项的法律规定。1931 年 12 月 11 日，英国还颁行了《威斯敏士特条例》，根据该《条例》，加拿大、澳大利亚、新西兰、南非联邦、爱尔兰自由邦、纽芬兰被正式宣布为参加"大不列颠和北爱尔兰联合王国"的成员。这当然属于国家根本法性质。

现代意义的宪法，最初出现于美国，它就是 1787 年的《美利坚合众国宪法》。在此之前，最初赴美殖民的英人曾于 1639 年制定过《康涅狄格根本法》，宣布国家最高主权属于全体人民。1776 年，北美大陆会议通过的《独立宣言》，宣布北美十三州脱离英国成为完全独立的北美合众国，宣称"人是生而平等的，造物主赋予某些不可转让的权利；人们所以成立政府是为了保障这些权利——包括生命、自由和幸福的追求；……"《美利坚合众国宪法》就是根据《独立宣言》的精神制定的。

1789 年，法国爆发了资产阶级革命，受美国《独立宣言》和《美利坚合众国宪法》的影响，法国等级会议发表了《人权宣言》，制定了《1791 年宪法》。1793 年雅各宾专政时期又制定了《1793 年宪法》。而后，又出现过《1799 年宪法》《1848 年宪法》《1875 年宪法》等。

法国革命后，从 1800 年到 1880 年，欧洲各国制定或改订的宪法总计不下三百件。除沙皇俄国外，各国都有了自己的宪法；除英国与匈牙利外，各国的宪法都采用了成文宪法的形式。第二次世界大战后，由于反法西斯战争的胜利和民主运动空前高涨，产生了 1946

---

① 龚祥瑞：《比较宪法与行政法》，法律出版社 1985 年版。
② 同上，第 33 页。

年法兰西宪法、1946年日本宪法、1948年意大利宪法、1943年波恩宪法等一批新宪法。现在，全世界各国几乎都有了自己的宪法。

从上述情况看，宪法过程已经经历了产生的阶段，正在发展之中。在英国、美国和法国，由于不同的历史条件，分别采取了不成文、成文而基本不变和屡屡改变其内容的不同形式。宪法过程转化，就是在英国播种、在美国开花、在法国结果、在全世界滋蔓生长并继续发展的变化和运动。从总的趋势看，宪法从无到有、从不完备到完备、从低级到高级，呈前进与上升的态势发展着。但也有暂时的倒退。英国大宪章的被置之高阁未予实行；法国《1791年宪法》颁布后，法王路易十六拒不履行，使之形同虚设；法国《1799年宪法》颁行后，1814年波旁王朝复辟，颁布了《钦定宪章》，使《1799年宪法》的许多公民权利丧失；等等，都是宪法过程转化中出现的暂时倒退现象。但在这些暂时的倒退之后，宪法过程仍以其前进、上升发展的必然性顽强地实现转化。现在，民主性宪法的颁布，已成了全世界不可逆转的趋势。

上述宪法过程体现了法律过程转化规律。无论就英国、美国、法国来说，还是就全世界各国来说，宪法的产生与发展都体现了过程性；前后相继的宪法过程都是相互联系、分阶段、有机地结合着展开其转化运动的。所有的宪法过程转化，一方面因宪法的内部矛盾，即社会客观情势（经济生活条件、政治现实等）与人们的主观需求（主要是投入社会革命的阶级的主观需求）的矛盾，而必然地转化；另一方面，又因宪法的外部环境，包括各国的各种特殊条件，而采取了不同的转化形式。

"各国宪法的产生与当时的国情也密不可分，有的宪法来自国家组成单位的联合，如美国、加拿大、澳大利亚、印度和巴基斯坦的宪法；有的来自战场上的失败，如魏玛宪法、日本国宪法；有的来自政变，如泰国宪法及非洲许多国家的宪法；也有的来自独立运动，原为殖民地，宣布独立后，制定本国宪法，如菲律宾、印尼、马来西亚、新加坡等。"① 这些，就是法律过程转化多样性的表现，而这些多样性都百川归海般"同一"于宪法的制定与施行，没有哪一种"多样性"可以违背"同一"，即根本否弃宪法。即使像英国那样，它还是要以许多普通法来代行宪法的职能。至于宪法过程的阶段性与连续性、有序性与偏离性等，也是十分明显的，就不一一详析了。

如果我们挑出任一法律部门、任一国家的法律或任一历史时期的法律来，都可做同样的关于法律过程转化规律的分析。法律过程转化规律从一个新的角度对法律的发展做了探索。这一探索是否成功，是次要的。但只要这一工作开始了，循此继进，总能由粗而精、由砖化玉的。

---

① 《比较宪法与行政法》，第33页。

第七十七章　论立法、司法、守法的一体化

苏东坡《琴诗》云：

若言琴上有琴声，放在匣中何不鸣？
若言声在指头上，何不于君指上听？[①]

一台优质的好琴不能自然发声；一双灵巧的妙手弹不出无琴乐曲；好琴加上妙手而无动听的曲谱，也不可能有"大珠小珠落玉盘，嘈嘈切切错杂弹"[②]的悦耳琴声。只有好琴、妙手、美曲的结合，才会有"江上调玉琴，一弦清一心。泠泠七弦遍，万木澄幽明"[③]的引人入胜的效果。世间万物都常形成三三五五的群体，只有群体的共存互动，才会产生某种作用。这种群体的共存互动，笔者称之为"一体化"。立法、司法、守法的一体化，就是立法、司法、守法转成一体而共存互动。只有立法、司法、守法实现一体化，才能发挥法的作用。

一、法的系统性和立法、司法、守法的一体化

前文曾指出："法的系统性是指，法是由相互区别的若干法的要素构成的集合体；各个法的要素之间存在着一定的联系和相互作用，形成特定的整体结构和适应社会环境的整体功能；它有自己的子系统，并从属于上层建筑大系统。"还曾指出："法的要素构成法的系统时，法的系统性表现在法的各个要素的有序结构上。法的要素的无序堆积，决非法的系统，形成不了法的系统，也反映不了法的系统性。""法的要素由于组成了有序的结构，

[①]《苏东坡集·续集》第 2 卷，第 84 页。
[②]〔唐〕白居易：《琵琶行》。
[③]〔唐〕常建：《江上琴兴》，《唐诗别裁集》第 20 页。

因而产生了得以发挥实施社会控制作用的功能。"

关于法的系统究竟包含哪些要素,我国法哲学界现在还有不同的看法。钱学森、吴世宦的《社会主义法制和法治与现代科学技术》,熊继宁、段桂鉴的《论系统科学方法在法学研究中的应用》,李昌麒、周亚伯的《怎样运用系统论研究法学问题》[①],刘笑君、林云的《试论对我国法律系统的系统分析与运筹》[②],季卫东、齐海滨的《系统论方法在法学研究中的应用及其局限》[③]等文,各个提出了对法的系统的要素的看法。仁智各见,多所教益。但在立法(及其成果)、司法(行为及其机构)、守法(行为及其观念)均为法的系统的要素这一点上,各家是并无分歧的。因此,我们从法的系统性看立法、司法、守法的一体化,理论上是不成问题的。

所谓"从法的系统性看立法、司法、守法的一体化"是指:立法、司法、守法共存于法的系统之中,同为法的系统的要素,结成了关系特别紧密的群体,互相制约、互相作用而共同发展;因此,必须从三者的一体化着眼开展社会主义法制建设。

关于法的系统或法制系统,不少论者仅在现行法律的范围内进行分析,不仅把司法、守法排除在外,甚至连立法体制、立法活动也不加论列。控制论的创始人维纳是对法的系统进行论述的先驱者。他在《人有人的用处——控制论与社会》(1952年)一书中,以专章讨论了法律问题。他认为,法律的本质是一种信息通讯,是人们进行减熵努力的必要手段。他明确地把法律分为正义选择和技术处理两个方面。但他所谓"技术处理",是指在正义选择的前提下,解决道德原则的法律化,即依照道德观念对语言进行控制。他说:"法律可以定义为对于通讯和通讯形式之一即语言的道德控制,当这个规范处于某种权威有力的控制之下足以使其判决产生有效的社会制裁时,更可以作如是观。"这里,充其量仅仅涉及法律及其制定,即立法及其结果,没有论及司法与守法。布尔丁在《纠纷的一般理论》中也对法做了系统分析。他在研究"纠纷解决"的问题时,以完备的法律制度为背景,着重分析选择的条件和要素,不仅没有论及司法和守法过程,连立法过程也未论及。日本广濑和子在1970年出版的《纠纷与法——用系统分析方法研究国际法社会学的尝试》一书,已论及司法过程,如对苏伊士运河公司国有化纠纷的司法过程做了实例研究,从而把法的系统分析向前推进了一步。但是,将立法、司法、守法作为共存于法的系统中的要素进行具体研究的,仍然所见甚少。苏联法学界直至80年代仍停留在对法律文本的系统分析上。他们认为,立法活动、司法实践等是"法律系统"的"外部干预"。苏联学者Л.Е.季乌诺娃在《谈谈把系统方法用于法的问题》一文[④]中说:"不应当把法律系统的发

---

① 均见《系统科学论著选》,中国政法大学出版社1987年版。
② 《中国社会科学院研究生院学报》1986年第2期。
③ 《中国社会科学》1987年第1期。
④ 《苏维埃国家与法》1986年第4期。

展理解为自己运动（这是有机系统所固有的），而应当把法律系统的发展理解为外部干预（立法活动、司法实践等等）所引起的变化。"作者主张"把法本身的结构列入国家的整个法的系统，考虑法的系统性和立法的分类之间的区别，在此基础上可能最终找到结束关于法律系统和立法系统的相互关系的争论的途径。"

诚然，可以把法律作为一个完整的系统看待、进行分析。这样的工作，对立法也是有重要作用的。例如，有些论者通过分析，找到了我国现行法律系统尚有一些空白，必须补充诸如科学技术法等子系统或要素。但是，"徒法不足以自行"。犹如徒有优美的曲谱，而无灵巧的妙手和优良的琴，不可能发出动听的音乐一样，法律本身即使再完备，也不过是一纸空文。中国古代法制史上，秦法与隋法是最值得注意的。秦代立法的成就，为汉所汲取，所谓"汉承秦制"是也。秦、汉的法律，是中国封建制法律确立时期的典范。魏晋南北朝四百年混乱之后，隋文帝以其雄才大略，顺应历史的潮流，重新统一了中国。隋代最重要的贡献之一，便是以《开皇律》和《开皇令》的制定，实现了封建制立法的成熟。中外中国法律史学者都以唐律为中国古代法律的最高典范，殊不知唐律是以隋律为蓝本，几乎是照抄了隋律而成的。唐代的贡献，不是提供了《永徽律》，而是提供了《唐律疏议》。中国古代法律的最高典范，应推隋《开皇律》。[1] 然而，秦、隋两代，恰恰是中国古代历史上作为统一的王朝中寿命最短的王朝，都只有二三十年的"一统天下"，都"二世而亡"。短命的原因是多方面的，从法制方面看，就是虽然注意了法律的完备，却完全忽视了司法与守法。前文所说的 1215 年英国大宪章，制颁之时，贵族们是十分兴奋的，以为可以约束国王了。讵料英王约翰（King John）根本就抱敷衍的态度。"有关国王权力的条款，绝不是一纸公文所能生效的，国王为一定情势所迫，也可以迁就于一时，时过境迁，就把约法置于脑后，不再理睬了。约翰王及其后裔，对大宪章抱的就是这种态度。"[2] 对"约翰王及其后裔"来说，还有一个制约他们的"大小贵族"的巨大力量，竟然尚且如此；对秦二世、隋炀帝这些几无制约力量的封建独裁君王，仅有完备的法律又有什么作用呢？

社会主义法制与此前的剥削阶级法制的最大区别之一就是：社会主义法由于是广大人民根本利益与意志的反映，具有为公民自觉遵守的可能性；而奴隶制法、封建制法和资本主义法由于维护奴隶主、地主、资本家对劳动者的剥削与压迫，本质上就决定它不可能被所有的公民所自觉遵守；即使在奴隶主阶级、地主阶级和资产阶级内部，也会由于尔虞我诈、你争他夺而无法自觉遵守。因此，剥削阶级法制是很难达到立法、司法、守法一体化要求的。社会主义制度下，出现了三者一体化的可能性。但从可能转化为现实，还有一个由此及彼的漫长距离，需要人们做不懈的努力。正因如此，社会主义时代与资本主义时代

---

[1] 倪正茂：《隋律研究》，法律出版社 1987 年版。
[2] 龚祥瑞：《比较宪法与行政法》，法律出版社 1985 年版，第 28 页。

一样,仍然必须把立法、司法、守法都作为法的系统的要素而同等重视,不能厚此薄彼,更不能取此舍彼。我们说"从法的系统性看立法、司法、守法的一体化"指三者"共存于法的系统之中,同为法的系统的要素",就是要求在重视法的完备性的同时,必须重视司法与守法。从这个意义上看,我国法哲学工作者关于法的系统的研究虽然起步甚晚,绝大部分论者论及法的系统时却都将立法、司法、守法"一视同仁"地予以重视,都看成是法的系统的要素,应当说是"后来居上"、"青出于蓝而胜于蓝"了。①

但是,这仅仅是理论界的"嘤鸣"。对于像中国这样的社会主义国家来说,对于摆脱法律虚无主义严重影响不久的改革、开放的中国社会主义建设时期来说,要真正实现立法、司法、守法的一体化,要完成的任务,不仅要克服的客观困难是巨大的,而且还会有很大的主观方面的阻力。彭真同志在他任全国人大常务委员会法制委员会主任期间,尤其是在他离任前的一两年内,就反复强调指出,我国的社会主义法制建设中,立法方面取得了可观的成就,但司法工作与立法很不相称,有法不依的状况相当严重。彭真同志所指出的问题,现在仍在一定程度上存在着。因此,把立法、司法、守法作为法的系统不可缺少的要素而同等重视,仍是当前须做的重要工作。当然,这主要是一个实践问题,是全国人民代表大会和地方各级人民代表大会、中央人民政府和地方各级人民政府、全国司法系统和全国公民的实践问题。但法哲学与法理学必须为这一实践提供理论指导。这样,仅仅从立法、司法、守法同为法的系统的要素认识三者的一体化问题,就远远不够了。对于法哲学来说,在立法、司法、守法一体化问题上,还必须解决下列问题:立法、司法、守法一体化的整体属性;立法、司法、守法的辩证互动;立法、司法、守法一体化的目标选择;立法、司法、守法一体化与外部环境的辩证关系。

二、立法、司法、守法一体化的整体属性

列宁曾指出:"要真正地认识事物,就必须把握、研究它的一切方面、一切联系和'中介'。我们决不会完全地做到这点,但是全面性的要求可以使我们防止错误和防止僵化。"② 许多文章引用列宁的这句话时,往往只注意列宁关于"把握、研究"事物的"一切方面"的教导,而忽视他所说的要"把握、研究"事物的"一切联系和'中介'"的忠告。这样,是很容易把统一的事物加以肢解,最终认识不了事物的真相与全貌的。

"把握、研究"事物的"一切联系",要求我们认识事物的整体属性。系统方法的整体

---

① 20世纪70年代末,我国著名科学家钱学森提出了建立包括法治系统工程在内的系统工程科学体系的倡议。此后,以中国政法大学为首的一批高等院校、研究院所的年轻的法学研究者开始尝试用系统科学方法分析法律现象,并于1985年5月于北京召开了全国首届法制系统科学讨论会。此后,报纸杂志上陆续发表了一系列有关论文。
② 《列宁选集》第4卷,第453页。

性原则，充分体现了列宁的这一辩证法思想，并使之具体化了。

奥地利生物学家、系统论的创造人 L.V. 贝塔朗菲指出，机械认识论的错误之一，就是把认识的对象作简单分解并简单相加的观点；在生物学上的表现就是把生物体分解为各个组成部分，并以这些组成部分的简单相加来说明生物体的一切。贝塔朗菲提出了"整体大于各孤立部分的总和"的著名定律。美国系统论学者 E. 拉兹洛在纪念贝塔朗菲诞生七十周年时，撰文指出："复杂现象'大于'因果链的孤立属性的简单总和，或者说'大于'单独加以研究的因果链组成部分的属性的简单总和。正如贝塔朗菲所指出的，解释这些现象不仅要通过它们的组成部分，而且也要估计它们之间的联系的总和。……有联系的事物的总和，可以看成具有特殊的整体水平的功能和属性的系统。看来，这种整体观点在生物学中是卓有成效的，贝塔朗菲首先在生物学研究中运用了。因此，越来越多的研究者开始把整体性原则用作方法论。"[①] 这种整体性原则，又叫"整体性悖论"。如果把机械论的整体论比作"1+1=2"的话，那么，辩证的系统论的整体性原则或整体性悖论，就可以用"1+1 = 3"来表示。但这仅仅是"如果……那么"的假定。

事实上，在"1+1 = 2"与"1+1 = 3"中，"1"仍旧是"1"，离开"2"或"3"，"1"并未改变"1"的属性。在事物的系统中，不仅"1+1 = 3"，而且，一旦离开"3"，"1"就不再是"1"了。以"人"为例，一方面，"身"、"首"、"四肢"、"内脏"按机械论的"加法"，只是一堆血肉骨头；按系统论的"加法"，则是完整的人。另一方面，离开"人"的整体，"首"、"身"、"四肢"、"内脏"都不是原来意义上的"首"、"身"……了。原来的"首"是可以思维的，割下来的脑袋却再不会思维了。"北方有佳人，绝世而独立。一顾倾人城，再顾倾人国。"[②] 美女的眼睛，只有当它还长在美女的脸蛋上时，才有"一顾倾人城"、"再顾倾人国"的魔力；一旦摘将下来，血淋淋的，只怕是"一顾人丧魂"、"再顾鬼失魄"了。

以上述观点看立法、司法、守法一体化的整体属性，至少应把握这样两个基本点：

第一，离开"一体化"，无论是立法，还是司法，或者守法，都将失去意义或丧失可能。

首先，没有立法制度、立法活动及其产生的结果即制定的法律，司法与守法都无从谈起。人们大声疾呼"有法可依"，就是对"立法"的重视。同样，仅有立法，司法跟不上或守法未实现，整个法的系统的社会控制功能就发挥不了。或者，仅有立法与司法、守法一环的工作跟不上，也只能是"事倍功半"或竟前功尽弃。但这还仅仅是在"1+1 = 2"的层面上看问题。

其次，立法、司法、守法应是"一体化"中的立法、司法、守法。这一命题的含义

---

① [美]E. 拉兹洛：《略评现代系统研究学派》，波兰《科学学问题》第 2 期（季刊，共 8 卷），1972 年。
② 《李延年歌》，《古诗源》第 49 页。见《汉书·李延年传》。

是：(1)立法本身就应从"一体化"的要求出发，不仅研制出法律文本来，而且研制法律之时就顾及司法与守法的可能。因此，只有实体法（如民法）而无相应的程序法（如民事诉讼法）的立法，就不能看作是符合"一体化"要求的立法。日本科学技术法立法的齐全配套，就体现了这种要求。如它在制定《科学技术厅设置法》不久，即颁行《科学技术厅组织令》《科学技术厅组织规则》。美国原子能立法也是体现"一体化"立法的典范。例如，为了加强核电站和核燃料制造、运输、使用的安全，美国在70年代中新增订的有关主要法律就有：1972年的《联邦水污染管理法》《海洋保护、研究和禁区法》，1970年的《国家环境政策法》、《危险材料运输法》、《出口管理法》，1974年的《能源改组法》《国际核协调法》、《核事故赔偿法》、《能源部组织法》、《铀矿尾矿辐射控制法》、1978年的《核不扩散法》，等等。同时，作为一个联邦制国家，美国的原子能立法还注意了联邦（国家）立法与州（地方）立法的严密配套。① 立法的齐全配套，不应看作仅仅是立法问题，而且应看作也是司法与守法的问题，即看作是立法、司法、守法一体化的要求。(2)司法也要从"一体化"要求出发，不仅忠实地力"司"已立之"法"，而且把司法作为对立法效果的验证、为守法开辟道路的"一体化"的有机一环。因此，所谓"司法独立"只能看作是对行政干预、当权者的或其他方面的权力干扰的"独立"，而不是脱离法的系统的整体性的"独立"，脱离"一体化"要求的"独立"。立法、司法、守法一体化的实现，不是立法机关、司法机关、公民在无组织、无领导状况下所能自动做到的。司法机关及其全部活动，必须置于法的轨道上，必须置于国家权力机关（在我国就是全国人民代表大会及地方各级人民代表大会）的监督下，必须接受中国共产党的统一的正确的领导。这样，"一体化"中的司法，就不是某些人心目中的西方资本主义国家的"司法独立"。实际上，西方资本主义国家的"司法独立"，也远非绝对的。(3)守法同样要从"一体化"的要求出发，一方面为立法效果的取得、为司法工作的开展和司法任务的完成做出努力；另一方面，也要为立法与司法工作的改进提供新的经验，开辟新的渠道。如果我们把视野放大到社会主义社会以外，即从不同社会制度下的立法、司法、守法一体化的角度看，那么，不守法以至毁坏、摧毁反动的法制，也是一种追求"一体化"的表现。这是为了争取实现新型的进步的"一体化"，因为其时由于反动阶级的倒行逆施，所"立"之"法"与所行之"司法"，同样成了倒行逆施，非予摧毁就不可能有真正的内部和谐一致的"一体化"了。

第二，实现"一体化"，无论是立法，还是司法，或者守法，都将"超越自我"而相得益彰。因此，立法、司法、守法的一体化，作为社会法律控制的力量，将远远超出立法、司法、守法各行其是的力量相加的总和。

我国唐代前期经济繁荣、社会稳定、国力强盛，原因之一，就在于注意了立法、司法、守法的一体化。唐初统治者立法注意法的简明易晓而又保持稳定。唐高祖李渊曾对

---

① 倪正茂：《科技法学导论》，四川人民出版社1990年版，第499页。

负责删改《开皇律》的大臣们说："本设法令，使人共解，而往代相承，多为隐语，执法之官，缘此舞弄，宜更刊定，务使易知。"① 往代立法之"多为隐语"，使"执法之官"可以乘隙舞文弄法，说明立法本身未讲求"一体化"的要求。务求人人"共解"、个个"易之"，就是使立法与司法、守法一体化。唐太宗李世民反复严申"人有所犯，一一于法"②，告诫群臣："朕见隋炀帝都不以官人违法为意，性多猜忌，惟虑有反叛者。朕则不然，但虑公等不尊法式，致有冤滞。"③ 大臣魏徵也指出："居人上者，其身正，不令而行；其人不正，虽令不从。"④ 都要求以法为断、法贵责上。为防止枉纵，达到明法慎刑的要求，李世民亲自规定："自令以后，大辟罪皆令中书门下四品以上及尚书九卿议之。"⑤ 开创了封建时代九卿会审制度的先例。他还把死刑执行前的"三复奏"复核程序改成了"五复奏"。据《旧唐书·刑法志》载，贞观四年"天下断死罪二十九人，几致刑措"。唐初法治上的巨大成功，不能说与上述力求立法、司法、守法一体化的种种措施无关。与此相反，如果立法管立法而"多为隐语"；司法管司法，不管刑网是否苛严，"三奏"完毕即告了事，远离"一体化"的要求，法治就无从奏效了。

美国历史上的罗斯福新政时期，也提供了立法、司法、守法一体化的范例。1933年，民主党人富兰克林·罗斯福任美国第三十二届总统，时值1929—1933年大危机的严重冲击。罗斯福上台后三个月内，先后向国会提出了七十多个法案，对工业、金融、农业、劳工都加强了立法调整，被称为"新政"。其重要立法有《紧急银行条例》《金融改革法案》《产业复兴法案》《农业经济调整法和农业信贷法》《公共营造法案》《社会救济条例》等。围绕着"新政"，垄断财团之间，尤其是联邦政府与最高法院之间展开了激烈的争吵。在垄断资本财团的怂恿下，最高法院于1935年5月和1936年1月，先后宣布"新政"的两个主要法令——《产业复兴法》和《农业调整法》违宪，而予以废止。1936年美国总统大选，罗斯福以压倒多数连任，于是利用有利时机，建议改组联邦最高法院，增加法官人数。关于限制联邦最高法院权力的办法，过去曾有过多种建议，但都未获通过。罗斯福的建议，既可避开繁杂的修宪程序，又有该院实际法官数变动的先例可援。这一建议发生的效力致使大部分法官辞职，罗斯福任命了八名拥护"新政"的最高法院新法官，从而使司法与"新政"立法保持了一致。"新政"使美国走出了困境。这里，立法、司法以及守法的一体化是起了应有的作用的。而如果像先前那样，联邦最高法院与"新政"立法不一致，甚至废除某些重要法律，立法、司法南辕北辙，当然不可能发挥法治系统的社会功能。

---

① 《旧唐书·刘文静传》。
② 《贞观政要》卷5。
③ 《魏郑公谏录》卷8。
④ 《魏郑公谏录》卷5。
⑤ 《新唐书·刑法志》。

三、立法、司法、守法的辩证互动

立法、司法、守法一体化的整体属性，是在三者的辩证互动中得到显现的。

系统论认为，任何系统都必须保持动态平衡，才能够维持并发展。法的系统作为社会关系调整的工具，由于所调整的社会关系是不断运动变化的，因此，它也必须随之而运动变化。这种运动变化中的法的系统，往往由于它所组成的各个部分、各个要素的发展的不平衡，变得重心倾斜、关系失衡。这样，就必须特别注意立法、司法、守法三者的辩证互动，使法的系统保持动态的平衡，使可能出现的失衡得到防止，使已经出现的局部失衡迅速复衡，并求得新的动态平衡。

这里，立法、司法、守法之间的联系，是互相制约、互相影响的互动的联系，是辩证的互动而非机械的互动或单向的作用。

立法与司法之间的辩证互动，主要表现在以下几点：第一，立法指导司法、决定司法。司法的"法"，是由立法活动提供的；司法的方向，是由立法活动指示与决定的；司法的程序也是立法文件所规定的。第二，司法弥补立法、发展立法。立法的成果即所制定的法，永远不可能"天衣无缝"地覆盖整个社会生活所要求调整的一切社会关系，更不可能事先估计到必须具体调整的一切社会纠纷的详情细节。同时，社会关系是不断发展的，法的稳定性，立法的繁复程序所需的时间造成的法的滞后性，也使得立法有种种局限。这些局限，依靠司法予以弥补。实行判例法制度的英、美等国，"法官立法"就是司法对立法的发展。

我国唐代以前的司法实践中，适用"比附"。例如汉代有所谓"比"。《汉书·刑法志》说："廷尉所不能决，谨具为奏，付所当比律令以闻。"《师古注》曰："以例相比况也。"汉代的"比"应用较广，有"决事比"、"死罪决事比"、"辞讼比"三类。这就使得在发端于秦代的司法审判中采用判例，到汉代形成了惯例，变成了制度。发展到宋代，"比附"易名为"例"。所谓"例"，就是成例，即以前事作为后事的依据与标准。采取在审判中适用判例，最初是临时性的措施，以后，由于有利于司法镇压，也成了司法中习用的惯例。宋代的例有两种，一为"断例"，亦即案例；一为"指挥"，即尚书省与吏、户、刑部就刑案所作的对下级官署的指示，实际上等于判例。在宋代，判例的适用，不仅"法所不载，然后用例"，而且可以"引例破法"。这也是司法对立法的发展，因为判例实际上起着法律的作用。判例作为司法活动的结果，是司法的立法的发展。它可能是良性的互动，也可能是劣性的互动。宋代的"引例破法"，结果使得胥吏便于营私舞弊。监察御史刘一止曾上书曰："法令俱在，吏犹得以为奸。今一切用其所省记，欺蔽何所不至。"[①] 发展到南宋，已是

---

① 《宋史·刑法志》。

"法令虽具，然吏一切以例从事，法当然而无例，则事皆泥而不行。"[①] 判例压例、毁弃了法律，司法超越了立法，根本无立法、司法的一体化可言了。

立法与守法的辩证互动，既可通过司法的中介发生，也可由立法与守法直接"交往"而体现。不通过司法的立法与守法的辩证互动主要表现在：

第一，立法为守法提供法律依据、行为准则。公民所"守"之"法"是立法活动的结果，无此结果便无"守法"可言。因此，在立法与守法的辩证互动中，立法是起着决定性的、支配的作用的。宪法性立法不仅为公民提供守法的依据，而且还为其他法律的制订提供根本法性质的依据。在这种情况下，其他法律的制订即立法本身，转化成了守法行为，即既是立法，又是守法。如果其他法律的立法活动违背了宪法原则，就成了不守法的、违法的行为，所立之法，当自动失效。在这里，宪法立法对守法的决定性、支配性作用，表现得更加鲜明和强烈了。

第二，守法为立法的发展奠定基础。这里说的"守法"包含"遵守"与"不遵守"的双重含义。普遍的不守法，将会贻误立法的发展，或者导致立法的发展走入歧途。封建时代的君主一方面独擅司法大权，一方面又"言出法随"、可"以言代法"、"以言立法"，他的"守法"即不守法行为，变成了毁坏立法或"立"出新的与成法矛盾、违背成法旨意的法（如诏、敕、令等）来，这就势必导致立法的发展走入歧途。普遍的守法，则将推动立法的良性发展。因为普遍的守法意味着社会关系的妥善调整，而后者将使得社会发展顺利进行，从而提出新的立法要求。

司法与守法的辩证互动是指：其一，妥善的司法将导致普遍的守法，而不妥的司法则导致或明或暗的故意违法。当然，这是以有一个良好的立法为前提的，如无良好的立法前提，司法与守法都将陷入无序的紊乱状态。在良好立法的前提下，妥善司法之所以能够导致普遍的守法，是因为，对于能够自觉守法者来说，他将因妥善的司法而得到实际的利益、感到欣慰；对于不能自觉守法者来说，他将因严格的司法而被迫就范，慑于法的威力而服从法律规定。在良好立法的前提下，不妥的司法之所以会导致或明或暗的故意违法，是因为，对于本就不愿守法的人来说，有了可乘之机，因而故意违法以售其奸；对于本愿守法的人来说，守法倒有可能损害自己的利益，不如暗中违法以逃避不妥司法的危害。

第三，守法行为直接制约司法活动。社会的普遍的守法，必使司法机关得以集中精力对付极少数的违法犯罪活动；社会的普遍的不守法，则必使司法机关疲于奔命，不得不集中自己的精力对付重大的违法犯罪，如果进一步恶化，则连重大的违法犯罪也对付不了。

当我们做以上论述时，止于从立法、司法、守法一体化的法的系统中，抽取出两两成对的方面来分析。如果同时观察立法、司法、守法三者间的辩证互动，如果把三者放在社会关系不断发展变化的动态环境中加以考察，那么，事情就将变得更为复杂，三者的辩证

[①]《宋史·刑法志》。

互动形态、结果就将变得更加丰富多彩了。

四、立法、司法、守法一体化的目标选择

在立法、司法、守法三者的辩证互动中,为求"步伐整齐,步调一致",不因"内耗"而使法的系统失去平衡,非常重要的是,必须把握好立法、司法、守法一体化的目标选择。

系统论在分析和解决问题时,把目标选择放在极端重要的位置上,要求人们尽一切可能,从现实条件与社会需求出发,为系统确定最优目标。同样,为求立法、司法、守法一体化的最佳效果,也必须把最优目标的选择放在头等重要的地位上。

有的同志认为,我国社会主义法的系统的总目标包括三方面的主要内容:一为维护和加强人民民主专政的国家制度和社会秩序;二为保障和促进社会主义物质文明的建设;三为保障和促进社会主义精神文明的建设。这当然是无可非议的。但这仅仅是"总目标"而已。我们认为,在进行立法、司法、守法一体化的目标选择时,应当在遵循总目标的前提下,把握好以下两点:

其一,根据社会的实际需求,分阶段地确定最优目标。例如,在我国的建国初期,一方面是广大人民群众自觉守法的可能性极强;另一方面是一小撮阶级敌人,尤其是旧社会的残渣余孽,还在进行疯狂的反抗,当时确定的最优目标是加紧社会急需的单行法规的立法,紧急改造旧司法队伍并组建新的人民司法队伍,努力宣传与人民群众关系最密切的土地改革法规与婚姻法。实践证明,这一选择是明智的。但是,在国民经济恢复时期大体结束之后,在1954年宪法制定、颁行的前提下,应当转入一个新的阶段,重新确定立法、司法、守法一体化的最优目标。现在看来,当时并未重视"战略目标"的转移。如果在1954年宪法颁行之后,根据社会秩序相当安定的大好形势,集中力量迅速制定刑法、民法、刑事诉讼法、民事诉讼法以及其他基本法律,力求以较短的时间使法律趋于完备,并大力着重在干部队伍中开展守法意识的宣传教育,后来的社会发展情况,可能就不是我们所经历的那样了。1978年中共十一届三中全会以后,全国上下统一了认识,努力于民主与法制的建设,首先加紧基本法的制订,显然也是抓住了立法、司法、守法一体化的最优目标,因为在当时来说,关键就在于基本法的制定。从那时以来,十多个年头过去了,情况发生了相当大的变化:基本法已大体制定;面向广大群众的"普法教育"第一个"五年计划"已告成功,并转入了第二个为期五年的"普法教育"计划;司法工作未很好跟上,"有法不依"的情况在局部地区相当严重。这时,关键在于解决干部的守法问题;而为解决干部的守法问题,又必须大张旗鼓、雷厉风行地实行严格的司法与执法。"最优目标"在此,而我们迟迟未下最大的决心,未见有力的行动。因此,不能说目前的法制状况是最令全国人民满意的。笔者的上述针对我国法制现实状况的分析,可能是错误的。但即使如此,也

不影响法哲学理论上的初始要求，即根据社会的实际需求，分阶段地确定立法、司法、守法一体化的最优目标。那种不分阶段"百年一贯"的目标选择，无论开始时多么正确，总是会因社会实际的变化而失灵的。

其二，根据立法、司法、守法三者的辩证互动关系和社会的实际需求，分别确定立法、司法、守法的具体的最优目标。立法方面，由于法具有稳定性的特点，一法既立，必可多历年所，不应轻易改动，更不应随便废弃。因此，在基本法大体齐备的情况下，立法必须进一步选择自己的最优目标。例如，我国当前已将优先发展科学技术作为基本国策，那就应当将科技立法提到立法时间表的前面来。1989年的七届全国人民代表大会第二次会议上，杨浚等一百七十二位人民代表联名倡议制定《中国科学技术进步法》这样一部发展科学技术的基本法，就表明了选择立法最优目标的意向。司法应是伴随任何有法制的社会始终的事。但它在不同的国家、不同的历史时期，也应有自己不同的具体目标。守法问题是最容易被忽视的。在法律惩罚主义盛行的地方，几乎以立法与司法取代了守法。在社会主义时代，往往会忽视积极守法的作用。其实，虽然不犯法也是守法，但是，守法不等于不犯法。积极地主动地履行法定义务，按照法律的要求积极地自我激励与激励他人自觉调整社会关系、发展经济、发展科学技术，都是守法的表现。因此，有积极守法与消极守法之分。后者以"不违法"为限，前者以在法律提供的条件下、在法律允许的范围内，积极以从事社会改革为使命。因此，当社会处于不安定的状态下，一般来说，守法的最优目标不得不确定为努力争取最大多数人能够消极守法；而在社会稳定时期，则应确定为努力争取大多数人积极守法。

五、立法、司法、守法一体化与外部环境的辩证关系

为了确定立法、司法、守法一体化的最优目标，必须注意法的系统与外部环境的辩证关系。

一切社会方面的系统的存在都不是自在的和孤立的，都处于和其他社会的、自然的系统的一定的相互联系之中。法的系统也一样。因此，立法、司法、守法的一体化，不但要从三者的相互制约、辩证互动方面加以研究，而且还必须从它与外部环境的辩证关系方面加以探讨。

这里的"外部环境"有直接对"一体化"起制约作用的环境条件，也有并不直接起作用的环境条件，还有只偶然发生直接或间接作用的附带条件。社会经济生活条件（生产力、生产关系、经济制度、经济状况），社会政治状况（阶级斗争状况、阶级力量对比状况、政治生活实际运行状况），法律学说与法律意识，等等，都是会对立法、司法、守法一体化直接起制约作用的环境条件。对国际法的立法、司法、守法的一体化来说，国际形势是直接起作用的环境条件。在宗教盛行的国家里，宗教对"一体化"也是直接制约的因

素。对于国内法的立法、司法、守法一体化来说，国际形势的变化往往是并不直接起作用的环境条件。

外部"环境"有社会环境与自然环境之分。一般来说，自然环境对立法、司法、守法一体化的影响，并不是决定性的，而是次要的、非决定性的。同一自然环境下的大多数国家，都经历了不同类型的法制发展历程，就是证明。但是，无视自然环境的影响也是不科学的。如崇山阻隔而长期据守深山老林的民族（民族国家），大多停留在落后类型的法制形态阶段。自然条件在北非、中东国家促成了教会法的立法、司法、守法一体化的特殊形态。以中原为中心四散扩展的中国的自然环境，有利于建立中央集权的大一统专制主义帝国，也有利于形成中国式的一体化的法的系统。论者谓日本由于受海洋的阻隔而特别善于吸收别国的长处，包括吸收中国法制的建设经验。但海洋的阻隔恰恰为日本吸收外来文化带来极大的障碍。因此，上述论断未免牵强附会。

立法、司法、守法一体化与外部环境的辩证关系，主要表现在以下几个方面：

第一，外部环境决定了立法、司法、守法一体化的结构、功能和目标选择。

立法、司法、守法在三者一体化中的结构，并不是任意由人的主观意志决定的，它是外部环境影响下的产物，并将继续在环境的影响下动态地改变着结构。在奴隶制与封建制下，社会经济与政治发展决定立法高踞司法与守法之上。在奴隶制与封建制前期的法的系统中，立法占有特别重要的地位，而且由此而确立三者的协调关系；在奴隶制与封建制的后期，立法已退居次要地位，有的朝代甚至基本上停止了立法活动，司法与守法被提到突出的地位上。由于其时社会关系发生了极大的变化，当立法停止时，司法与守法也陷于混乱，整个法的系统不得不和整个社会一起经历革命的改造。

立法、司法、守法一体化功能的大小，在一定程度上也为外部环境所决定。当外部环境有利于合理立法、妥善司法与普遍守法时，三者一体化的功能自然明显；当外部环境不利时，其功能的发挥自然受阻。最典型的例子可算巴黎公社时期。列宁指出：在巴黎公社，"代议机构仍然存在，然而作为特殊制度的议会制，作为立法和行政的分工以及议员享有特权的议会制，在这里是不存在的。" 1871年4月20日，巴黎公社发布了建立无产阶级政权的纲领性立法文件《告法国人民书》，规定巴黎公社掌握立法、行政、司法、公安、军事等大权。4月16日和22日的法律中，还规定了一切法官由选举产生的制度。在公社存在的短短七十二天中，公社颁布了一系列保护劳动人民的立法，还颁布了一些镇压反革命的立法。在诉讼程序和法院组织方面，则有4月17日通过的关于军事法庭确定审判程序和惩罚措施的决议，4月22日关于成立起诉法庭的法令和5月12日关于成立民事法院的法令，等等。如果假以时日，巴黎公社立法、司法、守法一体化的功能自是十分可观的。但是，公社社员倒在资产阶级进攻的血泊里，公社的失败彻底宣告所有的立法、司法措施的失效。

外部环境对立法、司法、守法一体化的目标选择的影响特别明显。由众多封建邦国而演变为统一的德国之后，立法、司法、守法一体化的目标选择必定指向立法的统一、司法的统一和据此而开展的守法实践。统一的德国，正是由于在1871年制定了宪法之后，又先后制定了刑法典、民事诉讼法典、刑事诉讼法典、民法典和商法典，并开展了大规模的以统一法制为目标的司法与守法实践，才有力地推动了资本主义的发展，在19世纪末一跃而成为经济发达的帝国主义国家的。

第二，外部环境同时制约着立法、司法、守法实践，并通过它对"一体化"整体发生影响。

例如，现代科学技术的发展，对司法活动产生了直接的明显的影响。《智能诉讼——司法活动中的现代化技术》一书[①]指出，现代科学技术的迅猛发展，引起了"第三次司法改革"，它带来了下列深刻变化：促使司法机关发生职能转换，由过去的消极追诉变为今天的积极预防，从不告不理转变为对刑事案件和部分民事案件进行主动追究；提高了工作效率，解放了人，例如用现代化的监控手段就可把美国纽约数万名警察解放出来；使办案手段科学化，保证了办案质量，如以高精技术收集证据，不仅能达到不失时机的要求，而且客观真实，有利于"不枉不纵"；促进了文明诉讼、文明管理……[②]。

同时，现代科学技术的发展，也带来了新的"守法"问题，即犯罪分子利用高技术犯罪的问题。不法分子利用电子计算机作案，已使资本主义国家的当局感到万分头痛。1984年4月，G国政府宣布该国存在M国一家银行的一千三百五十万美元被人诈骗，经调查，发现是一国际性犯罪集团通过伪造G国中央银行电传指令的办法，把银行的电子计算机软件内的存贮款项转账到另一国家，又几经转入转出，业已不知去向。美国法学家路易斯·谢利指出："电子计算机犯罪以及其他能够利用新技术的财产犯罪，将会更加频繁。"[③]美国社会学家则惊呼智能化犯罪已经"导致了社会功能的严重失调。"[④]

所有这些外部环境对司法、守法发生的影响，也会因此而对"一体化"的结构、功能、目标选择发生影响。

第三，立法、司法、守法一体化的变化发展，也会对外部环境发生直接的重大的影响。

科技立法、科技司法、科技守法一体化的良性发展，对不少发达国家生产力的高速度发展、社会经济的繁荣和人民生活福利的优裕化起了重要的作用。这是无可讳言的客观事实。笔者在《科技法学导论》一书中曾这样认为："正是在科技法的促进和保障下，通过对科技社会关系的调整，现代科学技术得到了突飞猛进的发展。科学技术带给资本主义的新

---

① 马进保、刘祁宪：《智能诉讼——司法活动中的现代化技术》，群众出版社1989年版。
② 同上，第32—35页。
③ [美]路易斯·谢利：《犯罪与现代化》，群众出版社1986年版，第117页。
④ [美]尹恩·罗伯逊：《现代西方社会学》，河南人民出版社1988年版，第286页。引自《智能犯罪》，第6页。

的生命力,使其经由国家资本主义而将进入社会主义时代。这样,人类将通过两种途径进入社会主义:一种途径为俄国十月革命的城市武装起义夺取政权和中国革命的农村包围城市最后夺取政权从而实现暴力革命方式的社会主义道路;一种便是发达资本主义国家中正在发生的以科技法促进和保障科技发展、经济繁荣,从而走向社会主义的道路。"[1] 作为一种学术观点,笔者至今并无新的意见。这也可作为"一体化"的发展对外部环境发生直接的重大影响的例证。

曲谱、好琴、妙手及其与外部环境的最佳配合,当奏出悦耳动听的音乐来。立法、司法、守法的一体化及其与外部环境的密切配合、良好协调,当为社会的进步带来不可估量的积极后果。

---

[1] 倪正茂:《科技法学导论》,四川人民出版社1990年版,第107页。

第七十八章 辩证立法论

苏东坡《石卷舒醉墨堂》诗曰：

> 兴来一挥百纸尽，骏马倏忽踏九州。
> 我书意造本无法，点画信手烦推求。[①]

苏子把书画作法说得玄乎其玄，似乎全凭"意造"。然而"信手"书画，看似"无法"，实即无机械呆板的"定法"；费心尽力"推求"，才能得到变化无穷的书画功力的真谛。一帧好画，一幅好书，仔细审察，其实是充满了辩证法的。可惜的是，书画评论界迄今还很少有操辩证法的"枪法"来开展评论的。有鉴于此并推广及法，拙以为讲及立法的辩证性，实属法哲学的一个重要的研究课题。

辩证立法涉及面极广，主要有以下五个方面：一为立法体制；二为立法权；三为立法系统；四为立法决策；五为立法技术。这里讨论一、四两点。

一、立法体制的抉择

立法（Legislation）即法律的创制，包括制定、修改、补充、解释、废止法律规范等行为。几乎所有的立法学著作及一般法学著作都认为，立法是指"有权的国家机关或个人"的上述创制法律的行为。这有"以偏概全"之弊。国际法与教会法的创制，既非"有权的国家机关"的行为，亦非"个人"的行为。此外，全国公民直接投票创制法律，也不能包容于"有权的国家机关"与"个人"立法的范畴之内。

自有立法活动以来，出现过个人（君主、教皇、法官、法学家）立法、国家立法机关立法、国家行政机关立法、司法机关立法、教会立法、国际组织（双边、多边、联合国）

[①] 《苏轼诗集》，第236页。

立法、全体公民立法等多种形式。君主、教皇的个人立法已成陈迹，国际法立法与教会法立法有其相对的特殊性，本文不加论列。这里仅讨论立法机关立法与司法机关立法、直接立法与间接立法两对四种立法体制的有关问题。

真正意义上的立法机关立法，只能从近代资产阶级国家依据分权理论建立代议机关进行立法算起。有人把实质上由君主一人独擅立法大权的奴隶社会与封建社会的立法，也列入立法机关立法的范围，还把古希腊雅典的"公民大会"立法[①]、古罗马王政时期"库里亚大会"立法[②]、汉代与隋代由皇帝指定部分法律家闭门立法都看成是立法机关的立法。其实君主立法、法律家立法只是个人立法，虽然是以国家权力为后盾，但如实地看作个人立法有助于理解当时的专制立法性质，从而与民主立法相区别；"公民大会"与"库里亚大会"的立法，是公民直接立法的渊源，与立法权力机关的立法有所区别。如果说奴隶制与封建制时代有个别的特殊的例外的话，那么，古罗马共和时期的元老院（Senatus）立法倒是算得上的。

现代议会制度发端于英国，作为英国的立法机关的议会，迄今已有七百多年的历史。1911年和1949年还专门通过了《议会法》，再次确认议会的最高立法权。追随英国之后，法国、美国、德国、日本都建有本国的议会，作为最高立法机关。现在，社会主义国家也各个建立了自己的代议机关（苏维埃、人民代表大会和国会、议会等），行使最高立法权。由国家最高立法机关行使立法权可创制法律，可制定法。这是立法机关立法的体制。

与立法机关立法的体制相对的，有司法机关立法的体制。前文所说中国古代司法（行政）长官以"比附"或成例判案，其中"比"与"例"就是法官创制的法。唐、宋以还，"比"、"例"在法律创制中所起的作用是相当大的。但以司法机关的判例为法律创制的重要形式的，还是以英、美等判例法治国家为典型。1923年，美国成立了由法官、律师和法学家参加的法律协会，把商法和部分民法的判例法原则加以综合整理，归纳编纂成各种判例法汇编。它具有法典的形式，分编、章，由条文组成。1932—1946年间，曾对契约、仲裁、代理、违法、损害、委托管理财产、抵押等判例法原则进行编纂。这些汇编虽无法律效力，但由于它所整理的都是一些公认的判例法原则，包括普通法原则和司法机关适用法律所形成的判例，因而也经常被司法机关所参考与引用。美国联邦最高法院甚至直接宣布废除罗斯福"新政"的两个重要法律。这些都说明，司法机关立法确是现实法制生活中不可忽视的一种立法体制。

立法机关立法的体制与司法机关立法的体制，如果截然地对立起来，是不利于立法的科学发展的。只有立法机关的立法，不可能随时为立法纠偏，也不可能自如应付现实生活

---

① 每个年满20岁的雅典人都有权参加大会并就法律问题表决。
② 王政时期的罗马社会由3个部落组成，每个部落包括10个库里亚（Curia），库里亚大会由库里亚成员参加，均可投票表决法案。

变动而提出的及时调整新型社会关系的急迫需求。正因如此，在英、美等国家，才会有判例法曾占相当重要地位的情况。也正因如此，我国改革开放以后，尤其是在开展全国性的经济体制改革的背景下，便有运用判例法的高涨呼声。最先在我国提出应开展判例法制研究并付诸立法与司法实践的，是曹培君。在曹培君的倡议与筹组下，曾于1987年秋召开过一次全国性的判例法制研讨会。总之，判例法制的实行，即司法机关参与立法，起码在目前来说，还不失为对立法机关立法的重要补充，应予重视。但是，司法机关立法也有其权威性不强、科学性较差、稳定性不足以及在处理不当的情况下造成"判例成灾，无所适从"之虞，不能使司法机关立法上升到立法的主要角色的地位。19世纪末以来，美国的判例法虽然仍是法律的主要形式，但其比重正日益下降并趋向统一。判例法治国家的实践本身就证明，必须把立法机关立法放在最重要的地位上，放在主导的地位上。因此，应当辩证地处理立法机关立法与司法机关立法的关系。其主要原则，笔者以为是：其一，以立法机关立法为主，以司法机关立法为辅；其二，立法机关立法应成为司法机关立法的依据，后者不应以法官的自由裁量为依据；同时，司法机关立法应为立法机关立法的渊源之一；其三，司法机关立法的法律效力应由立法机关认可。

导源于雅典"公民大会"、古罗马"库里亚大会"的全国公民直接立法，现在在瑞士等国实行。瑞士宪法确认公民有对联邦宪法修正的创制权和复决权，对于联邦法律或一般决议，在经议会两院通过公布后九十天内，在未生效之前，得经三万公民或八个邦的要求，由公民表决采用或否决。法国1793年以后的历次宪法，都规定宪法由公民投票复决。法国现行宪法规定，修改宪法的草案或提案，由两院一致通过后，应提交人民投票复决批准。

直接立法的积极意义在于：有利于贯彻人民主权的原则；有助于增强公民守法的自觉性；在政争激烈而两院争持不下的情况下，有利于政争的早日解决；可以影响立法机关的立法行为，有助于提高立法质量。但是直接立法也有弊端，主要是效率较低，外行立法因而质量不高，烦琐浪费，等等。在一个幅员广阔、情况复杂的大国里，例如在中国这样的国家里，当前要直接立法是根本不可能的。但是，直接立法是人民行使主权的最直接、最民主、最显然、最生动、最有效的形式，代表着社会进步的方向，标志着民主与法制建设高度的成熟。因此，在将来，当文化高度发达、法律水平普遍很高、计算技术全盘电气化、信息技术高度发展的情况下，就宪法、主要法律或法律原则实行全民公决即实行直接立法的体制，是必然的趋势。

间接立法即代议机关的立法。间接立法的好处是：在人口众多的国家里，可最大限度地反映民意；立法质量较高，因为代议机关的代议人员有高于公民的平均法律水平与文化水平。但是间接立法也不是没有弊端的。在政客操权的情况下，代议机关本身不能反映民意，就失去了代议的意义。曹锟的"贿选宪法"，绝非古今中外的绝例。

因此，在直接立法体制与间接立法体制的抉择上，也必须采取辩证的态度。首先应如实地估价两种体制各自的弊病，因而，无论采取何种体制，都应着力防止弊病的发生，尽力减低弊病的影响力。其次，在可能的条件下，应结合采行两种体制，对于事关国家根本利益、国计民生大局的法律，实行直接立法。其三，做出努力，争取早日过渡到以直接立法为主的立法体制去。

立法决策涉及较多的问题，主要有立法预测、立法规划等两个方面，下面分别就有关问题作哲理探讨。

二、立法预测的辩证要求

立法预测是立法规划与立法决策的前提与基础，科学的立法规划与正确的立法决策离不开必要的立法预测。马克思、恩格斯指出："历史什么事情也没有做，它'并不拥有任何无穷尽的丰富性'，它并'没有在任何战斗中作战'！创造这一切、拥有这一切并为这一切而斗争的，不是'历史'，而正是人，现实的、活生生的人。'历史'并不是把人当作达到自己目的的工具来利用的某种特殊的人格。历史不过是追求着自己的目的的人的活动而已。"[①]法的历史，立法的历史，正是人创制法的调整社会关系的历史，在人的这种历史活动中，立法预测有着特别重要的意义。50年代，我国著名学者马寅初先生根据当时中国人口、出生率、自然增长率，预测我国人口在第二个五年计划期末将超过7亿，第三个五年计划期末则超过8亿，并且指出这种增长速度将严重威胁我国社会与经济的发展，应当予以控制。如果就此立法控制人口的增长，实行计划生育法，我们现在的压力要小得多。但是，马寅初先生的建议被批判为"马尔萨斯人口论"的中国翻版。于是人口增长失去控制，这一深刻教训告诫我们，没有或不承认科学预测的立法，调整不了社会关系，最终将导致社会、经济发展的严重失衡与毁灭性灾难。从当前来看，蒸蒸日上的建设事业，飞跃发展的乡镇企业，令人看到光辉灿烂的明天而十分欣慰。但喜中有忧、安中有危：环境的污染与生态的破坏，将会给子孙后代带来严重的不良影响。仅从经济方面估算，有的专家认为，目前的年国民经济总产值，在十年之后，抵不上应有的环境治理开支。时至今日，这一问题的调查研究、科学预测工作仍未得到重视，当然也无立法对策可言。这是在谈立法预测的辩证要求时，必须首先指出的。但这本身不属立法预测的辩证要求。

在立法预测的辩证要求中，整体性是其最重要的方面。

这一要求，源自法的系统的整体性，即前文所说的立法、司法、守法的一体化。

一些论述立法预测的专著和文章，把立法预测局限于对立法（在他们看来，立法即制订某一法律）的预测。这就很容易落入"头痛医头，脚痛医脚"的陷阱。法的系统是一个有机联系的整体，法的制订必须与司法同步进行，与守法同步发展。也就是说，立法之

---

① 《马克思恩格斯全集》第2卷，第118—119页。

始,即须兼顾司法上的可行性与守法上的可能性。因此,立法预测应是对立法、司法、守法一体化的要求的预测,庶几才不致误入"开救火车"、"开救命车"的歧途。

但既为立法预测,落脚点还是在所"立"之"法"上,是直接为一"法"之"立"服务的,对司法与守法的服务是通过所"立"之"法"间接实现的。所以,重点还应放在法律系统的整体性上。这是立法预测整体性要求的第二个方面。根据这一方面的要求,立法预测就有宏观与微观之分,必须辩证处理宏观立法预测与微观立法预测的关系。

"宏观立法预测就是对整个社会主义立法的发展趋势所进行的预测。微观立法预测是根据立法实践和司法实践的大量材料来预测某一立法文件或某一立法文件中的某项规定的社会效果及它的未来状况和发展趋势,从而找出法律调整这些社会关系的合理模式。"[①]

宏观立法预测与微观立法预测,在全国性立法与地方性立法、体系性立法与部门性立法、全法性立法与条文性立法中都得到体现。由于宏观、微观之分仅具相对性,在特定环境中属于客观方面者,在另一环境中却为微观方面,因此,全国性立法、体系性立法、全法性立法是宏观立法;相对而言,地方性立法、部门性立法、条文性立法为微观立法;而相对于地方体系性立法的总体,地方部门性立法又为微观立法;相对于地方部门性立法的总体,地方的全法性立法也为微观立法。所有这些,都要求做好立法预测。

宏观立法预测与微观立法预测的辩证关系包括以下几个要点:

其一,宏观立法预测要建立在微观立法预测的基础上。

宏观立法预测在地域上是面向全国,在时域上是由近及远地放眼未来,在法域上是针对整个法律体系。但如果离开"全国"的局部即地区;离开时域的各个构成阶段,如近期、中期、远期;离开法律体系的各个组成部分即各个部门法,"全国"、"全时域"、"全法律体系"等宏观方面就被架空而成为虚构的东西。因此,必须在微观立法预测的基础上概括、综合、归纳进行宏观立法预测。

其二,微观立法预测要接受宏观立法预测的指导。

宏观立法预测对于确定和保持法律在社会发展的一定阶段的根本性质、主要任务、发展趋势与必然结果作出的科学论断,是微观法律预测的前提、标准与指针。不以宏观法律预测为指导的微观法律预测,带有极大的盲目性。例如,当前我国沿海地区的商品经济发展较快,提出了调整商品经济迅速发展所引起的社会关系变化的要求。如果局限于沿海情况的立法预测,无视全国情况的预测,所进行的地方性立法,就有可能被随后的从全国情况预测出发而作的全国性立法所废止。德国统一前夕,各邦的立法仍在积极进行,但一旦统一,所有各邦的立法就全然作废了。"劳而无功"的原因就在于微观立法预测完全脱离了宏观立法预测的指导。

其三,宏观立法预测与微观立法预测的辩证互动。

---

① 倪健民、沈志坤、公丕祥:《法律预测的理论与方法》,法律出版社1988年版,第178页。

无论是宏观立法预测，还是微观立法预测，都具有动态的性质，不应停止在一个水平上。既然如此，宏观立法预测必须动态地发展，而微观立法预测应接受这种动态地发展的宏观立法预测的指导；微观立法预测也必须动态地发展，而宏观立法预测则应建立在这种动态地发展的微观立法的基础上。

根据上述要点，为使立法预测达到整体性的要求，就必须建立中央与地方相结合的、信息渠道畅通的、有机联系的立法预测网络。《立法预测的理论与方法》一书提出了"建立动态的法律信息的情报网络系统"的建议，是颇有见地的。该书作者认为，"所谓法律信息的情报网络系统，是指以法律信息为主要内容的，由绝大部分从事有关法律信息的收集、处理、储存、传递和反馈工作的部门或单位有机地联结而成的一个巨大的集合体"。①作者绘制了一幅法律信息情报网络系统示意简图，如下所示：②

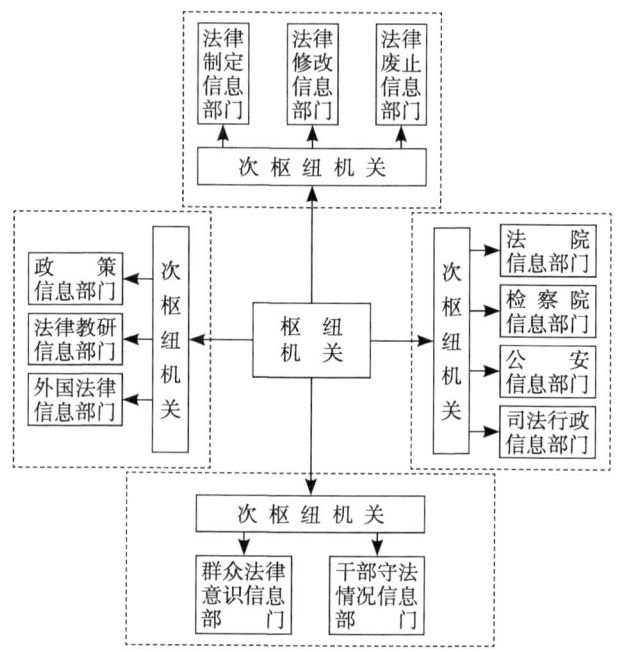

从此图可以明显看出，其优点是体系严密、网络完整；而其缺点则是所有的收集法律信息的基层部门都不向"次枢纽机关"作信息反馈，所有的"次枢纽机关"也不向"枢纽机关"作信息反馈，这样，法律信息就不能集中处理。因此，该简图上的所有箭头都应改成双向，其中外向的箭头表示"枢纽机关"、"次枢纽机关"发出收集有关法律信息的指令，而内向的箭头则表示向"次枢纽机关"、"枢纽机关"做出法律信息的反馈。只有这样，才能达到立法预测的整体性要求。

---

① 《立法预测的理论和方法》，第143页。
② 同上，第150页。

在科学、正确的立法预测的基础上，应制订合理的立法规划。

三、立法规划的辩证要求

立法预测为立法规划提供了立法的定量与定性的选择依据，但不能直接决定立法规划。立法规划是与立法预测有密切联系但又全然不同的立法环节。

立法规划主要包括以下几项依次递进的工作：分析立法预测的成果；提出要解决的立法问题；明确要达到的立法目标；选择实现立法目标的立法方案，即制订立法规划。

立法规划的制订，必须掌握应予贯彻的辩证要求。这一要求可以"立法规划的确定性与非确定性的辩证关系"来表述。

所谓立法规划的确定性，是指立法规划一经制定，就不得轻易更改。立法规划可以分为短期规划（三年以内的规划）、中期规划（三年以上、十年以内的规划）和长期规划（十年以上、二十年以内的规划）。二十年以上的立法规划，由于难以预测相当长的时期以后的社会关系变化，因而难以确定。在新技术革命迅猛发展的当代尤其如此。立法规划确定之后，应当赋予一定的法律效力。这是为了防止个人擅权，防止把个人意志强加于立法活动。在民主意识不强，民主未制度化、法律化的社会里，强调立法规划的确定性，有极大的必要。

所谓立法规划的非确定性，是指立法规划虽经确定，却不是绝对不可补充、修正、更改的性质。这是由于生产力、生产关系、经济基础、社会政治斗争与社会实际生活的其他方面，总是处于变化与发展之中，具有变动不居的性质。这就带来了所需调整的社会关系的变动不居。如果所需调整的社会关系已经起了变化，而仍坚持原先的立法规划，那就会导致立法失效或效果衰减的不良后果。

立法规划的确定性与非确定性的辩证关系是指：

其一，立法规划的非确定性应以立法规划的确定性为指导、为基础、为前提。也就是说，在通常情况下，立法规划的确定性具有决定的意义，居于支配地位。这是因为立法规划不是随便制定的，有科学的立法预测作为依据；而社会关系尽管总是变动着的，但也有它的相对的稳定性。

据此，因立法规划的非确定性而随机决定的立法，应服从立法规划的总体要求，不打乱立法规划。

其二，立法规划的确定性应以立法规划的非确定性作为必要的补充。固守立法规划，按部就班、有条不紊地实现立法规划是必要的；同时，在实际生活提出了新的需求，而条件又允许的情况下，对既定的立法规划做补充或部分修改，也是必要的。否则，就会陷入立法上的文牍主义与形而上学。

其三，立法规划的确定性与非确定性的关系应从实际出发，动态地予以妥善处理。立法规划的全盘改变也不是不可能和不允许的。在社会处于和平、稳定发展的时期也是如此。了解这一点，对社会主义立法尤有重要的意义。社会主义是一种自我完善的制度；社会主义社会是一种可以自我调节的自组织系统。例如，当中国共产党人认识到僵硬的计划经济体制不能赋予社会主义经济以应有的活力而自动进行经济体制改革时，社会生活就提出了一系列新的法制需求。具体来说，以1984年为时间界限，在此之前，1978年后制定的全国立法规划是建立在计划经济体制的法制需求基础上的；1984年以后已提出了把立法规划建立在有计划的商品经济的体制基础上的法制需求，这样，全国立法规划就必须相应改变，而1992年党的十四大作出建立社会主义市场经济体制的决定，并通过修改宪法予以宪法肯定时，全国立法就更应做全盘性地改变了。在这种情况下，立法规划的非确定性上升到了支配的地位。但是，一旦制定了新的立法规划，它的确定性要求又取而代之上升到支配地位。把握好立法规划确定性与非确定性的动态关系，就可使我们掌握社会主义制度下的立法的主动权。

立法权、立法系统及立法技术等方面，也有不少哲理性问题值得探讨，这里就从略了。无论是这三者，还是立法体制、立法决策，都充满着辩证性，必须辩证地观察、辩证地分析、辩证地把握，都应不怕麻烦地认真"推求"，这样才能使立法如同作书作画一样，"兴来一挥百纸尽，骏马倏忽踏九州"，为社会关系的调整，提供"最新最美"的指示图。

第七十九章 辩证司法论

清人宋湘《说诗八首》之一曰：

> 学韩学杜学髯苏，自是排场与众殊。
> 若使自家无曲子，等闲锣鼓与笙竽。①

首句指的是模仿韩愈、杜甫与苏轼。作诗如果尽是模仿，"排场"虽大，但没有"自家"的特色，那就只有锣鼓笙竽的表面热闹，不会有动人心魄的好诗。

作诗如此，一切事情也莫不如此。"东施效颦"、"邯郸学步"，只能落得耻笑于人。有鉴于此，司法工作也应从实际出发，发展自己的特点，以求最佳的司法效果。笔者以为，在我国社会主义司法业已取得丰富的经验，并确定了一系列行之有效的原则的基础上，现在应当特别提出"辩证司法"的问题。这一问题主要涉及司法组织与准司法组织的关系、司法过程的程序守法与实体法司法的关系、专门机关司法与群众工作的关系、事实根据与法律准绳的关系、适用法律的平等性问题、有罪推定与无罪推定的关系等六个方面。

一、司法组织与准司法组织关系的辩证处理

司法组织是实施法律的承担者，没有司法组织，整个法的系统就将失去一切意义。马克思指出："法律本身不能自我适用，为了适用法律，就需要有机关"，"就需有法官"②。列宁也指出："如果没有一个能够迫使人们遵守法权规范的机构，法权也就等于零。"③因此，古今中外，一切国家的统治者都十分重视司法组织的建设。

---

① 〔清〕宋湘：《红杏山房诗抄》。
② 《马克思恩格斯全集》第1卷，第76页。
③ 《列宁选集》第3卷，第256页。

我国的司法组织是国家机构的重要组成部分，是指各个司法机关所组成的有机联系的整体。根据我国宪法和法律的规定，我国司法组织包括人民法院、人民检察院、公安机关（含国家安全机关）和司法行政机关。

这里所谓"准司法组织"，是指上述司法组织之外的其他与司法有最为密切关系的法定组织，包括劳动改造机关、人民调解委员会、仲裁机构、律师组织和公证机关等。

司法组织与准司法组织的关系的辩证处理，有极为重要的意义。《中国司法制度》一书[①]总结了中国司法制度发展的历史经验与教训，指出我国"人民司法制度是在彻底摧毁旧司法制度的基础上建立起来的；人民司法制度是随着革命斗争和国家需要而逐步建立起来的；人民司法制度是从实际出发，依靠群众，便利群众，为人民群众服务的；人民司法制度实事求是地总结了我国司法工作的经验，并且吸收了古今中外一切对人民有益的经验。"[②]中国的人民司法制度发展历史及其经验教训，最好地说明了司法组织与准司法组织的关系的辩证处理的重要意义。曾有一度，我国无律师组织、公证机关等准司法组织。众所周知，公证机关依照公证的权利主体的法律行为、有法律意义的文书或事实，证明其真实性与合法性，不但有利于预防纠纷、减少诉讼，而且也可简化诉讼，有利于司法工作的迅速与顺利开展。但1958年以后，我国除少数几个大城市由法院兼一些涉外公证事项外，各地的公证处都停止了公证活动，直至1980年以后才逐步恢复。取消公证机关的危害性后果，至今仍可痛切地感受到。看一看今天各地公证机关门前的一字长龙等待公证的队伍，就可直观地感受到它对司法工作的不可或缺的重要性。律师制度是保护诉讼参与人正当权益、保证正确司法的重要制度。但我国在相当长的时期里也无律师组织，大量的冤、假、错案的造成，与此不无关系。

辩证处理司法组织与准司法组织的关系，首先必须解决的是上述对全面建设司法组织与准司法组织的必要性的认识，重点则应放在提高对建设健全的准司法组织的重要性的认识上。毋庸讳言，在部分司法组织的干部中，对律师组织的必要性不但认识极差，甚至还有对立情绪。个别地方的法庭上，甚至发生了审判人员哄走律师、殴打律师、捆绑律师的事件。没有健全的准司法组织，社会主义法治是不可能实现的。

辩证处理司法组织与准司法组织的关系，其次必须承认两者法律地位的平等性。司法组织与准司法组织，都是我国司法体系的有机构成部分，都是依法设立的，都担负着实现社会主义法治的司法任务，分工不同，地位平等，应当相互联系、相互制约以求相辅相成、相得益彰。那种把某些准司法组织看成似是"晚娘生的"的观点，那种以国家司法机关干部而傲视准司法组织人员的态度，都是不符合我国人民司法体系的要求、不利于人民司法的。

---

① 吴磊主编：《中国司法制度》，中国人民大学出版社1988年版。
② 同上，第41页。

资本主义国家中那种把律师组织及其活动与审判机关及法官对立起来以求"制衡"的做法和观点，对中国并不适用。在我国的社会主义制度下，律师组织、律师与审判机关、审判人员的关系，应属共同完成人民司法任务前提下的对立统一的关系。律师不但有纠正审判失误的责任，而且有协助澄清事实直至检举审判与检察组织未发现的违法犯罪事实的责任。审判人员不但有以法服人、以事实服人地向律师陈述意见、宣布判决的责任，也有根据律师的意见纠正自己的失误的责任。

司法组织与律师组织以外的其他准司法组织的关系，也应作如是观。例如，劳动改造机关不但应切实承担惩罚与改造、教育罪犯的责任，而且也有责任根据事实和法律对审判机关、公安机关进行纠偏。

所谓辩证处理司法组织与准司法组织的关系是指，从两者的相互联系、相互制约关系出发，齐头并进地加强与健全其组织建设、制度建设、队伍建设；从两者的组织领导关系出发，协调好领导与被领导的对立统一关系；从两者的相辅相成关系出发，针对实际情况，加强薄弱环节的建设。

人民的司法组织与准司法组织的相互联系与相互制约关系，既是司法工作的客观规律与两者的不同性质、不同职责、不同工作方式决定的，也是两者共同的目标、共同的任务，即"有法必依、违法必究、执法必严"地实行综合治理，以求国家与社会的长治久安、经济繁荣、人民生活幸福所决定的。因此，无论何者都不可或缺，其建设都必须加强。这里，既有组织建设，又有制度建设，还有队伍建设等不同的方面。其组织建设，必须同步发展。其制度建设，必须环环相扣。其队伍建设，必须阵线分明。由于不少地方准司法组织，尤其是律师组织的建设起步较晚，出现了法院、检察院退休、离休干部立即转入律师队伍的情况。由于律师与审判员、检察人员的职责不同，既分工又联系又制约，这种"退、转"，是不利于"依法办事"的。在恶性发展的情况下，往往会出现审判员与原为审判员的律师相互勾结、舞文弄法、损害当事人利益以谋私利的严重问题。

我国的司法行政机关是政府领导司法行政工作的职能部门，是国家的执法机关之一。但是，作为司法机关，它又担负着领导准司法组织的任务，包括设立监狱和其他劳动改造场所，领导和管理劳动改造工作；设立劳动教养所，领导和管理劳动教养工作；领导和管理律师工作机构的组织建设和业务建设；领导和管理公证工作机构的组织建设和业务建设；管理和指导人民调解委员会的组织建设和业务建设；等等。这样，司法组织与准司法组织之间，不但有分工上的独立性，地位上的平等性，又有组织体系上的领导与被领导关系。因此，一般的领导与被领导之间的辩证关系，也必须贯彻到司法组织与准司法组织之间。

司法组织与准司法组织之间既有相辅相成的关系，那么，针对实际情况加强薄弱环节的建设，就成了"题中应有之义"。何者为"薄弱环节"，只能根据时、地的不同情况具体确定。但这一整个工作，应动态地发展。薄弱环节的出现，表明发生了不平衡；薄弱环节建设的加强，可使不平衡转化为平衡；但平衡是相对的，随着客观需求的变化，又会出现新的不平衡，又可发现新的薄弱环节。从平衡到不平衡，又从不平衡到平衡，司法组织与准司法组织建设的这种动态发展，将使我国的人民司法系统持续地加强、提高，为司法工作的顺利开展和社会主义法治做出贡献。

二、司法过程的程序守法与实体法司法的关系

我国法律规定，公安、检察、法院三机关处理刑事、民事案件，必须严格按照法定的诉讼程序进行。

但是，在某些司法人员中还存在着一些漠视程序法的错误认识。他们认为，只要案件办得正确就行，是否按照诉讼程序关系不大；依照诉讼程序办案，会束缚自己的手足；过分强调程序，容易形成走过场等。这就提出了司法过程中程序守法与实体法司法的关系问题。

司法过程是一种辩证的法律活动过程，司法工作人员既要贯彻法律，依据法律（实体法）与事实，对案件作出处理，又要遵守程序法的规定依照法定程序办案。也就是说，司法过程既是司法、又是守法，是司法与守法的辩证统一。这里的"守法"分两个方面：一为遵守程序法；一为遵守实体法。所谓"有法必依"，对司法人员来说，就既是司法又是守法。错判，可能是无意的违法，也可能是故意的违法，两者同为不"守法"。

程序法的制定，是为了科学、准确地判案。诚然，有不按诉讼程序而正确判案的实例。但正如盲人打枪偶或也打中靶子，却不能以"盲目打枪"为"枪法"一样，虽有上述实例，却不能以此为法。诉讼法的制定，是人类千百年判案实践经验的总结。有助于查清事实，保护诉讼参与人的合法权益，有助于正确判案。因此，按照诉讼程序办案，不是"关系不大"而是"关系很大"。

可以把诉讼程序看成一种"束缚"。但束缚是为了不束缚。接受司法过程中程序法的束缚，正是为了从错判的束缚中解放出来。任何概念都是对立的统一，这是概念的辩证法。"束缚"概念也是如此。没有绝对的"自由"，也没有绝对的"束缚"。"束缚"本身就包含有不束缚，是"束缚"与"不束缚"的对立统一。因此，自觉接受诉讼程序法的"束缚"，反而可以放开手足"司"实体法之"法"。

司法过程中是否走过场，与按程序办案无必然的联系。按程序办案而不依实体法判决，就是"走过场"，但毛病不是出在按程序办案上，而是出在不依实体法判决上。不按程序办案，也可能"走过场"。因为，虽然不按法定的程序，总还有这样那样的表面的形式，不存在无形式的办案过程的内容，不是这种办案形式，就是那种办案形式。固守某种非法定程序的办案形式，往往不仅仅是"走过场"，而且是"走错场"。

司法过程中按诉讼法程序办案，这"程序"是一种"形式"，而"办案"活动，就是其

"内容"。论者谓,只有实体法,没有程序法,实体法就会成为无法实行的一纸空文;同样,只有程序法而无实体法,程序活动就失去目的和意义。这是非常正确的。但因此而认为程序法与实体法是形式和内容的关系,这就"张冠李戴"了。内容与形式始终存在于统一体中,没有无内容的形式,也没有无形式的内容。但是,众所周知,我国颁行《刑法》在先而颁布《刑事诉讼法》在后;颁行《民事诉讼法(试行)》在先,而颁布《民法通则》在后。按程序法与实体法为形式与内容的关系的观点,岂非有时只有"形式",而有时只有"内容"?

三、专门机关司法与群众工作的关系

吴磊教授的《中国司法制度》一书指出,依靠群众,实行专门机关工作和群众相结合,是人民司法工作的优良传统,是一条十分成功的经验。[①] 依靠群众是毛泽东同志的一贯主张,在党的一切工作中都曾得到贯彻。早在第二次国内革命战争时期,党所领导的司法工作就贯彻了依靠群众办案的思想。抗日战争时期,根据地各级司法机关采取了就地审判、巡回审判和公审等发扬群众路线的审判制度和审判方式。第三次国内革命战争时期,解放区的司法机关进一步简化了诉讼手续,规定可以直接受理人民诉讼案件,便利了群众依靠法律解决纠纷、打击敌人、惩罚犯罪、保护权益。新中国成立后,依靠群众办案的有效经验得到肯定,继续贯彻。1951年颁行的《中华人民共和国人民法院暂行组织条例》,在总结司法工作中实行群众路线的历史经验的基础上,对群众路线的审判制度、审判方式与方法,都作了若干具体规定。此后,在宪法、法律中,对有关司法工作实行群众路线问题都作了若干规定。这些,对处理专门司法机关与群众工作的关系,有十分重要的意义。

在这一方面,也有过失误。专门机关司法与司法工作中实行群众路线,是不同的概念。将两者混淆起来就是造成失误的原因。之所以用法律规定由专门机关实行司法,就是为了不枉不纵、正确办案,否则就不需要专门的司法机关了。如果混淆了专门机关司法与司法工作中的群众路线的界限,以"群众专政"代替专门机关司法,就会导致司法混乱。

经验是宝贵的,教训是惨痛的。总结历史的经验与教训,我们要处理好专门机关司法与群众工作的辩证关系。笔者以为,这主要应抓住以下几点:

第一,专门机关的司法工作必须建立在群众路线和群众工作的基础上,但不能以群众工作(如发动群众协助司法)代替专门机关依据法定程序进行的司法工作。

第二,司法过程中的群众工作必须接受专门司法机关的指导,但不能因此而排斥群众工作,拒绝实行群众路线。

---

① 《中国司法制度》,第97页。

第三，群众工作不仅包括协助司法，而且包括监督司法；专门机关的司法工作不仅要发动群众、依靠群众，而且要宣传群众、教育群众，从而使得专门司法机关的司法工作与群众工作，在其互动中"水涨船高"地提高水平，不断发展。

四、事实根据与法律准绳的关系

我国《刑事诉讼法》与《民事诉讼法（试行）》都规定，"以事实为根据，以法律为准绳"是根本性的诉讼原则。这一原则，不仅司法机关、准司法机关必须遵守，诉讼参与人、当事人也都必须遵守。但由于司法机关处于"办案"的地位上，应赋以特别严格的要求。

"以事实为根据"，就是对案件作出处理决定，只能以客观事实作基础，不能以其他别的东西，尤其是不能以主观想象作根据。这是办案的唯物主义原则。

"以法律为准绳"，就是严格按照法律的规定，惩处刑事犯罪，制裁民事违法。这是办案的法治原则。实行这一法治原则，任何政策、文件、指示都必须无条件地服从法律。

在"事实根据"与"法律准绳"的关系上，不存在何者为第一位的问题。但是，在审判人员的思维活动中，"事实根据"与"法律准绳"却常交叉地、甚至重叠地出现。这样，给人最初印象的"事实根据"，在未经审核的情况下，就会自然地与"法律准绳"发生"对号"关系。这时的"对号"，可能存在四种情况：(1)"事实"有误（扩大或缩小，有作无或无作有），且法律"对号"有误；(2)"事实"无误，而法律"对号"有误；(3)"事实"有误，而法律"对号"无误（在这种情况下，法律所"对"之"号"，依据的是有误的"事实"，所以表面上的法律"对号"无误，最终将被证明是错误的）；(4)"事实"无误，且法律"对号"无误。在上述四种情况中，发生"对号"错误的，实际上占了三种，因此，错误的概率是百分之七十五。当然，客观情况可能不是像上述那样各占四分之一，错误概率有可能不到百分之七十五。但抽象而论，谁也不能保证错误概率不会超出百分之七十五。

这就是贯彻"以事实为根据，以法律为准绳"原则时可能会出现的问题。

解决这个问题的技术性法律原则，有所谓"无罪推定"。与之相对的是所谓"有罪推定"。

我国的司法原则中并无"有罪推定"一项。但鉴于我国的特殊性（其中包括公安、检察机关依靠群众路线做到了送审材料大多相当可靠的优点），许多司法人员脑子里实际地存在着"有罪推定"的思想观念。加之长期以来对"无罪推定"的不恰当批判，更助长了无形中存在着的"有罪推定"思想影响。而一旦在"有罪推定"观点的控制下，错判的概率就有可能上升。

面对这种情况，法学界就发生了"无罪推定"派与"有罪推定"派的暗争隐斗。

但这种争斗犯了一个很大的逻辑错误，因为它本身包含着一个危险的逻辑陷阱，争斗双方实际上都落入了这一陷阱。

在形式逻辑上，甲、乙两个相互矛盾的概念或判断，必有一真一假，不可能同真或同假；但是，甲、乙两个相互对立的概念或判断，却有可能：(1)甲真乙假；(2)甲假乙真；(3)甲乙同真；(4)甲乙同假。对一个被告来说，在"事实"未最终查清之前，无论说是"有罪"，还是说是"无罪"，都与"'事实'未最终查清"是相悖的。因此，法官与法哲学家可以有三种选择：有罪推定；无罪推定；不做推定，即不推定其有罪或无罪。也就是说，"有罪推定"与"无罪推定"并非非此即彼、非彼即此的唯一选择，还有"中间道路"可走。这样，"无罪推定"与"有罪推定"就只是对立关系而非矛盾关系。如果把这种对立关系当作矛盾关系来处理，非要在"无罪推定"与"有罪推定"之间做出选择，就有以"同假"为"一真一假"的危险。如上所说，由于"事实"未最终查清，无论"有罪推定"还是"无罪推定"，都是违背客观的"同假"性思维。因此，唯一的抉择是：不做推定。

这本来是一个很简单的问题，但由于贴政治标签的错误得到支持，又由于政治上的偏激，却成了一个似乎难以解决的政治与学术分不清的问题。

确认这个问题理论上的非复杂性，并达成共识之后，针对已经发生过的争执及其至今犹存的影响，笔者以为，仅仅提出"以事实为根据，以法律为准绳"的原则，就不够了。应在这一原则的基础上进而明确：

第一，"事实根据"与"法律准绳"都是根本性的诉讼指导原则，都是第一位的，不可或缺的，必须贯彻于审判工作的始终；

第二，查清事实是第一步的工作，是适用法律的基础与前提；适用法律是第二步的工作，在未查清事实前，无所谓"适用法律"，而查清事实后，则必须准确地适用法律。

五、适用法律的平等性问题

我国宪法和法律明确规定，公民在法律适用上一律平等。

如果说，所谓公民在法律适用上一律平等是指法律统一适用于全体公民而无任何例外，不能是对一部分人适用，对另一部分人不适用的，那么，这不会有什么歧见。这是符合"法律面前人人平等"的原则的。

但是，因为"适用"，仍大有讲究。

有人这样认为，不同阶级成分的人犯了罪，尽管其犯罪动机、目的、手段和后果相同，但是在处理上，对工农出身的人应当从轻，对其他阶级成分的人应当从严。论者批评这种认识是错误的，认为这种以社会出身或阶级成分作为定罪、量刑的重要依据的做法，第一是，同马列主义关于阶级分析的方法毫无共同之点；第二是，违背广大劳动人民意志；第三是，破坏社会主义法制尊严；第四是，与"法律面前人人平等"原则的精神背道而驰。这一批评也是可以理解的。但是，我们毕竟是从"对工农出身的人应当从轻"

走过来的。为什么竟是从"对工农出身的人应当从轻"走过来的呢？在那样地"走"着时，观感如何、后果如何呢？是否助长了工农出身的人藐视法制、轻于违法、轻于犯罪呢？这样做是否等于赋予了工农出身的人以特权呢？在工农大众刚刚从"三座大山"的压迫下翻过身来的时候，在剥削阶级、压迫阶级刚刚被打倒的时候，有无可能大谈其"适用法律一律平等"呢？其时有所"轻"、"重"究竟是否恰当呢？或者，换个角度看，其时有所"轻"、"重"是否有其必然性，是否合乎历史发展、社会发展和法制实践的发展的逻辑呢？如果是符合发展逻辑的话，那么，应据守"平等"原则，还是应承认其合理性呢？

笔者以为，走过的道路，如果是符合社会发展的需要，符合历史发展的逻辑，具有必然性的话，那么，就得认真思索一下，从中得出法治的新的经验来，而不是按固有的原则作为框框去套、去评头品足。

思索所得之一是，适用法律的平等性与特定时期的有所"轻"、"重"，不是截然对立的。例如，就我们所走过的道路来看，同为工农出身的人同样从轻，同为压迫过工农的人同样从严，就既有"不平等"的一面，也有"平等"的一面。一概斥之曰违反"平等"原则，破坏社会主义法制尊严，违背广大劳动人民的意志，怕是难以服人的。

但这不是说，可以对"工农出身的人"一味"从轻"下去。在社会阶级成分、政治情况已经发生了极大变化之后，仍"走老路"而无所更新，就是另一回事了。

既然如此，思索所得之二是，在新时期，在掌握权力的干部有成为"以权废法"、"以言代法"的重要根源的危险，干部违法犯罪往往被从轻发落，或以党纪处分代替、抵挡、减轻法律制裁的情况较多出现，因而有害社会主义法制尊严、引起群众与党的某种离心倾向的滋长的情况下，适当地强调对于有同样的犯罪动机、目的、手段、后果的干部与群众，有所"轻"、"重"，即对干部从严制裁，对群众从轻发落，与"适用法律一律平等"的原则，也不是截然对立的。在这里，同样有对一切干部同样从严，对一切群众同样从轻的"平等"性。

当然，无论是过去已经有过的"对工农出身的人应当从轻"，还是现在理想化的、颇有点浪漫色彩的"对干部从严"，都有明显的"不平等"的一面。但是，这"不平等"正是通向"平等"之道。毛泽东说过并坚持"矫枉必须过正"，我以为这是辩证法的真谛之一。

论者又谓，办案人员处理任何案件，都必须对案件情况和罪犯的出身、历史、成分等全面进行了解和分析；这种了解和分析的目的，是为了更好地确认犯罪的动机、目的和由犯罪行为造成危害后果的严重程度，以及犯罪分子的认罪态度，等等，从而有利于查明案件事实，正确运用法律给犯罪分子以应得的惩罚。这些观点，诚然有其正确性的一面。但另一面却是，即使对罪犯的出身、历史、成分"了解"得十分"全面"，而那"分析"却是"办案人员"的主观活动。现在我们试想，同一犯罪事实，其犯罪行为人的"出身"、"历史"、"成分"却有多种排列组合，如何"分析"是好呢？"出身"有好与坏之差，"历史"有香与臭之分，"成分"有高与低之别，而且"好"、"香"、"高"、"坏"、"臭"、"低"又各个有内部的等差。且撇开所有的等差不同，简化到好坏、香臭、高低这一层次，就有多种不同的排列组合：出身好、历史香、成分高；出身好、历史臭、成分高；出身好、历史臭、成分低；出身差、历史香、成分高；出身差、历史香、成分低；出身差、历史臭、成分高；出身差、历史臭、成分低；……如果不撇开各自内部的等差而加以排列组合并记录下来，只怕读者再要多掏十元钱来买这本书了。而如果买书人恰是办案人员的话，他大概会说，算了吧，我不"分析"了。

理论上的绝对的"平等"论者，在实践中又因坚持"分析"而坠入不可能"平等"的境地。这绝非危言耸听。因此，我主张，不要把事情弄得太简单，简单到只有"平等"两字，而此外一无所见；又不要把事情弄得太复杂，复杂到实际上"分析"不清，最后糊涂地下了断决。既要讲"法律面前人人平等"，又要有明确而简单的公众知晓的有所"轻"、"重"的界限，这就是关于"法律适用的平等性"的法哲学结论。

拙论如上，综而观之，活剥篇首宋湘诗，以志本文之旨趣：

  不必美曰不必苏，自是法术与众殊。
  自家应有自家曲，法哲学里觅新谱。

第八十章 辩证守法论

一、"守"与"法"

一谈"守法",往往只谈"守",而不谈"法"。这是危险的,起码是有严重缺憾的。

"盲人骑瞎马,夜半临深池。"走当然是在走,却是走向死亡。如果"法"是反人民的,何必要"守"?两千多年前,屈原就愤愤地说过:"瞻前而顾后兮,相观民之计极。夫孰非义而可用兮?孰非善而可服兮?"他是很懂得"非义"而不"可用"、"非善"而不"可服"的道理的。既然如此,"非义"、"非善"的反人民的"法",人民自不必去死"守"。

托马斯·阿奎那曾这样说:"……在自然的作用中,高级的东西必须依靠上帝赋予它们的卓越的自然力来推动低级的东西。所以,在人类的事务中,地位较高的人必须依靠上帝所规定的权能来向地位较低的人贯彻自己的主张。可是,贯彻自己的见解和主张跟命令是同一回事。所以,像在上帝所建立的秩序中,低级的东西必须始终服从高级的东西的指示一样,在人类事务中,低级的人也必须按照自然法和神法所建立的秩序,服从地位比他们高的人。"[①] 这是托马斯·阿奎那的"神法守法论":所"守"者为"神法",对"神法"要死"守"。但阿奎那同时还有另一套守法理论,我把它称为"王法守法论"。他说:"人不得不按照正义的正常状态所要求的程度服从世俗的君主。因此,如果这种君主没有行使权力的正当权利,而是曾经篡夺了这种权利,或者他们命令人们做出不法的行为,他们的臣民就没有必要服从他们;也许有一些特殊的情况是例外……"[②] 按照这一"王法守法论",当君王的"法"为"非义"、"非善"之"法"时,"他们的臣民就没有必要服从他们"。妙哉!阿奎那!!虽然他的守法论是很不彻底的,在"神法"面前,他仍要人们俯首帖耳、顶礼膜拜、力行死守;但他毕竟给人以启示:非法之"法"是不必"守"的。毫无疑义,这比一谈"守法"就只谈"守"而不谈"法"要高明一倍。

---

① [美]托马斯·阿奎那:《阿奎那政治著作选》,马清槐译,商务印书馆1963年版,第146页。
② 同上,第148页。

窃以为，举凡反人民的、反社会的、违背客观的经济发展规律的一切法律，不但不能守，不必守，而且要动员人民的力量，扫除之，摧毁之，荡涤之。这是议论"守法"问题时，首先必须强调的一点。只有在明确了这一点的基础上，才可以来探讨关于反映人民意志和利益的法的辩证守法问题。

二、享受权利和履行义务的辩证关系

有一种理论，认为"不实行法律就是违反法律"。初看，这并无瑕疵；细想，却并不尽然。法律的主要内容就是关于权利和义务的规定。不履行法定义务固然是"违反法律"，不享用权利难道也是"违反法律"吗？例如，法律规定了公民有选举权，公民甲每届选举之时总是借故不参加，这是"违反法律"吗？又如，公民有受教育权，但公民乙总是逃避参加文化学习，这难道也是"违反法律"吗？我以为不能这样看。这样看，似乎可以增强人们守法的观念，但却把思想问题与法律问题混淆起来了。我们并不主张、不赞同逃避选举或任意弃权，不赞同逃避文化学习。但不必用"违法"来吓唬，因为第一，这不符合实际；第二，也无效；最重要的是第三，这还会因"逆反心理"造成新的人民内部矛盾。

当然，在现实生活中，放弃权利的人毕竟是极少的，不履行义务却较多见。因此，必须加强对这一部分尽想享受权利而不愿履行义务的人的教育，使他们懂得权利与义务的辩证统一关系。

有所谓义务本位法律观。持此观点的人，把法律只看成是义务规范。奴隶制法与封建制法就是义务本位法律，充斥其间的就是义务本位法律观。这种法律，只给人们规定这样那样的义务；这种法律观，只要求人们履行这样那样的义务。至于权利，或者法律明文规定只由一部分人享有；或者根本就不靠规定，因为现实生活中的关于应有的权利的内容，早被统治阶级写尽了。

有所谓权利本位法律观。持此观点的人往往走向极端，强调权利而否定或漠视义务。虽然这种法律观在反对封建专制下的义务本位法律观时，有其进步的积极的意义，但由于片面强调权利而否定义务，实际上或流为不可兑现的乌托邦，或导致普遍的守法观念淡漠。

我们认为，对于人民自己的法律，既要保证法定权利的实现，又要保证法定义务的履行。这里，履行义务是享有权利的必要前提，实现权利是履行义务的必然要求和必然归宿。不履行义务，例如，都不履行服兵役的义务，国家安全无从谈起，和平、安定、幸福生活的权利也就落空。而法定义务的普遍履行，必定增进社会的安定、繁荣、人民幸福生活的权利，也就有了充分实现的物质基础，因此，履行义务必可导致实现权利。

三、积极守法与消极守法

同是守法,态度有积极与消极之分。

所谓"消极守法",是指以不犯法为守法。

诚然,不犯法确是守法,但它仅仅是消极守法。

消极守法者,虽为守法的主体,却非法律的主人。守法的主体与法律的主人是有原则的区别的。纯然的"守法的主体",实际上把自己置身于法律的对立面。对于这样的"主体"来说,法律之所以要遵守,是因为它带有强制性。因此,这种守法,是被动的守法,既不会有守法的积极性,也不会有守法的主动性,更不会有守法的创造性。

所谓"积极守法",是指以法律的主人的姿态,自觉地、主动地、创造性地按照法律的规定,在法律的激励下,去做一切有利于法治的事。

积极守法者既是法律的主人,又是守法的主体。对积极守法者来说,法律不是外在于自我的意志与利益的对立物,遵守法律不是由于它具有强制性。

《政法论坛》曾发表廖满堂同志的一篇文章,题为《关于法的内化的几个问题》[①],很有哲理性。他指出,一个个具体的法律规范,在还未付诸实施时,还不过是法的外化的表现;只有当法变成社会成员内心的信念和行为准则从而付诸实施时,法才达到它的内化层次。他认为,法的内化相对于人这个主体来说,有自我的内化和非自我的内化这两种形式。因强制而内化,是非自我的内化;因自觉而内化,则为自我的内化。积极守法者由于自觉为法律的主人,实现着法的自我内化;消极守法者由于站在法律的对立面,只能实现法的非自我的内化。

积极守法者的特点是守法的自觉性、主动性和创造性。

守法的自觉性,源于对人民法律反映人民的利益和意志的认识。法律中的禁止性规范,无疑是对人的行为的一种约束。但这种约束是有利于人的其他活动的自由开展的。例如,禁止在公共场所大声喧哗,禁止酒后开车,禁止卖淫,禁止倒卖票证,等等。这些当然是对人的行为的约束与限制,但这些约束与限制无疑有利于公共秩序的维持、公共安全的保障、公共道德的遵守、公共利益的保证。在一个社会群体中生活,只有当整体利益得到确实的保证时,个体的利益才有可能存在与发展。因此,上述种种禁止性规范,对积极守法者来说,是"江河行地,日月经天"般理所当然地应予自觉遵守的。

守法的主动性,源于以人民法律捍卫人民利益并发展人民利益的迫切性需求。我国法学界有人认为可以把法律规范分为制裁性规范和奖励性规范两大类,前者由假定、处

---

① 《政法论坛》1986年第4期。

理、制裁三要素构成,后者由假定、处理、奖励三要素构成。① 这是有一定道理的,较之传统法学的假定、处理、制裁"三要素"说,有了创新。守法的主动性,如从传统"三要素"看,不可能存在。而按两大类之分的新"三要素"看,却非有不可。由于法律中有一部分规范确实属于奖励性规范,主动守法就既是符合"法意"的,也是符合守法整体的利益的。在这里,法律所蕴含的利益与意志,和守法者的利益与意志,是统一的。

守法的创造性,建立在人民法律是"实有"法律与"应有"法律的统一体的基础上。法的概念有"实有"与"应有"之分。自然法哲学家以"上帝之法"为"应有"之法,但"上帝之法"是不存在的。空想社会主义法哲学家以"理想之法"为追求的目标,但现实(包括"实有"的"法")却无情地毁坏了他们的梦想。社会主义社会的建立,必须顾及这个社会所由脱胎的旧社会的遗迹,必须脚踏实地地清扫旧的基地,同时,社会主义本身就意味着不断地创新,不断地向新的目标、新的理想奋进。因此,只有在社会主义法中,在确定"实有"的法的同时,还逐步地确认"应有"的法。这"应有"的法的部分,就是守法者发挥其创造性的广阔天地。诸如"中华人民共和国的一切权力属于人民"(宪法第二条)、"各民族都有使用和发展自己的语言文字的自由,都有保持或者改革自己的风俗习惯的自由"(宪法第四条)、"社会主义的公共财产神圣不可侵犯"(宪法第十二条)等规定,都赋予了积极守法者以无限的创造性活动的天地。

四、守法与合法

和自觉、主动、创造性地守法相并存的一种法律现象,久为法学界所重视,这就是行为的合法性问题。

苏联法学家 B.H. 库德里亚夫采夫和 H.C. 马列英在《法律与合法行为范围》一文② 中说,苏联法学界对公民行为的合法性问题,有各种不同的观点。一种认为只有那些符合于法律规范所规定的理想模式的行为才是合法行为。另一种观点认为,"凡未禁止的,一切都许可"。后者的观点在我国是颇为流行的,即所谓"法无明文规定即不违法"。

库德里亚夫采夫等的观点属于后者,他们写道:"苏联民法中,有一系列规范规定了未经法律规定的行为的合法性。比如,苏联和各加盟共和国民事立法纲要第四条允许实施'虽然未经法律规定但不违反法律的'的法律行为。"他们还以住房建筑合作社实际工作中以抽签方式分配住房的办法为例,批驳了认为这种方式"不合法"的观点。他们论证道:"住房建筑合作社章程和民法典都没有直接规定住房分配办法或向某些入股者提供优惠的规范,因此,任何分配住房的方法,只要不违反民事立法纲要第四条和第五条的规则,就

---

① 江泯新:《传统法律规范争议》,《法学研究》1986年第3期。
② 《苏维埃国家和法》1980年第10期,译载《法学译丛》1981年第1期。

是合法的。"

笔者认为,"违法"或"合法"的必要前提,是"法"的明确存在。因此,如果"法无明文规定"者,既不存在"合法"问题,也不存在"违法"问题,总之是不存在"合法性"问题。如果说某些行为是"违法"的,必无法律依据因而不值一驳,也无法处置。但如果说是"合法"的,不但同样无法可稽,而且鼓励了钻法律空子的思想和行为,也混淆了守法与钻法律空子的界限。

但这不等于讨论"法无明文规定"的某些行为的"合法性"问题是无意义的。讨论这个问题的意义在于分清"守法"与"合法"的界限,自觉做法律的主人。

守法行为必定是合法行为,合法行为也一定是守法行为,这是两者互相联系、互相依存的一面。但是,守法是主体性行为,合法是对主体行为的认定。因此,两者是有区别的,不是一个概念。在分清两者属于不同的概念的前提下,以法律的主人的精神,积极地守法,那么他的行为的合法性就必定会经得起下列几点的检查:

其一,行为的既定法律规范的可类推性。社会生活的无限丰富多彩,使得法律不可能规定得包罗万象、万无一失。"法网恢恢,疏而必漏"。但是,为了弥补这一不足,法律规范中往往包括一些可以普遍适用的原则,这些原则的类推适用,可以涵盖广袤无垠的生活海洋。如果经既定的法律规范类推为合法的,那么,自可"海阔天空放胆行"。

其二,行为的社会风俗习惯的可相容性。凡社会的风俗习惯所允许的,虽然法律未经规定,也难以从既定法律规范中类推出来,也应承认其具有合法性。如果此类行为发生的次数较多、频率较高,而又常引起争议,那么,积之日久,终究会为法律所规定。

其三,行为的人民利益的可鉴定性。"人民利益高于一切",应当成为社会主义法制的最高原则、最权威规范。因此,行为之是否具有合法性,必须经得起是否符合人民利益的检验。以是否符合人民利益作为检验的标准,并不抽象。它至少可以具体化为"不妨碍他人利益"、"不损害公众利益"、"不破坏社会利益"等方面。

社会主义法制的伟力,深深植根于社会主义法所反映的人民的意志中,植根于人民群众自觉守法的意志中。清人郑燮《竹石》诗云:

咬定青山不放松,立根原在破岩中。
千磨万击还坚劲,任尔东西南北风。①

"咬定"社会主义"青山"的人民法律,当因广大群众的自觉遵守而充分发挥其固有的威力,为社会的进步与人类的发展,做出特有的贡献。

---

① 《郑板桥集》,第168页。

第八十一章　法律价值的哲理探讨

一、法学界法律价值观种种

古往今来,"价值"二字明明暗暗、如影随形般与人的思想、言行紧紧相连。

随手可得的几首诗,就是明证。"古人云此水,一歃怀千金。试使夷齐饮,终当不易心。"① 吴隐之写的是关于石门"贪泉"之水的价值问题。"虽离井底入匣中,不用还与坠时同。"② 张籍写的是关于古钗的价值问题。"古调虽自爱,今人多不弹。"③ 刘长卿写的是关于琴谱的价值问题。"可怜身上衣正单,心忧炭贱愿天寒。"④ 白居易写的是关于烧炭与天气的价值问题。"古人爱身今爱官,此身一失官何补?"⑤ 魏象枢写的是关于"身"与"官"的价值问题。……

因此,法律价值问题受到几乎所有的法学家的关注,就是理所当然的事。柏拉图《理想国》中的瑟拉西马库斯说,"正义"和"权利"只不过是当权者为与其自私利益相符的行为方式所起的名称,法律也是以同样方式制定的。法国思想家让·博丹在其六卷本的《国家论》中认为,典型的法律就是主权者或主权机关制颁的通告或法令。托马斯·霍布斯在其《利维坦》中认为,法律是主权者为了和平而必须制定的。他们都把法律的价值与当权者所需要的"秩序"连接在一起,认为法律价值即在"秩序"。西塞罗在其《法律篇》中指出,法律作为规则,应与人类的公平本性一致,真正的法律应成为区分公平与不公平的标准。托马斯·阿奎那认为,只有在公平允许的范围内,法律才有效力。他们都把法律与"公平"连接在一起,认为法律的价值在于"公平"。洛克在其《政府论》中提出了与霍布斯不一样的人类自然状态说,并逐步推论出,法律乃是为了维护人的权利与自由。他的

---

① 〔东晋〕吴隐之:《酌贪泉》,《汉魏六朝诗选》第 201 页。
② 〔唐〕张籍:《古钗叹》,《唐诗别裁集》第 124 页。
③ 〔唐〕刘长卿:《听弹琴》,《唐宋诗举要》(下),第 763 页。
④ 〔唐〕白居易:《卖炭翁》,《唐诗选》(下),第 311 页。
⑤ 〔清〕魏象枢:《循吏行》,《清诗论》第 508 页。

学说为法国《人权宣言》、美国《独立宣言》奠定了基础。《独立宣言》宣称,人生而平等,被赋予明确的、不可转让的生命权、自由权和追求幸福权。这些,可以概括为以"个人自由"为法律价值论者。彼得·斯坦与约翰·香德合著的《西方社会的法律价值》①一书写道:"法律的目的何在?大部英国人想象中的法律,呈现出千奇百怪的形象:头戴蓝盔的警察管理公共交通和处理公共场合的纠纷;议员们对某些立法文件进行争论,直到擦得发亮的大笨钟宣告休会时刻已到;头戴假发、身着长袍、面无表情的法官刻板无味地宣布某个被告做了不应该做的事情;或一副猫头鹰架势的律师透过厚厚的眼镜片,从四面镶着黑色珐琅质护板的桌子上四下张望。所有这些,在某种程度上'体现着法律'。其总和,代表了三个基本观念:秩序,公平,个人自由。"②他们认为,"秩序,公平,个人自由"就是"法律制度的三个基本价值"。与前人不同之处是,他们把"这三个基本价值作为一个整体加以考虑",而不是"分而治之",割裂观察。

近年来,我国法学界的一个热点是讨论法律价值问题。尤以西北政法大学的学报《法律科学》最为热烈。该刊 1989 年第 1、4 期分别刊登了严存生的《"法律价值"概念的法哲学透视》和武步云的《论法律价值和法律的主体性》,1990 年先后发表了李其瑞、何为的《法律价值概念探幽》③、陈友清的《论法的负价值》④等。陈友清还在《现代法学》上发表了《如何评价法的最高价值》⑤;陈国庆则在《法制日报》⑥上发表了《试论法的价值》。孙国华教授也发表了《论法的价值》⑦。这些文论提出或涉及的法律价值的概念有"潜在的法律价值"与"现实的法律价值","主观的法律价值"与"客观的法律价值","法律的正价值"、"零价值"与"负价值","法律的自身价值"与"法律的工具性价值","法律的群体价值"(包括"民族价值"、"国家价值"、"阶级价值"、"阶层价值")与"法律的个体价值","法律的经济价值"、"政治价值"、"秩序价值"、"文化价值"与"自然价值","法律的历史价值"、"现实价值"与"未来价值","法律的调控价值"、"评价价值"、"导引价值"与"矫正价值",……台湾洪逊欣先生在论及薛勒的人格主义的实质价值论和柯因格的实质价值论时,还涉足"积极价值"与"消极价值","人格价值"与"事物价值","自我价值"与"他我价值","个人价值"与"团体价值","作用价值"与"反应价值","高层价值"与"低层价值","科学价值"与"道德价值",等等。中国人的理论思维能力确可称世界第一流的,仅"法律价值"新可编出一本辞典来。在我们这本篇幅不算小的书里,

---

① [英]彼得·斯坦、约翰·香德:《西方社会的法律价值》,中国人民公安大学出版社 1990 年版。
② 同上,第 1—2 页。
③ 《法律科学》1990 年第 1 期。
④ 《法律科学》1990 年第 2 期。
⑤ 《现代法学》1990 年第 1 期。
⑥ 《法制日报》1989 年 11 月 22 日。
⑦ 孙国华:《论法的价值》,《中国人民大学学报》1989 年第 3 期。

要一一介绍所有这些法律价值概念并作法学分析，是不可能的。唯一的办法是"快刀斩乱麻"：所有这些议论，绝大部分属于法理学探讨的范畴；法哲学探讨与此有密切的关系，但在实质上有很大的区别。

二、法律价值的法理探讨与哲理探讨

论者谓法律价值问题涉及个人与社会的关系、法律与自由的关系、法与权利、法的社会功能等一系列问题，研究这一问题有助于揭示法的本质、特征及其规律，因此，对法哲学的繁荣有着重要的意义。这是正确的。但又因此而把有关研究叫作法哲学研究，就似乎欠妥了。应当把法律价值的法理探讨与哲理探讨加以区分。

法律价值的法理探讨，所要解决的问题是法的存在的意义、目的和作用等问题。从古典自然法学派到新自然法学派、社会法学派、实用主义法学派、功利主义法学派，等等，把法的价值说成是所有社会主体共同享有的正义、公正、自由、平等、权利、秩序、人的尊严，等等。这是属于法的存在的目的、意义和作用的范畴的，严格来看，属于法理学探讨。仅仅因为与西方曾是法理学的法哲学长期合流，所以在《经篇》中也作为这些学派的法哲学观点来看待。依此而论，我国法学工作者论及的诸多概念，应作为法律价值的法理学概念来看待。诸如法律的"政治价值"、"经济价值"、"文化价值"、"秩序价值"，等等，是很难列入法律价值的法哲学概念范畴的。

法律价值的哲理探讨，所要解决的则是界定法律价值的世界观和方法论的指导问题，以及在一定的世界观和方法论指导下对法律价值的哲理结论。

在不同的世界观指导下，对法律价值会有不同的结论。唯心主义者认为法律的价值在于表达以"善"为中心的上帝的旨意，或表达作为宇宙的出发点与归宿的"理性"的精神，或显示存在于某个国家的"绝对理念"、某个民族的"绝对精神"。唯物主义者则认为法律的价值在于实现统治阶级的意志与利益，或记录经济关系从而促进社会经济增长、生产力发展，或调整社会关系，等等。孰对孰错？对者为何而对，错者为何而错？

在不同的方法论的指导下，对法律价值也会作出不同的结论。形而上学地考察的结果，如彼得·斯坦和约翰·香德所说的那样，会割裂地、孤立地、片面地论述法的目的与作用，或把法律价值当成一成不变、从来就有、传之永久的固定的东西。辩证地考察的结果，会从整体的角度、有机地、综合地论述法的目的与作用，或并从法律价值的历史发展加以论述。

可能是出于法律价值法理探讨与哲理探讨的不同，有人认为，"从理论层次看，法律价值论属于哲学价值论的一个分支"[①]。这样，问题又回到法哲学的学科性质问题上去了。

---

① 李其瑞、何为：《法律价值概念探幽》，《法律科学》1990年第1期。

如读者所已了解的,笔者不同意法哲学为哲学的分支,当然也不会把法律价值论当作哲学价值论的分支来看待。但是,这不影响我们从哲学价值论得到启示,从而展开法律价值的哲理探索工作。

三、哲学价值论的启示

王玉樑主编的《价值和价值观》① 及《中国大百科全书·哲学卷》,归纳了哲学界关于价值论研究的三种基本观点:一为极端主观价值论;二为极端客观价值论;三为彻底的关系价值论。李其瑞等在《法律价值概念探幽》一文中指出,极端主观价值论与极端客观价值论各"揭示了现实价值的一个方面",但"极端主观价值论无法解释并未打下人类印记的某些事物……本身所具有的价值,亦不能揭示主体需要'合规律性'的根源";"极端客观价值论不能说明同一事物在人类历史发展的不同阶段所表现出的现实价值的变化,无法说明人类兴趣或关注之外的客观存在为什么不具有价值属性,无法说明事物本身及其性质与事物价值的不同,以及无法说明客体价值的性质、存在方式",总之,二者都是有缺陷的"偏见"。至于彻底的关系价值论,"这一设想的出发点无疑是正确的,但由此所得出的结论却是模棱两可、不够彻底,甚至自相矛盾",因而它将"陷入不可自拔的泥潭之中"②。该文根据马克思在《评阿·瓦格纳〈政治经济学教科书〉》中所说的"价值这个普遍的概念是从人们对待满足他们需要的外界物的关系中产生的"③,认为形成价值必具备三个基本条件,即人、外界物和关系;马克思主义价值论的高明,就在于把实践观引入其中;要走出传统价值论的困境,必须紧紧抓住"实践"这把钥匙,因为事物的价值只能在实践中展现自身。

应当肯定,《法律价值概念探幽》一文强调实践对价值观的决定性意义,是十分有见地的。需加补充的是,实践是人的实践,是人作为实践的主体认识世界与改造世界的活动,因此,应当进一步强调实践中人的主体性,并从而着重从主体的地位与作用方面理解价值的本质和特性。这同"极端主观价值论"是两回事。"极端主观价值论"既不见客体,也不问主体与客体的关系;即使只从主体这个方面看,也不是讲科学性、客观性、具体性,而只讲任意性。既见主体又见客体,且在实践中从主体与客体的关系观察主体性的价值概念,才可能揭示价值的定义、本质、特性以及有关的其他问题。

对于文化现象更有必要强调主体性问题。在主体与客体的辩证关系中,有纯自然意义的客体,也有文化意义上的客体。一切自人类诞生之后已经人类活动改造加工的事物,都

---

① 王玉樑主编:《价值和价值观》,陕西师范大学出版社 1988 年版。
② 《法律科学》1990 年第 1 期,第 3—4 页。
③ 《马克思恩格斯全集》第 19 卷,第 406 页。

带有文化意义；一旦进入实践领域，都成了文化意义上的客体。对于带文化意义的客体的价值的认识，当然不能与纯自然意义的客体完全等同。

法律是纯文化现象、纯文化意义的客体。在研究法律价值时，当然更应注意它与纯自然意义的客体的区别。这也将首先反映在必须强调从主体的地位、作用方面去理解法律价值的本质和特性等问题。

总之，如果我们抓住了价值认识的客观性、实践性和主体性，对法律价值的哲理探讨就能走上正确的轨道了。

四、法律价值的客观性

是否承认法律价值的客观性，是唯物主义法哲学与唯心主义法哲学在法律价值问题上的分歧的表现。唯心主义法哲学把法律价值与法律评价加以混淆，以法律评价代替法律价值。在他们那里，法律评价完全取决于人的主观欲望、兴趣与情感，是"此亦一是非，彼亦一是非"的，不可能有任何客观的标准。这样，连法律价值也无客观性可言了。不可知论者在本质上也是唯心主义者。法律价值不可知论者抱"此亦一是非，彼亦一是非。唯无是非观，庶几无是非"的态度，同样否定了法律价值的客观性。唯物主义法哲学承认法律价值的客观性。但是，在如何解释这种客观性的问题上，还有机械唯物主义法哲学观与辩证唯物主义法哲学观的本质差别。机械唯物主义的法律价值论，把法律价值的客观性都归于法律客体自身，从而导致"唯客体主义"，把法律价值与法律的属性等同而视。只有辩证唯物主义的法律价值论，从主体与客体的辩证关系、从这种关系中主体的主导作用与支配地位的角度出发观察法律价值，才能得到对法律价值的科学认识，才能正确阐明法律价值的客观性。

和任何"价值"一样，法律价值是一个表示"关系"的范畴。它不是一个实体范畴，不存在于主体与客体的关系之外，不能把它理解为某种独立存在物。它也不是一个属性范畴，当人与法律即主体与客体不发生关系时，其本身都不存在"法律价值"的属性，即孤立而视的人或孤立而论的法律，都不存在法律价值的属性。既不能像"极端主观价值论"者那样，把法律价值当作主体自身的产物、主体固有的属性；也不能像"极端客观价值论"者那样，把法律价值看成法律自身的产物、法律客体所固有的属性。

当法律价值作为表示人这一主体与法律这一客体的统一物出现时，其特点在于：这种统一必须是法律客体服从于主体主导的与支配的地位，即符合主体需要和主体的内在尺度；是法律客体为主体服务，而不是相反。因此，法律价值的客观性，首先取决于考察法律的主体即人的需要与内在尺度的客观性。

关于价值论方面主体的客观性的一个决定性因素，即主体的实际存在的"需要"，马克思曾做过十分通俗而又深刻的分析。他针对有人认为"价值"一词"表示物的一种属性"

指出,"的确,它们最初无非是表示物对于人的使用价值,表示物的对人有用或使人愉快等等的属性"①,但这不过是物"被'赋予价值'"②,即把本来不属于物的东西看成了属于物的东西。马克思写道:"人们实际上首先是占有外界物作为满足自己本身需要的资料,如此等等;然后人也在语言上把它们叫作它们在实际经验中对人们来说已经是这样的东西,即满足自己需要的资料,使人们得到'满足'的物。"③马克思风趣地指出,人们"赋予物以有用的性质,好像这种有用性是物本身所固有的,虽然羊未必想得到,它的'有用'性之一,是可做人的食物"④。他认为,财富、价值等"这种语言上的名称,只是作为概念反映出那种通过不断重复的活动变成经验的东西,也就是反映出,一定的外界物是为了满足已经生活在一定的社会联系中的人的需要服务的","他们可能把这些物叫作'财物',或者叫作别的什么,用来表明,他们在实际地利用这些产品……"⑤,"使用价值表示物和人之间的自然关系,实际上是表示物为人而存在。"⑥

根据马克思的以上论述,我们可以知道,价值的确定,首先取决于人的实际存在的需要。但需要与欲望、情感、兴趣等是不同的。作为主体的人的需要,本质上是人的存在、生存、发展及其条件的产物。人的需要从根本上同人的社会存在相联系,具有不依赖于人的主观意志的客观性和必然性。承认这一点,正是辩证唯物主义比机械唯物主义高出一筹之处。后者在唯心主义的影响下,"已经习惯于以他们的思维而不是以他们的需要来解释他们的行为"⑦。

法律价值的客观性同样首先取决于主体的需要的客观性。奴隶主作为阶级,这一"主体"的需要,是由他们这个阶级的物质生活条件、政治斗争环境等等因素客观地决定了的。他们之"需要"奴隶制法或不"需要"封建制法,不依他们的主观愿望为转移。奴隶主阶级的个别成员,作为法律价值观的个体性主体,完全可能表现出不同于奴隶主阶级这一整体性主体的观点来。这也是由该个别成员的物质生活条件以及其他环境条件决定的,也不依他的主观愿望为转移。他可能因其对奴隶制法的价值的不同观点而不同意某些条文,而不可能否定整个的奴隶制法。

关于价值论方面主体的客观性的另一个决定性因素,即主体的实际存在的"尺度",马克思也曾作过精辟的论述。在《1844年经济学—哲学手稿》中他指出:"动物只是按照它所属的那个种的尺度和需要来建造,而人却懂得按照任何一个种的尺度来进行生产,并且

---

① 《马克思恩格斯全集》第26卷Ⅲ,第326页。
② 同上,第19卷,第406页。
③ 同上。
④ 同上。
⑤ 同上。
⑥ 同上,第26卷Ⅲ,第326页。
⑦ 同上,第20卷,第516页。

懂得怎样处处把内在的尺度运用到对象上去；因此，人也按照美的规律来建造。"① 那么，人的"内在的尺度"是主观的、可以随意取用的，还是客观的、客观地被决定着的呢？马克思说，作为具有"内在的尺度"的人，"他们的需要即他们的本性"②。也就是说，主体的"内在的尺度"也是由主体的需要决定的。这样，这一"内在的尺度"也就具有本质上的客观性。

作为法律价值论的主体的人，也有其"内在的尺度"。例如各个阶级都有其特定的"正义"、"秩序"、"自由"、"平等"观，这些特定观点都将成为他们的法律价值论的"内在的尺度"。如果把这些"内在的尺度"仔细考察一下，就可以看到，它们是各自由有关阶级（主体）的需要决定的。正是从这一意义上可以知道，抽象的"正义"、"秩序"、"自由"、"平等"观，不可能成为"放之四海而皆准"的、适用于任一阶级的"尺度"，即不存在这样的"尺度"。实际存在的是不同阶级的不同尺度。尺度的不同本身就显示了尺度的客观性。

如上所述，法律价值的客观性可以见诸主体的需要与尺度的客观性。但这不是法律价值的客观性的全部。法律价值的客观性，还取决于客体即法律的客观性，取决于主体与客体的关系的客观性，即立法、司法、守法一体化的客观性。

法律作为客观存在物是一目了然、不言自明的。但唯心主义法哲学企图把法解释成可以由制订者（主权者）随意决定的东西，从而为法律价值的唯心主义观点奠定基础。我们可以退一步，先以"任意制定"的法律为前提来讨论法律价值问题。即使在这种情况下，这"任意制定"的法律既然已经形成，就成了客观的存在。在而后的司法与守法过程中，司法者与守法者以其作为主体的需要与内在尺度来认识、分析、对待或施用法律时，就会产生这样那样的反应。如果根本不符其需要与内在尺度，就会与法律产生摩擦与冲突直至起而斗争，予以修改或废除。因此，从立法、司法、守法一体化的必然过程来看，"任意制定"的法律最后还是要被矫正为按客观物质生活条件决定的那样去制定。何况，法律并不是"任意制定"的。

法律价值论中的主体与客体的关系的客观性，必须从人的社会存在中去加以把握。马克思和恩格斯指出："人们的存在就是他们的实际生活过程。"③ 这里所说的"实际生活过程"，包括社会物质生活条件的生产过程、人本身的再生产过程和精神生活及其条件的生产和再生产过程。其中，社会物质生活条件的生产过程具有决定的意义，正是在社会物质生活条件的生产过程中最直接地表现了人与人之间的利益关系，从而直接地表现了他们的由利益所决定的意志的相互冲突。恩格斯在他于1890年9月21日至22日写给约·布洛赫

---

① 《马克思恩格斯全集》第42卷，第97页。
② 同上，第3卷，第514页。
③ 《马克思恩格斯选集》第1卷，第30页。

的信中指出:"历史是这样创造的:最终的结果总是从许多单个的意志的相互冲突中产生出来的,而其中每一个意志,又是由许多特殊的生活条件,才成为它所成为的那样。……所以以往的历史总是像一种自然过程一样地进行,而且实质上也是服从于同一运动规律的。"[①] 由此可见,"利益"、"意志"本身是被决定的东西,利益与意志所由产生的前提、历史特点以及它们的实现过程,都不是"主观"随意的,而是客观的。这样,法律价值主体即人与客体即法律的关系,也就是客观的而不是主观随意、为所欲为的了。

综上所述,确定法律价值的主体、客体以及主客体关系,都有其不容否定的客观性,法律价值的客观性就也是不容否定的了。据此,所以鉴别法理学所研究的法律的这种价值或那种价值的真理性。不具有客观性的一切"法律价值",都不具有真理性。萨维尼、黑格尔鼓吹的德国法律的"高于一切法律"的价值,剥削阶级鼓吹的他们的法律的"永恒"价值,法律虚无主义者宣称的法律的"无价值",等等,由于不具有客观性,因此都不是真理。

五、法律价值的实践性

法律一经制定,便以静态的方式自然存在着,它可能被使用,也可能被束诸高阁,如英国国王对待 1215 年英国大宪章那样。总之,法律在经制定以后,还仅仅具有潜在的价值。这种潜在的价值要成为现实的价值,发挥其调整社会关系的作用,就必须进入法律实践的过程。而一旦进入法律实践的过程,法律价值就带上了实践性。

法律价值的实践性是指:法律价值的实现是主客体的相互作用的过程;在主客体的相互作用过程中,法律价值的性质、特点、大小,常处于变化状态。

为了明确法律价值的实践性,必须引入"法律价值关系"的概念。

法律价值关系是指:在人的实践活动中,法律的属性、法律的发展变化,是否与人的需要、内在尺度相一致或相接近的性质。当表现为一致或接近时,主体即人的需要不断被满足或基本满足,法律即显现其正价值。当表现为不一致、相远离时,主体即人的需要不能满足或基本不满足,法律即显现其负价值。

法律价值,即反映法律价值关系实质的法哲学概念。在人与法律的相互关系中,法律是否按照人的尺度满足其需要,是否对人的发展具有肯定的作用,就是所谓法律价值。

由此可见,离开法律实践,就无所谓法律价值关系,也无法显示法律的价值。那么,法律实践是怎样显现了法律价值的呢?

人类的实践是在认识世界的基础上所进行的改造世界的活动。但认识世界与改造世界不是截然分开的先后相随的两种活动。人类总是在改造世界的同时加深对世界的认识,同

---

① 《马克思恩格斯选集》第 4 卷,第 478 页。

时又在已经达到的对世界认识的基础上进行改造世界的活动。因此，实践可以同时表达认识世界与改造世界两类活动，没有必要另行建构"实践—认识"的复式概念。

人的法律实践也是如此。一方面，人接受法律可以提供的关于它的属性、特征等的信息，并按照自身的需要和内在的尺度加以选择，并经过记忆、抽象、改造等等加工制作，形成关于法律的经验、知识、理论等方面的观念，其中包括法律的作用的观念，以此可以确定法律满足人的需要的正负性质和大小程度，即确定法律的价值。另一方面，人又按照自己的需要和目的，按照自己已经形成的尺度，在进一步的立法、司法、守法活动中，影响与改造法律，使之进一步产生适合于自己的作用。这样，法律的作用、效益，就不是僵死地停滞着而不发生任何变化的。法律价值同样在这一过程中得到实现并因此而变化发展。

如上所述，一方面，法律作为客体制约着主体的认识法律与改造法律的活动；另一方面，人作为主体认识并改造着法律。这是一个双向交流的带有"互动"性的过程，因此法律价值的实现是主客体相互作用的过程。它的实践性首先就表现在这种相互作用的过程中。同时，在主客体的相互作用过程中，法律价值的性质、程度发生着变化。它的实践性也与其性质、程度的变化相联系。

如果说法律价值的客观性已经说明了形而上学法律价值论的谬误，那么，法律价值的实践性就更进一步说明，所谓法律有某种"永恒不变"的价值的观点，离开客观真理已经非常遥远了。

有的同志把法律实践狭窄地看成只是法律的立、改、废。他们认为，国家机关对法律的适用、执行以及公民的守法行为，是法律作用于人并使其指向人的需要的过程，而人对法律的立、改、废，是人作用于法律的过程。其实，国家机关对法律的适用、执行以及公民的守法行为，既是法律作用于人的过程，也是人作用于法的过程。否则，司法与守法就是纯然被动的法律行为了。同样，对法律的立、改、废，既是人作用于法律的过程，也是法律作用于人的过程。否则，立法就是或可以是个人的"恣意"的活动了。综观这两个方面，我们看到，法律实践不仅只是法律的立、改、废，而且包括司法与守法，是立法、司法、守法的一体化过程。正是在立法、司法、守法的一体化过程中，法律价值的实践性得到了最好的表现。

六、法律价值的主体性及其表现

法律价值的实践性包含着法律价值的主体性，因为法律实践不是别的，而是人的主观能动的活动。承认法律价值的实践性而不承认它的主体性，或者竟至因为不承认它的主体性而将承认主体性当作唯心主义法哲学观看待，是十分错误的。这是因为，否定了法律价值的主体性，不仅否定了法律价值的实践性，而且连法律价值本身也被否定掉了。如果我们要将法律价值正确地表述为法律价值关系的实现,看作在人与法律的相互关系中,法律是否按照人的尺度满足人的需要,是否对人的发展具有肯定的作用的反映,那么,舍承认法律价值具有主体性外,别无选择。

法律价值的主体性是指:法律价值本身及其特点直接同主体即人的特点相联系,法律价值的特性表现或反映着主体性的内容。这种主体性的内容,有多方面的表现,主要是:

(一)主体独特性

法律价值关系既以主体尺度确定,主体的不同也就构成了法律价值主体的独特性。当以人类为主体时,法律价值就具有社会性。当代的一些国际科技法,例如1967年1月27日通过的《关于各国探测与利用包括月球和其他天体在内的外层空间活动所应遵守的原则条约》,1968年4月22日通过的《关于援助宇宙飞行员,送回宇宙飞行员及送回射入外层空间物体的协定》,1974年5月24日通过的《关于转播由卫星传输的载节目信号的公约》等,就是以人类为主体的,这些法律的社会性是十分明显的。当以一定历史阶段上的特定阶级为主体时,法律价值就具有特定时代的特定阶级性。当以一定阶级的成员为主体时,法律价值就具有特定阶级成员的个人性。此外,还有法律价值的社会阶层性、社会集团性,等等。也就是说,法律价值会因主体的不同而显现不同的价值性质、价值程度。尽管如此,但在阶级社会里,阶级性是主导的力量,民族、阶层、集团、个人,无不受制于阶级分化,受制于阶级性力量的约束。诚如马克思所指出的,在阶级社会里,"种族的利益总是要靠牺牲个体的利益来为自己开辟道路的,其所以会如此,是因为种族的利益同特殊个体的利益相一致,这些特殊个体的力量,他们的优越性,也就在这里"[①]。个人既是个人,又是阶级;既具个体的特性,又具阶级的共性。因此,在阶级社会里,法律无论以个人或以阶级为主体,都表现出了它的价值的阶级性。但阶级性也是一种独特性,相对于阶级性的社会性、阶层性、集团性也都是如此。不同的主体会造成不同的、独特的法律价值观。我们必须承认法律价值的这种主体独特性,否则,我们就必须承认只存在唯一的法律价值了。

(二)主体时效性

法律价值的主体时效性是指,随着主体的变化与发展,法律对主体的价值性质、程度,也会随之变化与发展。

法律价值的主体时效性,取决于主体不断变化和发展的需要。需要的改变引起了内在尺度的改变,从而导致法律价值的改变。对于奴隶来说,处于从原始社会向奴隶社会过渡的时期,不被杀、吃,是他的首位的需要,生命的保存成了他衡量一切,包括衡量法律

[①] 《马克思恩格斯全集》第26卷Ⅱ,第125页。

价值的尺度。既然奴隶制法其时有利于保存奴隶的生命，奴隶就由此得出了相应的法律价值。随着时代的发展，总体上看，奴隶不被吃、杀已成为社会的习惯，生命的保存已退居需要的次等地位，求得高于牛马水平的生活条件上升为主要的需求，衡量法律的内在尺度也就起了变化。其时，奴隶对奴隶制法律的价值观，也就起了变化。

人的需要具有不断提高其水准的内在规律。需要的每一次满足，都会促使人去追求新的需要。正因如此，面对客观上满足这种无限发展的需要的条件的有限性，人们不得不以诸如"知足常乐"之类的格言警语来自我安慰。但真正心如死灰的"知足常乐"者，总是寥若晨星。不断增长的需要（物质的需要和精神的需要），是人类发展的刺激力量。正是在需要与满足需要的条件的矛盾运动中，实现了人类的发展。对于未被满足的新的需要来说，原来获得的价值就失去了价值的意义，变成了主体自身的条件了。例如不被吃、杀，就变成了奴隶制社会后期奴隶的条件与"优势"，他们的新的需要是"适彼乐土"，于是"乐土"上的封建制法律获得了他们的青睐，成为具有正价值的法律。

法律价值的这种主体时效性，与它的主体独特性一样，都表现了法律价值的主体性。离开了主体时效性与主体独特性，无所谓法律价值的主体性。

法律价值的主体时效性同样表明，不存在法律的"永恒不变"的价值。

法律价值的哲理探讨是一个很大的题目，需要写一本厚厚的书才能充分地、全面地、深入地探讨有关问题。但本书的任务与篇幅不允许这样展开，因此，仅以上述几个方面略事论述，只求达到一个目的，即表明法律价值的探讨，法学界已经做的工作基本上属于法理学的范围，还应当有另一条思路，即对法律做哲理探讨。如果这一点得到了法学界的首肯，而且投入法哲学的力量，那么，法律价值的哲理探讨必有美玉迭出、水到渠成之日。

刘长卿写下"古调虽自爱，今人多不弹"句，刘禹锡也写下了意思相类的诗句："劝君莫奏前朝曲，听唱新翻杨柳枝。"其意都为努力求新开拓，对法律价值的探讨如此，对法律价值本身的追求也是如此。不奏法律价值的"前朝曲"，将使我们的法制建设"百尺竿头，更进一步"。

第八十二章 法律意识的哲理分析

宋代诗人杨万里《和段季承左藏惠绝句·一》中,有这样两句豪语:

个个诗家各筑坛,
一家横割一江山。①

推其意而用之,我们不妨在"法律意识"这个范畴内,"横割一江山",做一点哲理分析。

一、关于法律意识及其分析

关于法律意识的长文短论,早已是汗牛充栋的了。但许多文章都作在它的"阶级性"分析之上,连有些名为法哲学的文章也是如此。因此,换个角度,"横割一刀",作一点哲理分析,确为法哲学责无旁贷的任务。至于"法律意识的阶级性"等,只能是法理学的工作;法哲学如涉足于此,也只作哲理探讨,而不作法理探讨。

尽管已有大量文章论述法律意识,但究竟何为法律意识,却仍是一个存而未决的问题。日本法学家川岛武宜撰有《日本人的法律意识》一书,对日本人的法律意识做了系统而深入的探讨。他认为,所谓法律意识,包括"法律认识"即人的对现行法律的了解程度、对法律体系的认识水平,"法律价值"即人们对法律抱有何种价值判断,"法律感觉"(或法律感情)即人们对法律、法律机构、法律人员抱有何种态度等三个方面。②

苏联科学院法学研究所编的《马克思列宁主义关于国家与法权理论教程》一书认为,"人们的法权观点的总和,也就是人们对某些行为是否合法,对社会成员的权利与义务,

---

① 《杨万里选集》,第148页。
② 何勤华:《日本法律文化研究的历史与现状》,《中外法学》1989年第5期,第5页。

对某种法律是否公正等等观念的总和，就叫做法权意识。"①

苏联法学家卡列娃等著的《苏维埃国家和法的基础》一书认为，"法律意识是社会意识的一种形式，它是一定阶级的法律观点的总和，而在人民道义上和政治上一致的条件下则是全体人民法律观点的总和。"②

显然，上述各家的看法是有相当差异的。这个问题，可以留交法理学界继续研究。我们则取"求同存异"的态度，以各家的"共识"作为哲理分析的基础。为此，本文中所谓法律意识，以"人们对于法（特别是现行法）和有关法律现象的观点和态度的总称"为其定义。"它表现为探索法律现象的各种学说，对现行法律的评价和解释，人们的法律动机（法律要求），对自己权利、义务的认识（法律感），对法、法律制度了解、掌握、运用的程度（法律知识），以及对行为是否合法的评价等。"③这一定义及其揭示的"法律意识"概念的外延，与上述各家的定义并无太大的龃龉。

法律意识的哲理分析，可以从这样几个方面进行：其一，法律意识的主观性和客观性；其二，法律意识的形式性；其三，法律意识的被动性和能动性；其四，法律意识的实践性；其五，法律意识的可知性；其六，法律意识的继承性；其七，法律意识与法的辩证关系。本文论述其中部分问题。

二、法律意识的主观性和客观性

法律意识是人们的法律观念、观点和概念的总和。它具有和哲学、政治、文学、艺术、宗教、道德等各种形式的意识相同的属性，都是客观存在的主观映象。同时，它又具有和上述意识形式不同的属性，从而显示出法律意识的特殊性与个性。对法律意识的哲学分析，应侧重于它的特殊性与个性。

作为意识，法律意识的特殊性和个性在于：第一，它是一般社会客观存在的主观映象，但首先是法律事实的主观映象。这里所指的"法律事实"，既包括已经确定的法律，也包括法律的实施状况，总之是立法、司法、守法的统一体。其他意识形式，也在一定程度上反映法律事实，但不如法律意识那么集中、全面、丰富、深刻。第二，它受其他意识形式的影响与制约，但首先而且主要受已经形成的他人的法律意识的影响和制约。"他人的法律意识"等等虽属意识，不是物质性的客观存在，但如波普尔所说，也是一种客观存在，是"世界3"。这是一种可以物化、外化的精神性的客观存在。法学家的法律观念与

---

① 苏联科学院法学研究所科学研究员集体编著：《马克思列宁主义关于国家与法权理论教程》，中国人民大学1955年版，第161页。
② [苏]卡列娃、费基金主编：《苏维埃国家和法的基础》，法律出版社1955年版，第135页。
③ 唐琮瑶：《法律意识》，《中国大百科全书·法学卷》第104页。

法律观点，赋予语言形式，就有"一言既出，驷马难追"的性质，赋予文字形式，就可阅读、流传。这就是法学家思想的物化与外化。包括法学家思想在内的种种他人的法律意识，会造成对另一些人的法律观念的形成与发展的深刻影响。有时，一部文学作品对人的法律意识的形成或变化，比十部法学著作要大得多。这似乎是文学家的"文学"在起作用。其实不然，这仍是法律意识——"他人的"即文学家的法律意识在起作用，只不过是文学家的法律观在文学作品中被赋予了文学形象、文学语言，插上了文学的"翅膀"，从而比学术著作更容易为大众吸收罢了。第三，法律意识在政治、文学、艺术等意识形式中得到反映，但这些意识形式，也可不反映法律意识；而法律规范总是反映法律意识，法律意识也一定存在于法律规范中。离开法律意识的法律规范，不仅过去没有，现在没有，将来也不会有。

法律意识作为对法律事实的主观映象，既具有主观性，又具有客观性，是主观性与客观性的对立统一体。

法律意识的主观性表现在：

首先，法律意识是由法的感觉、法的知觉、法的表象等感性形式和法的概念、法的判断、法的推理等理性形式共同组成的完整体系。这种由关于法的感性反映形式和理性反映形式所组成的完整体系，是人的主观世界所特有的。

其次，法律意识具有主观差别性，对于同一法律事实，不同的人、不同的主体会有不同的反映，不仅有反映的速度快慢、数量多少、程度深浅的不同，而且有性质不同、特征各异的区别。有人会把真实的法律现象当作假象，有人则把假象当成真相；有人把法律事实的现象当成了本质，有人又把本质当成了现象；此外如颠倒法律事实的因果关系、内容和形式的关系、可能性与现实性的关系、整体与局部的关系、必然性与偶然性的关系，等等。所有这些主观差别性都表明，法律意识具有极强的、鲜明的主观性。

再次，法律意识不仅表现为对客观的法律事实的近似摹写，而且还可能表现为同法律事实似乎毫不相干的虚幻的、荒诞的某种观念或观点。笔者首次作为律师办理一桩离婚诉讼时，尽管事先对当事人做了许多思想工作，尽力说服她出庭时要保持镇定，把想说的表达得清楚一些，但该当事人临场时，双腿却如筛糠一般，瑟缩发抖。事后了解，她说她一看见穿法官制服的人就是如此，无力控制自己的紧张心理，似乎见了凶神恶煞、大口血盆的阎王一般。其实，那位法官是挺慈祥和蔼的，而且她事先也知道该法官相当同情她的不幸。显然，在她的脑子里，存在着一种对法官、法庭和诉讼活动的荒诞的观念。这里，法律意识的主观性也是明显的。

如实地承认法律意识的主观性，是对客观唯心主义法哲学的有力反驳。一切以子虚乌有的"天"、"神"、"上帝"的意志、"绝对精神"、"世界理念"为法律意识的来源，并因此否定法律意识的主观性，认为法律意识本身就是如同"绝对精神"一样的客观存在物的观点，一切否定法律意识的第二性、被决定性的观点，都无法解释上述法律意识的主观性的种种表现。

同时，法律意识又具有客观性。否定这一点，势必导致主观唯心主义的法律意识论。

法律意识的客观性主要表现在：

首先，法律意识无论作为感性反映形式，或者作为理性反映形式，它所反映的对象和内容，都是客观的。这"对象"和"内容"就是客观存在的法律事实，就是立法、司法、守法的一体化事实。法律意识也反映法律意识。例如，甲说"法律是无情的"，乙也跟着说（也认为）"法律是无情的"。乙的观念是对甲的观念的赞同式反映，这时甲的法律意识就成了乙的法律意识的内容。这里，被反映的法律意识，是作为业已形成、业已表达的客观存在物出现的。所以，对乙来说，他的主观的法律意识是客观存在的甲的法律意识的反映。

其次，无论法律意识的主观差别性如何复杂多样，它都是相同的法律事实的反映。先天的素质和后天的社会实践的差别，造成了法律意识的主观差别性，但主观差别性由以产生的对象物，却只有一个，而它是客观的。《中华人民共和国宪法》《中国科学技术进步法》等的公布，法院审理××诉××案，全国范围的普法教育，法律书籍的出版……这些为法律意识主体所反映的"对象物"，都是客观的，而且是相同的"一个"。

再次，主观的法律意识虽然不时地表现出某种程度的虚幻性与荒诞性，但这种虚幻性与荒诞性不过是真实的客观的法律事实的歪曲的、颠倒的反映罢了，它不能否定法律事实的真实的客观的存在。如果不存在真实的客观的法律事实，就不会有这种虚幻而荒诞的反映。例如，一个身居穷乡僻壤、信息不通、没有文化的农民，决计不会有计算机犯罪及其法律对策的观念；而初步接触计算机犯罪及其法律对策后所产生的"神秘"性的有关法律意识，即使远离事实十万八千里，也还是计算机犯罪及其法律对策的反映，只不过被歪曲或被颠倒罢了。如果根本不存在计算机犯罪及其法律对策，那么，连歪曲、颠倒的反映也是不可能发生的。

如实地承认法律意识的客观性，是对主观唯心主义法哲学的有力反驳。一切以虚幻想象的"自我"的"法律内省"、"法律体验"为法律观念来源的观点，都无法解释上述法律意识的客观性的种种表现。

三、语言学法哲学与心理学法哲学的理论陷阱

据博登海姆介绍，英国的格兰维尔·威尔斯和美国的沃特·普鲁伯特侧重强调了语言在法律中的作用。威廉斯在其对法律语义学的研究中，广泛而详细地论述了语词的模棱两可性和许多法律术语的感情特征。他认为，大量的混乱是由于运用同时具有许多不同含义的法律术语而致的，谈论语词的"本来"含义是不能允许的，而且像"正义"、"错误"或"法律规则"这些充满价值评价的术语，与其说起到了理性作用，不如说是起到了情感作

用。普鲁伯特则强调律师需要有"词的意识",他认为语言是"社会控制的主要工具"。他宣称法院中的普通法诉讼程序的核心并不是规则,而是修辞等,因此,他把"正义"定义为"寻找某种能够在多种相互冲突的前提中帮助作出选择的语言指南"。① 这就是法律语义学或语言学法学的法哲学观。

语言学法哲学实际上完全否定了作为法律意识的外化形式的法律语言的客观性。诚然,如语言学法哲学家们所看到的那样,法律语言的确具有某种感情色彩,这是由法律语言所表达的法律意识的主观性造成的。但他们只看到法律语言的主观性的一面,而否定了任何法律语言还具有客观性的另一面。语义学法哲学以强调法律语言的语义分析为初衷,结果走到了完全否定法律语言的结局,与其初衷是背道而驰的。我们既承认法律意识及其外化形式——法律语言的主观性,又承认它的客观性,把它如实地看成是主观性与客观性的统一体,从而既重视它所传达的情感影响,又重视它的富有客观性的"本来"含义。只有如此,才能正确运用语义学法哲学家们独具匠心的方法的合理内核。

俄国法哲学家雷昂·彼德拉日茨基详尽地阐述过法律中的心理因素。他认为,法律现象是由独特的心理过程构成的,只有通过内省的方法才能观察到这个过程。他提出了一种"直觉法律"说,认为个人的法律意识和人类的内在经验在解释法律现象时具有很大的作用。他说:"在日常生活中,我们认为我们自己和他人都有着为某种行为和采取某种步骤的种种权利,然而这完全不是因为法典或诸如此类的规定对此做了陈述,而只是因为我们独立地确信应该这样。"② 这就是所谓心理学法哲学。

心理学法哲学家和语言学法哲学家一样,实际上完全否定了法律心理这一法律意识的表现的客观性。诚然,法律心理在法律实践中有着相当重大的影响,但法律心理不能为所欲为,不能爱如何"内省"就如何"内省",想怎样"确信"就怎样"独立地确信"。法律心理在做"内省"活动与进行"确信"活动时,受制于同时作用于法律心理的客观法律事实及其他社会条件。何况,法律心理本身就内含着对客观法律事实及其他社会条件的反映。把法律心理看成是"无源之水"、"无本之木"是主观唯心主义法哲学的表现,把法律心理看成可以随意"内省",任情"确信",也是主观唯心主义法哲学的表现。只有在如实地承认法律心理的主观性,同时如实地承认它的客观性,才能科学地分析法律心理在法律实践中的科学作用。也只有如此,我们才可能从心理学法哲学中汲取有益的因素。

当代的斯堪的纳维亚法哲学派把心理学法哲学进一步推向极端。这一学派的代表者是乌普萨拉大学的教授阿塞尔·黑格尔斯多罗姆、瑞典的法学教授维尔赫姆·伦德斯特和卡尔·奥利维克罗纳、丹麦法学家阿尔夫·罗斯。黑格尔斯多罗姆从心理学的角度追溯权利概念形成的情感力量。奥利维克罗纳认为,权利与其说是任何具体的或客观的概念,还不

---

① 《法理学——法哲学及其方法》,第127—128页。
② 同上,第135—136页。

如说是人类大脑所特有的对权利的主观观念或意象构成了认识权利的基础。伦德斯特进而认为，不仅权利，而且诸如义务、违法、犯罪、责任等等概念，只能在"主观良心"中起作用，而且不可能有客观意义。罗斯也认为，"权利"概念只具有感情因素，是不能被实体化的事物。

如果斯堪的纳维亚法哲学派的上述观点能够成立的话，那么，法律实践就将是无任何规律可言的了。因为，一旦法律概念之类的法律意识仅仅是人的"情感"、"良心"，那么，因"情感"、"良心"的不同，就会产生无限多样的法律意识，就会有无限多样的"权利"、"义务"、"犯罪"等的概念。概念世界，同样法律意识世界，就将陷入彻底的混乱与无序，规律性也就无从谈起。一旦法律意识无规律性可言，体现法律意识的法律、法律规范，也将变得无规律性可言。其结果是法律、法律规范的自我否定。因为它不再有明确性、具体性的特点了。所以，斯堪的纳维亚法哲学的任情发展，只能导致学派自身的自我否定。

否定法律意识的客观性，在法律意识的主观性与客观性的辩证法上的主观性盲目崇拜，使语言学法哲学、心理学法哲学和斯堪的纳维亚法哲学同样落入了主观唯心主义的理论陷阱。

四、法律意识的被动性与能动性

马克思和恩格斯指出："意识在任何时候都只能是被意识到了的存在，而人们的存在就是他们的实际生活过程。"[①] 这表明意识包括法律意识都只是"被意识到了的存在"。法律意识和任何意识一样，具有由"存在"即人们的"实际生活过程"所决定的被动性。没有人们的"实际生活过程"，就没有法律意识。无论是科学的、正确的法律意识，还是荒谬的、错误的法律意识；无论是清楚的、明确的法律意识，还是模糊的、混乱的法律意识；无论是努力以正确的形式表达的法律意识，还是故意虚幻地表达的法律意识，都同样取决于社会生活的客观条件。

正因如此，法律意识是可知的，而不是不可认识、不可知的。

德国法学家鲁道夫·冯·耶林在《为权利而斗争》一书中写道："法律意识和法律观念是为人们所不得而知的，法的力量正如爱情的力量一样，是以感觉为基础的。"[②] 美国法学家 B. 弗里特曼也宣布法律意识是不可认识的。[③] 在他们的影响下，一些英、美法哲学家把法律意识解释为"心理的综合"、"盲目的合法感"、"法律上的感受"和"合法感"，等等。

---

① 《马克思恩格斯全集》第 3 卷，第 29 页。
② 储有德：《法律意识的属性及其重要作用》，《学术界动态》(上海社会科学院) 1982 年第 15 期。
③ [苏] Y. 库达伊贝尔根诺夫：《论社会主义法律意识》，《国家与法的理论论文选译》第 1 辑，中国人民大学出版社 1956 年版，第 128—133 页。

诸如此类的法律意识不可知论,同任何不可知论一样,首先源自对法律意识的客观性和被决定性、被动性的否定。因此,法律意识不可知论是通向法律唯心主义的桥梁。它本身也是唯心主义法哲学的错误观点。

但承认法律意识的被动性与可知性还只是一种消极的认识,还可能陷入机械唯物主义法哲学的泥潭。在承认法律意识的被动性的同时,还必须,而且更重要的是,要如实地肯定法律意识的能动性。

马克思在批评机械唯物主义时指出:"从前的一切唯物主义——包括费尔巴哈的唯物主义——的主要缺点是:对事物、现实、感性,只是从客体的或者直观的形式去理解,而不是把它们当作人的感性活动,当作实践去理解,不是从主观方面去理解。所以,结果竟是这样,和唯物主义相反,唯心主义却发展了能动的方面……"① 在总结哲学发展历史的科学成果的基础上,马克思辩证地肯定了意识的能动性,把意识的被决定性与能动性统一了起来。

连类而及,法律意识一方面是被动的,另一方面却是主动的。这个"主动"就是它对法律事实——立法、司法、守法及其一体化的实践过程,具有重要的反作用,即法律意识具有能动性。

法律意识的能动性主要表现在以下几方面:

第一,法律意识活动具有主动性与创造性。

法律意识对法律事实的反映,可以经由感性反映形式上升为理性反映形式,通过法律活动使对法律现象的认识上升到本质,从不甚深刻的本质上升到更加深刻的本质。彼德·斯坦等在《西方社会的法律价值》中所描述的"英国人想象中的法律"的"千奇百怪的形象",如"一副猫头鹰架势的律师……四下张望"、"面无表情的法官"的刻板无味的宣告等,就是感性认识所得的法律活动的现象。而作者彼得·斯坦等从上述活生生现象的"总和"中,概括出西方法律的价值在于"三个基本观念:秩序,公平,个人自由"的看法,就深入到了法律的本质的论域。这种从感性反映形式到理性反映形式的升华,从现象到本质的升华,就是法律意识的能动性的具体表现。

这里,如彼得·斯坦等所说,"大部分英国人"只能得出关于法律的粗浅的感性的认识,或如我们看到的许多法学家并不能正确揭示法律的本质,这与法律意识的能动性是两回事。法律意识的能动性,只回答有无的问题,而不回答这种能动性的大小强弱问题。

法律意识活动的主动性与创造性,还表现在它不停留在对于现象的反映上,它可以通过把握法律事实的内部联系与规律性,追溯它的过去,预测它的未来。这就为自觉地开展法制建设创造了主观的条件。如果法律意识没有这种能动作用,那么,作为社会过程的法律过程,就将如同自然过程那样,变得十分机械、刻板的了。

---

① 《马克思恩格斯选集》第1卷,第16页。

第二,法律意识活动具有目的性与计划性。

马克思说:"蜘蛛的活动与职工的活动相似,蜜蜂建造蜂房的本领使人间的许多建筑师感到惭愧。但是,最蹩脚的建筑师从一开始就比最灵巧的蜜蜂高明的地方,是他在用蜂蜡建筑蜂房以前,已经在自己的头脑中把它建成了。"① 马克思生动地阐明了人类意识区别于动物本能的一个根本特征。人类的法律意识活动同样具有目的性与计划性。这种目的性与计划性正是法律意识的能动性的表现。无可奈何地屈服于某种压迫性法律或故意地违法、破坏法律,把一种法律观点灌输给他人或主动求取某种法律知识,寻找借口阻碍立法、司法或创造条件为立法、司法开辟道路,开展法学论争或觅得新的法学原理,所有这些都是法律意识的有目的有计划的活动的具体表现。

第三,法律意识活动对法律实践的指导并通过指导法律实践改造法律事实的作用。

列宁曾这样指出:"人的意识不仅反映客观世界,并且创造客观世界。"② 这是意识的能动性的最突出的表现。法律意识同样具有"创造客观世界"的作用。正是在刘邦对"秦民苦秦法久矣"的法律意识的指导下,有"杀人者死,伤人及盗抵罪"的"约法三章"的法律事实;也正是在刘邦"四夷未附,兵革未息,三章之法,不足以御奸"的法律意识支配下,才有萧何"攗摭秦法,取其宜于时者,作律九章"③的以"九章汉律"代替"约法三章"的立法改革这一"创造客观世界"的活动。

第四,法律意识活动甚至还对人体的生理活动起某种程度的控制作用。"每念及恢恢法网,便不禁不寒而栗","在'抗拒从严'四字面前,他吓出了一身冷汗"之类,便是法律意识活动对人体的生理活动直接发生作用的生动表现。

综上所述,法律意识不仅是被动的,而且是能动的。因此,它又是被动性与能动性的统一体。

五、法律意识的实践性

法律意识的实践性与法律意识的作用是两回事。有的人混淆了二者,把法律意识在立法、司法和守法实践中的作用,当作了法律意识的实践性,这是错误的。

法律意识是人们的法律观念、观点和概念的总和。作为对法律事实的理性反映形式,法律观念、观点中不仅包含着法律概念,而且包含着法律判断、法律推理以及由此二者构成的证明、反驳等思维形式。

在人类的辩证思维中,每一概念、判断、推理,同样,每一法律概念、法律判断与

---

① 《马克思恩格斯全集》第23卷,第202页。
② 《列宁全集》第38卷,第228页。
③ 《汉书·刑法志》。

法律推理，由于在自身中包含着与自身差别（否定自身）的因素，因此，都必然要向另一概念、判断、推理能动地转化。之所以会发生这种转化，是因为：客观世界本身是复杂多样和变化发展的；人们改造客观世界的实践，需要认识客观世界的无限的复杂多样性及其变化发展，否则就会失败；但人们的实践与认识能力在一定时期内总有它的局限性，因此对外界的反映就只是近似的性质；于是认识的全面性要求和具体认识的有限性之间，就产生了矛盾；正是这一矛盾推动了人类认识活动的发展，概念、判断、推理也因此实现其转化。法律意识也是如此。法律意识的实践性，就是指法律观念、观点（法律概念、判断、推理）由实践产生，随实践发展的性质。

康德曾提出过一个可称之为"康德哲学猜想"的难题。他在很少论及实践的《纯粹理性批判》中对"理论的理性"做了考察，企图回答"我所能知者为何"的问题；又在较多谈及实践的《实践理性批判》中对"实践的理性"做了考察，企图回答"我所应为者为何"的问题。但在回答后面这个问题时，康德依据的不是人所认识的客观法则，而是先天的至高无上的道德律令，把实践仅仅局限于伦理道德领域。接着他在《判断力批判》中又提出了"我所期望者为何"的问题。这是一个没有真正解决的问题，所以他猜想："这一类比较正当地使人们期望，或许有一天能够使人们洞见到全部纯粹理性官能的统一（理论的兼实践的两方面），并且，从一条原理推导出一切结论来。"[①] 黑格尔以"理论观念—实践观念—绝对观念"这一公式，在解答康德"猜想"的道路上迈出了一大步。其《逻辑学》的"观念"一节对此所做的论证，引起了列宁的高度关注。列宁在其从 1895 年到 1916 年所做的八本《哲学笔记》的第二本封面上，特别醒目地标明了有关摘要的页码"注意第 76 页"，并夸它"差不多是关于辩证法的最好的阐述"。[②] "观念"一节提出了两个范畴序列，其一即为"理论观念—实践观念—绝对观念"。对此，列宁做出了自己的解释："观念即真理，作为过程——因为真理是过程——在自己的发展中通过三个阶段：（1）生命；（2）认识过程，其中包括人的实践和技术（见前）；（3）绝对观念（即完全真理）的阶段。"[③] 列宁接着写道："……人在自己的实践中，在技术中检验这些反映的正确性并运用它们，从而也就接近客观真理。"[④] 列宁似乎言犹未尽，又以"真理是过程"、"人从主观的观念，经过实践（和技术），走向客观真理"两点对上述论断加以强调。从康德的"猜想"，经黑格尔的解答，到列宁的升华，明确地得到了认识、意识、观念的"过程"性、实践性的结论。

法律意识的真理性也正是这样一个"过程"，即实践的过程。人们正是在法律实践活动中检验、修正或完善原先的认识，从而使法律意识处于与实践同步发展的运动过程中。

---

① ［德］康德：《实践理性批判》，商务印书馆 1960 年版，第 93 页。
② 《哲学笔记》，人民出版社 1960 年版，第 205、215 页。
③ 同上，第 205 页。
④ 同上，第 215 页。

法律意识的实践性,就是在法律意识的演变过程中体现出来的。客观真理可以接近,却不可能穷尽。客观的法律实践尚在进行的任何一瞬,都意味着人们在这一实践中既在检验自己的法律意识,又在修正、发展自己的法律意识。因此,法律意识的实践性提供给我们的是:法律意识的能动的转化,以及这种能动的转化带给法律实践的反作用。法律意识与法律实践的辩证运动,使得二者可以逐步提高,臻于完美。一部人类法律思想史,一部法哲学史,就是这一辩证运动的体现,当然也是法律意识实践性的体现。

杨万里写下篇首那两句诗后,接着又写了如下两句:"只知轻薄唐将晚,更解攀翻晋以还。"表达了反对依傍古人、画地为牢的决绝态度。关于法律意识的哲理探讨,前人虽未直接提出,但都接近于这一课题地做过大量论述。这些论述,或有其合理的内核,或显出思想的光辉,应当详加研究,认真借鉴。然而,时移世易,唐晋已成历史,明清也成陈迹,对法律意识的探讨、论述应不断有所创新。本文仅仅摆出一些问题,进一步深入的研究,还有待努力。

第八十三章　法文化的哲理探讨

如同唐代诗人岑参《送祁乐归河东》诗所写"五月火云屯，气烧天地红"[①]那样，法文化的研究，近几年来，也成了法学园地的一个热点。然而，何谓"法文化"？"行冲薄薄轻轻雾，看放重重叠叠山。"[②]迄今为止，仍如朦胧烟雾，不甚分明。

一、法文化的定义及法文化研究

据吾友何勤华君《日本法律文化研究的历史与现状》一文介绍，日本学者对法文化（或称法律文化）的概念，有四种观点。第一，法律文化就是法律意识。著名的法社会学家川岛武宜与比较法学家大木雅夫持此说。第二，法律文化包括法律所赖以产生和发展的传统的历史的文化背景。法学家田中茂树、不井紫郎、铃木敬夫等持此说。第三，法律文化是人们对法律的态度，价值判断、意见等一切已形成的以思想意识形态为特征的文化要素。法哲学家矢琦光圀持此说。第四，法律文化概念应在与"法的象征的功能"的关系上提出。[③]这四种观点，或抓住法律意识作为法律文化的核心，或力图以文化背景说明各种法律制度的差异，或强调了各门学科在法律文化研究中的作用，或指出了法律文化研究的方向与范围，各有其匠心独运之处，但似都把视野缩得过小。例如，都把法律制度本身排除在法文化之外，就是一种明显的不合理。

美国达特茅斯学院教授埃尔曼在《比较法律文化》一书中，以"法律文化的概念"的专节，探讨过法律文化的定义。在该节的开始，埃尔曼就指出："我们这次将法律文化的概念作为比较的焦点的研究，必须要首先规定它的含义。"但是，综观全文，埃尔曼除指出"文化"一词具有多种含义，文化产生于人类的联合并成为人类联合的条件，所有的文

[①]《唐诗别裁集》，第 22 页。
[②]〔宋〕范成大：《早发竹下》，《历代山水诗选》第 159 页。
[③]《中外法学》1989 年第 5 期，第 53 页。

化类型都必然是历史的和渐进的,法律规则形成之后还将继续从其他文化因素中吸取新的成分,决定法律文化的因素是多维的,法律文化与政治文化的概念之间存在着密切的关系等之外,仅指出梅利曼(Merryman)所说"法律传统"与他的"法律文化"概念"极相似",并引录了梅利曼关于"法律传统"的论断。此外,既未谈及别人的"法律文化"定义,也未谈及自己下的什么定义。① 这就是典型的美国学者的风格。在我看来,这实在是"你不说,我还清楚;你越说,我可越糊涂"了。至少,既然劈头即指明"要首先规定它的含义",文中自然要兑现。如果这一点都做不到,很难称得上是严肃的理论思维,严肃的"比较法律文化"研究。看来,盲目崇拜高鼻子学者,是大可不必的。

苏联法学界对法律文化的研究也十分重视。法学家 И.С.加列斯尼克、Е.А.卢卡舍娃、О.А.克拉萨夫奇科夫、И.Ф.里亚布科、А.П.苏赫列夫和 С.С.阿列克谢耶夫等,都曾发表过专著或专论阐述各自的观点。其中,С.С.阿列克谢耶夫指出,法律文化的基本因素是:(1)社会中法律意识的状况,即对法的了解和理解的程度,意识到必须严格遵守法制要求的程度,法和法制感的发展程度;(2)法制的状况;(3)立法的状况,立法的内容和形式的完善;(4)适用法的法律机关的实际工作的状况。② 这里,С.С.阿列克谢耶夫比较全面地描述了"法律文化"概念的外延,但未下定义,未揭示其内涵。

我国著名的青年法学家、吉林大学法学院的郑成良,在《论法律文化的要素与结构》一文③中指出,该文中的"法律文化",是指"社会群体中存在的较为普遍的某些生活方式,它们或者直接构成了法律秩序的一部分,或者与法律秩序的性质和状态有关,它们既可能以实际的行为表现出来,也可能仅仅表达了人们的某种期望。"该文把法律文化分为法律认知、法律情感和法律评价三种成分。

吾友俞荣根、武树臣君,都写了关于法律文化的专著,钱元凯、何勤华君也在作研究,惜未见他们的研究成果的发表。但愿有人早日发表为法学界公认的关于法律文化的定义的论断。值此之时,为求不因此而停止全部工作,根据中外学者的上述有代表性的意见的启示,我暂且先将法律文化(法文化、法文化现象)定义为:法、法律意识、法制、法律秩序、立法、司法、守法,法制宣传、法律教学、法学研究等一切属于法本身所拥有和应有的文化现象。这自然仍只是一个揭示外延的定义。但它不至于妨碍我们对法文化作初步的哲理探讨。

法文化研究可以从不同的侧面展开,主要有法文化史研究、法文化比较研究、法文化的心理学研究、法文化的人类学研究、法文化的社会学研究、法文化的经济学研究、法文化的政治学研究、法文化的方法论研究、法文化的法理学研究和法文化的法哲学研究,等

---

① [美]埃尔曼:《比较法律文化》,生活·读书·新知三联书店 1990 年版,第 7—41 页。
② 《法的一般理论》,第 220—223 页。
③ 《中国人民大学复印报刊资料》,1989 年第 10 期,第 23—24 页。

等。就笔者所见,目前的法文化研究,大多集中在法文化的历史学与社会学研究两个方面。国外对法文化的人类学与社会学研究已有相当的成果,国内则寥寥。在如"五月火云屯,气烧天地红"般的法文化研究热中,如能有组织地分工进行,也许对这一研究的进展更有好处。本文拟对法文化作初步的哲理探讨,算是为法文化研究热投入一根冒烟而未燃因而发不出光的枯枝吧。

法文化的哲理探讨,可以从多方面展开,这里,仅论及以下几点:法文化冲突的法哲学分析;法文化融合的必然性;法文化创新的可能性与现实性。

二、法文化冲突

在自然经济占统治地位的人类社会发展的历史阶段上,法文化冲突一般不很明显。当人类社会发展到出现资本主义制度的时代,交通与通讯的发展,使得割地为王、画地为牢的局面迅速地被打破,"闭关锁国"已成为荒唐的残梦。当进一步发展到帝国主义时代后,国际风云更显动荡而且险恶,弱肉强食,强权即是公理,任何封建屏障都已无法抵挡帝国主义的炮舰,地球很快变成了一个"小小的村庄"。"自从帝国主义这个怪物出世之后,世界的事情就连成了一气了,要想割开也不可能了。"[①]

于是,发生了不同类型的法文化冲突。

法文化冲突最典型地发生在打破闭关锁国政策后的国家里。近代日本与中国就是这样的典型。

日本的闭关锁国是日本人自己打破的。"明治维新"后,日本政府仿效德、法等西方国家的法律,从1868年到1889年制定了民法、商法、刑法、民事诉讼法、刑事诉讼法和法院组织法等"六法",还于1889年颁行了《明治宪法》。以"泰西主义"为原则的立法,已大体齐备,奠定了日本资产阶级法制的基础。但如日本法学家川岛武宜在《日本人的法律意识》中所指出的那样,当时日本人的思想远远未能跟上法律近代化的步伐,还处在"前近代"的法律意识的阶段上,法律的绝对权威几乎在一切方面都未树立起来。日本人的法律意识,普遍地离西方人的"法律主义"观念有较大的间距。究其原因,川岛武宜认为主要是在两个方面:第一,日本近代资产阶级法制的迅速建立,主要不是社会的、经济的和文化的原因。即社会文明并未发展到在日本建立近代法制系统的程度。当时的法制更新,主要出于政治的考虑,即取消外国的"治外法权",以求国家的政治独立。第二,法律制度是诸社会现象中较为表层的东西,学习、模仿、移植都较容易;法律意识则为深层的内心信念,受社会历史的传统的文化的约束,其惰性影响着它的形成、发展与改变。而日本是一个深受中国传统文化影响的国家,中国的儒家思想、儒家的"德治主义"、"人治

[①]《毛泽东选集》,人民出版社1966年版,第156页。

主义"、"礼治主义"深刻影响着日本人生活的各个方面。因此,摆脱这种影响,确立近代的法律意识,显得十分困难。

中国的闭关锁国是西方侵略者用军舰撞破,用炮火轰开的。当时的中国当局丝毫没有日本政府那种仿行"泰西"法制的要求。除在极小的几处租界上有"泰西"法律的微光之外,从1840年到1911年,整个中国仍到处施行封建主义的法律制度。即使在辛亥革命后,在北洋军阀时期,甚至在国民党统治时期,虽然已制定了一系列近似于外国资产阶级法制的法律,但统治阶级仍公然而且更加卖劲地宣扬"礼义廉耻"与德治、礼治、人治。因此,即便是新中国建立之后,这种封建主义的影响,仍在施虐。

华东政法学院潘大松同志在《中国近代以来法律文化发展考察》[1]一文中,对新中国成立后的法文化冲突也做了描述。他指出:1949年中国革命成功,社会性质的改变,曾经带来了整个社会和整个民族的文化心理结构的大动荡,某些世袭千百年之久的陈规陋习被涤除。但是新中国成立后的历次政治运动都注重于对资本主义的批判,而忽视了对封建主义的批判,忽视了民主与法制的建设。潘大松概括地认为,这是"法律与文化脱节"。

在中日两国,法文化冲突以两种不同的方式发生,又以两种不同的方式发展,还形成了两种不同的法文化现状。这为我们对法文化冲突的法哲学分析,提供了颇多的启示。

启示之一是,法文化冲突发生的政治变革先导性。中日两国所发生的都是外来的、先进的资产阶级法律文化与本国的落后的法律文化的冲突。冲突的成因都是由政治变革先导地引起的。无论是日本式的国内力量发动的政治变革,还是中国式的外国力量侵入引起的被迫的政治变革,从"政治变革"这一点来说,都是一样地起了先导作用的。

法文化冲突发生的政治变革先导性,是一个普遍的规律。考诸中外古今所发生的一切重大的法文化冲突,都可看到是由政治变革先导地引起的。

与"法文化冲突发生的政治变革先导性"的命题相一致,逻辑地可以推出另一命题:经济制度的变化不会直接导致法文化的重大冲突。在不发生重大的法文化冲突的地方,如果对比前后两个时期看到了法文化发生了重大的变化,我们一定可以同时看到经济制度也起了重大的变化;而且,正是经济制度的重大变化促成了法文化的重大的而和平的变化。经济制度的剧变是不会自动发生的。一旦发生经济制度的剧变,它也总是以政治变革为先导。因此,如果是经济制度剧变在先而法文化冲突随后,那也只能看作是政治变革起了先导的作用。

启示之二是,法文化冲突中的法律意识滞后性。无论是中国,还是日本,当发生法文化冲突时,法律意识滞后于法文化其他部分的变化而变化,都十分明显。如川岛武宜和潘大松所指出的那样,法律意识的滞后性至今仍在中日两国存在。这种情况之于其他发生法

---

[1]《社会学研究》1989年第2期,第115—121页。

文化冲突的国家，也无二致。

与"法文化冲突中的法律意识滞后性"的命题相对立的是，引起法文化革命性变化的社会革命及法文化革命性变化本身，则以法律意识的前导性为特征。最为典型的是从封建社会跃向资本主义社会的欧洲各国法文化革命性的变化。其时，格劳秀斯、斯宾诺莎、霍布斯、洛克、伏尔泰、孟德斯鸠、卢梭、狄德罗、霍尔巴赫、爱尔维修、康德、费希特、黑格尔等，如灿烂的群星，烘云托月般把夜空点缀得熠熠生辉。他们的资产阶级法律观，在社会上、在广大群众中，引起了极大的反响，得到了普遍的欢迎，造成了强大的法律思潮，变成了社会的法律意识，极大地推动了社会革命的发生，从而极大地推动了整个法律文化的革命性变化。

启示之三是，法文化冲突的强烈文化背景性。这是指文化背景、文化土壤对法文化冲突的强烈影响。近代中国的整个文化背景、文化土壤，是封建性的。正是这整个封建文化土壤，使得资产阶级法律文化的种子，只能稀稀拉拉、有气没力地在寥若晨星的几个资产阶级维新派和革命派代表人物身上得到体现，长出几棵草本植物，还未开花就被风吹雨打，很快就飘零殆尽了。"落红不是无情物，化作春泥更护花。"然而，谭嗣同的血、秋瑾的血，或被华老栓一类人物拿去蘸馒头给儿子治病去了，或渗入封建沙土中，消失得影踪不见。封建文化土壤强烈地腐蚀着生长在它身上的先进的资产阶级法律意识，使得它不能成为参天大树，繁殖、滋蔓，从而使得法文化不可能发生正常的进化或革命性变化。

与此相反，法文化革命性变化，则总是发生在良好的文化土壤、文化背景下。上述西欧的法文化革命性变化及在此之前的法律意识前导风雷，是以16世纪的文艺复兴造成的肥沃的文化土壤为基础的。没有文艺复兴所造成的文化背景，决计不会有西欧上空的资产阶级法律思想的灿烂群星。

既如上述，为了使得法文化能够实现革命性的变化，就必须：第一，努力促成经济的发展，推动经济制度的变革。因此，我举双手拥护以经济建设为我国的根本任务，举双手欢呼实行经济体制改革。第二，法学家要率先鼓吹法律意识的变革，并努力把先进的法律意识化为法律思潮，使最广大的人民群众得到教育。日本法学界在80年代还大力进行此项工作。中国法学界在马列主义的先进的法律意识的普及工作方面，本就落后了一大截，现在是应该急起直前，投身火热的社会改革，投身社会主义法制建设的实际工作，再不要关在高楼深院里以哼哼谁也难懂以至谁也不懂的"绝唱"为消磨宝贵的、有限的生命为"乐事"了。第三，应该来一场真正的中华文化复兴运动。当然，复兴不是复辟，而是要在根除封建文化糟粕的基础上，掀起开国初期毛泽东所希望与预言过的"文化建设的高潮"，重建中华新文化，重现历史上有过的中华文化繁荣的盛况，重振中华文化的雄风。

三、法文化融合

古罗马法文化的演变,是法文化融合的一个典型。公元前462年,罗马的平民保民官特兰梯留曾提议编纂成文法,但遭到了贵族的反对。经过平民的斗争,直到公元前449年,才制定了《十二表法》这一古罗马的第一部成文法。此后,平民继续斗争,又通过了公元前367年的李锡尼—绥克斯图法案、公元前326年的波提利阿法案等法律,获得了担任执法官和其他高级官员的权利;公元前287年通过的霍腾的阿法案,更使平民会议成了具有完全立法权的机构。这样,经过两个世纪的斗争,罗马平民才取得了与贵族在法律上的平等地位。公元前3世纪至公元1世纪,罗马法的主要特点是市民法占据统治地位,但罗马法中的一个新因素——万民法也逐渐兴起。市民法仅适用于罗马公民,异邦人被排斥在法律保护之外,即使是自由民也得不到市民法赋予的权利。随着商业的发展和罗马征服地区的扩大,罗马公民与异邦人及被征服地区居民的适用法律的矛盾,越来越突出。为了解决他们内部以及与罗马公民之间的权利义务关系,公元前3世纪产生了万民法。所谓"万民法",意即"各民族共有"的法律。万民法的来源,一为罗马固有的"私法"规范,二为与罗马人发生联系的其他各族的规范。其内容主要用以调整财产关系。至于家庭、婚姻关系以及继承问题,仍归市民法调整。万民法的体系比市民法更为完备,也更加灵活,更加适应罗马奴隶制经济的发展和统治阶级利益的要求。因此,通常最高裁判官常将万民法的原则移用到市民法的司法中去。后来,随着异邦人获得公民权,两个法律体系逐渐接近,直到后来查士丁尼皇帝时期,在大臣特里波尼安的主持下,编纂了《查士丁尼法典》,终于使万民法体系与市民法体系统一了起来,同时也就实现了罗马人与异邦人法文化的融合。

中国南北朝时期也曾有过法文化融合的典型事件。北朝魏是公元386年鲜卑族首领拓跋氏建立的。北魏统治者进入中原以前,既无文字,也无法律,"决辞讼,以言语约束,刻契记事,无囹圄考讯之法,诸犯罪者,皆临时决遣"[①]。进入中原以后,鲜卑统治者开始注意运用法律作为统治手段,于是创制《北魏律》。《北魏律》主要是承用汉律,并参酌魏晋及南朝法律而成。为了适应民族统治的特点和社会的急剧变动,从北魏太祖起,《北魏律》经过了九次编纂。《北魏律》渗透了汉律的精神,如严"不道"之诛,重"诬罔"之辟,以及疑狱依经义断决等。著名的史学泰斗陈寅恪先生在《隋唐制度渊源略论稿》中指出:"元魏刑律实综汇中原士族仅传之汉学及永嘉乱后河西流寓儒者所保持或发展之魏晋文化,并加以江左所承西晋以来之律学,此诚可谓集当日之大成者。……北魏前后定律能综合比较,取精用宏,所以成此伟业,实有其广收博取之功,并非偶然所致也。"陈寅恪先生极

---
① 《魏书·刑罚志》。

好地道出了当时鲜卑与中原士族法文化融合的概况。

中外若干国家法文化融合的典型也给我们颇多的启示。

启示之一是，法文化融合的先进法文化导向性。在古罗马，占统治地位的是罗马贵族，虽然后来平民争得了法律上的平等权利，但仍是罗马人的统治权，而不是异邦人的统治权。但异邦人的法文化在与罗马人的法文化的融合过程中，以"万民法"为象征的异邦人法文化起了导向的作用，以至最高裁判官常将"万民法"原则施用于"市民法"的司法中。在北魏，占绝对统治地位的鲜卑族，其法文化反而完全被汉族的法文化"不战而胜"、"取而代之"了。中国古代历史上发生了多次的异族入侵中原、最后成为统治民族的史实，元朝的建立、清朝的建立都是如此。但蒙古族、满族的法文化都完全为汉族的法文化所融合，其原因都在于当时汉族的法文化比侵入的统治民族的法文化先进。

启示之二是，法文化融合的渐进性。古罗马异邦人与罗马人法文化的融合，如果从"万民法"产生到《查士丁尼法典》的编成，前后历经八个世纪。鲜卑拓跋氏建立北魏政权后，先后九次编纂《北魏律》。这些都是法文化融合渐进性的实例。由此可见，法文化融合不可能突变式地发生。

但渐进性与缓慢性不是一个概念。罗马人与异邦人法文化的融合历时八百年，当然是一个相当长的过程。但这是由于其他多种因素的"合力"造成的，并不是由法文化相异本身造成的。如果法文化的相异必定导致其融合过程的缓慢性、长期性，那么，北魏、元朝、清朝的迅速的法文化融合，就不可理解了。

启示之三是，法文化融合中的法律先行性。法文化融合是法文化一切要素的融合，而不仅只是法文化的某一个或几个要素的融合。但在所有要素的融合中，法律的制定总是处于中心地位，而且具有先行性。元朝初年、清朝初年，都曾发生过大量的蒙古王公、八旗子弟根本不愿接受法律约束的案例。但是由于已有法律制颁在先，"风潮"总是渐渐地平息下去，最后达到法律意识以及其他方面的全面"同化"即融合。元、清开国以后，就出现了一批批蒙古贵族、满洲贵族拜汉族儒生"习学礼法"的情况，渐渐地，连律学也统一到汉族的法文化上来了。这些，都是围绕着法律的先期制定发生的。没有法律的先行制定，法文化的融合既得不到保障，也会因为无所依循而失去融合的基础。

法文化融合中的法律先行性，实际上是以政治力量保证法文化的融合，因为法律的先行是必须以政权的足够强大和稳定为基础的。

四、法文化创新

法文化冲突与法文化融合，都是两种不同的法文化的互动及其终局状态。无论是对前者，还是对后者，先进的人们都应以积极的革命的态度相待。如果外来法文化是先进的，就以自我革命的态度加以接受；如果外来法文化是落后的，就以革命的方式加以消融。

与法文化冲突或法文化融合不同，法文化创新特指未发生两种不同的法文化撞击的情况下法文化的发展。法文化冲突与法文化融合只发生在历史发展的某些特定时期。世界各国历史上的绝大部分时期，大多处于本国汉文化的平稳、缓慢的发展过程中。在中国长达两千年的封建社会中，如果不把异族入侵计算在内，这两千年基本上是以儒家法文化为核心的汉族法文化的发展史，中国法文化没有什么重大的变化，几乎是近于停滞状态。当然，也有若干进步。无论是法律意识，还是法律制度及其他法文化要素方面，都以极其缓慢的速度，像蜗牛爬墙那么进进退退地前行。贯穿于祖宗"光辉业绩"的"中庸"和惰性的精神遗毒，至今仍在腐蚀中国人的灵魂。毛泽东曾有"一万年太久，只争朝夕"的伟大号召。但反响不大。整个中国像一艘硕大沉重的货轮，在"千帆竞发，万舸争流"的狭窄江面上，以滞重的态势缓缓前进。欧美、日本冲在最前面，"四小龙"紧追不舍，"新四小龙"又冲了过去。现在是该把毛泽东的话改成"一百年太久，只争朝夕"的时候了。千种妙计，万种对策，拙以为在加紧体制改革的同时，在全力发展科学技术带动经济建设的同时，应特别重视法文化的创新。

法文化创新要求主动引进先进的法文化，以先进的法文化作为参照系，结合本国的国情，在马列主义的指导下，创造有中国特色的社会主义法文化。

这要处理好对外国法文化的批判与借鉴、学习继承的辩证关系。人类法文化的发展史，不是哪一个阶级的"私生子"的历史，而是人类共同努力的创造物和全体人类精英的艰辛劳动的结晶。在批判的基础上，借鉴、学习、继承之，可以加速本国法文化的建设。创新也不是在废墟上展开，而是在清理旧基地的基础上发展新的法律文化。

为了法文化的创新，还要处理好量变与质变的辩证关系。不能一说创新，就想立刻从地底下呼唤出一种新的法律文化来。必须做好量的积累的工作。"千里之行，始于足下；百尺楼台，起于垒土。"只有做好量的积累工作，才可指望有朝一日发生质的飞跃。郑成良同志在《论法律文化的要素和结构》一文①中，精辟地论述了传统文化与现代法律文化的质的不同，分析了引起或造成两种法文化的差异的五组变量：一为身份特征与能力特征；二为特殊性与普遍性；三为评价标准与情感标准；四为弥散的期望与具体的期望；五为集体导向与自我导向。当然，还会有其他的造成法文化差异的变量。所有这些变量同样与法文化创新息息相关。从每一种变量的角度出发，各个做出我们的努力，使法文化经由量的变化与积累，达到向新质的飞跃，这是每一个中国人，尤其是法学工作者的光荣任务。

宋人虞似良《横溪堂春晓》诗云：

　　一把青秧趁手青，轻烟漠漠雨冥冥。

---

① 《中国人民大学报刊复印资料》，1989年第10期，第23—32页。

东风染尽三千顷,白鹭飞来无处停。①

表面上是说东风染绿千顷水田,实际上是赞美农夫的辛勤劳动改变了自然界的面貌。正是这一把一把青秧的量的积累,使白鹭在三千顷秧田上找不到歇脚之处。法文化的创新,也该是棵棵青秧的量的积累以致万顷皆绿的质的变化过程吧。

---

① 《宋诗一百首》,第 110 页。

第八十四章　法与人

一、人类为什么唤来了法"魔"？

> 只眼须凭自主张，纷纷艺苑漫雌黄。
> 矮人看戏何曾见，都是随人说短长。①

赵翼的这首诗批评了人云亦云、随声附和的人。

千百年来，对着法苑，漫然信口或认认真真地评说"雌黄"者多矣！而且，大都怒目圆睁、扼腕击节地予以"血泪控诉"，声檄致讨。但是，每当论及此种情况时，笔者一面深表同情，一面又总是想：人类之创造了法，难道是为了唤出地狱里的魔鬼来折磨自己跑吗？

究竟如何看待这总是与监狱、警察、法庭、处决联系在一起的法？

丹纳在《英国文学史》中这样写道："在翻阅年代久远的一个文件夹的发了硬的纸张时，在翻阅一份手稿——一首诗，一部法典，一份信仰声明——的泛黄的纸张时，你首先注意到的是什么呢？你会说，这并不是孤立造成的。它只不过是一个铸型，就像一个化石外壳，一个印记，就像是那些在石头上浮现出一个曾经活过而又死去的动物化石。在这外壳下有着一个动物，而在那文件背后有着一个人。如果不是为着向你自己描述这动物的话，你又何必研究它的外壳呢？同样，你之所以要研究这个文件，也仅仅是为了了解那个人。……把文件当作仿佛是孤立的东西那样来研究是错误的。这就会像一个十足的书呆子那样陷入于藏书癖的谬误。在这一切背后我们所得到的既不是神话也不是各种语言，而只是造就这些语词和形象的人们。……如果不是由于某些个别的人那就什么东西也不会存在；我们必须去了解的正是这种个人。……真正的历史只有当历史学家穿越时间的屏障开始解释活生生的人时才得以存在；这样的人是辛勤劳碌的、充满热情的，……一种语言，

---

① 〔清〕赵翼：《论诗五绝》，《历代论诗绝句》第281页。

一部法规，一本教义手册，无非只是一种抽象的东西：具体的东西乃是活着的人，有形可见的人，是饮食起居、战斗劳动着的人。"①

是的，要研究法，就必须研究人，要研究人与法的关系。

然而，当研究人的时候，总是仅仅把人当作社会的人来解剖。于是法和人的关系，也仅只是法和社会的人的关系。

诚然，当形成社会的时候，把人当作社会的人来加以研究，无疑是深中肯綮的。但是人从哪里来？社会的人是从自然的人"一蹴而就"地一跃而成的吗？即便是如今日高度现代化社会中的人，难道已然完全独立于自然了吗？难道不再带有自然的人的种种遗物和"基因"了吗？

应当说，人类还处在他的童年时代；人类刚刚跨进社会的门槛；研究今天的人类，必须而且也只能把他作为社会的人与自然的人的对立统一物来认识。这样，也许对理解法、法与人的关系，可以得到更加符合实际的结论。在这一点上，恩斯特·卡西尔的《人论》给我们提供了很好的启迪。

二、卡西尔提供的启迪

恩斯特·卡西尔（Ernst Cassirer）是西方学术界公认的20世纪以来最有影响的哲学家之一。《在世哲学家文库》这一影响很大的丛书，把他与爱因斯坦、罗素、杜威等相提并论，为他编了一本近千页的《卡西尔的哲学》，作为文库的第六卷出版。卡西尔著作多达一百二十余种，《人论》是其中被译成外文文种最多、流传最广、影响颇大的一本。

卡西尔在《人论》一书中力图论证的一个基本思想是：人只有在创造文化的活动中才成为真正意义上的人，也只有在文化活动中，人才能获得真正的"自由"。在他看来，人并没有什么与生俱来的抽象本质，也没有什么一成不变的永恒人性；人的本质是永远处在制作之中的，它只存在于人不断创造文化的辛勤劳作之中。因此，人性并不是一种实体性的东西，而是人自我塑造的一种过程：真正的人性无非就是人的无限的创造性活动。他在《人论》的第六章写道："人的突出特征，人的与众不同的标志，既不是他的形而上学本性，也不是他的物理本性，而是人的劳作（work）。正是这种劳作，正是这种人类活动的体系，规定和划定了'人性'的圆周。语言、神话、宗教、科学、历史，都是这个圆的组成部分和各个扇面。因此，一种'人的哲学'一定是这样一种哲学：它能使我们洞见这些人类活动各自的基本结构，同时又能使我们把这些活动理解为一个有机的整体。"

卡西尔在《人论》的第五章里引用了歌德的一句名言："生活在理想的世界，也就是要

---

① [法]丹纳:《英国文学史》，第1页，转引自[德]恩斯特·卡西尔:《人论》，上海译文出版社1985年版，第246—247页。

把不可能的东西当作是可能的东西那样来处理。"卡西尔认为，人的生活世界之根本特征就在于，他总是生活在"理想"的世界里，总是向着"可能性"行进，而不像动物那样只能被动地接受直接给予的"事实"，从而永远不能超越"现实性"的规定。①

可惜的是，卡西尔把人与动物的上述区别的秘密归结为人能发明、运用各种"符号"，并运用它来不断地开拓道路、实现"理想"，从而使他的"人的哲学"堕入了唯心主义的泥淖。

但是，撇开他的唯心主义屏障，卡西尔的上述一系列论断是十分深刻而富有教益的。在《人论》的最后一章，卡西尔以这样精警的论断作结：

"作为一个整体的人类文化，可以被称作人不断解放自身的历程！"②

对法哲学来说，卡西尔提供的启迪至少有这样几点：

其一，法是人类活动有机整体中的一个部分。

其二，法律史是人类解放自身的历史。

其三，法的发展与人性的塑造同步进行。

关于法与人的关系，我们拟就卡西尔提供的启迪展开论述。

三、法是人类活动有机整体中的一个部分

人类活动的整体如同滚雪球一样，现在是越滚越大了。从初民的有限活动，到今天的太空飞行，其间的变化何等惊人！

"人猿相揖别，只几个石头磨过，小儿时节。"③刚与类人猿分别的人类始祖，用一个不太礼貌的概念来称呼，就是"类猿人"。类猿人两手空空，他们的全部生产资料不过是坚硬的石块、折断的树枝加上原始的山川与田野，此外即一无所有；他们的全部活动，不过是乱成一片的性交以扩大自身的生产与再生产，加上摘取果实、猎食野兽，所谓"食草木之实，鸟兽之肉，饮其血，茹其毛"④是也。其时最伟大的发现就是火的可利用性，于是有了"钻木取火"的发明；外加锋利石头的可利用性，于是有了打制石器的发明。这是旧石器时代。发展到新石器时代，有了磨制石器、弓箭，于是有了农业与畜牧业。即"神农时代"的"作陶冶斤斧，为耜锄耨，以垦草莽，然后五谷兴助，百果藏食"。⑤石器时代也有文化艺术活动，原始的雕刻、绘画和歌舞，不过是"击石拊石，百兽率舞"⑥之类

---

① [德]恩斯特·卡西尔：《人论》，第71—78页。
② 同上，第288页。
③ 毛泽东：《贺新郎·咏史》。
④ 《礼记·礼运》。
⑤ 《绎史》卷4，引《周书》。
⑥ 《尚书·益稷》。

而已。也创造了原始的宗教,女阴崇拜、硕乳崇拜、图腾崇拜等是也。新旧石器时代约略历经数十万年之久。以后的发展进程逐渐加快了。青铜器时代、铁器时代、蒸汽机时代、电气时代、信息时代接踵到来,而且以加速度行进。当代世界如今的一天,当比初民数百年创造的物质和精神财富高出千万倍。河川改道,山峦搬迁;洲际通航,卫星上天;丰富无比的山珍海味,精美绝伦的衣帽鞋袜;形形色色的哲学思想道德观念、文学著作、美术、舞蹈、戏剧、音乐、雕塑;政治上层建筑,法律制度,宗教活动……

每一个历史时代,人们的全部活动都是一个有机的整体。每一种活动都为别的活动所影响、所制约,同时也影响、制约着别的活动。其中的任何一种活动,历史地看,都是不可或缺的。因此,都有值得肯定的一面。就拿战争来说吧。战争的后果可谓"惨"矣!蚩尤战黄帝,打得天昏地暗,"血流漂杵";战国之时,吴起"坑赵卒四十万";"十字军远征",血与火席卷欧洲;反法西斯战争,牺牲数千万人之巨;……但不正是人类"发明"的战争一次又一次地把社会的质的飞跃催化实现了吗?当然,有正义战争与非正义战争之分。但是,作为人类的创造物,应当说,战争也是人类活动整体的有机组成部分,它是"功大于过"的。

在人类活动的整体中,就有法、法律、法律实践这一成分。能把法律实践排除出人类活动整体之外吗?历史已成铁定,不可更改了。这不可更改的历史要痛加斥责吗?大可不必。各民族、各个国家的历史就是那样地发展过来了。是肯定我们的历史,还是予以否定?否定是不可能的,也显得可笑与幼稚。唯一科学的态度,就是肯定人类社会的全部历史,包括肯定组成这历史的每一部分,肯定人类社会中所必然发生的那些活动。

问题在于从这些活动中分析出其积极的方面。但是,如果我们否定了人类活动的整体,又何从肯定组成人类活动整体的每一部分的积极方面呢?而如果肯定人类活动的整体,又怎能对其部分采取否定的态度呢?

总之,法是人类活动整体的一个有机的组成部分,在人类历史进化的各个阶段,法的积极作用,法的历史功绩,是不可抹杀、不可否定、不可轻视的。

卡西尔说,"劳作"是人的"突出的特征";"人类活动的体系"是"一个有机的整体",宗教、科学等等是其有机的组成部分。法律活动正是这种"劳作",正是人的"突出的特征",正是"人类活动的体系"的有机的组成部分。

那么,法律活动在人类的发展中起了什么作用,怎样起作用的呢?

四、法律史是人类解放自身的历史

"临渊羡鱼"。为什么?因为鱼有在水中纵容悠游的自由。庄子与惠子的濠梁之辩,[①]

---

① 《庄子·秋水》。

千百年来为万千学问家所关注、所评论。近人中就有郭沫若在《名辩思潮之批判》、杨向奎在《惠施"历物之意"及相关诸问题》、任继愈在《中国哲学史》中做过分析。但文章都作在庄子、惠子孰对孰错上,这与二子都承认人若有游鱼的自由乃是极大的快乐有关。现在有了轮船,还有了潜水艇,与庄子其时不可同日而语了。但仍是"临渊羡鱼",鱼在水中的那种自由,仍为人所心向神往。同样,人们至今还是"入林羡鸟",因为鸟有在天空中翱翔的自由。……

一切所谓幸福、快乐、理想、志趣,一切追求,一切创造,总之,人类的一切活动,其本质都不过是"自由"二字。孟郊《赠别崔纯亮》诗曰:"出门即有碍,谁谓天地宽?"① 柳宗元《酬曹侍御过象县见寄》诗曰:"春风无限潇湘意,欲采蘋花不自由。"② 鲍照《拟行路难》曰:"心非木石岂无感?吞声踯躅不敢言。"③ 无名氏《读曲歌》曰:"石阙生口中,衔碑不得语。"④ 韩愈《送灵师》曰:"别语不许出,行裾动遭牵。"⑤ 陶潜《归田园居》曰:"相见无杂言,但道桑麻长。"⑥ ……都是特定情境中对不自由的怨艾与愤激的表示。匈牙利诗人裴多菲的名诗"生命诚可贵,爱情价更高。若为自由故,两者皆可抛",文天祥的名句"君传南海长生药,我爱西山《饿死歌》"⑦,……万千志士仁人革命家为追求自由宁可抛头颅、捐性命、别家室、走他乡。"千淘万漉虽辛苦,吹尽狂沙始到金。"⑧ 这"金",实即自由。

人类的历史,实质上是争取自由的历史,亦即卡西尔所说的"人不断解放自身的历程"。

束缚人的自由的,有两类:一为人本身,一为人以外的力量。法的历史,是人类利用法来解放自己,亦即利用法来帮助摆脱人本身以及人以外的束缚其自由的力量的历史。

作为"类猿人"的初民,囿于自然界自然地提供的食物的有限,不得不时时你争我夺。犹如"二虎相争,必有一死一伤",这种人际争夺,有时是十分残酷、激烈的。南太平洋热带雨林中至今犹有"猎头部族",以猎取别的部族的人的头颅多寡,作为是否勇敢的标志,是否英雄的象征。这不是因为别的,而是因为"猎头"之多,即是力量强大,因而可以更多、更自由地取得他们想取得的东西,首先是取得丰足的食物的缘故。类似于此的初民社会,是一个无身份的社会。如果一定要说有的话,就只有母亲与子女的身份关

---

① 《全唐诗》,第4229、3775页。
② 《唐诗选注》,第332页。
③ 《汉魏六朝诗选》,第227页。
④ 同上,第238页。
⑤ 《全唐诗》,第4229、3775页。
⑥ 《汉魏六朝诗选》,第184页。
⑦ 〔南宋〕文天祥:《庚展四十五》,《文山集》卷15,第12页。
⑧ 〔唐〕刘禹锡:《浪淘沙》,《刘禹锡集》第252页。

系，此外便一无所有。这与猿，与其他一切动物都是一样的。在这种毫无身份可言的人际关系下，不需要法律调整人际关系。如果初民像许多后代那样把法律看得那么可怕，他们将永远拒斥法律。但他们后来还是创造了法律来为自己服务。这是为了把自己从无身份关系下的随时可能被"猎头"的险境中解放出来。"生命的安全"也是一种自由，即安全的自由。无身份关系下的初民，本无安全的自由。一旦有了法律，就向有安全的自由这一较为良好的境域前进了一步。

今天的人类，除少数"长着花岗岩脑袋"的人以外，都仇视、鄙弃人际的身份关系。但由法律保障着的身份关系，却是人类从几乎毫无自由可言（连生命安全的自由都没有）的无身份关系社会向前大大跨进一步的标志。身份关系下的人类的自由，比无身份关系下的人类的自由要多得多。这是一次质的飞跃。

从奴隶制身份关系到封建制身份关系，"身份关系"仍旧存在，但性质已经起了变化。这是一次部分质变。农奴，尤其是农民，比之奴隶，又进一步获得了新的自由。从奴隶制法到封建制法，实质上是人类的进一步解放，是人类战胜自身带来的束缚自由的力量的一次胜利。

从封建社会发展到资本主义社会，被梅因等法哲家看成是人际关系之从"身份关系"到"契约关系"的飞跃。这一飞跃的意义，不用说是极其伟大的。但归根到底，也是"自由"二字。即身份关系下的某些不自由被摆脱了，人类获得了、增加了新的自由。

但契约关系仍是一种身份关系，所以称为契约身份关系。劳动者一旦被资本家雇佣，虽然契约可以解除，解除契约后二者即无直接的具体的明显的身份关系，但在契约规定的雇佣期内，二者却存在着雇佣与被雇佣的关系，即雇主与雇工的关系。这种雇主与雇工的关系，当然是一种身份关系。何况，就整个社会、整个阶级对阶级而言，即使在解除契约之后，实质上仍旧存在着间接的、抽象的、隐蔽的身份关系。如鲁迅先生所说的某君是"丧家的""资本家""乏走狗"，即虽然不再是某个具体的资本家的走狗，却仍是整个资产阶级的走狗那样，解除了契约的劳动者，仍旧逃不脱资本主义制度的钳制，他仍旧是整个资产阶级的雇工。要摆脱作为整个资产阶级的雇工的身份，在特定的条件下，就必须起而推翻资产阶级。正因如此，一方面，揭示从封建制身份关系到资本主义契约关系的变化的进步意义，是一种科学的、值得肯定的思想，其功厥伟，不可泯灭；另一方面，把这一点夸大到极端，不加分析地对契约关系顶礼膜拜，企求在社会主义时代也以契约关系为理想的目标，却是大错特错的。当然，社会主义时代如果仍然保留封建制的身份关系，是大可诅咒、痛加鞭笞的。但真理与谬误仅隔一步之遥，夸大契约关系的进步意义，无视它所掩盖的雇佣式身份关系的实质，是某些"社会主义理论家"亲吻资产阶级理论家屁股的勾当。

因此，为了夺得新的自由，为了进一步解放自身，人类进一步开展斗争，努力朝以社会主义法来保障与促进社会主义自由的解放路上迅跑。于是有社会主义革命、社会主义政权、社会主义法。当然，怎样走向社会主义，亦即怎样建成一个既无剥削、又无压迫的社会主义社会，各国可以根据历史、传统、当时的国情自行择定，自不必亦步亦趋，或画地为牢，或作茧自缚。但这已是另一回事了。就我们所讨论的问题而言，不管采取何种方式、何种道路走向社会主义，都是为了夺得新的自由，即社会主义的自由。为此，都必须摧垮旧的法律制度，确立新的社会主义的法律制度。

如上所述，人类为了摆脱人本身的束缚其自由的力量，创造与使用了法。法、法律、法文化，作为"人类活动的体系"的有机的组成部分，是人类为获得真正自由的努力的结晶。因此，法不是人类从地狱里唤出来与自己作对的魔鬼，而是从天堂里请得的为自己服务的天使。

与人本身对自身自由的束缚的力量相比，人以外的自然界束缚自由的力量要大得多。人类至今仍只在极小的意义上战胜自然界危害其生命自由的力量。且不说你的肛门与生殖器，就是在你高贵的脸上也爬满了螨，不管你是乡野山林生活条件极差、卫生设施全无的"蚁民"，还是繁华都市豪华宾馆里住着的总统、影星、豪富巨贾，人人都是如此，挥之不去，洗之不净。你的肠子里、肺腑里、心脏里以至脑袋里，也有多种多样的"小虫子"在蠕动着、扭摆着、恣肆着。它们都在咬牙切齿地要把你的寿命缩短、再缩短。暴风袭击孟加拉海湾，孟加拉国一亿一千万人口中的十分之一，一下子被卷入海水的浸泡之中，笔者写下了这几行字之时，已有十几万人丧失了生命。庞培城的覆灭，维苏威火山的爆发，唐山的大地震……在自然界的淫威面前，人类显得那么渺小、无助、无力、无可奈何。但回首走过的历程，毕竟在"与自然斗争"方面所做的工作已经可以用上"战胜"二字了。潜水艇的深潜入海，太空飞行的发展，登月考察的实现，都是明证。对于所有这些"战胜"与进步，与其力而厥功甚伟者，当首推法律。正是那在今天看来微不足道、甚至颇为幼稚的"为器皿物者，其大小、短长、广亦必等"①之类的规定，保障和促进了科学技术的发展。在而后的科学技术法、经济法等的保证与促进下，生产力节节发展，科学技术步步前进，人类从自然界淫威下逐渐地摆脱了出来，赋予了自己以越来越多的不再依赖于自然的自由，不再为自然力量所"欺凌"、所"迫害"的自由。现在，作为还处在童年时代的人类，"战胜自然"的领域还相当有限。因此，还须依靠法律的"法术"与"法力"，进一步觅得解除自然力束缚的新的自由。法律史过去是、现在是，将来仍然是向自然争取自由的历史。

总之，无论是从人际关系看，还是从"天人关系"看，法的历史都是帮助人类争取自由的历史。

有鉴于此，我们今天仍要依据争取自由的路线与方向去建设社会主义法制。谁遵照这条路线、这个方向努力去做，谁就是功臣与英雄；谁违拗这条路线、这个方向，谁就可能

---

① 倪正茂：《科技法学导论》，四川人民出版社 1990 年版，第 173 页。

一事无成；谁背道而驰，谁就是"乱臣"与"蟊贼"，谁就将被人民与历史所唾弃。

五、法的发展与人性的塑造同步进行

几乎所有的法哲学家，都直接论述过人性问题，谓之"恶"者，如霍布斯那样，说"人对人像狼一样"，人际从来就是"一切人反对一切人的战争"；谓之"善"者，如卢梭那样，说人天生具有同情他人与弱者的怜悯之性，人类的自然状态乃是"黄金时代"，所以他喊出了"回到自然去"的口号。我赞同卡西尔的观点，即人并没有与生俱来的抽象本质，也没有什么一成不变的永恒人性；人性是人自我塑造的过程。卡西尔从神话与宗教、语言、艺术、历史、科学的发展历程，考察了人性的形成与演变，认为人的唯一的本性就是劳作与创造。在他看来，人性是与历史同步发展的。我所要补充的是，人性的塑造，与法律的发展是同步进行的。

是人性决定法律，还是法律决定人性呢？这个问题与"是鸡生蛋还是蛋生鸡"的问题一样，都是形而上学思维模式的表现。既是鸡生蛋，又是蛋生鸡；鸡与蛋的"生"成过程，是生物进化漫长历程的一个阶段，而后才有今天这种如此了了分明的"张家老太的老母鸡今天下午四点三十分生了一个三两重的红壳蛋"之类的事。同样，既是人性决定法律，也是法律决定人性；二者在双向互动过程中实现自身、发展自身，而后才有今天这样的某种法律制度下某些人的某种品性的情况出现。

初民的"人性"，既是"狼性"又是"羊性"。"饥即求食，饱即弃余"。①"求食"之时，难免发生"一切人及对一切人的战争"以至以"猎头"为荣、为勇、为乐；"饱即弃余"之时，很容易温顺如羊，偶遇弱者的不幸便"恻隐之心，油然而生"。前者似是"狼性"的发作；后者则为"羊性"的写真。在这种既是"狼性"，又是"羊性"的情况下，不但以偏概全为"狼性"或"羊性"是不对的，而且说成不"狼"不"羊"也是无意义的。一句话，其时不存在"人性"问题，不必讨论其时的"人性"问题。所有的，不过是动物性。

人性是与家庭、私有财产，与法律、国家等等同步发展起来的。

法律产生之初，即用以保证奴隶主对奴隶的剥削、压迫，并用以限制奴隶主对奴隶生命的任情生杀。与此同时出现的是奴隶主以剥削、压迫奴隶为"应有的乐事"的认识，以及随意剥夺奴隶生命乃违反法律的"罪恶"，对被随意剥夺生命的奴隶表示"恻隐之心"的同情的观念。面对奴隶制法律，奴隶阶级中的一些人俯首帖耳、驯服顺从，并以过奴隶的生活为乐事；另一些人则身为奴隶，心存不满，随时都伺机反抗。前者为奴才的品性，后者才是奴隶的品性。由此形成了对上述二组四种人的"人性"的不同观点，或谓之"善"，或谓之"恶"。当然，奴隶制社会里的各种各样人的"人性"，以及对这各种各样"人性"

---

① 《白虎通》卷1。

的评价，因人而异，天差地远。这不是法律这"单因素"造成的。造成这种种"人性"及其评价的，是"多因素"。但法律作为决定这种或那种"人性"的形成的力量，作为各种"人性"的评价标准，是所有"多因素"中具有决定性意义的"单因素"之一。

奴隶制法之发展为封建制法，封建制法之发展为资本主义法，资本主义法之发展为社会主义法，在这漫长的发展途程中，法律都在塑造着、改变着"人性"。

与此同时，为法律所塑造、所改变的"人性"，尤其是统治阶级的"人性"，对法律的发展也起着重大的影响。影响的性质、程度、角度、范围，有待作定量的与定性的分析，但影响的存在是无可怀疑的。由于影响法律的发展的因素也是成堆的，因此，"人性"方面的影响很可能被忽略。但这是另一个问题，只要承认其影响的存在，只要肯定"人性"的塑造与法律的发展是同步行进的，就是对"人之初，性本善"或"性本恶"论的否定。而否定这一点，许多种类的唯心主义法哲学，也就失去了根基。

有鉴于法的发展与人性的塑造的上述关系，在我们着手建设与健全社会主义法制的时候，就应该关注社会主义时期中国公民的人性塑造问题。

我们必须有真的法律，否则只能塑造出一批批说假话、做假事的人。

我们必须有真的平等的法律，否则只能塑造出一批批特权阶层和特权人物。

我们必须有真的赋予公民以切实权利的法律，否则只能塑造出一批批敌视法律的人或躬谨于义务而不知进取的懦夫。

我们必须有真的赋予公民以最大限度自由的法律，否则我们只能塑造出一批批驯顺的"奴才"式人物和狂妄放荡以作恶为乐事的歹徒。

社会主义法制将在社会主义"人性"的真、善、美中实现；社会主义"人性"的真、善、美将在社会主义法制实践中发展。

以上所论，如法与人的抽象关系，法与人的具体关系，是在法与经济、法与政治、法与科技发展、法与道德、法与宗教、法与社会思潮的互动中得到实现的。下文将对这些方面作具体的简略考察。

宋人戴复古论诗曰："意匠如神变化生，笔端有力任纵横。须教自我胸中出，切忌随人脚后行。"[①] 这与赵翼所说"只眼须凭自主张"是如出一辙的观点。关于法与人的关系的文论，古往今来，早已不计其数。拙文也许论点谬误、论据差池、论证乏力，但却未"随人说短长"，都"自我胸中出"，也算是"一家之言"吧。但愿家家均有"自主张"，庶几通过比较衡量而有望得到真理性的定论。

---

① 《石屏诗集·论诗十绝之三》。

第八十五章 法与经济

一、难解的疑团

法与经济，似是一个老生常谈的课题，几乎已经形成了铁板一块的定论。然而，对于笔者，却总存在一些难解的疑团，并因"求之不得，寤寐思服。悠哉悠哉，辗转反侧"①。

为了说清这个疑团，我们先来看一看法理学界对法与经济的关系的已成共识的论述。其要点是：

经济一词通常包括以下三种含义：一为社会生产关系的总和，即经济基础；二为物质资料的生产、分配、交换或消费活动；三为泛指国民经济，即工业、农业等国民经济各个部门。当我们进行法理学讨论时，法与经济的关系，首先是指法与经济基础的关系，但其他两种含义的经济，与法有密切的关系。

法与经济的关系，首先是经济决定法，即法是由其经济基础和通过经济基础反映出来的生产力发展水平所决定的。在经济发展到一定阶段而使社会分裂为阶级的时候，作为一种特殊的社会规范的法便应运而生。一定生产关系的性质以及决定着该生产关系的生产力发展水平，决定着以该生产关系为基础的法的本质和基本特征。经济的发展变化，决定着法的发展变化。当经济发展到一定阶段，社会物质生活资料大大丰富，人们的思想觉悟有了极大的提高，其时法将随国家的消亡而消亡。总之，经济是第一性的、决定性的因素，法是第二性的、派生的现象。法随经济发展的需要而产生，随着经济生活的变化而变化。

法对其经济基础并通过经济基础对生产力的发展又有重大的反作用。主要表现为：法确认、保护和发展自己的经济基础，限制、阻止不利于统治阶级的生产关系的出现和发展，或者取缔和消灭这种生产关系。法对经济的反作用可归结为积极促进和消极阻碍两类。当法确认、保护和发展着适合生产力发展的生产关系时，法就起着促进生产力发展的进步作用；反之，法就起着阻碍生产力发展的反动作用。但经济的发展，最终会通过政治

---

① 《诗经·周南·关雎》。

斗争为自己开辟道路，斗争的结局总是以起阻碍作用的旧的生产关系、法和国家的消灭，和新的生产关系、法和国家的建立而告终。

经济对法的决定作用和法对经济的反作用，是通过人的活动实现的。一般说来，进步的法能促进生产力的发展。但这只是一种客观可能性。要使之变为现实性，还需要代表这先进生产关系的阶级及其代表人物从本阶级的根本利益出发制定相应的法律并贯彻实施，从而促进生产力的发展。

以上关于法与经济的关系的理论，几乎是"天衣无缝"的。有着铁一般的逻辑贯穿其间，很难提出什么问题。

但理论的真理性，不仅仅在于理论自身的逻辑性，还在于诉诸实践时的不可证伪性。

现在来看看笔者的疑团：

社会主义法是在"一定生产关系的性质以及决定该生产关系的生产力发展水平"的基础上形成的吗？这里的"一定生产关系"，当作"社会主义生产关系"解。不然，就变成"社会主义法是在资本主义生产关系……的基础上形成的"了。这岂不"荒谬"？但如要不"荒谬"，我们却又找不到社会主义法确立之时，它所应当存在的社会主义生产关系的前提条件。这在苏联是如此，在中国更是如此，在所有的社会主义国家都是如此。即我们面对的客观事实是，有一大批国家，当社会主义法被制定出来时，并不存在社会主义生产关系。在这些国家里，是先有社会主义法，然后才有在社会主义法的保证与促进下，建立起社会主义生产关系的。

有人会说，虽然这些国家还没有建立起社会主义生产关系，但是，生产力的发展水平已达到提出必须建立社会主义法的需求的阶段了。如果此论成立，疑题更多：第一，"生产力的发展水平"为什么不是首先去改变生产关系，而是首先去改变法？第二，为什么仅只是在生产力比较落后的国家里首先去改变法？第三，为什么生产关系、法都未改变的许多国家和地区，生产力的发展倒比生产关系、法都"改天换地"的国家和地区快得多呢？

当东欧国家风云突变，几乎是在"一夜之间"，都重新回到资本主义的怀抱，重新建立资本主义法律制度时，问题可能变得更多、更加复杂。如果坚持上述已经达成共识的关于法与经济的关系的理论观点，那么，我们一定可以预言：东欧国家将经受生产力严重倒退的灭顶之灾。但预言必须经得起事实发展的检验。这一预言能保证经得起检验吗？如果经不起检验，那么，又如何对待上述共识呢？

二、列宁：从"直接过渡"到"迂回过渡"

为了解开疑团，有必要回顾一下亲自领导俄国十月社会主义革命，取得了胜利，并进行过社会主义经济基础建设与社会主义法制建设实践的列宁所走过的道路，和他所取得的有关经济和法的关系的经验。

十月社会主义革命前后，列宁所发表的一系列文章，所采取的一系列措施，都表明他曾计划从资本主义俄国向社会主义作"直接过渡"。1917年8月，列宁在《国家与革命》中写道："我们工人将以资本主义创造的成果为基础来组织大生产，将依靠自己的工人的经验，建立由武装工人的国家政权维护的最严格的铁的纪律，将使国家官吏成为不过是执行我们的委托的工作人员，使他们成为负有责任的，可以撤换的而且是领取普通薪金的'监工和会计'（当然还要用各式各样的和具有各种水平的技术人员），这就是我们无产阶级的任务，无产阶级革命实现以后，就可以而且应该从这里开始做起。""把整个国民经济组织得像邮政一样，使技术人员、监工、会计以及所有公职人员所领的薪金不超过'工人的工资'，使他们受武装的无产阶级的监督和领导，这就是我们最近的目标。这样的国家，在这样的经济基础上的国家，才是我们所需要的。"① 1918年3—4月，列宁在《苏维埃政权的当前任务》中，谈及向社会主义过渡时，提出了"当前的总口号"，并指出："由苏维埃政权用自己的方法，根据自己的法令来切实实现这些口号，又是取得社会主义彻底胜利所必需的和足够的条件。……只有由贫苦群众（无产者和半无产者）实现的这种过渡，才能完成对资产阶级，尤其是对最顽固和人数众多的农民资产阶级的胜利。"②

从十月革命的第一天起，列宁就极其重视运用法律手段摧毁旧的经济基础，创立新型的社会主义的经济基础。1917年10月25日上午，列宁亲自起草了《告俄国公民书》，宣布已推翻临时政府，废除地主土地所有制。10月26日，列宁拟定的《土地法令》，由全俄第二次苏维埃代表大会通过，规定立刻无条件地废除地主土地私有制，任何损坏被没收财产即今后属于全民的财产的行为都属严重罪行，应由革命法庭惩办。为实行武装工人的监督，列宁起草了《工人监督条例草案》，由全俄中央执行委员会和人民委员会通过。1917年12月，又先后颁行了《银行国有化法令》《关于检查银行全国制保险箱法令》等。但这些法令大多属于保证"直接过渡"的性质。1918年5月，列宁在《论"左派"幼稚性和小资产阶级性》中写道："在俄国目前占优势的正是小资产阶级资本主义，从这种资本主义无论走向国家大资本主义，走向社会主义，都是经过同一条道路，都是经过同一个中间站，即所谓'对产品的生产和分配实行全民计算和监督'。"③ 为此，列宁认为必须具备"为争取社会主义所必要的无情"，必须"迅速提到人数相当多的破坏苏维埃措施的投机商、奸商、资本家"，而"只有实行计算和监督"，才能学会本领，做到这些。他指出："我们的法庭不够强硬，对于营私舞弊的人，不判决死刑，而只判处半年徒刑。"④ 列宁制定了"战时共产主义政策"和"余粮收集制"，颁行了国家对广告实行垄断的法令，等等。

---

① 《列宁选集》第3卷，第212—214页。
② 同上，第497—498页。
③ 同上，第546页。
④ 《列宁选集》第3卷，550页注①。

但是，实践证明上述政策和法律的若干方面是错误的。这些错误导致生产力发展的衰退，到1921年春天，形成了严重的经济危机和政治危机。十月革命四周年时，列宁总结道："我们原打算（或者更确切说，我们是没有充分根据地假定）直接用无产阶级国家的法令，在一个小农国家里按共产主义原则来调整国家的生产和产品分配。现实生活说明我们犯了错误。"① 他还讲道："现在我们回想一下斗争的发展和当时斗争的条件，在1917年底我们竟大谈对私人广告实行国家垄断，那是多么天真，现在回想起来是很可笑的。"② 随着认识的改变，列宁领导的苏维埃国家开始改行"新经济政策"。列宁认为："新经济政策就是以粮食税代替余粮收集制，就是在很大程度上转到资本主义。"③ 他指出："在历史事件的链条中，即在1921—1922年俄国社会主义建设的各个过渡形式中，商业正是我们无产阶级国家政权，我们居于领导地位的共产党必须全力抓住的环节。如果现在我们紧紧抓住这个环节，那么不久的将来我们就一定能掌握整个链条。否则我们就掌握不了这整个链条，建不成社会主义的社会经济关系的基础。"④

为了保证"新经济政策"的实施，1921年春天以后，苏维埃俄国制定了一系列法律、法令。这一年的12月，俄共（布）十一次代表会议指出："在革命进程中和政权机关实行的经济政策基础上建立起来的新型关系，应当在法律中得到反映，并在诉讼程序中得到保护。"随后，即1922—1923年，苏联出现了社会主义立法的热流。1922年5月，全俄中央执行委员会第九届第三次会议通过了《关于被苏俄承认，受苏俄法律保障和苏俄法院维护的基本私有财产的宣言（法令）》《劳工土地使用法》《苏俄刑法典》。同年10月，又通过了《苏俄土地法典》《苏俄劳动法典》和《苏俄民法典》。1923年7月，还通过了《苏俄民事诉讼法典》和《苏俄森林法典》，等等。

这样，列宁就从向社会主义的"直接过渡"转向了"迂回过渡"。无论在认识上，还是在政策上，或者在法律对策上，都是如此。

这是一个很大的"迂回"。之所以要做这样的"迂回"，是为了遵循客观的经济发展的规律。从法哲学看，就是为了使法与客观的经济发展规律保持一致，为了追求真实的法律和有效的法律。列宁曾称国家制定的宪法性文件为"成文的宪法"或者"法定的宪法"，而把客观存在的社会关系和阶级力量的对比称为"现实的宪法"、"真正的宪法"或"事实的宪法"。他认为，"法定的宪法"只有比较真实地反映"现实的宪法"，才能真正具有宪法的性质。他说："当法律同现实脱节的时候，宪法是虚假的；当它们是一致的时候，宪法便不是虚假的。"⑤ 从"直接过渡"到"迂回过渡"的转变，正是这一科学论断的实际证明。

---

① 《列宁全集》第33卷，第39页。
② 同上，第67页。
③ 同上，第45页。
④ 同上，第90页。
⑤ 《列宁全集》第15卷，第309页。

三、非"唯"论

从"直接过渡"到"迂回过渡"的转变,并不意味着苏俄一切法律制度在"新经济政策时期"都"转到资本主义"方向去了。为了确保法律的社会主义性质,列宁认为,法律应当在以下三个方面对经济进行调控:第一,保证经济沿正确轨道进行,防止对"新经济政策"的滥用。1922年10月31日,列宁在全俄中央执行委员会第四次常会上说,要竭力注意划清什么是满足一个公民为适合目前经济流转而提出的合法要求,什么是滥用"新经济政策",决不能使滥用政策的现象合法化。第二,法律工作应通过纠正和惩治经济违法犯罪行为,为经济建设服务。列宁为全俄苏维埃第九次代表大会起草的《经济工作问题的指令》,要求人民法院严格监督私营工商业者的活动,严厉惩罚其违法行为,并教育广大工农群众独立地、及时地、严格地监督他们遵守法制。列宁还特别强调,应对经济上的失职事件予以制裁,对贿赂、贪污等经济犯罪狠狠打击。第三,法律应保证国家抑制新经济政策的一切消极方面,使消极方面缩小到最低限度。①

在俄国的特殊条件下,列宁领导俄国人民首先夺取了政权,确立了社会主义的法制,以此促成社会主义经济基础的形成和发展。虽然道路颇为曲折,还不得不"迂回"前进,但毕竟肯定了一点:在新生的苏俄,不是已经形成的经济基础决定法律制度,而是法律制度帮助新的经济基础的形成。

这种情况,如前所说,在中国和其他社会主义国家里同样发生了。

或者是"纠正"事实,或者是修正理论,二者必居其一。但事实就是事实,历史就是历史,谁也无法修改了。因此,只有修正理论一条路可走,即必须修正"法是由其经济基础和通过经济基础反映出来的生产力发展水平所决定的"理论。

这个修正,可以用"非'唯'论"来概括。所谓"非'唯'论"是指:法并非仅仅由其经济基础和通过经济基础反映出来的生产力发展水平所决定的。

此论并不否定经济基础和生产力发展水平对法的根本性的决定作用,仅仅排除"唯经"的观点,否则就难以解释现实生活中无可否认的事实。

实际上,俄国十月社会主义革命的发生,俄国无产阶级得以夺取政权而建立社会主义国家,是由多种因素决定的。其中包括:有一个强大的久经革命斗争考验的、建立了铁的纪律的无产阶级政党和富有经验的党的领导集团;时值第一次世界大战的末期,沙皇俄国政府的统治力量已削弱到极点;软弱的俄国资产阶级没有组成可以与俄共(布)抗衡的政党;国际资产阶级力量其时不可能援助俄国的沙皇政权;等等。

东欧国家之建立社会主义政权与社会主义法制并借此而确立社会主义的经济基础,其

---

① 同上,第33卷,第400页。

特殊条件是：雅尔塔会议上美、英、苏三国确定了战后世界势力范围的划分，战后苏联红军占领了这些东欧国家并帮助它们确立了新型的社会制度、法律制度和经济制度。

中国之建立社会主义政权、社会主义法制并借以逐步确立社会主义经济基础，也有自己的特殊条件，有一个强大的经过长期革命战争考验的无产阶级政党和经验十分丰富的党的领导集体；国民党政权的腐败已达极点；汪洋大海般的农民群众苦于"三座大山"的压榨，苦于长期战争的消耗，已无法照旧生活下去；等等。

俄国、东欧国家和中国的上述特殊条件，不能说与"经济基础和生产力发展水平"无关，但必须肯定，它们都不是"经济基础和生产力发展水平"本身。如果按照经典的马克思和恩格斯的理论，革命是不会首先在俄国、中国这样的生产力发展程度较低，资本主义经济基础的发育程度较低的国家发生的。

事实证明，"唯经"论是错误的，非"唯"论或可取而代之。

四、非"必"论

不仅日常的社会生活是复杂的，而且一切社会生活都是复杂的。越是范围广阔、影响巨大的社会生活，涉及的有关方面越广的社会生活，就越复杂。诸如社会革命的发生，国家政权的更迭，法律制度的改变以及生产关系的更新等，都是极为复杂的社会生活现象。引起变化的原因总是多方面的，所有这些导致剧变的因素本身都是活跃的变量。各种不同因素的不同变量及其不同方式的组合，必定产生不同的结果。假设只有导致变化的五种因素，每种因素仅有五种不同等级的变量，这五种不同因素的结合方式又仅有五种类型，仅仅如此，三者的排列组合，就会产生出"万花筒"般的不同结果。

我们必须承认，导致社会生活重大变化的因素是多种多样的；我们必须承认，所有这些因素都是具有不同的变量的因素；我们还必须承认，这些不同变量的不同因素的不同组合，必定会产生不同的结果。

这样，由非"唯"论，我们就可推导出"非'必'论"。

所谓"非'必'论"是指：某一经济基础及通过该经济基础反映出来的生产力发展水平之上，不一定耸立起完全相同的政治和法律制度。

现实和历史都证明"非'必'论"是无可非议的。

现实如欧美、日本和苏联、东欧的部分国家，曾大致处于相同的经济基础与生产力发展水平的基线上，但各自耸立起了截然不同的政治与法律上层建筑；朝鲜、韩国曾如此；东德、西德也曾如此。

历史更有意思，也更能证明"非'必'论"的合理性。例如，在古代罗马奴隶制时代产生的罗马法，是"奴隶制社会最发达、最完备的法律，对奴隶制占有关系，特别是对简单商品生产的各种关系（如买主和卖主，债权人和债务人、契约、家庭，等等）都做了详尽而明确的规定。以至后来的剥削阶级法律，都不能对它做实质性的修改。"① 恩格斯评价罗马法是"商品生产者社会第一个世界性法律"②。1804 年的《法国民法典》，有关人的权利能力和行为能力以及物权和债权部分，就是以罗马法为基础而制定的，在体制上连人法和物法的分编也照旧采用。1900 年生效的《德国民法典》，除体制有所改动外，在内容方面，从概念、术语到与物权、债权有关的法律关系，基本上沿袭了罗马法。明治维新后的日本民法，中国从清末开始的民律草案以及中华民国的民法五编等也都参照了罗马法。这就是说，奴隶制的罗马法耸立到封建制与资本主义制的社会去了。又如，"中世纪法律制度即封建制的法律制度，反映着封建社会经济、政治的基本特点，维护着封建制的生产关系。然而，由于历史发展极不平衡，各民族进入封建社会的时间以及封建法在不同国家的表现形式都是不同的。更不用说有些民族根本就不曾有过农民的农奴制依附地位，有些民族在氏族制解体以后，不经过奴隶制，直接进入了封建社会。这就使封建法律制度呈现出一片光怪陆离的景象"③。西欧处于封建制早期的各国，盛行的是日耳曼习惯法，"口耳相传，和道德规范没有明显区别"④。阿拉伯地区的各个国家大多以《古兰经》为法。由于伊斯兰的宗教性质，使得不论居住在任何国家的穆斯林，任何信奉伊斯兰教的国家，都必须遵循与采用《古兰经》。这样，就在世界法制史苑形成了一支独特的阿拉伯法系。这就是说，封建制的"经济基础和它所反映的生产力发展水平"之上，耸立的都是"光怪陆离"的"和道德规范没有明显区别"的"习惯法"，而这种"习惯法"是在原始社会瓦解时期开始形成的；还耸立着直至今天资本主义的阿拉伯世界仍然依循的伊斯兰法。

由此可见，把一切看得太过简单，似乎某一经济基础与生产力发展水平之上"必定"是这一类型的法律制度，是与历史、与现实不相符合的。在这种情况下，除接受非"必"论外，还有什么更好的办法呢？

但是，从人类社会发展的总体、总过程、总趋势看，经济基础及其所反映的生产力发展水平决定建筑其上的法律制度的基本性质，又有其科学性、合理性与正确性。我们以"非'唯'论"与"非'必'论"否定了某种机械地对待上述科学观点的错误，如果把这一科学观点的基本方面也否定了，就是犯了更大的错误。

五、"决定论"、非"唯"论、非"必"论和法与经济的辩证关系

本章开头提到的法理学界关于法与经济的关系的共识，由于核心是"经济决定法"，

---

① 《外国法制史·导言》，第 7 页。
② 《马克思恩格斯全集》第 21 卷，第 346 页。
③ 同①。
④ 《外国法制史》，第 73 页。

此处简称为"决定论"。

决定论的核心思想,是唯物主义根本原则的体现,无疑是正确的。非"唯"论不是对决定论的否定,仅仅是补充了决定论,即说明:在决定法的产生、发展方面,除起决定性作用的"经济"因素外,还有其他诸多因素;在特定的条件下,某些非"经济"的因素会凸现出来;但在历史发展的长河中,从社会发展史的总体看,无疑是"经济"在起决定性的、根本的作用。非"必"论也不是对决定论的否定,也只是对决定论的一种补充,即说明在相同的"经济"背景下,由于诸多因素同时在起作用,可能出现多种形态、多种性质的法律制度。

决定论所判定的法与经济的关系,总体上已比较完整地描述了二者辩证关系的各个方面。但是,决定论只是就法与经济而论法与经济,但法与经济并不是孤立的一对关系物,它处在社会大系统中,不但法除与经济发生联系外还与其他事物发生联系,也不但经济除与法发生联系外还与其他事物发生联系,而且,法与经济的关系也与其他的种种关系发生关系。考虑到这一点,我们就必须顾及当经济"决定"法的时候,本方也被其他的因素制约着,从而使经济对法的"决定"作用或恰着正中,或左右偏离;当经济与法互动着的时候,还有其他诸多因素、诸多关系影响着甚至也决定着它们的互动关系,从而使二者的互动偏离决定论所设想的那种模式。

决定论者也许会说,这些我们都知道,但我们是抽取经济与法这一对范畴,就这一对范畴而论述的。这当然无可非议,而且笔者也认为决定论有着铁一般的逻辑贯穿其间。问题在于,这种纯粹又而纯粹的理论,无法回答一些现实的疑难问题。既然如此,还是放弃过于纯粹的理论,把法与经济的关系放到整个社会大系统中去考察为好。

南朝梁武帝《逸民》诗曰:"事迹易见,理难相寻。"① 这个荒唐皇帝干了一世蠢事,这句话一般的诗倒是说得不错的。"寻理"之难,难于"上青天"矣!本文之"理"也许是十分的"无理",那就请我们的读者,反其道而行,歪其道而行吧。种豆得豆,种瓜得瓜,种下"鸡冠"(花名),收获芝麻。让我们的法哲学探讨活活泼泼、自由自在地发展吧。

---

① 《古诗源》,第 289 页。

第八十六章　法与政治

李白《古诗·三》赞扬秦始皇勇猛威武统一天下曰："秦皇扫六合，虎视何雄哉！"[①]古往今来，引李白此诗句者，大抵用以歌颂秦始皇的武功。但是"秦皇"既已"扫六合"，并"雄哉""虎视"神州，同武功的关系，就不如与政治手段及法律手段的关系那么密切了。拙以为秦始皇一统天下之后，除以军威作为后盾之外，主要就是依靠政治手段与法律手段来治理国家了。

推而广之，古今中外，举凡国势强盛者，莫不凭借纵横捭阖的政治手段与斩钉截铁的法律手段来维护其统治。其中，又莫不凭借其巧妙地处理法与政治的关系而得益甚巨。

但当我们这样想，这样写时，还只是狭窄地去看"政治"，从而也就缩小了政治与法的关系的范围。为了正确地论述法与政治的关系，首先必须对"政治"的含义做基本的论定。至于"法"，则是前文已大量涉及了。

一、关于"政治"的定义

关于"政治"，有极为多样的不同的定义。

《世纪辞典》(*The Century Dictionary*)对"政治"所下的定义是："从狭义和较常用的意义上说，政治是通过公民中的政党组织指导或影响政府政策的行为或职业——因此，它不仅包括政府的伦理道德方面的内容，而且，只要公职的占有可能取决于个人的政治态度或政治贡献，它就经常不顾伦理道德的原则而特别包括那些左右公共舆论，吸引和引导选民，以及获取和分配公职任职权的艺术。"[②]这是西方世界关于"政治"的比较典型的定义。

《简明社会科学辞典》"政治"条所下的定义，简单到只有七个字："经济的集中表现。"

[①]《李白诗选集》，第111页。
[②][美]F.J.古德诺：《政治与行政》，王元译，华夏出版社1987年版，第10—11页。

这是关于"政治"的内涵的说明。至于外延,该《辞典》认为:"处理阶级内部的关系、阶级之间的关系和民族间、国家间的关系,都属于政治的内容,其表现形式为代表一定阶级的政党、社会集团、社会势力在国家生活和国际关系方面的政策和活动。"[1] 这是比较典型的"东方"国家即社会主义国家关于"政治"的定义。

"东方"定义源于列宁的论断。但列宁的"政治"定义远不止一个。他有时说,政治是"一切阶级和阶层同国家和政府的关系方面,一切阶级的相互关系方面"[2];有时说,政治是"经济的集中表现"[3];有时又说,政治是"参加国家事务,确定国家方针,决定国家活动的形式、任务、内容……"[4];有时则说,"政治就是各阶级之间的斗争……"[5]。

王勇飞在《略论法和政治的关系》一文[6]中指出,"把政治等同于阶级斗争是不对的",因为"政治既包括敌对阶级之间的关系,也包括人民内部各阶级、各阶层之间的关系,既包括阶级之间的关系,也包括阶级内部的关系,还包括民族关系和国际关系;既包括阶级斗争方面的内容,也包括经济、文化、事务管理方面的内容。"王勇飞认为他的这些看法,还可援引列宁自己的话作为论据。列宁说:"现在我们主要的政治应该是:从事国家的经济建设,收获更多的粮食,供应更多的煤炭,解决更恰当地利用这些粮食和煤炭的问题,消除饥荒,这就是我们的政治。"[7]

我同意不能把政治等同于阶级斗争的观点。但是,更不应将政治与经济活动混淆起来,正如不应把政治与科学技术活动混淆起来一样。有人认为,科学家在科学上做出贡献,就是他的政治行为、政治贡献。这是十足的无知,不仅是政治无知,也是科学无知。科学家的科学活动及其贡献,可以为这个阶级利用,也可以为与之对立的另一阶级利用。把科学与政治等同起来,就取消了二者的界限。科学成果,只有当它在某种政治目的支配下被利用起来时,这种"利用"才是政治行为,而科技活动本身仍不是政治行为。同理,经济活动本身也不构成政治行为,只有当在一定的政治目的支配下有计划地从事某种经济活动时,它才具有政治的含义,属于政治性的行为。

因此,当存在着大量的混淆了众多概念的界限的政治定义时,拙以为,以给"政治"做狭义定义为宜。

我们试为"政治"做如下定义:政治是维护或反对现行政权的活动。

这个定义首先表明,政治是动态的"活动"过程。无"活动",便不成其为政治。不

---

[1] 宋原放主编:《简明社会科学词典》,上海辞书出版社1982年版,第730页。
[2] 《列宁全集》第5卷,第391页。
[3] 同上,第32卷,第71页。
[4] 同上,第33卷,第340页。
[5] 《列宁选集》第4卷,第370页。
[6] 《河北大学学报》1982年第3期。
[7] 《列宁选集》第4卷,第370—371页。

能把政治看成死的、静止状态的东西。

这个定义其次表明，政治的核心问题是政权问题。敌对阶级之间的关系、阶级内部各阶层、各集团、各个人之间的关系、民族关系、国际关系，只有当与国家政权联系在一起并表现为或维护，或反对现行政权时，才是政治关系、政治问题，才是政治。如果经济活动不涉及维护或反对现行政权，就不是政治活动；而如果是为了维护或反对现行政权，它本身就成了政治活动。上述列宁所说的"现在我们主要的政治……"就是这个意思。例如，十月革命胜利后俄国工人和劳动人民开展的"星期日义务劳动"，形式是经济活动，实质则为政治活动。

这个定义再次表明，无论是维护现行政权的活动，还是反对现行政权的活动，都是政治活动。许多定义把政治仅仅看成是"一定阶级的或社会集团为建立和维护自己统治的一种活动"，这是以偏概全。依此定义，一切政治反对派的活动都不是政治活动，因而也就没有什么"反革命"了。

要不要在定义中写入"……是经济的集中表现"呢？拙以为不必。写入，是阐明了政治的动因、根源、源泉。但一般来说，定义是不必阐明这一点的。何况，政治作为经济的集中表现，适用于一定的历史阶段，未必适用于一切历史阶段。人类从来就有而且永远会有经济活动，但却曾有或会有无政治的时期，那么，其时"经济的集中表现"是什么呢？此外，在完全相同的经济条件下和完全一致的经济利益的基础上，往往还会发生"维护或反对现行政权"的政治活动。例如，仅仅因为教派之见的分歧，就发生严重的政治冲突，这就很难以"经济的集中表现"来解释了。

这些看法都可以继续讨论。但它不是法哲学的任务，所以我们不予展开，限于作出定义以便于探讨法与政治的关系就可以了。

二、法是统治阶级的政治

苏联法学家 И.斯捷潘诺夫在《论宪法中政治和法的相互关系》一文[①]中指出，由于关于法的政治地位的许多论断不明确，某些作者就认为对"政治和法"相互关系的解释本身似乎存在矛盾。有三种观点，一种认为政治比法的含义广泛；一种认为法比政治含义广泛；一种认为二者是相同的现象。但他认为，对法的政治地位的基本评价是一致的，不可能就此展开对立观点的尖锐论争。

尽管 И.斯捷潘诺夫的看法是正确的，但作为法哲学，仍有必要对此略事讨论。

法是政治。任何立法活动、司法活动、执法活动、守法活动，任何立法活动的成果即制定的法律，都是政治活动或政治活动的成果。马克思主义的经典作家指出："一切共同

---

① 《苏维埃国家和法》1982 年第 10 期。

的规章都是以国家为中介的，都带有政治形式。"① 列宁也指出："法律是一种政治措施，是一种政策。"②

"法是政治"这一命题的成立，要求我们从政治的高度，即从维护或反对政治的高度来认识法。对于法的性质、法的本质的认识不管有多大的分歧，既然法是政治，那么在运用法来为政治服务，实现政治目的这一点上，是不应有分歧的。

但法不是一切人的政治，而首先是统治阶级的政治，因为它首先是统治阶级的意志与利益的表现。虽然在各种类型的社会的新生与上升时期，法往往同时反映诸多阶级，甚至还反映着对立阶级的某些共同利益，但作为主要是统治阶级的意志与利益的反映物，却是毫无疑义的。因此，我们必须如实地把法看成是统治阶级的政治。它的首要任务就是维护现行政权。

法作为统治阶级的政治，有时仅仅是一种掩饰统治阶级真实意图的装饰物。但这种装饰物本身就是一种政治。立法有时表现为一种"惯性"，即实际上立与不立都一样，却统治阶级都表现出了异乎寻常的立法热心。

中国历朝历代常有这种情况，制定这样那样的法，只不过是为了表明我"在制订"而且"制定了"这样那样的法罢了，实际上，实施与否是并不那么在乎的。隋炀帝之制定《大业律》与《大业令》就是一个典型。"炀帝即位，以高祖禁网深刻，又敕修律令，除十恶之条。……后帝乃外征四夷，内穷嗜欲，兵革岁动，赋敛滋繁。有司皆临时迫胁，苟求济事，宪章遐弃，贿赂公行，穷人无告，聚为盗贼。帝乃更立严刑，敕天下窃盗已上，罪无轻重，不待闻奏，皆斩。"③ 实际上，早在《大业律》颁行的同年即大业三年，隋炀帝即"发丁男百余万筑长城，西距榆林，东至紫河，一旬而罢，死者十五六"④。大业律令的制定，不过是一种装饰。

英国罗杰·科特威尔在《法律社会学导论》中，曾以专节的篇幅讨论了法律的"象征功能"。他赞同这样一种说法："社会有权集团的基本手法之一是操纵大多数有用的符号以便对民众进行说服工作的工具，因为，如德国法学家赫尔曼·坎特罗威茨（Hermann Kantorowicz）所说的那样：'人们拥有思想，但是"符号"主宰了人。'埃德尔曼认为：政治上象征符号的中心问题是，当他们作为一种最后威慑方式或者是一种强有力后盾时，这些符号必须是'独立的、随时可用和无所不在的'，但又不受个人任何活动的有效影响。"罗杰·科威尔特指出，政治象征的作用在于控制别人，而自身显然完全不受控制。⑤ 他举了一个典型的例子来说明作为"政治象征"的法：

---

① 《马克思恩格斯全集》第3卷，第71页。
② 《列宁全集》第23卷，第40—41页。
③ 《隋书·刑法志》。
④ 《隋书·炀帝纪上》。
⑤ [英]罗杰·科特威尔：《法律社会学导论》，华夏出版社1989年版，第121—122页。

1948年挪威制定了一部关于女佣工作条件的法律，但该法明显无效。该法规定限制工作时间等改善女佣地位的条文，但立法机关在制定法律时没有考虑到使那些受法律保护或影响的当事人了解法律的内容；执法机构也软弱无力。研究该法的奥伯特说，可以从议会讨论该法的争论中找到通过这部"天真"法律的原因所在。在议会的争议中，一种意见认为，该法只不过把已有的惯例编成法典，因而有效的实施程序是不必要的；另一种意见表示，该法是社会改革立法的一个重要部分，意在使现有工作条件得到改善。讨论中有些人徘徊于上述那种意见之中；保守党倾向于上述第一种看法，而左派人士则拥护后一种看法。奥伯特指出："在这里关键性的问题是竟然如此容易地把迥然不同的主张糅合在同一个法律行为中，并最终获得所有政治集团的一致拥护。"

罗杰·科威尔特写道："法律条文似乎比法律实施中的事实根据更为重要。这样就有可能使法律满足互相冲突的集团的利益，因为立法者可以以改革者的观念为标榜，但又保证这个法律不会实施，而且事实上也不会改变既定的行为模式。"①

不管法在实际生活中发挥了什么样的作为法的作用，或竟至根本就没有发挥，或不可能发挥，事情都完全一样：法是统治阶级的政治。

法是统治阶级的政治，当然是统治阶级首先加以利用的工具。但这不等于被统治阶级不能利用法来为自己服务。被统治阶级完全有可能在有限的范围内、在有限的程度上，利用法来为自己服务。例如，资本主义国家的无产阶级就有可能利用本国法律的某些关于民主权利的规定，来开展罢工斗争，举行示威游行，组织政党并开展活动。但在这种情况下，法就不是作为维护现行政权的工具被运用了。那么，这不是说明法不是统治阶级的政治了吗？这里要分清：法与人们如何运用法。法仍是统治阶级的政治，是维护现行政权的工具；资本主义国家中的无产阶级之利用法，是进行本阶级的政治活动，是为了反对现行政权。这是两回事。

法是政治，那么，政治是不是就是法呢？

三、政治不等于法

法是政治，但政治不能归结为法。政党的组织和开展活动，武装起义，国际会谈，选举与被选举，……这些都是政治，但不是法。把政治归结为法的人似乎没有，也不见有人提出政治即法的理论（И.斯捷潘诺夫所说三种观点中的一种，不知从何而出）。但是，从部分人的观念的深层来看，它的影响却是显然的。这就是一部分人的"法律万能论"。

按照法律万能论者的观点，一切都必须用法来规范，有了法也就万事大吉了。这种把法治观推到极端的论点，既是幼稚的，也是有害的。

---

① 《法律社会学导论》，第122—123页。

不可能做到一切都由法来加以规范,也不应提出一切皆由法律加以规范的要求。社会关系的调整,由于社会关系本身的多样性,因此调整方式,调整手段也应是多样的。经济手段、法律手段、行政手段、思想教育手段(道德、伦理、宗教手段都可以包括其中)、风俗习惯,都可能成为调节某种社会关系的工具。因此,"综合治理"实在是一种高明的社会对策。

法国学者米歇尔·克罗齐埃写了一本书,书名是《法令改变不了社会》。译介到中国来时,译者将书名的正题定为《论法国变革之路》,副题则是《法令改变不了社会》。在该书的"引言"中,作者写道:"……对于左派,我曾写文章提醒他们,切勿把变革当成本身就是好事而抱有幻想,也切勿对依靠法令进行的这种变革产生幻想,因为它会使社会机体受到损害,趋于贫乏。"[①]他指出:"法国政治家之所以不能正确地思考问题,之所以保持着羞答答的保守主义,继续对至高无上的权力充满幻想,从而陷入无知状态,这是因为他们对社会现实持有一种过于贫乏和狭隘的看法。""靠法令之所以不能改变社会,是因为会碰到巨大的、有组织的、多少有些强制性的错综复杂的自主运动……"[②]

米歇尔·克罗齐埃的书,是对法国社会变革与法律在变革中的作用进行分析后写成的,运用的是法国的材料,针对的是法国的社会现实,当然不能照搬而用于中国。同时,有些话似乎也说得过了头,不够严谨。例如:"靠法令改变不了社会",就不如"仅靠法令改变不了社会"为妥,也更符合他的真意。但是,该书是治疗"政治即法"、"法律万能论"的一剂对症药。正在投身改革,正在做"综合治理"工作的同志,尤其是身为领导者,应当读一读这一本小册子。

"政治不等于法"的最重要的逻辑结论是,不能用法来取代政治。当一个社会从"法制荡然"的状态下冲出困境时,是很容易从一个极端跳到另一个极端,走进"法律万能论"者设定的误区的。如前所述,我赞同毛泽东的"矫枉过正"论。但是,一直"过正"下去,变成了"矫枉过极"、"矫枉反正",就会适得其反,导致"乐极生悲"。因此,在我们大力加紧社会主义立法的同时,千万不能忘记其他一切有利于社会主义现代化建设的工具、手段、方式、方法、渠道、途径。

以上我们讨论了法与政治的一般关系。下面,我们再讨论几个略带特殊性的法与政治的关系问题。

---

① [法]米歇尔·克罗齐埃:《论法国变革之路——法令改变不了社会》,上海译文出版社1986年出版,第3页。

② 同上,第8—9页。

四、"政治优先于法"

法是而且仅仅是统治阶级的政治。即便是统治阶级的政治,范围也比法要大。而且,还有非统治阶级的政治。因此,政治是上位概念,法是下位概念。这就从逻辑上决定了"政治优先于法"的命题可以成立。

所谓"政治优先于法",是指政治决定法、政治导引法。这就是说,有什么样的政治制度、有什么样的政治现实,就决定着有什么样的法。当政治制度、政治现实发生变化时,法也将发生变化。

这里,经济基础对法的决定作用,是通过政治来实现的。政治是经济的集中表现。既然如此,作为经济的集中表现的政治,就直接决定采取这种或那种法来体现政治,来反映经济。

由于政治是维护或反对现行政权的活动,而统治阶级掌握着国家政权,所以,它所制定的法当然是用来维护国家政权,而法也就成了统治阶级的政治。

但政治现实中除维护政权的活动外,还有反对现行政权的另一类活动。这类活动同样对法起着决定性的作用和导引作用。这就是法常常表现出某种程度的与统治阶级个别成员、个别阶层、个别集团甚至整个阶级的某些利益相悖的原因。

有些人把政治只看成为统治阶级维护其政权的活动。这成了他们同时认为法仅仅是统治阶级利益的反映的原因。实际上,法是社会生活中各种因素、各种力量的"合力"造成的。不能否定统治阶级意志与利益所具有的决定性的影响与作用;但也不能因此而否定其他一切因素、一切力量的影响与作用。

总之,应当把政治中的"反政权"因素估计进去,并从而在"政治决定法、导引法"的公式中也兼顾到"反政权"的"政治"的影响与作用。

政治优先于法,是否意味着政策优先于法呢?不少人持"政策优先于法"的观点。拙以为这是不对的。如果"政策优先于法"的观点得以成立,那么,法的稳定性就完全被破坏了。而法的稳定性一旦不存在,法也就不成其为法了。

持"政策优先于法"论者,往往是由于把政策与政治等同起来的缘故。但政策不等于政治,它与政治相联系,但又有区别。首先,政治的外延比政策要大得多。通常,政策都是指当局或执政的党在政治上的策略。既有政治上的策略,就有政治上的战略,仅此即可见政治外延之大于政策。其次,政策是由政治决定的,而不是政治决定于政策。所以,实际上法与政策是处在政治大系统中的地位并列的子系统,二者相互联系、相互影响、相互制约,但不存在谁决定谁的问题,更不存在"政策优先于法"的问题。是政治决定法,而不是政策决定法。政策本身为政治所决定,对法起决定作用的是政治。

五、法对政治的规范作用

法为政治所决定，但不等于法是纯然被动的。法一旦被制定，它就成了政治现实即现实政治关系的行为规范。也就是说，当法被制定出来时，现实的政治关系就被肯定下来了。这样，一切政治关系的参与者，就都得接受法的规范、法的约束。

但现实政治关系被法肯定下来，并不会因此就不变化、不发展了。

现实政治关系之被法肯定，一方面，是现实政治势力较量并达成暂时妥协的结果，它本身就意味着较量双方并不完全心甘情愿，因而老老实实地接受这种妥协，这就潜存着现实政治关系继续变化的动因，这是前此政治关系演变的延续；另一方面，得到法肯定的现实政治关系的参与者，还将利用法来为自己服务，从而继续推动政治关系的演变。当我们这样推演论述时，仅仅是抽取政治与法的关系而展开的。这丝毫不意味政治本身还是由经济所决定，不是经济的集中表现。因此，如果推论"终极原因"，那么，仍是经济生活的变化在起决定作用。

法对政治的规范作用，是从法对维护现存政权与对反对现存政权的两方面或多方势力同时发生的。

就维护现存政权的一方来说，它将表现为对法的"忠心耿耿"、"忠诚老实"的执行，而且将尽力宣传、教育所有的人都遵守法，并且在有人违反法的规定时将强调法的强制作用。

就反对现存政权的另一方来说，它一方面尽力利用法中有利于自己的因素开展反对现存政权的斗争；另一方面也尽力利用法中不利于对方的因素去制约对方的活动。二者的目的都是一个，即继续改变现实的政治关系，以求实现转化。首先是政治关系的转化，使自己从被统治、被支配的地位转化为统治、支配的地位。其次是，时刻准备着政治关系转化后，尽快实现法的转化，使法重新肯定新的现实的政治关系。

法与政治的对立统一及双方的互相转化，就是这样表现与实现的。

前面说到过，法有时仅仅是装饰物。作为装饰物的法，同样是统治阶级的政治，但它是在统治阶级营垒内部各种势力达成妥协，而被统治阶级对此也无可奈何的现实政治关系的产物和反映。就维护现存政权的一方来说，只要法的这种装饰作用继续存在，它就会继续利用它；一旦起不了装饰作用，它就将毫不犹豫地抛弃它。隋炀帝之在《大业律》颁行不久，即"更立严刑，敕天下窃盗已上，罪无轻重，不待闻奏，皆斩"[①]，就是如此。至于反对现存政权的另一方，则从这种装饰性的法粉墨登场的第一天起，就应加以揭露、反对、抵制，直至它的摧毁。但反对现存政权的一方往往为某一种法的产生所迷惑，以为自

---

① 《隋书·刑法志》。

己已达到了某种目的,于是"刀枪入库,马放南山"而停止斗争。英国 1215 年大宪章为限制约翰王的权力而制定。反抗约翰王的贵族们,把他们认为不方便的事情列为条款,形之于文,要国王签字,保证不再违反。当时认为这是一个最可靠的办法。不料这一纸"大宪章"只是一种装饰。约翰王及其子孙根本不予理睬,事过境迁,又依然故我。所以后来英国贵族就重新开展斗争,直至用暴力把国王赶下台,送上断头台。作为对此类装饰物的厌恶的反映,英国人至今不愿起草一部成文宪法。一切善良的人们都必须严密注视作为装饰物的法的出现。要揭露法的装饰性,抨击其虚伪性,开展斗争,直到将它摧毁。如果这样的虚伪法律是用暴力支撑其存在的话,那么,只有诉诸暴力予以对抗。古今中外一切革命的阶级,都是致力于揭露虚伪的法律,抵制虚伪的法律并以实际斗争来争取真实的法律的。

无论是真实的法,还是虚伪的法,当它作为现实政治关系的法律化而出现时,它对政治的规范作用,包括着对政策的规范作用。无论是国家的还是政党的政策,都必须顺从法。И.斯捷潘诺夫在《论宪法中政治和法的相互关系》一文中指出:"法在什么程度上表现并规定长期政策,也就在什么程度上成为现行政策的基础(而所有的宪法规范就都是如此)。在这个意义上可以说,不是政策决定法,相反地,而是法决定决策。"① 笔者赞同И.斯捷潘诺夫的这一观点。必须明确:当长期政策被作为某种政治关系为法所肯定时,法对现行政策就起着规范作用。任何政策,如果是违反法律规定的,就都应予以更改。那种以"政策优先于法",随时随地随随便便地"以政策代替法律"、"以政策'修改'法律"的做法',是不能允许的。如果出现了"以政策'修改'法律"的情况,且不予纠正,法律就沦为装饰品了。

六、法和政治关系的复杂性

法和政治的关系从理论上可以简单地表述为政治决定法而法对政治有规范作用。但在现实生活中,二者的关系却并不是这样简单的。

苏联法学家 A.维什尼亚科夫指出:"实际上,政治和法的相互作用是个复杂的过程,除了直接影响的渠道,还有间接的因素,如具体的社会环境、传统,等等。"② 这一论断是正确的,它给我们的启示有两点:其一,法和政治的相互关系、相互作用是一个过程;其二,这个过程是复杂的,不仅有直接的作用,而且有间接的作用。这一论断的不足是,所指出的间接的因素过于简单。

法和政治的关系的复杂性,首先在于对二者关系发生直接或间接的影响的因素,是极其多样的,就直接的因素来看,法和政治本身就可以分解为多方面的内容。以法为例,既

---

① 《苏维埃国家和法》1982 年第 10 期。
② 《苏共的政策:方法论问题和政策》,莫斯科 1980 年版,第 92 页。

有真实的法律，又有虚伪的法律，二者对政治的规范作用显然不可能一样；既有法律文本，又有法制实施的实际状况，既有法律制度，又有法律理论，既有法律教学，又有法学研究，既有作为立法者的人，又有主要作为守法者的人；……所有这些都表明法本身就很复杂，因此对政治的影响与作用就极多样。再以政治为例，既有维护现存政权的政治活动，又有反对现存政权的政治活动；既有政治实践，又有政治理论；既有政治机构、政治实体，又有政治家、政客；……所有这些，同样都在以各种方式对法起作用。如果就间接因素来看，就更为纷繁复杂、丰富多样了。影响最大的是经济，它又有经济制度、经济状况、经济水平、经济类型……的多种因素。按理，同一经济制度下的政治与法律的关系应是一致的，但是同一经济制度下有时经济状况好些，有时经济状况不佳，从而对政治与法的关系也发生了不同的影响。此外，国际形势、历史传统、人口、心理、地理、民族特性、宗教、文化……都可能在这种那种程度上发挥其影响。

  法和政治的关系的复杂性，其次在于它是一个动态的过程。简单地看待二者的关系，指出政治对法的决定作用与法对政治的规范作用，只是作静态的分析而已。从动态的关系看，法与政治二者始终处于互动之中。因此，当政治"决定"法时，它本身是为法所规范着的，是法所规范的政治对法起决定作用；而当法规范政治时，它本身也是为政治所决定的，所以是政治决定着的法对政治的规范。这样，在研究法与政治的关系并用以指导法制建设或政治实践时，就成了一种法律艺术与政治艺术。应当建立一门法律艺术学与一门政治艺术学。而在建立这两门学科时，是很有必要研究一下"秦皇扫六合，虎视何雄哉"的种种实际材料的。

第八十七章　法与科学技术

杜牧《长安秋望》有云："南山与秋色，气势两相高。"[①] 笔者历览法的历史又研究科学技术法时，每每忆起杜牧的这两句诗，而且总是觉得，对人类社会贡献最大的，就是法与科学技术这两种人类的创造与活动。正是法与科技的良性互动，才使人类社会"气势两相高"。但二者的关系，必须进一步加以研究与说明。

法与科学技术同为社会这个大系统的两个子系统。这两个子系统之发生作用，包括二者相互之间发生一定的关系，都有两个共同的前提：

第一个前提是，都在社会这个大系统内发生作用、产生关系。因此，社会发展水平、社会制度等因素，都对它们有所制约、有所影响。

第二个前提是，都得通过人的活动来实现。离开人的活动，法与科技成果不会自行起作用，离开人的活动，法与科技之间也不可能发生什么关系。

在这两个前提下，法和科学技术的关系如何呢？

一、科技发展与法律意识的变化

科学技术的发展推进了人们的法律意识的变化。

法律意识作为人们对于法、法律、法文化现象的观点和态度，表现为探索法律现象的各种法律学说，对现行法律的评价和解释，人们的法律动机（法律要求），对自己的权利、义务的认识，对法、法律制度的了解、掌握和运用的程度，以及对行为是否合法的评价等。

科学技术的发展，荡涤着神学、唯心论的污泥浊水，使神权法学和各种唯心主义法学学派及其对人们的法律意识的影响日益削弱。现在，除奉行伊斯兰教法的国家和地区外，神权法学几乎已完全退出了历史舞台；各种唯心论的法学学派，都遭到了用科学思想武装

[①]《樊川诗集注》，第171页。

起来的人们的有力抨击，因而不再可能发生重大的社会影响了。

科学技术的发展，使人们对现行法律的评价和解释，发生许多重要的变化。例如，无论在刑法还是民法中，人的死亡都是法律关注的焦点之一，因为权利、义务的调整离开人便无所依附。而生理学、医学的发展，使人们对人的死亡提出了新的定义，从而对死亡的法律鉴定和认定以及随之而来的法律责任、民事权利、法律制裁，等等，都发生了前所未有的重大变化。

科学技术的发展也对人们的法律要求提出了新的刺激。科学技术是一柄"双刃剑"，不但可以促进经济繁荣，而且也能造成环境污染、生态失衡，导致巨大灾难的发生。因此，人们不仅要求立法以促进科技的发展，而且要求立法以预防科技的消极后果。

科技的发展，还使人们对自己的权利义务观发生重大的变化。在科技水平低下的时代，人们对义务本位法律观心安理得。但在今天，随着人类驾驭自然的能力的大大提高，人们的主体意识大大增强了；权利本位法律观上升到矛盾的主要方面。近几年来多次召开的法理学研讨会，都传出了强调权利本位的信息。多数学者认为，法的真谛在于对权利的认可和保护；不应当把法理解为对人的手脚作束缚的绳索；强调权利本位，就是强调人的主动精神和创造活力。而这一切，都与科技进步对人的精神世界的潜移默化的影响分不开。

《法学基础理论》（新编本）一书还指出，科学技术的发展，改变了人们的时空观念，从而影响到人们的法律意识的改变。该书认为：通讯、交通技术和设备的进步以及信息交换的加快，使人们对法律时效和时限的观念大大增强了；由于各国空间距离相对缩短，不同社会的法律之间的互相影响进一步增强，一国在立法时不能不考虑国际法和其他国家法律的规定，以求得法律适用上的方便有效。①

二、科技发展与法的内容的丰富化

科学技术的发展，大大丰富了法的内容。这主要有以下几种形式：

第一，导致在原有的法律形式中增加新的内容。

例如，科学技术的发展，提出了知识产权保护的要求，于是引起了一些国家在宪法中增添专利权保护等的条款。宪法是早已有之的根本大法，较早制定宪法的国家里，其宪法中并无专利权保护的规定。但1787年的美国宪法，却在其第一条第八款中规定："国家有下列各权：……（8）保障著作家及发明家对其作品及发明物限定于时间内的专有权，以奖励科学及实用技艺的进步。"

早在1859年，太平天国的杰出政治家洪仁玕，在其奉呈天王洪秀全的《资政新篇》

---

① 北京大学法律系法学理论教研室编：《法学基础理论》（新编本），北京大学出版社1984年版，第97页。

里，就提出了专利权问题，主张立法以保障知识产权，促进工艺发明。如果不是太平天国濒于衰败，完全有可能在其立法中增加有关条款。而这，当然是当时中国科学技术发展水平所提出的要求，而不仅仅是西方法律的影响所致。

又如，制定于1874年的《瑞士联邦宪法》，在以后的修正案中，加进了原子能立法与工业保护立法的条款。其第二十四条规定："……（五）关于原子能的立法由联邦负责。""联邦得制定关于防护离子放射线引起的危害的条例。"显而易见，没有原子能科学技术的发展，绝不会有这样的宪法修正。

在原有的法律形式中，由于科学技术的发展而增加新的内容，最突出的例子，就是修改著作权法、版权法，增加关于保护计算机软件的条款。例如，计算机技术的发展，使得美国参议院从20世纪60年代开始到1975年先后收到了八个版权法修正案，众议院则收到三个。据此，美国于1974年成立了"利用新技术作品委员会"，对有关计算机软件法律保护问题展开调查。该委员会于1978年7月向美国总统提交了一份包括十项建议的报告书。这些有关计算机法律保护的建议，在1980年美国修改《版权法》时，大多被吸收进去了。该法在世界上首次明文规定："计算机程序属于本法保护对象。"而后，英国、联邦德国、加拿大、印度、匈牙利、菲律宾、日本等国，也先后以直接或间接的方式修改版权法、著作权法，使之包含保护计算机软件的内容。

第二，导致以促进科技发展为主旨的新的法律类型的大量增加。

最先出现的，当推专利法。在日本，专利法叫作"特许法"，归入"无体财产权法"一类。所谓"无体财产"，当然是同"有体（有形）财产"相对称。是科技发展提出了新型法律需求以后的一次重大法律概念的革命性变化。随之而来的电力法、原子能法、生物技术法、电子法、海洋技术法、空间技术法、信息技术法，等等，无疑都是科技大发展所带来的新的法律类型。

第三，导致以防止科技发展消极后果为主旨的新的法律类型的大量增加。其中有环境保护法、公害对策法等基本法，也有水污染法、海洋倾废法、噪声控制法、空气污染法等部门法。

此外，还导致科技行政法、科技财政法、科技劳动法、科技人事法、科技协作法、科技引进法、科技出口法及科技国际法等新型法律的大量增加。

三、科技发展与法律调整手段的变化

科学技术的发展，将使得法律调整手段发生变化，为社会提供更加科学、更加严谨、更加有效的司法与执法手段。这主要有以下几点：

第一，对犯罪预防能力的提高发生影响。例如，新型的犯罪预防器械的制造，对犯罪预防能力的提高无疑将发生积极的作用。

据报载：上海工艺美术研究所陈列室内精美的工艺品价值连城。入夜，一个不法之徒悄悄潜入陈列室，室内没有任何警报声响发出，他自以为得计，正要动手攫取垂涎良久的珍宝时，几十米外的所值班室、几百米外的永嘉路公安派出所早已得到了报警。窃贼的一举一动，早被刚安装的无线防盗防火报警系统洞察得一清二楚。这是一套先进的报警系统。企事业单位安装了这种自动报警系统，一旦发生紧急情况，公安部门在1.5秒钟内就能收到报警。收到报警后，电脑还会挺认真地询问放在单位里的发报台："真的有情况？"在被加以确认后，再发出正式警报。当然，这一切是在以毫秒计的时间内完成的。这套报警系统可以带一百二十八个用户报警台，每个用户台又可以设置八个监控探头，监控探头左右监视范围达一百八十度，上下四十五度。用户夜间只要打开报警台，便可百分之百地对要害部门实行监控。不法之徒即使知道探头安装线路和位置，也无可奈何。他只要动一动电缆，警报立即发出。探头还能自动判别进入室内的运动体是人，还是老鼠或小猫、小狗。[①]

诸如此类的犯罪预防手段正在大量涌现。

第二，为司法鉴定提供新的手段。例如，科学技术的发展为血液的亲子鉴定、血型鉴别等等提供了全新的方法。又如，现在，在"声纹鉴定"和"指纹鉴定"方面，已经广泛使用电子计算机进行控制。"1972年罗马尼亚研究出一种个人言语识别系统，它用全电子设备进行，能鉴别出讲话人的性别，能从正常的多人嘈杂的对话中识别出某人的声音，还能检测出某人是经过伪装或模仿的发音。"[②] 采用现代科技的新型司法鉴定手段，也在大量涌现。

第三，微电子技术、计算机技术的发展，为司法、执法的自动化提供了新的手段。例如，运用电子计算机系统判案的方案正在设计之中，而这种方案的实施，是完全可能的，是必然会实现的。

除以上三方面外，科学技术的发展还导致立法体制发生变化。前述《法学基础理论》（新编本）一书指出："当立法涉及科学技术方面的专门问题时，国家立法机关的一般成员往往感到无能为力，不能不把这类立法工作委托给专门机构或人员，这样就在某些国家促成了'委任立法'的新体制。"[③]

以上是科学技术发展对法的影响。那么，法对科学技术又会发生怎样的作用呢？

四、法对科技发展的消极作用

这里所说的："法对科技发展的消极作用"，不是指法在防止科技发展消极后果中的作

[①] 钱维华：《电脑警卫》，《文汇报》1991年5月16日。
[②] 马进保、刘邦宪：《智能诉讼——司法活动中的现代化技术》，群众出版社1989年版，第78页。
[③] 北京大学出版社1984年版，第97页。

用。法在防止科技发展消极后果中的作用,如防止公害的发生,防止环境因科技发展而被污染,从实质上看,是对科技朝有利于人类的方向作积极的调整,是积极作用,而不是消极作用。我们所说的:"法对科技发展的消极作用",是指法律阻止、限制了科学技术的发展。

中国古代法律把能工巧匠列为人类的低等者,禁止他们与"上等"门第的人家通婚,禁止他们自由活动、自由创造,就阻碍了中国古代科学技术的发展。

欧洲中世纪的神权法、教会法对科学家和有技术专长者的残酷迫害,当然也阻碍了科学技术的发展。

法对科技发展的消极作用,大致有以下几种情况:

其一,逆时代潮流而动,违背经济与科技发展规律的立法,严重阻碍科技的发展。封建社会初期,资本主义社会初期,奴隶主阶级、封建地主阶级的王朝复辟的短暂时期里颁布的一些反动立法,无疑会起阻碍科技发展的作用。如果在社会主义国家中有不恰当地发展产品经济的立法,完全否定科技成果的商品性,也同样会阻碍科技的发展。

其二,打击、迫害知识分子,甚至对知识分子未予应有尊重的立法,也会阻碍科技的发展。我国元代将人分为十等,"九儒十丐",知识分子的法定地位仅在乞丐之上,当然严重地打击了知识分子,挫伤了他们发展科学技术的积极性。从隋代开始实行科举考试制度之前,长期实行法定的"世卿世禄"制度;科举考试制度行之既久,"八股"取士为法律严密保护时,都会打击、挫伤有真才实学的知识阶层的积极性与创造性,从而阻碍科技的发展。

其三,当客观情况发展变化时,未及时修改有关法律,也会阻碍科技的发展。例如,当新技术革命浪潮扑面而来,要求将科技发展放在经济发展的中心环节、关键地位,作为头等重要的任务来抓时,许多国家并未及时修改本国的宪法和法律,这必定不利于科技的发展,无法迎接新技术革命的挑战。

其四,当有关法律过分地、不切实际地去"防止"并不会发生的科技消极后果时,也会阻碍科技的发展。例如,当DNA分子(遗传分子)重组技术被发明时,几乎所有发达国家的有关立法("DNA分子重组实验准则")都采取了过分谨慎的态度,在恐怖心理的支配下,层层设防,严格限制DNA分子重组的实验。这就一度阻碍了这一领域生物技术的发展。

五、法对科技发展的积极作用

法对科技发展的积极作用主要见诸:

保证科技的发展具有良好的社会环境。这里,"良好的社会环境"包括良好的社会秩序,尊重知识、尊重人才的社会风气,蒸蒸日上的经济发展提供比较充裕的科技研究财政支持，等等。强有力的法律措施，对维护社会有重要的作用；切实具体的立法，可以在培养和促进尊重知识、尊重人才的社会风气方面起积极作用；法对经济繁荣的作用更不待言。这些，都会为科技发展创造良好的环境。正因如此，当法保护新型的社会关系、促进社会发展时，同样也促进了科学技术的同步发展。法对科技发展的这种积极作用，是间接地体现出来的。

直接调节科技发展中各种权利义务关系，调节人与自然的关系，从而促进科技的进步。这种直接调节的积极作用，在拙著《科技法学导论》中，做了比较全面与详尽的考察，这里不予展开了。①

以上我们考察了法与科技的关系。这种关系一般来说，是双向的互动，可以形成良性的互补、良性的循环，但也可能形成恶性的互相促退。开头我们曾提及，法与科技的关系有两个前提，即社会与人。因此，要在社会制度与人的主观能动性两个方面为法与科技的良性互动、互补与良性循环的发展创造条件。如果我们认真地去做，法与科技这"南山与秋色"，是可以"气势两相高"的。

---

① 倪正茂：《科技法学导论》，四川人民出版社1990年版，第121—133页。

第八十八章　法和道德

一、法和道德："孪生兄弟"的别离

唐代僧人郑谷写有一首诗意隽永、读之令人回味无穷的别离诗，题为《淮上与友人别》共四句：

> 扬子江头杨柳春，杨花愁杀渡江人。
> 数声风笛离亭晚，君向潇湘我向秦。①

结尾一句写得极为含蓄，宛如抒情乐曲最后消失的一个和声，恰似银幕上渐渐淡去的最后一个镜头，把旋律和剧情久久萦绕于你的心中，激荡起思绪绵绵、思潮滚滚。

法和道德这对"孪生兄弟"的"君向潇湘我向秦"的别离，也许比天地间任何一次别离激起的情感波涛更为壮阔，也更为缠绵。

法和道德，是一对"孪生兄弟"，其"母体"都是原始社会的风俗习惯。"'道德'这一术语，在拉丁字中是'风尚'的意思。'道德'的同义语'伦理学'这个术语，在希腊字中也是'风尚'、'习俗'的意思。"② 至于法，大家已经知道，是从原始社会解体时期的习惯法演变而来的，而习惯法之与习惯的渊源关系，更是不言自明的。也就是说，原始社会风俗习惯这一"母体"，在原始社会解体时期渐渐孕育、产出了法与道德这一对"孪生兄弟"。

"君向潇湘我向秦"中的"潇湘"，即潇水与湘水，代指风景秀美的湖南；"秦"指陕西，也就是后来"暴秦"的发源地与政治中心。我们不妨在此牵强附会一下：道德，作为关于善与恶、正义与非正义、公正与偏私、荣誉与耻辱、真实与虚伪等的观念以及同这些

---

① 《唐诗选注》，第604页。
② 赵震江：《法和道德》，《中国法制报》1981年3月3日。文中的"伦理学"似应作"伦理"。

观念相应的行为规则,风姿绰约、婀娜轻盈地向"潇湘"前行,行使它的并无暴力强制性的规范职能去了;而法,则踩着风雷、步履沉重地向"秦"地行进,行使它的依恃强制性暴力的规范职能去了。

湘、秦异地而处,法、道德分道扬镳,令最初的一批批法哲学家大感不解、惋惜难已。因此,他们总是希冀二者"同返故里"、"重叙旧情"。在他们的法哲学中,于是就把道德标准当成了法的最高标准。诸如以"正义"、"善"、"公正"之类道德观念为法律的最高准则,以"仁"、"义"、"礼"之类道德规范作为法律规范的代替物,就是这种观点的最明显表现。从柏拉图到托马斯·阿奎那,从周公、孔子到龚自珍,数千年中,无数的法哲学家,既没有追究法与道德这对"孪生兄弟"的娘胎族祖,也没有明确地将法与道德这对"孪生兄弟"加以区分。这就使他们的法哲学总是带有一种含混不清的成分。这种含混不清,可以概括为混淆道德原则与法律原则的界限这一点。

然而,道德原则与法律原则是不应混淆的。

首先,道德原则大多是多种多样,极不统一的,社会有多少个不同的阶级,就会有多少种道德和道德原则,甚至同一阶级的不同阶层也会有不同的道德和道德原则;但法律原则却总是单一的,一个社会只允许存在一种法律、同一的法律原则,要么保持它,要么改变它,但改变后仍是单一性的,不像道德那般具有多样性。

其次,道德原则往往是可以改变的;但当一部法律存在的期间,该法所采取的法律原则就是不可改变的。

再次,道德原则依靠社会舆论、传统习惯和人们的内心信念来维持;但法律原则却首先是依靠国家强制力来维持与贯彻的。因此,道德原则之被破坏,不会像破坏法律原则那样带来"坐班房"直至处死的后果。

马克思曾描述过资本家可能有的道德自由,大意是:我是丑陋的,但是我能买到最美丽的女子,所以我不是丑陋的;因为丑陋的效果,它的可憎的力量,被金钱消灭了。我,按我个人的体质说,是一个跛子,但是金钱供给我二十四只脚,所以我不是跛子。我是一个恶人、不诚实的人、黑良心的人、笨蛋,可是金钱受人尊敬,因此它的所有者也是受人尊敬。金钱是至善,因此它的所有者也是好的;此外,金钱使我免于不诚实的麻烦,我被当作诚实的。客观情况完全可能如此。但是,任何人都不可能完全无视法律原则,除非他同时无视自身的毁灭。隋律在中国法律史上第一次确定了"十恶之刑","十恶"的第一条便是"谋反"。"十恶不赦"、"谋反"便要处死。《开皇律》的这一条法律原则,谁也不能违反。开皇初,隋文帝杨坚为"密表劝进"立了大功的李穆下诏说:"礼制凡品,不拘上智,法备小人,不防君子。……自今以后,虽有愆罪,但非谋逆,纵有百死,终不推问。"[①] 这是一纸证书,保让李穆有犯了罪而"纵有百死,终不推问"的特权,但有一个例外,即诏

[①] 《隋书·李穆传》。

书所说的"但非谋逆",如为谋反、谋大逆,还是要处死的。有人也许会说,封建帝王自己不是可以不遵守任何法律规定与法律原则吗?表面来看,确是如此,但从实质上看,又非如此。即使是封建帝王,违反法律原则也是得付出自取灭亡的代价。秦二世、隋炀帝的短命夭亡,就是最好的例证。违反道德原则与法律原则的不同结果,就是"潇湘"与"秦"地之别。法和道德这对"孪生兄弟"一旦别离,就只好各个走上不同的道路,不能再加混淆了。

但二者毕竟曾是"孪生兄弟",因此总是可以找出它们的"你中有我,我中有你"的因素来,不仅如此,二者的相互制约与相互转化,也是常见的现象。

二、法和道德的互相联系

我们先来看法和道德的互相联系。这主要表现在以下几个方面:

第一,一定阶级的法律意识和道德观念互相渗透。

由于人们的法律意识与道德观念都源于他们的物质生活条件,为物质生活条件所决定,因此,他们的法律意识与道德观念本质上是一致的、息息相通的。这在任何一个阶级都是如此。

论者谓:道德和法有密切的关系。在一个国家里,法与统治阶级的道德在本质上是一致的。它们都是经济上和政治上占统治地位的阶级的意志的表现。其共同使命是使被统治阶级服从统治阶级的意志,维护有利于统治阶级的经济制度和社会秩序。因此,统治阶级的法律意识和道德观点往往互相渗透。

这一段话中,从开始到结束,出现了论题的转移。开头说的是道德和法的密切关系,后来推出的是统治阶级的法律意识和道德观点的互相渗透。这个结论与我们的论断,即任何阶级的法律意识与道德观点都相一致、相渗透的论断,是不尽相同的。前者的范围要小得多了。

第二,统治阶级的道德准则与他们的法律制度是互相配合、互相补充、互相依存的。统治阶级的道德准则是其法律制度的重要补充,法律上怎样规定,其道德准则就以这些规定为最低标准,要求被统治阶级遵行。另一方面,法对统治阶级公开地宣布的道德规范,总是起保护作用,并力促这些道德规范在被统治阶级中传播与发展。

论者谓:"法对统治阶级的道德观念和道德规范起着保护作用,并且促使其传播和发展。"

这一观点是值得分析的。

统治阶级的道德观念和它所公开宣布的道德规范是统一的、一致的吗?

拙以为,是基本上不一致的。

他们宣布"仁"为最根本的道德规范,但他们的道德观念却是"吃人"二字!

他们宣布"正义"为最崇高的道德规范，但他们的道德观念却是"强权即是公理"！

他们宣布"善"为最重要的道德规范，但他们的道德观念却教他们恶贯满盈而沾沾窃喜！

他们宣布"淫"为最危险的道德堕落，但他们的道德观念却教他们"嫔妃百数，宫娥三千"！

他们宣布"爱国"是最可贵的道德规范，但他们的道德观念却是准备随时随地去卖国！

统治阶级宣布的成千上万的道德规范，与他们的道德观念实际上是截然背离的。那些道德规范仅仅要求被统治阶级遵行，而他们自己是绝不愿也绝不遵行的。他们总是"既要当婊子，又要立牌坊"。那高高耸立的牌坊，就是他们的道德规范；满肚子的"男盗女娼"才是他们的道德观念！一切善良的人们，都不要听信这种欺骗宣传，似乎他们的道德规范与道德观念是完全一致的，他们从来就没有说过真话，而且永远不会说真话。他们也会表现出真诚地要行"仁"、要"正义"、要为"善"、要"爱国"的样子，但是记住：只有当"仁"、"正义"、"善"对他们有利的时候，他们才会实行；而所谓"爱国"，不过是叫你爱他的"国"而已！"国"也者，统治阶级囊中的宠物也！

因此，千万不要以为统治阶级的道德观念与他们的法律制度是互补的；实际上，只有他们宣布的要别人实行的道德规范才是与他们的法律制度互补的。正因如此，统治阶级的法是用以保护他们公开宣布的道德规范的，至于他们的道德观念，是靠暴力来帮助达到目的的。

第三，某些道德观念为法律规范所采用，同时某些法律规范也成了道德规范。例如"诚信"显然是道德观念，但在民法、经济法中，都作为法律规范被规定在条文里了。又如刑事诉讼法关于证人不得作伪证的规定，与道德规范的要求也是一致的。

现在我们再来看法和道德的互相制约。

三、法和道德的互相制约与互相转化

法和道德的互相制约主要见诸：

第一，道德水平的高低直接制约法的实施。当一个社会总体上的道德水平较高时，法的实施就会比较顺利。这是因为，总体上道德水平的提高，可以造成社会道德状况的较佳状态，而这本身就减少了犯罪，也减少了违法的可能，更为法的顺利实施创造了条件。而当一个社会总体上的道德水平处于低谷时，社会道德状况也就较差，违法、犯罪的条件就到处具备，从而违法犯罪也就会日趋增多。一个"路不拾遗"的社会，一般来说，也可以"夜不闭户"；而如果"争拾路遗"，那么，不但要"入夜闭户"，而且最好加上"三保险"锁。

正是因为道德水平的高低直接制约着法的实施，所以，"综合治理"中有加强思想教育包括道德伦理教育这一环，是十分正确的。

第二，道德水平的提高或降低，将导致某些法律规定的改变。

许多法律规定本就是最低的道德要求。例如伪造、倒卖票证，现在一般是作为法律规定的罪行必定加以惩处的。但是，如果社会经济的发展，道德水平的提高，使得倒卖、伪造案证的现象减少到一定程度，也可能不再作为法定罪名被规定在法律中。又如通奸，曾为我国法律规定为罪行，但在道德水平有相当提高的今天，它仅被作为不道德行为而不再作为罪行看待了。需作说明的是何谓"道德水平的提高"。拙以为，停留在封建社会的水准上来衡量男女之间的性关系问题，是得不出正确结论的。

与道德水平的提高相反，如果道德水平严重降低，就会出现不得不将某些原先的道德规范作为法律规范规定下来。

第三，法制状况也直接制约着道德状况。

一个法制严明的社会，其道德水平将会提高，道德状况将会改善。一个法制松弛的社会，道德水平也将下降，道德状况也将每况愈下。

鉴于法与道德的上述互相制约的关系，如何及时地、科学地加以协调，是一个十分重要的问题。例如，由于腐败现象的滋蔓发展，挪用公款、索贿受贿的人数增多了，金额加大了。在这种情况下，究竟是将打击经济犯罪的法律措施订得严格些好，还是放松一些好呢？本来受贿 ×× 元的该判 × 年徒刑，改为 ××× 元好，还是改为 × 元好呢？这是一个很值得研究的问题，否则，就会在腐败现象的发展面前"节节败退"——不得不逐年把定罪量刑的标准放宽。而这是十分危险的，因为它只能导致犯罪者更加地肆无忌惮。

法和道德的互相转化，是和二者的互相制约紧紧相关的。

法和道德的互相制约关系发展到一定程度，往往就会出现法与道德的互相转化。当不得不以法律手段调节道德领域的问题时，道德规范就转化成了法律规范；当道德水平提高到某些法律规定实为多余时，这些法律规定就会被取消，从而成为一般的道德规范。

四、评"康氏理论"

关于法与道德的关系，有所谓"康氏理论"。这一理论的创始者是克里斯琴·托玛休斯，他认为法律调整人们的外部关系，而道德则支配人们的内心生活和动机。康德后来在《正义的形而上学成分》中对托玛休斯的理论做了详尽的阐释，从而形成了所谓"康氏理论"。

应当说，"康氏理论"道出了部分真理，是对法与道德关系的有意义的概括，但问题在于，法与道德一方面有明显的区别；另一方面作为脱胎于同一母体的"孪生兄弟"，作为反映这种"孪生兄弟"关系的不同概念，其边界线是十分模糊的。"不说假话"，一般被看作是道德要求，即"真善美"中的"真"的要求，但"不说假话"作为对"证人"的要求,就不仅仅是道德规范,而且首先是法律规范。许多"纯"道德规范,在法官那里,往往变成了他判案的重要准绳。这在实行法官自由裁量制,在采取"自由心证"原则的社会里,就更是如此。在我国的刑法和刑事诉讼法的规定中,是十分注意犯罪动机的。也就是说,犯罪动机这一"内心生活和动机"也在法律调整的视野之内。因此,法律实际上不仅仅调整人的外部关系,而且也调整人的"内心生活和动机"。如果我们把法的作用范围拓展到警戒与预防的领域,法的调整人的"内心生活和动机"的作用就更明显了。

当我们把法与道德置于社会大系统中作动态的考察时,"康氏理论"当更显出捉襟见肘的不足来。法与道德都会因社会生活中的诸多因素而不断地变动,甚至还发生法律规定成了道德规范,道德规范成了法律规定的变化。在这种情况下,要明确断定何者为道德规范、何者为法律规范都很困难,又怎么确定二者"分而治之"地是调整外部关系与不是调整外部关系呢?

但"康氏理论"断言法调整人们的外部关系,道德调整人们的内心生活和动机,还是有其积极意义的。按照这一理论,可以大致地区别法律规范与道德规范。按照这一理论,还可以在条件成熟的情况下,比较明确地划定法与道德的各自调整范围,减少法官"自由裁量"的任意性,从而增强定罪量刑的科学性与准确性。按照这一理论,判案的计算机程序化的进程,也将大大地加快。最后,按照这一理论,专制、独裁也将受到比较有效的抑制。

法和道德,自从脱胎于母体之后,便"君向潇湘我向秦"地各奔东西了。但是,如《三国演义》篇首所说,"天下大势,合久必分,分久必合","潇湘"、"秦"地毕竟相距不太遥远,互相交流、交融的可能性是很大的,法与道德的重新合流,是必将实现的。其时,法趋于消亡,经过一切均由道德调整的阶段,最后连道德规范也自然地为习惯所取代,自己也一起消亡。因此,论者谓"法是历史性的东西,道德是永恒的",这也是一种谬见。原始社会里,不仅不知法为何物,而且也不知道德为何物。同样,到未来的共产主义社会,不仅法要消亡,而且道德也会消亡,只是它的消亡要比法晚一些罢了。

对于法与道德的消亡,我们都可以活剥陈子昂的《登幽州台歌》[①]曰:

前不见古人,后不见来者;
念天地之悠悠,竟欣然而颜开!

---

① 《唐诗选》上,第40页。

第八十九章 法与宗教

《后汉书·苏章传》载:"章迁冀州刺史,故人为清河太守。章行部按其奸赃,如请太守设酒甚欢。太守喜曰:'人皆有一天,我独有二天。'"有感于此说,元代萨都拉借雨伞为题发抒情感曰:

晴天却阴雨却晴,二天之说诚分明。
但操大柄常在手,覆尽东西南北行。①

论述法与宗教的关系,抓住"雨伞"的"大柄",即萨都拉所隐喻的政治权柄,也许是抓住了"牛鼻子"。

著名法学家齐乃宽研究员在《法与宗教》②中精辟地指出:"剥削阶级除了依靠法律、道德、规范调整人与人之间的社会关系外,还往往借助宗教教义和戒律对被剥削阶级实行统治。……在欧洲,罗马帝国自公元 313 年君士坦丁大帝宣布基督教为合法,继而基督教被定为罗马国教以后,宗教便被提到非常重要的地位,它与政治密切结合,与法交互作用,成为统治阶级实行阶级统治所不可或缺的重要手段。"

法与宗教,就是统治阶级手中的"二柄",而统治阶级之能抓住"二柄",所依靠的就是手中的政权。由此可见,考察法与宗教的关系时,至少应从以下两个方面展开:一为法、宗教和政权的关系;一为法与宗教的交互作用。

一、法、宗教和二者的依托

法、宗教的存在与发展,都必须有一定的依托。

---

① 〔元〕萨都剌:《雨伞》,《雁门集》第 393 页。
② 齐乃宽:《法与宗教》,《中国大百科全书·法学》第 113 页。

没有政权的依托，没有国家暴力的强制作为后盾，法便寸步难行，或流为一团震颤的空气——如果它只是习惯法的话，或流为一纸具文——如果它是成文法的话。但法本身就是在一定的政权条件下，由掌权者们制定的，因此这里不存在有无政权的依托问题，只存在政权强弱因而依托为大小的问题。

宗教则不同。"宗教早在原始氏族社会就已经存在，它产生的根源和基础在于生产力发展水平的低下，在于原始人对自然斗争力量的软弱。那时，除道德、习惯等外，宗教意识往往成为人们共同遵守的社会规范，在维护原始人的共同生活，调整人与人之间的相互关系方面，具有重要作用。进入阶级社会以后，出现了较自然灾害更为严重的社会力量的压迫。由于人们在社会力量面前的软弱无力，从而使宗教得以迅速发展，从其组织到神学都渐趋完备。"[①] 宗教发展起来以后，由于不同的教派有不同的教义，统治阶级选择诸多教派中的一种予以支持时，就可能冷落以至打击其他教派。同时，当一种教派得到统治阶级的支持时，又会由于统治阶级内部不同阶层、不同集团、不同势力的利益冲突而有不同的遭遇（待遇）、发挥不同的作用；甚至在统治阶级中的强大一翼的支持下，这一教派的实力可能发展到形成"教权"与"皇权"相抗衡、相冲突的地步。这在西欧中世纪和近代历史上，是屡见不鲜的。德国诗人海涅曾这样写道："这种世界观，这种基督教的真正根本思想，像传染病一样以令人难以置信的速度蔓延了整个罗马帝国，这种病痛延续了整个中世纪，它时而加剧，时而迟缓，使我们现代人还在肢体中感到痉挛和无力。我们当中即使有许多人已经治愈，但还是逃不出这个无所不在的病院气氛，而且作为许多病人中的唯一的一个健康人，他仍会感到不幸。"[②] 基督教义的影响如此之大，教会权力的极度提高，就造成了西欧封建社会时期的"二权分立"，即教权与皇权、世俗权力与精神权力的分立。但在这种情况下，教权实际上也成了政权，宗教得到教会、教权的支撑，实际上也是政权的支撑，只是这种政权以教权的外衣出现罢了。

在这一点上，宗教法的不同在于，在西欧历史上纯然依法而治，导致绝对的君主专制；教权依教会法而治与皇权依世俗法而治的分立，导致绝对专制主义无所施其技。1981年第4期的《晋阳学刊》发表了顾准在1973年5月写的《基督教、希腊思想和史官文化》一文，其中写道："……两种权威并存，对于欧洲政治之不能流于绝对专制主义，对于维护一定程度的学术自由，对于议会制度的逐渐发达，甚至对于革命运动中敢于砍掉国王的头都是有影响的。因为两头政治下最低层的人也许确实捞不到什么好处，体面人物都可以靠这抗挡那，可以钻空子，不至于像中国那样'获罪于君，无所逃也'，只好延颈就戮！"这是很有见地而且比较充分地论述了教权发展所带来的巨大副作用的。还应指出的是，"一定程度的学术自由"、"议会制度的逐渐发达"等从根本上说，并非教权发展的结

---

① 齐乃宽：《法与宗教》，《中国大百科全书·法学》第113页。
② ［德］海涅：《论德国》，商务印书馆1980年版，第208页。

果,而是多种因素的合力造成的,其中最重要的因素是资本主义经济的发展。

如上所说,法与宗教都必须得到强权的依托,这是二者的共同点;不同的是,宗教还会得到以特殊形态的政权即教权的依托,并造成与世俗政权相对立、相冲突的现象。但是,无论如何,二者都是统治阶级手中的"大柄"支持下的工具,统治阶级"但操大柄常在手",是尽可放胆地"覆尽东西南北行"的。

二、法与宗教的交互作用

在政权及政权的特殊形态的教权的支持下,法与宗教在各自对社会关系起调节作用的同时,二者还发生交互作用。

法与宗教的交互作用,在不同的条件下,或互相配合、互相支持,或互相制约、相反相成。

第一,法与宗教的互相配合、互相支持。

法与宗教互相配合、互相支持的前提条件是政权与教权的统一、合一或教权没有得到充分的发展而仅为政权支配下的一般权力。

吉朋在《罗马帝国衰亡史》第二章中指出,众人视各教皆真,哲人视各教皆妄,官人视各教皆用。近人魏源说:"鬼神之说有益于人心,阴辅王教者甚大;王法显诛所不及者,惟阴教足以慑之。"① 二人同样说出了宗教为政权所利用的真理,但魏源比吉朋更直接地指明了"鬼神之说"的宗教悄然配合("阴辅")、支持"王法"的事实。

对宗教的本质揭露得最深刻的是马克思。他说:"宗教里的苦难既是现实苦难的表现,又是对这种现实苦难的抗议。宗教是被压迫生灵的叹息,是无情世界的感情,正像它是没有精神制度的精神一样。宗教是人民的鸦片。"② 中国古代被判处死刑的人,临刑之前,往往被允许喝一点酒。这酒的作用与鸦片是一样的,即都用以麻醉人的脑子,使之顺从地接受被残酷地摆布的悲惨命运。如果鸦片的价格降低到和酒差不多,刽子手也许会允许死刑犯临刑之前吸足鸦片。聪明的西方刽子手很懂得这个道理,因此,他们让临刑者接受牧师的刑前说教。这大概是马克思名言"宗教是人民的鸦片"的最好注脚。

法作为调整器的作用是"立竿见影"的,宗教则以"软刀子"的形式补充"立竿见影"的法那种寒光闪闪、鲜血淋淋的屠刀的作用。木皮道人说得好,"软刀子割头,几年家不觉得死",宗教就是这种"软刀子"。

正因为宗教具有这种支持与补充法的作用,所以,所有并不愚蠢的统治者,都会努力运用宗教。在中国古代,一当佛教传入,就引起了统治者的极大兴趣并予以支持。发展

---

① 《魏源集·学篇》。
② 《马克思恩格斯选集》第1卷,第2页。

到北魏时期,都城洛阳竟建佛寺一千三百六十七座,一些小小的里坊,也建筑起十所佛寺。北魏熙平元年(516年)所建的永宁寺,中心的九层方形木塔高四十余丈,僧房楼观达一千余间。《南史·郭祖深传》载:"……鄴下,佛寺五百余所,穷极宏丽。僧尼十余万,资产丰沃。所在郡县,不可胜言。"唐代诗人杜牧以"南朝四百八十寺,多少楼台烟雨中"的名句描述了当时的盛况。但究宗教之实质,却应将此诗改为"南朝四百八十寺,多少冤魂烟雨中"的。

宗教配合、支持着法,同样,法也支持、配合着宗教。二者交相为用,都成了统治者手中得心应手的工具。

第二,法与宗教的互相制约、相反相成。

法与宗教在上述情况下是"水乳交融"地相互配合的,但在另一种情况下,却显出了平行发展、水火不容的样子。这就是教权的发展达到与皇权足以抗衡的地步时的情况。

贺卫方君在《基督教和教会法对西方法律的影响》一文中,[①] 独具匠心地考察、分析了有关问题,得出了不同凡响的新鲜结论。他详尽地指出了教会法对国际法、诉讼法、民法、刑法的影响。这些影响对法律制度之从野蛮走向文明倒是起了有利于社会发展的进步作用的。例如,在刑事诉讼方面,教会法首创纠问式诉讼程序,从而"使犯罪不再因执行者的忽略而逍遥法外,也使得受害人或其亲属不再由于惧怕势力强大的犯罪人而不敢起诉了",因此,"它对公诉制度的发展有着十分重要的影响"。又如,在民事诉讼方面,"教会法最显著的同时也是对后者影响最大的特色是它的书面诉讼形式",这"使法院能更好地对不同证人提供的证据进行研究"。

教会法的上述以及其他的创新,对世俗法的制约是明显的。后来,这些创新被世俗法所逐渐吸收了。这是宗教对法的制约作用的反映。

另一方面,法对宗教也有重要的制约作用。例如,佛教东传之后,中国统治阶级内部曾发生过激烈的论争,论争不得其果,于是诉诸法与政治力量予以排拒、废弃。南齐道士假张融之名作《三破论》,指斥佛教"一有毁伤之疾,二有髡头之苦,三有不孝之逆,四有绝种之罪,五有亡生之体",断言它乃"不礼之教,中国绝之,何可得从"。[②] 东晋慧远著《沙门不敬王者论》五篇,多方论证佛教徒可不受王法约束。这激起了凶猛的回击。至东晋成帝时,诏令"沙门应尽敬王者";北国武帝更下令废佛,他宣称"帝王即是如来,宜停丈六;王公即是菩萨,省事文殊"[③]。这是以法和政权力量排斥或废止宗教的例子。在西欧,世俗法逐渐地扩展其调整领域,教会法则逐渐收敛其调整范围。到了现代,教会法的作用已变得微乎其微了。

[①] 《蓟门法苑——中国政法大学研究生优秀论文集》,第17—32页。
[②] 《弘明集》卷10。
[③] 《叙任道林辩周武帝除佛法记》,《广弘明集》卷7。

不管法与宗教是并行发展中的互相制约，还是表现为此消彼长、互相排拒式的制约，实质都是为了达到相反相成的目的。

列宁曾指出："所有一切压迫阶级，为了维持自己的统治，都需要有两种社会职能：一种是刽子手的职能，一种是牧师的职能。刽子手镇压被压迫阶级的反抗和暴动，牧师安慰被压迫者，给他们描绘一幅在保存阶级统治条件下减少痛苦和牺牲的远景。……使他们忍受这种统治，使他们放弃革命行动，冲淡他们的革命热情，动摇他们的革命决心。"[①] 刽子手和牧师之间也会有摩擦和冲突，刽子手甚至会把屠刀架在牧师雪白粉嫩的脖子上。但所有这些默契的配合和公开的争斗，都只是为了达到具体的统治者的具体目的，而绝非满足被统治者的什么需求。

三、法与宗教的"合二为一"

法与宗教的特殊关系，以二者的融合为一最为突出。这就是教会法、伊斯兰法等的产生，存在与发展。

伊斯兰法的产生和发展，是紧紧相随于伊斯兰教的产生和发展过程的。其奠基时期为公元 7 世纪至 8 世纪中期，其时，关于"真主的最后一位使者"与"先知"穆罕默德的言论、行动以及遇到某些事件时的沉默态度的记载的《古兰经》，已经整理编纂。到它的全盛时期，即公元 8 世纪中期至 11 世纪中期，阿拉伯人在北非、中近东各地，在"圣战"的旗帜下，用火与剑传播了伊斯兰教，同时教义学也得到了长足的发展。伴随伊斯兰教的产生与发展，穆罕默德的言行等，成了教徒必须仿效的最高榜样，而教徒间的一切纷争也依照《古兰经》的记载以及其他教义学说的原理来加以解决。这样，《古兰经》以及其他教义著作就在成为伊斯兰经典的同时，也成了伊斯兰法。它的内容极为广泛，涉及穆斯林生活的各个方面，实际上规定了居民的法律地位、穆斯林的义务、所有权、债、婚姻、家庭与继承、犯罪与刑罚以及法院组织、诉讼程序，等等。

法与宗教的这种融合为一，进一步说明了法与宗教同为统治者手中维护其统治的工具。

既经融合的宗教法，往往比世俗法更为残酷严苛。例如，13 世纪时教皇格里高利建立的宗教裁判所（或称异教裁判所），遍设于法国、意大利、西班牙等国，直接隶属于教皇及其代理人，以镇压"异端"和"异端嫌疑者"为名，竭力扼杀当时的进步思想、进步言论、进步书籍，残酷迫害进步思想家。"宗教裁判所存在达数世纪之久，它以极端残忍闻名于世，尤以西班牙为最甚，仅在 1483—1498 年十五年间，就有 8220 名'异教徒'被

---

① 《列宁全集》第 2 卷，第 638 页。

处火刑，另有 89326 人被处其他刑罚。"[1]

法与宗教在政权的依托下分分合合地为统治阶级服务，在融合为宗教法的情况下，却兼具刽子手与牧师的职能。这种情况下，"二天之说"所带来的"麻烦"也不见了。如果萨都拉知道这一点，也许会改他的《雨伞》诗为：

> 风云雷电雨雪晴，任尔众天变其形。
> 但操大柄常在手，覆尽东南西北行。

---

[1] 《外国法制史》，第 149 页。

第九十章 法学比较方法的哲理探讨

一、比较法学的学科归属

> 天若无霜雪,青松不如草。
> 地若无山川,何人重平道?①

唐人唐备的这首诗指出,没有霜雪,显不出松柏的坚毅;没有山川,显不出道路的平坦,世上一切事物都是相比较而存在,相比较而见长的。正因如此,比较方法也就成了任何一门学科的研究方法。

在法学研究中,比较法学已形成一门独立的学科。沈宗灵教授的《比较法总论》②和吴大英、任允正教授的《比较立法学》③等都指出,早在19世纪中期,比较法学作为一门学科已经兴起;到第二次世界大战后已得到巨大的发展,"其繁荣状态为以往所罕见"④。《比较宪法》《比较民法》《比较商法》《比较刑法》《比较行政法》《比较诉讼法》《比较婚姻法》……林林总总,不一而足。

不少人认为,比较法学仅为一种方法科学,可附入法理学。这为广大比较法学者所异议。

诚然,法理学研究也使用比较方法,但它同时还使用其他的研究方法。这是主要使用比较方法的比较法学与法理学的区别之一。区别之二在于,法理学使用各种研究方法回答法学理论的一般问题;比较法学则用比较研究方法,既回答一般性的理论问题,也回答比

---

① 〔唐〕唐备:《失题二首之一》,《全唐诗》第8782页。
② 沈宗灵:《比较法总论》,北京大学出版社1987年版。
③ 吴大英、任允正:《比较立法学》,法律出版社1985年版。
④ 《比较法总论》,第22页。

较具体的法律和法学问题。例如，匈牙利比较法学家阿季拉·哈尔玛季所撰《经济合同制度比较研究》一文[1]，研究了社会主义国家与资本主义国家"行政合同"、"国营企业合同"、"私法合同"等的具体区别。这类问题，法理学一般是不涉及的。

但比较法学与所有的部门法学也不相同。部门法学也使用比较方法进行研究，但它同法理学一样同时使用其他研究方法。同时部门法学总是以特定的部门法——特定时期、特定国家、特定的部门法为研究对象的，只是在部分问题上才展开与别一时期、别国的相同部门做比较。比较法学作为主要用比较研究方法的法学学科，即使作部门法比较时，如在比较刑法中，也总是两两相对地一比到底。波兰比较法学家叶任·伏鲁勃列夫斯基所撰《法律体系比较分析的方法论问题》指出，在比较法学中，总是"法 L1 同法 L2 比较"这样的公式在起作用[2]。这一公式，在任何比较法学著作中都是普遍适用。

因此，笔者以为，比较法学作为独立法学学科存在是毋庸置疑的，不必纳入法理学之中，更不应与部门法学混淆。但它又是理论性较强的法学学科，因此，属于理论法学的范畴，而不属于应用法学的范围。

作为理论法学，比较法学的研究方法既可在本学科中展开探讨，以解决有多少比较方法，何种方法最佳之类的问题，也可在法理学中展开探讨，以解决法学比较方法的地位、作用以及同其他研究方法的关系问题，还可在法哲学中进行研究，以解决比较研究方法的哲理基础问题。

二、法学的比较研究方法概述

虽然比较法学早已独立，而且出版了大量的有关著作，还出齐了多达十七卷、每卷篇幅多达一千二百页的《国际比较法百科全书》，但是，对比较方法本身的研究却似嫌不足。至今为止，我们还未见到完整而全面地论述各种比较研究方法并对各种方法做比较研究的文章。

现据从各种涉及法学比较研究方法的文章所提供的资料和自己的一些想法，将法学的比较研究方法归纳为下表：

---

[1] 《国外比较法学论文选辑》，群众出版社 1986 年版，第 90—120 页。
[2] 同上，第 134—146 页。

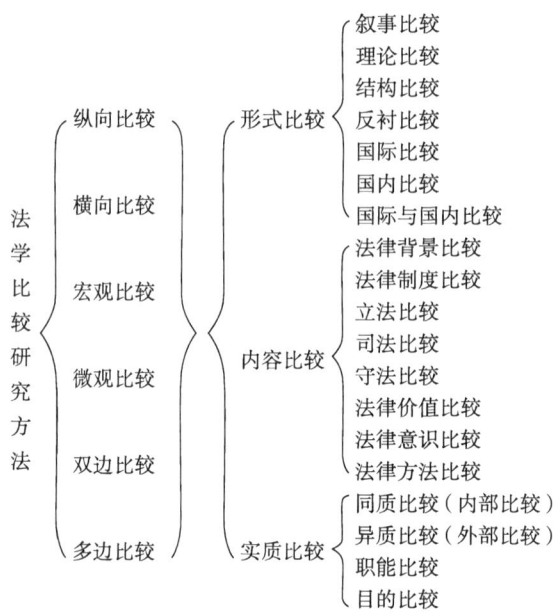

上图表明，纵向比较、横向比较等等，都可分为形式比较、内容比较、实质比较，即既有纵向形式比较，又有横向形式比较；其余依此类推。

其中，纵向比较又称历史比较、史的比较，是指就历史上的几种法或两种法的形式、内容、实质做比较研究。我国清末的法律家薛允升（1820—1910年）所撰三十卷《唐明律合编》，对唐律和明律做了比较研究。这就是纵向比较。横向比较又称水平比较，是指同一时代的法律的比较。

形式比较中的"叙事比较"，在匈牙利比较法学家伊姆雷·萨博在《比较法学的理论问题》一文[①]中提到过。他写道："法的'叙事'比较，和'理论'比较之间的区别，是对待这种比较的两种态度区别的结果。……'叙事'比较和'理论'比较属于不同的级。所谓'比较立法'，比'比较'法哲学（即法哲学中的比较）更接近于实证主义的态度；前者具有实际任务的特点，而后者是由科学认识的理论目的决定的。这种两分法是跟法律部门科学和法的一般理论科学的划分相对应的。"

"反衬比较"亦称"对立比较"，是指对立的法律体系之间的比较。这一概念是苏联学者 C.П.齐夫斯首先提出的。他在《论国家与法科学中的比较研究方法》一文[②]中写道："法律体系的对立，在很大程度上比法律体系的相近更可以成为比较的目标，而苏联比较法学家常常称之为反衬比较。"苏联法学家 B.A.图马诺夫在《比较法学》[③]一书的前言"苏

---

① 《国外比较法学论文选辑》，第71—89页。下文引自第72页。
② 《苏维埃国家和法》1964年第3期。
③ [苏]B.A.图马诺夫：《比较法学》，莫斯科进步出版社1978年版。

联和东欧一些国家的比较法学研究"中也指出，社会主义法与资本主义法的比较研究，可以称为"反衬的（对立的）比较"。

"国际与国内比较"，是指以国际法与同一范畴的国内法为对象进行比较研究。B.A.图马诺夫在上述文章中认为："比较法学的传统范围也可以扩展到其他一些方面。例如，在许多情况下，有必要对某些国际法文件和本国法进行比较研究。"他以国际《人权公约》与苏联宪法人权条款的比较研究为例做了说明。

实质比较中的"同质比较"又称"内部比较"，"异质比较"又称"外部比较"。后者与"反衬比较"大致一个意思，但"实质比较"是与法的内容联系在一起的；而"反衬比较"之所以列在"形式比较"中，是因为"对立"的或不同的法，既可在内容上做实质性的比较，也可仅做法的表面联系（区别）的比较，"反衬比较"就限于对法的表面区别的比较。如果被"反衬"的法的比较研究涉足于法的本质内容，那就可以称为"异质比较"了。

"内部比较"是指同类型的法律体系间的比较；"外部比较"则为分属不同社会形态的各个国家法律体系的比较。保加利亚比较法学家日夫科·斯塔列夫在《社会主义法律科学中的比较方法》一文[①]中指出："如果是在特定的本国法律体系内部展开比较，而且只为这一法律体系服务，那么，这种比较可以认为是内部比较。""关于不同的现行法律体系或法律制度之间的比较可以说是外部比较。"

"职能比较"概念的含义，日夫科·斯塔列夫在上述文章中也做了介绍："人们越来越清楚地认识到原先的办法已经不中用了，而不得不寻找中介比较法来代替它。'被解决的问题'的概念成了基本概念。进行比较的研究人员要检查，每个法律体系中的哪些规范或哪些法律制度适用于同一现实问题。……在西方的比较法学理论中，依靠'被解决的问题'作为'中间环节'的比较，被称之为职能比较。"

"目的比较"是指限于法律宗旨、立法目的方面的比较。

上列法学比较研究方法的图表不是尽善尽美的。例如，许多比较方法的交叉未被图表所说明。其实，纵向、横向比较中，有宏观、微观比较之分；宏观、微观比较中，也有纵向、横向比较之分。又如，内容与实质比较又往往是不可分的，起码，实质比较必须建立在内容比较的基础上。好在有了上列图表，我们已可大体了解比较法学的比较研究方法的概况了。

三、比较的基础

比较研究的基础，在于对有关法律材料的全面搜集。这是对比较法学研究的唯物主义要求。恩格斯在《社会主义从空想到科学的发展》这一著名文献中指出，我们所研究的自

---

① 《国外比较法学论文选辑》，第32—70页。

然界或人类社会历史,以一幅由种种联系和相互作用无穷无尽地交织起来的画面呈现在我们的眼前,它没有任何东西是不动和不变的,而是一切都在运动、变化、产生和消失;为了研究它们,"只有当自然和历史的材料搜集到一定程度以后,才能进行批判的分析和比较。"① 自然研究如此,历史研究如此,法学的比较研究也是如此。没有充分的、丰富的、全面的材料,比较研究是无法进行的。日本比较法学家能田五十在《日本比较法学的过去和现在》一文②中指出,"负责日本法现代化的人们,通常不了解西方法,不了解跟他们格格不入的西方概念",因此,"他们不能对西方各不同国家的法律体系进行比较,并从中选择当时的情况下最合适的法律体系"。这等于指明,"不了解西方法"就"不能……进行比较"。能田五十批评第二次世界大战前,日本"专制的政府""拒绝一切进步观点",当然也就不允许介绍苏联的法律,因此,要对苏维埃法这一当时唯一的社会主义法进行研究就"成为不可能"。他赞扬后来情况发生了变化:"日本对俄语的研究采取了认真的态度,国内几乎已把苏维埃法律资料全部收集到",这使有关的比较研究走到了与英国法、法国法、德国法的比较研究的最前面。现在日本已在东京大学建立了比较法和外国法档案中心,那里"集中了为比较法研究者或者外国法研究者所必要的一切基本资料"。我国的比较法学研究起步较晚,全国性的比较法学研究组织1991年刚刚成立,极为稀有的资料,还零零星星地分散在全国各地的大学与研究所中。作为上海社会科学院法学研究所比较法研究室主任,谨郑重并强烈呼吁中国政府与中国法学会尽快设法建立法学研究档案中心,使得比较法学与其他法学能够发展得迅速一些。值此经济体制转轨之际,学习、研究、借鉴以至移植国外的法制,已成当务之急。这样,比较法学研究所迫切需要的档案基础,务必尽早尽快地充分提供,因此十分恳切地希望我的呼吁不至成为"说了也白说"的东西。

"比较的基础"中的"基础",还可作"标准"、"依据"来理解。这样,我们就将接触关于比较方法哲理探讨的另一条原则,即可比性原则。

"不同质不能较量。"这是真理。"木与夜孰长?""水与诗孰多?""书与海孰深?"这一类问题,都因"不同质不能较量"而难以回答。但如考察一下"土圭"、"日晷"等的计时方法,却启示人:木头的长短与时间的长短还真能做一番比较。古人以竹竿插地,根据其影子的长短与方向可以大致了解时间的变化。古埃及人的"日晷",是用有刻度的木条作为晷盘,以晷针落在晷盘上的影子所在之处来认读时间。这些都是证明。我与郑伟宏同志写的《逻辑与智慧》一书③探讨了这个问题,认为:"时空的测量告诉我们,异类不比,而且时空的测量非异类不比。"为什么"异类"可比呢?因为"两个事物究竟是同类还是异类?这是相对于不同条件而言的。'万物毕同毕异',世界统一于物质,这可以说是万

---

① 《马克思恩格斯全集》第19卷,第220页。
② 《国外比较法学论文选辑》,第317—341页。
③ 倪正茂、郑伟宏:《逻辑与智慧》,湖南人民出版社1983年版。

物毕同。世界上又找不到完全相同的两片树叶子，任何两个东西都总有差异，这便是万物毕异。两个事物，就其相同点来说构成同类，就其不同点来说构成异类。一个事物有许许多多属性，根据不同的属性可以把同一个事物归属到不同的类别中去。""在人类的认识历史上，当着人类向着自然的深度和广度进军时，许多本来毫不相干的东西，一旦发现它们之间有某种共同属性时，它们便一变异类为同类，于是'异类不比'就转化成了'同类可比'。"①

在比较法学中也曾遇到"不同质"的法律的比较问题。初期的"不同质"的法律不可比较的观点，现在已被纠正了。

马克思和恩格斯曾提出过可比性和不可比性的概念。马克思在《资本论》中说，物（例如鞋油和绸缎）的使用价值是不可对比和不可比较的，而它们的交换价值是可以比较的。这里，交换价值就成了鞋油与绸缎之类本来不可比较的东西之变为可比的中介物。这启示法学家寻求"中介"以实现不同质的法律的比较。

日夫科·斯塔列夫在《社会主义法律科学中的比较方法》一文中指出："应该把所谓通过中间环节比较（tertium comparationis）、媒介（mediun）或公分母（denominateun）的问题提到首位。""人们越来越清楚地认识到原先的办法已经不中用了，而不得不寻找中介比较法来替代它。"② 罗马尼亚比较法学家约兰达·埃米涅斯库还曾专门写了一篇题为《关于不同法律体系的可比性问题》的文章③，详尽地讨论了比较法学中的"可比性问题"，认为不同质的法律的可比性，已得到比较法学界的普遍承认。

何种不同质的法律，用什么"中间环节"，怎样进行比较研究，这些属于比较法学的研究领域，我们不做展开。从法哲学来说，我们限于论及"毕同毕异"的万物，包括法、法律、法文化都可以变"异类"、"异质"为"同类"、"同质"而予比较。当然，这里所谓"同类"、"同质"等，是有一定的限制与条件的，不是指把诸如社会主义法与资本主义法归到一"类"、视为同"质"了。

四、比较和新知识的推出

通过比较法学研究，是否能够得到法学的新知识从而对法制实践有所助益？

曾有的学者认为比较方法不提供法学的新知识。据 B.A. 图马诺夫介绍，苏联学者普·彼捷里就持有此种观点，他仅承认比较过程和比较的结果有可能成为新知识的来源④。

---

① 《逻辑与智慧》，第 304—309 页。
② 《国外比较法学论文选辑》，第 42、43 页。
③ 同上，第 147—168 页。
④ [苏]B.A. 图马诺夫：《苏联和东欧一些国家的比较法学研究》，《国外比较法学论文选辑》第 17 页。

我国有的学者也认为"逻辑推不出真理"①。比较方法的哲学实质是逻辑方法。既然"逻辑推不出真理",比较法学自然也推不出法学新知识。

笔者认为,逻辑是可以推出新知识的,在《逻辑推不出真理吗?》一文②中,笔者详尽考察了演绎推理、归纳推理、类比推理之能推出新知的问题。从法学看,比较法学当然能得出新的法学知识。共产主义必定胜利,在马克思与恩格斯那里,是逻辑结论,而不是实践结论。在列宁、毛泽东时代曾经不但是逻辑结论,而且也是实践结论。但近几年的实践似乎反而证明共产主义在许多国家都失败了。支持我们继续坚持共产主义必胜的信念的,当然还有中国改革的伟大实践,同时,即使仅仅是从逻辑上看,我也坚信人类最终一定会走向共产主义,共产主义一定会在全球实现。道路如何,时间短长,是另一个问题;可以肯定的是,铁的逻辑证明共产主义必胜,绝不可能改变这一铁的逻辑。应当承认,共产主义必胜这一逻辑结论曾经是,现在对于许多人来说,仍然是新知。

同理,比较法学的逻辑比较方法,也可以推出关于法学的新知识,否则,比较法学就可悲地只是资料的收集、排列与组合了。

摩尔根对伊罗克人社会的研究及其结论,曾受到反动历史学家们的激烈攻击。恩格斯高度评价了摩尔根的研究,还在1891年6月13日写信给考茨基说:"目前出现了新的因素,即有了从事比较法律学的法学家,尽管他们有其消极的方面,但或许可以击破这个老朽的小集团。"③ 马克思和恩格斯运用比较方法,分析了封建制和资本主义制国家都袭用奴隶制的罗马法的条文,科学地解释了袭用古罗马法的原因与本质。他们写道:"罗马法是纯粹私有制占统治的社会的生活条件和冲突的十分经典性的法律表现,以致一切后来的法律都不能对它做任何实质性的修改。"这里马克思和恩格斯通过比较研究所提供的法学新知识,谁能否定得了呢?

薛允升的《唐明律合编》所提供的法学新知;梅因的《古代法》和《古代制度史》所提供的法学新知;孟德斯鸠的《论法的精神》所提供的法学新知;程树德的《九朝律考》所"考"出的大量法学新知;……又有谁能否定得了呢?

五、"求因果五法"和比较法学研究

综观比较法学著作,我们发现,以形式逻辑的"求因果五法"做比较研究,还未引起足够的重视。

契合法、差异法、契合差异并用法、共变法和剩余法等逻辑五法,目的是从可能的原

---

① 周谷城:《逻辑推不出真理》,《复旦学报》1978年第1期。
② 上海市逻辑学会1979年年会论文。
③ 《马克思恩格斯全集》第38卷,第108页。

因中探求出真正的原因，但方法却可以归纳为两个字，即"比较"。

契合法（亦称求同法）是指，从被比较研究的现象出现的若干场合中，找出仅有的一个情况为各个现象所共有，从而推断这唯一的情况为被研究的现象的原因（或结果）。

差异法（亦称求异法）是指，被比较研究的现象出现的场合与被比较研究的现象不出现的场合，只有一个情况是不同的，其他情况则完全相同；而且，两场合唯一不同的这个情况，在被研究现象出现的场合中是存在的，在被研究现象不出现的场合中是不存在的，那么，这个唯一不同的情况就可被推定为被研究现象的原因（或结果）。

契合差异法是指，有两组事例，一组是由被研究现象出现的若干场合组成的，称为正事例组，另一组由被研究现象不出现的若干场合组成的，称为负事例组，如果在正事例组的各个场合里只有一个唯一的共同情况，而且这个情况在负事例组的各个场合里都不存在，那么，这个情况就可被推定为被研究现象的原因（或结果）。

共变法是指，在被比较研究现象发生变化的各个场合，如果其中只有一个情况是变化着的，而其他情况都保持不变，那么这个唯一变化着的情况便是被比较研究现象的原因（或结果）。

剩余法是指，有一个复合的被研究现象，从已知的这个复合现象的一部分是某些情况的结果，那么就可推定这个复合现象的剩余部分就是别的情况的结果。

契合法、差异法、契合差异法、共变法的"比较研究"的性质是十分明显的。剩余法不太明显，但我们一看它的下列公式，还可清楚了解它的"比较研究"的性质。这个公式是：

由 a、b、c、d 构成的复合的被研究现象是复合的情况作用的结果；

现象 a 是情况 A 作用的结果，

现象 b 是情况 B 作用的结果，

现象 c 是情况 C 作用的结果；

所以，现象 d 是情况 D 作用的结果。

日本法作为一个法律综合体，是中国法、法国法、德国法、美国法传统影响的结果，如果从中析出某几个部分为法国、德国、美国法律影响所造成，那么，剩余的部分则为中国法传统影响所造成。

法国社会学家迪尔凯姆注意到了"求因果五法"在社会学、法学比较研究中的作用。他认为"比较方法必须坚持因果关系的原则"。他说："证明一种现象是否是另一种现象的原因，只有一种方法，这就是比较它们同时出现或者同时不出现的情形，考察它们在不同结合中的变化迹象,从这些变量中观察它们是否相互依赖。"① 迪尔凯姆批驳了逻辑学家和社会学家穆勒的如下观点:同样的结果不一定出自同样的原因。他认为,穆勒的这种因果关系说,将使任何科学分析都无法得出定论,"因为他把对事物的原因和结果的解释引入到一条极为复杂并且极不确定的道路上去,使人们的思想无所适从"②。

但迪尔凯姆又认为契合法、差异法是很难运用的,他说:"很难保证在应用这种方法时,在一切相同或者相异的事实中,所有同一时期和同一性质的现象都能够一览无遗地包括在内进行比较。"③ 我认为迪尔凯姆的这一看法是偏颇失据的。其实,"求因果五法"的一切比较结论,都只是或然判断而不是必然判断,其必然性与真理性应由实践检验、证明。因此,运用契合法、差异法尽管"很难",但仍不失为一种有用的比较方法。何况,"很难"这一概念本身就蕴含有"虽然很难,但还可以……"的意思,因此,迪尔凯姆是自己打了自己的耳光。

迪尔凯姆还认为:"剩余方法虽然是一种相当合理的实验方法,但是它对于社会现象的研究却毫无用处。"其理由是:"因为剩余方法必须首先假设已经了解被研究对象的许多重要规律,然后才能使用。所以这种方法只适用于已经取得足够进展的科学。"④ 不用过多的思索,我们就可以发现,迪尔凯姆关于剩余法"毫无用处"的断言,与"这种方法只适用于已经取得足够进展的科学"的论断,是直接抵牾的。要排除这种矛盾,唯一的办法是:否定一切社会科学都没有"取得足够进展"。即使如此,"毫无用处"也还是武断与错误的,因为"毫无用处"实在相当于"死刑"判决。韭菜割了可以长出来,脑袋割了再也长不出来。作了"毫无用处"的"死刑"判决,连"取得足够进展"的科学也被囊括进去了。西方社会学法哲学界大名鼎鼎的迪尔凯姆,在其颇具代表性的著作中,竟犯下了这样粗疏的错误,令人百思不得一解。也许,唯一可解的是:我们不必迷信西方的什么权威!中国人素以逻辑思维能力强劲而著称于世,何必亦步亦趋去舔洋人的屁股呢?我们确应实行"拿来主义",但千万不要盲目崇洋媚外。

为迪尔凯姆唯一首肯的是共变法。他认为:"共变方法既不要用许许多多不完整的材料作证据,又不必用许多表面性的观察作例证,它只要选择几件可靠的事实,就可以得出确切的结果。人们只要在一定数量的事实中能够观察到并且能够证明在两种现象中,甲变乙也随之变化,就可以认为已经了解到事物的规律。"⑤ 他还指出:"不过,共变方法只有在严格认真地运用时,才能取得准确的和真实的结论。如果选择的材料太繁杂,就难以找到

---

① [法]迪尔凯姆:《社会学研究方法论》,胡伟译,华夏出版社1988年版,第101页。
② 同上,第102页。
③ 同上,第105页。
④ 同上,第105页。
⑤ 同上,第108页。

主要的事物；如果选取的例子是靠不住的事实，也不可能得出科学的结论。"[1] 应当承认，迪尔凯姆对共变法的作用的评价和有关分析，是切中肯綮、颇为详尽、值得学习的。

完全有可能出现这样的情况，当把"求因果五法"作为重要的比较研究方法导入比较法学后，比较法学的发展会显得更加生动活泼一些。

由"求因果五法"所得到的启示是，还有许多传统的或现代的比较方法，都应导入比较法学的研究中去。传统的方法如类比推理，也是一种比较研究的方法。现代方法如最优选择，即对系统分析的结果作出评价，并与目标进行比较，从而选出最优系统，也有比较研究方法的因素。

可以预期，各种科学的比较方法的运用和综合运用，将会使比较法学进一步大放异彩，而法哲学则应为比较法学的比较方法作出论证，找到各种新的手段。

鲁迅曾说过，比较是医治受骗的良医。让我们循着科学的比较方法指示的道路，使法学、比较法学与法哲学的研究"百尺竿头，更进一步"吧！

---

[1] [法] 迪尔凯姆：《社会学研究方法论》，胡伟译，华夏出版社 1988 年版，第 110 页。

第九十一章 统计方法与法的定量分析

事物的数量几乎有神奇的功能！多少诗人借重事物数量的描述而诵就流传千古的佳作——"千锤万凿虽辛苦，烈火焚烧若等闲。粉身碎骨浑不怕，要留清白在人间"[①]，"莫道谗言如浪深，莫言迁客似沙沉。千淘万漉虽辛苦，吹尽狂沙始到金"[②]，"千山鸟飞绝，万径人踪灭。孤舟蓑笠翁，独钓寒江雪"[③]……

可惜的是，在法学研究中，量的分析还未得到应有的重视。对此，法哲学是应当负一定的责任的。应当由法哲学来阐明法的定量分析的重要性、可能性和若干基本的定量分析方法。

一、法的定量分析的重要性

客观世界不存在没有质的事物，也不存在没有量的事物，任何事物都是质和量的统一。社会的法律现象、法学的研究对象，同样存在质和量两个方面，是质和量的对立统一体。以往对法的研究，基本上是对其质的方面作定性分析，运用逻辑推理的方法，演绎、归纳或类比推论出新的结论。这种定性的分析是必要的，否则我们的认识便会停留在感性的直观上，不能实现理性的飞跃。但是定性分析有它的弱点。它的概括性往往与模糊性并存，它的抽象性往往脱离具体性。同时，定性分析是很难直接利用现代科学研究手段如电子计算机等等。

马克思曾认为，一种科学只有成功地运用了数学之后，才算达到了完善的地步。[④] 数学是从量的角度描述客观事物、揭示客观规律的工具。科学方法论告诉我们，可以用数学

[①] 〔明〕于谦：《石灰吟》，《历代诗歌选》第1064页。
[②] 〔唐〕刘禹锡：《浪淘沙》，《刘禹锡集》第252页。
[③] 〔唐〕柳宗元：《江雪》，《唐诗选》(下)，第118页。
[④] 〔法〕拉法格等：《回忆马克思恩格斯》，人民出版社1959年版，第72—73页。

量代表各种作用量，用数学量之间的关系刻画各种作用量之间的关系，用数学量及其关系组成的方程来描述客观世界的各种关系、各种规律；不仅可以描述客观对象的静态结构，而且可以描述它的动态过程；不仅可以描述它的渐变，而且可以描述它的突变；不仅可以描述简单系统，而且可以描述复杂系统。用数学来描述、刻画客观事物及其规律，具有符号形式化、精确度数量化和概括公式化的特点和优点，从而使计算机应用成为可能。用数量方法进行定量分析，将日益取得科学研究的主导地位。现在，应用数学方法进行定量分析，在经济计划的制订、现代化企业的管理、人口发展规律、产品质量控制、城市交通管理等方面已经取得了很大的成功。相形之下，法学在这一方面落后了。钱学森同志曾建议建立我国的数量法学。这是自然科学家对社会科学界的期望，法学界无疑应当积极响应，并且由此及彼，使整个法学研究的定量化大大向前推进。

法的量是法的规模、发展程度、发展速度、法的各种构成成分在量度上可用数量表示的规定性。法的量与法的存在不是直接同一的。不同的法的质，决定了法的不同。但不同的法的量，却可能与法之是否同类无关。法的量的规定性是多方面的，不仅表现在立法的数量上，也不仅表现在法条的多寡上。许多法条规定的时间界限、定罪界限、量刑界限、处罚界限；许多法律概念固定的种种数量含义等，也是法的量的体现。立法上如此，司法上也是如此。司法统计学、犯罪统计学的法哲学基础，就在于法的量的法哲学规定性。法的定量分析离开法的量的规定性，就无从谈起。因此，研究法的量，同研究法的质是同样重要的。

事物的量变质变规律告诉我们，量变达到一定的程度就会引起质变。因此，研究法的量，还是研究法的质的一个重要途径与重要方面。法的度是法保持其质的数量界限，因此，为着保证法的质，就必须研究法的度；而为着研究法的度、掌握法的度，又必须研究与掌握法的量。这样，法的定量分析就成了"一身而二任"的重要研究方法。

法的定量分析的上述理论意义，对于法制建设有十分重要的指导作用，这是不言自明的。总之，为着法学研究，为着法制建设，都应高度重视法的定量分析。

二、法的定量分析的可能性

法的定量分析的必要性告诉我们，必须把这一问题提到议事日程上来了。为进行法的定量分析，必须研究一下它的可能性。

法的定量分析的可能性，首先源于法的量的客观存在。即使是湮没无闻的法律现象，也有可能因考古及其他考证工作而重新发现，从而对其量作出分析。近人程树德先生汇集了唐以前历史文献中有关法律制度的资料，辑成了《九朝律考》。这一卓越著作开始于《汉律考》，对于"汉承秦制"的秦律却无法论定。1975年12月，从我国湖北省云梦县睡虎地出土了秦代竹简共一千一百五十五支，经整理出版了《睡虎地秦墓竹简》一书，其中包括《编年纪》《秦律杂抄》《语书》《秦律十八种》《效律》《法律答问》《封珍式》和《为吏之道》等八个部分，涉及的律名有三十多种。这就为对秦律从律名到其他内容的量的分析提供了第一手资料。栗劲的《秦律通论》的撰著就得益于此。《九朝律考》中有《隋律考》一节，程树德考出了隋律三十余条。这毕竟与《隋书·刑法志》所说《开皇律》"律文五百余"相去太远了。笔者稽考了各种史籍后，勉力钩沉而得二百余条，构成了拙著《隋律研究》的主要内容。《九朝律考》的《隋律考》列出了参与撰著隋律的人员高颎、郑译等七人。但据《隋书·裴政传》云："开皇元年……诏与苏威等修皇律令。……同撰著者十有余人，凡疑滞不决，皆取决于政。"根据这一线索，笔者考证出另有裴政、李德林等九人，加上《隋律考》中原有的七人，共十六人[①]。诸如此类的事实说明，久已湮灭佚失的，尚可经考证而重见天日并作量的分析，更不要说当代法律现象的一切几乎是完全"裸露"的客观的量了。

李林所著《立法机关比较研究》一书[②]，实际上回答了关于立法机关采取一院制与两院制、多院制孰优孰劣的争论。他指出，1927 年采用两院制的国家有四十四个，采用一院制的国家有十八个；1955 年采用两院制的国家有四十七个，采用一院制的国家有十六个；到 1982 年，设有议会的一百五十二个国家中，采用两院制的有四十四个，而采用一院制的有一百零七个，另有一个南非采用三院制。在此数量分析的基础上，李林转述了许多实行两院制的国家的法学家对两院制的否定意见和质疑性问题，给人以一院制优于两院制的强烈印象。以上资料，李林是从张友治主编的《世界议会辞典》，姜士林等主编的《世界宪法大全》、法律出版社出版的《各国宪政制度和民商法要览》、英文版的《世界各国议会》等工具性书籍中辑出的。也就是说，所引关于法的量的资料，都是"裸露"而不难取得的。实际上，这类资料都具有已经分类整理、比较全面具体等优点。

除了上述已经收集、统计并整理发表的"法的量"外，法律实践中的量，也是客观存在并可按一定手续、程序与方式收集起来的。

当然，应当指出，在我国，不少方面的统计工作还做得不够好，不必保密的却给了过多的保密限制。这是不利于社会科学包括法学的发展的，因为缺乏量的分析，真正科学的结论很难取得。没有大英博物馆收藏的、英国官方的大量统计资料，马克思写不出《资本论》；没有沙皇政府收集并公布的关于俄国工、农业发展的基本资料，列宁也写不成关于帝国主义的一系列著作。我们企盼我国也能加强关于法的量的收集、整理并及时公布，使法的定量分析可以做得与国外法学家相媲美。

法的定量分析，不仅要分析法的量，而且往往更多地要分析与法有关的其他事物的

---

① 《隋律研究》，第 14—23 页。
② 李林：《立法机关比较研究》，人民日报出版社 1991 年版。

量。美国阿尔蒙德和维巴所著《公民文化——五国的政治态度和民主》一书①，就收有大量的法的量和非法文化的量，二者的结合分析，对有关的政治与法律制度的研究起了极有意义的作用。例如该书第一百八十七页"对美国、英国和西德的投票和选举的态度与情感分析表"表明，对提问"投票时感到满意"做肯定回答的，三国分别为七十五人、四十七人、三十七人；对提问"有时感到选举投票有趣"做肯定回答的，三国分别为六十七人、五十四人、四十七人；对"感到气愤"做肯定回答的，三国分别为六十二人、四十七人、六十三人；对"有时感到很可笑"做肯定回答的，三国分别为五十六人、三十七人、五十一人。其中，三国被提问者总数分别为四百四十三人、三百二十二人、一百二十四人。表中还指出："被询问者均为中学文化程度"。这里，"被询问者均为中学文化程度"不是法文化方面的量；其余则为直接与法相关的量。这两种量的结合分析，可以得出这一文化层次的人对选举的态度、情感的某些结论。因此，在进行法的定量分析时，还应收集有关的非法文化的事物的量。一般来说，这类非法文化的事物的量，也是不难收集的。

三、法的定量分析的要求

法的定量分析的可能性要转变为现实性，需经人的努力。为此，首先应明确法的定量分析的具体要求。这些要求主要是：

第一，对法的量的分析，应严格尊重客观事实，如实收集有关的数量资料。

这是一条理应"不言自明"、无须多说的要求，故意搜集虚假数量资料当然不可能对法律现象作出正确的量的分析。但是，实际操作起来，这却是一条十分重要而又不易达到的要求。这是因为对"何为客观事实"，人们在认定上会有种种歧见发生，从而影响他们去"严格尊重"。著名的犯罪学权威、德国法学家汉斯·约阿希姆·施奈德在《犯罪学》②一书的第180页指出，关于犯罪行为与犯罪分子的常识，"是一种由成见、消息、传说所构成的混合物。人们虚构现实，选择一些消息并对此做出解释。新闻媒介传播一种犯罪形象，而公众舆论和刑事司法的心态在很大程度上是受其左右的。于是幻想变成了现实，因为人们相信它并且把它作为自己作出反应的根据。关于犯罪的公众舆论和新闻报道十分类似，可是同官方的犯罪统计和犯罪学研究中所说明的'犯罪真实性'根本不一样。"由"幻想"变成的"现实"，和客观的真实情况，绝大多数情况下是完全不一致的，究竟"尊重"何种"客观事实"，就成了实现第一条要求所应郑重对待的问题。

为求实现"严格尊重客观事实"，必须排除对法做量的分析的主体的利益权衡，因为

---

① [美]加布里埃尔·A.阿尔蒙德、西德尼·维巴:《公民文化——五国的政治态度和民主》，马殿君等译，浙江人民出版社1989年版。
② [德]汉斯·约阿希姆·施奈德:《犯罪学》，吴鑫涛、马君玉译，中国人民公安大学出版社1990年版。

一旦为自身利益所左右,"尊重客观事实"云云不但不可能"严格",而且势必化为乌有了。例如,汉斯·约阿希姆·施奈德就指出,警方的犯罪统计往往"想说明做了多么出色的工作",同时又"必须让公众获得信息:犯罪问题一点也没有减少,而是继续存在并威胁着社会。因为不这样做就会削减警方的人员和装备经费。"[①]诸如此类的利益权衡,无疑会影响"严格尊重客观事实"的要求,从而影响科学的法的定量分析。

第二,对法的定量分析,必须从整体的观点出发,研究大量的有关社会现象的量。法的现象的本质和规律性,必须通过大量社会现象的观察和研究才能显露出来。因此,既不能仅仅研究法律现象自身的量,也不能仅仅研究与之相关的个别社会现象的量。

法律现象自身的量是对法做定量分析的首要依据,这是毫无疑义的。但法是社会大系统的子系统,与其他社会现象有千丝万缕的联系,它们互相影响、互相制约。因此,非同时对有关的社会现象做量的分析,不可能得出关于法的正确结论。

第三,对法的定量分析,必须注意从动态的观点出发,研究变动中的数量关系。

统计学告诉我们,变动性是作为统计研究具体对象的统计总体的主要特性之一。因此,统计学要求统计总体必须有某些变动标志;整个统计工作的过程,必须搜集各个总体单位变动标志的具体表现。

统计学又告诉我们,作为认识社会的武器,统计、法的定量分析等等,都必须从动态上进行,利用动态资料,依据法的发展规律的特点来预测法律现象的发展趋势、发展速度。为此,统计学有"动态数列"的概念。按动态数列排列指标的不同,可分为绝对数动态数列,相对数动态数列和平均数动态数列。只有当把法的定量分析深入到各个动态数列中去,才可能掌握实际的法律现象运动过程、规律及发展趋势与速度等。

统计学有所谓"指数"的概念。从广义看,凡是说明社会现象动态的相对数,都是指数;但从狭义看,指数是用以反映不能直接相加的多因素所组成的社会现象综合变动的特殊的相对数。指数编制的任务就在于反映事物的总变动过程,反映子系统对系统总变动的影响。

总之,对法的定量分析,必须动态地进行,必须对动态的量作动态的分析,舍此无由获得科学结论。

明确了法的定量分析的具体要求之后,现在我们可以进而阐述统计方法与法的定量分析的具体关系了。

四、统计调查和法的定量分析的逻辑起点

为法的定量分析而进行的统计研究过程,一般有三个环节,即统计调查、统计整理和

[①] 《犯罪学》,第 181 页。

统计分析。

统计调查是为了搜集有关的被研究法现象的准确数量资料，以获得丰富的感性知识。这是法的定量分析的基础和逻辑起点。

毛泽东同志曾指出："只有感觉的材料十分丰富（不是零碎不全）和合于实际（不是错觉），才能根据这样的材料造出正确的概念和论理来。"[①] 正因如此，统计调查既是法的定量分析的基础，又是它的逻辑起点。没有周密的准确的全面的统计调查，法的定量分析和全部逻辑推论都将无从谈起。

统计调查的基本要求是达到高度的准确性和及时性。要达到高度准确性，就必须反映真相，杜绝谎报；数字完整，没有遗漏；计算准确，不出差错。下表为德意志联邦刑警局《1984年警方犯罪统计》中关于"1984年联邦德国居民及犯罪案件的地域分布"的统计表：

城镇规模	1984年6月30日居民		犯罪	
	人数	占全国人口的百分比（%）	案件数（件）	占百分比（%）
50万人以上大城市	10 195 300	16.7	1 218 071	29.5
10万—50万人以下城市	9 957 200	16.3	869 615	21
2万—10万人以下城市	10 016 000	26.2	1 089 679	26.4
2万人以下乡镇	25 012 600	40.9	923 816	22.4
其他			31 602	0.8
总计	55 181 100	100	4 132 783	100

这份统计表发表的时间是1985年1月4日，其及时性可谓达到惊人神速的地步。统计中的城镇规模划分、案件数都以高度的精确性令人钦佩。我们看到有的统计资料，充满了"约"、"强"、"弱"或"+"、"-"之类的字样、符号，说明准确度较差。也有的统计资料虽然明明不准确，却连"约"、"强"、"弱"的说明都没有，更显得不郑重了。这些都是要不得的。

统计调查按调查时间的连续性不同，有经常性调查与一次性调查之分。经常性调查是动态地对法做定量分析的必需。

按调查中搜集资料的方法的不同，有直接观察法（调查人员亲临现场计量、清点）、报告法（向提供资料单位收取各种原始记录和核算资料等）、采访法（包括口头询问法和被调查者自填表格法）等之分。各种资料搜集方法的结合，往往可以收到互相补充与互相纠正偏差的良好作用。

作为统计调查的一种形式，典型调查有十分重要的意义，它可以反映这一或那一法律现象的一般规律和趋势。典型调查应根据所研究的法现象总体的复杂程度分别采取具体

[①] 《毛泽东选集》第1卷，人民出版社1968年版，第249页。

的方式。在总体所由组成的各个局部发展比较平衡的情况下，选定一两个有一定代表性的局部做调查即可。这通常被称为"解剖麻雀"的典型调查。由于"麻雀虽小，五脏俱全"，"解剖"一个"麻雀"便可获得所有"麻雀"的有关结论。当各个局部发展较不平衡时，可以将各局部划分为几种类型，从每一类型中找典型单位进行调查。这被称为"划类选点"的典型调查。

抽样调查是统计调查的另一种重要方式。它是按随机原则在被研究的法现象总体中选取一部分调查单位进行的调查。自 1972 年起，在美国进行着经常性的被害人调查。这种调查中的全国范围的被害人数据采集工作，包括对六万个居住单位、大约十三万两千个居民作有代表性的抽样调查。大城市的抽样调查与全国性的数据采集工作都是独立进行的。总的家庭抽样调查由六个互相独立的、规模相等的部分抽样调查所组成，这六个部分抽样调查一个月接一个月地顺次进行。例如在某年元月采访了一万个家庭中的两万两千名成员，下个月以及其后的四个月里独立地挑选同等规模的抽样调查对象进行采访，到 7 月份又重访元月份采访过的居住单位，以后几个月照此类推。也就是说每年进行两次同样的抽样调查，了解在采访前的六个月中是否成为被害人。这些抽样调查对象被采访三年，三年以后依次更换。诸如此类为对法现象做定量分析而进行的抽样调查，有节省时间、节约调查费用的好处。抽样调查所得资料可以用来修正全面调查资料，可以用以推断被研究的法现象的总体情况。上述美国的这类抽样调查，当然可以用来比较准确地推断被害人的情况，从而为立法与司法等工作提供依据。

五、统计整理和法的定量分析的必经步骤

面对统计调查所得的大量被研究的法现象的数据，定量分析工作如何进一步进行呢？其时法的定量分析的必经步骤是统计整理。

统计整理是根据法的定量分析的要求，为反映被研究的法现象的特点、规律性，而对调查所得数据和其他原始资料进行加工与综合，使之系统化的过程。由于统计调查所得到的数据是零星分散、不成系统的，它只说明个别法现象的具体情况，不能直接说明法现象总体的全面情况。只有对这些数据进行科学的加工整理，去粗取精、去伪存真，综合概括，使其系统化，才能说明法现象总体的全面情况、特点和某种规律性。因此，统计整理是法的定量分析的必经步骤。

统计整理一般分统计分组、统计汇总与编制统计表三个步骤。

统计分组是根据法现象的内在特点和法的定量分析任务，对所研究的法现象，按一定的标志，划分成性质不同的各个部分。例如，对犯罪青少年的家庭情况，按是否家庭气氛紧张、缺少父母的照料、离家出走、过早辍学、闲荡流浪、工作单位不固定、孤独离群、经常更换异性朋友分组；对立法情况，按国家的社会制度、经济发展水平、议会制度等进

行分组；对经济合同按是否为书面合同、是否为双务、是否兑现等进行分组，等等。

统计分组的选择依据，要求是能反映法现象本质、满足法的定量分析目的的标志。以往的许多犯罪现象的定量分析，多有依性别分组的。这在今天也有其影响。但这一分组依据并无本质意义，反而会带来错误结论。以性别分组与某些错误的犯罪学理论有关。意大利犯罪学家龙勃罗梭和佛莱罗早在 1894 年就有意将女子犯罪的原因归咎于她们的体质结构。他们认为女性的体质结构像一个发育不全的男人，是隐藏在女子身体内部促使女性犯罪的一种危险装置。埃里希·武尔芬甚至公然断言女人是"天生的犯罪者"。弗洛伊德还提出女性由于忌妒男性生殖器因而极易因"生下来就被阉割了"的感觉而犯罪的"理论"。在这种理论指导下设定分组依据，就可能导致定量分析走入死胡同。

统计汇总是统计分组的后续工作，是指将被研究法现象总体的各组成单位数和标志数值归到各组中去，从而计算出各组的和整个总体单位数以及标志数值的过程。

统计表的编制，是以统计汇总所得的数字资料按一定的顺序，在表格上表现出来。

一般地说，统计表既经编制，就可以进入统计分析过程了。

六、法的定量分析的目的实现

法的定量分析的目的实现，完成于统计分析阶段。

在这一阶段中涉及统计指标的绝对数、相对数和平均数。

法现象统计指标的绝对数，是用来说明特定情况下某一被研究法现象的总量，因此又称总量指标。从总量指标可以得知有关法现象的概貌。例如，《立法机关比较研究》一书说："据统计，在世界一百五十个国家中，实行个人制国家元首的约一百四十七个，其中由国王或其他世袭君主担任国家元首的有二十三个，由总统等担任国家元首的有一百二十四个；实行集体制（如国务委员会、主席团、最高委员会等）国家元首的有三个。"[①] 这里的"据统计"，就是统计分析的结果；其后的一系列数字，都是有关法现象的绝对数。这样的绝对数除提供我们以这一现象的概貌外，还为计算相对数、平均数及其他统计分析指标提供必要的基础数据。

法现象统计指标的相对数，是指两个有联系的指标之比。有结构相对数、比较相对数、强度相对数、动态相对数等等之分。

结构相对数是法现象总体中各组数值对总体数值之比。例如，美国司法部 1981 年的一项统计表明，这一年美国罪行被害人的百分数分布是：入室盗窃为 17.8%，对个人行窃为 38.3%，人身伤害为 12.1%，抢劫为 3.3%，强奸为 0.4%，对家庭行窃为 24.5%，盗窃

---

① 《立法机关比较研究》，第 197 页。

汽车为3.5%。① 这里的所有数字都是结构相对数。显然，结构相对数可以清晰地提供各种法现象在其总体中的比例。

比较相对数是指同一时期两个同类法现象的数值之比，可用以说明两个同类法现象在量上的差别程度。

强度相对数是两个有联系的不同法现象总体的总量之比，它说明该法现象的强度、密度或普遍程度，因此又称密度相对数。

动态相对数是同一法现象在不同时间上的两个数值之比。动态相对数的确认，可以为法现象发展的趋势与速度提供最好的量的分析依据。

法现象统计指标的平均数，是指同质法现象总体内各单位某一数量标志的一般水平。

法现象统计指标的绝对数、相对数与平均数的结合使用，是对法做定量分析的最好方法。因为多元指标的综合，可以从各个侧面对有关法现象做全面的定量分析，从而得出比较准确的结论，为法的定量分析的目的实现创造条件。

法的定量分析不限于统计方法，但统计方法是最常用、最重要，也是最有效的定量分析方法，值得我们给予特别的关注。

七、其他定量分析方法简介

软科学研究的崛起，带来了如花似锦般繁多而艳丽的现代定量分析科学研究方法。这些方法大多是在技术研究中发明的，正迅速地被移用到自然科学、社会科学研究中去。法学研究自也不应迟疑踯躅，而要紧紧跟上。囿于篇幅，这里不拟像统计方法那样做一定的展开，而仅对新鲜的其他定量分析方法略事介绍。主要有：

其一，特尔斐法。

特尔斐是古希腊传说中的神谕之地，城中有一座阿波罗神殿可以预卜未来。美国兰德公司于1964年首次创用一种以"特尔斐"命名的技术预测方法。该法的特点是：(1)匿名性，即匿名征询专家意见以解除心理因素的影响；(2)轮间反馈性，即经过四至五轮的匿名调查以求不断反馈、沟通情况。(3)预测结果的统计性。

通过定性分析，以打分等方式进行定量处理，是特尔斐法的最重要特点。在特尔斐法的最后阶段，要研究专家意见的概率分布，然后根据大数定律和中心极限定理来确认专家意见的概率分布是否服从或接近服从正态分布。从而获得以特尔斐法进行数据处理的基础。

特尔斐法的发明人是海尔默。他在应用特尔斐法的过程中，又发明了交叉影响分析法。但正式在1968年提出该法的是美国未来学家戈登等人。

---

① 美国司法部编：《美国的罪行被害人（1981年）》，华盛顿D.C.，1983年第22期。

其二，交叉影响分析法。

戈登对交叉影响分析法做了如下描述：

考虑构成预测对象未来状态的一组事件，研究它们在今后若干年中，由于某一事件的发生而对其他事件的发展所带来的正的或负的影响及相应的概率变化。假定这些事件用符号 E_1、E_2、……E_n 表示，它们相应的原始概率为 P_1、P_2、……P_n，则问题可以表述为：当 $P_1 = 100\%$（即 E_1 发生）时，P_1，……P_{1-1}；P_{1+1}，……P_n 将有何变化？如果这些事件之间存在着交叉影响，则 E_1 的发生必然会使其他事件的概率发生增大或减小的变化。

交叉影响分析法的概率分析，对了解一些模糊的和未知的未来影响因素，及对这些因素的交叉影响关系做系统的定量分析，是很有价值的。由于交叉影响分析所需的历史数据很少，大量数据可以从专家调查获得，可以不受历史数据缺乏的限制，因此，是一种很有实用价值的定量分析方法。

其三，相关矩阵分析法。

在法的预测和评价中，可以采用"相关矩阵"的方法，来定量、直观地描述多种要素之间的相互关联关系。该法通过确定作用强度的概念以及对作用强度的定量化分析，可以为法制决策提供参考与依据，有助于提高法制决策的科学化水平。

其四，PATTERN 法。

1963 年，美国霍尼韦尔（Honeywell）公司的军事与航天科学分部在"建立军事科学优势"的规划决策中，采用了"相关树"定量分析法，命名为 PATTERN 法，即"用相关树技术评估的规划方法"。

运用 PATTERN 法研究问题的步骤是：定义问题、明确研究对象；确定研究目的和总目标；编写脚本；建立相关树；选定相对重要度评价方法；征询调查；相对重要度定量计算与评价；输出评价分类结果；制订科研开发战略。其中，"相对重要度的定量计算与评价"包括下列步骤：(1) 设定评价基准指标；(2) 对评价指标的比重和各要素的相对重要度打分；(3) 计算相对于总目标的相对重要度，即"对总目标直接相关数"（用 TDR 表示）；(4) 对 TDR 修正。

诗歌创作中数量的使用是具有想象性与浪漫性的。"白发三千丈，缘愁似个长。"[①] "青萍一点微微发，万树千枝连根拔。"[②] 这些诗句中的数字就颇"浪漫"。法现象的定量分析却来不得半点的想象、随意与罗曼蒂克。"好事尽从难上得，少年无向易中轻。"[③] 法的定量分析也是一件"难得"的"好事"，只要不"向易中轻"，即不掉以轻心而认真调查、认真整理、认真分析，总可有所成。

---

① 〔唐〕李白：《秋浦歌十七首》之 15，《全唐诗》第 1724 页。
② 〔元〕吴昌龄：《杂剧·张天师断风花雪夜》，《元曲选》第 188 页。
③ 〔唐〕李威用：《送谭孝廉赴举》，《全唐诗》第 7405 页。

第九十二章 逻辑推理和法的定性分析

一、法的定性分析主要依靠逻辑推理

逻辑推理有形式推理与辩证推理之分。尊形式推理者,以辩证推理为谬,常诟病之;崇辩证推理者,以形式推理多弊,常鄙弃之。然而,"尺有所短,寸有所长;物有所不足,智有所不明。"[①]任何事物、手段、工具、方法,都可一分为二,都有其短,亦有其长。宋人卢梅坡《雪梅》诗极富诗情画意地说出了这个道理:

梅雪争春未肯降,骚人搁笔费评章。
梅须逊雪三分白,雪却输梅一段香。

在法的定性分析中,形式推理和辩证逻辑是各有其作用的,如果将二者巧妙地结合起来交替使用或综合使用,当对法哲学研究极有好处。

(一)形式推理和法的定性分析

形式推理和法的定性分析的密切关系,最典型地见之于三段论第一格之被称为"审判格"。

三段论是由两个包含着一个共同项的性质判断推出一个新的性质判断的推理。任何一个三段论都包含着三个项:小项、大项与中项。三段论的格就是由中项在两个前提中的位置不同所决定的三段论的形式。三段论有四个格。其第一格,中项在大前提中是主项,在小前提中是谓项。由于该格中大前提指出了类的情况,小前提把特定事物断为该类,因而结论就是对特定事物具有类的属性的判断。这一格最明显、最自然地表明了三段论的演绎推理性质,因此被称为最完善的格,用途最广。同时,由于这一格的逻辑特性最为严密,

---

① 《楚辞·卜居》,《楚辞选》第 217 页。

最适宜于并在实践中被大量使用于审判，所以被誉为"审判格"。诸如"根据我国刑法第一百三十二条规定：'故意杀人的，处死刑、无期徒刑或者十年以上有期徒刑。'该案首犯江汉九蓄意杀害被害人肖红，且亲自手刃三刀，刺中其心脏，致使肖红死亡；从犯孔家治积极策划，诱骗肖红至作案现场，并在肖红反抗搏斗时帮助江犯将肖红打倒在地，案发后认罪态度极不老实。特判处首犯江汉九死刑，剥夺政治权利终身；判处从犯孔家治无期徒刑，剥夺政治权利十五年。"这样的判决就是按"审判格"进行的典型判决。其严密的逻辑特性，是任何巧舌如簧的善辩之徒难以推倒之的。

演绎推理的三段论还有第二、三、四格，每一格各有若干个式。除第四格由于没有什么特征，因而没有什么特殊用途外，二、三格常被分别用来反驳肯定判断与全称判断，在法庭辩论中有极大的用处。

形式逻辑的推理，除演绎式三段论外，还有直接推理、关系推理、联言推理、选言推理、二难推理、模态推理、完全归纳推理、不完全归纳推理、类比推理等等。其中绝大部分对法的定性分析都有十分重要的作用。现在已出版有《法律专业形式逻辑》《法律专业逻辑讲义》等书，对形式推理在法的定性分析做了论述。笔者撰写或与人合著、合编的《司法实践与逻辑应用》《逻辑推理集锦》《逻辑辩谬集锦》《逻辑与智慧》《逻辑漫话》等书，也大量涉足形式推理与法的定性分析问题。读者如有兴趣，可以参阅，这里不再展开了。

不仅在审判案件的过程中，而且在立法过程中，在司法的其他活动中（如在侦查案件的过程中），在守法过程中，以及在法学研究中，形式推理都是不可或缺的。没有形式推理，我们将寸步难行。

但是，形式推理有其不足之处，面对复杂的法律现象，尤其是在"法"与"理"、"法"与"情"、"情"与"理"相悖时，形式推理常常会显得捉襟见肘、应付失措。这样，辩证推理就得到了人们的青睐。

（二）辩证推理和法的定性分析

E.博登海默在《被忽视的法律推理说》中[①]，以英美判例资料而对辩证推理进行了详细的分析。他认为，法官是在以下三种情况中运用辩证推理的，这三种情况是：(1) 法律未曾规定实用主义的判决原则的新情形；(2) 一个问题的解决可以适用两个或两个以上互相抵触的前提，但必须在它们之间作出真正选择的情形；(3) 对于所受理的案件尽管存在着规则或先例，但是法院在行使其所被授予的权力时，考虑到该规则或先例在此争讼事实背景下总的来说或多或少是不完美的而拒绝适用它的情形。他指出，在上述情况下，演绎、归纳或类推方法不可能解决争议。

在《法理学——法哲学及其方法》一书中，埃德加·博登海默以"海因斯诉纽约中央

[①] 《法律教育杂志》第 21 期，1969 年版，第 373 页。

铁路公司"一案为例,对上述第二种情况下必须运用辩证推理做了说明。在该案中,两方辩护人提出了相互抵触的辩护词和有确凿的法律依据的理由。下级法院采纳了被告方的意见,驳回了原告方的起诉;上诉法院则接受了相反的观点,撤销了原判。撰写上诉法院判决理由的卡窦佐法官指出,双方各自的比喻类推从逻辑上讲都是可以接受的,但是,正义和理性要求被告承担有关的法律责任:受害少年游泳过河,爬上了铁路地段上设置的跳板准备跳水时,被铁路公司电线杆上掉下的高压电线触死并被打入河中;铁路公司被判应负损害赔偿责任[①]。

法的定性分析中的辩证推理,当然不只是审判工作的需要。实际上,在法律实践的全部过程中,在法律实践的一切方面,辩证推理对法的定性分析都是必需的。昆曲《十五贯》提供了一个很有兴味的例证。

庸官过于执认为,"凡艳如桃李者必不能无人勾引","凡年正青春者必不能冷若冰霜"。他以此错误的判断为大前提,又断言苏戌娟与熊友兰同路而行的偶然事件为"与奸夫情投意合,自然要有比翼双飞之意",从而推出"父亲拦阻,因此杀其父而盗其财"的荒谬结论并判决熊、苏同为杀人凶手。过于执运用的是形式推理,但其错误主要是在于推理大前提不真实,而真实的前提是必须从实际出发,根据具体情况具体分析的原则、全面联系地看问题方能得出的。况钟从对事实的矛盾发展的分析出发,了解到苏戌娟平日为人稳重,而且熊、苏"一住淮安,一住无锡,怎结这私情?一赴常州,一赴皋桥,既同路自可同行",认为"他二人,有奸情,并无实证"。他进而本着全面性原则,运用二难推理道:"若说他不曾杀人,就要捉到真正凶手。若说她确曾杀人,也要找到真正证据。怎可捕风捉影,轻率判成死罪?"在这种求实思想指导下,通过调查,况钟了解到:靠借当过活、家无隔夜之粮的尤葫芦,在十五贯钱被盗后,床后却还有半贯多铜钱;从无好赌亲友来往而自己也从不赌钱的他,家中却有灌了铅的骰子。在这些矛盾而可疑的事实面前,况钟本着辩证思维的联系性原则,认为骰子大有来头,是问题的症结。他推理道:"这骰子,内中藏铅非寻常,定是那,赌徒恶棍,骗人勾当。"据此推理结论,于是他经由"疑鼠"、"访鼠"、"审鼠",终于找到了元凶娄阿鼠。况钟所运用的回溯性辩证推理,帮助他探明已成陈迹的真相,从而作出了正确的判断。回溯性辩证推理的定性分析作用,由此可见一斑。

列宁在《哲学笔记》中曾这样指出:"逻辑不是关于思维的外在形式的学说,而是关于'一切物质的、自然的和精神的事物'的发展规律的学说,即关于世界的全部具体内容及对它的认识的发展规律的学说,即对世界的认识的历史的总计、总和、结论。""黑格尔则要求这样的逻辑:其中形式是具有内容的形式,是活生生的实在的内容的形式,是和内容

---

① 《法理学——法哲学及其方法》,第 479—481 页。

不可分离地联系着的形式。"① 这里的"逻辑",是指辩证逻辑。形式逻辑的推理只讲推理的形式而不管其内容;辩证逻辑的推理则讲"具有内容的形式"。这就是形式推理与辩证推理主要不同之所在。运用辩证推理,可以使我们更加辩证地对法作出科学的定性分析。

二、形式推理与辩证推理的综合使用

但是,在实际的思想活动过程中,辩证推理是离不开形式推理的。况钟的一系列推理,一方面是辩证性的,另一方面,也借助了形式推理的一些逻辑格,否则,整个思维活动将停顿着。因此,我们应把形式推理与辩证推理综合一起使用,使得对法的定性分析既具有不可驳斥的铁的逻辑形式,又具有无可非议的雄辩的辩证内容。

形式推理所着重的是推理的形式,辩证推理所着重的是推理的内容。所以,把二者结合起来使用,就在形式与内容两方面都能立于不败之地,对法的定性分析也就变得确切有力了。

形式推理是在固定地、静止地看待事物的逻辑关系基础上的推理,反映了事物关系的一个侧面,即相对静止的一面;辩证推理则是在变化地、发展地看待事物的逻辑关系基础上的推理,反映了事物关系的另一个方面,即绝对运动的一面。所以,把二者结合在一起,就在事物关系的相对静止状态与绝对运动状态两个方面都能立于不败之地,对法的定性分析也就变得无懈可击了。

由于形式推理是对相对静止的事物逻辑关系的推理,它所获得的新知就是有局限性的。一旦时间推移、条件改变,其推理结论就不再适用,因此,不能直接用来推定将来的事物的逻辑关系。辩证推理由于对运动着的事物的逻辑关系做推理,因此,其推理结论就可用于"预知"与"预见"。这就为法律预测提供了逻辑前提,使对法的定性分析的作用领域,大大拓展了开来。

博登海默谈到这一方面的问题时指出:"我们不应当这样假定,即人们必须在推理的分析形式与辩证形式之间作出抉择,也就是使用一种形式就得排除采用另一种形式。经常发生的情况是,推论的两种形式在同一审判的各个方面都是以某种混合形式出现的。例如,在下述情况中就是如此:尽管能够找到解决某个法律问题的某种一般原则或某种前提,但是为了说明把它适用于所受理的案件是正确的,这就需要一种详尽、复杂而且尽可能间接的推理过程。"② 这里所表达的意思,与我们上文所说的大体一致。需加指出的是,运用辩证思维于审案过程,运用辩证推理于法的定性分析,不是什么"间接的推理过程"。辩证推理也是直接进行的。当它与形式推理结合使用、交替使用时,都是直接进行的。

---

① [苏]列宁:《哲学笔记》,人民出版社 1974 年版,第 89—90 页。
② 《法理学——法哲学及其方法》,第 484 页。

鉴于形式推理和辩证推理在法的定性分析中的巨大作用，每一个法律工作者都应当娴熟地掌握这两种工具。

当使用形式推理与辩证推理这两种工具时，应当注意的是，不要把它们仅仅看作、用作证明的工具。应当说，二者都是探求新知的重要工具。正因如此，才可以用来求得法的定性分析的新结论。关于这一点，恩格斯在《反杜林论》中曾这样写道："正如人们可以把形式逻辑或初等数学狭隘地理解为单纯证明的工具一样，杜林先生把辩证法也看成这样的工具，这是对辩证法的本性根本不了解。甚至形式逻辑也首先是探寻新结果的方法，由已知进到未知的方法；辩证法也是这样，只不过更高超得多罢了；而且，因为辩证法突破了形式逻辑的狭隘界限，所以它包含着更广的世界观的萌芽。"① 恩格斯这里所说的"辩证法"，也就是辩证逻辑，因为辩证法、认识论和逻辑三者是完全统一的。因此，他对杜林的批判以及对形式逻辑、辩证法在"探寻新结果"方面的论断，完全适用于说明形式推理与辩证推理在寻求新知。

三、附文：法的定性分析与逻辑

行文至此，本可束笔了。但是由于法的定性分析不仅要借助于逻辑推理，而且也要借助于其他逻辑形式，因此，附带地补说几句。

法的定性分析的基础是明确法的概念，如果概念不明确，"分析"就不可能进行。马克思在1849年对《新莱茵报》案件的诉讼中发言时，曾根据《法兰西刑法典》对"诽谤"与"侮辱"两个概念做了解释，并用以展开诉讼中的全部分析。他说："那末，诽谤指的是什么呢？指的是把某些事实归罪于某人的詈骂。侮辱指的是什么呢？指的是谴责某种缺陷和一般的侮辱性言辞。如果我说：'你偷了我一把银匙子'，那么照 Code pénal（作者按：指刑法）的理解，我就是对你进行了诽谤。如果我说：'你是一个小偷，你有偷窃的习惯'，那我就是侮辱了你。"② 这里，马克思首先做的工作是使"诽谤"和"侮辱"概念明确化，揭示其内涵，然后据以形成判断与作出推论。

法的定性分析的进一步要求是形成判断。冉兆晴同志在《我国刑法中几种判断形式的剖析》一文中，就常用的"S"就是"P"、"除 X 外，S 都是 P"、"S_1 是 P_1，并且 S_2 是 P_2，……并且 S_n 是 P_n"、"当且仅当 P（或 q 或 r），则 S"等四种判断形式做了很好的分析，并从而说明了形成判断或剖析判断在法律实践中的意义③。当然，这也为法的定性分析所必需。

---

① 《马克思恩格斯选集》第3卷，第174页。
② 《马克思恩格斯全集》第6卷，人民出版社1961年版，第271页。
③ 王耀堃等合编：《司法实践与逻辑应用》，上海人民出版社1984年版，第117—124页。

上面我们所说的逻辑概念和逻辑判断，包括冉文述及的四种判断形式，都是在形式逻辑的范畴内的东西。法的定性分析以至整个法律实践，不仅要求掌握形式逻辑的概念与判断，而且要求掌握辩证概念与辩证判断，掌握概念与判断的辩证性。因此，无论是形式逻辑，还是辩证逻辑，都应成为法律工作者、法学研究人员得心应手的科学工具，庶几法学包括法哲学的繁荣与发展，才是前程远大的。

从兼掌形式逻辑与辩证逻辑以求更好地为法作定性分析出发，兹活剥卢梅坡诗以述志：

  梅雪争春未肯降，骚人泼墨喜评章。
  梅香雪白交辉映，法术无穷春盎然。

第九十三章　法律解释的哲理探讨

李白《嘲鲁儒》诗曰：

鲁叟谈五经，白发死章句。
问以经济策，茫如堕烟雾①。

此诗广为流传，成了死抠书本、不务实际的书呆子的警钟。但是，事物往往有其两面，鲁叟之盲于"经济"固然不可取，但若连他的发章句之微、明文义之理的刻苦精神也一并嘲笑鄙弃，就有失浅薄了。联系法律研究与法制实践看，鉴于法律的严肃性，来一点"白发死章句"的精神倒是必需的。当然，我们所说的"白发死章句"不是刻板的死抠，而是指追求学问的刻苦精神。

西方科学哲学的解释学派认为，一切都不是自明的，都需要人去解释，解释也是一种创造，而且是人的创造性的突出表现。如果在"白发死章句"的精神鼓舞下，认真于探求法律"章句"之含义，并如解释学派那样做能动的再创造，那么，法律的社会功能将能发挥得比任何时候都好。

一、解释学发展史的启示

"解释"，是与人类一起诞生的。人类面对的自然界、社会、人类自身以及人的思维、人的梦等，都需要解释。后来发展得比较固定化、经常化、繁复化的是宗教经典、文学作品和法律文本的解释，形成了圣经解释学、文学解释学、法律解释学等。

我国古代，早在西周奴隶制时期，刑书中即有"上下比罪，无僭乱辞"的规定，这里的"比罪"就是早期的类推解释。东汉的叔孙宣、郭令卿、郑玄、马融，因解释汉律而成

---

① 《唐诗选》(上)，第228页。

为法律史上著名的解释大家。晋代张斐的《律解》，以对《泰始律》的详尽解释为世所称颂。唐代长孙无忌逐条逐句注释并阐明《永徽律》之文意，所撰的《唐律疏议》，成了世界法律史上最卓越的法律解释著作，名播中外，流传广远，富有极高的学术价值。

但法律解释学、圣经解释学等都是局部解释学。德国神学家和哲学家施莱尔马赫（F.E.Schteiermacher，1768—1834年）首先把局部解释学的规则纳入普遍适用的原理，发展创新了一般解释学。这被称为解释学史上的"哥白尼式的革命"①。他把解释学概括为"避免误解的艺术"，他说："哪里有误解，哪里就会有解释学。"②他认为有语法的解释和技术的解释两类不同的解释，把施莱尔马赫的解释学发展到更完善阶段的是德国哲学家狄尔泰（W.Dilthey，1833—1911年）。他认为要解释的对象主要是人类的实际生活和历史过程，解释是一种科学方法论。施莱尔马赫与狄尔泰的解释学被称为古典解释学。继承了古典解释学的德国哲学家海德格尔，把解释学从方法论问题转向本体论方面，为现代解释学奠定了基础。他认为，解释是人的存在的特征，而语言则是"存在的寓所"。海德格尔的学生伽达默尔（H-G.Gadamer，1900—2002年）于1960年发表了《真理和方法——哲学解释学的基本特征》，标志着现代哲学解释学科体系的形成。后来，法国哲学家利科尔（P.Ricoeur，1913—2005年）、德里达（J.Derrida，1930—2004年）都对现代解释学做出了一定贡献。

（一）现代解释学的两点启示

现代解释学的以下观点，是十分值得注意的：

第一，现代解释学者与古典解释学者的观点相反，认为解释不是抛弃解释者的成见去理解作者的意图，而是解释者的观念与作品所揭示的观念互相交融，阅读本身也是一种创造。他们认为，理解与解释的过程，是"视界融合"的过程，也就是解释者的现在视界与对象包含的各种过去视界相融合的过程；解释就是解释者使对象与自己同化。

现代解释学的上述观点，恰与法律解释学的发展趋势相耦合。大陆法系国家都曾奉行过一种"古典的"理想化"法治"观。按照这种"法治"观，立法机构处于整个社会调整的中心，它所制定的完善、详尽、细密、清晰、严整的法律，可以覆盖社会生活的方方面面。这样，司法机构只要"对号入座"地"适用"法律于具体案件，就万事大吉、"法治"成功了。1794年，普鲁士颁布了多达一万七千多条的《普通邦法》，可说是上述"古典法治观"的典型体现。但是，复杂的社会生活，又何止一万七千种案件形态？何况，即便只有一万七千种，恰可为《普通邦法》所调整，但社会却非静如止水，"树欲静而风不止"，社会生活日日夜夜层出不穷地"炮制"出千奇百怪的新事件、新案例，《普通邦法》是注

---

① [法]利科尔：《解释学的任务》，《哲学译丛》1986年第3期，第36页。
② 同上。

定要手忙脚乱、穷于应付而又捉襟见肘,"黔驴技穷"的。于是,立法者们不得不作出让步,有限地承认法院与法官在司法过程中具有一定程度的自主性。1804年制定的疏密适中的《拿破仑法典》就体现了这种让步,其中表现了法律适度的抽象性与概括性,从而使法官在运用法典时有可能以自己的适当解释来弥补法律的不足。尔后,大陆法系的解释理论进一步认为,适用法律应在尊重立法机构和它所制定的法律文本的前提下,对法律语句不明确、有矛盾或可能导致不公正后果的情况下,作出自己的独立解释。法国比较法学家勒内·达维德指出:"今天,人们越来越倾向于承认解释过程的独立性,不再认为解释就是单纯地去发现法律词句的语法上或逻辑上的意义或立法者的意图。"[①] 英美法系国家有过"从严解释论"与"从宽解释论"之争,现在,越来越倾向于接受"从宽解释论"了。按照这种理论,法官尊重成文法的字面,但对法律空白与漏洞,有权根据立法意图作相应的补充。

现代法律解释的发展趋势,也为现代解释学所关注与吸收。由于法律解释同样是解释者主体的活动,它不可能与解释者的成见无关,而且必然产生"视界融合"的现象。这就为现代解释学找到了有力的佐证。

这些,对法哲学的启示是:法律解释中解释主体与客体的辩证关系必须得到妥善的处理。下文将对此作出说明。现在我们先来看现代解释学的另一观点:

第二,解释具有相对性、多样性和无限性,没有绝对正确、永恒不变的解释;解释具有历史性,解释者的历史性是无法消除的。

为什么解释总是相对的、多样的和无限的呢?因为解释的对象本身是历史的实在性与历史理解实在性的统一,具有多种解释的可能性因素;解释是解释者的创造而不是刻板的复制;解释以语言为媒介,而语言中的字、词是多义的。

法律解释学的一些观点也与现代解释学的上述观点相耦合。大陆法系的解释理论认为,法官作法律解释时,法律的一般原则、占主导地位的法律价值观念、法律学说等,都可以作为确定立法者的立法意图、法律文本的含义的参考。这样,就产生了两方面的问题:其一,"法律的一般原则"虽然是比较一致的和明确、固定的,但"占主导地位的法律价值观念"、"法律学说"却未必是一致、明确、固定的。古罗马有五大法学家,各家的学说不尽相同,又都可以作为法律原则付诸法律实践。其二,对法律文本以及"占主导地位的法律价值观念"、"法律学说"以及"法律的一般原则"的理解,又是人各相殊,起码是不尽相同的。这二者都会造成解释的"相对性、多样性和无限性"。关于这两种情况及其造成的结果,恐怕可以《晋书·刑法志》的下述记载最为典型了:"汉时决事集令甲以下三百余篇,及司徒鲍公撰嫁娶辞讼决,为法比都目,律凡九百六卷,世有增损。集类为篇,结事为章,一章之中,或事过数十。事类虽同,轻重乖异,而通条连句,上下相蒙,虽大体异篇,实相采入。盗律有贼伤之例,贼律有盗章之文,兴律有上狱之

[①] [法]勒内·达维德:《当代主要法律体系》,上海译文出版社1984年版,第138页。

法，厩库有逮捕之事。若此之比，错杂无常，后人生意，各为章句。叔孙宣、郭令卿、郑玄、马融诸儒章句，十有余家，家数十万言。凡断罪所当用者，合二万六千二百七十二条，七百七十三万二千二百余言，言数益繁，览者益难，天子于是下诏，但用郑氏章句，不得杂用诸家。"这当然是一个失败的典型。但"失败"之处，不在于解释本身，因为"但用郑氏章句"的"郑氏章句"仍是解释，可见解释本身并未被否定。被否定的"失败"之处，在于解释的多头与混乱。而这种多头解释，就源于解释的"相对性、多样性与无限性"。需要改进的是避免多头解释，不使本已"相对、多样、无限"变得更加纷繁复杂。但这不可能改变"相对、多样、无限"的本身。所以，汉、晋直至隋、唐法律解释的发达，是对"繁于秋荼"的秦律及汉代过简的"约法三章"及汉《九章律》的否定，而现代有原则、有程序、有规律的比较科学的解释，则是对此前的解释中的混乱与无序的否定。实际上，"但用郑氏章句"就是一次小小的否定之否定。而从社会发展的历史行程总体所见的大范围的否定之否定，是可以达到比较合理与科学的解释状态的。正因如此，法律解释在近世以来，又受到了法律家与政治家的重视。

至于解释的历史性，则是比较好理解的。任何解释者都处于一定的历史环境与历史水平的条件下，他不可能过多地越出历史的局限。这样，解释的历史性，也就是解释所固有的、"命中注定"的特性了。

这些，对法哲学的启示是：法律解释中解释的主观性与客观性与辩证关系必须得到妥当的处理。

现在我们来具体阐述现代解释学的上述两点启示。

（二）解释主体与客体的辩证关系

解释主体即法院与法官，还可包括检察机关与检察人员等。解释客体即法律文本。

作为解释客体的法律文本，可以分解为两个方面：一为法律文本的字面规定；二为法律规范的内在含义。例如我国刑法[①]规定："国家工作人员非法剥夺公民的正当的宗教信仰自由和侵犯少数民族风俗习惯，情节严重的，处二年以下有期徒刑或者拘役。"（第一百四十七条）这一规定的字面含义是一目了然的，而其内在含义则涉及"是否国家工作人员"、"是否非法剥夺"、"是否正当的宗教信仰"、"是否情节严重"以及"不得超出二年以上的有期徒刑"等方面。如果要予以概括，其内在含义即为：国家严格要求国家工作人员高度尊重公民正当的宗教信仰自由及少数民俗的风俗习惯。

由于法律文本的字面规定是一目了然的，所以，可说与法律解释无涉。因此，法律解释的核心，实际上是法律规范的内在含义。这样，解释主体与客体的辩证关系，实际上是主体与法律规范的内在含义的辩证关系了。

---

① 1980年刑法，下同。——编者注

法律规范的内在含义，是立法者的立法意图的体现。立法者的立法意图取决于他所处的社会物质生活条件及其他制约立法意图的因素。所有这些主要的和次要的决定或制约立法意图的因素，是否准确地表现为立法者的立法意图，立法者的立法意图是否准确地被法律规范表达出来，这二者就成了法律解释主体为了作出科学的法律解释所必须注意的关键之点。也就是说，法律解释主体必须准确地把握、揭示并表达以下两类客观存在的矛盾：其一，立法者的立法意图与决定、制约立法意图的各种主次因素的矛盾；其二，法律文本与立法意图的矛盾。在实际的法律制订过程中，由于各种原因，这两种矛盾都可能产生，有时甚至会相当突出。法律解释主体的任务就在于揭示这些矛盾并找到对策。

立法过程的流程图是：

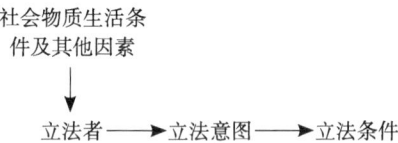

法律解释的流程图与立法过程的流程图恰恰相反：

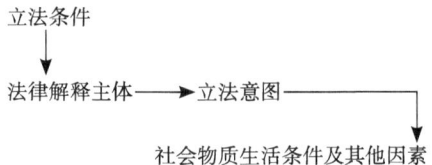

法律解释主体是从立法文件中"寻寻觅觅"，以求揭示立法者的立法意图，以及立法当时的社会物质生活条件和其他因素所提出的应有的立法意图等。当法律解释主体在实践其解释任务时，他本身是又主观又客观的。其主观性在于带有一系列的成见，如他对法律的知识、他的法律观念、价值观念、道德水准及各种利害关系在他脑子里的反映等。其客观性在于必须面对的法律文本。

如上所述，我们看到，处于主观与客观矛盾中的法律解释主体，同时面临着"解释"即揭示并设计法律规范内在含义方面的两类矛盾。这就构成了相当复杂的主体与客体间的辩证关系。法律解释就在主体与客体间的辩证运动中实现。

为求妥善处理法律解释主体与客体的辩证关系，要求努力解决下列问题：

第一，精心分析法律文本字面所表达的立法者的立法意图。为了做到这一点，不仅要逐字逐句地分析有关法律规范本身，而且要分析这一法律文本的整体。必要的时候，还应精心分析同一时期全部主要法律文件，从中了解立法者的立法意图。

第二，认真分析立法之时的社会物质生活条件与其他制约立法意图的社会因素，以便把握立法者的立法意图是否得到了妥当而圆满的表达。

第三，将法律文本的字面含义与上述分析所得做对照，找出一致与不一致的地方。

第四，设计解决现实问题的方案，以求弥补立法文件的不足或漏洞，也就是作出法律解释。

在进行上述工作时，必然遇到的问题是法律解释者的主观性与客观性的矛盾。

（三）法律解释主体的主观性与客观性的辩证关系

在现代解释学看来，解释者的成见与他所受的传统影响的制约，是任何深入理解与解释的必要前提。

现代解释学者伽达默尔反对古典解释学把解释看作"避免误解的艺术"的观点，认为解释主体与客体之间总有一段文化上与时间上的距离。他说："在解释者与作者之间有一不可避免的差异，这种差距是由他们之间的历史距离造成的。每一个时代必须以它自己的方式来理解每一留传下来的文本。""时间距离并不是某种必须克服的东西。……事实上重要的问题是要把时间距离看成是理解的一个积极的、生产性的可能性。"[①] 伽达默尔说的是对年代久远的文学作品等的解释。现实生活中的法律解释一般并不存在长期的时间间隔。但伽达默尔所提示的解释者的历史性，却是值得注意的。实际上，任何解释者都会有其与解释对象的各种各样的"距离"。这些"距离"，或是时间上的，或是文化、心理、传统、社会环境、道德、宗教上的，更大的可能性是由所有的"距离"因素综合造成的。

这些"距离"必然造成解释者的成见。

成见一定是妨碍法律解释主体的解释工作的吗？伽达默尔认为，应当重建关于"成见"的概念，承认"合理的成见"的概念。

我以为这是一个正确的观点。马克思主义法哲学应当坚持法律解释主体的马克思主义基本原理的"成见"。如果离开马克思主义的基本原理，例如离开唯物主义和辩证法，不可能有客观的社会主义法律解释。

对"主观性"可以做两种解释。在中国读者中，已形成了一种对"主观性"的"思维定势"，即认为它就是脱离客观实际的主观想象的同义语。这是一种解释。但还有另一种解释，即指"成见"。而"成见"未必是全盘皆错的，从科学、正确、完善、全面性的"成见"到不科学、不正确、不全面的"成见"两极之间，有无数个点，每一个点上的"成见"的科学性、正确性、完善性与全面性的程度是不同的。比较科学、正确、完善、全面的"成见"，即伽达默尔所说的"合理的成见"，无疑有利于帮助人们去认识世界，同样有利于帮助人们做法律解释。

伽达默尔认为，古典解释学追求一种抛弃成见的纯粹的"理解"，18 世纪欧洲启蒙思想家又把成见说成是"虚妄的判断"，认为优越的天才人物能够获得"纯粹的"、"没有成

---

① ［德］伽达默尔：《真理与方法》，《哲学译丛》1986 年第 3 期，第 63—64 页。

见"的理解，做出"没有成见"的解释，这实际上是"反对成见本身的成见"[①]。伽达默尔的论证无疑是有力的。因此，那些"劝告"我们放弃马克思列宁主义"成见"的人们，应当去读读伽达默尔的《真理与方法》等书。而我们在法律解释中，也大可不必怀疑马克思列宁主义的"成见"。恰恰相反，这种"成见"与"主观性"正是通向客观的桥梁。

当然，如前所说，"主观性"还另有一解，即脱离客观实际的臆想。这是一定要予以弃绝的。因为它妨碍我们获得客观性的真理，妨碍我们做出对法律的客观的解释。只有弃绝脱离实际的主观臆想，才能实现由主观性到客观性的飞跃。

在科学的法律解释活动中，应有的进程是不断扬弃主观性，即保留并发扬科学而合理的"成见"，丢弃脱离实际的主观臆想，使我们的解释符合法律的客观实际——既符合法律文本的字面含义，又符合立法者的立法意图，还符合立法者所处的时代的物质生活条件及其他制约立法的因素的要求。法律解释之从主观性向客观性的转化与飞跃，是法律解释成功的表现。

但法律解释并不仅仅是面向过去式地追溯立法当时的种种情况，还是为了使过去的立法适用于今天。尤其是为了：第一，使立法未能顾及、未加覆盖的地方，仍得以该立法来处置；第二，使该立法适应已经而且仍在变动中的社会状况。这样，对法律解释的主观性与客观性的辩证运动，就提出了更高、更严格的要求。解释主体应对已经和还在变动的实际问题、实际矛盾、实际法律需求有真切、全面的了解，还应对原先立法的可能适用于新情况的部分有精到的阐释。

有一种意见认为，法律解释主体所面对的立法意图，不一定是立法者在创制法律时的意图，而是法律文本中客观体现出来的意图，这种意图是动态的，是可以为解释者合理地附加上去的。因此，他们认为，最高司法机关有权在一定程度上，根据社会经济的发展和体现在法律中的立法意图作出合理的解释，甚至可以修改、变更、补充与字面含义不尽一致的法律内容。

这种意见有三点值得商榷：第一，"立法意图"既是"法律文本中客观体现出来的意图"，怎么又会不是"立法者在创制法律时的意图"呢？难道立法者在创制法律时会故意隐匿自己的真实意图，而以法律文本表达别的什么意图吗？这已是近乎"天方夜谭"的故事了。第二，既然在法律文本中已客观地体现了某种立法意图，解释主体又何必再"合理地附加上去"什么"动态的""立法意图"呢？这不是多此一举了吗？第三，如果最高司法机关有权"修改、变更、补充与字面含义不尽一致的法律内容"，那又为何不直接诉诸立法机关而另行赋予司法机关这种权限呢？

我们认为，立法者的立法意图如果已在法律文本中有所体现，那就应当尊重；解释主体是不应附加上自己的什么意图的；应当坚持立法权集中于立法机关。至于司法机关

---

① [德]伽达默尔：《真理与方法》，1979年英文版，第239页。

立法，是有前提与原则的，这就是尊重立法文件，尊重立法机关的立法权，在立法机关与立法文件允许的前提下，在法律文本的范围内，作出与社会物质生活条件及其他因素变动相适应的法律解释。这种解释当然也充满了创造性，但绝不是海阔天空的无所限制的"创造"。如果允许超越立法机关、立法文件的海阔天空的"创造"，那就会泯灭了立法机关与司法机关的原则界限，就会淆乱法制阵线了。这不是法律解释的主观性与客观性的辩证运动，而是法律解释的主观性与客观性的倒错，是纯然的"主观"了。

二、法律解释方法的哲理探讨

法律解释的目的在于使法律的抽象原则、不确定概念具体化，使法律中容易引起争议的有疑义的不明确规定明确化，使各法律之间有抵牾的地方得到澄清以求统一化。具体化、明确化与统一化的要求，是法律解释必须达到的。在这一前提下，可以采取多种法律解释的具体方法。这些方法可以归纳为文义解释、体系解释、法意解释、比较解释、目的解释、合宪解释等狭义解释以及社会学解释、价值补充、漏洞补充、类推解释、扩张解释、反对解释、当然解释、利益衡量、法律行为解释方法等广义法律解释。

（一）文义解释的哲理探讨

文义解释是指依照法律文本的用语的含义及通常使用方式所作的确定法律条文意义的解释。

文义解释所面对的客观矛盾是：法律的普遍性要求法律可用以调整社会全体成员的实际法律关系，而社会全体成员所习见、习用的语词意义是约定俗成地早已固定化了的，这就要求对法律文本中的文句、字词作通常意义上的亦即全社会都理解、都能接受的解释。但是另一方面，法律文本中的某些用语，往往与通常理解的文义有所不同。这样，就造成了文义解释所面对的客观矛盾。例如，"人"、"法"、"善意"、"为"、"无效"、"撤销"等等，都有其特殊的法律含义，与通常使用时的含义不尽相同。

文义解释，是在法律适用过程中，对涉及案件的法律用语作出合乎法律规定并合乎情理的解释，以求圆满地解决实际的法律问题。

日本大正十四年6月9日，著名法官大冈做过这样一个有趣的判决：

日本狩猎法施行规则规定，狸之狩猎期始于每年12月1日，终于次年2月底。某猎户于大正十三年2月29日在山中发现二狸，急射而驱至洞穴。猎户于是移石封穴，至3月3日前去，搬开石头，枪击穴内二狸，又驱猎犬追咬逃出之狸。此事为警方获悉，送交法办。猎户辩称：捕狸之日为2月29日而非为3月3日；所捕为狢而非狸。一、二审法院请动物学家川濑博士鉴定，确认狢与狸同属一物，于是论罪科刑。猎户只好上诉至大审院，大冈法官撤销了原判，改判无罪，其判决理由为："被告利用自然岩穴围封二狸，事实上对之已有支配之力,已遂所谓'先占'无主物之行为,与狩猎法之所谓'捕获'相当。原审拘泥文义,谓必实际控管,尚有未合。是该捕获行为既已于十三年12月29日完成,与狩猎法施行规则不相违背。至3月3日驱犬杀狸一节,殊难以此为完成捕猎行为,应解为遂行其合法的捕猎行为而后处分已获之狸。被告被诉于禁猎期间捕狸之事实,难谓有据。次查本案被告所捕之兽,有十字形斑纹,被告所在地方'宇都宫',向称此类为'十字文狢',鲜有谓为'狸'者。虽学理上狸狢同属,然此为有动物学知识之人始可得知。抑按之习俗,'狸''狢'同称,自古并存,衡诸常理,两者当有所别。若以此'狢'亦在不准捕猎之列,则狩猎法中'狸'字之下允应附带提及'狢'。兹仅书'狸'字,罚及相信'狸'、'狢'有别之人,即欠公允。本案被告因确信其非狸而捕获之,难谓有何不法可言,今依法宣判无罪,以免冤抑。"

这一案例十分有名,被称为"大正大冈案"。大正大冈案中大冈法官运用文义解释的方法,为猎户解危,排除了狩猎法实施规则中的若干文义矛盾。

我国法律实践中也常遇到这类文义解释问题。例如,我国刑法规定,构成盗窃罪的案件是盗窃的公私财物要达到一定的数额。于是发生了窃贼故意破坏受害人物品应否计入盗窃数额内的问题。对此,现在我国司法界有三种意见:第一种意见认为应计入,理由是这是受害人因盗窃而遭受到的实际损失;第二种意见认为不应计入,理由是,我国刑法规定的盗窃罪,是指以非法占有为目的,秘密窃取数额较大的公私财物,而破坏物品并不是出于非法占有的目的,如计入,就扩大了法律规定的"盗窃数额"的外延;第三种意见认为,可加判故意破坏公私财物罪,实施两罪并罚。这里同样存在着对"盗窃数额"的文义解释问题。

关于文义解释,奥地利的法学家凯尔森有所谓"框"(rahmen)理论。日本法学家加藤一郎认为,法律规范所涉的事项如在"框"的中心,最为明确,愈近四周愈为模糊,几至难分"框"之内外,于是出现对法律文义做复数解释的客观矛盾。当出现复数解释时,笔者以为,必须从法律的普遍性出发,按社会大多数成员所习见、习用的文义作出他们可以接受的最终解释,以排除复数解释间的矛盾。例如"盗窃数额",在绝大多数人的习见、习用的文义中,即止于"盗窃",而不容逸出"盗窃"之本义而延及"破坏"。

文义解释实际上遇到的是两个方面的矛盾:一方面是文义歧义即复数解释间的矛盾;另一方面是社会性见解与个别人见解间的矛盾。我们认为,应以个别人见解服从于社会性见解,由此出发排除复数解释间的矛盾。

(二)体系解释的哲理探讨

所谓"体系解释"是指,以法律条文在法律体系中的地位,即依其编、章、节、条、款之前后关连位置,或相关法条的法意,阐明规范的含义的解释方法。

体系解释可从三个方面理解:

第一，从法律条文在该条文所在法律中的编、章、节、条、款里的地位，确定该条文的法律含义。例如："中华人民共和国对于因为政治原因要求避难的外国人，可以给予受庇护的权利。"这一条文是在我国宪法①第一章《总纲》的第三十二条的第二款。其第一款为"中华人民共和国保护在中国境内的外国人的合法权利和利益，在中国境内的外国人必须遵守中华人民共和国的法律。"对"给予受庇护的权利"的"外国人"，自然应如前款规定的那样遵守中国法律，而其"在中国境内的合法权利和利益"同样应受保护。只有联系第一款才能对第二款有正确的理解；同样，也只有联系第二款，才能在涉及第一款的有关问题时作出正确的法律解释。

第二，从需做解释的法律条文的相关性条文的法意出发，做出合理的解释。有时仅从法律文件的编、章、节、条、款关系中，无法做出解释，但却可以从有关的条文中得到启示，从而对它做出解释。

第三，把需做解释的法律条文置于国家整个法律体系中考察。例如我国刑法规定："隐匿、毁弃或者非法开拆他人信件，侵犯公民通信自由权利，情节严重的，处一年以下有期徒刑或者拘役。"（第一百四十九条）这一规定在实际执行过程中，往往会遇到诸如单位领导以各种借口开拆群众信件、家长开拆子女信件、教师开拆学生信件之类的问题；还会遇到邮政工作人员利用职务之便开拆、毁弃他人信件的问题等。在处理过程中，大多援引宪行法关于"任何组织或任何个人不得以任何理由侵犯公民的通信自由和通信秘密"（第四十条），以及刑法关于"邮电工作人员私自开拆或隐匿、毁弃邮件、电报的，处二年以下有期徒刑或者拘役"（第一百九十一条）的规定，做出合理的解释。

这三方面的"体系解释"，都可达到从法律体系的整体上去确定法律条文的含义的目的，因此，是一种科学的解释方法。由于法律体系的发展，法律条文之间的矛盾抵牾是难以完全避免的，因此，体系解释就更显得重要了。

体系解释的法哲学出发点，是为了排除法条之间的矛盾，只有从法律体系的整体出发，才可能合理地排除这种法条之间的矛盾。

有人认为，从上下位法律间的各种关联出发所作的法律解释，不属体系解释而属"合宪解释"。我们认为，还是以缩小"合宪解释"的范围，即把"合宪解释"的范围限制于是否"合宪"为妥。事实上，除作为母法的宪法与作为子法的刑法、民法等的上下位关系外，还有如作为基本法的刑法与作为其派生法的治安条例间的上下位关系。所以，必须将体系解释与合宪解释加以区别。

又有人认为法律体系仅为法律的外在形式，从而对体系解释的意义有所贬低。我们认为，法律体系是形式与内容的统一体，做体系解释时也不仅仅是，而且主要不是从形式上发掘法律的含义，而主要是从内容上去看有关法律条文的含义。所以，体系解释之重要

---

① 1982年宪法，下同。——编者注

性，是不容忽视的。

体系解释之从法条结构关联、法条间关联及法条与法律体系整体的关联出发，或形成扩张解释，或形成限缩解释，或形成反对解释，或形成当然解释等具体的解释。

扩张解释是指，法律条文字面的文义失之过窄，不足以表达立法意图，以体系解释的方法扩张法条的文义，以求正确适用。

限缩解释是指，法律条文字面的文义失之过广，有损立法意图的正确贯彻，以体系解释方法限缩法条的文义，以求正确适用。

反对解释是指，根据法律条文字面的文义，借体系解释之助，推论其反面的文义，并按反对解释实施法律。例如，我国刑法第十二条第二款的"过失犯罪，法律有规定的才负刑事责任"的规定，可以作反对解释而得"……法律无规定的不负刑事责任"。

当然解释是指，法律无明文规定，但案件事实较之已有之明文规定更有适用的理由，即更加适用有关条文的意思。当然解释与类推适用的区别在于，当然解释为直接推论，类推适用为间接推论。

扩张解释、限缩解释、反对解释与当然解释，都不应破坏、损害、有悖法律体系的整体性，即解释结果必须与法律体系的整体、与法律条文所在的法律文本、与该法律文本中的其他条文不相矛盾、不相悖谬，从而保持解释结果与法律体系的和谐一致，使解释结果得以成为法律体系的有机的组成部分。因此，这些具体的解释形式，和法律的体系解释是属于同一范围的。

体系解释的要点在于在排除法律条文矛盾的前提下，为法律所未做明确规定的事项做出解释性规定。在任何法律解释中，都不允许出现与现行法律相矛盾的情况，体系解释当然也不例外。

（三）法意解释的哲理探讨

法意解释又称历史解释或沿革解释，是指探求立法者制定法律时的立法意图而对法律条文进行解释的方法。

法意解释的依据是两个方面：一方面为立法过程中留存的一切记录、文件，尤其是可借以确定立法理由的有关资料；另一方面为现时的社会观念及社会需求。

法律的制订，都是由社会需求引发的。但是，从社会需求到法律的制定，要经过社会观念的"过滤"。即社会需求为社会观念所解释、所评价、所扬弃，其中必须法律化的才被订入法律，以法律规范加以表达。因此，当社会向前发展，旧有的法律条文面临新近出现的社会问题与社会需求而难以适用时，就有必要根据当时的立法理由，对现时的社会需求加以分析，从而确定在现时情况下，立法者可能采取的法律措施。当确定立法者现时可能采取的法律措施时，则要与现时的社会观念尤其是法律观念相适应。

法意解释的过程，实质上是立法理由的现时化与客观化。正因如此，法意解释就有法律的历史发展、沿革变化的因素在起着支配作用。也就是说，当做出法意解释时，必须顾及法律的历史与沿革。法律的历史与沿革，是法意解释最重要的制约因素。所以，法意解释又称历史解释或沿革解释。

法意解释的目的在于探求"法意"，即探求立法意图。因为确定了立法意图，新出现的问题该如何以法律手段加以调整，也就迎刃而解了。这里，立法意图的确定，是法意解释的关键。如果把法意解释所依据的法律条文原义和法意解释所得的结果——新义两相对比，作为对立统一的事物来看待的话，那么，立法意图就是新旧两义转化的内因、动力与契机。

最高人民法院《关于十五岁的未成年人过失致人重伤是否应负刑事责任的批复》，就是依据法意解释而形成的。该《批复》如下：

广东省高级人民法院：

你院关于十五岁的未成年人，因玩弄风枪过失致人重伤（眼瞎），是否应负刑事责任的请示收悉。经研究，我们认为刑法第十四条第二款规定的"已满十四岁不满十六岁的人，犯杀人、重伤……罪，应当负刑事责任"，这里说的"重伤"是指故意伤害他人身体造成重伤。十五岁的未成年人过失致人重伤的行为，不应当负刑事责任，但应责令他的家长或者监护人加以管教；在必要时也可由政府收容教养。涉及民事赔偿的问题，按有关民事法律规定处理。①

由于对刑法第十四条第二款的立法意图做了分析，所以得出其中的"重伤"是指"故意伤害他人身体造成重伤"的解释结论。这一解释似乎是文义解释，但是仔细分析，文义解释不可能得出这一结论，只能认为是法意解释的结果。

与法意解释相近的是"目的解释"。但目的解释是从整部法律的目的出发对法律条文中的疑义做出解释，而法意解释是从需做解释的条文的历史沿革出发做出解释，因此虽相近而又不同，不能把二者混淆起来。但是，由于二者相近，当法意解释未能达到目的时，或为了更好地弄清法律条文的含义，做出更科学合理的法律解释，是可以将法意解释与目的解释结合在一起综合使用的。

（四）价值补充方法的哲理探讨

价值补充方法是指，对抽象法律概念与概括条款的抽象价值作出具体价值解释的法律解释方法。

抽象法律概念又称不确定法律概念。其特点是抽象而模糊。如民法上的"显失公平"、

---

① 1990年6月4日，法（研）复〔1990〕5号。

"不履行其他义务"、"由于上级机关的原因"、"重大损失"、"必要的限度"、"适当减轻"、"社会公共利益"、"相当数额"等；刑法上的"情节显著轻微"、"犯罪分子意志以外的原因"、"在必要的时候"、"确有悔改或立功表现"、"其他对于人身健康有重大伤害的"、"伪造……其他有价证券的"、"致使国家和人民群众利益遭受重大损害的"等。这些法律概念都比较抽象、模糊，当涉及具体案件时，就会产生"何为必要的限度"、"何为适当减轻"、何为"重大伤害"等具体问题。这些具体问题，就需由法官将有关的不确定概念明确化，使抽象的内容变为具体的内容。也有为了统一定罪量刑而由最高司法机关做出统一的法律解释的，这种解释所采取的方法就是价值补充方法。例如对经济犯罪"数额巨大"这一抽象法律概念，就要划定"杠杠"，按数额的大小分等分级定罪量刑。

概括条款如"诚实信用原则"、"地位平等原则"、"权利不得滥用原则"以及"……法律没有规定的，应当遵守国家的政策"的原则等都是。概括条款的主要功能在于，法官可以根据社会经济以及道德价值观念的变迁，对有关概括条款作出适应这种变迁的解释。

无论是抽象法律概念，还是概括条款，都蕴涵一定的抽象价值。这种抽象价值具有普遍意义，可以适用于变化中的社会法律需求。但是，具体适用时，必须使之变化为具体的价值。这种抽象价值具体化，即为价值补充。

抽象价值之向具体价值转化，得经过法官的中介活动而实现。这样，法官作为解释主体与作为解释客体的抽象法律概念、概括条款之间的关系，法官的主观性与客观性的关系，就得如上文所说，作辩证的处理。在处理的过程中，十分重要的是避免个人感情的掺入。此外，还应注意以下几点：

第一，在具体案件的处理中，如有具体法律规定可以适用，就不应作价值补充的法律解释。这里有两种情况：一为适用具体法律与作价值补充而得出的结论不一致；一为一致。无论何种情况下，都应以援引具体法律规定为准。其原因在于维护法律的尊严。

第二，在具体案件的处理中，如果可以用文义解释、类推适用、扩张解释、限缩解释、反对解释、当然解释等方法代替价值补充时，就不用价值补充的方法。这是因为，价值补充方法具有一定程度的随机性，而其他方法则较少随机性。

第三，价值补充的结果如果造成与法律体系整体有相悖之处，则应放弃此种方法。

价值补充方法的"价值"本身，是一个含义广泛、同时也较抽象的概念。它随着时代的变迁、道德观念的演变、价值观念的变化而变化。如前所说，价值是主体与客体的辩证运动的产物。因此，当确定"价值"时，为求避免失之主观、避免为随机所误，应当发挥集体的智慧，"群策群力"、"集思广益"地做出价值判断，切忌纯由个人"自由裁量"。

具体的法律解释方法还有很多，每一种方法均可做具体的法哲学分析，这里仅以上述几种为例略做说明，其他的就不一一展开了。

李白《嘲鲁儒》，诗虽写得很有文采，但他其实是"嘲"错了的，因为首先该"嘲"的不是"鲁叟"，而是"五经"。开头我已说过，"鲁叟"那种"死章句"的精神，在某种意

上非但不应鄙弃,反而应当发扬。有鉴于此,兹活剥李白《嘲鲁儒》为《尊鲁儒》如下:

  鲁叟研法律,白发活章句。
  问以经济策,解释竭其虑。

第九十四章 法哲学生命线：批判、吸收、创新

一、开放系统——批判、吸收、创新与法哲学的发展

北宋元祐时人孔毅父蒐集古人诗句、汇编成册，赠送给苏东坡。苏东坡赠还五首诗以答谢。其一曰："羡君戏集他人诗，指呼市人如使儿。天边鸣鹄不易得，便令作对随家鸡。退之惊笑子美泣，问君久假何时归。世间好句世人共，明月自满千家墀。"其二曰："紫驼之峰人莫识，杂以鸡豚真可惜。今君坐致五侯鲭，尽是猩唇与熊白。路傍拾得半段枪，何必开炉铸矛戟。用之如何在我耳，入手当令君丧魄。"[1] 诗坛盛事，非本文所可详论。然而苏诗之中蕴涵的深邃意境与新鲜哲理，却可为我所用。

法哲学古已有之，至马克思主义法哲学的诞生，开创了一个崭新的天地。然而世间事物的发展永无止境，法哲学也当永不停止其前进运动的步伐。自然界和人类社会都是一个开放的系统，封闭是人为的。封闭的系统只存于形而上学的思维中。应当努力打破认识上的封闭系统。法哲学的发展，当然可以从自身已有的成就中继续觅取营养与动力，但它毕竟是有限的。法哲学的发展，它的蓬勃生机，它的永不枯竭的智慧源泉，它的永不中断、永远前进的生命线在于开放式地面向其他学科的最新成就，批判、吸收、创新，从而拾级而上，步步登高。其他新学科或老学科的新成就，均为"世间好句"，应为"世人"所"共"有，庶几可使"明月"之清辉照我法哲学之丹"墀"。当然，也有某些新思想、新思潮既有可贵而科学的新成就，也有旧观念、旧说教羼杂其间，犹如"鸣鹄"、"家鸡"作对，"驼峰"、"鸡豚"相杂。但是去伪存真、精芜析取，仍可为我所用，即便是"路傍拾得半段枪"，也可"入手当令君丧魄"[2]。这里，关键在于："用之如何在我耳。"本着此种观点与精神，我们在这一节里试析西方现代科学哲学及其与法哲学发展的关系。这是一项尚

---

[1]《苏轼诗集》卷22，第1156—1157页。
[2]《苏轼诗集》第1156页王文诰注，《谈实录》："唐哥舒翰捍吐蕃，贼众三道，从山相续而下。翰持半段折枪，当前击之，无不披靡。"

未有人涉足的工作，成败得失在所不计，唯求迈步前行，或可"用鞋底造出一条路"来。

二、唯意志论的启示

（一）意志、直觉和法文化

叔本华和尼采对鲁迅及其同时代人曾有相当大的影响，但对 20 世纪 40 年代后出生的人来说，却是相当陌生了。近十多年来，虽然他们的名字又渐渐为国人所闻，但仅仅有"所闻"而已。窃以为，他们既不是花，也不是草，仅仅用以欣赏，或作为洋古董来摩挲玩味，未免有失公允，也太可惜。即使是花、草，李时珍他们也常用以入药，济世救人的。所以，我们在知道其大名及关于他们的一些有趣的轶事之后，所应做的便是，看看有否"入药"的价值，是"枸杞"抑或"川芎"，"黄芪"抑或"甘草"，等等。

叔本华（A.Schopenhauer，1788—1860 年），祖籍波兰格但斯克，在法国度过童年，后去柏林专攻哲学。其代表作为《作为意志和表象的世界》。用他自己的话说，这部著作"不是对已有的东西的新的阐发，而是将一系列迄今还没有一个人想到过的思想，最高度地结合在一起的一种新的哲学体系"①。他说他的著作的"脸上刺着'诚恳坦白'的金印"②。浏览其书，应当承认：此言不谬。

尼采（F.W.Nietzsche，1844—1900 年），曾就学于波恩大学与莱比锡大学，深为叔本华《作为意志和表象的世界》所打动，认为"在我们的时代，深深感觉痛苦的人，一定要懂得叔本华"③。其著作《悲剧的诞生》《人性的，太人性的》《曙光》《查拉图斯特拉如是说》《道德体系论》《善恶的彼岸》《权力意志》等，推崇者除亲妹妹外甚为寥寥。因此，他发疯十一年后自杀而亡。

叔本华与尼采都是唯意志论者，但前者悲观，后者乐天。尼采认为，是人，就要做主人，做超人，甘愿做奴隶的人就该被奴役。

他们的唯意志论的基本观点是一致的，区别是：

叔本华认为，意志是世界的本原。叔本华提出了"生命意志论"，认为"'世界是我的表象'；这是一个真理，是对于任何一个生活着和认识着的生物都有效的真理"④。同时，他认为"世界是我的意志"⑤。具体来说，他首先认为人的活动、人的身体都是意志的客体化；其次他认为意志是人、动物、植物以至一切无机物的内在的本质；再次他认为意志客

---

① 叔本华致出版商 F.A. 布洛克豪斯的信，转引自 [德] 叔本华：《作为意志和表象的世界》中译本导言，商务印书馆 1982 年版，第 13—14 页。
② 《作为意志和表象的世界》，第 13 页。
③ 杜任之主编：《现代西方著名哲学家述评》，生活·读书·新知三联书店 1980 年版，第 4—5 页。
④ 《作为意志和表象的世界》，第 25 页。
⑤ 同上，第 27 页。

体化的程度是分等级、分层次的，人的意志居最高等级、最高层次。叔本华唯意志论的归宿和实践性结论是：作为自在之物的意志是生命意志（Wille zum Leben），是一种非认识性的盲目的冲动。

尼采认为，世界的本质是权力意志（Wille zur Macht）。他说："这个世界就是权力意志——岂有他哉！"[①] 所谓"权力意志"，就是一种创造一切、转变一切和超越一切的不可遏止的力量，追求权力就是要获得和实现这种力量。据此，他主张用权力意志重新衡量人类社会的一切。他提出了"打倒偶像"和"重新估计一切有价值的东西"的口号。他用权力意志论批判了基督教，批判了旧道德。

叔本华与尼采都抱反理性主义。叔本华认为，只有非理性的直觉或观审才能认识理念。尼采认为，意识是最粗略、最无力的工具，本能的作用大于一切。

叔本华、尼采的唯意志主义产生了极大的影响，其"歪脖子硕果"就是柏格森的直觉主义。

柏格森（Henri Bèrgson，1859—1941年），1900—1924年任法兰西学院教授。其讲授获极大成功，巴黎上流社会为之倾倒，致使当时在法国出现了"柏格森狂"。

柏格森的直觉主义的基本观点有二：其一，"生命冲动"是世界的本源。这与叔本华的生命意志论是基本一致的，区别在于：生命意志是盲目的冲动与欲求，而生命冲动是一种延续性，一种无物质、无相对稳定性的运动变化。其二，理智不能把握实在，只有直觉才能把握实在。而直觉是"知觉"、"亲知"，是主体与客体的融合。

叔本华、尼采、柏格森的唯意志主义，是与黑格尔的理性主义直接对立的。与之同时或稍后的新黑格尔主义、新托马斯主义、弗洛伊德主义、存在主义、实用主义也表现了反理性主义的倾向。这就形成了一股席卷哲坛的强大思潮。由于唯意志主义夸大了人的意志的某些方面，说成是世界的本质，又否定科学和真理，把直觉、灵感神秘化，因此，其自身也陷入了唯心主义。至于尼采鼓吹的一套"超人"理论，后来直接成了希特勒、墨索里尼的战争狂热的理论依据。这些当然极不可取。

但是，"粪堆里有时也可以啄出珍珠"。科学和艺术的发展日益暴露出局限于感性认识和理性认识并不能充分说明创造性的思维活动，同时也日益显示出直觉、灵感在艺术创造和科学发现中的非常重要的作用。叔本华，尤其是柏格森之强调直觉，就越来越受到艺术家与科学家的重视。科学泰斗爱因斯坦说："真正可贵的因素是直觉。"[②] 贝弗里奇研究了达尔文、爱因斯坦等二十多位科学家的事迹，认为直觉确是科学思维的重要形式，"直觉……是……一种突如其来的颖悟或理解，……常常跃入意识的一种使问题得到澄清的

[①] 洪谦主编：《现代西方资产阶级哲学论著选辑》，商务印书馆1964年版，第24页。
[②] 陈衡编著：《科学研究的方法论》，科学出版社1982年版，第261页。

思想。"① 钱学森在《关于形象思维的一封信》中也说:"创造性思维中的'灵感',是一种不同于形象思维和抽象思维的思维形式。文艺工作者有灵感,科学技术工作者也有灵感,它是创造过程所必需的。凡是有创作经验的同志都知道,光靠形象思维和抽象思维不能创造,不能突破。要创造要突破得有灵感。"②

我们不惜,也不得不以相当篇幅原原本本地简略介绍唯意志论的观点,不是为了去批判它,因为它的错误太明显了。我们的目的倒是希望从中得到一点启示,这就是应当思索:客观存在的直觉、灵感、意志等心理现象,在法文化的发展中究竟有无地位、有无作用,地位如何、作用如何。

(二)非理性因素对法的干扰

恩格斯在《反杜林论》中曾指出:"事实上,世界体系的每一个思想映象,总是在客观上被历史状况所限制,在主观上被得出该思想映象的人的肉体状况和精神状况所限制。"③经典作家这里所说的"肉体状况和精神状况",我以为,当包括直觉、突如其来的"灵感"与"颖悟"。吾友方强君在《法制心理学概论》中专门写了《反映论与多因素论》一节,他指出:"假如只讲存在决定心理、意识和心理意识反映存在,而不讲历史状况、肉体状况和精神状况对于反映过程的限制和制约,就无法深刻地说明不同历史状况下的人、不同阶级地位的人、具有其他不同社会生活条件的人、不同肉体状况下的人、不同精神状况下的人以及同一个人而在不同肉体状况或不同精神状况下的心理为什么存在明显的差异;无法说明对于同一立法提案,不仅全社会可能出现相互矛盾的看法和态度,而且,即使在同一统治集团内部,也可能存在分歧意见,甚至发生针锋相对的立法斗争;……"④方强君考察了解剖学、生理学、心理学与医学,指出诸如"脑物质状况,机体解剖生理状况和各种生理需要,以及遗传基因,个体素质,先天缺陷,遗传疾病,神经解剖特点与高级神经活动类型,生长发育过程的特点,物质代谢过程的特点,内分泌的异常或某种不平衡,某些疾病或疾病引起的后果,体质与健康上的其他特点……"这些"生物学因素",都是可能的"限制"主观对客观作"思想映象"的因素⑤。"肉体状况"、"精神状况"之参与反映过程、影响法律实践,由此可知是无可否认的。虽然方强君这里不是讲直觉、灵感、意志,但有其相通之处了了分明。

汉斯·约阿希姆·施奈德在《犯罪学》中引录了大批法学家、犯罪学家对个案研究的报告。这些报告从各个侧面指明,直觉、灵感、冲动等心理过程对某些案件有明显的关

---

① [英]贝弗里奇:《科学研究的艺术》,科学出版社1979年版,第72页。
② 《中国社会科学》1980年第6期。
③ 《马克思恩格斯选集》第3卷,第76页。
④ 方强:《法制心理学概论》,群众出版社1986年版,第25—26页。
⑤ 《法制心理学概论》,第28—29页。

系。他转录的一个报告是这样的:

弗兰茨·亚历山大和威廉·希利(1935年)在深入调查十一个案例后,认为必须把每一次犯罪行为都作为心理过程来分析。研究结果可概括如下:偷窃是由非理性、无意识和感情冲动的动机造成的,是对自卑感和过失感形成的一种反应。各种感情因素参与酿成内心激愤,个人设法通过犯罪行为寻求解脱,但是犯罪行为只是象征地,而非真实地补偿欠缺。亚历山大和希利认为神经病与犯罪之间的主要区别在于,感情冲突在神经病方面只是导致象征性地满足未能满足的本能欲望,而在犯罪情况下则以实际行动告终。他们介绍了这样一个案例:西格里德感到一种无法抗拒的偷窃欲望,她盗窃妇女服装、手提包、女鞋。她的偷窃行为伴随着性刺激。偷窃之后,她的急切心情得到缓解,并陷入精疲力竭状态。西格里德在童年时感情上"营养不良"。她与母亲竞争,争取父亲。她对父亲的性爱关系在她的幻想中占据重要地位。她同母亲的关系受到损害,不能与母亲认同。因此,她不能接受女性角色,而是无意识地决心采取男子的行为和态度。她的个性一触即发,极不和谐。她不加选择地与许多男人保持两性关系,但是对于同任何一个男人的关系都不满意。亚历山大和利希这样解释此一案例:妇女服装对西格里德就象征着女性,偷窃对她来说是一种性行为,偷到的东西对她来说就是女性的生殖器,她渴望一种特别成功的女性角色,但是由于她缺乏与母亲认同而不能实现,就试图通过偷窃来缓解其急切心情并摆脱她无意识的过失感。

施奈德列举的另一份研究报告是汉斯·瓦尔德纳提供的:埃尔温爱上一个比他大五岁的女人,此女人偶尔卖淫以贴补生活,为此埃尔温曾两次在酒后醉打了她。他们决定6月30日结婚。6月28至29日夜间,埃尔温路遇一个妓女,谈妥性交价钱后,他随她进房。其实他当时身无分文,一进房即乘机想掐死妓女,但因未太用力,致使妓女脱逃。瓦尔德纳分析认为,埃尔温的谋杀企图的动机是无意识的。他在作案时对其情妇(未婚妻)怀有一种矛盾的心情。他爱她,但坚决反对她卖淫。他不愿承认对她的仇恨,于是笼统地将仇恨转移到所有女人的身上,尤其是妓女。这样,那个妓女就成了他根本上没有想到过的被害人。①

猜疑、"醋劲大发"、暴怒、"怒从心中起,恶向胆边生"……直觉和失常的"灵感"、无端的冲动,实实在在地成了许多犯罪行为的催化因素。不能无视、忽视这些因素的作用。如果认真分析一下,古今中外的许多专制帝王大多有"埃尔温病",正是在这种病态之中,他们"主持"、"领导"、"组织"、"管理"着立法、司法活动。隋文帝"性猜忌,素不悦学,既任智而获大位,因以文法自矜,明察临下。恒令左右觇视内外,有小过失,则加以重罪。又患令史赃污,因私使人以钱帛遗之,得犯立斩。每于殿廷打人,一日之中,或至数四。尝怒问事挥楚不堪,即命斩之。""是时帝意每尚惨急,而奸回不止,京市白

---

① 《犯罪学》,第511—513页。

日，公行劫盗，人间强盗亦往往而有。帝患之，问群臣禁断之法。杨素等未及言，帝曰：'朕知之矣。'诏有能告者，没贼家产，以赏纠人。""帝……命盗一钱已上皆弃市。行旅皆晏起早宿，天下懔懔焉，此后又定制，行署取一钱已上，闻见不告言者，坐至死。自此四人共盗一榱桷，三人同窃一瓜，事发即时行决。""仁寿中，用法益峻，帝既喜怒不恒，不复依准科律。"①《隋书》以及其他大量史书记载的这种神经病式的立法、司法事件比比皆是。唯意志论固然颠倒了客观的是非，但意志、直觉、冲动等等的心理因素，确乎有着极其重大的影响。从隋文帝的立法与司法的反复无常中，可见一二。

（三）尊重客观，排除非理性，发展法文化

反理性主义的唯意志论，当因过于明显的片面性为哲坛唾弃。它的意义在于把隐藏在人的正常理智之外的非理性的东西提出来加以研究。哲学界初步达成的共识是，人类对客观事物的认识总体上是理性的，但又不纯粹是理性的过程，意志、直觉、灵感、冲动等非理性的成分也起很重要的作用；即使是自觉的理性活动，从理性认识到实践活动也往往伴随着意志、热情、冲动等非理性现象的中介。因此，由唯意志论所启示的"非理性"是值得进一步研究的。这当然主要是哲学家们的事，但法学至少可以为之提供例证。而从目前来看，笔者愿做如下法哲学的推测性论断：

第一，立法、司法、守法以及法律学研究的实践过程中，非理性的意志、直觉、灵感、冲动始终以不同的方式、不同的程度发生一定的作用。

马克思曾说：法律总是"由一定物质生产方式所产生的利益和需要的表现，而不是单个的个人恣意横行"②。这是真理，无可怀疑。而在"由一定物质生产方式所产生的利益和需要"在其"表现"的过程中，不能排除参与其事的个人的意志、直觉、灵感、冲动等的影响，因而往往会有偏离。这样，法律虽非个人的"恣意横行"，却难以避免其中包含个人的"行横意恣"的成分。

立法如此，司法更是如此。这是因为，现代立法毕竟有一定的程序，古代立法在多数情况下也经过反复的权衡。同时古今的立法，都要付诸实施，也就是面临着实际的"考试"，太过明显的"恣意横行"无论如何都是不行的。但司法却不同。像"杨乃武与小白菜"一案那样轰动整个清廷，从京都到江浙的大批司法行政要员都因此卷入，是极为罕见的。绝大多数案件都是"一次性处理"，法官的情绪、即时直觉、可能有的冲动，都会带给定罪量刑以这样那样的影响。

守法、违法过程更比司法过程有更大的"主观随意"、"恣意横行"的客观可能性。司法不公，还可能引起"舆论哗然"或当事受害者"背黄榜"、"滚钉板"、"挝登闻鼓"鸣冤

---

① 《隋书·刑法志》。
② 《马克思恩格斯全集》第6卷，第291页。

叫屈、上诉申诉直至以死相决的反抗。法律实施中的守法、违法问题，几乎是不受旁人监督的，主观随意性必然更大，冲动、直觉、灵感、意志等等非理性因素作用范围可能更大，作用程度可能更强烈。汉斯·约阿希姆·施奈德以及大批其他犯罪学家的著作都证明了这一点。

行文至此，恰收到友人从美国来信云：夜间行车，忘开左前灯，被警车追及，送上了法庭。按当地法律，应处罚五十美元；五十美元虽为数甚少，但作为莘莘学子，却也得来不易。于是在法庭上装糊涂，听不懂法官的话，且把本很流利的英语说得鸡零狗碎、牛声马气。法官又好气又好笑，"去去去"一声，算是"判决"了结，当然罚款也取消了。

于是又想到近代上海大名鼎鼎的中国法官关炯。关于他的审判实践，有不少趣闻轶事，其中不乏"血涌中庭"而左右定罪量刑的例子。

第二，民主与法制的发展历史，是减少主观随意性、减弱非理性对立法、司法、守法干扰的过程。

奴隶制时代的古巴比伦王国，汉穆拉比王宣布自己是"众王之神"、"巴比伦的太阳"；中国的夏启发兵攻伐有扈氏时颁布的军律谓"今予惟恭行天之罚……用命赏于祖，弗用命戮于社，予则孥戮汝"①等。在当时的情况下，非理性所起作用的程度，比后代、现代，无疑一定会大得多。原因主要有二：其一，"人猿相揖别"不久的我们可爱的祖先，思维训练、心理素质等无论如何不及后来的尤其不及现代人的水平，其理智程度总体上是比较低的。其二，客观上对他们的约束力也要比后来小得多。因此，汉穆拉比王、夏启以及其他奴隶主阶级的总代表，在立法、司法过程中所受非理性的意志、冲动、直觉的影响是比现代要强烈得多的。

奴隶制时代的后期，封建制时代，尤其是到了资本主义时代，民主化程度日渐提高，法律实践中的非理性成分也就成反比例地降低。"台湾立法院"开会时竟至大打出手，有些老头儿的胡子也被揪去些许，看似好笑，也实在可鄙。可是，另一面却是如此激烈争吵而得的立法成果或司法监督，是一定比萨达姆治下的伊拉克议会中鸦雀无声的"一致同意"，更少受感情冲动、个人意志的支配。这正合了"从混沌走向有序"的命题。表面的有序，实际上是受非理性严重左右的无序，是有序掩盖下的无序；而表面上的无序，却是导致有序的必需，是无序基础上的有序。

立法如此，司法、守法也是如此。司法监督的日渐加强，司法官训练的程序化、制度化和科学化以及司法官选举的严格化，都将抑制非理性的干扰。尽管非理性的干扰仍然会存在，但是趋势是减弱。

第三，在承认非理性因素的干扰客观存在的前提下，为求立法、司法的科学化，努力以法律制度、法律程序保证尽可能排除这种干扰；为求行政与决策的科学化，努力以法律

---

① 《尚书·甘誓》。

制度、法律程序保证实现行政与决策的民主化、科学化。

"个人说了算"的时代，应当成为过去了。叫唤良久的决策科学化、民主化而不见实效或收效甚微的时代，应当成为过去了。因此，我建议，将"决策科学化、民主化"的口号改成"依法定程序实行民主决策、科学决策"。"民主决策"、"科学决策"云云，如无程序可循，而秩序如非法定，到底还是要落空的，因为个人的意志、直觉、灵感、冲动等非理性因素随时都会跑出来作祟。

我们不要黑格尔的唯理性论。

我们也不要叔本华、尼采、柏格森的唯意志论。

我们要的是从唯理性论与唯意志论中得到的启示：在尊重客观的前提下发展理性；在承认意志的前提下排除非理性。中国的法文化将在与唯心主义的唯理性和颇有"唯物"意味的非理性的抗争中发展。

三、实用的方法

（一）"科学方法的逻辑"：实用的方法

"实用主义"加上胡适及其"大胆假设、小心求证"，在新中国是早已被批得臭不可闻了的。但是，重阅当时的一些批判文章，反思整个批判过程，我们应当承认，除很少几个人外，实际上连什么是实用主义、其代表人物是什么人以及这些人有哪些著作，这些著作都讲了些什么等，都是若明若暗、不甚了了的。

"以其昏昏"，怎能"使人昭昭"？

现在社会科学界已认识到，实用主义所研究的许多问题，诸如"人的本质是生存活动"因而"人是实践的人、面向实际的人、讲求实效的人、不断进取的人"，"思想是生存活动的工具"因而"思想活动实质上不是认识活动、经验不是知识而是人活动的一个事件、认识活动是创造认识对象的活动、真理也是工具"以及科学方法的逻辑问题等，至今仍有继续研究的价值；实用主义对这些问题的研究，概括了科学和社会的某些现象并做了哲学解释，自成一家之言，丰富了哲学研究的思想资料，因此，其代表人物皮尔士的《信仰的确定》《如何使我们的观念清晰？》《什么是实用主义》《皮尔士论文集（八卷集）》，詹姆士的《心理学原理》《信仰的意志》《宗教经验种种》《彻底经验主义论文集》《实用主义》《真理的意义》，杜威的《学校与社会》《哲学的改造》《实验逻辑论文集》《哲学和文明》《经验与自然》《确定性的探究》《作为经验的艺术》《逻辑——探究的理论》《人的问题》，米德的《社会意识和意义的意识》《心灵、自我和社会》《行动的哲学》，等等，都应翻译介绍给广大的中国读者。

作为法哲学著作，我们自无必要全面论述实用主义哲学。这里，仅撷取其方法论做一介绍并试用于法哲学研究。

几乎所有的实用主义者都强调，实用主义不是什么形而上学的哲学体系，而是一种方法论，是科学实验室中的方法，是一种关于探究自然、社会和人生的理论，即科学方法的逻辑。

那么，实用主义者用作"科学方法的逻辑"是什么呢？这可概括为以下几个方面：

其一，"实用主义的方法就在于试图找出每一种见解的实际后果来说明这种见解"①，因此，实用主义反对形而上学的争论，主张以行为及其后果来解决争论。

其二，方法源于解决问题、创造方法的过程之中，因而方法与实验活动的过程、与所要解决的具体问题，是相应的。

其三，问题是科学探究方法的出发点。胡克说："问题永远是有意义的研究的出发点和制约条件。"②

其四，科学研究的逻辑是从特殊到特殊，研究的过程"是一个发现的过程，同时也是一个建设和重新建设的过程"③。

其五，一切已有的知识，对于一个待解决的新问题来说，只是一种假设，不是什么至高无上的东西，而是可以否定、修改和扩充的东西。

其六，科学逻辑五步法可以概括为"大胆假设，小心求证"。

上述实用主义者们用作"科学方法的逻辑"，在过去的批判中一概被称为"实用主义方法"，和实用主义者们一起被送上了"断头台"。

诚然，实用主义的许多社会哲学结论是错误的，实用主义者其人也有不少政治上的反人民的严重问题。但是，实用主义从19世纪70年代产生，直到20世纪70年代，一直雄踞美国哲坛"排行榜"的榜首，并且在英、法、德、意、日等国广有影响，难道是偶然的吗？1976年为纪念美国建国二百周年的全美哲学讨论会上，仍高度评价了实用主义哲学，这难道是"不值一哂"吗？基辛格认为，实用主义冲破了学院哲学的桎梏，把哲学与生活、与人的实践紧密结合起来，使哲学成了直接影响人们生活的时代精神，美国人的求实精神、进取精神和先锋意识，正是用实用主义培养起来的，从而对美国的发展起了巨大的推动作用。这难道仅仅是自我炫耀吗？

至少，我们不应把实用主义者们使用过的研究方法一概称为"实用主义方法"而打入冷宫。这二者是不应随意画上等号的。

不仅如此，我们还认为，实用主义者们使用过的某些研究方法，倒是实用的方法，因而可以为法哲学所借鉴、所吸收，并为法哲学的创新服务。

下面我们就可以借鉴、吸收的几点，做一个初步的探讨。

---

① 洪谦主编：《西方现代资产阶级哲学论著选辑》，第150页。
② 同上，第206页。
③ 同上，第209页。

(二)"问题":法哲学探索的逻辑起点

实用主义者们十分重视的一个方法论要点是"问题"。他们认为:第一,问题是科学探究方法的出发点;第二,作为科学探究出发点的问题,不是纯主观的疑问,而是实际存在的问题;第三,这种问题是人的活动中,人与环境相互作用的客观过程的产物;第四,从不确定的境况即问题境况(problematic situation)出发,这是科学研究必须遵循的立场。

这些观点不仅不应否定,而且应当为各门科学研究所借鉴、运用,法哲学也不例外。结合上述各点,我们产生了以下一些想法:

第一,法律实践中产生的问题,是法哲学探索的逻辑起点。

巴尔扎克曾说过,打开一切科学的钥匙毫无疑义都是问号。确实,没有问号,不存在问题,一切都是"已知",也就无所谓科学的进一步发展了,科学探索也就没有任何必要了。

柏拉图、亚里士多德、托马斯·阿奎那、萨维尼、黑格尔等,都曾宣布自己的法哲学已臻顶点,似乎一切都包蕴在他们的法哲学体系中了。柏拉图后来是由于在仕途生涯、政治历程中几起几落而有所认识并改变了自己的某些观点的。亚里士多德、阿奎那、黑格尔等则没有。但世界并没有因为他们而变得特别光明。甚至有不少犯罪学家认为,社会文化水平越提高,犯罪率越提高;平均文化水平高的群体中,自杀率比平均文化水平低的群体要高得多。当代世界,无论是资本主义国家,还是社会主义国家,都存在相当程度的法律问题、犯罪问题。仅从各国的律师行业的地位就可知其大概了。

当然,法律实践中产生的问题并不仅仅是法哲学的研究对象,法哲学也解决不了法律实践中产生的一切问题。但法哲学无疑应从法律实践中产生的问题里找到科学探索的源头活水。例如,在中国的"综合治理"中,就存在大量尚待研究的问题。这些问题的哲理分析,解决这些问题的哲理机制以及哲理对策原则,都是新的课题。又如,到处都遇到"权"与"法"的矛盾、"理"与"法"的冲突、法的"应有"与"实有"的摩擦以及此法与彼法的左右、出入、抵牾……也都是法律实践中反复出现而且层出不穷的问题。这些问题的哲理分析及法哲学对策,也是常讲常新的课题。再如,改革事业正在稳步发展,体制的更新,机制的转换,观念的改变,客观情况的不断变化,都提出了日新月异的法律需求,对这些法律需求既要有具体的立法对策,也要有法哲学的学理指导。这也同样要求法哲学予以回答,而不是保持沉默。

法哲学似乎也可以"从书本里讨生活","在概念、术语堆里翻跟斗"。但是,这必将把法哲学引入死胡同。"殷鉴不远",经院法哲学在当代的一落千丈而影响几无,就是一个教训。与此成鲜明对照的是,尽管实用主义法哲学在我们看来有其明显的弊病,但由于它与实际生活贴得较近,所以历久不衰,甚有市场。

因此,法哲学一定要把法律实践中产生的问题,作为探索的逻辑起点。强调这一点,对法哲学来说，比对其他法学部门更为重要。这是因为既为法哲学，既为对法律、法、法文化作哲理探讨的理论法学，自应以理论性、思辨性见常、见长，因而也就很容易钻进纯理论的高楼、思辨的象牙塔。

第二，作为法哲学探索的逻辑起点的法律问题，应是"人与环境相互作用的客观过程的产物"。

实用主义者认为，一个问题终究是一个成问题的情况，真正的问题并不单纯地是个人的，亦即并不是仅仅存在于客体外面的主体的心中。这一观点无疑也是正确的，它包含两层意思：其一，问题存在于主体的心中；其二，并不仅仅存在于主体的心中，还存在于人与环境的交互作用中。

主体的思维运动像客观世界的发展一样，是一个矛盾运动过程，是已知与未知的矛盾，主观与客观的矛盾。因此，对问题的揭示，不仅仅是揭示思维矛盾，还要揭示主观与客观的矛盾，尤其是要以后者为侧重点。

"权"与"法"的矛盾，从理论上是很容易解决的，简单来说，就是：法大于权，权应服从法，受法的制约。可是在现实生活中这却像"牛皮癣"那样的"顽症"，弄得不好还会成为"艾滋病"那样的"绝症"。

"理"与"法"的矛盾，理论上也不难解决、不难回答。然而，在实际生活中，同样反反复复、此起彼落，时而说是"改革者中箭落马"，时而又是"有理不法，法盲落'网'"。《企业法》规定实行"厂长负责制"，可厂长们却叹息"扩权措施十条全部'收'回去了"。成千上万的经济合同不能兑现。"霸王合同"横行无忌，受屈一方如果诉诸法庭必定胜诉，但却很少会诉诸法庭而宁可"吃哑巴亏"。成万上亿的债务，结成了"三角连环"，千丝万缕、盘根错节，乱成一团，难解难分，债权人见债务人不但不能理直气壮，反而是低头哈腰、"老鼠见猫"……

因此，如果法哲学对法律问题的探索止于主体心中的症结、主观认识上的矛盾，是无补于事的。实用主义者倡导的研究作为"人与环境交互作用的客观过程的产物"的问题，是值得法哲学工作者重视的。

第三，对作为法哲学探索的逻辑起点的问题本身，也应展开研究。

这一方面，实用主义者们并无多大建树。他们提出了关于"问题"的问题，但对"问题"自身却缺乏分析。最近二三十年来，国际学术界对"问题"的研究日见其多，专著迭出，这是应当引起我们重视的。在这一方面，我国学者问津者甚少。值得一荐的是吾友孟自黄、吴宣文同志等在"问题逻辑"方面所做的研究。例如，他们的《问题的类型和问答的逻辑要求》一文[①]就谈及不少有关"问题"的理论。他们根据问题逻辑重点的不同以及对回答的要求的不同，把问题划分如下所示：

---

① 《逻辑与语言学习》1981年总第1期。

```
                     ┌ 判断型（"是什么"型）问题  ┌ 是非式问题
                     │                          ┤ 选择式问题
问                   │                          └ 填充式问题
题  ┤
                     │ 说明型（"怎么样"型）问题
                     └ 论证型（"为什么"型）问题
```

他们还讨论了"问题的问域和可能的回答"、"问题的隐蔽和问题的回避"等方面。虽然写得比较粗疏，但提供了一条十分重要的思路，即可循此继进，对法律实践中的显性问题与隐性问题；判断型问题、说明型问题、论证型问题；问题的实践领域与认识领域；问题的实际态、可能态；问题的过去态、现在态、将来态；问题的具体态、抽象态；问题的"实有"态与"应有"态；问题的论域与核心；问题的解答与选择；等等，都展开比较详尽的研究。

如上所述，我们应当公允地说，实用主义哲学家们提出的关于以问题为科学探索方法的出发点的观点，显然不应与"实用主义"一锅端，更不应打入"无用主义"的冷宫。这一观点及与之相关的若干观点，应当说是"实用的方法"。至于如何使用，用得如何，当然还是"用之如何在我耳"一句话。

（三）特殊：法哲学探索的长链

实用主义者们认为，科学研究的逻辑是从特殊到特殊。他们说，研究的过程，"是一个发现的过程，同时也是一个建设和重新建设的过程"[①]；一个成问题的具体境况是研究的出发点，而研究的终点则是一个"改变了的成问题的情况"，是一个具体的特定成果，因此科学研究总是从特殊的情况（问题）出发，又创造出一个新的特殊的情况（问题的解决），人们用方法所建设的是一个特殊的东西。

实用主义者们这里所强调的"从特殊到特殊"，既有真理性的一面，又有谬误性的一面。其谬误在于完全否定了普遍性。其失足之处在于对特殊与普遍的辩证关系的无视。

法哲学、一切社会科学乃至整个的人类思维，都不可能不是演绎与归纳的结合。演绎法是以普遍性的判断为前提进行推理的，没有普遍性的判断，就不可能有演绎推理。自然法哲学家设定自然法是正义的法、永恒的法，这就是一个普遍性的前提判断。他们就是从这样的大前提出发，演绎推论现行法之是否符合自然法原则的。同时，一切归纳推理的结论，都是带有普遍性的判断。柏拉图、亚里士多德的许多政治、法律判断，就都是从希腊、雅典城邦国家的政治制度、法律制度的特殊情况归纳推得的带普遍性的判断。

演绎法只能解决把法哲学、其他理论法学的基本原理与特定国家的法制建设具体实践结合起来的一半任务。另一半任务是从特定国家法制建设的具体实践中总结出新鲜经验，以繁荣法哲学、其他理论法学的园苑。因此，大略地划分，可以认为，演绎法与归纳法各

[①] 《西方现代资产阶级哲学论著选辑》，第 209 页。

占思维过程的"半爿天"。恩格斯曾经指出:"归纳和演绎,正如分析和综合一样,是必然相互联系着的。不应当牺牲一个把另一个捧上天去,应当把每一个用到该用的地方,而要做到这一点,就只有注意它们的相互联系、它们的相互补充。"[1]鲁迅在《科学史教篇》[2]中也曾指出,内籀和外籀(即归纳法和演绎法)"二术并用,真理始昭"。我们在法哲学研究中,一定要很好地把演绎法与归纳法结合起来,努力使"二术并用",以求法哲学"真理"得以"昭"然于世。而按实用主义者们"从特殊到特殊"的观点出发,否定归纳推论所得结论的相对的普遍性,那就连演绎法也被一起否定了。

但是,"从特殊到特殊"的观点并不因此而丧失其全部意义。首先,普遍性总是相对的,特殊性才是绝对的;其次,从人类思维的长链看,任何一环上的带普遍性的结论,相对于下一环的新的结论来说,它也只是相对的普遍性而已,也就是说,它在本质上仍是特殊的。从这样的角度来理解"从特殊到特殊",我们认为它不失有真理性的一面。实际上,确也是从具体实践中总结出新鲜经验以丰富法哲学与理论法学其他部门,比从法哲学与其他理论法学中演绎推论出什么结论来更为重要。因此,完全归纳推理、简单枚举归纳推理、科学归纳推理等等,都大有"英雄用武之地"。

"从特殊到特殊"的观点给我们的启发是:

第一,法哲学探索是一条有其始而无其终的无穷无尽的长链。这长链的每一环,既是长链的前一环的延伸终结与结果,又是长链进一步延伸的发端与开始。因此,我们要把我们所取得的每一个新成就看成探索的新的起点,而不是事物的终结和探索的"大功告成"。这样,我们就不会去宣称我们已达到了法哲学的"顶峰"或"放之四海而皆准"的"终极真理"。

为什么那么多国家宣布了死刑的废除?"杀人者死,伤人及盗抵罪"的"约法三章",和我们今天的法律原则的区别究竟有多大?罪犯自身当然无可推卸其责任,而且谁也不应为之开脱罪责,但是,社会的责任何在?如何"追究""社会的责任"?暂时,我们还没有任何明确的有悖传统观点的结论。但是,应当思索,应当继续探讨,而不应停止我们的前进步伐。如果一切都已"尽善尽美",那还有什么进一步研究的必要呢?如果我们的一切工作只是"进一步完善"而已,那不是等于在封闭的系统里"奋斗",在旧的一环上装饰、修整吗?法哲学的探索长链,应当不断地延伸,而不是停止在新的一环上做修整、装饰的工作。

第二,法哲学长链的每一环,都可能增置新的一环,但更可能增置新的多环,从而导致长链成枝状而非线状的发展。这可见诸下图:

---

[1]《马克思恩格斯选集》第3卷,第548页。
[2]《鲁迅全集》第1卷。

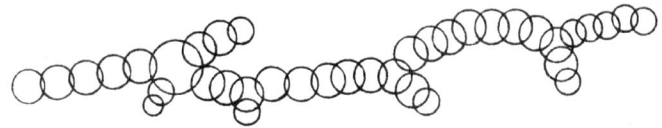

在这种情况下，有如数学上的方程式可能有多种解法、多种答案而这多解多答都正确一样，法哲学长链成枝状往多环方向的发展，可能只有一种方向是唯一正确的，也可能有多种方向都是可以选择的、都有其真理性的一面。因此，当出现多环枝状发展的情况时，不必匆忙下结论，武断哪一环一枝代表了正确的方向。实用主义者胡克说："我们在进行事实的研究时，我们用以解决事实问题的我们原有的知识，也不能被认为绝对是最终的和确实的。没有一个价值在一切成问题的情况下都是至高无上的，没有一个价值超越于指向结果产生的善或价值的必需性，因为它自己的假设有效性可能是成问题的。"[①] 胡克所说"原有的知识"可以看作是新增置的某一环。这一环的有效性，胡克认为"可能是成问题的"。这一说法是比较客观的，他没有说"是成问题的"，而是说"可能是成问题的"。如果像有的实用主义者那样说成一定"是成问题的"，那么，其本身就把自己的研究推翻了。在这种情况下，唯一的解决办法是推倒这个"成问题的"结论而重新探讨。一般来说，作为研究结果的结论，总是具有研究者所认为的"不成问题"的一面。因此，胡克说"可能是成问题的"，比较谨慎而留有余地，比较客观而符合真理。这就有利于我们去继续探索的前进道路上，带着通过"布雷区"那样的谨慎、求实、严格、科学的态度，一丝不苟地对待所遇到的一切新的情况、新的矛盾、新的问题，以便求得正确的科学的更新结论，从而推动法哲学（以及一切科学）向前发展。

如上所述，当把"特殊"看成是法哲学探索长链上的一环时，实用主义者们"从特殊到特殊"的观点就有一定的真理性，因而也就可以为我所用。从这个意义上看，这一观点无疑也不应被判为"实用主义的方法"而予鄙弃；恰恰相反，应当被看成实用的方法而予吸取。

（四）分解：法哲学探索的步骤

实用主义者有所谓"科学逻辑的五步法"，可以杜威的"思想五步说"，即"实用主义的方法论"的"五个步骤"或"五个环节"为代表来做具体说明。杜威认为，解决实际问题的活动包括：(1)疑难的出现或暗示，即"出现了一个问题事件"；(2)问题的设定，即把疑难明确化为具体的问题；(3)臆说，即提出种种解释问题的假说；(4)推理，即推论各种假设可能的含义与结果，从中选出最可能解决问题的假设；(5)验证，即投入解决问题的实践，以求证明假设。杜威的嫡传弟子胡适通俗地解释了杜威的"五步说"："杜威论思想，分作五步说："（一）疑难境地；（二）指定疑难之点究竟在什么地方；（三）假设种种解

---

① 《现代西方资产阶级哲学论著选辑》，第215页。

决疑难的方法；（四）把每种假设所涵的结果，一一想出来，看哪一个假定能够解决这个困难；（五）证实这种解决使人信用；或证明这种解决的谬误，使人不信用。"①

杜威与胡适对"五步说"的说明，大体一致而又略有不同。区别在于：胡适的第五步不仅包括了"证实"，而且包括了"证……谬"。显然，"青，出于蓝，而胜于蓝"。然而，"冰，水为之，而寒于水"。由于实用主义者验证的标准只是一个"有用"，他们的主张是"有用即真理"，所以，越像胡适那样全面，就越有可能"寒"（符合）于客观。正因如此，胡适对"五步说"的"大胆假设，小心求证"这一高度概括，就更应"小心求证"它的谬误。但是，如果抛却"有用即真理"的检验标准，我们能对"五步说"或"大胆假设，小心求证"说些什么呢？难道我们可以因为它曾为实用主义者所倡导，曾出之于胡适之口，因而毅然决然地否定么？难道我们的思维过程理论上不应是、实际上不是提出问题、寻求对策、检验对策性设想的过程么？

杜威的"第三步"是"臆说"，胡适又有个"大胆假设"，都很容易被攻为"杜撰"与"胡说"。其实，他们并没有杜撰、胡说各种假设的意思。作为一种学问方法，他们的真意在于畅开思想、寻求多种对策，而不要迷信、固执于某种成见。当然，由于他们政治立场上抱反对马克思主义和共产主义的观点，其"臆说"与"大胆假设"也就等于教唆人们去否定马克思主义。这是应当批判的。但批判并非最终目的。目的在于否定一切应当否定的东西，从而淘沙漉金，肯定应予肯定的东西。因此，批判了他们的政治问题之后，我以为，不妨看一看他们的"五步说方法"是否还有可以借鉴与吸取的地方。毫无疑问，把科学探索的过程当作一个由多种步骤组成的过程的观点，显然具有真理性；明确每一步骤应做些什么，也是必须的；千方百计寻找解决问题的方案，苦心孤诣、绞尽脑汁、搜索枯肠地设想各种可能，从而设计各种方案也是应该的；把各种方案放到实践中去检验也无可非议；凡为实践检验，证实为真理者，就予以承认，也理所当然。这样一来，我们又岂能否定"五步说"？

这对法哲学的方法论启示就是，分解是法哲学探索的必要步骤。也就是说，要把对每一个法哲学问题的探索做具体而明确的分解。理由很简单："囫囵"难以"吞枣"；"眉毛胡子"不能"一把抓"。

解决任何一个法哲学问题，都必须进行分解。首先应发现问题；其次应明确问题；接着是寻求对策；设定解决问题的方案；试行方案并证明其正确与否。

发现问题是第一步。这里说的是"发现"问题，而不是"遭遇"问题。"发现"与"遭遇"有主动与被动之分。对中国有无必要建立法哲学学科持怀疑与否定态度者，实际上已处在"遭遇"者的地位。以"法理学"包罗万象地去研究一切理论法学所应研究的问题，它能胜任么？国外已有法哲学与法理学的"分道扬镳"，我们该做什么？这些情况，如果

---

① ［美］杜威：《思维与教学》，商务印书馆1936年版，第95页。

不是"疑难的出现",也起码是一种"暗示","即出现了一个问题事件"。应当主动出击,"发现"问题,而不要等到问题找上门来再临阵披挂、仓皇应付。

明确问题是第二步。自然科学、工程技术的问题都比较明确,社会科学方面的不少问题往往因为交错复叠、变化多端而显得扑朔迷离、朦胧模糊。法哲学问题也是如此。例如,当我们提出"法的概念"的问题时,实际上有可能被理解为、或混淆为"法的地位"、"法的作用"、"法的本质"、"法的价值"等问题;因此,当一个具体的法哲学问题("疑难")出现时,究竟作为"法的概念"论域的问题,还是作为"法的地位"、"法的本质"、"法的作用"、"法的价值"的论域来对待呢?这当然要求研究者首先明确之。不然,"牛头不对马嘴"的"答非所问",会让人感到"丈二和尚摸不着头脑"。

寻求对策是第三步。是"大胆假设"好,还是"小心假设"好?从"解放思想"的要求看,还是"大胆假设"好。1986年5月,我在上海金山召开的"全国法制建设协调发展学术讨论会"的大会发言中,劈头所说的一段话是:"如果说幻想是自然科学家的翅膀的话,那么,标新立异就是社会科学家的生命。如果法学家只会重复前人说过的话而不考虑提出自己的新鲜思想与新鲜见解,那就无异于吃别人嚼过的馍,无异于坐堂叫卖的店小二。"这里所说的"标新立异"当然不是指与科学真理"对着干"、"唱反调",因为那样就流为"以非为是"、"以谬为正"的"标狂立妄"了。"标"科学之"新","立"真理之"异",又有什么不可?但"大胆假设"、"标新立异"不可能所"设"所"立"只能对、不能错,只会对、不会错。如果这样要求,岂不是太过苛求了吗?真这样苛求的话,那就只好对着上帝跪拜,高唱"江山永无才人出,上帝一领风骚亿万年"的"忠字歌"了。法哲学问题的"对策"即解答方案,不应当是"只此一家,别无分店"式的。这就要求"广开才路"、"广开思路"、"广开心路"、"广开言路"、"广设方案"、"广提对策"。总之是解放思想、群策群力,而不要孤家寡人的一言堂。

设定解决问题的方案是第四步。这一步,是对多种设想筛选的结果。筛选的过程,应当排除"权威"人物"一言为定"的做法。真理往往在"小人物"那里。真理又往往在少数人那里。法哲学的真理往往不在法哲学家那里,而在广大实践着法制建设的人那里。因此,法哲学研究应当走出象牙塔,与法制建设的实践结合起来。也因此,法制建设的实际工作者,应当以理论武装自己,并关注法哲学的发展、向法哲学奋勇进军。

试行方案并加以证实或证伪,是第五步。这符合于群众性的社会实践是检验真理的唯一标准的马克思主义观点。要注意的是,证实与证伪的标准不只是"有用"。如果止于"有用",那么我们就与实用主义者很少区别了。证实与证伪的标准,只能是社会发展的客观规律,只能是广大人民的利益。法哲学原理的证实与证伪必须由广大人民长远的根本的整体的利益和社会发展的客观规律为标准来决定。什么是法律的价值?什么是法律的功能?什么是法律的应有结构与最佳结构?法律原则是什么?法律原则实现的途径是什么?实现法律原则的哲理机制是什么?等等,都必须经这样的标准来检验。一切既成的结论、权威的断言、书本上的文字，全都应臣服于这一标准。

当我们把法哲学探索的途径与步骤作出分解时，所发现的是，实用主义者们创用的"五步法"如果摒除政治上的不良企图，确实不失为"实用的方法"。

四、科学哲学的方法

以"科学哲学"标榜的逻辑经验主义、批判理性主义和历史主义学派，都忽视科学理论对社会实践的依赖关系，而且喜欢走极端，从批判别的学派的片面性而把自己推入另一种片面。因此，虽然标榜"科学"，实际上却并不科学。这是逻辑实证主义者石里克、卡尔纳普、莱欣巴哈，批判理性主义者波普尔，历史主义学派代表人物库恩以及对他们有所修正但不彻底的拉卡托斯、费耶阿本德等人的悲剧所在。

但是，如果因为"科学哲学"有其不足的甚至是错误的一面，而全盘否定其辛勤的思维劳作的一切成果，也不是公允的、科学的态度。公允而科学的态度是披沙漉金，从中借鉴、吸取其合理的部分或从其片面性得到启发，用以进行我们自己的创新工作。这对于法哲学与一切社会科学，都是必须做的工作。我们认为，"科学哲学"可为法哲学发展所用者，至少有以下几点：

（一）法哲学真理的概率性

逻辑经验主义的"科学哲学"的一个基本观点是：归纳法证实的理论只是概率性真理。逻辑经验主义者认为，任何科学理论都包含着普遍的命题，但证实它们的证据却是有限的，因此，证实一个理论只具有一定的概率，概率大的理论就被接受。由此出发，他们断言归纳法只是提供理论的确证概率的方法。

这些看法有明显的谬误。其一，与完全归纳法结论的真理性相悖。众所周知，完全归纳推理的结论总是合乎逻辑的，只要前提正确，结论就绝对正确。这里不存在概率性问题。其二，概率大的理论确实是会被许多人接受而认为真理的，但理论的真理性并不如逻辑经验主义者所说的那样，凡被普遍接受的理论就是真理。

撇开这两点，持"归纳法证实的理论一般来说只是概率性真理"的观点，应当说是正确的。这是因为：首先，确如逻辑经验主义者们所说的那样，证实理论的证据一般来说总是有限的；其次，这些证据本身的真理性也不见得毫无问题。这样，由双重的不确定因素，就更造成了理论本身的真理性的不确定。

有鉴于此，我们在论定法哲学真理时，就不得不考虑逻辑经验主义者提请大家注意的概率性问题。

几乎所有的法哲学观点，都可以找到一些实际例证给予支持。能说凡有实际例证支持的观点都是真理吗？显然不能，由此可以推定，概率小的理论不但不易为人们所接受，而且一般来说不具有真理性；同时，概率大的理论容易为人们所接受，一般来说，具有真理性的可能性也较大。

法哲学真理的概率性是由以下因素决定的：一为证实这些真理的证据数量；二为证实这些真理的证据质量。

证据数量越多，作为归纳推理的"完全性"就越强，即越接近于完全归纳推理，有关真理的可靠性就越大。但是，如果尔后遇到一个可以反证的证据，那么，全部结论就将被推翻或修正。

证据的质量与数量不同，只要有一个证据是伪证或可以反证即证伪的，整个理论就会被推翻。

批判理性主义者波普尔也主张只要有一个反证即可证伪。

拉卡托斯对反证的证伪作用持异议。他认为科学理论有一个"硬核"和"保护带"，不可能通过一个反例就被证伪。

问题在于什么样的反证。如果是一个在本质上与理论截然相反的例证，无疑是可以起证伪作用的。霍布斯法哲学的基础是他的"人对人像狼一样"的"人性恶"论。"人对人像狼一样"是一个全称判断，难道不可以一个善良人或慈善家加以证伪吗？黑格尔说："法学是哲学的一个部门"①，难道不可以法哲学也不是哲学的分支来证伪吗？萨维尼认为法律是"民族精神"的体现，难道不可以任何一部法律都不是"民族精神"的体现来证伪吗？退一步说，反证至少可以起到修正理论的作用，而修正也是部分证伪的表现。

逻辑经验主义者莱欣巴哈断言，一个知道绝对真理的理想科学家是一去不复返了，科学家只能告诉你最好的假定，而绝对不能知道这些假定是不是真的。②

这一观点对"绝对真理"的提法是比较含糊的。如果所指为绝对真理的总体，莱欣巴哈无疑是对的，的确永远不会有一个什么"理想科学家"能够全知绝对真理的总体。而实际上，绝对真理也是一个开放的系统，是无穷无尽的，其本身就无法框定在一个范围之内。我们说"绝对真理的整体"或"总体"，只是为了说明问题的方便，这样的"整体"或"总体"其实并不存在，只要人类存在一天，绝对真理的总量就会动态地发展、增大、扩张、加多。但是，如果是指具体的真理，莱欣巴哈就错了。其错误可以见诸：其一，实际上有一些具体的真理，尽管不可能采取完全归纳法子以证实，但却永远无法推翻。例如"一切事物都是发展的"，"法律是行为规则"，"法律具有约束力"，等等，都是可以证实、不可能证伪、推翻不了的。其二，莱欣巴哈的观点本身是一个悖论：如果他的观点是对的，那么，他的观点本身也只是一个假定——尽管如他所说是一个"最好的假定"——也就是不一定对的；如果他的观点只是一个"最好的假定"，那么，具体的真理也就不可能

---

① [德]黑格尔：《法哲学原理》，商务印书馆1979年版，第2页。
② [德]莱欣巴哈：《科学哲学的兴起》，商务印书馆1966年版，第192页。

因为这一假定而被否定。逻辑经验主义者是以逻辑分析为特长的,却在分析中进退失据,陷入了逻辑悖谬,这不能不是对他们的一个讽刺。但是,如果从积极的方面看待莱欣巴哈的上述观点,努力于提高法哲学真理的概率性,却大大有利于法哲学发展。如果一定要我们在宣称"老子的结论就是绝对真理"与"任何真理都只是最好的假定"中作"二者必择其一"的选择,那么,我们宁可选择后者。

(二)法哲学真理的自主性

批判理性主义者波普尔提出了"三个世界"的理论,认为科学理论属于"世界3"。他认为,客观世界的一切物质客体及其各种现象是"世界1";人的精神状态世界如意识状态、心理素质等为"世界2";"但是还有第三世界,思想内容的世界,实际上是人类精神产物的世界;我称这个世界为'世界3'。"① 他断言,"世界3"是实在的,具有独立性与自主性。他说:"世界3只是在它们的起源上是人造的,而一旦理论存在着,它们就开始有一个它们自己的生命:它们产生从前不能预见到的推论,它们产生新的问题。"②

从"世界3"的实在性、独立性与自主性,很自然地可以推定它对"世界2"、"世界1"的反作用。波普尔说:"第三世界的自主性,第三世界对第二世界以及甚至第一世界的反馈作用,是知识发展最重要的事实。"③

波普尔的上述观点,有一个明显的问题,即忽略了创造"世界3"的主体。没有人的参与和中介,"世界3"不可能自行对"世界2"、"世界1"起作用。

但如果撇开这一点,波普尔的观点却是正确的。

从法哲学这个角度看,一切既成的法哲学理论、观点,都有可能对"世界2"并通过人的活动对"世界1"发生作用,其结果则是法哲学的发展,这是法哲学"知识发展最重要的事实"。

这样,我们就必须注意两类法哲学"世界3"的作用。一类是符合客观实际的,一类是不符合客观实际的。在总体上不符合客观实际的那一类中,又应分析出部分符合客观实际的因素来。

就符合客观实际的法哲学"世界3"来看,它也只能作为指导理论认识与实践活动的前提,而不能从其本身"自主地"推得无限多的新结论。否则,就是背弃了实践出真知、实践是理论的源泉的唯物主义观点。就总体上不符合客观实际的那一类中部分符合客观实际的因素来说,也是如此。

但也仅此而已。虽然"世界3"的作用必须有人的参与,在人参与的实践中实现,但

---

① [英]波普尔:《世界1、2、3》,《自然科学哲学问题》1980年第1期,第3页。
② 同上,第4页。
③ 《没有认识主体的认识论》,《世界科学译刊》1980年第2期,第51页。

是，人却不能改变它的独立性与自主性。西塞罗认为，"真正的法律"和"正义"是同义语；法律的法则只有一个，它是永恒的、不变的，是各时代各种人们都遵守的。罗马法学家保罗把法律分为两类，凡是永远公正的叫自然法，凡是有用于各国全体人民或大多数人民的叫自然法。马基雅维利认为，国君要取得成功，一靠法律，二靠武力，但法律有时是无能为力的，得靠武力来维持。卢梭认为，法律有两个特点，一是意志的普遍性，二是对象的普遍性。马克思认为，法典是人民自由的圣经。凯尔森认为，法律的"实有"与"应有"之间，有一条不可逾越的界限。这些，都构成法哲学"世界3"的内容。它们的独立存在是无可怀疑的。人们在实践中与这些"世界3"交互作用时，不可能改变它们，而只能从中推理而得新的其他知识。例如，从马克思所说"法典是人民自由的圣经"，就可以推得，凡不维护人民自由权利的都不能算是真正的法典；××××是法典，因此它是人民自由的圣经；××××要成为法典，因此它应维护人民的自由权利；××××作为法典未起到维护人民自由权利的作用，因此也就丧失了作为法典的作用，因而应予废弃……所有这些推得的新结论，都是新知，都是从"法典是人民自由的圣经"推出的，同时又都没有改变这一论断（"世界3"）的独立性与自主性。同样，也可以从西塞罗、马基雅维利等的法哲学观（"世界3"）中推出一系列新的结论，只是这些新结论不一定正确罢了。

既然从"世界3"可能推得正确、科学的新知识，也可能推得错误、荒谬的新结论，那么，在进行法哲学探索时，在企求法哲学新知时，就必须解剖、分析、筛选法哲学"世界3"。投入磨盘的，只有麦子才能砻出面粉，投入蒿草是砻不出面粉来的。因此，对"世界3"的分析研究就成了很重要的准备工作。

法哲学真理的自主性，既不可否定，同时也决定着它自身的生存与命运。一个法哲学结论，往往一时难以确定它的真伪对错。例如，西塞罗的"凡是真正的法律"都是"正义"的同义语，这一论断的真伪对错，就一下子难以论定。但是，由此进行推演，往往可以从推演而得的新结论，返本溯源地论定这一论断自身的真理性。

法哲学真理的自主性，可以是显性的，也可以是隐性的。波普尔说："有未具体化的世界3的对象吗？有不体现为书本、唱片或记忆痕迹的'世界3'的对象吗？我认为这个问题是重要的，对这个问题的回答是：'是的。'"又说："正如埃佛勒斯峰[①]的存在先于它的发现一样；存在关于这些问题的意识导致猜测客观上可以存在一种解决它们的方法，导致有意识地探索这个方法，也是很重要的：不理解迄今尚未发现和未具体化的方法和解决的客观存在，这种探索就不能理解。"[②] 这就是说，有尚未发现的、隐性地存在着的"世界3"，科学探索的任务就是要使之显性化。这无疑符合唯物主义认识论。但法哲学的任务，首先不在于追溯消失了的过去，而在于根据新的法律实践总结新鲜的法哲学构想。波普尔

---

① 珠穆朗玛峰。——编者注
② 《世界1、2、3》，《自然科学哲学问题》1980年第1期，第5页。

的观点给人一种过于侧重面向过去的印象，我们应当强调的是面向现实、面向未来。

（三）证伪和法哲学的发展

波普尔的另一个基本观点是"证伪"。他反对归纳法和证实原则。逻辑经验主义者虽然认为归纳所得知识只有或然性的可靠度，但毕竟还承认它，但作为批判理性主义者的波普尔连这种或然性也予以否定。他认为，过去的多次重复并不能保证今后就一定有可能重复，而且过去的多次重复总是有限数 A，而包括未来的全称陈述的总数 X 却是无限的，在公式

$$\lim_{x \to \infty} \frac{A}{X} = 0$$

中，无论分子 A 多大，与无限大的分母 X 之比永远是零，因此，无所谓概率的大小，而只是零概率，也就是无真理性可言。既然总体上这样看待归纳推论的结论，波普尔就反逻辑经验主义之道而行，与增加概率的"证实"主张相反，提出了"证伪"原则。即科学理论是不可证实，只能证伪的。波普尔称他的这个观点为"证伪主义"，有时也称"可错主义"、"批判主义"。

完全否定"证实"的"证伪主义"，也有明显的弊病，因为它等于认为任何科学理论都失去了稳定性，因而是不可信的。如果真是如此，理论探索、人类思维的一切成果都将失去了辉煌的光焰。而这，等于否定了他自己的"证伪主义"，因为按照他的逻辑，"证伪主义"的真理性概率也等于零。如果我们从这里继续推论，又可得出必须走"证实"之路了。和莱欣巴哈一样，波普尔走向极端的"证伪主义"也会陷入进退失据的悖论窘境。

但是，我们也不能因此完全否定波普尔"证伪主义"的一切合理因素。他认为，科学一旦维护自己的理论，认为自己完美无缺，就会停滞不前，就会陷入像占星术一样的伪科学。他说："不可反驳性不是（如人们时常设想的）一个理论的长处，而是它的短处。"他认为，科学在本质上是批判的、革命的，证伪是科学批判态度的特征之一。他主张，科学家要有批判精神，不仅对别人提出的科学理论有批判精神，而且对自己提出的科学理论也要有批判精神。

波普尔的这些观点，无疑有十分重要的进步意义。当然也符合科学发展的实际与科学发展的规律。

因此，法哲学为求自身的发展，就应当引进"证伪"的观念与概念。

我们不否定法哲学真理是可证实的。但是法哲学真理的证实，主要是在它的形成阶段。我们更应承认法哲学理论是可证伪的。一旦形成了某种法哲学理论，我们的工作的侧重点，就应放到证伪上去。当然，这不意味为"证伪"而证伪。如果为"证伪"而证伪，像老鼠那样，不管肚子是否饥饿，总是不停地啃啮各种东西，进行破坏，必定要遭到"人人喊打"的"礼遇"。之所以把注意力的重点放在证伪上，是因为，既已上升为理论，继

续证实它，不过增大其真理性的概率而已，不能达到发展理论的目的。要发展理论，就必须根据实践，发现旧理论存在的问题，完善它、改进它或废弃它。法哲学家的任务，在发现、创建法哲学理论的阶段，主要是证实；一旦形成了某种理论，侧重点就应是证伪。证实具有保守性；证伪具有革命性与创造性。可以肯定，法哲学是在证伪中不断发展的。一部法哲学史，总体来说，就是法哲学理论的证伪史。亚里士多德作为柏拉图的学生，对柏拉图有所证伪，所以他前进了一步。黑格尔对康德有所证伪，所以也前进了一步。马克思、恩格斯对整个法哲史做了全面的彻底的证伪，因而创建了马克思主义法哲学，实现了法哲学史上的一次伟大革命。

那么，马克思主义法哲学诞生以后，法哲学要继续发展，还要不要证伪呢？当然要证伪。这不能理解为对马克思主义的证伪。它所指的是对马克思、恩格斯、列宁关于法、法律、法文化的个别结论的证伪。我们不能重复"顶峰"论和"一句顶一万句"的错误。如果我们既在实践中去继续证实它，又在实践中去发展它，岂不两全其美？此外，如果我们的证伪被证明是不可能的，不又是从反面对它的证实吗？所以，完全不必怀疑、害怕、拒绝证伪。因为证伪具有革命的意义，我们应当表示欢迎。

"科学哲学"家们还有许多值得肯定的观点。例如，库恩认为科学革命是一种"范式"取代另一种"范式"的变革，是世界观的革命；费耶阿本德认为，科学方法是多元的，在科学的发展中非理性因素有时也有重要的作用；等等。这些观点对法哲学研究也当有一定的启发。英国生物学家、诺贝尔奖获得者梅多沃说："我认为波普尔是有史以来无与伦比的最伟大的哲学家。"澳大利亚生理学家、诺贝尔奖获得者艾克尔斯说，科学家应该"阅读和思考波普尔关于科学哲学的著作，并作他们科学生涯的基础。"[1] 这些教诲绝不是没有道理的。法哲学应当广为借鉴、吸收"科学哲学"的成果，以为创新之用，而不应故步自封于一个封闭的体系之内。

西方现代科学哲学中还有一个现代解释学派，也有人译作释义学派、阐释学派、注释学或诠释学派，其影响正在不断扩大。我们已在上一节中结合他们的观点做出说明。

西方现代科学哲学产生的土壤与社会背景，限制了它的客观性与科学性，因此，常常是"紫驼之峰"与"鸡豚"相杂，或只是"路旁"的"半段枪"。但如本文开头所说，"用之如何在我耳"，法哲学应当广收博取种种科学方法为自己服务。"世间好句世人共"，法哲学自不应拱手把"世间好句"拒之门外；只要法哲学从封闭的体系中跳出，"明月自满千家墀"的一天必将会到来。

---

[1] ［英］波普尔：《无穷的探索——思想自传》之《译者前言》，福建人民出版社1983年版，第2页。

后 记

病后提笔写这《后记》时，第一次竟不经意把标题写成了"后悔"。当时的潜意识想来是相当复杂的：打掉积三十余年之久的午睡习惯，每天披星戴月泼墨挥毫连续作战半年有余，待为全书打上最后一个句号时，本就单薄的躯体已是骨立形销、面黄肌瘦、心急气短了，也许再战若干时日就是呜呼哀哉之时矣，此其一。其二，本拟写成六十万字的书稿，杀青时三百格的稿纸竟达二千六百来页，堆在案头一尺挂零，而且许多小标题与注解都写在稿边空白处，印出来一定在八十五万字以上，大大地超出了原计划，比一百个老太婆的裹脚布还长，读者岂不会"敬鬼神而远之"地躲避不迭？读者是作者的上帝，上帝走了，还有《法哲学经纬》的立足之地吗？其三，与出版社曾订有一份出版合同，字数也规定在六十万字以内，现在违约"超编"如此严重，出版社是完全可以不予接受因而也许会"永无出头之日"甚至绝无"见天日"之时的，岂不是一腔心血尽付东流？此外还有：假定出版社惠予放行，而且偏爱法哲学或偏爱倪某人者竟不惜宝贵的生命，费时耗力卒读全书，那么，鄙人所得者是破口大骂、鄙夷一哂还是竟然苟同以至垂青？总而言之是七上八下心中无数而写毕即深深"后悔"了。

当然，我不能把这《后记》写成如上的"后悔"就算了事。

其实，生命在我是不太珍惜的。1982年底，突患心脏病，开头是走路、后来连卧床都明显感到心肝蒂儿深深的隐痛了。六七位大夫会诊的断语是"三级杂音加二尖瓣脱垂"。医嘱"开刀，否则有生命危险"。但其时我正手痒于撰写《隋律研究》。有关资料已收集了两年，且闻日本有一个六人小组在攻隋代制度，北京大学也有教授意欲撰写关于隋律的专著。我国关于唐律的研究，曾长期落后于日本学者，短期内难以改变此种状况。而唐律是以隋《开皇律》为蓝本撰成的，精研隋律而有所成，多少也可为唐律研究之落后于人争回一点"国光"。因此，我毫不犹豫地"冒死一战"开写《隋律研究》了。寒冬腊月，起早摸黑，一个多月，终于撰成《隋律研究》，后由法律出版社出版。可喜的是，书稿写成，心脏也不痛了。全神贯注于一项利国利民的事业，竟也是一剂良药！尔后的某几种法学、逻辑学著作，也是在战胜肾炎、胃病、肝疾等等的同时硬熬出来的。我常对人说：我不怕病魔,病魔也就怕我而逃遁了。因此,前文所说撰成本书时的隐隐"后悸",只不过是赢弱至极似乎马上要倒毙时的"一闪念"罢了。打那以后,就曾在肾炎未愈之际又撰成《科技法学原理》,并开写《比较法学导论》。不过,自然规律毕竟如钢似铁不可摧毁。我相信,总有一回,是要连"后悸"也写不成,而"后记"就成为"后祭"了的。尽管如此,我仍然会毅然决然欣然悦然手执寸管不辍耕耘于法苑。不然,行尸走肉于人世又有何意义?

时际世纪之交,人们都在争分夺秒地工作学习,改革开放的迅速推进更使国人懂得时间之弥足珍贵从而大大加快了生活的节奏。在这样的时代与社会环境下,奉献给读者的最好是短而又短的精彩之作,像我这样推出如山文稿,确实有点"不识时务"。但我还是不遗余力地奔走,终至使之出版了,其原因一在自私,二在自信。既已写白了头发、写枯了血脉、写竭了脑浆,要我割爱大删,实在有如割肉剖心绝不情愿,更不用说丢入垃圾箱中化为尘土;既已洋洋洒洒而成八九十万字的巨著,如竟侥幸得到读者首肯,于名于利都会所获甚丰的;如此等等,岂非自私?不过话说回来,撰稿之始倒不是为了什么名与利的。我攻过逻辑学,出版过专著、合著七八本;在法学所,我的专业是法律史,也出版过专著、合著、译著七八本;其间穿插攻过科技法学,撰有《科技法学导论》等专著,主编过这一专业的丛书三种共十本。以上算是我的主业。"副业"则是时不时地写一些法理学方面的文章。其可怕后果是,外地的许多法理专业硕士生甚至博士生的论文写作、评审都找上门来,研究所里招收法理学硕士生,还让我忝列"导师"名单之上。久久愧为法理学的"导师",汗颜之余,便动了写一本什么法理学方面的书的念头。读原著,找资料,分析、比较、研究各种论点的结果,便是拟出了《法哲学经纬》的提纲。待此消息传开,先是一家出版社来签合同,紧接着是另一家出版社要求转让给他们,并以"不附加任何条件,交稿后三个月内出书,出一部分精装本"相劝。其实此时究竟能写成个什么样儿,还是胸无成竹的。但忐忑不安之中,出版方的高度信任只能是策励我快马加鞭奋勇挥笔直抒胸臆于数千张格子稿纸之上了。紧张写作的整个过程中,可谓"两耳不闻窗外事,一心只写糊涂书",并不计较什么名、利,连任何文娱、体育都停止,确确实实是食不甘味、寝不安枕,生死利害全都置诸稿外了。因此,自私一说,只能限于成稿之后、惶惶于是否能出版之时。不过,生当今日,这一点自私也没有,这社会怕是很难发展起来的吧,因此也就不想自愧自责。再说自信:第一,中华人民共和国成立以来,四五十年中,还没有出过一本中国大陆学者撰写的以"法哲学"为名的书,拙著算是第一本。不管法哲学的学问有多深奥奇妙,也不管《法哲学经纬》有多幼稚拙嫩,反正"小子天下第一",总该允许有一点儿自信才是。第二,笔者虽然孤陋寡闻,却也还能做到尽心竭力,把能够找到的有关书籍、文章大多细细阅读、做了笔记,撰写中也力求较长论短,汲长补短,对古今中外诸家有关学说的精粹实行鲁迅先生所说的"拿来主义",从而一定程度上弥补了本人学识谫陋、笔力微弱之不足。从而有了些许自信。第三,也是最最重要的一点,给我以坚强自信的是,十二亿中国人中,凡关心与有志于理论法学的,不管多忙,一般都不会计较书稿的长短的。短固然可以节省时间,长却也有短所没有的优点。因长而详,即使所详不全是精要确当之的论,即使所详者多有谬误,也可从中吸取教训、得到启迪。也就是说,我是自信并且坚信读者上帝即使不予垂青也还会光顾的。长就让它长吧!

先前与我订有出版合同的上海人民出版社,给了我极大的鼓舞。合同是有法律效力的。如今著书,最怕的是出版不了。有了出版合同,也就有了靠山。所以,那份不知丢到哪里去了的合同,实在是我撰成《法哲学经纬》的最大压力与强大动力。可以这样说,没有那一纸合同,是不会有写下去写下去写出几十万字来的勇气的。合同的出版方代表是刘耀明君。高高的个子,瘦弱的身躯,清癯的面容,似乎总是布满血丝的双眼躲在瓶底般厚的近视镜片之后,但却同时发出和善、睿智、敏锐的光芒。我的书稿撰成交给他后,他即开始细细审阅。《经篇·上》部分他先浏览一遍,然后开始审编。边审边与我交换意见,边做修改。他对我的精神上的鼓励、治学的谨严,都是我将永远铭记的。在他之后参与编辑工作的还有该出版社的曹培雷小姐。虽然未见她在书稿上留下编辑痕迹,但是她的生命的一小部分肯定是付与我了的。他们二位编审之时,正值物价腾贵、纸价飞涨,也许是犹豫于出书必定大赔特赔罢,所以延宕了许多时日。这是后来转交上海社会科学院出版社的主要原因,心中自省,实在是愧对了上海人民出版社,尤其是刘、曹诸君的。这里,只好鞠躬请罪了。"上人"的延宕,几乎使书稿陷于绝境。但以我的经验,只要是真正有价值的学术著作,一般来说,在党和政府和人民和社会高度重视发展社会主义学术的今天,是可以"绝处逢生"的。我的大部分著作都曾遇到过这样那样的磨难,最终都面世了。《科技法学导论》曾列入丛书计划在某出版社出版,被无端耽搁一年之后,四川人民出版社杨方杰编辑一眼看中,二话没说,三个月就编完出版了。《法哲学经纬》则如"山重水复疑无路,柳暗花明又一村",为上海市马克思主义学术著作出版基金会所垂爱,给予全额出版资助,因而得以与世人见面。为拙著的出版,还有不少好心的同志做了许多工作。他们是把此书的出版当成自己的事去做的,因此,我也应当把此书的出版当成他们的事。是我们大家一起完成了一项值得纪念的事业。《后记》不管写多少字,总有结束的一行,但此书出版的"后纪",却如亘亘山岳、滚滚江河,与日月长存。

对本书的评价,估计会是多种多样的。已有的评价,来自资助出版的评审人与《序》的撰稿者。我想,评审人当以渊博的学识与敏锐的洞察力、无私的公正心而获得评审资格。我不知道他们的尊姓大名,因为评审是严格保密的。但为修改的便与利,有关方面转告了评审人的一些具体意见。从这些意见看,我对评审人资格的推想,显然毫不过分。他们的意见与建议,有的我接受了并做了认真的修改或补充。他们的认真与严格,有时表现在不放过片言只语甚至个别字词的选用当否上。这种认真态度与严谨作风,我则全盘地记取了。在此,我对他们表示深深的敬意与谢意。

《序》的撰稿者是我所在单位的二位领导,法学上卓有成就的年轻学者。因为是我的领导,这里不便饶舌,对他们的评价,就以"过奖"与"谢谢"为限吧。要做一点说明的是拙稿的写作风格"一气呵成"问题。大概是1982年以后吧,我的文稿大抵是不在稿纸上打草稿了。但这是以资料的充分收集与剔抉爬梳、提纲的详尽罗列与反复权衡、腹稿的过细考虑与成竹在胸为前提的。罗列提纲时,论点与论据都已了然在心。酝酿腹稿时则深思熟虑论证过程、段落过渡、文句安排等等。在这些工作的基础上,再将资料的引用、穿插做些考虑。有时是事先已比较准确地知道一篇写七千字抑或七千五百字的。这样,从学术角度看,无论是谁,一杆儿写到底应该都无问题。当然,还有一个文字驾驭技巧的基础问题。这就必须依靠长期的学习与练笔了。"文革"大难曾迫使我走进"牛棚",后来虽然恢复教职却只好去教语文。但这给了我极大的好处。当"牛鬼蛇神"时,我规定自己每天定要大声朗读范文至少一篇。教语文时则规定自己每天写一篇文章,实在写不出抄一篇也算练笔。就这样,逐渐养成了撰稿为文"一气呵成"的习惯。《逻辑基础与文章修改》之类文字要求很高的专著,也是不打草稿而写成的。自然,这为我节约了许多时间,使消耗在"牛棚"里的生命得到若干补偿。每念得益如许,我实在想把几万元稿费全都奉赠给将我打成"牛鬼蛇神"的"四人帮"集团的英雄好汉们!不过,这种"一气呵成"、不打草稿的写作习惯与方式,究竟如何看待,是否值得肯定,还应商榷与慎重对待。但愿读者把我的《后记》当作一种"后忌",做一个学术上更严谨、文字上更优美的作者。

在他们之后阅读本书的读者,不管是褒是贬,因为拨冗垂顾,都应衷心感谢。如果寄来你们的宝贵意见,我当认作师友,铭记永生。

本书最后是由上海社会科学院出版社出版的。社长孙克勤、责任编辑张广勇同志为本书的出版洒下了辛勤的汗水,排印、校对的师傅也做出了贡献,在此一并致以衷心的谢意!

作者于沪上西北郊
懋村 1994年10月14日

拟写著作提纲

动态法哲学(提纲一)

第一章　动态法理学的哲学基础

第一节　父子关系
第二节　唯物辩证法的发展观(1100)
第三节　矛盾论
第四节　量与质
第五节　否定之否定
第六节　主客观的辩证矛盾(1325)
第七节　链与环
第八节　摩擦与共振(566)
第九节　流水与波浪(1100)
第十节　认识过程的辩证法
第十一节　历史规律性和人的自觉活动
第十二节　基础和上层建筑的辩证法
第十三节　社会革命和法
第十四节　社会意识的作用(法理与法)

第二章　源远流长的动态法哲学观

第一节　中国
第二节　外国

第三章　动态法律思想史

第一节　动态法律分类论
第二节　动态法律意识论

第四章　动态法律制度史（法律发展史）

第五章　动态法律体系史

第六章　动态法律渊源论

第七章　动态法律本质论

第八章　动态法律形式论

第九章　动态法律特征论

第十章　动态法律作用论

第十一章　动态法律关系论（动态法律环境论：政治、经济、宗教、科学）

第十二章　动态立法论

第十三章　动态司法论

第十四章　动态法律概念论

第十五章　动态法律判断论

第十六章　动态法律排比论

第十七章　动态法理学的概念体系

第十八章　法律过程转化论

动态法哲学（提纲二）

第一章　法的静态分析与动态分析

第一节　法的静态分析

1. 中外法学家的分析（史）

2. 现代法理学著作

3. 法制史

4. 思想史

第二节　法的动态分析

1. 哲理

2. 中外法学家

3. 现代法理书

4. 法制史

5. 思想史

第三节　动态分析的必要性

1. 如实反映客观事物

2. 理论创新

3. 实践指导

第四节　动态分析的对象、范围（内容）与方法

1. 对象

2. 范围

3. 方法

第二章　法律起源的动态分析

第三章　法律史的动态分析

第四章　法律概念的动态分析

第五章　法律规范的动态分析

第六章　法律原则（制度）的动态分析

第七章　法律的动态分析

第八章　法系的动态分析

第九章　法律意识的动态分析

第十章　法律特点的动态分析（精神……）

第十一章　法律功能的动态分析（本质）

第十二章　法律运作

第一节　立法
第二节　司法
第三节　守法
第四节　一体化运作

第十三章　法律文化的动态分析

第十四章　法与社会其他子系统的关系的动态分析

第一节　法与经济
第二节　法与政治
第三节　法与道德（人性）
第四节　法与科技
第五节　法与宗教
第六节　法与文化（神秘、思潮……）

权利法理学（提纲）

第一章　权利与法的历程

第一节　神权法
第二节　王权法
第三节　民权法
1. 资产阶级民权法（基础：私有财产神圣不可侵犯）
2. 无产阶级民权法（基础：共有财产神圣不可侵犯）

第二章　权利与法律思想的发展

第一节　神权法思想
第二节　王权法思想（儒法在这一点上如出一辙）
第三节　民权法思想

第三章　权利与法学流派

第四章　权利与法的关系

第一节　权利与法的起源
第二节　权利与法的发展
第三节　权利与法的本质
第四节　权利与法的地位
第五节　权利与法的作用
第六节　权利与法律义务

第五章　权利、法和其他社会现象的关系

第一节　权利、法和国家
第二节　权利、法和经济
第三节　权利、法和政策
第四节　权利、法和道德

第六章　法与经济权利

第七章　法与政治权利

第八章　法与人身权利

第九章　法与精神权利

第十章　为捍卫法律权利而斗争

第一节　立法权
第二节　司法权

律师学导论(提纲)[①]

第一章 律师学概述

第一节 律师学的意义和对象
第二节 律师学的研究目的和意义
第三节 律师学的研究方法

第二章 律师制度的产生和发展

第一节 辩护、辩护权、辩护制度的产生和演变
第二节 律师制度的产生和演变
第三节 两种性质不同的律师制度
第四节 中国律师制度的产生和演变
第五节 中国律师制度的性质

第三章 中国律师法和中国律师

第一节 中国的律师法
第二节 中国律师的性质
第三节 中国律师的任务
第四节 中国律师的权利
第五节 中国律师的工作原则

[①] 大约是在1995年,我起意撰写一本《律师学导论》以应律师队伍建设之需,因而邀请了钱丽萍、张鲤庭、×××等人分工合作撰写。不久之后,我、钱、张先后完成了各自分工负责的部分。其中,钱丽萍大律师(后来曾任上海市律师协会副会长、女律师协会会长)是在怀孕期间、生产之前在孕床上完成她负责的部分的;随后,张鲤庭也交出了他执笔的部分。惜因×××始终未了,终至全书无法出版。约5年后,我国第一部《律师学》著作出版。

第六节　中国的律师资格
第七节　中国律师的法律意识
第八节　中国律师的政策意识
第九节　中国律师的道德意识

第四章　刑事诉讼中的律师辩护

第一节　公诉案件中律师的地位
第二节　律师辩护的工作步骤
第三节　关于律师参加刑事诉讼活动的时间问题
第四节　律师辩护的原则立场
第五节　律师辩护成功的标准

第五章　刑事诉讼中的律师代理

第一节　律师参与刑事自诉案件中的代理工作
第二节　律师担任公诉案件被害人一方代理人的工作
第三节　刑事附带民事诉讼中的律师代理

第六章　律师参与非诉讼事件的代理活动

第一节　调解及其与仲裁的异同
第二节　律师在仲裁活动中的作用

第七章　解答法律询问中的律师工作

第一节　解答法律询问的概念、范围
第二节　律师对法律询问的解答

第八章　代书

第一节　代书的概念和范围
第二节　代书的基本要件
第三节　诉讼文书的特点和制作要求

第四节　代书的类别、内容与格式
第五节　代书工作应注意的问题

第九章　民事诉讼中的律师代理工作

第一节　民事代理的一般知识
第二节　律师担任民事诉讼代理人
第三节　律师接受民事诉讼委托前的工作
第四节　律师在出庭前的准备工作
第五节　律师在法庭审理阶段的代理工作
第六节　律师在上诉案件中和申诉案件中的代理工作

第十章　律师担任法律顾问

第一节　律师担任法律顾问的概述
第二节　法律顾问工作的特点、作用和意义
第三节　法律顾问关系的建立及法律顾问的地位
第四节　法律顾问关系建立后的问题
第五节　法律顾问在几项具体业务中的工作程序

第十一章　涉外法律事务中的律师工作

第一节　律师在涉外法律事务中应坚持的原则
第二节　涉外法律事务中的律师实务

第十二章　律师机构及其管理

第一节　我国的律师机构
第二节　我国律师的组织管理
第三节　我国律师机构的经费管理

第十三章　建设具有中国特色社会主义律师制度

第一节　建设健全的律师制度的必要性和迫切性

第二节　建设具有中国特色的社会主义律师制度
第三节　健全律师制度的关键
第四节　健全律师制度要组织领导和机构管理

犯罪心理学与犯罪预防(提纲)[①]

第一章　犯罪心理与犯罪预防

第二章　犯罪心理的复杂性

第三章　犯罪心理的规律性

第四章　犯罪心理的客观性

第五章　犯罪心理的可知性

第六章　评几种错误的犯罪心理学观点

第七章　犯罪心理的年龄特征

第八章　不同犯罪的犯罪心理特点(凶杀、性犯罪、抢劫、偷窃、诈骗、贪污、走私、渎职、政治罪犯……)

第九章　初犯与惯犯的犯罪心理特点

第十章　个体犯罪与集团犯罪的犯罪心理特点

第十一章　渴求阶段、决定阶段与行为阶段的犯罪心理特点

[①] 这是本人拟写的著作,但因学力不逮、时间短缺而未完成,其中个别篇章发表在《浙江学刊》等刊物上。

第十二章　审问中罪犯的一般犯罪心理特点

第十三章　服刑期间罪犯的一般犯罪心理特点

第十四章　有关犯罪心理的若干辩证矛盾

第十五章　违法犯罪的预防方法

第十六章　违法犯罪的个人预防

第十七章　违反犯罪的家庭预防

第十八章　违法犯罪的社会预防

海洋法理学（提纲）

第一章　海洋法理学与法理学

第一节　海洋法理学定义

1.海洋法定义

（1）诸多定义辨析

（2）海洋法定义

（3）海洋法的内涵

（4）海洋法的外延

（5）法与海洋法

2.海洋法理学定义

（1）诸多定义辨析

（2）海洋法理学定义：海洋法理学是研究海洋法的理论法学。

（3）海洋法理学的内涵

（4）海洋法理学的外延

第二节　海洋法理学与法理学

1.法理学与海洋法理学的逻辑关系

2.完善中的法理学与形成中的海洋法理学

第二章　海洋法属性论

第一节　法的属性与海洋法的属性

1.法的属性

（1）阶级性与社会性

（2）国内性与国际性

（3）普遍性

（4）强制性

（5）稳定性

（6）关于法的其他属性：政策性、道德性、经济性、宗教性、技术性……

2.海洋法属性

（1）国际性

①沿海国与内陆国

②双边与多边

③公法与公约

（2）协议性：强权时代……

（3）公理性

（4）强制性

……

第三章　海洋法功能论

第一节　法的功能

1.组织管理功能

2.惩罚警戒功能

3.奖赏激励功能

第二节　海洋法的功能

1.组织管理功能

2.惩罚警戒功能

3.奖赏激励功能

第三节　海洋法的价值

1.海洋法的功能与海洋法的价值

2.法的价值与海洋法的价值

3.海洋法地位与海洋法的价值

4.海洋法的价值与内陆国及沿海国

第四章　海洋法系统论

第一节　法治系统

第二节　海洋法系统

1.海洋法主体（立、改、废）

2.海洋法司法

3. 海洋法执法

4. 海洋法守法

第三节 海洋法治系统的协调发展

第四节 海洋法的分类

1. 按法律部门划分

2. 按法律实务划分

3. 按法律内容划分

4. 按法律主体划分

5. ……

第五章 海洋法原则论

第一节 原则、法律原则、国际法原则与海洋法原则

第二节 法定性原则

1. 成文法原则

2. 关于海洋法争议判例

3. 关于海洋习惯法

第三节 程序性原则

第四节 公平性原则

第五节 诚信性原则

第六节 信赖保护原则

第六章 海洋法运行论

第七章 海洋法的发展规律

第一节 海洋法发展史

第二节 海洋法发展规律

第三节 21世纪海洋法发展预测

论 文 编

法学研究面临新技术革命的挑战[*]

举世瞩目的新的世界技术革命正在兴起。以信息技术为主导的一系列新技术、新产业的出现，必然引起产业结构、经济结构从而引起社会生活的深刻变化。许多经济发达的国家都在研究这次新的技术革命，制订自己的对策。有的国家已经比较充分地认识到以法的手段适应新技术革命的重要意义。在这些国家里，高等学校开设了"法律与经济学"、"法律与计算机"之类的课程；许多律师兼备某个科技领域专家的素质。这些国家的法学界，六十年代中期就开始探讨法与科技进步的关系，现在这一方面的研究已经取得可观的进展，写出了许多有一定深度的著作，对新技术革命的兴起和发展，起了良好的促进作用。

党的十一届三中全会以来，我国社会主义法制建设大大加快；法学研究发展迅速，硕果累累。现在面临新技术革命，既是一个机会，也是一个挑战。

说是"机会"，是由于新技术革命将为法学的研究开辟一系列新的领域。多年以来，法学在某些理论问题上徘徊逡巡，止步不前。诚然，这些问题还可以继续研究。但是，科技发展中必然产生的新的矛盾，必须由法加以调整的新的社会关系，将迫使我们跳出某些理论问题的圈子，步入一些新的理论领域。问题是我们能否抓住这个"机会"。

说是"挑战"，是由于我们对新技术革命本身，对法与新技术革命的关系，至今仍若明若暗。笔者粗略查阅了1983年全国主要报刊发表的法学文章，在一千二百七十二篇中，只有一篇正面论述了法与新技术革命的关系。这说明我们对有关问题的研究是相当缺乏的。法学研究不能无视社会生产力、生产方式和社会生活方面发生的重大变化。

这次新技术革命要求法学界研究的课题，内容极为丰富。

伴随新技术革命的兴起和发展，将形成许多全新的科研领域、生产领域，原有的各个科研、生产领域也会发生相应的巨大变化。这一切要求科研机构、生产单位、管理部门和教育机关紧密联系，和谐合作，协调发展。原来的"条条"（专业管理系统）、"块块"（地域管理范围）将不断地发生缩小、扩大、离析、合并等重新组合的变化，从而引起不同所

---

[*] 原载《文汇报》1984年2月29日。

有制的单位、部门、人员的职责、权利和义务的变化。如何运用法的手段来保证这些变化朝有利于新技术革命的方向进一步发展？在法的实施过程中，如何处理与有关科技的政策的关系？

新技术革命的兴起和发展，必将对自然环境、生态系统造成影响，对劳动者个人和居民的生命和健康产生影响。必须用法的手段来保护环境，保护生态平衡，保护人的生命和健康。这样，国家利益、集体利益和个人利益之间的关系，根本利益、长远利益和局部利益、眼前利益之间的关系，也必须由法的手段参与调整，有关的政策性措施也靠法的手段予以保证。

新技术革命还将给社会生活带来巨大变化，使劳动关系、工资福利关系、刑事犯罪、民事纠纷带有新的特点，使人们的法律意识发生一定的变化，伦理观念、心理素质不断改变，法学理论对此必须做出预测性的研究，用以指导立法（包括修改法律）、司法和执法。诸如此类的研究课题还可以举出很多，随着新技术革命的进展还会更多地涌现出来。

但是我们的法学研究队伍恢复才仅仅几年，人员少、力量薄弱、资料欠缺、情报不灵，而且几乎没有专业研究人员和专业研究机构从事上述研究。因此，无论从哪一方面来说，新技术革命对我国法学研究所提出的都是一场严峻的挑战。面临这一挑战，必须引起各方面的高度重视，要有强烈的紧迫感，尽快采取相应措施，加强对有关问题的法学研究，务期法学理论研究能为我国的四化建设做出最大的贡献！

略论有关犯罪心理的几种辩证关系*

任何犯罪行为，都是受一定的犯罪心理支配或影响的。同一切事物的发展都有其内在的规律一样，犯罪心理的形成、发展，也遵循着一定的规律。研讨有关犯罪心理的一些辩证关系，对于揭示犯罪心理形成和发展的规律，有着重要的意义。本文拟对这个问题做初步的探索。

各种容易导致犯罪的心理，包括享受心理、利己心理、求刺激心理、报复心理、自大心理、风头心理、嫉妒心理、自戕心理、无耻心理、侥幸心理、无奈心理、义气心理、恐惧心理、颓废心理、冲动心理、宗教心理、模仿心理、盲从心理、好奇心理、性爱心理等等，在犯罪过程中起着这样那样的作用。所有这些心理因素，无不同犯罪者所处的客观环境相关，大多同犯罪者自身的生理机制相关，无不同犯罪者自身所可能有的某些道德心理相关，上述心理因素相互之间又各个相关，犯罪伙伴间不同犯罪心理以及他们程度深浅不一的相同犯罪心理间也各个相关，从而构成了有关犯罪心理的五种辩证关系。

一、犯罪心理同客观环境的辩证关系

犯罪心理是受客观环境制约的。孔子的门徒子夏说自己"出见纷华盛丽而说（悦），入闻夫子之道而乐，二者心战，未能自决"[①]，可见客观环境对人的"心战"的影响何等之大。"近朱者赤，近墨者黑"，说的是同样的道理。[②]

客观环境对犯罪心理的制约，主要见于以下两个方面：

其一，一定的客观环境决定一定的犯罪心理的存在。例如，导致少女犯两性罪错的少女性爱心理异常，基本上是少女家庭生活异常与社会不良环境造成的。据调查，某工读女校中，因家庭成员道德败坏而犯两性罪错的少女，占全部两性罪错少女的百分之三十四。

---

* 原载《浙江学刊》1984 年第 4 期。
① 《史记》卷 23，《礼书第一》。

如某女生的母亲生活腐化，该少女"耳濡目染"、"心领神会"，十三岁时就发生不正当的男女关系。当她的母亲假冒外地人之妻到医院做人工流产之后，她犯两性罪错就益发任意妄为、不可收拾了。十年动乱中，"青年犯法无罪论"、"生活小节无害论"泛滥，黄色手抄本流行，导致许多青少年在两性关系上犯了罪错。某些大城市的高级住宅区（通常每户居住面积大，子女与双亲分室居住，兄弟与姐妹分室居住）与"棚户区"（通常居住面积狭小，不仅兄弟与姐妹、双亲与子女不能分室居住，而且邻居也往往仅一板之隔，成人的性生活几近公开）在青少年性罪错百分比上的悬殊，同样说明了客观环境对犯罪心理的相当重要的作用。

其二，客观环境的变化决定犯罪心理的变化。客观环境的变化，往往会抑制某些犯罪心理的发展，而触发另一些犯罪心理的发展。有一个犯罪分子，在中学读书时曾有偷窃、两性关系等方面的前科，毕业后进了工厂，正好所在车间有人因男女关系不正当被处分，对这方面的问题，领导与群众都比较注意，因此，他也有所收敛。但是与此同时，该车间生产纪律松弛，管理制度不严，不少人随意据公为私，领导也"眼开眼闭"。在这样的情况下，这个犯罪分子的心理"兴奋点"转移到偷窃方面去了。从整个社会的范围看，在某些情况下，政治犯罪增多，或流氓犯罪上升，或经济犯罪激增，都是与客观环境有关的。人们常说："情随境迁"，某种客观环境的消失，常会使与之相关的犯罪心理减弱以至消失。模仿心理异常而导致犯罪的，与模仿对象是否存在关系极大。"孟母三迁"的原因，也在于此。这都说明，客观环境的变化有时会抑制、有时会触发这样那样的犯罪心理发展变化。

但犯罪心理并不是纯然消极的、无所作为的。在一定的条件下，犯罪心理有其独立发展的性质。一定的犯罪心理还可以通过人的行为（作为或不作为）直接或间接地引起客观环境的某些变化，即在社会生活的客观条件与犯罪行为之间的联系中起中介作用。正是这种中介作用的存在，促成了客观条件的变化。

犯罪心理的发展，一般可分为渴求阶段、决定阶段和行为阶段。犯罪心理的独立发展，在决定阶段表现得最为明显。当犯罪分子决定实行犯罪以求实现某种欲望时，往往"辗转反侧"、"夜不成寐"，或"想入非非"、"飘飘欲仙"。古典小说中常用"怒从心中起，恶向胆边生"，来描写这种犯罪心理发展到决定阶段的情况。一些罪犯在审讯中所说的"当时我忘记了一切利害关系，一心只想……"，就是这种情形。犯罪心理的独立发展，在惯犯身上表现得特别突出。在他们那里，渴求阶段几乎与决定阶段融合为一。在他们的心理活动过程中，法制、舆论等等一概被弃置脑后了。"豁出去"，"大不了再坐一次牢"，等等，支撑他们随时作出犯罪的决定。有一个劳改犯，"二进宫"后再次于1980年6月外逃，一个月内作案十几次。他说："我十几岁就和公安局打交道，我怕什么，大不了再抓起来，坐几年牢，出来我还是偷，有了钱就吃喝玩乐，到处逛逛，痛快一天是一天，痛快一时是一时。"这类犯罪分子，环境的变化、时期的推移，对他们的影响都可能是不很明显的。

由此可见，犯罪心理的独立发展是不容否认的。

关于犯罪心理在社会生活的客观条件与犯罪行为之间的联系中所起的中介作用，几乎可以从每一个案例中清楚地看出，因为没有犯罪心理的存在，是不可能有犯罪行为的发生的。因犯罪心理的激化，当一个罪犯实施犯罪时，必定造成社会危害性。这样，犯罪心理的发展对客观环境的反作用，就显示出来了。

总之，犯罪心理与客观环境之间存在辩证的关系，犯罪心理依存于客观环境，受制于客观环境，同时它又有自己的独立发展，并以一定方式反作用于客观环境。

二、犯罪心理同生理机能的辩证关系

从十一二岁到十七八岁，正是一个人从儿童过渡到成人的阶段，处在长身体、长知识、世界观逐步形成的重要时期，生理上和心理上都在产生显著的变化。他们精力充沛，体力旺盛，生理能量代谢率大，性欲萌发并逐渐成熟，生理上要求有释放能量的机会，生活欲望强烈。由于生理上的剧变，相应地在心理上也开始飞跃，富于想象，模仿力强，敏感、好奇、好动。在这一阶段，性爱心理、好奇心理、模仿心理、自大心理等，都得到迅速的发展。从六十岁到七十岁，则是一个人从壮年过渡到老年的阶段，生理机能逐渐衰退，精力衰竭，活力减低，记忆力下降，相应地引起心理上保守倾向的加强，好奇心理、性爱心理、模仿心理、求刺激心理、盲从心理等明显淡化以至消失殆尽。上述两类反方向的变化表明，生理机能与心理状态有着紧密的联系。当然，上面所说的一些心理状态都是正常的，不能与犯罪心理相提并论。但是，性爱心理、好奇心理、模仿心理、求刺激心理、自大心理、盲从心理等如果不加节制，完全可能发展为犯罪心理。因此，犯罪心理有依存于一定的生理机能的性质。这表明，在一定的范围内，一定的程度上，生理机能与犯罪心理之间有制约与被制约的关系。正是由于存在这种关系，所以，用药物刺激或减弱某些生理机能，可以相应地激化或减弱有关的犯罪心理的发展。

另一方面，犯罪心理对生理机能也有一定的反作用。这种反作用可能表现为促进或抑制生理机能的发展。这在成年、壮年时期表现得比较明显。犯罪者性爱心理的异常发展，必定刺激性生理机能的发展；反之，性爱心理的减弱，或转移为报复心理、风头心理等等，则抑制着性生理机能的发展，而使神经机能由于经常地处于亢奋状态，变得异乎寻常。因此，各种犯罪心理的激剧加强引起生理机能发展的异常，是屡见不鲜的。与此相反，抑制犯罪心理，或使之消失，则是一个人健康生长的重要条件。

否认生理机能对犯罪心理的影响，或者否认犯罪心理对生理机能的影响，都不符合实际。但夸大上述影响，也会陷入庸俗唯物主义或主观唯心主义。

这里有必要指出，国外的一些学者鉴于青少年犯罪率的急剧上升，夸大生理机能对心理状态的影响，认为青少年时期是什么"危机期"、"犯罪期"，这种论调是完全不正确的。

生理机能对心理状态的影响，可以有积极与消极这样两个不同的方面。积极的影响能造成正常的、优良的心理状态，只有消极的影响才会导致犯罪心理的形成。何况，所有这些"影响"都是在必不可少的其他因素介入下发生的。这些因素主要有社会政治经济状态、社会舆论、社会道德，等等。应当说，青少年时期是"关键期"，由于生理机能的巨大变化，社会犯罪心理植入的可能性往往较大；但如果有良好的经济环境、政治环境，辅之以高尚、坚定的信仰、信念、道德教育，以及造成健康的社会舆论，完全可以避免青少年犯罪心理的发展。所以，"危机期"、"犯罪期"之类的悲观论调，应当受到批驳。

三、犯罪者自身的道德心理与犯罪心理的辩证关系

毛泽东同志早就批判过"好就是绝对的好"、"坏就是绝对的坏"之类形而上学的观点。但由于种种原因，许多同志总是讳言犯罪者存在这样那样的健康的道德观念、道德心理的可能。其实，承认这种可能，并不等于否认犯罪者的犯罪心理，更不等于抹杀他的罪行。正是由于存在着这种可能，才会有犯罪的渴求阶段、决定阶段和行为阶段的内心冲突，才会有犯罪中止、自首、悔罪等等。除少数堕落到德性完全泯灭的罪犯以外，多数罪犯在存在犯罪心理的同时，往往也存在着程度不同的某些健康的道德心理。这在青少年罪犯来说，尤其是如此。

犯罪者自身的道德心理与犯罪心理之间，存在对立统一的关系。二者是对立的，互相矛盾，互相斗争。当道德心理战胜犯罪心理时，就抑制主体的犯罪活动；当犯罪心理战胜道德心理时，就促使主体进行犯罪活动，或在犯罪的道路上越滑越远。同时，二者又是统一的，正是这种统一，决定了罪犯总是有一个思想斗争、犯意发展的过程。苏联学者杰克巴耶夫通过对大量因严重犯罪被判刑的人所做的调查，认为许多人的心理中同时存在着积极和消极两种因素。另一苏联学者伊戈舍夫根据对未成年违法者的一系列需要、兴趣和道德品质的调查材料，认为未成年人是一种心理矛盾非常明显和尖锐、甚至有对立思想的人，这种心理矛盾表现在其行动计划的不连贯性、不稳定性、因形势而急剧变化上。经常出现这样的情况：所实施的违法犯罪活动对他们的整个生活道路来说，有很大的偶然性。据苏联学者拉斯卡和巴巴耶夫的调查，有这种"偶然性"的违法犯罪行为的，在青年罪犯中约占百分之十二，而在少年罪犯中，则高达百分之二十五。这些调查和分析，正说明许多犯罪者的自身是存在着道德心理与犯罪心理的矛盾和斗争的。

四、犯罪者本人各种不同的犯罪心理之间的辩证关系

一种倾向可以掩盖另一种倾向。通常，几乎每一个犯罪者异常的性爱心理与享乐心理都同时并存。但是常有这样的情况：某些罪犯所犯的罪行全是强奸罪一类，而另一些罪犯

所犯的罪行则全是偷窃罪一类。这表明，这两类罪犯的犯罪心理有所不同，一贯的强奸罪犯的性爱心理经常超过从而抑制着他的享乐心理，而盗窃罪犯的享乐心理则常超过从而抑制着他的性爱心理。贵州独山的一个罪犯，从1961年至1979年，曾先后将十名妇女诱骗至深山进行强奸，然后残忍地杀死妇女，攫取她的钱财衣物，将尸体抛入山洞中。就这一罪犯来说，他的淫欲发泄以后，享乐心理便急剧上升，导致了谋财害命的活动。

如果分析一下前述各种犯罪心理在犯罪活动过程中所起的作用，可以约略将它们归纳为以下三类：其一，为主动性的犯罪心理，包括享受心理、利己心理、求刺激心理、报复心理、自大心理、风头心理、嫉妒心理、自戕心理、无耻心理的异常发展；其二，为被动性的犯罪心理，包括侥幸心理、无奈心理、义气心理、恐惧心理、颓废心理、冲动心理的异常发展；其三，为中性的犯罪心理，包括宗教心理、模仿心理、盲从心理、好奇心理、性爱心理的异常发展。其中，主动性的犯罪心理与被动性的犯罪心理在犯罪过程中的作用是大不相同的。主动性的犯罪心理通常促进、激发犯罪的发生和继续，被动性的犯罪心理则往往在某种程度上抑制或延缓犯罪的发生和发展。例如，享乐心理使罪犯在诱惑面前蠢蠢欲动，侥幸心理充其量也只能使罪犯在诱惑面前跃跃欲试，同时又畏畏葸葸，犹豫动摇，徘徊逡巡。至于中性的犯罪心理，其本身就包含着矛盾。模仿、好奇、盲从的对象不同，行动的性质也就不同。如果被模仿、猎奇、盲从的对象是性质相反的事物，那么，这类心理所促成的就很可能是个人英雄行为与犯罪行为的区别，隔如鸿沟，别同天壤，绝不可等量齐观。

五、犯罪伙伴间的不同犯罪心理以及他们程度深浅不一的相同犯罪心理间的辩证关系

犯罪集团往往是乌合之众，他们之间的关系是一种"松散的联盟"。臭味相投、沆瀣一气使他们同流合污，狼狈为奸；同床异梦、各怀鬼胎又使他们尔虞我诈，钩心斗角。毫无疑问，即使是同一犯罪集团中的人，其犯罪心理也是千差万别的。这种差别，不仅在于某些犯罪心理的不同，而且在于同一犯罪心理的程度深浅不一。这样，不同犯罪心理之间的矛盾冲突便会引起犯罪集团内部的争斗，以致他们原先计划的犯罪活动不能如约实施，甚至最终导致犯罪集团的分崩离析、鸟兽云散。当然，犯罪集团在其瓦解前，是作为一个统一的整体存在的。在这种情况下，犯罪集团内部的不同犯罪心理之间，便有一个互争枭雄、互相制约、互相促进、互相抑制、互相转化、此消彼长的矛盾斗争过程。

以上几种辩证关系，对犯罪过程中的渴求阶段、决定阶段、行为阶段犯罪心理的发展变化起着决定性的作用。研究这些辩证关系，认识犯罪心理形成和发展的规律，可以为预防犯罪、综合治理、瓦解犯罪团伙、打击犯罪活动提供科学的依据。

略谈法学研究的当务之急[*]

我国法学研究必须坚持理论与实际相结合的方向。法学理论之树,只有植根于社会实践的沃土,才是常青的。每一个法学研究工作者,都应急我国法制建设实际需要之急。

法学研究的当务之急有三:

其一,法学研究要急八亿农民之所急。

党的十一届三中全会以后,我国农村普遍实行生产责任制,八亿农民的社会主义生产积极性犹如火山爆发,开拓了商品经济大规模发展和向现代化农业过渡的宽广前景。但迄今为止,农村改革所取得的辉煌成就,基本上还是依靠党的政策的威力。要巩固已经取得的胜利,要解决新形势下出现的新问题和新矛盾,进一步发展农村的大好形势,一方面要继续依靠党的政策;另一方面要加强有关农村的法制建设。首先,亟须加强农村经济立法。农业生产责任制采取了承包合同的形式,而广大农民对合同是相当陌生的。由于我国的《经济合同法》主要是根据工矿企业的情况制定的,不能解决农村承包合同中的许多问题,就需要制订相应的适合农村实际的合同法规。此外,农村经济联合体正雨后春笋般地形成,联合体内部关系,联合体与农户或其他法人的关系,都应以明确具体的立法予以规定。其次,亟须加强农村民事纠纷新特点的研究。随着农村改革的发展和深入,农村的生产和生活都发生了许多变化,从而使民事纠纷呈现出不同以往的新特点。例如,赡养纠纷现在大量增加;过去农村离婚案以男离女居多,现在则以女离男居多,有的地方甚至高达离婚案的百分之九十。再次,亟须加强农村刑事犯罪新特点的研究。农村刑事犯罪侵犯的主体与客体,现在有了很大的变化。如截留信件、破坏专业户与经济联合体的生产、盗窃专业户、生产赌具以及为争田界、争水而导致杀人行凶等案件,为过去所少有。

其二,法学研究要紧密联系以城市为重点的经济体制改革。《中共中央关于经济体制改革的决定》指出:"经济体制的改革和国民经济的发展,使越来越多的经济关系和经济活动准则需要用法律形式固定下来。国家立法机关要加快经济立法,法院要加强经济案

---

* 原载《法学与实践》1985 年第 1 期。

件的审判工作，检察院要加强对经济犯罪行为的检察工作，司法部门要积极为经济建设提供法律服务。"决定还指出："当前要注意为城市和乡镇集体经济和个体经济的发展扫除障碍，创造条件，并给予法律保护。"决定指出的上述各点，既是对法制实践的要求，也是对法学研究的要求，因为立法、司法、执法、守法等实践必须在正确的法学理论的指导下进行。在改革过程中出现的种种问题，需要由法学工作者进行理论上的探索，给以正确的回答。同时，随着城市经济体制改革的深入发展，必将引起人们生活方式和精神状态的重大变化，从而要求适当地调整法律制度。这就需要法学研究为这种改革提供理论依据和方法指导，以推进改革。

其三，法学研究要面对新技术革命的挑战。我国面临新技术革命的挑战。迎接挑战，并且战而胜之，同正确的法律对策不可分离。目前我国的经济立法、科技立法、人才立法、教育立法以及信息（如新闻、出版）立法等这些与发展科学技术休戚相关的立法，都有待于通过科学研究，进一步健全起来。随着新技术革命的到来，必将引起生产结构、社会关系、伦理观念、价值观念的变化，法律作为调整社会关系的手段，也必须与之相适应。西方发达国家由于科学技术的发展所造成的社会问题，我们应当避免。为此，就需要研究他们在法制方面成败的经验教训，加强我国社会主义法制建设，从法制上促进我国科学技术的发展。

为了切实地、有成效地应此"三急"，必须注意三个方面的更新：一曰知识更新。知识也新陈代谢。这就要求我们要扩充法学知识；要全面地、完整地研究、掌握和运用马克思列宁主义的法学原理；要慎重地研究、借鉴各国当代法学家的研究成果；要努力掌握与法学有关的新的社会科学知识和自然科学知识。二曰方法更新。我国社会科学研究人员普遍面临更新其研究方法的重大任务；法学研究工作者也不例外。国外友好的社会科学家曾一再指出我们只搞定性分析，不搞定量分析。从根本上来看，这是符合实际的。我们应当将定性分析与定量分析结合起来，使其成为我们研究法学的辩证方法。系统论、控制论、信息论、统计学方法，等等，也都是值得引起我们重视的。我们只有更新研究方法，才能"如虎添翼"地发挥作用。三曰队伍更新。近几年来，一支新的、充满活力的青年法学家队伍正在成长。但是，就目前的发展速度来看，还很不适应法制建设的实际需要。为此，第一，把中青年法学家推到法学研究与法学教育的带头人的地位上去；第二，为中青年法学家创造更多的出国访问、业务进修、社会调查、著书立说的条件，优先给中青年法学家评定职称或授予学位；第三，开门办研究所，广泛吸收实际部门的法律工作者参加课题研究，迅速扩大法学研究队伍。

法学界要"进入角色"*

中华民族正处在向现代化挺进的时期。改革大潮的涛声已澎湃在耳。面临这一形势，不能不提出"法学界要'进入角色'"的紧迫问题。

不能否认，自十一届三中全会以来，久经摧残、几濒绝境的法学界在党的坚强领导下，重新集结队伍，在法学教学、法学研究和法制宣传方面做了大量的工作，取得了丰硕的成果。

但是，作为理论界的战士，永远不应该以回首往事而沾沾自喜。何况平心而论，过去所做的不过是医治创伤、"恢复元气"的工作。从总体上看，我们的法学教学与法学研究是有成绩的。但是来自各个方面的不满足感正与日俱增。首先是法学界内部的不满足感。青年法学研究人员纷纷要求"反思"中国法学的发展道路。其次是广大群众的不满足感，这种不满足感已经从原先对空洞的法学文章的批评，发展为部分群众对批评的作用失去信心因而漠不关心法学界的状况。

这样，就使仍为法学队伍主体的一些中年和老年法学工作者感到彷徨。其实，就青年法学工作者而言，也还只是在战线上徘徊；挑战的决心已经下定，但出击的方向未必十分明确。因此，有必要认真、具体地研究"法学界进入角色"的问题。

法学界要"进入角色"。这里指的是"改革者"的"角色"。这是中国改革也即中华腾飞的迫切需要。中国农村的改革，已经进行了六年多，取得了辉煌的成就，为全世界所炯炯瞩目，为进步人类所啧啧赞叹。农村改革不仅带来了五谷丰登、六畜兴旺的繁荣景象，而且带来了生产关系、社会关系、人际关系、家庭关系、道德观念、价值观念的一系列重大变化。新形势下产生了一系列新的法制需求。对这些法制需求的范围、性质、内容、表现形式及解决新矛盾和新问题的对策，必须迅即做出分析、研究、论证并采取具体措施。城市经济体制改革也已全面铺开。随着改革的发展，在经济上，国内和国外的关系；国内的地区间关系、条块关系、军民关系、国家和企业关系、企业和企业关系、企业和职工关

---

* 原载《文汇报》1986年2月28日。

系；不同所有制间的关系、所有权和使用权关系、责权利关系、法人和自然人关系、产供销关系、市场要素间的关系；政企关系、干群关系……以及与上述关系紧密联系的人际关系、道德观念、价值标准的变化，已经明显地呈现出来，并且将进一步发生重大变动。同时，教育体制改革、科技体制改革也在积极进行。所有这些主要发生在城市里的改革也和农村改革一样，已经而且必将进一步带来新的法制需求，迫切要求法学界拟制法律对策。可以说，社会主义法制建设的进展，直接关系到社会主义物质文明和精神文明建设的进展。

对于改革，法学界是衷心拥护的。但是，还不能说已经完全"进入角色"。对于改革的法制需求的研究和教学，还没有列入法学研究与教学机构的主要日程表；还很少有法学工作者把研究与改革有关的法律问题当作燃眉之急；更不用说提出切实的法律对策了。

"进入角色"也是蕴蓄在群众心头的对法学界的迫切要求。无法可依的时代已经一去不复返了，然而一些地方有法不依、执法不严的现象还严重存在，不少干部、群众对此十分反感，呼声很高。法学界应当在致力于建立社会主义的立法学的同时，努力建立社会主义的司法学，为党和国家有效地领导司法事务提供可行的理论和策略。不仅如此，法学界还应进入与有法不依、执法不严、以权代法、以言废法的恶劣现象进行斗争的前沿阵地，摇旗鸣鼓，冲锋前进。

"进入角色"还是实现法学理论的发展与创新的迫切需要。"进入角色"，就要在坚持马克思主义的基础上，弃旧图新，对已经过时的某些原理做出分析，创建适合于有中国特色的社会主义的新法学。只有在获得了法学理论的新成果的前提下，法学教学和司法实践才会有真正的进步。在这一宏伟工程中，法学界无疑应当成为骨干、中坚和先行者。

法学界要"进入角色"，并不是一件轻而易举的事。航船正在前进，方向的转换会带来船体的颠簸。现在迫切需要的是，法学界应如恩格斯在《论权威》中指出的那样，"组织起来"，"联合活动"以"取代各个人的独立活动"。法学界"人自为战"的状况，法学研究机构、法律院系和司法部门三者之间"鸡犬之声相闻，老死不相往来"的状况，不能再继续下去了。量少质弱的法学队伍的现状，更要求统一组织的联合力量共同攻关。当然，组织起来的目的，是有计划地、有步骤地将法学队伍开到改革的第一线去，进行尽可能全面的深入的调查和周密的科学的研究，总结行之有效的经验，解剖教训，为保障和促进改革拿出法律对策来；从法制实践中总结、提炼出新的法学理论来。一句话：组织起来，迈动双脚，到火热的改革中去创建社会主义的新法学。除此以外，更新研究方法、手段、倾听群众的呼声等，都是法学界"进入角色"之必需。

现代化与法学现代化简论[*]

现代化有广狭二义。从广义来看，历史上任何一次重大的产业革命或社会革命，都会引起社会的现代化进程，而产业革命或社会革命本身也包含在这一进程之中。从狭义看，现代化指的是当今世界的新技术革命浪潮及其在社会生活中引起的变革。对我国来说，狭义的现代化指的是工业、农业、国防、科技的现代化以及由此而来的社会生活现代化。面对现代化这场"革命"，法学将会产生怎样的变化呢？本文拟就现代化和法学研究方法的更新、现代科学的整体化趋势和法学的现代化、现代化和中国法学的发展方向等重要问题作一简略的论述。

一、现代化和法学研究方法的更新

三十六年来，我国法学的发展经历了一条曲折的道路。1957年以前，是我国社会主义法学的创建阶段。接受和开始消化苏联法学家在三十年代和四十年代的研究成果，注释和演绎马克思主义经典作家的法学论断，开始探索中国法学的发展道路，编撰迫切需要的法学教科书等，是这一阶段的主要成就。1957年以后至1976年，是我国法学的停滞和破坏阶段，刚刚开始的法学探索戛然停止了。1976年以来，尤其是1978年党的十一届三中全会以来，是我国社会主义法学得到蓬勃发展最佳条件的阶段，几乎所有的法学学科都有多种著作竞相出版，一个又一个的法学"禁区"被勇敢地突破，一大批法学新人正在茁壮成长。成就是巨大的。但是，应当承认，这些成就主要属于"数量"的范畴，基本上还不是"质量"上的突破。还不能说我们已经拥有一批法学明星；还没有哪一本法学著作风靡全国以至全世界；还没有哪一条重大的法学基本原理是我们在近十年中发现、阐明并得到公认的。这当然与时间尚短分不开。法学的突破，法学的现代化，需有一个必要的准备过程。但是仅仅看到时间的因素，是远远不够的。笔者不惮贸然揣测，如果不在哲学思维、

---

[*] 原载《上海社会科学院学术季刊》1986年第2期。

研究方法上有所更新，那么，即使继之以更多的岁月，我国法学仍旧可能只是在"数量"范畴内增加积累，不可能在"质量"上得到飞跃。

中国的现代化，要求法学的现代化；法学的现代化，要求法学研究方法的更新。法学研究方法的更新，可从以下五个方面进行探索：

第一，从注释走向创新。

对马克思主义经典作家所创造的无产阶级法学概念、法学原理进行注释，予以弘扬，是必要的，但不能停留在注释上。和任何科学伟人一样，他们不可能穷尽法学的全部真理。同时，历史毕竟走过了一百年的历程，社会发生了翻天覆地的变化。新的社会实践、新的世界形势、新的社会矛盾、新的法制现实，都对法学提出了新的研究课题。

对现行法律及有关政策进行注释、宣传，也是十分必要的。但科学研究与注释、宣传不能画等号。注释和宣传是对已经得到的科学研究成果的通俗化说明，使艰深的东西变成浅显的东西，使中央的精神、科学家的研究成果为广大群众所掌握。法学研究同任何科学研究一样，不是为了去重复已经得出的正确结论，而是要求揭示未知的东西，探索新的规律。也就是说，法学研究必须创新。所以，无论从哪一方面来看，都必须从注释的老路中走出来。

第二，从演绎法走向演绎、归纳并举。

演绎法只能解决把马克思主义普遍真理和中国革命具体实践结合起来的任务的一半。另一半任务是从中国革命的具体实践中总结出新鲜的经验，以丰富马克思主义理论的宝库。这是一项更为重要的任务。这一任务的解决，得更多地依靠归纳法。当然，在认识现实的思维过程中，归纳推理与科学分析是紧密联系的，没有演绎推理，就不可能实现认识的归纳过程。但归纳法毕竟是与演绎法的思维过程方向完全相反的逻辑方法。单纯用演绎法，不可能建立完整而科学的法学。恩格斯曾指出："归纳和演绎，正如分析和综合一样，是必然相互联系着的。不应当牺牲一个而把另一个捧到天上去，应当把每一个都用到该用的地方，而要做到这一点，就只有注意它们的相互联系、它们的相互补充。"① 鲁迅在《科学史教篇》中也曾指出：内籀和外籀（即归纳和演绎）"二术并用，真理始昭"。

归纳、演绎"二术"都不是什么新的方法，但多年来的法学研究工作中，归纳法运用得太少，因此现在应当加以强调。法学研究中有一个十分突出的问题：农村改革已经进行多年，改革的成功已为举世公认，其中不乏充满改革精神的新鲜法律意识和立法、司法经验。在城市经济体制改革全面铺开以后，同样有成功的经验和新产生的法律问题亟待研究。所有这些，都首先有赖于调查研究基础上的归纳总结。然而，法学界在这一方面的工作做得还很不够。高等院校法律系和科学院的法学研究所都还没有设立专事研究农村或城市经济改革的法律调整手段的机构，调查研究基础上的归纳总结当然无从谈起。这一突出

---

① [德]恩格斯：《自然辩证法》，人民出版社1971年版，第206页。

的问题还未引起足够的重视。它同习惯于"从书本里讨生活",从教条出发进行演绎以敷演出多种多样文章来的陈旧研究方法关系十分密切。我们强调演绎、归纳并举,强调重视归纳,实质上就是强调研究现实问题。只有这样,创新才是可能的,丰富马克思主义法学理论宝库才是指日可期的。

第三,从封闭走向开放。

长期以来,我们的法学研究处于封闭状态,既不敢引进外国的先进研究成果,也不敢将理论与实践结合起来。西方资本主义国家法学家的研究成果曾被拒之门外,一律冠之以"资产阶级法学理论";苏联和其他一些社会主义国家法学家的研究成果也曾被拒之门外,冠之以"修正主义法学理论"。其实,闭目塞听则根本无法比较,批评当然无的放矢。其结果必然是:无论他们的成果中有益的"外壳"或合理的"内核",还是他们论著中的真正错误,我们都一概不甚了了。这样,学习、借鉴、批判,全都失却基础。加上法学研究队伍的老化、知识的老化,创新也就难以企及。

应当将封闭式的研究改为开放式的研究,大力介绍国外的法学研究成果,大批翻译出版国外的法学著作;鼓励、支持、帮助法学研究工作者到国外去访问、学习、交流、调查和研究;努力开展比较法学的研究,坚决而切实地鼓励法学研究工作者把理论与实践结合起来,在尖锐、敏感的问题上允许犯错误,实行"犯理论错误比不敢进行理论探讨好"的鼓励措施。

笔者在《农科院调整科研方向的启示》中曾指出,现在科研部门与实际部门及教学部门虽近在咫尺,却不甚相通,科研机构内部的所与所之间、室与室之间,甚至组与组之间,也"壁垒森严"。总之,对外、对内都缺少横向联系。建议实行"对外开放"与"对内搞活"。"对外开放"是指:科研、实际、教学部门紧密结合,定期交流;人员可以互相兼职,开展互助活动;要密切关注外地、外国对以法律手段保障与促进改革的研究等。"对内搞活"是指:科研机构内部人员应流动,应允许并鼓励科研人员自行选择同改革关系密切、实践意义较大的研究课题;课题不要定得太死,以利于在必要的时候改变课题等。这些,对打破封闭式的研究,实行开放式的研究,是组织上的保证措施。

第四,从定性分析走向定性、定量分析并举。

客观世界不存在没有质的事物,也不存在没有量的事物,任何事物都是质和量的统一。社会的法律现象、法学的研究对象,同样存在质和量两个方面,是质和量的对立统一体。以往对法的研究基本上是对其质的方面做定性的分析,运用逻辑推理的方法,演绎、归纳或类比推论出结论。这种定性的分析是必要的,否则我们的认识便会停留在感性的直观上,不能实现理性的飞跃。但是定性分析有它的弱点,它的概括性往往与模糊性并存,它的抽象性往往脱离具体性。同时,定性分析是很难直接利用现代科学研究手段电子计算机的。

马克思曾认为,一种科学只有在成功地运用了数学之后,才算达到了完善的地步。①数学是从量的角度描述客观事物、揭示客观规律的工具。科学方法论告诉我们,可以用数学量代表各种作用量,用数学量之间的关系来刻画作用量之间的关系,用数学量及其关系组成的方程来描述客观世界的各种关系、各种规律;不仅可以描述客观对象的静态结构,而且可以描述它的动态过程;不仅可以描述它的渐变,而且可以描述它的突变;不仅可以描述简单系统,而且可以描述复杂系统。用数学来描述、刻画客观事物及其规律,具有符号形式化、精确数量化和概括公式化的特点和优点,从而可以使计算机的应用成为可能。用数学方法进行定量分析,将日益取得科学研究的主导地位。现在,应用数学方法进行定量分析,在经济计划的制订、现代化企业的管理、人口发展规律、产品质量控制、城市交通管理等方面已经取得了成功。相形之下,法学在这一方面落后了。钱学森同志曾建议建立我国数量法学。这是自然科学家对社会科学界的期望,法学界无疑应当积极响应,并且由此及彼,使整个法学研究的定量化大大地向前推进。

第五,从传统哲学方法走向运用系统论、信息论和控制论等现代科学方法。

科学研究中的传统哲学方法,其思维途径和方式是从元素到系统、由局部到整体、由分析到综合、从下到上。正如奥地利生物学家、系统论的创始人贝塔朗菲所指出的那样:"活的东西的基本特征是它的组织,对各部分和各过程进行研究的传统方法不能完整地描述活的现象。这种研究没有告诉我们各部分和各过程的协调关系。"②系统论的思维途径和方式与传统哲学方法相反,它遵循的是从整体到局部、从系统到元素、从总到分、从上到下的途径,形成了系统、结构、功能、关系、模型等一系列范畴。强调整体观点、联系和制约的观点、有序观点、动态观点和最佳观点。运用系统论于法学研究,可以使法学研究更好地体现唯物辩证法的原则,形成新的概念、新的理论、新的体系、新的学科以至新的学派,从而促使我国的立法预测、立法决策、犯罪预防及法律对社会关系的调整更加科学、更加及时。

信息论是研究各种信息传输与变换系统共同规律的科学,是研究复杂系统必不可少的科学方法。其作用和意义主要是:用信息观点来考察控制系统的行为功能结构;从信息的获取、转换、传输和储存过程来研究控制系统的运动规律;利用信息加工的现代化技术来实现认识和改造世界过程中的信息化和自动化。这些作用是传统哲学方法所缺乏的。法学研究中"引进"信息论方法,同样可以创造新的概念、理论、体系、学科以至学派,为用现代技术装备法学研究队伍以及整个法制队伍,推动我国法治向着现代化、信息化方向的发展做出贡献。

---

① [法]拉法格等:《回忆马克思恩格斯》,人民出版社1959年版,第72—73页。
② [奥地利]贝塔朗菲:《普通系统论的历史和现状》,转引自《科学学译文集》,科学出版社1980年版,第309页。

控制论是以控制系统为研究对象的科学,研究控制系统中的控制问题。控制系统的一个重要特征就是,在控制作用的影响下,这种系统能改变自己的运动和进入各种状态。研究控制系统就涉及系统的运动、状态、行为和功能。控制论方法首先就表现为对这些范畴的理解、分析和使用的方式和方法。这是对系统进行有效控制的必须。法学研究的目的在于揭示对社会实行法律控制的科学方法。对法律史及外国法律与法律史的研究,目的也在于此。而要达到这一目的,控制论的方法是有重要意义的工具。克劳斯指出:"在社会领域里第一次提出预言方法,是马克思列宁主义社会科学的功绩。这是一个非凡的贡献。不过,这种方法在将来还会由于广泛地考虑到各种数量因素而得到根本改进。"[1] 现代社会的无限复杂性,使得传统的哲学方法显得力不从心,控制论方法和信息论,系统论方法的结合将为研究现代社会,其中包括法律现象,得到长足的进步。法学研究工作者掌握和运用控制论等现代科学方法,无疑可以使法学得到新的发展。

法学研究方法的更新将给法学带来新的生机,这是法学现代化的希望所在。但法学的现代化不能仅仅依靠研究方法的更新,还必须与现代科学的整体化趋势相适应。

二、现代科学的整体化趋势和法学现代化的要求

有同志预言:20世纪末到下一个世纪初将是一个交叉科学的时代[2]。这一预言的正确性,在于它建筑在对世界性的现代化所促成的现代科学的整体化趋势的客观基础上。20世纪以来,现代科学发生了伟大的革命。但是20世纪中期以来,这场革命的前锋受挫,呈现出明显的"饱和现象"。于是人类智力开始横向转移,或"回采"老的学科领域,从而激发出一个又一个交叉学科群。在这些交叉学科群中,自然科学与社会科学之间的交叉学科尤为引人注目。社会数学、社会物理学、社会化学、社会生物学、社会医学、社会心理学、科学社会史学、地震社会学、医学社会学、核社会学……已经得到开拓,现代科学已经呈现出明显的整体化趋势。"合久必分,分久必合"的规律,在科学发展的进程中也得到了体现。科学分工越来越细、专门化越来越发展的同时,整体化、综合化的势头也越来越强烈。

现代科学整体化趋势的外在动因是社会的需要。现代社会的发展、现代化的客观进程,都要求自然科学和社会科学结成联盟。纯自然科学或纯社会科学已经无法回答、无法帮助解决社会现代化的一系列重大问题。例如,环境问题、生态问题、能源问题、城市建设问题、宇航问题、管理问题、犯罪问题等等,都既同新技术革命引起的积极后果相联系,又同其消极后果相联系。这些问题无论是自然科学或者是社会科学都无法单独解决。

---

[1] [德]G.克劳斯:《从哲学看控制论》,中国社会科学出版社1981年版,第403页。
[2] 钱三强:《迎接交叉科学的新时代》,《光明日报》1985年5月17日。

只有现代科学的，整体化发展，只有交叉科学群的广泛发展，才能完成现代化社会提出的任务。

科学学的一个著名原理认为，科学的突破点，往往发生在社会需要和科学发展内在逻辑的交叉点上。我国四个现代化建设的社会需要和现代科学整体化趋势的交汇，恰恰向法学提出了从传统法学的老路上走出来，迈向法学现代化的强烈要求。

法学现代化的主要内容，可以分为两大类。一类是法学与自然科学的交叉，一类是法学与其他社会科学的交叉。以自然科学的一些部门为纵轴，以法学为横轴，可以从坐标图上发现一系列新的法学部门。同样，以社会科学其他部门为纵轴，以法学为横轴，也可以从坐标图上发现出一系列新的法学部门。前者如科技法学、环境法学、生态法学、能源法学、海洋法学、空间法学等。后者如管理法学、行政法学、经济法学、领导法学、军事学法学、社会学法学等。

从法学现代化的上述内容可以得出对法学工作者的基本要求：第一，法学工作者必须努力学习自然科学知识和其他社会科学知识。十分显然，不具备必要的自然科学知识和其他社会科学知识，要研究交叉法学实际上根本不可能。正因为如此，近几年来我国法学工作者不断提出了招收理工科大学毕业生攻读法学硕士学位和在法律院系开设自然科学课程的设想和呼吁。第二，法学工作者必须改变思维方式，善于捕捉四个现代化建设中提出的与自然科学相关的社会问题、社会矛盾和社会要求，善于开展以法律手段调整新型社会关系的法学研究。法学研究的课题可以由国家或上级主管部门提出，更应当由法学工作者发挥主观能动性自行开拓。第三，法学工作者应当与自然科学家、工程技术人员以及其他社会科学家建立广泛的、紧密的、巩固的联系，建立法学家和自然科学家及其他社会科学家的牢固联盟，互相学习，取长补短，为法学的现代化共同做出贡献。

法学的现代化当然不能仅仅归结为新兴法学部门的开辟。传统的法学学科，如宪法学、刑法学、民法学、诉讼法学、婚姻家庭法学、法律史学及国际法学等，也都有其自身的现代化问题。

如生物学的发展在婚姻家庭法领域提出了新的问题，信息社会的到来引起了民法领域信息合同的新矛盾；高度发达的复印技术及电子计算机的创作功能要求出版法学给予新的论证；计算机软件的大量涌现、动植物新品种的发明对专利法提出了挑战；计算机、机器人等现代新技术成果扩大了刑法学、犯罪侦查学的研究范围；外层空间、海洋的开发引起了国际冲突的复杂化……所有这些，都要求法学传统部门开辟新的研究内容，作出科学的论证，提出有效的法律调整措施。

现代科学的整体化趋势与科学分工的细密化、专门化是相辅相成的。在现代科学整体化趋势下提出的法学现代化的要求，丝毫不排斥传统法学的进一步发展。尤其是对我国来说，由于长期的停顿，法学是比较落后的。传统法学的许多基本课题，我们还缺乏深入的认识。因此，法学工作者的任务也就更重，更艰巨。但是，我们不能将二者等量齐观，在力量的使用上平分秋色。从改革的总要求出发，为了四个现代化，我们应当把主要的力量配置在法学现代化这一战斗的前沿上，首先致力于法学基本理论的突破。

那么，社会主义制度下的现代化会引起法学基本理论的什么变化呢？

笔者认为，随着现代化的进一步发展，法学基本理论可能在以下几个方面会有新的突破：

第一，关于人和法的关系。

现代化的目的是解放生产力，从而大大地提高人的物质生活水平和文化生活水平，增进人的民主自由权利。与此相应，法学理论应着重研究法对人的合法权利的保护。这样，传统的一些法学理论原则就可能改变。例如，关于保证法的实施的力量，过去强调的是国家强制力。当然，法要有一定的强制力作为后盾，但经常充当保证法的实施的力量的，不一定全靠国家的强制力。尤其是在社会主义条件下，社会舆论的压力将起重要的作用。因此法学应当研究社会舆论在保证法的实施中的作用。又如，过去强调的"人治"或"法治"，都是将"人"作为"治"的对象的；如果将立足点转移到对人的合法权利的保护方面来，法学就应当着重研究人作为法的主人的作用。"人治"与"法治"之争就可能得到辩证的统一认识。再如，关于法的规范的研究，如果从法对人的合法权利的保护出发，传统的义务性、禁止性、授权性规范的三分法，就可能改变为"目的性规范"与"保护性规范"的二分法。

第二，关于法的效果。

传统的法学基本理论极少研究法的效果，现代化的发展则迫切要求法名副其实地发挥其应有的作用。法的效果首先取决于立法，其次取决于司法、守法。因此，法学基本理论势必要将立法学、司法学、守法学作为重要的研究对象。立法学方面，诸如法制系统工程、立法预测、立法决策、立法者、立法效率等，从以往的经验型立法转向科学型立法，是有许多课题值得探讨的。司法学方面，诸如法律规范与其他社会规范的关系、司法组织、司法人员素质、司法行政、检察制度、律师制度，等等，也应有专门的论述。守法学方面，关于公民层次理论和法学研究、法学教育、法制宣传等，也应作为法学的基本理论加以探讨。

第三，关于法学的研究方法。

法学基本理论是为部门法学的研究提供指导原则与研究方法的。传统的法学理论在指导原则方面恰恰脱离了部门法学。沈宗灵同志在《我国法学基础理论学科的改革》一文中指出：研究的立足点、中心和归宿应为中国社会主义法律的理论。这是很正确的。现代化事业的发展，不允许法学基本理论脱离与现代化紧密相关的各个部门法与部门法学。至于法学研究方法，传统的法学理论则压根儿不提。我们认为，应当把法学研究方法作为法学的基本理论加以高度的重视。前面已提到了控制论、系统论和信息论等现代科学方法论，此外，正在被人们重视起来的还有比较研究方法。法学基本理论的许多教材和著作都列入对资产阶级法学流派的批判，这也是一种比较。但这种比较往往过于简单化。实际上，不少资产阶级法学流派是不应全盘否定的。例如分析法学派和规范法学派对法律规范的研究就很深入，有的方面是值得继承的。比较法理学的发展，将是今后法学基本理论发展的一个重要内容。同时，现代法学是在古代、近代法学的传统文化背景上发生的，我国法学又是在世界法律文化背景上产生的，因此，历史的比较和中外法学比较，都将成为重要的法学基本理论研究课题。

现代化将会引起法学基本理论在哪些方面的突破，这从根本上说首先不是理论问题，而是实践问题。因此，我们应努力注意现代化进程中法学理论的实际变化，及时地予以总结，上升为理论，改变法学基本理论的教材和论著千篇一律、互相重复、陈旧落后的面貌。为此，我们还必须探寻现代化和中国法学发展方向的关系问题。

三、现代化和中国法学的发展方向

现代化事业的发展使得社会科学同自然科学一道，越来越变为直接的生产力。同样，法学的社会职能也正在发生重大的变化。它不仅具有社会意识的职能，对人类的精神生活发挥巨大的影响，而且越来越具有生产职能与管理职能，直接为生产力发展服务，成为生产力的直接组成部分。一方面，现代化事业召唤法学为之服务；另一方面，法学也正向现代化事业深入。这是现代化进程中法学发展的趋势。

中国法学的发展应与现代化，当前来说，应与改革的形势和要求相适应。这样，在法学的理论研究、应用研究和发展研究三个方面中，应用研究将成为主要的方面。概言之，中国法学的发展方向是应用研究。理论研究将从应用研究中得到发展和提高，开辟新的领域，增强其具有实际应用的价值。发展研究则建立在应用研究的基础上，是应用研究的发展。

根据上述认识，中国法学应当大力开展新形势下农村的法制需求和对策的研究，大力开展城市经济体制改革中的法制需求和对策研究，大力开展关于科技法学的研究，大力开展迎接新技术革命对法学的挑战的研究。

农村的改革改变了原先的一系列社会关系，社改乡，队改村，专业户成了基本的生产单位，家庭关系在发生变化，联合体到处诞生，个体工商户大规模发展，小城镇雨后春笋般地涌现，商品经济蓬勃发展……新的矛盾和新的问题层出不穷。对农村的情况，法学界还处于一知半解、若明若暗的状态中。深入农村进行社会调查，研究诸如专业户的法律地位、个体工商户的法律保护、形形色色的农工商业合同理论、经济联合体内部与外部的法律关系、城镇的法律管理、商品生产的法制需求……需要研究的课题是极其丰富而具有重大社会价值的。这些课题的研究本身是新鲜的，原先的法学著作中从未出现过的；同时，它的研究还会带动有关传统法学的某些理论深入发展。如法律和政策的关系、法律与道德的关系、法与法律意识的关系等方面，都可预期因对农村改革中的法律问题的研究而有所发展。

城市经济体制改革比农村改革的内容更为复杂，涉及的法律问题更多。《中共中央关于制定国民经济和社会发展第七个五年计划的建议》中，约有七处强调了要以法律手段促进改革、发展经济的问题，指出："经济体制改革的深入和国民经济的进一步发展，要求把更多的经济关系和经济活动准则用法律的形式固定下来，使法律成为调节经济关系和经济活动的重要手段。"企业自主权的扩大以及由此产生的企业与职工、企业与企业、企业与主管部门、企业与国家的关系的变化；价格体系和工资制度的改革以及由此带来的税收制度、劳动工资制度、市场管理制度的变化；中外合资企业、合作企业以及外商独资企业的发展，提出了吸引外资、有关企业的管理、企业主与职工关系、中外关系等方面的新型法律问题；从计划经济体制改变为有计划的商品经济体制引起了全新的社会关系……所有这些法律问题，都是有待研究、迫切需要解决的法学课题。这些课题本身同样是新型的，为以往的法学著作所没有论及；同时，它的研究对传统法学已经涉及的法与国家的关系、法与经济的关系等方面，也将注入新的内容，或引起某些理论原则的改变。

我国经济的发展、我国现代化事业的推进，将对科学技术提出越来越高的要求。科技进步问题，已经成了世界各国自然科学家、社会科学家共同关心的重大问题，我国对此也必然给予高度的重视。中共中央已经作出了关于科技体制改革的决定，我国科技体制正在积极改革，科学事业得到了比较快的发展。但矛盾是永远存在的，旧矛盾的解决就意味着新矛盾的产生。在科技体制改革的道路上也会产生一系列新的问题和新的矛盾。现在，可见端倪的有：科技基金的合理投放和使用；科技市场的开拓和管理；科研组织的配置，科研、教育、设计、生产的联系，军民分割、部门分割、地区分割状况的打破；科技成果转化为生产力的机制；科技人才的合理流动，科技人员的积极性的充分发挥，都存在很多矛盾和问题。这些矛盾和问题不是单凭政策或经济手段所能解决的，必须辅之以法律手段。法学必须对此做出回答。专事研究科技立法、科技法规、科技法律史、科技司法、科技法预测之类学术问题的崭新法学部门，正在崛起。它将对我国科技的发展起重要作用，还将为我国的法学理论开辟新的领域，增添全新的内容。科技法学行将成为我国现代化事业中法学发展的重要方面。科技法学作为应用法学，其生命力是无比强大的。同时，由于科技法学的研究内容中有相当大的比重是关于技术规范转化为技术法律规范的问题，而这是传统法学鲜有论及的，因此，科技法学的发展，也将为传统法学注入新的内容，引起理论法学的一些新的变化。

论法制与人道主义[*]

法制与人道主义似乎是风马牛不相及的两回事，以此相提并论，大大有悖于传统的法制观念与"无产阶级的法律意识"。因为按流行的法学教科书的说法，法制的后盾是国家暴力，以镇压为实施法制的手段。然而，拨去"左"的迷雾，便能看到，法制与人道主义恰恰有着"亲缘关系"。认识这一点，对社会主义法制建设和对实行社会主义人道主义，都有十分重要的意义。

一

资产阶级人道主义是在对专横暴戾的封建法制的批判斗争中发展起来，并成为推翻封建制度有力武器的。

在相当长的时期里，资产阶级人道主义曾经被看作无产阶级观念的对立物而被大加挞伐。然而一翻历史就会发现，人道主义却是劳动人民和资产阶级为推翻封建专制制度，在一起进行前仆后继、流血牺牲的斗争过程中逐步产生和发展起来的。人道主义和民主、平等、自由、博爱等观念在近代史上的传播，是人类精神的一次大解放。

众所周知，封建法制以专横恣肆、暴虐苛酷而著称。几乎所有的中外封建制法律，都有重刑重罚、株连祸族等规定。如1670年，法兰西王国的路易十四颁布赦令规定了株连原则，一人犯罪，祸及全家，即使小儿及精神病患者等家属也不能幸免；甚至全村社都被连坐，已死的人的尸体也要接受报复性的惩处。英国封建制的盎格鲁·撒克逊法规定了分尸、焚烧、车裂等死刑，反叛国王与政府的无一例外地要被判处死刑；威廉一世的森林法甚至规定，杀死国王林地上的一只鹿就要处以残害肢体的酷刑；伊丽莎白一世统治时期颁布的法律规定，一切没有财产而又未受雇佣的人都是流浪者，要受鞭打、烙印并押回原地，若三次被捕就处以死刑。当时每年都有三四百人因此被处死刑。所以马克思称这些法

---

[*] 原载《西北政法学院学报》1987年第1期。

律为"血腥立法"。中国封建时代的苛刑酷罚甚至在近代农民起义军所颁行的法律中都留下了显明的印迹，太平天国法律规定的刑罚中有"点天灯"即是一例。

这种封建专制法律所规定的苛刻罚刑，不仅阻碍了破产农民变成资本家的雇佣工人从而阻碍了资本主义生产关系的发展，而且极其严重地戕害人的尊严、人的精神，禁锢人的自由思想的发展。因此，资产阶级革命的思想先驱，在投身资产阶级革命的第一天起，便以对封建法制的专横暴戾声罪致讨为职志。例如，十七世纪英国资产阶级革命时期掘地派运动的著名领袖杰拉德·温斯坦莱（1609—1652年）就曾深刻揭露英国封建君主的统治权力是靠"征服和刀剑夺来的，而且只有借助于这个杀人的权力，它本身才能维持下去。"① 他揭露和抨击英国封建法律制度道："你们要夺取对我们的统治权，除了颁布进行奴役的或让无辜者流血的压迫和暴虐的法律外，还能够颁布什么法律呢？"② 他谴责国王和领主的法律是"杀人的欺骗法律"，指出："英国是一座大监狱。法律的各种各样伎俩用刀剑、城堡、监狱大门做它的靠山。法学家是狱卒，穷人是囚犯。如果有人落到他们（从管事到审判官）手中，不是死亡，就是一辈子被葬送掉。"③ 托马斯·霍布斯、洛克、孟德斯鸠、卢梭、摩莱里、马布利等资产阶级革命时期的法律思想家，都曾同温斯坦莱一样严厉谴责过封建法制的苛暴惨虐。

正是通过对封建专横法制的鞭挞，他们进而阐释了自己的人道主义观念，其中包括这种观念在法律制度上的表现。托马斯·霍布斯（1588—1679年）这样规定他的刑罚定义："刑罚就是国家的统治者，根据人们对于法律的禁止令的为与不为，因而对违犯国法的人，所施加的痛苦，使他人知犯国法必受惩戒而守法。"他由此认为："统治者之赏罚，施之必须得其当。"④ 意大利资产阶级法学家康帕内拉构设了理想国家"太阳城"的法律制度。

可见，资产阶级思想家的人道主义观念，正是在批判封建法制的斗争中形成与发展的。它是人类精神文明发展长河中的一个阶段，是人类精神文明的一个重要组成部分，是人类精神大解放的一个重要方面，是人类精神共性的一种表现。因此，人道主义不应该也不可能为资产阶级所私有、所专有，它是人类的共同精神财富，无产阶级和广大劳动人民在社会主义时期继承这种财富并赋予新的内容、继续推向前进，有如日月经天、江河行地，是责无旁贷、义不容辞、天经地义、理所当然的伟大事业。

同时，我们还应认识到，资产阶级作为一个阶级，有其形成、发展、兴盛、没落、衰亡这样一个发展过程。当资产阶级处于形成、发展、兴盛的上升时期时，它代表新型的社会生产关系，推动着社会生产力的发展，它是一个革命的、进步的阶级，如毛泽东同志所

---

① ［英］温斯坦莱：《温斯坦莱文选》，商务印书馆1979年版，第29页。
② 同上，第28页。
③ 同上，第70页。
④ ［英］霍布斯：《利维坦》，第221页。

说，是"铁老虎"、"真老虎"。作为革命的阶级，上升时期的资产阶级的许多观念，其中包括它所倡行的人道主义、平等、民主、自由、博爱等观念，有其革命的性质。而这，正是革命无产阶级所必须学习与继承的。当然，运用者的目的不尽相同，资产阶级打着人道主义大旗时，抱有维护资本主义剥削制度的目的，而无产阶级则要消灭一切剥削制度，这是必须牢牢记取的。

二

由于资产阶级人道主义有以上形成过程中产生的历史进步性，因此，当资产阶级把这种观念制度化为资产阶级法律时，我们应当肯定之。也就是说，资本主义法律制度中的人道主义成果，今天对无产阶级和社会主义国家来说，仍然应当学习和借鉴，使社会主义法制成为社会主义人道主义的法律保障。

西方国家资产阶级革命胜利后的立法，最重大的成果便是体现人道主义精神的人权立法得到迅速发展，英国资产阶级革命初期的宪法性法律，除《王位继承法》外，其余都是人道主义的直接体现。这些法律是《人身保护法》与《权利法》。《人身保护法》颁行于1679年，其主要内容是：在押人或其代表，有权向王座法院请求发给"人身保护"的命令，限期将在押人移交法院，并向法院说明拘捕理由，法院以简易程序审理案情，如果法院认为无正当拘捕理由，在押人即可获释，否则法院得酌情准许在押人取保开释或从速审判。《人身保护法》后来被英国历史学家和法学家称颂为人权保障和英国宪法的"奠基石"。因为它对限制行政与司法机关的专横，对维护新生的资产阶级社会秩序起了重大的保障作用。1689年的《权利法》列举了英王詹姆士二世的许多专横行为，规定：国王未经国会同意不得颁布法律或停止法律的效力；臣民有向国王请愿的权利；议员有在国会内自由发表意见的权利；不得对臣民采用残酷的刑罚；不得设立宗教法院和特别法院等。资产阶级学者认为这个法律奠定了"人民主权"的宪法基础。我们有理由认为它是人道主义精神的宪法体现。

美国资产阶级革命成功后立即颁布的《独立宣言》，以资产阶级的天赋人权论和社会契约论为理论基础，宣告"人人生而平等，他们都从他们的'造物主'那边被赋予了不可转让的权利，其中包括生命权、自由权和追求幸福的权利"。

1789年的法国资产阶级革命，在当年8月4日至11日废除封建制后，8月26日即通过了著名的《人权宣言》。《人权宣言》在序言中声讨了封建专制统治后，谴责它"对人权的无知、忘却或者蔑视"，指出这是公众不幸和政府腐败的唯一原因；《宣言》第一条宣布"人们生来并且始终是自由的，在权利上是平等的"；第二条规定："一切政治结合的目的都在保存自然的不可消灭的人权，这个权利是自由、财产、安全和反抗压迫。"第五条至第十条还规定公民不受非法逮捕、非法处罚等原则。

英、美、法以及其他资本主义国家诞生时期的宪法和其他法律所一再强调的人权思想，正是资产阶级思想家人道主义观念的集中体现。人权和人道主义的这种法律化，对资产阶级巩固其革命秩序与革命政权，起到了十分重要的作用。历史事实表明，当时的广大工人阶级和劳动农民，是拥护资产阶级人道主义与人权思想的法律化的。我们没有理由无端地斥责当时情况下资产阶级法制的这一积极成果及其进步意义。

不仅如此，我们还应当加以批判地继承，以社会主义法制来促进和保障社会主义人道主义的实现。

社会主义人道主义要求关怀人、尊重人、以人为中心展开国家的、社会的、经济的和文化的活动，建立新型的社会主义人际关系。我国1982年宪法在相当大的程度上体现了社会主义人道主义精神。宪法规定"中华人民共和国的一切权力属于人民"（第二条），规定"中华人民共和国公民的人身自由不受侵犯。""任何公民，非经人民检察院批准或者决定或者人民法院决定，并由公安机关执行，不受逮捕。""禁止非法拘禁和以其他方法非法剥夺或者限制公民的人身自由，禁止非法搜查公民的身体。"（第三十七条）规定"中华人民共和国公民的人格尊严不受侵犯。禁止用任何方法对公民进行侮辱、诽谤和诬告陷害。"（第三十八条）还规定了公民的一系列其他自由和权利。这些，都是社会主义人道主义的宪法体现与宪法保障。宪法还特别规定了："中华人民共和国公民在年龄、疾病或者丧失劳动能力的情况下，有从国家和社会获得物质帮助的权利。""国家和社会帮助安排盲、聋、哑和其他有残疾的公民的劳动、生活和教育。"（第四十五条）这对一部分因天灾人祸遭受了特别深重苦难的公民来说，是享受社会主义人道主义温暖的极为重要的宪法保障。

除宪法这一国家的根本大法外，我国的其他法律，如刑法、民法、刑事与民事诉讼法、婚姻法等，都在不同侧面体现了社会主义人道主义的崇高精神。

我们在讴歌与赞颂社会主义法律对人道主义的维护的同时，为了更切实地发扬与保障社会主义人道主义，有必要探究尚存的不足之处。笔者以为，不足之处，主要有二：

第一，社会主义人道主义的旗帜与口号未被载入宪法。

人道、人权、自由、民主、平等、博爱，等等，是被有的资本主义国家写入宪法的。我们的宪法也这样写入，岂不是有失社会主义宪法的先进性？有些同志的这种顾虑，其实是多余的。我国宪法所规定的我国公民"在法律面前一律平等"以及公民的其他许多权利，不也在资产阶级宪法中有过吗？同时，如前所述，人道主义精神及民主、自由、平等、博爱，不能也不应为资产阶级所专有、所私有，它们本来就是人类精神文明进步的共同成果与共同财富，无产阶级和劳动人民予以占有、予以颂扬是当之无愧的。更为重要的是，由于剥削阶级本性决定，资产阶级不可能把人道主义贯彻到底、普及众生，只有在消灭了私有制的社会主义社会里，社会主义人道主义才能得到真正彻底、切实可靠的实现。因此我们的宪法应当明确载入关于促进与保障社会主义人道主义实现的条文，俾使上上下下一体遵行，俾使其他一切法律依据宪法原则作出更周密、详尽、切实具体的规定。

第二，已经载入宪法与法律的保障社会主义人道主义实施的条文，未被很好地执行。这主要可以见诸：

其一，我们提倡依法治国、有法必依已有多年，但是，在实际的社会生活中，人治阴影还很浓重，权大于法的现象还到处可见，以言代法、以权废法的弊病还远未绝迹。这样，公民的一系列权利，必然受到侵扰，不能充分实现。

其二，由于体制和其他制度、政策上的原因，不少体现社会主义人道主义精神的宪法和法律规定难以贯彻。例如残疾人的受教育权、劳动权和社会生活中的一系列问题，都未得到十分妥善的解决。

其三，公民由于国家机关或国家机关工作人员的错误而遭受的损失，基本上还未能按照宪法第四十一条的规定得到应有的赔偿。公民的这种损失，往往是与他的权利受到侵害而引起的；得不到赔偿，则往往加剧、扩大了这种损害。

社会主义法制是人类历史发展迄今最为进步的法制形态。因此，社会主义法制对人道主义的促进与保障，无疑应当具有最大的权威性、切实性与可靠性。上述不足说明，我们的法制建设，任重道远，还有许多工作有待加强，有待发展。为此，法学理论的研究应当改弦更张，从以惩处违法犯罪为研究的重心，转移到以保护人的利益、维护人的法定权利为重心，而对违法犯罪的惩处也着眼于对人民权利的保护。在人类历史上，法是作为人类进步的阶梯而产生的。法成为人类的异己力量，只是漫长的人类历史中的一个短暂插曲。人应当成为法的主人。不是法约束人，而是人驾驭法。不是以法治人，而是以人司法。在社会主义中国是全民司法，而不是以法治民。总之，包括法学理论研究在内的整个社会主义法制建设工作，要在切实保障社会主义人道主义方面，做出应有的贡献。

生态经济法学略论*

综观业已刊行面世的经济法学教科书或其他专著,不难发现存在两大问题:

一、在生产—消费的封闭圈子里研究经济法律关系

这一问题,是由传统经济学的狭窄性带来的。传统经济学发端于生产力水平低下的农业社会后期、工业社会初期。这一时期的经济发展远未造成对自然生态的举足轻重的破坏。因此,无论是纵向社会经济关系,或者是横向的社会经济关系,总的来说都无须涉及生产—流通—消费这一系统之外的自然生态平衡问题。但是,随着科学技术的发展,近代尤其是现代,经济发展呈现出突飞猛进的态势,自然资源的消耗,成百倍、甚至成千上万倍地增长,自然环境的破坏空前迅速地加剧,生态平衡受到了严重的威胁。而这,倒转过来就表现为自然对人类的报复:"增长"到了"极限",人类可能面临生产力大规模萎缩的危机。因此,狭义经济学为广义经济学所冲击,生态经济学、环境经济学应运而生。遗憾的是,经济学界并未关注经济运行机制以及经济学界的上述变化,仍然囿于生产—消费的狭窄、封闭的圈子里研讨经济法律关系。

其实,早在马克思的时代,经典作家就已敏锐地感觉到并论证了自然与经济的关系问题。马克思曾经指出:"经济的再生产过程,不管它的特殊的社会性质如何,在这个部门内,总是同一个自然的再生产过程交织在一起。"① 恩格斯在《自然辩证法》中也指出过:"劳动和自然界一起才是一切财富的源泉……"② 后来,资产阶级经济学家也曾惊呼过关切自然生态与经济发展保持平衡的请求。1931 年 4 月,美国《政治经济学杂志》刊登经济学家哈罗德·霍德林的《可耗尽资源的经济学》一文,指出:"观察到世界上矿藏、森林和

---

* 原载《情况交流》1987 年第 1 期。
① 《马克思恩格斯全集》第 24 卷,第 398—399 页。
② [德]恩格斯:《自然辩证法》,第 137 页。

其他可耗尽的财富的供应正在消灭，引起了限制对它们的开采的要求。从有利于后代来看，现在这些产品是太便宜了，它们被人们自私地以过快的速度开采了。由于过分便宜，它们被浪费地生产出来并消耗掉。"此后，越来越多的经济学家开始致力于"可耗尽资源的经济学"的研究，"生态经济学"等新兴学科便戛然崛起。但从 30 年代以来，一些国家的法学界，却以"经济法学是否能够独立于法学以外"的争论，代替对现实经济法律关系中的重大问题的研究，旷日持久、劳而无功。近几年来，我国法学界又步后尘，就同一问题摆擂开战。与此同时，却在坚持经济法为独立法、经济法学为独立法学的论著中，几乎完全漠视了生态经济法律关系这一重大问题的研究。令人惊叹的是，几乎所有的经济法学教科书与专著，在经济法总论部分，都压根儿不提生态与经济协调、生态经济法律关系问题。

二、总论与分论脱节

当前所述，现行经济法学书籍在总论部分把经济法律关系局限于生产—消费的往复循环的封闭体系中观察。但其分论部分，又越出了这一幅循环图。分论所涉及的自然资源法（如土地法，森林法、能源法等）与环境保护法，在很大的程度上是观察生态经济法律关系的。这样，总论与分论就是成了脱节现象，作为一门学科的经济法学的内在逻辑及其严谨性，就受到了损害。

当然，我们不能削足适履地砍去自然资源法与环境保护法，来将就总论。恰恰相反，需要做的工作是，在总论中就明确提出并论证生态经济法律关系问题，从而使得分论合理地、逻辑地出现自然资源法与环境法等。

有鉴于现行经济法学的上述两大问题以及客观经济机制在近代、特别是现代所发生的变化，建立生态经济法学的任务就被提到了法学家的议事日程上来了。为建立这门学科，有必要就生态经济法学的定义、对象、结构做初步的探讨。

生态经济法学是从法学角度研究以社会经济和自然生态协调发展为核心的社会关系的科学。同任何法学部门一样，生态经济法学研究是社会关系的法律调节手段，这是生态经济法学与其他法学部门的共同点。其区别点在于，生态经济法学所研究的社会关系的特殊性。这种特殊的社会关系，不是发生在社会政治、文化、人际以及一般的经济运行过程中，而是发生在社会经济和自然生态协调发展的过程中。社会经济的发展如果与自然生态相协调，它的进一步发展就得到了宏观自然环境的保证。反之，如果与自然生态不相协调甚至破坏了自然生态的平衡，那么，社会经济的发展就失去了它所必须具有的宏观自然环境条件，从而导致停滞甚至倒退。社会经济与自然生态的协调发展并不是一个纯自然的过程，而是一个人为的过程。这是因为社会经济的发展，必须是人类活动的结果。人的参与，是社会经济得以存在，得以发展的不可或缺的条件。在社会经济与自然生态复合而成的经济运行过程中所发生的社会关系，必须有利于生态经济的平衡与协调。然而，由于人们对生态经济的认识歧异，就可能引起对调节生态经济发展过程中的社会关系的法律手段的歧见，美国经济学家肯·博尔丁提出的"宇宙飞船理论"把地球比作宇宙中的小小飞船，认为人口及经济的高速增长终将耗尽飞船有限的资源，各种污染也将充斥飞船内舱，其结果当然是飞船的毁灭，也就是地球、人类因自然生态的破坏而走向穷途末路。在"宇宙飞船理论"的指导下，出现了"零增长理论"、"稳态经济理论"与"资源高价理论"等经济对策。与此相反，另一些经济学家认为，生态平衡固然重要，但经济增长更为重要，只有经济大大增长，生态平衡、环境保护、人口控制才具备物质经济基础。在这两种截然相反的经济理论的干预下，世界各国、各地区、各部门，在发展经济以及为发展经济所形成的社会关系，调节这些社会关系的法律手段，都可能是截然不同的。生态经济法学应依据生态经济平衡发展的客观要求、客观规律，对社会经济发展中的纵向社会关系、横向社会关系以及经济单位内部的纵、横向社会关系，探讨科学的法律调节对策。

生态经济法学的研究对象是生态经济立法、生态经济司法和生态经济守法中的理论和实践问题。从生态经济立法方面看，首先必须研究生态经济立法的宪法基础；其次必须研究生态经济基本法，其中包括生态经济促进法，自然生态法（如土地法、水法、矿藏法、森林法、草原法、能源法等），环境保护法（如防止公害法、防止放射线法、噪声法等）、人口法；再次是生态经济相关法（如基本建设法、交通运输法、计划法、金融法、税法等）；此外还应研究与生态经济平衡发展的保障有密切关系的刑法、劳动法等基本法律的某些规范。从生态经济司法方面看，必须研究生态经济司法机关、生态经济司法队伍、生态经济司法原则以及传统的和现代化的司法手段。从生态经济守法方面看，必须研究各个不同社会经济关系领域（主要是横向经济关系，纵向经济关系和经济单位内部关系）的守法意识、守法心理，守法习惯以及守法宣传、守法教育等问题。从生态经济立法、司法、守法三者的关系看，对生态经济立法的研究应被放在首位。这是因为立法是司法与守法的基础与前提，在立法中还往往包含了某些司法与守法的内容。但这不是说可以漠视生态经济司法与守法的研究。许多部门法学往往只研究立法而忽视司法与守法，这是应当避免的。

生态经济法学的结构从总体来看，分生态经济立法、生态经济司法与生态经济守法三大部分。其中，生态经济立法又可分总论与分论两大部分。总论部分应就生态经济法的概念与调整对象，生态经济法在经济法体系以至整个法律体系中的地位和作用，生态经济法体系，生态经济法的产生和发展，我国生态经济法的基本原理和基本原则以及生态经济法律关系等重要问题作出系统的、有机的、科学的阐释。分论部分则应对各个具体的生态经济部门法的概念、原则、主要法律规定、法律责任等做法理学的说明。

中共中央在十二届三中全会上作出《关于经济体制改革的决定》后，我国的社会主义现代化建设以更快的速度向前发展。十分喜人的现象是，地方工业特别是乡镇企业的发展，呈现出雨后春笋般的态势。据报道，今年的乡镇企业产值将在我国历史上首次超过农业产值。这是一个非常了不起的进步，中国大规模工业化、现代化，中国农村的城市化过程，势必大大地加快。事物发展的客观规律告诉我们，矛盾是普遍的、绝对的。我国改革所推动的经济发展，必定带来新的矛盾。这是前进过程中的矛盾。矛盾之一，便是乡镇工业及其他工业的大规模发展可能造成的生态平衡的破坏、环境的污染等严重问题。积极的态度是以生态经济立法保障生态平衡、环境不受污染，从而为经济发展的后劲保持长远的后劲与生机。

法学在探索中创新

——兼评法学"幼稚"说[*]

"自从盘古开天地,三皇五帝到于今",法学在中国这块古老的土地上,从来没有像现在这样,受到法学界、法学界以外的各个社会科学理论界以至全体人民的高度重视。这是法学挣脱专制和教条的樊篱以后,必然造成的结果。打破樊篱的伟力,得之于整整十年前的党的十一届三中全会。十年来,沧海桑田,法学取得了长足的进步。同时也存在着重大的不足。回顾法学在探索中前进的历程,有助于我们看清它进一步发展的方向。

一

十年来,法学界的最重大的成绩,应推观念的改变。

新中国成立后的三十年间,法学在令人窒息的氛围中做过毫无希望的挣扎。割裂马克思列宁主义法学理论,在肢解马列论断的基础上做逐字逐句的注释;口号式地彻底摒弃一切法学界前辈的成果,并做武断的批判;照搬照抄苏联教科书的字句,并加上所谓"结合中国实际"的曲解,构成了漫长岁月里的可悲法学的主要"成果"。粉碎"四人帮"给法学界带来了希望,特别是在十一届三中全会后,春风才真正吹进法苑。全会公报指出:"只有全党同志和全国人民在马列主义、毛泽东思想的指导下,解放思想,努力研究新情况新事物新问题,坚持实事求是、一切从实际出发、理论联系实际的原则,我们党才能顺利地实现工作中心的转变,才能正确解决实现四个现代化的具体道路、方针、方法和措施,正确改革同生产力迅速发展不相适应的生产关系和上层建筑。"这就是划时代的新时期的思想路线。正是在这一路线的指引下,"两个凡是"在法学领域里逐渐失去市场,法学界实现了思想观念的转变。

转变之一是,不再把马列主义经典作家的片言只语,奉为社会主义法学的信条。在法

---

[*] 原载《政治与法律》1988年第4期。

的起源、法的属性、法的继承性、人与法的关系、党与法的关系等重要问题上，传统的、流行的观点，引起了争论。一些同志坚定不移地认为：法不仅有阶级性，而且有社会性，是阶级性与社会性的对立统一体；社会主义法既是对资本主义法的批判，也包含对它的借鉴与继承；人是法的主人，要把人在法律关系中的主体性充分地突现出来；党必须臣服于法，等等。这些观点的是非，当然还可以进一步研讨。可贵的是：这展现了法学界强烈地追求真理的傲骨与勇气。

转变之二是，在打破思想禁锢的同时，认识到必须全方位地开放，以吸取古今中外一切积极的法学成果。从汉谟拉比法到现代资本主义国家的宪法、民法、律师法，从亚里士多德到卢梭、孟德斯鸠、庞德，从孔子到蒋介石，都有人在做精心的研究，并写出了长文宏论。前人的法学研究成果自然不乏糟粕与渣滓，但是粪堆里有时也能啄出珍珠来。曾经长期被批判或被冷落的自然法学派、规范法学派、分析法学派、历史法学派等，受到法学界的应有重视，有些同志还在研究之后指出了其中所包含的"真理颗粒"或可供借鉴的某些启迪。争议是存在的，一家之言常常为另一家所辩证、反对甚至批驳；但是，开放而不是故步自封本身，是法学活力的源泉。以开放的眼光、魄力与干劲从事法学的拓展，终将带来新的进步，这是毋庸置疑的。

转变之三是，勇于开创法学的新学科。其中有的虽为国外已有，但经过改进在中国法苑里开放的是全新的一朵鲜花；有的则是国外也前所未见的。十年来，法社会学或社会学法学、律师学、科技法学、法律逻辑学、计量法学以及融法制史与法律思想史为一炉的法律史学、行政法学、比较法学……如闪烁的新星，在云海中时隐时现。可以预见，一旦云开雾散，众人也许可在法海新星的璀璨光芒下，对纷繁复杂的法律现象观察得更加了然。当然，开拓者也可能失败，新学科的建立并不是唾手可得的。但是，勇于创建新的学科，表明中国法学界的新生力量并不满足于成论，并不拘囿于陈见，这不能不说是人云亦云、亦步亦趋的旧法学界所望尘莫及的。它表明法学界的新见解、新境界和新观念之一斑。

正是由于上述三方面的观念转变，法学界十年来在一片被糟蹋得不像样子的土地上重新耕耘，在恢复了法学教育、法学研究，出版了大批教材的同时，又译介了大批国外法学论著，探讨了一系列法学的基本问题，写出了一批颇有分量的专著，并参加了一些社会实际的调查，为我国社会主义立法做出了重要贡献。

应当看到，所有这些成绩，都是在纠正了"左"的指导思想，法学队伍被打散而重新集结后取得的。战斗队伍的重新组建，战斗武器的重新磨砺，都花去了若干时日与精力；同时，还得为培养新一代的法学理论工作者贡献自己的大部分精力。喜见法学的初步成果和法学新生力量的茁壮成长，法学界是应当自豪并为社会科学各界所尊重的。我们的法学研究比以往任何时候都更活跃、更成熟，这是应当予以肯定的。

二

但有人说：法学是幼稚的。法学界不禁惶惑了。

究竟怎么看待"幼稚"这一社会评论呢？

笔者认为：尽管这一评论不无偏颇，但它包含着符合客观实际的判断和对法学界的爱护与期望。

但"幼稚"毕竟是"幼稚"，从长远发展的观点看问题，它与"成熟"相比，还有颇大的距离。因此，为了正确地探索，为了迅速地前进，有必要稍事谦谨地研讨一下我们的"幼稚"所在，而不是唉声叹气、惶惑不已。我认为，今日中国法学的"幼稚"主要表现在以下几方面：

（一）法学理论的体系化方面

法学是一个庞大的理论体系。十年来，法学理论工作者对这庞大体系中的许多个概念、原则、原理展开了探讨，取得了新的认识成果。由于体系的庞大、概念的繁杂、原则与原理的众多，许多法学工作者都可一矢中的地就其中一点或几点各抒己见，形成长文短论，使得法学阵地热闹非凡。其中不乏真知灼见，犹如华光四射的珍珠。但这些珍珠还散处人手，没有串成贵重的项链。法学理论的体系化还远未做到。

例如法学基础理论这一学科。十年来，法学界在关于法的起源、本质属性、地位、作用以及法与其他社会规范的关系方面，已提出了许多新观点；关于法的发展规律的讨论也是卓有成果的；对资产阶级法学家创立的一些法学学派的评论也日见客观、日见全面，形成法学理论的新的体系，条件已渐臻成熟。但至今未见有自成体系的新著问世。

又如科技法学这一新学科。近四五年中，从事科技法学研究的同志，对科技法学的定义、性质、体系、部门法以及一系列有关问题，提出了许多新的见解；有关论文已达数百篇以上，形成科技法学专著的条件也已成熟；但是在近期内，还没有出版体系化的科技法学专著的迹象。

由于不成体系，没有体系化的专著，就难免不让人得出"幼稚"的结论。

（二）法学理论的个性化方面

法学分门别类，部门繁多，但终究有限。每一门类的研究者虽然还不太多，但也已形成可观的队伍。这可见诸同一门类的法学著作，有的已有数种，有的甚至达数十种之多。但如一一比较，不难发现，同一门类的已刊行著作，大多一个模式、一个框架、一个脸孔、一种语言，可谓"千篇一律"，缺乏各自的特色，缺乏"个性"。

仍以法学基础理论为例。现在刊行的十几种著作，大体是从法的起源、本质、地位作用讲起,然后谈法与国家、法与经济、法与政策、法与道德,最后批判资产阶级法学学派这样一种模式。几乎是教材与专著不分,专著和小册子同色。

再以法律史学为例。法制史教材或专著,一律是朝代分期;一律是背景、政制、经济立法、刑事立法、民事立法、诉讼立法的编排顺序。法律思想史教材或专著,则一律是"人头罗列"式地分时期、分阶段介绍法律思想家们的法律思想,既无有机的内在联系,也看不出法律思想发展的逻辑规律,很难以"史"标榜,不过是"人物论"的堆砌。

由于缺乏个性,没有自己的"喜怒哀乐"与"爱憎嫌惜",那就不免有"幼稚"之评判。

(三)法学研究的深度方面

评说古今的精彩论述,绍介域外的深刻思想,鞭辟入里的分析研究,入木三分的阐释弘扬,应当成为法学研究工作者追求的目标。中外法学史上较有影响的法学家或法学著作,无不在法学研究的深度上下过苦功而为后学所谶赞。即使是一些错误的以至反动的法学论著,在研究的深度方面,也有值得肯定的地方。浅尝辄止,做表面文章,发空洞宏论,是学问的大忌。法学研究如果停留在表层的观点叙述、介绍上,也难免"幼稚"之讥。应当承认,从总体上说,我们的法学研究在深度方面,确实还有不少问题。

问题之一是,理论联系实际不够。人治、法治之争旷日持久,概念上兜圈子,争论双方甚至连"法治"的真实含义都未弄得十分清楚;法学界对"无罪推定"的否定,同样存在这方面的毛病。

问题之二是,缺乏比较研究。日本法学界朋友对我说:"中国法学界水平低。"我问他:"根据何在?"他说:"许多应该有脚注的文章没有脚注"。"没有脚注"所反映的:一是治学态度不严谨,道听途说、随便摘引"第二手"以至"第三手"资料,作为立论的根据;一是不可能有深度,因为没有比较,也就没有"脚注",没有"脚注"的比较,也就不可能有真正的比较结论或独立见解。

(四)法学研究为现实服务方面

我国经济学界在为现实服务方面所取得的成绩是相当突出的。中国经济体制改革研究所和发展研究所一批年轻人对城市和农村经济体制改革的研究,为中央的决策做了科学的可行性论证,从而赢得了学术界和全国人民的高度评价。

比较而言,法学界为现实服务方面,迄今还没有做出像经济学界那样大的成绩来。最明显而令人汗颜的是:中国改革九年来,几乎所有的重大改革措施的出台,没有一项是以立法为先导的。改革是不能停步的;法学界既拿不出可行的方案,也就只能以政策代替法律作为先导,这在经济体制改革、教育体制改革、科技体制改革和政治体制改革方面,都是如此。

总之,法学之被评为"幼稚",不能认为是毫无道理的,它在一定程度上点出了法学理论研究领域的弱点。我们不能漠视,更不能无视。

三

认识不足之处,是为了更好地前进。"幼稚"之评,包含着从"幼稚"到"成熟"的期待与鼓励。这就要求我们静气平心地研究"幼稚"的原因,并寻找出对策来。

原因之一是,法学队伍存在着年龄结构的断层。由于法学研究几乎停顿二十年之久,今天的法学队伍大体是由五十岁以上和三十五岁以下两大部分组成的,三十五岁至五十岁的法学研究人员为数寥寥。这样,五十岁以上的同志致力于恢复法学教学与研究而无暇吸收新鲜的东西和探索现实的问题,三十五岁以下的同志致力于吸取国外营养而乏力于体系创新等,就成了必然的现象;整个法学队伍处于应付与招架的状态,深化研究,形成有体系、有个性的学说、学派,就成了难题。

但时至今日,"恢复"工作已大功告成;大批研究生已茁壮成长,有的佼佼者已脱颖而出;许多五十年代毕业的老同志已能裕然应付一般的教学与科研任务,并积累了大量的资料。从法学队伍的整体看,现在已有较好的条件向法学高峰攀登了。

原因之二是,法学队伍还存在着一定程度的思想束缚。观念的转变并未成为所有法学工作者的事。还有不少同志由于"心有余悸",或由于固执国内外"权威"论著的既存模式,或由于妄自菲薄,而缺乏"天生我材必有用"的进取精神,缺乏创新与开拓的观念。在这种状态下,自难下定决心刻苦钻研,为构筑新法学而拼搏。当前,还有拜金主义之风的扑面侵扰,就更值得我们注意了。因为在过去的十年中,毕竟还有部分法学工作者的智慧和才华、创新精神和开拓力能,被淹没于对职称、工资、稿酬的追求之中。

原因之三是,现行体制不利于法学工作者深入改革的第一线参加法制建设的实践。为现实服务的法律对策与方案,不可能来自书本上的现成结论,也不可能来自聪明脑袋的逻辑推理,只能来源于对客观实际的周密调查、科学分析和研究。但现行体制下,高等法律院系的教师大多只能在本校教学之外,再搞一点函授;专门法学研究机构的同志,大多与立法、司法及改革的实际部门相分离,既缺乏掌握第一手资料的条件,也缺乏深入进行调查研究的必要财力支持。

鉴于上述原因,笔者愿恳切地再次建议法学队伍"对内搞活",即教学、科研人员互相流动,科研单位内部互相流动,以利于教研相长,以利于形成交叉学科;"对外开放",即尽可能多地吸收实际工作部门的同志到科研机构来从事合作研究,派遣科研人员到实际工作部门兼职以了解客观的生动情况;尽可能多地派遣人员出国留学、进修、讲学、访问,吸取别国的成功经验、扩大知识面;同时大力整顿学风与文风,提倡科研人员进入改革者的角色,到火热的改革第一线去学习、调查、研究、寻求改革的法律对策;提倡严谨的科学态度,发扬"板凳要坐十年冷,文章不写一字空"的精神;提倡积极进取的创新精神,去陈言,除滥调,为创建新学科而奋斗;严厉禁止对学术思想的禁锢与挞伐,允许犯错误。这样,从法学研究的指导思想、领导体制、队伍建设、人员素质等方面,都做出积极的改进。我们相信,十一届三中全会后第一个十年里的成绩,将鼓舞法学工作者欣然向前;在第二个十年里,通过艰辛的探索而继续前进,法学必能从"幼稚"走向"成熟",为社会主义法学建功立业,开创新天地!

法制建设若干理论问题的思索[*]

春风化雨，万物滋润。党的十一届三中全会，犹如暖人的春风，吹融了冰冻日久的我国法制建设园地。十个年头倏然逝去，我国社会主义法苑已耕耘得万象一新，百花盛开，海内外有识之士，无不交口赞誉。

但是，党的理论工作者的使命，从来就不是回首脚印而赞为花环。我们的神圣职责，倒是在于从俱响的万籁中，敏锐地分辨出还不和谐的杂音，从而寻求对策，设计方案，为更加灿烂的明天，开辟草莱，拓展征途，协奏更加悦耳动听的交响乐章。这样，进一步深入地思索法制建设中的若干理论问题，就成了我们的重要任务。

一、我国的改革应以法制改革为先导

我曾经著文认为，我国法制建设的主要问题，已经从法制不完备转化为有法不依状况严重，也就是说，当前的主要问题，我们在法制建设方面注意力的中心，应当从立法转向司法了。

后来，在我的朋友尹兰天同志（当时他在中国经济体制改革研究所工作）的启示下，认识有了变化。他说："我们这些年来，的确立了不少法，从宪法到刑法、民法通则以及民、刑事诉讼法等治理社会秩序的一般法律，我们差不多都有了；但是，对于一个改革中的社会来说，仍然是很不够的。"他认为：我国立法方面有一个很大的薄弱环节，这就是我国多年来重大改革措施的出台，没有一项是以立法为先导的。

这一见解，不同凡响，而且中肯切实，一语破的。

是的，回顾十年来的改革，哪一项重大措施是以立法为先导的呢？农村的包产到户，是从个别地方试行开始的，后来中央连续几年发了"一号文件"，从政策上做了总揽农村改革全局的指导。以后的教育体制改革、科技体制改革、经济体制改革和政治体制改革，

---

[*] 原载《法学》1988年第7期。

几乎都是采取中共中央作"决定"的形式，制定一系列政策来指导的。从大的方面看是如此，从小的方面看也是如此。例如，在经济体制改革的过程中，出现了企业横向联合的新生事物，于是又下达了关于推动企业横向联合的"决定"；在科技体制改革过程中，出现了科技人员离开原单位、到企业中去的新事物，于是作出了关于科研院所与生产企业相结合的有关"决定"，等等。及时作出这些政策性"决定"是必要的，多年来改革的巨大成就应当归功于党的这些政策。

但是，毋庸讳言，政策有其重大的局限性。局限之一在于有较大的弹性，缺乏法律的严密性，因而容易留下可乘之隙，使得执行过程中受到曲解或被利用来对抗政策的本意。为什么总是出现"上有政策，下有对策"的问题？除政策执行人本身的品格因素外，只能从政策必有疏漏方面找原因。法律则不同。一部制定得好的法律，是不允许留下可乘之隙的，这是立法的基本要求之一。局限之二在于带有较大的柔性，缺乏法律固有的强制性，因而对拒绝执行政策或执行不力者，往往只好不了了之，造成政策贯彻不彻底的弊病。法律却不然，作为强制性的行为规范，它总是附有"罚则"，大有"顺之者存，逆之者亡"的威力。如果执行得好，那就"所向披靡"、无所抗拒。

正是由于法律与政策有上述的重要区别，当我们略为考察古今中外重大改革事件时，必定能发现其共同点，即均以立法为改革开路。在中国历史上，著名的商鞅变法，一开始即以立法来"废井田、开阡陌"、废除"世卿世禄制度"，建立以国王为中心的封建主义中央集权的政治制度；著名的王安石变法，在王安石参知政事后，即从富国强兵的总目标出发，制定了均输法、市易法、农田水利法、青苗法、募役法、方田均税法和保甲法等；戊戌变法中，康有为、梁启超等也曾力主维新更法，开国会，改制度，可惜时仅百日，即告失败。在外国历史上，俄国彼得大帝于1861年进行的改革，即是以当年的2月19日法令为先导的，该法令序言宣告"农奴在适当的时候将获得自由农村居民的一切权利"；日本明治维新始于1868年，明治政府从18世纪60年代末到70年代初颁布了一系列法令，为改革、维新开路。这些法令宣布取消职业规章和行会制度，允许一切人自由选择职业和自由买卖土地；废除藩与藩之间的捐税关卡，统一全国的货币制度；宣布"市民"在法律上一律平等，废除等级间的通婚限制；改革土地制度，确认土地的实际占有者拥有土地所有权等。在外国的无产阶级革命历史上，巴黎公社于1871年3月28日成立后，29日即通过了关于撤销常备军改由国民自卫军代替的法令，当天还通过了关于房租的法令；4月和5月又相继发布了一系列重要法令以保护工人的利益；5月20日甚至还颁行了提高教师待遇与男女教师工资平等的法令。俄国十月社会主义革命成功（1917年11月7日）的次日，全俄苏维埃第二次代表大会即一致通过了列宁起草的《和平法令》和《土地法令》；1917年11月9日又通过了成立第一届苏维埃政府即人民委员会的法令，等等。

各国历史上的改革都以立法为先导这一共同点，绝不是偶然的现象。一切旧制度的废除，一切新制度的诞生与发展，只有以强有力的立法为先导，才有可靠的保障。我国改革中所在多有、屡见不鲜的徘徊、观望、反复、曲折和挫折,如果撇开客观的因素,从主观即从"上层建筑"因素上找,不是可以看到正是改革的立法欠缺这一因素成了弊端的源头吗?

上述关于法制建设中的问题的认识,启示我们对下列法的理论问题提出新的看法:

第一,"有什么样性质的经济基础,就有什么样性质的法律",许多教科书都是这样写的。诚然,这一断语反映了部分真理,奴隶制、封建制、资本主义制的经济基础上建立的是相应的法律制度,但它不是真理的全部。社会主义革命成功的时候,并未立刻建立起社会主义的经济基础来;恰恰相反,得先确立社会主义的政治法律制度,借以帮助建立社会主义的经济基础。今天的改革进一步表明,必须以新的立法来为新的经济基础催生、助产、抚育。这就指出了如何理解马、恩的一些经典论断问题。

其一,恩格斯曾指出:"每一时代的社会经济结构形成现实基础,每一个历史时期由法律设施和政治设施以及宗教的、哲学的和其他的观点所构成的全部上层建筑,归根到底都是应由这个基础来说明的。"有些同志把恩格斯的上述指示理解为:凡不存在某一经济基础,就不可能有、不应有反映这一经济基础的要求的政治法律制度。这种理解在认识论上犯了机械唯物主义的错误。经济基础与上层建筑之间,不仅有决定与被决定的关系,而且有作用与反作用的关系,这种关系是辩证的而不是形而上学的,是能动的而不是机械的。即拿恩格斯的论断来说,我们必须特别注意他使用了"归根到底"这一措辞。只有从"归根到底"的意义上理解,才是有什么样性质的经济基础便有什么样性质的上层建筑,没有什么样性质的经济基础就不会有什么样性质的上层建筑。

其二,马克思说过:"无论是政治的立法或市民的立法,都只是表明和记载经济关系的要求而已。"有的同志据此断言:法律是经济关系的表现和记载。这就更为绝对化地、机械地把法放在被动的被决定的地位上去了。这些同志忽略了马克思论断中的"经济关系"四字后面还有"的要求"三个字。严格地说,马克思认为法是"经济关系的要求"的表现和记载。只有从这个严格意义上的论断出发,才能正确解释诸如奴隶社会末期、封建社会末期出现的新型经济关系提出的新型立法的要求,才能正确解释社会主义革命胜利初期先行社会主义立法、在社会主义立法帮助下确立社会主义经济基础的事实。

今天中国经济基础的发展变化,提出了改革的要求,这一要求同样促使我们以新的立法去帮助新的经济基础的诞生和发展。由此出发,必然能够增强关于以立法为改革先导的要求。

第三,法是稳定的行为规范,或曰法具有稳定性。这有其真理性的一面,但不包含真理的全部。从各国的改革实践看,法既是稳定的又是不稳定的;是稳定和不稳定的对立统一体。片面强调法的稳定性,往往会成为加紧立法、加快立法进程的绊脚石。我国改革进程中的多项立法步伐缓慢,与法学理论过分强调法的稳定性不无关系。今年全国人大前夕,有人就从"法要稳定","宪法尤要稳定"出发,主张不修改宪法。事实证明这些看法错了。尽管我国现行宪法颁行于不久之前，但现实生活已大大向前发展了，又何必拘泥于"法的稳定性"这一并不完全正确的命题而削足适履呢？有的同志甚至还创造出什么"宪法的无形修改"论来为故步自封、作茧自缚辩护，实在是囿于法学理论关于"稳定性"的成论太深了。

历来的法学理论，都从静态研究法律，尤以规范法学派和分析法学派为甚。笔者认为，不能全盘否定法的静态以及从静态角度去研究法，因此，即使是规范法学派和分析法学派，也有其"真理的颗粒"，从前的法理教科书把它们一脚踢开的做法，是不可取的；但法不仅有其静态，而且有其动态，不仅要研究法的静态而且要研究法的动态，不仅要对法做静态分析而且要做动态分析。我相信，有朝一日，一门名为"动态法理学"的著作，终将问世。按照动态法理学的原则，法的不稳定性是法学家和立法决策人首先要关注的。从动态法理学出发，自不必过分拘泥法的成文条款。因此，法的改、废将是经常和及时的；判例法将成为制定法的重要补充。

今天中国的改革，正是要求加快立法，加快废、改不适时的旧法，正是要求判例法发挥其特殊的作用。法学理论研究者在立法理论方面（在对经典作家的指示的理解方面，在对改革实践提出的法制需求方面），是有许多工作可做的。

二、长期存在"有法不依"的现象是制度造成的

在指出了我国法制建设中的立法缺陷以后，当然还有必要指出司法上的问题，因为有法不依、执法不严毕竟是客观存在的现象，而且相当突出，引起了群众的不满。

据黑龙江省对法律执行情况的调查表明：认真得到执行和执行得比较认真的法律只占法律总数的百分之三十；执行得稍有成效但难度较大的约占百分之五十；执行较差的占百分之二十；对于财政、税收和物价管理方面的法规，执行起来阻力更加大。六届全国人大常委会委员们普遍认为：有法可依但有法不依、执法不严，影响法律的权威性和严肃性，不能起到法律的应有作用。全国人大常委会的一份工作报告指出："已经制定的法律没有得到充分的遵守，有法不依、执法不严的问题相当突出，引起了群众的不满。"

有法不依、执法不严的问题，早在50年代就出现过。董必武同志曾大声疾呼要严重关注这一情况并切实加以改正。但是，问题不仅没有解决，而且愈演愈烈，最后竟闹到了"砸烂公检法"，而所谓手握"刀把子"的"公检法"束手无策的地步。

值得注意的是：第一，社会主义各国几乎都存在这个问题；第二，我国目前似未找到妥善的解决办法。尽管中央三令五申，尽管领导人大声疾呼，尽管社会舆论同声谴责，但情况总的来说没有变化，或时起时伏、曲曲折折地变得愈益严重。

这就向法学理论工作者提出一个"为什么"和"怎么办"的问题。回答不了这个问题，只能说明我们的理论并不彻底；推诿于"党风不正"、"干部不带头守法"，也只能说明我

们的理论不切实际，因为某些干部不带头守法不过是"有法不依"的表现与同义语，不能用来作为说明有法不依的根本原因。

而现行的法的基础理论的教科书或专著，也对有法不依从不问津、"滴水不沾"。是改变这种状况的时候了。

作为引玉之砖，我提出以下看法：

第一，从根本上看，有法不依状况的普遍存在而且"屡教不改"，是具体的司法制度造成的。

我国宪法规定，人民法院依照法律规定独立行使审判权，不受行政机关、社会团体和个人的干扰。

宪法的这一原则规定应具体化。例如，如果出现干扰，有什么法律对策；独立审判的每一具体环节，用什么法律规定加以保证，等等。

鉴于我国长期存在有法不依状况的事实，我认为必须特别规定以下几项制度：

其一，建立司法监督制度，其中包括：(1)权力机关监督制度；(2)法院系统的垂直监督制度；(3)舆论监督制度；(4)法官弹劾和罢免制度。

司法而无监督，实是"有法不依""执法不严"的一大弊源。法院一方面应实行垂直领导和独立审判，另一方面又应有所制衡，有所约束。否则，司法权的膨胀，也是可以乱任何一种类型国家的大事的，社会主义国家当然也不例外。

司法权来源于人民所拥有的国家主权，因此，作为人民的最高权力机关的人民代表大会及其常务委员会，无疑应当具备对法院工作的监督权。但这种监督应有一定的机构，遵从一定的程序。这些都应由法律加以规定。

法院系统的垂直监督，是法院自身不断完善的必要制度。从对法律事务的熟悉、法院工作的了解等方面看，也是最有力、最易见效、最为及时的一种监督。法院系统的垂直监督，在我国具体司法行政系统的条件下，大略应包括：(1)司法部部长对各级法院的监督；(2)最高人民法院院长监督下属各级人民法院；高级人民法院院长监督中级人民法院；中级人民法院院长监督基层人民法院。我在这里突出了"部长"、"院长"的监督权、责，是为了建立起责任制来。

舆论监督是一种强有力而迅速化的监督。之所以强有力，是因为它与民众同呼吸、通声气，有民众的伟力作为强大后盾。我不认为报刊在法院审理案件之前可能有偏向的报道或评论是对司法的干预。法院完全可以按照自己的判断来定罪量刑。当然，这要建立在"以事实为根据，以法律为准绳"为基础之上。报刊等舆论阵地也必须"以事实为根据，以法律为准绳"，否则，一次失足将造成群众的不信任感，多次失足就可能垮台。而大体正确的舆论监督，在今天的中国，可能成为治愈"有法不依""执法不严"的"顽症"的一剂良药。

法官弹劾和罢免制度，是对法官权力的限制，也是对法官行为的法律导向机制。弹劾和罢免的具体制度,应由明确的法律加以规定。

其二,建立冤狱赔偿制度。冤狱赔偿制度不仅是对人权保障的法律补救办法,而且是对司法严明的另一种形式的保证。这一制度的有无,在司法责任心的强弱方面,有很大的影响。我国迄今未建冤狱赔偿制度,报刊宣传上甚至常把平反昭雪、冤狱改正当作对受害者的恩赐来加以宣传。对于为之平反的后任法官来说,无疑是应当感恩戴德的,但"冤枉官司"不能白吃,受害者应当得到赔偿;应当借此大大地加强司法工作者的责任心。一旦有了严格的冤狱赔偿制度,可以预期,冤案、假案、错案将会大幅度地下降。

其三,确立法官惩戒制度。对于出入人罪的法官,不管是故意或过失,都应给予法定的惩戒。这是与人民法院的独立审判权相辅相成的制度。只有对畸轻畸重、出入人罪进行有效的制约,独立审判才有其真正的意义,而不致走向另一个极端——司法独裁。当然,法官惩戒应交由法定的机构,依据法定的程序,给予法定的量刑或处分,也要慎之又慎。

上述建议,未必精当。但它至少说明,法学理论应当具体研究"有法不依"、"执法不严"现象的制度原因,做出科学的分析,并由此出发,提出有理论说服力的法律对策。制度结构、制度功能、制度调整的研究,应当成为法理学的一个重要方面。

第二,法学理论要加强从司法学的角度研究法和执政党的关系。

我国宪法和法律规定,一切党派和社会团体都必须服从宪法和法律,在宪法和法律规定的范围内活动。法学理论著作据此得出结论:法大于党,法大于权。仅此便不再深入研究有关问题了,这是一个很大的缺憾。笔者认为,根据宪法和法律的上述规定,不但"王子犯法与庶民同罪",而且,应与"庶民"同样接受司法程序。

如上所述,我国社会主义法制建设中的法学理论研究,除上面提到的具体理论问题外,我认为还应特别强调研究中必须遵守的下述原则:

一为接触时事的原则,举凡现实生活需要理论予以回答的问题,都应放到法理研究的第一位去;

一为具体对策化的原则,使研究能为现实服务,研究成果中的对策建议具有操作性,而不是"空对空"的泛泛之论;

一为不忌讳吸取人类法制建设有效经验的原则,即使是资产阶级国家通行的原则,我们也要研究、批判地汲取,改造制作,为我所用。

十一届三中全会后的第二个十年,应当成为神州大地再展新颜,中华民族大踏步前进的十年;也应当成为法制建设,包括法学理论研究取得质的突破的十年。十年以后,当不应再听到"法学幼稚"的讽语,让我们共同努力吧!

莞言法理学的更新[*]

十余年来,法理学界做出了巨大的努力,为法学基础理论教材的编写,为重要的法理学问题的研究,如法律的起源、法律的阶级性和社会性、法律的继承性、人治和法治的关系、法律和政策的关系等,做出了不可磨灭的贡献。现在,一方面,上述问题还有待进一步研究讨论以求取得比较一致的认识;另一方面,随着政策的深化和形势的发展,提出了更新法理学的要求。

有鉴于此,笔者谨对法理学的更新提出几点粗浅的看法:

一、立足点更新

传统法理学[①]立足点之一,是阶级分析与阶级斗争为纲。这诚然是不无道理的。但从法理学论著的撰写看,毋庸讳言,存在着下列不容忽视的问题:

其一,贴标签。不少著作笼统地、不加分析地给各种内容、性质、作用极不相同的法律,一律贴上阶级标签而或捧之上天、或贬之入地,这就难免失之偏颇。

其二,对剥削阶级做形而上学的判定。奴隶主阶级、地主阶级、资产阶级的历史地位与历史作用,在不同时期是大不相同的。在其形成、发展的上升时期,是革命的进步的阶级;只是在其衰亡的阶段,才成了社会发展的主要阻力,断言剥削阶级反动并进而断言维护其利益的法律一概如何如何,无疑陷入了形而上学的泥淖。

其三,忽略了向无阶级社会的过渡。人类社会之异化为阶级社会,仅仅是短暂的一瞬。在漫长的人类历史上,无阶级社会将占最长的时间跨度。在从阶级社会向无阶级社会过渡的时期,在无阶级的社会里,法律的地位、性质、作用,当与阶级社会既有相同的一

---

[*] 原载《上海法学》1989年第1期。
[①] 中华人民共和国成立以来迄今的法理学著作,基本内容、观点、体系几乎无所变化,成了流行的法理学。这里的"传统法理学"即指此,而不是指国外的法理学。

面，又有不同的一面。由于对此忽略，就没有概括出相同点，而相异处的论述因此也未必精妥。

和阶级分析与阶级斗争为纲的立足点相联系，传统法理学又立足于社会形态"五分法"之上，即将人类社会的发展划分为原始社会、奴隶社会、封建社会、资本主义社会和共产主义社会五个阶段，而法律类型的发展则由此比附、演绎出来。但是，考察一下当代世界各国，竟然没有一个国家是典型地历经这样的发展阶段的。这就不能不使人对"五分法"疑窦横生，连类而及，也不能不对建立在"五分法"基础上的法理论述有所怀疑。

将阶级分析与阶级斗争为纲的法理学立足点更新为生产力发展为本位的立足点，是否更为合理呢？笔者认为，可能是更为合理的。法律的起源、法律的性质、法律的地位、法律的作用、法律的发展规律、法律的体系、法律的类型、法律的实施等，如果同生产力的发展联系起来进行考察，法理学的撰著，当与传统法理学著作大不相同。这是因为，法律的足迹归根到底是与生产力发展所引起的调整社会关系的需要相联结的，无视这一点，往往会导致舍本逐末、本末颠倒的错误。我们相信，关于在这个问题上，西方的经济法学派的论著是很值得重视的。

传统法理学的立足点之二是法律本身。诚然，法理学研究不能离开法律，但立足于法还是立足于人，这很值得研究。现在，法理学界比较普遍的看法是，法学既应研究法律规范本身的内容和结构，又应研究法律与社会、经济、政治、道德、文化、历史以及其他思想意识的关系。① 这里，人不见了。而实际上，立法的是人，司法的是人，执法的是人，守法的是人，违法的也是人。法的产生是人的需求，法的发展是人的需求的改变。社会、经济、政治、道德、历史以及其他思想意识的变化，也无不应以人为主体加以论定。这样，法与上述一系列事物的关系，无疑也应从人的主体性出发进行研究。否则，从法律本身出发研究法律，就很容易囿于僵死的法律条文做静态的剖析或注释，而不能做动态的考察与阐述。

传统法理学的立足点之三是义务本位法律观。从义务本位法律观出发，法的功能是治人；法的内容是以义务的履行为依归的许可性、禁止性规范。从义务本位法律观出发，法理学的任务就止于从告诫人的谦勤恭谨地履行法律义务的角度论述法与各种社会现象、社会规范的关系。从义务本位法规观出发，法律的作用就是消极地控制社会秩序，而不是激励人们运用法律武器推动社会的发展。

我们认为，法理学的立足点应当从义务本位法律观转换到权利本位法律观上去，权利本位法律观更符合社会发展的需要，更符合人的主体性要求，是一种积极的开拓的法律观。从权利本位法律观出发，不仅"人治"论无立锥之地，即使是公认的"法治"，也将从"以法治人"转变到以法护人，全民司法的方向去。

---

① 沈宗灵主编：《法学基础理论》，北京大学出版社出版。

传统法理学浸透的蔑视生产力、蔑视人的主体性、蔑视人的权利的状况，使它变得缺乏生气、缺乏科学的战斗性与进取性。实现立足点的转变，将使法理学成为生气勃勃的革命的进取的科学。我们要为此而做必要的努力。

二、内容更新

传统法理学的内容显然已经变得陈旧了。四十年来，法理学基本著作与教材翻来覆去地重复着几乎完全一样的内容，这本身就使得它不可能不陈旧。我们的法理学教材，在很大的程度上，是从苏联三四十年代的教科书中抄来的。这当然不可能适应今天的需要。即便是苏联，六十年代以来，其法理学著作的面貌也早已焕然一新。我们如不思变革，就只能落于人后且徒劳无功。我认为，法理学内容的更新，主要可以从下列方面考虑。

其一，把权利本位法律观作为法理学内容的重要方面加以论述。实际上，纵观全部人类法律，不外于三种：一为神权法，一为皇权法，一为民权法。从原始社会向奴隶社会过渡的时期以及奴隶社会的初期，占主导地位的是神权法，其时的法学主流即是神权法学。封建社会的漫长历史时期里，占主导地位的是皇权法，其时的法学主流是皇权法学。只有到了资本主义阶段，民权法才逐渐产生、发展、成熟。而无论是神权法，还是皇权法，抑或是民权法，都是权利本位的法，只不过是权利主体不同罢了。如果我们如实地恢复法律的权利本位的性质，这一内容就将令人耳目一新。

其二，把法的发展规律列为法理学的主要内容。传统法理学避而不谈法的发展规律。有著作虽然述及"法律发展的一般规律"，但那不过是按社会形态发展的"五分法"加以比附的法的形态分类表述。这样的表述中，没有法的发展的内在的动因、外在助力的论证；所谓发展，并无内在的逻辑联系，而是相互割裂的。由于忽略了对法律发展的科学规律的研究，对法律和其他社会现象的关系的论述，也显得无足够的说服力。

法的发展规律遵循着事物发展的普遍规律即对立统一规律、量变质变规律和否定之否定的规律等，同时又有其自身的特点。只有揭示法的发展规律的特殊性，才能更好地理解法这一特殊的社会现象的来龙去脉，才能对历史的法做科学的说明，才能对今天和明天的法制建设做科学的指导。

其三，把法律的发展作为一个动态的过程加以研究。传统法理学对法律的研究，由于囿于静态分析，不少方面的阐述是不够有力、不够科学的。例如，关于法律和其他社会现象如经济基础、政治、国家、道德、宗教、科学技术等的关系，传统法理学止于就静态的法与静态的其他社会现象做静态地分析，而实际上法与其他社会现象都在动态地发展着。由于其动态的发展，两两相对的事物间，存在着极为复杂的相互关系并由此产生色彩纷繁的特点。对这些特点的研究与阐述，迄今为止还是远远不够的。以法律对科学技术发展的作用为例，同样一部法律，在科学技术发展的不同水平、不同阶段上，作用是不同的。做静态的分析，我们往往止于说明某法对某项科学技术的发展起了促进作用。但实际上，不断发展的该项科学技术会突破既成的科技社会关系的樊篱，而法律如不做相应的修改的话，就将起促退作用。美国国立卫生院1926年制定的《DNA分子重组实验准则》，在后来经过了四次重大的修改。说明了法与科技发展的动态性。因此，止于静态分析，就只能揭示其相互关系的一般特点与一般状况；只有既做静态的分析，又做动态的分析，才能全面地揭示其相互关系。再如关于各种类型的法律本质，传统法理学的分析基本上是静态的。其实，孤立的事物根本就不存在什么"本质"，事物的"本质"是从该事物与其他事物的关系中体现出来的。法律的本质，如离开社会、经济、政治的发展，就只能做机械的教条式的说明。一旦与社会、经济、政治相联系，就不可能像传统法理学所宣传的那样，某法是"进步"的或"反动"的。法的"进步"或"反动"，离开社会、经济、政治状况，根本不能论定；而一与社会、经济、政治状况相联系，就得考虑后者的动态发展。所以，一部历时较长的法律，往往是从一种性质演变为另一种性质（多半是从"进步"流为"反动"[①]），而不是固定地具有进步性或反动性。正因如此，在阐述法律的本质时，与其一般地论定其进步或反动，还不如联系不同社会发展阶段辩证地具体地做出分析。

其四，把法理学的微观研究作为基础性的内容。可以说，迄今为止的全部传统法理学论著都是宏观性的；而这种宏观法理学是缺乏微观研究的牢靠根基的。几乎没有一本专著或教科书对法理学的"基石"如"规范"、"秩序"、"渊源"、"强制"、"制裁"、"许可"、"效力"等范畴，做专题性的科学论述。其影响所及，在法学界造成了一种不好的风气，即在对根本性的概念都不甚了然的情况下，就汗牛充栋地炮制出大批专著与教科书来了。例如法律史界就有这种情况，"法律思想史"著作已有数十种之多，但基本上是人头罗列、观点堆砌，而"思想"之间的逻辑发展、有机演进则毫不触及。这当然不能称之为"史"，而只能称之为"史料"。传统法理学本身也存在这样的问题，例如在"人治"与"法治"的旷日持久的论争中，许多文论其实对"人治"与法治的概念，都是没有弄清甚至理解错误的；在法理学专著中，关于"法律发展规律"、"法律意识"、"法律关系"、"法律体系"等基本概念的阐述，都有不少值得研讨的问题而未加研讨。

其五，将应用法学的法理问题作为法理学的重要内容。由于对法理的微观问题研究不足而局限于法理的宏观问题研究，就出现了法理学研究中的下列两种不良倾向：一为法理学贬值。似乎谁都可以轻而易举地问津法理学以至问鼎于法理学；法理学的文论似乎都是最空泛而无意义，最不容易引起人们的兴趣；似乎法理学的研究人才最容易培养，而莘莘学子最不愿毕生致力于法理学研究。不能说上述现象是毫无缘故的，我认为主要原因就在于传统法理学缺乏微观研究的根基，而流于空洞的大道理、流于逻辑演绎，因而显得比较浅显粗疏、唾手可成。一为法理学架空。似乎法理学与部门法学如刑法学、民法学、宪

---

① 这里所说的"反动"是泛指逆历史潮流而动。

法学、国际法学等是无关的。其实，法理学原理应是全部部门法学原理的概括与升华。法理学架空的结果，又导致另一方面的问题，即部门法学只涉足本部门的法律问题，而置有普遍意义的法理问题于不顾。这就造成了一个宏观法理学与微观法理学之间的真空地带（当我们这样说时，就假定已经有了较为充分的微观法理研究的，事实上却还没有）。例如，刑法学的所有著作，就都没有研究一下刑法原理的历史发展以及这些原理的是非对错问题。具体地说，像古代刑事立法的复仇主义原则就未加详尽的研究，而一旦深入进行研究，也许会对我们今天的刑事立法是否留有复仇主义的烙印提出一定的看法来。在笔者看来，我们今天的刑法，尚未脱离汉高祖刘邦进兵咸阳时宣布的"杀人者死，伤人及盗抵罪"的著名的"约法三章"的复仇主义原理。连类而及，全民的法律意识中有复仇主义还是相当深重的。我们有理由提出质疑：时至21世纪前夕，我们的刑法原则还停留在世纪前的水平上，究竟是否有略做变革的可能与必要？诸如此类的带根本性的刑法学、民法学、宪法学、行政法学、婚姻法学中的法理问题，还相当的多，而有关的部门法学与传统法理学，对此都未加关注。

正因如此，笔者认为，将应用法学的法理问题列为法理学的重要内容，是完全必要的。这样做，可以使法理学的法哲学原理与部门法学的规范研究、原理与原则的研究连接起来；可以将宏观研究与微观研究衔接起来。当然，这类研究，可以名之为法理学的中观研究。

其六，将改革实践中的法律问题作为法理学内容加以研究。这是应用法学的法理研究的深化与具体化，也是法理学研究的理论与实际相联系的必要。我国和其他各国的（包括社会主义国家与资本主义国家的）改革实践，已经提出了许多新的法制需求，面临着许多新的法律矛盾，产生了许多新的法律关系，创造了许多新的法律调整方法。这些，当然不能推给法律史或部门法学去研究，而只能由法理学加以研究并做出论证。例如，我国改革中到处出现的"合理不合法，合法不合理"问题，就应由法理学做出说明、予以解决。又如，我国法制建设中出现的"有法不依"对"有法可依"的严重冲击，除别的原因之外，法理学对此未做应有的研究而提不出操作性的方案来，就是主要的原因。再如，科技体制改革所触发与推动的我国科技立法的热潮以及科技立法中提出的一系列理论问题，也有待法理学家去做精心的调查与研究。

其七，把法学方法论的研究作为法理学的重要内容，传统法理学也有涉足方法论问题的，但存在下列不足：一是蜻蜓点水，浅尝辄止；二是抽象空泛，原则笼统。诸如"唯物主义的方法"、"辩证的方法"之类"研究方法"，传统法理学是提到了的。但它们是"放之四海而皆准"的方法，其他任何学科都应运用。法理学是否有其特殊的研究方法呢？完全未见论及。何况，即使是上述普遍适用的方法，也只是"干巴巴的几条筋"，未做具体的论述。

笔者认为，方法论问题已经为国外法学界包括首当其冲的法理学界所高度重视，法学方法论著作已大批问世，我国法理学界的目前状况，是大大地落在别国之后了的。系统论、信息论、控制论、突变论、耗散结构论、协同论等的引进法理学研究，应当成为法理学工作者的头等重要的大事了，陈旧的研究方法，只能带来过时的研究成果，引进新的研究方法，应当成为法理学的一项重要任务。

法理学内容的更新，当然远不止以上七项，而且，它主要还是个实践问题而不是理论需求问题。因此，我们应密切注意各国法理学工作者的理论实践、理论创新，密切注意部门法学的理论创新，同时注意改革和法制建设实践中提出的问题，严谨、缜密地加以分析，精心、科学地加以研究，丰富和发展以理论思维见长的中国人的法理学。

三、形式的更新

略反思索，不难发现，传统法理学著作几乎是一种框架、一种模式、一种语言、一种内容、一种腔调的"千人一面"、"千篇一律"之作。所以，读者认为，"买随便哪一本书都是一样的"。确实很难比较出此书与彼书、新书与旧书有什么大的区别。如果说有，那不外乎内容的增加，即"补论"了一些先前出版的著作所遗漏了的或不够详尽的问题。笔者认为，打破这种格局的要诀之一，在于形式上做一更新。

诚然，形式是由内容决定的，但建立于一定内容基础上的形式，也会对内容的表达起反作用。所以，形式的更新，仍在法理学更新的论域视野之内。

每一种法理学著作是否都要包罗万象、面面俱到地论述"全部"法理学问题呢？我认为，这既无必要，也不可能。法理学著作的形式，完全可以多种多样。

例如，按照法理学内容与研究角度的不同，就可以采取下列不同的法理学论著形式：

其一，宏观法理学，着重研究法律现象的宏观理论问题。

其二，微观法理学，着重研究法律现象的微观理论问题。

其三，权利法理学，着重从权利本位法律观出发对法律现象做探讨。

其四，动态法理学，着重从动态的角度，以动态的方法阐述法律现象。

其五，功能法理学，着重对法律价值、法律功能做出法理学探讨。

其六，比较法理学，着重从比较的角度去研究不同的法律理论的长短优劣。

其七，方法论法理学，着重法理学的方法论探讨。

此外，法理学专著（教科书除外）的表述形式，也不必拘于一格。现在那种与教材、讲义浑然不分，语言"严谨"、面孔铁板的写法，并不是唯一的一种写法。生动活泼的演讲形式、对话形式，实际上都是可以运用的。总之，法理学更新，既可从立足点，又可从内容，还可从形式以及其他方面加以探讨。这是整个法理学界的光荣任务，不是个人的微薄力量所能应付的。何况，刍荛之言，浅显粗疏错舛之处在所难免，更不过只是引玉粗砖罢了。不耻奉献于读者面前，是为在问学途中觅得切磋之友也！

论体制转换关键时期的法学使命[*]

举世瞩目的我国十年改革,在取得累累硕果之后,已步入从产品经济旧体制向商品经济新体制转换的关键时期。要了解这一时期的法学使命,必须对前十年的法学历程做一基本估价。

一

中国共产党十一届三中全会以来的十年,法学顺应改革的大潮奔腾前进,取得了长足的进步。

十年来,法学界最重大的成就,应推法律思想观念的转变。转变之一是,不再把马列主义经典作家关于法律的片言只语,奉为社会主义法学的信条,而是力求全面、完整、准确地把握革命导师殚精竭虑揭示的无产阶级法学真谛;转变之二是,在打破思想禁锢的同时,认识到必须全方位地开放,以吸取古今中外一切积极的法学成果;转变之三是,勇于开创法学新学科,力求建立中国特色的社会主义新法学体系;转变之四是,初步认识到法学理论与社会主义法制建设的紧密关系以及与改革实践的紧密关系,从而开始投身于法制建设与改革的实践。

正是由于上述四方面的观念转变,法学界十年来在一片被糟蹋得不像样子的土地上,重新耕耘,在恢复了法学教育、法学研究,出版了大批教材的同时,又译介了大批国外法学论著,闯入了一个个法学"禁区",探讨了一系列法学基本问题,写出了一批颇有分量的专著,并参加了一些社会实际调查,为我国社会主义立法做出了重要贡献。

但是,回首走过的道路,不但要看到成绩以鼓舞信心,也要看到问题以除旧布新。笔者认为,主要问题也可归纳为四个方面:其一是,法学理论体系化差距甚大。十年探索所取得的法学新观点就如华光四射的珍珠,但尚未串成精美的项链;其二是,法学理论缺乏

---

[*] 原载《现代法学》1989 年第 3 期。

个性。许多同一学科的法学著作，一个模式，一种框架，一副嘴脸，一腔言语，"千篇一律"有余，"千姿百态"不见；其三是，法学研究缺乏深度。评谈古今的精彩论述、介绍域外的深刻思想，鞭辟入里的分析研究，入木三分的阐释弘扬，还所见不多；其四是，为现实服务方面做得十分不够。最明显而令人汗颜的是，中国改革十年来，几乎所有的重大改革措施的出台，没有一项是以立法为先导的，原因之一就在于法学界没有拿出可行的操作性方案来。正因为存在上述重大不足，有人讥评法学为"幼稚"。但即使幼稚，也是可以走向成熟的。问题是改革大军的紧锣密鼓，要求我们加快前进的步伐。为此，必须认真探讨体制转换时期的法学使命，虽不求"毕其功于一役"，使法学"一步到位"，臻于理论的峰巅，却要力争与体制转换同步前进，使法学跃上一个新的台阶。

二

体制转换关键时期的法学使命，来自两种社会需求：一是法制建设的需求，一是法学理论进一步发展的需求。

体制转换关键时期的法制需求，从总体上看，是两个方面：一是以法制手段对旧体制及新旧体制转换中产生的弊端重重一击，使之永无复辟之机；一是以法制手段保护和促进新体制的全面确立，使之永葆蓬勃的生机。

旧体制的弊端，不仅得到旧思想、旧传统、旧文化、旧习惯的首肯，实际上，也得到我们在中华人民共和国成立以来所亲手制定的某些法律的支撑。诚然，我们的宪法和其他一系列法律法规，在当时的情况下，曾经为社会主义革命和社会主义建设立下过汗马功劳，抹杀其成就是极其错误的。但是，应当如实承认，我们的许多立法是在产品经济条件下，为产品经济的发展而进行的。"一大二公"这个幽灵，徘徊在许多立法的字里行间，非"公"不姓"社"，非"大"即为"资"。即使是1982年的新宪法，也不免投有它的阴影。"国家在社会主义公有制基础上实行计划经济"，"市场调节"仅被法定为起"辅助作用"（宪法第十五条）等等，都是明显的例证。作为国家根本大法、"母法"的宪法既然如此，其他的"子法"、"孙法"则必"酷肖其母"，且往往"青出于蓝而胜于蓝"地更加着力为旧经济体制张目撑腰。对此，任何修修补补的政策，任何欲行又止的政令，任何"三天打鱼两天晒网"的经济"杠杆"，都是苍白无力、无济于事的。

这就提出了一个任务，即剖析全部以往立法的宗旨、性质、结构、功能，为清理法规，废、改旧法作好充分的理论准备。其中，十分重要的一点，即是对1982年宪法做出分析，以求有所扬又有所弃。

新旧体制转换中产生的弊端，早已昭然在目，在今后的转换过程中也还会此伏彼起地顽固表演。治理经济环境、整顿经济秩序的任务是十分艰巨的。为达到全胜的目的，必须建立起思想政治工作、行政手段、经济手段和法制手段四元的综合配套的调节机制。四者必须齐备，缺一不可；四者还必须有机结合，割裂则无效。但四者之中，法制手段的功能是特殊的。首先，其他三者的有效作用，必须得到法制的支持；其次，法制手段本身还可对打击阻碍清理整顿工作的力量，对清除祸国殃民的经济犯罪和其他犯罪现象，起强有力的作用。"一身而二任"，法制手段功莫大焉！然而久久困惑国人的却是"有法不依"。这样，法制手段就不免有"技穷"之感，群众的漠视法制作用的心理也无法矫正。

这就给法学工作者又提出了一项任务，即找出"有法必依"的操作性方案来。依笔者的浅见，方案之端倪，早已见诸宪法规定。我国宪法①第一百二十六条强调："人民法院依照法律规定独立行使审判权，不受行政机关、社会团体和个人干涉。"现在的问题是要强化人民法院的独立审判权。窃以为强化人民法院独立审判权，是加强社会主义民主建设的需要，是健全社会主义法制建设的需要，也是中国全面改革的迫切需要。

只有以法制手段对旧体制及新体制转换中产生的弊端重重一击，才能使之永无复辟之望，永无可乘之隙，永远与国人告别，但是仅此一端还远远不够。诚如发展研究所罗小朋等同志在《改革面临重大的战略转折》②文中所说："当年：以'放'来冲击旧体制，今天，以'造'来构建新体制。"我们在以法制手段破除旧体制的同时，还要以法制手段来保护和促进新体制的全面确立。

以法制手段构建新体制的任务千头万绪，当务之急是以下三个方面：

第一，修改宪法，以保证商品经济新秩序的建立。除上述"计划经济"之类早已行不通的条款应予修改外，还应着重加强关于增强政治透明度、政务公开化，关于确保言论自由，关于实行权力制衡以及关于平等竞争的宪法保证。

第二，以立法肯定经济体制改革、政治体制改革、科技体制改革和教育体制改革的成功经验。

第三，移植国外行之有效的商品经济法律制度和发展科学技术的法律制度。

这些任务迟早都必须完成，但宜早不宜迟，宜急不宜缓。为此，法学对完成这些任务的目的、方法、手段、进程、困难及对策等，都应做出理论说明。为此，必须进而考察法学理论进一步发展的需求问题。

三

体制转换关键时期法学理论进一步发展的需求主要是：

第一，大力破除陈腐的法律观念。这些观念主要有：

---

① 1982年宪法。——编者注
② 《世界经济导报》1988年10月10日。

1. 政治优先论

有人提倡"无形修改宪法论",其实质是认识上的政治优先论在作怪。所谓"无形修改宪法",即不改宪法的字句条文而使其内容变化。这是为了保证政治优先而轻视法定程序、法律尊严的表现,其结果将导致法律虚无主义死灰复燃。如果宪法可以不经法定程序做明文修改而搞"无形修改"的话,谁还能保证"权"不大于"法"?又怎样防止强奸"法"意的历史悲剧重演呢?生产力标准,是衡量社会进步的首要标准,也是确定我们进行法制建设方针的首要标准。决不能搞政治优先而无视经济改革的需要,无视法制建设规律的要求。

2. 人治论

有人曾认为"法多要亡国"。笼统地谈论"法多"的利弊,永远不会有圆满的结论。对于一个法制不健全的国家来说,过早地限制立法进度的数量,无异于为残存的人治大开方便之门。何况我国社会主义商品经济新秩序的立法还刚刚开始,我国的科学技术立法还刚刚脱离了"一片空白"的状态。

3. 阶级标签观念

有的同志阶级标签观念特别强烈。这在关于法的属性的讨论中,表现得十分明显。一切阶级社会的法,都被贴上了"阶级性"的标签,而这种"阶级性"又是同"反动性"、"腐朽性"可以画等号的。其结果是使人们对资本主义国家的法避而远之。这样的话,"移植"国外商品经济法律、法规,岂不犯了天下之大不韪?

4. 义务本位论

中国法律文化传统的要害在于义务本位。法律就是给臣民规定政治的、经济的、思想的、道德的义务,权利则归权势显赫、窃居要位的达官贵人。这种影响至今笼罩着法苑。许多法学著作中充满着告诫人们恭谨忠诚地履行义务的说教,而几无一丝鼓励人们为法定权利斗争的言辞。如果不在法学的旗帜上大书"权利"二字,它只能是神权法学和王权法学的畸形儿,而不是社会主义民权法学的产物。

上述陈腐法律观念以及其他陈腐法律观念,是阻碍法学健康活泼地发展的沉重枷锁。在体制转换的关键时期,尤要扫地以去,荡涤殆尽,方能使法学卸下包袱,轻松地大步前进。但是,坐而论道,即便是真理,其行也不远。

第二,法学工作者要进入"改革者"的角色。

只有投身改革实践,进入"改革者"的角色,才能产生火一般的改革热情,与中国土地上的千百万改革家同呼吸共命运,从而以坚强的毅力去探求促进与保障改革的法律机制与法学理论。

只有投身改革实践,进入"改革者"的角色,才能了解改革的成功经验,才能了解哪些法律制度是改革的需要,从而为改革的立法提出切实可行的对策来。

只有投身改革实践,进入"改革者"的角色,才能了解改革实践中存在的问题、矛盾,从而有的放矢地为解决这些问题和矛盾,寻找可以"移植"的外国法律。

只有投身改革实践,进入"改革者"的角色,才能切中要害地发现现行法学理论的缺陷,从丰富的法制改革实践中总结经验,升华为理论,进而指导实践,不断提高。

十一届三中全会以后的第一个十年里,法学工作者重新集结战斗队伍,重新磨砺战斗武器,大批培养法学新兵,取得了国人、世人交口赞誉的成就;十一届三中全会以后的第二个十年里法学肩负除旧布新的双重使命,任重而道远。在党的领导下,这光荣的使命一定能胜利完成,社会主义法学将因此与中国的改革交相辉映、大放异彩!

法的概念的哲理探讨[*]

一、中外法哲学家论法的概念

法是什么？柏拉图认为，法是用来维护正义的手段。亚里士多德认为，法是正义的具体化。西塞罗认为，法是最高的理性，从自然产生出来，指导应做的事，禁止不应做的事的理性。古罗马法学家塞尔苏斯认为，法是善良公正之术。奥古斯丁认为，法是维护和平与秩序的手段。托马斯·阿奎那认为，法是人们赖以导致某些行动和不做其他一些行动的准则或尺度。早期自然法哲学派的代表人物格劳秀斯认为，自然法是真正理性的命令，是一切行为的善恶的标准。斯宾诺莎认为，法律是人给自己或别人为某一目的立下的一个方案；是生活上的一种方案，使生命和国家皆得安全。霍布斯认为，法律是必须被普遍遵守的命令，是发布命令的机关用口头、文字或其他明显方法宣布的统治者的意志，洛克、孟德斯鸠与格劳秀斯一样，都是自然法哲学派的著名代表，同样认为自然法即是理性。卢梭也是自然法哲学派的杰出代表，但他的理论和格劳秀斯等有所不同，他认为，法律是公意的宣告，是主权者为全体人民做出规定的行为。康德承袭了古罗马法学家的观点，认为法律就是一个人的自由与他人的自由依一般规则而不相侵害。黑格尔认为，法就是自由意志的定在，就是作为理念的自由。功利法哲学的代表人物边沁认为，法律是主权者自己的命令或为主权者采纳的命令总和，是强加于公民身上、不履行就将惩罚的义务。分析法哲学的创始人奥斯丁认为，法律是政治上作为最高统治者的一种主权命令，是命令的形式。历史法哲学的著名代表萨维尼认为，法是"民族精神"的体现，是全体人民共同的行动准则。社会学法哲学的著名代表庞德认为，法律就是一种制度，它是依照一批在司法和行政过程中运用权威性律令（Precept）来实施的、高度专门形式的社会控制手段。现实主义法哲学家弗兰克认为，就任何具体情况而论，法律或者是实际的法律，即关于某一情况的已做出的一个判决，或者是大概的法律，即关于一个未来判决的预测。"纯粹"法哲学代表

---

[*] 原载《上海社会科学院学术季刊》1992年第2期。

凯尔森认为，法律是"人类行为的一种秩序"和"社会组织的特殊技术"。新分析法哲学派的代表哈特，提出了广义法律概念和狭义法律概念之分的观点，认为只有良法才是法律。美国新自然法哲学家富勒批判了一系列流行的关于法律的概念，他认为，法律是使人的行为服从规则治理的事业。

中国历代思想家也对法是什么的问题提出了自己的看法。管仲认为，法是"劝之以赏赐，纠之以刑罚"的规定。子产认为，法是使"都鄙有章，上下有服"的行为规范。老子认为，法是自然的"天之道"。孔子认为，法是用来"导之以政，齐之以刑"的统治者与被统治者的行为准则。墨子认为，法是"一同天下之义"的统一规范。商鞅认为，法是定"分"止"乱"的手段。慎到认为，法是"齐天下之动，至公大定之制"。申不害认为，法是"君人南面之术"。荀卿认为，法是"明分使群"、"化性起伪"的手段。韩非认为，法是"禁暴"止"乱"的治国工具。贾谊认为，法是"禁于已然之后"的惩戒手段。董仲舒认为，法是辅德而行而有强制性的行为规则。柳宗元认为，法是"彰善瘅恶"之具。朱熹认为，法是"天理之节文"、"人事之仪则"。金世宗元颜雍认为，法是"公天下持平之器"①。王守仁认为，法是明赏罚，正风俗的治国手段。黄宗羲认为，法应当是"天下之公器"；梁启超也持此说。孙中山先生则把法律看成为"人事里头的一种机器"，调和自由与专制的机器。

上述中外法哲学家关于法的概念的观点和认识，语言表达各不相同，内容丰寡多所不一，观察深浅略有所异。但从总体来说相去不远，大多停留在法的现象上（有的甚至是在假象上）、静态上，表面上、特殊性上和抽象性上，未能深入考察法的本质、动态、普遍性和具体性从而得出关于法的概念的正确认识。其重要原因之一，就是绝大多数的思想家虽曾关注法的概念的法理学探讨，却未曾关注它的法哲学探讨。我们认为，对法的概念做哲理探讨，是科学论述法的概念的根本途径。

对此有所省察的，是美国法哲学家博登海默。他在《法理学——法哲学及其方法》一书的"法律与科学方法"章中，专门写了《概念之形成》一节。这种从"科学方法"着手研究法的概念及法的一切问题，正是法哲学与法理学的一个重要区别，也提供了我们解开法的概念的疑团的一条正确思路。

博登海默认为，"法律概念可以被视为是用来以一种简略表述方式识别那些具有相同或共同要素的典型情形的操作工具"②。在考察中世纪唯名论与唯实论者的论争后，博登海默指出，这场论战实质上是认识论的分歧，因此难以达成共识。他认为，唯实论者观点的价值在于哲学上对事物共性的把握，但他们的认识又过于简单化了，因为他们没有注意到，语言的丰富与精妙程度还不足以反映自然现象在种类上的无限性、自然力的结合的变

---

① 《金史·刑法志》。
② 《法理学——法哲学及其方法》，第462、465页。

化、事物的转化的客观存在。由此,博登海默得出这样的结论:"上述的一般性考虑对于概念在法律科学中的效用具有重大关系。这种关系是一种双重关系:它与人类对法律概念的需要有关,同时也与使用这些概念时所受的限制有关"[①]。他指出,一个概念的中心含义也许是清楚的,明确的,但当我们离开该中心时它就趋于变得模糊不清了,而这正是一个概念的性质所在。

博登海默先生关于"人类对法律概念的需要"与"使用这些概念时所受的限制"的观点及他对唯名论、唯实论的概念之争的考察,已接近了唯物主义辩证法关于概念的主观性与客观性关系的理论。认识概念本身固有的客观性与主观性的对立统一关系,是对法的概念进行哲理探讨的关键之一。

二、法的概念的辩证性:主观性与客观性

法的概念在人的认识活动中产生时,思维要暂时割断法本身的某些联系,撇开法的一些属性。人脑对客观世界的这种加工是抽象的,因此与客体产生了某种"隔离"。抽象所得的法的概念属于意识,是主观的东西。同时,法的概念的内容是客观的。法的概念所反映的是法这一客观对象。因而,法的概念从其来源、源泉看,具有客观性。

但概念同客观世界的符合是一个逐步接近的过程,只有经过正确的抽象和概括,才能形成科学的概念。否则,就可能:(1)做出虚假的、错误的、幻想式的反映;(2)停留在对事物的表面现象的反映上;(3)片面地反映事物的部分属性而忽视了其他重要属性;(4)没有反映出事物重要属性之间的内在联系。

中外思想家千百年来探索法的概念的过程,也是一种人脑对法律、法和法文化现象的抽象概括的过程。由于对法律、法的巨大威力的虚假、错误的反映,形成了法为"天讨、天罚"的工具的神权法的概念;由于对君主凭借政权而统揽立法、司法大权做出错误、虚假的反映,形成了法为君主意志、统治者(主权者)命令之类的君权法的概念;法由国家制定、认可并普遍施行于一国之中、人人都得服从,因而似乎是对每一个人都是公平的,于是错误地形成了法为善良公正之术,法为"天下之公器"的概念;等等。这些都是做出虚假、错误、幻想式反映的不正确的法的概念的例子。

至于法是人们的行为准则(尺度、规范,标准……)、是人们必须普遍遵守的命令、是社会控制手段,法是强制性的社会组织的特殊技术,法是赏善罚恶的工具,等等,这些关于法的概念的观点,则为主观对客观的"停留在表面现象上"的对事物部分属性的片面反映。法的规范性、普遍性、强制性、赏罚功能,都是客观存在的表面现象或部分属性。

霍布斯、边沁、申不害、孙中山等所论定的法的概念已触及法律、法的一些带有根本

[①] 《法理学——法哲学及其方法》,第462、465页。

性意义的属性。但这些法的概念仍仅涉及法的部分属性，更未反映法的重要属性之间的内在联系。

时迄近代，马克思主义经典作家精辟地指出了资产阶级法的本质："你们的法不过是被奉为法律的你们这个阶级的意志一样，而这个意志的内容是由你们这个阶级的物质生活条件来决定的。"① 在《德意志意识形态》中，马克思、恩格斯分析了私有制社会中的生产关系后指出，"在这种关系中占统治地位的个人除了必须以国家的形式组织自己的力量外，他们还必须给予他们自己的由这些特定关系所决定的意志以国家意志即法律的一般表现形式。"② 这些论断，使我们对法的概念的认识大大地前进了一步。因为这些论断揭示了有关"法"的概念的本质属性以及这些属性与社会经济制度的内在联系，从而成了历史上对"法"的"客观"做最科学的"主观"反映的结论。

但是，"法的概念"的"法"，不仅仅指资产阶级的法，也不仅仅指私有制社会的法，它也包括社会主义社会的法。而马克思、恩格斯当时还没有社会主义法的实践，不可能以其"主观"对不存在的"客观"做出科学的"抽象"。因此，俄国十月社会主义革命后，对法的概念，又开始了新的探索。其成果，影响最大的要算维辛斯基的关于法的概念的观点。维辛斯基说："法权是经国家政权制定或认可的，反映统治阶级意志的、而由国家的强制力来保证其适用的行为规则（规范）的总和，其目的在于保护、巩固并发展有利于、适合于统治阶级的社会关系和社会秩序。"③ 这一定义从其提出直到 50 年代后期之前，一直被苏联法学界奉为"唯一正确的"定义。我国则仿而行之，直到 80 年代仍基本上以此定义为准来说明法的概念。

在我国法学家重复着维辛斯基定义的时候，苏联早在 50 年代后期即开始了对这一定义的怀疑与批判。"维辛斯基关于法的定义已被认为与社会主义发展新时期不相适合。人们为适合当代的法和法制的新定义而展开辩论，直到现在还在继续辩论。"④

首先开始对维辛斯基定义批判的是苏联法学家杰尼索夫、罗马什金等人。他们一再强调法的基础不是意志而是社会的物质生活条件，被奉为法律的统治阶级意志归根结底是由社会的物质生活条件决定的。他们的批判，在一定程度上击中了维辛斯基定义的要害。后者强调了法的"统治阶级意志"的性质，从而为法的"任意性"留下了一个巨大的可能性空间。而这，正是封建制下君主独擅立法大权的法的概念反映。

但是，杰尼索夫未能触及维辛斯基定义无法涵盖社会主义法这一严重弊病。苏联法学家彼昂特考夫斯基注意到了这一点。因此，他试图从人的主体性和能动性的角度去论证法

---

① 《马克思恩格斯选集》第 1 卷，人民出版社 1972 年版，第 268 页。
② 《马克思恩格斯选集》第 3 卷，人民出版社 1960 年版，第 378 页。
③ 《马克思主义关于国家与法的理论教程》，苏联科学院国家与法研究所主编，中国人民大学出版社 1955 年中译文版，第 62 页。
④ [英] 巴特勒：《苏维埃法律》，伦敦巴特沃里出版社 1983 年版，第 35 页。

是法律规范和法律关系的统一，力求以法律肯定主体权利。彼昂特考夫斯基的观点得到了雅维茨的赞同，后者认为："法是物质地被决定的上升为法律的阶级的共同意志（在社会主义条件下是全民意志），不仅直接表现在具有国家约束力的一般规定中，而且表现在由这些规定所确认的社会关系主体的实际权利中。"① 但是，把主体权利归结为法的观点，并未得到法学界的一致首肯，法尔别尔曾针对彼昂特考夫斯基的法的概念提出不同的看法："无论如何不能把主体权利归结为法，因为只有反映实现专政和其权力的阶级的国家意志的法律规范才是法。"②

由于这种"阶级意志论"几乎是所有法学专著、教科书、辞典中的通行观点，因此，也引起了我国法学界的注意。十一届三中全会后，《法学研究》首先载文评论"社会主义法是工人阶级意志的体现"的命题。中国法学基础理论学会把这个问题列为一、二两届年会的中心议题之一。葛洪义同志指出，从此，我国"法律工作者们从各个侧面，如原始社会有法、共产主义社会也有法；法不仅执行阶级统治的政治职能，也执行社会公共事务管理的社会职能，因此，法也具有社会性；社会主义社会不存在被统治阶级，因此，阶级性不再是社会主义法的根本属性等，对传统的现行法定义发表否证见解"。③《社会科学报》《光明日报》《法学》等报刊还先后发表文章，直接批判维辛斯基的法的定义，实际上，也批评了我国法学界流行的法的定义。④

对维辛斯基定义的研究，基本上还属于法理学的范畴。葛洪义同志即认为理顺"概念与现实的关系"是最重要的事。据此，笔者以为，只有进而探索法的概念的辩证性，才可能比较科学地解决有关问题。

三、法的概念的辩证性：普遍性和特殊性

概念在形成过程中以反映对象的共性为首要职责。这种共性即是普遍性。但普遍性是建立在对象的特殊性的基础上的，因此，在普遍性中不能不包含着同类对象的各种特殊性。同理，法的概念不但必须概括出法的普遍性，而且必须反映法的"特殊"与"个别"。

鉴于"要适用哲学中关于一般和个别、普遍和特殊，共性和个性之间的关系的原理"，沈宗灵教授提出了"不同层次的法的概念"的理论。他说："所谓不同层次的法的概念是指：对于一切有阶级社会都共同适用的法的概念（通常就称为法的一般概念）；对一切阶

---

① [苏]Л.С.雅维茨:《法的一般理论》，第93页。
② 王勇飞主编：《法学基础理论参考资料》（一），第130—139页。
③ 《规范主义·概念主义·国家主义——评我国法概念研究理论框架的逻辑实证倾向》，《政治与法律》1989年第3、4期。
④ 《维辛斯基法学理论的三大弊端》，载《社会科学报》1989年8月4日；《中国法学的新走向》，载《光明日报》1988年10月4日。

级对立社会（通常指三个以私有制为基础的社会）共同适用的法的概念；对特定社会形态共同适用的法概念（例如资本主义法律、社会主义法律）；对特定国家共同适用的法的概念（例如中国社会主义法律，日本资本主义法律）。"①

如果要进一步深入加以研究的话，那么，似还应提出以下问题：

第一，"不同层次的法的概念"的观点，是从"法学研究对象是阶级意义上的法"②为出发点的。但是，像"我国现在那样已消灭了剥削阶级"③的社会继续向前发展，大致泯灭了工人阶级与农民阶级的界限以后，可以预见的，必然是法还存在，不但存在，而且还将更加细密、系统、详尽。这个时候，"阶级意义上的法"是否还存在？如不存在，那么，第一层次的法的概念，怎么概括作为对象的法呢？此外，我们至少还应提出如下问题：其一，在剥削阶级消灭后，强调"工人阶级"、"农民阶级"的阶段性，从而强调法的阶级性，究竟有多大意义？其二，这样的阶级分立（不是阶级对立），在原始社会不是也曾以原始的状态存在过吗？其三，这样的阶级分立是否称之为社会分工更妥？其四，如果称之为社会分工，那么，法的阶级性又从何谈起？其五，在强调"工农联盟"时，我们不总是强调"一根藤上的瓜"，都是劳动阶级，只有"分工的不同"、"岗位的不同"吗？怎么与法一联系就非强调其阶级差别不可呢？其六，在"农业现代化"实现之后，甚至，只要在农业机械化实现之后，在全国农村人口大部分变成第二、三产业的人口之后，是否还有必要强调工人与农民的"阶级性"呢？

这样看来，法的概念的四个层次的划分还是可以商榷的。

第二，在"对特定国家共同适用的法的概念"之下，是否还有层次更低、范围更窄的法的概念？略事思索，不难发现，特定国家在其社会形态并未改变的情况下，还有不同历史时期的划分。这一划分，就注定了法的概念的进一步的层次划分。拿我国来看，在中华人民共和国成立后所处的"社会主义初级阶段"，即已有"剥削阶级未经推翻"、"剥削阶级已经推翻而未消灭"、'剥削阶级已经消灭"等不同时期，而在"剥削阶级已经消灭"的时期内，我们又经历着从"计划经济"到"有计划的商品经济"的重大而带相当根本性质的社会变动，并随之引起了法的变动，因为法归根到底是由经济制度决定的。如果再顾及逻辑地应有的"中级阶段"与"高级阶段"，事情就可能更为复杂。因此，四个层次的划分，似还可进一步研究。

第三，四个层次的划分，总体来看是清晰正确的，但是，从某些特殊情形看，也不无问题。例如，罗马法的沿用是跨社会形态的；俄国民法典沿用到苏联十月革命胜利后若干年；东欧一些国家直到60年代还在沿用旧时代的部分法典。这样一来，层次边界又被打

---

① 《法理学研究》，第20—22页。
② 同上。
③ 同上。

乱了。

最后，当提出"法的概念"的问题时，其要求，不是就不同层次的法下定义，而是就一切法下定义；不是对不同层次的"法的概念"进行探讨，而是对一切法的"法的概念"进行探讨。于是，我们不得不重新回到"法的概念"的哲理探讨的问题上来。这样，确认法的概念是法的普遍性与特殊性的对立统一就十分重要了。如果仅反映法的特殊性，以低层次即特殊层次法的概念为高层次即普遍层次法的概念，那就是偷换概念。

我们来看国际法问题和教会法问题。

关于国际法，法哲学关注的是：第一，它是法；第二，法的概念必须涵盖国际法；第三，兼及涵盖国际法的法的概念的普遍性与特殊性关系如何。

苏联法学家 C.C.阿列克谢耶夫在《法的一般理论》(上册)中认为，法学在表述一般理论原理时，照例总是着眼于国内法，首先是存在对抗阶级的社会中形成的国内法；而对于存在国际公法这一事实及其特点，则不加考虑；有时，人们甚至把国际公法解释为几乎和民族法律体系各部门并列的一个"部门"。他认为，国际公法实际上有许多独特的、不能完全包括在公认的一般理论结构中的特征；它不是一个"部门"，而是一个完整的、和国内法并列的法律体系，是法的变体，其本质是表现为"一般社会调整器"①。Г.B.伊格纳金柯的《国际法和社会进步》一书，Г.E.童京的《国际法理论》，Д.Б.列文的《国际法理论的迫切问题》、И.И.卢卡舒克的《国际关系的国际法调整》等书，还分别指出国际法具有一些重要特点，如吸收不反映国际关系的许多社会规范，如道德规范、社团规范、习惯规范，但并不影响其为法。Г.E.童京就写道："有人企图用国家法的尺度去对待国际法，这在学术上是站不住的，因为他们在这里没有估计到所研究对象的特点。国际法是一种特殊的法。"②

日本法哲学家加藤新平先生也注意到了国际法的"法的概念"问题。他指出，虽有否认国际法具有作为法的特征的议论，但一般都认国际法为法，其存在的基础是国际社会，即"全体社会"③。另一位日本法哲学家平野秩夫先生在《法哲学原理》一书中则以《公共体》的专章考察了以"国际社会"为基础的国际法作为法的特点④。

国际法之为"法"，应当说是不成为问题的。既然如此，法的概念就必须在其普遍性中反映出国际法，涵盖着国际法。

加藤新平先生在议及国际法后，顺便指出，一旦采纳"全体社会"为法的存在基础的见解，那么，教会法问题也会随之产生⑤。教会法(Canon law)泛指罗马天主教、东正教

---

① 《法的一般理论》，第 73—74 页。
② Г.E.童京：《国际法理论》，第 273 页。
③ 《法哲学概论》，第 360—363 页。
④ 《法哲学原理》，第 160—189 页。
⑤ 《法哲学概论》，第 360—363 页。

以及基督教的其他一些教派，如加尔文教派的各种法规，又称"寺院法"、"宗规法"。源于希腊文"Konin"，原意为"尺度"。教会法不仅规定教会本身的组织、制度、教徒生活守则，而且规定了教会与世俗政权的关系和土地、婚姻、家庭、继承、犯罪、诉讼等具体的条文。

根据以上情况，我们不得不面对这样一些问题：其一，教会法是否是法？其二，教会法应否在"法的概念"的视野之内、论域之中？其三，教会不是国家，教会法亦非国家法，以国家法的法的概念能概括、涵盖教会法吗？其四，教会法的特殊性是什么？其五，法的概念的普遍性如何寓于教会法的特殊性之中？也许有人会提出这样的看法：教会法是趋于消亡的法，法的概念可以不予考虑。但问题在于，当我们谈法的概念时，并未冠以时间的限制，只要承认教会法是法，法的概念就必须论及，必须涵盖，其特殊性就必须得到反映。而这样一来，法的"国家意志性"也就失去了基础。如果与国际法一起计及，就更是如此。

窃以为，既是法的概念，而非某一层次的法的概念，就应涵盖一切法，其中包括国际法与教会法。然后依次才是：(1)次于一切法的国际法、教会法、国内法概念，由于三者内容、性质、形式各不相同，它们是互相独立、并立、处于同一层次的法的概念；(2)由无阶级社会向阶级社会过渡时期和阶级社会向无阶级社会过渡时期的法的概念；(3)阶级社会的法的概念；(4)阶级对立社会的法的概念；(5)特定社会形态的法的概念；(6)特定国家的法的概念。其中，特定社会形态下的法的概念又应做具体分析。

综上所述，我们试以法的客观性与主观性、普遍性与特殊性的对立统一观点的原理，为法定义如下：法是由一定物质生活条件决定的，由在一定地域内的公共权力机关以强制力保证其施行，以求确定主体的权利和义务、保护和发展特定社会关系和社会秩序的行为规范的总和。这一法的概念含义如下：第一，法是行为规范的总和。由于法总是表现为多种多样的行为规范，所以，我们以"行为规范的总和"加以定义。为什么不以"行为规范的体系"下定义呢？因为在许多情况下，某些层次作为法的行为规范未能形成"体系"。第二，法是由一定物质生活条件决定的行为规范的总和。这一含义使法与技术规范，宗教规范等并非能由物质生活条件决定的行为规范区别了开来；它包含了所有层次的法均由物质生活条件决定的含义，反映了一切层次的法的特殊性，同时又不囿于某些层次的法的特殊性。这一含义是与法的"国家意志性"相区别的，后者与"教会法概念"等并不相容。第三，法是由一定物质生活条件决定的，由在一定地域内的公共权力机关以强制力保证其施行的行为规范的总和。恩格斯在谈到"不知不觉地发展起来"的"国家"时指出，"第一，它造成了一种已不再直截了当同武装起来的全体人民相符合的公共权力；第二，它第一次不依亲属集团居住地区而依共同居住地区为了公共目的来划分人民"[1]。这对我们确

---

[1] 《马克思恩格斯选集》第4卷，第110页。

定法的概念是很好的启示。在法的概念中揭示出"一定地域内的公共权力机关以强制力保证"法的施行的内涵时，既反映了国家法层次一切法的特殊性，又涵盖了包括国际法、教会法在内的一切法的普遍性。第四，法是确定主体的权利和义务的行为规范的总和。这里的"主体"是指进入法律关系的关系人。任何法都必须确定法律关系的关系人的权利与义务，否则就不成其为法。第五，法是保护和发展特定社会关系和社会秩序的行为规范的总和。

四、法的概念内部的其他矛盾性

法的概念应是法的客观性与主观性、普遍性与特殊的对立统一。除此以外，法的概念还应是抽象性与具体性的对立统一、内容与形式的对立统一、确定性与灵活性的对立统一。

法的概念的抽象性是指，它是从具体的法中分析出、抽象出诸如"反映物质生活条件"、"在一定地域内施行"、"由公共权力机关施行"、"有强制性"、"用以确定主体的权利和义务"、"用以保护和发展特定的社会关系和社会秩序"等属性，经过归纳与综合后才形成的，是科学抽象的产物。法的概念的具体性是指，法的概念来源于具体的法，依赖于生动的直观的法。法的概念的具体性，是人们对法的认识从抽象到具体的辩证运动的必然要求和必然结果。法的概念的确定性是指，法的概念一经成立，它作为法的客观性与主观性、普遍性和特殊性、抽象性和具体性的形式和内容的对立统一体，就是相对稳定的。在没有出现新的、该概念涵盖不了的法的类型时，这一概念就不会、也不必重新概括、重新确立。当然，这要取决于有关的法的概念是否客观地反映了作为它的对象的具体的法。法的概念的灵活性是指，由于自身包含着与自身差别（否定自身）的因素，因而它必然要向另一概念转化的能动性。概念的灵活性源于概念的能动转化律。概念转化、概念修正的例子比比皆是。朴素唯物主义之转化为机械唯物主义，又转化为辩证唯物主义；牛顿的经典物理学转化为以相对论和量子力学为主要内容的现代物理学；空想社会主义之转化为科学社会主义；等等，都是极明显的例证。曾有不少人企图宣布某种思想为"顶峰"，为"终极真理"。但历史都无情地把这种企图变为笑柄。

法的概念的灵活性是与它的动态性密切相关的。法的概念的运动、发展与转化的固有性质，即法的概念的动态性。法的概念的动态性质表现在它的广泛联系、不断发展、适时转化上。

法的概念之间的联系，表现为一定的概念体系。依据前述法的概念的分层框架，可以建构出一幅网络状的无限复杂的法的概念立体图来。

法的概念的运动表现为它的发展。法的概念发展，是由法的具体发展所决定的。但由于法的发展有一个过程，而反映客观的人的主观认识，又有滞后于客观发展的"惰性"，还往往存在主观认识的错误，所以，法的概念的发展是曲折的、通常是渐进的、有阶段性的。同一切概念一样，法的概念的发展，可以分为抽象概念和具体概念两个阶段。在法的抽象概念的基础上，人类继续通过法制实践和长期的法哲学、法理学探索，才进一步认识到法的具体同一性，认识到法的发展规律和法的本质，从而得到法的具体概念。我以为，现在我们还很难说已经最终完成了法的具体概念的概括，中外学者还在热烈争论"什么是法"这样一个"初步而又初步"、"简单而又简单"的问题，就是明证。

体制转轨时期法学的探索与创新[*]

"芳林新叶催陈叶,流水前波让后波。"① 宇宙间的万事万物,无不运动着、变化着、发展着,不断新陈代谢、推陈出新,从而通过量变达到质变,通过否定之否定实现一次又一次的飞跃。法学当然不能例外。不断探索、不断创新,即是法学的生命力所在,那么法学的探索与创新的动因是什么呢?创新的目标是什么呢?探索的方法又是如何呢?笔者拟对此做些探讨。

一、法学探索与创新的现实动因

和任何事物的发展一样,法学的发展也有其一般的和特有的动因,这些动因主要是:其一,政治动因。当社会由一种社会形态转变为另一种社会形态时,当同一社会形态下的国家"改朝换代"时,由于占统治地位的阶级或阶层的变化,引起了反映其意志和利益的法的变化,从而引起了法学的变化。其二,经济动因,政治是经济的集中表现,经济则是政治得以存在与发展的前提与基础。作为经济基础的法律上层建筑,法当然受制于经济。同样,法学也受制于经济,当经济发生重大变化时,法学也会因之而发生若干变化。其三,思潮动因,由于长期的文化积淀以及随机的文化影响,同一社会形态下,同一个国家内,甚至在同一历史时期,都可能形成不尽相同的社会思潮,这样或那样的社会思潮对法学也会发生影响,成为其变化发展的动因。其四,法学学术动因,法学作为一门科学,在长期的发展中形成了自己特有的发展规律、发展模式,发展方向、发展趋势、发展特点。在特定的社会情势下,这一切会综合形成法学发展的学术动因。上述四者中,政治动因、经济动因、思潮动因为法学发展的一般动因,它们同样对其他社会科学发生决定性的或重大的作用;法学学术动因则为法学发展的特有动因,它仅对法学的发展起重大作用。

---

* 原载《上海社会科学院学术季刊》1993 年第 2 期。
① 《刘禹锡集》,第 309 页。

有些人讳言法学的创新，这就无异于扼杀了法学的发展。这样说，是因为法学需要不断探索，不断创新，不断发展，并不是法学家的幻想与恣意妄为。所有引起法学探索与创新的动因，都是客观存在的。法学家的努力，只是顺应客观需求，做出自己的主观努力而已。当前我国继续进行而且比以往任何一个时期都更应积极地大力进行法学探索与创新的现实动因要主要是：

第一，从政治动因看。

我国正处在体制转轨时期。这里所说的"体制转轨"是全方位、多侧面、多层次的。从宏观上说，包括经济体制、政治体制、科技体制、教育体制等主要方面的转轨。其中，关于经济体制改革、科技体制改革、教育体制改革，国家有关部门都曾专门做过具体的战略部署。"十四大"还特地就由计划经济体制向社会主义市场经济体制转轨，做了详尽的论述，描绘了缜密的蓝图。所有这一切，无不蕴含着、孕育着与预示着我国社会主义民主政治建设步伐的加快。江泽民同志指出："同经济体制改革和经济发展相适应，必须按照民主化和法制化紧密结合的要求，积极推进政治体制改革。""我们应当在发展社会主义民主、健全社会主义法制方面取得明显进展，以巩固和发展稳定的社会政治环境，保证经济建设和改革开放的顺利进行。"① 面对人民民主政治建设的加速发展，民主化与法制化的加强，法学不应当也不可能漠然置之，止步不前。

第二，从经济动因看。

我国经济体制正从计划经济向市场经济过渡。计划经济体制将被摒弃，市场经济体制将全面地取而代之。"建立社会主义市场经济体制，涉及我国经济基础和上层建筑的许多领域，需要有一系列相应的体制改革和政策调整，必须抓紧制定总体规划，有计划、有步骤地实施。"② 在社会主义市场经济体制的建立过程中，首当其冲地，要为这一体制的性质做法律定位，要确定社会主义市场经济体制下的法定财产制度、法定经济关系、法定经济秩序与法定经济活动原则，等等。这就要求探索与确立新的法律观念、法律原则，以至创立新的法律学说。众所周知，在资产阶级的法律中，"私有财产神圣不可侵犯"的口号是赫然明示的；与这一口号相对立的是我们十分熟悉的"公有财产神圣不可侵犯"。在前不久举行的宪法学术研讨会上，有学者提出，我国宪法也应罗列"私有财产神圣不可侵犯"的原则。其立论依据是，现行体制下个体经济、私营经济与"三资"经济中的外方财产归属为私有性的，它受到法律的保护，即"神圣不可侵犯"。这几乎是一种不可反驳的逻辑推理结论。而"公有财产神圣不可侵犯"几乎也是"天经地义"的。我们总不能在宪法中同时写上这两条原则吧。究竟如何看待呢？笔者以为，有关的宪法原则应该确定为："依法取得的一切财产神圣不可侵犯。"不管这一观点是否正确，都牵涉经济动因导致法律原

---

① 《在中国共产党第十四次全国代表大会上的报告》。
② 同上。

则、法学观点以至法学学说的探索与创新问题。诸如此类经济动因导致法学探索与创新的情况，将会越来越多。

第三，从思潮动因看。

在改革开放的大潮中，社会思潮激剧地变化着、更新着，无论从哪一个角度看，改革开放都伴随着社会思潮的剧变，甚至以社会思潮的更新为先声、为前导、为前提。因此，观念更新的"换脑子"已经成了社会的共识。

伴随着改革开放，对社会生活的调控从行政手段调节为主过渡到法律手段调节为主，已经成为全民的普遍要求与强烈愿望，即已经形成了一种社会生活法律化的思潮。因此，人们将更加重视法律文件而不是"红头文件"；更加重视法律规范而不是道德规范；更加勇于赴讼而不是耻于赴讼或仅仅求助于调解。

伴随着改革开放，对部分传统的道德规范及部分既成的法律规范，都可能产生怀疑和否定，这些怀疑和否定也可能最终为实际生活证明是正确的。越来越多的人对排斥安乐死的必要性表示怀疑；甚至有越来越多的人对禁设妓院、赌场表示怀疑；等等。我们暂不讨论这些怀疑正确与否，仅以此说明"怀疑"确确实实地存在着。这些，构成了否定传统的社会思潮，包括否定某些法律传统的思潮。

伴随着改革开放，与国际社会的法律观念、法律原则、法律规范、法律概念、法律习惯"接轨"，也成了必然的客观要求从而成为不可漠视、不可阻挡的主观需求。也就是，必将形成法制"国际化"的思潮。因此，我国法律与国外法律的"接轨"必将成为无可回避的趋势。

伴随着社会主义市场经济的发展，共同的市场经济的法制需求，将引起连锁反应，成为我国社会生活方方面面的法制需求。市场经济应是法制经济，无法制便无市场经济。适应市场经济发展而建设我国的法制，也将成为全社会的共识，成为可以称作市场经济法律意识、法律观念、法律习惯的思潮。

伴随着社会主义市场经济的发展，在经济生活和社会生活的一切方面引进竞争机制、强化竞争机制，也将成为不可阻挡的社会思潮。不必怀疑，在政治生活中，竞争机制也将成为主流机制，这仅仅是一个时间问题。

上述种种社会思潮，都将成为制约法的发展、影响法制建设、促进法学探索与创新的动因。

第四，从法学学术动因看。

前面谈及法学发展的学术动因是由其特有的发展规律、发展模式、发展方向、发展趋势、发展特点等在特定情势下综合形成的。囿于篇幅与本文的任务，这里不拟展开论述，仅想指出以下几点以明体制转轨时期法学发展和学术动因的梗概：

其一，改革开放十余年来法学的大发展，确立了大量新的法学观点，法律观念，已经到了实现法学发展的质的飞跃的前夜。例如，对维辛斯基关于法的定义的批评以及由此而得的关于法的定义的重新思考，关于"法治"、"法制"、"人治"的界定，关于法律和利益、公平、正义的研究结论，关于法律关系的重新思考，关于法的起源、本质、特点的探讨和若干新结论，关于传统法律文化与法的现代化的关系，关于判例法的作用及在我国的应用，关于法律社会学、法哲学的探讨，关于"权""法"冲突、"理""法"矛盾的研究，等等，硕果累累，现在已到了一个"挥镰收割"、开仓入库的时候了。也许，现代世界没有任何一个国家的法律实践有我国四十年来的起起伏伏、风风雨雨，蓬蓬勃勃那般变化巨大、丰富繁复的。

如果不是面临体制转轨、上面略略提及的法学发展的量的积累，还将持续一定时间。面临体制转轨的新的情势，也就要求"翼伏""足跼"[①]，通过探索创新，实现质的飞跃。

其二，中华人民共和国四十余年来的法学发展虽有局部的变革、局部的质变，但总体上是一脉相承地对旧中国法律文化的否定；面临体制转轨，行将出现的是一次新的否定，亦即法学探索与创新的结果将是法学发展中的一次"否定之否定"。不用说，两次否定都是必要的、科学的、正确的，而统成一体的否定之否定，这辩证发展的一个完整过程，所得到的结果，是不断扬弃旧事物而得到全新的新事物。

其三，传统的中国法律文化自有其优点，但兼收并蓄、博采众长永远不失为文化发展的不竭源泉；值此寥廓寰宇因交通与通信突飞猛进的发展而变成"小小的地球村"时，汲取各国法律文化的精华，使我国精深博大的法律文化更绚丽多姿，已经成为中国法学学术发展的一种向往、一种动力；面临体制转轨，面临社会生活的一切方面与国际社会"接轨"的情势，更加强了法学变革与创新的紧迫性。

总之，体制转轨时期的社会政治、经济、思潮、法学学术流变与发展，都要求法学大胆探索以求开拓创新。创新的法学，将因其新的活力与生命为我国社会主义现代化建设做出贡献；否则，法学将为改革开放的大潮席卷而去，淘汰衰落。

二、法学创新的目标

"法学创新"一语涵盖整个法学，那么法学创新的目标是什么呢？

第一，实务法学的探索与建树。

如果比较一下中外法学的现状，我们不难发现以下区别：中国（大陆）法学十分注重理论法学的研究与发展，中国香港及台湾地区、国外的法学极其注重实务法学的探讨与建树。只要稍稍对比一下它们的出版物、法律院系的教学以及研究机构的研究内容、成果，就可得出上述结论。笔者手头有一份日本有斐阁（书局）与中国台湾五部书社的1991年出版书籍目录，前者所出实务性法学著作占法律书籍总数约百分之八十，后者所出实务性

---

① 《古诗源》："将飞者翼伏，将奋者足跼。"

法学著作约占法律书籍总数的百分之九十八。与这些出版社相反，我国（大陆）1991年出版的法律书籍中，理论法学著作占百分之五十以上，实务性法律书籍有相当一部分是法律汇编，探讨法律实施的书籍仅占百分之二十左右。在法学教学方面，重理论轻实务的倾向，不仅表现在课程设置、教材选择方面，也反映在讲学内容、讲授方法上。许多以案例讨论为中心的课堂教学方式，我国（大陆）几无所见。在法学研究方面，更为突出的重点是理论研究，务实的应用研究及其成果几成"凤毛麟角"，所见甚少。

体制转轨时期，毫无疑问，仍极需要法学理论的研究，即便是法哲学之类比较"玄乎"的法学理论研究，也是不可或缺的。但是，体制转轨时期更需要的是操作性强的法学理论。

在法理学方面，关于法的定义、法的本质、法的特征，法律文化等问题的探讨虽然仍有必要深入进行，但更为重要、更为体制转轨直接服务直接需要的是诸如：与市场经济相适应的社会主义法制体系、立法体制与司法体制、法律结构、法律解释、判例法制、法律实施与监督等比较务实的法学理论问题的科学认识与合理解答。当然，在法理学的范畴内，对上述问题的研讨，仍然是理论性的。但这种理论探讨已十分贴近社会实际生活，是直接地为社会关系的法律调整提供理论依据的。例如：(1)与市场经济相适应的市场经济法律体系问题。显然，它与计划经济法律体系在立法的指导思想、基本原则、基本制度以至具体的法律部门、法律规范、法律条文和法律用语等方面，都有某些迥异之处。(2)关于市场经济部门法。市场经济法律体系应是一座繁复宏伟的法律殿堂。众多的市场经济部门法的立法，是相当繁重的法制建设工程。各部门法的科学性、合理性、实用价值，是其权威性、普遍性与稳定性的基础与保证。每一部门法的研究，都将是一个以至一批重大的研究课题。如合同法，在计划经济体制下与在市场经济体制下，就互有区别。《比较合同法》一书指出："社会主义社会与资本主义社会不同的经济基础和上层建筑以及法律观念，决定了两种社会条件下产生的合同法必然在性质和内容上存在诸多差异……"① 该书指明的"差异"有三：一为"不同的理论结构"，二为"不同的指导原则"，三为"不同的立法体系"。(3)关于市场经济部门法的实施。市场经济本身是一个瞬息万变的动态系统，调节其发展的部门法相对来说又只能是稳定的即静态的。其间的矛盾，只能靠在有关法律的实施过程中的随机权变而处理。这种随机权变不应是法官的"自由心证"及任何其他可能带有感情色彩的个人意志的体现，不应是法官的"恣意妄为"，而应是法律规定所允许的。这样，市场经济部门的法的实施就成了富有价值、饶有兴味的研究课题。据悉，现代资本主义国家合同法的一种发展趋势即国家越来越强化行政管理。这种行政管理除对合同的订立、合同的内容加以干预外，还对合同的执行进行审查、批准、监督，并在发生纠纷后进行调处，从而使行政机关得以行使部分司法权力。在这一方面，行政机关的司法权力有时

---

① 周林彬主编：《比较合同法》，兰州大学出版社1989年版。

还大大超出真正的司法机关的司法权力。随着我国市场经济的迅猛发展，这种情况会不会出现，如何对待，法理上如何解释，法律上如何调节，都是很值得研究的。

在宪法学方面，关于宪法原理、宪法的概念和本质、宪法的发展、宪法与国家的关系，宪法与其他部门法之间的关系等，应让位于或殿后于我国基本政治制度的宪法原则、选举制度、中央与地方的政权组织、政企关系、经济基础与经济体制的改革，公民的人权、代议机关（人民代表大会）的实质作用及其加强、人民法院独立审判权的加强，违宪的法律责任及法律制裁等更加务实的课题的研究。以基本政治制度的宪法规定为例，前不久举行的宪法学术研讨会上，有相当数量的学者认为不必增写关于多党合作制的条文。其理由之一是，已有爱国统一战线的条文。但是，爱国统一战线包孕着多党合作，却不能代替之，多党合作与政治协商制度是我国实行有年、成效卓著的两大基本政治制度之一，既然另一基本政治制度——人民代表大会制已经写入而且条款详尽，就没有理由不写多党合作制。这类问题，正是体制转轨时期必须探明，解答的。

在其他部门法学方面，民法学、刑法学、诉讼法学等一般原理的探讨，应当让位于或殿后于社会主义市场经济体制建设过程中，新型民事法律关系、刑事法律关系、诉讼程序及原则的市场适应性等更为务实的问题的探讨。现实生活中会涌现出大量现行法律未加涵盖或界定不明的"疑难案例"，企业法人犯罪及其法律处置，其量刑原则与具体办法等，正成为相当突出的问题。对此做出学理解释、找到具体对策，将变成重要的学术论域。

综上所述，笔者认为，法学探索与创新的目标，首先应指向实务法学的研究。体制转轨时期的法学家，最重要的贡献应当是"务实"二字，应当善于解答体制转轨过程中提出的种种法律问题，否则，便不能算是最有成就的法学家。

第二，开创应用法学新学科。

需加说明的是，我所使用的"实务法学"与通常使用的"应用法学"是有区别的。前者并不能够构成独立的法学学科，它所指的是既成法学学科中的一些或一大批具体法律问题的理论探讨；后者则一般都以构成一门独立的法学学科为对象展开研究。正是在做这一区别之后，我们认为，法学探索与创新，一方面要以实务法学为首要目标，在实务法学方面做出贡献，另一方面，还要设定开创应用法学新学科的目标。

说"开创应用法学新学科"，是因为：其一，民法学，刑法学、经济法学等久已存在的学科，本就是应用法学；其二，现实生活的发展，尤其是市场经济的发展，会出现一些新的社会关系，要求制定新的成体系的法律，从而也要求建立新的法学学科对有关问题做出阐述。

科技体制改革以来出现的技术市场以及大量的技术交易，要求以具有法律约束力的技术合同来保障。于是，技术合同法应运而生。科学技术的发展，使科技社会关系的法律调整成了一个系统复杂、侧面众多的问题，于是，除技术合同法外，还制定了奖励法、评估法、专利法、计量法、标准化法以及原子能、计算机、基因工程等多种高新技术法、环境保护法……科学技术法于是成为一种具有网络性、体系性的法律体系；于是，专事研究科学技术法的"科技法学"便呱呱坠地。

第三，建立人权法学。

随着生活水平的提高，随着民主意识的增强，随着保护人的权利即人权问题越来越普遍地受到关注，以法律手段保障人权将成为一门全新的学问，因此，法学创新的另一重要目标便是人权法学的探索。

古往今来，人权问题始终是思想家们关注的重要问题。当然，不同时期、不同的思想家，是从不同的侧面提出人权问题的，这是因为人权本身既有伦理问题，又有法律问题；既是哲学问题，又是社会学问题；既是理论问题，又是实践问题；等等。但从人权理论的发展来看，一开始便与法律问题紧密联系，越往后，这种联系的程度越加强，现在则在全世界的范围内变成直接的法律问题。之所以如此，是因为"人权"就是"人的权利"。它主要包括生存权（生命权、居住权、婚姻权、养育权、受抚权、安全权等）、经济权（劳动权、休息权、财产权、继承权、竞争权、经济发展权等）、政治权（身份权、自由权、平等权、民主权、名誉权、隐私权、和平权等）、文化权或智能发展权（受教育权、文化活动权、创造权、发明权、表演权等）。人的所有一切权利，可以因伦理道德水准的提高而受到尊重，但却不可能因此就得到可靠的强制力的保证。只有带强制性的以调整人们的权利义务关系为天职的法律，才能真正有效地保护人权。因此，人权从一开始就有赖法律而且越往前发展就越有赖于法律。研究以法律手段保护人权，就成了大多数思想家关注的中心。当今中国的人权学著作，几乎每一页都要提到这样那样的与人权有关的国内法或国际法。另一方面，古今中外的法学家的著作，几乎每一个人都会谈到法律与人的权利的关系（像儒家那样否定法律作用或漠视法律作用而偏于社会关系的伦理调节的，是罕见的例外）。

但是，作为一门新的学科，人权法学还未被足够重视，足够充分地加以研究，甚至这一学科名称也刚刚见诸本文。

在体制转轨时期，我国的人权问题也会越来越突出，以法律手段保护人权将越来越受到党和政府的重视。这样在一门名为"人权法学"的学科中详尽研究人与法的关系，人的权利与法的关系，人权保障的法律原则、法律程序、法律手段、法律实施、法律监督、法律救济直至整个法律体系，等等，必将为法学界所注目。

三、法学探索与创新的方法

法学探索与创新的方法，举其要者，大略有三：

第一，深入调查研究，总结法制建设经验；科学综合分析，概括法学研究成果。

无论是总结法制建设经验，还是概括法学研究成果，都要在深入调查研究的基础上，精心地剔刮耙梳、综合分析，同时，法制建设与法学研究互相依存，互相促进，相得益彰。因此，我们将二者放在一起，作为法学探索与创新方法的一个方面来谈。

"十四大"作出从计划经济体制向市场经济体制过渡的决定虽是近期的事，但市场的培育工作与市场经济的发展却早在十多年前的十一届三中全会之后就渐次展开了。因此，当市场经济突飞猛进地发展的时候，我们并非毫无经验、无章可循。与此相应，有关的适应市场经济需求的法制建设工作及法学研究，也早已在不同程度上展开并取得了一些成绩与经验。最为突出的便是合同法律制度的建设及合同法律制度的研究。现在，合同的自由性取代着强制性，合同的平等性取代着不平等的指令性，合同主体的多样性取代了单纯性，合同的种类大大增加，合同适用的范围大大拓展，合同管理、合同仲裁，合同司法工作也有了很大的发展。其他与市场经济发展相称相应的法制建设工作以及与此相关的法学研究工作，也得到了重视，取得了一定的成果。对所有这些进行比较深入的调查研究，从中总结出经验来，进行科学综合与科学分析，当为法学的探索提供切合实际需求的明确方向，少做或不做无效劳动；当为法学的创新提供汩汩不竭的清新源泉，提供结结实实的丰满硕果。

第二，比较各国法制建设经验，汲取国外法学研究成果。

"比较是医治受骗的良方。""他山之石，可以攻玉。"这些有益的格言是很好的启迪。比较法学现在已经成为国外最重要的法学学科，关于比较方法的探索也取得了巨大的成功。

现在，国际社会市场经济的发展已到了十分成熟的阶段，形成了与之相适应的系统的严密的法律规范体系。尽管许多国家的经济制度建立在"纯"私有制经济基础上，不姓"社"而姓"资"，但是，市场经济所依据的基本的价值规律、竞争机制，诚信原则、自由平等原则，等等，在任何社会制度下都应是一样的。因此，资本主义市场经济体制下业已形成的保护价值规律、竞争机制、诚信原则、自由平等原则等的法律规范，以及研究这些法律规范的制定、实施，监督及发展的学术成果，毫无疑问，都应做比较研究、认真借鉴；在某些情况下，某些范围内，局部地"移植"也不是不可取的。

但从总体上说，比较研究不仅要"择善而从"，而且要切实创新，即切合本国的实际创造新的带有本国特色的新颖理论。后者尤其不能忽视，否则就只有模仿而无创新了，据我国合同法学者的研究，在资本主义世界里，合同法的发展出现了"一种奇异的情况，一方面，就其法律本身说，它已成为一个极其精巧、细微的法律体系，处于高度发展的状态；另一方面，其内部矛盾也发展到相当激化的状态"[①]。这里所说的"内部矛盾"就是合同自由与反合同自由的矛盾。这种矛盾在资本主义制度下是不可能合理地解决的，通过法律途径保护合同自由，从法学学理上做什么科学解释，都同释困难。只有在社会主义制度下，由于建立了以公有制为主体、以国有企业为主导的市场经济体制，既排除了垄断资本

[①] 王家福等：《合同法》，中国社会科学出版社1986年版，第75—76页。

的垄断,又发挥了自由竞争的机制性作用,合同制度的上述内部冲突才可望得到避免。当然,社会主义市场经济体制下的合同法律制度建设与合同法学研究,一方面与任何市场经济下的合同制度有若干共同点,另一方面,又带有"社会主义体制"的特点与中国的特色,因此,探索的天地、创新的范畴,比较开阔。在探索与创新的全过程中,比较各国法制建设的经验,汲取国外法学研究成果的精华,都应始终重视、不断加强。这是因为,与我们同步前行的、国外的法学工作者也还在做不懈的努力,并不断地向人类贡献出他们的智力劳动成果。就笔者所知,美国的法律工作者,就在合同的形式方面做了大量的深入的研究,找到了较佳的合同形式从而为促进生产发展,增加经济效益做出了很大的贡献。诸如此类的比较、借鉴以至"移植",将为我国合同法学的创新提供启示。

第三,动态研究、动态创新的方法。

江泽民同志指出:"建立和完善社会主义市场经济体制,是一个长期发展的过程,是一项艰巨复杂的社会系统工程。"因此,静止地研究不可能跟上时代需要,不可能适应体制转轨的法律需求。必须跟踪体制转轨时期的实际生活,动态地研究动态发展着的社会主义市场经济,不使我们的法学创新停止在某一点上。

笔者在近十年的研究中,对动态研究与动态创新的重要性略有体会。最初笔者只是感到法学面临新技术革命的挑战,后来发现科技社会关系的日益繁杂化,渐次地又探索了科技民事、科技行政、科技刑事、科技国际关系以及各个高新科技领域的法制需求,进而探讨了科技法制的复杂体系以及科技法的发展特点、发展规律等问题,最后形成了《科技法学导论》这一专著(四川人民出版社 1990 年出版)。在这个过程中,我国科技体制改革与转轨不断扩大、深化,技术市场迅速发展,各个高新技术领域的立法活动适应着市场经济的发展而不断加快,等等。正是与此同步地探索、研究、使得提出了一些略有新意的看法,而在拙著发表之后,实际生活又提出了一系列新的问题,笔者与科技法学界同人正追踪这些问题进一步探索,以期进一步创新。

科技法学如此,其他法学部门的探索与创新也是如此。总之,是要跟踪现实生活、跟踪体制转轨的历程,动态地研究,动态地创新。

体制转轨时期的法学探索与法学创新,是一项天地广阔、任务繁重、前景辉煌的事业。让中华人民共和国的法学在这体制转轨时期里跃上新的高度吧。

法律效力的投资及其价值选择[*]

制定法律的本身并非目的，其直接目的是法律的实行。美国社会法学家庞德说："法律的生命在于它的实行。"[①] 法律一经制定，便产生了法律效力，但法律效力不等于法律实效。"法律的效力是指法律本身的存在，它具有这样一种特征，对凡行为受法律调整的人都有某种约束力，不仅对一般公民、组织，而且对执法、司法机关或人员都有约束力。……法律的实效……指法律在实际上被遵守和适用。"[②] 法律的实行，是法律效力转换为法律实效的必由过程。为使法律实行最佳地体现法律效力向法律实效转换，应当深入探讨法律效力的投资及其价值选择问题。

一、法律效力的投资

泛泛而谈法律的实行，如仅仅提出"有法必依"、"违法必究"、"执法必严"，是远远不能使法律效力转化为法律实效的，必须对法律效力进行投资。弗里德曼在《法律制度》一书中，对法律效力的投资的必要性做了探讨。他指出："……执行取决于投入的资源。繁忙街道上十名警官会比五名抓到更多的超速驾驶人。"[③] 他认为，执行反映了两个阶段的决定：首先，社会愿意为法律执行投资多少；第二，这些投资如何发放。司法的质量和性质取决于这些决定。弗里德曼的论述，以称职、尽责的警官为前提；如果像我们常见的那样，三五成群的警官自管自地闲聊，那么再多的警官也无济于事。

法律效力的投资的必要性在于：

第一，使法律效力不致随着时间的流逝而淡化、虚化、弱化。法律效力既是客观的，

---

[*] 原载《现代法学》1995 年第 5 期。
[①] 《法理学》第 1 卷，西方出版公司 1959 年版，第 353 页。
[②] 沈宗灵主编：《法理学研究》，上海人民出版社 1990 年版，第 260 页。
[③] [美] 劳伦斯·M. 弗里德曼：《法律制度》，李琼英、林欣译，中国政法大学出版社 1994 年版。

又是主观的。某一部法律的具体规定（如刑法某条规定明知是犯罪所得的赃物而予以窝藏或者代为销售的，处三年以下有期徒刑、拘役或者管制，可以并处或者单处罚金），一旦作出并予公布，就成了不以人们的意志为转移的客观存在，因而是客观的。它的客观性使所有的人，尤其是与此可能相关的人，切实地感受到了它的约束力和威慑力。这种客观性为人所接受、反映时，经过了人的"消化"。因此，不同的人所理解、所感受的约束力、威慑力是不尽相同的。而如果该法律条文长期未被严格执行，尽管从客观性的层面看，法律效力依旧；而从主观性的层面看，法律效力却很容易在广泛的人群范围内被淡化、虚化、弱化。从这一点出发，对"法律效力"即"法律本身的存在"及其"约束力"的论断，是值得商榷的。不过这是另一论域的问题，这里只要认清法律效力有可能淡化、虚化、弱化就可以了。要使法律效力不致淡化、虚化、弱化，给予投资，使之"保值"，当然是必要的。

第二，使法律规定得以顺利实行并保证这种实行得以持之以恒。弗里德曼在谈到上述"两个阶段的决定"后指出："做这些决定者不仅要权衡交通和盗窃、坏事的轻重需要，还要权衡大街交通控制的需要，白人居住区的坏事和黑人居住区的坏事，等等。民事方面也存两个阶段的决定，如多少法院，哪一类法院，给穷者原告多少补助，离婚法庭投资多少……"①

我国的立法工作成果辉煌，在短时期内基本上改变了"无法可依"的局面，这是令人高兴的。但在立法过程中，在大力开展全面性的立法工作的同时，我们在相当大的程度上忘记了或漠视了法律效力的投资问题。哪一部法律在立法之时就比较仔细地（哪怕是粗略地）估算过该法的实行所应投入的资源（人力、物力、财力）呢？恐怕没有。至少，在笔者参与的技术合同法、原子能法、中国科技进步法以及一些地方性立法的过程中，根本无人提起，更不用谈实际地研究、测算并实际地关注法律效力的投资问题了。《森林法》《食品卫生法》的实施，极明显地需要大量的资源投入。显然，对此事先考虑欠周，这些法律实施情况不佳，原因之一即在对法律效力投资无所细虑。

法律效力的投资，主要涉及以下几个方面：

一为实施法律的机构设置的投资。要实施《森林法》，必须加强森林管理机构、巡警机构，必须配备必要的交通、通讯、监控器材。要实施《食品卫生法》，必须加强、增设食品卫生检查机构，必须设置专门的食品卫生检测、化验机构，配备比较齐全、先进的有关设备。

二为实施法律的人员培养、训练的投资。"实施法律的人员"分为作为遵守法律者的一般公民、司法人员与执法人员等不同的层次。对公民要进行法律教育，对此必须有所投

---

① ［美］弗里德曼：《法律制度》，李琼英、林欣译，中国政法大学出版社1994年版。

入。《文汇报》发表《为山杠爷的公开辩护词》^①一文,引起了学术界与一般公民的莫大兴趣。显然,法律教育投资的雨露,不但没有洒到山杠爷身上,而且也还未及滋润该文作者刘大吉身上。后者恳切地说:"对于数十年一心为了国家利益和村民利益,只是因为文化水平低而以朴素简单方法处理问题,乃至触犯现行法律的山杠爷,我请求多给一点宽容,多给一点关怀,多给一点教育。"这里的"多给一点教育"就必须投资,因为山杠爷漫山遍野,成千上万!

三为惩戒罪犯的投资,某市传媒惊呼"一个转速加速、气旋加大的'恶风圈'正在侵袭着本市的社会环境。'犯罪——改造——再犯罪——再改造'的恶性循环已成为危害社会日甚的突出问题。"该市如此,全国皆然。对此,司法界人士要求劳改部门区别初犯、累犯及案件性质,做到分类关押、分层管理,因人施教、隔离恶源、防止"交叉感染";还要求劳动、人事部门在刑释人员的就业安置方面给予考虑;等等。这些,都要求必要的投入,都属法律效力投资的范畴。

此外,还有法律实施的跟踪调查以及为法律的修改而做的投资等法律效力的直接投资。至于间接投资,如法学教学、法学研究、法律书籍的出版等,也应有适当的考虑。

仅以上述,很容易产生一个功利性的错觉,即把法律效力投资的视觉,仅仅局限于具体法律条文的实施,甚至仅仅局限于社会秩序的维护方面,因此,有必要进一步深入研究。

二、法律效力投资的价值选择

人类在长期的实践活动中形成并遵循着两大基本原则,即真理原则和价值原则。真理原则的基本内容就是人类必须按照世界的发展规律在现实的客观世界基础上去认识世界和改造世界,包括认识和改造人类本身。价值原则的基本内容就是改造世界使之适合于人类社会进一步发展,或按照人的尺度和需要去认识世界和改造世界。真理原则和价值原则在人类的实践活动中,由于作为主体的人的努力,是可以互补并统一起来的。列宁曾这样写道:"认识只有在它反映不以人为转移的客观真理时,才能成为对人类有机体有用的认识,成为对人的实践、生命的保存、种的保存的有用的认识。"^②由此可见,价值选择不仅与真理选择密切相关,而且,科学的真理选择才是正确的价值选择。这样,法律效力投资的价值选择,首要的是考虑真理选择。

实用主义者的真理就是实用。"实用即真理",杜威就是这样谈的。实用主义者的姻亲功利主义者的真理就是功利。"功利即真理",边沁等人的法哲学主张可以这样概括。当

---

① 刘大吉:《为山杠爷的公开辩护词》,《文汇报》1995年7月22日。
② 《列宁选集》第2卷,第139页。

然不是说不实用、非功利即真理，但是，也不能因此而断定真理选择即实用选择与功利选择。和法律效力投资的价值选择联系起来考虑时，其结论之一便是，实用选择与功能选择不等于真理选择，也不等于价值选择。那么，法律效力投资的"真理选择"的"真理"为何物呢？

我们正在努力建设与健全社会主义法制，期盼早日成为中国特色社会主义的法治国家。当我们这样考虑问题时，法的权威性、法治的重要性、法制的必要性就是第一位的；人们的法律意识的调整、法律观念的增强、社会法律逐渐的纯化就是第一位的。这是应当树立的信念，这是应当承认的真理。真理选择及以真理选择为前提的价值选择，都应建立在这样的信念与真理的基础上。由此出发反思我们的法制建设进程，无论是从经验的层面，还是从教训的层面看，都应承认这样两个方面的基本事实：凡高度重视法的权威性的确立，高度重视法律意识、法律观念的增强的一切法制举措，包括法律效力投资，都可以而且已经收到了事半功倍的好效果；与此相反，则事倍功半甚至劳而无功。以"普法教育"为例，对"普法教育"的投资（实际上也就是所"普"之有关法律的效力的投资），着眼点即价值选择，如果是法律权威、法制观念方面，那么就可收到举一反三的作用，不仅有关法律的知识普及了，而且提高了人们对整个法律体系的权威性的认识，增强了自觉遵守一切法律的观念；与此相异，着眼点即价值选择如果仅为某法律条文、法律规定的了解，那么，能背即止、"走过场"等弊端就成了最大收获。由于同样的投资，不同的价值选择，产生了不同的效果。

法律效力的投资，体现在立法、司法、执法与守法等主要方面。与此相应，法律效力投资的价值选择也反映在立法、司法、执法、守法等主要方面。

立法总要追求最终的法规详备、体系完整从而使一切方面都做到"有法可依"。这些，我们撇开法的动态发展、法律体系总是在完备与不完备的矛盾中运动、发展不谈，只是从静态的视角加以分析，那么，作为从无到有而又到全的一个立法发展过程，怎样把握立法过程进度快慢的关节点，亦即怎样区分别主次、缓急呢？这就牵涉法律效力投资的价值选择问题。可供选择的方案是多种多样的：集中全力加快立法进程，加大立法力度，力争在最短的时间内高速完成全面立法的凯歌，"成熟一个制定一个"，"巩固一批制定一批"；随机，即哪一方面社会需要呼声最高先立哪一个，哪一方面立法人才最齐备先立哪一个；……不管选择何种方案，都应把最有利于法律效力向法律实效转化放在第一位。道理很简单，不能转化为法律实效的法律效力，是虚的，是乌有之物。它只能带来损害法律权威、淡化人们的法律意识与法制观念的负面作用。因此，无力付诸实施的法律，宁可暂不制定或暂不宣告生效（即制定并公布，但宣布生效日期为若干年月之后）。但在实际社会生活中的问题并不是可以简单地是是否否的。实施条件完全不具备的情况几乎不存在。正因如此，几乎一切法律都可"超前"制订出来。但也正因存在着既不眉毛胡子一把抓，又不是简单地是是否否，就有了价值选择的必要。这样。不可能就每一部法律的立法条件、立法必要性等——详论其价值选择，但至少要指出以下两点：第一，无论哪一部具体法律的制定，放在价值选择的第一位上的应是，该法以及受该法影响的整个社会主义法律体系的权威性问题；第二，在考虑价值选择时，尤其是与法律权威性相联系考虑价值选择时，应把法律效力投资的可能性系数放在第一位，最好是建立起数学模型，做比较精确的数量分析。

司法是实施法律的关键一环。法律效力投资在司法这一环体现最具体，投入的数量最可观、比例最大。立法者的智慧如果以"智多星"相况而应力避"智多星无（吴）用"的话，那么，司法方面的投入如果以"及时雨"相况，就必须力避"及时雨送（宋）江"。这里，同样有一个价值选择的问题。它反映在以下几个方面：第一，为某法而司法还是为社会主义法律体系而司法。司法总是具体的，如某人触犯了刑法，予以定罪量刑等。但具体是抽象的具体，特殊是普遍之特殊，不能离开抽象与普遍来孤立看待具体与特殊。价值选择在这儿就要求做到：把为社会主义法律体系法律实效的实现与为整个社会主义法治的实现而司法作为具体法律的司法的前提与指导思想。第二。在司法的社会效益、经济效益、文化效益以至国际效益上，在司法的近期效益、中期效益和长期效益上，做出恰当的价值选择，并在此基础上恰当分配法律效力的投资资源。这是一个复杂的问题，不仅要做定性分析。还要做定量分析。

执法可以看作司法的延伸，许多学术著作把二者作为一个问题概定以"司法"以便论述。拙著《法哲学经纬》中的一章《论立法、司法、守法的一体化》就是将二者作为一个态体以"司法"而综论的。执法的价值选择问题也可与司法的价值选择等量齐观。

守法一词，很少出现在剥削阶级法哲学家、法律思想家的笔下纸上。这同剥削制度的法律作为人类所创造的法律工具的作用严重异化分不开。在社会主义社会里，法律反映人民的意志，维护人民的利益，守法的自觉性、可能性与现实性是社会主义法制、社会主义法治的"题中应有之义"。因此，在论述法律效力投资的价值选择时，守法作为价值选择的关键环节的地位，是不应稍有忽视的，为使社会主义社会的绝大多数人能够自觉或比较自觉的守法，所做的投资，其"回报率"很可能要远远超出在打击犯罪等方面的投资的"回报率"。当然，打击犯罪也兼有对广大群众的教育作用，这里的界限并不是了了分明的。但我们起码应当承认，在守法方面的投资是少得十分可怜、低得不成比例的。这就会影响整个法律效力投资的实际效果。今后，为法律效力充分地转换为法律实效，是很需要研究一下守法投资问题的。十分自然的是，务必把守法投资作为重要的价值取向，价值选择的天平应当向守法投资方面倾斜。前面我们谈到实用选择、功利选择与真理选择的问题，守法投资作为价值选择的重心，我认为应避免实用选择、功利选择之短，而扬真理选择之长。

法律效力的投资及其价值选择问题，不仅限于上述若干方面，它涉及对法律的性质、地位、结构、功能等一系列问题。例如，弗里德曼论及"法律制裁"时，把"制裁"这一概念的外延从"惩罚"扩大到了"奖励",意即"奖励"也是一种"制裁"。"制裁"成了中性的概念。这是不无新意的。在拙著《科技法学导论》与《法哲学经纬》中,我都谈到了法律的性质与功能问题,指出:法、法律不是人类从地底唤出折磨自身的魔鬼,而是人类用以帮助自身求得全方位解放的一大创造;法、法律的功能中,不仅有惩罚机制,而且有奖励机制;法、法律的发展,是一个从以惩罚机制为主逐渐向以奖励机制为主的运动过程;等等。仅此一个方面,就漫及与法律效力投资及其价值选择的许多值得深入探讨的问题。这些,笔者将在其他论文中加以阐述。

"举报"的法理学与政治学思考*

一

访美归来,为适应时差,购阅了一册《中篇小说选刊》。卒读之余,浩然慨叹于技法平平却以"敢骂"取胜之可悲,猝然震惊乎文坛怪杰对"举报"痛非之剧烈。这里仅就后者略事分析,

以现实生活为题材的《华容道的一种新走法》②中,主人公肖吉平志在改革却怀才不遇,目睹所在单位古城百货商场商事日非却回天乏力(权力的力),于是与"未遂情妇"李碧华合谋巧施匿名举报之计,将沉湎赌博而无心公事的在位领导一网打尽,从而轻取大权、放手改革,在极短的时间里取得了极大的成效。但他早已积劳成疾,就在事业辉煌、如日中天之时,却身罹绝症,含恨仙逝。行文至此,本可束笔,讵料作者却让肖吉平"临终遗言"曰:"……我很鄙视举报,也不赞同举报。历史的教训,凡是依靠举报维护政权的,都说明他们无可奈何了。各种职能部门能够有效地行使权力,制止各类犯罪的事情发生,还用什么举报?举报的才处理,没举报到的要不要处理?因为举报有那种特殊效果,我就利用了它。其实我是违心的。……"

《曲曲为之祸》③是一篇历史小说。作者以刘肃所撰《大唐新语》中的《崔思竞》为原型,思维发散,抒写尽情,淋漓酣畅,极尽文才。一篇五百字的古史,经作者生花妙笔铺陈敷衍,而成四万多字的中篇。但作者自撰的自译短文《历史的反思》却写道:"……武则天又特别喜欢举报,不管举报是否属实,一概有赏,这必然造成冤狱遍地,小人得意。一

---

* 原载《政治与法律》1995 年第 6 期。
① 孙春平:《华容道的一种新走法》,原载《上海文学》1995 年第 3 期,见《中篇小说选刊》1995 年第 3 期,第 54 页。
② 陈鲤江:《曲曲为之祸》,原载《十月》1995 年第 1 期,见《中篇小说选刊》1995 年第 3 期,第 158 页。

个正常法治的国家,凡犯法的都要究治,为什么要等到别人举报了才去办,没有举报而应该办的就不办了?举报是一种虚弱的表现。……"

两位作者、两篇文章(一为小说,一为自译),对"举报"之深恶痛绝溢于文表,几乎唱出了一个调调。笔者无意做"纲"、"线"分析;仅凭片面只语乱贴政治标签、乱戴政治大帽,也为笔者、读者所不齿。笔者也不想去探究武则天"不管举报是否属实,一概有赏"之是否属实,因为逻辑常识告诉人们的只能是:这不可能是事实,如果是事实,别说盛唐的财富不够赏赐,即便把满天繁星全部摘下来也是不够赏赐的;笔者更不想去探究"依靠举报维护政权"的武氏王朝是否"无可奈何了",因为历史常识告诉我们,其时还在"盛唐"一说的范畴之内。我只想从法理学与政治学的角度来分析一下"举报"的有关问题。

二

举报作为举报人向司法、行政机关检举被检举人的违法犯罪事实的行为,是一种法律行为。这样,举报就有涉法律权利(与义务)、法律正义、法律利益、法律关系、社会主义法治及法律责任等一系列法理学问题。

第一,肖吉平"违心"地由李碧华出面,花钱请一个陌生路人打电话举报所在单位头头们违法犯罪的事实,直至临终仍痛心疾首自鄙自贱,觉得做了一件极不光彩的事。这至少是对自己的法定权利与法定义务的无知。

以社会主义民主政治为基础的法制观念的核心之一,是权利义务观念,即依法行使权利、履行义务的观念。正是对权利义务关系的科学认识,才得以正确对待社会主义法制的信仰,并满足国家、集体与个人(包括举报人本人)的法律需求。古往今来的万千法学家,厉声呵斥法律为戕害生灵的魔鬼。这显然失之公允。法、法律,是在人类社会前进发展过程中产生的,它不是人类从地狱里唤来折磨自己的厉鬼,而是以"万物之王"的崇高智慧创造的、帮助人类从自然与社会的淫威下逐步解放的神通广大的法宝。即使是在奴隶社会,在它的上升时期,也确乎如此。剥削制类型社会前期的法律都可作如是观。但在它们的后期,法、法律异化成了社会和人类的对立物,不但折磨被剥削者,而且也成了勒死剥削者的绞索。只有到了社会主义时代,人民成了国家的主人,法、法律才恢复了它"与人为善"的本性。因为此时的法律规定了人民的合理权利,并以强制力保卫这种法定权利。我国宪法规定,中华人民共和国公民对于任何国家机关和国家机关工作人员的违法失职行为,有向有关国家机关提出检举的权利(第四十一条)[①],等等。当然,这些既是权利,也是义务。运用宪法赋予的权利,履行宪法规定的义务,与国家机关、国家机关工作

[①] 1982年宪法。——编者注

人员的违法失职行为作斗争，与危害国家、集体、公民利益的违法犯罪行为作斗争，何罪之有？何咎之有？

第二，举报违法犯罪事实，是社会主义法律正义的要求。

法律与正义的关系在中外历史上曾长期困扰法学家。从柏拉图、亚里士多德到孟德斯鸠、卢梭，从管仲、孔子到王阳明、黄宗羲，不仅没有正确地阐明过什么是正义、什么是法律，也没有正确地评述过法律与正义的关系，其根本原因在于其时的法律与正义本就是若即若离、貌合神离的。只有到了社会主义时代，才会有法律与正义的一致。因此，我不惮使用"法律正义"一词来匡正对此缺乏认识者的法制观念。

论者认为社会主义正义至少应包含平等、按劳分配、集体主义和人道主义四项原则。① 正是社会主义法律规定并捍卫着这些原则。另一方面，只有社会主义正义性的普遍确立，才能保证实施与加强法律的有关规定。因此，笃信社会主义法律、捍卫社会主义法律，就是笃信与捍卫了社会主义正义；反之亦然。这就要求每一个有觉悟的公民理直气壮、堂堂正正地以举报等形式，维护法律正义，与违法犯罪作有力的斗争。

第三，举报违法犯罪行为，是至高无上的人民的法律利益所在。

古人云："君子耻于言利"，对"利"不加分析，显然有失偏颇；而且，"耻于言利"不过是"耻于言利"论者们的遮羞布。"耻于言利"的时代应当永远结束。既要敢于言人民之利，也要敢于言合理合法的一己之利。至少，业已规定的法律利益，任何人都不该轻易放弃。

从法理学看，权利就是法律所承认的利益。确定各种主体应当享有的利益，正是法律调整整个社会极其错综复杂的利益关系的重要功能。个人利益、集体利益与国家利益，实际上是不应也不能绝对地划分的，社会主义时代尤其如此。因此，当你为维护合法的个人利益而抗争时，实际上也捍卫了集体的与国家的利益；反之亦然。举报，无论是从违法犯罪者对自身合法利益的侵犯出发，还是从他对集体或国家利益的侵犯出发，都是对至高无上的人民的法律利益的捍卫与贡献。

但"公开的检举"与匿名的举报毕竟是不同的。这也许是肖洁平们良心不安的病根之一。不过，仔细一想，至少有这样几个问题：

其一，有"公开的检举"吗？检举人会在公众场合或在被举报人面前说出检举事实吗？

其二，"举报"而匿名，形似鬼鬼祟祟的小人勾当，但究其实，这不是万不得已的自卫之策吗？由于位卑权弱，合理合法的权利本已被非法侵犯，匿名而保护自己，不也是法律权利，法律正义的一种表现吗？

其三，举报并非仅有匿名一种方式，具名、联名举报者大有人在。因此，不仅否定匿

---

① 沈宗灵主编：《法理学研究》，上海人民出版社1990年版，第78—81页。

名举报有悖法理与法律精神，而且连累而否定一切举报，更屑荒谬之至。

其四，时至科技高度发达、刑侦手段日臻精巧的今日，可以认定，每一个匿名举报人大概都知道，这"匿名"不过是蒙在美女面颊上的薄雾轻纱而已，真正认真起来，"名"是无法久"匿"的。这样，几乎可以说，匿名举报与"公开检举"并无根本的区别。

第四，如果上述种种还不足以冰释肖吉平们的疑虑的话，那么，不妨让我们来看看法理学关于法律关系的理论。

有关理论认为，法律关系（即由法律调整的社会关系）的产生，有以下三种模式：一为"法律规范＋行为"；二为"法律规范＋法律事件"；三为法律规范直接规定的某些法律关系。

根据上述三种模式，举报者或因先有法律规范提供了一定的法律关系的一般要求，随后发现某些侵犯本人或他人或社会利益的行为，即破坏法律规范的行为，于是检举之；或者因作为公民的举报人本身已处于某种法律规范的规定而直接产生的法律关系范畴之中，例如，财会人员因法律规定有检举上级经理人员滥用权力（或诈用权力）违法开支的义务。这就是举报者的举报行为所产生的法律关系，它与上述第一、第三两类法律关系产生模式吻合。

法律关系就是一种权利义务关系。这样，我们又回到本节的开头去了，也就是说，应当为举报涤去一切强加给它的油腻污秽。

显然，肖吉平们还会说，那要专职的司法机关干什么？

第五，诚然，司法机关如能有效地行使权力制止各类犯罪，自然不需要发动举报。但是，司法机关在何种情况下以及怎样才能够独奏全功呢？"群众专政"祸害之烈已使国人"谈虎色变"，"专政"的职能应当是专由司法机关行使的政治权能。但它的有效行使要有一系列前提条件，除"有效行使权力"而不受其他行政权力、个人权势的干扰外，至少还有一个预防与打击犯罪的信息来源问题。司法机关，尤其是其中的公安、检察机关自有其独立的强有力的信息系统，以便侦悉各种犯罪分子的隐蔽活动。但古往今来以至永远不可能企望仅有司法机关即天下太平。犯罪活动的隐蔽性、复杂性，犯罪分子的狡猾性、奸诈性，都要求非司法机关及非专职司法人员给予积极的配合，其中包括举报。日本东京地铁沙林毒气事件发生之后，警方接获几千件举报，结合原已掌握的情报才能据以分析认定是"奥姆真理教"所为，从而侦破麻原教主的巢穴。美国俄克拉荷马市政府大楼被炸，美国司法部接到一万多起举报，才使侦查工作有实质性的进展。毫无疑问，我国的人民司法要有真正的成就，是离不开人民支持的，举报即是支持的形式之一。

但举报有时是会发生偏差的，也难免有人利用举报而编织网罗陷人于罪。

第六，窃以为，举报是必须负法律责任的。我国宪法在规定公民的检举权利的同时，还规定"不得捏造或者歪曲事实进行诬告陷害"（第四十一条）；与此相应，我国刑法还规定了诬陷罪："严禁用任何方法、手段诬告陷害干部、群众。凡捏造事实诬告陷害他人

（包括犯人）的，参照所诬陷的罪行的性质、情节、后果和量刑标准给予刑事处分。国家工作人员犯诬陷罪的，从重处罚。"（第一百三十八条）① 这就是"诬告反坐"。这里的"任何方法、手段"当然是指举报在内。须加反思与改进的不是摒弃举报，而是极为认真、严肃地对待每一举报，在精心查核的基础上，或打击犯罪者，打击诬陷人。庶几才有可能使人民司法更上一层楼。而这，或可使疑忌鄙弃举报的人消释前嫌。从这个角度看，我们应当感谢几位小说作者对法学工作者的启迪。

三

就在读毕上述小说之后的几天，《文汇报》报道了上海市民的举报成绩及司法机关因举报而取得的打击犯罪的战果。这就形成了鲜明的对照。一方面，一些人反对、鄙弃举报；另一方面，我们的党和政府机关以及传媒机构都支持、赞颂举报。因此，还有必要做简略的政治学分析。

第一，政治学曾长期被冷落，然而"野火烧不尽，春风吹又生"，约在十余年前，它在神州大地又找到了一片沃土。可惜的是，引进的洋种子太多而"国货"太少。政治学专著上充斥的是"政治逻辑"、"决策增殖"、"政治超越"、"政治模特"等"洋泾浜"。"洋泾浜"也是需要一点的。然而同样重要的是"使用国货"，如"路见不平，拔刀相助"等，为什么我们的政治学中没有一章专论"群众路线"呢？我主张用中国话写中国的政治学。这就涉及与举报等有关的政治学问题了。我们不要"群众专政"，但我们要"群众路线"、"群众政治"。宪法规定人民是国家的主人，"中华人民共和国的一切权力属于人民"（第二条）。人民群众有权参政议政；倒过来说，参政议政包括打击违法犯罪必须依靠广大的人民群众。我想，社会主义的政治、政治学与以前一切政治、政治学的根本不同点之一，就在于是否以群众为生存的基础，为力量的源泉，为发展的前提。我们的文艺工作者应当讴歌群众以举报等形式参政从政管政，我们的司法工作者应当紧紧依靠群众包括发动群众举报而有力地打击违法犯罪；我们的政治学应当研究党的群众路线在夺取政权、创建政权、保卫政权过程中的原则、方法、战略、策略、地位、性质、价值、功能，等等。

第二，发动群众举报违法犯罪是一个政权政治生命虚弱的表现吗？

举报涉及举报主体、客体、内容三个方面。举报人是举报主体。"事不关己，高高挂起"者不可能成为举报人；"逆来顺受，低头做人"者不可能成为举报人；"沉瀣一气，同流合污"者更不可能成为举报人；此外，根本不相信举报有何效用者也不会有举报的积极性。后者与举报客体的司法行政机关在群众中的信任度有关。6月底在市政协的一次会议上，一位领导同志在谈及政法工作时，语重心长地呼吁不要丢了走群众路线的好传统。他

---

① 1980年刑法。——编者注

指出：在民心振奋、对党和政府比较信任的时期，全市检察机关平均每月可接到一千五百件左右的举报；而在民气低落的时期，只有二三百件的举报。举报本身反映了群众的政治觉悟，党和政府的形象。一个得不到任何举报的政府，是一个窒息了的政府，不用多久即会垮台。这在信息时代应是很容易理解的问题。

第三，"应办不办"的腐败现象问题。毋庸讳言，现实生活中确实存在"应办不办"的现象。但这里要明辨：(1) 少量的、局部的"应办不办"，还是大量的、普遍的"应办不办"？(2) 如有"应办不办"的现象，是否就不再需要，而且就应该鄙弃举报？(3) "应办不办"本身也是举报的内容，村不办，向区里举报；区不办，向县里举报；……直至中央。也可以越级举报。"应办不办"确应成为举报的首要内容。窃以为，现阶段的中外任何社会都会有"应办不办"现象。是奋起抗争，还是"愤世嫉俗，恨恨而死"？政治不应该只是政治家的政治。"天下兴亡，匹夫有责"的古训，不仅有伦理意义，而且也应成为政治学格言。但古昔之"天下兴亡"，"匹夫"却是不必太负责任的；倒是今天的社会主义中国的兴亡，我们这些"匹夫"都应负起责任来。问题的全部关键就在于这"天下"从前并非"匹夫"所有，而今"匹夫"有了"天下"，则无论如何不能自暴自弃地弃之如敝屣了。

政治运作是一种社会合力的运作。一个与民为敌的政府，不可能调动民众的力量与之同步前进；一个民心离散的社会，犹如克雷洛夫寓言《梭子蟹、天鹅和虾》中的车子一样，三者拉力的方向不同，车子只好原封不动待在老地方。

政治分析既有量的分析，又有质的分析，更有度的分析。以量而论，不可以偏概全，不能因噎废食。以质而论，不可以白为黑，不能指鹿为马。以度而论，举凡群众举报、司法侦审、行政权威等，都应有原则、有分寸、有法度。当然，对举报，无论是从法律行为看，还是从政治行为看，无论作为文艺描写题材，还是作为法学政治学析判对象，同样都有"量度适中"、"无逾于矩"的讲究，切不可怒目圆睁唾骂一顿就算是"大功告成"了。

法的强制性新探[*]

一

法的强制性因其必要性而产生而发展而至今犹存。但这并不能用来说明法的强制性具有普遍性与绝对性，一切法都只能凭借强制性的暴力加以维护，因强制而实施，因强制而发挥法的功能。

法的强制性的非普遍性与非绝对性，即它的局限性，至少表现在以下两个方面：

第一，法的强制性规范的局限性。

法的义务性规范是强制性的规范。宪法规定公民有服兵役的义务，兵役法将宪法规定具体化，逃避服兵役是违法行为。宪法规定公民有纳税的义务，税法将宪法规定具体化，偷税漏税是违法行为。一切违法行为都要受法律的制裁，严重的要受刑事制裁。但法律不都是义务性规范，有很多宪法规范、法律规范是权利性规范。权利性规范就权利主体来说，如果放弃权利，并不会受到法律的惩罚；换句话说即是，权利规范对权利主体并不施用法律的强制性。只有在权利主体按权利规范的规定所应享有的权利受到他人侵犯时，法律才会以强制性阻止或惩处侵权人，但这已不属于权利性规范本身了。宪法规定公民有选举权和被选举权，选举法将有关规定具体化。但是，如果公民放弃选举权和被选举权，并不被认为是违法，法律不必用它的强制性去迫使公民行使其权利。宪法规定公民有宗教信仰自由，这一自由权利的宪法规定同样为有关法规具体化，但公民可以信仰宗教，也可以不信仰。十分有意思的是，宪法在作出这一规定的同时，还特地规定任何国家机关、社会团体和个人不得强制公民信仰宗教或者不信仰宗教。这说明公民不但可以放弃信仰宗教的自由权利，而且这种放弃权利的行为，还受到具有强制性的法律规定的保护。法的强制性规范的局限性，由此可见一斑。法有强制性规范，也有非强制性规范。

第二，法的强制性手段的局限性。

[*] 原载《法学》1995年第12期。

强制性规范之是否真有强制性，取决于社会、司法者（司法机关与司法人员）、司法对象三方面的因素，而这三方面因素，都可能使法的强制性规范部分地甚至全部地丧失其强制性。

法的强制性要通过一定的强制性手段在法的实施中得到体现。这样，对于法的实施，社会由于财力薄弱、投资不足，就可能显得力不从心，使法的应有强制性大大削弱。法的"应有"与"实有"，不仅仅在立法上有所表现，还在司法上有所表现，这是例证之一。婚姻法规定，符合条件的男女要缔结婚姻，必须到法定机构登记，经核准、领取结婚证书后，始得成立合法婚姻。这是带有强制性的。但是，社会自知并无足够的财力投资去调查、统计、核实与管理婚姻登记，于是婚姻法同时规定，非经登记合法成立的婚姻，不受法律保护。这就等于在同一个法律中，在承认该规范具有强制性的同时也承认其具有非强制性的一面。大量未经登记合法成立婚姻的存在与此有关。森林法规定了破坏森林的处罚办法，既有各种罪名，又有相应的刑罚规定。但是，立法之时，并未计及社会可为森林法的实施投入多少财力（如为此而成立足够的森林巡警队伍，增置先进的监控设备，建设有效的隔离通道，加强整个森林防火、防盗等的管理系统等），其结果往往由于财力不足，使森林法的强制性大打折扣。这里还未涉及管理不力、不善的问题。对此一并考虑，各种法律的强制性可能都得打折扣。

司法者的状况显然会直接影响到法的强制性的实现。弗里德曼在《法律制度》一书中曾这样指出："偶尔法律确实会放假，例如警察罢工……1944年在被占领的丹麦，德国人逮捕了全部警察。在剩下的被占领期间，无武装的守卫团权充警察，但不能有效。抢劫案大量增加，从每月十起增至一百起。其他犯罪，如贪污、诈骗，没有增加，但这是些'一旦犯罪被察觉，犯罪分子是谁一般都知道'的犯罪。"[①] 我国"文革"期间，司法机关全被"砸烂"而陷于瘫痪，因而打砸抢之风猛刮而长期得不到有效制止，有关法规的强制性规定几成废纸，法的强制性的局限性空前地恶性发展。

司法对象形形色色。一般来说，社会成员的大多数会因法的强制性规范的预警及对犯罪者实施惩罚引起的震慑作用，而谨慎行事、守法而为，使得法的强制性在生活中有所体现。但并非清一色的社会成员中，往往会有"异类"。这些"异类"不仅不会因法的强制性规定而驯服地循规蹈矩，相反，他们反而因有此类规定而得到启发、得到鼓舞，更加主动、积极、自觉地去违法"犯罪"。越南战争期间，美国国会通过了一项规定烧毁征兵证为犯罪的法律，而烧毁征兵证只有一个原因，即作为反对侵入越南的象征。国会通过该法律的结果，反而增强了这一行为的意义，从而对正在寻找某种方法来表示其对战争反感的人们更具吸引力。据估计，这些人的数量比被法律制止的人可能还多些。反动政府镇压革命的种种法律，以酷烈的强制性吓唬人们，但是，一方面是坚定的革命者根本不予理睬；

---

① [美]劳伦斯·M.弗里德曼：《法律制度》，李琼英、林欣译，中国政法大学出版社1994年版，第79页。

另一方面是对倾向于革命的人,尤其是青年男女,起了刺激作用,使他们从倾向革命转为投身革命。

所有这些,都表明法的强制性手段并非万能而是有很大局限性的。

二

法的强制性规范与道德的非强制性规范的关系,是关于法的强制性研究的一个重要课题。

如前所说,法有强制性规范与非强制性规范之分,后者的实施有赖于道德规范援手,是容易理解的(后文将对此另做分析),前者的实施则往往被认为是与道德规范无涉的。其实,情况绝非如此。

笔者认为,法与道德,其一是可以互相转化的,一些道德规范因被普遍破坏,不得不上升为法律规范,以法的强制性保证其实施,又有一些法律规范因施行日久,为人们普遍遵守,不仅强调其强制性已无意义,而且已成人们的习惯行为,或可废止以使法律简约,或可设而不施,成为另一种意义上的良性的"具文";其二,部分法律规范与道德规范并无明显的区别、并无鸿沟般的界限。宪法关于遵守社会公德、爱护公共财产的规定,既是法律规范,也是道德规范。宪法关于不得诬陷的规定,因刑法有相应规定而强化了它的法律规范的性质,但是,道德规范也有这一类相同、相近的戒条,二者仍是相通的。

此外,在法的强制性规范与道德的非强制性规范的关系方面,我们还应认识到:

第一,法的强制性规范的实施,有赖于大多数社会成员心中的道德的非强制性规范的援助。人们往往错误地认为,强制性的法律规范之所以能够较好地贯彻执行,就是由于它有强制性。其实,对大多数社会成员来说,远非如此。他们之遵守强制性规范,是出于他们久已形成的生活习惯,在其生活习惯背后起作用的是他们的"良心",即他们的道德习惯。对大多数社会成员来说,不偷盗奸淫,主要不是因为害怕偷盗奸淫的法律后果,而是因为他们本来就认为这是有悖他们的道德追求。"普法教育"的一个重要内容是刑法知识普及教育,许多人觉得这对他们来说是浪费时间,原因就在于他们坚信自己根本不可能触犯刑法,坚信自己的道德水准不至沦为罪犯。

那么,对少数可能沦为或已沦为罪犯的社会成员来说,法的强制性规范与道德的非强制性规范是否没有任何关系呢?不然。除极个别潜在的和已然的罪犯以外,大多数并非"良心尽泯"、"丧尽天良"。因此,不但应主要依靠法的强制性规范加以震慑,同时还要调动其道德因素帮助有关法律的实施。充实强制性规范的强制力。步入某监狱大门,赫然映入眼帘的是几行大字:"你是什么人?!""你为什么来到这里?!""你准备怎么办?!"在其食堂里,有比较亲切的另几行大字:"悟已往之不谏,知来者之可追。""实迷途其未远，觉今是而昨非。"① 大门的几行字主要表达法的强制性规范的威慑力，但也不无道德意味；食堂的几行字，显然主要想调动服刑者内在的道德力量，但它是与"监狱食堂"本身的法律强制性相辅而行的。

第二，非强制性道德的规范要以法律的强制性规范为后盾，才真正有力。一个社会，如果仅仅有道德规范而无法律规范，一方面，少数不良分子将肆无忌惮地为非作歹；另一方面，还会有更多的人步其后尘。这样，整个社会就会显得"世道浇漓，人心日下"，道德朽败，因而不得不"乱世用重典"，加强法律规范的建设了。

总之，法律意识、法律观念的道德化，道德意识、道德观念的法律化；法律手段与道德手段的交互为用、互相渗透、相辅相成，这些就是二者的辩证关系的表现。人们的自觉守法与法的强制性的关系，也是建筑在这一基础上的。

三

法的激励性是与法的强制性并存同在、相辅相成的另一重要属性。

在论述法的强制性的局限性时，我们还没有提及法的激励性问题。客观存在的法的激励性，是法理学界迄今为止很少研究甚至几未引起注意的问题。对此，笔者认为至少有以下几个方面应当而且可以展开研究：

第一，激励性规范的客观存在。

如前所述，法不全是强制性规范。权利性规范一般都不是强制性规范，但权利性规范并无明显的激励性，我们可以称权利性规范为隐性激励规范。另有一种显性激励规范。如科技进步奖励办法、技术革新奖励办法等，这些法规的全部内容都是激励性而非强制性的。专利法、著作权法等，其中大部分规范都是激励性的。人称专利法是为"给天才之火浇上利益之油"，"利益之油"的激励性就是专利法的最基本属性。主要由强制性规范组成的刑法等"铁面无情"的法律，也包括少量"温柔可亲"的激励性规范，如关于自首从轻、立功从轻甚至有奖的规定等。

第二，激励性规范的客观存在，进一步表明了法的强制性规范的局限性。简而言之就是：它不但表明了法的规范中仅仅只有一部分是强制性的，而且表明了强制性不过是法律手段的一个组成部分而非全部。

第三，法的激励性与法的强制性，无论作为静态的法律规范文件的形式，还是作为动态的法律行为、法律手段，都是相辅相成的。作为静态的法律规范，强制性规范发出预警，激励性规范给予许诺，二者同存并在，组成了法律规范的主要部分，构成了法律规范的权威力量。作为动态的法律行为、法律手段，强制性规范以其惩罚加诸犯罪分子，激励

---

① 陶潜：《归去来辞》。

性规范以其奖励授予对社会做出了贡献的成员，二者同行并施，现实地驱人向善、催人向上、共同为社会进步、人类福祉做出法律的贡献。

第四，整个人类社会的法律制度史，是一部由强制性规范为主向激励性规范为主发展的历史，有朝一日，激励性规范将基本取代强制性规范，法的消亡将在这一发展过程中逐步实现。

马克思主义经典著作和许多法理学著作，都谈到了法的消亡，他们认为，在阶级消灭以后，在共产主义社会里，法将消亡。许多人相信这一论断，同时却做了机械性的理解。他们认为，今天是社会主义社会，法还不得不存在；明天的共产主义社会，法就不存在了、消亡了。关上社会主义的大门，门槛之外就是法已消亡的共产主义社会。这样一种机械性的理解，有时会把他们带到难以理解法的消亡的理论困境，因此，他们往往又会相信法律一万年也会存在的论断。

应当把法的消亡理解为一个渐进的过程。如同一切有生命的东西在其诞生之始即包含了死亡的因素一样，法在其产生之始即包含了消亡的因素。这个因素就是法的激励性规范的存在。我国古代的秦律中的《田律》《厩苑律》《仓律》《关市律》等经济法律中，都有激励性规范。秦律为激励手段创造了一种具体的形式，叫作"课"，即评比的意思。秦简中有耕牛课、役牛防疫课、手工业生产课、新献（新产品）课等。《厩苑律》规定每年"……卒岁，以正月大课之。""课"即评比之后，论功授赏。但在古代的全部法律规范中，强制性规范的比重要远大于激励性规范。《田律》规定：(1) 春天二月，不准进山砍伐木材；(2) 不准堵塞水道；(3) 不到夏季，不准烧草做肥料；(4) 不准采集刚发芽的植物；(5) 不准捕捉幼兽、鸟卵、幼鸟等。当违反这些禁令时，要受到严厉的惩罚。在全部《田律》中，强制性规范的比重占绝大部分。即使是同一"课"的手段，根据"课"的结果，名次落后的惩罚比名列前茅的奖励，程度要强。例如，奖励如为免除一个月的劳役，惩罚往往是增加两个月的劳役。随着社会的发展，全部法律规范中，权利性规范与激励性规范的比重日益增加，激励手段、形式也有所发展。奖励程度也日渐提高。专利法的诞生，可以看作是法的发展的里程碑。从此，法的激励性规范在法的功能对社会发展的影响方面，超过了法的强制性规范。近二百年来社会发展的迅疾加速，正是以专利法的诞生为标志的法的激励性规范，激励功能大大施展其威力的表现。我国 1949 年以来，专利法、著作权法、技术合同法、科技进步法成批诞生，以激励性规范为其主要组成部分的科技法大量涌现，正是我国法制发展史的一种重要转折，是我国社会主义、共产主义阶段，法开始消亡的重要标志。法的消亡理论，从激励性规范的产生、发展、逐步取代强制性规范的过程，可以得到合乎逻辑的解释。关于这一点，可以从法制史实上作出论证。可以从法理学角度加以阐明，更可从法哲学角度做深层探讨，应当为此写出一部专著来。我相信，这样的专著，当是对马克思主义法学理论宝库的重要贡献。

略论法的制裁功能[*]

"制裁"是一个使用频率很高的法律用语，同时又是一个几乎未加研究的法学概念。浏览各种法学辞典、法理学专著，很难找到关于制裁的释辞或论述。

美国斯坦福大学法学院劳伦斯·M.弗里德曼教授在《法律制度》[①]一书中，曾涉笔法的制裁功能的实际运作问题，受他的启迪，本文拟对法的制裁功能略做法理学与法哲学分析，以就教于方家。

一

流行于口头的"制裁"一词，显然是贬义词，如"××怙恶不悛，罪有应得，受到了法律的无情制裁"等，但从汉语辞源上看，制裁却是一个中性词，《荀子·成相》："臣谨修，君制度。"《韩非子·难二》："管仲善制割。""制"即是"裁断"的意思。"制"、"裁"连用，指的是裁定、断决。既然如此，就不一定是惩罚性的"无情制裁"，还可以有奖励性的善意嘉许。弗里德曼教授是在中性意义上谈论制裁的，本文从此。

根据对法的结构分析，我认为，有静态的法与动态的法。在静态的法中，制裁有其预警功能与许诺功能；在动态的法中，制裁有其惩罚功能与奖励功能。从制裁理论看，奖惩有互涵性，制裁方法与制裁行为也有互涵性。

法律被制定出来时，作为由一系列行为规则组成的法律文件，它是静态的法。因为它是静态的，所以有"徒法不足以自行"[②]之虑。在静态的法中，制裁功能表现为预警（警戒）与许诺两种功能。预警是未实施的惩罚，许诺是未兑现的奖励。虽然是未实施、未兑现的，但它的存在是客观的，这种客观而又未兑现的制裁功能，是由法律对人的影响及人

---

* 原载《法商研究》1996年第2期。
① [美]劳伦斯·M.弗里德曼：《法律制度》，李琼英、林欣译，中国政法大学出版社1994年版。
② 《孟子·离娄上》。

对法律的感受二者交互形成的。法律是客体，人是主体。客体在主体之外客观地存在着，但必须有主体的体验与反映它才成其为客体。主体相对于客体而存在着，不可能摆脱客体的制约。因此，法的制裁功能，作为法律这一客体对作为主体的人的制约，是普遍地存在着的。不管是哪一个具体的主体，法律对他都具有制约作用，虽然这种制约是潜存式的，但不同的主体对作为客体的法律，由于其地位、观念、资源（经济资源、权力资源、才能资源、既往的日常表现等）的不同，会有不同的感受与体验，因此，静态法律的潜在的预警与许诺等制裁功能对不同的人有不同的影响。

法律被付诸实施时，它像在传送带上开始活动，首先是与案情事实一起"输入"司法机构；然后是司法机构中的法官们和当事人、代理人的思索、争辩、审理，总之是对输入的材料进行"加工"；然后是法院依据法律（或背离法律）作出判决，予以宣布或公布，即"输出"；"输出"之后还会收到（或可收集到）对判决的反应，包括当事人、直接关系人、律师等代理人以及社会各界的反应，即"反馈"。这是一个动态的过程。在这一过程中，法律在行动，静态的法变成了动态的法。静态的预警变成了动态的惩罚，潜在的以预警形式体现的惩罚规则变成了现实的惩罚行为；静态的许诺变成了动态的奖励，潜在的以许诺形式体现的奖励规则变成了现实的奖励行为。预警与许诺是针对所有的人的普遍性功能，而惩罚与奖励既有普遍性功能，又有特殊性功能。二者之中，惩罚与奖励的特殊性功能是主要的、显性的，它落在受惩者与受奖者身上；其次才是普遍性功能，这种普遍性功能落在所有的人身上，是隐性的，是因个别人的受惩罚或奖励而对所有的人产生的预警性或许诺性的影响。这既是静态法律的预警与许诺，又是动态法律的预警与许诺。惩罚与奖励都是具体的、现实的、客观的，特定的人作为受惩或受奖的主体，可以放弃奖励但不能拒绝惩罚，这又同作为客体的静态的法与作为主体的人的相互关系很不相同。在后一种情况下，作为主体的人有很大的主动权；在前一种情况下，则只有受奖者有主动权，受惩者都丧失了主动权。动态的法的惩罚性制裁功能是法的强制性的主要表现，是法的权威性的主要保证。但从上述分析可以看出，法的奖励性制裁功能并不具有强制性，因此，法理学关于强制性是法的特性的理论似成问题。从静态的法的预警式或许诺式制裁功能以及上述主体客体间的辩证关系看，关于强制性特点的理论更成偏颇，因而有待进一步深入探讨。不过这与本文主旨无涉，暂且从略。

二

在对法的制裁做结构分析时，已经接触了功能问题，功能与结构总是紧紧相连的。除上述外，关于法的制裁功能还有以下几点有必要进行探讨。

1. 关于惩罚的制止功能

弗里德曼把制止分为"一般制止"与"特别制止"，他认为："制裁的制止（或刺激）作用首先是指一般制止,即全体或部分居民听到了制裁或看到了制裁的实施将相应改变其举动的可能性。一般制止与特别制止相区别。后者是指在惩罚方面,'减少或消除惩罚者今后犯罪的倾向'。"① 这里,弗里德曼在概念的使用上多有失误:其一,他在把制裁分为惩罚与奖励(相应的是预警与许诺)两种不同方法之后,但在这里却"偷工减料"为惩罚这一种方法,在逻辑上犯了偷换概念的错误。其二,在"制止"后面的括号里,他把"制止"与"刺激"相提并论、等量齐观,但刺激有惩罚性刺激与奖励性刺激之分,而他的"制止"却仅指惩罚。这样又犯了概念混乱的逻辑错误。其三,他的"一般制止"实际上不过是一种预警,这种预警如前文分析的那样,既可发生在对静态的法律规定的体验,也可发生在对作为动态的法律制裁的惩罚实施之后,如果像弗里德曼那样仅指后者,那么静态法律规范的预警亦即弗氏所说"一般制止"的作用就被取消了。

根据以上分析,我以为,正确的提法应当是:惩罚的制止功能可以分为三类,即预警性的一般制止、历时性的特别制止与根本性的绝对制止。根本性的绝对制止,由于处死罪犯或宣告企业破产、没收全部财产等根绝性的非常手段,使得后续行为不再可能发生。历时性的特别制止,为徒刑、停业整顿等,也是惩罚性的制止;在徒刑服刑期间、整顿期间,有关的法律行为不得不止息。应予注意的是,历时性的特别制止可能有正面作用,也可能有负面作用。特别制止的正面作用是在关押期间制止了他们的犯罪,负面作用却是由于关押期间的"交叉感染",使得他们出现了"犯罪—改造—再犯罪—再改造"的恶性循环,人们称之为"恶风圈"。"恶风圈"不是特别制止的应有产物、必然产物,却是它的实有产物与可能产物,应当引起学术界与司法界注意与警惕。

2.法的制裁功能的二重性

预警的法律功能是不言自明的。它同时还具有道德功能。这是预警功能的二重性。预警功能的这种二重性,源自道德与法律的渗透性。道德规范在有失效的危险时,通常都会转化为法律规范;法律规范在得到普遍遵守因而不必再用法律强制手段予以贯彻实施时,往往会被废除,或名存实亡,最终成为道德规范或与道德规范无异。预警功能作为法律功能同时具有道德功能,与此相关。对于少数潜在的违法犯罪分子来说,预警起着明显的法律功能作用;对于绝大多数守法公民来说,预警在更大的程度上是它的道德功能在起作用。

同预警具有法律功能与道德功能二重性一样,许诺也具有法律功能与道德功能的二重性。许诺的法律功能表现为,凡行为与许诺规范的有关规定相符,行为人应得到奖励,受到法律的强制性保护。许诺的道德功能表现为,许诺规范的有关规定驱人向善、催人趋利。

类似于惩罚具有制止功能,奖励具有激励功能。奖励的激励功能不仅对受奖者有激励

---

① [美]弗里德曼:《法律制度》,第83—84页。

作用，使之更加努力地按奖励规范的要求行事，而且对其他人也有激励作用，使之向受奖者看齐，也就是向奖励规范的有关规定靠近。

3. 法的制裁功能与激励机制

法的制裁功能得力于它的惩戒机制与激励机制。诚如弗里德曼所说，"法学研究总的来说对奖赏注意不多。"为什么呢？因为"表面上看，法律制度似乎使用惩罚比奖赏多。从某种意义上说，惩罚似乎更有效。仅仅威胁要惩罚就有制止作用，而奖赏的希望则刺激很小。"①

法学研究确实对奖励注意不多，中外皆然。其原因，弗里德曼的分析大致可以认同。应当指出的是，他的分析不无缺陷：其一，说"表面上看，法律制度似乎使用惩罚比奖赏多"，有失模糊。模糊之处，一为"表面上看"的措辞隐含着"实际上看"并非如此的意思，那么，"实际上看"究竟是否使用惩罚比奖赏多呢？二为"法律制度"是历时性的概念，古往今来以及日后的法律制度在"使用惩罚与奖赏"上，其比例不可能一成不变。像弗氏所言，指的是古往法律制度，还是指今日法律制度，抑或是日后的法律制度呢？这是大有明确化的必要，大有文章可做的。

要以"古往"、"今来"、"日后"划界，精确论定法律制度使用惩罚与奖励的比例，必须对全部法律规范做严密周详的数量分析，这是一项庞大的计量工程，非笔者能力所逮。同时，一般地说，并无这样做的绝对必要。而泛泛地做数量估算与定性分析，大致可以得出如下结论：人类社会越是向前发展，法律制度使用奖励的量越来越加增长；由于惩罚越来越让位于奖励，而奖励与许诺一样，既有法律功能又有道德功能，是法律功能与道德功能的对立统一体，因而架起了一条由法律规范通往道德规范的桥梁，一旦达到一定的数量界限，法律规范会发生质的变化，总体上转化为、让位于道德规范，这就是法的消亡之日的来临；由此可见，法的消亡，从奖励规范的出现就开始了，这是一个从量变到质变的过程，不可能也不应设想有那么一个日子，此前法律犹存，此后法律消失。

近代专利法、著作权法以及大量其他科学技术法的涌现，是奖励规范迅猛发展、越来越对惩罚规范较量计功并呈现出极大的优势。在拙著《科技法学》②导论中，笔者曾经指出：刑事法规具有强烈的惩戒性特点。一般民事法规规定的法律责任，也总以经济制裁显示其惩戒性的特点。科技法则更多地带有激励性，而不是惩戒性。科技法的激励性特征，是法律功能发展的一种重要表现。法律功能从警戒、惩罚为主，向激励为主发展，大大发展了法律发生作用的范围和形式。法律本是人类用来为自己的发展而创造的。当人类对自然、对社会的认识水平十分低下时，不得不更多地采取惩戒手段来约束自己。这样，在阶级社会里就很容易异化为一部分人通过惩戒来约束另一部分人的手段。但当人类越来越成

---

① [美]弗里德曼:《法律制度》，第91页。
② 倪正茂:《科技法学》，四川人民出版社1990年版。

为自己的主人时,当人类对社会和自然的认识有了极大的提高时,法律就不断地恢复了为人类自身服务的功能,并且越来越以激励性为特性,变得"可敬"、"可亲"起来。

4. 关于制裁实施的若干问题

法的制裁功能,在做动态考察时,涉及主体、对象、速度、轻重等四个主要方面。

实施法律规范的主体有司法、执法机关及司法、执法人员。主体对制裁功能的认识与有关法律规范的运用,对制裁功能的实现有极密切的关系。

实施法律规范的对象,就制裁功能这一层面来看,主要是受惩者与受奖者,但这里的受惩者与受奖者是潜在的而不是已然的。这就要做犯罪预测及奖励预测。根据犯罪预测,可以进行犯罪预防、着力于制止犯罪。根据奖励预测,可以积极为之进一步创造条件,从而扩展奖励的效果,拓宽奖励规范的作用范围与加大力度。前者是"收缩性"的,后者是"扩张性"的。二者殊途同归,目的都是发展制裁功能。

制裁的速度与制裁实效有密切的关系。弗里德曼指出:"立即执行的惩罚或奖赏比拖延的影响大。"① 巴利·F.赛基尔认为:"犯罪一年后开始的五年徒刑,可能不如立即执行的六个月徒刑有效。"② 有鉴于此,"从快"的方针不应是时行时止的;同时,"从快"不仅应该行之于惩罚,而且应该行之于奖励。我们所见的常是,在"从快"方针的指导下,惩罚起来雷厉风行,而对奖励却往往欲行又止、拖拖拉拉。这当然不利于法的制裁功能的发挥。

制裁的轻重与制裁的实效同样关系密切。但对此的认识是仁智互见、众说纷纭的。"乱世用重典",这几乎成了一种思维定式。但是新加坡这一社会秩序井然的升平国家,至今仍保留着鞭刑,许多惩罚性规范都远比其他国家的规定要重得多。尽管新加坡之"用重典"为人诟病,但它坚持不渝,且为新加坡人民齐心拥护。我国不断地对经济和其他犯罪"加大打击力度",其实效应当予以肯定,但同时必须承认的是,犯罪并未得到有力制止,恶性案件的比例反而有所上升。从奖励规范这一层面看,"重奖"的吸引力与刺激性虽为一部分人首肯,但也为另一部分人非议,其原因也许与能获重奖者毕竟只有极少数人相关。因此,无论是惩罚还是奖励,总之,制裁规范的轻重适度,是个极其需要研究的问题。对此,我有这样几点看法:第一,畸轻畸重要从本国国情出发,背离国情、盲从国情或教条,总是要失败的;第二,轻重适度固然重要,一以贯之、坚持不懈却是更加重要的;第三,或轻或重,都必须言而有信,信而必行,行而必果。

法的制裁功能既是一个老课题,又是一个新课题。新,是因为法的动态发展是无可回避的,更因为奖励性制裁的研究几乎是始于今日。对此,不但应做法理学、法哲学的分析,还应做人类学、社会学的分析。

---

① [美]弗里德曼:《法律制度》,第97页。
② Barry F.Singer. *Psychological studies of Punishment*, 58 Calif. L. Rev, 405, 421(1970).

法理学刍议[*]

风雨昨日，法理学几至"山穷水尽"。当哲学大城失火而落入"贫困"窘境时，法理学也遭池鱼之殃，被人讥为"幼稚"。但中国的法理学工作者并不气馁，老一辈皓首穷经，笔耕不辍；新一代焚膏继晷，刻意创新。于是，我们看到：昔日热烈议论过的一些重要问题，如人治与法治、政策与法律、权力与法力、批判与继承的关系，法律的起源，法的本质属性，法律面前人人平等，法律的借鉴与移植，权利本位与义务本位等，现在已延伸并在更深的层次上进一步展开探讨；面对计划经济体制向社会主义市场经济体制转轨，又开展了新体制下新的法理学问题的研究；此外，大批译介了国外法理学研究的最新成果……显示了"法理学的中观研究硕果累累"。然于法理学宏观研究与微观研究领域，尚嫌寂寥。本人斗胆握管，畅议一番，聊作粗砖，冀引美玉。

一、关于法理学的宏观研究

古往今来，法学流派林立。即便是两千多年前的春秋战国，也曾有过儒家、墨家、道家、法家、阴阳家、五行家、杂家等，尔后还有它们的变种，如理学家、性学家、心学家等。然而，如今的法学界包括法理学界，却无学派可言。有鉴于此，我们不妨寻根溯源先来看看"家底"——老祖宗遗赠的中华法系。

这"家底"，是中国人引以为自豪的。几乎所有的专著论及中华法系时，无不冠以"光辉灿烂"、"绚丽夺目"、"流播广远"、"影响深巨"等褒美之辞。然而，一言及近代的中国法制，却大多认为中华法系"日暮途穷"，竟至要"毅然与之决裂"，"抛弃固有法制传统"，以"继受西方法学思潮"。一向被引为骄傲的中华法系，怎么一下子如此惨不忍睹了呢？"比较是医治受骗的良方"（鲁迅语），我们不妨拿中华法系与罗马法系、英美法系做一粗略的比较。

---

[*] 原载《政治与法律》1996年第3期。

陈朝璧先生认为，中华法系的首要特点是：重视成文法典，并惯于把有关社会规范的思想意识和制度用文字记载下来。① 这是中国法律史学界公认之论，外国的中国法律史学者也一致首肯。而罗马法系之与英美法系相区别的最大特点，即是其"法典成文化"。在这一点上，我们可以说，中华法系与罗马法系旗鼓相当。

中华法系的主体是古代中国的法律制度。除法典成文化外，中国古代法律制度的一大特点是律、例并行。"例"，即唐代以后作为判案依据的判例、事例、成案。源于唐时的"敕"及唐中叶以后至五代的"指挥"。南宋的断例、指挥可代敕。明、清两代，正式规定、全面实施了律、例并行之制；清代甚至发展到"有例不用律"或"因例破律"、"或一事设一例，或一省一地方专一例，甚且因此例而生彼例"②。而英美法系之与罗马法系相迥异的最主要标志，即是其为"判例制法"。在这一点上，我们丝毫不必怯于断言：中华法系比英美法系不稍逊色。

中华法系的"礼刑结合"、"德主刑辅"实为中国今日"综合治理"之滥觞；中华法系之"伦理入法"对中国当代法制也颇有影响，宪法与法律中一定数量的精神文明条款为大多数外国所无，彭真还专门详论了宪法"关于社会主义精神文明"的规定③；中华法系之"融合了以汉民族为主体的各民族的法律意识和法律原则"的特点④，堪成全球比较法学界梦想的"世界统一法"的楷模……这里仅择中华法系雄厚"家底"中的一个鲜见论及的问题稍事分析。

这个问题就是激励机制在中华法系中的运用。我们分两个方面来看：

第一，从法律制度方面看。

中华法系几乎一直被当作刑事法系的同义语。影响所及，现今流行的中国法制史教材或专著，大体迹近刑事法制史。在这种情况的影响下，千千万万人脑子里的"法律"几乎只是一部刑法，至于"法网恢恢，疏而不漏"、"法律是无情的"之类司空见惯的警语，更像在活画出中华法系乃至当今中国法律的冰冷面孔。但究其实，法、法律绝非人类从地狱唤出折磨自己的狰狞厉鬼，而是帮助自己摆脱自然淫威、社会桎梏，增进人类福祉的天使。法律确有无情惩恶的一面，但也有热情奖善的另一面，中华法系重视奖善一面，更高出其他法系一等。

法制史专著谈及夏代时曰"夏刑三千"⑤，"夏后氏正刑有五，科条三千"⑥、"夏后肉辟

---

① 陈朝璧：《中华法系特点初探》，《法学研究》1980年第1期。
② 《清史稿·刑法志》。
③ 彭真：《关于中华人民共和国宪法修改草案的报告》，《中华人民共和国第五届全国人民代表大会第五次会议文件》，人民出版社1983年版。
④ 《再论中华法系的若干问题》，载张晋藩：《法史鉴略》，群众出版社1988年版。
⑤ 《尚书·大传》。
⑥ 《隋书·艺文志》。

三千"①。主其事之首恶是夏禹的儿子夏启,所有的法制史著作都要引录夏启的一条(也是夏启唯一流传至今的一条)"军令":"……今予惟恭行天之罚,用命赏于祖,弗用命戮于社,予则孥戮汝。"②《中国法制史》一书引此军令后解释说"所谓孥戮就是除本人外,罪及其子,用作祭社的牺牲",并概括"这条法律清楚地表明","法是以国家强制为后盾的、强迫人们必须遵行的暴力,否则就将戮及自身和子辈","阶级社会国王的威权,就是建立在对奴隶进行残酷的刑罚镇压的基础上的","为了加强法的威慑力量,夏统治者还假借天的名义进行'天罚'、'天讨'"。③论者对置于"弗用命戮于社"前面的"用命赏于祖"五个字,完全视而不见了。

"魏文侯师"李悝,被誉为中国第一部较为系统的成文法典的撰著者,该法典即《法经》,"以惩罚侵犯地主阶级的政治、经济利益的各种行为,作为根本的指导思想"④,《法经》当然被称为"刑法典",李悝脸上也就尽是杀气了。其实,《法经》之"杂律"就未必全是刑法方面的内容;桓谭之《新论》谓《法经》之"具律"中有"减律"即减轻罪刑的规定,张警对此做过考证而表深信⑤。这表明《法经》在一定程度上运用了激励机制。更重要的是,李悝有一条重要治国原则,他认为,"为国之道,食有劳而禄有功,使有能而赏必行、罚必当。"⑥

秦律,给人最深刻的印象恐怕要算"秦法严苛,繁于秋荼"一语了。但秦简《为吏之道》规定,"五善"毕至"必有大赏";《徭律》《仓律》规定允许"黔首自实田";《厩苑律》《工人程》等中有耕牛课、马劳课、添园生产课、采山生产课、新献(新产品)课等关于"课"即今"评比"的规定,每年四、七、十月一小"课",正月一大"课","课"而居于榜首可获重奖,居于末尾者则重罚……

秦亡以后,两汉、魏晋南北朝、隋唐五代、宋元明清,其律、令、格、式、诏、敕、敕、诰以至大量的判例之中,也多有奖励之法。从法律这一中华法系之主体来看,激励机制的运用,激励性规范的大量存在,无疑是该法系的重要特点。

第二,从法律思想方面看。

遍览中外法律思想家的著作,中国法律思想家特别重视激励性法律机制,即可视其为重要特点,也可断之为与外国法律思想家的主要不同点。但可惜的是,我们的法律思想史专著或教科书,都忽略了这一点。这也包括本人的《中国法律思想简史》⑦及合著《中华法

---

① 《扬子法言》。
② 《尚书·甘誓》。
③ 张晋藩等编:《中国法制史》,中国人民大学出版社1981年版,第24页。
④ 同上,第97页。
⑤ 张警:《〈七国考〉〈法经〉引文真伪析疑》,《法学研究》1983年第6期。
⑥ 《说苑·政理》。
⑦ 倪正茂:《中国法律思想简史》,同济大学出版社1988年版。

苑四千年》①等书。这里我们信手拈出几点，即可知先贤是何等重视奖赏立法了：

商鞅一向被铁定为"重刑主义者"的典型，其实，他在秦国主持的第一次变法，三项主要内容中，有两项是奖赏之法：一奖军功，二奖耕织。他力主"壹赏"②、"信赏"，认为"民信其赏，则事功成"③。所以后人评说"商君治秦，法至令行，公平无私，罚不讳强大，赏不私亲近"④。应当说，商鞅既是重刑主义者，又是而且首先是重赏主义者。

管子在中国最先提出"以法治国"的口号："威不两错，政不二门，以法治国，则举措而已。"⑤他认为必须做到"宪律制度必法道，号令必著明，赏罚必信密"，并说"此正民之经也"⑥。他强调："有功而不能赏，有罪而不能诛，若是而能治民者，未之有也。"⑦

先秦法家之集大成者韩非子，更是一个重视法律激励的思想家。他认为缘法而治是国家根本，主张"刑过不避大臣，赏善不遗匹夫"⑧，突出"赏誉同轨，非诛俱行"⑨的极端重要性。

法家如此，儒家、墨家、阴阳五行家、杂家、名家甚至主张"清静无为"的道家也如此，连尔后的理学家、性学家、心学家等也十分重视庆赏奖功。之所以如此，可用韩非子的这段话概而言之："若夫厚赏者，非独赏功也，又劝一国。受赏者甘利，未赏者慕业，悬报一人之功而劝境内之众也。欲治者何疑于厚赏。"⑩

以上从中华法系的制度载体与思想灵魂两个方面，说明激励性规范是古代中国法律的重要规范内容，中华法系的一大特点，就是重视奖赏、重视法律的激励性。

由此，我们至少可以得出两个结论：

第一，对中华法系的宝贵遗产应当精心研究，一可弘扬中华法系、中华文明；二可为今天的社会主义法制建设提供营养；三可拓展法理学研究的宏观天地。

第二，中华法系之高度重视信赏必罚启迪我们，奖赏与刑罚同样都是调整社会关系的重要法律手段，同样不可或缺。

关于法律的激励机制，中外法学界鲜有论及者。我认为：激励机制是法律调节的"半爿天"；奖赏之法是法律体系的"子系统"；重视奖赏之法和法律的激励机制的研究，可以说是法理学宏观研究的"新大陆"。在这"新大陆"上，我们可以：

---

① 倪正茂、俞荣根等：《中华法苑四千年》，群众出版社1987年版。
② 《商君书·赏刑》。
③ 《商君书·修政》。
④ 《战国策·秦策一》。
⑤ 《管子·明法》。
⑥ 《管子·法法》。
⑦ 《管子·七法》。
⑧ 《韩非子·备内》。
⑨ 《韩非子·八经》。
⑩ 《韩非子·六反》。

——改写法律思想史。重点是搜罗搜集各家各派各人各时所阐述的赏罚并行的治国论、法律观、立法观、司法观以及法律激励的哲学指导思想、策略思想、具体方针、政策、措施、方式,等等。

——重新探讨法的本质、属性、地位、结构、作用等重大法理学问题。关于阶级社会的法的本质属性,我一向认为是阶级性与社会性的对立统一;在每一社会形态的上升时期,社会性是其主导方面。研究奖赏之法可使我们发现,每一社会形态的上升时期,奖赏立法往往比较多;而其衰落时期,惩戒立法则不断增多。

——更全面地认清法的发展规律。用社会形态类型的法的更替表达法的发展规律,有明显的弊端:迄今为止,世界上没有一个国家完整无缺地经历了既定的"五种社会形态"。而从奖赏立法视角,也许可以尽窥法的发展规律之"全豹"。法的消亡,绝非始于社会主义时代而完成于共产主义社会。

——为当代中国的社会主义法制建设提供新的思路。其中之一,即是加强奖赏立法,充分运用法律的激励机制,走出法制发展的新路子来。

鉴于上述认识,我认为,法理学的宏观研究应形成一个可以名之为"激励学派"的法理学派,在发扬中华法系法律激励的特点及其他精华的基础上,借鉴其他法系的优点长处,或可形成我名之为"发展法系"的新法系,以综取一切法系之长,最终取代一切法系。

二、关于法理学的微观研究

如果说法理学宏观研究有所不足的话,那么,微观研究则是几近阙如了。对此,也许有人不以为然:一个"法"字,不就是溯其源为"灋",剖其体为"水"、"廌"、"去",求其义而"刑也,干之如水"、"触不直者去之"[①],纤微毕至,无以复加了。但试问"法"以外的其他法理学微观问题呢?即便是"法"这一个概念,尽据古书释义,陷于"刑"之一隅,也有失偏颇。

法理学微观问题其实也无比复杂。深入研究,要做的工作极多,也极有益。每一个法律概念,如权利、义务、自由、口供、失踪、对价、违约、自诉、问、没收、取保……每一个法律规范,每一条法律原则,每一种法律制度,每一种立法形式,每一种司法手段,每一种法律观念,每一种法律行为,……都有其来龙去脉,都能做深入解剖,都可行中外比较,都得写几部专著,庶几法理学才有深刻可言、成熟可谓。

《社会主义刑法的当代发展趋势》一书提到"重要概念的定义权不能旁落"的问题[②]。

---

① 《说文·廌部》。
② 苏联科学院国家与法研究所组织苏联、匈牙利、民主德国、捷克斯洛伐克法学家合写,1983年出版,西南政法学院有中译本。

郑伟君著《刑法个罪比较研究》，指出我国刑法缺乏牵连犯、结合犯、连续犯、持续犯、因果关系、法条竞合、医疗事故罪、绑架罪、猥亵罪、假冒专利罪、危害环境罪、侵占罪、滥用职权罪等重要概念的定义，因此"应当承认定义权旁落的问题是相当严重的"①。这告诉法理学者，"重要概念定义权旁落"是一个亟待研究、阐明并提出对策的重大问题。郑君还指出，刑法分则关于"财产"的规定，前后用了"公共财产"、"公私财产"、"公共财物"、"公私财物"、"财物"等五个词，"似乎各具特点、含义，但实际上几乎不存在任何区别"②。这说明法律概念的统一也是一个亟待研究、阐明并提出对策的重大问题。

《关于民法典刚柔度问题的探讨》一文③，比较研究了法国民法典、德国民法典、瑞士民法典和我国的民法通则，认为我国民法典以"宜粗不宜细"为立法指导思想，是相对主义、不可知论、形而上学的畸形混合；我国民法不承认判例，有悖于辩证唯物主义；由于未为当事人提供尽可能多的行为规范，也未给执法者提供尽可能多的审判规则，造成了当事人无法可依，执法者滥用权力的现象，从而导致大量实施细则和补充解释的出现；而有的解释是内部解释，违背了法制公开化的原则，有的互相矛盾，使司法者陷入两难境地。该文寥寥数千字，讨论的又是民法中的"刚柔度"问题，但提供法理学者的研究信息是很多的，仅微观一隅，至少有：(1)刚柔度，或曰"法律概念的最佳概括性"问题④；(2)法、法律的质、量、度的关系问题⑤；(3)律、例关系问题；(4)律例关系的哲学观问题；(5)法律规范结构关系问题；(6)法律规范的结构与功能的关系问题；(7)法律与实施细则的关系问题；(8)法律解释问题；(9)法制的公开化原则问题；(10)法律和谐问题；等等。

我特意以刑法学者、民法学者的研究成果为例来谈法理学的微观研究，旨在说明这一研究的重要性。但更为重要的是要从法律实践和其他社会实践中发掘法理学的微观研究课题。前述"奖励"，就是一个常常遇到的现实生活问题，可以从宏观上作为法的"半爿天"加以研究，也可以从微观上深入开掘，作精深的剖析。李友根的《法律奖励论》⑥，论述了"法律奖励的理论基础"、"奖励的法律规范"、"奖励的法律关系"等三大问题，还分论了"奖励性规范的结构"、"奖励性规范与其他规范的关系"、"法律奖励的主体"、"法律奖励的客体"、"法律奖励的内容"等较小的问题，颇有见地，深有启迪作用。

---

① 郑伟：《刑法个罪比较研究·前言》，河南人民出版社1990年版，第7页。其中有的罪名，如侵占罪等，在该书出版后已予定义，但他所指的大部分罪种至今仍未定义。
② 同上，《前言》第7页，详见该书第4章《侵犯财产罪构成要件》。
③ 王天习：《关于民法典刚柔度问题的探讨》，《社会科学》1993年第9期。
④ [法]勒内·达维德：《当代主要法律体系》，上海译文出版社1984年版；沈宗灵：《法理学研究》，上海人民出版社1990年版。
⑤ 倪正茂：《法的哲理规定性略论》，《政治与法律》1993年第4期；倪正茂：《法哲学经纬》，上海社会科学出版社1996年版。
⑥ 《法学研究》1995年第4期。

在立法、司法、执法、守法实践中，社会主义市场经济体制建立的过程中，科技进步导致的科技社会关系的变动中，外来思想与传统思想的冲突中，大规模对外开放和国际事务的发展中，都会日新月异地提出各种各样的法制需求和其他法律、法学问题，追踪深究这些问题，当对法理学的微观研究指示方向、提供思路、提出课题，而广大群众的实践也会给我们以启迪，提供解决问题的经验。有志于中国法理学发展、中国社会主义法制光大者，应该做一名构建法理学学科理论大厦的孜孜以求的拓荒者。

"发展法系"构想[*]

"依法治国"的"法"由"以法治国"者创制出来。创制的依据是中国的国情民意、中华民族的法律文化传统和外国法律文化的精华部分。

中国的国情民意是什么？毛泽东时代推翻了三座大山，开始摸索社会主义建设经验；邓小平时代实行改革开放，开始了解放生产力的第二次革命；时至今日，以江泽民为核心的党中央正领导全国人民高举邓小平理论伟大旗帜全面推进改革开放事业。建立社会主义法治国，是这一事业全功尽奏的根本保证，是全国人民的热切愿望，是中华民族千秋万代顺遂前进的保障。

在中国建立法治国，离不开绵延数千年的以中华法系为内核的法律文化传统的影响。这一传统的特点是：主要以成文法典调控社会生活的运行；伦理入法，高度重视法在精神文明建设中的作用；兼顾民族、地域、风俗习惯而以判例补充成文法之不足；法的精神强调集体本位。这些特点是应予肯定、继承的。

在国外，罗马法系在世俗权力与教会权力的搏斗中发展了成文法至上性、民商法至上性、个人本位至上性；英美法系则高度重视法的灵活性、判例的实用性和法官立法的必要性。为全球五亿穆斯林所钟情的伊斯兰法其实也有其长处。研究、借鉴各大法系之优长，本是"开放"国策"题中应有之义"，当然也是建立法治国的必需。

今天中国在法制建设中十分注意继承本国的优良法律文化传统，也高度重视其他国家的成功经验。加之香港法律之属英美法系，澳门法律之属罗马法系，大陆的法律与台湾的"法律"又有诸多不同，其接近、汇聚、交互影响乃至最终融汇、孕育出一种独特的最佳法系的可能性是十分巨大的。我以为，应当自始就明确确定：中国要建立一个社会主义法治国家；在此过程中创建兼具中华法系、罗马法系、英美法系等各大法系优长的"发展法系"。我相信，中华发展法系的孕育、建设，当对中国全面推进改革开放事业，发展社会主义民主政治，提供坚强有力的保障；对世界各大法系的汇融、统一，提供卓然可风的样板。

---

[*] 原载《政治与法律》1997年第5期。

法的法理、哲理规定性与法哲学研究[*]

法有其法理规定性，又有其哲理规定性。现行理论法学着意法的法理规定性，忽略对这些法理规定性的哲理探讨，更忽略对法的哲理规定性的探讨，诚为遗憾。为发展理论法学，尤其是研究法哲学，似应改弦更张、对这些问题加强研究。

一

法的规定性，指法的必有属性。

法的法理规定性就是人们从法中抽象出来的比较重要的法律属性。

法的哲理规定性就是人们从法中抽象出来的比较重要的哲学属性。

法的法理规定性源于：(1) 法律本身客观地具备的特有属性，如通常所说的法有其"普遍性"、"稳定性"、"强制性"、"阶级性"，等等，又如有的法律思想家所说的法有"正义性"等；(2) 人们，主要是法学家的长期以来的抽象工作。因此，科学地看法的法理规定性，它既是客观的，又是主观的，是客观与主观的对立统一体。

有的人把法的法理规定性看作是纯客观的，因而认为法的普遍性、稳定性、强制性、阶级性等是不可移易、不会转化的客观铁定的属性，因而对另一些人指出法有特殊性、变动性、非强制性、社会性等感到不可理解。殊不知法的法理规定性毕竟是人的主观抽象，不可能不带上人的主观性，何况，法本身就是社会物质生活条件的主观反映。因此，法的法理规定性具有主观性，是双重性的，是主客观性的叠加。当初如果把法的法理规定性看作是客观与主观的对立统一体，也许法理学界的一系列争议问题会变得容易起来。为此，必须对法的法理规定性做哲理探讨。这也有助于建立不同于法理学的法哲学学科。

但法哲学更要探讨法的哲理规定性。法的哲理规定性源于：(1) 法律与世上万事万物同样具备的哲学属性，如必然性与偶然性、内容与形式、现象和本质等；(2) 法哲学家对

---

[*] 原载《广东法学》1998 年第 2 期。

法律的哲学属性的抽象。法律的哲学属性即客观的存在，而法哲学家的抽象工作又是主观的，因此，和法的法理规定性一样，法的哲理规定性也是客观和主观的对立统一体，既不是纯客观的，也不是纯主观的。对法的哲理规定性的探讨，既有助于进一步深入了解法的性质，又有助于推动哲学研究工作的深化。这在当前，尤有其重要的实践意义。

囿于篇幅，本文仅及许多法理规定性、哲理规定性中的各一个方面，略事论述以为例证。

二

法理学著作无不详论法的强制性，述及法的强制性的长文短论更是车载斗量、汗牛充栋。诚然，法是以强制性为其特征之一而与道德规范等社会规范相区别的。但因此而认为法只有强制性的一面，忽视或否认法的非强制性的一面就会产生下列问题：

其一，从法的阶级性的一面看。既然法反映某一阶级的特殊利益、维护其政治统治、经济利益，这时，法的强制性对该阶级的意义何在？

如果我们把"该阶级"分成整体与阶级个别成员两个方面来看，事情也一样。因为，凡维护其利益的法律，有关阶级的整体和个别成员，都是乐于遵行。而不必强调、突出法律的强制性。

如果我们把"法律"分成整体与部分两个方面，那么，的确可能产生如下情况：统治阶级的个别成员由于其特殊利益或特殊原因，而不顾遵行法律的某些部分、某些条文。这时，法律作为维护统治阶级整体利益的工具，就要强制这个个别成员就范。而这，能看成强调法的强制性的主要原因吗？显然不能。因此，从法的阶级性之对于统治阶级一面来看，强调强制性，从总体上看并无必要。这里可以突出的，倒是法律的非强制性，亦即法律之被自觉遵守的性质。

但法的阶级性，对被统治阶级来说，含义就与统治阶级的观点完全不同了。这时，法的阶级性的一面，往往是作为被统治阶级的对立物出现的（说"往往是"，是因为这里还得"扣除"并非"是"的另一些情况，如当统治阶级利益与被统治阶级的部分的利益相一致的时候）。这时，通常被统治阶级是不情愿遵行有关法律的。法的强制性，此时有了加以强调与突出的实际意义。尽管如此。从法的阶级性的一面看，法仅仅是以其强制性为特征而无非强制性吗？当我们把社会上的人一析为二或一析为几的时候，显然就会产生怀疑。

其二，从法的社会性的一面来看。既然法的社会性的一面，表明的是法为全社会的利益服务，或为社会整体的利益服务，那么，它为社会的绝大多数人自觉遵守而无须强制，也就是理所当然的事。

当然也有少数的与社会整体格格不入的人，或在个别问题上与社会整体格格不入的人，对他们仍需强制施行法律。但这能作为必须强制、突出法的强制性的原因吗？

其三，从法的作用一面看。法除对破坏基本社会秩序、损害社会利益、危及社会安宁及个人的生命安全等"违法"、"犯罪"行为加以惩戒，对当事者予以惩处的作用一面外，还有保护基本社会秩序、维护社会利益、保障社会安宁及个人的生命安全、财产占有等的作用，对后者也须强调、突出法的强制性吗？法律规范除惩戒作用外，还有激励作用，如科学技术法在很大程度上就是以激励为其主要作用的。法的激励作用也是靠强制性去发挥的吗？显然不是。

其四，从法的发展趋势来看。一个明显的迹象是，越是文明的社会，越是民主的社会，越是法制健全的社会，法就越是被自觉地遵守，起码对大多数人来说是如此。当社会发展到社会主义阶段时，我们是以强调法的强制性为主，还是强调法的自觉遵守为主呢？强调自觉守法的基础是什么呢？仅仅是公民守法的自觉性，而无法律本身之被自觉遵守的基础，自觉遵守可能实现吗？如果是因为法有惩戒性、强制性，所以才遵守，那么这样遵守能算是真正"自觉"的吗？如果是真正自觉地遵守，不是因为社会主义法本身就具有不必强制的一面吗？

上述几点，无非都是说明法也有非强制性一面的可能。但是，仅仅提出问题，不等于说明了问题，找到了答案。

在提出上述问题的基础上，我们认为，法既有强制性的一面，也有非强制性的一面，法为强制性与非强制性的对立统一体。

法之所以是强制性与非强制性的对立统一体，主要原因在于：法总是同时规定人们享有的权利与承担的义务。不履行义务，法将以强制手段迫使其履行。至于权利，首先是人们乐于享受；其次是，如果人们放弃权利，法律并不施用强制手段非要你享用不可。也就是说，法的权利义务规定，决定了法的强制性与非强制性同时存在的特点，决定法是强制性与非强制性的对立统一体。

因此，揭示法的强制性是必要的，而否定其非强制性的另一面却是错误的。极端地强调法的强制性，造成强制性崇拜心理，就会导致威吓主义、惩罚主义以至重刑主义。揭示法为强制性与非强制性的对立统一体，有重大的实际意义：

第一，可用来正确观察、分析已成陈迹的法制史实与法文化现象；

第二，可用来帮助指导社会主义立法，适当处理社会主义法的强制手段与非强制手段；

第三，可用来指导社会主义司法，在综合治理中，既有力地发挥法的强制作用，又不搞威吓主义、惩罚主义；

第四，可用来指导法制建设，使社会主义法在随着社会生产力的发展和社会成员觉悟的提高而加强其作用的同时，不断发展其非强制性的一面，为法的消亡创造条件。

我国正处于从计划经济体制向市场经济体制转轨的关键时期。建立适应市场经济发展的法律体系已成社会的普遍要求。与此同时，由于市场经济的高速发展，一些不良行为相伴而来，引起了多方责难，于是出现了一种以严惩、重罚为治的要求，把法的强制性强调到不恰当的高度。我认为，必须从法是强制性与非强制性的对立统一体的理论出发，从社会主义法治应主要依靠人民群众的自觉遵守的观念出发，来恰当地规划保证社会主义市场经济发展的法律体系与法制体系。

　　法的强制性问题向来就是法理学研究的"世袭领地"。但应当承认，对这一问题的研究不够深入，也存偏颇之处。使之与法哲学的研究结合起来，如同前面分析的那样，对法的强制性做一些哲理探讨，无疑是有益的。在拙著《法哲学经纬》一书中，就把法的强制性与非强制性的对立统一作为法哲学问题提出来了。如果说这类研究中，法理学与法哲学还有"纠缠不清"的关系的话，那么，另一些问题（我称之为"哲理规定性"）就是"纯"法哲学问题了。

三

　　法的必然性与偶然性问题，是法理学著作鲜有论及的，法哲学应对此做出阐释。

　　法的必然性是法的发展中一定要发生的、确定不移的趋势。习惯之为习惯法取代，习惯法之为制定法、判例法取代，不成文法之为成文法取代；奴隶制法之为封建制法取代，封建制法之为资本主义法取代，资本主义法之为社会主义法取代；法文化之从简单到复杂，从低级到高级……这些都是法的发展中一定要发生的、确定不移的趋势，是法的必然性的表现。其中，有的已为法的发展的历史事实所证实，历史将继续证明法的这种必然性。

　　法的偶然性是法的发展中并非必定发生的、可以这样出现也可以那样出现的不确定的趋势。

　　中国历史上的春秋战国之际，随着封建经济的发展，地主阶级的阶级力量逐渐强大起来，在同奴隶主阶级的激烈斗争中，先后取得了政权。为了维护和巩固政权，地主阶级在各国都进行了变法。但各国的变法进程、变法内容、封建法制的方方面面都不尽相同。秦国商鞅变法的主要内容为"废井田，开阡陌"；废除世卿世禄制度，分军功为二十级，以军功行赏；按什伍组织编定居民户籍，告奸与杀敌同赏，匿奸与降敌同罪，依法逐级建立严密的政治组织，确保以国王为中心的中央集权的政治制度。魏国李悝变法的主要内容是以法律保护"尽地力之教"和"善平籴"的经济政策和经济秩序；实行"食有劳而禄有功，使有能而赏必行、罚必当"的法治措施；制定《法经》六篇，以"王者之政莫急于盗贼"为指导思想与根本原则。商鞅和李悝各为秦、魏法制的统一做了极大的努力。申不害与商鞅、李悝大致同时地在韩国主持变法，推行"法治"。但他主张以"术"为治，对以"法"为治的推行不力，没有统一韩国的法令。韩非曾批评申不害说："申不害，韩昭侯之佐也。韩者，晋之别国也。晋之故法未息，而韩之新法又生；先君之令未收，而后君之令又下。

申不害不擅其法、不一其宪令则奸多。"① 秦、魏、韩三国都在变法，但变法的内容、具体情况又各个不同。前者是法的必然性的体现，后者则为法的偶然性的体现。假设在韩主持变法的不是申不害，而是商鞅或李悝、韩非，情况就可能大不一样。

法的必然性和偶然性是社会控制手段固有的两种发展趋势。社会控制手段取决于社会经济、政治、文化发展的客观需求、客观条件；也与当局所代表的阶级、阶层、集团的意志、利益、认识水平有极为密切的关系。这两方面都同时影响法的发展呈现出必然性的趋势与偶然性现象。在这里，客观的物质条件与阶级、阶层、集团的意志、利益、认识水平，都是作为实际存在物起作用的。后者如申不害的"认识水平"，就是作为实际存在物起作用的。这同唯心主义者认为必然性与偶然性是人们先天固有的思维形式，可以不管任何其他因素而"自动实现"，是两回事。唯心主义者的看法，颠倒了反映与被反映的关系，只能指导人们对法的发展产生错误的看法。

法的必然性和法的偶然性所反映的法的两种不同发展趋势，在法的发展过程中的地位与作用是根本不同的。法的必然性在法的发展中处于支配地位，决定着法的发展方向和前途。不管社会生活中出现怎样的曲折变化，法的必然性最终总要得到体现，它会冲破一切阻力与障碍而实现。法的民主化就是这样一种法的必然性趋势。纵观各国的法律制度史，无一例外地，法的民主化虽然不是呈直线上升的状态，但曲曲折折地总是表现出民主化程度的提高。即使像德、意、日这样的国家，虽然一度为法西斯主义所把持，法的民主化进程遭到极为严重的挫折，但最终还是法的民主化战胜了法的法西斯化。当然，由于种种原因，法的民主化程度总是有限的，但这是另一个问题。

法的偶然性相对于法的必然性来说，居于从属的地位。从总体来说，法的偶然性会对法的发展速度的加快或延缓发生影响，使法的发展发生摇摆和偏离总的趋势，但它不可能改变法的总的发展趋向与趋势。例如，美国关于生物技术发展立法的实践就说明了这一点。1970年，美国科学家斯密特在实验室里首先人工合成了DNA，揭开了生物技术开发与利用的新的一页。然而，由于对DNA重组技术可能带来的风险估计过高，几乎达到了恐怖的地步，生怕有朝一日人类不得不为自己的发明付出毁灭自身的代价，反而在其起步之初，就立法予以限制，这就是美国国会于1975年通过的一项不向某些生物技术开发项目投资的法律。纽约州、马里兰州以及剑桥、波士顿、伯克利、艾基维里、阿姆伯斯特、沃尔他姆、纽屯及贝尔蒙特等市，也纷纷制定了控制生物技术发展的法规。这就造成了一个全国与地方立法相互结合阻碍生物技术发展的局面。其高潮即美国国立卫生院于1976年受权制定《DNA分子重组实验准则》，全面地实行对DNA分子重组实验的法律限制。这是一项十分不利于生物技术发展的消极立法，与科学技术法总体地对科学技术发展起积极促进作用的必然性功能相背而行。后来人们重新估价了DNA分子重组的风险性，在认

---

① 《韩非子·定法》。

识到先前的恐惧十分不必要时，于是一而再，再而三地修改《准则》，放宽限制标准，从而使之重新对生物技术的发展起促进作用。由此可见，《DNA 分子重组实验准则》只能使生物科学技术法的发展偏离总的趋势，却不能改变这一趋势；不但不能改变，而且它自己反而会被这一总的趋势所改变。

法的必然性与法的偶然性之间的上述区别，源于法的内部矛盾，是由法的内部矛盾所决定的。例如，反映法的内部矛盾的社会经济生活条件与人的主观需求、主观愿望的矛盾的对立斗争，就必定为社会经济生活条件的发展开辟道路，不会永远为人的主观需求、主观愿望所囿。同样，科学技术发展的客观规律与人的主观认识的矛盾及这一矛盾在科技法上的反映，必然地要求贯彻科学技术发展的客观规律。这样，法的必然性由于取决于法的内部矛盾，就取得了支配的地位；而法的偶然性由于是法的非根本矛盾和外部条件造成的，所以就只能处于被支配的地位。

法的必然性与法的偶然性之间存在着对立统一的辩证关系。法的必然性与法的偶然性在法的发展中呈现出互相对立的趋势，但两者又是统一的，即两者是相互联系、相互依存、互为前提，并在一定条件下可以互相转化的。法的必然性与法的偶然性的辩证关系，可以见诸以下几个方面：

第一，法的必然性存在于法的偶然性之中，没有脱离偶然性的纯粹的赤裸裸地存在的法的必然性。也就是说，法的一切形态，一切法的现象，都带有偶然性，都是"偶然性的法"。法的必然性是寄寓于法的偶然性之中，通过法的偶然性表现出来的。约公元前 20 世纪时的《苏美尔亲属法》规定，"倘妻恨其夫而告之云：'尔非吾夫'，则应投之于河"（第五条）。这里规定的"投之于河"而不是驱之于野外或投之于山崖深渊，就与外部的地理环境有关系，表现出了一定的偶然性。《汉穆拉比法典》第一百九十六条规定"倘自由民损毁任何自由民之子之眼，则应毁其眼"，第一百九十九条规定"倘彼损毁自由民之奴隶之眼，或折断自由民之奴隶之骨，则应赔偿其买价之一半"。这里规定的"以眼还眼"的"毁眼"相报，而不是"以牙还牙"的"毁牙"相报或其他报复性的惩罚，有其偶然性；规定"赔偿其买价之一半"，而不是"五分之二"或"五分之三"等，也有其偶然性。但所有这些偶然性，都是奴隶制法偏于保护夫权而蔑视妇权，保护自由民的权利而蔑视奴隶权益的必然性的表现。奴隶制法之偏于保护夫权、偏于保护奴隶主和自由民的权利的必然性，不可能赤裸裸地存在，而是通过上述种种偶然性而表现的。一切"天命"论，"天讨"、"天罚"论的唯心主义法律观，以为一切法律规定都是"天"、"神"的意志而必定如此，必非如彼，都是对法的必然性与法的偶然性的辩证法的无知表现。

第二，法的偶然性是法的必然性的表现与补充，以法的必然性为其实质，没有脱离法的必然性而兀自存在的法的偶然性。同不存在"纯粹"的赤裸裸的法的必然性一样，也不存在"纯粹"的绝对的法的偶然性。一切法的偶然性都是法的必然性的表现，包括一切相当极端的似乎同法的必然性毫不相干的法的偶然性，同样都是法的必然性的表现，其背后必定隐藏着法的必然性。1597年英国的《惩治流浪者和长期乞丐的法令》规定，依据该法令被捕的流浪者或乞丐，将被"把上衣剥光，当众鞭打，直到他或她脊背流血为止，然后必须递区押解"。许多欧洲国家法律规定的"拷讯"办法都是鞭打脊背；而中国古代法律的"拷讯"规定中，多为鞭笞或棒打臀部。这些无疑都是相当偶然的，是法的偶然性的体现。但这种法的偶然性，丝毫没有脱离封建制法律的残暴、苛严的必然性。黑格尔写道："科学的任务，特别是哲学的任务，一般地说就在于认识被偶然性的外表所掩盖的必然性……"①恩格斯也指出："被断定为必然的东西，是由种种纯粹的偶然所构成的，而被认为偶然东西，则是一种有必然性隐藏在里面的形式。"②这些论断对我们认识法的偶然性总是法的必然性的体现，总不能脱离法的必然性，是极好的教诲。不过顺便应当指出，恩格斯上述论断中使用了"纯粹的偶然"一语，是不无瑕疵的。应当坚信，没有任何"纯粹"的偶然。这有利于我们从一切法的偶然性表现中去发掘法的必然性。

第三，法的必然性和法的偶然性在一定的条件下可以互相转化。这是由法的范围极其广大，法的发展具有漫长的历程决定的，也是由法的必然性与法的偶然性的区分具有相对性决定的。

同一法的现象，对于某一法的历史时期来说，是法的必然性的表现，但对更长的历史时代来说，就有可能只是一种法的偶然性；反之亦然。上述"文革"时期我国法制的曲折变化，对于社会主义阶段法制发展的必然性的总趋势来说，是一种倒退，是一种偶然；但就当时来说，某一"指示"、"通令"之被奉为"圣旨"般的"比法还要法"的法律，又是必然的。

法的必然性和偶然性在一定条件下的互相转化，古今中外法制史上都发生过。在法的发展过程中，判例之被作为判案的准则，起初仅仅是"不得已而为之"的临时应急措施，以解决法律覆盖不全的弊病，这是一种偶然现象。但随着这种情况的增多，判例在许多国家里变成了常用的判案标准。于是出现了"法官制法"的实际，法学家对此做了论证，社会控制又有此需求。于是判例作为法律被适用，就成了必然性的现象，以至许多国家成了实行判例法制度的国家，而与实行制定法制度的国家相区别。反过来，在英国等实行判例法制度的国家，有时为了解决特定的问题进行国会立法，倒反而成为"偶一为之"的偶然性了。又如，所有的国家都曾实行过死刑制度，从社会控制的要求来看，这是法的必然性的表现。但就在其时，也会有赦免受死刑判决的罪犯的决定。后来，当人们逐渐认识到犯罪的极其多样、极其复杂，社会负有十分重大的责任时，偶或就自动地放弃了对这一罪犯、那一罪犯的死刑判决。甚至在世界上出现了个别国家决定完全放弃死刑这一刑种。在这种情况下，即无论是个别国家放弃死刑刑种，还是许多国家在个别情况下对特定罪犯放

---

① 《黑格尔全集》第1卷，1929年俄文版，第245页。转引自《马克思主义哲学原理》第237页。
② [德]恩格斯：《费尔巴哈与德国古典哲学的终结》，人民出版社1959年版，第34页。

弃死刑判决，都是法的偶然性表现。但是这种法的偶然性后来出现得越来越频繁了，放弃死刑刑种的国家也越来越多了。据美国1980年统计，联合国一百五十二个成员国中，三十七个国家已废除了死刑。这样，废除死刑几乎显示出了一种必然性的趋势。一些刑法学家和社会学家预测，人类必定会彻底废除死刑。如果是这样，那么，法的偶然性之转化为必然性也从中得到了体现。

在法的必然性和法的偶然性的相互转化中，必须具有"一定条件"。是在"一定条件下"的转化，而不是任意的、任何条件下都会发生的转化。例如，偶或放弃死刑、免除死刑之转化为废除死刑，必须具备"社会秩序高度稳定"、"社会经济高度繁荣"、"人们的觉悟水平大大提高"、"人们的道德水准大大提高"、"人们的法制观念大大增强"等条件。否则，主观地随意决定废除死刑，可能遭到客观规律的"报复"，即招致社会秩序混乱、恶性严重犯罪骤增而不得不恢复死刑，且导致判处更多的死刑罪犯。

对法的偶然性和法的必然性的辩证关系的认识，具有十分重要的意义。法学的任务就在于揭示法的发展的必然性，尽量避免为法的偶然性所迷惑、所干扰；同时，又要努力从法的偶然性中发现法的必然性和规律性，使我们的认识建立在科学的基础上，为社会主义法制的健全做积极、有益的贡献。但关于法的必然性与偶然性问题又是法理学所关顾的。法哲学对此类问题加以深究，当是对理论法学的一种贡献，也为自身的存在与发展开辟了道路。

四

法的法理规定性的哲理探讨还可扩及许多方面，如法的正义性与非正义性的关系、法的阶级性与社会性的关系、法的稳定性和变动性的关系、法的普遍性和特殊性的关系，等等。我认为，法是内涵不断变化的正义与非正义的对立统一体；法既有阶级性又有社会性，是阶级性和社会性的对立统一体；法既有稳定性又有变动性，稳定性是相对的，变动性是绝对的，法是稳定性与变动性的对立统一体；法有普遍性又有特殊性，是普遍性与特殊性的对立统一体。

法的哲理规定性探讨，除必然性与偶然性外，还可涉带法的现象与本质的辩证关系，内容和形式的辩证关系，法的量、质与度，法的系统性等。我在拙著《法哲学经纬》一书中详尽探讨了这些问题。

对法的法理规定性的哲理探讨和对法的哲理规定性探讨表明，在中国建立一门作为与流行的法理学有显著不同的论域、研究方法和研究价值的理论法学学科——法哲学，是十分必要的，也是完全有可能的。

法哲学与法理学的研究对象同为法律、法、法文化，但研究范围却不一样，因而论域各异。如前所说，法理学研究法的法理规定性，着重于法的规定性的法律属性方面，而法哲学研究法的哲理规定性，着重于法的规定性的哲学属性方面。

法理学的研究方法是多种多样的，其中包括哲学方法，但着重于对法的规定性做概念剖析、命题论定、归纳或演绎推理，着重于证明与反驳，一言以蔽之，主要是运用形式逻辑的方法。鉴于形式逻辑方法的不足，有时也引入辩证逻辑的方法。尽管如此，也还是基本囿于逻辑方法。法哲学的研究方法同样是多种多样的，就在《法哲学经纬》中提及了比较方法、统计方法和法的定量分析、逻辑推理的定性分析及科学哲学的方法，等等。实际上，一切主要的哲学方法都可用于法哲学研究，即法哲学研究主要也借助于哲学分析方法，尤其是马克思主义的辩证唯物主义方法。

通过法理学研究可揭示法的一系列法理规定性，通过法哲学研究则可揭示法的一系列哲理规定性。相较而言，法的法理规定性难以用来指导对法的哲理规定性的研究，而法的哲理规定性的揭示，不但可以用来指导一切具体的部门性法律学科的研究，也可以用来指导法理学的研究。从这一视角审察，法哲学无疑比法理学有更高的更重要的研究价值。社会主义法治国家的建设，是一项规模浩大的系统工程，中观、微观的研究无疑具有十分重要的针对性、现实性与实践性，可为解决许多重要的紧迫性现实问题提供对策性建议，但同样十分重要的是绝不能忽视有关的宏观研究，尤其是在这一宏伟工程建设之始。在这里，既要"埋头拉车"，也要"抬头看路"，而法哲学研究正是辨方向、看道路的工作。改革开放之初，我们曾经有过"理论准备不足"之慨叹，否则，也许还可前进得更快一些。现在，当我们要着手建筑社会主义法治国家的宏伟大厦时，务必充分做好"理论准备"，为其切实"奠基"，力避开始时"差之毫厘"以至后来的"谬以千里"。

从《青琐高议·张浩》引论法律思潮与法律实践之关系*

刘斧编撰之《青琐高议》有《张浩——花下与李氏结婚》篇，写"家财巨万，豪于里中"、"贵族多欲与结姻好"的张浩，与李氏女子相爱，私下海誓山盟有婚姻之口头约定。李氏女子曾向张浩索得亲笔所写之诗以为凭证。李女之父母起初并不同意他们成婚。当托乳母向父母提出欲与张浩成婚而遭拒绝时，她毅然挺身向父母说明自己与张浩曾私订终身，表示了以死抗争的决心而投井自杀，终于使爱女如命的李父表示同意。但张浩的叔父却执意要张浩聘娶孙姓女子而聘成事实。当得知张浩已聘孙女后，李女即主动去见张浩，还要人向张浩表示"业已许君，幸无疑矣"。最后在走投无路时，李女就拿"浩诗及笺记之类"起诉府衙，说自己"已与浩结姻素定"云云。府衙之断决云，李女与张浩"已有终身之约"，如果张浩别娶孙姓女子，则"在人情深有所伤，于律文亦有所禁"，因此断张浩与李女成婚。从此，张浩与李女"夫妻恩爱，偕老百年，生二子，皆登科矣"。

《张浩》虽为宋代传奇小说，但由于文学作品乃社会生活的反映，却也发人深思中国法制史上的一个重要问题，即法律思潮与法律实践的关系。兹分以下几点略事论述：

一、法律观念与法律规定的冲突问题

《中国文学史》注意到了在这里蕴含着一种新的婚姻观念：婚姻的是否成立和合法，取决于当事人本身的意愿，而不在于是否有父母之命、媒妁之言和问名、纳采等形式。这与士大夫的传统婚姻观显然背道而驰，而后来元代的许多著名作品——例如白朴的《墙头马上》、关汉卿的《拜月亭》等都持类似的婚姻观。①

由于这一"新的婚姻观念"涉及了婚姻的合法性问题，因此，它同时也是一种法律

---

* 原载《政治与法律》1998 年第 5 期。
① 章培恒、骆玉明主编：《中国文学史》(下)，复旦大学出版社 1996 年版，第 157 页。

观念。又由于这一"新的婚姻观念"不绝如缕地反映在当时极负盛名的作品之中、作家笔下，就不仅止于偶然迸发的新型法律观念的火花，而可以说成了一种至少有一定影响的法律思潮。

文学家们所传递的信息都表明，这种与传统婚姻观念、传统婚姻法律观念及现实法律规定背道而驰的法律思潮，已有相当强大的影响了。

中国文学史学者谓：在一定意义上，可以说"宋代是一个古代文化烂熟时期又是一个向近世文化转型的时期，社会结构与文化形态都发生很大变化。而城市与商业的发达就是这一变化中的突出现象，它开始直接地影响了文学观念、文学内容、文学形式的嬗变与演进。"[①] 这一精辟论断给法学工作者的启示是：宋代不仅是中国古代法律文化烂熟时期，又是一个向近世法律文化转型的时期，其突出标志即在法律观念之与法律规定的冲突。

法律是由封建统治者制定的，但法律观念却是社会生活激荡砥砺而成的。北宋法律规定之封建性、专制性等已不必多言。北宋思想观念却呈现了多元化的发展趋势。有宋一代最有成就也最有影响的思想家是朱熹，其学说的核心命题是"存天理，灭人欲。"[②] 他认为"人欲"是一切罪恶的渊薮。为"灭人欲"，必须德、礼、政、刑交替使用，必须坚决而毫不留情地施法、行罚以惩"人欲之私"。他说："先立法制如此，若不尽从，便以刑罚齐之。"[③] "号令既明，刑罚亦不可弛。苟不用刑罚，则号令徒挂墙壁尔。"[④] "政者，法度也。法度非刑不立。故欲以政道民者，必以刑齐民。"[⑤] 但在强大的商业经济的冲击下，朱熹们的"理学"说教并不能垄断思想的"市场"。《张浩》中的李氏女子、《青琐高议》的编者刘斧及后来的关汉卿、白朴等，则全然是另外一种观念。如果要与朱熹的"存天理，灭人欲"及为此而"以刑罚齐之"之观点相较的话，则他们至少表达了这样几种观点：其一，颂扬"人欲"；其二，反礼教；其三，蔑视现行之"法度"；其四，毫不畏惧封建刑罚之加害，必要时则以死抗争。《张浩》中所张扬的李女的强烈观念就是：哪管你婚姻之成立的法律规定，哪管你什么"父母之命"、"媒妁之言"，哪管你代代相传千百年的"问名"、"纳采"的法定婚姻形式，一切全在我"本身的意愿"亦即朱熹所谓"人欲"之下。朱熹有朱熹的"顺我者昌，逆我者亡"，李女有李女的"顺我者从，逆我者叛"，二者北辙南辕、背道而驰，突显了法律观念与法律规定的冲突。

当然，民众的、民间的法律观念与官方的、统治阶级的法律规定的冲突，如果得不到为政当局的妥当协调，其结果只能以芸芸众生中的"蚁民"因"违法"、"犯罪"而被法律、刑罚"齐"掉生命告终。但《张浩》中的府衙判决，却置朱熹们的"以刑齐民"于不顾，

---

① 章培恒、骆玉明主编：《中国文学史》（下），复旦大学出版社 1996 年版，第 303 页。
② 〔南宋〕朱熹：《语类》卷 4。
③ 〔南宋〕朱熹：《语类》卷 23。
④ 〔南宋〕朱熹：《语类》卷 108。
⑤ 〔南宋〕朱熹：《论语集注》卷 1，《为政》。

做了妥协甚至可说是纵容、推波助澜。因此，又引出了——

二、法律思潮与司法实践问题

中国的封建时代，门第婚姻是一强大而有力的婚姻观念，它也严重地影响了婚姻政策与法制。吴败越，越大夫种行成于吴，曰："愿以金玉子女赂君之辱，请勾践之女女于王，大夫之女女于大夫，士之女女于士。"① 嫁娶等级之严，由此可见一斑。此前此后，婚配各依其类而不得混淆，乃铁定常制。宋代自不例外。《续资治通鉴长编》卷九十载："（天禧元年）王旦卒……旦性冲澹寡欲，奉身至薄……婚姻不求门阀。"② 陈鹏先生分析这一记载谓："盖当时讲门阀者多，王旦特例外耳，撰史者特称之。"③ 此诚为的论。

中国的封建社会，又特重财婚。财婚即以资财为婚姻成立之要件。《仪礼·士婚礼》以"纳征"为缔婚之确定阶段。所谓"纳征"，纳聘财也。④ "纳征"用币，所以春秋时又称"纳币"。⑤ 中世以降，又称"聘财"，长孙无忌曰："婚礼先以聘财为信，……虽无许婚之书，但受聘财亦是。" 这是上了唐代律书的，聘财已为法律规定的婚姻成立要件。⑥ 隋唐以降，尤其是五代十国时期，财婚弊风日炽，而"宋承五代弊风，宗室勋臣，内外官吏，竟以财贿相尚，流俗所趋，婚姻更以金钱论价，宗室嫁女，几同贸货，惟财是务，不事铨选。"⑦ 可见，财婚问题已成为社会争议的一个热点。

中国的封建社会又有"定婚"之制。"定婚"，即订婚。《仪礼·士婚礼》："首纳采，次问名，次纳吉。"郑氏曰："婚姻之事，于是乎定。""定婚"是婚姻之必经程序。宋时"纳吉"之礼不行，文公定家礼而废之，并于"纳采"，即宋以"纳采"为"定婚"之必经程序。《宋史》曰："宋朝之制，诸王纳妃，赐女家白金万两敌门，即古之纳采，用羊二十口，酒二十壶，彩四十匹。……"⑧

在中国封建社会时期，婚约之解除，应有法定之原因，如男女一方死亡或生死不明者、定婚后无故三年不娶者、男犯罪女犯奸者、双重婚约及定婚后男另娶者、男家犯清议者等。

---

① 《国语·越语》。
② 《宋史·王旦传》。
③ 陈鹏：《中国婚姻史稿》，中华书局 1990 年版，第 67 页。
④ 《礼记》"昏义"疏。
⑤ 春秋史籍记"纳币"甚多，如庄公二十二年冬"公如齐纳币"；文化二年冬，"公子遂如齐纳币"；成公八年夏，"宋使公孙寿来纳币"等。
⑥ 《唐律疏议·户婚律》。
⑦ 陈鹏：《中国婚姻史稿》，中华书局 1990 年版，第 137 页。
⑧ 《宋史·礼志》。

此外，中国封建社会还有媒人之制，周代即有"媒氏，掌万民之判"①。至唐代，此制入律，唐律规定："嫁娶有媒，卖买入保。"②"为婚之法，必有行媒。"③ 北宋熙宁、元祐之际，"宗女既多，宗正立官媒数十，掌议婚。"④ 不但入律，而且有"官媒"之立。

中国封建社会所有这些关于婚姻的规定，不但浸润于人们的法律意识中，而且指导着、规范着、约束着官吏的司法行为，是其司法之依据。

《张浩》中李女对上述种种戒条、规定视若无睹，根本不把"门第婚姻"放在心上，也根本置"财婚"、"定婚之制"、"媒人之制"等有关规定于不顾。至于张、孙二家之婚约、媒聘等，李女也置之不理。她所有的只是张浩的"诗及笺记"。这些"诗及笺记"完全可以做别的与张、李婚姻完全无关的解释，根本不能成为二人已有婚约的证据。但令人讶异的是，不仅刘斧透过《张浩》表达了蔑视有关法律规定的观念，折射出了当时的一种法律思潮，而且，刘斧还让知府作出大快人心的判决。虽然判词有云张浩如别娶孙姓女子则"于律文亦有所禁"，但遍查宋代律令，根本没有也不可能有允许作此等判决的规定。这一判决所表明的是，该知府的司法实践背离了法律规定而与当时新兴的法律思潮协调和谐了。

中国封建社会之司法实践与立法相脱节，是司空见惯之事。官吏舞文弄法、出入人罪、草菅人命乃"家常便饭"。"三年清知府，十万雪花银"的民谣透露了内中消息。但是，所说皆为立法尚称轻简而司法却属严苛，与《张浩》中的知府司法完全是两回事。《张浩》中知府之司法实践，是置宋代法制于不顾，重人情，讲人性，倾向于民间弱者，司法天平倒向了弥漫于平民百姓中的法律思潮。我们从《张浩》中所得出的只能是这样的结论，而不可能是别的什么结论。

以上两点，涉及法文化的冲突和"辩证司法"问题，与我国之"建设社会主义法治国家"关系甚大，谨做如下说明：

其一，关于法文化冲突。

拙著《法哲学经纬》之《法文化的哲理探讨》等，述及"法文化冲突"时，着重论证了"当人类社会发展到发达资本主义制度的时代，交通和通信的发展……"使得法文化冲突发生而且相当激烈，而"在自然经济占统治地位的人类社会发展的历史阶段上，法文化冲突一般不很明显。"⑤ 宋代虽然仍是"自然经济占统治地位"，但由于资本主义业已萌芽并茁壮成长，因此，在一定规模上，也发生了法文化的冲突。这不是外来法文化与本土法文化的冲突，而是本土上的先进法律观念、法律意识、法律思潮与落后的法律观念、法律

---

① 《周礼·地官》。
② 《唐律疏议·名例律》。
③ 《唐律疏议·户婚律》。
④ 〔北宋〕朱彧：《萍洲可谈》。
⑤ 倪正茂：《法哲学经纬》，上海社会科学院出版社1996年版，第955、959页。

意识、法律思潮的冲突。在这种情况下，当外来法文化与本土法文化发生冲突时出现的本土的"法律意识滞后性"是不存在的，因为先进与落后的法律思想都是"本土"的。所以，当在"本土"上出现新的生产关系因素因而激荡砥砺出新的法律思潮来时，它就是"法律意识的前瞻性、预期性"。在《法哲学经纬》中我曾指出过："为了使得法文化能够实现革命性的变化……法学家要率先鼓吹法律意识的变革，并努力把先进的法律意识化为法律思潮，使最广大的人民群众得到教育。"①

北宋时期虽然有了资本主义萌芽且呈茁壮成长态势，但是，一方面，封建专制势力仍然十分强大；另一方面，金人的南侵终致赵宋王朝土崩瓦解，刚刚萌芽的资本主义备受摧折而急剧凋零。加之朱熹理学被奉为金科玉律，严重摧残人心，先进的法律思潮和法律文化便如昙花一现，不久亦告节节败退了。当代中国的情形正与北宋时期完全相反，社会主义市场经济所催生的生产关系、社会关系、社会思潮包括法律思潮，不但业已成型，而且正以磅礴云天的气势蓬勃发展，任何陈旧的传统、习惯势力和陈旧的观念、戒条，都绝不是它的对手。囿于篇幅与文旨，这里不来述说当今社会思潮包括法律思潮的具体内容，但必须指出一点：它必将与计划经济时期的法律规定相冲突。

同为法律文化的法律思潮（我称之为"心态法律文化"）与法律规定（我称之为"制度法律文化"）的冲突，也是法文化冲突的一种具体形态。肇因于我国改革开放、体制转轨而形成的上述法文化冲突中，法律思潮不但不呈"滞后性"，而且反呈"超前性"。这种"超前性"不仅业已牵拉制度法律文化的改弦更张（这已在近年来适应市场经济发展的立法大大加快上得到反映），而且还将进一步推动制度法律文化的革新。因此，当我们着手"建设社会主义法治国家"时，就必须时刻关注法律思潮的动态发展，从而保证我们的制度法律文化建设不至明显落后。

为此，就必须"努力把先进的法律意识化为法律思潮"，使先进的法律思潮成为主流性、主导性的思潮，庶几制度法律文化的革新才可望有成。但这绝不是一件简单的事。要想使先进的法律意识演化为法律思潮，并由此而带动法治国家建设，其艰巨性是可想而知的。但是，涛声既起，洪波必定汹涌；风声既骤，暴雨势将倾泻。只是我们要力求做时代的先行者，为先进的法律思潮使劲地大声"鼓与呼"。

其二，关于辩证司法。

我国的改革开放正大刀阔斧地展开，我国的民主法制建设正一日千里地发展。一方面，我们要努力地对法律的作用做充分的估计、充分地弘扬，大力宣传法律乃是"法治国家的理性权威"，并为捍卫这一权威而奋斗；另一方面，我们又要树立起辩证司法的观念，力行辩证司法。这当然不是说要机械地仿行《张浩》中的知府而主观擅断，也不是说要将今日的乡规民约抬高到法律法规的高度，这些都是万万要不得的；而是说，凡遇"合法而

---

① 倪正茂：《法哲学经纬》，上海社会科学院出版社 1996 年版，第 955、959 页。

不合理"或"合理而不合法"的场合,务必不要画地为牢、作茧自缚,而要以辩证司法的精神,辩证处断之。具体来说,至少可有以下辩证司法之策略可用:一为暂不处断,积极请求尽快修改法律,以使"不合法"者成为"合法"者;二为仿行判例法制,依据立法之精神,为"合理"之事做出"合法"处断。

中国的"社会主义法治国家建设"任重道远。作为一项宏伟而艰巨复杂的系统工程,建设者不但要总结自身的实践经验,也要努力借鉴国外的先进经验,还要继承古代的成功经验。即使像《张浩》篇这样的传奇小说,只要对我们略有启迪,也不妨研读之、探讨之、借鉴之、弘扬之。

(注:我把法律文化分为两大类:一类为本体法律文化,又细分为制度法律文化、行为法律文化、心态法律文化、物态法律文化和主体法律文化;一类为存体法律文化,涉及本体法律文化与政治、经济、文化、思潮、宗教、道德、科学技术等的关系。)

略论法概念之革新 *

法是什么？值此世纪之交，江泽民同志在"十五大"报告中高瞻远瞩地提出"建设社会主义法治国家"伟大任务之际，这是一个首当其冲而无可回避的基础性、根本性问题。

古往今来的中外法学家以及部分政治家，无不就法的概念做出界定并且企求定于一己之案。殊不知其中多有囿于阶级局限性、认识局限性而为谬见者；而稍有见地或接近真知的定义，也还会因时代的变迁而成陈见，应予更新。笔者认为，如同一切事物一样，法及作为法的反映的法的概念，都处在永恒的运动与变化之中，因此，只有动态地考察法并进而探讨法的概念，才是求新、求真、求深之道。有鉴于此，我以为，当今世界，已到了革新法的概念的时候了。

一

关于法的概念，中外法学家、政治家们在语言表达上各不相同，内容丰富有所不一，观察深浅略有所异。从总体来说，却相去不远，大多停留在法的现象上（有的甚至是在假象上）、静态上、表面上、特殊性和抽象性上，未能深入考察法的本质性、普遍性和具体性，尤其是未能考察其动态性，因而未能得出正确的结论。如果要用一句话来概括上述形形色色的定义的话，或可谓：法是政府对社会控制的工具。许多以马克思主义法学家标榜的人，在为法下定义时，也未脱其窠臼。最典型的便是苏联的维辛斯基，他的定义是："法权是经国家政权制定或认可的，反映统治阶级意志的、而由国家强制力来保证其适用的行为规则（规范）的总和，其目的在于保护、巩固并发展有利于、适合于统治阶级的社会关系和社会秩序。"[①] 维辛斯基的这一定义，是在1936年这一特定时期提出来的。是

---

* 原载公丕祥主编：《法制现代化研究》第4卷，南京师范大学出版社1998年版。

① 苏联科学院国家与法研究所编：《马克思主义关于国家与法的理论教程》，中国人民大学出版社1955年版，第62页。

年12月5日，苏联通过了新宪法，即所谓"很公正地被人民以其创造者的名字"命名的"斯大林宪法"①。从此，"神圣地遵守苏联宪法"被作为"苏维埃公民的第一信条"；"切实地、无条件地执行法律"被作为"苏维埃公民的第二信条"；"谁要是对于苏维埃政权的法律、决议、指令的执行稍有规避，谁就被认为是"有意或无意地帮助了苏维埃政权的敌人"②。也是从此，斯大林开始了大规模的"肃反"运动，血洗了大批党政干部和无辜公民，给苏联人民带来了巨大而深重的灾难。

维辛斯基的上述法的定义，曾久久盘踞新中国法坛。虽然近二十年来中国法学界屡屡发起抨击，然而始终未能走出维氏布设的樊篱。究其原因，窃以为，在认识上是一脉相承了古往今来关于"法是政府对社会控制的工具"论。当代此论之权威外国版，可视美国法学家布莱克在《法律的运作行为》中的言论最为鲜明："法律是政府的社会控制……，或者说它是国家和公民的规范性生活，如立法、诉讼和审判。"③季卫东评析布氏的这一观点时指出："这个定义有三层意见。首先，法是一种社会控制；其次，只有统治机关对公民的社会控制才可称之为法；第三，社会控制的本质是对越轨行为的定义和处理。"④

千百年来充满睿智的思想家们既然都是如此界定法律的，岂非铁定如山不可动摇、不可移易、不可改变？

不然。

"法是政府对社会的控制"，那么，谁或什么来控制政府？

人类为何创造出一种被称为"法"的事物来"控制"自身或绝大部分的同类？

法总是"铁面无情"地以"控制"（如布莱克所说即"诉讼和审判"）的面目出现的吗？

今天的法，尤其是社会主义的法，更尤其是我们将要为"建设社会主义法治国家"贡献出来的法，是以"控制"为首要任务或"神圣天职"的吗？

我们，正在满怀信心地"建设社会主义法治国家"的当代和下一、二代中国人，难道是靠着这种"政府控制"的观念去参与其事的吗？……

一切的一切，正在启示我们，必须革新法的概念。

二

法不是人类从地狱唤出折磨自己的厉鬼。

---

① 《我的伟大的祖国》，莫斯科俄文版，1949年，第393页。
② 同上，第484页。
③ [美]布莱克：《法律的运作行为》，唐越学译，中国政法大学出版社1994年版，第2页。
④ 季卫东：《法律变化的定量分析和预测（代译序）》，见《法律的运作行为》序言，中国政法大学出版社1994年版，第3页。

法是人类请来用以增进自身福祉的天使。

对此，我们可以从法的产生、法律运作的实际状况和法的发展等三个方面来加以说明。

第一，从法的产生看法是什么。

法曾被说成是产生于奴隶社会的奴隶主用以镇压奴隶的暴力工具。如果仅此而已，那么，说法是人类从地狱唤出折磨自己的厉鬼也无可非议。

但法并不是起源于奴隶社会的，也不能简单地看作是奴隶主镇压奴隶的暴力工具。

我在《论法律的起源》①中，曾详论过法律起源于原始社会向奴隶社会过渡的时期。在此基础上，近来我又有自己更深入的思考和认识：1.既然法律是在原始社会就已出现，说明它不仅仅是阶级社会的现象；人口十分稀少、人类关系比较简单的原始社会尚需法律，人口千百万倍于昔日、人类关系无限复杂化了的未来无阶级社会，必然仍需法律。

2.原始社会的习惯法起初虽带阶级性，但占主导地位的却是其社会性。这种习惯法后来越来越多地带阶级性，但其社会性始终没有消失殆尽。到了奴隶社会，阶级性占主导地位，但社会性仍占一席之地，虽然是次要的。各地原始社会习惯法无一例外地规定的"血亲不得通婚"，是用以保证人种的延续和进化的，这一条后来在一切奴隶制、封建制、资产阶级法律中都被保留并强化，就是法律之社会性始终不灭的确证。人类社会从奴隶制摆脱出来之后，奴隶得到一定程度的解放，相对地说，社会性在封建制法律中便有所抬头。而发展到资本主义社会，法律的社会性便有了长足的进步，在环境保护法等法律中，阶级性已渐趋消失，社会性成了它的主导方面，正是由于社会性在资本主义法中的地位的上升，才保证、促使了资本主义经济得以飞跃发展。

3.社会主义社会有可能从根本上进一步发展法律的社会性；而一旦消灭了剥削阶级后，社会性便在社会主义法律中占了主导地位，从而使法律在保障和促进社会生产力的发展方面，发挥出更加巨大的威力。

以上观点在中国法学界和高等政法院系的师生中，曾引起轩然大波。但热烈争论的双方只是于法律究竟起源于原始社会还是奴隶社会。其实，这个问题倒是比较简单而以后也确实不再有人坚持说是法律起源于奴隶社会了。因为，邻接的两类社会，一般来说，并无了了分明的界线，从原始社会到奴隶社会之间横亘着一个漫长的过渡时期，法律正是起源于过渡时期。对此，后来我在《法哲学经纬》②中做了进一步的理论探讨。我认为，对法律起源问题进行哲理探讨时，始终必须抓住这样一个极其重要的基本观点，即概念边界的模糊性，以及由概念边界的模糊性而来的邻近概念的接续性。

如"习惯"与"习惯法"是两个不同的概念。但在现实生活中，从习惯到习惯法的改变，很难找出一个划界的时间与空间的"点"。

---

① 倪正茂：《论法律起源》，《社会科学》1981年第1期，第76—82页。
② 倪正茂：《法哲学经纬》，上海社会科学院出版社1996年版。

"原始社会"与"奴隶社会"的边界线，也同样是模糊的。正是在典型的原始社会与典型的奴隶社会之间横亘着的过渡时期里，习惯演变成了习惯法，并由口口相传的习惯法向成文制定法过渡。

当法哲学考察法律起源问题时，决不轻易苟同传统法理学，把"习惯"、"习惯法"、"成文法"，把"原始社会"、"奴隶社会"，看成疆域分明、壁垒森严、"以邻为壑"的不同概念，而是看成边界模糊、连成一气、"一衣带水"的邻近概念。这样，就既能如实反映社会、法律和国家的起源、发展的实际状况，也能解开长期以来在法律起源问题上争论不休的疑团。这里，掌握由概念边界的模糊性而来的邻近概念的接续性观点十分重要。这种邻近概念的接续性是概念所反映的客观对象的实际属性。"杯子"和"碗"的边界是模糊的，两者有接续性；"刀"和"剑"的边界是模糊的，两者有接续性；"道德"和"法律"的边界是模糊的，两者有接续性；"法理学"和"法哲学"的边界是模糊的，两者有接续性；等等。理解、把握和运用这种邻近概念接续性的原理，是理解、解决法律起源问题的关键之一，承认概念边界的模糊性及邻近概念的接续性的客观性，并以此观察法律的起源，那么恩格斯《家庭、私有制和国家的起源》以及摩尔根《古代社会》对法律起源的论述中的矛盾，也很好理解了。他们所说的"原始社会"及所描述的有法律、法官、法庭的奴隶社会以前的社会，我以为既非典型的原始社会，也不是成熟的奴隶社会，而是从原始社会向奴隶社会的过渡时期，是原始社会和奴隶社会之间的"模糊的边界"和"邻接"带。这种"模糊边界"和"邻接"带，是很容易给描述和论述者带来麻烦、困难以至矛盾与错误的"陷阱"的。

我在《论法律的起源》中，虽已提及但是未做有力论述因而未引起各方面重视的，是这样一个问题：法的起源是与生产力发展及社会进步紧密相连的。

从原始社会到奴隶社会的过渡时期中，生产力的发展具体表现为人类社会的三次大分工，而生产力发展的前提是人类自身的生产与再生产。法律正是因人类社会的三次大分工和人类自身的生产与再生产的强烈需求应运而生的。

许多人不得不苟同法是在三次大分工的过程中逐渐形成的，但他们坚持认为，三次大分工的结果是阶级的分化及其强化，因而法作为维护剥削者利益的工具，不能不说是罪恶的化身、厉鬼的异名。对此，我们应指出，历史唯物主义者不应是近视的悲天悯人的道学家。如果不是法保证和促进了人类社会的一次又一次大分工，那么，我们将永远停留在刀耕火种、茹毛饮血的野蛮、蒙昧的原始时代。那么，怎样看待奴隶主对奴隶的剥削以及法对这种剥削的保证作用呢？孤立、割裂地看待"剥削"、"压迫"之类社会现象，笼统而论，当然除斥责之外别无他途。但是，我们要知道，如果没有奴隶制的产生，原始部落战争的结果便是战胜部落杀尽斩绝战败部落或者加上吃掉其中一部分人。奴隶制的产生，意味着战俘不再被杀、吃，而成为奴隶，保存了生命。这无论对社会还是对战俘本人来说，都是一件在当时来说好得不能再好的事。始初的法，即用以对此做出保障。因此，从奴隶主来说，是以法保证了对奴隶加以剥削的利益；从奴隶来说，是借法保证了生命的维系。总之，从整个社会来说，是人类请来法宝以增进福祉，而不是从地狱唤出厉鬼来折磨自身。

第二，从法的运作的实际状况来看法是什么。

法的运作所针对的，是两类社会关系：一类是因人与自然的矛盾引致的社会关系；一类是纯然的人际矛盾引致的社会关系。法在调控这两类社会关系的运作过程中，起着什么样的作用呢？

人要征服自然，不得不在遵循自然规律的前提下奋斗，于是有技术规范形成。一切技术规范都同个人的、集体的以至国家的利益相关，于是自觉遵守者与不遵守（有意或无意不遵守）者之间便产生了利益纠纷。于是，围绕技术规范之遵守与不遵守，便产生了一系列复杂的社会关系。几无例外地，法总是采取保证遵守技术规范的立场。在许多情况下，干脆直接赋予技术规范以法律效力，使之成为法律规范，违反这样的法律化了的技术规范便成为违法，要受到法律的惩处。环境保护法、计量法、标准化法、生物技术法中的一系列准则（如"重组 DNA 实验准则"），等等，都是用以调整因人与自然矛盾关系而引致的社会关系的法律。

法在做此类调整时，无论是对劳动者个人来说，还是对劳动者的对立面——剥削者来说，抑或对社会整体、对生产力的发展来说，都是有利的，都具有进步意义，都是为增进人类福祉服务的。

人还要征服社会。人类之征服社会，可从以下两方面看：

第一个方面，维护基本的社会秩序。任何社会都必须有基本的社会秩序，否则，任何阶级、阶层的人都不能安宁、甚至不能生存。正因如此，"杀人抵命"之类刑法规范，古今中外几乎雷同。

第二个方面，维护一定的统治秩序。这也要分成两个方面看：

其一，维护"治民"之秩序。无论在奴隶社会，还是在封建社会、资本主义社会，"民"都是绝大多数。"治民"而有序，社会就比较稳定，生产力就发展得较快。但在不同的时期，被"治"之"民"的利益是不同的。在社会上升时期，如奴隶社会、封建社会、资本主义社会的前期，奴隶之成为农民，农民之成为工人，都在一定程度上获得了人身的自由和利益的增进。此时，法之被用来"治民"，实是增进其福祉的工具。但在社会下降时期就不同了，奴隶制、封建制、资本主义制没落时期，统治者仍用旧法维护其统治，其时的法，就不是用以增进福祉，而是为害生灵了。但法魂不灭，它异化为人类的对立面的法，必被革命的铁帚扫进历史的垃圾堆，人类还将唤出新法来为自己服务。因此，从法的发展全过程来看，只能说它是人类创造的用以增进自身福祉的天使。

其二，维护"治吏"之秩序。"治吏"之目的与"治民"是一致的，因而结果也一样："治吏"而有序，在不同的历史时期里，或加强了统治以保证社会的进步，或因此而维护危亡者即剥削者的私利。后者,也会导致革命,导致法的更新,导致新的维护与增进人类的法的产生。

以上所说是法的运作的内容(所针对的对象),它表明,法从总体上、发展趋势上看,确是用以增进人类福祉的。至于某一时期,如某一社会制度的没落衰朽时期,法确然呈现凶残狰狞的面目,帮助没落的统治阶级镇压对立阶级的反抗,起了极坏的作用,与地狱厉鬼无异。但是,首先,这只是暂时的,它终将要被新法所取代;其次,这不是人类创造法的本意,也不是法的本来面目,而是法的异化。世间异化之物多矣!自不必将异化之物视同真身,将增进人类福祉的法视为折磨人类的厉鬼。

现在我们再从法的运作的方式来看。

人类之创造法,不仅仅创造了作为制度的法,而且同时创造了作为行为方式的法。如果把前者称为立法的话,那么,后者就是司法、执法与守法。法的运作方式,指的就是司法、执法与守法等行为。执法是司法的延伸,下面我们分司法(执法)与守法两方面略来分析。

首先看司法。

人类所创行的司法,本有两种具体方式:一为奖赏,一为惩罚。

关于惩罚,我们早已司空见惯,而且长文短论、鸿篇巨制早已汗牛充栋,不必多作陈述了。

关于奖赏,都乏人问津。其实,这一方面是大有文章可作的。

中华法系的一大特点,就是十分重视奖赏之法。中国现存的最早一条法律,是夏启发兵攻伐有扈氏时颁行的一条军法:"王曰嗟六事之人,予誓告汝,有扈氏威侮五行,怠弃三正,天用剿绝其命,今予惟恭行天之罚……用命赏于祖,弗用命戮于社,予则孥戮汝。"① 现行中国法制史或法律思想史著作论及这条军令时,无不斥之以"阶级性"、"残酷性"、"野蛮性",其缘盖出于"一叶障目"——只看见"弗用命戮于社"这半句话,没有看见其前的另半句话——"用命赏于祖"。全面地看,夏启是赏罚并行的,而且,奖赏之法置于惩罚之法的前面。尔后的周公、管仲都一再强调"信赏必罚"。商鞅变法,第一次所颁行的重大法令共三项,其中两项是关于奖赏的,一奖军功,二奖耕织。秦律《厩苑律》规定每年"以四月、七月、十月、正月肤田牛,卒岁,以正月大课之。""课"即评比。秦律规定的"课"有耕牛课、役牛防疫课、马劳课、添园生产课、采山生产课、手工业生产课、新献(产品)课,等等。每年四月、七月、十月小"课",正月"大课","课"而获胜者重奖,"课"而劣败者重罚。此后历代历朝的法律,都有关于奖赏的法律规定。至于法律思想家们,更是异口同声于"赏罚并重"。中国古代直至近代,百家蜂起,异说纷呈,儒、墨、道、法、小说、阴阳、五行、杂家、性学、理学、心学、玄学……林林总总不

---

① 《尚书·甘誓》。

一而足，其中除道家主张清静无为外，其余各家无论观点如何不同，歧见如何对立，在既赏又罚、赏罚并行的方略上，都是空前一致的。这也是中国法律思想家与外国法律思想家颇不相同的地方。不过现在也有一些外国法学家开始重视法律奖赏问题了。如美国学者弗里德曼就指出："法学研究总的说来对奖赏注意不多。"[①]

我以为，中华法系之重视奖赏之法的特点，应予大大发扬。我曾著文吁请研究奖赏之法，改写中国法律制度史、中国法律思想史，开拓法理学的新天地，形成"激励法学派"。对此，这里不做展开论述，而仅述及我们应从古已有之的奖赏激励式的司法得到一些启迪，其中之一便是：人类创造了法，并且创造了法的运作的奖赏方式，而这除解释作为增进自身的福祉以外，还能做别的什么解释呢？尤其是，它能解释为用以折磨自己的东西吗？显然不能。

其次看守法。

流行的观念是把法和人加以对立；守法是被迫的，是法的强制性使然；法是无情的，守法是一件十分痛苦的事情。

其实，这是一种曲解，或是一种异化。

说"曲解"，是因为法之被自觉遵守，本来是很自然的事情。有法之"初"，人们与法并不是那么对立的。如前所述，人类之有法，是一个缓慢发生的渐进过程，是由习惯→习惯法的演进过程。在这一过程中，被视为理所当然的习惯，慢慢地、几乎"悄无声息"地带上了强制性，而成为习惯法。但这时的强制性，倒不是针对人群的多数，而是针对少数以至极少数的。战俘之不再被吃、被杀而被置于奴隶地位上，对战俘来说，是一件幸事，因而宁愿遵行这样的习惯法。对战胜部落来说，因为得到了大批无偿的役使对象，为其大大增加所创造的财富，自然也是尽其可能地要遵行习惯法的规定的。不遵行因而必须予以强制甚至暴力制裁的人也有。奴隶主中的少数人可能旧习未改，视杀、吃战俘为平常小事，如今也可能随意杀戮奴隶。于是遭到奴隶主阶级的集体反对，予以制裁。但这是少数，社会成员的总体，是遵守当时的习惯法的。因此，把法看成形成之始即与人类对立，人类从一开始就不愿守法，实是莫大的误解。尔后的任何一个时代，法之被自觉遵守，仍是大多数人的观念的实际行为。

说"异化"，是因为在社会制定决定的某一类型社会趋于没落衰朽之时，法本身也异化了，本来的守法观念、守法习惯，也异化成了普遍的对法的仇视，异化成了与法的对抗，即异化成了普遍的不守法。但这是异化，既非人类创造法的本意，也不可能持之永远。因此，上述流行的观念，有朝一日将会彻底更新，而历史的行程一旦进入社会主义时代，更新观念就是近在咫尺之事了。

第三，从法的发展来看法是什么。

---

① [美]劳伦斯·M.弗里德曼：《法律制度》，李琼英、林欣译，中国政法大学出版社1994年版，第91页。

同任何事物一样，法不是尽情遂往笔直前行地发展的。法的发展所经历的是一条曲折的道路。粗线条地看即是：始初的法，比较注重奖赏；越到后来，越倾向于惩戒性的立法与司法；直到资本主义社会诞生，这一倾向才有所遏制，并重新开始重视激励性立法与司法。

进入奴隶制尤其是进入封建制社会以后，为什么会越来越倾向于惩戒性的立法与司法呢？为什么以严苛著称的秦律中有大量的关于奖赏的激励性立法（我们相信，按每年四"课"的规定，有关司法也是如此），而以后各个朝代的此类法律规定反而见得少了呢？为什么先秦诸子、战国百家都强调赏罚并行，而汉唐以后这一方面的言论却日渐稀少，"严惩不贷"之类的苛词酷语却日甚一日、嚣然尘上呢？

从客观上说，其原因主要是：自从人类社会第二次大分工以后，剥削者在人口总量中的比例呈直线下降的趋势，变得越来越小了。习惯之成为习惯，是因为几乎人人都取认同的态度并予遵循。习惯之所以演化成了习惯法，是因为非加上强制性便不能再被视同习惯而予遵守了。但它毕竟还是习惯法，在很大的程度上还与它脱胎而来的习惯大体一致。然而第二次大分工使得原先占人口多数的战胜部落发生分化，其中很大一部分人沦落为奴隶，与战俘转化的奴隶同命共运。这样，如同前文所说的那样，习惯法所凭借的强制力，就从原先的占人口多数的强者的强制力转化成了占人口少数的弱者的强制力。从总体上说，这是一个不可逆转的趋势。在奴隶社会和封建社会的后期，土地兼并总是越来越剧烈，连中小奴隶主、中小地主都渐次沦落为奴隶或农奴了。在这种情况下，深感自身力量之脆弱的统治者便竭力加剧法的异化，竭力突出其惩戒性的功能，从而在立法与司法上都表现出凶残的惩戒性。

人类社会进入资本主义时代以后，由于工农劳动群众的斗争不断取得胜利，也由于资产阶级日益认识到科学技术的巨大作用，一方面，民主政治有所发展，惩戒性的法律调节手段的作用范围、方式都起了变化；另一方面，首先是在科学技术领域中，为调节科技社会关系，开始了对激励性立法、司法的青睐。最明显的表现是，就前者而言，在宪法与法律中规定了一系列民主自由的权利；就后者而言，是制定了一些促进、激励科学技术进一步发展的法律法规。其突出的、里程碑式的表现是，专利法被制定出来并付诸实施。1787年的美国宪法规定了保护专利权的条款，1791年美国制定了专利法。当时的美国总统就专利法的颁行，形容为是"给天才之火烧上了利益之油"。众所周知，专利法、著作权法（版权法）、商标法等，都是以激励性规范为主导的。其中也有惩戒性规范，但它也都是为保证激励性规范之兑现。美国专利法颁行半个世纪以后的中国太平天国起义队伍里，出了一位略知西洋事物的年青领袖干王洪仁玕，他以高度的敏感与惊人的睿智，也提出了发展专利事业、制订专利法的天才设想。① 正是在洪仁玕提出此类设想以后，即19世纪60年

---

① 〔清〕洪仁玕：《资政新篇》。

代以后，日本发生了明治维新运动，俄国发生了彼得大帝的改革运动，日俄两国由此都走上了资本主义道路，而其国内立法中的激励科学技术发展的法律法规，即日见其多。

20世纪的一百年中，实际上刑法、民法以及诉讼法方面并无根本性的或重大的变化，法律体系方面最大的变化恐怕要数科学技术法的异军突起。现在，发达国家和许多发展中国家都有了本国的科学技术基本法，以及与之配套的一系列促进法、奖励法、保障法等。

我国在极"左"思潮影响下，曾在相当长的时间里排拒法对社会的调控而几乎纯用政策，科学技术法自然不可能有所作为。粉碎"四人帮"以后，尤其是1985年全国首次科技立法工作会议以后，科技法制建设即步入快速发展的时期，技术合同法、商标法、著作权法、科学技术进步法、一系列科技进步奖励法、科技成果转化法等等先后制定，大大激励了科技工作者的积极性。可以预期，一个齐全完整的科技法体系，不久的将来会在神州大地上大放异彩。

当代世界的经济发展与财富增加，一天可以超过古代几千年甚至几万年，即使与近代相比，也是当时的成百上千倍。与其来而厥功甚伟者，一推科学技术的突飞猛进发展，二推法律对科技、经济、社会发展与繁荣的保障与促进。法的发展历史证明，法确是人类请来的或曰创造的增进自身福祉的天使，而绝非从地狱唤出的厉鬼。

在做出上述说明以后，我们可以结合社会主义法治国家建设时期的法制需求来谈谈如何革新法的概念的问题了。

三

江泽民同志在"十五大"报告中提出了"建设社会主义法治国家"的伟大任务。值此世纪之交提出这一任务，是值得我们深长思之、深详思之的。

我以为，我们所要建设的社会主义法治国家的"法"，至少应有这样几个特点：

第一，是以社会性为本质的法。

法之产生，曾以社会性为其本质。这一本质，始终没有全然泯灭过，虽然在阶级社会里发生过一些异化，尤其是在一种社会制度走向没落衰朽的时期里，发生过极为严重的异化。但事物的发展是按"否定之否定"的辩证规律而螺旋式地不断上升的。异化了的法走向极端时，便被新的以社会性为本质的法所取代。我们所要建设的社会主义法治国家的"法"，由以下几个因素决定，必须也必然是以社会性为本质：

其一，社会主义法反映广大人民群众的根本利益和意志。

其二，社会主义法虽然也有惩戒性的严格规定，但惩戒违法犯罪之目的是使社会秩序稳定，从而有利于广大的人民群众；至于对违法犯罪者而言，那么，适时的适度的惩戒，正是为了杜绝新的更加严重的违法犯罪，从而体现了对受惩戒者的挽救。

其三，社会主义法的不断发展，将保证不断增进公民所享有的各种权利、自由。

其四，社会主义法的根本目的在于保障与促进生产力的不断发展，从而大大有利于社会的繁荣、社会成员物质生活水平和文化生活水平的提高，一句话，增进社会全体守法公民的福祉。

第二，是十分重视激励性功能充分发挥的法。

法的激励功能，不仅应体现在科学技术法上，而且应体现在一切法上。即便是刑法之类以惩戒为其主导成分的法，我以为也应导入法的激励功能。

我国在相当长的时间里曾接近纯然的以政策调节作为社会生活调节的唯一手段，其结果往往导致领导人以感想代替政策，导致"一言堂"和"家长制"。在最好的情况下，即真正做到了政策调节，但由于政策的易变性，仍然起不了社会生活调节的作用。所以，在十一届三中全会以后，举国上下齐心协力于从以政策调节为主向以法律调节为主过渡。应当说，我们在这一方面取得了很大的进步。但是，深究前此我们深深投入的法律调节工作，窃以为，还只做了一半。这就是：我们还只是关注与发挥了法的全部功能的一半。法的惩戒功能，是我们关注与倾心、尽力的方面，但我们忽略了法的激励功能。"悟以往之不鉴，知来者之可追"，我国"建设社会主义法治国家"之"法"，应有相当大的比重，其主体部分属于激励性法律规范；其他法律法规，也应有一定数量的激励性法律规范。这样，法就不仅是"惩恶"之具，而且有"扬善"之功；守法就不仅因警诫而被动对待，而且因激励而主动对待了。

第三，是兼具"治民"与"治吏"功能且以"治吏"为重点之法。

前文虽已述及社会生活之调控，涉及"治吏"与"治民"两个方面，二者不可偏废，更不可缺损。但在社会生活调控之实际运行过程中，往往偏于"治民"而疏于"治吏"，甚至是"纵吏"而虐民。从客观上看，这类流弊是极易发生的，因为"吏"、"民"所处之地位了然不同。其结果是严重的，它往往导致吏治的腐败，不仅政府功能不能充分发挥，而且为吏作恶、激起民愤，终至国本动摇、社会崩溃。

我国由于是共产党领导的社会主义国家，有党的坚强领导，党的优良作风也为广大干部所传承弘扬，因此社会总体上是稳定的。但是，毋庸讳言，在法治方面，仍然存在着一些问题，主要者有以下数端：

其一，"治吏"不严已成惯性。中华人民共和国成立以来，除历次政治运动匪夷所思地"重炮狂轰"以致严重伤害了广大干部外，在通常情况下，社会调控的重点总是民众中的问题。窃以为，由于干部地位的特殊，其权力资源与违法犯罪的动因有密切的关系，其社会影响比任何民众的影响要大，因此，即使是在一般的时期，"治吏"也应重于"治民"。我在《法哲学经纬》之《辩证司法论》一章中，专门就"法律面前人人平等"写的一节，认为在法定量刑范围之内，当干部与群众在犯罪事实、情节等相同、相近的情况下，对干部应该从重处理，对群众则可酌情从轻处理。① 现在，在打击经济犯罪与刑事犯罪的斗争中，已把重点放在违法犯罪的干部，主要是处级以上干部，是非常正确、非常英明的。但是，由于长期的疏于"治吏"的惯性，由于干部们社会关系的广泛、网络的复杂，仍然会出现"治吏"轻于"治民"的现象。

其二，在"普法"教育中，对干部的"普法"教育不如对群众抓得紧而严；在对干部"普法"抓得比较紧而严的单位里，又往往偏重于法律知识的掌握而疏于法律意识的增强。

诚然，法律知识的掌握是重要的，"知法"是"守法"的前提。但是，如果不增强法律意识，"知识"也可能变成规避法律的基础。大大增强干部的法律意识，则可以使其衷心尊重群众的法定权利，认真恪守自己的法定职责，努力履行自己的法定义务。法律知识实际上不可能尽然掌握，法律意识的增强则可有举一反三、持之永久之效，可以变"要我学"为"我要学"。

其三，腐败现象在干部队伍中有所滋长、有所蔓延，有的地方已臻触目惊心、令人发指，使人不可思议、痛心疾首的地步。尤为可怕的是，腐败现象在传媒界和司法界也在发展。

要使我国社会健康发展，使干部队伍纯洁坚强，必须加强党的监督、群众监督、舆论监督和法律监督。党的监督与群众监督，在相当大的程度上也要依靠舆论监督与法律监督。因此，传媒界和司法界的腐败，无异于社会机体的自杀，无异于自毁长城。

所有这些问题的存在，都告诫我们，必须重视"治吏"。在中国的社会主义法治国家建设中，一定要使所立之法成为兼具"治吏"与"治民"功能且以"治吏"为重点的法；同时还要在司法、执法实践中重视法的"治吏"作用。

第四，是广大公民能够自觉遵守的法。

社会主义法与一切剥削制度下的法的根本不同点是，前者反映广大人民群众的利益与意志，后者则为维护剥削制度效力。由此而来的便是，前者有可能为公民所自觉遵守，而后者不可能。

但这并不等于社会主义国家所颁行的任何一部法，都必定是公民能够自觉遵守的法。要制定出广大人民群众能够自觉遵守的法，必须研究法的社会承受力问题。

社会成员是否能够承受、遵守法律，是人各相异的。因此，一部法律要使大多数人能够遵守，必须确定社会承受力的平均值。隋文帝开皇元年（581年）制定、开皇三年（583年）更定的《开皇律》，人称"轻简"，较孚民望，显然与社会承受力相符。因此，开皇前期之社会发展、经济繁荣，也就是自然的事。《隋书》所云隋初"君子咸乐其生，小人各安其业，强无凌弱，众不暴寡，人物殷阜，轻野欢娱"②，虽然或有夸大，但其时天下太平

---

① 倪正茂：《法哲学经纬》，上海社会科学院出版社1996年版，第911—913页。
② 《隋书·刑法志》。

却是事实。但开皇后期，隋文帝甚至颁诏"行署取一钱已上，闻见不告者，坐至死"，"四人共盗一榱桶，三人同窃一瓜，事发即时行决"①，终于开启"乱世之兆"、"衰怠之源"，立国仅仅三十八年，隋朝便"天下土崩鱼烂"而夭亡了。"三人同窃一瓜"而"事发即时行决"之类法令，是社会承受力所不能接纳的，因此只能导致灭亡。社会主义国家的立法，必须在确定社会承受力的平均值之上，使所立之法成为绝大多数人能够接受、愿意遵守的"良法"，否则，即令具有社会主义性质，法律实效也不会很好。

第五，是随着社会主义政治、经济、文化思想不断发展而发展的动态的法。

以前社会主义的一切法，往往都是静态、僵死的法。资产阶级法学家之"法是永恒的"或追求"永恒的法"的观念，就是其时法的静态性的主观反映；而以前社会主义的法的静态性，则是由当时的社会制度的本质决定的。对于奴隶制度、封建制度、资本主义制度的建立，出于其阶级利益，奴隶主阶级、地主阶级和资产阶级，都企求有关制度的永世长存。秦皇嬴政自称"始皇帝"，就是想"万世一家"永不改图，拿破仑、查理士等自称"一世"，也希图子子孙孙皇位永袭。因此，以前社会主义的法，都被人为地固化、僵化。社会主义制度则要求按照社会发展的客观规律，不断调整、改革、完善自身。因此，企求社会发展和企求法制不断革新，就成了社会主义时代的使命。

我国社会主义制度建立之后，曾采行计划经济的体制。当发现这一体制深存弊端后，即主动予以摒弃，改采社会主义市场经济体制。与此相应，一切计划经济体制下的法，都已或将为适应市场经济发展的法所取代。将来，我国的法也还会不断更新，以求适应社会的动态发展。

综上所述，社会主义法是以社会性为本质，兼重惩戒与激励、"治吏"与"治民"，是广大公民能够自觉遵守的动态发展的法。

本文劈头提出的问题是"法是什么"。法是什么？法是一个动态的概念，不同的时代会有不同的定义。既然我们已经进入社会主义时代，法概念之革新，也就是动态的法的必然要求。20世纪行将过去，新的世纪已隐然在望。革新法的概念，为"建设社会主义法治国家"铺砖添瓦，应成为中国法学家的神圣使命！

---

① 《隋书·刑法志》。

报应刑、教育刑及与犯罪的斗争*

与犯罪现象作坚决的斗争，是保证改革开放的顺利发展，实现经济繁荣与社会安定的必要条件，也是社会主义法治国家建设的重要方面。而这就涉及刑罚思想、刑事政策和社会政策等一系列问题，有必要提出来略加探讨。

毋庸讳言，当前我国打击严重刑事犯罪（包括严重经济犯罪）的任务还是相当艰巨的。尽管连年"严打"，但严重刑事犯罪、恶性案件的发案数仍居高不下，某些地方甚至呈上升趋势。在这种情况下，比较研究国外刑罚思想以及刑事政策、社会政策的演变，是不无裨益的。

近代以来，国外的刑罚理论历经了从报应刑论过渡到现代教育刑论的途程。

报应刑的始祖是原始氏族部落时期的"血亲复仇"。其时受侵害的氏族或同部落成员会自发地野蛮报复加害对方。这种报复，被称为"私刑"。与之相对的"公刑"始于公共权力——国家的出现，一定地域的公共权力机关（最后是国家）代表社会对加害方做出惩处。这种惩处已由法律作出了规定。替代奴隶制国家而兴起的封建制国家以及后来的资本主义国家，将报复刑的报复做了"等量"的限制，英语称为"塔利昂"(talion)。在中国最典型的反映就是从刘邦"约法三章"即"杀人者死，伤人及盗抵罪"①，发展到后来的可作"官当"，可有"赎刑"。在古巴比伦的一些国家则是从所谓"同态复仇"，如"以牙还牙"、"以眼还眼"，发展到近代的可以财物来消抵其罪。随着资本主义的进一步发展，经济生活中的"等价交换"反映到刑罚观念上，即形成了"等价报应刑"的理论。这一理论的法治理念是公平、正义、法有明文、罪刑相应等，有其历史进步意义。

但报应刑之"报应"，是以犯罪者的个人责任为前提、为基础的。报应刑理论的核心是"着眼于犯罪的客观行为，不论实施犯罪者的个人情况。就是说定罪、量刑不依据或少

---

* 原载《上海市政法管理干部学院学报》2000年第5期。
① 《汉书·刑法表》。

依据罪犯的个人情况,即与个别责任论(新派论点)相背反。"①

而所谓罪犯的"个人情况",既有罪犯个人自身的,也有非其意志、能力所能排除的社会因素。例如,一个出身于贫穷家庭的青年,为生活所迫,铤而走险,实施抢劫犯罪从而陷入法网。对此,可能有两种反应:有的一味责怪此人,甚至像龙勃罗梭那样从其体型、骨相上指出"理由"来认定其为"天生犯罪者",主张严加惩处;有的则同时看到了社会的责任:社会没有提供给他适当的工作和工作报酬,工作无着而又饥寒交迫所以铤而走险,如果不是这样,他有可能不致轻蹈法网。对后者,有人不以为然,他们认为:同样未找到工作的人多的是,唯独他犯了罪云云。但这缺乏说服力,因为没有针对"如果不是这样"(即他有了较好的工作与收入)而予反驳。于是,又有人指出:有的人家庭条件很好,收入甚丰,却仍贪得无厌而自投法网,这就只能怪他自己了。其实,以"个人情况"及与其相联系的"社会责任",绝非只此一端。一个经济富裕的人仍然走上偷窃、索贿等道路,除此人的贪婪品性以外,还会有种种其他因素在起作用。即使仅就贪婪品性而言,也不是天生的,而是在其成长过程中学习所得的。那么,造成这个人贪婪品性的社会负什么责任呢?按报应刑理论,社会不负任何责任。显然,报应刑理论有其偏颇与不足。这种偏颇与不足,在资本主义自由竞争阶段向垄断阶段发展的过程中,明显地暴露了出来,即无论国家如何动用暴力专政机器大举打击犯罪,但犯罪情况非但不能消减,反而节节上升,社会治安则日趋恶化了。于是,作为理论更新,教育刑理论取而代之逐渐成为主导性的刑罚理论,并对有关国家的刑事政策和社会政策产生重大的影响。

由于当今国外的教育刑理论占支配地位,所以人们称教育刑理论为现代派。教育刑理论的代表之一德国的李斯特认为,犯罪的原因来源于个人与社会两个方面,所以他的犯罪理论被称为"二元论"。他强调指出,消除犯罪的个人原因是刑事政策的固有任务,消除犯罪的社会原因是一般的社会政策的任务。他认为最好的社会政策就是最好的刑事政策,主张改变旧派(即报应刑派)的罪刑法定主义,实行相对不定期刑、扩大解释、类推解释、缓刑、假释、罚金的合理化以及累进处遇、强制劳动、保安处分,总之是以教育刑取代报应刑。

教育刑理论的进一步发展导致社会防卫论的勃兴。社会防卫论主张意志的非自由决定论以及刑罚现行刑中的社会责任论。所谓"意志的非自由决定论"是指每一个人(当然也包括犯罪人)的意志并不是个人的自由意愿所决定的,它受多种环境因素的制约,因而强调犯罪、刑罚或行刑中的社会责任。但"社会"是不能惩罚的,因此,社会必须为犯罪付出代价。对罪犯实施教育刑理论中的相对刑而非报应刑的绝对刑,行刑的目的在于教育改造犯罪者,通过教育改造犯罪者而达到防卫社会安宁的目标。社会防卫论者把收监的罪犯及服刑中的囚犯改称为"收容者",把刑罚、刑种、刑名改称为防卫方法或处遇方法。到

---

① 甘雨沛:《比较刑法大全》(下),北京大学出版社1997年版,第924、975、976页。

了当代，进一步发展的新社会防卫论取得了刑事立法实践的节节推进，甚至在刑事立法上得到了体现。如1936年古巴提出把刑法修改为《社会防卫法》的法案，苏联也曾改称刑法为《社会防卫法》，新社会防卫论强调国家的保卫、国家绝对责任和拯救犯罪者的社会责任，以此调整国家、社会和个人之间的不协调现象。新社会防卫论还力主应明确国家在对罪犯"保护"和挽救方面的不可推卸的义务，以及保障受刑者的一定"权利"，并把这些视作实现刑罚、行刑中的民主性和社会性的体现。

我国的刑事政策、社会政策与国际社会存在一定的差距。这些差距在刑罚理论上的表现主要是：我们的刑事立法的刑事政策以及刑事司法、执法，大体上还保留在报应刑理论的阶段上。而其根子，主要在于无视犯罪的社会责任，而只追究罪犯的个人责任。于是我们看到：

其一，对流窜犯罪者和进城打工农民中的犯罪者，采取了十分严厉的打击措施。

其二，对形形色色的犯罪，一律以"法律面前人人平等"而予惩处。

对以上二者，我以为都必须认真分析。

1.随着市场经济的发展，在我们广袤的国土上，流动人口在一定的时间内将会不断增加；即使达到城乡人口数字的大体稳定，流动的状况仍会继续，只是"流出"与"流进"大致相当罢了。据预测，要到2010年左右，大进大出的情况才会逐渐消失，其时进城的流动人员大约为两亿左右。这是一支生活比较不安定的庞大队伍。由于多种原因，其中有一些人比较容易走上犯罪道路，而犯罪的原因有的是为生计所迫，或因心理的严重失衡。这些人的犯罪，导致被害者个人及其家属的严重损失，因此，被害人及其亲属会要求国家予以严厉惩罚。另一方面，这些人的犯罪还导致社会秩序地被破坏，社会安宁发生危机，因此，不严厉打击犯罪则社会不得安宁。与此同时，人们也看到了涉案罪犯的眼泪。但很少有人深入思考一下罪犯们犯罪的原因。眼泪无法改变法官的判决。当然，也有一些进城犯罪者并非为生计所迫，只是为了尽快地敛聚钱财，为了过"城里人的生活"或超出之。卖淫、贩毒就是如此。

但社会责任是客观存在的。一个人赤条条来到世界上，除龙勃罗梭一派人以外没有人认为他们是一定会犯罪的。也就是说，不存在什么"天生犯罪人"。但在我们处理犯罪，实施惩罚时，是只讲犯罪行为及其"社会危害性"而不考虑社会责任的。客观存在社会责任而在司法执法实践中又不予考虑，这就是矛盾。

这种矛盾如不消除，对社会的对抗心理就会滋长蔓延。"严打"所企盼的预防与遏制犯罪的效果不大，恶性犯罪时而在一些地区有所上升，可能与此有关。

有鉴于此，面对社会秩序不稳，恶性犯罪严重的现实，是改弦更张，转而密切关注刑事政策学的最新科研成果，权衡犯罪的个人责任与社会责任，采取正确的刑事政策，从报应刑过渡到教育刑的时候。

必须提及的是，有些同志可能认为，我们对罪犯已经按教育刑理论的要求去做了。诚然，我国的监狱管理部门长期以来，在为教育改造罪犯成为自食其力的新人方面已经做了大量的工作，摸索创造了大量的可行经验，形成了一整套中国特色社会主义的教育改造罪犯的办法。但是，首先，教育刑理论不仅应体现在如何对待入监的已决犯身上，而且应该体现在全部刑事立法、刑事司法和执法的各个环节。其次，即使从如何对待入监犯这一个局部看，我们的教育改造罪犯的"硬件"与"软件"，同国外相比仍有相当距离。

2."法律面前人人平等"已经成为我国一项重要司法原则。我国宪法规定有"中华人民共和国公民在法律面前一律平等"的条款（第三十三条第二款）①。但这一宪法规定的立法精神在于排除法外特权，阻却凌驾于宪法与法律之上的强权势力，并不是对抗必要的法官的自由裁量权。

近现代以来，刑事政策的走向是日趋合理化，合理化的重要内容之一，便是刑事责任个别化，刑罚、行刑个别化。"由于人的本能性格以及在社会中形成的人格是千变万化，各有不同的，因此论证犯罪和刑罚必须依据'个别化'原则来进行。教育刑论就是在'个别化'原则的土壤上壮大起来的。""只有刑罚个别化、行刑个别化，才会有产生近现代审判、刑罚、行刑的裁量权的必要条件。"② 由刑罚、行刑的个别化而产生的法官的自由裁量权，与"法律面前人人平等"的司法原则，是相辅相成的两个方面，都是为了最有效地实现司法公正与社会正义。

既然如此，机械理解"法律面前人人平等"，对形形色色的罪犯按其犯罪行为处以划一刑罚，既取消了自由裁量权，也违反了教育刑理论，实质上也背离"法律面前人人平等"的司法宗旨与法律精神。

有鉴于此，窃以为应当辩证理解有关"法律面前人人平等"的司法原则。

如果说，所谓公民在法律适用上一律平等是指法律统一适用于全体公民而无任何例外，不能对一部分人适用，对另一部分人不适用，那么，这不会有什么歧见。这是符合"法律面前人人平等"的原则的。但是，同为"适用"，仍大有讲究。有人这样认为，不同阶级成分的人犯的罪，尽管其犯罪动机、目的、手段和后果相同，但是在处理上，对工农出身的人应当从轻，对其他阶级成分的人应当从严。论者批评这种认识是错误的，认为这种以社会出身或阶级成分作为定罪、量刑的重要依据的做法，第一是同马列主义关于阶级分析的方法毫无共同之点；第二是违背广大劳动人民的意志；第三是破坏社会主义法治尊严；第四是与"法律面前人人平等"原则的精神背道而驰。这一批评也是可以理解的。但是，我们毕竟是从"对工农出身的人应当从轻"走过来的。为什么竟是从"对工农出身的人从轻"走过来的呢？在那样"走"着时，观感为何、后果如何呢？是否助长了工农出身的人藐视法制呢？这样做是否等于赋予了工农出身的人以特权呢？在工农大众刚刚从"三

---

① 1982年宪法。——编者注
② 甘雨沛：《比较刑法大全》（下），北京大学出版社1997年版，第924、975、976页。

座大山"的压迫下翻过身来的时候,在剥削阶级、压迫阶级刚刚被打倒的时候,有无可能大谈其"适用法律一律平等"呢?其时有所"轻"、"重"是否恰当呢?或者换个角度看,其时有所"轻"、"重"是否有其必然性呢?是否合乎历史发展、社会发展和法制实践发展的逻辑呢?如果是符合发展逻辑的话,那么,应据守"平等"原则,还是应承认其合理性呢?

笔者以为,走过的道路,如果是符合社会发展的需要,符合历史发展的逻辑,具有必然性的话,那么,就得认真思索一下,从中得出法治的新的经验来,而不是按固有的原则作为框框去套、去评头品足。

思索所得之一,是适用法律的平等性与特定时期的有所"轻"、"重",不是截然对立的。例如,就我们所走过道路来看,同为工农出身的人同样从轻,同为压迫过工农的人同样从严,就既有"不平等"的一面,也有"平等"的一面。一概斥之曰违反"平等"原则,破坏社会主义法治尊严,违背广大劳动人民的意志,怕是难以服人的。

但这不是说,可以对"工农出身的人"一味"从轻"下去。在社会阶级成分、政治情况已经发生了极大变化之后,仍"走老路"而无所更新,就是另一回事了。

既然如此,思索所得之二,是在新时期,在掌握权力的干部有成为"以权废法"、"以言代法"的重要根源的危险,干部违法犯罪往往被从轻发落,或以党纪处分代替、抵挡,减轻法律制裁的情况较多出现,因而有害社会主义法治尊严,引起群众与党的某种离心倾向的滋长。在这种情况下,适当地强调对于有同样的犯罪动机、目的、手段、后果者,有所"轻"、"重",即对于干部从严制裁,对群众从轻发落,与"适用法律一律平等"的原则,也不是截然对立的。在这里,同样有对一切干部同样从严,对一切群众同样从轻的"平等"性。

当然,无论是过去已经有过的"对工农出身的人从轻",还是现在理想化的、颇有点浪漫色彩的"对干部从严",都有明显的"不平等"的一面。但是,这"不平等"正是通向"平等"之道。毛泽东说过并坚持"矫枉必须过正",我以为这是辩证法的真谛之一。①

重申上述我在《法哲学经纬》中说过的意见,我以为有重要的现实意义。因为改革的进一步深入发展,不断会有一批批人"下岗",其总人数可能达数千万之多。为改革开放,这些人作出了最大的牺牲。对他们中的违法犯罪者来说,与对其他的违法犯罪者相比较,社会应负而未能全负的责任,要大得多。因此,在适用法律时务必权衡再三,务必不拘囿于"平等"的框框。

与犯罪作斗争,是一项极为严肃、亟应审慎的工作。当国际社会已经从报应刑过渡到教育刑以及走向崇奉社会防卫论的时代时,我们无疑也应严重关切刑事政策、社会政策,力求最科学、最合理地适应社会发展的规律、历史进步的要求,吸取国际社会的成功经验,不断改进我们的工作,以求社会主义法治国家的早日建成。

---

① 倪正茂:《法哲学经纬》,上海社会科学出版社1996年版,第911—913页。

法律的静态分析与动态分析[*]

流行的观点认为，法没有自身历史。这一观点带有对法的静态分析的严重局限。实际上，法的发展有其内在的逻辑，法有自身的历史，这不仅显性地表现在立法、司法、执法和守法（包括违法、犯罪）等"行为法"（笔者称之为"行为法律文化"）上，而且隐性地表现在法律概念、法律判断、法律、法律体系与法系等"制度法"（笔者称之为"制度法律文化"）上。这是对法如实地做动态分析的必然结果。相比较而言，对法的动态分析比对法的静态分析更真实、更重要，在我国的社会主义法治国家建设中应予高度重视。本文的分析不涉及法的一切形态，仅涉制度法律文化的主要方面，不当之处，敬请专家赐教。

一

法无自身历史论者认为，作为上层建筑，法是由其经济基础决定的。既然如此，就像照片是活生生的人的映象一样，尽管人是活生生的，但照片却是死的，人有其过去、现在，未来的发展历史，而照片就没有它的历史。

诚然，法是反映其社会经济基础的上层建筑，但是法有其自身的历史，认为法没有自身的历史是一种形而上学的看法。首先它把法孤立起来、割裂开来看了。法作为一个系统是存在于社会这个大系统中的，社会生活的方方面面组成了社会大系统，而法是这个社会大系统的子系统。根据系统论，系统与子系统之间存在着天然的联系，不断发生着互动式的作用与反作用的关系。系统的特性之一就是它的动态性，这既包括母系统也包括子系统。因此，存在于社会大系统中的法，这一子系统同社会大系统一样是在动态地发展着，并且与社会大系统有着互动的关系。其次，这一看法是形而上学的静止的观点，尽管照片上的人似乎是死的，但是透过照片人们可以设想他的过去并设想它的未来，而这种设想是

---

[*] 原载《法学》2001年第1期。

以照片上的人这一现实作为根据的。同样，法、法律条文、法律文本看起来是静止的，但是它实际上有其过去，是由过去的某个法律条文或者某种法律观点演变而来的，而且它预示着向将来的某个方向发展，因此，它不是静止的。再次，这一看法只看到法的表面，而没有看到法的本质、作为既成的法律文本，它似乎"凝固"了，但它或适应调节社会关系的需要，或不适应，因而与客观处于矛盾之中，处于行将被修改乃至废除的状态中，因而也不是静止的。

认为法没有自己的历史，局限于对法律静态分析，在理论或实践上都是有害的。从理论上看，法无自身历史论，静止地、孤立地、片面地看待法，就会导致对法做望文生义的解释，而不顾及立法的宗旨、法的精神，就可能只对法做注释，而这种注释同样的是脱离法的宗旨，脱离法的精神，脱离立法意图的。而从法学的发展角度来看，这种钟情于对法的静态分析，由于脱离了立法宗旨、立法精神，就可能导致对实践的错误指导。有人分析了在我国法官当中存在着重刑化的思想，指出其表现之一是不能正确理解从轻处罚、减轻处罚的正确含义，对法律中的可以从轻处罚、可以减轻处罚的规定不能正确把握，认为可以从轻减轻就意味着也可以不从轻、不减轻。从汉语的一般词意上理解，这或许并没有什么错，因为，既是规定可以从轻处罚、可以减轻处罚当然就可以不从轻，也可以不减轻。这就是只对法做静态分析的必然结果。[①] 而若对刑法做动态分析就不可能产生这种错误的理解。我国旧刑法在刑法的溯及力问题上采用的是从旧兼从轻原则，这是罪刑法定原则的要求和体现。但是全国人大常委会按1982年颁布的《关于严惩严重破坏经济的罪犯的决定》和1983年颁布的《关于严惩严重危害社会治安的犯罪分子的决定》，在溯及力问题上采取了从新原则，而这两个决定的法定刑比旧刑法规定得重，所以采用从新原则实质上就是采用了从重原则。从重打击罪行严重犯罪分子是正当的，但是与适用事后法的形式与罪刑法定原则不符。因此，在此以后颁布的规定或补充规定就再未采用从新原则，而1997年我国修订的新刑法第十二条则重申了从旧兼从轻的原则，严格贯彻罪刑法定原则。这一修订以及人们在立法过程中的观念的变化，告诉我们应该怎样去正确理解新刑法中关于可以从轻处罚、可以减轻处罚的规定。法律关于对具备一定量刑情节，可以从轻、减轻处罚的规定，在司法操作中应动态地理解为，除了极个别（重情节）情况外，原则上都要从轻或减轻处罚。也就是说，可以从轻处罚、可以减轻处罚的实质性法律含义并不意味着可以不从轻、可以不减轻。不从轻、不减轻只是在一些极个别的特殊情况下才能采取，一般都要予以从轻或者减轻处罚。所以，从根本上说，动态的分析可以避免重刑化思想的危害，而静态的分析就可能导致重刑化思想的作怪。

---

① 游伟、陆建红：《法官重刑化思想的几种表现》，《人民法院报》2001年4月3日。

二

笔者认为法的发展具有其内在的逻辑性，法有其自身的历史，这不仅显性地表现在立法、司法、执法和守法（包括违法、犯罪）等行为法律文化上，而且隐性地表现在法律概念、法律判断、法律、法律体系与法系等制度法律文化上。伯尔曼在论述西方法律传统的形式过程时指出："法律的发展被认为具有一种内在的逻辑；变化不仅是旧对新的适应，而且也是一种变化形式的一部分。变化过程受某种规律的支配，并且至少在事后认识到，这种过程反映一种内在的需要。人们推定，在西方法律传统中，变化并不是随机发生的，而是由对过去的重新解释进行的，以便满足当时和未来的需要。法律不仅仅是处在不断的发展中；它有其历史。它叙述这一个经历。"① 伯尔曼表述了一个相同的观点，法处在不断的发展中，法有其历史。

法的历史显性地表现在行为法律文化中。我们看到立法是一个过程，不仅法律草案的提出以及以后的审议、通过等是一个过程，而且实际上在提出法律草案之前就有对立法需求的调查，有对这种需求的法律对策的讨论，然后才可能有法律草案的拟制和提出。这种立法过程不仅表现在某一个法律文本上，而且这个立法过程是同以前的立法过程相衔接的。上文所说的我国刑事立法中对从旧还是从轻的认识、演变过程就表明了这点。同样在司法实践中，在执法、守法包括违法犯罪这个过程中都体现了法的动态发展。这种动态发展不仅有立法、司法、执法、守法行为本身的发展过程的变化，而且有人们在一定法律意识、法律观念的指导下对法律文本的理解所形成的和它的法律行为的互动关系。总之，人们的法律行为的显性表现是了了分明的。

那么对制度法律文化是否可以做动态分析呢？或者换一种说法，制度法律文化是否有其历史，是否动态地在发展中呢？尤其是法律概念、法律判断、法律文本等是否有其动态发展的历史呢？

笔者认为，制度法律文化同样有其动态发展的历史，有其动态发展的内在联系，因此，也应该做如实的动态分析。

一如法律概念。例如，死刑这个概念似乎是死的、固定的。其实在我国刑法中的死刑，或者在其他国家的刑法当中的死刑概念，都有着丰富的内涵，其中包括了它的历史发展。我们都知道死刑在奴隶制社会里面曾经表现得非常野蛮，如用石头砸死、用棍子打死、腰斩、绞刑，等等。这些野蛮手段的背后，实际上是报复主义的体现。而当代的死刑包括我国刑法中所规定的死刑，所隐含的、所反映的已经不是这种报复主义，而是对犯罪分子的惩罚以及预防恶性的犯罪。它还包含着对其他犯罪分子的教育，对广大人民的教育。此外，当代的死

---

① ［美］伯尔曼：《法律与革命——西方法律传统的形成》，中国大百科全书出版社1993年版，第11页。

刑概念还包含着人道主义的价值取向，因此在适用死刑的时候，是以人道主义还是以非人道主义观点加以指导就牵涉对死刑概念的动态分析、对死刑概念的历史发展的正确理解问题。

二如法律判断。我国刑法[①]第六十二条规定："犯罪分子具有本法规定的从重处罚、从轻处罚情节的，应当在法定刑的限度以内判处刑罚。"第六十三条第一款规定："犯罪分子具有本法规定的减轻处罚情节的，应当在法定刑以下判处刑罚。"这些法律判断就不能仅仅做静态的分析，而且一定要做动态的分析。这里牵涉到量刑的原则，这是量刑所坚持的标准和法则的问题。不同性质的国家运用刑罚的原则迥然不同。如奴隶制、封建制国家所应用的是所谓"治乱世用重典"的原则、疑罪从轻的原则，资本主义国家适用的是罪刑相适应的原则、刑罚人道主义的原则。我国对犯罪分子量刑的原则有三：一是罪刑相适应原则。这一原则要求对犯罪分子所判处的刑罚，要与犯罪的轻重相适应。二是刑罚个别化原则。就是人民法院对犯罪分子量刑要充分考虑犯罪分子的人身危害性及再犯可能性的大小，据此量定轻重不同的刑罚以收到改造教育罪犯、实行刑罚特殊预防目的及用刑经济的功效。三是刑罚法定原则。就是量刑必须按照刑法规定的量刑幅度、量刑的具体原则和制度及量刑的从宽、从严情节进行的原则。这样，不对刑罚的有关规定做动态的分析，而仅仅做静态的分析就可能失之偏颇。尤其是与量刑方法结合起来考虑的时候，就更需要对法律判断做动态的分析。当前我国司法实践中普遍采用的量刑方法是综合评估法，具体做法有两种：一种是审判人员把足以影响量刑的案件事实、情节全部查证认定后，根据刑法、司法解释和法律意识及审判经验，综合衡量，一次性地确定刑种和刑期。另一种做法是先根据基本案情确定一个大致处刑的范围，然后再考虑案件中的从轻、从重等量刑情节，全面权衡，做出宣告刑。这种量刑方法具有易于掌握、经济简便等优点；其缺点是容易受审判人员个人因素的影响，量刑的过程模糊不清，并容易造成不同地区、不同审判人员对案情相似的犯罪分子的量刑差异。这种缺点和差异在静态分析的情况下，将会变得更大更严重，而只有采取动态分析的方法才可能逐渐地减少差异。

法律概念、法律判断如此，法律、法律体系、法系更是如此，没有一种法律、法律体系、法系是静态地存在着的，实际上都是动态存在着。其静态表现为法律文本，但是法律文本的内在含义实际上包含着动态的内容，不从动态的内容上去理解一切法律文本，都可能导致对法律精神的错误理解。例如专利法，从总体上看是一部激励性的法律，其目的如美国第三任总统麦迪逊所说的那样，"它给天才之火浇上了利益之油"，促进科学技术尽快发展，保护专利权人的合法利益。对专利法做静态的分析可能割裂专利法的各个条文，而对其做动态的分析就可以将对专利权人的法律激励以及对专利侵权人的法律制裁结合在一起，以便更好地贯彻实施。至于法律体系那更必须从动态的角度加以分析。法律体系总是在不断地形成、健全和改善过程当中，没有哪一种法律体系是停止不变的。我国社会主义

---

① 1997年刑法。——编者注

法律体系的形成就是这样一个动态发展的过程，"十五大"报告中提出"要在2010年前基本建成我国社会主义法律体系"，现在从中央到地方，我国每一天都有新的法律法规颁布，因此，僵死地、静止地来看待我国的法律体系，是无法做出科学的判断的，只有动态地来看待我国法律体系的产生、发展和逐渐成熟才可能对我国的法律体系做出科学的判断。对法系的看法也是这样。曾经有人认为中华法系在近代由于欧美法系的侵入，已经寿终正寝。其实，中华法系不但没有死亡，而且顽强地发挥着它的作用。现在我国社会主义法治建设正在蓬勃发展，我国的台湾，实行的是大陆法系，香港实行的是英美法系，澳门也实行有其特色的大陆法系。中华法系就是这样在祖国的四个不同区域现实地存在着，而且在发生不断的融合、交汇过程，其结果完全可能产生一种笔者称之为中华发展法系的新型法系来。静态地去看我国的法制，不可能得出将来会形成一种中华发展法系的看法来。

如上所说，无论是从法的动态发展的显性表现来看，还是从法的动态发展的隐性表现来看，都不能排斥法是有其内在逻辑联系的。法是有其历史的。

三

对法做静态分析是必要的，没有对法的静态分析，法律条文、法律规定以及法律概念、法律判断都会变得不可捉摸，都可能由于实践中的主观随意性使得法律的实施受到影响。法的动态分析则是对法更真实、更重要的分析，因为法本身在动态地发展着，只有如实地反映才能解释它的内涵和精神实质。

对法做动态分析应当注意以下几个方面：

第一，从法的有机联系方面看法的动态发展。恩格斯曾经这样描述客观世界以及主观世界的普遍联系的性质："当我们深思熟虑地考察自然界或人类历史或我们自己的精神活动的时候，首先呈现在我们眼前的，是一幅由种种联系和相互作用无穷无尽地交织起来的画面。"[①] 法的概念，包括国家法、教会法、国际法的概念，国家法以下各个层次的法的概念，每一种法所包含的各种概念，所有这些概念的历史演变，所有这些概念间的互相联系就是一幅令人眼花缭乱的"无穷无尽的交织起来的画面"。正是法、法律各自内部各个概念间的细微差别及其联系，才显示出他们的具体性和多样性。每一部法律中的各个概念、法律判断以及法律的各个条文都是有机联系着的，而且这种有机联系在实践中必须动态地加以考虑，而不能做机械的、孤立的、静止的、片面的理解，否则就可能导致实践中的"失之毫厘，谬以千里"的结果。

第二，从法律过程转化规律来看待法的动态发展。恩格斯曾经指出："自然界中的一

---

① [德]恩格斯：《反杜林论》，人民出版社1970年版，第18页。

切运动都可以归结为一种形式向另一种形式不断转化的过程。"① 他还指出："机械唯物主义就是把世界看成是'一成不变的事物的集合体'，它的局限性就在于'它不能把世界理解为一种过程'……"② 列宁也曾十分明确地指出："以科学的态度研究历史的途径，即把历史当作一个十分复杂并充满矛盾但毕竟是有规律的统一过程来研究的途径。"③ 列宁不仅把"过程"作为研究社会的根本方法，而且把"过程"作为辩证法的重要范畴加以强调。他在《辩证法的要素》中所列举的十六条辩证法要素里，有三条涉及"过程"。而任何一个过程，都是由矛盾着的两个侧面互相联系又互相斗争而得到发展的，这应当是马克思主义者的常识。一切法律都是作为法律过程而存在的，任何法律过程都是互相联系、有层次、分阶段、有机结合的运动，一切法律的具体过程都因法的内部矛盾与外部环境影响而处于转化状态。法律的变化、发展都依靠法律过程的转化来实现，由于法律过程转化使法律得以波浪式、螺旋式地上升、前进。法律过程的转化具有系统性与层次性的辩证统一，阶段性和连续性的辩证统一，有序性和偏离性的辩证统一，同一性和多样性的辩证统一等重要特点。根据这些特点来动态地分析法律概念、法律判断、法律、法律体系、法系等制度法律文化，或者用以分析立法行为、司法行为、执法行为、守法行为，等等，都能够使我们对法律有比较真切的了解。反之，如果做静态的分析，不把法律作为一个过程来看待，那么它就可能导致实践中的错误。

第三，从法的各个因素的互动作用上做动态分析。法的因素，按不同的标准可做不同的分类。笔者按法的文化类型将法分为制度法律文化、行为法律文化、心态法律文化、动态法律文化与主体法律文化五个方面。笔者认为，这五者相联系而存在，相制约而运动。关注法的这些不同因素的互动，对了解其中任一因素的动态发展，是至关重要的。所有这些因素，各自发生着量变与质变，同时又影响着其他因素的量变与质变。粉碎"四人帮"后，法制建设与其他方面的建设一样，都是千头万绪、"百废待兴"，但又"积重难返"，困难重重。当此之时，只有先抓住"牛鼻子"，即先把最重要的法立起来，才可能带动整个法制建设。因此，1978—1979年我们制定了新宪法和刑法第七个基本法律。随后几年，仍然大力制订急需的法律。当时当然也有司法、执法问题，但是先必须抓立法。在基本法律大体齐备的情况下，司法方面的滞后状况突出出来了，于是转而以较大力量抓认真司法、严肃执法，直至发展到目前的狠抓司法公正。在这个过程中，又大力宣传先进的法律观念，改进物态的法制设备（如监狱、刑具、法庭等）。这些因素的变动，并不完全是齐头并进，而是有轻有重，有主有次，有急有缓的。其互相促进、互相推动，终于收到了今天法治国家建设的长足进步。从法的多个因素的互动作用上做动态分析，并据以实施法制建设，我国的社会主义法治国家建设，是可以比预计的进程要大大加快的。

---

① 《马克思恩格斯选集》第4卷，第241页。
② 《马克思恩格斯选集》第4卷，第224页。
③ 《列宁选集》第2卷，第586页。

任重道远：建设现代中国法学
——21世纪中国法学展望*

展望21世纪中国法学的发展，我以为可以"建设现代中国法学"一言以蔽之。"现代中国法学"这一属概念，包括三个层次的种概念，即法学，中国法学，现代法学。无论从这三个种概念中的哪一个看，20世纪的法学建设都存在相当大的缺陷。要建设现代中国法学，必须分析这些缺陷，从而找到进一步建设的方向与途径。

一

新中国成立以来，法学的发展大致可以分为三个阶段。

第一阶段是从1949年10月1日到1966年的孕育阶段。这一阶段的最大特点便是法学与政治学不分。1957年以前，法学从属于政治学；1957年以后则是政治学代替了法学。最明显的反应便是：法学理论从属于国家学理论，因此有"国家与法的理论"、"中国国家与法制通史"之类的学科、著作及法律院系的相应课程；1957年以后，则连这些也几乎销声匿迹了，因此，可以说新中国的法学在其酝酿、孕育阶段，便是畸形的。当然也可以说，那时并无法学。

把法学从学术苑中彻底驱逐出去，发生在第二阶段，即从1966年到1976年的"文革"时期。这一时期里并不是没有法，没有法制，没有法制实践，不像人们所说的那样是"无法无天"的时期。其时三日一道、五日一纸的"指示"、"通告"、"通令"等都是以国家政权机关名义发布的，且被雷厉风行地付诸实施，其中包括公、检、法据以捕人、审判直至处决。但这时没有任何阐述此种法制现象的文章，同时，连对古今中外的法律加以研究探讨的文章也统统不见了。从而形成了亘古未有的法学与法律彻底"分离"的奇特现象。

第三阶段从1976年粉碎"江青反革命集团"开始迄今。这一阶段的最大变化可概括

---

* 原载《探索与争鸣》2001年第2期。

为两个方面：一是法学从国家学说中独立出来，如建立了"法理学"、"中国法制史"等学科；二是出版了大量的法学论著与教材。

但是，法学从一开始就带有政治学的烙印。其具体反映如：法学基本理论仍然存在相当多的政治学的内容，至于刑法、民法、行政法与诉讼法等，也抹不掉这种痕迹。

21世纪的中国法学不应再与政治学混淆，法与政治本是关系极为密切的同一经济基础上的不同上层建筑。既然是不同的上层建筑，自应有其不同的研究范围、研究目的、学术术语、基本范畴、基本概念及不同的学科体系。从理论法学这一方面来看，其主要分支有法理学、法哲学、法经济学与法社会学等；研究法律关系（如权利义务关系、母法子法关系、法律文化传统与现实法制需求关系、不同法律部门关系、立法司法执法守法关系、外来法与本土法的关系、官方法与民间法的关系等）的法理学，没有必要把法与政策的关系、法律的本质是阶级性抑或社会性、法与社会制度的关系、法与党的关系等属于政治学范畴的问题作为自己的研究内容，至少不应成为法学的核心性内容；对法、法律、法律文化及其发展规律做哲理分析的法哲学，应侧重研究法的根本问题的哲理机制，如法的普遍性、特殊性、必然性与偶然性、主观性与客观性、量质度关系、法律意识、法律价值、法律文化的哲理分析、法内事物与法外事物的辩证关系（如法与人、法与经济、法与政治、法与科技、法与道德、法与宗教、法与心理、语言等的辩证关系），至于法的公平性、正义性、平等性以及自由与法的关系、法与平等的关系等，应由政治学而不是法哲学去探讨，至少不应成为法哲学关注的中心；目前，从国外"引进"的法经济学与法社会学正受一些人的青睐，但法社会学过多地干预着政治学问题，只有法经济学似乎还比较"清高"，唯其如此，才可能形成真正意义上的"法学"。

二

"中国法学"应是"中国的"法学。

这绝不是说中国的法学与外国的法学毫无共同点，是截然不同的东西。但既然是"中国法学"，就必须带有"中国的"特性。恰恰是在这个极为重要的问题上，20世纪的中国法学界没有给予足够的重视。

我一向认为欧洲中心主义是比较法学研究中存在的问题之一。而且，欧洲中心主义——西方中心主义，也是整个法学研究中存在的问题之一。

欧洲中心主义的主要表现是：唯发源于欧洲的法系——大陆法系与普通法系为尊；强制推行源于欧洲的法系或顶礼膜拜的同时试图全盘移植之；强调源于欧洲的法系在世界各国的普遍性；等等。

欧洲中心主义已经引起了欧美学术界明智之士的不满并予以严厉的批评。1976年西里尔·E.布莱克（Cyril E. Black）就强调指出，存在着"一种强烈的种族中心观，这种观点从根本上假定西欧人和英语世界的民族所发展起来的生活方式是主导性的生活方式","与这种西方化的观点相联系的对历史的解释……仍然在美国的学术界占主导地位。"劳伦斯·M.弗里德曼（Lawrence.M.Friedman）认为，一些美国的专家企图拿"普通法或美国法"作为"输出模式"；他指斥他们是"法律帝国主义的始作俑者"；他指出，并不是"每一种法律制度"对所有的国家"都是可适用的"。在提交给1977年举行的国际法哲学和社会哲学学会的论文中，印度法学家指斥西方法包含有"非人性化"的内容；澳大利亚法学家则告诫人们警惕西方自然法思想中的"种族中心主义所包含的不公平陷阱"，并告诫人们警惕"规范观念的文化限定意义"，等等。

但在中国法学界几乎没有对欧洲中心主义——西方中心主义的批判。不仅如此，有的学者甚至还公然坦言：中国立法只要抄抄西方的就可以了；中国法学能重复西方国家法学早已阐明了的东西就不错了。在勒内·达维德的《当代主要法律体系》一书中，在"远东各国法"一编下，"中国法"与"日本法"两节，只占全书五百九十二页的二十七页。在法国K.茨威格特（K.Zweigert）和H.克茨（H.Kotz）的《比较法总论》中，把"远东法系"放在"其他法系"里，也只用寥寥二十一页述评了中国法与日本法，仅占全书七百零二页的不到百分之三。勒内·达维德、K.茨威格特等是欧洲学者，不闻中国、日本法还情有可原，可叹的是，中国的一些比较法学者，也步他们的后尘，亦步亦趋，同样很少涉猎中国法。有一本获全国一等奖的比较法学著作，竟连一次也未提及中华法系。这似乎已成一种普遍现象。

但这既不符合实际，也不公平，而且还是十分有害的。中华法系、中国法律文化传统不仅没有死亡，而且还顽强地生存着，发挥它不可磨灭、不可褫夺的巨大影响。法律文化的外延绝非中外法学家所理解的那样狭窄，狭窄到只有制度法律文化一隅，甚至只有制度法律文化中的法律、法系二者。我在一系列业已发表的论文中反复指出，法律文化除制度法律文化外，还包括行为法律文化、心态法律文化、物态法律文化以及主体法律文化。以上五者我概称为本体法律文化，此外还有经济法律文化、政治法律文化、语言法律文化、心理法律文化、宗教法律文化、俗理法律文化、思潮法律文化等存体法律文化。就本体法律文化与存体法律文化两大类的总体而言，中华法系、中国法律文化传统（精华与糟粕）都栩栩如生地活在现代中国。因此，中国法学不能无视这一实际。

法学的这种状况，对法律实践的危害正在显现出来。这里仅举二例以窥一斑：

我国的审判制度改革的"重头戏"是改纠问式为抗辩式。法学界从理论上做了肯定的论证，并进而提出："以事实为根据"应改为"以证据为根据"；司法界则从一切靠法官调查取证审理转到了法官只审理不调查取证。我认为，至少在目前的中国，这还有待探讨。其一，在中国刚刚起步进行法治建设、"普法教育"还很不深入因而广大公民法律意识仍很淡薄的情况下，许多人尚缺乏证据观念，倒是一些图谋不轨之徒却居心叵测地事先准备好了一切可资利用的证据，一旦走上法庭，则可制胜。其二，在中国目前的体制下，当事人和他的律师还不可能自由地、自主地依法充分取证，因此，听凭"以证据为根据"进行审理，往往导致因"证据"与"事实"相悖而错判。其三，如果法官只是"以证据为根据"进行审判而不再调查取证，则审判中可能会产生偏颇。这不仅可能导致判决错误，也为司法腐败开了方便之门。其四，"法律面前人人平等"原则有可能因财力等原因成为事实上的不平等的一种粉饰。人们似乎把从前对资本主义民主的虚伪性的批判，忘记得一干二净了；而这种批判，是马克思恩格斯政治学——法学理论的重要组成部分。因此，从中国实际出发，我以为还是坚持"以事实为根据"的司法原则为科学、为合理、为正确；还是坚守法官有权且有责任调查取证以求审明事实的真相而不为证据迷惑的立场为科学、为合理、为正确。中国的法理学、法哲学以及诉讼法学，应对此作出法学说明。

另一个例子是：现在，有相当一部分律师是这样定义自己的职责："当事人出钱，我为当事人办事。"而这里的"办事"，就是隐其恶而扬其利。我以为，这与社会主义中国的"律师"的光荣称号不符。社会主义中国的律师的责任在于帮助人民法官查明事实的真相，而不是掩盖甚至"改造"事实的真相，在于帮助法官正确适用法律，而不是误导法官错误适用法律，或钻法律的空子、为不逞之徒的当事人作伥。否则，名为律师，实为高级乞丐了。

中国法学应有中国的特色，要顾及中国的国情，可为中国所用，这是21世纪中国法学发展的必然要求，也是21世纪中国法学发展的必然趋势。根据这些要求，21世纪的中国法学，其"中国"特色至少应表现在以下几点：第一，有对中国法律文化传统精华的继承；第二，与中国是一个社会主义国家的根本特点相切合；第三，符合转型期中国民众的需求；第四，以本土化的法学概念、术语表述。

三

人们很容易误将现代中国人写的法学作品当作道地的"现代中国法学"。在这种误解的支配下，就不会细想中国法学的"现代性"的有关问题。这些问题主要是：第一，目前的中国法学是否体现了"现代性"；第二，怎样才真正体现"现代性"。

（一）目前的中国法学是否体现了"现代性"？

我以为并没有真正体现，其主要理由：

第一，中国法学当前正在照搬的是西方近代的法律文化发展结晶，对这一结晶的现代发展了解甚少、研究甚少。西方近代的法律文化发展结晶——人类中心主义是在人文主义基础上形成的。在近代西方法律文化中，人类中心主义是一根主线，渗透一切，支配一切，贯穿一切。中国法学目前所接受、所贯穿的正是这种人类中心主义。整个法学，从理论法学到部门法学，从实体法学到程序法学，都为以人类为中心的市场经济的发展服务。但西方法律文化的现代发展，已经表现出了明显的反人类中心主义的倾向。人与人的关系的和谐,人与自然的关系的和谐,逐渐被提高到"人类中心"之上。尤其是环境法学与生态法学的发展,更明示了西方法律文化从近代到现代的演进。无疑这是真正有利于人类发展的,真正有利于增进人类福祉的,因而是真正进步的。我国法学离开批判人类中心主义,实行天人和谐主义(姑妄称之),还有比较大的距离。

第二,西方近代法律文化发展的另一结晶是国家中心主义,现代则出现了明显的反国家中心主义实行市民(公民)中心主义的倾向。对现代西方国家法律文化发展的这一趋势,我国法学界甚少研究。加上传统的中国封建专制主义的顽固影响,法学领域中仍然处处固守着国家中心主义。

从历史唯物主义的高度来看,国家中心主义在资产阶级革命中无疑是进步之举。但其发展的极致,却走到了它的反面,在日本、德国与意大利曾出现了绝对化的国家中心主义——法西斯主义。历经两次世界大战,深感资本主义发展的成果也同样被毁的资产阶级,终于认识到了国家中心主义并非终极良策。其思想界的代表们努力寻求对策。这种努力的结果是一部分人正在高扬市民(公民)中心主义的理论,而对国家中心主义则取批判的态度。

在这个转变过程中,工人阶级和劳动人民争取民主的不懈斗争无疑起了重要的助推器作用,但在资产阶级掌握全部国家机器和主要宣传工具的情况下,主导转变过程的还只能是资产阶级。马克思、恩格斯在《共产党宣言》中的下列论断往往被人们忽视,他们曾精辟地指出:"资产阶级除非使生产工具,从而使生产关系、从而使全部社会关系不断革命化,否则就不能生存下去。……生产的不断变革,一切社会关系不停地动荡,永远的不安定和变动,这就是资产阶级时代不同于过去一切时代的地方。一切固定的古老的关系以及与之相适应的被尊崇的观念和见解都被消除了,一切新形成的关系等不到固定下来就陈旧了。""使全部社会关系不断革命"的资产阶级自身,提出了反国家中心主义、行市民(公民)中心主义的要求。这种要求自然也反映到了资本主义国家的法治实践与法学中,形成了区别于近代资产阶级法学之力主国家中心主义而鼓吹市民(公民)中心主义。

毋庸讳言,资产阶级思想家包括法学家们的这一理论发展趋势没有引起我国法学界的注意与反响。另一方面,计划经济体制的长期实施所必然导致的国家中心主义影响,至今仍然浓重地存在。还有其他一些因素也影响了我国法学界解放思想研讨市民(公民)中心主义问题,而这与法学的"现代性"是格格不入的。

(二)中国法学怎样发展其现代性?

这首先是一个实践问题,但从理论上,从指导观念上,至少必须注意以下几点:

第一,批判人类中心主义,努力实行天人和谐主义,在环境法学、生态法学、可持续发展法学方面开展深入的研究。

第二,批判国家中心主义,努力弘扬市民(公民)中心主义,以人民的根本利益为最高利益,使法学从义务本位之学转变到权利本位之学,从依法行政—依法治民之学转变到重在依法治吏之学，从国权本位之学转变到人权本位之学。

此外，现代法学已经表现出了对法律激励的明显兴趣。各国都成批成批地制定出了整部整部的激励性法律法规。因此，中国法学的现代性，在充分研究与弘扬法律激励理论方面，也应加大力度。

21世纪的前五十年，我以为，中国当以建成社会主义法治国家而载入史册。我们相信，21世纪中国法学的发展，将是现代中国法学的建设与中国社会主义法治国家建设的辩证互动的过程，二者相互依存、相互振动、相互制约又相得益彰。建设现代中国法学，当是中国法学界任重道远之责。

当代中国法律体系及其发展模式探索*

一

时下论者对"当代中国法律体系"问题的研究,往往失之概念不清。"当代"的时域为何?"中国"的外延为何?"法律体系"的确切含义又是什么?窃以为,必须首先确定这些概念的含义,才能进入"当代中国法律体系"的研究。有的文章认为"当代中国的法律体系"是"有中国特色社会主义法律体系",并据此洋洋洒洒地论述其种种特色。然而,中国共产党第十五次全国代表大会报告指出,"(要)加强立法工作,提高立法质量,到2010年形成有中国特色社会主义法律体系"①,确认"有中国特色社会主义法律体系"还只是在孕育之中。虽然海峡两岸的中国人都认为只有一个"中国",但目前的"中国"是包含社会制度与法律制度并不相同的中国大陆(内地)、台湾、香港、澳门四个地域的,只有大陆在建设"有中国特色社会主义法律体系",台湾实行的是大陆法系的法律制度,香港属英美法系,澳门虽然也属大陆法系,但与台湾又有不小区别。故"当代中国法律体系"的确切含义应是"全中国"的当代法律体系。既然如此,这就是一个混合式的法律体系。不过"混合式"的提法仍有瑕疵,精确的提法应是"混而不合式"。既然"混而不合",对其做整体性论述就既不妥当,也很困难,所以迄今鲜见有涉笔者;而要论述,只能从政治现实与历史发展的必然结局出发,以论述当代中国大陆所实行的法律体系为限。也就是说,我们所论述的"中国当代法律体系",是指"中国大陆"的法律体系而与台湾、香港、澳门的法律状况无涉。至于"法律体系",通常都是指一个国家由存在有机联系的全部法律、法规所构成的统一体。本文亦取此通说。

综上,本文中"当代中国法律体系"的论域是:近20年来形成的中国大陆的法律体系。

---

* 原载《上海社会科学院学术季刊》2001年第1期。
① 江泽民:《高举邓小平理论伟大旗帜把建设有中国特色社会主义事业全面推向二十一世纪——在中国共产党第十五次全国代表大会上的报告》,人民出版社1997年版,第36页。

二

概述当代中国法律体系的实然态，是探讨其特色及尚存缺陷的基础。

中华人民共和国成立后的三十年内，立法状况相当混乱。虽然1954年颁布了颇为世人称道的第一部宪法，但是：第一，它流于具文，这可见诸立法当时就不具备实施某些条文的条件，如关于"迁徙自由"的规定；第二，1954年后直至1978年，按法定程序立法的成果极少，以至国人与世人都得出了这三十年间尤其是"文化大革命"时期处于"无法无天"状态的结论。

不过，国人与世人所谓"无法无天"论是有失偏颇的。理由主要有二：其一，"文革"前是"有法"的。其时之"法"的制订，有两种形式：一为大体上按照法定程序由人民代表大会制订；二为"一年搞四次"的中共中央政治局会议作出的"每个决议案"①。其二，"文革"中，各种言论以及各种"决定"、"通告"等，构成了多如牛毛的法。邓小平说，过去"往往把领导人说的话当作'法'，不赞成领导人说的话就叫作'违法'。领导人的话改变了。'法'也就跟着改变"②。显然，邓小平是完全不赞成把领导人说的话当作"法"的；他同时也肯定了一个事实："过去"（中华人民共和国成立后的前三十年）在我们的国家里，"领导人说的话"实际上已成了"法"。但邓小平上述议论中的"法"是打上了引号的。他的意思是："领导人说的话"实际上起了法的作用，但这不是合法的法，不是现代民主政治意义上的法。

我认为，尽管"领导人说的话"不是现代民主政治意义上的法，不是合法的法，但它是依靠国家权力机关来确认并予推行的，它起了法的作用。客观地分析，应当承认"文革"时期确无社会主义法可言。从其时表面"无法无天"的法的偶然性中，经科学分析，发掘出来的便是：其一，过渡到奴隶制社会以后，直到无阶级社会实现以前，其间的任何时代，都必然有法；其二，社会主义时代不是实行社会主义法，便是实行倒退的资本主义法，或更倒退的封建制法；其三，中国社会主义时代发展到60年代后期，似乎"无法"，也是在中国条件下法的必然性的表现。这是法的曲折发展的必然性的表现，偶然而又必然，必然而又偶然。结论只能是中华人民共和国成立后的三十年内立法状况极为混乱。

但噩梦醒来后的早晨，升起了满天朝霞。邓小平指出："为了保障人民民主，必须加强法制。必须使民主制度化、法律化，使这种制度和法律不因领导人的改变而改变，不因领导人的看法和注意力的改变而改变。"③江泽民在"十五大"的报告中两次强调指出要

---

① 俞荣根：《艰难的开拓——毛泽东的法思想与法实践》，广西师范大学出版社1997年版，第345—346页。
② 《邓小平文选（一九七五——一九八二年）》，人民出版社1983年版，第136页。
③ 同上。

"建设社会主义法治国家。"经过从1978年到2000年的二十二年努力,当代中国法律体系的框架已经初步形成,其宏伟殿堂已初具规模。早在1997年9月,《人民日报》与新华社记者曾这样概述近二十年的法制建设成果:"改革开放19年间,国家最高权力机关制定法律和有关法律问题的决定310多件,国务院制定行政法规750多件,有立法权的地方人大制定地方性法规5300多件。仅1993年3月八届全国人大一次会议以来,全国人大及其常委会就制定了98个法律和有关法律问题的决定,其中有关社会主义市场经济方面的法律和法律问题的占三分之二。"①

可以说,中国现行的主要法律法规,构成了框架性的当代中国法律体系。

其一,它已形成一个有机联系的统一体:1.它包含有国家根本大法及其统驭下的行政、民事、刑事、社会和诉讼法以及国际法,与当代各国的立法相比较,主要的和基本的法律法规已大体齐备。2.它的内部各法律法规之间存在着有机的联系,宪法统驭着其他一切法律法规。后者是前者的原则与规定的具体体现;所有的实体法都有程序法予以法律程序的支撑;所有的实体法之间存在互为基础与互相保证、互相制约的关系;所有的程序法之间也存在互相协调的关系。因此,它构成了一个法律法规的统一体,形成一种多层次的系统性结构。

其二,它还只是一个有机联系的统一体的框架:1.有的最基本的法律还只是初创性的。例如,已经有了一部《民法通则》②,还没有民法典。而《民法通则》仅一百五十六条,与《德国民法典》的二千二百八十三条、《德国民法典》的二千八百八十五条相比,几有天壤之差。2.不少法的部门,还没有形成自己的部门法体系。如果把当代中国所有的法律法规看成一个大系统的话,各部门法就是它的子系统。目前的情况是,大系统已初具规模,但不少子系统尚仅具雏形或未构成为系统,即存在大量的法律空白点。例如,据我的研究③,各发达国家的科学技术法业已构成一个法规齐全、周密、完备、配套的体系。但我国科技立法还存在许多空白。若以美国原子能法体系④与我国原子能立法比较,即可了然我国原子能立法差距之大,我国的原子能立法还几乎是一片空白。3.中国正融入全球化经济中,加入WTO在即,而与WTO接轨的法律法规制定工作任务还十分繁重。"框架"之谓,意为形体骨骼具备而血肉羽毛不全或不丰满。正因如此,才有"到2010年形成有中国特色社会主义法律体系"的规划与时限要求。

那么,如上概述的"当代中国法律体系"有何特点,又存在哪些问题呢?

---

① 《走向依法治国之路——党的十四大以来我国民主与法制建设述评》,新华社北京1997年9月2日电。
② 1987年5月1日起施行。——编者注
③ 倪正茂:《科技法学导论》,四川人民出版社1990年版;《科技法学原理》,上海社会科学院出版社1998年版。
④ 国家科委政策法规司、上海社会科学院法学研究所编:《科技立法研究文集(二)》,科技文献出版社1990年版,第109页。

三

当代中国法律体系的主要特点是：

（一）继承性基础上的创新性

中华人民共和国法律之继承性主要见诸：

其一，在法律与其他社会规范的关系上，与西方法律的分化、自治和独立性特点不同，中华人民共和国的法律继承了中国传统法律文化的"礼法结合"、"伦理入法"特色。中国宪法中有许多伦理道德方面的规定。彭真在关于1982年宪法草案的报告中，还有专门的一节详细阐明宪法中列入社会主义精神文明条款的原因与意义。

其二，在法律规范内容上，与西方法律文化中的刑罚人道主义不同，中华人民共和国成立后的法律继承了中国传统法律文化的重刑主义而表现出了重刑的倾向。当今世界均有三十八个国家废除了死刑，更多的国家对死刑做了严格的限制。中国于1979年通过的刑法有十五个条文对二十六种犯罪规定了死刑；而后在人大常委会的二十三个"决定"、"补充决定"中又增加了死刑犯罪种类；至1997年的新刑法，则有三十一个条文对三十余种犯罪规定了死刑。至于自由刑，我国刑法的惩罚规定也远较不少西方国家为严厉。

其三，在法律规范的价值取向上，与西方法律所表现的权利本位不同，中华人民共和国成立后的法律继承了中国传统法律文化的义务本位，表现出了比较明显的义务本位倾向。虽然在我国的宪法和法律中，对公民的权利与义务都做了不算过简的规定，但是，从总体上看，关于权利的保障甚少规定或规定得过于原则，难以检查监督，而对义务的保证措施则相当具体而详细。此外，中国宪法关于公民权利的规定，大多为授予式的，当这些被授予的权利无法享有时，无从索讨，往往也无人负责；而西方国家，如美国的宪法，关于公民权利，被规定为对政府的制约，即政府若不能保障公民权利，不能保证公民享有有关权利，必须负法律责任。这同样反映了权利本位与义务本位的区别。

其四，在法律体系的终极目标上，与西方法律之憧憬自由与正义不同，当代中国法律体系继承了中国传统法律文化对秩序与和谐的追求[①]。这从"调解"在中国法律和司法实践中举足轻重的地位中，即可见一斑。

上述当代中国法律体系对中国法律文化传统的继承，是为了在社会主义条件下的创新。

当代中国法律体系在继承基础上的创新性，主要可以见诸：

---

① 关于中西法律文化传统的异同，南京师范大学夏锦文先生在《社会变迁与法律发展》一书（南京师范大学出版社1997年版）中，做了精辟的论述。本文关于中华人民共和国成立后法律的继承性的论述，深得该书的启发（可参见该书第1章）。

其一，当代中国法律体系在政治立足点上的决定性创新。这明显地表现在宪法所规定的"四项基本原则"及这些原则在全部法律法规的贯彻上；表现在全部法律法规所维护的人民代表大会制度、政治协商和多党合作制度等政治制度上；表现在全部法律法规之严格实行"人民民主专政"上；等等。

其二，当代中国法律体系在社会立足点上的根本性创新。宪法①第二条规定："中华人民共和国的一切权力属于人民。""一切权力属于人民"的宪法原则贯穿全部法律法规。

其三，在继承"伦理入法"的基础上，创新性地引入"社会主义精神文明"条款。这不仅集中表现在宪法条文中，而且在刑法、民法、婚姻法、继承法、劳动法和其他法律中都有明显表现。

其四，在倾向于重刑的基础上，创新性地采取多因素综合量刑与给罪犯以改造成为新人的出路的系统性法律措施。在中国的刑事法律中，罪犯犯罪的主观动机、犯罪情节以及社会危害性，是作为与犯罪事实同样重要的共同因素加以综合而量刑的，这在外国刑事立法中并不多见。此外，中国的刑法、监狱法等，都体现了改造罪犯成为新人的创新精神。

其五，立法内容方面的创新性。中国曾在1986年颁行过一部《技术合同法》，这是世界上第一部技术合同法。虽然后来与《经济合同法》等合并成统一的《合同法》，但原《技术合同法》的主要内容被全部吸收了。中国还在1993年颁行了《科学技术进步法》，这在世界各国中也是少见的。此外还有一系列促进科学技术发展的奖励法，其数量之多，也为世界各国所罕见。

其六，创新性地颁行了《中华人民共和国香港特别行政区基本法》和《中华人民共和国澳门特别行政区基本法》。这两部特区法的创新性为世界各国所仅见。

（二）稳定性基础上的动态性

法与政策的重要区别就是法的稳定性。当代中国法律体系体现了法的稳定性的特点。这从宪法和法律的制定、修改的程序上，从宪法和法律的规定上和时效上，从法律体系内部的效力等级和层次上，从司法、执法实践上都可看出。2000年3月15日全国人大九届三次会议还通过了《中华人民共和国立法法》，对立法权限、立法程序、法律解释、法律的适用等，都做了明确而详尽的规定，从而在立法上保证了法的稳定性。

在稳定性的基础上，当代中国法律体系还表现出它明显的动态性。"法随时转"是中国历代法家，尤其是近代变法维新志士所孜孜以求的。尽管时代完全不同了，但"法随时转"的法制观念仍然被继承了。其最准确的哲学概括是"实事求是"。1938年10月，毛泽东在中共六届六中全会上做《论新阶段》的政治报告，第二次使用了"实事求是"这个概

---

① 1982年宪法，下同。——编者注

念①。后来,在《改造我们的学习》中又对"实事求是"的含义做了科学而精辟的解释②。邓小平则在全党全国确立了"解放思想,实事求是"的思想路线。在他的主要著作中,"实事求是"的观点处处发光。当代中国法律体系的动态性的思想根源与思想动力即在于此。"动态性"的具体表现为:1978年宪法颁行后,1982年在大规模修改的基础上重新颁布了一部新的宪法。此后,1988年4月12日、1993年3月29日和1999年3月15日又多次做了重要的修改,事涉国家经济体制、政治体制的重大问题。1979年刑法颁行后,到1997年新刑法颁布,期间全国人大常委会作出了多达二十三个刑法范围的"决定"、"补充决定"。这些"决定"与"补充决定"的主要内容,成了修改1979年刑法与制定新刑法的主要依据。

随着经济体制改革的迅速推进,计划经济体制被抛弃,转轨到社会主义市场经济体制的过程中,清理与废止了大量计划经济体制条件下制定的法律法规(主要是民法、经济法方面),制订了适应社会主义市场经济体制的法律法规。人们得出的结论是:"在规范市场经济主体和市场行为、维护市场秩序、加强宏观调控、完善社会保障制度、振兴基础产业和支柱产业、促进对外开放等方面,都制定了一些重要法律。社会主义市场经济法律体系框架已初具规模。"③ 随着"复关"谈判与"入世"谈判的进展,为与GATT、WTO的规则接轨,中国在不断地进行法律修改。如《产品质量法》《专利法》等,在2000年内都已做了重要的修改。

所有这一切,都表明中国当代法律体系是一个生气勃勃的动态发展的法律体系,它与当代中国改革开放的事业,相互推动,相互促进,相得益彰。

(三)统一性基础上的多样性

当代中国法律体系的统一性是为宪法所规定了的:"国家维护社会主义法制的统一和尊严。"(第五条第二款)"一切法律、行政法规和地方性法规都不得同宪法相抵触。"(第三款)立法法的主要条款也为保证法律体系的统一性做了缜密的详尽的具体的明确的规定。

但在统一性的基础上,当代中国法律体系仍有其多样性的内涵。周旺生先生在论及中国的立法体制时指出:"现行中国立法体制是中央集中统一领导的、多级并存、多类结合的立法体制。"④ 这种立法体制下,中国的法律体系必然具有统一性基础上的多样性。不仅如此,法律解释在中国具有重要地位,起着重要作用。不仅有立法解释,而且有司法解释。立法法规定:"法律解释权属于全国人民代表大会常务委员会。"(第四十二条第一

---

① 《毛泽东选集》第2卷,第523页。
② 《毛泽东选集》第3卷,第801页。
③ 新华社北京1997年9月2日电:《走向依法治国之路——党的十四大以来我国民主与法制建设述评》。
④ 周旺生:《立法学》,北京大学出版社1988年版,第272页。

款)。同时,最高人民法院频繁地根据具体案件所作司法解释,也是各级人民法院的判案依据。由于最高人民法院的司法解释有时是根据同一类型的案件而作出司法解释的,其实质上就与"判例"相通。中国不属判例法制类型的国家,但实际上存在着判例,且判例的作用极大。这不由使人想到,论者大都认为古代中国是实行成文法典的国家,但实际上判例的地位与实际作用往往超出法典。

日本千叶正士先生在《法律多元》一书①中,从日本法律文化与日本法律实际出发,论述了法的一般理论,认为在日本有"官方法",也有"非官方法"。"官方法不限于国家法,而且包括由国家的合法性权威所认可的所有法律体系及其组成部分,如宗教法、少数民族法、地方法及其他法律";而"非官方法只要对官方法的有效性发生明显的影响。即补充、反对、修正民法尤其国家法,它们无论在一个国家内还是超出一国的国界,都被定义为没有经过任何合法权威的官方认可,但在实践中由于某一群体的普遍同意而且有强制性的法律制度及其组成部分"。

中国实际上也存在着"法律多元"现象。"家法族规"在农村地区普遍存在。费成康在《中国的家法族规》一书中对此进行了研究。据该书所引报道谓:1996年,在上海市的青浦区,河南民工大牛发现妻子与工地的小包工头"暗中偷欢"并快到留下"孽债",就对妻子发出最后通牒:"要么离婚,要么回家乡按习俗办——活埋!"于是这个河南妹子惊慌失措,唯恐回乡会惨遭毒手②。实际上,中国不少地方尤其是偏远山乡,诸如"淫乱"可活埋、偷窃要斩手之类的"家法族规"还存在着,而且在司法机关的统制之外,不受约束。至于一些地方的"家法族规"以激励为目的而对考进中学、大学者给予奖赏,更不会有任何国家机关予以否决,而只会给予肯定。

(四)惩戒性基础上的激励性

由于中外皆然的法律传统都以惩戒性为法律的基本功能,当代中国法律体系理所当然地建立在惩戒性的基础上。作为当代中国法律体系的基础,惩戒性还源自中华人民共和国成立以来特别强调了法的专政功能,特别强调了法作为国家暴力机器的制度载体的工具性质。与此同时,当代中国法律体系还富有激励性的特点。除宪法中有不少激励性规定③外,刑法、刑事诉讼法中有关于自首从轻的规定,人事法规中有大量的激励性规定,甚至还有整部整部的"纯"激励性法律法规,如:《自然科学奖励条例》(1979年),《发明奖励

---

① [日]千叶正士:《法律多元——从日本法律文化迈向一般理论》,强世功等译,中国政法大学出版社1997年版。下引见第133、135页。
② 费成康:《中国的家法族规》,上海社会科学出版社1998年版,第213页。
③ 除第19条外,还可见诸宪法第四十二条第三款关于"奖励劳动模范和先进工作者"的规定,第四十七条关于"对于从事教育、科学、技术、文学、艺术和其他文化事业的公民的有益于人民的创造性工作,给予鼓励和帮助"的规定。

条例》(1978年),《科学技术进步奖励条例》(1984年),《合理化建议和技术改进奖励条例》(1982年),《优质产品奖励条例》(1979年),《优质工程奖励暂行条例》(1981年),等等。

当代中国法律体系的激励性特点,是中国法律文化的重要传统之一。中国有文字记载的第一条法律,启发兵攻打有扈氏时发布的军令"用命赏于祖,勿用命戮于社"[①] 就以奖赏规定前置法首。秦代以"法网严密"而为史家厚非,但是在秦律中,却有大量的激励性法规,规定了"牛羊课"、"漆园课"、"新献课"等的评比奖惩办法。"课"即评比,每年四月、七月、十月一小课,正月一大课,课而优先则奖。可惜很少有人对激励法加以研究。我在《科技法学原理》一书中,对法律激励问题做了比较详尽的探讨,在其他许多论文中也做了论述,提出了建立"激励法学"的建议。美国斯坦福大学弗里德曼教授也注意到了这个问题[②]。

当代中国法律体系中的法律激励成分是不容忽视的,但总体上它仍建立在法律惩戒的基础上,因而产生了惩戒性基础上的激励性特点。

四

当代中国法律体系还存在的问题与缺点主要是:

第一,总体上以义务为本位的缺陷。公民无疑应尽法定义务,但尽义务是为了享受权利。从理论上说,权利义务相当,权利义务结合,乃是最佳选择。但是,在人们的觉悟水平还没有提高到绝大多数人都自觉地成为法律的主人的时候,必须以权利为驱动力,以权利驱动人们去履行义务。从目前阶段来看,人们履行义务的自觉性、主动性与积极性,主要来自利益与权利的驱使,不能主要指望法律的强制与思想觉悟的提高。

第二,总体上以国家为本位的缺陷。近代以来,中国思想界对社会、政治与法律制度的探索,大致可以分为三类:一为国家本位论;一为民人本位论;一为社会本位论。孰优孰劣,只能以实践为检验标准。

国家本位论以"有国才有家"、"大河涨水小河满"一类说法最为形象。按照此论,国家高于一切、大于一切、先于一切、重于一切。但国家本位论很容易导致领袖独裁。这在"文革"中已经得到最惨重的教训。国家本位论也很容易导致人治主义。为扫除人治主义的阴影,必然要求排除法律体系中的国家主义色彩与国家主义内容。

民人本位论有导致个人主义基础上的个人本位的危险。我国的一系列民事法律引进了西方的民法精神。西方民法崇奉独立、平等、自由、责任。它虽然体现过社会进步的要

[①] 《尚书·甘誓》。
[②] [美]弗里德曼:《法律制度》,李琼英、林欣译,中国政法大学出版社1994版,第91页。弗里德曼指出"法学研究总的说来对奖赏注意不多"。

求，促进过社会的进步，但它奠基于实质为社会达尔文主义的个人主义基础之上，"任凭优胜劣汰，适者生存，这样民法在本质上就成了一种'丛林法则'，它只能保护市场优胜者，而市场失败者不在民法视野之内……民法最终会蜕变成极少数人的特权法……"[①] 我国社会实际与民法实际，与这里的描述已相去无几。若再加上攫取了权势的人，利用其权势与地位，将市场经济与民法规定玩弄于其股掌之上，就使得"丛林法则"变本加厉地肆虐于世了。

最佳选择应是社会本位，人人均可依法而"独善其身"，同时又按法律的要求而使"达者"必须"兼济天下"。我们曾经尖刻地嘲笑与批判过资本主义国家法律中规定的"平等"不过是"不平等基础上的虚伪平等"，并总是以穷人根本打不起官司而导致法律等于富人的鞭子的种种实例来证明。为避免重蹈覆辙，把我们的法律体系建立在社会本位的基础上，扶持市场失败者，救济社会弱者，维护其基本权利，使人们有机会重新获得均等机会参与自由竞争，从而真正解放个人、解放社会，这才是我们所应追求的。

第三，法律法规的不完备、不配套以至某些方面还是一个空白。

第四，某些法律法规相互之间还不和谐，甚至有的还互相抵牾。这在部门规章中的表现还比较突出。其原因主要在于仅从部门利益出发而自行其是地制订法规。

第五，一些法律法规比较原则、比较抽象、比较笼统，这势必导致操作上的极大困难，而当其流为具文时，又无从着手进行检查，或做补救。如前所说，我国民法通则条文之少，不及《法国民法典》和《德国民法典》的一个零头，这自然不利于司法与执法实践。

第六，当代中国法律体系在接轨 WTO 规划方面还有不少问题。入世后，WTO 的国民待遇原则是必须贯彻的，但至今仍有一些法律规定未达到该要求，而另一些法律规定却又实施了超国民待遇（如外资享有远高于国内企业的优惠等）。至于反补贴、反倾销、政府采购、海关估价、原产地以及知识产权贸易、服务贸易等方面，更有大量的立法（立、改、废）工作要做。

以上对当代中国法律体系的实然态特点和存在问题的分析，为我们探究其应然态提供了基础。

五

中国人大常委会办公厅研究室课题组对中国特色社会主义法律体系若干问题的研究成果，为探讨当代中国法律体系的应然态提供了重要的依据。该项研究[②] 指出，建立有中国特色社会主义法律体系的基本要求是：(1) 应当全面规范和调整有中国特色社会主义的经

---

① 邱本：《论经济法体系》，《法制与社会发展》1998 年第 5 期。
② 《理论前沿》1999 年第 3 期。

济；(2)应当全面规范和调整有中国特色社会主义的政治；(3)应当全面规范和调整有中国特色社会主义的文化；(4)必须与社会主义初级阶段的发展进程相协调；(5)其构成必须门类齐全、结构严谨、内部和谐、体例科学。

该项研究还认为，要"形成有中国特色社会主义法律体系"，应当着重把握好以下几个方面的关系：(1)既要保障人民当家作主的主人翁地位，保证公民享有广泛切实的民主权利与自由，又要规范人民行使民主选举、民主决策、民主管理、民主监督权利和享有自由的程序与方式，规定公民对国家安全、社会稳定及生产生活秩序的义务和责任。(2)既要增强党和国家的活力，巩固我国社会主义制度的国体和人民代表大会制度的政体，保证国家机关对社会管理的效力和权威，又要规范、约束国家机关的组织和职能，防止滥用权力，完善民主监督制度。(3)既要确立多元化的市场主体，保障每个市场主体正当的财产权利，维护各市场主体之间自主、平等、互利、公平以及合作与竞争的关系，规定每个市场主体对自己的行为负责，又要保证政府对经济运行和发展的宏观调控，对市场秩序与环境和国家经济安全的有效监管，真正发挥宏观调控下市场机制的作用。(4)既要大力推进国有企业改革，优化经济结构，扩大对外开放，促进经济增长，又要保护节约资源、保护生态环境、规范社会保障制度的建立和完善。(5)既要从中国国情出发，满足现实需要，又要面向世界，关注经济全球化、商业规则国际化而带来的法律全球化、国际化的动态和趋势。(6)既要注重制定实体法，又要重视程序法的制定。(7)既要调动有立法权的各级国家机关的立法积极性，又要规范各自的立法程序，界定各自的立法权限和范围。

这是一些很有见地的科学意见，无须就他们业已阐明的问题再行赘言了。这里我想从中国法律体系进一步发展的模式的角度，对它的应然态谈一些不成熟的看法。我认为，一国的法律文化（同样法制状况）至少包括五个方面：

一为制度法律文化（即法制状况的制度表现），包括法律、法律概念、法律原则、法律制度、法律体系、所属法系等；

二为心态法律文化（即法制状况的精神表现），包括法律思潮、法律意识、法律观念、法律观点、法律学说等；

三为物态法律文化（即法制状况的物质表现），包括监狱、法庭、刑具、法律图书馆、法律学校以及其他与法律相关的物质设施等；

四为行为法律文化（即法制状况的行为表现），包括立法行为、司法行为、执法行为、守法行为、违法与犯罪行为、法律教学、法学研究等；

五为主体法律文化（即法制状况的主体构成），包括立法机构与立法队伍、司法机构与司法队伍、执法机构与执法队伍、权利义务关系人（法人与自然人）等。

综合上述五个方面，我认为，中国法律体系进一步发展的模式，应是我所名之的"中华发展法系"的模式。我已在一系列论文中论述过这个问题，其要点是：(1)从法律文化的五个组成部分看，历史悠久的中华法系并未死亡也不会死亡，它在当代中国法律体系中留下了深深的烙印;(2)中华法系有一系列值得继承的优长之处,如伦理入法而法御伦理,吏、民兼治而以治吏为重,奖惩并行而重激励,律例并存而以律率例,等等;(3)中华法系也有一系列应予摒弃的糟粕,如国家本位、义务本位、人治主义、以例破律、重刑主义、立法与司法脱节,等等;(4)中华法系的发展必须毫无保留地吸取英美法系、罗马法系、伊斯兰法系等的优长;(5)全世界只有中国既有中华法系的基础,又有香港的英美法系经验,澳门和台湾的罗马法系经验,以及中国大陆的"社会主义法系"经验。因此,(6)只有中国最有可能博采众长、融会贯通而创造出一种适合于中国的、也可逐渐为世界各国所接受的新型法系模式,即我所称的"中华发展法系"。而当代中国法律体系的发展模式,也是指"中华发展法系"的模式。因此,中国法律体系发展的应然态,即"中华发展法系"。

重刑化与刑事法制价值取向略议*

鉴于重刑化问题的客观存在,尤其是在必须认真贯彻"从重从快"严厉打击严重刑事犯罪活动的长期方针的情况下,探讨我国刑事法制之价值取向,有重要的理论意义与实践意义。本文对此略加评议,不当之处,敬祈教正。

一

游伟等同志发表的《法官重刑化思想的诸种表现》一文(以下简称"游文")指出:"在刑事司法实践中,虽然大多数法官能够恪守这一原则,但罚不当罪、量刑畸轻畸重的现象仍时有所见。相对而言,量刑偏重甚至畸重的现象则更为突出。这种现象的存在,源于一些法官存在着的'重刑化'思想。"[①] 文章把司法实践中的重刑化思想的表现概括为以下四个方面:第一,不能正确理解从轻处罚、减轻处罚的法律含义。刑法规定的某一个罪刑单位中常常有数个刑种,某被告人论罪应在该罪刑单位的最高刑种以上量刑,但他同时又具备了法定的应当减轻处罚的情节。此时,法官们往往在该罪刑单位中的次高档刑种上量刑,而不是在该罪刑单位的下一个档次的罪刑单位中选择刑种。其次是对法律中的"可以"从轻处罚、"可以"减轻处罚的规定未能正确把握。把可以从轻、减轻理解为可以不从轻、不减轻,一般的就以不从轻、不减轻来处罚。第二,被告人的量刑点难以确定时(特别是非数额犯罪),在刑罚幅度的中间线以上量刑。第三,将非犯罪情节作为从重处罚的情节对待。甚至有些学者认为,拒不退赃或者退赃较少,不赔偿经济损失,认罪态度较差等,均是从重处罚的依据和理由,从而产生了理论上的误导。第四,对缓刑和单处罚金刑的地位、作用认识不足,导致缓刑、单处罚金刑的适用率较低。

该文对我国法官重刑化思想的种种表现概括得相当准确。由于重刑化倾向不仅仅表现

---

* 原载《上海市政法管理干部学院学报》2001年第6期。
① 游伟、陆建红:《法官重刑化思想的诸种表现》,《人民法院报》2001年4月3日。

在法官身上，而且还表现在一些学者、作者当中，因此可以讲，重刑化思想实际上已经成了一种思潮。这种思潮至少可以见诸以下三个方面：

第一，对我国刑法已经作出的明确规定熟视无睹。例如，我国刑法[①]第六十二条规定："犯罪分子具有本法规定的从重处罚、从轻处罚情节的，应当在法定刑的限度以内判处刑罚。"第六十三条规定："犯罪分子具有本法规定的减轻处罚情节的，应当在法定刑以下判处刑罚。"这两条规定十分清楚，从轻处罚是在法定刑的限度"以内"判处刑罚，而减轻处罚应当在法定刑"以下"判处刑罚。两个地方都说的是"应当"。从轻是"以内"，减轻是"以下"，应该说法律规定是非常明确的。但如游文所说的那样，对"减轻"处罚到底应减至何种程度，有的法官往往把它同"从轻"混淆起来。因此，这就只能从指导思想上去寻找根源。

第二，如前所说，不仅法官有重刑化思想的表现，而且，它还表现在学者的论述当中。每当"严打"之时，往往可见一些宣传性文章（尤其是文章标题）在"严"、"狠"、"重"字上做足文章，而对"稳"、"准"甚少强调。

第三，在立法中也有所表现。例如，新刑法第六十七条是这样规定的："犯罪以后自动投案，如实供述自己的罪行的，是自首。对于自首的犯罪分子，可以从轻或者减轻处罚。其中，犯罪较轻的，可以免除处罚。"（第一款）这里从轻或者减轻处罚前面冠有副词"可以"，从轻或减轻含义是不同的，从轻应当在法定刑的限度以内判处刑罚，而减轻是应当在法定刑以下判处刑罚。法律中规定的"可以减轻处罚"，在司法操作中应该理解为，除了极个别特殊（重情节）情况外，原则上都要予以减轻处罚。那么，如果不能减轻处罚的话，至少一个自首的犯罪分子是应该从轻处罚的。但是我们的法律却规定"对自首的犯罪分子可以从轻或减轻处罚"。甚至还规定"犯罪较轻的可以免除处罚"，这里"犯罪较轻的"应该表述为：应该从轻或者减轻处罚，也可以免除处罚。但是刑法中却用一个"可以免除处罚"做了规定。这些规定我认为既有含糊不清，又有重刑化思想的表现，至少给重刑化的司法操作开了可钻之隙。又如，第六十八条规定："犯罪分子有揭发他人犯罪行为，查证属实的，或者提供重要线索，从而得以侦破其他案件等立功表现的，可以从轻或者减轻处罚；有重大立功表现的，可以减轻或者免除处罚。"（第一款）这里将从轻和减轻并列在一起的时候，使用了"可以"；将减轻和免除处罚并列在一起，也使用了"可以"。而实际上，凡具备"揭发他人犯罪行为，查证属实，或者提供重要线索，从而得以侦破其他案件等立功表现的"，至少是应当从轻，有重大立功表现的至少是应当减轻。把从轻和减轻，减轻和免除并列在一起，都冠以"可以"，不能不说是一种措辞上的含糊不清和提供了重刑化的一个弊说。又，六十八条第二款规定："犯罪后自首又有重大立功表现的，应当减轻或者免除处罚"，这里的"减轻或者免除处罚"的前面，使用的是"应当"，就比较准确，

[①] 1997年刑法，下同。——编者注

不至于导致重刑化的司法操作。又如，刑法第七十八条规定："被判处管制、拘役、有期徒刑、无期徒刑的犯罪分子，在执刑期间，如果认真遵守监规，接受教育改造，确有悔改表现的，或者有立功表现的，可以减刑；有下列重大立功表现之一的，应当减刑：……"这个规定当中有"可以"也有"应当"，而前面一个"可以"是必须改为"应当"的，不然的话很容易给重刑化思想留下余地。因为犯罪分子接受改造"确有悔改表现，或者立功表现的"显然是应当减刑，不然的话，怎么更好地去激励犯罪分子接受教育改造、表现悔改或立功呢？

如上所说，重刑化问题既在司法实践中有所表现，也在学者的论述中有所表现，甚至还表现在立法上。因此，说我国存在着重刑化的倾向，恐怕不是言过其实的。

二

重刑化思潮是和我国刑事法制建设的价值取向背道而驰的。

关于刑事法制建设价值取向问题，必须和国际刑事政策的发展趋势联系起来考虑，主要是两点：一是近代以来刑事立法的人道主义趋向；二是近代末期以来的非刑化倾向。

奴隶制刑法以自然主义、复仇主义为指导思想，在其刑法条文中充斥着赤裸裸的报复性条款。例如，古代巴比伦王国的《汉穆拉比法典》规定，如自由民损坏他人的眼睛，则"应毁其眼"（第一百九十六条）；若自由民折断自由民的骨头，也要折断其骨（第一百九十七条）；击落同等自由民的牙齿，同样应"击落其齿"（第二百条）。这种同态复仇的刑事制裁方法，表现了奴隶制刑法的野蛮和粗暴。封建制刑法虽然在民主性和科学性上比之于奴隶制刑法有所进步，但是封建制刑法的复仇主义指导思想仍然严重地存在，其中同样存在着赤裸裸的报复性条款。高举反封建大旗的近代资产阶级在其刑法中以人文主义思潮为基础，体现出了资产阶级的人道主义刑罚观。人道主义刑罚观认为刑罚对象是人而不是行为，对人首先要考虑的是人道主义原则。既然是人道主义当然要反对残酷刑。逐渐地，人道主义的要素凝结为资产阶级刑事立法中的谦抑原则。根据谦抑原则，在定罪量刑上必须采取慎重态度，并进而要考虑到定罪从简，量刑从宽，尤其是定罪量刑的目的不是报复，而是挽救罪犯，教育失足者。在定罪上，可定罪可不定罪的则不定罪；可重可轻的则定轻罪。在量刑上，无论在刑种或刑罚方法上，有重有轻则从轻，可免则免；在执行刑罚中，收容者如有真实的改恶从善的表现，则提请提前释放。进入近代以来，在刑罚理论领域，古典学派也好，近代派也好，在反对重刑，废除残酷性这一点上是基本一致的，其反对矛头是指向封建制的刑罚擅断、刑罚滥用及其刑罚的残酷刑方面。这是近代刑法理论领域中的主流，或者说占有统治地位的思潮。谦抑原则体现了资产阶级的人道主义思想价值观，这种人道主义思想价值观是人类在文明大道上的进步表现，不属于资产阶级所专有。

另一个重要表现是刑非刑化。刑非刑化是德国近现代刑法学家李斯特最早提出的。[①]李斯特强调要多适用假释、缓刑，缩短累进处遇升级的期限，尽量在半封闭或者开放设施内实行矫治，并且多采取自由式，少采取强制式；尽量多以保安处分代替刑罚方法，并特别强调社会保卫论和保安处分制度的价值观。他主张保安处分的普遍化，以便把原以刑罚方法论处的案件改由非剥夺自由的处遇来代替等刑非刑措施。现在西方有很多国家把在刑法典中原来规定为刑罚的，改为不以刑罚方法来处理，或者由自由刑改为罚金、劳役。这和自由刑以及其他身体刑是有本质区别的。还有许多原来为刑罚而改为教育改造方法的。其中最明显、最广泛的是西方大多数国家采用了保安处分制。根据这种制度，凡是可构成犯罪、可不构成犯罪的就依不构成犯罪论；可适用刑罚方法、可不适用刑罚方法的就不适用刑罚方法。

社会主义人道主义是对资本主义人道主义的一种扬弃。在联系到人道主义在法律上的表现时，马克思曾经指出："残酷是怯懦所制定的法律的特征。"[②]他还说："不考虑任何差别的残酷手段，使惩罚毫无效果"，"犯罪的概念要有惩罚，那么实际的罪行就要有一定的惩罚尺度"，罪犯"受惩罚的界限应该是它的行为的界限"。[③]毛泽东也说过轻罪重判不对，重罪轻判也不对。我国刑法学界对社会主义人道主义原则采取了肯定的态度，认为历史上一切反动统治阶级都是既压迫劳动人民又害怕劳动人民，因此决定了他们所采用的刑罚必然是野蛮残酷的。我国是人民民主专政的国家，拥有最广泛的群众基础，运用刑法同各种犯罪行为作斗争，目的是保护国家和人民的根本利益，因此作为制止犯罪发生的最有效的手段之一，并不在于刑法的严峻和残酷，而在于使犯罪分子不能逃避刑法的惩罚。对绝大多数犯罪分子实施刑罚的目的，是为了把他们改造成为新人，使他们重返社会后成为有用之才。这样，司法机关采取人道主义的方法来对待犯罪分子，通过教育说理的方法使他们认罪服罪、悔罪自新，洗涤他们的灵魂，唤起他们内心的良知，这是绝对必要的。坚持社会主义人道主义原则不仅可以获得社会的广泛同情和支持，而且有利于分化瓦解犯罪分子，更好地同犯罪作斗争，有利于争取罪犯的亲属、友人，调动各方面的积极因素，教育犯罪分子认罪服法。从根本上讲，实行社会主义人道主义原则，更有利于巩固人民民主专政。正因如此，我国刑法第一条就开宗明义地指出，制定刑法的目的是"为了惩罚犯罪，保护人民"。这一目的就是为了维护人民民主专政的政权，维护正常的社会秩序，保障人民当家作主的权利。

我国刑法中所体现的社会主义人道主义原则，主要表现在以下几个方面：一是从刑法

---

① 李斯特（1851—1919年），德国近现代刑法学家，刑事社会学派的创始人，《刑法学杂志》的创建者，国际刑法学会的创建者之一，它的刑法理论在近代刑法理论领域起了开拓作用；在近代刑法理论向现代刑法理论过渡中起了桥梁作用。刑非刑化是李斯特刑法理论中的一个实质性论点。
② 《马克思恩格斯全集》第1卷，第139—141、149页。
③ 同上。

在适用刑罚、改造罪犯方面看，突出地体现了社会主义人道主义原则。我国刑法没有规定身体刑或者肉刑；严格控制死刑的范围；对于应判死刑但不是必须立即执行的，还规定死刑缓期执行制度；对于审判时的孕妇、犯罪时不满十八周岁的人不适用死刑；对老弱病残者，刑法都作了符合人道主义精神的规定等。二是我国刑法宣布侵犯公民人身权利等违反社会主义人道主义的行为是犯罪，明确规定了严禁刑讯逼供，严禁虐待被监管人员，违者以犯罪论处。三是我国刑法在确定刑事责任方面也贯穿着社会主义人道主义原则。如刑法对刑事责任年龄、各种从轻减轻和免除刑事处罚情节的规定等。

经过修改的我国刑法在罪行相适应原则方面有了更新的体现，主要表现如下：一是建立了方法多样、轻重衔接的刑法体系。我国的刑罚方法，从性质上区分包括生命刑、自由刑、资格刑和财产刑；从程度上划定，有重刑也有轻刑；从种类上分，有主刑和附加刑。方法多样，相互配合，适应性强。为实现罪刑相适应奠定了基础。二是确定了针对各种情节轻重有别的处罚原则。新刑法总结了一些影响罪行大小的量刑情节，并为这些情节分别设立了轻重相宜的处罚原则。例如：对防卫过当、避嫌过当的，应当减轻或者免除处罚；对预备犯，可以比照既遂犯从轻、减轻处罚或者免除处罚；对未遂犯可以比照既遂犯从轻或者减轻处罚；对中止犯，没有造成损害的，应当免除处罚；造成损害的，应当减轻处罚；等等。这样就使得刑法分则规定的法定刑具有了更大的适应性。三是针对不同的犯罪设置了不同的量刑幅度。我国刑法分则为每一个具体犯罪都设置了相应的量刑幅度，有的甚至一罪有两个或三个量刑幅度，以适应各种具体的犯罪情节，为司法人员按照犯罪分子的罪行和刑事责任的大小决定相应的刑罚留下了选择的空间。

显然，近代以来各国刑事法制发展的价值取向、总体趋势和我国刑事法制建设价值取向的趋势都在于轻刑化、非刑化，都在于体现人道主义（有资产阶级人道主义或者社会主义人道主义）。而重刑化思想与人道主义的价值取向、与轻刑化的发展趋势，是完全背道而驰的。

我国刑法学界，关于刑罚是否是我国刑法的目的，曾经有过两种截然不同观点的争论。一种观点认为，我国刑法的目的是惩罚，他们认为"预防、消灭犯罪说"将刑法的目的表述为预防犯罪、消灭犯罪是不科学的，理由主要有：第一，由刑法的本质和职能决定，预防犯罪、消灭犯罪是一切社会里的刑法所共有的目的。尽管对于剥削阶级来说，这种目的在根本上是无法实现的，但他们对这一目的的追求则是不可否认的。因此，预防犯罪、消灭犯罪只能揭示出刑罚作为一种阶级镇压工具的一般本质或作用，而无法表明不同的统治阶级运用这一工具所追求的具体目的，更不能体现我国社会主义刑罚目的的特征。第二，在剥削阶级社会中刑罚是对付犯罪的主要手段，而在我国刑罚只是一种辅助手段，预防犯罪或消灭犯罪的任务更主要的是通过社会各领域或部门的综合治理等一系列措施和手段来完成的。在完成这个任务的过程中，每一个环节、每一种手段都发挥着自己的不同作用，追求着更直接更具体的目的。同样，刑法也是通过其特有的作用和具体方式来完成预防和消灭犯罪的根本任务的。与此相适应，它应当有自己特殊的目的，而预防犯罪和消灭犯罪并非是特殊的目的。第三，预防犯罪、消灭犯罪仅仅指出了我国运用刑法同犯罪作斗争的根本方向，但若作为刑罚目的的内容则失之抽象和空泛，无法指导适用刑罚的实践活动，不仅影响实现刑罚目的手段的确定性，而且会造成在某些情况下可能以服从目的为理由而不择手段或者放弃某种手段，这反而会破坏预防犯罪、消灭犯罪这一目的的实现。第四，根据刑法本身的职能和马克思主义的刑法理论，与我国刑法规定的刑法任务相适应，刑罚的根本目的应提为"预防犯罪、保卫社会"，这较之预防犯罪、消灭犯罪更科学更能反映出刑罚本身的性质和职能。

认为惩罚不是我国刑罚目的的学者认为，惩罚只是达到预防犯罪这一刑罚目的的手段，是刑罚的固有属性，不能把刑罚的目的同刑罚的手段和属性混为一谈。如果把刑罚作为刑罚目的，必将在理论和实践上造成一系列不利后果。其一，国家适用刑法的活动实际上是国家惩罚犯罪人，威慑社会上不稳定分子的过程。惩罚、威慑、教育、改造等具体内容有机地组成了国家适用刑罚活动的整体，抽掉了这些内容，国家适用刑法的活动也就不复存在。如果将这些内容作为刑法的目的就等于将行为本身当作了行为目的。其二，国家对犯罪人适用刑法的过程之所以就是惩罚、改造犯罪人或威慑有犯罪倾向的不稳定分子的过程，就是因为刑法具有惩罚、改造、威慑的功能，通过发挥这些功能使犯罪人受到一定的痛苦或损失，感到犯罪是得不偿失，从而警戒社会上的不稳定分子。因此，刑罚的惩罚、改造或威慑功能是实现刑罚目的的前提和基础，并非刑罚预防犯罪的目的，将实现刑罚目的的前提条件视为目的本身是不足取的。其三，将惩罚作为刑罚的目的在实践中可能导致重刑主义，不利于罪行相适应、刑罚人道主义等原则的贯彻。其四，把惩罚作为刑罚的目的，直接违背我国刑法的规定。我国刑法中规定的时效制度、缓刑、假释与自首等制度，都是对惩罚目的的否定。

刑法学界关于刑罚目的的争论表明，我国刑法学者已经越来越重视刑事法制建设价值取向问题，而刑事法制价值取向的问题显然必须与近代以来刑事法制发展的价值取向的趋势相适应，也必须与我国刑事立法的有关规定相一致。而重刑化思潮以及它在立法上、司法上和学理表述上的种种表现，同我国刑法有关规定以及同近代以来刑事法制价值取向的发展趋势相背道而驰。

三

有人会提出重刑化思潮和"从重从快"打击严重刑事犯罪的方针是相吻合的。这是一种误解，既是对"从重从快"方针的曲解，也是对重刑化思潮认识错误的表现。

最近召开的全国社会治安工作会议指出，要认真开展治安排查活动，要做到发现早、解决快，坚决打击，决不手软。一要坚持依法从重从快原则；二要坚持"稳、准、狠"。

这里有两条重要的原则,一是依法,二是"稳、准、狠"。"从重从快"不是跃出法律的规定,"稳、准、狠"本身就是法律的要求,而重刑化却是超越法律的有关规定,显然不是依法"从重从快",而是违法的司法操作;重刑化不是"稳、准、狠",重刑化的结果只能是"不稳、不准、不狠"。在这次会议上,江泽民总书记谈到坚持人民民主专政问题时指出:"发展社会主义民主,必须与加强社会主义法制结合起来,坚持'依法治国'方略,促进社会主义民主的制度化、法律化,有法必依,执法必严,违法必究,同时把依法治国同'以德治国'结合起来,以保证国家各项工作都有秩序地进行,保障良好的经济和社会秩序,保障广大人民群众的公民权利和合法权益。"①

我们中国人民在20世纪前五十年,推翻了三座大山;在20世纪后五十年中通过改革开放取得了社会主义建设的伟大成就。那么21世纪前五十年中国人民最伟大的任务是什么呢?我认为就是"依法治国,建设社会主义法治国家"。如果我们能够在21世纪前五十年建成社会主义法治国家,那么我们就不但搞好了社会主义物质文明建设,而且搞好了社会主义精神文明建设,同时把民主政治建设大大地向前推进一步,使得我们社会主义国家在社会主义法治的大道上永远前进。也就是说,无论从哪一方面来看,我们都必须严格地遵循建设社会主义法治国家的伟大目标,必须严格地按照宪法和法律的规定做我们所需要做的事和应该做的事,其中包括对刑事犯罪分子的打击。这种打击必须依法进行,尤其在贯彻"从重从快"的打击严重刑事犯罪斗争当中,更不能越出法律的规定,更不能放纵重刑化思潮的泛滥。我们必须汲取我国历史上长期存在的封建主义、重刑主义的教训,也必须认真吸取新中国成立以后政治运动扩大化,结果打击了无辜的历史教训。

简而言之,重刑化与当前所要贯彻的"从重从快"严厉打击严重刑事犯罪分子的方针(这是一个长期的方针),二者有根本的区别。其区别就在于重刑化是一种非法的行为,"从重从快"是要依法而行。

在论及重刑化与"从重从快"两者的区别的时候,我们还应该注意到以下几个问题:第一,打击犯罪活动的全盘与个别关系的问题。毫无疑问必须打击一切违法犯罪的活动,但是在对待各种犯罪活动的时候应当有一般与个别的区别。例如,全国社会治安工作会议所指出的要重点打击的三类犯罪是有组织犯罪、带黑社会性质的团伙犯罪和流氓恶势力犯罪;爆炸、杀人、抢劫、绑架等严重暴力犯罪;盗窃等严重影响群众安全的多发型犯罪。显然,"严打"各种刑事犯罪活动,矛头所指是严重刑事犯罪活动,而不是严打一切犯罪活动。不注意这个区别就可能使"从重从快"的方针发生偏差,这种偏差可能表现为:一是不能突出重点,二是扩大打击面,三是重刑化思潮抬头。第二,要注意区别犯罪的个人责任与社会责任。长期以来,我们往往只注意犯罪的个人责任,而忘却或者忽略了,或者漠视了犯罪的社会责任问题。这种忽略或者漠视犯罪的社会责任而只追究犯罪的个人责

---

① 新华社北京4月3日电:《全国社会治安工作在京举行》,见2001年4月4日各大报。

任，正是导致重刑化思潮泛滥的一个重要原因。人生长活动在社会当中，人格是在社会中形成的，无时无地不受周围环境多方面的制约，不以个人意志为转移，因此，犯罪分子的犯罪活动是有其社会原因的，社会也应承担一定的责任。这并不是说不去追究罪犯的个人责任，而是要正确认识犯罪者的个人责任和犯罪活动社会责任的关系问题。第三，要处理好惩罚与教育的关系。惩罚并不是目的，教育、改造犯罪分子成为新人才是我们的目的，惩罚本身就是为了教育，不但教育罪犯本人，而且教育其家属，教育社会上所有的人。只有把惩罚和教育的关系处理好才能够达到预防犯罪的目的，否则也容易导致重刑化思潮的抬头和泛滥。

中国是一个有重刑主义传统的国家，长期的封建主义社会中，统治阶级实行的是重刑主义。尽管封建制度被推翻了，但是它的影响仍然存在着。在新中国成立以后，这种重刑主义在我们的刑事政策当中，甚至于在立法当中以及在历次政治运动当中都有所表现。因此，吸取以往的教训，认真与重刑主义这种封建主义的残余法律文化传统作斗争，防止重刑化思潮的泛滥是十分重要的。

法理学研究的多元视野*

20世纪80年代以来,以"法理学"为核心词的专著与教材,出版有约一百部左右。稍微浏览,不难发现其几近雷同的面孔,从框架到内容可说是千篇一律。影响所及,研究法理学的理论工作者以及政法院校的研究生往往慨叹法理学业已"山重水复疑无路"了。

有鉴于此,拓展法理学的研究视野,跳出"螺蛳壳"去做"道场",实在是当前发展法理学之急务。笔者以为,法理学的研究,不应定格于旧有的模式——法的定义、性质、特点等。其实法理在法律文化的一切方面都是无所不在的,研而究之,详析其理,以至有所创新,真是"柳暗花明又一村",广阔天地大有作为。这里仅择数端,以鉴法理学研究视野大可多元化之一斑。

一、研究对象之多元化

法理学界之将法理学研究对象定位于法律现象的共性诚然是不错的,问题在于从未有人深究法律现象的内涵与外延。实际上在许多研究者那里,所谓法律现象是一个似乎相当清晰,但实际上又相当模糊的概念。这使我想起彼得·斯坦和约翰·香德所写《西方社会的法律价值》一书[①]所描绘的大部分英国人想象中的法律。他们写到大部分英国人想象中的法律呈现出千奇百怪的景象:头戴蓝盔的警察管理公共交通和处理公共场合的纠纷;议员们对某些立法文件进行争论,直到擦得光亮的大笨钟宣告休会时间已到;头戴假发、身着长袍、面无表情的法官刻板无味地宣布某个被告做了不应做的事情;或一副猫头鹰架势的律师透过厚厚的眼镜片,从四面镶着黑色发蓝纸护板的桌子上四下张望。所有这些,在某些程度上"体现着法律"。我们的一些法理学工作者对所谓法律现象的看法也许与大

---

* 原载《上海法学研究》2001年第6期。
① [英]彼得·斯坦、约翰·香德:《西方社会的法律价值》,王献平译,郑成思校,中国人民公安大学出版社1990年版。

部分英国人想象中的法律同样是模糊的。这就影响了他们对法理学研究视野的开拓,于是人云亦云之作就大行其道。

在我看来,法理学研究对象之明晰化与多元化是开拓法理学研究多元视野的首要问题。

法律现象是一个涵盖面非常广泛的概念,它与我多次说过的法律文化可以画上等号。我认为法律文化至少包含这样五个方面:

第一,制度法律文化,包括法律、法律制度、法律原则、法律体系、法系、法律概念、法律判断、法律推理,等等。但是在现在的法理学和比较法学的研究者中,大部分人只看到法律制度和法系这两个方面,其他方面则很少有人涉足。

第二,行为法律文化,包括立法行为、司法行为、执法行为、守法行为、违法或犯罪行为、法学教学、法学研究和法制宣传,等等。

第三,心态法律文化,包括法律意识、法制观念、法律学说、法律思潮,等等。

第四,物态法律文化,包括监狱、法庭、刑具、法律图书馆、法律出版物,等等。

第五,主体法律文化,包括立法者、司法者、执法者、守法和违法犯罪者,以及一切权利义务关系人,包括法人和自然人。

以上五者我称之为本体法律文化。除此以外还有存体法律文化,包括政治法律文化、经济法律文化、道德法律文化、哲学法律文化、思潮法律文化、科技法律文化、宗教法律文化、语言法律文化、心理法律文化,等等。由本体法律文化和存体法律文化构成的所有这一切就是我所指的法律文化全部外延。它大致相当于模模糊糊存在于一些人头脑里的法律现象这个概念。如果我们的法理学工作者不是把法律现象作为一个模糊概念加以研究来阐述所谓法理学,而是将法律现象的内涵和外延加以揭示,如揭示出整个法律文化的全部外延分别加以研究,那么我们的法理学视野就要开阔得多了。

刘武俊先生在《法理学的司法视域》[①]一文中指出:"将司法审判的过程及其'产品'纳入法理学的研究视域,不单纯是为了满足司法实践的法理期待,为审判活动提供一种思维方式,同时也是基于提升法理学的实践品格和问题意识,彰显法理学的现实关怀和更新法理学的研究方法等学科建设方面的需要。"在文章中,刘武俊还引述了著名美国学者德沃金在其名著《法律帝国》一书中对法理学与司法实践的互动关系的一些看法。在德沃金看来,"任何实际的法律论证,不论其内容多么具体和有限,都采用法理学所提供的一种抽象基础","任何法官的意见本身就是法哲学的一个片段……法理学是判决的一般组成部分,亦即任何依法判决的无声开场白"。刘武俊先生以及他所引的德沃金的上述观点,对我们进一步开拓法理学的司法视野是很有启发性的。从这里我们可以知道,不仅司法实践为法理学研究的对象打开了新的思路,而且同样立法、执法、守法以及违法犯罪都有一系列的法理学问题值得研究。非常遗憾的是,在中国立法过程的许多资料还没有充分地公

---

① 《上海法学研究》2001年第5期。

开，给法理学对立法领域的研究造成了很大的困难。至于守法领域包括违法犯罪领域中的一系列法理学问题，现在还很少有人做法理学的实证研究。如果我们把法理学研究的对象扩展至行为法律文化的各个领域，仅此一端就可以使法理学繁花似锦、万紫千红了。以上是法理学对象多元化问题。

二、法理学研究角度的多样化

我们知道法既有惩戒功能，又有组织功能，还有激励功能。但是古往今来的法理学对法的研究，到目前为止还几乎只限于对法的组织功能和惩戒功能的研究，很少涉及法的激励功能。美国斯坦福大学教授弗里德曼在《法律制度》一书中指出："法学对奖赏研究很少。"[1] 我在近年来发表的大约六篇文章中也一再指出，对法的激励功能的研究，应该成为法理学的一个重要角度。在这一方面还有一些认识上的分歧。有的学者认为激励不是法的功能，没有所谓激励法，对法的激励功能的研究也不可能形成一门学科。但是客观事实是，古往今来的法律当中有很多激励条文。尤其是现在，当科学技术大步往前发展的时候，法的激励功能就越来越显示出它的极端重要性。专利法、著作权法可以说是整体上的激励法。还有很多法律法规的名称中都直接标示了它的整体的激励性。如我们中国的自然科学奖励法等，都是单行的激励法规。闭眼不看这些事实，否定激励法的存在，显然是站不住脚的。不仅如此，我们还可以在民法、行政法，甚至在刑法中找到带激励性的条文。例如刑法规定，自首可以从轻，这就是要激励犯罪分子去自首，而如果去自首的话，他就可以按照法律规定得到从轻从宽的处理，这就是法的激励功能在起作用。还有人事法规、监狱法规当中也有大量的激励性条款。所有这些都是无可否认的事实。在我们中国的刑事政策当中还有一条叫"坦白从宽，抗拒从严"，这"坦白从宽"同自首从宽是两回事，但是从激励这个角度来看是有它的相似性的。所以，拓展我们的法理学的研究角度，从法的惩戒功能、组织功能发展到法的激励功能，也将大大地拓展法理学的研究范围，也可以使法理学的研究不再千篇一律，不再雷同。

法理学的研究角度当然不仅仅只限于惩戒功能、组织功能或激励功能这些角度，还可以从法的价值、法的构成、法律理念、法和经济的关系、法和政治的关系、法和政策的关系，法和道德、和宗教、和社会思潮、和科学技术发展的关系，总之可以从不同的角度对法的现象或者讲对法律文化做多元化的研究。这些研究的充分展开当然可以使我们的法理学研究变得更加丰富多彩。

以上所说大多还是从对法律制度做静态研究的角度来考虑的，即使是对立法行为、司法行为以及执法、守法行为的研究，也是把这些行为定格在某一个横截面上进行研究的，

---

[1] [美] 劳伦斯·M. 弗里德曼：《法律制度》，李琼英、林欣译，中国政法大学出版社1994年版，第93页。

那还只是静态的研究。其实对法律现象还可以做动态的研究：无论是法律制度、法律体系，还是法律概念、法律判断、法律原则，还是立法行为、司法行为、执法行为、守法行为等等，总而言之法律现象的一切方面都永远不是停止在一个水平上，停止在一个层次上，停止在一种模式上，它是随着社会生活不断变化而变化的。社会是一个大系统，法律只是这个大系统中的一个子系统，无论是社会这个大系统，或者法律这个子系统，或者法律或社会生活方方面面的关系，都是不停地永恒地在运动着的，哪一天停止了，它就不再具有生命力。对法的静态研究只是我们把动态的发展着的法律现象在思维当中抽象出来进行，而实际生活中的法律现象是不断发展变化的。因此，对法的动态的研究将会使得法理学展现更丰富的内容，从法的静态研究或法的动态研究之两个不同的角度展开，也可以说是法理学研究中的角度的多样化。刘武俊先生在《法理学的司法视域》中指出："在我看来，中国法理学在关注法概念的梳理、法律体系的建构，关注法与市场经济、民主政治、精神文明、廉政建设等主流意识形态命题关系的同时，也应当关注'运行中的法'，尤其是'法庭中的法'。"这个意见和我们讲的要对法进行动态研究是不谋而合的。现在已经有越来越多的法理学工作者逐渐认识到对法做动态研究的重要性。我们相信，只要大家共同努力，法理学的动态发展，对法做动态研究的一门法学即我称之为"动态法学"的科学一定会脱颖而出。

三、研究方法的多元化

法理学的拓展在很大的程度上要取决于研究方法的多元化，古往今来在法理学研究方面，使用的方法最普遍的是演绎法、归纳法和比较方法。这三类研究方法在今天仍然是主要的研究方法。

中国人擅长于演绎思维，因此演绎法是运用得最为普遍的。演绎法的优点是：从一个人所共知的大前提可以推出一系列新的结论，因此也就得到了新的认识。它的缺点是：如果大前提错误，推出的结论就必定错误。当然，如果大前提正确，小前提错误，结论也仍然是错误的。演绎推理的另一个致命弱点是：它能够提供的新知识并不多。因为演绎推理的结论所提供的知识是包含在大前提或者小前提之中的。正因如此，周谷城先生曾经强调逻辑推不出真理。当然这个问题仍然可以讨论，但是演绎推理的结论所提供的知识包括在大前提或者小前提之中，这是毫无疑义的。改革开放以来，我们的许多法理学工作者拓开了视野，看到了国外法理学界一系列新的研究成果，给了自己很好的启示并著以为文，这当然无可非议。但是也有一些同志把别人研究的结论加以全盘的接受，并由此进行各种各样的推理，企图以这种推理的结论用来指导中国的法制建设，我觉得这是值得讨论的。因为从西方国家法律实践总结出来的一些理论未必能够指导中国法制建设的实践。中国法制建设的理论指导，主要应当依靠中国学者从中国法律实践中总结出的经验加以指导。当然，这并不是完全否定西方国家法理学界的研究成果。恰恰相反，西方国家的法学工作者由于擅长归纳法，所以他们非常注意实证研究，他们做了大量的调查，从法律实践当中归纳推理出一系列最有新意的法理学原理，这些原理我们应该加以认真的学习、研究和借鉴。在西方社会科学发展的归纳推理的传统基础上，哲学家培根对归纳推理又做了精深的研究，它所倡导的归纳法在 17 世纪以来，对西方学术的发展，包括对西方法理学的发展，起了极其重要的方法论的指导作用。在这一方面我们中国的学者应该很好的学习。关于归纳推理和演绎推理的优长劣短，逻辑学工作者已经做出了全面的评价。这里我想提一下鲁迅先生对演绎和归纳推理作用的非常精辟的认识结论。他说：内籀和外籀（也就是归纳和演绎方法）"二术并用，真理始昭"。① 我们不能把演绎或者归纳捧到天上去而贬低另一种方法，最好的办法就是像鲁迅先生所说的那样，把演绎法和归纳法结合起来，"二术并用"，使得法理学的真理昭然天下。

现在比较方法已经普遍地为法理学工作者所使用。诚如有人所说的那样，"比较是医治受骗的良方"（鲁迅语），只有通过比较才能够对这种理论或者那种理论的优长劣短得出结论来。曾经有日本学者对我说，外国法学的理论水平比中国的高，我问他何以见得？他说："外国学者的著作中，注解是大量的，但是中国的著作很少有注解。"他所说的有一定的道理，如果仔细分析一下一些广有影响的法理学著作，的确有大量的注解。这些注解说明作者看了大量的资料，而且对这些资料进行仔细的比较，从比较中找出差异，然后发表自己的比较独特的看法。关于在文章当中要有注解，这一点已经在国内学者中引起了注意。但是我看到了另一种很不好的现象，就是为注解而注解，为引文而引文。也就是说引用别人的话、使用注解走了形式主义。比较是要比较出新意来，随随便便的引用并没有起到实际的比较作用，那么这种引用纯粹是形式上的，没有实际意义，也不可能比较出什么真理性的认识来。

演绎、归纳、比较，这些方法都可以概括为定性分析的方法，因此，也就可以推导出还应该有定量分析的方法。法的定量分析是非常重要的，客观世界不存在没有质的事物，也不存在没有量的事物。任何事物都是质和量的统一。社会的法律现象、法学的研究对象，同样存在着质和量两个方面，是质和量的对立统一体。以往对法的研究基本上是对其质的方面做定性分析，应用逻辑推理的方法，演绎、归纳或者类比推论出新的结论，这种定性的分析是必要的，否则我们的认识会只停留在感性的直观上，不能实现理性的飞跃。但是定性分析有它的弱点，它的概括性往往与模糊性并存，它的抽象性往往脱离具体性，同时定性分析是很难运用现代科学研究手段，如电子计算机等。马克思曾经认为，一种科学只有成功地运用了数学之后才算达到了完善的地步。② 数学是从量的角度描述客观事物，

---

① 《科学史教篇》，《鲁迅全集》第 1 卷。
② [法] 拉法格等：《回忆马克思恩格斯》，人民出版社 1959 年版，第 72—73 页。

揭示客观规律的工具。科学方法论告诉我们，可以用数学量代表各种作用量，用数学量之间的关系刻画各种作用量之间的关系；用数学量及其关系组成的方程来描述客观世界的各种关系、各种规律，不仅可以描述客观对象的静态结构，而且可以描述它的动态过程；不仅可以描述它的渐变，而且可以描述它的突变；不仅可以描述简单系统，而且可以描述复杂系统。用数学来描述刻画客观事物及其规律具有符号形式化、精确数量化和概括公式化的特点和优点，从而使计算机应用成为可能。用数量方法进行定量分析，将日益取得科学研究的主导地位。现在应用数学方法进行定量分析在经济计划的制定、现代化企业的管理、人口发展规划、产品质量控制、城市交通管理等方面已经取得了很大的成功。相形之下，法学在这方面落后了。钱学森同志曾经建议，建立我国的数量法学，这是自然科学家对社会科学界的期望，法学界无疑应当积极响应，并且由此及彼使整个法学研究的定量化大大向前推进。法的量是法的规模、发展程度、发展速度、法的各种构成成分在量度上可用数量表示的规定性。法的量与法的存在不是直接统一的，不同的法的质决定了法的不同，但不同的法的量却可能与法的质是否同类无关。法的量的规定性是多方面的，不仅表现在立法的数量上，也不仅表现在法条的多寡上，许多法条规定的时间界限、定罪界限、量刑界限、处罚界限，许多法律概念固定的种种数量含义等也是法的量的体现。立法上如此，司法上也是如此，司法统计学、犯罪统计学的深化，就在于法的量的研究的深化。法的定量分析离开法的量的规定性就无从谈起，因此，研究法的量同研究法的质是同样重要的。事物的量变质变规律告诉我们，量变达到一定程度就会引起质变，因此，研究法的量还是研究法的质的一个重要途径和重要方面。法的度是法保持其质的数量界限，因此，为了保证法的质就必须研究法的度，而为了研究法的度，掌握法的度，又必须研究与掌握法的量。这样，法的定量分析就成了一身而二任的重要研究方法。法的定量分析的上述理论意义，对于法制建设、对于法理学研究的拓展，其作用是不言自明的，为着拓展法理学研究，为着法制建设，都应当高度重视法的定量分析。

综上所述，法理学的研究从研究对象、研究角度和研究方法上，都可以开拓新的视野，展现新的领域，使得法理学的研究更加丰富多彩，更加深刻精辟。法理学研究多元视野的探讨将为法理学视野的创新开辟道路。我希望在这一方面有更多的法理学工作者和其他法学工作者参与讨论，共同提高，为繁荣中国的法理学，为在21世纪的前五十年建成社会主义法治国家而做出自己应有的贡献。

法律的主体与法律的主人[*]

"法律的主体"与"法律的主人",是两个互有联系但又互不相同的概念;区分这两个概念,不仅对守法理论的研究有重要的意义,而且对我国社会主义法治国家建设也有重要的意义。

一

人们往往混淆互用"法律的主体"与"法律的主人"这两个不同的概念,尤其是在强调公民在法律事务中的主体性时。

诚然,谈及公民在法律事务中的主体性时,往往也会强调作为主体的公民的权利以至权力,似乎因此也就成了法律的主人了。但"疑似之迹,不可不察"。法律的主体(或法律上的主体,法律主体),指的是法律关系上的某种地位。在民事法律关系中,发生民事交往的双方(或多方)都是法律的主体;在刑事法律关系中,处于加害与被害地位上的双方都是法律的主体;在行政法律关系中,领导者与被领导者都是法律的主体;在发生诉讼的情况下,原告与被告双方都是法律的主体,如此等等。所有这些民事法律上的、刑事法律上的、行政法律上的以及诉讼法律上的主体,一不参加有关法律的立法;二会因法律关系的灭失而不再是有关法律关系上的主体;三可能会由于进入某种法律关系而在成为该法律关系主体的同时,受法律的制裁。后者如刑事法律关系之主体中,有的时候是加害者,要受刑事处罚,重者可处极刑。

法律的主人与法律的主体不相同。第一,既是法律的主人,法律必反映其意志,代表其根本利益;因此,第二,法律的主人必参与或委派代表从事法律的制订、修改、废止即立法工作;第三,即使万千种具体的法律关系灭失了,作为法律的主人地位仍然不变、仍

---

[*] 原载《人文杂志》2002年第2期(总第136期)。

然存在，直至按自己的利益与意志废止该法；第四，在个别的法律的主人进入具体法律关系，因而同时具备法律的主体资格时，仍然可能因为违法犯罪而受惩处，但其时他实际上已违背法律的主人的整体意志、整体利益而自动丧失了法律的主人的属性了。也就是说，由于他的行为触犯了法律，他丧失了法律的主人的资格。在这里，法律的主人与法律的主体的界限，仍然是了然分明的。

在剥削阶级占统治地位的社会里，广大劳动人民不可能成为法律的主人，但却总是法律的主体。这里的法律的主体有显性与隐性之分。在具体的法律关系中，表现为显性的法律的主体，如在某一刑事法律关系中，某人为原告或者被告，这就是显性的法律的主体。在非具体的法律关系中，如奴隶社会里奴隶主和自由民的关系，奴隶主和奴隶的关系，自由民和奴隶的关系以及奴隶和奴隶的关系等，奴隶制法的种种条文实质上都规定了有关各方的地位、权利、义务，因而使其各个成为法律的主体；但又因其未进入具体的法律关系，表现为隐性的法律的主体。

有两种因素使劳动人民有可能成为法律的主人。一种因素是，当社会制度处于转型时期，如奴隶制社会向封建社会过渡，封建社会向资本主义社会过渡。其时，奴隶阶级（农民阶级）往往成为封建地主阶级（资产阶级）的临时的同盟军，因而后者不得不"委屈求全"、暂时妥协，在立法时"照顾"前者的利益。正因如此，才有封建王朝初年的"盛世"景象，如汉代的"文景之治"、唐初的"贞观之治"和隋初的"开皇之治"。但是往往好景不长。统治阶级牢固掌握政权之后，便不再顾忌昔日的同盟者的意愿了，它会抛弃同盟军，露出剥削、压迫者的凶恶真面目，加紧镇压。这时，劳动人民的暂时的法律主人地位便会荡然扫尽。另一种因素是，在社会发展过程中，劳动人民不断反抗斗争，迫使统治阶级做出一定程度的妥协与让步，从而使法律或法律条文在一定程度上兼顾了劳动人民的利益，就使得他们局部地成了法律的主人。

二

区分法律的主人与法律的主体这两个不同的概念，对守法理论的研究，有重要的意义。

法学对立法、司法、执法以及不守法——违法、犯罪的研究，硕果累累，车载斗量，但对守法问题却极少研究。这不能不说是法学研究的一大缺憾。

当然，也有少量议及守法的文字，但不是宣传性地号召守法，就是只谈"守"而不谈"法"。我以为，这是很危险的。

"盲人骑瞎马，夜半临深池。"走当然是在走，都是走向死亡。如果是反人民的"法"，何必要"守"？两千多年前的屈原就愤愤地说过："瞻前而顾后兮，相观民之计极。夫孰非义而可用兮？孰非善而可服兮？"他是很懂得"非义"而不"可用"、"非善"而不"可服"的道理的。既然如此，"非义"、"非善"的反人民的"法"，人民自可不必去死"守"。

托马斯·阿奎那曾这样说过:"……在自然的作用中,高级的东西必然依靠上帝赋予它们的卓越的自然力来推动低级的东西。所以,在人类的事务中,地位较高的人必须依靠上帝所规定的权能来向地位较低的人贯彻自己的主张。可是,贯彻自己的见解和主张跟命令是同一回事。所以,像在上帝所建立的秩序中,低级的东西必须始终服从高级的东西的指示一样,在人类事务中,低级的人也必须按照自然法和神法所建立的秩序,服从地位比他们高的人。"① 在托马斯·阿奎那这个基督教神学法哲学家那里,只有"地位较高的人"才是法律的主人;而"地位较低的人"只有服从"主人"的义务,他们只是在法律关系上的遵守自然法与神法的主体。这是托马斯·阿奎那的"神法守法论"所"守"者为"神法",对"神法"要死"守"。

但是,托马斯·阿奎那所要求死"守"的只是"上帝的法"、"神法",至于世俗的法,那么他还有另一套守法论,我姑且称之为"王法守法论"。他说:"人不得不按照正义的正常状态所要求的程度服从世俗的君主。因此,如果这种君主没有行使权力的正当权利,而是曾经篡夺了这种权利,或者他们命令人们做出不法的行为,他们的臣民就没有必要服从他们;也许有一些特殊的情况是例外……"② 按照这一"王法守法论",当君王的"法"为"非义"、"非善"之"法"时,"他们的臣民就没有必要服从他们",妙哉,阿奎那!虽然他的守法论很不彻底,在"神法"面前,他要人们俯首帖耳、顶礼膜拜、力行死守;但他毕竟给人启示:非法之"法"是不必死"守"的。毫无疑问,这比一谈"守法",就只谈"守"而不谈"法"要高明得多。

窃以为,举凡反人民的、反社会的、违背客观的经济发展规律的一切法律,不但不能守、不必守,而且要动员人民的力量,摧毁之,扫除之,荡涤之。这是议论"守法"问题时,首先必须强调的一点。而这,与区分"法律的主人"与"法律的主体"的概念,是紧密相关的。作为法律的主人,可以行使自己至高无上的权力,按照自己的意志,或遵守之,或修改之,或废除之。至于法律的主体,就只能是被动的了,只要进入具体的法律关系,你就必须在法律的规范下行动,只能是守法,不可能有其他的举措,否则便受法律的制裁或加重制裁。

区分法律的主人与法律的主体这两个不同的概念,对采取何种态度去守法,同样有密切的关系。

同是守法,态度有积极与消极之分。

所谓"消极守法",是指以不犯法为守法。

诚然,不犯法确是守法,但它仅仅是消极守法。

消极守法者,虽为守法的主体——法律的主体,却非法律的主人。纯然的"守法的主

---

① [意]《阿奎那政治著作选》,商务印书馆1963年版,第146、148页。
② 同上。

体",实际上把自己置身于法律的对立面。一切法律的主体,实际上都处于法律对立物的地位。对于这样的主体来说,之所以要遵守法律,是因为法律有它的强制性。因此,这种守法是被动的守法,既不会有守法的积极性,也不会有守法的主动性,更不会有守法的创造性。

所谓"积极守法",是指以法律的主人的姿态,自觉地、主动地、创造性地按照法律的规定,在法律的激励下,去做一切有利于法治、有利于社会公益的事。

积极守法者既是法律的主人,又是守法的主体。对积极守法者来说,法律不是外在于自我的利益与意志的对立物,遵守法律不是由于它具有强制性。

《政法论坛》曾发表廖满堂先生的一篇文章,题为《关于法的内化的几个问题》[1],很有哲理性。他指出,一个个具体的法律规范,在还未付诸实施时,还不过是法的外化的表现;只有当法变成社会成员内心的信念和行为准则从而付诸实施时,法才达到它的内化层次。他认为,法的内化对于人来说,有自我的内化和非自我的内化这两种形式。因强制而内化,是非自我的内化;因自觉而内化,则为自我的内化。积极守法者由于自觉为法律的主人,实现着法的自我内化;消极守法者由于站在法律的对立面,只能实现法的非自我的内化。

积极守法者的特点是守法的自觉性、主动性和创造性。

守法的自觉性,源于对人民法律反映人民的利益和意志的认同。法律中的禁止性规范无疑是对人的行为的一种约束,但这种约束是有利于人的其他活动的自由开展的。例如,禁止在公共场所大声喧哗,禁止酒后开车、卖淫、倒卖票证等。这些当然是对人的行为的约束与限制,但这些约束与限制无疑有利于公共秩序的维持、公共安全的保障、公共道德的遵守、公共利益的保证。在一个社会群体中生活,只有当整体利益得到保证时,个体的利益才有可能存在、保护与发展。因此,上述种种禁止性规范,对积极守法者来说,是"江河行地,日月经天",理所当然应予自觉遵守。

守法的主动性,源于以人民法律捍卫人民利益并发展人民利益的迫切需求。我国法学界有人认为可以把法律规范分为制裁性规范和奖励性规范两大类,前者由假定、处理、制裁三要素构成,后者由假定、处理、奖励三要素构成。[2] 这较之传统法学的假定、处理、制裁三要素说有了创新。守法的主动性,如从传统的三要素看,不可能存在。而按两大类之分的新三要素看,就非存不可。由于法律中有一部分规范确实属于奖励性的,主动守法就既符合"法意",也符合守法者群体、个体的切身利益。在这里,法律所蕴含的利益与意志,和守法者的利益与意志,是统一的。

守法的创造性,同样建立在守法主体同时是法律的主人的基础上。对于法律的主人来

---

[1] 《政法论坛》1986年第4期。
[2] 江泌新:《传统法律规范争议》,《法学研究》1986年第3期。

说，他所要守之法，是"实有"法律与"应有"法律的统一体。法的概念有"实有"与"应有"之分。自然法哲学家以"上帝之法"为"应有"之法，但"上帝之法"是不存在的。空想社会主义法哲学家以"理想之法"为追求的目标，但现实（包括"实有"之法）都无情地粉碎了他们的梦想。社会主义社会的建立，必须顾及这个社会所由脱胎而来的旧社会的遗迹，必须脚踏实地、坚持不懈地清扫旧的基地；同时，社会主义本身就意味着不断地创新，不断向新的目标、新的理想奋进。因此，只有在社会主义法中，才能在确定"实有"法的同时，逐步地确认"应有"的法。这"应有"的法的部分，就是积极守法者发挥其创造性的广阔天地。

三

区分法律的主人与法律的主体这两个概念，对正在建设的中国社会主义法治国家的重要意义是显而易见的：如果人人都以法律的主人的姿态投入这一伟大事业中去，都能积极地、自觉地、主动地、创造性地守法，那么，我们就可以大大缩短"建设周期"，早日步入社会主义法治国家的境地；反之，如果社会成员的大多数都抱消极守法的态度，那么，它必将延宕"建设周期"。

毋庸讳言，我们的一些举措以及舆论的某些"导向"，都并不是有利于区分法律的主人与法律的主体，从而并不是有利于早日建成社会主义法治国家的。例如：

第一，在一些地方把法律宣传成了公民的对立物。"法网恢恢，疏而不漏"、"法律是无情的"等最为流行的说法，就是证明。

在一些法学工作者眼里，法律似乎是人类从地狱里唤出的折磨自己的魔鬼。这是一种似是而非、大错特错的观点。他们把剥削制社会后期异化了的法律，当成了人类发展史上的全部法律。其实，即使是奴隶制社会、封建社会和资本主义社会，在其前期，亦即当奴隶主阶级、地主阶级和资产阶级还是生气勃勃的革命者、先进者的时期[①]，法律维护的是新型的生产关系，有利于先进的社会制度的建立，有利于先进的社会秩序的形成。因此，其时的法律总体上是应予肯定、赞扬的，而不是相反。站在历史唯物主义的高度上，从人类历史发展的总体上看，法律史是人类解放自身的历史，是民主性、科学性、社会性逐步提高，逐步增强的历史。尤其是到了社会主义时代，在法律反映人民的意志，代表人民的利益的情况下，法律就更不是什么"无情"的东西了。对所有自觉守法的公民来说，法律是维权的法宝，是最可亲近的，最强有力的工具。

---

① 毛泽东曾说："历史上奴隶主阶级、封建地主阶级和资产阶级，在它们取得统治权力以前和取得统治权力以后的一段时间内，它们是生气勃勃的，是革命者，是先进者，是真老虎。"《毛泽东选集》第4卷《和美国记者安娜·路易斯·斯特朗的谈话》一文题注。

也许有人会说:"我说的是,对违法犯罪者来说法律是无情的。"我认为,这不是糊涂就是诡辩。其实法律对违法犯罪者来说,也不总是无情的:首先,法律本身有不少激励性条款,如刑法之规定"自首从轻"。其次。法律惩罚目的在于挽救失足者。使其不致再蹈必定会受更重惩罚的犯罪之地;而诸如死刑之类,"杀一可以儆百",也是对其他违法犯罪者之"有情"。同时,对所有守法公民来说,它是有力的保护。

总之,应站在法律的主人的立场上来看待、对待法律;只是站在法律的主体的立场上审视法律,是难免得出错误结论的。

第二,在一些地方的"普法"教育中,没有重视我国公民乃是我国法律的主人问题,实际上是按照法律的主体的概念相对待,因而收效不大。

我所了解的某单位,上刑法普及课时,经常听者寥寥。查问原因,回答几近千篇一律:"我又不犯罪,听了有什么用?"刑法、民法、行政法、诉讼法等,作为一种知识,当然掌握得多些未必是坏事,但更重要的不是用法律去警诫甚至恐吓普通公民,而是要灌输民主法制观念,养成法律的主人的意识,庶几才会有自觉、主动、创造性地守法的行动,才会有举国上下齐心协力的社会主义法治国家的共同建设。

行政程序公正：法的实然态与应然态[*]

在探讨"依法治国"基本方略的过程中，人们自然地把目光集中投向了程序的公正性问题，因为只有保持程序的公正才可能保证司法公正。但是，在实践中，孜孜以求、忠心耿耿于"依法治国"的法律实务工作者，关注的往往只是法定程序而忽略了正当法律程序。殊不知法定程序与正当法律程序并非同一概念。法，尤其是中国的社会主义法，是动态地发展着的，是不断地从实然态向其应然态演变的。唯其如此，才可能真正实现法治。本文拟就行政程序公正方面的法定程序与正当法律程序，结合法的实然态与应然态等法哲学问题略事论述，以见法定程序与正当法律程序关系之一斑。不当之处，敬祈指正。

一

法定程序与正当法律程序是两个不同的概念。法定程序可能是正当法律程序，也可能不是，或只有部分是。

美国罗斯福总统厉行新政的20世纪30年代，曾采取许多应急性立法措施来保证新政的推行。总体上看，这些立法措施是有利于应付经济危机因而有利于美国民众的整体利益与长远利益的；但是，与此同时，其中的一些立法措施在保证联邦行政机关紧急应变权的同时，疏忽了民众权利的保护，虽然实施时可谓"依法行政"，完全符合法定程序，却违反了正当法律程序的合理要求与宪法规定。[①] 有鉴于此，美国法学界在"二战"前后纷纷著书立说，探讨行政的正当法律程序，倡言制订行政程序法，终致美国政府于1946年制定、颁行了《联邦行政程序法》。该法被列为公法第404号，于1966年被编入《美国法典》

---

[*] 原载《上海法学研究》2002年第3期（总第122期）。

[①] 美国的法律传统十分重视通过正当法律程序控制行政权力，保护公民权利。其宪法修正案第五条和第十四条"正当法律程序"条款要求联邦和州的行政机关"未经正当的法律程序，不得剥夺任何人的生命、自由和财产"。

第五篇。

行政诉讼制度较发达的奥地利，早在1875年就由国会通过了《行政法院法》，设置了行政法院。该法第六条明确规定："行政法院应促使行政机关，于其作成行政处分时，遵守程序之重要形式。"但是此时奥地利还未制定统一的行政程序法，其行政程序所依据的是上级行政机关对下级行政机关职务命令中的少量有关行政手续的规定。由于这些行政命令是不同行政机关发布的，自然无体系可言，而且内容零乱、庞杂甚至存在互相抵牾之处。在实行中产生麻烦时，只好任由行政法院的法官做出解释，决定其合法与否或合法性程度。1904年奥地利总理委托法律专家完成的《有关内部行政改革的研究》报告指出："欠缺行政程序的明确规定，比行政组织上的欠缺，更令人感到痛切。有关程序法上的规定，片段不全地散见于多数法律与命令，其中，部分的概括、规定，部分地适用于个别之事实，此类法规，既不能使人一目了然，亦无统一性，其规定陈旧而含糊不清，不能符合行政目的的要求。尤其当事人在行政程序的地位与行政机关的决定生效的形式要件，均未明确规定。"这样，表面的符合法定程序，往往与正当法律程序相去甚远。

法定的行政程序尽管重要，但只是行政法定程序的实然态，而非它的应然态。行政法定程序的应然态，应符合正当法律程序的要求。行政执法的过程以及行政合法性的司法审查过程，自始至终都应注意行政法定程序的实然态与应然态的辩证关系，即既要依据法定程序执法或进行司法审查，又要自觉追求正当法律程序的贯彻。但这里明显存有矛盾，即遵守法定程序却未必符合正当法律程序的要求，追求正当法律程序却可能不尽符合既定的法定程序。

在解决这一矛盾问题时，英美法系国家较之大陆法系国家，有更为宽广的可能性空间。这是由于英美法系实行判例法制，行政执法固然只能依法定程序进行，而司法审查却因该法系实行判例法制，法官可以"造法"而使之符合正当法律程序的要求。只要司法审查通过，先期的行政执法即使偏离法定程序，却因为符合正当法律程序的要求，而被认为是科学、合理的，因而易于为公众所接受。大陆法系则不同，它比较严格，因而也就比较刻板地要求依法定程序执法或做司法审查。只要是符合法定程序的，就可经司法审查而认定其合法、有效。相反，即使符合正当法律程序的要求，但只要与法定程序相左，也有被审查裁决违法的危险。

但现代法治国家的共同要求是追求法的应然态。追求正当法律程序，就是当代各国追求法的应然态的具体表现。这一追求过程，体现了法的动态发展规律。

二

在人类社会的历史发展长途上，法的发展的总体趋势是不断地从法的实然态向应然态演进。这种演进，在相当长的历史时期里，在近代以前的奴隶制社会和封建制社会时期，是相当缓慢的。近代以来，这种演进变得迅速了。尤其是"二战"以后，随着民主潮流的蓬勃发展，这种演进更是加速了。

美国于1946年制定《联邦行政程序法》后，又于1966年制定了《情报自由法》，1974年制定了《隐私权法》，1976年制定了《阳光下的政府法》。这三部法律，由于对资讯（信息）公开、隐私保护以及行政透明程度的提高大大有利，更有助于实施正当法律程序，从而体现了美国法定行政程序之从实然态到应然态的跃进。

奥地利行政程序法之从实然态向应然态的演进，历经了一个漫长的过程。在这一过程中，奥地利的政治家和法学家起了重要的作用。"一战"前，就有奥地利国家议员指出："我们奥地利并无行政程序的规定或法规。此项程序沦于毫无规律的状态中，而由行政机关恣意决定。因此，应将司法的观念引入行政的领域，务必将有关保障人民权益的规范明确规定，以便行政机关适用。"法学家们则收集、整理、研究历年的判例，探讨行政程序法的理论基础，架构统一的行政程序法。其积极成果便是1925年经国会表决通过的《普通行政程序法》。该法于1932年、1948年、1949年做了重要的修改；奥地利政府还于1950年重新公布行政程序法；直至1991年，奥地利还对行政程序法做了重大修正，并在此基础上通过了现行的《普通行政程序法》。这一次次地修正，都是对实然态行政程序法的局部否定，都是向正当法律程序的演进。

应当承认，当今美国、英国、奥地利以及日本等发达国家的法定行政程序，比较接近于正当法律程序了。也就是说，这些国家初步完成了法定程序向正当法律程序的演进，初步完成了行政程序法的实然态向应然态的演进。但是法的实然态向应然态的演进是不应停止脚步的，它将绵绵亘亘，永无了日，长流不断，永无绝期。这是由以下几个因素决定的：首先，任何事物都"既是这一个，又不是这一个"。一切皆流，一切皆动。法的应然态的达成，使它变成了实然态。它是应然态与实然态的对立统一体。而从历时性来看，它的应然态的光环会与时俱生，仅仅留下了即时性的实然态，因而还得继续向新的应然态演进。其次，社会生活的无限繁复，是个体性的有限生命所永远不可能穷尽其全部复杂性的。因此，即使颁行了行政程序法，即使按正当法律程序的要求做了一次又一次的修正，还会在法律实践中发现新的问题、新的法律瑕疵，还须进行新的修正。再次，社会生活又是千变万化，不断运动，不断发展的。即使既成的问题"全部"被认识到了，并且已"全部"设（定）法（律）予以调节了，还会由于出现新的社会矛盾、新的社会现实而要求进一步修改法定程序，进一步向正当法律程序演进。最后，随着人权的被进一步重视，随着人们的民主意识的进一步提高，随着全社会的权利观念的增强和权利要求的进一步强化，连正当法律程序的"正当"标准也可能被修正，这就更加加重了不断从法定程序的实然态向应然态前进的任务。

那么，从现阶段来看，法定行政程序的应然态是怎样的呢？换句话说，正当法律程序的理想标准是怎样的呢？

三

邓浩军先生在《论司法审查的正当法律程序标准》一文[①]中指出，根据正当法律程序的应有内涵，它具有参与性、正统性、和平性、人道性及尊重个人的尊严、不侵犯个人隐私、协议性、公平性、理性和及时性等九项属性。该文还指出，正当法律程序的基本内容是：信息公开及阅览卷宗；听证；陈述意见。

应松年先生在其主编的《比较行政程序法》一书[②]中，比较分析了世界各国行政程序法典，认为已被明确规定为原则的有：行政合法性原则；平等原则、公正原则和效率原则；比例原则；参与原则和合作原则；明确性原则；信赖保护原则；禁止不当结合原则；善意原则、作出决定原则、无偿原则、诉讼司法机关原则；职权原则。该书还认为，能够称得上基本原则的只有行政程序的民主原则、公正原则和效率原则。其中，行政程序民主原则体现在行政公开原则和行政参与原则上；程序公正原则体现在不偏不倚、比例原则和信赖保护原则等几个具体方面。

这些分析与见解都是很可贵的。所需进一步指出的是：应明确认定现阶段的正当法律程序是什么。即从当前各国行政法定程序的实然态出发，它的应然态是什么。

详尽无遗地阐明正当法律程序的当前要求与标准，天衣无缝地指明法定行政程序的应然态，从个人的认识局限与事物发展的动态趋势这主观与客观两方面看，都是可望而不可即甚至不可即也不可望的。因此，我的研究意见，仅限于法定行政程序应然态的少数几个方面，而且，即使是这简单的几个方面，也有已经被一些国家提到议事日程上来，以至进入实际操作程序的。其主要者为以下几端：

第一，透明性原则或曰公开性原则。

这是正当法律程序的前提性与基础性要求。行政信息不公开，无论从参与行政（如参政议政）或监督行政以及对行政违法的抗争看，还是从行政程序不平等原则、公正原则看，都是不能容忍的。信息不对称不仅是经济生活的大敌，同样也是民主政治的大敌。只有规定并实施了透明、公开的原则，才能解决信息不对称所可能引发的种种弊端。可以断言，信息不对称，是行政不民主、行政乏效甚至失效的主要弊源。行政的透明、公开，被学者看成是"人民政府向人民负责的表现，本身又是调动人民积极性的重要因素。公开原则还是政府接受群众监督的必要条件和形式，对防止和纠正不正之风有时甚至是仙丹灵药"[③]。至于公开的范围、形式和应有的限制，已有不少文章论及，这里从略了。所应强调的是，

---

① 邓浩军：《论司法审查的正当法律程序标准》，《人民法院报》2002年1月19日。
② 应松年主编：《比较行政程序法》，中国法制出版社1999年版。
③ 应松年：《行政程序立法的几个问题》，《行政法学研究》1992年第4期。

透明性、公开性的程度,应动态地不断提高,除非发生了外敌入侵的特殊、紧急情况。

第二,参与性原则。

参与性原则是正当性法律程序的实质性要求。排拒参与,"万事皆空"。

参与性原则是指利害关系人参与行政决定做出过程并且影响决定的内容的权力。这种参与是实质性的而非名义性的。参与性原则的实行,不仅有利于科学合理的行政决定的做成,而且,也有利于参与人对行政决定的接受,还有利于降低行政成本。"……各方一旦能够参与到程序过程中来,就更可能接受裁判结果;尽管他可能对这一判决的内容并不同意,但他们更可能遵从它。"①

十分值得注意的是近邻日本轰轰烈烈的司法制度改革。这项改革肇源于20世纪60年代日本辩护士联合会之倡议司法民主化与审判参与等,结论于2001年6月12日由日本司法制度改革审议会发表的最终报告。该报告虽然不是专门针对行政程序的司法监督的,但它在"当事人主义"与公民的"司法参与"问题上所表达的参与性原则的意向,是很可为抉择正当行政法律程序借鉴以至移植的。据季卫东先生的介绍,日本司法界选择的"新型的当事人主义"倾向是:通过废除职业法官特权和律师的垄断诉讼业务特权等方式促使法官和律师尊重市场法则,承认当事人作为法律服务的顾客和消费者有权通过ADR②来选择纠纷解决方式、通过法律家一元制和司法参与制来选择审判主体以及通过交涉达成合意来选择案件处理的结果,与此相应,司法制度必须在质和量两方面满足当事人以及市民社会整体的从专业化到民主化的各种需求。关于公民的"司法参与",该报告要求在法定合议案件中导入公民"审判员"制度,其内容特征为:按照英美式陪审制的选任方式,从公民登记簿中随机抽取候选人,再按德法式参审制的决定方式,承认公民"审判员"享有与职业法官同等的地位和权限。其他的"司法参与"措施还有:导入医疗事故责任、知识产权等方面案件审理的专业委员制,扩充民事和家庭纠纷案件审理的调解委员、司法委员以及参与员制度等。③ 如果像日本这样,连刑事案件的审判都可"随机"选取公民以"审判员"身份参与,那么,行政执法及对行政执法合法性的司法审查,就毫无理由排拒公民的参与了。

参与性原则必然要求实施听证程序。听证程序的实施,可以强化行政行为的民主基础,强化公民的参与权。在听证过程中。当事人及其他公众可以充分表述自己的观点,进行辩论,当面寻求妥协的办法,从而使利益冲突有所消解,而行政机关的公信度也可因此提高。

参与性原则同时还要求行政机关自觉赋予行政相对人以充分的陈述意见的权力,这可避免行政机关做行政处分时的主观误断与专擅。

---

① 陈瑞华:《刑事审判原理论》,北京大学出版社1997年版,第63页。
② 即选择性纠纷解决方式。
③ 季卫东:《世纪之交日本司法改革述评》,《人民法院报》2001年11月5日。

第三，平等性原则。

不仅司法信息的公开、行政程序的参与应贯彻平等性原则，而且行政程序的每一必要组成因子、必要经历阶段都应贯彻此一原则，而不能厚此薄彼，尤其是不能厚官薄民、厚富薄贫。

葡萄牙在其《行政程序法》中有关于"平等原则"的专门规定："一、与个人建立关系时，公共行政当局应遵循平等原则，不得因被管理者的血统、性别、种族、语言、原居地、宗教、政治信仰或意识形态信仰、教育、经济状况、社会地位，而使之享有特权、受惠、受损害，或者剥夺其任何权利或免除其任何义务。"[1] 西班牙的《行政程序法》也规定："利害关系人在参与行政程序特别是参加听证程序的过程中，在任何情形下，进行审理的部门应采取必要的措施完全尊重反驳原则及利害关系人在程序中的平等原则。"[2] 美国的《联邦行政程序法》的立法精神，也体现了平等性原则的要求。[3] 美国《路易斯安那州行政程序法》第九百九十六条规定："除非法律另有规定，于证据或者程序有关的所有要求或者特惠，应当对每一机构和人平等地适用。"

曾有一度，资本主义国家宪法和法律条文中出现的任何"平等"字样，都被批判为"经济不平等基础上的平等是实质的不平等"，"因而是虚伪的平等"。不能笼统认定这一批判毫无合理的因素。诉讼是需要一定的经济实力加以支撑的。穷人状告富人，往往会因"打不起官司"而致一败涂地。正因如此，无产阶级和广大劳动人民不断开展斗争，争取民主、平等的权利。其斗争的成果，就体现在许多资本主义国家的法律对穷人的司法援助做了具体的规定，从而使"平等"有了切实的意义。如葡萄牙1992年的《行政程序法》第十一条就规定："一、无须为行政程序支付费用，但特别法规定需对该程序的某部分支付费用，或需交付行政当局所做之开支者除外；二、在能证明经济能力不足，或显示属法律规定的司法援助之列时，行政当局应全部或部分免除利害关系人支付上款所指的费用或开支。"

透明性（公开性）、参与性与平等性的原则的切实贯彻，是正当法律程序的最主要要求，是法定程序从实然态向应然态演进的根本指针。行政程序讼正，有赖于透明性（公开性）、参与性与平等性原则的具体化、实践化。当此大力实行依法治国方略之时，当此大力开展社会主义法治国家建设之际，无疑还应进一步探讨以上三原则的丰富内涵、广阔外延，庶几才会有行政程序公正之从实然态不断向应然态演进的可能，才会有法治建设"与时俱进"的前景。

---

[1] 葡萄牙1996年《行政程序法》第五条第一款。
[2] 西班牙1992年《行政程序法》第八十五条第三款。
[3] 美国《联邦行政程序法》第五百五十九条规定："除非法律另有规定，有关程序和证据的规定和豁免平等地适用于机关和公民个人。"

向法治"应然态"的大步迈进

——日本法学热点回眸一瞥*

　　明治维新起,日本一反传承千年的中华法系法律文化传统,引进了西方的法制文明,法学界也以研习阐发资产阶级法治原则、法制精神、法律法规为己任,大大开拓了学术视野。"二战"以后,美军占领当局进一步主导日本的民主化改革,英美法系的精华又滋润了日本法苑,大大推动了日本法学界全方位发展,并日益关注与日本国情相结合的法学事业的发展。这是日本法律现代化的两大阶段。历经一百余年的努力,毫无疑问,日本的法治国家建设、法制精神提高与法学研究成就,都蔚成大观,为世界各国所景仰翊赞。笔者在《科技法学导论》《新技术革命立法探讨》等著作中,也曾以相当的热情介绍、评价了这些成就。但是,十分显然,日本各界尤其是法学界,把上述一切看作仅仅是日本法治的"实然态",并孜孜以求向"应然态"大步迈进。在日本法学界和广大社会人士看来,日本近代以来的法制现代化过程中,虽然参照大陆法系的德国模式建立了各项法律制度并日趋完善健全,而且还在战后导入了美国式的民主政治精神,但是近代法治国家(Rechtsstaat)的基本架构未经改革,法官职业终身制一仍旧贯,民众、民意难以在立法、司法上得到反映。有鉴于此,20世纪80年代以来,日本法学界围绕司法改革进行了大胆的理论创新与制度创新,为日本法治之走近"应然态"做出了功不可没的贡献。

　　20世纪80年代迄今,笔者四次访问日本,对日本司法改革略有所知,现回眸一瞥、俯首零拾,介绍鳞爪,以飨读者。

一、司法制度改革审议会的建立

　　1999年7月,日本内阁之下设置了司法制度改革审议会,京都大学法学院宪法学教授佐藤幸治出任会长,其余十二名委员均为法学研究或司法实践方面声名卓著的人,其中包

---

* 原载《现代法学》2002年第5期。

括中坊公平等著名律师。

　　该会的建立，被视为日本司法制度改革的一个里程碑。在此之前，已走过了长长的一段路。早在20世纪60年代，日本辩护士（即律师）联合会即倡言司法改革。当时提出的改革要求和内容主要包括"司法民主化"、"审判参与"。"法律家一元化"和"扩充律师人数"等。其中，"审判参与"指陪审员（jurors）或者参审员（Schoffen，Lay assessors）介入诉讼案件的处断；"法律家一元化"指司法统一考试合格者首先应任律师，在执业若干年、积累了丰富的社会经验后，方可经选拔择优而担任法官。日本辩护士联合会以社会运动的方式提出与推动司法改革，但因着力不多，并未成功。接着可以称道的是职业法官矢口洪一之被任命为日本最高裁判所（法院）长官。他在1985年上任伊始即锐意革新，采取了两大举措以推动改革：一为准备导入陪审制度；二为废止关于记者不得在法庭内摄影和记录的禁令。两年以后的1987年，法务省成立了法律家基本问题恳谈会。1991年，法务省、最高裁判所和辩护士联合会三家协议后成立了法律家培训制度等改革协商会议。1996年6月，自民党又成立了司法制度特别调查会，提出了《司法制度改革的基本方针》的报告。在这一系列机构设置、课题研究、方案预拟的过程中，法学家从日本宪法、诉讼法以及民事、刑事、行政等方面的基本法实际状况出发，做了有利于司法制度改革的法理阐释。尤其是1997—1998年间，日本法学界与财界核心团体经济同友会、经团连以及辩护士联合会，与政界思想库"21世纪政策构想论坛"等紧密结合，大张旗鼓宣传关于建立和健全与经济全球化时代相适应的法制要求，呼吁尽快加强审判权的事后监控机制，造成了司法政策"山雨欲来风满楼"的声、形、态势。于是，便有司法制度改革审议会的应运而生。

　　该会的诞生有两点特别值得注意：一是会长由著名的宪法学家担任。宪法为国家根本大法，宪政所要求的政治民主由宪法条文明确规定，而司法制度改革的一系列重要内容，如对审判权的事后监督、国民之参与司法，司法部门对立法与行政部门的监督与制约，都以宪法精神、宪法原则合如符契。这些，自是宪法学家、法理学家最有发言权且最能做权威性发言的。因此，宪法学家主持司法制度改革审议会，实为情理使然。二是律师界之佼佼者成为该会的核心人物。日本法学界与中国法学界在人员构成上有重大的不同。中国的法学界，主要由大学法学教授和研究院所的专职研究员构成，法律实务界如司法界、律师界则很少有从事系统法学研究与撰著的。日本则不同，学生是他的极少专门机构（如社会科学院）的专职法学研究人员；其次是法律实务界中往往有杰出成果的法学研究者，写出许多很有分量的法学专著，笔者1998年访日时结识的福冈地方裁判所法官草野芳郎，曾赠我他的专著《和解技术论》，他不是日本法学中"和解技术"有关学说的权威。所以，日本的法学家由两部分人构成，一为大学法学教授，一为法律实务部门兼事理论研究的人。这样的人，在日本法官、检察官、律师队伍中比比皆是。因此，日本司法制度改革审议会中有中坊公平等律师参与其间，正是其特色之一。

二、司法制度改革涉及的法律等争议

从日本辩护士联合会倡言司法民主化开始，至司法制度改革审议会成立前后，围绕日本司法制度的改革，在一系列问题上发生了法律学争议，主要见诸：

关于陪审制与参审制。日本近代以来所确立的欧陆型现代审判制度，赋予法官以超然中立的地位，像运动场上的裁判员那样按限定规则（法条）处理诉讼案件。法官通过当事人的举证并辅以积极取证来发现涉案事件的真实性，通过严格适用普遍性法律来认定权利。日本的法院（以及检察院）据此标榜其为"精密司法"。在"精密司法"过程中，法官以自我封闭自律，以清正廉明自诩，以审判技术之精益求精自娱自乐，虽不无成功之处，却也使法官疏离世事，隔阂人生，甚而至于行政法官的正义感与百姓的正义感在内涵与外延上都有所参差。而这，势必背离法官公正司法之本来意义，甚至把不近人情的不公正当成公正了。这就产生了在法官队伍里"掺沙子"的必要性。陪审员与参审员之介入诉讼，就如用以感动司法官僚特权地位、改造司法官僚特权意识、影响司法官僚擅行擅断的"沙子"。于是日本法学界因臧否陪审制与参审制，形成了两种截然对立的意见：赞成者认其为撼动司法官僚特权地位的利器，促进司法民主化的要着；反对者斥其为有碍"精密司法"的谬举，伤损司法民主化的逆施。作为妥协，后者阵营中也有勉强苟同参审制的，但他的主张：参审只限于专业性案件的审理；实行三个职业法官加两个参审员组成合议庭的形式；只赋予参审员的意见表达权而否定其议决权。

关于法律家一元化。这是日本辩护士联合会在司法制度改革运动中提出来的根本性要求之一，即法官须从律师、检察官以及法学研究者中选任。这一要求，与法官实行职业终身制，律师、法官、检察官分别进行专业训练的制度有本质性的差异。它规定经司法考试合格者必须先成为律师，而后才能择优选任为法官。日本法学界认为，法律家一元化在一定意义上可视作日本司法制度改革之"纲"，其他改革则为"目"，唯"纲举"才能"目张"。例如，法学教学制度的调整与更新，就是法律家一元化的配套改革要求。1998年，日本修改了《司法考试法》和《裁判所法》，使得大学的法学教学与司法资格考试脱节的情况更加凸显出来。为此，参照美国法学院（Law School）的模式改革日本大学的法学教学，把大学院（大学的研究生院）层级上的法律职业培训作为法学教学的重点，被当作当务之急了。通过此举，以求在更高层级上进一步培养与训练法律事务从业人员（律师、法官、检察官等）的专业化的共同思维方式（legal mind）。

法律家一元化矛头所指为废除职业法官的特权，承认律师担任法官，从而使市场法则在审判主体的选择上得到体现，实质上就是当事人主义在深层次上的发展，进一步体现了司法民主。这当然触动享惯了职业特权的法官及其理论代言人的"神经"。因此，对法律家一元化也有持异议的，其理论依据主要是：有损职业法官崇高的社会威望；有碍长期养成法官的"精密司法"技术;有悖司法独立精神的彻底贯彻。

关于选择性解决纠纷方式的强化。选择性解决纠纷方式(ADR)作为经济全球化过程中发展起来的争端解决方式,因其充分尊重当事人的意见、当事人上升到纠纷解决的主动者地位以及节约纠纷解决的时间与经费等优点,迅速得到推广。日本法学家敏感地从ADR中吸取了"以当事人的理解、合意与参与为基础"的精神,阐明审判过程民主化,通过协商和调解自主处理案件与ADR的相通之处,强调了强化ADR方式对司法制度改革的意见。他们认为,ADR方式之在审判过程中采行,乃是公民主权法则的发展,是市场法则的要求,是社会复杂化、多元化的必然结果,也是当事人主义的较佳体现。他们还认为,在审判过程中采行ADR方式,不仅有利于较为便捷地解决涉讼纠纷,而且也有利于法院与公民逐渐形成亲和力而非对抗力,但也有不少法学界人士并不认为ADR是解决讼争的最佳的可行性方式。他们认为,美国、日本国情不同,国民对诉讼的态度相异。美国人喜欢打官司,动辄提起诉讼以致讼案泛滥,从而破坏了社区解决纠纷的机制,在此国情下,采行ADR不失为一种法律救济。日本人则不同,传承了中华民族儒家的法律观,以"大事化小,小事化了"的"息讼"为处理纠纷原则,宁愿回避诉讼。此外,日本律师界对ADR多持异议的原因,还与其职务(=经济收入)相关。ADR在美国已经成为律师工作的新领域;日本则不然,ADR可能导致律师职务的缩减。

关于律师的定位与属性。律师的定位与属性,本来就备受法学理论所关注,日本也不例外。传统的法学理论,强调司法过程中的权力制约关系:抗辩式庭审的实施,实质是诉讼双方(原告与被告)的对抗;律师的设置,旨在制约公诉人(检察官)的"单边主义"。日本司法制度改革审议会委员中坊公平则提出了《律师制度改革的课题》报告,阐发了律师地位的"三种属性"的观点。他认为,律师必须具备维护顾客的"当事人性"、维护法律秩序的"公益性"以及维护事务所生存的"经营者性"。所谓"公益性",不仅表现为鼓励法律援助等无偿活动,而且表现为,当在对抗主义诉讼程序中发现顾客利益与社会公益发生冲突时,应该把优先实现公益作为律师职业的道德规范。对此,法学界持异议者认为,顾客利益是具体的,社会公益往往是模糊的,难以把握其标准,因此,"社会公益优先"原则难以实施。还有的学者认为,从理论上说,"社会公益优先"原则自应坚持,但首先应在立法上加以明确,否则,律师也难以把握、难以依据。此外,还有人认为,这只能作为律师职业的道德规范,而道德规范是柔性的,并无实际的制约力,真正会起作用的还是"当事人性"。

除上述外,围绕着法律家一元化问题,日本的学界还对法律援助、审判方式的改进、导入惩罚性赔偿、承认团体诉权和由代表人进行的共同诉讼、加强执行制度、缩短案件审理时间、加强对当事人权利的程序性保障等问题发表了意见,有的还展开了讨论。所有这些讨论,是与日本的政治改革、行政改革互相关联的"社会工程作业",被视为日本法制现代化进程中,继明治维新时期的法制近代化、战后的法制民主化之后的"第三次法律革命"。尽管日本朝野对法治现实总体上是抱乐观态度的,但法学界认为还是应不断地从"实然态"中找出问题,寻求对策,向"应然态"前进,追求法治的进一步民主化,达到法治国家的更高境界。

三、日本司法制度改革的动因与当前状态

日本司法制度改革的动因主要由经济与政治运行中的问题所引发。

从经济方面看,20世纪90年代以来经济全球化进程加快,而日本却进入了国内不景气时期。为摆脱困境,日本财界力促企业提高竞争意识和竞争能力,力促政府缓和对企业的各种限制,放弃不利于自由竞争的措施,改变事先审查经济决策的管理方式,由事后监控方式取代,等等。同时,鉴于日美贸易摩擦不断且呈加剧态势,美方对日本司法界尤其是律师职务市场的高度封闭性持强烈批判态度,并要求日本容许开设外国律师事务所等,遂形成了呼吁司法制度改革的强烈要求。这样,从强调国家的非正式干预和防止出现纠纷,转变为强调自我负责和按照透明的法律规则解决纠纷;从律师与检察官、法官分别进行专业训练,转变为一元化法律家养成专业化的共同思维方式;从法官的职业特权和"精密司法"转变为民主司法、当事人参与,等等,就进入法学家务实性理论探讨的视野。

从政治方面看,人格自律、公民主权的观念得到整个社会的认同,行政政治民主化的进一步发展;自民党长期执政、一党独大的格局被打破后。政治多元化、多党协商联合执政不仅成为政治现实,而且为主流政治学法学理论所赞同、所阐释、所发扬。这样,自然反映到公民自主权在立法、司法及整个社会法律实践中来,举凡与此疏离悖逆的"实然态"制度、措施、惯例,都受到法学家的质疑,都被提入改革的"清洁机"中进行淘洗,于是一系列新的司法制度设想便被提了出来,并被做了法理的解释。

日本司法制度改革的成果,最集中地体现在司法制度改革审议会于2001年6月12日发表的最终报告《司法制度改革审议会意见——21世纪日本的司法制度》中。

新世纪伊始,日本法学界大力推动、积极参与的司法制度改革,不仅改革司法制度,而且首先从法学理论上开拓了新的课题、新的视野和新的学术境界。这对中国法学界来说,是极有借鉴意义的。纯然的理论推导,不仅不能推动法律实务的改革与进步,而且往往会引致理论的虚化、弱化以至萎顿、枯竭。"生活之树常青"。当此加入WTO之时,当此社会转型之际,紧密结合社会实际尤其是法律实务来研究种种法学理论问题,当会对我国法学的发展起不可估量的伟大作用。

五个"统筹"的哲学与法学审视[*]

"大声吹地转,高浪蹴天浮。"中共十六届三中全会刚刚通过的《中共中央关于完善社会主义市场经济体制若干问题的决定》(以下简称《决定》),作为完善社会主义市场经济体制、促进经济和社会全面发展的"纲领性文件",已如黄钟大吕响彻神州大地。当前,我们十分重要的任务,就是学习好贯彻好落实好党的十六届三中全会精神。笔者以为,对《决定》提出的五个"统筹"做哲学与法学的审视,可以把握其精神从而寻找贯彻与落实的方法。

"统筹城乡发展、统筹区域发展、统筹经济社会发展、统筹人与自然和谐发展、统筹国内发展和对外开放",《决定》的这五个"统筹",闪烁着马克思主义哲学的熠熠光辉。

马克思主义建立在辩证唯物主义和历史唯物主义的坚实基础之上。以此指导社会主义建设的实践,最重要的就在于实事求是、一切从实际出发。五个"统筹"的提出,是实事求是、从实际出发的典范。改革开放以来,我国的社会主义现代化建设呈现出大踏步前进的态势。但是,我们不能被胜利冲昏头脑。冷静而科学地考察与分析的结果是,城市、农村都处在大发展的过程中,但农村的经济发展水平与城市相比还有较大差距,"三农"问题成了进一步发展的突出矛盾;九百六十万平方公里的辽阔国土上,东西南北中都处在大发展的过程中,但东部与西部、沿海与内地仍有较大的差距;经济与社会都处在大发展的过程中,但经济成绩骄人,社会发展却相对滞后;人均收入持续增长,人民生活水平节节提高,欢乐祥和已经成为国人生活的主旋律,但环境破坏、生态失衡也有目共睹、触目惊心,怠慢大自然这一人类之母,正使我们自尝苦果;国内发展与对外开放两翼齐展,取得了举世瞩目的成就,与此同时,也不容忽视此一时彼一时的畸轻畸重,发展之不平衡也是无可回避的客观事实。对所有这些"差距"、"不平衡",可能有两种态度:一种是闭目塞听、视若无睹。这是唯心主义、主观主义、不负责任的态度。另一种是深入调研、客观分析,既看到"主流",也看到"支流";既重视"九个指头",也不忽视"一个指头",永

---

[*] 原载《解放日报》2003年10月23日。

远以"宜将剩勇追穷寇,不可沽名学霸王"的昂扬斗志去克服前进中的困难,夺取更大的胜利。这是唯物主义的、实事求是的、对全国人民的根本利益高度负责的态度。五个"统筹"就是在实事求是地承认并分析国情的基础上提出来的,是唯物主义世界观的反映。

与此同时,五个"统筹"还是马克思主义辩证法的杰出运用。辩证法与形而上学的根本区别之一就在于,辩证法主张"从一事物对他事物的关系去研究事物的发展","每一事物的运动都和它的周围其他事物互相联系着和互相影响着";而形而上学则"用孤立的、静止的和片面的观点去看世界","把世界一切事物,一切事物的形态和种类,都看成是永远彼此孤立和永远不变化的"①。五个"统筹"是从事物的关系和联系出发,全面审察,动态分析,使相互联系的各个方面相互促进、相得益彰。

中国人民在长期的社会主义建设实践中,曾经创造了许多以辩证法指导行动的成功经验,并形象地比喻为"全国一盘棋"、"两条腿走路"、"双管齐下"、"四个轮子联动",等等。在社会主义现代化建设达到了前所未有的新高度时,五个"统筹"的提出,是在全国更广阔范围内,运用唯物主义辩证法去调动千军万马,指挥物质文明、精神文明与政治文明的建设,以夺取更大的胜利,实现中华民族的伟大复兴。其在实践中的运用,必将在更大的范围内,更深的程度上,更高的层次中,对马克思主义唯物辩证法的发展做出贡献。

认识世界的目的在于改造世界。五个"统筹"的提出是为了城乡、区域、经济与社会、人与自然以及国际国内事业的大发展。这就对我们提出了一个如何实现"统筹"发展的重大课题。

从法学的视角做缜密的审思,笔者认为:"统筹"的核心在于处理好各种关系;而法作为调节社会关系的工具,较之经济手段、行政手段与思想教育手段,具有更高的权威性、更强的可靠性、更大的普遍性。

我们当然可以也应该运用经济手段去推动城乡、区域、经济与社会、人与自然等的一体化发展,"经济杠杆"的作用确实是不可忽视的。但经济手段本身不具备强制性,而且其后继的连续性完全取决于人的认识与行动,可能随人员的更迭或注意重心的改变而改变。我们当然可以也应该运用行政手段去推动城乡、区域、经济与社会、人与自然等的一体化发展,"政策"的威力是相当巨大的。但凭借政策指引的行政手段,同经济手段一样,自身并无强制性。

法律以其普遍性、稳定性、强制性与权威性,既可作为经济手段与行政手段的有力后盾,又可以发挥自身经济杠杆、行政调节的作用。因此,它是促进与保障五个"统筹"的最高手段、最强手段与最可靠手段。例如"统筹城乡发展",就得以法律解决农村、农业、农民这"三农"发展中的一系列"瓶颈"问题。解决"三农"问题的一个关键是减少农村人口,这就要实施城市化战略。后者的关键又在于迁徙自由的实现与户籍制度的改革。农

---

① 毛泽东:《矛盾论》。

民如无迁徙进城的自由,或者虽可进城打工却不能入籍城市户口,那么,农村人口永远减不下来,城市化也会落空。而迁徙自由与户籍制度改革,是非依法而行不可的。又如"统筹人与自然的和谐发展",这就必须制止对环境的破坏,保证生态平衡的实现。人所共知的是,环境保护与生态失衡,绝不是单靠行政命令或经济手段所能奏效的。甚至,一般的立法,也不能有效地制止环境破坏。各国都有过的严重教训表明,为了保护环境,非以严厉的法律手段达不到目的。日本在1967年以前也曾颁行过一系列保护环境的法律法规,但仍不足以阻却对环境的破坏。直至发生了水俣病,导致民众大规模的强烈抗议,才意识到破坏"人与自然和谐发展"后果多么严重,于是以《公害对等基本法》加以强有力的规制。

总之,当此提出五个"统筹"之际,就要深入研究其内涵,细密分析其外延,精心设计以法"统筹"的规划。只要我们认真以法"统筹",大力推进,我们的前进步伐会更加坚定,康庄大道会越走越宽,美好前程会更加灿烂!

体育安全保障的法理思考*

为了确切保障体育运动的安全，首先必须厘清一系列相关概念的内涵与外延；其次必须对有关的"他律"保障与"自律"保障①做出区分并提出主要的对策。而从根本上来说，有必要引导人们重温奥林匹克精神，崇尚"科蒂诺斯"②，为美德的发扬而努力，让黑暗在光明中融化，使体育成为世界和平、人类和谐的催生动力。

体育安全并不仅指体育运动员的肢体安全。其"主体"应扩及一切参与体育运动者。首先是扩及小、中、大学生等；其次是扩及体育比赛的观众等"运动协同体"或称"助体"。其"客体"则应扩及"肢体安全"③之外的财产安全、名誉安全等"非肢体安全"。

当今世界体育安全的保障，主要仰仗的是"他律"性的法律，包括运动实施国的有关法律，赛事组织的各种规定、规则；其次仰仗的是"自律"性的体育道德。从体育运动发展的现实状况看，由于金钱主义、锦标主义的泛滥与日益猖獗，自律性的道德约束正在日趋衰落、淡化，因而不得不日益加强他律性的法律制约。面对客观现实，我们应该努力加强对体育安全法律保障的研究，使之更加细密化、强力化、有效化。

但是我们必须清醒地认识到并旗帜鲜明地指出：黑格尔所说"现实的就是合理的"虽然成了传诵一时的"名言"，但是这里的"合理"仅指"合"乎统治者之"理"，被统治者的要求则是改变乃至以暴力手段去改变"现实"。窃以为，面对金钱主义、锦标主义泛滥

---

* 本文未发表。但 2017 年参加在罗马举行的"国际体育法学理论研讨会"上，应邀做了口头发言。此后继续关注体育法学研究。于 2020 年被聘为上海体育学院客座教授，组织并总编审了《体育法哲学》《体育仲裁法》《体育法价值论》《体育组织法》《体育法系统论》《体育激励法学》《体育法律史》等书，即将出版。

① "他律"指外在于人的社会力量对人的约束，如法律、规章、（宗教）戒条、行业协会的规定等。"自律"指内在于人心的自我约束，如道德、习惯等。

② "科蒂诺斯"为希腊语"KOTINOS"的音译。希腊语中的"KOTOS"意为极端的攻击性，指内心愤怒达到极点而无法消除。与之同一词根的"KOTINOS"为野橄榄枝环，象征对人类攻击性本能的彻底否定（"NO"）并转化成了崇高的理性光辉，用以赞颂与表彰人类通过顽强的努力克服自身局限的壮举。

③ 这里的"肢体安全"泛指身体安全、生命安全、健康安全等。

的现实，必须对造成这种状况的国家体制因素予以高度重视，坚决反对政治对体育的不当干预。同时，我们还应当认识到："人之初"，一切都以习惯、习俗调整各种社会关系。只是后来，才发生了法律与道德从习惯、习俗中分化出来的事，以致今天的体育安全保障不得不在依赖自律性的道德之外，还依赖他律性的法律。但是，这是违背了奥林匹克运动的原初精神，即"科蒂诺斯"精神的。原生态的奥林匹克运动，调节运动主体之间关系的，只有"科蒂诺斯"。

人类不能失去理想。对体育安全进行深入的法理思考，我们郑重地提出庄严的希望：在不得不加强对体育安全的法律保障的同时，现在更应大力宣传原生态的奥林匹克精神。具体来说就是：利用一切机会，尤其是结合全球瞩目的奥林匹克运动会举办时机，大举挞伐与体育比赛有关的金钱主义、锦标主义及其产生的根源，大张旗鼓宣传奥林匹克运动的"科蒂诺斯"精神。

一、"体育安全保障"概念的内涵与外延

当提出"体育安全保障"概念时，人们往往不假思索地认为它仅仅是指"体育运动员"的安全，而且往往仅指体育运动员的肢体安全。但是只要略加研究，我们就必须面对这样一些问题：

第一，大学、中学、小学的学生有无"体育安全"须加保障的问题？毫无疑问，必须回答曰"有"！从电脑上检索中国作者关于"体育安全"的论文，在总量八千多篇中，竟有七千多篇是从各个侧面论述学校体育教学、体育活动中的安全保障问题的。既然如此，"安全保障"就不应该仅仅是专业体育运动员的"专利"。

第二，即便是专业的体育运动员，其所需"保障"的"安全"，也绝非仅指"肢体安全"。在"肢体安全"之外，至少还有其"财产安全""名誉安全"等安全问题须加保护。

第三，在许多情况下，"体育运动"的参与者不仅有"运动员"，而且有"观众"；而"观众"人数大多远远比"运动员"（以及裁判员等）多得多。我把运动员（以及裁判员等）称作"运动主体"，把观众称作"运动协同体"或"运动助体"。实际上，如无"协同"运动员的"助体"，"体育赛事"也许不存在了。而"运动助体"也有"体育安全"须加有效"保障"的问题。

第四，从组织体育运动或者有关赛事的角度看，还有体育运动的总体安全保障与个体安全保障的区分。二者的安全保障条件、要求、手段等，也是大有区别的。

第五，除上述外，由于体育运动作为主体与助体共同参加的社会性活动，就与社会大系统联系广泛、密不可分，因此，体育运动安全保障就不能窄化为法律保障和道德保障。毫无疑问，它与社会环境、国际和国内的政治生态、经济状况甚至宗教信仰、风俗习惯、文化发展水平等，都是千丝万缕地紧密联系的。

综上所述,"体育安全保障"是一个含义很广、体量很大、问题很复杂的课题,应当引起国际奥林匹克委员会的密切关注,投入更大的精力,组织更多的人力,分门别类地细加研究、深入分析,为体育运动安全做出贡献。

2017年罗马体育法大会特设了"体育运动安全"的专项议题,受到了各方面人士的翊赞与关注。如果在此基础上成立并加强国际奥委会体育安全专门委员会的常设机构,有固定的研究人员,开展有计划的研究,当对全球各国的体育运动做出重大的贡献,不仅如此,体育法包括体育安全法正越来越受人们的关注,因此,建立一所属于国际奥委会领导的国际体育学院,有计划地培养研究体育法的硕士、博士,是十分必要的。中国是一个有十四亿人口的体育大国,正在努力争取成为体育强国。同时,中国正在有计划、有组织地在全国范围内发展群众性的体育事业。随着中国经济的稳步发展和国力的稳步提升,中国在体育事业包括体育安全事业方面,将会做出更大的贡献,取得更加丰硕的成就。[①] 我相信,中国的体育法学工作者是乐于为建立一所国际体育法学院或国际体育法学研究院而顽强努力的。对此,中国政府和各界人士也会给予有力的支持。

二、体育运动安全的他律保障

所有的法律都是"他律",即由外在于主体的强力机构制定的戒律,用以约束主体的行为;而若出现无视有关戒律的行为时,行为主体必将受到主体之外的强力机构相应的制裁。

就体育运动安全的"他律"而言,主要由两大部分构成。一部分是国家的法律法规;另一部分是国际组织就体育运动、体育赛事所规定的具有强制性约束力的戒条、规章。"足球流氓"之在足球赛中横冲直撞、大打大砸,甚至殴打球员、裁判,这当然为有关赛事规章所约束,更为发生地国家的刑事法律所严禁。制造流血事件时,"足球流氓"甚至会被重刑处罚。国际体育组织自无刑事处罚(从刑事拘留、逮捕直至判处处罚)之权,但它可将案犯交由犯罪发生地属国的有关机构处罚。

虽然国际体育组织本身并无刑事处罚权及相应的处罚手段,但其一方面有所在地之属国法律可以依赖;另一方面,它所拥有的其他手段,例如对违反规定使用了兴奋剂的参赛运动员判以相当时日的禁赛惩罚,往往比处罚其禁闭若干时日或者刑拘若干时日(一般都很短)是更可迫令当事者遵行有关规定的。

[①] 在中国,全民性的体育运动事业正在蓬勃发展,改革开放正日益惠及体育运动。例如各项全民健身赛事活动井喷式增长:以前全国的马拉松赛事一年只有两三场,现在一年有三百多场;仅一个上海市,2016年市民运动会就举办各级各类赛事9778个,活动8058个,参与人次超千万,竞赛参赛人数达1 461 524人,办赛单位达到2743家。

而之所以会出现并无国家机关以暴力为后盾的惩戒手段的国际体育组织也拥有极大的权威性与"他律"的实际效力的情况（在国内赛事中也一样，只是"国际体育组织"换成了"国内赛事组织"而已），乃是由于它掌握了"等价"或曰"等量"的约束力。举例来说，在运动员看来，"禁赛"虽然并不剥夺其作为人类肉体的生命权，但剥夺了他作为运动员参加体育比赛的"生命"权。当然，这是一种精神性的"生命"。由此可见，若要提高国家赛事组织的权威性就必须考量它所拥有的"等价"于剥夺个人生命自由权的价值量。"禁赛"之所以有时间长短之分，就是对"等价"之"价"进行考量的结果。

但"他律"毕竟作用有限，更加重要的是运动员的"自律"，它是运动员自己的道德修养。这几乎可说是天南海北、时时刻刻在起作用的自我约束。高素质的运动员，不仅在运动技巧上表现出自己的崇高道德品质，而且在运动全程中都表现出这种优秀的品质来。体育运动当然要充分展示自己的实力。尤其是在体育比赛中，为赢得对手，必须"击败"对方。但这里的"击败"绝非拳打脚踢而使对方死于非命。即使是名实相符的拳击赛中，也绝不以致对手于非命为尚。我们所见拳击赛中一方猛击另一方且只要可能便连续猛击，必欲使对手承认失败不可。但是，具体类型拳击赛除有具体规则规定若干人体部位是"神圣不可侵犯"的（例如不得"踢裆"、"卡脖"等）之外，还要求每一位选手自觉约束自己，决不故意犯规而伤害对手使其"永无还手之力"。实际上，热门的运动项目，由于成熟既久，形形色色的"他律"性规定大多十分齐备。尽管如此，每一个运动员以高尚体育道德为内涵的严格"自律"，仍然是体育运动健康发展的有力保障。

高度自觉地遵守赛事规则本身，就是一种高尚的体育运动道德，因为这些规定的本质就在于保护运动员的生命安全、保证体育运动和赛事的正常进行，促进体育运动的健康发展。

体育运动中，尤其是高强度、高难度的体育运动中，往往会出现一些意料之内或意料之外的危险。例如在登山运动中，几可说出现突发性危险是必然的。其实充分发扬团队精神，同舟共济地互相支援、互相帮助，充分发扬自我牺牲精神，是十分必要的。各国攀登喜马拉雅山的运动队几乎都曾遭际过雪崩、失联、缺氧之类的危险；同时，也几乎都出现了危险之中以死相救的感人事例，从而表现出了运动员们的高尚道德。体育运动史业已记载了许多运动员发扬高尚道德而行舍己救人壮举的光辉事例。值此金钱主义、锦标主义妖风四起，甚嚣尘上之时，尤其要大力颂扬，传播这些运动员的高尚品德。

关于体育安全的"他律保障"，早已成为体育法学的热门话题，国际奥委会体育安全专门委员会对此也做过卓有成效的研究。但是，鉴于体育事业的蓬勃发展，"体育"所谓人群范围和数量均是激增状态；由此而致不仅"保护"的范围从原先的局限于肢体、生命，而扩及财产安全、声誉安全等方面，因此，对体育安全的"他律保障"也提出了更高的要求。这些问题，业已引起体育法学界的密切关注，提出了一些颇有见地的建议。例如，针对"学校体育伤害事故"的特殊性，中国上海的体育法学工作者提出了"建立第三方的学校体育伤害事故鉴定机构",使学校体育伤害事故的处理流程、鉴定流程、鉴定机构都能如交通事故那样有法可依、权威性强。① 又如,国际奥运仲裁院上海听证中心在向会美博士等的积极努力下,多次召开探讨体育纠纷仲裁问题的座谈会,提出了一些富有创见的仲裁法律建议。② 美国、俄罗斯、日本、韩国、瑞士、芬兰等许多国家的法学家对体育法,其中包括体育安全法律保障问题,都提出了一些新鲜的、独到的见解,引起了中国政府和体育法学工作者的密切关注。③

值得警惕的是:"他律"正越来越成为似乎是解决体育运动安全问题的唯一或主要手段。而这,实际上是违背"体育运动"的原初精神的。

三、回归体育运动的原初精神

关于体育运动的原初精神,希腊学者赛莫斯·古里奥尼斯在《原生态的奥林匹克运动》一书中做了十分简明的介绍。在赛莫斯·古里奥尼斯笔下,"原生态的奥林匹克运动",不存在什么"他律",而只有"自律"。

诚如赛莫斯·古里奥尼斯所写的那样,原生态的奥林匹克运动目的是为了克服人类天生的攻击性本能,方式是文明竞争,其自然性本质是提高和超越受到自然条件限制的体能,其社会性本质是纯化灵魂,培养高尚的道德。

"人之初,性本善"的古训仅只反映了人类祖先"本性"的一个倾向,另一个倾向是"性本恶"。仅择一面而偏执一词是不全面不妥当的。发扬人类本性"善"的一面,当然是极好的事;但人类本性中"恶"的一面的发展,则会危害群体、危害社会。因而必须加以抑制和克服。古希腊迈锡尼时期(公元前15世纪至公元前11世纪)盛行的赛跑、摔跤、跳远、拳击、掷铁饼等体育比赛,比赛结果获胜者并无奖品,参赛的人们只是为了比赛

---

① 谭小勇、宋剑英、杨蓓蕾:《学校体育伤害事故法律问题研究》,法律出版社2015年版,第141—160页。
② ③ 例如,2017年中国上海市体育局就在全国发布了首个《关于本市举办全民健身赛事活动的指导意见》,《指导意见》共十九条,内容涵盖适用范围、举办原则、政府职责、责任主体、组织实施、规范办赛、安全保障、纠纷处理八大内容,从政府体育职能部门"放管服"的角度,为各办赛单位提供更加清晰的办赛指导、服务、监督路径。该《指导意见》规定,举办游泳、滑雪、潜水、攀岩等高危险性体育项目的全民健身赛事活动,应按照《经营高危险性体育项目许可管理办法》等相关规定执行。举办水上水下体育项目,应按照《中华人民共和国内河交通安全管理条例》《中华人民共和国水上水下活动通航安全管理规定》等相关规定执行。举办航空体育竞赛应按照《全国航空体育竞赛活动管理办法》等相关规定执行。参与全民健身赛事活动发生纠纷的,可以通过以下方式解决:竞赛过程中出现违背赛风赛纪要求的,可通过竞赛仲裁小组或仲裁委员会解决;参与赛事活动过程中造成人身、财产损失的,可通过保险解决,也可由举办者与当事人协商解决。双方协商不成,可诉诸法律进行裁决。

的快乐,这种快乐源自赢得了克服体能局限的自信和众人赞赏的欢呼。获胜者奖赏的标志,是由赛事的主持人授予由野橄榄枝编成的环形冠冕。这种野橄榄枝冠冕的希腊语音是"KOTINOS"(中译音为"科蒂诺斯")与"KOTOS"即"极端的攻击性"读音相近、词根相同,"象征着人类非物质的攻击性本能转化为一种理想的物质形态"。赛莫斯·古里奥尼斯在《原生态的奥林匹克运动》一书中引述了"当代大学精神病学课本"所述的以下观点:"体育是人类攻击性本能转化为理想的典型实例。这种转变被称作理想化或质变,是保护自我不受攻击性本能侵害的唯一一种自然的需求……"

无可讳言,当代的体育运动已经远远背离了"原生态的奥林匹克运动"的精神,这表现在运动的目的、方式及其所反映的自然性本质和社会性本质的异化等诸多方面。

从体育运动发展的历史来看,原生态的奥林匹克运动乃为"克服人类天生的攻击性本能"之目的,以及提高和超越受到自然条件限制的体能之"自然性本质",但是,现代体育运动业已发生了重大的变化,有越来越多的运动项目,似乎不再是为了"克服",反而是为了加强"人类天生的攻击性本能"。这在某些运动项目中表现得越来越明显了。至于体育运动的"社会性本质",则从原初的纯化灵魂、培养高尚道德迅速地蜕变为毒化灵魂、鼓励恶劣道德的可悲境地。金钱主义、锦标主义的泛滥,在有的国家发展到了无以复加的地步。某国运动员的集体服用兴奋剂,某些国家的实行"举国体制"而纯以攫取金牌为目的,某些国家之对未能出彩的运动员实施严酷惩罚,甚至还有一些国家迫使运动员承担收集情报的任务,等等,已不是一般地违背奥林匹克体育精神,而是严重地加以亵渎了。这一切,都是与以自律精神发扬高尚道德完全背道而驰的。

有鉴于此,作为奥林匹克的重要分支组织,体育安全专门委员会应当旗帜鲜明地提出:

第一,呼吁各国立即废止"举国集训"培养体育运动员的体制;

第二,立即停止一切经国家集训后参赛的运动员资格;

第三,一切服用兴奋剂以博取成绩的运动员,应予以永远停止参赛的严厉惩罚;

第四,号召世界各国向中国等国家学习,以国家力量推动、发展群众性体育运动;

第五,建立奥林匹克体育运动美德委员会,大力开展表彰道德高尚的体育运动员,赋予他们全球道德标兵的崇高荣誉。

法律文本与传统法理念关系略论[*]

法理念应是法律文本的灵魂，法律文本则是法理念的载体。然而，古往今来的法律文本有良恶之分，传统法理念也有美丑之别，于是就可能形成多种多样的复杂关系，法的历史发展恰正画出了这种斑驳图景。在我国社会主义法治建设的过程中，应对历史遗留的传统法理念做出良莠善恶的梳理鉴别，以求立法与司法都能尽如民意，为社会进步与民族振兴做出应有的贡献。

一

法律文本与法理念的一般关系是：法理念应是法律文本的灵魂，法律文本则是法理念的载体。

根据我国《辞海》的释义，"理念"即为"观念"，而"理念"一词则是对希腊文"idea"、"eidos"的中译。在希腊文中，idea 和 eidos 包含多种意思，"除理念外，人们还曾译为观念、概念、原型、范型、模式、模型、榜样、式样、意式、提式，等等"[①]。从这众多的译语中择用"理念"一词，我们大致可将它确定为"形成了一定型范的观念"。即这种观念具有相当的固定性，而不是变化中的思想观点，更不是稍纵即逝的一时起意。法理念就是形成了一定型范的具有相当固定性的关于法的观念。因此，它必存在于一定的时期之内而历久不变，对后世发生长远的影响。至于"传统法理念"，就更是如此。"传统"者，在一定的地域内流传既久而成为一统之意也。因此，法理念也不可能只是个别人的关于法的观念。当然，某种法观念有可能为一人或一学术团体、学术流派先行倡言，但它必定是在相当大的地域内、相当长的时期里有所流播，并得到广泛的认同，从而成为流行的关于法的观念，即传统法理念。

---

[*] 本文未发表。

[①] 俞宣孟：《本体论研究》，上海人民出版社1999年版，第204页。

既然如此，法理念势必成为法律文本的灵魂。法律文本是由具体的人拟制的，参与拟制法律文本的具体的人，即立法者，无不各有其对所要拟制的法律的看法，从而形成具体拟制的措施、对策直至形成文字。拟制者的这些看法大致由两个部分组成：一是对所要拟写得具体法律的条文、用语、逻辑关系等的理念；一是对具体法律所依存的整个法律体系的看法。前者涉及的是立法技术，后者则涉及立法理念。

隋代在刚刚立国的开皇元年（581年），即迅速制定了《开皇律》。"高祖既受周禅，开皇元年，乃诏尚书左仆射、勃海公高颎，上柱国、沛公郑译，上柱国、清河郡公杨素，大理前少卿、平源县公常明，刑部侍郎、保城县公韩濬，比部侍郎李谔，兼考功侍郎柳雄亮等，更定新律，奏上之。"①隋文帝颁行《开皇律》的诏文曰："帝王作法，沿革不同，取道于时，故有损益。夫绞以致毙，斩则殊刑，除恶之体，于斯已极，枭首轘身，义无所取，不益惩肃之理，徒表安忍之怀，鞭之为用，残剥肤体，彻骨侵肌，酷均脔切。虽古远古之式，事乖仁者之刑，枭轘及鞭，并令去也。贵砺带之书，不当徒罚，广轩冕之荫，旁及诸亲。流役六年，改为五载，刑徒五岁，变从三祀。其余以轻代重，化死为生，条目甚多，备在简策。宜颁诸海内，为时轨范，杂格严科，并宜除削。先施法令，欲人无犯之心，国有常刑，诛而不怒之义。措而不作，庶或非远，万方百辟，知吾此怀。"②

隋初开皇元年（581年）颁行之《开皇律》，至少承载了以下三条法理念：一为法乃治平天下之"公器"，治国理政亟须依靠法律，所以急急乎立法于开皇元年；二为北周之刑政苛酷，导致了它的灭亡，且历朝历代的统治经验也提供了这样的教训，因此，立法必须简省，刑罚必须轻恤；三为以法律的制定向天下昭告改朝换代的合法性。③

其中，立法简省、刑罚轻恤的法理念，在开皇三年（583年）修订《开皇律》时得到了

---

① 《隋书·刑法志》卷25，中华书局1982年版，第712页。
② 同上。
③ 杨坚之建立隋朝，可说是中国历史上最和平的政变之一。杨坚的帝位是从北周宇文氏手中夺得的。公元578年，周武帝病死，其子继位为周宣帝。周宣帝荒淫无耻，极端残暴，任意屠杀宗室和大臣，以杀人取乐；颁布《刑经圣制》的苛刑酷法，滥用严峻的刑罚，枉杀无辜，不仅使得天下百姓人人惊恐，而且朝士宫女个个自危。公元580年，周宣帝病死，其子继位为周静帝。他年方八岁，连生活都不能自理，当然无法收拾周末的残局。这就为杨坚夺袭帝位创造了客观条件。杨坚的父亲杨忠，本为北周元勋，又属士族高门，拥有私兵三千余名。杨坚的女儿是周宣帝的正后，因此杨坚早在周宣帝当政时，便是地位煊赫的"上柱国、大司马"。大象（周静帝继位年号）初，更"迁大后丞、右司武，俄转大前疑。每巡守，恒委居守"，实际上掌握了一切权力。周宣帝一死，内史上大夫郑译、御正大夫刘昉等便"以高祖皇后之父众望所归，遂矫诏引高祖入总朝政，都督内外诸军事"。接着，杨坚便先后诛杀了赵王招、越王盛、陈王纯、代王达、滕王逌，夺袭了帝位，称隋文帝，公元581年改元"开皇"。这样的和平政变，往往带来两个问题：第一，由于不是经过一定的战争，不能把前朝臣属中死硬的敌对分子充分消灭或慑服。第二，由于政变多半由野心家、阴谋家所鼓动、促成，他们在政变成功后获得了高位要职，同时也就在本朝统治集团中埋下了许多"定时炸弹"。因此，建立新的朝代、成为新的君主的合法性问题，就成为头等大事，以立法做出肯定，无疑是最好的告白。

进一步的体现；或者可以说，开皇三年（583年）之修订《开皇律》，集中体现的就是这一条法理念。据《隋书·刑法志》记载："……三年，因览刑部奏，断狱数犹至万条。以为律尚严密，故人多陷罪。又敕苏威、牛弘等，更定新律。除死罪八十一条，流罪一百五十四条，徒杖等千余条，定留惟五百条。凡十二卷。一曰名例，二曰卫禁，三曰职制，四曰户婚，五曰厩库，六曰擅兴，七曰贼盗，八曰斗讼，九曰诈伪，十曰杂律，十一曰捕亡，十二曰断狱。自是刑网简要，疏而不失。"据此记载可知，开皇元年（581年）制定的《开皇律》多达一千七百三十五条以上，而修订版的《开皇律》则仅留五百条，分十二卷，"自是刑网简要，疏而不失"，从此成为自唐至清的法律的型范。《开皇律》尤其是其修订版，作为法律文本，成了简省轻恤的法理念的载体；反之，这一法理念则成了《开皇律》的灵魂。唐承隋制，唐初之立法，几乎全盘照搬了隋《开皇律》，从而使《唐律》及其疏议光耀千古，远播海外，除别的以外，这一法理念之贯穿立法功莫大焉。

十分值得关注的是，这种简省、轻刑恤罚的立法理念，在有隋一代弥久流传、成为型范，以至荒淫无耻的隋炀帝继位之初（604年）制定的《大业律》，竟至比《开皇律》还要简省轻恤。据《隋书·刑法志》记载："炀帝即位，以高祖禁网深刻，又敕修律令，除十恶之条。"又见《玉海》："炀帝以开皇律令犹重，大业二年更制《大业律》……"① 立法简省、刑罚轻恤的法理念，在《大业律》文本上还是得到了体现。

二

法理念为法律文本的灵魂，法律文本为法理念之载体，以此衡诸古往今来的中外法律，可谓屡试不爽、无不如此。但是，法律文本有良恶之分，法理念也有美丑之别，尤其是作为漫长历史年代里例如中国数千年封建社会里形成的传统法理念，更有参差，或为良美，或竟丑恶，这是我们讨论法律文本与传统法理念的关系时，所必须密切注意的。

希特勒统治时期颁行的一系列法西斯性质的法律，都有其"法律文本"，这些法律文本当然也有其灵魂，贯穿其中的是法西斯主义的法理念。1933年3月颁布的"授权法"即《消除人民和国家痛苦法》，是法西斯专政的法律基础。该法共五条，规定政府有制定法律的权力；政府总理掌握行政、立法和外交大权，政府制定的法律可以抵触宪法。这样，依据资产阶级分权原则建立起来的议会制遭到彻底破坏。而此前发布的《保护人民与国家条例》，宣布停止实施魏玛宪法中有关公民基本权利的第114、115、117、118、123、135等条，规定对"严重扰乱治安者"可处死刑，使魏玛宪法成为一纸空文。根据"授权法"的规定，希特勒先后颁布了《联邦摄政法》《文官任用法》《关于政党及国家之保障的法律》《禁止组织新政党的法律》《德国改造法》和《关于帝国最高领袖的法令》等法律，全面实

---

① 《玉海》卷65。

行法西斯专政。1933年4月制定的《联邦摄政法》，规定根据总理的要求任命各邦摄政，普鲁士总理由联邦总理兼任，摄政由纳粹党党魁担任，效忠于希特勒，加强了对各邦的控制。次年1月颁布的《德国改造法》则干脆废除了各邦人民代表制，邦政府隶属联邦政府，各邦摄政直接受联邦内务部长领导，实现了法西斯的中央集权。1933年12月颁布了《关于政党及国家之保障的法律》，1934年7月颁布《禁止组织新政党的法律》。前者规定纳粹党的法西斯主义为德国国家的指导思想，确认了党政合一制度。后者规定纳粹党为德国的唯一政党，维持其他政党或者组织任何新的政党，均以谋叛论罪。希特勒政府还根据《文官任用法》，清洗一切非纳粹分子，尤其是进步人士，使之不得担任公职。该法将文官的范围扩大到包括国家机关、军队、警察、地方自治机构直至企业、事业单位、社会团体和各类学校的任职人员。1934年8月《关于帝国最高领袖的法令》，取消了总统职位，把总统和总理的职权合二为一，称为"元首"，由希特勒担任，终身任职，并得指定继承人。

此外，希特勒政权还将法西斯的"领袖原则"推行于经济领域，建立起具有军事苦役性质的企业生产秩序，公开剥夺劳动者的基本权利和自由，提倡男尊女卑，把妇女重新赶回"厨房"。1933年6月颁布的《失业缓和法》，要求女工从生产企业转向家庭，充当女佣，对放弃工作的妇女给予奖励，竭力将妇女排挤出劳动岗位。1934年1月颁布的《国民劳动管理法》，明确规定，企业主是企业的领袖，工人是下属；企业主有权决定企业中的一切事务，工人必须对企业主保持忠诚。为了强迫工人劳动，监视工人的言行，执行军事苦役制度，该法允许企业主从下属中物色亲信组成企业机密委员会提供咨询，以加强管理。这是一项典型的法西斯劳动立法，它将德国工人长期斗争得来的权利剥夺得一干二净。为了强化劳动秩序，还颁布了许多其他法令，禁止工人任意变动工作场所，允许企业主延长劳动时间，甚至规定政府主管机关有权调派任何国民从事任何一项重要劳动，保证国民经济军事化。

希特勒政权根据法西斯独裁统治的需要，还制定和颁布了一系列刑事法律。其中最重要的是1933年发表的《国社党刑法之觉书》（以下简称《觉书》）。其中包括：

第一，取消资产阶级刑法中的罪刑法定原则，要求司法机关根据"人民健全的正义感"和"刑法基本原则"，对法律未加规定的行为进行处罚。《觉书》声称："罪刑法定主义之命题，可以使公共危险者，潜伏法网，与以达成反国民目的之可能性。"因此，主张法律未做明文规定处罚者，法官可以适用类推原则予以处罚。1935年6月28日的法律对刑法典第二条做了修正，抛弃了"罪刑法定主义"，为统治阶级扩大司法镇压提供了法律依据。

第二，用"意思刑法"代替"结果刑法"。《觉书》认为刑法惩罚的对象不一定要有犯罪的行为和犯罪的结果，只要有犯罪的意图和思想，就应受到惩罚。因此，规定凡有危险思想的人都应当作为犯罪人加以处罚，并且认为把"结果刑法"转变为"意思刑法"是对公共利益的最好保障。这样，任何在思想上反对纳粹党的人都可以作为刑事犯罪而遭到镇压。

无独有偶，可与法西斯德国法律文本相媲丑、比恶的是军国主义统治时期的法西斯日本的一系列法律文本。1932年少壮派军人制造"五一五事件"枪杀政友会首相犬养毅（1855—1932年），标志着法西斯化的开始；1941年军部首脑、陆军相东条英机实行独裁统治，迅即发动太平洋战争，日本法西斯专政最终确立。1942年又建立"翼赞政治"体制，协助天皇和政府实行法西斯统治。

在日本确立法西斯政权的过程中，法律制度也逐渐法西斯化，《大日本帝国宪法》中消极的、封建军国主义的内容被强调和利用，议会成为摆设，宪法中仅有的一些民主制度被破坏，至1943年颁布《战时行政职权特例》，赋予首相有禁止、限制或废除法律的权力，从而使得法律完全被置于法西斯政权的操纵之下。除此以外，这一时期日本还颁布了一系列国家主义统制立法和刑事特别法。

1. 国家主义统治立法。1937年至1938年间，为适应全面发动侵略中国的战争需要，颁布了如《临时资金调整法》《关于进出口商品等临时措置的法律》和《国家总动员法》等一系列旨在加强国家对经济的干预之转入战时轨道的法律。其中1938年3月通过的《国家总动员法》是战时国家统治立法的核心，它把工业、交通运输、金融贸易及科技文化、新闻报道等都置于政府的统治之下。其后又根据此法律颁布了各种统治法令，国民生活的各个方面都被纳入国家统治范围，至1945年颁行《战时紧急措施法》，国家统治范围更广，政府的控制权力更大。这些统治立法的颁布和实施，实际上是对传统法律原则的歪曲或否认。

2. 刑事特别法。为满足法西斯统治的需要，一方面实施并修改《治安维持法》及部分修改刑法典，另一方面又不断颁布刑事特别法，如：1937年制定《思想犯保护观察法》，监视、控制革命者和具有进步思想的人士；1942年颁布《战时刑事特别法》，其效力优于刑法典，规定了严惩反对法西斯统治的各种行为。此外还颁布《国际保安法》《战时管制言论、出版、集会结社法》《劳动纠纷强制仲裁法》等法规，残酷迫害进步分子，严惩思想犯罪，限制、剥夺公民的基本自由权利。这些都体现了刑事立法的法西斯化。

法西斯德国与法西斯日本的上述法律文本，浸透着法西斯主义的法理念，立法简省、刑罚轻恤的法理念不见了，更不用说萌生于古代、近现代以来为进步人类所垂青、钟情的公平、正义的法理念则踪影全无了。

公平、正义的法理念，早在古罗马时期就在《查士丁尼法典》中得到了体现，此后的各国立法，尤其是新型社会制度兴起时期的法律中也承载着良善美好的法理念，从而使公平、正义成为人类优良的法理念传统。这种优良的法理念之成为传统，有其顽强的生命力，会在每一个法西斯王朝败落之后，附着于新兴朝代的法律文本中。德国法西斯、日本法西斯被击溃之后，德国人民、日本人民在其重新制定的一系列法律之中，重新肯定了人类的传统法理念。

三

论者谓，古代中国的法律有以下重大传统：一曰"引礼入法，礼法结合"；二曰"恭行天理，执法原情"；三曰"法则公平，权利等差"；四曰"法自君出，权尊于法"；五曰"家族本位，伦理法治"；六曰"重刑轻民，律学独秀"；七曰"以法治官，明职课责"；八曰"纵向比较，因时制定"；九曰"立法制律，比附判例"；十曰"援法定罪，类推裁断"；十一曰"无讼乞求，调处息断"；十二曰"诸法并存，民刑有分"[①]。法律传统与法理念传统有密切的联系，但不是一回事。从上述一系列"法律传统"中可以析出的法理念主要有：人治主义、家族本位、伦理入法、权利差等基础上的"公平"。除此以外，我以为中国的传统法理念至少还应包括以下两点：一是义务本位，二是立法装饰。

人治主义、家族本位、义务本位、伦理入法、权利差等基础上的"公平"以及立法装饰等传统法理念，在历朝历代的立法行动以及法律文本中，都以这样那样的形式有所表现。前五者，中国法制史学者已经多有论及，囿于孤陋寡闻，关于后者即"立法装饰"，未见有人把它作为中国传统法理念的一个重要方面提出并加以论述。

中国漫漫二千余年封建制度下的历朝历代，制法修律从来未曾中断一时，消极怠慢、无意立法因而造成法律空缺的朝代一无所见，倒是积极热情、大事立法的朝代所在多有。但是，如果细细考究，装饰性立法几可说朝朝代代不绝如缕，装模作样大事立法却在立法之始即无意贯彻实施的倒大有所在。这种装饰性立法，又表现为两种指导思想：其一，仅仅为或多半为制定国家大法的形式昭告本朝本代的正统性。朝代兴替之时，新兴的王朝或由武力斗争夺权而得，或由（大体的）和平政变革故而来。无论以何种形式夺得政权，为"取信天下"，都需要制颁大法以示合乎"天理"。前述隋文帝之于开皇元年即紧急制颁《开皇律》，在相当程度上就是为了从法理上为自己之夺袭北周政权制造舆论，至于隋炀帝之制颁《大业律》，更是为了从法理上为自己之登基称帝制造法律舆论。我们从《隋书》上找不到这位淫荡帝王真心实意贯彻实施《大业律》的影子，在其他史籍中同样也未能找到。

这种装饰立法的法理念以及法律文本成果，在北洋军阀时期达到了登峰造极的地步，严词贬为"伪装性"也不为过。

这种装饰性立法作为一种传统法理念的表现，中外各国都曾有过，现在也还可见其蛛丝马迹。司法与立法的脱节，部分根子即可由此发掘。

[①] 张晋藩：《中国法律的传统与近代转型》，法律出版社1997年版。